Administração de Marketing

K87a	Kotler, Phillip.
	    Administração de marketing / Phillip Kotler, Kevin Lane Keller, Alexander Chernev ; tradução: Francisco Araújo da Costa; revisão técnica: Iná Futino Barreto, Edson Crescitelli. – 16. ed. – [São Paulo]: Pearson ; Porto Alegre : Bookman, 2024.
	    xxxii, 688p. ; 28 cm.
	
	    ISBN 978-85-8260-621-6
	
	    1. Administração. 2. Marketing. I. Keller, Kevin Lane. II. Chernev, Alexander. III. Título.
	
	                                                                                             CDU 658

Catalogação na publicação: Karin Lorien Menoncin – CRB 10/2147

Philip **Kotler**
Kevin Lane **Keller**
Alexander **Chernev**

Administração de Marketing

16ª EDIÇÃO

Tradução
Francisco Araújo da Costa

Revisão técnica
Edson Crescitelli
Professor da Faculdade de Economia, Administração, Contabilidade e Atuária da Universidade de São Paulo (FEA/USP)
Professor da Escola Superior de Propaganda e Marketing (ESPM)
Mestre em Administração pela Pontifícia Universidade Católica de São Paulo (PUC-SP) e Doutor em Marketing pela FEA/USP
Pós-doutorado em Marketing pela Chapman Graduate School of Business/Florida International University (FIU)

Iná Futino Barreto
Diretora acadêmica de Pós-Graduação na ESPM. Doutora em Administração de Empresas pela FEA/USP

Coordenação de estudos de caso nacionais
Cristiano do Amaral Britto de Castro
Diretor acadêmico da Escola de Comunicação e Artes da ESPM. Mestre e Doutor em Estratégias de Marketing pela
Escola de Administração de Empresas de São Paulo da Fundação Getúlio Vargas (EAESP/FGV)

Porto Alegre
2024

Obra originalmente publicada sob o título *Marketing management*, 16th edition
ISBN 9780135887158

Authorized translation from the English language edition entitled *Marketing management*, 16th edition, by Philip Kotler; Kevin Lane Keller; and Alexander Chernev, published by Pearson Education, Inc., publishing as Pearson, Copyright ©2022. All rights reserved. No part of this book may be reproduced or transmitted in any form or by any means, electronic, or mechanical, including photocopying, recording, or by any storage retrieval system, without permission from Pearson Education, Inc.

Portuguese language translation copyright ©2024, by GA Educação LTDA., publishing as Bookman.

Tradução autorizada a partir do original em língua inglesa da obra intitulada *Marketing management*, 16ª edição, autoria de Philip Kotler, Kevin Lane Keller e Alexander Chernev, publicado por Pearson Education, Inc., sob o selo Pearson, Copyright © 2022.
Todos os direitos reservados. Este livro não poderá ser reproduzido nem em parte nem na íntegra, armazenado em qualquer meio, seja mecânico ou eletrônico, inclusive fotorreprografação, sem permissão da Pearson Education, Inc.

A edição em língua portuguesa desta obra é publicada por GA Educação LTDA., selo Bookman, Copyright © 2024.

Gerente editorial: *Letícia Bispo de Lima*

Colaboraram nesta edição:

Editora: *Simone de Fraga*

Preparação de originais: *Ildo Orsolin Filho*

Leitura final: *Marquieli de Oliveira*

Capa (arte sobre capa original): *Márcio Monticelli*

Editoração: *Clic Editoração Eletrônica Ltda.*

Reservados todos os direitos de publicação, em língua portuguesa, a
GA EDUCAÇÃO LTDA.
(Bookman é um selo editorial do GA EDUCAÇÃO LTDA.)
Rua Ernesto Alves, 150 – Bairro Floresta
90220-190 – Porto Alegre – RS
Fone: (51) 3027-7000

SAC 0800 703 3444 – www.grupoa.com.br

É proibida a duplicação ou reprodução deste volume, no todo ou em parte, sob quaisquer formas ou por quaisquer meios (eletrônico, mecânico, gravação, fotocópia, distribuição na Web e outros), sem permissão expressa da Editora.

IMPRESSO NO BRASIL
PRINTED IN BRAZIL

Sobre os autores

Philip Kotler é uma das maiores autoridades mundiais em *marketing*. Professor emérito da cátedra S.C. Johnson & Son de Marketing Internacional da Kellogg School of Management da Northwestern University, ele obteve mestrado na University of Chicago e doutorado no Massachusetts Institute of Technology (MIT), ambos em economia. Fez pós-doutorado em matemática na Harvard University e em ciência comportamental na University of Chicago.

Doutor Kotler é autor ou coautor de *Princípios de Marketing*; *Marketing: an introduction*; *Strategic marketing for nonprofit organizations*; *Marketing models*; *The new competition*; *Marketing de serviços profissionais*; *Marketing estratégico para instituições educacionais*; *Marketing estratégico para a área da saúde*; *Marketing de alta visibilidade*; *Marketing social: influenciando comportamentos para o bem*; *Marketing de lugares*; *O marketing das nações*; *Marketing for hospitality and tourism*; *Standing room only*; *Museum strategy and marketing*; *Marketing moves*; *Kotler on marketing*; *Marketing lateral*; *Winning at innovation*; *Os 10 pecados mortais do marketing: sintomas e soluções*; *Vencer em tempos de caos*; *Conquistando mercados mundiais*; *Corporate social responsibility*; *Capitalismo em confronto*; *Democracy in decline*; *Advancing the common good*; *Social media marketing*; *Brand activism*; *Marketing 3.0*; *Marketing 4.0*; e *Minhas aventuras em marketing*.

Além disso, publicou mais de 150 artigos nas principais revistas acadêmicas, incluindo *Harvard Business Review, Sloan Management Review, Business Horizons, California Management Review, Journal of Marketing, Journal of Marketing Research, Management Science, Journal of Business Strategy* e *Futurist*. É o único a ter recebido três vezes o prêmio Alpha Kappa Psi de melhor artigo anual publicado no *Journal of Marketing*.

Kotler foi o primeiro a receber o prêmio Distinguished Marketing Educator Award (1985) da American Marketing Association (AMA); foi escolhido Leader in Marketing Thought pelos membros acadêmicos da AMA (1975) e recebeu o Paul Converse Award (1978). Outras honrarias incluem o Prize for Marketing Excellence da European Association of Marketing Consultants and Sales Trainers, o Marketer of the Year (1995) da Sales and Marketing Executives International (SMEI), o prêmio Distinguished Educator Award da Academy of Marketing Science (2002), o William L. Wilkie "Marketing for a Better World" Award (2013), a Sheth Foundation Medal for Exceptional Contribution to Marketing Scholarship and Practice (2013) e a inclusão no Marketing Hall of Fame (2014).

Kotler recebeu o título de doutor *honoris causa* de 22 instituições, incluindo a Stockholm University, a University of Zurich, a Athens University of Economics and Business, a DePaul University, a Cracow University of Economics, o Groupe H.E.C. em Paris, a Budapest University of Economic Science and Public Administration, a Vienna University of Economics and Business e a Plekhanov Russian University of Economics.

Além da carreira acadêmica, o professor Kotler presta consultoria a muitas grandes empresas americanas e estrangeiras, como IBM, General Electric, AT&T, Honeywell, Bank of America, Merck, SAS Airlines e Michelin. Ele também atuou como presidente do College of Marketing do Institute of Management Sciences, diretor da American Marketing Association, membro do conselho diretor do Marketing Science Institute, diretor do MAC Group, membro do Yankelovich Advisory Board e membro do Copernicus Advisory Board. Também foi membro do Board of Governors da School of the Art Institute of Chicago e do Advisory Board da Drucker Foundation. Kotler viaja com frequência pela Europa, Ásia e América do Sul, atuando como consultor para muitas empresas sobre oportunidades globais de *marketing*.

Kevin Lane Keller é professor de *marketing* da cátedra E. B. Osborn e vice-reitor sênior de marketing e comunicação da Tuck School of Business na Dartmouth College. Professor Keller é bacharel em matemática e economia pela Cornell University, MBA pela Carnegie-Mellon e doutor em *marketing* pela Duke University. Em Dartmouth, leciona gestão estratégica de marca no curso de MBA, além de ensinar nos programas executivos sobre esses tópicos.

Keller já fez parte do corpo docente da Stanford University, onde também atuou como diretor do grupo de *marketing*. Além disso, foi professor na University of California em Berkley e na University of North Carolina em Chapel Hill e professor visitante na Duke University e na Australian Graduate School of Management. Keller tem dois anos de experiência como consultor de *marketing* para o Bank of America.

A área de *expertise* geral de Keller concentra-se em entender como as teorias e os conceitos relacionados à psicologia do consumidor podem aprimorar estratégias de *branding* e de *marketing*. Suas pesquisas foram publicadas diversas vezes nas quatro principais revistas acadêmicas de *marketing*: *Journal of Marketing, Journal of Marketing Research, Journal of Consumer Research* e *Marketing Science*. Com mais de 120 artigos publicados, é um dos acadêmicos de *marketing* mais citados do mundo, tendo recebido inúmeros prêmios pelas suas pesquisas.

Ativamente envolvido com o setor empresarial, Keller trabalhou em uma série de projetos de *marketing*. Prestou consultoria e assessoria a empresas detentoras de algumas das marcas mais bem-sucedidas do mundo, como Accenture, American Express, Disney, Ford, Intel, Levi Strauss, L.L. Bean, Nike, Procter & Gamble e Samsung. É um palestrante popular e em alta demanda, tendo feito discursos de abertura e comandado *workshops* com altos executivos nos mais diversos fóruns. Keller foi convidado para palestrar em todo o mundo, de Seoul a Joanesburgo, de Sydney a Estocolmo e de São Paulo a Mumbai.

Atualmente, Kevin Keller conduz diversas pesquisas sobre estratégias para construir, mensurar e administrar *brand equity*. Seu livro sobre esses temas, *Gestão estratégica de marcas*, adicionou Vanitha Swaminathan como coautora em sua 5ª edição. O livro foi adotado nas principais escolas de administração e em grandes empresas de todo o mundo, sendo aclamado como a "bíblia do *branding*". Keller também atuou como conselheiro acadêmico, diretor executivo e membro do comitê executivo do Marketing Science Institute.

Aficionado por esportes, música e cinema em seu suposto tempo livre, Keller ajudou a gerenciar e promover, além de servir como produtor executivo, uma das maiores bandas de *rock* australianas, The Church, e as lendas do *power pop* americano Dwight Twilley e Tommy Keene. Além disso, é membro do conselho de administração da Doug Flutie, Jr. Foundation for Autism e da Lebanon Opera House. Keller mora em Etna, no estado de New Hampshire, com a esposa, Punam (também professora de *marketing* da Tuck), e suas duas filhas, Carolyn e Allison.

Alexander Chernev é professor de *marketing* da Kellogg School of Management, Northwestern University. É mestre e doutor em psicologia pela Sofia University (Bulgária) e doutor em administração pela Duke University. Chernev é um líder intelectual acadêmico, palestrante e consultor nas áreas de estratégia de *marketing*, gestão de marca, tomada de decisão do consumidor e economia comportamental.

Professor Chernev escreveu diversos artigos focados em estratégia de negócios, gestão de marca, comportamento do consumidor e planejamento de mercado. Suas pesquisas foram publicadas nos principais periódicos acadêmicos de *marketing* e são citadas frequentemente na imprensa popular e especializada, incluindo jornais e revistas como Wall Street Journal, Financial Times, New York Times, Washington Post, Harvard Business Review, Scientific American, Associated Press, Forbes e Bloomberg Businessweek. O Journal of Marketing o colocou entre os 10 acadêmicos mais prolíficos nas principais publicações de *marketing*, ao passo que uma pesquisa global de docentes de *marketing* publicada pelo Journal of Marketing Education o colocou entre os cinco principais professores de *marketing* na área de comportamento do consumidor.

Além de artigos acadêmicos e profissionais, o professor Chernev publicou diversos livros de alto impacto: *Strategic marketing management: theory and practice*; *Strategic marketing management: the framework*; *Strategic brand management*; *The marketing plan handbook*; e *The business model: how to develop new products, create market value, and make the competition irrelevant*. Suas obras foram traduzidas para múltiplos idiomas e são utilizadas nas principais escolas de administração do mundo todo.

Alexander Chernev atuou como editor de área para o Journal of Marketing e o Journal of Consumer Psychology e nos conselhos editoriais das principais revistas de pesquisa, incluindo o Journal of Marketing Research, o Journal of Consumer Research, o International Journal of Research in Marketing, o Journal of the Academy of Marketing Science e o Journal of Marketing Behavior.

Na Kellogg School of Management, o professor Chernev leciona estratégia de *marketing*, gestão de marca e teoria da decisão comportamental nos programas de MBA, doutorado e educação executiva. Ele também lecionou nos programas executivos da INSEAD na França e em Singapura, no Institute for Management Development (IMD) da Suíça e na Hong Kong University of Science and Technology. Chernev recebeu diversos prêmios como professor, incluindo o Core Course Teaching Award, o Kellogg Faculty Impact Award e o Top Professor Award do programa de MBA executivo da Kellogg, o último em 13 ocasiões.

Além de pesquisa e ensino, o professor Chernev foi membro do conselho acadêmico e é *fellow* do Marketing Science Institute. Atuou como especialista em diversos casos jurídicos relacionados a questões de propriedade intelectual, comportamento do consumidor e estratégia de *marketing*. Educador e palestrante magistral, proferiu palestras em congressos e eventos corporativos ao redor do mundo. O professor Chernev presta consultoria para empresas do mundo todo, desde *startups* até membros da lista Fortune 500, sobre questões de estratégia de *marketing*, gestão de marca, planejamento de *marketing* e desenvolvimento de novos produtos, além de maneiras de elaborar modelos de negócios, construir marcas fortes, descobrir oportunidades de mercado, desenvolver novos produtos e serviços e conquistar vantagens competitivas.

Este livro é dedicado à minha esposa e melhor amiga, Nancy, com amor.
−PK

Este livro é dedicado à minha esposa, Punam, e às minhas duas filhas,
Carolyn e Allison, com muito amor e gratidão.
−KLK

Este livro é dedicado aos meus pais, Irina e Christo, com amor e gratidão.
−AC

Prefácio

A 16ª edição de *Administração de marketing* baseia-se nos exemplos clássicos, nos conceitos fundamentais e na estrutura lógica que transformaram a 1ª edição em um marco da disciplina. Muito mudou desde que a 15ª edição foi publicada. A globalização em curso, o papel cada vez maior da responsabilidade social corporativa, os avanços em tecnologia, comércio eletrônico e comunicação digital, o impacto crescente das mídias sociais e a disseminação do uso de análise de dados, automação do *marketing* e inteligência artificial causaram disrupção em diversos setores e abriram as portas para novos modelos de negócios. Em resposta a essas mudanças, a 16ª edição foi reformulada de ponta a ponta para oferecer a estudantes, professores, gestores e executivos as ferramentas de que precisam para serem bem-sucedidos no novo ambiente de mercado.

Administração de marketing deve seu sucesso à maximização de três dimensões da cobertura de *marketing*: profundidade, amplitude e relevância. A *profundidade* inclui sua sólida fundamentação acadêmica; sua análise de conceitos, modelos e sistemas teóricos importantes; e sua capacidade de oferecer orientações conceituais para resolver problemas práticos. A *amplitude* reflete a vasta gama de tópicos trabalhados no livro e sua ênfase nos temas mais cruciais para a administração de *marketing*. A *relevância* se manifesta na capacidade deste livro de identificar as questões mais enfrentadas pelos gestores e apresentar os materiais de forma a capacitá-los a desenvolver estratégias de sucesso para enfrentá-las.

A 16ª edição tem como base os pontos fortes fundamentais das edições anteriores, que diferenciam *Administração de marketing* de todos os outros livros sobre administração de *marketing*:

- **Orientação gerencial.** Concentra-se nas principais decisões enfrentadas pelos gerentes de *marketing* e pela alta administração em seus esforços para harmonizar os objetivos, as capacidades e os recursos da organização com as necessidades e as oportunidades do mercado.
- **Abordagem analítica.** Apresenta ferramentas e estruturas conceituais para a análise de problemas recorrentes na administração de *marketing*, além de casos e exemplos que ilustram princípios, estratégias e práticas de *marketing* eficazes.
- **Perspectiva multidisciplinar.** Beneficia-se de importantes descobertas de diversas disciplinas científicas, como economia, ciência comportamental e teoria da administração, oferecendo conceitos e ferramentas fundamentais que se aplicam diretamente aos desafios de *marketing*.
- **Aplicações universais.** Aplica o pensamento estratégico ao espectro completo do *marketing*: produtos, serviços, pessoas, lugares, informações, ideias e causas; mercados consumidor e empresarial; organizações com e sem fins lucrativos; empresas nacionais e estrangeiras; empresas de pequeno e grande portes; indústrias e intermediários; e setores de baixa e alta tecnologias.
- **Cobertura abrangente e equilibrada.** Inclui todos os tópicos que um gestor precisa entender para elaborar e executar uma campanha de *marketing* bem-sucedida.

O que há de novo na 16ª edição

O objetivo primordial da revisão da 16ª edição de *Administração de marketing* foi criar um texto de *marketing* abrangente, atual e envolvente. Simplificamos a organização do conteúdo, adicionamos novos materiais, eliminamos ou atualizamos materiais antigos e descartamos aqueles que não eram mais relevantes ou necessários. A 16ª edição permite que os professores que usaram edições anteriores partam da sua experiência pregressa, mas, ao mesmo tempo, oferece um texto insuperável em profundidade, amplitude e relevância para estudantes que encontram *Administração de marketing* pela primeira vez.

Para melhorar a apresentação do material, os capítulos estão organizados em sete partes principais, não oito, como descreveremos a seguir. Muitos dos recursos bem aceitos introduzidos ao longo dos anos foram mantidos, como a vinheta temática de abertura dos capítulos, os exemplos que destacam empresas ou questões notáveis e as seções Destaque de *marketing* e *Insight* de *marketing*, que apresentam com profundidade informações conceituais e específicas de empresas. A maior parte das vinhetas de abertura, dos exemplos internos e dos quadros de final de capítulo é nova, refletindo avanços e ocorrências recentes no mercado.

CONTEÚDO ATUALIZADO DOS CAPÍTULOS

O conteúdo da 16ª edição foi reorganizado para acomodar a introdução de novos materiais e simplificar a apresentação de materiais preservados da edição anterior. Os capítulos e o material no livro reelaborado refletem melhor as maneiras como a administração de *marketing* é ensinada na maioria das faculdades de administração atualmente. A organização da 16ª edição e os modos como as partes e os capítulos individuais correspondem àqueles da edição anterior são explicados a seguir.

- A Parte 1, "Fundamentos da administração de *marketing*", é uma versão da Parte I da edição anterior, mas com um novo título.
  - O Capítulo 1, "*Marketing* para novas realidades", foi reescrito significativamente para funcionar como um capítulo introdutório que define o escopo da administração de *marketing* como disciplina de negócios.
  - O Capítulo 2, "Planejamento e administração de *marketing*", também foi amplamente reescrito para oferecer uma estrutura prática para a administração e o planejamento de *marketing*. Ele inclui material dos Capítulos 2 e 23 da edição anterior, mas a maior parte do conteúdo (texto e figuras) é nova. Por exemplo, a nova seção "Planejamento e administração de ofertas de mercado" traz a abordagem G-STIC ao planejamento de ações. A nova Figura 2.6 ilustra a estrutura G-STIC, ao passo que a Figura 2.7 ilustra um fluxograma de planejamento de ações.

---

se beneficia com o desenvolvimento de um mapa de valor separado para cada entidade. Assim, além de ter um único mapa de valor, os gestores saem ganhando ao desenvolver três mapas de valor: um para o cliente, um para o colaborador e um para a companhia.

Esses três mapas de valor representam aspectos distintos do modelo de negócios da empresa, relativos às principais entidades envolvidas no processo de criação de valor. O *mapa de valor para o cliente* captura os modos como a oferta da empresa criará valor para os seus clientes-alvo e define os pontos estratégicos e táticos do aspecto focado no cliente do modelo de negócios da organização. O *mapa de valor para o colaborador* determina os aspectos estratégicos e táticos do modo como a oferta da empresa criará valor para o colaborador. Por fim, o *mapa de valor para a companhia* define os modos como a oferta criará valor para os *stakeholders* da empresa. Observe que esses três mapas de valor estão intimamente relacionados, pois refletem diferentes aspectos do processo de criar valor de mercado. É apenas pela criação de valor para os clientes-alvo, para os colaboradores e para a companhia que o administrador pode garantir o sucesso de mercado da oferta.

Planejamento e administração de ofertas de mercado

O futuro da empresa depende da sua capacidade de desenvolver ofertas de mercado bem-sucedidas, capazes de criar valor superior para os clientes-alvo, a companhia e os colaboradores.²¹ O sucesso de mercado normalmente é o produto de um forte esforço de análise, planejamento e gestão de mercado; é raro que seja um golpe de sorte. O sucesso no mercado exige que a empresa desenvolva um modelo de negócios viável e um plano de ação que permita a sua concretização. O processo de desenvolver esse plano de ação está encapsulado na abordagem G-STIC, descrita nas seções a seguir.

A ABORDAGEM G-STIC AO PLANEJAMENTO DE AÇÕES

O plano de ação, que articula o objetivo da empresa e descreve as ações que serão realizadas para atingi-lo, é a espinha dorsal do planejamento de *marketing*. Cinco atividades principais orientam o desenvolvimento do plano de ação: definir um *objetivo*, desenvolver uma *estratégia*, desenhar as *táticas*, definir um plano de *implementação* e identificar um conjunto de métricas de *controle* para mensurar o sucesso da ação proposta. O sistema G-STIC (do inglês *goal-strategy-tactics-implementation-control*) abrange essas cinco atividades e unifica a análise e o planejamento de *marketing*. O cerne do plano de ação é o modelo de negócios baseado na estratégia e nas táticas da oferta.

Os componentes individuais da abordagem G-STIC ao planejamento e à administração de *marketing* são apresentados a seguir.

- O **objetivo** descreve os critérios de sucesso finais da empresa; ele especifica o resultado final que a empresa pretende atingir. Os dois componentes do objetivo são o *foco*, que define a métrica (como rendimento líquido) usada para quantificar o resultado pretendido das ações da empresa, e os *benchmarks* de desempenho, que sinalizam o avanço em direção ao objetivo e definem o cronograma para atingi-lo.
- A **estratégia** descreve o *mercado-alvo* da empresa e a *proposição de valor* da oferta nesse mercado para servir de base para o modelo de negócios da empresa.
- As **táticas** executam a estratégia por meio da definição dos principais atributos da oferta da empresa. As sete táticas (*produto, serviço, marca, preço, incentivos, comunicação e distribuição*) são as ferramentas usadas para criar valor no mercado escolhido pela empresa.
- A **implementação** consiste nos processos envolvidos em aprontar a oferta da empresa para a venda. A implementação inclui o *desenvolvimento* da oferta e a sua *implantação* no mercado-alvo.
- O **controle** monitora o *desempenho* da empresa e as mudanças no *ambiente* de mercado em que ela opera para medir o sucesso das suas atividades ao longo do tempo.

Os principais componentes do plano de *marketing* e os principais fatores que descrevem cada um deles se encontram na Figura 2.7 e serão examinados em mais detalhes nas seções a seguir.

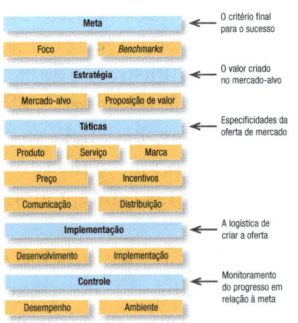

FIGURA 2.7
Fluxograma do planejamento de ações G-STIC.
Crédito: Alexander Chernev, *Strategic Marketing Management: Theory and Practice* (Chicago, IL: Cerebellum Press, 2019).

DEFINIÇÃO DO OBJETIVO

A definição do objetivo da empresa tenta transformar o plano de *marketing* em realidade. O objetivo funciona como o farol que orienta todas as atividades da empresa. Definir um objetivo envolve duas decisões críticas: identificar o *foco* das ações da empresa e especificar os *benchmarks* de desempenho a serem atingidos. Essas decisões são discutidas em mais detalhes a seguir.

Definição do foco do objetivo. O foco do objetivo define o resultado desejado das atividades da empresa, um critério importante para o seu sucesso. Com base no foco, os objetivos podem ser monetários ou estratégicos.

- Os **objetivos monetários** baseiam-se em resultados como rendimento líquido, margens de lucro, lucro por ação e retorno sobre o investimento. Nas organizações com fins lucrativos, os objetivos monetários são a métrica de desempenho primária.
- Os **objetivos estratégicos** centram-se em resultados não monetários, mas de importância estratégica para a empresa. Entre os objetivos estratégicos mais comuns, estão maior volume de vendas, conscientização de marca e bem-estar social, assim como fortalecer a cultura corporativa e facilitar o recrutamento e a retenção de funcionários. Organizações com e sem fins lucrativos que buscam apoiar itens que produzem mais receita do que a oferta focal têm os objetivos estratégicos como a sua principal métrica de desempenho. Por exemplo, a Amazon pode apenas empatar ou até mesmo ter prejuízo com alguns dos seus dispositivos Kindle, mas ainda considerá-los uma plataforma estrategicamente importante para o seu varejista.

As empresas cada vez mais vão além da receita de vendas e do lucro e consideram os efeitos jurídicos, éticos, sociais e ambientais das suas atividades e programas de *marketing*. O conceito de "tripé da sustentabilidade" (pessoas, planeta e lucro) ganhou força em muitas organizações que se interessam por analisar o impacto das suas ações na sociedade.²² Por exemplo, uma das principais iniciativas da Unilever, o Sustainable Living Plan (Plano de Vida Sustentável) tem três objetivos principais: melhorar a saúde e o bem-estar das pessoas, reduzir o impacto ambiental e melhorar as condições de vida. Esses objetivos estão por trás de métricas que abrangem o desempenho social, ambiental e econômico da cadeia de valor da empresa.²³

- A Parte 2, "Compreensão do mercado", inclui a maior parte do material das Partes II e III da edição anterior.
  - Os Capítulos 3 e 4, "Análise de mercados consumidores" e "Análise de mercados empresariais", são versões atualizadas dos Capítulos 6 e 7 da edição anterior. Ambos foram revisados significativamente para apresentar uma visão sistemática da análise de mercado.
  - O Capítulo 5, "Pesquisa de *marketing*", combina o conteúdo dos Capítulos 3 e 4 da edição anterior para apresentar uma abordagem simplificada para a coleta de novos *insights* de mercado. O Capítulo 5 inclui uma nova seção sobre mineração de dados, que aborda como os executivos de *marketing* podem coletar informações úteis sobre consumidores, negócios e mercados.
- A Parte 3, "Desenvolvimento de uma estratégia de mercado viável", é uma versão modificada da Parte IV da edição anterior.
  - O Capítulo 6, "Identificação de segmentos de mercado e seleção de mercados-alvo", é uma versão significativamente revisada do Capítulo 9 da edição anterior. O capítulo oferece conteúdo novo que define os aspectos táticos e estratégicos da segmentação de mercado e da identificação de clientes-alvo.
  - O Capítulo 7, "Elaboração da proposição de valor para o cliente e do posicionamento", é uma versão bastante revisada e atualizada do Capítulo 10 da edição anterior. Ele baseia-se no conteúdo mostrado no Capítulo 6 para apresentar uma abordagem sistemática ao desenvolvimento de uma proposição de valor do mercado-alvo escolhido. O novo conteúdo examina como desenvolver uma proposição de valor significativa por meio da criação de benefícios em três domínios (funcional, psicológico e monetário) e delineia estratégias para a criação de uma vantagem competitiva sustentável.
- A Parte 4, "Criação de valor", é uma versão modificada da Parte V da edição anterior.
  - O Capítulo 8, "Elaboração e gestão de produtos", o Capítulo 9, "Elaboração e gestão de serviços" e o Capítulo 10, "Construção de marcas fortes", correspondem aos Capítulos 13, 14 e 11 da edição anterior. Os três foram revisados significativamente para refletir as novas realidades do mercado.

- *Serviços compartilhados* podem melhorar as ofertas (p. ex., vários hospitais podem compartilhar as compras de equipamentos médicos).
- *Instalações visando à expansão futura* podem ser um bom investimento (p. ex., um parque de diversões pode comprar a área ao seu redor para expansão posterior).

Para as redes de *fast-food*, as cabines *drive thru* são um meio de expandir as oportunidades de venda para além das refeições à mesa. Esse serviço gera impressionantes 70% da receita do setor. De acordo com a revista *QSR*, a Taco Bell opera algumas das cabines *drive thru* mais rápidas e precisas do mercado. A empresa tem como objetivo gastar três minutos e 30 segundos por pedido e busca constantemente formas de baixar segundos e cortar custos.²⁰

As novas realidades no setor de serviços

No passado, as empresas prestadoras de serviços ficavam atrás do setor industrial em relação ao conhecimento e à utilização do *marketing*, seja porque eram pequenas, seja porque enfrentavam alta demanda ou um nível de concorrência baixo. Entretanto, esse quadro mudou. Alguns dos profissionais de *marketing* mais talentosos agora trabalham para empresas de serviços.

Profissionais de *marketing* de serviços perspicazes reconhecem as novas realidades do setor de serviços, como o papel crescente da tecnologia e a importância do poder do cliente, da coprodução com o cliente e da necessidade de envolver os funcionários tanto quanto os clientes.

O PAPEL CRESCENTE DA TECNOLOGIA

A tecnologia vem mudando as regras do jogo no setor de serviços de modo fundamental. O setor bancário, por exemplo, está sendo transformado pela capacidade de fazer transações bancárias *on-line* e por meio de aplicativos móveis – alguns clientes raramente pisam no *lobby* de um banco ou interagem com um funcionário. A pandemia da covid-19 acelerou a transformação digital dos serviços, pois forçou muitas empresas a mudarem seus planos e a transformarem seus negócios por meio da integração da tecnologia digital, o que alterou fundamentalmente o modo como geram valor para os seus clientes.

A tecnologia também exerce grande poder no aumento da produtividade dos trabalhadores no setor de serviços. Contudo, as empresas devem evitar pressionar tanto por produtividade a ponto de reduzir a qualidade percebida.²¹ A Amazon detém algumas das inovações tecnológicas mais surpreendentes no varejo eletrônico, mas nem por isso deixa de manter os clientes extremamente satisfeitos quando surge um problema, mesmo que eles não cheguem a se manifestar com um funcionário da empresa. Mais empresas estão introduzindo recursos de *chat* ao vivo para combinar tecnologia e voz humana. Uma empresa que permite conexões entre organizações e seus clientes em diversos pontos de contato, incluindo mensagens de texto, *e-mails*, ligações telefônicas, vídeos e *chatbots* inteligentes, é a Twilio.

Twilio A Twilio, plataforma de comunicação na nuvem líder no mercado, é usada por milhões de desenvolvedores em todo o mundo para "virtualizar" a infraestrutura de telecomunicações e melhorar a experiência de interação humana. A Twilio tem mais de 60 mil clientes corporativos, incluindo empresas famosas, como Airbnb, Intuit, Salesforce, Uber, Twitter, eBay, Sony, Yelp, Hulu e Lyft. A Twilio oferece a seus clientes uma plataforma completa, personalizável e fácil de usar para automatizar e simplificar as comunicações com clientes, colaboradores, funcionários e colegas. A Coca-Cola usa a Twilio para despachar técnicos de manutenção; o *site* de imóveis Trulia usa a Twilio para o seu aplicativo de "clique para ligar", que permite que compradores em potencial falem com um corretor; a EMC usa a Twilio para enviar mensagens de texto para os funcionários quando um serviço de tecnologia da informação (TI) sai do ar; e a Airbnb usa o serviço para enviar aos locatários mensagens de texto automáticas sobre possíveis locatários. Com base na sua plataforma de comunicação para aplicativos de mensagens, texto, voz, vídeo e *chat*, a Twilio expandiu seu portfólio de serviços para incluir um *call center* baseado na nuvem e um aplicativo de pagamentos que permite que as empresas processem transações pelo telefone sem que o atendente precise saber o número do cartão. Para acrescentar recursos

>> Para manter seus clientes empresariais de alto nível contentes, bem como os clientes destes, a Twilio, uma das maiores plataformas de comunicação na nuvem do mercado, oferece diversos serviços customizáveis e fáceis de usar que automatizam, simplificam e aprimoram as interações entre empresas e seus clientes, colaboradores e funcionários.

Crédito: Gabby Jones/Bloomberg/Getty Images

de *e-mail* ao seu portfólio de ofertas, a Twilio adquiriu a SendGrid, principal plataforma de API de *e-mail*, em 2019. A aquisição fortaleceu a capacidade da empresa de entregar mensagens consistentes com base nas preferências dos clientes sobre formas de comunicação.²²

A internet e a computação em nuvem permitem às empresas melhorar suas ofertas de serviços e fortalecer suas relações com os clientes ao prover interatividade, personalizações específicas de cliente e situações e ajustes em tempo real de suas ofertas ao mercado. Contudo, à medida que as empresas coletam, armazenam e utilizam mais informações sobre os clientes, elas também suscitam preocupações sobre segurança e privacidade. As empresas devem incorporar as devidas medidas de segurança e tranquilizar os clientes sobre suas iniciativas.*

EMPODERAMENTO DO CLIENTE

A era digital claramente mudou o relacionamento com os clientes, que estão se tornando mais exigentes na aquisição de serviços de suporte a bens e têm pressionado por "serviços avulsos" e pelo direito de selecionar os elementos que desejam. Os clientes cada vez mais preferem não ter de lidar com um prestador de serviço diferente para cada tipo de equipamento, e algumas assistências técnicas, cientes disso, passaram a atender a uma gama maior de aparelhos. Uma empresa de encanamento também pode dar manutenção em ar-condicionados, fornos e outros componentes de uma infraestrutura doméstica.

O mais importante é que as mídias sociais deram poder aos clientes ao permitir que eles enviem seus comentários para todo o mundo com um clique do *mouse*. Embora uma pessoa que tenha uma boa experiência como cliente esteja mais propensa a falar sobre isso, alguém que teve uma experiência ruim vai falar com mais pessoas. Noventa por cento dos clientes irritados relataram compartilhar sua história com um amigo; agora, eles podem compartilhar sua história com estranhos também. Na internet, *sites* como Angie's List, Yelp e TripAdvisor também são maneiras populares de disseminar histórias sobre aventuras e desventuras em atendimento ao cliente. Um desafio ainda maior para as empresas é que os clientes descontentes podem escolher compartilhar vídeos prejudiciais das suas experiências negativas com o atendimento.

*N. de R.T. No Brasil, essas medidas de segurança de dados são também regulamentadas por lei federal, a LGPD (Lei Geral de Proteção de Dados).

- O Capítulo 11, "Gestão de preços e promoções de vendas", inclui material dos Capítulos 16 e 20 da edição anterior. A discussão sobre promoções de vendas foi integrada ao capítulo sobre preços, quando antes era discutida no capítulo sobre gerenciamento da comunicação de massa.
- A Parte 5, "Comunicação do valor", corresponde à Parte VII da edição anterior. Observe que a ordem das Partes VI e VII da edição anterior foi invertida para que o tema das comunicações seja introduzido antes da questão da distribuição. Essa mudança alinha melhor o conteúdo com a ideia do *marketing* como um processo de elaboração, comunicação e entrega de valor.
  - O Capítulo 12, "Comunicações de *marketing*", corresponde ao Capítulo 19 da edição anterior e apresenta uma abordagem simplificada ao desenvolvimento de uma campanha de comunicação que abrange diferentes mídias.
  - O Capítulo 13, "Elaboração de uma campanha de *marketing* integrado na era digital", inclui conteúdo dos Capítulos 20 e 21 da edição anterior. O capítulo descreve as principais decisões envolvidas na gestão de mídias em diferentes canais de comunicação.
  - O Capítulo 14, "Venda pessoal e *marketing* direto", inclui revisões substanciais do conteúdo do Capítulo 22 da edição anterior. O conteúdo sobre venda pessoal foi organizado em três seções: gestão do processo de vendas, elaboração da força de vendas e gestão da força de vendas.
- A Parte 6, "Entrega de valor", corresponde à Parte VI da edição anterior.
  - O Capítulo 15, "Elaboração e gestão de canais de distribuição", corresponde ao Capítulo 17 da edição anterior, com uma nova organização e novos conteúdos.
  - O Capítulo 16, "Gestão de varejo", corresponde ao Capítulo 18 da edição anterior e inclui novo material sobre franquias.
- A Parte 7, "Gestão do crescimento", é uma nova seção de conclusão que agrupa tópicos relacionados ao crescimento trabalhados em diversas partes da edição anterior.
  - O Capítulo 17, "Crescimento em mercados competitivos", oferece uma versão atualizada e simplificada do conteúdo discutido no Capítulo 12 da edição anterior.

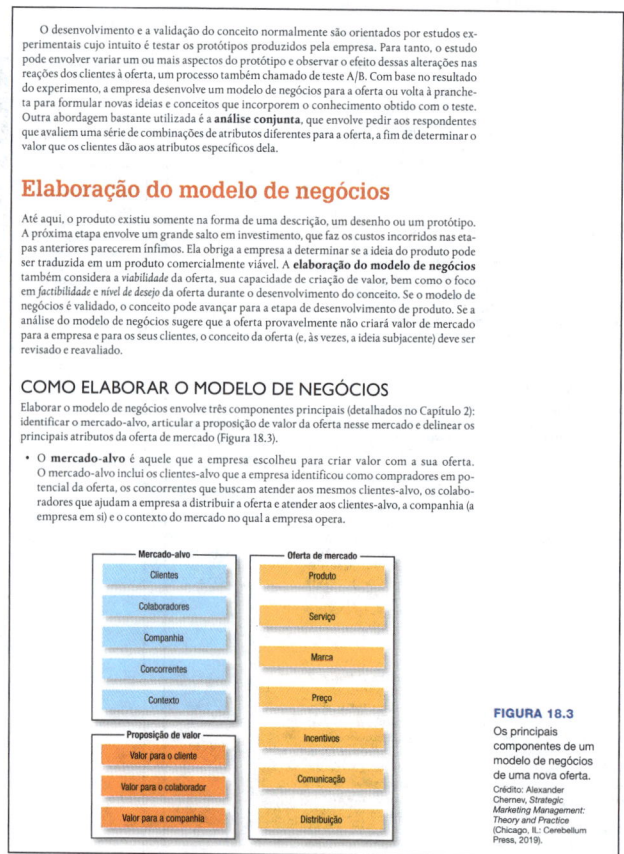

FIGURA 18.3 Os principais componentes de um modelo de negócios de uma nova oferta.
Crédito: Alexander Chernev, *Strategic Marketing Management: Theory and Practice* (Chicago, IL: Cerebellum Press, 2019).

- O Capítulo 18, "Desenvolvimento de novas ofertas de mercado", que era o Capítulo 15 na edição anterior, foi reorganizado de modo a refletir os principais passos do processo de desenvolvimento de novos produtos. Mais especificamente, o capítulo inclui uma nova cobertura sobre geração de ideias, elaboração do modelo de negócios, implementação da oferta e implantação no mercado.
- O Capítulo 19, "Fidelização do cliente", abrange conteúdos discutidos no Capítulo 5 da edição anterior e enfoca a gestão do relacionamento com o cliente.
- O Capítulo 20, "Ingresso no mercado global", abrange o conteúdo discutido no Capítulo 8 da edição anterior.
- O Capítulo 21, "*Marketing* socialmente responsável", é um novo capítulo que reflete a importância crescente da responsabilidade social corporativa na administração de *marketing*. À medida que mais empresas definem o seu propósito além dos lucros, administrar o negócio de maneira socialmente responsável transforma-se em um aspecto crucial para criar valor de mercado.

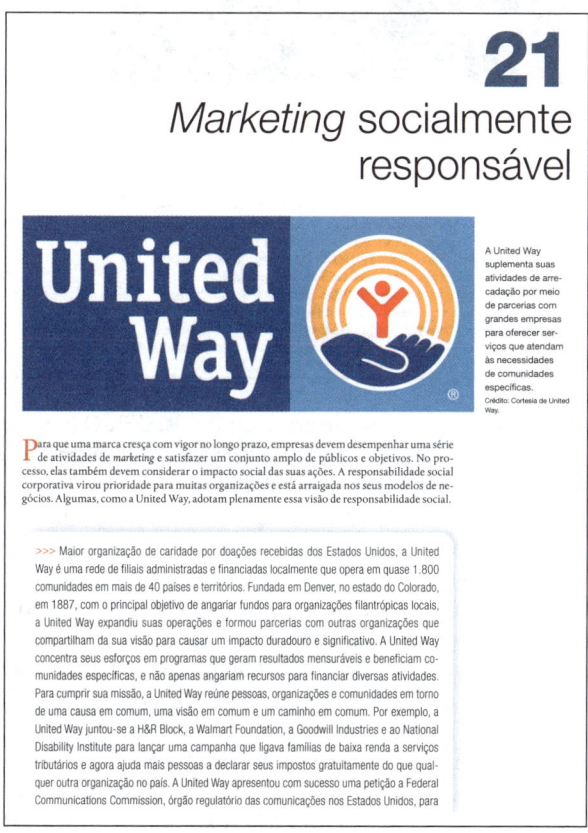

RECURSOS ATUALIZADOS DOS CAPÍTULOS

Além do novo conteúdo fundamental, todos os capítulos incluem diversos recursos (textos de abertura, exemplos integrados e as seções *Insight* de *marketing* e Destaque de *marketing*) que servem para ilustrar os conceitos mais importantes e reforçar a relevância da análise teórica. Muitos dos recursos nesta edição são inéditos, e todos os que apareceram na edição anterior foram atualizados para melhor refletir o ambiente de *marketing* atual. Algumas das empresas e temáticas destacadas nos recursos que são novidades nesta edição estão listadas a seguir.

- Novos textos de abertura dos capítulos: Bird (Capítulo 1), Slack (Capítulo 2), Pantanjali (Capítulo 3), Qualtrics (Capítulo 5), T-Mobile (Capítulo 7), Tesla (Capítulo 8), Publix (Capítulo 9), Netflix (Capítulo 11), Dove (Capítulo 12), Net-a-Porter (Capítulo 16), Dyson (Capítulo 18), SoulCycle (Capítulo 19) e United Way (Capítulo 20).

- Novos exemplos integrados ao texto de diversos capítulos: GEICO (Capítulo 7), Häagen-Dazs (Capítulo 8), Twilio (Capítulo 11), Tupperware (Capítulo 14), Ambit Energy (Capítulo 14), Wegmans (Capítulo 19), Starbucks (Capítulo 20), Uniqlo (Capítulo 20) e Faguo (Capítulo 21).
- Novos *Insights* de *marketing*: Teoria da decisão comportamental (Capítulo 3), Perseguindo a cauda longa (Capítulo 6), Questões éticas em preços de medicamentos (Capítulo 11), Gestão da imagem de preço de um varejista (Capítulo 16) e Entendendo a adoção de inovações (Capítulo 18).
- Novos Destaques de *marketing*: Alibaba (Capítulo 4), LEGO (Capítulo 5), Chase Sapphire (Capítulo 6), Warby Parker (Capítulo 7), Priceline (Capítulo 11), Uber (Capítulo 11), Avon (Capítulo 14), Airbnb (Capítulo 17), Honest Tea (Capítulo 18), WeChat (Capítulo 18), Stitch Fix (Capítulo 19), Caesars Entertainment (Capítulo 19), Mandarin Oriental (Capítulo 20), Ben & Jerry's (Capítulo 21) e Tiffany & Co. (Capítulo 21).
- Novos casos nacionais: Pantys (Capítulo 1), Hospital Sírio-Libanês (Capítulo 2), Lacoste (Capítulo 3), Simpress (Capítulo 4), Youse (Capítulo 5), Sandálias Kenner (Capítulo 6), Fazenda Futuro (Capítulo 7), YVY (Capítulo 8), Oto CRM (Capítulo 9), Nescafé (Capítulo 10), iFood (Capítulo 11), Big Brother Brasil (Capítulo 12), Unicef (Capítulo 13), Chilli Beans (Capítulo 16), Natura Cosméticos (Capítulo 17), Jorge Bischoff (Capítulo 19), Bauducco (Capítulo 20) e Água AMA – Ambev (Capítulo 21).

Solução de desafios de aprendizagem e ensino

Muitos dos alunos que estudam administração de *marketing* são criativos e têm fortes habilidades de comunicação. Contudo, eles muitas vezes têm dificuldade para desenvolver planos de *marketing* que misturem abordagens de *marketing* tradicionais e ferramentas modernas para, ao mesmo tempo, gerar novos clientes e preservar os antigos. A 16ª edição de *Administração de marketing* reflete mudanças na teoria e na prática do *marketing* e oferece exemplos relevantes dos mais diversos setores, de modo a enfrentar esses desafios.

Esta edição prepara os alunos para trabalhar no ambiente atual, em que as empresas cada vez mais: (1) passam da gestão de portfólios de produtos e serviços para a gestão de portfólios de *clientes*; (2) trocam produtos de massa isolados por soluções de serviços integrados e customizados; (3) utilizam análise de dados e inteligência artificial para melhor criar e capturar valor para o cliente; (4) dependem de mídias sociais, não da propaganda tradicional, para promover suas ofertas; (5) aprimoram seus métodos de mensuração da lucratividade e do valor vitalício do cliente; (6) enfocam a mensuração do retorno sobre seu investimento em *marketing* e o impacto deste no valor para o acionista; e (7) preocupam-se com as consequências éticas e sociais de suas decisões de *marketing*.

Para enfrentar todas essas transformações, a 16ª edição está organizada de modo a descrever e interpretar especificamente as sete tarefas a seguir, que constituem a administração de *marketing* moderna no século XXI.

1. Desenvolver um plano de *marketing* estratégico.
2. Entender o mercado e capturar *insights* de mercado.
3. Elaborar estratégias de *marketing* vencedoras.
4. Criar valor de mercado.
5. Comunicar o valor de mercado.
6. Entregar valor de mercado.
7. Administrar o crescimento de maneira socialmente responsável.

À medida que as empresas evoluem, a sua organização de *marketing* também muda. O *marketing* não é mais um departamento responsável por um número limitado de tarefas; ele é uma iniciativa que envolve a empresa como um todo e direciona sua visão, sua missão e seu planejamento estratégico. As atividades de *marketing* incluem decisões sobre quem a empresa deseja ter como cliente, que necessidades satisfazer, que bens e serviços oferecer, como definir seus preços, que tipo de comunicação deseja enviar e receber, que canais de distribuição usar e que parcerias estabelecer.

PEDAGOGIA QUE ENFATIZA EXEMPLOS DE *MARKETING* RELEVANTES DO MUNDO REAL

A aprendizagem efetiva ocorre apenas quando a boa teoria é complementada por exemplos práticos relevantes. Nesse sentido, a 16ª edição inclui diversos recursos (textos de abertura do capítulo, exemplos integrados e seções *Insight* de *marketing* e Destaque de *marketing*) para engajar os alunos, destacando a aplicação prática dos conceitos trabalhados em cada capítulo.

- Todos os capítulos abrem com um exemplo de *marketing* relevante do mundo real, que envolve os alunos e contextualiza o capítulo.
- Todos os capítulos trazem recursos integrados com exemplos de *marketing* adicionais engajantes do mundo real para ilustrar os principais conceitos das suas respectivas seções.
- A maioria dos capítulos inclui ao menos um quadro *Insight* de *marketing*, que trabalha um tópico de *marketing* específico em mais detalhes para oferecer uma cobertura aprofundada e promover o melhor entendimento do tema.

INSIGHT de marketing
Gestão da imagem de preço de um varejista

A **imagem de preço** reflete a percepção geral que os consumidores têm sobre o nível de preços de um determinado varejista. Por exemplo, o Walmart costuma ser considerado barato, ao passo que a ideia é que a Target tem preços moderados. A imagem de preço é diferente do preço, que é expresso quantitativamente; ela tem natureza qualitativa. Isso significa que os consumidores interpretam os preços do varejista em termos categóricos, como "caro" ou "barato". A imagem de preço existe na mente dos compradores; assim, ela baseia-se na percepção dos consumidores sobre os preços de um determinado varejista em comparação com os de outros e pode não ser um reflexo preciso do nível real dos preços do varejista.

Muitos gestores acreditam erroneamente que a imagem de preço baseia-se exclusivamente nos preços de uma loja específica e que administrá-la é uma simples questão de ajustar os preços dos itens que a loja estoca e vende. O resultado é uma teoria de que o varejista pode baixar sua imagem de preços se reduzir os preços dos itens no seu sortimento.

Contudo, esse método de redefinição da imagem de preço não demonstrou eficácia. Preços baixos ou altos são um fator importante na formação da imagem de preço do varejista, mas não são o único fator que os consumidores levam em consideração quando avaliam a imagem de preço. A Figura 16.1 representa os principais fatores da imagem de preço e seu impacto no comportamento do consumidor.

- *Nível de preços médio*. De fato, a imagem de preço depende dos preços reais dos itens vendidos por um determinado varejista, ainda que não exclusivamente deles. Uma loja na qual os preços estão substancialmente acima daqueles praticados pelos concorrentes terá dificuldade para convencer os clientes de que não é careira, independentemente de outras medidas que adote para mudar sua imagem de preço.
- *Itens de valor conhecido*. Em geral, os consumidores não examinam todos os preços na loja; em vez disso, tendem a concentrar-se nos itens com preços que estão familiarizados, chamados de itens de valor

- Todos os capítulos incluem dois ou mais quadros Destaque de *marketing* (antigo Excelência em *marketing*), que usam uma empresa relevante do mundo real para ilustrar os conceitos de *marketing* trabalhados no capítulo. As questões dão aos alunos a oportunidade de confirmar o seu entendimento e aplicar o seu pensamento crítico. Os professores podem usar as questões como dever de casa ou para discussões em sala de aula.
- Vários capítulos trazem quadros de casos nacionais. Os casos nacionais foram desenvolvidos por uma equipe de professores da ESPM para ilustrar o conteúdo apresentado no capítulo. Esses casos não só permitem discutir os conceitos de *marketing* de forma mais aplicada, como também abordar questões específicas sobre o mercado brasileiro. Cada caso é acompanhado de questões e pode ser usado como recurso pedagógico por estudantes e professores.

DESTAQUE de *marketing*

Warby Parker

A Warby Parker foi fundada por quatro alunos de MBA da Wharton que queriam vender óculos de marca a preços acessíveis pela internet. Na época, o setor de óculos era dominado por duas empresas, a Luxottica e a Essilor. A Luxottica projetava, fabricava e vendia a maioria das armações vendidas. A empresa tinha licenças de muitas das marcas mais populares, como Ralph Lauren, Ray-Ban e Oakley, e era dona de redes de óticas de varejo, como LensCrafters e Sunglass Hut. Enquanto a Luxottica especializava-se em armações, a Essilor, maior atacadista de lentes dos Estados Unidos, dominava essa parte do setor. Devido ao modo como as duas

Os recursos listados capturam muitas das mudanças e tendências significativas no mercado e podem aprimorar muito o entendimento do material ao ilustrarem conceitos de *marketing* fundamentais. Além disso, esses exemplos do mundo real podem ajudar a estimular o interesse e o engajamento do aluno com o material.

Agradecimentos

A 16ª edição de *Administração de marketing* é fruto do trabalho de muitas pessoas.

De Philip Kotler e Kevin Lane Keller: É nossa felicidade apresentar o professor Alexander Chernev como coautor da 16ª edição de *Administração de marketing*. Alex contribuiu para a área do *marketing* de diversas maneiras: é um pesquisador de sucesso, um professor aclamado e um autor prolífico, além de uma fonte respeitada de confiança de *insights* especializados para muitas empresas e organizações. Ele é o raro estudioso de *marketing* que sabe mesclar com maestria rigor e relevância em tudo o que faz. A reputação de Alex baseia-se na sua capacidade especial de desenvolver e disseminar conhecimento de *marketing* relevante, e não poderíamos estar mais felizes com a oportunidade de trabalhar com ele nesta nova edição. Alex está no auge das suas habilidades e traz novas ideias, pensamentos e energia que transformaram e aprimoraram significativamente o livro. Agradecemos a Alex pela sua contribuição e mal podemos esperar para trabalhar ao seu lado em muitas edições futuras.

De Philip Kotler: Meus colegas na Kellogg Graduate School of Management da Northwestern University continuam a exercer grande influência sobre minhas ideias: Eric Anderson, Jim Anderson, Robert Blattberg, Ulf Böckenholt, Bobby Calder, Gregory Carpenter, Moran Cerf, Alexander Chernev, Anne Coughlan, David Gal, Kelly Goldsmith, Kent Grayson, Karsten Hansen, Lakshman Krishnamurthi, Angela Lee, Sidney Levy, Vincent Nijs, Neil Roese, Mohan Sawhney, John Sherry Jr., Louis Stern, Brian Sternthal, Alice Tybout, Florian Zettelmeyer e Andris Zoltners. Gostaria de agradecer também à família de S. C. Johnson pelo generoso apoio à minha cátedra na Kellogg School. Completam a equipe da Northwestern Donald P. Jacobs, Dipak Jain e Sally Blount, ex-reitores da instituição, aos quais agradeço pelo contínuo apoio às minhas atividades como pesquisador e escritor.

Outros membros do corpo docente do departamento de *marketing* da Kellogg também exerceram grande influência sobre minhas ideias. Entre eles estão Steuart Henderson Britt, Richard

M. Clewett, Ralph Westfall, Harper W. Boyd, Sidney J. Levy, John Sherry e John Hauser. Também gostaria de agradecer a Gary Armstrong por nosso trabalho em *Princípios de marketing*.

Tenho uma dívida de gratidão aos seguintes coautores das edições internacionais de *Administração de marketing* e *Princípios de marketing*, que me ensinaram muito sobre adaptar o pensamento sobre a administração de *marketing* aos problemas de diferentes nações: Swee-Hoon Ang e Siew-Meng Leong (National University of Singapore), Chin-Tiong Tan (Singapore Management University), Marc Oliver Opresnik (University of Luebeck, Alemanha), Linden Brown e Stewart Adam (Deakin University, Austrália), Suzan Burton (Macquarie Graduate School of Management, Austrália), Sara Denize (University of Western Sydney, Austrália), Delphine Manceau (ESCP-EAP European School of Management, França), John Saunders (Loughborough University, Reino Unido), Veronica Wong (Warwick University, Reino Unido), Jacob Hornick (Tel Aviv University, Israel), Walter Giorgio Scott (Universita Cattolica del Sacro Cuore, Itália), Peggy Cunningham (Queen's University, Canadá) e Taihong Lu (Sun Yat-sen University, China).

Também gostaria de reconhecer tudo o que aprendi ao trabalhar com coautores em temas mais especializados de *marketing*: Alan Andreasen, Christer Asplund, Paul N. Bloom, John Bowen, Roberta C. Clarke, Karen Fox, David Gertner, Evert Gummesson, Michael Hamlin, Thomas Hayes, Donald Haider, David Houle, Hooi Den Hua, Dipak Jain, Somkid Jatusripitak, Hermawan Kartajaya, Milton Kotler, Neil Kotler, Nancy Lee, Sandra Liu, Suvit Maesincee, James Maken, Waldemar Pfoertsch, Gustave Rath, Irving Rein, Eduardo Roberto, Christian Sarkar, Joanne Scheff, Joel Shalowitz, Ben Shields, Francois Simon, Robert Stevens, Fernando Trias de Bes, Walter Vieira, Bruce Wrenn e David Young.

Minha maior dívida continua sendo com minha amada esposa, Nancy, que me proporcionou o tempo, o apoio e a inspiração necessários à preparação desta edição. Este livro é realmente dela também.

De Kevin Lane Keller: Agradeço por poder me beneficiar continuamente da sabedoria de meus colegas na Tuck. Também agradeço pelas inestimáveis contribuições em pesquisa e ensino oferecidas por meus colegas e colaboradores do corpo docente ao longo dos anos. Agradeço imensamente a Jim Bettman e Rick Staelin, da Duke University, que me impulsionaram e servem de modelos positivos para minha carreira acadêmica até hoje. Também sou muito grato por tudo o que aprendi trabalhando ao lado de executivos, que generosamente compartilharam comigo suas visões e experiências. Por fim, agradeço especialmente a Punam, minha esposa, e a Carolyn e Allison, minhas filhas, que fazem tudo acontecer e tudo valer a pena.

De Alexander Chernev: Este livro se beneficiou da sabedoria de muitos colegas e ex-colegas da Kellogg School of Management na Northwestern University. Tenho uma dívida de gratidão considerável com Philip Kotler, que despertou o meu interesse por administração de *marketing*. Também sou grato a Jim Bettman, Julie Edell Britton, Joel Huber, John Lynch, John Payne e Rick Staelin, da Fuqua School of Business da Duke University, pelos seus conselhos e apoio no início da minha carreira acadêmica. Também gostaria de agradecer aos meus alunos e ex-alunos dos programas de MBA e de doutorado, que ajudaram a moldar muitos dos *insights* conceituais e exemplos práticos apresentados neste texto. Agradeço especialmente a Alexander Moore (University of Chicago), pelas suas colaborações valiosas e pelos comentários perceptivos, e a Joanne Freeman, pela edição criativa do conteúdo deste livro.

Temos uma dívida de gratidão com colegas de outras universidades que participaram da revisão desta nova edição de *Administração de marketing*:

Anne Hamby, Hofstra University
Christina Simmers, Missouri State University
Courtney Cothren, University of Missouri
Cristina Farmus, Purdue University
Danielle C. Pienkowski, Bryant & Stratton College
David Fleming, Indiana State University
Dian O'Leary, Wilmington University
Dr. Kelli Lynn Fellows, Pfeiffer University
Elizabeth Purinton-Johnson, Marist College
George Young, Liberty University
Hal Kingsley, Erie County Community College
Jacqueline Eastman, Georgia Southern University
Jennifer Landis, Wilmington University
John Gironda, Nova Southeastern University
Paul Galvani, University of Houston
Raj Sachdev, Columbia College
Raphael Thomadsen, Washington University in St. Louis
Sunil Jumar Singh, University of Nebraska-Lincoln

Susan Baxter, LIM College
William Foxx, Troy University

Gostaríamos de agradecer também aos colegas que revisaram as edições anteriores de *Administração de marketing*:

Abe Qstin, Lakeland University
Alan Au, University of Hong Kong
Albert N. Greco, Fordham University
Albert Page, University of Illinois, Chicago
Alex Sharland, Hofstra University
Allen Smith, Florida Atlantic University
Alton Erdem, University of Houston em Clear Lake
Ann Veeck, West Michigan University
Anthony Racka, Oakland Community College
Anusorn Singhapakdi, Old Dominion University
Arun Jain, State University of New York, Buffalo
Barb Finer, Suffolk University
Barbara Dyer, University of North Carolina em Greensboro
Barbara Gross, California State University em Northridge
Barbara S. Faries, Mission College
Bart Macchiette, Plymouth University
Betsy Gelb, University of Houston em Clear Lake
Bill Gray, Keller Graduate School of Management
Bill Robinson, Purdue University
Bob Cline, University of Iowa
Boris Becker, Oregon State University
Brent Cunningham, Jacksonville State University
Brian Larson, Widener University
Charles Martin, Wichita State University
Chic Fojtik, Pepperdine University
Christopher Puto, Arizona State University
D. J. Wasmer, St. Mary-of-the-Woods College
Daniel Turner, University of Washington
David Georgoff, Florida Atlantic University
Dean Siewers, Rochester Institute of Technology
Dennis Clayson, University of Northern Iowa
Dennis Gensch, University of Wisconsin, Milwaukee
Donald Outland, University of Texas, Austin
Edward Volchok, Stevens Institute of Management
Elizabeth Evans, Concordia University
Eric Langer, Johns Hopkins University
Even Lanseng, Norwegian School of Economics
Francis Mulhern, Northwestern University
Frank J. Franzak, Virginia Commonwealth University
Frederic Brunel, Boston University

George David Shows, Louisiana Tech University
Greg Wood, Canisius College
H. Lee Matthews, Ohio State University
Hank Pruden, Golden Gate University
Henry Loehr, Pfeiffer University–Charlotte
Henry Metzner, University of Missouri, Rolla
Hiram Barksdale, University of Georgia
Homero Aguirre, TAMIU
Hugh Daubek, Purdue University
Jackie Eastman, Georgia Southern University
James E. Shapiro, University of New Haven
Jamie Ressler, Palm Beach Atlantic University
Jan Napoleon Saykiewicz, Duquesne University
Jennifer Barr, Richard Stockton College
Jim Murrow, Drury College
Jim Skertich, Upper Iowa University
Joe Spencer, Anderson University
John A. Hobbs, University of Oklahoma
John Burnett, University of Denver
John Deighton, University of Chicago
John McKeever, University of Houston
Kathleen Dominick, Rider University
Keith Penney, Webster University
Kenneth P. Mead, Central Connecticut State University
Kevin Zeng Zhou, University of Hong Kong
Koen Pauwels, Dartmouth College
Larry Schramm, Oakland University
Lawrence Kenneth Duke, Drexel University
Lewis Hershey, Fayetteville State University
Lisa Cain, University of California at Berkeley e Mills College
Lisa Klein Pearo, Cornell University
Lopo Rego, University of Iowa
Mark Mitchell, Coastal Carolina University
Mark Spriggs, University of St. Thomas
Mary Ann McGrath, Loyola University, Chicago
Mary Higby, University of Detroit–Mercy
Michael Bruce, Anderson University
Michael Lodato, California Lutheran University
Michael Swenso, Brigham Young University, Marriott School
Michelle Kunz, Morehead State University
Mike Powell, North Georgia College and State University
Mohan Dutta, Purdue University
Nancy Stephens, Arizona State University

Nicholas Nugent, Boston College
Nnamdi Osakwe, Bryant & Stratton College
Parimal Bhagat, Indiana University of Pennsylvania
Pat Murphy, University of Notre Dame
Patricia Perry, University of Alabama
Paul McDevitt, University of Illinois em Springfield
R. Venkatesh, University of Pittsburgh
Ralph Gaedeke, California State University, Sacramento
Rashi Glazer, University of California, Berkeley
Renee Foster, Delta State University
Richard Rexeisen, University of St. Thomas
Robert Galka, DePaul University
Robert Mika, Monmouth University
Robert Roe, University of Wyoming
Ron Lennon, Barry University
Sandy Becker, Rutgers University

Scott D. Roberts, Northern Arizona University
Sean Valentine, University of Wyoming
Steve Edison, University of Arkansas–Little Rock
Sunil Bhatla, Case Western Reserve University
Surjit Chhabra, DePaul University
Susan Mann, Bluefield State College
Tad Duffy, Golden Gate University
Thomas Hewett, Kaplan University
Thomas Tellefsen, The College of Staten Island–CUNY
William E. Fillner, Hiram College
William Rice, California State University–Fresno
Young-Hoon Park, Cornell University
Yun Chu, Frostburg State University
Zac Williams, Mississippi State University
Zhou Nan, University of Hong Kong

A talentosa equipe da Pearson merece elogios por ajudar a moldar esta 16ª edição. Gostaríamos de agradecer à nossa editora, Lynn Huddon, por sua contribuição a esta revisão, e à nossa gerente de programa, Krista Mastroianni. Estendemos nossos agradecimentos à nossa produtora de conteúdo, Claudia Fernandes, e à nossa gerente de projeto, Kelly Murphy, por assegurar que tudo prosseguisse e se encaixasse com tanta simpatia, tanto em relação ao livro quanto em relação ao material complementar. Nós nos beneficiamos muito da extraordinária ajuda editorial de Lena Buonanno, cujas ideias aprimoraram significativamente esta edição. Também agradecemos à nossa equipe de *marketing*, Nayke Heine e Mellissa Yokell.

Philip Kotler
Professor emérito de *marketing*
Kellogg School of Management
Northwestern University
Evanston, Illinois

Kevin Lane Keller
Cátedra de *marketing* E.B. Osborn
Tuck School of Business
Dartmouth College
Hanover, New Hampshire

Alexander Chernev
Professor de *marketing*
Kellogg School of Management
Northwestern University
Evanston, Illinois

Sumário resumido

PARTE 1 **Fundamentos da administração de *marketing*** 1

Capítulo 1 *Marketing* para novas realidades 3
Capítulo 2 Planejamento e administração de *marketing* 35

PARTE 2 **Compreensão do mercado** 63

Capítulo 3 Análise de mercados consumidores 65
Capítulo 4 Análise de mercados empresariais 96
Capítulo 5 Pesquisa de *marketing* 122

PARTE 3 **Desenvolvimento de uma estratégia de mercado viável** 149

Capítulo 6 Identificação de segmentos de mercado e seleção de mercados-alvo 151
Capítulo 7 Elaboração da proposição de valor para o cliente e do posicionamento 177

PARTE 4 **Criação de valor** 203

Capítulo 8 Elaboração e gestão de produtos 205
Capítulo 9 Elaboração e gestão de serviços 231
Capítulo 10 Construção de marcas fortes 263
Capítulo 11 Gestão de preços e promoções de vendas 298

PARTE 5 **Comunicação do valor** 329

Capítulo 12 Comunicações de *marketing* 331
Capítulo 13 Elaboração de uma campanha de *marketing* integrado na era digital 356
Capítulo 14 Venda pessoal e *marketing* direto 383

PARTE 6 **Entrega de valor** 405

Capítulo 15 Elaboração e gestão de canais de distribuição 407
Capítulo 16 Gestão de varejo 434

PARTE 7 **Gestão do crescimento** 465

Capítulo 17 Crescimento em mercados competitivos 467
Capítulo 18 Desenvolvimento de novas ofertas de mercado 496
Capítulo 19 Fidelização do cliente 520
Capítulo 20 Ingresso no mercado global 548
Capítulo 21 *Marketing* socialmente responsável 575

Notas 603
Glossário 659
Índice de nomes 667
Índice de empresas, marcas e organizações 669
Índice de tópicos 678

Sumário

PARTE 1 Fundamentos da administração de marketing 1

1 *Marketing* para novas realidades 3

O escopo do *marketing* 4
    O que é *marketing*? 4
    O que é comercializado? 5
    A troca de *marketing* 6

As novas realidades do *marketing* 8
    As quatro principais forças do mercado 8
    Os três principais resultados do mercado 11
    O conceito de *marketing* holístico 14

O papel do *marketing* na organização 19

Organização e administração do departamento de *marketing* 21
    Organização do departamento de *marketing* 21
    Administração do departamento de *marketing* 24

Desenvolvimento de uma organização orientada para o cliente 26

Insight de *marketing* ■ Os 10 pecados capitais do *marketing* 27

Resumo 29

Destaque de *marketing* ■ Nike 29
Destaque de *marketing* ■ Disney 31
Destaque de *marketing* ■ Pantys 32

2 Planejamento e administração de *marketing* 35

Planejamento e administração corporativos e no nível da unidade de negócios 36
    Definição da missão corporativa 37
    Construção da cultura corporativa 38
    Definição de unidades estratégicas de negócios 38
    Alocação de recursos entre unidades de negócios 39

Desenvolvimento de ofertas de mercado 41
    Desenvolvimento da estratégia de *marketing* 41
    ■ Os 5 Cs e as 5 Forças da concorrência 43
    Elaboração de táticas de *marketing* 44
    Os 7 Ts e os 4 Ps 46
    Criação do mapa do valor de mercado 47

Planejamento e administração de ofertas de mercado 48
    A abordagem G-STIC ao planejamento de ações 48
    Definição do objetivo 49
    Desenvolvimento da estratégia 50
    Elaboração das táticas 50
    Identificação de controles 51

Desenvolvimento do plano de *marketing* 52

Modificação do plano de *marketing* 54
    Atualização do plano de *marketing* 54
    Condução da auditoria de *marketing* 55

Insight de *marketing* ■ Modelo para redação do plano de *marketing* 56

Resumo 57

Destaque de *marketing* ■ Google 58
Destaque de *marketing* ■ Zappos 60
Destaque de *marketing* ■ Hospital Sírio-Libanês 61

PARTE 2 Compreensão do mercado 63

3 Análise de mercados consumidores 65

O modelo do comportamento do consumidor 66

Características do consumidor 67
    Fatores culturais 67
    Fatores sociais 68
    Fatores pessoais 69

Psicologia do consumidor 72
　Motivação do consumidor 72
　Percepção 76
　Emoções 77
　Memória 78
O processo de decisão de compra 79
　Reconhecimento do problema 80
　Busca de informações 81
　Avaliação de alternativas 83
　Decisão de compra 85
　Comportamento pós-compra 87
Insight de marketing ■ Teoria da decisão comportamental 88
Resumo 90
Destaque de marketing ■ Mayo Clinic 91
Destaque de marketing ■ Intuit 92
Destaque de marketing ■ Lacoste 94

4 Análise de mercados empresariais 96

O processo de compra organizacional 97
　Os mercados empresariais 97
　Tipos de decisões de compra 99
O centro de compras 100
　A composição do centro de compras 100
　O papel do centro de compras na organização 101
　A dinâmica do centro de compras 102
　A venda para centros de compras 102
O processo de compra 103
　Reconhecimento do problema 103
　Descrição da necessidade 104
　Especificação do produto 104
　Procura de fornecedores 104
　Solicitação de propostas 105
　Seleção do fornecedor 105
　Negociação do contrato 106
　Revisão do desempenho 106
Desenvolvimento de programas eficazes de marketing empresarial 107
　A transição de produtos para soluções 107
　Fortalecimento de serviços 108
　Desenvolvimento de marcas B2B 108
　Superação das pressões por preço 109
　Gestão da comunicação 111
Gestão de relacionamentos B2B 112
　A relação comprador-fornecedor 112
　Gestão da confiança, credibilidade e reputação corporativa 113
　Riscos e oportunismo nos relacionamentos empresariais 113
　Gestão de mercados institucionais 114

Resumo 116
Destaque de marketing ■ Alibaba 117
Destaque de marketing ■ Salesforce.com 118
Destaque de marketing ■ Simpress 120

5 Pesquisa de marketing 122

O escopo da pesquisa de marketing 123
　A importância dos insights de marketing 124
　Quem faz pesquisa de marketing? 125
O processo da pesquisa de marketing 126
　Definição do problema 127
　Desenvolvimento do plano de pesquisa 127
　Coleta de informações 133
　Análise das informações e tomada de decisão 136
A medição da demanda de mercado 136
　Conceitos fundamentais na mensuração da demanda 137
　Previsão da demanda de mercado 138
Avaliação da produtividade de marketing 139
　Indicadores de marketing 140
　Modelos de mix de marketing 140
　Painéis de monitoramento de marketing 141
Insight de marketing ■ Seis maneiras de extrair novas ideias de seus clientes 142
Resumo 143
Destaque de marketing ■ IDEO 143
Destaque de marketing ■ LEGO 145
Destaque de marketing ■ Youse 146

> **PARTE 3 Desenvolvimento de uma estratégia de mercado viável 149**

6 Identificação de segmentos de mercado e seleção de mercados-alvo 151

Identificação dos clientes-alvo 153
　A lógica do targeting 153
　Targeting estratégico e tático 154

Targeting estratégico 155
   Compatibilidade do alvo 155
   Atratividade do alvo 156

Targeting tático 157
   Definição do perfil do cliente 158
   Alinhamento entre valor para o cliente e perfil do cliente 158
   O uso de personas para dar vida a segmentos-alvo 159

Targeting para um único segmento e para múltiplos segmentos 160
   Um único segmento como alvo 160
   Múltiplos segmentos como alvo 161

Segmentação de mercados consumidores 163
   Segmentação demográfica 163
   Segmentação geográfica 166
   Segmentação comportamental 167
   Segmentação psicográfica 168

Segmentação de mercados empresariais 170

Insight de marketing ■ Perseguindo a cauda longa 171

Resumo 172

Destaque de *marketing* ■ L'Oréal 172

Destaque de *marketing* ■ Chase Sapphire 174

Destaque de *marketing* ■ Kenner 175

7 Elaboração da proposição de valor para o cliente e do posicionamento 177

Desenvolvimento da proposição de valor e do posicionamento 178
   Desenvolvimento da proposição de valor 179
   Desenvolvimento de uma estratégia de posicionamento 180

A escolha do quadro de referência 181

Identificação de pontos de diferença e pontos de paridade potenciais 182
   Identificação dos pontos de diferença 183
   Identificação dos pontos de paridade 184
   Alinhamento do quadro de referência, pontos de paridade e pontos de diferença 186

A criação de uma vantagem competitiva sustentável 188
   A vantagem competitiva sustentável como conceito de *marketing* 188
   Estratégias para criar uma vantagem competitiva sustentável 190

Comunicação do posicionamento da oferta 191
   Elaboração de uma declaração de posicionamento 192
   Comunicação da categoria de um produto 192
   Comunicação de benefícios em conflito 194
   O posicionamento como narrativa 194

Insight de marketing ■ O posicionamento de uma *startup* 195

Resumo 196

Destaque de *marketing* ■ Unilever: Axe e Dove 197

Destaque de *marketing* ■ Warby Parker 199

Destaque de *marketing* ■ Fazenda Futuro 200

PARTE 4 Criação de valor 203

8 Elaboração e gestão de produtos 205

Diferenciação de produtos 206

Design de produto 209
   O poder do *design* 209
   Abordagens para o *design* 210

Portfólios de produtos e linhas de produtos 212
   Formulação de portfólios de produtos 212
   Análise da linha de produtos 213
   Extensão da linha de produtos 215

Embalagem e rotulagem 218
   Embalagem 218
   Rotulagem 221

Garantias 222

Insight de marketing ■ Quando menos é mais 223

Resumo 224

Destaque de *marketing* ■ Apple 225

Destaque de *marketing* ■ Casper 226

Destaque de *marketing* ■ Toyota 228

Destaque de *marketing* ■ YVY 229

9 Elaboração e gestão de serviços 231

A natureza dos serviços 232
   O aspecto de serviço de uma oferta 233
   Características distintivas dos serviços 235

As novas realidades no setor de serviços 239
- O papel crescente da tecnologia 239
- Empoderamento do cliente 240
- Coprodução com o cliente 241
- Satisfação de funcionários tanto quanto de clientes 241

Como ter excelência em serviços 242
- Melhores práticas das melhores empresas de serviços 243
- Diferenciação de serviços 246
- Inovação com serviços 249

Gestão da qualidade de serviço 252
- Como administrar expectativas de clientes 252
- Gestão da qualidade de serviço 254
- Gestão do autoatendimento 255
- Gestão de pacotes de bens e serviços 256

Insight de *marketing* ■ Como tornar os *call centers* das empresas mais eficientes 257

Resumo 257

Destaque de *marketing* ■ Ritz-Carlton 258
Destaque de *marketing* ■ Nordstrom 260
Destaque de *marketing* ■ Oto CRM 261

10 Construção de marcas fortes 263

Como o *branding* funciona? 264
- A essência do *branding* 265
- O papel das marcas 266
- *Brand equity* e poder de marca 268

Formulação da marca 271
- Definição do mantra da marca 271
- Escolha de elementos de marca 272
  - ■ A mágica dos personagens de marca 274
- Como escolher associações secundárias 274

Hierarquia de marcas 276
- Gerenciamento de portfólios de marca 276
- *Cobranding* 278

Dinâmicas de marca 280
- Reposicionamento de marca 280
  - ■ A cadeia de valor da marca 281
- Extensões de marca 283
- Gerenciamento de uma marca em crise 286

Branding de luxo 288
- Características das marcas de luxo 288
- Gestão das marcas de luxo 290

Insight de *marketing* ■ Como acertar o alvo do posicionamento de marca 291

Resumo 293

Destaque de *marketing* ■ Louis Vuitton 293
Destaque de *marketing* ■ MUJI 295
Destaque de *marketing* ■ Nescafé 296

11 Gestão de preços e promoções de vendas 298

O que é a determinação de preço 299

A psicologia do consumidor e a determinação de preço 301

Determinação de preço 304
- Definição do objetivo da determinação de preços 305
- Determinação da demanda 306
- Estimativa de custos 307
- Análise dos preços dos concorrentes 308
- Seleção de um método de determinação de preços 309
- Determinação do preço final 313
- Determinação de preço do *mix* de produtos 314

Iniciativas e respostas a mudanças de preços 316
- Iniciativas de redução de preços 316
- Iniciativas de aumento de preços 316
- Reações às mudanças de preços dos concorrentes 317

Gestão dos incentivos 318
- Incentivos como recurso de *marketing* 318
- Principais decisões sobre incentivos 318

Insight de *marketing* ■ Questões éticas em preços de medicamentos 321

Resumo 322

Destaque de *marketing* ■ Priceline 323
Destaque de *marketing* ■ Uber 324
Destaque de *marketing* ■ iFood 326

PARTE 5 Comunicação do valor 329

12 Comunicações de *marketing* 331

O papel das comunicações de *marketing* 333
- O processo de comunicação 333
- Desenvolvimento de um programa de comunicação eficaz 334

Definição dos objetivos de comunicação 335
- Definição do foco das comunicações da empresa 335
- Definição das referências de comunicação 336
- Determinação do orçamento de comunicação 337

Identificação do público-alvo e formulação da mensagem de comunicação 338
- Identificação do público-alvo 338
- Elaboração da mensagem de comunicação 339

Decisão sobre os meios de comunicação 339
- Definição do *mix* de comunicação 340
- Desenvolvimento de um plano de mídia 342
  - Vencendo o Super Bowl da propaganda 344

Desenvolvimento da abordagem criativa 345
- Determinação do apelo da mensagem 346
- Seleção da fonte da mensagem 347
- Desenvolvimento da execução criativa 347

Medição da eficácia da comunicação 348

Insight de marketing ■ Celebridades como garotos-propaganda 350

Resumo 351

Destaque de marketing ■ Red Bull 351

Destaque de marketing ■ The Best Job in the World 353

Destaque de marketing ■ Big Brother Brasil 354

13 Elaboração de uma campanha de *marketing* integrado na era digital 356

Gerenciamento da comunicação integrada de *marketing* 358

Propaganda 359
- Propaganda na TV 359
- Propaganda impressa 361
- Propaganda no rádio 361
- Propaganda *on-line* 362
- Mídia externa 363

Comunicação *on-line* 364
- *Site* da empresa 364
- Crescimento do tráfego *on-line* 365

Mídias sociais 366
- O crescimento das mídias sociais 366
- Plataformas de mídias sociais 366

Comunicação *mobile* 368

Eventos e experiências 369
- Gestão de eventos 369
- Criação de experiências 370

Comunicação boca a boca 371

Publicidade e relações públicas 373
- Publicidade 373
- Relações públicas 374

Embalagem 375

Insight de marketing ■ Mensuração do ROI de mídias sociais 376

Resumo 377

Destaque de marketing ■ Burger King 378

Destaque de marketing ■ AccorHotels 380

Destaque de marketing ■ Unicef 381

14 Venda pessoal e *marketing* direto 383

Vendas pessoais 384
- A venda pessoal como processo 385
- Gerenciamento da venda 387

Planejamento da força de vendas 387
- Objetivos da força de vendas 389
- Estratégia da força de vendas 389
- Estrutura da força de vendas 391
- Tamanho da força de vendas 391
- Recompensa da força de vendas 392

Gerenciamento da força de vendas 392
- Recrutamento da força de vendas 393
- Treinamento e supervisão da força de vendas 393
- Gerenciamento da produtividade da força de vendas 393
- Motivação da força de vendas 394
- Avaliação da força de vendas 395

Marketing direto 396
- Canais de *marketing* direto 396
- O futuro do *marketing* direto 398

Insight de marketing ■ Gestão de grandes contas 399

Resumo 400

Destaque de marketing ■ Avon 401

Destaque de marketing ■ Progressive Insurance 403

PARTE 6 Entrega de valor 405

15 Elaboração e gestão de canais de distribuição 407

O papel dos canais de distribuição 408
  Funções do canal de distribuição 409
  Níveis de canal 410
  Distribuição multicanal 411
Decisões de gerenciamento do canal 414
  Estabelecimento de objetivos do canal 415
  Seleção de membros do canal 416
  Motivação de membros do canal 419
  Avaliação dos membros do canal 421
Cooperação e conflito de canal 422
  A natureza dos conflitos de canal 423
  Gerenciamento do conflito de canal 424
Gestão da logística de mercado 425
  Objetivos da logística de mercado 425
  Decisões da logística de mercado 426
Insight de *marketing* ■ O fenômeno do *showrooming* 429
Resumo 430
Destaque de *marketing* ■ Zara 431
Destaque de *marketing* ■ Popeyes 432

16 Gestão de varejo 434

O ambiente de varejo moderno 435
Principais decisões de varejo 437
  Mercado-alvo 437
  Sortimento e aquisição de produtos 438
  Serviços 440
  Atmosfera da loja 440
  Determinação de preços 442
  Incentivos 444
  Comunicações 445
Gerenciamento do varejo *omnichannel* 446
  Varejistas de lojas físicas 447
  Varejistas *on-line* 449
  Varejo *omnichannel* 450
Gestão de marcas próprias 451
Atacado 454
  O negócio do atacado 454
  Principais funções dos atacadistas 455
Insight de *marketing* ■ Gestão da imagem de preço de um varejista 457
Resumo 458
Destaque de *marketing* ■ Uniqlo 459

Destaque de *marketing* ■ Best Buy 461
Destaque de *marketing* ■ Chilli Beans 462

PARTE 7 Gestão do crescimento 465

17 Crescimento em mercados competitivos 467

Avaliação de oportunidades de crescimento 468
  Estratégias de crescimento de produto e de mercado 468
  Crescimento por fusões e aquisições 470
  Crescimento por inovação e imitação 471
Conquista de posição de mercado 472
  Crescimento das vendas para clientes atuais 473
  Criação de novos mercados 474
  Expansão de mercados existentes 477
Defesa da posição de mercado 478
Estratégias de *marketing* para o ciclo de vida do produto 481
  O conceito de ciclo de vida do produto 481
  Estágio de introdução 482
  Estágio de crescimento 483
  Estágio de maturidade 484
  Estágio de declínio 486
  Padrões alternativos de ciclo de vida do produto 487
Insight de *marketing* ■ Estratégias de crescimento de desafiantes de mercado 489
Resumo 490
Destaque de *marketing* ■ Airbnb 491
Destaque de *marketing* ■ American Express 492
Destaque de *marketing* ■ Natura Cosméticos 494

18 Desenvolvimento de novas ofertas de mercado 496

O processo de desenvolver novas ofertas de mercado 497
  O imperativo da inovação 497
  Gestão da inovação 499
  A abordagem *stage-gate* para o desenvolvimento de novas ofertas 500

Exemplo da abordagem *stage-gate* para o desenvolvimento de novas ofertas   502

Geração de ideias   504
　Geração de ideias viáveis   505
　Validação de ideias   506
　Ferramentas de pesquisa de mercado para geração e validação de ideias   506

Desenvolvimento de conceitos   507
　Protótipos   507
　Validação de conceitos   508

Elaboração do modelo de negócios   509
　Como elaborar o modelo de negócios   509
　Validação do modelo de negócios   510

Desenvolvimento da oferta   511
　Desenvolvimento dos recursos fundamentais   511
　Desenvolvimento da oferta de mercado   511

Implementação comercial   512
　Implantação seletiva no mercado   512
　Expansão de mercado   513

Insight de *marketing* ■ Entendendo a adoção de inovações   514

Resumo   515

Destaque de *marketing* ■ Honest Tea   516

Destaque de *marketing* ■ WeChat   518

19 Fidelização do cliente   520

Gestão da aquisição e retenção de clientes   521
　O funil de aquisição de clientes   521
　Equilíbrio entre aquisição e retenção de clientes   522

Gestão da satisfação e da fidelidade do cliente   523
　Entendendo a satisfação do cliente   524
　Qualidade de produto e serviço como fator para a satisfação do cliente   525
　Mensuração da satisfação do cliente   526
　Fidelização do cliente   527

Gestão do relacionamento com o cliente   530
　Customização   531
　Empoderamento do cliente   533
　Gestão da comunicação boca a boca do cliente   534
　Como lidar com reclamações de clientes   535

Gestão do valor vitalício do cliente   537
　O conceito de valor vitalício do cliente   537
　Valor vitalício do cliente e *brand equity*   538
　Construção do valor vitalício do cliente   539
　Fidelização do cliente pelo estabelecimento da confiança   540
　Estimativa do valor vitalício do cliente   541

Insight de *marketing* ■ A metodologia Net Promoter Score e a satisfação do cliente   541

Resumo   542

Destaque de *marketing* ■ Stitch Fix   543

Destaque de *marketing* ■ Caesars Entertainment   545

Destaque de *marketing* ■ Jorge Bischoff   546

20 Ingresso no mercado global   548

Decisão sobre o ingresso no mercado internacional   549

Decisão sobre em quais mercados ingressar   551
　Decisão sobre em quantos mercados ingressar   551
　Avaliação de mercados potenciais   553

Decisão sobre a maneira de ingressar no mercado   555
　Exportações indireta e direta   555
　Licenciamento   556
　Joint ventures   556
　Investimento direto   558

Decisão sobre o programa de *marketing* global   559
　Estratégias globais de produtos   560
　Estratégias globais de marca   563
　Estratégias globais de preço   565
　Estratégias globais de comunicação   566
　Estratégias globais de distribuição   567

Insight de *marketing* ■ Semelhanças e diferenças globais   568

Resumo   569

Destaque de *marketing* ■ IKEA   569

Destaque de *marketing* ■ Mandarin Oriental   571

Destaque de *marketing* ■ Bauducco   572

21 *Marketing* socialmente responsável   575

O papel da responsabilidade social na administração de *marketing*   576

Responsabilidade social corporativa baseada na comunidade 578
Responsabilidade social corporativa no ambiente de trabalho 578
Filantropia corporativa 580
Atendimento de comunidades de baixa renda 581
Marketing de causas 583
Marketing social 585

Responsabilidade social corporativa focada em sustentabilidade 587

Equilíbrio entre responsabilidade social e lucratividade 591
Desenvolvimento de comunicações de *marketing* éticas 591
Gerenciamento da privacidade do cliente 593

Insight de *marketing* ■ Preocupações ambientais na indústria da água 594

Resumo 596

Destaque de *marketing* ■ Starbucks 596

Destaque de *marketing* ■ Ben & Jerry's 598

Destaque de *marketing* ■ Tiffany & Co. 599

Destaque de *marketing* ■ Água AMA, da Ambev 600

Notas 603
Glossário 659
Índice de nomes 667
Índice de empresas, marcas e organizações 669
Índice de tópicos 678

1 | Fundamentos da administração de *marketing*

1
Marketing para novas realidades

Usuários de mercados globais podem acessar o patinete elétrico Bird, barato e não poluente, via *smartphone* (ou recebê-lo em sua residência ou local de trabalho), navegar pela cidade e deixá-lo em um espaço público.
Crédito: Alexander Chernev

Formal ou informalmente, pessoas e organizações envolvem-se em inúmeras atividades que podemos chamar de *marketing*. Diante de uma revolução digital e de outras mudanças importantes no ambiente de negócios, um *marketing* eficaz é cada vez mais vital e radicalmente novo. Considere o sucesso de mercado acelerado da *startup* Bird.

>>> A Bird é uma empresa de compartilhamento de patinetes elétricos dedicada a oferecer transporte acessível e ambientalmente correto para espaços urbanos. O objetivo é criar um modo de transporte conveniente que não polui ou piora o trânsito para usuários que desejam fazer viagens curtas pela cidade ou ir da estação de trem ou parada de ônibus até o seu destino final. Fundada em 2017 e com sede em Venice, Califórnia, a Bird oferece uma frota de patinetes elétricos compartilhados que podem ser acessados por *smartphone*. Em vez de exigir estações exclusivas, os patinetes Bird podem ser recolhidos e deixados nas calçadas da cidade. O modelo de negócios da empresa se tornou incrivelmente popular; em seu primeiro ano de operação, os patinetes foram disponibilizados em mais de 100 cidades na América do Norte, na Europa e na Ásia, e registraram 10 milhões de viagens. Diante da

concorrência crescente de outras *startups* de compartilhamento de patinetes sem estações, como Lime e Spin, o modelo de negócios da Bird seguiu evoluindo. A empresa lançou o serviço Bird Delivery, pelo qual consumidores podem pedir que um patinete Bird seja entregue à sua residência ou local de trabalho no começo da manhã para garantir que terão acesso a transporte durante o dia. Para acelerar a adoção, a Bird também lançou a Bird Platform, uma suíte de bens e serviços que dá a empreendedores a oportunidade de se tornarem operadores independentes e administrar uma frota de patinetes elétricos compartilhados na sua comunidade. Os operadores independentes têm a opção de acrescentar o próprio logotipo aos patinetes Bird e recebem apoio logístico para carregar, fazer manutenção e distribuir os patinetes elétricos todos os dias.[1]

O bom *marketing* não é acidental. É, ao mesmo tempo, arte e ciência, e resulta de um cuidadoso processo de planejamento e execução, com o uso das mais avançadas ferramentas e técnicas disponíveis. Profissionais de *marketing* habilidosos modernizam continuamente as práticas clássicas e inventam outras para encontrar maneiras práticas e criativas de se adaptar às novas realidades do *marketing*. Neste primeiro capítulo, revisaremos importantes conceitos, ferramentas, estruturas e questões para estabelecer as bases para boas práticas de *marketing*.

O escopo do *marketing*

Para ser um profissional de *marketing* bem-sucedido, é preciso ter um entendimento claro sobre a essência do *marketing*, o que pode ser comercializado e como o *marketing* funciona. Discutiremos esses três aspectos do *marketing* a seguir.

O QUE É *MARKETING*?

O **marketing** envolve a identificação e a satisfação de necessidades humanas e sociais de uma maneira que esteja em harmonia com os objetivos da organização. Quando a Google percebeu que as pessoas precisavam de acesso mais eficiente e eficaz a informações na internet, criou um potente mecanismo de busca que organiza e prioriza as consultas. Quando a IKEA notou que os consumidores queriam bons móveis a preços substancialmente mais baixos, ela criou sua linha de móveis desmontáveis. Com tais ações, ambas as empresas demonstraram sua competência de *marketing* ao transformarem uma carência particular ou social em uma oportunidade lucrativa de negócios.[2]

A American Marketing Association propõe a seguinte definição: marketing *é a atividade, o conjunto de conhecimentos e os processos de criar, comunicar, entregar e trocar ofertas que tenham valor para consumidores, clientes, parceiros e a sociedade como um todo.*[3] Lidar com esses processos de troca exige uma boa dose de trabalho e habilidade. A administração de *marketing* ocorre quando pelo menos uma das partes em uma relação de troca potencial procura meios de obter as respostas desejadas das outras partes. Vemos, portanto, a **administração de marketing** como a arte e a ciência de selecionar mercados-alvo e captar, manter e fidelizar clientes por meio da criação, da entrega e da comunicação de um valor superior para o cliente.

Objetivos de aprendizagem Após ler este capítulo, você deverá ser capaz de:

1.1 Definir o escopo do *marketing*.

1.2 Descrever as novas realidades do *marketing*.

1.3 Explicar o papel do *marketing* na organização.

1.4 Ilustrar como organizar e gerenciar um departamento de *marketing* moderno.

1.5 Explicar como construir uma organização centrada no cliente.

Podemos estabelecer definições distintas de *marketing* sob as perspectivas social e gerencial. Uma definição social mostra o papel do *marketing* na sociedade; por exemplo, um profissional da área afirmou que o papel do *marketing* é "proporcionar um padrão de vida melhor". Nossa definição social é a seguinte: marketing *é um processo social pelo qual indivíduos e grupos obtêm o que necessitam e desejam por meio da criação, da oferta e da livre troca de bens e serviços de valor entre si.* A criação conjunta de valor entre os consumidores e as empresas e a importância da criação de valor e do compartilhamento tornaram-se temas relevantes no desenvolvimento do pensamento do *marketing* moderno.[4]

Do ponto de vista gerencial, muitas vezes o *marketing* é descrito como "a arte de vender produtos", mas muitos se surpreendem ao ouvir que a parte mais importante do *marketing não* é vender. As vendas são apenas a ponta do *iceberg* do *marketing*. Peter Drucker, um dos principais teóricos da administração, apresenta a questão da seguinte maneira:

> Pode-se considerar que sempre haverá a necessidade de vender. No entanto, o objetivo do *marketing* é tornar supérfluo o esforço de venda. O objetivo do *marketing* é conhecer e entender tão bem o cliente de modo que um bem ou serviço possa se adequar a ele e se vender sozinho. De maneira ideal, o *marketing* deveria resultar em um cliente disposto a comprar. A única coisa necessária, então, seria tornar o produto disponível.[5]

Quando a Nintendo projetou o sistema de jogos Wii, a Apple lançou o *tablet* iPad e a Toyota apresentou o automóvel híbrido Prius, elas receberam uma enxurrada de pedidos. Esse sucesso não pode ser atribuído apenas às habilidades de vendas dos varejistas. Na verdade, o sucesso explosivo se explica por elas terem desenvolvido o produto certo, com base em uma cuidadosa lição de casa de *marketing* sobre consumidores, concorrência e todos os fatores externos que afetam o custo e a demanda.

O QUE É COMERCIALIZADO?

O *marketing* é onipresente: ele permeia todos os aspectos da sociedade. Mais especificamente, o *marketing* em geral envolve 10 domínios diferentes: bens, serviços, eventos, experiências, pessoas, lugares, propriedades, organizações, informações e ideias. Abordaremos sucintamente cada uma dessas categorias.

- **Bens.** Bens tangíveis constituem a maior parte do esforço de produção e *marketing* da maioria dos países. A cada ano, as empresas americanas colocam no mercado bilhões de produtos alimentícios frescos, enlatados, empacotados e congelados, além de milhões de carros, refrigeradores, televisores, máquinas e vários outros bens que sustentam a economia moderna.
- **Serviços.** À medida que as economias evoluem, uma proporção cada vez maior de suas atividades se concentra na prestação de serviços. A atual economia dos Estados Unidos consiste em um *mix* de dois terços de serviços e um terço de bens. Entre os serviços, estão aqueles prestados por companhias aéreas, hotéis, locadoras de automóveis, cabeleireiros, esteticistas e técnicos de manutenção e reparo, assim como contadores, bancários, advogados, engenheiros, médicos, programadores de *software* e consultores de gestão. No entanto, muitos produtos combinam bens e serviços, como é o caso de uma refeição em um restaurante *fast-food*.
- **Eventos.** Os profissionais de *marketing* promovem eventos de duração limitada, como grandes feiras setoriais, espetáculos artísticos e comemorações de aniversário. Eventos esportivos globais, como os Jogos Olímpicos e a Copa do Mundo, são promovidos com alta intensidade para empresas e torcedores. Eventos locais incluem bazares de artesanato, encontros literários em livrarias e feiras livres.
- **Experiências.** Ao orquestrar diversos serviços e mercadorias, uma empresa pode criar, apresentar e comercializar experiências. O Magic Kingdom, do Walt Disney World, proporciona aos clientes uma visita a um reino de conto de fadas, um navio pirata ou uma casa mal-assombrada. Também há mercado para experiências customizadas, como passar uma semana em um centro de treinamento de beisebol jogando com grandes craques veteranos, dividir o palco com lendas vivas do *rock* no Rock'n'Roll Fantasy Camp ou escalar o Monte Everest.
- **Pessoas.** Artistas, músicos, CEOs, médicos, advogados e profissionais de finanças bem-sucedidos, entre outros profissionais, com frequência recorrem à ajuda de consultores de *marketing*.[6] Muitos atletas e artistas demonstraram maestria em *marketing* pessoal – pense no jogador

de futebol Cristiano Ronaldo, na veterana dos programas de entrevistas Oprah Winfrey e nas lendas do *rock* The Rolling Stones. O consultor Tom Peters, um mestre do *marketing* pessoal, aconselha as pessoas a se tornarem uma "marca".
- **Lugares.** Cidades, estados, regiões e países inteiros competem ativamente para atrair turistas, novos moradores, fábricas e sedes de empresas.[7] Entre os profissionais de *marketing* de lugares, estão especialistas em desenvolvimento econômico, agentes imobiliários, bancos comerciais, associações comerciais locais e agências de propaganda e relações públicas. O Las Vegas Convention & Visitors Authority obteve êxito com sua provocativa campanha "What Happens Here Stays Here" (O que acontece aqui fica aqui), retratando a cidade como um "*playground* para adultos".
- **Propriedades.** Propriedades são direitos intangíveis de posse tanto de bens imóveis quanto de bens financeiros (títulos e ações). Podem ser compradas e vendidas, o que requer um esforço de *marketing*. As imobiliárias trabalham para proprietários de imóveis ou para quem as procura para comprar e vender imóveis residenciais ou comerciais. Já as instituições bancárias e de investimentos estão envolvidas no *marketing* de produtos financeiros tanto para investidores individuais quanto para investidores institucionais.
- **Organizações.** Museus, teatros e organizações com e sem fins lucrativos usam o *marketing* para melhorar sua imagem e competir por público e recursos. Algumas universidades criaram diretorias de *marketing* para administrar melhor a identidade e a imagem da escola, cuidando de tudo, desde folhetos de admissão e publicações no Twitter até a estratégia de marca.
- **Informações.** Informações são conhecimento disseminado. Elas são produzidas, comercializadas e distribuídas por noticiários de rádio e TV, jornais, internet, centros de pesquisa, entidades corporativas e governamentais, escolas e universidades. As empresas usam informações fornecidas por organizações como Nielsen, R.R. Donnelley & Sons, comscore, Gartner, J.D. Power and Associates, GfK e Ipsos para tomar decisões de negócios.
- **Ideias.** Os profissionais de *marketing* social promovem ideias como as campanhas "Friends Don't Let Friends Drive Drunk" (Amigos não deixam amigos dirigirem bêbados) e "A Mind is a Terrible Thing to Waste" (Desperdiçar um intelecto é uma coisa terrível). Como parte de suas atividades de responsabilidade social corporativa, muitas organizações promovem causas focadas em questões como pobreza, mudança climática, direitos civis, justiça social, discriminação racial, desigualdade de gênero, disponibilidade de serviços de saúde e obesidade infantil.

A TROCA DE *MARKETING*

Um profissional de *marketing* é alguém que busca uma resposta (atenção, compra, preferência, doação) de outra parte. Os profissionais de *marketing* estão capacitados a estimular a demanda por seus produtos, mas essa é uma visão muito limitada do que fazem. Eles também buscam influenciar o nível, o momento e a composição da demanda para atender aos objetivos da organização.

Tradicionalmente, um "mercado" era um local físico onde compradores e vendedores se reuniam para comprar e vender produtos. Os economistas descrevem um mercado como um conjunto de compradores e vendedores que negociam transações relativas a determinado produto ou classe de produto (p. ex., o mercado imobiliário ou o de grãos).

Existem cinco mercados básicos: de recursos, de fabricantes, de consumidores, intermediários e governamentais. A Figura 1.1 mostra os cinco mercados básicos e os fluxos de bens, serviços e dinheiro que os conectam. Os fabricantes recorrem aos mercados de recursos (mercados de matérias-primas, de mão de obra, financeiros) para adquiri-los e transformá-los em bens e serviços; depois, vendem os produtos acabados a intermediários, que, por sua vez, os vendem aos consumidores. Os consumidores vendem a sua mão de obra e recebem dinheiro, com o qual pagam pelos bens e serviços que adquirem. O governo recolhe impostos para comprar produtos dos mercados de recursos, de fabricantes e intermediários; depois, usa esses bens e serviços para fornecer serviços públicos. A economia de cada nação e a economia global consistem em conjuntos de mercados que interagem uns com os outros e estão ligados entre si por processos de troca.

Os profissionais de *marketing* consideram os vendedores como o *setor produtivo* e usam o termo *mercado* para descrever agrupamentos de clientes. Existem mercados de necessidades (o mercado das pessoas que querem emagrecer), mercados de produtos (o mercado de calçados), mercados

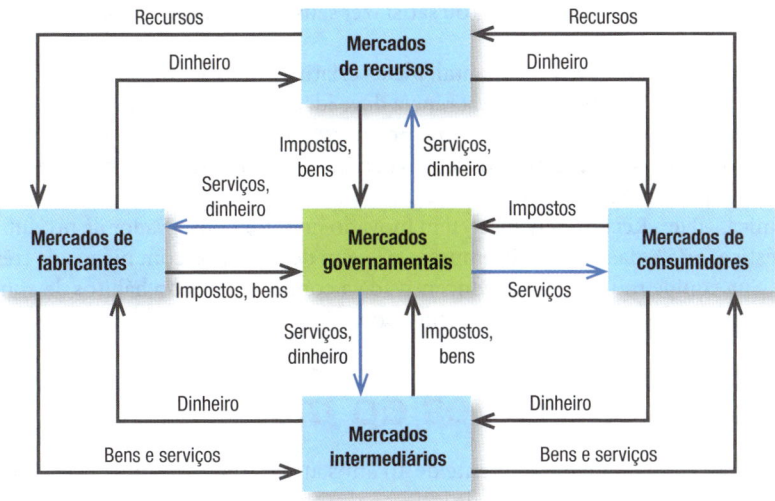

FIGURA 1.1
Estrutura dos fluxos de bens, serviços e dinheiro em uma economia moderna baseada em trocas.

demográficos (a geração y, ou *millenials*), mercados geográficos (o mercado chinês) ou mercados de eleitores, de mão de obra e de doadores.

A Figura 1.2 mostra como vendedores e compradores conectam-se por meio de quatro fluxos: os vendedores enviam bens, serviços e comunicação (como propagandas e mala-direta) ao mercado e, em troca, recebem dinheiro e informações (como dados sobre atitudes dos clientes e vendas); já o fluxo interno mostra uma troca de dinheiro por bens e serviços, ao passo que o externo mostra uma troca de informações.

Finanças, operações, contabilidade e outras funções organizacionais não terão sentido se não houver demanda suficiente por bens e serviços para que a empresa obtenha lucro. Em outras palavras, tem de haver receita para que os resultados aconteçam. É por isso que, muitas vezes, o sucesso financeiro de uma empresa depende de suas habilidades de *marketing*. A importância do *marketing* estende-se à sociedade como um todo, pois foi por meio dele que produtos novos ou aprimorados foram introduzidos no mercado para facilitar ou melhorar a vida dos consumidores. Um *marketing* bem-sucedido gera demanda por bens e serviços, o que, por sua vez, cria postos de trabalho e, ao contribuir com os resultados financeiros das empresas, permite o engajamento delas em atividades socialmente responsáveis.[8]

Em um ambiente movido pela internet e pelos dispositivos móveis, em que os consumidores, a concorrência, a tecnologia e as forças da economia mudam muito rápido e as consequências se multiplicam instantaneamente, os profissionais de *marketing* devem escolher atributos, preços e mercados e decidir quanto gastar em propaganda, vendas, *mobile marketing* e *marketing on-line*.

Há pouca margem de erro no *marketing*. Pouco tempo atrás, MySpace, Yahoo!, Blockbuster e Barnes & Noble eram líderes admirados em seus setores. Quanta diferença alguns anos podem fazer. Todas essas marcas foram completamente ultrapassadas por um desafiante iniciante – Facebook, Google, Netflix e Amazon – e agora lutam, às vezes sem sucesso, pela mera sobrevivência. As empresas devem avançar constantemente. Sob maior risco, estão aquelas que não conseguem monitorar atentamente seus clientes e concorrentes, melhorar continuamente suas

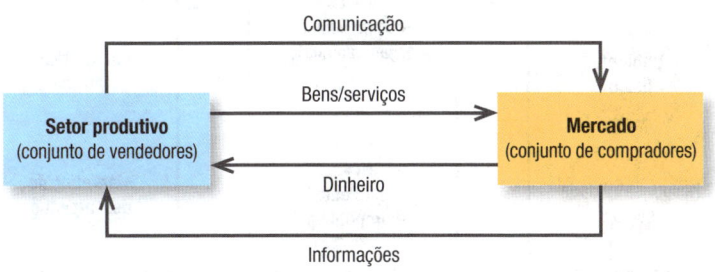

FIGURA 1.2
Sistema simples de *marketing*.

ofertas de valor e estratégias de *marketing* ou satisfazer seus funcionários, acionistas, fornecedores e parceiros de canal no processo.

A inovação em *marketing* é fundamental. Ideias criativas sobre estratégia existem em muitos lugares dentro de uma empresa. A alta gerência deve identificar e encorajar novas ideias de três grupos sub-representados: funcionários com perspectivas jovens ou diversas, funcionários distantes da sede da empresa e funcionários sem experiência no setor. Cada grupo pode questionar a ortodoxia da empresa e estimular novas ideias.

A britânica RB (ex-Reckitt Benckiser) tem inovado no setor conservador de produtos de limpeza doméstica, e 35% das vendas da empresa provêm de produtos com menos de três anos de existência. Sua equipe multinacional é incentivada a conhecer a fundo hábitos de consumo e é bem recompensada por excelência em desempenho.

As novas realidades do *marketing*

O mercado atual é radicalmente diferente de 10 anos atrás, com o surgimento de novos comportamentos, oportunidades e desafios de *marketing*.[9] As novas realidades do mercado podem ser divididas em três categorias principais: as forças de mercado que moldam as relações entre as diferentes entidades do mercado, os resultados de mercado decorrentes da interação entre tais forças e o surgimento do *marketing* holístico como abordagem essencial para o sucesso em um mercado que evolui rapidamente.

A Figura 1.3 resume as quatro principais forças do mercado, os três principais resultados do mercado e os quatro pilares fundamentais de *marketing* holístico que ajudam a capturar as novas realidades de *marketing*. Com base nesses conceitos, podemos identificar um conjunto específico de tarefas que compõem uma administração e uma liderança de *marketing* eficazes.

AS QUATRO PRINCIPAIS FORÇAS DO MERCADO

O ambiente de negócios atual é influenciado profundamente por quatro forças principais: tecnologia, globalização, ambiente físico e responsabilidade social. Examinaremos essas quatro forças transformadoras em mais detalhes a seguir.

Tecnologia. O ritmo das mudanças e a escala da conquista tecnológica são impressionantes. O aumento rápido do comércio eletrônico, das comunicações *on-line* e *mobile* e da inteligência artificial oferece aos profissionais de *marketing* capacidades cada vez mais amplas. Enormes quantidades de dados e informações sobre praticamente tudo passaram a ser disponibilizadas para consumidores e profissionais de *marketing*.

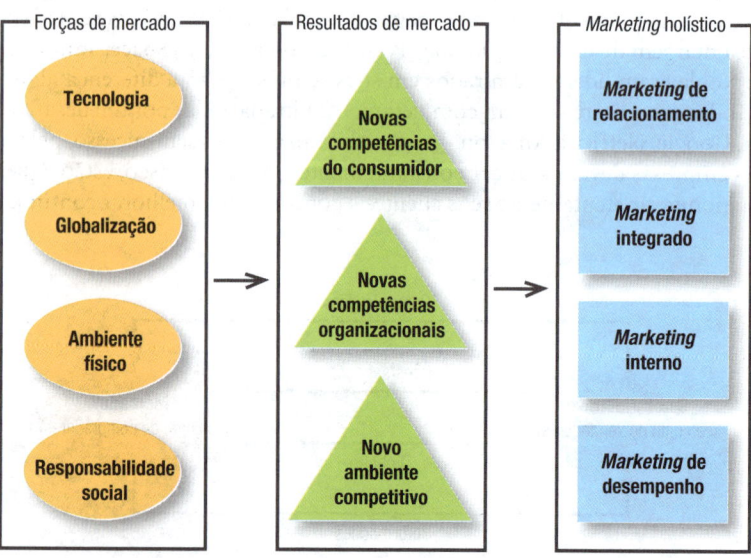

FIGURA 1.3
As novas realidades do *marketing*.

Os avanços tecnológicos deram origem a modelos de negócios que exploram as novas capacidades decorrentes dessas tecnologias. Empresas como Netflix, Amazon, Airbnb e Uber, que adotaram as novas tecnologias, causaram disrupção nos mercados e transformaram-se em grandes presenças nos setores em que concorrem.

Os avanços em análise de dados, aprendizado de máquina e inteligência artificial permitiram que as empresas, além de entender melhor aos clientes, consigam adaptar suas ofertas às necessidades dos consumidores. O aumento exponencial da capacidade computacional, aliado a algoritmos complexos de análises de dados que incluem processamento de linguagem natural, reconhecimento de objetivos e computação afetiva, oferece aos executivos de *marketing* um conhecimento inédito sobre clientes e permite a interação com eles no nível individual. O crescimento das plataformas de análise de dados e de inteligência artificial democratizou essas tecnologias ao disponibilizá-las para as empresas menores, que não teriam os recursos necessários para implementar essas tecnologias por conta própria.

Até mesmo as atividades de *marketing* tradicionais são profundamente afetadas pela tecnologia. Para melhorar a eficácia da força de vendas, a farmacêutica Roche decidiu fornecer iPads a toda a equipe de vendas. Embora antes a empresa tivesse um sofisticado *software* de gestão de relacionamento com clientes (CRM), ela ainda dependia dos representantes de vendas para inserir dados com precisão e em tempo hábil, o que, infelizmente, nem sempre acontecia. Com os iPads, no entanto, as equipes de vendas podiam fazer os registros em tempo real, o que melhorou a qualidade dos dados inseridos e liberou tempo para outras tarefas.

Globalização. O mundo se tornou um campo mais equilibrado, que oferece aos concorrentes de todo o planeta uma oportunidade igual de sucesso. As barreiras políticas e geográficas desmoronaram à medida que plataformas de fluxo de trabalho e tecnologias de telecomunicações avançadas permitiram que computadores de todos os tipos trabalhassem juntos para continuar a criar oportunidades quase ilimitadas de comunicação, colaboração e mineração de dados. Em seu livro homônimo, o colunista Thomas Friedman cunhou a expressão "O mundo é plano", que captura bem a ideia de que o mundo se tornou um lugar menor, que interliga empresas e clientes de todo o planeta.[10]

Friedman ilustra o impacto da globalização com o seguinte exemplo: a pessoa que recebe o seu pedido em um McDonald's no estado do Missouri pode estar em um *call center* a 1.500 km de distância, em Colorado Springs. Ela então transmite o pedido de volta para o McDonald's, para que esteja pronto minutos depois, quando chegar à próxima janela do *drive thru*. Friedman alerta sobre as consequências de ignorar a velocidade acelerada dos avanços globais, que exigirão que as empresas mudem o modo como trabalham, incluindo a perda de empregos americanos para trabalhadores capacitados dispostos a aceitar salários menores. Para ter sucesso no mundo "achatado", a mão de obra americana deve aprimorar continuamente suas habilidades especializadas e criar produtos superiores.

A globalização tornou os países cada vez mais multiculturais. O poderio econômico das minorias americanas se ampliou, e seu poder de compra cresce mais rápido do que o da população em geral. A demografia tende a favorecer os mercados em desenvolvimento, cujas populações têm idade mediana inferior a 25 anos. Em termos de crescimento da classe média, a grande maioria do próximo bilhão de pessoas que se integrará à classe média provavelmente virá da Ásia.[11]

A globalização altera a inovação e o desenvolvimento de produtos à medida que as empresas tomam ideias e lições de um país e as aplicam em outro. Após anos de pouco sucesso com seus *scanners* de ultrassom *premium* no mercado chinês, a GE teve êxito ao desenvolver uma versão portátil, de baixíssimo custo, que levou em consideração as características únicas das necessidades de mercado do país. Mais tarde, ela começou a vender com sucesso em todo o mundo o produto desenvolvido para uso em ambulâncias e salas cirúrgicas, onde os modelos existentes eram grandes demais.[12]

Ambiente físico. O ambiente físico onde as empresas operam mudou drasticamente durante a última década. Duas mudanças particularmente impactantes no ambiente físico merecem atenção especial: a mudança climática e a mudança nas condições de saúde globais.

A *mudança climática*, termo que se refere a alterações duradouras no clima global do planeta, assim como a alterações nos climas regionais, pode ter um impacto significativo nas atividades de negócios de uma empresa. A mudança climática não se limita ao aquecimento global, podendo envolver também temperaturas menores (resfriamento global), em vez de maiores. Além disso, os efeitos da mudança climática vão além das mudanças duradouras na temperatura, pois podem provocar eventos climáticos mais frequentes e mais extremos, flutuações na umidade e precipitação, aumento do nível do mar devido à expansão térmica dos oceanos e derretimento sem precedentes das geleiras e das calotas polares.

A mudança climática pode ter um efeito profundo nos modelos de negócios de praticamente todas as empresas, independentemente do tamanho ou do setor em que operam. Por exemplo, o aumento da temperatura anual média pode prejudicar a safra de frutas e legumes acostumados a temperaturas mais amenas e aumentar a vegetação de climas mais quentes. Com o prolongamento da estação de calor, as atividades de verão tendem a crescer, ao passo que os esportes de inverno tendem a sofrer. A elevação do nível do mar causa perturbações graves no comércio global e no cotidiano das pessoas. Devido ao aumento do nível do mar e ao clima extremo causados pela mudança climática, o governo da Indonésia anunciou planos de transferir sua capital nacional de Jacarta, que está sob risco, para um novo local na ilha de Bornéu. O impacto da elevação do nível do mar não significa apenas inundações mais frequentes, mas também maiores taxas de erosão, mais danos por tempestades e contaminação da água potável por água salgada.

As *condições de saúde* variam de doenças de curto prazo, limitadas a uma determinada área geográfica, a pandemias disseminadas por todo o planeta. As mudanças nas condições de saúde podem influenciar as operações de empresas farmacêuticas, de biotecnologia e de gestão de saúde, mas também aquelas que não estão diretamente relacionadas com a saúde. As pandemias, como a gripe aviária e a gripe suína, podem ter um efeito profundo em todas as áreas da economia, incluindo alimentação, turismo, hospitalidade e transporte. Uma pandemia global de verdade, como a covid-19, pode, na prática, paralisar todas ou quase todas as transações de negócios, levando ao congelamento do comércio global. Como o processo de globalização e o aumento correspondente nas viagens globais ampliaram a probabilidade de que doenças localizadas se transformem em pandemias, os gestores devem estar preparados para adaptar seus modelos de negócios para levar em consideração mudanças nas condições de saúde que ameacem seus clientes, seus funcionários e os lucros da empresa.

Responsabilidade social. Pobreza, poluição, escassez de água, mudanças climáticas, injustiça social e concentração de riqueza exigem nossa atenção. O setor privado tem assumido sua cota de responsabilidade pela melhoria das condições de vida, e empresas em todo o mundo têm dado destaque ao papel da responsabilidade social corporativa.

Visto que os efeitos do *marketing* se estendem à sociedade como um todo, o profissional de *marketing* deve levar em consideração o contexto ético, ambiental, jurídico e social de suas atividades.[13] A tarefa da organização é, portanto, determinar as necessidades, os desejos e os interesses dos mercados-alvo e satisfazê-los de forma mais eficiente e eficaz do que os concorrentes, sem deixar de preservar ou melhorar o bem-estar dos consumidores e da sociedade no longo prazo.

À medida que os bens se tornam mais comoditizados e os consumidores mais socialmente conscientes, algumas empresas – como The Body Shop, Timberland e Patagonia – incorporam a responsabilidade social como forma de se diferenciar da concorrência, conquistar a preferência do consumidor e obter vendas e lucros notáveis.[14]

Ao passar por todas essas transformações nas práticas de *marketing* e de negócios, as empresas também enfrentam dilemas éticos e escolhas desconcertantes. Os consumidores podem valorizar a conveniência, mas ter dificuldade para justificar produtos descartáveis ou embalagens complexas em um mundo que tenta minimizar o desperdício. As aspirações materiais crescentes podem questionar a necessidade de sustentabilidade. As empresas inteligentes passaram a criar projetos tendo em mente eficiência energética, pegadas de carbono, grau de toxicidade e facilidade de descarte.

Mais do que nunca, os profissionais de *marketing* devem pensar de forma holística e usar soluções criativas ganha-ganha para equilibrar demandas conflitantes. Eles devem desenvolver programas de *marketing* totalmente integrados e relacionamentos significativos com uma gama de públicos.[15] Além de fazer tudo certinho dentro de suas empresas, devem ponderar as consequências mais amplas no mercado, tópico que retomaremos a seguir.

<< Um motor elétrico poderoso, combinado com uma troca rápida para a gasolina, permite que o Prius atinja mais de 20 quilômetros por litro na cidade e nas rodovias. Além disso, ele é uma forma de seus proprietários demonstrarem preocupação com o meio ambiente.

Toyota Prius Alguns especialistas em automóveis zombaram da previsão da Toyota de vender 300 mil carros no prazo de cinco anos a partir do lançamento do modelo Prius, com motor híbrido a gasolina e elétrico, em 2001. No entanto, em 2004, o Prius tinha uma lista de espera de seis meses. A fórmula vencedora da Toyota consiste em um poderoso motor elétrico com capacidade de alternar rapidamente a fonte de energia – resultando em 23 quilômetros por litro na cidade e na rodovia –, aliado ao espaço interno e à potência de um sedã familiar, sem falar em seu projeto e estilo ecológicos, custando um pouco mais de US$ 20 mil. Alguns consumidores também gostaram da ideia de expressar seu compromisso com o meio ambiente pelo *design* diferenciado do Prius. A lição que se tira disso é que produtos funcionalmente bem-sucedidos tidos como ecologicamente corretos podem oferecer opções atrativas.[16]

OS TRÊS PRINCIPAIS RESULTADOS DO MERCADO

As quatro grandes forças que moldam os mercados na atualidade (tecnologia, globalização, ambiente físico e responsabilidade social) estão alterando fundamentalmente os modos como consumidores e empresas interagem uns com os outros. Essas forças oferecem novas capacidades aos dois grupos, ao mesmo tempo que promovem um ambiente de mercado competitivo. Discutiremos esses três resultados de mercado em mais detalhes a seguir.

Novas competências do consumidor. Hoje, os consumidores têm mais potência na palma da mão do que jamais tiveram no passado. A informação, a comunicação e a mobilidade expandidas permitem aos clientes fazer escolhas melhores e compartilhar suas preferências e opiniões com outras pessoas ao redor do mundo. Alguns aspectos fundamentais das novas competências do consumidor são apresentados a seguir:

- **Os consumidores podem usar recursos *on-line* como uma forma poderosa de aprender e se informar sobre suas compras.** De casa, do escritório ou do celular, eles podem comparar preços e características de produtos, consultar avaliações de usuários e fazer pedidos *on-line* de qualquer lugar do mundo, 24 horas por dia, sete dias por semana, superando as limitações das ofertas locais e obtendo economias significativas. Além disso, podem aderir ao *showrooming*: comparar produtos nas lojas físicas, mas comprar pela internet. Visto que consumidores e outros públicos podem rastrear praticamente qualquer tipo de informação,

as empresas passaram a perceber que a transparência em palavras e ações corporativas é de suma importância.
- **Os consumidores podem usar a conectividade móvel para pesquisar, comunicar e comprar a qualquer momento.** Cada vez mais, os consumidores integram *smartphones* e *tablets* aos seus cotidianos. Os usuários utilizam esses aparelhos para pesquisar produtos, comprar desde o rancho doméstico até presentes, contribuir para causas sociais e no auxílio a vítimas de desastres naturais, explorar opções de seguro, enviar e receber dinheiro por meio de plataformas bancárias *on-line* e realizar consultas entre médicos e pacientes e com equipes de saúde em locais distantes. Há um telefone celular para cada duas pessoas no planeta, e 10 vezes mais desses aparelhos são produzidos globalmente todos os dias do que nascem bebês. O setor de telecomunicações é um dos que valem trilhões de dólares no mundo, ao lado do turismo, das forças armadas, dos alimentos e dos automóveis.
- **Os consumidores podem acessar as mídias sociais para compartilhar opiniões e expressar fidelidade.** As mídias sociais são um fenômeno mundial explosivo que mudou como as pessoas vivem o seu cotidiano. Os consumidores usam mídias sociais como Facebook, Twitter, Snapchat e LinkedIn para se manter em contato com familiares, amigos e colegas de trabalho. Eles promovem bens e serviços e até participam da vida política. Conexões pessoais e conteúdos gerados por usuários proliferam em mídias sociais como Facebook, Instagram, Wikipédia e YouTube. *Sites* como Dogster, para amantes de cães, TripAdvisor, para viajantes, e Moterus, para motociclistas, reúnem consumidores com um interesse em comum. No Bimmerfest, Bimmerpost e BMW Links, entusiastas de automóveis falam sobre aros cromados, o modelo BMW mais recente e onde encontrar um ótimo mecânico nas redondezas.
- **Os consumidores podem interagir ativamente com as empresas.** Os consumidores veem suas empresas favoritas como oficinas de onde podem extrair as ofertas que desejam. Ao optar por fazer parte ou sair de listas, eles podem receber comunicações de *marketing* e vendas, descontos, cupons e outras ofertas especiais. Com seus *smartphones*, podem escanear códigos de barras e códigos QR para acessar o *site* de uma marca e outras informações. Muitas empresas desenvolveram aplicativos que permitem a interação com os clientes de forma mais eficaz.
- **Os consumidores podem rejeitar ações de *marketing* que considerem inadequadas ou incômodas.** Atualmente, alguns clientes podem não perceber tanta diferença entre produtos e se sentirem menos leais a uma marca. Outros podem se preocupar mais com o preço e a qualidade em sua busca por valor. Quase dois terços dos entrevistados em uma pesquisa relataram não gostar de propaganda. Por esses e outros motivos, os consumidores podem ser menos tolerantes ao *marketing* indesejado e podem optar por filtrar mensagens *on-line*, pular comerciais e esquivar-se de ofertas de *marketing* por correio ou telefone.
- **Os consumidores podem extrair mais valor do que já possuem.** Os consumidores podem compartilhar bicicletas, carros, roupas, sofás, apartamentos, ferramentas e habilidades. Como um empresário do setor de compartilhamento observou: "estamos passando de um mundo onde nos organizamos em torno de propriedades para outro organizado em torno de acesso a ativos". Em uma economia compartilhada, alguém pode ser tanto um consumidor quanto um produtor, colhendo os benefícios de ambos os papéis.[17]

Novas competências organizacionais. Além de capacitar os consumidores, a globalização, a responsabilidade social e a tecnologia geraram um novo conjunto de competências para ajudar as empresas a criar valor para os seus clientes, colaboradores e *stakeholders*. As principais competências organizacionais são apresentadas a seguir.

- **As empresas podem usar a internet como um poderoso canal de informações e vendas, inclusive para individualizar produtos.** Um *site* pode listar os bens e serviços de uma empresa, seu histórico, sua filosofia de negócios, as oportunidades de trabalho e outras informações que sejam do interesse de consumidores do mundo todo. A equipe de *marketing* da Solo Cup percebeu que associar suas vitrines ao seu *site* e à sua página do Facebook facilitava a compra de copos e pratos descartáveis pelos consumidores enquanto se engajavam com a marca *on-line*.[18] Graças aos avanços em customização industrial, tecnologia da informação e *software* de *database marketing*, as empresas permitem que os clientes comprem confeitos da M&M com seus nomes, caixas de cereais Wheaties ou latas de refrigerante Jones com sua foto estampada nelas e frascos de *ketchup* Heinz com mensagens personalizadas.

- **As empresas podem coletar informações mais abrangentes sobre mercados, clientes atuais ou potenciais e concorrentes.** Os executivos de *marketing* também podem conduzir uma pesquisa de mercado atualizada usando a internet para montar grupos focais, enviar questionários e coletar dados primários de várias outras maneiras. Eles podem reunir informações sobre cada cliente no que se refere a compras, preferências, dados demográficos e rentabilidade. Diversos varejistas, como as redes CVS, Target e Albertsons, usam os dados de seus cartões fidelidade para entender melhor o que os consumidores adquirem, com que frequência vão às lojas e outras preferências de compra. Sistemas de recomendação ajudam os executivos de *marketing* a desenvolver sugestões de compra adaptadas ao comportamento *on-line* prévio do usuário. Empresas como Netflix, Amazon, Alibaba e Google criaram algoritmos eficazes com base em dados de compras e conteúdo assistido, termos de busca, *feedback* de produtos e localização para alimentar seus mecanismos de recomendação para clientes individuais. Boa parte das compras na Amazon é derivada das recomendações de produtos.
- **As empresas podem chegar aos consumidores de forma rápida e eficiente por meio de redes sociais e *mobile marketing*, enviando cupons, informações e anúncios direcionados.** A tecnologia GPS pode identificar a localização exata dos consumidores, permitindo que sistemas de *marketing* lhes enviem mensagens no *shopping center* com lembretes da lista de desejos e cupons ou ofertas válidas apenas para o mesmo dia. A propaganda baseada na localização é atrativa porque atinge os consumidores quando estão mais próximos do ponto de venda. As mídias sociais e o *buzz* também são poderosos. Por exemplo, uma agência de *marketing* de comunicação boca a boca recrutou consumidores que aderiram voluntariamente a programas promocionais de bens e serviços sobre os quais achavam que valia a pena falar.
- **As empresas podem aperfeiçoar seus processos de compras, recrutamento e treinamento, assim como as comunicações interna e externa.** As empresas podem recrutar novos funcionários *on-line*, e muitas delas têm pacotes de treinamento pela internet que podem ser baixados por funcionários, revendedores e representantes. Os *blogs* diminuíram à medida que as empresas passaram a adotar as redes sociais. "Queremos estar onde nossos clientes estão", disse o Bank of America ao abandonar seu *blog* em favor do Facebook e do Twitter.[19] A Farmers Insurance usa um *software* especializado para ajudar seus representantes em todo o país a manter suas próprias páginas no Facebook. Por meio de intranets e bancos de dados, os funcionários podem fazer consultas entre si, buscar recomendações e trocar informações. Produtos híbridos como Twitter/Facebook e projetados especialmente para os funcionários das empresas foram introduzidos com sucesso pela Salesforce.com, IBM e várias *startups*. O Houston Zoo usa o botão "I want to" (eu quero) na sua intranet para completar rapidamente tarefas de rotina, como encomendar cartões de visita e uniformes ou comunicar-se com o departamento de tecnologia da informação (TI), o que dá aos funcionários mais tempo para cuidar dos animais. A aba Team Sites (*sites* da equipe) na intranet da Maxxam Analytics permite que membros da equipe em diferentes locais troquem ideias sobre como melhorar a eficiência e o atendimento ao cliente, o que serve para promover os objetivos da equipe da empresa.
- **As empresas podem melhorar sua eficiência de custos.** Compradores corporativos podem economizar substancialmente ao usar a internet para comparar preços de fornecedores e adquirir materiais em leilões ou publicar suas próprias condições em leilões reversos. As empresas podem aprimorar a logística e as operações para cortar consideravelmente os custos enquanto melhoram a precisão e a qualidade do serviço. As pequenas empresas, em especial, podem aproveitar o poder da internet. Médicos que atendem em uma pequena clínica podem usar serviços semelhantes ao do Facebook, como a Doximity, para se conectar com médicos e especialistas de referência.

Novo ambiente competitivo. As novas forças de mercado fizeram mais do que mudar as competências dos consumidores e das organizações; elas também alteraram drasticamente a dinâmica da concorrência e a natureza do cenário competitivo. Algumas das principais mudanças no ambiente competitivo são apresentadas a seguir.
- **Desregulamentação.** Muitos países desregulamentaram setores econômicos para criar maiores oportunidades de concorrência e crescimento. Nos Estados Unidos, as leis que restringem os serviços financeiros, as telecomunicações e os serviços de energia elétrica foram afrouxadas em favor da maior concorrência.

- **Privatização.** Muitos países converteram empresas públicas em empresas de propriedade e gestão privada para aumentar sua eficiência. O setor de telecomunicações passou por muita privatização em países como Austrália, França, Alemanha, Itália, Turquia e Japão.
- **Transformação no varejo.** Varejistas com lojas físicas enfrentam a concorrência de empresas de venda por catálogo, empresas de mala-direta, anúncios diretos ao consumidor veiculados em jornais, revistas e TV, programas de venda pela TV e comércio eletrônico. Reagindo a isso, empresas centradas no cliente, como Amazon, Best Buy e Target, têm incorporado entretenimento a suas lojas, como cafés, demonstrações de produtos e *shows*, vendendo uma "experiência", em vez de um sortimento de produtos.
- **Desintermediação.** As primeiras empresas pontocom, como Amazon e E*TRADE, criaram a *desintermediação* na entrega de produtos ao intervir no tradicional fluxo de bens. Em resposta, empresas tradicionais iniciaram um processo de *reintermediação* e passaram a adotar um modelo misto de varejo real e virtual, agregando serviços *on-line* a suas ofertas normais. Algumas, com recursos abundantes e marcas fortes, tornaram-se concorrentes mais poderosas que as empresas puramente digitais.
- **Marcas próprias.** Os fabricantes de marcas enfrentam ainda o ataque de varejistas poderosos que comercializam marcas próprias, cada vez mais indistinguíveis de qualquer outro tipo de marca.
- **Megamarcas.** Muitas marcas fortes tornaram-se megamarcas e estendem-se a categorias de produtos relacionados, incluindo novas oportunidades na interseção de dois ou mais setores. Informática, telecomunicações e produtos eletrônicos têm convergido, com a Apple e a Samsung lançando uma série de celulares, *tablets* e dispositivos vestíveis de última geração.

O CONCEITO DE *MARKETING* HOLÍSTICO

O *marketing* holístico reconhece e concilia o escopo e as complexidades das atividades de *marketing* e oferece uma abordagem integrada à gestão das táticas e estratégias. A Figura 1.4 esquematiza uma visão geral dos quatro componentes abrangentes que caracterizam o *marketing* holístico: *marketing* de relacionamento, *marketing* integrado, *marketing* interno e *marketing* de desempenho. Examinaremos esses temas importantes ao longo deste livro.

Para obter sucesso, o *marketing* deve ser mais holístico e menos departamental. Os profissionais de *marketing* devem exercer maior influência na empresa, gerar novas ideias continuamente e esforçar-se para coletar e utilizar *insights* sobre os clientes. Eles devem construir suas marcas mais por meio do desempenho do que por meio da promoção, usando a tecnologia para criar sistemas excepcionais de informações e comunicação.

A orientação para valor de mercado exige uma abordagem holística ao *marketing* focada em: construção de relacionamento, em vez da geração de transações; um *marketing* integrado que é ao mesmo tempo automatizado e criativo, e não em ações de *marketing* isoladas, gerenciadas

FIGURA 1.4
O conceito de *marketing* holístico.

manualmente; um *marketing* interno que reflete uma cultura corporativa forte, e não em funcionários desengajados; e um *marketing* orientado para o desempenho e movido pela ciência, e não pela intuição.

***Marketing* de relacionamento.** Cada vez mais, um dos principais objetivos do *marketing* é desenvolver relacionamentos profundos e duradouros com as pessoas ou organizações que podem, direta ou indiretamente, afetar o sucesso das atividades de *marketing* da empresa. O **marketing de relacionamento** tem como objetivo construir relacionamentos de longo prazo mutuamente satisfatórios com seus públicos-chave, a fim de conquistar ou manter negócios com eles.

Os quatro públicos-chave no *marketing* de relacionamento são os clientes, os funcionários, os parceiros de *marketing* (canais, fornecedores, distribuidores, revendedores, agências) e os membros da comunidade financeira (acionistas, investidores, analistas). As empresas devem gerar prosperidade entre todos esses públicos e equilibrar os retornos a todos os principais *stakeholders*. Desenvolver relações sólidas com eles exige a compreensão de suas competências, recursos, necessidades, metas e desejos.

Em última instância, o *marketing* de relacionamento resulta no desenvolvimento de um ativo insubstituível da empresa, chamado de **rede de *marketing***. Essa rede é composta pela empresa e seus *stakeholders* (clientes, funcionários, fornecedores, distribuidores, varejistas, etc.), com quem são construídos relacionamentos comerciais mutuamente compensadores. O princípio operacional é simples: forme uma rede de relacionamento efetiva com os principais *stakeholders* e os lucros virão como uma consequência natural. Por isso, muitas empresas têm optado por priorizar suas marcas em detrimento de seus ativos físicos e por terceirizar atividades periféricas com outras empresas capazes de executá-las melhor e com custo reduzido, enquanto se concentram nas atividades centrais de seus negócios. A Nike é um excelente exemplo: as atividades de *marketing* da campanha "Just Do It" da gigante do vestuário esportivo emanam da sua sede no estado americano Oregon, mas ela terceiriza toda a produção para unidades no exterior. A China é a maior fabricante de vestuário e calçados, mas há outras fábricas na Tailândia, na Índia, na Coreia do Sul e no Vietnã.

As empresas também têm moldado ofertas, serviços e mensagens específicas para *clientes individuais*, com base em informações sobre as transações anteriores de cada um deles, seus dados demográficos e psicográficos, bem como suas preferências por meios de comunicação e distribuição. Ao se concentrar em seus clientes, produtos e canais mais lucrativos, essas empresas esperam crescer e capturar uma parcela maior dos gastos de cada cliente com a conquista de sua fidelidade. Elas estimam o valor vitalício do cliente e desenvolvem suas ofertas e preços de mercado para obter lucro ao longo desse período.

A rede Marriott oferece um excelente exemplo de como cultivar a fidelidade dos clientes. Hóspedes frequentes nos seus hotéis e *resorts* participam de um sistema de recompensas em níveis que partem do básico para membros do Marriott Rewards e acumulam regalias e pontos de bônus com os níveis Lifetime Silver, Lifetime Gold e três níveis Lifetime Platinum. Após atingir o nível Lifetime, esse *status* nunca pode ser revogado e nunca expira, o que garante que clientes comprometidos receberão os benefícios dos níveis Silver, Gold ou Platinum a cada visita.

O *marketing* deve gerenciar habilmente não apenas os relacionamentos com o cliente, mas também com parceiros. As empresas têm aprofundado seus acordos de parceria com os principais fornecedores e distribuidores, tomando-os como parceiros no oferecimento de valor aos clientes finais, para que todos se beneficiem. A IBM aprendeu o valor de fortes vínculos com clientes.

> **IBM** Fundada há mais de um século, em 1911, a IBM pode ser considerada uma notável sobrevivente que manteve a liderança de mercado por décadas na desafiadora indústria da tecnologia. A empresa conseguiu fazer seu negócio evoluir e atualizar de forma impecável o foco de seus bens e serviços por inúmeras vezes em sua história – dos *mainframes* aos PCs até à ênfase atual na computação em nuvem, em *big data* e nos serviços de TI. Parte do motivo desse sucesso é que a equipe de vendas e a organização de serviços da IBM se mantêm próximas a seus clientes para compreender as necessidades deles e lhes oferecer valor real. Muitas vezes, a empresa chega a criar produtos com os clientes: por exemplo, a IBM trabalhou com o governo do estado de Nova York para desenvolver um método para detectar a evasão fiscal que,

>> Para superar os desafios do campo da tecnologia, a IBM redirecionou seu foco estratégico para atender às necessidades do ambiente em mutação, escutou atentamente seus clientes e trabalhou próxima a eles.

segundo relatos, poupou aos contribuintes mais de US$ 1,5 bilhão em um período de sete anos. Como observou Rosabeth Moss Kanter, renomada professora da Harvard Business School, "A IBM não é uma empresa de tecnologia, mas uma empresa que soluciona problemas usando a tecnologia".[20]

Marketing integrado. O *marketing* **integrado** coordena todas as atividades e os programas de *marketing* e os direciona a criar, comunicar e entregar mensagens e valor consistentes aos consumidores, de tal forma que "o todo seja maior do que a soma das partes". Isso exige que os profissionais de *marketing* concebam e implementem cada atividade da área com todas as demais atividades em mente. Quando um hospital adquire um aparelho de ressonância magnética da divisão de saúde da General Electric, por exemplo, ele espera que bons serviços de instalação, manutenção e treinamento acompanhem a aquisição do produto.

Uma estratégia de canal integrada deve avaliar cada opção de canal em relação ao seu efeito direto nas vendas de produtos e *brand equity*, assim como seu efeito indireto nas interações com outras opções de canais. Todas as comunicações da empresa devem ser integradas, de modo que se reforcem e se complementem entre si. Um profissional de *marketing* deve usar seletivamente propagandas impressas, de TV e de rádio, eventos de relações públicas, comunicados de relações públicas e *sites*, de modo que cada elemento dê sua própria contribuição e, ao mesmo tempo, melhore a eficácia dos demais. Além disso, cada um deles deve transmitir uma mensagem de marca que seja consistente em cada ponto de contato. Confira a campanha vencedora da Islândia a seguir.

Islândia Já abalada por alguns dos maiores prejuízos na crise financeira global de 2008, a Islândia enfrentou mais infortúnio quando o vulcão inativo Eyjafjallajökull entrou inesperadamente em erupção em abril de 2010. As enormes plumas vulcânicas criaram a maior interrupção de viagens aéreas desde a Segunda Guerra Mundial, resultando em uma onda de repercussões negativas na imprensa e sentimentos negativos por toda a Europa e em outras partes do mundo. Com o turismo gerando cerca de 20% das divisas do país e as reservas em queda, autoridades governamentais e ligadas ao turismo decidiram lançar a campanha "Inspired by Iceland" (Inspirado pela Islândia). Baseada na percepção de que 80% dos visitantes do país recomendam o destino para amigos e familiares, cidadãos islandeses foram recrutados para contar suas histórias e incentivar outros a se juntarem a eles por meio de um *site* ou por mídias sociais, como Twitter, Facebook e Vimeo. Celebridades como Yoko Ono e Eric Clapton compartilharam

<< A campanha "Inspired by Iceland" explorou o poder de cidadãos, visitantes e celebridades nas mídias sociais para superar a publicidade negativa causada por uma erupção vulcânica que devastou as viagens aéreas internacionais e a imagem da Islândia.

suas experiências, e *shows* ao vivo geraram mídia positiva. Câmeras de vídeo espalhadas por toda parte mostraram que o país não estava coberto de cinzas, mas de verde. A campanha foi extremamente bem-sucedida – 22 milhões de histórias foram criadas por pessoas de todo o mundo –, e as reservas que se seguiram ficaram bem acima das previsões."[21]

Cada vez mais, o *marketing* não se restringe a um departamento; cada funcionário exerce um impacto sobre o cliente. Os profissionais da área devem administrar adequadamente todos os pontos de contato possíveis: leiautes de loja, projetos de embalagem, funções de produtos, treinamento de funcionários, transporte e logística. Criar uma forte organização de *marketing* significa que os executivos da área devem pensar como os de outros departamentos, ao passo que os executivos de outros departamentos devem pensar mais como os de *marketing*. Um trabalho em equipe interdepartamental que inclua a equipe de *marketing* é necessário para gerenciar processos-chave, como inovação da produção, desenvolvimento de novos negócios, aquisição e retenção de clientes e atendimento de pedidos.

***Marketing* interno.** O ***marketing* interno**, um dos componentes do *marketing* holístico, consiste em contratar, treinar e motivar funcionários capacitados que queiram atender bem os clientes. Profissionais de *marketing* inteligentes reconhecem que as atividades de *marketing* dentro da empresa podem ser tão importantes quanto aquelas dirigidas para fora da empresa, se não mais importantes. Não faz sentido prometer excelência em serviço antes que a equipe interna esteja pronta para fornecê-la.

O sucesso em *marketing* ocorre somente quando todos os departamentos atuam em conjunto para atingir as metas voltadas ao cliente: quando a equipe de engenharia projeta os produtos certos, o departamento financeiro disponibiliza a quantidade correta de recursos, o setor de compras acerta na escolha do material, a produção faz os produtos certos no prazo estimado e a contabilidade mede a lucratividade da maneira certa. Todavia, essa harmonia interdepartamental só se manifesta de fato quando a administração comunica claramente uma visão de como a orientação e a filosofia de *marketing* da empresa servem aos clientes. O exemplo a seguir destaca parte do desafio potencial na integração de *marketing*.

A vice-presidente de *marketing* de uma grande companhia aérea europeia quer aumentar sua participação no tráfego aéreo. A estratégia escolhida consiste em prover maior satisfação ao cliente fornecendo comida mais saborosa, cabines mais limpas, tripulação mais bem treinada e tarifas mais baixas, mas a vice-presidente não tem autoridade sobre essas questões. O departamento de compras seleciona fornecedores de alimentos que mantenham os custos baixos; o departamento de manutenção usa serviços de limpeza mais econômicos; o departamento de recursos humanos contrata pessoas sem se preocupar se elas são naturalmente cordiais e orientadas para o atendimento; e as tarifas são estipuladas pelo departamento financeiro. Visto que esses departamentos geralmente assumem o ponto de vista do custo ou da produção, a vice-presidente de *marketing* fica impedida de criar um programa de *marketing* integrado.

O *marketing* interno pressupõe um alinhamento vertical com a alta gerência e um alinhamento horizontal com os demais departamentos, de modo que todos compreendam, valorizem e apoiem o esforço de *marketing*. Por exemplo, a vice-presidente de *marketing* frustrada da companhia aérea poderia antes recrutar a ajuda da alta gerência e dos chefes de departamento, ilustrando como um esforço coordenado no nível da empresa como um todo melhoraria a sua imagem e faria diferença para os resultados financeiros. Para tanto, ela poderia disponibilizar dados sobre os concorrentes ou compilar resenhas dos clientes sobre as suas experiências com a companhia aérea.

O engajamento da gerência será fundamental nesse esforço de *marketing* integrado, que deve envolver e motivar todos os funcionários, dos atendentes do balcão aos trabalhadores da manutenção, do departamento de alimentação à tripulação de cabine, engajando-os em um esforço de equipe para revigorar a missão da companhia aérea de excelência em serviço. Além do treinamento contínuo dos funcionários com ênfase no atendimento ao cliente, ter comunicações internas regulares para manter todos informados sobre as ações da empresa e destacar os funcionários que oferecem ideias ou atendimento de alto nível podem ser parte do esforço de envolver toda a empresa nesse processo.

***Marketing* de desempenho.** O ***marketing* de desempenho** pressupõe o entendimento dos retornos financeiros e não financeiros para a empresa e para a sociedade a partir de atividades e programas de *marketing*. Como observado anteriormente, os melhores profissionais cada vez mais não se limitam a analisar a receita de vendas, passando a examinar também o *scorecard* de *marketing* e a interpretar o que está acontecendo com sua participação de mercado, taxa de perda de clientes, nível de satisfação do cliente, qualidade do produto e outros indicadores. Eles também têm levado em consideração os efeitos legais, éticos, sociais e ambientais de suas atividades e programas de *marketing*.

Quando fundaram a Ben & Jerry's, Ben Cohen e Jerry Greenfield adotaram o conceito de *marketing* de desempenho, dividindo o tradicional resultado financeiro em dois, de modo a incluir a mensuração do impacto ambiental de seus produtos e processos. Mais tarde, isso se transformaria no "tripé da sustentabilidade", representando os impactos sociais, negativos e positivos de todo o leque de atividades comerciais da empresa.

> **Patagonia** Como uma das poucas empresas de interesses comunitários dos Estados Unidos que deve explicar todos os anos como sua missão beneficia tanto *stakeholders* quanto a sociedade, a Patagonia tenta combinar conscientização ambiental com a maximização do retorno para o acionista. Fiel à sua missão e cultura corporativa, a Patagonia ajudou a desenvolver um material de borracha natural para as suas roupas de mergulho (para substituir o neoprene, derivado do petróleo) e incentivou outras empresas a usar essa bioborracha em roupas de mergulho e em outros produtos, incluindo tapetes de ioga e tênis.[22] A empresa parece ter descoberto uma combinação vencedora. De acordo com Yvon Chouinard, o alpinista, surfista e ferreiro autodidata que fundou a Patagonia, todas as decisões que tomou que eram certas para o meio ambiente geraram lucros para a empresa no longo prazo.

Muitas empresas não têm conseguido cumprir suas responsabilidades legais e éticas, e os consumidores estão exigindo mais comportamento responsável.[23] Uma pesquisa relatou que pelo menos um terço dos consumidores em todo o mundo acreditam que bancos, companhias de seguros e fabricantes de alimentos industrializados devem ser submetidos a uma regulamentação mais rigorosa.[24] Dadas as novas realidades do *marketing*, as organizações estão desafiando seus profissionais da área a encontrar o melhor equilíbrio possível entre o velho e o novo e apresentar provas concretas de sucesso.

<< Desde que foi fundada, a Patagonia esforça-se para equilibrar um forte compromisso social de preservação do meio ambiente, com o objetivo de garantir a continuidade dos benefícios para os seus acionistas.

Os executivos de *marketing* são, cada vez mais, solicitados a justificar seus investimentos em termos financeiros e de rentabilidade, bem como no que se refere a construir a marca e a ampliar a base de clientes.[25] As organizações reconhecem que grande parte de seu valor de mercado advém de ativos intangíveis, em especial marcas, base de clientes, funcionários, relações com distribuidores e fornecedores e capital intelectual. Assim, eles têm aplicado mais métricas – *brand equity*, valor vitalício do cliente, retorno sobre investimento de *marketing* – para entender e medir o desempenho de *marketing* e dos negócios e uma maior variedade de indicadores financeiros para avaliar o valor direto e indireto gerado por seus esforços de *marketing*.[26]

O papel do *marketing* na organização

Uma tarefa crucial para qualquer negócio é definir o papel que o *marketing* desempenhará na organização. A empresa deve decidir qual filosofia guiará seus esforços de *marketing*, determinar como organizar e administrar o departamento de *marketing* e, em última análise, encontrar a melhor maneira de construir uma organização centrada no cliente, capaz de gerar valor para os seus *stakeholders*.[27]

Qual filosofia deveria orientar os esforços de *marketing* de uma empresa? Examinaremos, em primeiro lugar, a evolução dos conceitos de *marketing*.

- A **orientação para produção** é um dos conceitos mais antigos nos negócios e sustenta a ideia de que os consumidores dão preferência a produtos fáceis de encontrar e de baixo custo. Os gerentes das empresas orientadas para produção se concentram em alcançar alta eficiência de produção, baixos custos e distribuição em massa. Esse tipo de orientação faz sentido nos países em desenvolvimento, como a China, onde o maior fabricante de PCs, a Legend (principal proprietária do Lenovo Group), e a gigante dos eletrodomésticos Haier aproveitaram a enorme quantidade de mão de obra barata do país para dominar o mercado. É também um conceito utilizado quando uma empresa deseja expandir mercado.
- A **orientação para produto** sustenta que os consumidores dão preferência a bens e serviços que ofereçam qualidade e desempenho superiores ou que tenham características inovadoras. Entretanto, às vezes, os gerentes apaixonam-se pelos seus produtos e podem sucumbir à falácia da "ratoeira melhor", acreditando que um produto melhor fará, por si só, com que as pessoas se acotovelem à sua porta. Assim como várias *startups* aprenderam do jeito mais

difícil, um produto novo ou aperfeiçoado não será necessariamente bem-sucedido, a menos que tenha o preço certo e seja distribuído, promovido e vendido de forma adequada.

- A **orientação para vendas** parte do princípio de que os consumidores e as empresas não vão, espontaneamente, comprar os produtos de uma organização em quantidade suficiente. Essa orientação é praticada de maneira mais agressiva com produtos pouco procurados – aqueles que os consumidores dificilmente pensam em comprar, como seguros e jazigos – e quando uma empresa que dispõe de excesso de capacidade visa a vender aquilo que fabrica, em vez de fabricar aquilo que o mercado quer. O marketing fundamentado em venda agressiva envolve altos riscos. Ele pressupõe que clientes persuadidos a comprar um produto não vão devolvê-lo nem falar mal dele, tampouco reclamar a um órgão de defesa do consumidor, e talvez até voltem a comprá-lo.
- A **orientação para marketing** surgiu em meados da década de 1950 como uma filosofia de "sentir e responder" centrada no cliente. A tarefa não é mais encontrar os clientes certos para seu produto, mas desenvolver os produtos certos para seus clientes. A Dell não prepara um computador perfeito para seu mercado-alvo. Em vez disso, ela oferece plataformas de produtos em que cada cliente personaliza os recursos que deseja em seu computador. A orientação para marketing afirma que o segredo para uma empresa atingir os objetivos organizacionais é ser mais eficaz que os concorrentes na criação, na entrega e na comunicação de um valor superior aos mercados-alvo escolhidos. Theodore Levitt, de Harvard, elaborou uma comparação perspicaz entre as orientações de vendas e de marketing:[28] *A venda está voltada às necessidades do vendedor; o marketing, às necessidades do comprador. A venda se preocupa com a necessidade do vendedor de converter seu produto em dinheiro; o marketing, com a ideia de satisfazer as necessidades do cliente por meio do produto e de todo um conjunto de fatores associados à sua criação, entrega e, finalmente, consumo.*
- A **orientação para valor de mercado** baseia-se em desenvolvimento, concepção e implementação de programas, processos e atividades de marketing que reconheçam sua amplitude e interdependências. A visão baseada em valor reconhece que "tudo é importante" no marketing e que, muitas vezes, é necessária uma perspectiva ampla e integrada. Tradicionalmente, os profissionais de marketing desempenham o papel de intermediário, responsável por entender as necessidades dos clientes e transmitir a sua voz para as diversas áreas funcionais.[29] A orientação para valor de mercado, por outro lado, sugere que *todas* as áreas funcionais devem se concentrar ativamente em criar valor para os clientes, a empresa e seus colaboradores.

A orientação para valor de mercado sugere que as empresas devem definir seu negócio como um processo de atender o cliente, em vez de em termos de seus produtos ou setores. Os produtos são transitórios, mas as necessidades básicas e os grupos de clientes são eternos. O transporte é uma necessidade; o cavalo e a carruagem, o automóvel, o trem, o avião, o navio e o caminhão são produtos que atendem a essa necessidade. Analisar negócios sob o enfoque das necessidades dos clientes pode sugerir novas oportunidades de crescimento. A Tabela 1.1 apresenta uma lista de empresas que migraram de uma orientação de produto para uma visão de valor de mercado ao definir seu negócio.

A visão de valor de mercado sobre as atividades da empresa pode redefinir o mercado no qual a empresa atua. Por exemplo, se a Pepsi adotasse uma visão focada no produto, definiria seu mercado-alvo como todos os que tomam refrigerantes; portanto, seus concorrentes seriam

TABELA 1.1 Definições de negócio por produto e por valor de mercado

Empresa	Definição por produto	Definição por valor de mercado
Union Pacific Railroad	Operamos uma ferrovia	Transportamos pessoas e mercadorias
Xerox	Fabricamos copiadoras	Ajudamos a aumentar a produtividade de escritórios
Hess Corporation	Vendemos gasolina	Fornecemos energia
Paramount Pictures	Fazemos filmes	Promovemos entretenimento
Encyclopedia Britannica	Vendemos enciclopédias	Distribuímos informação
Carrier	Fabricamos aparelhos de ar-condicionado e aquecedores	Fornecemos controle climático residencial

outras empresas que fabricam bebidas desse tipo. Contudo, se a Pepsi adotasse uma visão de valor de mercado, definiria o seu mercado em termos muito mais amplos e consideraria todos os que bebem algo para matar a sede. Assim, entre seus concorrentes, estariam empresas que fabricam outros tipos de refrigerante, água mineral, suco, chá e café.

Organização e administração do departamento de *marketing*

A estrutura do departamento de *marketing* desempenha um papel crucial na capacidade da empresa de criar valor de mercado. Além das habilidades dos profissionais de *marketing* individuais, o sucesso da empresa é determinado, em grande parte, pelo modo como estes estão organizados para criar uma equipe de *marketing* de alto desempenho. Nesse contexto, a organização e a administração do departamento de *marketing* são de suma importância para criar uma organização de *marketing* moderna.

ORGANIZAÇÃO DO DEPARTAMENTO DE *MARKETING*

Os departamentos de *marketing* modernos podem ser organizados de várias maneiras, que, às vezes, podem se sobrepor funcionalmente, geograficamente, por produto ou marca, por mercado ou matricialmente.

Organização funcional. Na forma mais comum de organizar um departamento de *marketing*, especialistas em determinadas funções reportam ao diretor de *marketing*, que, por sua vez, coordena as atividades de todos. A Figura 1.5 mostra sete especialistas. Outros especialistas podem incluir um gerente de planejamento de *marketing*, de logística de mercado, de *marketing* direto, de mídias sociais e de *marketing* digital.

A principal vantagem da organização funcional é a sua simplicidade administrativa. No entanto, desenvolver relações de trabalho harmoniosas dentro do departamento pode ser um grande desafio. O resultado pode ser um planejamento inadequado à medida que aumenta o número de produtos e mercados e cada grupo funcional compete com outros por orçamento e *status*. O diretor de *marketing* tem de ponderar as reivindicações conflitantes e enfrenta um problema difícil de coordenação.

Organização geográfica. Uma empresa que atende o mercado nacional frequentemente organiza sua força de vendas (e, às vezes, o *marketing*) de acordo com subdivisões geográficas. O gerente de vendas nacional pode supervisionar quatro gerentes de vendas regionais, e cada um deles pode supervisionar seis gerentes de zona, que supervisionam oito gerentes distritais, que, por sua vez, supervisionam 10 vendedores cada.

Algumas empresas empregam *especialistas de mercados regionais* (gerentes de *marketing* regionais ou locais) para dar apoio aos esforços de vendas em mercados de grandes volumes. Por exemplo,

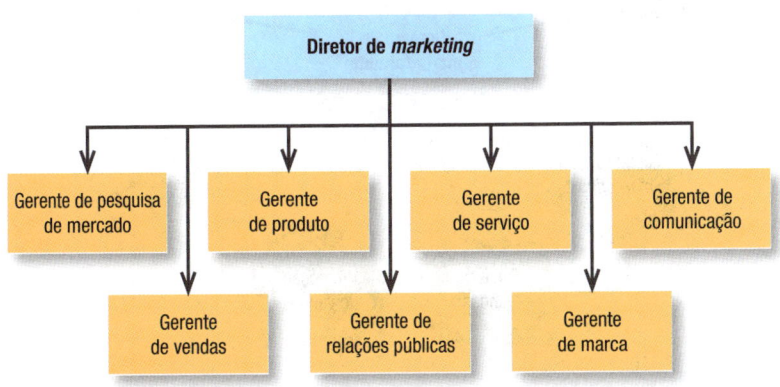

FIGURA 1.5
Organização funcional.

considere como um desses mercados funcionaria no condado de Miami-Dade, na Flórida, onde quase dois terços das famílias são de origem hispânica e latina. O especialista de Miami conheceria a composição dos clientes e do comércio da região, ajudaria os gerentes de *marketing* da sede a ajustar seu *mix* de *marketing* à cidade e prepararia planos locais anuais e de longo prazo para vender ali todos os produtos da empresa. Algumas empresas precisam elaborar programas de *marketing* específicos para diferentes partes do país, pois a localização geográfica altera muito o desenvolvimento de sua marca.

Organização por produto ou marca. Empresas que produzem diversos produtos e marcas costumam estabelecer uma organização por produto (ou marca). Isso não substitui a organização funcional, atuando como outra camada gerencial. Um gerente de grupo de produtos supervisiona os gerentes de categoria de produtos, que, por sua vez, supervisionam gerentes de produto e marca específicos.

Uma organização por produto faz sentido quando os produtos da empresa são muito diferentes ou quando o número de produtos é grande demais para ser gerenciado por uma organização funcional de *marketing*. Às vezes, essa forma de organização se caracteriza por um sistema radial. Simbolicamente, o gerente de marca ou produto ocupa o centro, do qual saem os raios que chegam até os vários departamentos que representam relações de trabalho (Figura 1.6).

As funções do gerente envolvem desenvolver uma estratégia competitiva de longo prazo para a oferta; preparar um plano anual de *marketing* e previsões anuais de vendas; trabalhar com agências de propaganda, digitais e de *merchandising* para desenvolver textos, programas e campanhas; administrar o apoio ao produto entre a força de vendas e os distribuidores; coletar e tratar dados continuamente sobre o desempenho do produto, sobre o comportamento dos clientes e dos intermediários e sobre novos problemas e oportunidades; e começar o aperfeiçoamento de produtos para atender a novas necessidades do mercado.

A organização por produtos permite ao gerente concentrar-se no desenvolvimento de um programa de *marketing* eficiente em custo e reagir mais rapidamente a novos produtos no mercado, além de providenciar um defensor às marcas menos importantes da empresa. No entanto, esse tipo de organização apresenta algumas desvantagens. Os gerentes de produto e marca não têm autoridade suficiente para cumprir suas responsabilidades. Muitas vezes, tornam-se especialistas em seu produto, mas raramente desenvolvem as habilidades necessárias para cada função específica. Outro desafio é que os gerentes de marca geralmente administram uma marca por um curto período.

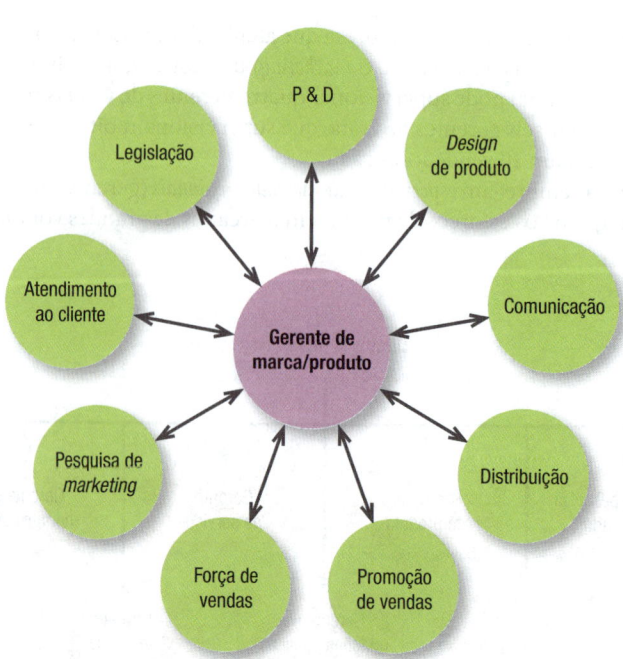

FIGURA 1.6
As interações do gerente de produto.

O envolvimento de curto prazo leva a um planejamento de curto prazo e dificulta a construção das forças de longo prazo. A fragmentação dos mercados torna mais difícil o desenvolvimento de uma estratégia nacional. Os gerentes de marca precisam agradar grupos de vendas regionais e locais, o que resulta em uma transferência de poder do *marketing* para as vendas. Outra consideração importante é que os gerentes de produto e de marca fazem a empresa se concentrar em ampliar a participação de mercado, não em desenvolver o relacionamento com os clientes.

A organização por produtos pode ser estruturada em torno dos produtos da empresa, mas ela também pode se concentrar em categorias de produtos para administrar suas marcas. A Procter & Gamble, pioneira no sistema de gerenciamento de marcas, assim como várias outras grandes empresas de bens de consumo, optou pelo gerenciamento por categorias, assim como empresas fora do canal supermercadista. A opção da Diageo pelo gerenciamento por categorias foi vista como um meio de administrar melhor o desenvolvimento de marcas *premium*, além de ajudar a empresa a lidar com a situação das marcas com baixo desempenho.

A Procter & Gamble citou diversas vantagens em sua mudança para o gerenciamento por categoria. Ao estimular a competição interna entre gerentes de marca, o sistema tradicional por gerenciamento de marcas os incentivava a se sobressair, mas também gerava muita competição interna por recursos e falta de coordenação. O novo esquema foi projetado para assegurar que todas as categorias recebessem recursos adequados. Outro argumento a favor do gerenciamento por categorias é o crescente poder do comércio varejista, que tende a pensar em termos de categorias de produtos. A P&G achava que faria sentido usar o mesmo raciocínio para lidar com linhas similares. Varejistas e redes regionais de supermercados, como Walmart e Wegmans, adotaram o gerenciamento por categorias para definir o papel estratégico de determinada categoria de produtos dentro da loja, assim como para tratar de questões operacionais, como logística, o papel dos produtos de marca própria e as compensações entre oferecer variedade de produtos e evitar a duplicação ineficiente.[30] Na realidade, em algumas empresas de bens de consumo, o gerenciamento por categorias evoluiu para o gerenciamento de corredores e abrange várias categorias correlacionadas, normalmente encontradas nas mesmas seções de supermercados e mercearias. O iogurte Yoplait da General Mills tem funcionado como *category advisor* no corredor de laticínios em 24 grandes varejistas, aumentando a exposição do iogurte na gôndola de 1 a 2,5 metros de cada vez, o que impulsionou suas vendas em 9% e as da categoria de laticínios em 13% nacionalmente.[31]

Organização por gerência de mercados. Muitas vezes, as empresas desenvolvem bens e serviços diversos para atender mercados-alvo distintos. Por exemplo, a Canon vende impressoras aos mercados consumidor, empresarial e governamental. A Nippon Steel vende aço aos setores ferroviário, de construção e de utilidade pública. Quando os consumidores pertencem a diferentes grupos de usuários, com preferências e práticas de compra distintas, é desejável ter uma organização por gerência de mercados. Um gerente de mercado supervisiona vários gerentes de desenvolvimento de mercado, especialistas de mercado ou especialistas setoriais e utiliza os serviços de departamentos específicos quando necessário. Os gerentes de mercados importantes podem até mesmo ter especialistas se reportando a eles.

Os gerentes de mercado atuam como apoio (não como pessoal de "linha de frente") e têm deveres semelhantes aos dos gerentes de produto. Eles desenvolvem planos anuais e de longo prazo para seus mercados e têm seu desempenho avaliado pelo crescimento e pela rentabilidade do mercado que gerenciam. Visto que esse sistema organiza a atividade de *marketing* para atender às necessidades de grupos distintos de consumidores, ele compartilha muitas das vantagens e desvantagens dos sistemas de gerenciamento por produtos. Muitas empresas têm se reorganizado de acordo com linhas de mercado, tornando-se organizações centradas no mercado. A orientação de vendas da Xerox, antes geográfica, passou a ser por mercado; a IBM e a Hewlett-Packard seguiram o mesmo caminho.

Quando uma relação estreita é vantajosa, como quando os clientes têm requisitos diversos e complexos e adquirem um pacote integrado de bens e serviços, deve prevalecer uma organização de gerenciamento de clientes, que lida com cada cliente individualmente, em vez de com o mercado de massa ou até mesmo com segmentos de mercado.[32] Um estudo mostrou que as empresas organizadas por grupos de cliente relataram um comprometimento muito maior com a qualidade global das relações e a autonomia dos funcionários para tomar providências que satisfaçam clientes individuais.[33]

Organização matricial. Empresas com vários produtos dirigidos a mercados distintos tendem a adotar uma organização matricial, empregando tanto gerentes de produto quanto gerentes de mercado. O problema é que se trata de um sistema dispendioso, que costuma criar conflitos. Há o custo das funções de apoio a todos os gerentes, além de questões sobre a quem devem caber a autoridade e a responsabilidade pelas atividades de *marketing* – à matriz ou às divisões?[34] Alguns grupos de *marketing* corporativo auxiliam a alta gerência na avaliação geral de oportunidades, prestam consultoria às divisões, quando solicitados, colaboram com divisões que tenham pouca ou nenhuma atividade de *marketing* e promovem o conceito de *marketing* por toda a empresa.

Muitas empresas fizeram reengenharia dos seus fluxos de trabalho e montaram equipes multidisciplinares responsáveis por cada processo.[35] AT&T, LexisNexis e Pratt & Whitney reorganizaram seus funcionários em equipes multidisciplinares. Equipes desse tipo também operam em organizações sem fins lucrativos e órgãos governamentais.[36]

Uma das principais desvantagens da estrutura matricial é a possível ausência de um foco claro e de responsabilidade.

ADMINISTRAÇÃO DO DEPARTAMENTO DE *MARKETING*

Como David Packard, da Hewlett-Packard, certa vez observou: "O *marketing* é importante demais para ser deixado ao departamento de *marketing* [...] Em uma grande organização de *marketing* de verdade, é impossível saber quem está no departamento de *marketing*. Todos na organização tomam decisões baseadas no impacto no cliente". Embora as atividades de *marketing* não devam ser relegadas a um único departamento, muitas empresas se beneficiariam de ter uma unidade organizacional responsável por todas as suas atividades de *marketing* e que gerencia suas operações cotidianas.

O papel do CEO e do diretor de *marketing*. Somente um seleto grupo de empresas destacou-se historicamente por sua excelência em *marketing*. Essas empresas têm foco no cliente e estão organizadas para reagir com eficácia às constantes mudanças de suas necessidades. Todas têm departamentos de *marketing* administrados por profissionais competentes, e seus outros departamentos aceitam o conceito de que o cliente é o rei. Elas também contam frequentemente com uma forte liderança de *marketing* na figura de um CEO ou de um diretor de *marketing* (CMO, do inglês *chief marketing office*) bem-sucedido.

Os CEOs (diretor-presidente, do inglês *chief executive officer*) reconhecem o papel do *marketing* na construção de marcas fortes e de uma base de clientes fiéis – ativos intangíveis que contribuem fortemente para o valor de uma empresa. Muitas empresas, inclusive as de serviços e as organizações sem fins lucrativos, agora têm um CMO para colocar o *marketing* em pé de igualdade com outros executivos de nível C, como o diretor financeiro (CFO, do inglês *chief financial officer*) e o diretor de informática (CIO, do inglês *chief information officer*).[37]

Que passos um CEO pode dar para criar uma empresa focada no mercado e no cliente? Para criar uma organização de *marketing* de verdade, o CEO deve convencer a alta gerência sobre a importância do foco no cliente. Também é importante que contrate talentos de *marketing* de alta qualidade. A maioria das empresas precisa de um diretor de *marketing* habilidoso, alguém que, além de administrar o departamento, tenha o respeito dos outros altos executivos da organização e influência junto a eles.

Dada a evolução rápida e constante dos mercados na atualidade, o CEO deve facilitar a criação de programas internos fortes de treinamento em *marketing* para aprimorar as habilidades da empresa nessa área. Muitas empresas, como McDonald's, Unilever e Accenture, têm centrais de treinamento para administrar tais programas. O CEO também deve garantir que o sistema de recompensas da empresa está alinhado ao objetivo estratégico de criar valor de mercado por meio do desenvolvimento de uma base de clientes fiel e satisfeita. Além disso, o CEO deve exemplificar pessoalmente o forte compromisso com o cliente e recompensar os integrantes da organização que atuam da mesma forma.[38]

Uma responsabilidade importante do CEO é escolher um diretor de *marketing* que seja o responsável final pelas atividades de *marketing* da organização. O diretor de *marketing* é membro da equipe executiva e normalmente trabalha sob a orientação do CEO. Os gerentes seniores de *marketing*, responsáveis por diversas partes da estratégia de *marketing*, normalmente trabalham sob a orientação do diretor de *marketing*. Este, por sua vez, lidera todas as funções de *marketing* na organização, incluindo desenvolvimento de produtos, gestão de marca, comunicação, pesquisa de mercado e análise de dados, vendas, promoção, gestão da distribuição, preços e atendimento ao cliente.

No século XXI, o avanço do *marketing* digital, *on-line* e do *mobile marketing* mudou o papel do diretor de *marketing*. Para gerenciar de maneira eficaz as funções de *marketing* da organização, o diretor deve saber usar tecnologias digitais. O desafio enfrentado pelos diretores de *marketing* é a quantidade e a variedade de fatores de sucesso. Os executivos de *marketing* devem ter fortes habilidades quantitativas *e* qualitativas; devem adotar uma atitude independente e empreendedora, mas trabalhar em estreita colaboração com outros departamentos; e devem capturar a "voz" dos consumidores sem deixar de lado uma compreensão profunda dos resultados financeiros e de como o *marketing* cria valor. Dois terços dos diretores de *marketing* acreditam que o retorno sobre investimento em *marketing* será o principal indicador de sua eficácia na próxima década.

Os especialistas em *marketing* George Day e Robert Malcolm acreditam que três forças mudarão o papel dos executivos de *marketing* nos próximos anos: (1) tendências previsíveis de mercado; (2) mudança do papel da alta administração das empresas; e (3) incerteza quanto à economia e ao *design* organizacional. Eles identificaram cinco prioridades para todo executivo de *marketing* bem-sucedido: atuar como visionário para o futuro da empresa, desenvolver capacidades de *marketing* adaptativo, vencer a guerra por talentos de *marketing*, reforçar o alinhamento com as vendas e assumir responsabilidade pelos retornos sobre os gastos de *marketing*.[39]

Talvez o papel mais importante dos executivos de *marketing* seja incutir a perspectiva do cliente às decisões de negócios que afetem qualquer *ponto de contato* com ele (i.e. quando um cliente interage direta ou indiretamente com a empresa). Cada vez mais, essas percepções sobre o cliente devem ter um foco global. Como disse o líder de uma empresa de *headhunting*: "O executivo de *marketing* do futuro terá de apresentar uma experiência global e internacional. Não é preciso vivência no exterior, mas a exposição a esses mercados. Isso abre seus olhos para novas formas de fazer negócios, amplia a sensibilidade cultural e aumenta a flexibilidade".[40]

Relações do *marketing* com outros departamentos. O sucesso da empresa depende não só do grau de excelência com que cada departamento desempenha seu trabalho, mas também do grau de excelência com que as diversas atividades departamentais são coordenadas para conduzir os processos centrais de negócios. Sob a orientação do *marketing*, todos os departamentos precisam "pensar no cliente" e trabalhar em conjunto para satisfazer as suas necessidades e expectativas. No entanto, os departamentos definem os problemas e as metas da empresa a partir de seu próprio ponto de vista, o que faz conflitos de interesse e problemas de comunicação serem inevitáveis. O CMO ou diretor de *marketing* deve agir com persuasão, em vez de autoridade, para coordenar as atividades internas de *marketing* e coordenar o *marketing* com finanças, operações e outras funções da empresa, a fim de servir ao cliente.[41]

Muitas empresas passaram a se concentrar em processos-chave, em vez de em departamentos, uma vez que a organização departamental pode ser uma barreira para o bom desempenho. Elas designam líderes de processo que gerenciam equipes multidisciplinares formadas por profissionais de *marketing* e de vendas. Assim, os executivos de *marketing* têm responsabilidade direta pelas suas equipes e responsabilidade indireta pelo departamento de *marketing*.[42]

Tendo em vista o objetivo de proporcionar experiências positivas ao cliente do início ao fim, todas as áreas de uma organização precisam trabalhar efetivamente juntas. Devido à crescente importância de entender as necessidades dos clientes individuais, a equipe de *marketing* deve trabalhar em estreita colaboração com as equipes de informações do cliente e análise de dados. Além disso, para conseguir atingir os consumidores com eficácia e boa relação custo-benefício, os profissionais de *marketing* devem trabalhar lado a lado com diferentes agências de comunicação, desde agências de propaganda tradicionais até empresas de mídias sociais, publicidade e gestão de eventos. Por fim, para conseguir entregar as ofertas da empresa no lugar certo e na hora certa, a equipe de *marketing* deve trabalhar com os parceiros de canal da organização, tanto nas lojas físicas quanto no comércio eletrônico.

Desenvolvimento de uma organização orientada para o cliente

Criar uma experiência superior para o cliente tornou-se prioridade para empresas de praticamente todos os setores.[43] A proliferação de produtos, serviços e marcas, o maior conhecimento do consumidor sobre as ofertas de mercado e a capacidade dos consumidores de influenciar a opinião pública sobre empresas e suas ofertas destacam a importância de construir uma organização orientada para o cliente. Hoje, a maioria das empresas percebe que a jornada de criação do valor para os *stakeholders* começa por reimaginar a organização para estar focada em criar valor para o cliente no longo prazo.[44] Em sua carta para os acionistas, Jeff Bezos define a centralidade do cliente da Amazon da seguinte forma:

> Uma vantagem, talvez um pouco sutil, de um foco no cliente é que ajuda um certo tipo de proatividade. Quando somos o melhor que podemos ser, não esperamos por pressões externas. Somos motivados internamente a melhorar nossos serviços, agregando benefícios e recursos, antes de sermos obrigados a isso. Baixamos preços e aumentamos o valor para os clientes antes de sermos obrigados. Inventamos antes de sermos obrigados. Esses investimentos são motivados pelo foco no cliente, não por reações à concorrência. Acreditamos que essa abordagem conquista mais confiança com os clientes e promove melhorias rápidas na experiência do cliente. Isso vale mesmo nas áreas em que já somos a líder, o que é muito importante.

Os gestores que acreditam que o cliente é o único e verdadeiro "centro de lucro" da empresa consideram obsoleto o organograma tradicional mostrado na Figura 1.7(a), uma pirâmide com a alta administração no topo, a gerência de nível médio no meio e o pessoal da linha de frente e os clientes na base.[45]

As empresas que dominam o *marketing* transformam o organograma hierárquico tradicional para se assemelhar à Figura 1.7(b). A prioridade número um da empresa é o cliente; a seguir, por grau de importância, vem o pessoal da linha de frente, que encontra, atende e satisfaz os clientes; abaixo deles, está a média gerência, cuja tarefa é dar apoio ao pessoal da linha de frente para que possam atender bem os clientes; na base, está a alta gerência, cuja tarefa é contratar gerentes eficientes de nível médio e dar-lhes suporte. O segredo para desenvolver uma empresa orientada para o cliente é que os gerentes de todos os níveis devem estar pessoalmente engajados na missão de entendê-los, conhecê-los e atendê-los. A Tabela 1.2 lista as principais características de uma organização centrada no cliente.

Algumas empresas foram criadas com um modelo de negócios focado no cliente, e, ao longo do tempo, a defesa dos direitos do consumidor tem sido sua principal estratégia – e vantagem

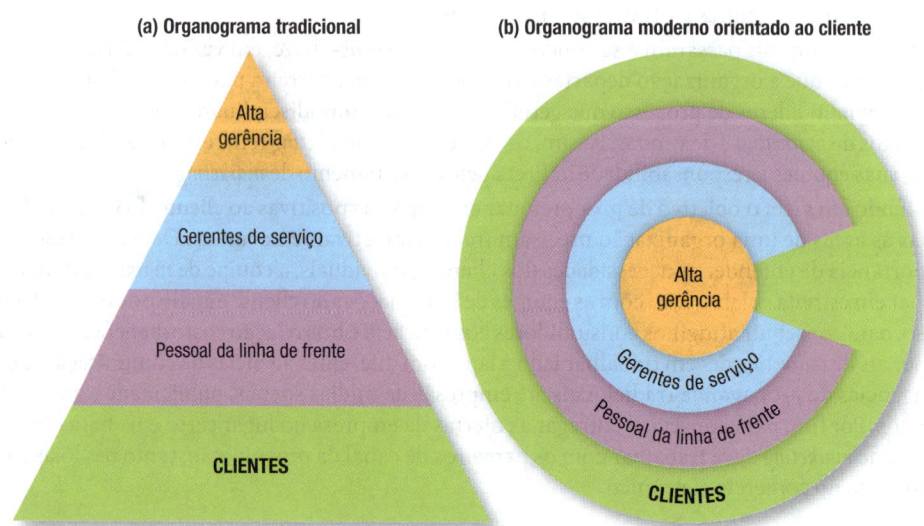

FIGURA 1.7 Organograma tradicional *versus* organograma moderno orientado ao cliente.

TABELA 1.2 Características de uma organização centrada no cliente

Baixa centralidade no cliente	Alta centralidade no cliente
Orientada para produtos	Orientada para o mercado
Foco no mercado de massa	Foco no cliente
Orientada para processos	Orientada para resultados
Reação à concorrência	Foco em tornar os concorrentes irrelevantes
Orientada por preços	Orientada pelo valor
Organização hierárquica	Trabalho em equipe

competitiva. Com a ascensão das tecnologias digitais, consumidores cada vez mais informados esperam que as empresas façam mais do que se conectar com eles, mais do que satisfazê-los e até mais do que encantá-los. Eles esperam que as empresas *ouçam* e *atendam*.

Tradicionalmente, os profissionais de *marketing* exercem o papel de intermediários, encarregados de entender as necessidades dos clientes e transmitir sua voz às várias áreas funcionais da organização.[46] No entanto, em uma empresa em rede, *todas* as áreas funcionais podem interagir diretamente com os clientes. O *marketing* não detém mais a posse exclusiva dessa interação; em vez disso, deve integrar todos os processos que mantêm interface com os clientes, de modo que eles vejam um único "rosto" e ouçam uma única "voz" ao interagir com a empresa.[47]

Muitas empresas se dão conta de que, na verdade, não estão orientadas para mercado e cliente, mas para produtos e vendas. Para que se tornem empresas verdadeiramente orientadas para o mercado, é preciso, entre outras ações, disseminar por toda a empresa o entusiasmo pelo cliente, organizar-se em torno de segmentos de clientes, e não de produtos, e entender os clientes por meio de pesquisas qualitativas e quantitativas.[48]

Embora seja *necessário* que uma organização esteja orientada para o cliente, isso não é *suficiente*. A organização também deve ser criativa.[49] As empresas copiam as vantagens e as estratégias umas das outras cada vez mais rapidamente, tornando a diferenciação mais difícil de ser alcançada e reduzindo as margens à medida que elas ficam mais parecidas. A melhor resposta para esse dilema é aumentar sua capacidade de inovação estratégica e imaginação. Essa capacidade resulta de reunir ferramentas, processos, habilidades e indicadores que permitam a geração de ideias melhores e em maior número do que a concorrência.[50] Para incentivar essa capacidade, as empresas também devem tentar montar espaços de trabalho inspiradores que contribuam para estimular novas ideias e fomentar a imaginação.

As empresas devem estar atentas para as tendências e prontas para aproveitá-las. A Nestlé demorou para perceber a preferência por cafeterias, o que abriu espaço para redes como a Starbucks. A Coca-Cola demorou para reconhecer a tendência rumo a bebidas com sabor de frutas, como a Snapple, bebidas isotônicas, como o Gatorade, e águas minerais de grife. Os líderes de mercado podem não perceber as tendências quando são avessos a riscos, obcecados por proteger seus mercados e recursos físicos atuais e quando estão mais interessados em eficiência e lucros do que em inovação.[51]

INSIGHT de *marketing* — Os 10 pecados capitais do *marketing*

Focados nas suas atividades diárias, muitos profissionais de *marketing* ignoram o quadro geral: projetar, comunicar e entregar ofertas que criam valor de mercado superior para seus clientes, colaboradores e *stakeholders*. Demonstrar alguns dos "pecados capitais" sinaliza que um programa de *marketing* está com problemas. A seguir, apresentamos os 10 pecados capitais, os sintomas clássicos de cada um deles e algumas soluções.

Pecado capital nº 1: A empresa não está suficientemente focada no mercado e orientada para o cliente.

Sintomas: há indícios de que a identificação dos segmentos de mercado é insatisfatória, assim como sua priorização; não há gerentes de segmento; os funcionários não pensam que servir os clientes é tarefa do departamento de *marketing* e vendas; não há programa de treinamento

(continua)

para criar uma cultura voltada ao cliente; não há incentivos para tratar o cliente especialmente bem.

Soluções: usar técnicas mais avançadas de segmentação; priorizar segmentos; especializar a força de vendas para atender cada segmento de mercado; desenvolver uma declaração clara dos valores da empresa; fomentar mais o "culto ao cliente" entre funcionários e agentes da empresa; facilitar para os clientes o contato com a empresa; responder rapidamente a qualquer solicitação.

Pecado capital nº 2: A empresa não entende completamente seus clientes-alvo.

Sintomas: o último estudo sobre clientes foi feito há três anos; os clientes antigos não têm comprado como antes; a concorrência tem vendido mais; o nível de devoluções e reclamações de clientes é alto.

Soluções: Realizar pesquisas mais sofisticadas sobre os clientes; usar mais técnicas analíticas; estabelecer painéis de clientes e revendedores; usar *software* de relacionamento com clientes; fazer mineração de dados.

Pecado capital nº 3: A empresa precisa definir e monitorar melhor seus concorrentes.

Sintomas: a empresa concentra-se nos concorrentes próximos; deixa escapar concorrentes distantes e tecnologias revolucionárias; não dispõe de sistema para obter e distribuir inteligência competitiva.

Soluções: Estabelecer um departamento de inteligência competitiva; contratar funcionários da concorrência; ficar atento às inovações tecnológicas que podem afetar a empresa; preparar ofertas similares às da concorrência.

Pecado capital nº 4: A empresa não gerencia adequadamente o relacionamento com os *stakeholders*.

Sintomas: funcionários, revendedores e investidores não estão satisfeitos; os bons fornecedores relutam em firmar parcerias com a empresa.

Soluções: transformar a mentalidade de soma zero em mentalidade de ganha-ganha; gerir melhor os funcionários e as relações com fornecedores, distribuidores, revendedores e investidores.

Pecado capital nº 5: A empresa não consegue encontrar novas oportunidades.

Sintomas: nos últimos anos, a empresa não identificou qualquer oportunidade promissora; quase todas as novas ideias que lançou fracassaram.

Soluções: estabelecer um sistema para estimular o fluxo de ideias novas.

Pecado capital nº 6: O processo de planejamento de *marketing* é deficiente.

Sintomas: o formato do plano de *marketing* não tem os componentes certos; não há como estimar as consequências financeiras de diferentes estratégias; não há planos de contingência.

Soluções: estabelecer um formato-padrão, incluindo análise situacional, análise SWOT (do inglês, *strengths*, *weaknesses*, *opportunities*, *threats*, ou forças, fraquezas, oportunidades e ameaças), problemas mais graves, objetivos, estratégias, táticas, orçamentos e controles; perguntar aos profissionais de *marketing* quais mudanças eles fariam se recebessem 20% a mais ou a menos no orçamento; realizar um programa anual de premiação de *marketing*, com recompensas para os melhores planos e desempenhos.

Pecado capital nº 7: As políticas de bens e serviços precisam ser fortalecidas.

Sintomas: há produtos demais, muitos deles deficitários; a empresa presta muitos serviços de graça; não consegue fazer venda cruzada de bens e serviços.

Soluções: estabelecer um sistema para acompanhar os produtos de fraco desempenho e fazer ajustes ou abandoná-los; oferecer serviços e estabelecer os preços em níveis diferentes; melhorar os processos de venda cruzada (*cross-sell*) e de venda de produtos *premium* (*up-sell*).

Pecado capital nº 8: As habilidades de construção de marca e comunicação da empresa deixam a desejar.

Sintomas: o mercado-alvo não sabe muito a respeito da empresa; a marca não é tida como especial; a empresa aloca seu orçamento para as mesmas ferramentas de *marketing* aproximadamente na mesma proporção todos os anos; o impacto das atividades e comunicações de *marketing* no retorno sobre o investimento (ROI, do inglês *return on investment*) não é avaliado adequadamente.

Soluções: melhorar as estratégias de construção de marca e avaliação dos resultados; investir mais nos instrumentos de *marketing* mais eficazes; solicitar aos profissionais de *marketing* que estimem o impacto no ROI antes de solicitar fundos.

Pecado capital nº 9: A empresa não está organizada para o *marketing* eficaz e eficiente.

Sintomas: faltam habilidades do século XXI à equipe e há mau relacionamento entre o departamento de *marketing* e outros departamentos.

Soluções: designar um líder forte para criar novas habilidades no departamento de *marketing* e melhorar as relações entre esse departamento e os demais.

Pecado capital nº 10: A empresa não aproveita todo o potencial da tecnologia.

Sintomas: há indícios de pouco uso da internet; o sistema de automação de vendas está ultrapassado; falta automação de mercado; não há modelos de apoio a decisões e painéis de *marketing*.

Soluções: usar mais a internet; melhorar o sistema de automação de vendas; aplicar a automação de mercado a decisões rotineiras; desenvolver modelos formais de decisões de *marketing* e painéis de *marketing*.[52]

Resumo

1. O *marketing* é uma função organizacional e um conjunto de processos para criar, comunicar e entregar valor para os clientes, além de administrar as relações com eles de forma a beneficiar a empresa, seus clientes e seus colaboradores. A administração de *marketing* é a arte e a ciência de escolher mercados-alvo e obter, reter e multiplicar clientes por meio da criação, da entrega e da comunicação de um valor superior para o cliente.

2. As empresas tentam criar valor pela comercialização de bens, serviços, eventos, experiências, pessoas, lugares, propriedades, organizações, informações e ideias. Também operam em cinco mercados básicos: de recursos, de fabricantes, de consumidores, intermediários e governamentais.

3. O mercado atual é fundamentalmente diferente em virtude de um conjunto de grandes forças de mercado. Em especial, a tecnologia, a globalização e a responsabilidade social criaram novas oportunidades e desafios e alteraram consideravelmente a administração de *marketing*. Para atingir excelência de *marketing*, as empresas buscam o equilíbrio ideal entre os métodos comprovados tradicionais e as novas abordagens revolucionárias.

4. Quatro grandes forças de mercado (tecnologia, globalização, ambiente físico e responsabilidade social) forjaram novas competências dos consumidores e organizacionais e alteraram radicalmente o cenário competitivo. Essas mudanças exigiram que as empresas reavaliassem seus modelos de negócios e adaptassem o modo como criam valor de mercado ao novo ambiente.

5. A orientação para *marketing* holístico baseia-se em desenvolvimento, concepção e implementação de programas, processos e atividades de *marketing* que reconheçam sua amplitude e interdependências. O *marketing* holístico reconhece que tudo importa no *marketing* e que, muitas vezes, é necessária uma perspectiva ampla e integrada. Os quatro componentes do *marketing* holístico são o *marketing* de relacionamento, o *marketing* integrado, o *marketing* interno e o *marketing* de desempenho.

6. Há cinco orientações concorrentes sob as quais as empresas podem fazer negócios: a orientação para produção, a orientação para produto, a orientação para vendas, a orientação para *marketing* e a orientação para valor de mercado. Quanto mais sofisticado for o entendimento da empresa sobre o mercado, mais provável será que ela adote uma orientação para valor de mercado como filosofia geral de trabalho.

7. As empresas usam diferentes abordagens para organizar o departamento de *marketing*: funcional, geográfica, produto/marca, mercado e estrutura matricial. A escolha de uma determinada abordagem depende do mercado em que a empresa opera, de sua estrutura organizacional e de seus objetivos estratégicos.

8. O *marketing* não é de responsabilidade exclusiva do departamento de *marketing*. Para criar uma organização de *marketing* forte, os profissionais dessa área devem pensar como os executivos de outros departamentos, e os executivos de outros departamentos devem pensar mais como os profissionais de *marketing*.

9. Uma empresa centrada no cliente deve ser orientada para o mercado, não para o produto; deve tentar atender às necessidades dos clientes individuais, não do mercado de massa; e deve esforçar-se para tornar a concorrência irrelevante, em vez de meramente reagir às ações dos concorrentes. Para ter sucesso, a empresa deve concentrar-se em gerar valor superior para os clientes-alvo de maneiras que beneficiem a empresa e seus colaboradores.

DESTAQUE de *marketing*

Nike

Quando o ex-corredor Phil Knight juntou-se a Bill Bowerman, seu técnico na universidade, para fundar uma empresa de calçados em 1962, eles não tinham como imaginar que acabariam criando uma das marcas mais valiosas do mundo. Originalmente batizada de Blue Ribbon Sports, a empresa começou como distribuidora da calçadista japonesa que hoje leva o nome de Asics. Foi apenas em 1971 que a Blue Ribbon mudou de nome para Nike, em homenagem à deusa grega da vitória, e começou a projetar os próprios calçados.

O foco da Nike era fornecer tênis de corrida baratos, de alta qualidade, desenhados por atletas e para atletas. Para manter o custo dos calçados competitivo, a empresa terceirizava sua produção para fabricantes de baixo custo na Ásia. A combinação de *design* inovador, comprometimento com atletas sérios e preços competitivos permitiu que a

Nike cultivasse seguidores fanáticos entre os consumidores americanos.

Embora tivesse um produto excelente em mãos, a Nike sabia que a boa administração seria essencial para o crescimento da marca. Um elemento fundamental do *branding* da empresa era a crença na "pirâmide de influência", na qual as preferências de uma pequena porcentagem de atletas de primeira linha influenciavam as escolhas de produto e marca dos consumidores. Seguindo o tema de vitória embutido no próprio nome da empresa, em 1972, a Nike contratou o corredor olímpico Steve Prefontaine para ser o seu primeiro porta-voz. Foi o início de uma longa linha de atletas de sucesso que promoveram os produtos da empresa.

Um dos maiores sucessos da Nike com essa abordagem ocorreu em 1985, quando a empresa contratou o então novato Michael Jordan como porta-voz. Jordan ainda era uma promessa, mas personificava um desempenho superior. Graças à ascensão meteórica de Jordan nos próximos anos, a aposta deu certo: os consumidores devoraram a linha Air Jordan de tênis para basquete, com o famoso símbolo *swoosh* que compõe a logomarca da Nike. Como um repórter declarou: "Poucas empresas conseguiram identificar e contratar com tanta segurança atletas que transcendem seus esportes de forma tão impressionante".

Além de associar-se com os melhores atletas, a Nike demonstrou talento para criar campanhas de propaganda icônicas. Em 1988, a Nike veiculou as primeiras propagandas da influente campanha "Just Do It", que desafiava sutilmente uma geração de fãs do esporte a perseguir seus objetivos. O *slogan* era uma manifestação natural da atitude Nike, que incentiva as pessoas a tomarem as rédeas da própria vida por meio do esporte.

Na sua expansão internacional, a Nike adaptou seu *marketing* para enfrentar novos desafios. A empresa logo descobriu que seu estilo americano de fazer propaganda era considerado agressivo demais para os consumidores na Europa, na Ásia e na América do Sul, então ajustou seu tom. Além disso, ela precisou adaptar seu *marketing* para os diferentes países, de modo que os clientes percebessem a marca como autêntica. Para tanto, a Nike focou-se em promover o futebol e patrocinar ativamente ligas juvenis, clubes locais e seleções nacionais de todo o mundo. A empresa também buscou oportunidades de patrocinar times e ligas de futebol na tentativa de replicar o seu sucesso anterior com patrocínios nos Estados Unidos.

No final da década de 1990, a Nike mergulhou de cabeça no futebol. A empresa conquistou os direitos de *marketing* para diversas grandes federações de futebol, incluindo potências como o Brasil e a Itália. A empresa também começou a injetar dinheiro em campanhas de *marketing* focadas na Copa do Mundo. O investimento pesado da Nike em futebol ajudou a acelerar o crescimento internacional da empresa, pois transformou a imagem da Nike de uma empresa que fabricava tênis em uma marca que representava emoção, fidelidade e identificação. Em 2003, as receitas no exterior ultrapassaram as americanas pela primeira vez. Em 2007, a Nike adquiriu a Umbro, fabricante britânica de calçados, vestuário e equipamentos relacionados com o futebol. A aquisição contribuiu para que a empresa se tornasse o único fornecedor de uniformes para mais de cem times de futebol profissional em todo o mundo e impulsionou sua presença internacional e autenticidade nesse esporte.

À medida que a marca global da Nike continuava a crescer, seus gestores perceberam que, em nível internacional, os jogadores e torcedores de cada esporte têm muito em comum. Assim, a empresa começou a focar seus esforços de *marketing* mais em categorias do que em regiões geográficas. Com esse princípio em mente, a Nike expandiu sua marca para muitos esportes e categorias atléticas e ampliou sua presença ao redor do mundo.

A Nike continua a firmar parcerias com atletas, treinadores, times e ligas famosos e influentes para gerar credibilidade junto aos consumidores enquanto se expande para mais categorias. A empresa patrocina tenistas como Maria Sharapova, Roger Federer e Rafael Nadal para promover sua linha de vestuário e equipamentos de tênis. No golfe, o *swoosh* ganhou destaque quando Tiger Woods venceu um torneio atrás do outro trajando os produtos da empresa. Desde aquela primeira parceria com Woods, a Nike Golf transformou-se em um negócio multibilionário que mudou o modo como golfistas se vestem. Contudo, é claro que a Nike não esqueceu suas origens. Para promover sua linha de tênis e roupas de basquete, a Nike fez parcerias com gerações de astros do esporte, como Kobe Bryant e LeBron James. Hoje, a Nike é a maior patrocinadora de atletas do mundo, gastando centenas de milhões de dólares todos os anos em patrocínio de atletas.

Enquanto os patrocínios da Nike ajudam a inspirar e atingir consumidores, suas inovações mais recentes em tecnologia resultaram em consumidores mais leais e emocionalmente conectados. Com a entrada na tecnologia de dispositivos vestíveis, a Nike desenvolveu um aplicativo de corrida e comunidade chamado NIKE+, que permite aos usuários participar da experiência definitiva de corrida. Ao ligar um sistema NIKE+ a um aplicativo de *smartphone*, os corredores podem monitorar seu ritmo em tempo real, registrar distância e rota percorridas e receber dicas de treinamento, que podem compartilhar *on-line*. A Nike expandiu o NIKE+ para áreas como basquete e exercícios físicos em geral. Em parceria com a Apple, lançou o Apple Watch Nike+, que dá aos usuários acesso a mostradores especiais para o relógio e pulseiras exclusivas para essa edição do Apple Watch.

Além da sua entrada no ramo da tecnologia, a Nike, como muitas outras empresas, vem tentando tornar sua empresa e seus produtos mais ecologicamente corretos. No entanto, ao contrário da maioria, ela não promove esses esforços. Um consultor da marca explicou: "A Nike sempre teve a ver com vencer. Como a sustentabilidade é relevante para sua marca?". Os executivos da empresa concordam que promover uma mensagem ecológica tiraria o foco de sua imagem dinâmica, tecnológica e sofisticada, então os esforços de reciclagem de tênis velhos não são divulgados.

Graças ao sucesso da sua expansão para diversas categorias de produtos e mercados geográficos, a Nike é a maior fabricante de calçados e vestuário esportivo do mundo. O *swoosh* estampa desde relógios a *skates* e toucas de natação. De olho no futuro, a Nike vê alguns desafios no horizonte. Tradicionalmente, a empresa sempre teve sucesso no varejo em lojas físicas, mas um número cada vez maior de consumidores faz suas compras *on-line*. A Nike está buscando uma estratégia vencedora para promover a sua marca em uma era digital dominada por *sites*, como a Amazon. Apesar do foco em novas formas de promoção e distribuição, a estratégia de longo prazo da Nike ainda é a mesma: criar produtos inovadores e de alta qualidade que ajudem os atletas a vencer.[53]

Questões

1. Quais são os principais componentes da estratégia de *marketing* da Nike?
2. Quais são os pontos fortes e fracos da Nike?
3. Se você fosse a Adidas, como competiria com a Nike?

DESTAQUE de *marketing*

Disney

Poucas empresas foram capazes de conectar-se tão bem com um público específico quanto a Disney. Desde sua fundação, em 1923, a marca Disney sempre foi sinônimo de entretenimento de qualidade para toda a família. A empresa, fundada originalmente pelos irmãos Walt e Roy Disney, ampliou os limites do setor durante o século XX para criar entretenimento clássico e memória para famílias de todo o mundo. Certa vez, Walt Disney declarou: "Estou interessado em entreter as pessoas, em levar prazer, especialmente o riso, aos outros, em vez de me preocupar em 'me expressar' com impressões criativas obscuras". A empresa começou com desenhos animados simples em preto e branco e transformou-se em um fenômeno mundial que atualmente inclui parques temáticos, longas-metragens, redes de televisão, produções teatrais, produtos de consumo e uma crescente presença *on-line*.

Em suas duas primeiras décadas, a Walt Disney Productions era um estúdio de desenho animado que lutava pela sobrevivência e que apresentou ao mundo seu personagem mais famoso, o Mickey Mouse. Poucos acreditavam na visão da Disney na época, mas o estrondoso sucesso dos desenhos animados sonoros e do primeiro filme de animação de longa-metragem, *Branca de Neve e os sete anões*, em 1937, levou, ao longo das três décadas seguintes, a outros clássicos animados, como *Pinóquio*, *Bambi*, *Cinderela* e *Peter Pan*, e a filmes de *live-action*, como *Mary Poppins* e *Se meu fusca falasse*, além de séries de televisão, como *Davy Crockett*.

Quando faleceu, em 1966, Walt Disney era considerado a pessoa mais famosa do mundo. Ele havia expandido sua marca para as áreas de cinema, televisão, bens de consumo e a Disneylândia, localizada no sul da Califórnia – seu primeiro parque temático, onde famílias podiam vivenciar a magia da Disney na vida real. Após a morte de Walt, Roy Disney assumiu como CEO e realizou o sonho do irmão de abrir o parque temático Walt Disney World, de quase 10.000 hectares, na Flórida. Roy faleceu em 1971, mas os dois irmãos deixaram para trás uma marca que representava confiança, diversão e entretenimento, respeitada por crianças, famílias e adultos, além de algumas das personagens, histórias e memórias mais comoventes e icônicas de todos os tempos.

Sem a liderança dos irmãos fundadores, a Walt Disney Company ficou à deriva por alguns anos. Foi somente na década de 1980 que voltou a se conectar com seu público e recuperou a confiança e o interesse na marca Disney. Tudo começou com o lançamento de *A pequena sereia* (1989), que transformou um antigo conto de fadas em um filme mágico de animação ao estilo da Broadway e venceu dois Oscars. Entre o final das décadas de 1980 e 2000, a empresa entrou em uma era conhecida como Disney Renaissance, quando lançou filmes de animação inovadores, como *A bela e a fera* (1991), *Aladdin* (1992), *O Rei Leão* (1994), *Toy Story* (com a Pixar, 1995) e *Mulan* (1998). Além disso, a empresa pensou em novas e criativas formas de impactar seu principal nicho de consumidores familiares, além de expandir para novas áreas, com o propósito de alcançar um público mais adulto. Lançou o Disney Channel, a Touchstone Pictures e a Touchstone Television. Apresentou filmes clássicos durante a série de TV *The Disney Sunday Night Movie* e os comercializou no formato de vídeo a preços extremamente baixos, atingindo uma nova geração de crianças. A empresa explorou os ramos editorial, de parques temáticos internacionais e de produções teatrais, atingindo diversos públicos ao redor do mundo.

Hoje, a Disney é composta de quatro unidades de negócios. (1) A Media Networks (redes de mídia) abrange diversos negócios de TV aberta e a cabo, rádio, editoriais e digitais em duas divisões, a Disney/ABC Television Group e a ESPN Inc. (2) A Parks, Experiences and Consumer Products (parques, experiências e produtos de consumo) dá vida a histórias, personagens e franquias da Disney por meio de parques, *resorts*, brinquedos, aplicativos, vestuário, livros e lojas. (3) A Studio Entertainment (entretenimento de estúdio) leva filmes, músicas e peças de teatro a consumidores de todo o mundo por meio da principal unidade de negócios da empresa, The Walt Disney Studios, ao lado de Marvel Studios, Pixar Animation Studios e LucasFilm. (4) A divisão Direct-To-Consumer & International (direto para o consumidor e internacional) inclui *holdings* internacionais e serviços de *streaming*.

O maior desafio da Disney hoje é fazer uma marca de 90 anos de idade se manter relevante e atual para seu público principal, sem deixar de permanecer fiel à sua tradição e aos seus valores centrais. Segundo o CEO da Disney, Bob Iger, "sendo uma marca que as pessoas procuram e na qual confiam, ela abre portas para novas plataformas e mercados e, portanto, para novos consumidores. Quando se lida com uma empresa que tem um grande legado, é preciso administrar decisões e conflitos que surgem do confronto entre tradição, inovação e relevância. Eu acredito muito no respeito pela tradição, mas também acredito nas necessidades de inovar e de conciliar o respeito pela herança com a necessidade de ser relevante".

Internamente, a Disney enfoca na dinâmica de criação de valor, o que a diferencia da concorrência. A Disney Difference, baseada em altos padrões de qualidade e reconhecimento, é derivada de uma das citações mais conhecidas de Walt Disney: "Seja o que for, faça bem feito. Faça isso tão bem feito que, quando as pessoas virem o que você faz, vão querer voltar para ver de novo e vão trazer outras pessoas para mostrar a elas o que você faz tão bem feito".

A Disney trabalha com afinco para conectar-se com seus clientes em muitos níveis e por meio de cada detalhe. Por exemplo, na Disney World, os "membros do elenco", ou seja, os funcionários, são treinados para serem "assertivamente cordiais" e cumprimentar os visitantes acenando com as mãos do Mickey Mouse, distribuir mapas para os adultos e adesivos para as crianças e limpar o parque com tal esmero que seja difícil encontrar algum resquício de lixo em qualquer lugar. Cada detalhe mágico importa, até o comportamento dos funcionários da zeladoria, que são treinados pelos animadores da Disney a apanhar sua simples vassoura e um balde para calmamente "pintar" um Pateta ou um Mickey Mouse com água na calçada. É um momento de magia para os visitantes que dura apenas um minuto antes de evaporar sob o sol quente.

Com tantas marcas, personagens e empresas, a Disney usa tecnologia para garantir que a experiência de um cliente seja consistente em todas as plataformas. A empresa se conecta com seus consumidores de maneiras inovadoras por meio de *e-mails*, *blogs* e seu *site*, gerando *insights* sobre *trailers*, clipes de programas de TV, *shows* da Broadway e experiências virtuais dos parques temáticos. A Disney foi uma das primeiras a divulgar regularmente *podcasts* de seus programas de TV, além de comunicados de imprensa sobre seus produtos e entrevistas com funcionários, equipe administrativa e representantes do parque. O aplicativo My Disney Experience permite que os usuários encomendem comida remotamente dos restaurantes de *fast-food* e paguem adiantado, pois assim os consumidores evitam as filas enquanto visitam os parques e *resorts*.

Um aspecto crucial do modelo de negócios e da cultura da Disney é a adesão a altos níveis de responsabilidade social corporativa. A Disney se compromete em sempre agir eticamente, criar conteúdos e produtos de maneira responsável, manter ambientes de trabalho respeitosos, investir nas comunidades e ser bons cuidadores do meio ambiente. O compromisso da Disney com fazer o bem para se dar bem a transformou em uma das empresas mais admiradas do mundo.[54]

Questões

1. Como a Disney cria valor para os seus clientes?
2. Quais são os pontos fortes principais da marca Disney?
3. Quais são os riscos e os benefícios de expandir a marca Disney para novos bens e serviços?

DESTAQUE de *marketing*

Pantys

Qual é a relação entre saúde pública, sustentabilidade e lingerie?

No Brasil, uma em cada quatro meninas não tem acesso a absorventes e já faltou à aula por isso. A pobreza menstrual é um grave problema de saúde pública no país e afeta diretamente o pleno desenvolvimento do potencial de mulheres.

Uma mulher utiliza em média 15 mil absorventes descartáveis ao longo da vida, gerando 15 bilhões de absorventes descartados no Brasil por ano. Esses absorventes são 90% plástico e levam cerca de 400 anos para serem decompostos – ou seja, o primeiro absorvente descartável inventado ainda está no planeta.

Com a missão de melhorar vidas por meio de inovações saudáveis e sustentáveis projetadas por e para mulheres, em agosto de 2017 nascia a Pantys. Fundada por Emily Ewell e Duda Camargo, a marca se apresenta como a primeira calcinha absorvente do Brasil com patente global e carbono neutro. Emily, formada em engenharia química e com experiência na área da saúde, enxergou uma oportunidade no mercado para fazer a diferença e gerar impacto social. Durante uma das suas experiências profissionais no Brasil, conheceu a hoje sócia Duda e, juntas, decidiram criar um negócio focado em mulheres, moda e saúde, com a crença de transformar o mercado e a sociedade.

Com a inovação social como base da estratégia de negócio, a Pantys nasceu para gerar impacto social e ambiental enquanto é capaz de crescer financeiramente. Seu propósito é atender o maior número possível de mulheres e seus valores são a busca pela representatividade feminina, a quebra de tabus, a inovação e o uso da tecnologia a favor da conscientização com informação sustentável.

A marca se define publicamente assim: "Informadas, atualizadas e modernas, somos a geração de mulheres que sabe o que quer. Somos diversas e não seguimos padrões. Estamos com o olhar logo ali, no futuro, e, para nós, inovação, se não for tudo, é quase tudo! Rimos com os nossos desastres e vibramos com as nossas conquistas. Somos sinônimo de força, leveza, razão, emoção, sensação e, muitas vezes, somos vistas como uma grande contradição. Existe beleza maior do que ser mulher?"

Emily e Duda tinham uma estratégia de negócio e um propósito de marca bem definidos, mas a Pantys nasceu enfrentando um grande desafio que ainda existe: o tabu social e os hábitos de consumo de produtos descartáveis. Segundo Emily, tem sido comum, desde o lançamento da marca, escutar de novas consumidoras frases como "tive coragem de testar a Pantys", demonstrando que o consumo da marca está intrinsecamente relacionado à saída da zona de conforto e de padrões geracionais de consumo de produtos alternativos e menos sustentáveis.

Ao analisar o ambiente de negócios, Emily afirma que a maior concorrência da Pantys é o não consumo de soluções sustentáveis para menstruação. Nesse sentido, uma das questões mais estratégicas de ampliação de marca está na educação de mulheres sobre dois pilares: o tabu social sobre menstruação e a comunicação sobre a existência de soluções sustentáveis.

Com investimento inicial de 300 mil reais e considerando os desafios postos, os estoques de calcinhas absorventes da Pantys esgotaram após três semanas do lançamento da marca. Então, Emily e Duda tiveram de superar um novo desafio: limites operacionais que impediam a produção em escala e uma cadeia de fornecimento que atendesse à demanda crescente. Para isso, a Pantys focou na construção de relacionamento, na capacitação de fornecedores e na melhoria contínua da governança da cadeia produtiva, sempre considerando os desafios da sustentabilidade. Segundo Emily, não existe uma marca totalmente sustentável, mas o mais importante é que o foco esteja sempre no compromisso de ser cada vez mais sustentável em todas as etapas da cadeia produtiva.

Como vimos, todo negócio enfrenta diferentes desafios para o seu lançamento e crescimento. Contudo, a Pantys ilustra como três conceitos do *marketing* podem ser aplicados para a superação de tais desafios: um propósito de marca sólido que influencia todas as dimensões do negócio; o entendimento do comportamento do consumidor, capaz de revelar oportunidades; e a importância da identificação e da gestão do ambiente de negócios.

Para superar os desafios de hábitos de consumo e tabu social, a comunidade de consumidoras é primordial no negócio, a ponto de os valores da Pantys destacarem o apoio a mulheres, parceiros, equipe e empresa. Em suas entrevistas, Emily sempre destaca que "as consumidoras nos trazem as dores, e nós as transformamos em inovações de mercado".

A comunidade da Pantys, concentrada principalmente nas redes sociais da marca, é uma das principais fontes de contato, interação e compartilhamento de dores das consumidoras, além de ser um canal de construção de relacionamento afetivo com a marca. A Pantys tem um processo de mapeamento das sugestões das consumidoras, estudo técnico e mercadológico de viabilidade, engajamento da comunidade para coleta de *feedbacks* a partir de produtos-piloto e, por fim, desenvolvimento da próxima inovação da marca.

Segundo Emily, esse processo de cocriação contínua entre consumidoras e a Pantys trouxe alguns dos produtos considerados pioneiros no mercado global, como o sutiã absorvente para amamentação e a cueca *boxer* para homens transsexuais que menstruam. Ambos os produtos foram sugeridos por consumidores nas redes sociais da Pantys, iniciando o processo de inovação e resultando em novas linhas de produtos.

No *marketing* contemporâneo, apenas vender produtos não é mais garantia de sucesso das marcas. No caso da Pantys, é clara a importância do relacionamento contínuo com seu público-alvo, tanto na criação de uma relação afetiva com a marca quanto no seu engajamento para *feedback* de novos produtos.

Em um mercado disponível de mais 60 milhões de pessoas que menstruam, a marca tem uma base de clientes de 1,4 milhão de pessoas e segmenta seu público em dois grupos: mulheres (17 a 45 anos) e *teens* (12 a 16 anos). Para atender ambos os grupos, além de ser considerada a única marca com produtos que tenham eficácia clinicamente comprovada em nível global, a Pantys produz 70 mil produtos mensalmente. A marca também se expandiu para outras categorias de produtos absorventes, como sutiãs, para incontinência, maternidade, acessórios, chás e sabonetes íntimos, com preços que variam de R$ 25 a R$ 496.

A marca atua em um nicho de mercado e, para reforçar a presença com esses consumidores, ela atua em lojas físicas, loja virtual própria e revenda/varejo, representando 10, 70 e 20% do seu faturamento, respectivamente. A Pantys tem duas lojas em São Paulo, sendo uma na consolidada Rua Oscar Freire e outra no Shopping Morumbi, dois centros comerciais conhecidos pelo alto fluxo de pessoas. Vendida também em loja virtual própria, lojas parceiras e farmácias, a Pantys está presente em varejistas como Galeries Lafayette, na França, e Selfridges, no Reino Unido, além além de na Suíça, Holanda e Irlanda.

Com foco na educação do público-alvo, a Pantys utiliza diversos canais digitais para distribuir conteúdo educativo e conscientizar sobre sustentabilidade com informação. Sempre comunicando os atributos da marca em caixas-baixas, letras minúsculas e de maneira leve, bem-humorada, positiva, carinhosa e fofa, a Pantys marca presença com conteúdo inédito no *blog*, Instagram, Facebook, YouTube, LinkedIn, TikTok, Twitter e Pinterest, totalizando mais de 830 mil seguidores em 2023.

A estratégia de distribuição e comunicação da Pantys equilibra canais orientados à projeção de marca e canais orientados à venda de volume, reforçando a necessidade de a Pantys ser seletiva em seus pontos de vendas para não apenas estar próxima do seu público-alvo, mas também levar seu propósito de marca para o maior grupo possível de pessoas.

Internamente, o cuidado com o propósito da marca começa no processo de recrutamento. Além da aderência com o propósito de marca, há busca por profissionais que conciliem competências técnicas e emocionais, colaborativismo e flexibilidade. Desde 2019, o formulário no *site* da Pantys para interessados em trabalhar na marca recebeu mais de 4 mil currículos, apesar de a equipe ser formada por menos de 50 colaboradores em 2023, sendo 90% deles mulheres. Para garantir a coesão da cultura organizacional, são realizadas reuniões mensais e eventos internos para provocar inovações, melhorias de processos e foco na experiência do cliente, contribuindo cada vez mais para a evolução do negócio e mercado da Pantys.

Cientes de que os leitores têm potencial para transformar os negócios e a sociedade do futuro, vamos considerar dois projetos desenvolvidos pela Pantys como representantes das principais características da marca.

Um exemplo de ação da Pantys para educação das suas consumidoras é o desenvolvimento colaborativo entre Pantys e Sempre Livre.* A colaboração simboliza uma evolução na categoria de produtos menstruais em todo o mercado, levando a escolha da calcinha absorvente a uma maior audiência. A ação reforça a missão da Pantys como empresa orientada não apenas ao lucro, mas também ao ensino de novos hábitos saudáveis para suas consumidoras.

Na dimensão do impacto social, a Pantys está envolvida em projetos sociais contra a pobreza menstrual. Iniciando com a doação de produtos, o projeto chegou à educação com apoio da deputada federal Tabata Amaral, defensora de projetos sobre o assunto no legislativo brasileiro. Com o objetivo de informar jovens sobre educação sexual, foi criada uma plataforma *open source* de conteúdo direcionada para as escolas públicas no Brasil chamada de CycleFoundation. Nesse projeto, as escolas se inscrevem, recebem *kits* Pantys para as alunas e têm acesso a todo o conteúdo da plataforma para inserção no conteúdo pedagógico escolar.

Em suma, as diferentes perspectivas de origem, desenvolvimento e estratégia da Pantys no mercado representam o modo como uma marca é capaz de gerar impacto na sociedade enquanto se mantém um negócio com crescimento anual médio de 92% desde 2020. O elemento transversal na estratégia da Pantys? A sua construção orientada ao consumidor, desde a identificação da dor inicial até o seu processo de inovação.

Questões

1. Quais ações você acha que a Pantys poderia executar para ampliar seu impacto social?
2. Quais são as forças e fraquezas do negócio da Pantys?
3. Quais são as ameaças e oportunidades que você identifica no negócio?
4. Quais melhorias você proporia no processo de captação de dores das consumidoras da Pantys?

Autores

Caio Giusti Bianchi É gerente de educação continuada na ESPM, professor convidado e mentor de educação executiva na Università degli Studi di Padova (Itália), lecionando, pesquisando e atuando como consultor sobre gestão de projetos de inovação, transformação de negócios e inovação pedagógica.

Doutor em inovação internacional (ESPM e Università degli Studi di Padova), mestre em negócios internacionais (ESPM), especialista em tecnologia aplicada ao ensino (Full Sail University), especialista em negociação internacional (UAM) e bacharel em relações internacionais (UAM).

Katherine Sresnewsky É curadora do Hub de Moda e Luxo da ESPM e coordenadora de pós-graduações em moda e luxo, além de atuar com sua consultoria N.evsky.

Doutoranda e mestre em administração de empresas (USP), especialista em CRM (ESPM) e graduada em administração de empresas com ênfase em *marketing* (ESPM). Com vivência internacional em Nova York e Paris, iniciou em 2001 no mercado de moda em vendas e passou por desenvolvimento de produtos, planejamento, *marketing*, varejo, franquias e gestão de marca em diversos segmentos de moda.

Referências

FUNDO DE POPULAÇÃO DAS NAÇÕES UNIDAS; FUNDO DAS NAÇÕES UNIDAS PARA A INFÂNCIA. Pobreza menstrual no Brasil: desigualdade e violações de direitos. *UNICEF*, mai. 2021. Disponível em: https://www.unicef.org/brazil/relatorios/pobreza-menstrual-no-brasil-desigualdade-e-violacoes-de-direitos. Acesso em: 12 jan. 2024.

WEBER, J. Os impactos dos absorventes descartáveis para o meio ambiente. *Centro de Ciências Naturais e Exatas da Universidade Federal de Santa Maria*, 3 fev. 2023. Disponível em: https://www.ufsm.br/unidades-universitarias/ccne/2023/02/03/os-impactos-dos-absorventes-descartaveis-para-o-meio-ambiente. Acesso em: 12 jan. 2024.

---

*Sempre Livre é uma das principais marcas de absorventes descartáveis do Brasil, parte do grupo Johnson & Johnson.

2
Planejamento e administração de *marketing*

Enfatizando velocidade, funcionalidade e uma interface fácil de usar, a plataforma Slack permite que funcionários troquem mensagens entre si individualmente ou em grupos.
Crédito: imageBROKER/Alamy Stock Photo

Desenvolver as estratégias de *marketing* certas ao longo do tempo exige um misto de disciplina e flexibilidade. As empresas devem se ater a uma estratégia sem deixar de aprimorá-la constantemente. O cenário atual de *marketing* muda rapidamente, e identificar as melhores estratégias de longo prazo é crucial. Desenvolver uma proposição de valor duradoura, que trabalhe uma necessidade real do cliente, está no cerne de qualquer estratégia de *marketing* bem-sucedida. Uma empresa que desenvolveu uma oferta diferenciada, projetada para atender a uma necessidade não atendida dos clientes, foi a Slack.

>>>Slack, lançado em 2013, é uma plataforma de comunicação que permite a membros de equipes trocar mensagens individualmente ou em grupos. O Slack tem uma arquitetura flexível, que oferece um ambiente não estruturado, semelhante a um escritório em planta livre, no qual os funcionários podem compartilhar, colaborar e ver no que todo mundo está trabalhando. Ele facilita a pesquisa por conversas anteriores, e as notificações customizadas permitem que os usuários se concentrem na tarefa do momento sem perder qualquer informação relevante. Os recursos que diferenciam o Slack de aplicativos semelhantes são a sua velocidade, funcionalidade e interface fácil de usar. O Slack está disponível em uma versão gratuita, com

armazenamento e recursos limitados, mas também oferece diversos níveis de planos expandidos, com preço por usuário ativo. Os empregadores gostam do Slack porque ele reduz o ônus dos *e-mails* e ajuda a simplificar as comunicações de trabalho. Acima de tudo, o Slack integra as ferramentas que muitas empresas já utilizam, como o Google Drive e outros aplicativos de negócios populares, o que facilita a centralização das comunicações e do fluxo de trabalho. Outro benefício importante do Slack é a sua capacidade de levar mídias sociais relativas ao trabalho para o escritório, o que torna a vida profissional mais parecida com a vida digital. Nesse contexto, a revista *Slate* descreveu o aplicativo Slack como "a cultura de escritório descolada, disponível para *download* imediato". Apesar da ausência de uma equipe de vendas formal (a grande maioria dos novos clientes vem de indicações e já ouviu falar do produto por amigos, colegas de trabalho ou mídias sociais), em menos de quatro anos, o Slack reuniu mais de 10 milhões de usuários ativos diários em 150 países e foi avaliado em US$ 7 bilhões.[1]

Este capítulo começa pelo exame de algumas das consequências do *marketing* estratégico envolvidas na criação de valor para o cliente. Analisaremos diversas perspectivas sobre planejamento e descreveremos como traçar um plano de *marketing* formal.

Planejamento e administração corporativos e no nível da unidade de negócios

Para assegurar que as atividades corretas sejam executadas, é essencial que os profissionais de *marketing* priorizem o planejamento estratégico em três áreas principais: administrar os negócios da empresa como uma carteira de investimentos; avaliar a taxa de crescimento do mercado e a posição competitiva da empresa nele; e desenvolver um modelo de negócios viável. A empresa deve desenvolver um plano de ação para atingir os objetivos de longo prazo de cada unidade de negócios.

Em termos gerais, o planejamento e a administração de *marketing* podem ocorrer em três níveis diferentes: corporativo, de unidade de negócios e de produto. A matriz da empresa é responsável por conceber um plano estratégico corporativo para orientar o negócio como um todo. Ela toma decisões sobre o montante de recursos a serem alocados para cada unidade de negócios, assim como sobre quais negócios iniciar ou encerrar. Cada unidade de negócios desenvolve um plano que a leve a um futuro lucrativo. Por fim, cada oferta de mercado desenvolve um plano de *marketing* para atingir seus objetivos (Figura 2.1).

Esta seção aborda as principais questões envolvidas em analisar, planejar e administrar uma empresa ou as unidades de negócios específicas dentro dela. O restante do capítulo examina o processo de analisar, planejar e administrar as ofertas da empresa.

As empresas realizam quatro atividades de planejamento: definir a missão corporativa, construir a cultura corporativa, estabelecer unidades estratégicas de negócios e alocar recursos a cada unidade estratégica de negócios. Analisaremos rapidamente cada um desses processos.

Objetivos de aprendizagem Após ler este capítulo, você deverá ser capaz de:

2.1 Identificar as principais tarefas necessárias para o planejamento da empresa e da unidade de negócios.

2.2 Descrever o processo de desenvolvimento de uma oferta de mercado.

2.3 Explicar o processo de planejamento de *marketing*.

2.4 Descrever os principais componentes de um plano de *marketing* acionável.

2.5 Explicar como e quando modificar o plano de *marketing*.

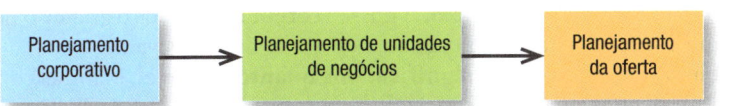

FIGURA 2.1
Os processos de planejamento estratégico.

DEFINIÇÃO DA MISSÃO CORPORATIVA

Uma organização existe para realizar algo: fabricar automóveis, emprestar dinheiro, fornecer hospedagem. Com o tempo, a missão pode mudar para que novas oportunidades sejam aproveitadas ou para que mudanças nas condições do mercado sejam atendidas. A Amazon.com mudou sua missão: a empresa que queria ser a maior livraria *on-line* do mundo agora quer se tornar a maior loja *on-line* do mundo. O eBay ampliou sua missão de leilões *on-line* destinados a colecionadores para leilões eletrônicos com todos os tipos de mercadoria. Já a Dunkin' Donuts mudou sua ênfase de *donuts* para café.

Uma **missão** é uma declaração clara, concisa e duradoura dos motivos para a existência da organização. Muitas vezes chamada de *propósito central*, a missão da empresa é o objetivo de longo prazo que dá aos funcionários e gestores da empresa uma sensação compartilhada de propósito, direção e oportunidade.[2]

Para definir sua missão, uma empresa deve responder às clássicas perguntas de Peter Drucker:[3] qual é o nosso negócio? Quem é o cliente? O que tem valor para o cliente? Qual será nosso negócio? Como deveria ser nosso negócio? Essas perguntas aparentemente simples estão entre as mais difíceis que uma organização terá de responder. Empresas de sucesso fazem e respondem essas perguntas continuamente.

Uma declaração de missão clara e criteriosa, desenvolvida de forma colaborativa e dividida entre gestores, funcionários e, muitas vezes, clientes, fornece um senso compartilhado de propósito, direção e oportunidade. As melhores declarações de missão são aquelas guiadas por uma visão, uma espécie de "sonho impossível", que proporciona à empresa um direcionamento para os próximos 10 a 20 anos. Akio Morita, ex-presidente da Sony, queria que todos tivessem acesso a um "aparelho de som pessoal"; assim, sua empresa criou o Walkman e o Discman. Fred Smith queria entregar correspondências em qualquer lugar nos Estados Unidos antes das 10h30 da manhã seguinte, então criou a Federal Express (FedEx).

Considere as seguintes declarações de missão:

A missão do Google é organizar as informações do mundo todo e torná-las universalmente acessíveis e úteis.[4]
Na IKEA, nossa visão é criar um melhor dia a dia para a maioria das pessoas. Para apoiar essa visão, nosso conceito de negócios oferece uma ampla gama de produtos para a casa, funcionais e com *design*, a preços tão baixos que a maioria das pessoas possa comprá-los.[5]
A missão do Facebook é dar às pessoas o poder de criar comunidades e aproximar o mundo.[6]
A missão da Tesla é acelerar a transição mundial para o uso de energia sustentável.[7]
Inspirar e nutrir o espírito humano – uma pessoa, uma xícara de café e uma comunidade de cada vez (Starbucks).[8]
Nossa missão é capacitar todas as pessoas e organizações do planeta a conquistar mais (Microsoft).[9]

Boas declarações de missão apresentam cinco características principais.

- **Enfocam um número limitado de objetivos específicos.** Declarações de missão que contêm uma longa lista de atividades sem relação entre si tendem a ser menos eficazes do que declarações focadas, que articulam claramente seus objetivos finais.
- **Enfatizam políticas e valores fundamentais da empresa.** Estreitar a liberdade de ação individual possibilita aos funcionários atuar de maneira consistente em questões importantes.
- **Definem os principais mercados que a empresa pretende atender.** Como a escolha de mercado-alvo define a estratégia e as táticas da empresa, ela deve ser definida pela declaração de missão da empresa e decorrer dela.

- **Adotam uma visão de longo prazo.** A missão corporativa define o grande objetivo estratégico da empresa e somente deve mudar quando deixar de ser relevante.
- **São tão curtas, memoráveis e significativas quanto possível.** Mantras corporativos de três a quatro palavras em geral são mais eficazes do que declarações de missão prolixas.

CONSTRUÇÃO DA CULTURA CORPORATIVA

O planejamento estratégico é realizado dentro do contexto da organização. A organização de uma empresa consiste em sua estrutura, suas políticas e sua cultura corporativa, que podem se tornar disfuncionais em um ambiente de negócios em rápida transformação. Enquanto a estrutura e as políticas podem ser alteradas (ainda que com dificuldade), é quase impossível mudar a cultura da empresa. Muitas vezes, porém, criar uma cultura corporativa viável é o segredo para o sucesso no mercado, como demonstra a experiência da Southwest Airlines.

O que é exatamente uma **cultura corporativa**? Alguns a definem como "experiências, histórias, convicções e normas compartilhadas que caracterizam uma organização". Basta entrar em qualquer empresa e a primeira coisa que se nota é a cultura corporativa – a maneira como as pessoas se vestem, como se dirigem umas às outras e como cumprimentam os clientes.

Uma cultura centrada no cliente pode afetar todos os aspectos de uma organização. A Enterprise Rent-A-Car apresentou seus próprios funcionários em sua mais recente campanha de propaganda "The Enterprise Way" (O jeito Enterprise). Com seu programa de treinamento "Making It Right" (Fazendo a coisa certa), a Enterprise capacita todos os funcionários a tomar suas próprias decisões. Um anúncio na campanha, intitulado "Fix Any Problem" (Solucione qualquer problema), reforça a forma como qualquer loja local da Enterprise tem autoridade para tomar medidas que maximizem a satisfação do cliente.[10]

DEFINIÇÃO DE UNIDADES ESTRATÉGICAS DE NEGÓCIOS

Muitas grandes empresas administram um portfólio de diferentes negócios, muitas vezes chamados de unidades estratégicas de negócios, e cada uma dessas unidades precisa da própria estratégia. Uma **unidade estratégica de negócios (UEN)** tem três características: (1) é um negócio único ou um conjunto de negócios relacionados que podem ser planejados separadamente do restante da empresa; (2) tem seu próprio universo de concorrentes; e (3) tem um gerente responsável por planejamento estratégico e desempenho de lucratividade que controla a maior parte dos fatores que afetam os lucros.

As unidades estratégicas de negócios compõem o portfólio da empresa. Com base na diversidade das unidades estratégicas de negócios individuais do portfólio, as unidades podem ser definidas como especializadas ou diversificadas.

Um **portfólio especializado** envolve UENs com sortimentos relativamente estreitos, compostos de uma ou poucas linhas de produtos. Por exemplo, a Ferrari (carros esportivos de alto desempenho), a Glacéau (água mineral), a GoPro (câmeras de ação) e a Roku (*streaming* de mídia digital) limitaram seu *mix* de produtos estrategicamente a uma linha bastante estreita.

> **Southwest Airlines** Fundada em 1967, a Southwest Airlines continua a se diferenciar das outras companhias aéreas pelo seu atendimento excepcional aos clientes. A base desse atendimento é a cultura da empresa, que inspira seus mais de 58 mil funcionários a encantar os passageiros. Ao criar uma cultura divertida e inclusiva, na qual todos os membros da equipe se sentem responsáveis pelo sucesso da empresa, a Southwest motiva seus funcionários a se orgulharem do seu trabalho, o que, com frequência, se traduz em uma experiência superior para o cliente. Na verdade, a Southwest coloca seus funcionários em primeiro lugar em ordem de importância, seguidos pelos clientes e acionistas. A companhia aérea explica a cultura corporativa da seguinte forma: "Acreditamos que, se tratarmos nossos funcionários direito, eles tratarão nossos clientes direito, o que resultará em mais negócios e mais lucros, o que deixa todos felizes". Esse ambiente apoiador ajudou a Southwest a criar uma base de clientes fiéis e tornar-se a maior companhia aérea nacional dos Estados Unidos, posição que mantém desde 2003.[11]

>> A decisão da Southwest Airlines de destacar-se das outras companhias aéreas baseia-se em oferecer uma cultura apoiadora, inclusiva e divertida.

Um **portfólio diversificado**, por outro lado, envolve UENs com sortimentos relativamente amplos, que contêm múltiplas linhas de produtos. Por exemplo, empresas como Amazon, General Electric, Johnson & Johnson e Unilever oferecem uma ampla variedade de linhas de produtos. A justificativa principal para um *mix* de negócios diversificado é aproveitar oportunidades de crescimento em áreas nas quais a empresa não tem presença.

Cada unidade de negócios precisa definir sua missão específica dentro do escopo mais amplo da missão corporativa. Assim, um fabricante de equipamentos para iluminação de estúdios de televisão poderia definir sua missão como: "Ter como alvo os principais estúdios de televisão e ser seu fornecedor preferencial de tecnologias de iluminação que representem as soluções mais avançadas e confiáveis de iluminação de estúdios". Observe que essa missão não prevê negócios com pequenos estúdios, nem a oferta de menores preços ou de produtos que não sejam de iluminação.

O objetivo de identificar as UENs de uma empresa consiste em desenvolver estratégias separadas e alocar recursos adequados. A alta administração sabe que seu portfólio de negócios costuma incluir alguns "antigos sucessos" ao lado das "promessas do amanhã". Liz Claiborne deu mais ênfase a alguns dos seus negócios mais jovens, como Juicy Couture, Lucky Brand Jeans, Mexx e Kate Spade, e vendeu negócios que não tinham o mesmo *buzz* (Ellen Tracy, Sigrid Olsen e Laundry).

ALOCAÇÃO DE RECURSOS ENTRE UNIDADES DE NEGÓCIOS

Tendo definido suas UENs, a gerência deve decidir como alocar recursos corporativos a cada unidade.[12] Para tanto, ela geralmente avalia a vantagem competitiva de cada UEN e a atratividade do mercado em que operam. Quando avalia unidades de negócios individuais, a empresa também pode considerar as sinergias existentes entre elas. Estas podem estar relacionadas com processos (p. ex., pesquisa e desenvolvimento, fabricação e distribuição) ou ao pessoal (p. ex., gestores experientes, engenheiros qualificados, equipe de vendas inteligente). Com base na avaliação do seu portfólio de unidades de negócios, a empresa pode decidir se deve cultivar, "colher" (ou extrair caixa) ou manter um determinado negócio.

A gestão de portfólio enfoca dois tipos de fatores: (1) oportunidades representadas por um determinado setor ou mercado; e (2) os recursos da empresa, que determinam a sua capacidade de explorar as oportunidades identificadas. Nesse caso, as oportunidades de mercado normalmente são definidas em termos de fatores de atratividade gerais do mercado ou setor, como tamanho, crescimento e lucratividade. Em contrapartida, os recursos da empresa refletem a sua posição competitiva no mercado e costumam ser medidos em termos de fatores como ativos estratégicos, competências centrais e participação de mercado.

Como os princípios para a tomada de decisões sobre alocação de recursos entre diferentes unidades de negócios são bastante semelhantes em diferentes setores, muitas empresas desenvolveram estratégias generalizadas para tomar tais decisões. Essas estratégias muitas vezes são integradas a modelos de portfólio formais que oferecem orientações sobre como alocar recursos entre múltiplas UENs.

Kraft Para levar em consideração as diferentes taxas de crescimento das suas unidades de negócios e as diferenças em objetivos estratégicos, estratégias e táticas, a Kraft dividiu-se em dois negócios: um de petiscos e doces global, com alta taxa de crescimento, que inclui as bolachas Oreo e os chocolates Cadbury, e um supermercadista norte-americano, com crescimento mais lento, abrangendo marcas tradicionais como o café Maxwell House, os amendoins Planters, o queijo Kraft e a gelatina Jell-O. O negócio de petiscos e doces recebeu o nome de Mondelēz International e foi posicionado como uma empresa de alto crescimento, com muitas oportunidades em mercados emergentes, como a China e a Índia. O negócio supermercadista manteve o nome Kraft Foods (hoje KraftHeinz) e, visto que consistia em muitas marcas de carne e queijo dominantes na categoria, era considerado mais como uma vaca leiteira para investidores interessados em dividendos consistentes. A Mondelēz expandiu-se rapidamente, ao passo que a Kraft Foods se concentrou no corte de custos e no investimento seletivo para sustentar suas marcas fortes.[13]

Um aspecto crucial do desenvolvimento de modelos de portfólio envolve identificar as métricas por trás do desempenho de uma determinada unidade de negócios. Dependendo dos pressupostos do modelo, as métricas podem incluir fatores como retorno sobre investimento, participação de mercado e taxa de crescimento do setor. Uma abordagem muito usada para a análise de portfólio, ainda que um tanto simplista e subjetiva, é a matriz BCG, desenvolvida pelo Boston Consulting Group. Métodos de gestão de portfólio mais recentes usam uma abordagem mais abrangente para avaliar o potencial de um negócio com base nas oportunidades de crescimento decorrentes de expansão global, reposicionamento ou redirecionamento e terceirização estratégica.

>> A decisão da Kraft de dividir-se em duas empresas, a Mondelēz International e a KraftHeinz, baseou-se nas diferenças de objetivos, estratégias e táticas, além das diferentes taxas de crescimento.

Desenvolvimento de ofertas de mercado

De modo a criar valor para clientes-alvo, colaboradores e *stakeholders*, é necessário que a empresa identifique claramente o mercado-alvo no qual competirá e elabore uma oferta que produzirá um conjunto de benefícios significativo para os clientes-alvo.[14] Essas atividades abrangem os dois componentes mais importantes do modelo de negócios da empresa: estratégia e táticas.

A **estratégia** envolve escolher um mercado claramente definido no qual a empresa competirá e determinar o valor que pretende criar nele. Já as **táticas**, também chamadas de *mix de marketing*, dão vida à estratégia da empresa. Elas definem os principais aspectos da oferta desenvolvida para criar valor em um determinado mercado. As táticas são uma consequência lógica da estratégia da empresa e refletem como a empresa concretizará essa estratégia no mercado. As táticas dão forma a tudo, desde os custos e benefícios da oferta até os meios pelos quais os clientes-alvo conhecem e compram a oferta.

A estratégia e as táticas estão interligadas em um nível fundamental. A estratégia da empresa especifica o mercado-alvo e o valor que a empresa pretende criar nesse mercado, ao passo que as táticas detalham os atributos reais da oferta que criará valor no mercado escolhido. Decidir sobre aspectos táticos específicos de uma oferta (recursos, imagem de marca, preço e meios de promovê-la, comunicá-la e distribuí-la) não é possível sem entender as necessidades do *marketing* segmentado e as opções concorrentes que existem para atender a tais necessidades.

Os principais aspectos da estratégia e das táticas de uma oferta são discutidos em mais detalhes nas seções a seguir.

DESENVOLVIMENTO DA ESTRATÉGIA DE *MARKETING*

A estratégia de *marketing* incorpora dois componentes críticos: o *mercado-alvo* no qual a empresa competirá e a *proposição de valor* para as entidades de mercado relevantes (empresa, clientes-alvo e colaboradores). Um mercado-alvo escolhido a dedo e uma proposição de valor elaborada com cuidado embasam o modelo de negócios da empresa e servem como princípios para orientar o processo de determinação das decisões táticas que definem a oferta da empresa.

Identificação do mercado-alvo. O **mercado-alvo** no qual a empresa pretende criar e capturar valor é composto de cinco fatores: os *clientes*, cujas necessidades a empresa pretende atender; os *concorrentes*, que tentam atender às mesmas necessidades dos mesmos clientes-alvo; os *colaboradores*, que ajudam a empresa a atender às necessidades dos clientes; a *companhia*, que desenvolve e administra a oferta; e o *contexto*, que afeta o modo como a empresa desenvolve e administra a oferta.

Esses cinco fatores de mercado, chamados de 5 Cs, estão representados visualmente no *sistema dos 5 Cs* como um conjunto de elipses concêntricas: os clientes-alvo estão no centro, com colaboradores, concorrentes e companhia no meio e o contexto no lado de fora (Figura 2.2). A posição central dos clientes-alvo no sistema dos 5 Cs reflete o seu papel determinante no mercado. As três outras entidades do mercado (companhia, colaboradores e concorrentes) trabalham para criar valor para os clientes-alvo. A camada externa do sistema dos 5 Cs é o contexto do mercado, que define o ambiente no qual clientes, companhia, colaboradores e concorrentes operam.

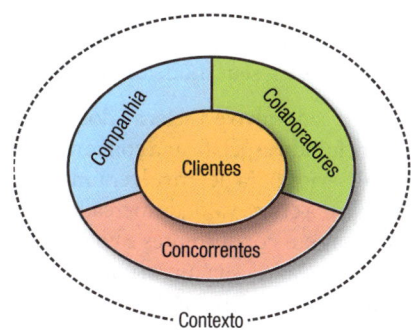

FIGURA 2.2

Identificação do mercado-alvo: o sistema dos 5 Cs.

Crédito: Alexander Chernev, *Strategic Marketing Management: Theory and Practice* (Chicago, IL: Cerebellum Press, 2019).

Os 5 Cs e as relações entre eles são discutidos em mais detalhes nas seções a seguir.

- Os **clientes-alvo** são indivíduos ou organizações cujas necessidades a empresa pretende atender. Os clientes-alvo em mercados consumidores (B2C, do inglês *business-to-consumer*) são, em geral, os usuários finais da oferta, ao passo que, em mercados empresariais (B2B, do inglês *business-to-business*), os clientes-alvo são outros negócios que utilizam a oferta da empresa. Dois princípios fundamentais determinam a escolha dos clientes-alvo: a empresa e seus colaboradores devem conseguir criar valor superior para os clientes-alvo em relação à concorrência, e os clientes-alvo escolhidos devem conseguir criar valor para a companhia e seus colaboradores.
- Os **colaboradores** trabalham com a empresa para criar valor para os clientes-alvo. A empresa deve basear a escolha dos colaboradores nos recursos complementares que eles oferecem para ajudá-la a atender às necessidades dos clientes. A colaboração envolve terceirizar (em vez de desenvolver internamente) os recursos de que a empresa precisa, mas não tem, para criar uma oferta que atende às necessidades dos clientes-alvo. Em vez de construir ou adquirir os recursos ausentes, a empresa pode acessá-los por meio de parcerias com entidades que os tenham e se beneficiariam de compartilhá-los. Os colaboradores podem incluir fornecedores, fabricantes, distribuidores (concessionárias, atacadistas e varejistas), entidades de pesquisa e desenvolvimento, prestadores de serviços, equipes de vendas externas, agências de propaganda e empresas de pesquisa de *marketing*.
- Os **concorrentes** pretendem atender às mesmas necessidades dos mesmos clientes-alvo.[15] As empresas devem tomar cuidado para não cair na visão míope sobre concorrência que define seus rivais usando termos tradicionais de categorias e setores.[16] Para examinar os seus principais concorrentes e suas respectivas estratégias, uma empresa deve perguntar o que cada concorrente busca no mercado e o que impulsiona o comportamento de cada um deles. Isso ajuda a esclarecer a posição da empresa, pois muitos fatores definem os objetivos de um concorrente, como tamanho, histórico, gestão corrente e situação financeira. Por exemplo, se o concorrente for uma divisão de uma grande empresa, é importante saber se a empresa-mãe a administra para fins de crescimento ou de lucro, ou se está apenas extraindo receitas.[17]
- A **companhia** (ou empresa) desenvolve e administra uma determinada oferta de mercado. Para organizações com maior diversidade de competências estratégicas e ofertas de mercado, o termo *companhia* normalmente se refere à unidade de negócios específica que administra uma determinada oferta. Cada UEN pode ser considerada uma companhia separada, que precisa do seu próprio modelo de negócios. Por exemplo, a GE, a Alphabet (controladora da Google) e a Facebook têm múltiplas UENs.
- O **contexto** é o ambiente no qual a empresa e seus colaboradores operam. Ele abrange cinco fatores. O *contexto sociocultural* é caracterizado por tendências sociais e demográficas, sistemas de valores, religião, idioma, estilos de vida, atitudes e crenças. O *contexto tecnológico* é composto de novas técnicas, habilidades, métodos e processos para desenvolver, comunicar e entregar ofertas de mercado. O *contexto regulatório* inclui impostos, tarifas de importação e embargos, além de especificações e preços de produtos, regulamentação das comunicações e leis sobre propriedade intelectual. O *contexto econômico* é composto de crescimento econômico, oferta de moeda, inflação e taxas de juros. O *contexto físico* reúne recursos naturais, localização geográfica, topografia, tendências climáticas e condições de saúde. O contexto pode ter um impacto radical na capacidade da empresa de criar valor de mercado. Muitos acontecimentos recentes, incluindo avanços em inteligência artificial, o estouro de guerras comerciais, o aquecimento global e a pandemia do coronavírus, forçaram diversas empresas a repensar completamente o modo como operam e dar guinadas em seus modelos de negócios.

O principal componente do mercado-alvo é a seleção dos clientes-alvo, que determina todos os outros aspectos do mercado, incluindo especificar a concorrência, escolher colaboradores, definir os recursos da empresa necessários para desenvolver uma oferta superior para os clientes e descrever o contexto no qual a empresa criará valor de mercado. Logo, uma alteração nos clientes-alvo normalmente leva a mudanças em concorrentes e colaboradores, diferentes requisitos de recursos e novos fatores contextuais. Dada a sua importância estratégica, a escolha dos clientes-alvo certos é o alicerce para a construção de um modelo de negócios bem-sucedido.

Os 5 Cs e as 5 Forças da concorrência

O sistema dos 5 Cs é semelhante ao das 5 Forças originado por Michael Porter.[18] As 5 Forças identificam a competitividade do setor de acordo com cinco fatores: o poder de barganha dos fornecedores, o poder de barganha dos compradores, a ameaça de novos concorrentes, a ameaça dos substitutos e a rivalidade entre os concorrentes atuais. Em conjunto, os cinco fatores definem o ambiente competitivo no qual uma empresa opera. O sistema das 5 Forças sugere que a concorrência em um setor aumenta em proporção ao maior poder de barganha de fornecedores e compradores, à maior ameaça de novos concorrentes e produtos substitutos e à intensificação da rivalidade entre os concorrentes já atuantes.

O sistema das 5 Forças é semelhante ao dos 5 Cs no sentido de que ambos existem para facilitar a análise do mercado no qual a empresa opera. A diferença entre eles é o modo como cada um define o mercado. As 5 Forças analisam a concorrência no mercado de uma perspectiva setorial. Os 5 Cs, por outro lado, definem o mercado com base nas necessidades do cliente, e não no setor em que a empresa compete. Assim, eles definem os concorrentes em termos da sua capacidade de atender às necessidades dos clientes e criar valor de mercado. O sistema dos 5 Cs não considera se a empresa e seus concorrentes operam no mesmo setor ou não, o que torna o conceito de produtos substitutos supérfluo; do ponto de vista do cliente, os substitutos são apenas concorrentes de diferentes categorias que pretendem atender a uma determinada necessidade.

O foco do sistema das 5 Forças no setor o torna particularmente relevante para profissionais de *marketing* que analisam a estrutura competitiva de um determinado setor. Contudo, a abordagem das 5 Forças tem muito menos relevância quando se trata de analisar a capacidade de uma oferta de criar valor de mercado. Nesse caso, o sistema dos 5 Cs normalmente é mais útil, dado o seu foco no cliente e sua perspectiva de mercado baseada nas necessidades do cliente, e não em um setor específico.[19]

Desenvolvimento de uma proposição de valor. Uma oferta bem-sucedida deve criar valor superior para os clientes-alvo e para a empresa e seus colaboradores. Assim, quando desenvolve ofertas de mercado para as entidades relevantes na troca de mercado, a empresa precisa levar em consideração todos os três tipos de valor: para o cliente, para o colaborador e para a companhia.

- **Valor para o cliente** é o valor de uma oferta para os seus clientes e depende de como estes avaliam a capacidade da oferta de atender às suas necessidades. O valor que uma oferta cria para os clientes baseia-se em três fatores principais: as *necessidades* dos clientes-alvo; os benefícios que os clientes recebem e os custos que incorrem quando compram a oferta da empresa; e os custos e benefícios das maneiras alternativas (ofertas concorrentes) que os clientes-alvo poderiam utilizar para atender às suas necessidades. Assim, a proposição de valor para o cliente deve conseguir explicar por que os clientes-alvo escolheriam a oferta da empresa e não as alternativas disponíveis.
- **Valor para o colaborador** é o valor de uma oferta para os colaboradores da empresa. Ele resume todos os custos e benefícios que a oferta cria para os colaboradores e reflete a sua atratividade para eles. A proposição de valor para o colaborador deve explicar por que os colaboradores escolheriam a oferta da empresa e não as alternativas concorrentes para atingir seus objetivos.
- **Valor para a companhia** é o valor da oferta para a empresa. O valor de uma oferta é definido em relação a todos os custos e benefícios associados a ela, sua afinidade com os objetivos da empresa e o valor de outras oportunidades que a empresa poderia explorar (p. ex., outras ofertas que poderia lançar). Assim, a proposição de valor para a companhia determina por que esta deveria escolher uma oferta em vez de selecionar opções alternativas.

O princípio do valor de mercado também é chamado de princípio dos 3 Vs, pois destaca a importância de criar valor para as três entidades do mercado: os clientes-alvo, os colaboradores e a companhia em si. O princípio do valor de mercado define a viabilidade do modelo de negócios ao fazer três conjuntos de perguntas que precisam ser respondidas:

> *Que valor a oferta cria para os clientes-alvo? Por que os clientes-alvo escolheriam essa oferta? O que a torna superior às alternativas?*

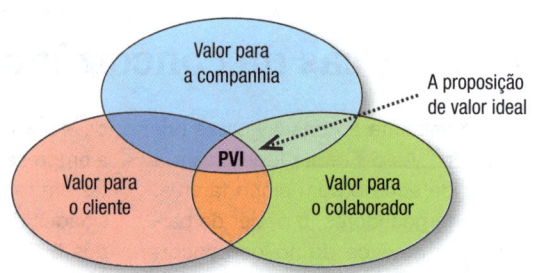

FIGURA 2.3

O princípio dos 3 Vs do valor de mercado.

Crédito: Alexander Chernev, *Strategic Marketing Management: Theory and Practice* (Chicago, IL: Cerebellum Press, 2019).

> *Que valor a oferta cria para os colaboradores da empresa (fornecedores, distribuidores e codesenvolvedores)? Por que os colaboradores firmariam parcerias com a empresa e não com outras entidades?*
>
> *Que valor a oferta cria para a empresa? Por que a empresa deveria investir recursos nela em vez de explorar outras opções?*

A necessidade de gerenciar o valor para todas essas três entidades de mercado nos leva a questionar qual valor deve ser priorizado. Isso exige a criação de uma **proposição de valor ideal** que equilibre o valor para os clientes, os colaboradores e a companhia. O termo *valor ideal*, no sentido que usamos aqui, significa que o valor da oferta está interligado para as três entidades, criando valor para os clientes-alvo e os colaboradores de uma maneira que permite que a companhia atinja seus objetivos estratégicos. O princípio do valor de mercado otimiza o valor para o cliente, para o colaborador e para a companhia e é a base para o sucesso no mercado (Figura 2.3). A incapacidade de criar valor superior para qualquer uma das três entidades de mercado inevitavelmente leva a um modelo de negócios insustentável e condena o empreendimento ao fracasso.

Considere o que a Starbucks faz para criar valor de mercado. Os clientes recebem o benefício funcional de diversas bebidas com café e o benefício psicológico de expressar a sua personalidade ao escolherem uma bebida customizada. Por esses benefícios, os clientes entregam compensação monetária para a Starbucks. Os colaboradores (cafeicultores) recebem pagamentos monetários da empresa pelos grãos de café que fornecem e derivam o benefício estratégico de terem demanda consistente pelo seu produto; em troca, investem recursos em cultivar grãos de café que se conformam com os padrões da Starbucks. A Starbucks recebe receitas e lucra ao investir seus recursos em desenvolver e oferecer seus bens e serviços para os consumidores, além de derivar os benefícios estratégicos de construir uma marca e fortalecer a sua presença no mercado.

ELABORAÇÃO DE TÁTICAS DE *MARKETING*

A **oferta de mercado** é o produto que a empresa utiliza para atender a uma determinada necessidade do cliente. Ao contrário do mercado-alvo e da proposição de valor, que refletem a estratégia da empresa, a oferta de mercado reflete as suas táticas, ou seja, o modo específico como a empresa criará valor no mercado em que compete.

Os gerentes de *marketing* têm sete táticas à sua disposição para desenvolver uma oferta que cria valor de mercado: produto, serviço, marca, preço, incentivos, comunicação e distribuição. Também chamados de **mix de marketing**, esses sete atributos (também chamados de táticas ou Ts) representam a combinação das atividades necessárias para transformar a estratégia da oferta de mercado em realidade (Figura 2.4).

Os sete atributos que definem a oferta de mercado são apresentados a seguir.

- O **produto** é algo comercializável que pretende criar valor para os clientes-alvo. Os produtos podem ser tangíveis, como alimentos, vestuário e móveis, ou intangíveis, como música e *software*. A compra de um produto dá aos clientes direitos de propriedade sobre o bem adquirido. Por exemplo, com a compra de um carro ou aplicativo de *software*, o dono recebe todos os direitos ao produto adquirido.

- O **serviço** também pretende criar valor para os clientes, mas sem dar-lhes direito à propriedade. Os exemplos de serviços incluem consertos de eletrodomésticos, aluguéis de filmes, procedimentos médicos e preparação de impostos. Dependendo da situação, a mesma oferta pode ser posicionada como bem ou como serviço. Isso ocorre, por exemplo, quando um

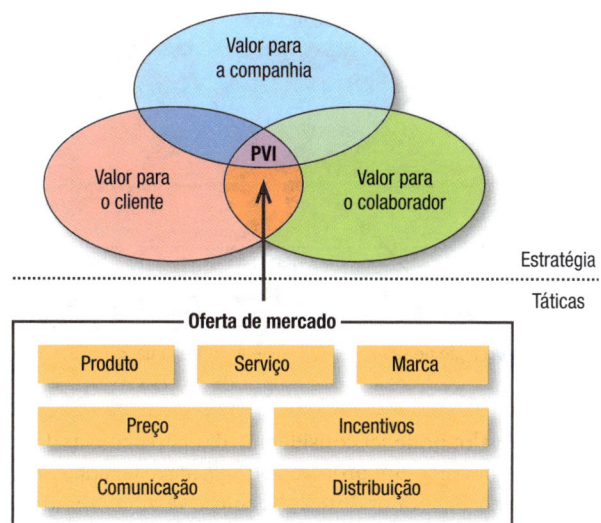

FIGURA 2.4
Táticas de *marketing*: as sete táticas (7 Ts) que definem a oferta de mercado.
Crédito: Alexander Chernev, *Strategic Marketing Management: Theory and Practice* (Chicago, IL: Cerebellum Press, 2019).

aplicativo de *software* pode ser oferecido como um produto, que dá aos compradores o direito a uma cópia do programa, ou como um serviço, que permite que os clientes o aluguem e recebam temporariamente seus benefícios.

- A meta da **marca** é identificar os bens e serviços produzidos pela empresa e diferenciá-los da concorrência. No processo, ela cria um valor exclusivo que vai além dos aspectos de bem e serviço da oferta. A marca Rolls-Royce identifica os automóveis fabricados pela Rolls-Royce, subsidiária da BMW, e os diferencia daqueles produzidos pela Bentley, Maserati e Bugatti, além de evocar uma reação emocional diferenciada em seus clientes, que utilizam a marca Rolls-Royce para chamar a atenção para o seu patrimônio e seu *status* socioeconômico.
- O **preço** é o custo monetário que os clientes e colaboradores incorrem para receber os benefícios gerados pela oferta da empresa.
- Os **incentivos** são ferramentas direcionadas, elaboradas para fortalecer o valor da oferta ao reduzir seus custos ou aumentar seus benefícios. Em geral, os incentivos são oferecidos na forma de descontos por volume, reduções de preço, cupons, reembolsos, prêmios, ofertas adicionais, concursos, recompensas monetárias e reconhecimento. Os incentivos podem ser destinados aos clientes ou aos colaboradores da empresa (p. ex., os parceiros de canal).
- A **comunicação** informa os clientes-alvo, colaboradores e *stakeholders* da empresa sobre as especificidades da oferta e onde adquiri-la.
- A **distribuição** abrange o canal ou os canais usados para entregar a oferta aos clientes-alvo e aos colaboradores da empresa.

Mais uma vez, um exemplo da Starbucks pode ilustrar os sete atributos. O *produto* da Starbucks inclui os diversos alimentos e bebidas disponíveis. O *serviço* consiste no auxílio que a Starbucks oferece aos clientes antes, durante e após a compra. A *marca* são o nome Starbucks e seu logotipo, além das associações que eles evocam na mente dos clientes. O *preço* é a quantia que a Starbucks cobra dos clientes pelas suas ofertas. Os *incentivos* incluem ferramentas promocionais, como programas de fidelidade, cupons e descontos de preço temporários, que geram benefícios adicionais para os clientes. A *comunicação* consiste nas informações que a Starbucks dissemina por meio de propaganda, mídias sociais e relações públicas para informar o público sobre as suas ofertas. A *distribuição* inclui as lojas de propriedade da empresa e os pontos de varejo que licencia para entregar as ofertas da Starbucks aos clientes.

As sete táticas do *marketing* (produto, serviço, marca, preço, incentivos, comunicação e distribuição) podem ser interpretadas como um *processo de elaborar, comunicar* e *entregar* valor para o cliente. O aspecto de elaboração do valor da oferta abrange o produto, o serviço, a marca, o preço e os incentivos, ao passo que a comunicação e a distribuição formam os aspectos de informação e entrega de valor do processo, respectivamente (Figura 2.5). Assim, embora tenham papéis diferentes no processo de criação de valor, os diferentes atributos táticos otimizam o valor para o cliente em todas as três dimensões.

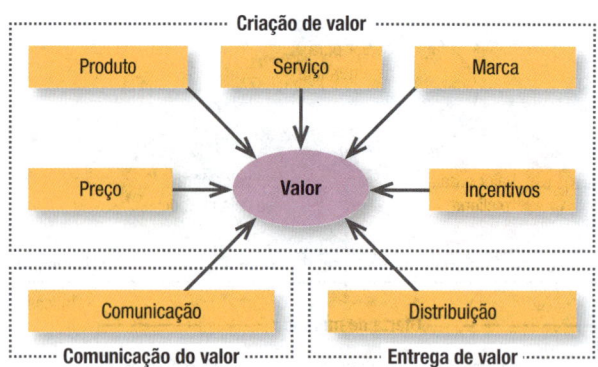

FIGURA 2.5
Táticas de *marketing* como processo de elaborar, comunicar e entregar valor para o cliente.
Crédito: Alexander Chernev, *Strategic Marketing Management: Theory and Practice* (Chicago, IL: Cerebellum Press, 2019).

O processo de criação de valor pode ser considerado das perspectivas da empresa e do cliente. A primeira vê a criação de valor como um processo de *elaborar*, *comunicar* e *entregar* valor; contudo, o cliente vê o processo de criação de valor de uma perspectiva diferente, em termos de *atratividade*, *conscientização* e *disponibilidade* da oferta.[20] A atratividade reflete os custos e benefícios que os clientes-alvo associam com os aspectos de produto, serviço, marca, preço e incentivos da oferta. A conscientização destaca os métodos pelos quais os clientes-alvo são informados sobre as especificidades da oferta. A disponibilidade consiste nas maneiras pelas quais os clientes-alvo podem adquirir a oferta.

OS 7 TS E OS 4 PS

A visão das táticas de *marketing* como um processo de definir os sete principais atributos de uma oferta pode ser relacionada com o popular sistema dos 4 Ps. Apresentado originalmente na década de 1960, os 4 Ps identificam as quatro decisões críticas que os gerentes devem tomar quando elaboram uma oferta: os recursos a incluir no *produto*, o *preço* do produto, a melhor maneira de *promover* o produto e os canais de varejo que servirão de *praça* para o produto. As quatro áreas de decisão são representadas pelos 4 Ps: produto, preço, promoção e praça.

Em virtude de ser tão simples, intuitivo e fácil de lembrar, o sistema dos 4 Ps conquistou uma ampla popularidade. Contudo, é justamente a simplicidade que limitou significativamente a relevância dos 4 Ps no ambiente de negócios contemporâneo. Uma das suas limitações é que ele não diferencia entre os aspectos de bem e de serviço da oferta, uma desvantagem grave no ambiente orientado para serviços da atualidade, em que um número crescente de empresas realiza a transição de um modelo de negócios baseado em bens para um baseado em serviço. Outra limitação importante dos 4 Ps é que o sistema não considera a *marca* como um fator independente, preferindo, em vez disso, considerá-la parte do produto. O produto e a marca são aspectos distintos da oferta e podem existir independentemente um do outro. Na verdade, um número crescente de empresas terceiriza a fabricação dos seus produtos para que possa concentrar seus esforços na construção e na gestão das suas marcas.

Outra área em que os 4 Ps não estão à altura do problema é o tratamento destinado ao termo *promoção*. A promoção é um conceito amplo, que abrange duas atividades promocionais distintas: *incentivos*, que incluem promoções de preço, cupons e promoção comercial, e *comunicação*, que abrange propaganda, relações públicas, mídias sociais e venda pessoal. Os incentivos e a comunicação contribuem de formas diferentes para o processo de criação de valor: os incentivos fortalecem o valor da oferta; a comunicação serve para informar os clientes sobre a oferta, sem necessariamente valorizá-la. O uso do termo *promoção* para se referir a essas atividades independentes distorce o papel especial que cada uma delas desempenha na criação de valor de mercado.

As limitações do sistema dos 4 Ps podem ser evitadas quando consideramos a oferta em termos de sete fatores (produto, serviço, marca, preço, incentivos, comunicação e distribuição), em vez de quatro. Os 4 Ps podem ser mapeados facilmente nos sete atributos do sistema dos 7 Ts: o primeiro P (produto) abrange produto, serviço e marca; o preço continua a ser o segundo P; o terceiro P (promoção) é dividido entre incentivos e comunicação; e a distribuição substitui o quarto P (praça). Assim, o *mix de marketing* dos 7 Ts representa uma versão mais refinada dos 4 Ps, oferecendo uma abordagem mais precisa e acionável à elaboração da oferta da empresa.

CRIAÇÃO DO MAPA DO VALOR DE MERCADO

Os dois principais aspectos do modelo de negócios de uma empresa (estratégia e táticas) podem ser representados como um mapa de valor, que define os modos pelos quais uma empresa cria valor de mercado. O grande objetivo do mapa de valor é facilitar o desenvolvimento de um modelo de negócios viável e capacitar a empresa a ser bem-sucedida no mercado. Assim, o mapa do valor de mercado pode ser interpretado como uma representação visual dos principais componentes do modelo de negócios da empresa e de como eles se relacionam entre si.

O mapa do valor de mercado reflete a estrutura do modelo de negócios e contém os três principais componentes que definem a estratégia e as táticas da empresa: o *mercado-alvo*, a *proposição de valor* e a *oferta de mercado*. O mercado-alvo é definido, por sua vez, pelos 5 Cs (clientes, colaboradores, companhia, concorrentes e contexto), e os clientes têm o papel crítico para a definição do mercado. A proposição de valor representa, então, os três tipos de valor que a empresa deve criar no mercado: para o cliente, para os colaboradores e para a companhia. Por fim, o componente de oferta do mapa do valor de mercado demarca os sete principais atributos (produto, serviço, marca, preço, incentivos, comunicação e distribuição) que representam o aspecto tático do modelo de negócios de uma empresa. A Figura 2.6 mostra os componentes do mapa do valor de mercado e as principais questões que definem cada componente.

O componente de proposição de valor do mapa do valor de mercado é fundamental para garantir a viabilidade do modelo de negócios da empresa. O sucesso da oferta da empresa no mercado é determinado pela sua capacidade de criar valor para as três entidades principais: clientes-alvo, colaboradores da empresa e a companhia em si. Como essas entidades têm necessidades distintas e precisam de diferentes proposições de valor, o processo de planejamento de *marketing*

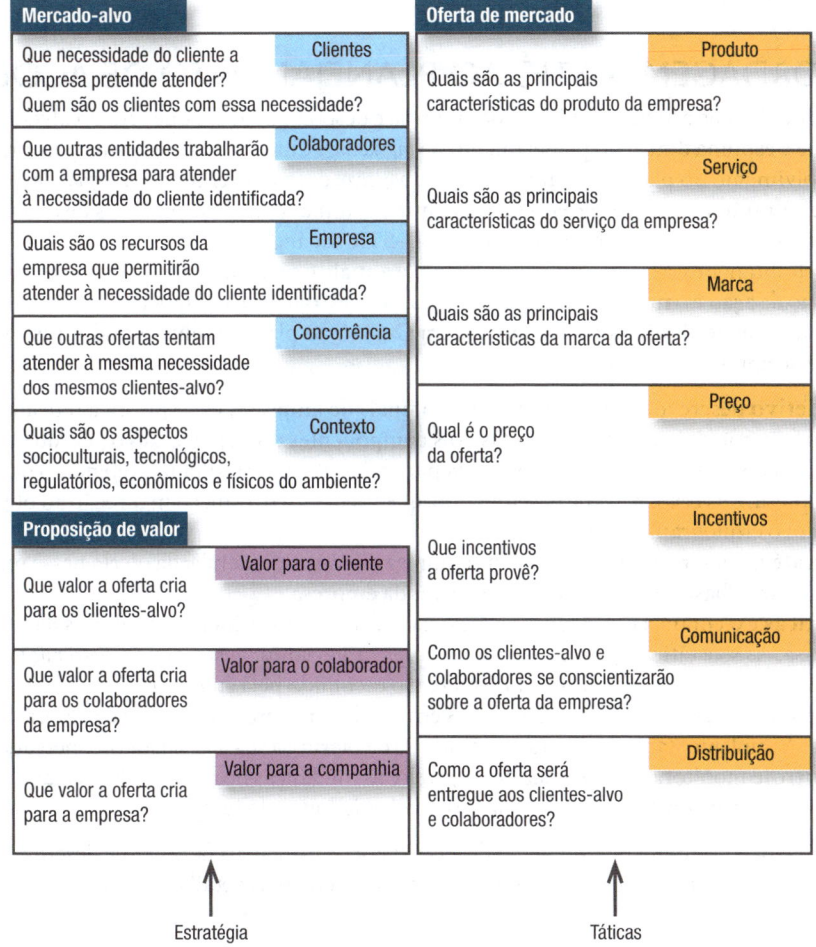

FIGURA 2.6

O mapa do valor de mercado.

Crédito: Alexander Chernev, *Strategic Marketing Management: Theory and Practice* (Chicago, IL: Cerebellum Press, 2019).

se beneficia com o desenvolvimento de um mapa de valor separado para cada entidade. Assim, além de ter um único mapa de valor, os gestores saem ganhando ao desenvolver três mapas de valor: um para o cliente, um para o colaborador e um para a companhia.

Esses três mapas de valor representam aspectos distintos do modelo de negócios da empresa, relativos às principais entidades envolvidas no processo de criação de valor. O *mapa de valor para o cliente* captura os modos como a oferta da empresa criará valor para os seus clientes-alvo e define os pontos estratégicos e táticos do aspecto focado no cliente do modelo de negócios da organização. O *mapa de valor para o colaborador* determina os aspectos estratégicos e táticos do modo como a oferta da empresa criará valor para o colaborador. Por fim, o *mapa de valor para a companhia* define os modos como a oferta criará valor para os *stakeholders* da empresa. Observe que esses três mapas de valor estão intimamente relacionados, pois refletem diferentes aspectos do processo de criar valor de mercado. É apenas pela criação de valor para os clientes-alvo, para os colaboradores e para a companhia que o administrador pode garantir o sucesso de mercado da oferta.

Planejamento e administração de ofertas de mercado

O futuro da empresa depende da sua capacidade de desenvolver ofertas de mercado bem-sucedidas, capazes de criar valor superior para os clientes-alvo, a companhia e os colaboradores.[21] O sucesso de mercado normalmente é o produto de um forte esforço de análise, planejamento e gestão de mercado; é raro que seja um golpe de sorte. O sucesso no mercado exige que a empresa desenvolva um modelo de negócios viável e um plano de ação que permita a sua concretização. O processo de desenvolver esse plano de ação está encapsulado na abordagem G-STIC, descrita nas seções a seguir.

A ABORDAGEM G-STIC AO PLANEJAMENTO DE AÇÕES

O plano de ação, que articula o objetivo da empresa e descreve as ações que serão realizadas para atingi-lo, é a espinha dorsal do planejamento de *marketing*. Cinco atividades principais orientam o desenvolvimento do plano de ação: definir um *objetivo*, desenvolver uma *estratégia*, desenhar as *táticas*, definir um plano de *implementação* e identificar um conjunto de métricas de *controle* para mensurar o sucesso da ação proposta. O sistema G-STIC (do inglês *goal-strategy-tactics-implementation-control*) abrange essas cinco atividades e unifica a análise e o planejamento de *marketing*. O cerne do plano de ação é o modelo de negócios baseado na estratégia e nas táticas da oferta.

Os componentes individuais da abordagem G-STIC ao planejamento e à administração de *marketing* são apresentados a seguir.

- O **objetivo** descreve os critérios de sucesso finais da empresa; ele especifica o resultado final que a empresa pretende atingir. Os dois componentes do objetivo são o *foco*, que define a métrica (como rendimento líquido) usada para quantificar o resultado pretendido das ações da empresa, e os *benchmarks* de desempenho, que sinalizam o avanço em direção ao objetivo e definem o cronograma para atingi-lo.
- A **estratégia** descreve o *mercado-alvo* da empresa e a *proposição de valor* da oferta nesse mercado para servir de base para o modelo de negócios da empresa.
- As **táticas** executam a estratégia por meio da definição dos principais atributos da oferta da empresa. As sete táticas (*produto, serviço, marca, preço, incentivos, comunicação* e *distribuição*) são as ferramentas usadas para criar valor no mercado escolhido pela empresa.
- A **implementação** consiste nos processos envolvidos em aprontar a oferta da empresa para a venda. A implementação inclui o *desenvolvimento* da oferta e a sua *implantação* no mercado-alvo.
- O **controle** monitora o *desempenho* da empresa e as mudanças no *ambiente* de mercado em que ela opera para medir o sucesso das suas atividades ao longo do tempo.

Os principais componentes do plano de *marketing* e os principais fatores que descrevem cada um deles se encontram na Figura 2.7 e serão examinados em mais detalhes nas seções a seguir.

FIGURA 2.7
Fluxograma do planejamento de ações G-STIC.
Crédito: Alexander Chernev, *Strategic Marketing Management: Theory and Practice* (Chicago, IL: Cerebellum Press, 2019).

DEFINIÇÃO DO OBJETIVO

A definição do objetivo da empresa tenta transformar o plano de *marketing* em realidade. O objetivo funciona como o farol que orienta todas as atividades da empresa. Definir um objetivo envolve duas decisões críticas: identificar o *foco* das ações da empresa e especificar os *benchmarks* de desempenho a serem atingidos. Essas decisões são discutidas em mais detalhes a seguir.

Definição do foco do objetivo. O foco do objetivo define o resultado desejado das atividades da empresa, um critério importante para o seu sucesso. Com base no foco, os objetivos podem ser monetários ou estratégicos.

- Os **objetivos monetários** baseiam-se em resultados como rendimento líquido, margens de lucro, lucro por ação e retorno sobre o investimento. Nas organizações com fins lucrativos, os objetivos monetários são a métrica de desempenho primária.
- Os **objetivos estratégicos** centram-se em resultados não monetários, mas de importância estratégica para a empresa. Entre os objetivos estratégicos mais comuns, estão maior volume de vendas, conscientização de marca e bem-estar social, assim como fortalecer a cultura corporativa e facilitar o recrutamento e a retenção de funcionários. Organizações com e sem fins lucrativos que buscam apoiar itens que produzem mais receita do que a oferta focal têm os objetivos estratégicos como a sua principal métrica de desempenho. Por exemplo, a Amazon pode apenas empatar ou até mesmo ter prejuízo com alguns dos seus dispositivos Kindle, mas ainda considerá-los uma plataforma estrategicamente importante para o seu varejista.

As empresas cada vez mais vão além da receita de vendas e do lucro e consideram os efeitos jurídicos, éticos, sociais e ambientais das suas atividades e programas de *marketing*. O conceito de "tripé da sustentabilidade" (pessoas, planeta e lucro) ganhou força em muitas organizações que se interessam por analisar o impacto das suas ações na sociedade.[22] Por exemplo, uma das principais iniciativas da Unilever, o Sustainable Living Plan (Plano de Vida Sustentável) tem três objetivos principais: melhorar a saúde e o bem-estar das pessoas, reduzir o impacto ambiental e melhorar as condições de vida. Esses objetivos estão por trás de métricas que abrangem o desempenho social, ambiental e econômico da cadeia de valor da empresa.[23]

Definição de *benchmarks* de desempenho. *Benchmarks* de desempenho quantitativos e temporais se combinam para gerar métricas que medem o progresso da empresa em relação ao seu objetivo.

- ***Benchmarks* quantitativos** definem os marcos específicos que devem ser atingidos à medida que a empresa se aproxima do seu objetivo final. Esses *benchmarks* quantificam o objetivo focal da empresa, que pode, por exemplo, incluir aumentar a participação de mercado em 5%, melhorar as taxas de retenção em 15% ou expandir as receitas em 10%. Os *benchmarks* quantitativos podem ser enunciados em termos relativos, como tentar aumentar a participação de mercado em 20%, ou em termos absolutos, como sonhar em vendas de 1 milhão de unidades por ano.
- ***Benchmarks* temporais** identificam o período para atingir um *benchmark* quantitativo ou qualitativo – por exemplo, redesenhar o *site* da empresa até o final do trimestre. O cronograma definido para atingir um objetivo é uma decisão crítica, capaz de afetar o tipo de estratégia usada para implementar o objetivo, o número de pessoas envolvidas e até mesmo os custos. Por exemplo, o objetivo de maximizar os lucros do próximo trimestre provavelmente exigirá uma estratégia e táticas diferentes do que o objetivo de garantir a lucratividade de longo prazo.

Implementar o objetivo geral da empresa exige que os três elementos principais sejam especificados: *o que* a empresa pretende realizar (foco do objetivo), *quanto* ela pretende realizar (*benchmark* quantitativo) e *quando* pretende realizar (*benchmark* temporal). Assim, a empresa pode ter o objetivo de gerar rendimento líquido (foco do objetivo) de US$ 40 milhões (*benchmark* quantitativo) em um ano (*benchmark* temporal). Delinear claramente o objetivo a ser atingido e estabelecer *benchmarks* quantitativos e temporais realistas ajuda a ajustar a estratégia e as táticas da empresa.

DESENVOLVIMENTO DA ESTRATÉGIA

Como os processos envolvidos no desenvolvimento de uma estratégia de *marketing* adequada foram trabalhados em detalhes anteriormente neste capítulo, esta seção contém apenas uma breve menção à estratégia em relação ao sistema G-STIC. A estratégia denota o valor que a empresa pretende criar em um determinado mercado e inclui o *mercado-alvo* da empresa e a sua *proposição de valor* para tal mercado.

- O **mercado-alvo** no qual a empresa pretende criar valor é definido por cinco fatores: os *clientes*, cujas necessidades a empresa pretende atender; os *concorrentes*, cujas ofertas tentam atender às mesmas necessidades dos mesmos clientes-alvo; os *colaboradores*, que ajudam a empresa a atender às necessidades dos clientes-alvo; a *companhia*, que administra a oferta; e o *contexto* no qual a empresa opera.
- A **proposição de valor** define os custos e benefícios da oferta de mercado com a qual a empresa planeja atender às necessidades dos clientes. Os três componentes da proposição de valor são o *valor para o cliente*, o *valor para o colaborador* e o *valor para a companhia*. A proposição de valor muitas vezes é complementada por uma *declaração de posicionamento*, que destaca o principal benefício ou benefícios da oferta da empresa em um contexto competitivo.

ELABORAÇÃO DAS TÁTICAS

O desenvolvimento de táticas de *marketing* também foi discutido em mais detalhes anteriormente neste capítulo, então a seguir mencionaremos as táticas apenas brevemente em relação ao sistema G-STIC. As táticas, ou *mix* de *marketing*, são uma sequência lógica de componentes da estratégia da empresa que transformam tal estratégia em realidade. Elas definem a oferta real que a empresa lança no mercado-alvo por meio de sete atributos: *produto, serviço, marca, preço, incentivos, comunicação* e *distribuição*. Esses atributos se combinam para criar o valor de mercado representado pela oferta da empresa.

A implementação é uma consequência direta da estratégia e das táticas da empresa. Após traduzir a estratégia em um conjunto de táticas, o resultado é convertido em um plano de implementação, que detalha as atividades que concretizarão o modelo de negócios. A implementação consiste em três componentes principais: *desenvolvimento dos recursos da empresa, desenvolvimento da oferta* e *implementação comercial da oferta*.

- O **desenvolvimento de recursos** envolve garantir as competências e os ativos necessários para implementar a oferta da empresa. O desenvolvimento da oferta pode envolver:

desenvolver infraestrutura de fabricação, serviço e tecnologia; garantir *fornecedores* confiáveis; recrutar, treinar e reter funcionários capacitados; criar *produtos, serviços* e *marcas* que funcionam como plataforma para a nova oferta; adquirir as habilidades necessárias para desenvolver, produzir e administrar a oferta; desenvolver os canais de comunicação e distribuição que informam os clientes-alvo sobre a oferta da empresa e disponibilizá-los para eles; e obter o capital necessário para tornar possível o desenvolvimento de recursos.

- O **desenvolvimento da oferta** transforma a estratégia e as táticas da empresa em uma mercadoria real a ser oferecida aos clientes-alvo. Isso envolve supervisionar o fluxo de informações, materiais, mão de obra e dinheiro que criará a oferta que a empresa leva ao mercado. O desenvolvimento da oferta inclui elaborar o *produto* (aquisição, logística de suprimentos e produção) e especificar o serviço (atividades de instalação, suporte e consertos); construir a marca; definir preços e incentivos de varejo e de atacado (cupons, reembolsos e descontos de preço); definir a maneira da comunicação (mensagem, mídia e execução criativa); e obter os canais de distribuição (armazenamento, atendimento de pedidos e transporte).

- A **implementação comercial** é o resultado lógico do desenvolvimento da oferta e estabelece a oferta da empresa no mercado. A implementação inclui definir o cronograma do lançamento da oferta no mercado, além de determinar os recursos envolvidos e a escala do lançamento no mercado. A implementação inicial pode ser seletiva, focada em segmentos específicos do mercado-alvo, para permitir que a empresa avalie a reação do mercado à oferta. Em contrapartida, a implementação pode envolver um processo em larga escala, abrangendo todos os mercados-alvo. A implementação comercial seletiva pede que o plano de *marketing* defina o mercado primário no qual a oferta será introduzida inicialmente e liste as principais atividades associadas ao lançamento inicial da oferta. Em seguida, o plano de *marketing* detalha os prazos e processos envolvidos na expansão da oferta além do mercado primário, permitindo alcançar todos os clientes-alvo e atingir o seu pleno potencial de mercado.

IDENTIFICAÇÃO DE CONTROLES

Como o ambiente de negócios está em mudança constantemente, as empresas precisam ser ágeis para realinhar de como consistente as suas ações com as realidades de mercado atuais. Os controles garantem que as ações da empresa estão alinhadas à sua estratégia e às suas táticas, guiando-a na direção do seu objetivo final. Além disso, os controles tornam as operações de *marketing* mais eficazes, melhoram a sua relação custo-benefício e possibilitam a melhor avaliação do retorno sobre o investimento de *marketing* ao ajudar a determinar se as operações estão no caminho certo para atingir os seus objetivos.

Os controles têm uma função primária: informar à empresa se ela deve manter o seu plano de ação atual, modificar a estratégia e as táticas por trás dele ou abandonar completamente o plano de ação atual e desenvolver uma oferta que melhor represente as realidades do mercado. Os controles têm dois componentes principais: *avaliar o desempenho da empresa* e *monitorar o ambiente de mercado*.

Avaliação do desempenho. Avaliar o desempenho de uma empresa significa usar *benchmarks* para monitorar o avanço em relação ao seu objetivo. Por exemplo, a avaliação do desempenho monetário de uma empresa poderia consistir em comparar as receitas de vendas reais e desejadas ou avaliar o rendimento líquido real e desejado para identificar ineficiências operacionais. A seguir, são apresentadas algumas medidas de desempenho mais comuns.[24]

- Métricas de vendas, como volume de vendas, crescimento das vendas e participação de mercado.
- Métricas de propensão de compra dos clientes, como conscientização, preferência, intenção de compra, taxa de experimentação e taxa de recompra.
- Métricas de valor para o cliente, como satisfação do cliente, custo de aquisição do cliente, *churn* de clientes, valor vitalício do cliente, lucratividade do cliente e devoluções por cliente.
- Métricas de distribuição, como número de pontos de venda, volume de estoque médio, frequência de falta de estoque, participação na gôndola e vendas médias por canal.
- Métricas de comunicação, como reconhecimento de marca, pontos de audiência bruta (GRP, do inglês *gross rating points*) e taxa de resposta.

A avaliação do desempenho da empresa pode revelar o avanço adequado em relação ao seu objetivo ou uma falha no desempenho, uma lacuna entre o desempenho real e o desejado. Se o progresso parece ser adequado, a empresa pode continuar a seguir seu plano de ação atual. Contudo, quando a avaliação de desempenho revela uma discrepância e mostra uma diferença entre o desempenho real da empresa e os *benchmarks* escolhidos, o plano de ação da empresa deve ser reavaliado e modificado para colocá-la de volta nos eixos e garantir que possa atingir seu objetivo.

Monitoramento do ambiente. O monitoramento do ambiente facilita a identificação de mudanças no contexto de mercado que têm consequências para a empresa. Ele permite que a empresa explore oportunidades como regulamentações governamentais favoráveis, menor concorrência ou aumento da demanda dos consumidores. Além disso, ele alerta a empresa sobre ameaças no horizonte, como regulamentações governamentais desfavoráveis, maior concorrência ou queda na demanda dos consumidores.

Quando trata com seriedade a missão de identificar oportunidades e ameaças, a empresa pode adotar ações corretivas para modificar o plano de ação atual sem atrasos ou demoras, aproveitando as oportunidades disponíveis e contrapondo-se às ameaças futuras. Como ficar de olho no ambiente de mercado ajuda a coordenar as ações da empresa com as condições de mercado, isso fortalece a agilidade do negócio, que é pré-requisito para a sustentabilidade do seu modelo de criação de valor.

É difícil pensar em um exemplo melhor da importância dos controles na administração de *marketing* e, especificamente, de monitorar o ambiente no qual a empresa opera do que as profundas mudanças no mercado causadas por avanços tecnológicos. Empresas como Amazon, Google, Netflix, Salesforce, Uber e Express Scripts foram algumas das primeiras a reconhecer os benefícios de diversas inovações guiadas pela tecnologia e a realinhar seus modelos de negócios para tirar vantagem de mudanças incipientes no mercado. Assim, elas puderam ganhar terreno e avançar em relação a empresas que ignoravam as mudanças no ambiente ao seu redor.

Desenvolvimento do plano de *marketing*

O plano de *marketing* direciona e coordena todos os esforços de *marketing* da empresa.[25] É o resultado tangível do processo de plano estratégico da organização, definindo seu objetivo final e os meios pelos quais pretende atingi-lo. Para servir ao seu propósito fundamental de guiar as ações da empresa, o plano de *marketing* deve comunicar com eficácia o objetivo da empresa e o plano de ação proposto aos *stakeholders* relevantes: funcionários, colaboradores, acionistas e investidores.

O escopo do plano de *marketing* é menor do que o do plano de negócios, pois o primeiro abrange apenas um aspecto das atividades de negócios da empresa. O plano de negócios trabalha, além do aspecto de *marketing* das atividades, os aspectos financeiros, operacionais, tecnológicos e de recursos humanos da empresa. O plano de *marketing* pode mencionar brevemente os outros aspectos do plano de negócios, mas apenas se forem relevantes para a estratégia e as táticas de *marketing*.

O plano de *marketing* tem três funções principais: descrever o objetivo da empresa e o plano de ação proposto, informar os *stakeholders* relevantes sobre o objetivo e o plano de ação e convencer os decisores relevantes sobre a viabilidade do objetivo e do plano de ação proposto.

Os planos de *marketing* normalmente começam com um resumo executivo, seguido de um panorama da situação. Em seguida, o plano descreve o objetivo da empresa, a estratégia de criação de valor que elaborou, os aspectos táticos da oferta e o plano para implementar as táticas da oferta. O próximo passo é a definição de um conjunto de medidas de controle para monitorar o progresso da empresa em relação aos seus objetivos, e o plano conclui com uma série de figuras relevantes. A Figura 2.8 ilustra os componentes fundamentais do plano de *marketing* e as principais decisões por trás dos componentes individuais.

- O **resumo executivo** pode ser visto como a *elevator pitch* ("proposta de elevador", ou um breve resumo) do plano de *marketing*. É um resumo simplificado e sucinto do objetivo da empresa e do plano de ação proposto. Em geral, o resumo executivo é composto de uma ou duas páginas que descrevem os problemas pertinentes enfrentados pela empresa (uma oportunidade, uma ameaça ou uma falha no desempenho) e o plano de ação proposto.

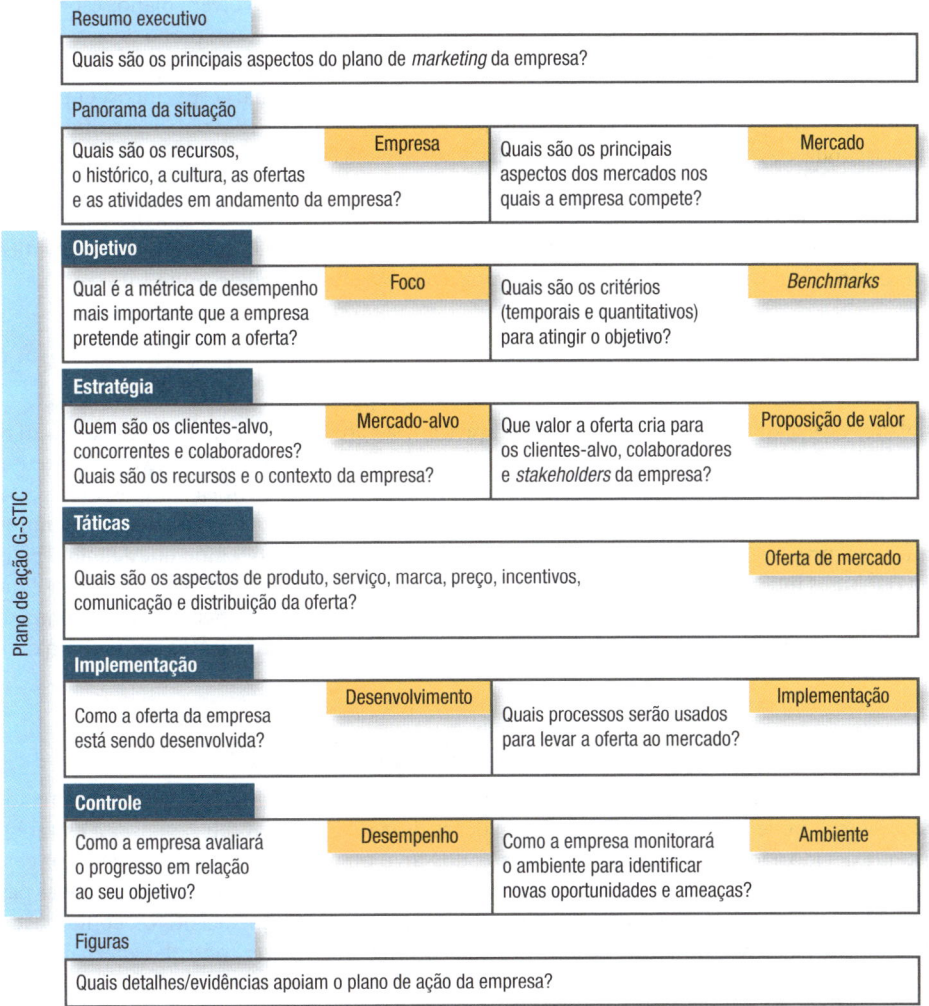

FIGURA 2.8
A organização do plano de *marketing*.
Crédito: Alexander Chernev, *The Marketing Plan Handbook*, 6th ed. (Chicago, IL: Cerebellum Press, 2020).

- O **panorama da situação** oferece uma avaliação geral do ambiente no qual a empresa opera, assim como dos mercados em que compete e/ou competirá. Logo, o panorama da situação é composto de duas seções: o *panorama da empresa*, que resume a história, a cultura, os recursos, as competências, os ativos e as ofertas da empresa, e o *panorama do mercado*, que descreve os mercados nos quais a empresa administra ofertas atualmente e aqueles nos quais ela poderia entrar com ofertas futuras.
- A seção **G-STIC** forma o núcleo do plano de *marketing*. Ela inclui: (1) o *objetivo* que a empresa pretende atingir; (2) a *estratégia*, que define o mercado-alvo e a proposição de valor da oferta; (3) as *táticas*, que definem os aspectos de produto, serviço, marca, preço, incentivos, comunicação e distribuição da oferta; (4) a *implementação*, que apresenta os aspectos da execução da estratégia e das táticas da oferta; e (5) os procedimentos de *controle*, que avaliam o desempenho da oferta da empresa e analisam o ambiente no qual a organização opera.
- As **figuras** simplificam o plano de *marketing* ao colocar tabelas, gráficos e apêndices em sua própria seção, o que separa as informações essenciais dos aspectos menos importantes e/ou mais técnicos do plano.

O objetivo final do plano de *marketing* é orientar as ações da empresa. Assim, o cerne do plano de *marketing* está contido nos principais elementos do sistema G-STIC que definem o objetivo da empresa e o plano de ação que ela propõe. Os outros elementos do plano de *marketing* (resumo executivo, panorama da situação e figuras) esclarecem a lógica por trás do plano e fornecem detalhes específicos sobre o plano de ação proposto.

Além do plano de *marketing* geral, as empresas muitas vezes desenvolvem planos especializados. Estes podem incluir um plano de desenvolvimento de produtos, um plano de gestão e serviços, um plano de gestão de marca, um plano de vendas, um plano de promoção e um plano de comunicação, que, por sua vez, podem dar origem a planos ainda mais específicos. O plano de comunicação, por exemplo, muitas vezes abrange planos específicos às atividades, como o plano de propaganda, de relações públicas e de mídias sociais. Uma empresa também pode criar planos de *marketing* especializados, direcionados a segmentos específicos da clientela. Por exemplo, a empresa McDonald's desenvolve planos de *marketing* direcionados a crianças pequenas e seus pais, a adolescentes e a clientes corporativos. O sucesso desses planos individuais altamente específicos depende do grau de alinhamento destes com o plano de *marketing* geral da empresa.

Modificação do plano de *marketing*

Os planos de *marketing* não são estáticos, eles precisam ser atualizados para que permaneçam relevantes.[26] O mesmo vale para a administração de *marketing*, um processo iterativo que executa a estratégia e as táticas da empresa enquanto monitora o resultado e modifica o processo de gestão sempre que necessário. O processo contínuo de monitoramento e ajuste permite que a empresa avalie o seu progresso em relação aos objetivos que definiu ao mesmo tempo que adapta o plano para refletir as mudanças no mercado. A natureza dinâmica da administração de *marketing* é inerente à seção de controle do sistema G-STIC, elaborado explicitamente para oferecer à empresa *feedback* sobre a eficácia das suas ações e informá-la sobre mudanças relevantes que tenham ocorrido no mercado-alvo.

ATUALIZAÇÃO DO PLANO DE *MARKETING*

O plano de *marketing* precisa ser atualizado quando o plano de ação atual da empresa é alterado. A atualização pode se basear na necessidade de: revisar o objetivo atual; repensar a estratégia existente devido à identificação de novos mercados-alvo ou porque a proposição de valor geral da oferta para clientes, colaboradores e companhia precisa ser modificada; mudar as táticas para ampliação ou melhoria dos aspectos de produto, serviço, marca, preço, incentivos, comunicação e distribuição da oferta; simplificar a implementação; e/ou desenvolver controles alternativos.

Um motivo comum para atualizar o plano de *marketing* da empresa é em resposta a mudanças no mercado-alvo. As modificações do mercado podem ocorrer em um ou mais dos 5 Cs: (1) mudanças em demografia, poder de compra, necessidades e preferências dos clientes-alvo; (2) mudanças no ambiente competitivo, como um novo concorrente, cortes de preço, uma campanha de propaganda agressiva ou a ampliação da distribuição; (3) mudanças entre os colaboradores da empresa, como uma ameaça de integração reversa de distribuidores, maiores margens comerciais ou consolidação de varejistas; (4) mudanças na companhia, como a perda de competências e ativos estratégicos; e (5) mudanças no contexto de mercado, que podem incluir uma recessão econômica, o desenvolvimento de uma nova tecnologia ou a criação ou revisão de regulamentações.

Alguns exemplos de planos de *marketing* atualizados: em resposta às mudanças nas necessidades e preferências dos seus *clientes*, o McDonald's e outros restaurantes de *fast-food* redefiniram suas ofertas para incluir opções mais saudáveis. Em resposta ao aumento da *concorrência* de varejistas *on-line*, muitos varejistas tradicionais com lojas físicas (incluindo Walmart, Macy's, Barnes & Noble e Best Buy) redefiniram seus modelos de negócios e adotaram o varejo multicanal. Da mesma forma, muitos fabricantes redefiniram suas linhas de produtos para incluir ofertas de menor custo em resposta à adoção generalizada de marcas próprias pelos seus *colaboradores* (varejistas). O desenvolvimento ou aquisição dos ativos de uma *companhia*, como patentes e tecnologias proprietárias, pode sinalizar a necessidade de redefinir os modelos de negócios fundamentais em praticamente todos os setores. Mudanças no contexto de mercado, como a onipresença da comunicação móvel, do comércio eletrônico e das mídias sociais, causaram disrupção nos processos existentes de criação de valor, o que obrigou as empresas a redefinir seus modelos de negócios.

Os modos como a empresa cria valor de mercado devem acompanhar as mudanças no mercado em que opera para que consiga atingir o seu objetivo. A desatenção a mudanças no ambiente fez inúmeros modelos de negócios que um dia tiveram sucesso se tornarem obsoletos.

As empresas que não adaptam seus modelos de negócios e planos de mercado às novas condições tendem a ser substituídas por organizações com modelos de negócios superiores, mais bem preparadas para criar valor de mercado. Em última análise, o segredo para o sucesso de mercado não é apenas conceber um plano de *marketing* viável, mas também modificá-lo tanto quanto necessário para se adaptar a mudanças no mercado.

CONDUÇÃO DA AUDITORIA DE *MARKETING*

Uma auditoria de *marketing* é uma análise abrangente do aspecto de *marketing* de uma oferta ou do departamento de *marketing* de uma empresa. Sua intenção é identificar oportunidades perdidas e áreas problemáticas e recomendar um plano de ação para melhorar o seu desempenho. A auditoria de *marketing* eficaz deve ser *abrangente, sistemática, imparcial* e *periódica*.

- **Abrangente.** A auditoria de *marketing* deve abranger todas as principais atividades de *marketing* de um negócio, não apenas alguns pontos problemáticos (que são trabalhados por uma auditoria funcional, que se concentra em um determinado aspecto da atividade de *marketing*, como preços, comunicação ou distribuição). Embora auditorias funcionais sejam úteis, elas podem não conseguir discernir precisamente as relações de causa e efeito por trás do desempenho da empresa. A rotatividade excessiva da força de vendas, por exemplo, poderia ser um sintoma de produtos inferiores, preços inadequados e distribuição limitada, não de mau treinamento ou remuneração insuficiente. Uma auditoria de *marketing* abrangente consegue localizar a fonte real dos problemas e sugerir soluções para enfrentá-los de maneira eficaz.
- **Sistemática.** A auditoria de *marketing* deve examinar o ambiente operacional da organização de maneira ordeira, desde as estratégias e os objetivos de *marketing* da empresa até as suas atividades específicas. Para ter essa abordagem sistemática, a auditoria de *marketing* deve seguir as diretrizes do sistema G-STIC para analisar a adequação dos objetivos, da estratégia, das táticas, da implementação e dos controles da empresa. Isso permite que a auditoria de *marketing* identifique problemas e oportunidades a cada passo da elaboração e implementação do plano de *marketing* e integre-os a um plano de ação significativo.
- **Imparcial.** Pode ser mais benéfico contratar uma entidade externa para conduzir as auditorias de *marketing*. As auditorias internas, conduzidas por gerentes que avaliam suas próprias operações, tendem a ser extremamente subjetivas, o que significa que é mais fácil ignorar problemas que seriam óbvios para um observador mais imparcial. Mesmo quando os gerentes se esforçam no sentido da imparcialidade, as avaliações internas ainda podem sofrer de vieses, visto que refletem as visões, as teorias e os motivos dos gerentes. Os auditores externos podem oferecer objetividade, experiência em múltiplas categorias e setores da economia, bem como o tempo e a atenção exclusivos que são necessários para garantir uma análise completa das atividades de *marketing*.
- **Periódica.** Muitas empresas consideram as auditorias de *marketing* apenas quando encontram um problema, que, muitas vezes, se manifesta em termos da incapacidade da empresa de atingir os seus objetivos. Esperar até uma auditoria ser necessária tem duas grandes desvantagens. Primeiro, o foco exclusivo nos problemas existentes impede a identificação rápida de problemas potenciais. Isso significa que os problemas são detectados apenas quando já tiveram um impacto negativo grande o suficiente para ser notado. Segundo, e mais importante, concentrar-se apenas nos problemas pode fazer a empresa ignorar oportunidades promissoras que poderiam representar áreas férteis para o crescimento. Em suma, uma auditoria de *marketing* periódica beneficia tanto as empresas em boas condições quanto as que estão em apuros.

Como a auditoria de *marketing* lembra a organização do plano de *marketing*, ela segue o sistema G-STIC e é composta de cinco componentes principais: *auditoria dos objetivos, auditoria da estratégia, auditoria das táticas, auditoria da implementação* e *auditoria dos controles*. A principal diferença entre a auditoria de *marketing* e o plano de *marketing* é que o segundo olha para o futuro e traça um plano de ação que a empresa deve implementar, ao passo que a auditoria de *marketing* consolida o passado, o presente e o futuro da empresa por uma análise do desempenho atual e pregresso da organização para determinar como agir de modo a garantir o seu futuro.

INSIGHT de marketing

Modelo para redação do plano de *marketing*

O desenvolvimento de um plano de *marketing* pode ser bastante facilitado pela adoção de uma estrutura lógica, que permite que o leitor entenda os objetivos da empresa, as atividades específicas que ela pretende executar e a justificativa por trás do plano de ação proposto. A Figura 2.7 apresenta essa abordagem à organização do plano de *marketing*, e um modelo para a redação de um plano de *marketing* de acordo com essa organização está descrito a seguir.[27]

Resumo executivo
Apresente um breve resumo da situação, o objetivo da empresa e o plano de ação proposto.

Panorama da situação
Apresente uma visão panorâmica da situação (clientes atuais e potenciais, colaboradores, concorrentes e contexto) em que a empresa opera e identifique oportunidades e ameaças relevantes.

Objetivo
Identifique o objetivo primário da empresa e seus objetivos específicos a cada mercado.

- *Objetivo primário.* Defina o foco e as principais *benchmarks* de desempenho da empresa para identificar o seu objetivo final.
- *Objetivos de mercado.* Identifique os objetivos relevantes para clientes, colaboradores, companhia, concorrentes e contexto que facilitarão o atingimento do objetivo primário. Defina o foco e os principais *benchmarks* para cada objetivo.

Estratégia: mercado-alvo
Identifique o mercado-alvo em que a empresa lançará sua nova oferta.

- *Clientes.* Defina as necessidades que serão atendidas pela oferta e identifique o perfil dos clientes com tais necessidades.
- *Colaboradores.* Identifique os principais colaboradores (fornecedores, membros de canal e parceiros de comunicação) e seus objetivos estratégicos.
- *Companhia.* Defina a unidade de negócios responsável pela oferta, o pessoal relevante e os *stakeholders* mais importantes. Descreva as competências centrais e os ativos estratégicos da empresa, sua linha de produtos atual e sua posição de mercado.
- *Concorrentes.* Identifique as ofertas concorrentes que oferecem benefícios semelhantes aos mesmos clientes-alvo e colaboradores.
- *Contexto.* Avalie os contextos econômico, tecnológico, sociocultural, regulatório e físico relevantes.

Estratégia: proposição de valor
Defina a proposição de valor da oferta para os clientes-alvo, os colaboradores e a empresa.

- *Proposição de valor para o cliente.* Defina a proposição de valor da oferta, a estratégia de posicionamento e a declaração de posicionamento para os clientes-alvo.
- *Proposição de valor para o colaborador.* Defina a proposição de valor da oferta, a estratégia de posicionamento e a declaração de posicionamento para os colaboradores.
- *Proposição de valor para a companhia.* Defina a proposição de valor da oferta, a estratégia de posicionamento e a declaração de posicionamento para os *stakeholders* e o pessoal da empresa.

Táticas
Liste os principais atributos da oferta de mercado.

- *Produto.* Defina os atributos relevantes do produto.
- *Serviço.* Identifique os atributos relevantes do serviço.
- *Marca.* Determine os principais atributos da marca.
- *Preço.* Identifique o preço ou preços aos quais a oferta é fornecida a clientes e colaboradores.
- *Incentivos.* Defina os incentivos oferecidos a clientes, colaboradores e funcionários da empresa.
- *Comunicação.* Identifique a maneira pela qual os principais aspectos da oferta são comunicados a clientes-alvo, colaboradores, *stakeholders* e funcionários da empresa.
- *Distribuição.* Descreva a maneira como a oferta é entregue aos clientes-alvo e colaboradores.

Implementação
Especifique como a oferta da empresa é implementada.

- *Desenvolvimento de recursos.* Identifique os principais recursos necessários para implementar o plano de *marketing* e descreva um processo para desenvolver/adquirir recursos insuficientes.
- *Desenvolvimento da oferta.* Descreva os processos para o desenvolvimento da oferta de mercado.
- *Implementação comercial.* Descreva o processo de levar a oferta aos clientes-alvo.

Controle
Identifique as métricas usadas para avaliar o desempenho da oferta e monitorar o ambiente no qual a empresa opera.

- *Avaliação de desempenho.* Defina os critérios para avaliar o desempenho da oferta e o progresso em relação aos objetivos estabelecidos.

(continua)

- *Análise do ambiente.* Identifique métricas para avaliar o ambiente no qual a empresa opera e descreva os processos para modificar o plano de forma a se adequar a mudanças no ambiente.

Figuras
Apresente informações adicionais (dados de pesquisas de mercado, análises financeiras, especificações da oferta e detalhes da implementação) para apoiar aspectos específicos do plano de *marketing*.

Resumo

1. O planejamento estratégico orientado para o mercado consiste no processo gerencial de desenvolver e manter um ajuste viável entre objetivos, habilidades e recursos da organização e oportunidades de mercado em evolução. O objetivo do planejamento estratégico é dar forma aos negócios e produtos da empresa para que gerem o lucro e o crescimento almejados. O planejamento estratégico ocorre em três níveis: corporativo, de unidade de negócios e de oferta de mercado.

2. A estratégia corporativa estabelece a estrutura na qual as divisões e unidades de negócios preparam seus planos estratégicos. Estabelecer uma estratégia corporativa significa definir a missão corporativa, instituir UENs, alocar recursos para cada uma delas e avaliar as oportunidades de crescimento.

3. O planejamento estratégico para unidade de negócios inclui definir a sua missão, analisar as oportunidades e ameaças externas, avaliar os pontos fortes e fracos internos e elaborar ofertas de mercado que permitirão que a empresa cumpra a sua missão.

4. O planejamento e a administração de *marketing* podem ocorrer em dois níveis. Podem concentrar-se em analisar, planejar e administrar a empresa (ou uma unidade de negócios específica dentro dela) ou em analisar, planejar e administrar uma ou mais das ofertas da empresa.

5. Do ponto de vista do desenvolvimento de uma determinada oferta, o planejamento de *marketing* é um processo definido por cinco passos principais: definir um *objetivo*, desenvolver a *estratégia*, elaborar as *táticas*, definir o plano de *implementação* e identificar as métricas de *controle* para medir o progresso em direção ao objetivo estabelecido. Os cinco passos compõem o sistema G-STIC, que é a espinha dorsal do planejamento de *marketing*.

6. O *objetivo* identifica o critério máximo para o sucesso que orienta todas as atividades de *marketing* da empresa. Definir um objetivo envolve identificar o *foco* das ações da empresa e definir *benchmarks* de desempenho temporal e quantitativos específicos a serem atingidos. O objetivo final da empresa traduz-se em uma série de objetivos de mercado específicos que estipulam as mudanças de mercado que devem ocorrer para que a empresa atinja o seu objetivo final.

7. A *estratégia* descreve o valor criado pela empresa em um determinado mercado e é definida pelo mercado-alvo da empresa e pela sua proposição de valor para ele. O *mercado-alvo* define os clientes-alvo, os colaboradores, a companhia, os concorrentes e o contexto da oferta (os 5 Cs). A *proposição de valor* especifica o valor que a oferta pretende criar para as entidades de mercado relevantes: clientes-alvo, companhia e colaboradores.

8. As *táticas* descrevem um conjunto de atividades específicas empregadas para executar uma determinada estratégia. Elas definem os principais atributos da oferta da empresa: produto, serviço, marca, preço, incentivos, comunicação e distribuição. Essas sete táticas são os meios que os gestores têm à sua disposição para executar a estratégia da empresa.

9. O plano de *implementação* estabelece a logística de executar a estratégia e as táticas da empresa, o que envolve desenvolver os recursos necessários para implementar a sua oferta, desenvolver a oferta real que será lançada no mercado e levá-la ao mercado-alvo.

10. O *controle* define os critérios para avaliar o avanço da empresa em relação ao seu objetivo e detalha o processo para analisar as mudanças no ambiente em que a empresa opera, de modo a alinhar o plano de ação com as realidades do mercado.

11. O *plano de marketing* pode ser formalizado em um documento que comunica o plano de ação proposto para as entidades relevantes: funcionários da empresa, *stakeholders* e colaboradores. O sistema G-STIC é o cerne do plano de *marketing* da empresa, sendo complementado por um resumo executivo, um panorama da situação e um conjunto de figuras relevantes. Para funcionar, o plano de *marketing* deve ser acionável, relevante, claro e sucinto. Após desenvolvidos, os planos de *marketing* devem ser atualizados, para que permaneçam relevantes.

12. Para garantir que o plano de *marketing* está sendo implementado de maneira adequada, a empresa deve realizar *auditorias de marketing* periódicas para identificar oportunidades perdidas e áreas problemáticas e recomendar um plano de ação para melhorar o seu desempenho de *marketing*.

DESTAQUE de *marketing*

Google

Dos *smartphones* aos mapas, do *e-mail* à busca, hoje a Google está em todos os lugares. Com tamanha onipresença, é fácil esquecer que a empresa foi fundada em 1998 por Larry Page e Sergey Brin, dois alunos de doutorado da Stanford University. O nome era uma brincadeira com "googol", o termo para o número 1 seguido de 100 zeros, e expressava a ambição da dupla de ajudar os usuários a filtrar a quantidade quase ilimitada de informações na internet. Page e Brin também esclareceram seus objetivos na declaração de missão corporativa da Google: "Organizar as informações do mundo todo e torná-las universalmente acessíveis e úteis". Para tanto, eles começaram focando suas energias no campo emergente da busca na internet. O resultado dos seus esforços foi o algoritmo PageRank, que contava o número e a qualidade dos *links* para um determinado *site* como forma de classificá-lo por relevância e importância. O algoritmo revelou-se muito superior àquele usado na época por mecanismos de busca concorrentes, como a Yahoo!, e a Google logo tornou-se a empresa dominante na área de busca na internet.

No início, as receitas da Google giravam em torno da propaganda. A empresa percebeu que as informações geradas pelas buscas no seu *site* poderiam ser utilizadas para veicular anúncios altamente direcionados para consumidores e tirou vantagem dessa oportunidade com o lançamento do AdWords em 2000. O serviço permitia que empresas pagassem à Google para que seus anúncios em texto aparecessem ao lado dos resultados de buscas que contivessem palavras específicas. Centenas de milhares de empresas passaram a depender do AdWords e a comprar esses "anúncios de busca". A Google também entrou no negócio de veicular anúncios junto a conteúdo na internet. Em 2003, a empresa lançou o AdSense, que escaneia o texto de um *site* e mostra automaticamente anúncios direcionados que sejam relevantes para o seu conteúdo. Os donos de *sites* ganham dinheiro cada vez que um usuário clica no anúncio. Antes dessa inovação, a maioria dos *sites* não conseguia veicular de forma automática anúncios altamente específicos que correspondessem ao seu conteúdo.

A Google também oferecia ferramentas gratuitas para atender anunciantes e provedores de conteúdo. Em 2005, a empresa lançou um conjunto de ferramentas chamado Google Analytics, com o qual os provedores de conteúdo tinham acesso a relatórios customizados sobre como as pessoas se comportavam nos seus *sites*. Entre outros detalhes, os relatórios mostravam quantas pessoas haviam visitado o *site*, como o encontraram, quanto tempo passaram nele e a que anúncios reagiram enquanto navegavam pelo seu conteúdo. A Google também integrou ferramentas à sua plataforma AdWords para ajudar os anunciantes a entender melhor a eficácia das suas campanhas de *marketing*. Com essas ferramentas, os anunciantes na plataforma da Google podiam monitorar e otimizar constantemente os seus anúncios. A Google chamou essa abordagem de "gestão de ativos de *marketing*", o que sugeria que os anúncios deveriam ser administrados como os ativos de uma carteira, dependendo das condições do mercado. As empresas poderiam usar os dados em tempo real coletados pela Google para ajustar suas campanhas às condições do mercado, em vez de seguir planos de *marketing* desenvolvidos com meses de antecedência.

A Google passou a dominar a pesquisa e a propaganda *on-line* graças à sua capacidade de coletar e processar enormes quantidades de dados da internet e torná-los úteis. A empresa usou essa capacidade para oferecer a consumidores e clientes corporativos as informações de que precisavam. Apesar dos sucessos iniciais, a Google nunca deixou de inovar. A empresa continuou a dedicar energia significativa ao trabalho de desenvolver e refinar algoritmos que poderiam ser usados para espremer mais informações da internet e manter a Google à frente da concorrência. Além de refinar os produtos existentes, a Google desenvolveu uma série de serviços *on-line* gratuitos para os consumidores. Com a aplicação das suas habilidades de computação e *design* a novos problemas, a Google ajudava usuários a trabalhar com mais eficácia e eficiência. Em muitos casos, em vez de inventar produtos novos, a Google aplicava a sua experiência a categorias existentes para criar ofertas superiores. Ao entrar em diversas novas categorias, a Google proporcionava aos anunciantes acesso a consumidores em um número crescente de contextos. Além disso, a empresa conquistava acesso a quantidades crescentes de informações sobre os clientes, o que poderia monetizar ainda mais no futuro.

Com base no desenvolvimento interno contínuo e de uma série de aquisições, a Google expandiu rapidamente as suas ofertas de produtos. Em 2004, lançou o Gmail, um serviço de *e-mail* sustentado por propagandas que tinha mais de um bilhão de usuários ativos por mês em 2016. Em 2005, a empresa lançou o Google Maps para concorrer com os serviços de mapas *on-line* existentes. A empresa impressionou os consumidores constantemente com as atualizações do seu serviço de mapas, com recursos como o Street View, que dá aos usuários visualizações em 360º dos locais do mapa. Em 2006, a Google expandiu-se para o *streaming* de vídeo quando adquiriu o YouTube e transformou-o em um serviço que gerava bilhões de dólares em receita de propaganda. No mesmo ano, a empresa também lançou os serviços Google Docs, Sheets e Slides, alternativas *on-line* gratuitas a elementos da suíte Microsoft Office. A Google continua a expandir suas ofertas de produtos *on-line*, lançando desde ferramentas de tradução até calendários e buscas especializadas.

À medida que se transformou em uma gigante da internet, a Google percebeu que, para continuar a crescer, precisaria se expandir para além dos produtos usados apenas em computadores tradicionais. A Google identificou a tecnologia móvel como um dos caminhos para o futuro e desenvolveu o Android, um sistema operacional móvel de código aberto. Enquanto empresas como a Apple criavam sistemas operacionais proprietários para o seu *hardware*, a Google ofereceu o seu sistema operacional gratuitamente para os fabricantes de dispositivos móveis. Parte da estratégia envolveu firmar parcerias com empresas como a Samsung para aprimorar e expandir o Android. Os parceiros teriam liberdade para modificar o Android e aplicar sua marca no sistema, desde que seguissem as diretrizes estabelecidas pela Google. Em 2008, um ano após a Apple lançar o iPhone, a Google lançou o Android em aparelhos fabricados por diversas empresas. Hoje, o Android é usado em mais de 80% dos *smartphones* do mundo. Todos os usuários do Android têm acesso ao Google Play, a loja de aplicativos oficial do sistema operacional. A Google fica com uma porcentagem de todas as vendas. Além de desenvolver o Android, a Google tornou-se líder no ambiente da propaganda móvel, em franca expansão, ficando com quase um terço da receita dos anúncios móveis nos Estados Unidos em 2017 – um mercado que vale mais de US$ 50 bilhões.

A Google estendeu seu alcance a outros mercados em crescimento, como *hardware* e computação em nuvem. Nessa segunda área, a Google concorre com empresas como Amazon e Microsoft para oferecer armazenamento remoto, processamento de dados e ferramentas de programação, tanto para grandes corporações quanto para *startups*. Empresas como a HSBC assinaram contratos com a Google enquanto esta corria para se integrar ao setor em expansão. A Google também lançou diversos produtos de *hardware*, incluindo os telefones de alto nível Pixel em 2016, projetados para competir diretamente com o iPhone. No mesmo ano, foi lançado o Google Home, um *smart speaker* que, além de se conectar com dispositivos inteligentes, responde a comandos de voz e interage com sistemas de automação residencial.

Apesar de ser tão jovem, a Google entrou em muitas categorias, mas todos os seus produtos têm em comum o desejo da empresa de utilizar o poder dos dados para criar experiências melhores para o cliente. Na tentativa de continuar a inovar, a Google investiu pesado em aprendizado de máquina e inteligência artificial. Essas tecnologias estão se desenvolvendo com muita rapidez e oferecem à empresa uma maneira de filtrar automaticamente quantidades cada vez maiores de dados e extrair informações úteis deles. A Google considera o desenvolvimento das capacidades de inteligência artificial (IA) essenciais para o seu crescimento futuro. Do *software* de tradução a buscas na internet e câmeras de *smartphones*, a IA tornou-se a base de um número crescente de ofertas de produtos e inovações da empresa.

Hoje, a Google é uma multinacional com receita de quase US$ 100 bilhões, e quase 90% dela é oriunda de propaganda. Por ora, a dependência da propaganda para as suas receitas não teve um impacto negativo no crescimento da empresa. A Google continua a dominar o mercado de propaganda *on-line*, capturando boa parte dos gastos crescentes com propaganda *on-line*. Além disso, sua receita anual continuou a crescer em mais de 10%. No futuro, a Google pretende diversificar mais suas fontes de renda, a partir de investimentos em setores como computação em nuvem, *hardware* e IA.[28]

Questões

1. Qual é o *core business* da Google? Quais são os prós e contras de administrar um portfólio diversificado de negócios?
2. Com um portfólio tão diverso quanto o da Google, quais são os principais valores de marca da empresa?
3. O que o futuro reserva para a Google? No que a empresa deveria focar seus recursos?

DESTAQUE de *marketing*

Zappos

A criação da popular varejista *on-line* Zappos em 1999 foi inspirada pela incapacidade de Nick Swimmurn, fundador da empresa, de encontrar um par de calçados específico no seu *shopping center* local. Embora tenha começado como uma loja de varejo *on-line* que vendia principalmente calçados, a empresa diversificou-se e transformou-se em uma líder na venda de calçados, bolsas, vestuário, óculos escuros e acessórios.

A Zappos transformou o atendimento ao cliente em uma das suas competências centrais. O CEO Tony Hsieh acreditava que uma experiência forte de atendimento ao cliente leva à fidelidade duradoura. Além disso, em vez de interpretar o valor vitalício do cliente como uma quantia fixa, a gerência da Zappos acredita que o atendimento excelente pode fazer o valor de um cliente crescer.

A Zappos dá alta prioridade à sua equipe de atendimento ao cliente em comparação com outras varejistas. Mais especificamente, a Zappos adota uma abordagem diferenciada e humana às ligações e aos *e-mails* dos clientes para criar uma experiência memorável e de alta qualidade. Muitos varejistas *on-line* (como a Amazon) usam o contato por telefone como último recurso, com muitos cliques necessários para que o cliente encontre o número do serviço de atendimento. A Zappos, no entanto, convida os clientes a ligarem, colocando um botão com o seu número de telefone bem no alto da página principal. Enquanto algumas empresas fogem do atendimento baseado em ligações, a Zappos acredita que o telefone é uma ferramenta valiosa, uma forma poderosa de criar um contato humano mais íntimo.

A gerência da Zappos acredita que os melhores candidatos para a sua equipe de atendimento são funcionários contratados, treinados internamente, e não trabalhadores temporários ou terceirizados de baixo custo. Os contratados tendem mais a adotar a cultura corporativa e os valores da empresa. A Zappos combinou sua sede em Las Vegas, Nevada, com a sua equipe de *call center* para integrar totalmente a equipe de atendimento ao cliente com outros departamentos e criar uma atmosfera mais unificada.

A Zappos identificou que o seu maior problema para criar uma experiência forte de atendimento ao cliente era encontrar os melhores funcionários em potencial para o *call center*. O processo de contratação da Zappos é altamente seletivo. Ao contrário das outras empresas, a Zappos baseia o seu processo bem-sucedido principalmente na sua percepção sobre o seu "ajuste cultural", que representa 50% da decisão sobre contratação. Os funcionários atuais são incentivados a opinar se os candidatos se encaixarão na cultura familiar da Zappos e se demonstram fortes habilidades de atendimento ao cliente.

A empresa criou o seu próprio estilo e metodologia para treinar os funcionários para o *call center*. Após contratados, os funcionários da Zappos passam as primeiras semanas no *call center* aprendendo a atender às necessidades dos clientes. Durante esse período, uma equipe de treinamento também incute em cada funcionário os 10 valores fundamentais da Zappos, que devem ser observados no ambiente de trabalho todos os dias. Muitos desses valores, que vão desde "Entregue UAU! no serviço" até "Seja aventureiro, criativo e mente aberta", são o que torna a experiência de atendimento diferente na Zappos. Funcionários novos e antigos participam de diversas atividades de formação de equipes durante o ano, como gincanas, piqueniques e jogos de boliche. Essas atividades deixam todos os funcionários mais à vontade uns com os outros. Após o treinamento no *call center* e a gincana, os novos funcionários são homenageados em uma cerimônia de formatura, ao som das Marchas de Pompa e Circunstância. Se os novos funcionários acreditam que não podem se comprometer totalmente com a cultura e os valores da empresa, a Zappos lhes oferece US$ 3.000 para se demitirem, sem mais nem menos. A Zappos é totalmente comprometida com contratar apenas membros dedicados para integrar a sua equipe de atendimento ao cliente.

O rigoroso processo de seleção da Zappos e sua abordagem ao ensino dos seus 10 valores centrais a novos funcionários de atendimento telefônico e por *e-mail* resultaram em uma experiência de atendimento ao cliente respeitadíssima. Os funcionários da Zappos não trabalham com um roteiro e usam o seu próprio bom senso para determinar o que é necessário para satisfazer o cliente. Os funcionários não são forçados a pedir permissão dos supervisores para entregar o fator "UAU!" e são famosos por se esforçarem por conta própria pelos clientes. No passado, funcionários da Zappos deram *upgrades* gratuitos para o frete, enviaram cartões-postais para viajantes e até mandaram flores e biscoitos para os clientes para gerar o fator "UAU!". A recompensa pela mentalidade centrada no cliente da Zappos é a retenção dos clientes: 75% das vendas vêm de compradores existentes.

Além de uma equipe de call center com treinamento exclusivo, a Zappos oferece muitos outros recursos para garantir que a experiência de atendimento seja agradável para os clientes em potencial. O frete é rápido e gratuito para todos os produtos, e a empresa oferece uma política de retorno de 365 dias para garantir que os clientes ficarão felizes com as suas compras.

Desde 2009, a Zappos opera como subsidiária da Amazon e gera receita de mais de US$ 1 bilhão por ano. A Amazon adquiriu a Zappos devido à sua cultura corporativa diferenciada e à sua dedicação ao atendimento ao cliente, ambos ativos valiosos. Em virtude de reconhecer esses fatores, a Amazon permite que a Zappos opere como entidade independente e mantenha sua cultura de centralidade no cliente. Os funcionários da Zappos ainda são treinados nos mesmos 10 valores centrais e incentivados a continuar a dar um rosto humano à empresa. Com mais de 1.500 funcionários, a maioria deles nos call centers e no atendimento por e-mail, a Zappos é considerada uma das melhores empresas no campo do atendimento ao cliente.[29]

Questões

1. Como a Zappos cria valor para o seus clientes?
2. Quais são os principais aspectos da cultura corporativa da Zappos?
3. Uma empresa consegue manter-se lucrativa com a centralidade no cliente? O modelo de negócios da Zappos é sustentável?

DESTAQUE de *marketing*

Hospital Sírio-Libanês

Quando a maior parte do mundo ainda não aceitava o voto feminino, era fundada, em 1922, em São Paulo, a Sociedade Beneficente de Senhoras, formada essencialmente por mulheres de descendência síria e libanesa que desejavam demonstrar gratidão, por meio de serviços de saúde, ao país que as acolheu e às suas famílias. Cem anos mais tarde, com uma estrutura de governança corporativa ainda fundamentada na alma feminina, da assembleia geral a um conselho e diretoria de senhoras, o Hospital Sírio Libanês comemora o seu centenário sendo reconhecido como um dos mais importantes e renomados hospitais da América Latina.

O centenário é comemorado dentro de um cenário setorial complexo. Nos últimos anos, especialmente depois da pandemia de covid-19, os hospitais vêm enfrentando diversos desafios, como concorrência acirrada (inclusive *healthtechs*), aumento dos custos operacionais e de insumos, verticalização e negociação complexa com operadoras de saúde, necessidade de altos investimentos em tecnologia, entre outros. É nesse contexto que Christian Tudesco, *chief marketing officer* (CMO), que assumiu essa posição em plena pandemia, em maio de 2021, vem desenvolvendo um novo processo de planejamento de *marketing* para a organização. Esse planejamento levou à risca os fundamentos de *marketing* estratégico, originando movimentos importantes de redesenho e criação de unidades de negócio e arquitetura de marcas, direcionando os esforços de *marketing* para os diferentes públicos da instituição. Tudo isso estava alinhado às estratégias corporativas e aos princípios norteadores maiores da Sociedade Beneficente de Senhoras.

O alinhamento estratégico, ou seja, a estratégia de *marketing* conectada e em contribuição com a estratégia corporativa, sempre foi uma preocupação do CMO. Um novo plano de *marketing* foi uma demanda que surgiu na elaboração do planejamento estratégico do ciclo 2022-2030, com a chegada da nova presidente, Denise Jafet, e de um novo CEO, Paulo Nigro, que passou a compor a liderança geral do hospital em dupla com Fernando Ganem, *chief medical*. Com passagem pela indústria farmacêutica, Nigro trouxe um novo olhar e uma valorização da atividade de *marketing*, que antes era apenas focada em comunicação. O plano de *marketing* deveria colaborar para que o hospital exercesse o seu propósito de oferecer "vida plena e digna" e de atingir a sua visão de ser reconhecido pela "alta complexidade na América Latina". Também deveria estar alicerçado nos valores de "solidariedade, excelência e resultado", mas sem desconsiderar os objetivos e as metas de negócio.

O ponto de partida do planejamento foi a realização de uma robusta pesquisa de *brand valuation* para entender a evolução e o valor da marca dentro do cenário competitivo. Para isso, o hospital contratou uma das maiores especialistas na área. Foram realizadas pesquisas com pacientes, ex-pacientes, médicos e operadoras. Uma série de análises de dados internos e externos também contribuiu nessa etapa analítica, trazendo melhor compreensão das necessidades de clientes e colaboradores, dos recursos e ativos da organização, das estratégias de competidores e do contexto macroambiental. Ao longo desse processo, foram realizados diversos *workshops* com as principais unidades de negócio do hospital, visando a um debate e à coleta de contribuições com olhar plural e relevante.

A etapa analítica revelou uma adequada leitura do cenário interno e externo, permitindo uma formulação mais assertiva de objetivos e caminhos estratégicos. Em todo planejamento de *marketing*, a primeira decisão é "para quê?", e assim o time de marketing estabeleceu objetivos, metas e KPIs para cada unidade de negócio: hospital, com suas diferentes sedes físicas e serviços; educação e pesquisa; saúde populacional; e consultoria. A segunda importante decisão de um plano de marketing é o "para quem?". A partir de uma segmentação de mercado muito consistente, a organização definiu os seus targets após o mapeamento de seus diversos públicos de interesse e seus respectivos perfis, passando por pacientes, acompanhantes, alunos, colaboradores, corpo clínico, corpo docente, operadoras, fornecedores, governo, entre outros.

A definição de proposta de valor não foi uma tarefa difícil. Na verdade, a própria pesquisa de brand valuation reforçou o que já se trabalhava constantemente no hospital como pilares do valor entregue ao mercado: forte reputação na saúde, alta credibilidade do corpo clínico, alta tecnologia, infraestrutura premium e reconhecimento na área de projetos sociais.

Todo esse processo de pensar o negócio, repensar o papel do marketing dentro da organização, analisar dados e planejar a área para os próximos anos trouxe à tona alguns direcionamentos estratégicos importantes para a instituição. O primeiro foi o de criar uma nova vertical de inovação e tecnologia para inspirar e impulsionar o futuro da organização. Assim, foi criada a Alma Sírio Libanês, marca que vai nominar a unidade responsável por todas as novas iniciativas de tecnologia e inovação. É na Alma, que tem Sírio Libanês como marca endossante, que projetos de inovação aberta vão oxigenar e contribuir com os diferentes objetivos da organização. Essa nova marca surgiu a partir de um processo criativo que envolveu diversos colaboradores de diferentes áreas, pois entendeu-se que seria mais adequado que a marca emergisse de dentro, com o DNA e a alma do Sírio Libanês.

Outra definição importante é a de reposicionar o Sírio Libanês de um hospital para um ecossistema de saúde. Assim, uma nova arquitetura de marcas está sendo adotada, com a criação da marca corporativa Sírio Libanês, sem a palavra "hospital", e abaixo dela estão as quatro grandes unidades de negócio: Hospital Sírio Libanês, Alma, Ensino e Pesquisa e Saúde Populacional. Esse movimento consolida o Sírio Libanês como uma marca além dos seus serviços e muros.

Após esse caminho percorrido, os planos táticos para 2023 e 2024 de produtos e serviços, precificação, canais e comunicação multiplataforma ficaram mais fáceis de se elaborar pelo time de marketing. Esse time também precisou de uma nova estrutura organizacional, visando a se adequar a essa nova perspectiva de uma área de marketing mais estratégica. Desde o momento da etapa de pesquisa do planejamento, foram identificadas necessidades de novas competências para a área, que deveria, além de zelar pela reputação da marca e atuar com comunicação institucional estratégica, ter um viés para inteligência de mercado e negócios. O time precisou crescer, e novas posições foram criadas para garantir uma melhor execução e o acompanhamento do plano, inclusive de growth marketing, pensando na performance em diferentes âmbitos, algo pouco usual em instituições de saúde no Brasil. Essas posições foram divididas em três núcleos: institucional, mercado e parcerias estratégicas.

Todo esse processo mudou significamente o papel da função marketing dentro da organização, deixando de ser uma área de comunicação tática que respondia à diretoria comercial para ser uma área integradora de marketing estratégico com diretoria própria. Tornou-se uma área com planejamento, que iniciou com uma robusta etapa analítica, passando pela formulação de estratégias de target e proposta de valor e chegando na elaboração de um plano tático de ações. O planejamento seguiu com a estruturação de pessoas e processos para uma boa execução do que foi planejado. Como todo bom planejamento, ele precisa se manter vivo e flexível, e um dos desafios do CMO e de seu time é estar atento às mudanças que possam ocorrer no ambiente de negócios e que tragam eventuais necessidades de correção de rota ao longo da execução do plano.

Questões

1. O que o CMO e seu time podem fazer para garantir que o plano sofra ajustes, caso algum fato relevante ocorra no ambiente de negócios ou na própria empresa?
2. Pensando a partir de visão, propósito e valores da marca, você identifica alguma inconsistência ou desalinhamento entre a proposta de valor, os novos direcionamentos estratégicos e a estratégia corporativa?
3. O que você faria de diferente se fosse o CMO do Hospital Sírio Libanês?

Autor

Artur Paiva de Vasconcellos Professor coordenador de pós-graduação da ESPM e sócio-fundador da Íkona Consultoria.

Mestre em administração e negócios e administrador de empresas pela PUCRS, tem MBA executivo em marketing pela ESPM e MBA em gestão empresarial pela FGV.

Este case foi elaborado a partir de entrevistas do autor com o CMO do Hospital Sírio Libanês, Christian Tudesco, e da leitura de materiais fornecidos por ele.

2 | Compreensão do *mercado*

3
Análise de mercados consumidores

A Patanjali Ayurved, fundada por Baba Ramdev (à direita), fabrica produtos de cuidados pessoais e alimentos seguindo a tradição ancestral da Ayurveda de cura natural.
Crédito: Vipin Kumar/Hindustan Times via Getty Images.

Os profissionais de *marketing* devem ter plena compreensão de como os consumidores pensam, sentem e agem e devem oferecer um valor claro a cada consumidor-alvo. Entender as necessidades dos consumidores é fundamental para criar uma proposição de valor que crie valor para todos os clientes. A Patanjali, uma das marcas que mais cresce na Índia, teve um sucesso de mercado fenomenal com o desenvolvimento de produtos adaptados às necessidades dos seus clientes.

>>> Durante a última década, a Patanjali Ayurved transformou-se em uma marca onipresente na Índia. Com sede em Haridwar, uma cidadezinha no sopé do Himalaia, a cerca de quatro horas de carro de Déli, a Patanjali produz produtos alimentícios e de higiene pessoal a partir de componentes naturais que seguem a tradição ayurvédica. A Ayurveda é um sistema de medicina natural de 5.000 anos, com suas origens na cultura védica indiana. Fundamentalmente, a Ayurveda não é apenas uma ciência de como tratar doenças; é também uma ciência da vida (*Ayur* significa "vida", e *Veda*, "conhecimento"). A marca Patanjali é inseparável do nome de seu fundador, Baba Ramdev. Um guru de ioga famoso por lançar o renascimento da prática na Índia, Ramdev tecnicamente não é proprietário ou CEO da

empresa; em virtude de ser um *sanyasi* comprometido com uma vida ascética, ele não pode lucrar com atividades empresariais. Oficialmente, Ramdev é o "embaixador de marca", que administra a Patanjali mais como uma organização espiritual do que como uma empresa tradicional. Nem ele nem o CEO oficial da empresa recebem salários, e todos os lucros são destinados a caridade, pesquisa e desenvolvimento e medidas de eficiência de custos, que permitem que a Patanjali venda a preços mais baixos do que seus concorrentes globais. A popularidade de Ramdev, graças ao seu programa de TV sobre ioga, contribuiu muito para a ascensão meteórica da marca Patanjali. Em 2014, apenas oito anos após o seu lançamento, a empresa gerou quase US$ 200 milhões em receitas e tinha um portfólio de 500 produtos. Três anos depois, as receitas superaram US$ 1 bilhão, e a empresa pretende atingir vendas anuais de US$ 15 bilhões até 2025. A Patanjali cresceu principalmente à custa de grandes multinacionais, como Nestlé, Colgate, Unilever e Mondelēz, que muitas vezes não conseguem se equiparar aos preços baixos da Patanjali e ao poder da marca de Baba Ramdev.[1]

Este capítulo explora as dinâmicas de compra dos consumidores individuais. Adotar o conceito de *marketing* holístico implica entender muito bem os clientes e adquirir uma visão de 360 graus tanto de seu cotidiano quanto das mudanças que ocorrem ao longo de seu ciclo de vida, para assegurar que os produtos certos sejam comercializados para os clientes certos, da maneira certa e na hora certa.

O modelo do comportamento do consumidor

A pesquisa sobre comportamento do consumidor estuda como indivíduos, grupos e organizações selecionam, compram, usam e descartam bens, serviços, ideias ou experiências para satisfazer suas necessidades e desejos.[2] Para criar valor para o cliente, os profissionais de *marketing* devem entender plenamente a teoria e a realidade do comportamento do consumidor.

O ponto de partida para entender o comportamento do consumidor é o modelo apresentado na Figura 3.1. As táticas que moldam a oferta e o contexto do mercado no qual ela é vendida passam pelos filtros culturais, sociais e pessoais dos clientes-alvo, além de serem influenciadas pela motivação, percepção, emoção e memória dos consumidores. Isso tudo influencia o processo de compra do consumidor, uma jornada que envolve o reconhecimento de uma necessidade, a busca pela melhor maneira de atender a tal necessidade e a avaliação das opções disponíveis para finalmente chegar à decisão final sobre o que, quando, onde e quanto comprar, além de quanto pagar por essas compras.[3]

Discutiremos as principais características dos consumidores e os processos psicológicos por trás do comportamento do consumidor nas próximas seções.

Objetivos de aprendizagem   Após ler este capítulo, você deverá ser capaz de:

3.1 Identificar os principais fatores que influenciam o comportamento do consumidor.

3.2 Explicar o papel de fatores culturais, sociais e pessoais no comportamento do consumidor.

3.3 Explicar como as necessidades, emoções e memórias dos consumidores influenciam o seu comportamento.

3.4 Ilustrar os principais estágios do processo de decisão de compra.

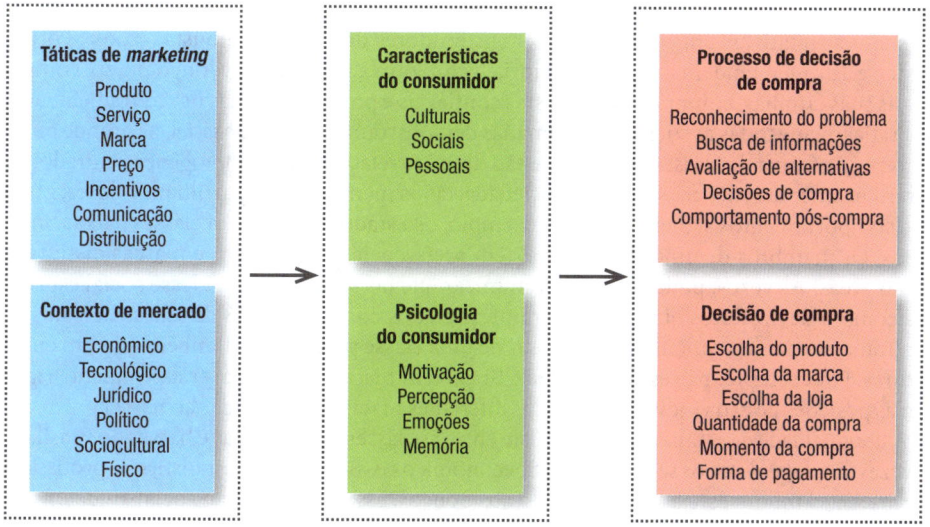

FIGURA 3.1
Modelo do comportamento do consumidor.

Características do consumidor

O comportamento de compra do consumidor é influenciado por fatores culturais, sociais e pessoais. Entre eles, os fatores culturais exercem a maior e mais profunda influência nas percepções e nos desejos dos indivíduos e em como agem para atender às suas necessidades e desejos.

FATORES CULTURAIS

A cultura é o modo de vida de um grupo de pessoas: comportamentos, crenças, valores e símbolos que aceitam, em geral sem refletir sobre eles, e que são repassados por comunicação e imitação de uma geração para a próxima.[4]

Cultura, subcultura e classe social são fatores particularmente importantes no comportamento de compra. A cultura é o principal determinante dos desejos e do comportamento de uma pessoa. Sob influência da família e de outras instituições importantes, uma criança norte-americana cresce exposta a valores como realização e sucesso, disposição, eficiência e praticidade, progresso, conforto material, individualismo, liberdade, humanitarismo e juventude.[5] Uma criança que cresce em outro país pode ter uma visão diferente de si mesma, de seu relacionamento com os outros e de rituais.

As culturas podem diferir em diversas dimensões, como o quanto as pessoas priorizam indivíduos próximos (*versus* os distantes) e se comportam como se pertencessem a uma coletividade (i.e., culturas coletivistas) ou se enxergam como agentes independentes que valorizam a própria autonomia (i.e., culturas individualistas). Os profissionais de *marketing* devem observar atentamente os valores culturais de cada país para entender qual é a melhor forma de levar seus produtos àquele mercado e encontrar oportunidades para desenvolver novas ofertas. Cada cultura é composta de subculturas que fornecem identificação e socialização específicas. Entre as subculturas, estão as nacionalidades, as religiões, os grupos étnicos e as regiões geográficas. Quando essas subculturas crescem e se tornam influentes o bastante, as empresas geralmente elaboram programas de *marketing* específicos para atendê-las.

Para determinar o efeito da cultura nas compras, um estudo longitudinal recente analisou os dados de 30 mil clientes de uma varejista de moda global em 30 países. O estudo examinou informações demográficas, comportamento de compras, participação em programas de fidelidade, tipos de produtos comprados, devoluções e custos de propaganda (incluindo *e-mail* e catálogos) usando um sistema que permitia que a cultura nacional fosse analisada de acordo com a importância do individualismo *versus* coletivismo, indulgência *versus* restrição, tipo de ofertas compradas, fidelidade a empresas/marcas, tendência a adotar novas tecnologias e uso de mídias. Entre os achados, percebeu-se que os consumidores de sociedades individualistas, como a Austrália e os Estados Unidos, tendem a comprar para si, seguir tendências, usar múltiplos canais de compras (incluindo *on-line* e catálogos) para encontrar o melhor preço e devolvem itens que ficam abaixo das suas expectativas. Em contrapartida, consumidores de países coletivistas (p. ex., Portugal, México e Turquia) tendem a seguir a maioria, valorizam a reputação de longo prazo, compram para as suas famílias, compram de varejistas confiáveis e preferem as lojas físicas tradicionais.[6]

Praticamente todas as sociedades humanas demonstram *estratificação social*, na grande maioria das vezes na forma de classes sociais, que são divisões relativamente homogêneas, duradouras e hierarquicamente ordenadas em uma sociedade, cujos membros compartilham valores, interesses e comportamentos semelhantes. Por exemplo, os Estados Unidos têm classes baixas, médias e altas. Os membros de uma classe social têm preferências de produtos e marcas distintas em muitas áreas. Às vezes, podem querer comunicar que pertencem a uma classe social específica pela compra de produtos que podem ser interpretados como símbolos de *status*.[7] A rigidez das hierarquias sociais e a dificuldade de passar de uma classe para a outra também diferem entre as culturas. Por exemplo, países como Índia e Brasil têm hierarquias sociais relativamente rígidas, com as posições de cada indivíduo nos seus diferentes níveis determinadas ao nascer.

A desigualdade generalizada ainda existe entre as classes altas, médias e baixas do Brasil, muitas vezes divididas entre os segmentos socioeconômicos A-B-C-D-E por estatísticos e profissionais de *marketing*. Embora esteja se afrouxando aos poucos, essa estratificação social ainda divide os proprietários mais abastados e com maior escolaridade e aqueles com formação técnica especializada (classes A e B) do enorme segmento desproporcionalmente pobre, a classe E, que tem acesso limitado a emprego, educação e até mesmo serviços públicos básicos, como saúde e saneamento básico. Os indivíduos da classe C, em geral, têm no mínimo diploma do ensino médio e prestam serviços para os membros das classes A e B, atuando como professores, gerentes, enfermeiros, etc. Os indivíduos da classe D atendem os da classe C, trabalhando como empregados, motoristas, bartenders, mecânicos, etc. Os membros do estrato econômico mais baixo normalmente não completaram o ensino fundamental, muitas vezes são analfabetos e, quando trabalham, em geral conseguem empregos apenas como os de gari e faxineira, que pagam salários irrisórios.[8]

FATORES SOCIAIS

Além dos fatores culturais, o comportamento de compra do consumidor é influenciado por fatores sociais, como grupos de referência, incluindo a família, que afetam o nosso comportamento de compra. Trabalharemos esses fatores em mais detalhes a seguir.

Grupos de referência. Os **grupos de referência** incluem todos os grupos que têm efeito direto ou indireto sobre as crenças, as decisões e os comportamentos de uma pessoa. Os membros da família constituem o grupo de referência primário mais influente. Pais e irmãos têm uma influência enorme na formação das crenças, do sistema de valores e do comportamento do indivíduo. O cônjuge e os filhos, por outro lado, têm um efeito mais direto nas decisões de compra cotidianas, especialmente no caso de itens de maior custo monetário e aqueles utilizados pelos diferentes membros da família.

Os grupos de referência não incluem apenas aqueles aos quais os indivíduos pertencem, como amigos, vizinhos, colegas de trabalho e grupos religiosos e baseados em interesses. Os indivíduos também podem ser influenciados por grupos aos quais *não* pertencem, como os grupos aspiracionais aos quais desejam pertencer e grupos dissociativos cujos valores ou comportamentos rejeitam.

Quando a influência do grupo de referência é forte, os profissionais de *marketing* devem determinar como atingir e influenciar os líderes de opinião de tais grupos. O **líder de opinião** ou **influenciador** é uma pessoa que oferece recomendações ou informações de modo informal sobre um produto ou uma categoria de produtos específicos, dizendo, por exemplo, quais são as melhores marcas entre as várias disponíveis ou como determinado produto deve ser usado.[9] Líderes de opinião costumam ser altamente confiantes, socialmente ativos e usuários frequentes da categoria em questão. Os profissionais de *marketing* devem tentar atingi-los identificando suas características demográficas e psicográficas, descobrindo os meios de comunicação usados por esses líderes e direcionando mensagens para eles.[10]

Todos nós participamos de muitos grupos – família, clubes e organizações – que, com frequência, influenciam nossas normas de conduta. A posição de uma pessoa em cada grupo pode ser definida em termos de papéis e *status*. Um *papel* consiste nas atividades que se espera que uma pessoa desempenhe. Cada papel, por sua vez, implica um *status*. Um vice-presidente sênior de *marketing* pode ter mais *status* que um gerente de vendas, e um gerente de vendas pode ter mais *status* que um auxiliar de escritório. As pessoas escolhem produtos que comunicam seu papel e seu *status*, real ou desejado, na sociedade. Os profissionais de *marketing* precisam ter consciência dos potenciais símbolos de *status* e do potencial para autodefinição de cada produto ou marca.

Família. A família, na posição de grupo de referência primário mais influente,[11] é a mais importante organização de compra de produtos de consumo na sociedade. Podemos distinguir dois tipos de família na vida do comprador. Primeiro, a *família de orientação*, que consiste nos pais e irmãos. Dos pais, uma pessoa adquire determinada orientação em relação a religião, política e economia, além de uma noção de ambição pessoal, autoestima e amor.[12] Ainda que o consumidor não interaja mais com tanta frequência com seus pais, a influência deles sobre seu comportamento pode ser um determinante significativo nas suas compras.

Uma influência mais direta no comportamento de compra diário é a *família de procriação*, ou seja, o cônjuge e os filhos. Nos Estados Unidos, as compras tradicionalmente variavam muito por categoria de produtos. De modo geral, a esposa atua como o principal agente de compras da família, sobretudo no que se refere a alimentação, artigos diversos e vestuário. No entanto, os papéis tradicionais de compra estão mudando, e os profissionais de *marketing* hoje consideram tanto homens quanto mulheres como alvos viáveis.

No caso de bens e serviços de alto valor, como carros, viagens ou imóveis, maridos e esposas tomam, na sua grande maioria, decisões em conjunto.[13] Todavia, homens e mulheres podem responder de forma diferente a mensagens de *marketing*. Pesquisas mostram que as mulheres tendem a valorizar mais conexões e relacionamentos com a família e os amigos, além de priorizar as pessoas em detrimento das empresas.[14] Assim, os profissionais de *marketing* customizaram o posicionamento de muitos produtos, como os cereais Nutrition for Women, da Quaker, e o creme dental branqueador Rejuvenating Effects, da Crest.

Outra mudança nos padrões de compra é o aumento da quantia gasta por crianças e adolescentes e da influência direta e indireta que eles exercem nas compras. A influência direta representa as indicações, os pedidos e as exigências das crianças: "Eu quero ir ao McDonald's". A influência indireta significa que os pais conhecem as marcas, escolhas e preferências de seus filhos sem indicações ou pedidos diretos por parte deles: "Eu acho que Jake e Emma preferem ir ao Panera".

Uma pesquisa recente sobre os hábitos de uso de mídias sociais por homens e mulheres de 13 a 33 anos revelou que apenas 2% afirmam não usar qualquer plataforma social, e os *millenials* informaram que usam seus *smartphones* mais de 11 horas por dia, em geral para trocas de mensagens e redes sociais. A maioria dos participantes afirmou ser amigo ou seguidor de uma marca nas mídias sociais; 38% postaram sobre uma marca, sendo 54% das postagens positivas e apenas 22% negativas.[15]

FATORES PESSOAIS

As decisões dos compradores também são influenciadas por características pessoais, como idade e estágio no ciclo de vida, ocupação e circunstâncias econômicas, personalidade e autoimagem, estilo de vida e valores. Visto que muitos desses fatores exercem impacto direto sobre o comportamento do consumidor, é importante que os profissionais de *marketing* os conheçam bem.

No que diz respeito a comida, roupas, móveis e lazer, nossa preferência está, de modo geral, relacionada com a idade. Os padrões de consumo também são moldados de acordo com o *ciclo de vida da família* e com o número, a idade e o sexo de seus membros em qualquer ponto no tempo. As famílias americanas estão evoluindo: a família tradicional, composta de marido, esposa e dois filhos, representa um percentual muito menor de lares do que no passado.

Além disso, os estágios *psicológicos* do ciclo de vida podem ser importantes. Os adultos vivenciam certas passagens, ou transformações, ao longo da vida.[16] Isso faz o seu comportamento durante esses intervalos se adaptar às novas circunstâncias. Os profissionais de *marketing* devem levar em consideração que *episódios ou transições cruciais na vida* – casamento, nascimento de filhos, doença, transferências, divórcio, primeiro emprego, mudança na carreira, aposentadoria ou viuvez – estão associados ao surgimento de novas necessidades. As empresas devem estar atentas a tais necessidades e oferecer os bens e serviços certos para atendê-las.

Não surpreende que a indústria de produtos para bebês atraia muito investimento de *marketing*, considerando as quantias enormes que os pais gastam e a natureza crucial e transformadora da paternidade.

O mercado de produtos para bebês

Embora ainda não tenham atingido seu pleno potencial de ganho, pais que esperam bebês ou que acabaram de ter filhos raramente cortam gastos com seus entes queridos, tornando a indústria de produtos para bebês mais resistente à recessão do que a maioria. As despesas tendem a atingir seu pico entre o segundo trimestre da gravidez e a 12ª semana após o nascimento. As grávidas de primeira viagem são clientes-alvo especialmente atrativos, pois não conseguirão usar muitos itens de segunda mão e precisarão comprar toda a gama de itens novos, como móveis, carrinhos de bebê, brinquedos e suprimentos infantis. Reconhecendo a importância de atingir os futuros pais desde cedo para conquistar sua confiança – o que os especialistas do setor chamam de oportunidade *first in, first win* (ganha quem chega primeiro) –, os profissionais de *marketing* usam diversas mídias, incluindo mala-direta, encartes, anúncios, *e-mail marketing* e *sites*. As amostras de produtos são particularmente comuns; *kits* costumam ser distribuídos em aulas para gestantes, entre outros lugares. No entanto, muitos hospitais proibiram a tradicional sacola de presentes entregue nos quartos, preocupados com a privacidade e os efeitos potencialmente adversos a um público vulnerável (p. ex., a distribuição de fórmulas de leite artificial pode desincentivar novas mães a amamentar). Contudo, ainda restam muitas vias de acesso. Por exemplo, a Disney Baby faz parceria com uma empresa que comercializa fotos de bebês, distribui divertidos macacões Disney Cuddly Bodysuits e solicita inscrições para o recebimento de alertas por *e-mail* da DisneyBaby.com. Nem todos os gastos são diretamente com o bebê. Ao passar por uma mudança de vida tão fundamental, pais futuros ou recentes veem-se diante de um conjunto de necessidades que faz com que tenham outra visão sobre seguros de vida, serviços financeiros, imóveis, reformas da casa e automóveis.[17]

>> Marcas como a Disney Baby sabem que atingir pais que recém tiveram ou estão prestes a ter filhos é essencial para o sucesso no mercado de produtos para bebês.

A ocupação também influencia o padrão de consumo de uma pessoa. Os profissionais de *marketing* tentam identificar os grupos de ocupação que têm interesses acima da média por seus bens e serviços, chegando a customizar produtos para grupos específicos. Por exemplo, as empresas de *software* projetam diferentes produtos para gerentes de marca, engenheiros, advogados e médicos. Carhartt Inc., fundada no estado de Michigan em 1889, tornou-se uma dinastia global de roupas de trabalho, com 800 produtos, uma rede de cerca de cem lojas de varejo na região metropolitana de Detroit e lojas corporativas em sete estados, além de filiais na Europa e na Austrália. A Carhartt tem uma linha de vestuário resistente para uso industrial, agrícola e ao ar livre famosa pelos tecidos e acabamentos de alta qualidade. Essa linha, com o passar dos anos, popularizou-se também para uso no cotidiano.[18]

As escolhas de produto e marca são extremamente afetadas pelas circunstâncias econômicas, como renda disponível (nível, estabilidade e periodicidade), poupança e ativos (incluindo a porcentagem líquida), dívidas atuais e capacidade de endividamento, além da atitude em relação a gastos e economias. Se os indicadores econômicos apontam para uma recessão, os profissionais de *marketing* podem tomar providências para reformular, reposicionar e revisar os preços de seus produtos, ou então dar ênfase a marcas de desconto, para que possam continuar a oferecer valor aos clientes-alvo.

Personalidade e autoimagem. Ao falar em **personalidade**, referimo-nos a um conjunto de traços psicológicos distintos que levam a reações relativamente coerentes e contínuas a um estímulo do ambiente, inclusive o comportamento de compra. De modo geral, a personalidade é descrita em termos de características como autoconfiança, domínio, autonomia, deferência, sociabilidade, postura defensiva e capacidade de adaptação.[19]

Normalmente, o consumidor escolhe e usa marcas com personalidades coerentes com sua *autoimagem real* (como essa pessoa se vê), embora, em alguns casos, a personalidade possa corresponder à sua *autoimagem ideal* (como essa pessoa gostaria de se ver), ou mesmo à sua *autoimagem de acordo com os outros* (como ela pensa que os outros a veem).[20] Esses efeitos podem ser mais marcantes no caso de produtos consumidos em público do que no caso daqueles consumidos na vida particular.[21] Em contrapartida, consumidores com excesso de "autocobrança" – ou seja, sensíveis a como os outros os veem – estão mais propensos a escolher marcas cuja personalidade corresponda à situação de consumo.[22]

Por fim, muitas vezes os consumidores têm múltiplas facetas (profissional sério, membro zeloso da família, amante da diversão), que podem ser evocadas de modo diferente em situações distintas ou em companhia de diferentes tipos de pessoa. Alguns profissionais de *marketing*, como a rede hoteleira Joie de Vivre, orquestram cuidadosamente as experiências de marca para atrair diversas personalidades diferentes.

> **Joie de Vivre** Escolhida uma das melhores redes de hotel butique pelos editores da revista *Smarter Travel*, a Joie de Vivre, com sede em San Francisco, conta com uma das melhores redes de hotel butique com foco no estilo de vida da Califórnia, além de ter unidades em Chicago, Baltimore e na cidade de Nova York. A rede se considera "uma coleção de histórias sinceras que ganha vida" e pretende inspirar "o espírito de viagem divertida por meio de conexões na vizinhança". Nos hotéis da Joie de Vivre, com seu estilo íntimo e arrojado, adaptados a famílias e animais de estimação e focados na comunidade, os hóspedes têm a opção de doar US$ 1 por noite diretamente para os parceiros filantrópicos de cada hotel. A rede doa quase US$ 1,5 milhão por ano para organizações locais na forma de cartões-presente, dinheiro, doações em espécie e eventos. Todos os hotéis participam de programas de reciclagem, compostagem e doação de alimentos e produtos têxteis, trabalham na conservação de água e energia, usam produtos ambientalmente seguros e compram alimentos orgânicos e *fair trade*.[23]

Valores e estilo de vida. O comportamento do consumidor é guiado por um *sistema de valores*, um conjunto de princípios e ideias sobre "certo e errado" que determina o que é significativo e importante para os consumidores e como eles escolhem viver e interagir com os outros. As decisões dos consumidores também são influenciadas por esses *valores centrais*, muito mais profundos do que o comportamento ou a atitude, que orientam as escolhas e os desejos das pessoas no longo prazo. Os profissionais de *marketing* que buscam atrair consumidores com base em seus valores acreditam que, ao apelar para o subconsciente das pessoas, é possível influenciar seu consciente – isto é, seu comportamento de compra.

Pessoas da mesma subcultura, classe social e ocupação podem ter estilos de vida bem diferentes. Um *estilo de vida* é o padrão de vida de um indivíduo expresso por suas atividades, interesses e opiniões; ele representa a "pessoa por inteiro" e como ela interage com seu ambiente.[24]

Em parte, os estilos de vida são moldados por fatores como *restrição monetária* ou *restrição de tempo* dos consumidores. As empresas interessadas em atender consumidores com restrição monetária devem criar bens e serviços de baixo custo, como fez o Walmart. Sua política de "preço baixo todo dia" transformou o Walmart no maior varejista do mundo ao enxugar dezenas de bilhões de dólares da cadeia de suprimentos do varejo e repassar a maior parte dessa economia para os clientes na forma de descontos monumentais.

Os consumidores tendem a ser multitarefas. Alguns também pagam para que outros realizem algumas de suas tarefas, pois, para eles, o tempo é mais importante do que o dinheiro. As empresas interessadas em servi-los devem criar bens e serviços que ofereçam múltiplas conveniências. Por exemplo, os cremes faciais multifuncionais, conhecidos como *BB creams*, oferecem uma abordagem completa para cuidados com a pele – incorporam hidratante, ingredientes antienvelhecimento, proteção solar e, em alguns casos, até um agente de clareamento.[25]

Em algumas categorias, especialmente na de alimentos processados, empresas cujo alvo são consumidores com restrição de tempo devem estar cientes de que esses mesmos consumidores buscam a ilusão de que *não* vivem sob tal condição. Os profissionais de *marketing* chamam esse grupo, que busca tanto conveniência quanto algum envolvimento com o processo de preparação, de "segmento de conveniência e envolvimento", como descobriu a Hamburger Helper (rebatizada de "Helper" em 2013).

> **Hamburger Helper** Lançada em 1971, em resposta a uma crise econômica, a Hamburger Helper, uma linha econômica de macarrão com sachê de tempero em pó, foi criada como uma forma rápida e barata de ajudar a transformar meio quilo de carne em uma refeição para toda a família. Com a estimativa de que 44% dos jantares são preparados em menos de 30 minutos e uma forte concorrência com os guichês de *drive-thru*, serviços de *delivery* e pratos pré-prontos à venda nos supermercados, os dias de prosperidade da Hamburger Helper pareciam contados. Entretanto, os pesquisadores de *marketing* constataram que algumas pessoas não necessariamente queriam uma solução de comida feita o mais rápido possível no micro-ondas. Elas também queriam se sentir bem com o modo como preparam suas refeições. Na verdade, em média, as pessoas preferem usar ao menos uma panela ou um refratário e dedicar 15 minutos de seu tempo a essa tarefa. Assim, para permanecer atraente a esse segmento, os profissionais de *marketing* ajudaram a Helper a lançar novos sabores e variedades – como atum, frango asiático e farinha integral – para acompanhar as últimas tendências de paladar do consumidor. O resultado: as vendas da marca cresceram de modo consistente.[26]

>> A pesquisa de mercado levou a Hamburger Helper a lançar novos sabores e variedades que refletem as preferências dos consumidores, o que acelerou as vendas.

Psicologia do consumidor

Quando estímulos ambientais e de *marketing* penetram no consciente do comprador, um conjunto de fatores psicológicos combinado com determinadas características o leva a processos de decisão e decisões de compra. A tarefa do profissional de *marketing* é entender o que acontece no consciente do comprador entre a chegada do estímulo externo e de *marketing* e a decisão de compra final. Quatro fatores psicológicos críticos – motivação, percepção, aprendizagem e memória – influenciam a reação do consumidor.

MOTIVAÇÃO DO CONSUMIDOR

Entender a motivação dos consumidores começa por entender as necessidades que os consumidores pretendem saciar com as suas ações. Assim, primeiro discutiremos a essência das necessidades do consumidor, então trabalharemos o modo como elas motivam o seu comportamento.

Necessidades do consumidor. *Necessidades* são os requisitos básicos dos seres humanos, como aquelas por ar, alimentos, água, vestuário e abrigo. Algumas são *biológicas* e decorrem de estados fisiológicos de tensão, como fome, sede ou desconforto. Outras são *psicológicas*, decorrentes de estados de tensão psicológicos, como necessidade de reconhecimento, estima ou pertencimento.

Uma das mais famosas teorias sobre a motivação humana, a de Abraham Maslow, traz consequências importantes para a análise do consumidor e a estratégia de *marketing*. Maslow queria explicar por que os indivíduos são motivados por determinadas necessidades em determinados momentos.[27] Ele concluiu que as necessidades humanas são dispostas em hierarquia, da mais urgente para a menos urgente – necessidades fisiológicas, necessidades de segurança, necessidades sociais, necessidades de estima e necessidades de autorrealização (ver Figura 3.2). As pessoas

FIGURA 3.2

Hierarquia das necessidades de Maslow.

Crédito: A. H. Maslow, *Motivation and Personality*, 3rd ed. (Upper Saddle River, NJ: Prentice Hall, 1987). Impresso e reproduzido eletronicamente, com permissão, de Pearson Education, Inc., Upper Saddle River, NJ.

tentam satisfazer as necessidades mais importantes em primeiro lugar e depois vão em busca da satisfação da próxima necessidade. Por exemplo, um homem que passa fome não tem interesse pelos últimos acontecimentos do mundo da arte (necessidade 5), não quer saber como é visto pelos outros (necessidade 3 ou 4), tampouco está preocupado com a qualidade do ar que respira (necessidade 2). Após dispor de comida e água suficientes (necessidade 1), a próxima necessidade mais importante se tornará relevante.

Necessidades tornam-se *desejos* quando direcionadas a objetos específicos que possam satisfazê-las. Nossos desejos são moldados pela nossa sociedade. Um consumidor norte-americano que precisa se alimentar pode querer uma *pizza* ao estilo Chicago acompanhada de uma cerveja artesanal. Já um consumidor na Índia pode querer chole, frango *tandoori* e *naan*.

Demandas são desejos por produtos específicos, sustentados pela capacidade de comprá-los. Muitos desejam um Mercedes, mas poucos podem comprá-lo. As empresas devem mensurar não somente o número de pessoas que desejam seu produto, mas também quantas estariam realmente dispostas a comprá-lo e teriam condições para isso. Essas diferenciações lançam uma nova luz sobre a crítica frequente de que "o *marketing* faz as pessoas comprarem coisas de que não necessitam". O *marketing* não cria necessidades; elas surgem antes dele. Os profissionais de *marketing* podem promover a ideia de que um Mercedes vai satisfazer a necessidade de *status* social de uma pessoa, mas não criam a necessidade em si.

Alguns clientes têm necessidades das quais não estão plenamente conscientes ou que não conseguem expressar. O que o cliente quer dizer quando pede um cortador de grama "potente" ou um hotel "tranquilo"? O profissional de *marketing* precisa sondar mais a fundo. Atender apenas à necessidade declarada pode não ser o bastante para o cliente.[28] Os consumidores não sabiam muito sobre os *tablets* quando eles chegaram ao mercado, mas a Apple empenhou-se em moldar as percepções dos consumidores em relação a essa inovação tecnológica. Para conquistar vantagem competitiva, as empresas devem ajudar os clientes a descobrir o que querem – e fazer com que seja conveniente obtê-lo. O serviço de assinaturas da Dollar Shave Club ajudou os clientes a perceber que poderiam pagar menos por lâminas de barbear, ao passo que a Blue Apron ajudou pessoas a superar a falta de confiança nas suas habilidades culinárias, que fazia cozinhar em casa parecer tão difícil.

Motivação do consumidor. Todos nós temos diversas necessidades a cada momento. Uma necessidade passa a ser uma motivação quando alcança um nível de intensidade suficiente para nos levar a agir.[29] A motivação tem tanto um direcionamento (selecionamos um objetivo em detrimento de outro) quanto uma intensidade (perseguimos um objetivo com mais ou menos vigor).

74 Parte 2 | Compreensão do mercado

Os pesquisadores que estudam a motivação geralmente realizam entrevistas em profundidade com algumas dezenas de consumidores para descobrir os motivos mais profundos desencadeados por um produto. Eles usam várias *técnicas projetivas* baseadas na ciência da psicologia, como associação de palavras, complementação de sentenças, interpretação de imagens e simulação, que podem gerar informações que não emergiriam com o uso de perguntas explícitas.

Betty Crocker O nome Betty Crocker é sinônimo de assar e cozinhar, tendo sido lançado em 1921 para personalizar as respostas a dúvidas dos consumidores após uma promoção para a farinha Gold Medal Flour. O sucesso de Betty foi às alturas com um programa popular nas rádios e, de acordo com a revista *Fortune*, em 1945, sua popularidade perdia apenas para a primeira-dama Eleanor Roosevelt. A imagem de Betty transformou-se da figura maternal de 1936 para a de uma mulher trabalhadora moderna, e a personagem conseguiu permanecer relevante após todos esses anos com base em pesquisas minuciosas. Por exemplo, quando

>> Desde que surgiu, um século atrás, Betty Crocker emprestou seu nome a mais de 200 produtos da General Mills e até apresentou seus próprios programas de culinária no rádio e na televisão.

Crédito: Chronicle/Alamy Stock Photo

as vendas da mistura de bolo Betty Crocker pararam de crescer na década de 1950, a General Mills buscou a assessoria do psicólogo e mestre do *marketing* comportamental vienense Ernest Dichter. A mistura de bolo seca precisava apenas de água. Usando métodos freudianos com um grupo focal de mulheres, Dichter concluiu que o ritual de assar um bolo estava repleto de simbolismo de fertilidade e relacionamentos e sugeriu que o ovo em pó fosse removido da mistura, o que obrigaria as próprias donas de casa a acrescentar ovos frescos. As vendas decolaram depois que a General Mills seguiu o seu conselho.[30]

Outro pesquisador da motivação, o antropólogo cultural Clotaire Rapaille, estudou como desvendar o "código" por trás do comportamento do consumidor em relação aos produtos – o significado inconsciente que as pessoas atribuem a determinada oferta de mercado. Rapaille trabalhou para a Boeing em seu 787 Dreamliner para identificar recursos no interior do avião que tivessem um apelo universal. Com base, em parte, na pesquisa dele, o Dreamliner tem um *foyer* espaçoso, compartimentos de bagagem maiores e curvilíneos mais próximos do teto, janelas maiores, escurecidas eletronicamente, e um teto iluminado discretamente por LEDs ocultos.[31] O oposto ocorreu com o PT Cruiser, da Chrysler, que saiu da estrada em menos de uma década.

PT Cruiser Quando foi lançado, no início do século XXI, o visual retrô do PT (Personal Transportation) Cruiser e seu preço acessível fizeram sucesso com consumidores de todas as faixas etárias, embora o *design* polêmico ("uma mistura de caminhonete de leiteiro das antigas e sedã luxuoso da década de 1930") teve tanto críticos quanto imitadores, como o Chevrolet HHR. O PT Cruiser foi o primeiro veículo da DaimlerChrysler projetado com o uso de pesquisa de arquétipos, um método qualitativo desenvolvido pelo antropólogo e médico francês Clotaire Rapaille. A abordagem de Rapaille, focada em revelar os fatores psicológicos profundos por trás do comportamento dos consumidores, vai além de atributos específicos do produto, como cor, tamanho e conveniência, e tenta capturar os sentimentos e as emoções que definem o "inconsciente cultural" (ou, nas palavras de Rapaille, o "botão no cérebro reptiliano" dos consumidores) que define a escolha do produto. O resultado foi um *hatchback* de cinco portas com teto alto que pretendia evocar uma reação emocional nostálgica. Na época do lançamento, o PT Cruiser foi considerado um sucesso estrondoso, vendendo 145 mil veículos em 2001. Em 2009, no entanto, as vendas haviam desabado para 18 mil unidades. A razão para o declínio do PT foi a incapacidade da Chrysler de investir em melhorar e atualizar o automóvel, assim como de lançar novos modelos em resposta à demanda dos consumidores. Além disso, o *design* atraía um público distintamente norte-americano durante um momento em que a globalização se tornava cada vez mais importante para recuperar os custos de pesquisa e desenvolvimento.[32]

<< O PT Cruiser foi a primeira investida da DaimlerChrysler no projeto de veículos usando a pesquisa de arquétipos, que busca causar um apelo emocional e levar à compra.

PERCEPÇÃO

Percepção é o processo pelo qual selecionamos, organizamos e interpretamos informações para criar uma imagem significativa do mundo.[33] Uma pessoa motivada está pronta para agir. O *modo* como ela agirá é influenciado pela percepção que tem da situação. No *marketing*, as percepções são mais importantes do que a realidade, uma vez que elas afetam o comportamento real do consumidor.

A percepção depende tanto dos estímulos físicos quanto da relação desses estímulos com o ambiente e das condições internas individuais. Uma pessoa pode perceber um vendedor que fale depressa demais como agressivo e falso; outra pode vê-lo como inteligente e prestativo. Cada uma reagirá de forma diferente a esse mesmo vendedor. As pessoas podem ter diferentes percepções do mesmo objeto devido a três processos: atenção seletiva, distorção seletiva e retenção seletiva.

Atenção seletiva. Atenção é a alocação de uma capacidade de processamento a algum estímulo. A atenção voluntária é algo intencional; a atenção involuntária ocorre quando algo ou alguém chama a nossa atenção. Estima-se que as pessoas sejam expostas a, em média, milhares de anúncios ou comunicações de marca por dia. Como não é possível prestar atenção a todos esses estímulos, a maioria deles é filtrada em um processo chamado de **atenção seletiva**. Isso significa que os profissionais de *marketing* devem se esforçar ao máximo para atrair a atenção dos consumidores. O verdadeiro desafio é saber quais estímulos serão percebidos. Eis algumas conclusões:

- *É mais provável que as pessoas notem estímulos que se relacionem com algo que estejam precisando agora.* Uma pessoa que esteja motivada a comprar um celular prestará atenção em propagandas desse tipo de produto. Ela provavelmente não prestará atenção em anúncios de produtos não relacionados com celulares.
- *É mais provável que as pessoas notem estímulos que consideram previsíveis.* Você provavelmente vai prestar mais atenção em computadores do que em rádios em uma loja de computadores, uma vez que não se espera que esse tipo de loja venda rádios.
- *É mais provável que as pessoas notem estímulos cujos desvios sejam maiores em relação a um estímulo normal.* Você provavelmente prestará mais atenção em uma propaganda que ofereça um desconto de US$ 100 sobre o preço de tabela de um computador do que em outro que ofereça um desconto de US$ 5.

Embora filtrem uma grande parte dos estímulos do ambiente, as pessoas são influenciadas por estímulos inesperados, como ofertas repentinas recebidas pelo correio, pela internet ou de um vendedor. Para transpor os filtros de atenção seletiva, os profissionais de *marketing* podem tentar promover suas ofertas de maneira invasiva.

Os mecanismos de percepção seletiva requerem um envolvimento e uma reflexão ativos dos consumidores. Um tema que há décadas fascina profissionais de *marketing* inexperientes é a **percepção subliminar**. Eles argumentam que as empresas embutem mensagens subliminares dissimuladas em peças publicitárias e embalagens. Os consumidores, por sua vez, não têm consciência disso, por mais que isso afete o seu comportamento. Embora esteja claro que os processos mentais abrangem vários fatores subconscientes,[34] não há evidências que sustentem que o *marketing* detém o poder de controlar de maneira sistemática os consumidores nesse nível, sobretudo o suficiente para alterar crenças fortemente arraigadas ou até mesmo as moderadamente importantes.[35]

Distorção seletiva. Já notou que os estímulos que chamam a atenção nem sempre atuam da forma como os emissores da mensagem esperam? A **distorção seletiva** é a tendência que temos de transformar a informação em significados pessoais e interpretá-la de modo que se adapte a nossos prejulgamentos. Com frequência, os consumidores vão distorcer informações para que se ajustem a crenças e expectativas prévias sobre determinada marca e produto. Uma demonstração concreta do poder das crenças que os consumidores cultivam sobre marcas é o teste no qual um grupo de consumidores experimenta o produto sem saber qual é a marca, enquanto outro experimenta o produto conhecendo-a. Invariavelmente, surgem diferenças de opinião entre os grupos, a despeito de ambos consumirem *exatamente o mesmo produto*.

Se consumidores atribuem opiniões diferentes entre uma versão com marca e outra sem marca de um mesmo produto, só pode ser porque as crenças quanto à marca e ao produto, criadas por diversos meios (como experiências passadas, promoções de marca e preferências familiares), de alguma forma mudaram suas percepções sobre o produto. Exemplos disso existem em praticamente todos os tipos de produto. Quando a Coors mudou seu rótulo de Banquet Beer para Original Draft, os consumidores alegaram que o gosto havia mudado, embora a formulação permanecesse inalterada.

Em outro estudo, Frédéric Brochet, da University of Bordeaux, deu taças de vinho tinto e branco a alunos de enologia e pediu suas descrições da bebida. Em uma degustação subsequente, os alunos receberam taças do mesmo vinho branco, com o detalhe de que metade delas tinha um corante sem sabor vermelho. Os alunos descreveram o vinho branco da mesma forma que antes, mas o mesmo vinho branco tingido de vermelho foi descrito nos termos de um tinto, o que mostra que pistas visuais podem sobrepujar o olfato, o paladar e o conhecimento especializado.[36]

A distorção seletiva beneficia empresas com marcas fortes quando os consumidores distorcem informações neutras ou ambíguas sobre a marca para torná-la mais positiva. Em outras palavras, dependendo das marcas envolvidas, um café pode parecer mais palatável, um carro pode parecer ter uma direção mais suave ou a espera em uma fila de banco pode parecer menor.

EMOÇÕES

As emoções são estados mensais que emergem espontaneamente, e não a partir de um esforço consciente, e refletem as reações positivas ou negativas das pessoas a estímulos internos e externos. Em geral, não temos muito controle sobre sentimentos como alegria, tristeza, raiva, medo e ambivalência, que podem variar em intensidade e complexidade, dependendo das nossas reações pessoais, e podem ser acompanhados de mudanças fisiológicas e comportamentais.

A reação do consumidor não é totalmente cognitiva e racional. Muitas reações podem ser emocionais e evocar diferentes tipos de sentimentos. Determinada marca ou produto pode fazer o consumidor sentir-se orgulhoso, animado ou confiante. Uma propaganda pode criar sentimentos de diversão, nojo ou admiração. Marcas como Hallmark, McDonald's e Coca-Cola têm estabelecido uma conexão emocional com clientes fiéis há anos. Os profissionais de *marketing* cada vez mais reconhecem o poder dos apelos emocionais, especialmente se estes têm base em aspectos funcionais ou racionais da marca.

Para ajudar as adolescentes e as jovens a se sentirem mais à vontade para falar de produtos de higiene feminina e cuidados femininos, a Kimberly-Clark usou quatro redes de mídia social na campanha "Break the Cycle" (Quebre o ciclo) para sua nova marca U by Kotex. Com *feedback* extremamente positivo, a campanha contribuiu para que a Kotex se posicionasse em primeiro lugar em participação na comunicação boca a boca sobre cuidados femininos para esse mercado-alvo.[37]

Uma história cheia de emoções revelou-se um gatilho para as pessoas desejarem passar adiante aquilo que ouvem sobre as marcas, seja por comunicação boca a boca, seja por compartilhamento *on-line*. As empresas estão dando a suas comunicações um apelo humano mais forte para engajar os consumidores nas histórias de suas marcas.[38] A campanha do 75º aniversário dos óculos de grau e de sol da Ray-Ban, "Never Hide" (Nunca se esconda), exibiu vários *hipsters* e pessoas estilosas de destaque para sugerir que os usuários vão se sentir atraentes e sofisticados com os óculos de sol e de grau da marca. Algumas marcas exploraram a cultura e a música *hip-hop* para ingressarem no mercado de uma forma multicultural e moderna, como a Apple fez com seu iPod.[39]

Muitas marcas, como a Ray-Ban, exploram o apelo emocional do passado para se conectarem com os clientes do presente, especialmente os mais jovens. Embora *e-mail*, *webinars* e plataformas de mídias sociais tenham substituído bastante a mala-direta, os seminários e as feiras comerciais, estes últimos ainda desempenham um papel relevante nos esforços de *marketing*. As táticas de *marketing* e produtos retrô demonstram que a nostalgia compensa: mascotes fantasiados, placas giratórias, eventos comunitários e *outdoors* continuam a capturar a atenção dos clientes. Produtos como o Novo Fusca, o Fiat 500 e a ressurreição da barra de chocolate Wispa, da Cadbury, mostram que produtos imersos na aura dos tempos passados produzem uma ligação visceral com os clientes. Na moda, os estilistas baseiam novos *designs* naqueles de eras passadas. A MillerCoors anunciou uma campanha de *marketing* retrô para a cerveja Miller Lite, com uma versão do rótulo original da década de 1970. Cartier, Motel 6 e Life Savers estão entre as grandes marcas que utilizaram o estilo retrô nas suas campanhas de propaganda. Até os atletas exploram o *marketing* nostálgico: na NFL, os Pittsburgh Steelers usam uniformes clássicos que remontam aos do time de 1932.[40]

Assim como produtos e marcas podem provocar determinadas emoções, diferentes estados emocionais podem influenciar as avaliações e decisões das pessoas. Por exemplo, emoções como o medo podem aumentar ou diminuir a eficácia de diferentes estratégias de *marketing* que incluem prova social (p. ex., comunicar a popularidade de um produto) e escassez (p. ex., edição limitada).[41] Da mesma forma, a observação das emoções alheias pode ser usada como ferramenta de *marketing*. Por exemplo, mostrar os rostos tristes (e não neutros ou felizes) das vítimas pode aumentar a probabilidade de as pessoas doarem para a caridade.[42]

MEMÓRIA

A memória, a capacidade do cérebro de registrar, armazenar e recuperar informações e eventos, também desempenha um papel importante nas decisões de compra dos consumidores. Os diferentes tipos de memória e o modo como os processos mnemônicos funcionam são descritos nas seções a seguir.

Modelos de memória. Psicólogos cognitivos fazem distinção entre a **memória de curto prazo** – um repositório temporário e limitado de informações – e a **memória de longo prazo** – um repositório mais permanente e potencialmente ilimitado. Todas as informações e experiências acumuladas pelas pessoas ao longo de suas vidas podem acabar armazenadas em sua memória de longo prazo.

Os pesquisadores diferenciam entre três tipos de memória de longo prazo: episódica, semântica e processual.

- A *memória episódica* é responsável por armazenar informações sobre eventos (i.e., episódios) que tenhamos vivenciado em nossas vidas. São as memórias do indivíduo relativas a eventos autobiográficos que capturam o contexto (como momentos, locais e emoções associadas) no qual um determinado evento ocorreu.
- A *memória semântica* é responsável por armazenar informações sobre o mundo, como fatos, significados e conceitos. Ao contrário da memória episódica, diretamente ligada à experiência pessoal do indivíduo, a semântica captura conhecimentos gerais que são independentes da experiência pessoal.
- A *memória processual* é responsável por saber como realizar determinados procedimentos, como caminhar, falar e andar de bicicleta. É uma memória de habilidades motoras, em geral adquirida pela repetição, e envolve atividades sensório-motoras tão profundamente arraigadas em nossas mentes que não envolvem o pensamento consciente.

O conceito de estrutura de memória de longo prazo mais bem aceito baseia-se em um modelo do tipo associativo. Por exemplo, o *modelo de memória de rede associativa* considera a memória de longo prazo como uma série de nós e ligações. Os *nós* são informações armazenadas que se conectam por meio de *ligações* que variam em intensidade. Qualquer tipo de informação pode ser armazenada na rede de memória, incluindo informações verbais, visuais, abstratas ou contextuais.

Um processo de ativação que se dissemina de um nó para outro determina quantas informações podem ser efetivamente recuperadas em qualquer situação. Quando um nó é ativado porque há uma informação externa sendo codificada (p. ex., quando alguém lê ou ouve uma palavra ou frase) ou porque há uma informação interna sendo recuperada da memória de longo prazo (quando alguém pensa sobre algum conceito), outros nós também são ativados, caso tenham uma associação suficientemente forte com o nó ativado inicialmente.

Com base no modelo de memória de rede associativa, pode-se pensar no conhecimento de marca pelo consumidor como um nó na memória que apresenta uma variedade de associações interconectadas. A intensidade e a organização dessas associações são determinantes significativos de quais informações sobre a marca podem ser recuperadas. As **associações de marca** consistem em todos os pensamentos, sentimentos, percepções, imagens, experiências, crenças e atitudes que se referem a uma marca e estão ligados ao nó da marca. Por exemplo, a marca Adidas pode conjurar ideias sobre futebol, chuteiras, corrida, tênis, roupa, saúde, *fitness*, estilo de vida ativo e aventuras ao ar livre. Também pode evocar associações com marcas concorrentes, como Nike, Puma e Reebok, com embaixadores de marca, como Lionel Messi e Kylie Jenner, e com o país de origem, a Alemanha.

Nesse contexto, o *marketing* pode ser visto como o processo que garante aos consumidores ter a experiência de bens e serviços apropriada, para que as estruturas certas de marca sejam criadas e mantidas em sua memória. Empresas como a Procter & Gamble gostam de criar mapas que representam as principais associações que provavelmente serão desencadeadas na mente dos consumidores por uma determinada marca em um contexto de *marketing* e sua relativa força, receptividade e singularidade para o consumidor.

Processos de memória. A memória é um processo muito construtivo, uma vez que não nos lembramos de informações e eventos em sua totalidade e com exatidão. Muitas vezes, temos lembranças fragmentadas e preenchemos as lacunas com base em tudo aquilo que sabemos. Em geral, a memória pode ser descrita como um processo de codificação e recuperação.

A **codificação de memória** refere-se a como e onde a informação é armazenada na memória. A força da associação resultante depende da quantidade de informações que processamos na codificação (p. ex., de quanto uma pessoa pensa sobre a informação) e de que maneira o fazemos.[43] De modo geral, quanto maior for a atenção dada ao significado da informação durante a codificação, mais fortes serão as associações na memória. Quanto mais conseguirmos associar novas informações com outras que já estão codificadas na nossa memória, melhor será nossa capacidade de recuperá-la.

A **recuperação de memória** refere-se à maneira como a informação é extraída da memória. Nesse processo, três fatos são importantes.

- Psicólogos cognitivos acreditam que, uma vez que a informação é codificada e armazenada na memória de longo prazo, ela é extremamente durável e sua força de associação diminui muito lentamente.
- A informação pode estar *disponível* na memória, mas não *acessível* para ser lembrada sem os sinais ou lembretes de recuperação apropriados. A eficiência dos sinais de recuperação é uma das razões pelas quais o trabalho de *marketing* no *interior* de supermercados ou de qualquer loja é tão importante – a embalagem do produto e o uso de *displays* internos nos lembram de informações já transmitidas fora da loja e são determinantes fundamentais na tomada de decisão do consumidor. A acessibilidade de uma marca na memória é importante por outro motivo: as pessoas falam de uma marca quando ela é *top of mind*, ou seja, a mais lembrada.[44]
- Informações sobre outras ofertas podem causar interferências e fazer os novos dados serem negligenciados ou confundidos. Um desafio de *marketing* para uma categoria com muitos concorrentes (p. ex., companhias aéreas, serviços financeiros e seguradoras) é evitar que os consumidores confundam as marcas.

Em virtude da *retenção seletiva*, tendemos a lembrar apenas dos aspectos positivos de um produto que gostamos e esquecer dos seus pontos negativos e dos pontos positivos dos produtos concorrentes.

O processo de decisão de compra

Os processos psicológicos básicos que examinamos desempenham um papel importante nas decisões de compra que os consumidores efetivamente tomam. A seguir, apresentamos algumas das principais perguntas sobre comportamento do consumidor que os profissionais de *marketing* devem fazer quanto a quem, o que, quando, onde, como e por quê.

Quem compra o bem ou serviço? Quem toma a decisão de comprar o bem ou serviço?

Quem influencia a decisão de compra do bem ou serviço? Como é a tomada de decisão? Quem assume que papel no processo de decisão?

O que o cliente compra? Quais necessidades devem ser atendidas? Quais desejos devem ser satisfeitos?

Por que os clientes compram determinada marca? Quais benefícios eles buscam?

Onde compram ou procuram o bem ou serviço? On-line ou off-line? Quando compram? Existem fatores de sazonalidade? Em algum momento específico do dia/da semana/do mês?

Como o bem ou serviço é percebido pelos clientes? Quais são as atitudes dos clientes em relação ao bem ou serviço?

Quais fatores sociais podem influenciar a decisão de compra? O estilo de vida dos clientes influencia as decisões de compra deles? Como fatores pessoais, demográficos ou econômicos influenciam a decisão de compra?[45]

As empresas inteligentes tentam compreender plenamente o processo de decisão de compra do cliente, o que envolve todas as suas experiências de aprendizagem, escolha, uso e até descarte de um produto. Estudiosos do *marketing* desenvolveram um "modelo de etapas" para o processo de decisão de compra (Figura 3.3). Normalmente, o consumidor passa por cinco etapas: reconhecimento do problema, busca de informações, avaliação de alternativas, decisão de compra e comportamento pós-compra.[46]

O processo pelo qual os consumidores tomam decisões de compra e os seus comportamentos pós-compra costumam ser chamados de *jornada de decisão do consumidor*.[47] A referência a uma jornada nasce do fato de que os consumidores nem sempre são lineares no modo como tomam decisões de compra, como representado na Figura 3.3. Na verdade, muitas vezes, trata-se de um processo iterativo, no qual os consumidores são influenciados pelas novas informações que encontram nos diferentes estágios da sua decisão, que podem envolver a necessidade de voltar e revisitar avaliações anteriores. Em reconhecimento disso, os profissionais de *marketing* devem desenvolver programas e atividades que atinjam os consumidores por meio de diversos pontos de contato durante todas as etapas do processo de decisão.

Contudo, nem sempre os consumidores passam por todas as etapas ao comprar um produto, podendo pular ou inverter algumas delas. Ao comprar sua marca habitual de creme dental, uma pessoa vai direto da etapa de reconhecimento do problema para a decisão de compra, pulando a busca de informações e a avaliação de alternativas. No entanto, o modelo na Figura 3.3 fornece um bom quadro de referência porque capta a ampla gama de considerações que surgem quando um consumidor se vê diante de uma compra nova ou de alto nível de envolvimento, com riscos funcionais, psicológicos ou monetários. Mais adiante neste capítulo, analisaremos outras formas menos calculadas de tomada de decisão por parte dos consumidores.

RECONHECIMENTO DO PROBLEMA

O processo de compra começa quando o comprador reconhece um problema ou uma necessidade desencadeada por estímulos internos ou externos. No primeiro caso, uma das necessidades básicas de uma pessoa (fome, sede, sexo) sobe para o nível de consciência e torna-se um impulso. No segundo caso, em que a necessidade é provocada por estímulos externos, uma pessoa admira o carro novo de um amigo ou vê uma propaganda de férias no Havaí na televisão, o que desencadeia ideias sobre a possibilidade de fazer uma compra.

Os profissionais de *marketing* precisam identificar as circunstâncias que desencadeiam determinada necessidade pela coleta de informações entre vários consumidores. Assim, eles podem desenvolver estratégias de *marketing* e campanhas de propaganda eficazes que provoquem o interesse do consumidor. Aumentar a motivação do consumidor pode ser particularmente importante para encorajar a consideração mais séria no caso de compras discricionárias, como de artigos de luxo, pacotes de viagem e opções de entretenimento. Os fatores por trás do reconhecimento, por parte dos consumidores, de uma necessidade que desejam ver atendida incluem: o *esgotamento natural*, como a necessidade de repor um item usado regularmente, como a pasta de dentes; a *insatisfação com a oferta atual*, que faz os consumidores buscarem outras maneiras de atendê-la; as *mudanças de estilo de vida e objetivo*, como o nascimento de um filho ou uma promoção no trabalho, que podem ter impactos significativos nos hábitos de consumo; e *influências sociais*, como as opiniões de familiares, amigos e colegas ou a competição entre pares.

FIGURA 3.3
Modelo das cinco etapas do processo de compra do consumidor.

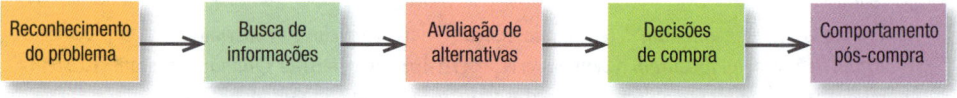

BUSCA DE INFORMAÇÕES

Curiosamente, os consumidores costumam buscar uma quantidade limitada de informações. Estudos revelam que metade dos consumidores de bens duráveis visita somente uma loja, ao passo que apenas 30% examinam mais de uma marca de eletrodomésticos. Podemos distinguir entre dois níveis de interesse. O estado de busca mais moderado é denominado *atenção elevada*. Nesse nível, a pessoa está simplesmente mais receptiva a informações sobre um produto. No outro nível, ela embarca em uma *busca ativa de informações*: procura literatura a respeito, telefona para amigos, navega pela internet e visita lojas para saber mais sobre o produto.

Os profissionais de *marketing* devem entender qual é o tipo de informação que os consumidores buscam – ou ao menos receberiam de bom grado – em diferentes momentos e lugares. A Unilever, em colaboração com a Kroger, maior rede de supermercados dos Estados Unidos, descobriu que o planejamento de refeições passa por um processo de três etapas: discussão sobre as refeições e o que poderiam conter (atenção elevada), escolha do que exatamente entrará em determinada refeição (busca de informações) e, por fim, as compras. As segundas-feiras são dias cruciais para planejar as refeições do restante da semana. As conversas durante o café da manhã tendem a girar em torno de assuntos de saúde, porém, mais adiante no dia, na hora do almoço, passam a se concentrar mais em como poderiam aproveitar as sobras das refeições.[48]

Fontes de informação. As principais fontes de informação procuradas pelo consumidor dividem-se em quatro grupos: *pessoais*, como família, amigos, vizinhos e conhecidos; *comerciais*, como propaganda, *sites*, *e-mails*, vendedores, representantes, embalagens e mostruários; *públicas*, como meios de comunicação de massa, mídias sociais e organizações de avaliação de produtos; e *experimentais*, como manuseio, exame ou uso do produto.

A quantidade relativa de informações obtidas dessas fontes e a influência delas variam de acordo com a categoria de produtos e as características do comprador. De maneira geral, o consumidor recebe a maior parte das informações sobre um produto por meio de fontes comerciais – isto é, fontes dominadas pelos profissionais de *marketing*. Entretanto, as informações mais efetivas vêm de fontes pessoais ou experienciais ou, ainda, de fontes públicas que são autoridades independentes.[49] A onipresença das mídias sociais aniquilou os limites e ampliou a gama de fontes de informação. Há quem considere as pessoas que compartilham informações sobre suas compras no Facebook ou escrevem resenhas de produtos na Amazon autoridades independentes, cujas opiniões têm bastante peso e influência.

Cada fonte de informação desempenha uma função diferente ao influenciar a decisão de compra. As fontes comerciais normalmente desempenham uma função informativa, ao passo que as fontes pessoais desempenham uma função de legitimação ou avaliação. Por exemplo, os médicos geralmente tomam conhecimento de novos medicamentos por meio de fontes comerciais, mas procuram outros médicos para avaliá-los. Muitos consumidores alternam entre consultas *on-line* e *off-line* (nas lojas) para saber sobre produtos e marcas.

Os consumidores confiam em informações internas e externas para ajudá-los a chegar a uma decisão. As informações internas se baseiam nas próprias experiências do indivíduo. Por exemplo, alguém que deseja sair para jantar poderá se lembrar de uma grande refeição que fez em um restaurante italiano local ou de ter visto o anúncio de um bistrô francês inaugurado recentemente. As fontes de informação externas normalmente são buscadas para decisões de alto envolvimento, como comprar um carro ou um eletrodoméstico caro. As fontes externas podem incluir as sugestões e opiniões de parentes, amigos e colegas de trabalho, visitas a concessionárias e buscas *on-line* para comparar modelos e preços, além da consulta de fontes, como a revista *Consumer Reports*.

Dinâmica de busca. Por meio da coleta de informações, o consumidor toma conhecimento de marcas concorrentes e seus atributos. O primeiro quadro da Figura 3.4 mostra o *conjunto total de marcas disponíveis* para o consumidor. Ele conhecerá um subconjunto dessas marcas, o *conjunto de conscientização*. Somente algumas marcas, que formam o *conjunto de consideração*, atenderão aos critérios de compra iniciais. À medida que o consumidor adquire mais informações, apenas algumas opções, que constituem o *conjunto de escolha*, concorrem verdadeiramente, e o consumidor fará sua escolha final a partir desse conjunto.[50]

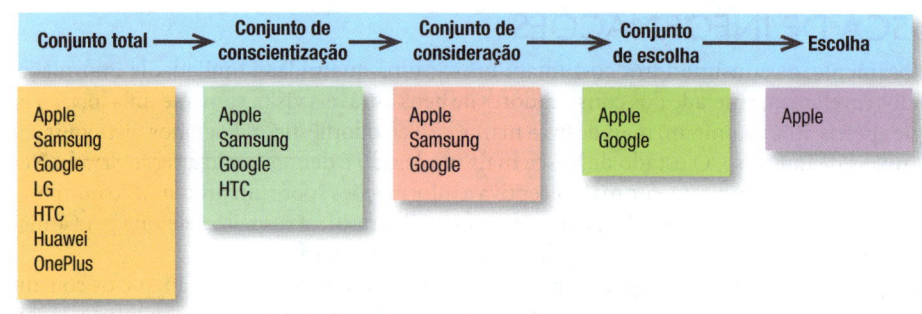

FIGURA 3.4
Sucessão de conjuntos envolvidos na tomada de decisão do consumidor.

Os profissionais de *marketing* precisam identificar a hierarquia de atributos que orientam a tomada de decisão do consumidor para entender as diversas forças competitivas e como esses diversos conjuntos são formados. Esse processo de identificação de hierarquia é chamado de *particionamento de mercado*. No passado, a maioria dos compradores de carro primeiramente se decidia sobre o fabricante e, em seguida, sobre uma de suas divisões (*hierarquia dominante de marca*). Um consumidor pode preferir os automóveis da General Motors e, dentro desse conjunto, os da Chevrolet. Hoje, muitos decidem primeiro a nação da qual querem comprar um carro (*hierarquia dominante de nação*). Podem começar decidindo que querem um carro alemão; em seguida, escolhem um Audi e, depois, o modelo A6 da Audi.

A hierarquia de atributos também pode revelar segmentos de clientes. Aqueles que tomam decisões de compra com base no preço são dominantes de preço; aqueles que definem antes o tipo de carro (sedã, cupê, SUV, híbrido) são dominantes de tipo; aqueles que começam pela escolha da marca são dominantes de marca. Os consumidores dominantes de tipo/preço/marca formam um segmento; os de qualidade e serviço formam outro. Cada um deles pode ter dados demográficos, psicográficos e de mídia distintos, além de diferentes conjuntos de conscientização, consideração e escolha.

A Figura 3.4 sugere que a empresa deve utilizar uma estratégia para ter sua marca nos conjuntos de conscientização, consideração e escolha do cliente em potencial. Se um supermercado dispõe os iogurtes na gôndola primeiro por marca (como Danone e Yoplait) e depois por sabor de cada marca, os consumidores tendem a escolher todos os sabores da mesma marca. No entanto, se os produtos forem dispostos primeiro pelo sabor – todos os iogurtes de morango juntos, depois todos os de baunilha, e assim por diante –, os consumidores provavelmente escolherão primeiro os sabores que desejam e, em seguida, a marca que preferem para cada um desses sabores.

O comportamento de pesquisa *on-line* pode variar, em parte devido à forma como as informações sobre os produtos são apresentadas. Por exemplo, as alternativas de produtos podem ser apresentadas por ordem previsível de atratividade para os consumidores, que podem optar por não fazer uma busca tão ampla quanto a que fariam em outras circunstâncias.[51] Mecanismos de recomendação cada vez mais sofisticados utilizam algoritmos e dados para descobrir padrões nas escolhas dos consumidores e recomendar as ofertas mais relevantes para as necessidades e os interesses de um determinado consumidor.

O algoritmo de filtragem colaborativa por item da Amazon apresenta recomendações aos clientes com base em linhas de produtos e áreas temáticas que correspondem às compras do cliente de produtos semelhantes. O processo envolve analisar bilhões de dados derivados do comportamento do cliente *on-line*, desde o histórico de compra até carrinhos abandonados. As recomendações aparecem em diversos locais: nas recomendações personalizadas e nos *links* do histórico de navegação, além da seção "Frequentemente comprados juntos", que ajuda a Amazon a cortar custos de entrega. Estudos sugerem que mais de um terço das compras dos consumidores na Amazon vem de recomendações de produtos.

A empresa deve ainda identificar as outras marcas no conjunto de escolha do consumidor para que possa planejar apelos competitivos adequados. Além disso, os profissionais de *marketing* devem identificar as fontes de informação do consumidor e avaliar a sua importância. Pode-se perguntar aos consumidores como ouviram falar da marca pela primeira vez, que informações adquiriram mais tarde e a importância relativa dessas diferentes fontes de informação. As respostas ajudarão a empresa a preparar comunicações eficazes para o mercado-alvo. O *marketing* digital facilita a detecção e a análise de outros *sites* que mandam clientes em potencial para o *site* da empresa. Por exemplo, a rede de associados da Amazon mostra quais *sites* e *blogs* direcionam o tráfego para o *site* da Amazon e, mais do que isso, para produtos específicos.

AVALIAÇÃO DE ALTERNATIVAS

O modo como os consumidores deciframos prós e contras das opções disponíveis é afetado pelas suas crenças e atitudes, sejam elas válidas ou equivocadas. Essas percepções e os diferentes modos como os consumidores processam informações têm forte impacto na decisão de compra, como mostram as seções a seguir.

Crenças e atitudes. Por meio da experiência e da aprendizagem, as pessoas adquirem crenças e atitudes que influenciam o comportamento de compra. Uma **crença** é a convicção de que algo é verdadeiro ou real, esteja ela correta ou não. Tão importantes quanto as crenças são as **atitudes**, que correspondem a avaliações, sentimentos e tendências de comportamento duradouros, favoráveis ou não, em relação a um objeto ou ideia. As pessoas têm atitudes em relação a quase tudo: religião, política, roupa, música ou comida.

As atitudes tanto predispõem as pessoas a enquadramentos mentais – gostar ou não de um objeto, o que as aproxima ou as afasta dele – quanto as levam a se comportar de maneira razoavelmente coerente em relação a objetos semelhantes. Como fazem o consumidor poupar energia e reflexão, as atitudes dificilmente mudam. Em geral, o melhor que uma empresa tem a fazer é adaptar seu produto a atitudes preexistentes, e não tentar mudá-las. Contudo, se as crenças e atitudes se tornarem demasiadamente negativas, pode ser preciso que a empresa tome medidas mais sérias.

Entender as atitudes dos consumidores é valioso para os profissionais de *marketing* porque, às vezes, elas preveem o comportamento do consumidor durante as etapas de consideração e escolha do processo de decisão. Por exemplo, as atitudes desenvolvidas a partir da interação com um produto durante um teste podem representar uma previsão mais precisa da probabilidade de compra do que as atitudes formadas pela exposição a um anúncio.[52]

Processamento de informações. Como o consumidor processa as informações sobre as opções disponíveis e faz um julgamento de valor final? Não existe um processo único usado por todos os consumidores ou por um consumidor em todas as situações de compra. Os modelos mais atuais consideram que o consumidor forma julgamentos principalmente em uma base consciente e racional.

Alguns conceitos básicos nos ajudarão a entender os processos de avaliação do consumidor. Em primeiro lugar, ele tenta satisfazer uma necessidade. Segundo, busca certos benefícios no produto que oferece uma solução para tal necessidade. Terceiro, o consumidor vê cada produto como um conjunto de atributos com diferentes capacidades de entregar seus benefícios. Os atributos que interessam aos compradores variam de acordo com o produto. Por exemplo: *hotéis* – localização, limpeza, ambiente, preço; *antisséptico bucal* – cor, eficácia, capacidade de matar germes, sabor, preço; *pneus* – segurança, vida útil, desempenho, preço. Os consumidores prestarão mais atenção aos atributos que fornecerem os benefícios buscados. Em geral, segmentamos o mercado para um produto de acordo com os atributos e benefícios importantes para diferentes grupos de consumidores.

Ter mais opções parece ser uma coisa boa, mas nem sempre isso é verdade, especialmente quando o consumidor não tem preferências claras ou quando não existe uma opção superior nos conjuntos de conscientização/consideração. Diferenças mínimas entre as opções e restrições de tempo complicam ainda mais a decisão. Além disso, os consumidores gastam energia mental, tempo e esforço apenas proporcionais à importância da tarefa de decisão. O profissional de *marketing* astuto deve saber quando reduzir a sobrecarga de escolhas (e o esforço cognitivo imposto) com a inclusão de uma opção superior no sortimento (conjunto total), a redução da quantidade de informações que os clientes precisam navegar, o uso de perguntas pertinentes para ajudar na tomada de decisões e o alívio das restrições temporais envolvidas em promoções e ofertas especiais.

Modelo de expectativa de valor. O consumidor forma atitudes com relação a várias marcas por meio de um procedimento de avaliação de atributos, desenvolvendo uma série de crenças sobre as marcas com base em como cada uma delas se posiciona em relação a cada atributo.[53] O **modelo de expectativa de valor** da formação de atitude postula que os consumidores avaliam bens e serviços combinando suas crenças de marca – positivas e negativas – de acordo com a sua importância.

Suponhamos que uma consumidora tenha restringido seu conjunto de escolha a quatro *notebooks* (A, B, C e D). Digamos que ela esteja interessada em quatro atributos: capacidade de memória; resolução gráfica; tamanho e peso; e preço. A Tabela 3.1 mostra suas crenças sobre como cada marca se posiciona nos quatro atributos. Se um *notebook* fosse superior aos outros em todos os critérios, poderíamos antecipar que a consumidora o escolheria. No entanto, como geralmente ocorre, seu conjunto de escolha consiste em marcas de apelos variados. Se a consumidora quer a melhor capacidade de memória, deve comprar C; se quer a melhor resolução gráfica, deve comprar A, e assim por diante.

Se soubéssemos os pesos que essa consumidora confere aos quatro atributos, poderíamos antecipar com mais confiabilidade qual *notebook* seria escolhido. Suponhamos que ela tenha atribuído 40% da importância à capacidade de memória do computador, 30% à resolução gráfica, 20% ao tamanho e peso e 10% ao preço. Para encontrar o valor percebido pela consumidora em relação a cada *notebook*, multiplicamos suas ponderações por suas crenças sobre cada atributo. Esse cálculo leva aos seguintes valores percebidos:

$$\text{Notebook A} = 0{,}4(8) + 0{,}3(9) + 0{,}2(6) + 0{,}1(9) = 8$$
$$\text{Notebook B} = 0{,}4(7) + 0{,}3(7) + 0{,}2(7) + 0{,}1(7) = 7$$
$$\text{Notebook C} = 0{,}4(10) + 0{,}3(4) + 0{,}2(3) + 0{,}1(2) = 6$$
$$\text{Notebook D} = 0{,}4(5) + 0{,}3(3) + 0{,}2(8) + 0{,}1(5) = 5$$

Uma formulação do modelo de expectativa prevê que a consumidora preferirá o *notebook* A, que tem o maior valor percebido (8).[54] O modelo de expectativa de valor sugere diversas estratégias que a empresa poderia usar para aumentar a probabilidade de os consumidores escolherem a sua oferta. Imagine que a maioria dos compradores de *notebooks* forma suas preferências da mesma maneira. Sabendo disso, o fabricante do *notebook* B, por exemplo, poderia aplicar algumas estratégias para estimular um maior interesse na marca B. Primeiro, a empresa poderia optar por reformular o *notebook* – por exemplo, alterar os seus atributos funcionais, modificar a forma e melhorar o atendimento. A empresa também poderia alterar as crenças dos consumidores sobre o *notebook*, sem necessariamente modificar o produto em si, com a melhor comunicação dos seus benefícios. A empresa poderia alterar as crenças dos consumidores sobre as ofertas da concorrência se comunicasse as desvantagens dos produtos concorrentes. Por fim, a empresa poderia persuadir os compradores a dar mais peso aos atributos nos quais a marca B tem vantagem, de modo a alterar as crenças dos consumidores sobre a importância de diferentes atributos dos produtos.[55]

TABELA 3.1 Conjunto de escolha para *notebooks*

Notebooks	Atributo			
	Capacidade de memória	Resolução gráfica	Tamanho/peso	Preço
A	8	9	6	9
B	7	7	7	7
C	10	4	3	2
D	5	3	8	5

Nota: a cada atributo é dada uma nota de 0 a 10, em que 10 representa o nível mais alto em cada um deles. O preço, contudo, é classificado de maneira inversa, com 10 representando o preço mais baixo, que os consumidores preferem.

DECISÃO DE COMPRA

No estágio de avaliação, o consumidor cria preferências entre as marcas do conjunto de escolha e forma uma intenção de comprar as marcas preferidas. Ao formar essa intenção de compra, ele pode passar por cinco subdecisões: decisão por marca (marca A), canal de distribuição (varejista X), decisão por quantidade (um *notebook*), decisão por ocasião (fim de semana) e decisão por forma de pagamento (cartão de crédito). Essa complexidade da decisão muitas vezes leva os consumidores a usar atalhos mentais, também chamados de heurísticas.

Heurísticas de decisão. O modelo de expectativa de valor é um modelo compensatório no sentido de que os atributos de um produto percebidos como positivos podem ajudar a superar aqueles percebidos como negativos. Assim, embora a marca A do exemplo anterior não tivesse a resolução gráfica da marca C, tivesse a segunda pior avaliação de tamanho e peso e fosse mais cara do que todas as outras, sua capacidade de memória e resolução gráfica total eram superiores em relação aos outros computadores do conjunto de consideração. Com modelos não compensatórios de escolha do consumidor, as considerações de atributos positivos e negativos não são necessariamente comparadas. Uma avaliação mais isolada dos atributos facilita a decisão de compra, mas também aumenta a probabilidade de a pessoa fazer uma escolha diferente daquela que faria se tivesse realizado uma avaliação mais detalhada.

Em vez de calcular a importância percebida de cada atributo de todos os produtos no conjunto de consideração, os clientes muitas vezes recorrem a "atalhos mentais", chamados de **heurísticas** ou regras básicas, no processo de decisão. Isso vale especialmente quando o tempo ou os recursos cognitivos são escassos.[56] O conhecimento da marca ou do produto, a quantidade e a semelhança de opções de marca e as pressões de tempo existentes, bem como o contexto social (p. ex., a necessidade de justificativa para um colega de trabalho ou chefe), podem afetar se ou como as heurísticas de escolha são utilizadas. Os consumidores não adotam necessariamente um único tipo de regra de escolha em suas decisões de compra. Por exemplo, eles podem usar uma regra de decisão não compensatória.

Uma série de fatores determinará a forma como os consumidores formam avaliações e fazem escolhas. Os professores Richard Thaler e Cass Sunstein, da University of Chicago, mostram como os profissionais de *marketing* podem influenciar a tomada de decisão dos consumidores por meio do que chamam de *arquitetura de escolha* – formular o ambiente em que as decisões são estruturadas e as escolhas de compra são feitas. De acordo com esses pesquisadores, no ambiente certo, os consumidores podem receber um "empurrãozinho" de alguma pequena característica no ambiente que atraia a atenção e altere o comportamento. Eles sustentam que a Nabisco emprega uma arquitetura de escolha inteligente ao oferecer pacotes de salgadinhos de 100 calorias, que apresentam margens de lucro robustas, enquanto incentivam os consumidores a fazer escolhas mais saudáveis.[57]

Nível de envolvimento do consumidor. O modelo de expectativa de valor pressupõe um alto nível de envolvimento do consumidor e um processamento ativo pela parte deste em resposta a um estímulo de *marketing*. O **modelo de probabilidade de elaboração** de Richard Petty e John Cacioppo, um modelo influente da formação e mudança de atitudes, descreve como os consumidores realizam avaliações em circunstâncias de baixo e alto envolvimento.[58]

O modelo leva em consideração dois meios de persuasão: a *rota central*, em que a formação ou a mudança de atitude estimula uma avaliação racional e crítica das informações mais relevantes sobre o produto; e a *rota periférica*, em que a formação ou mudança de atitude provoca uma resposta muito menos racional e é consequência da associação da marca a influências periféricas positivas ou negativas. Exemplos de *influências periféricas* podem ser o endosso de uma celebridade, uma fonte confiável ou qualquer objeto que gere uma resposta emocional forte.

Os consumidores só usarão a rota central se tiverem motivação, capacidade e oportunidade suficientes. Em outras palavras, precisam estar dispostos a avaliar a marca em detalhes, ter na memória o conhecimento necessário sobre ela e o bem ou serviço e ter tempo suficiente e ambiente apropriado para fazer a avaliação. Na ausência de qualquer um desses fatores, os consumidores tenderão a seguir a rota periférica e considerar fatores menos centrais e mais extrínsecos em suas decisões. Muitos produtos são comprados sob condições de baixo envolvimento e ausência de diferenças significativas de marca. Consideremos o sal. Se os consumidores continuam a escolher a mesma marca, pode ser por força do hábito, não por uma forte fidelidade.

As evidências sugerem que o baixo envolvimento ocorre com a maioria dos produtos de baixo custo comprados com frequência. Os produtos de baixo envolvimento têm riscos ou custos pequenos e baixa diferenciação, o que também significa que os consumidores não têm dificuldade para trocá-los por outros na mesma categoria ou satisfazer a sua necessidade por variedade com uma compra impulsiva. Os profissionais de *marketing* fortalecem a habituação da compra desses produtos com a ênfase em qualidade e lealdade à marca e quando garantem a eficácia da distribuição para que os consumidores não sejam forçados a buscar alternativas se, por exemplo, seu sabonete de sempre está em falta.

Os profissionais de *marketing* utilizam quatro técnicas para tentar converter um produto de baixo envolvimento em um produto de alto envolvimento. A primeira delas é vincular o produto a um problema envolvente; por exemplo, quando o creme dental Crest foi associado à prevenção de cáries. A segunda é vincular o produto a uma situação pessoal envolvente – os sucos de frutas passaram a ser enriquecidos com cálcio e vitaminas, por exemplo. A terceira técnica consiste em criar propaganda para estimular emoções fortes, relacionadas com valores pessoais ou a defesa do ego; por exemplo, quando os fabricantes de cereais matinais começaram a anunciar aos adultos os benefícios do produto para o coração e a importância da longevidade para aproveitar a vida em família. Em quarto lugar, pode-se acrescentar um atributo importante ao produto, como fez a GE ao lançar as lâmpadas Soft White. Essas estratégias, na melhor das hipóteses, aumentam o nível de envolvimento, que pode passar de baixo para moderado, mas não impelem o consumidor a ter um comportamento de alto envolvimento.

Se, independentemente do que o profissional de *marketing* faça, os consumidores apresentarem baixo envolvimento, isso significa que eles seguirão a rota periférica. Os profissionais de *marketing* devem estar especialmente atentos em dar ao consumidor um ou mais sinais positivos que ele possa usar para justificar sua escolha de marca, como a repetição frequente de propaganda, patrocínios de alta visibilidade e ações vigorosas de relações públicas para aumentar a familiaridade com a marca. Outros sinais periféricos que podem fazer a balança pender para a marca são o endosso de uma celebridade carismática, uma embalagem atrativa ou uma promoção envolvente.

Fatores de interferência. Mesmo que o consumidor faça avaliações, dois fatores podem interferir nesse processo entre a intenção de compra e a decisão de compra (Figura 3.5). O primeiro fator é a *atitude dos outros*. O nível da influência alheia depende de dois fatores: (1) da intensidade da atitude negativa de outra pessoa em relação à alternativa preferida do consumidor; e (2) da motivação do consumidor para acatar os desejos de outra pessoa.[59] Quanto mais intenso for o negativismo de outra pessoa e quanto mais próxima essa pessoa for do consumidor, mais este ajustará sua intenção de compra. O contrário também é verdadeiro.

Relacionado com a atitude dos outros, tem-se o papel desempenhado por intermediários da informação, como o *site* Wirecutter, do *New York Times*, que oferece recomendações sobre produtos eletrônicos e de tecnologia; a revista *Consumer Reports*, que oferece comentários imparciais de especialistas sobre todos os tipos de bens e serviços; o instituto de pesquisa J. D. Powers, que avalia carros, serviços financeiros e pacotes de viagens com base em informações do consumidor; críticos profissionais de cinema, livros e música; críticas do consumidor sobre livros e música em *sites* como Amazon.com; e o número crescente de salas de bate-papo, painéis, *blogs* e outros *sites*, como o Angie's List, em que as pessoas discutem sobre produtos e empresas.[60]

FIGURA 3.5 Etapas entre a avaliação de alternativas e a decisão de compra.

O segundo fator de interferência envolve *considerações situacionais* que podem surgir e mudar a intenção de compra. A consumidora pode perder o emprego antes de comprar o *notebook*, alguma outra compra pode se tornar mais urgente ou um vendedor pode desmotivá-la. As preferências e até as intenções de compra não são indicadores totalmente confiáveis do comportamento de compra.

A decisão de um consumidor de modificar, adiar ou rejeitar uma compra é altamente influenciada por um ou mais tipos de *risco percebido*.[61] Estes envolvem o *risco funcional* de que o produto não corresponda às expectativas, o *risco físico* de que o produto imponha uma ameaça ao bem-estar físico ou à saúde do usuário ou de outras pessoas, o *risco financeiro* de que o produto não valha o preço pago, o *risco social* de que o produto resulte em um constrangimento diante de outros, o *risco psicológico* de que o produto afete o bem-estar mental do usuário e o *risco de oportunidade* de que a falha do produto leve a mais gastos de tempo e dinheiro para encontrar uma alternativa que atenda às necessidades do consumidor.

O grau de risco percebido varia de acordo com o montante de dinheiro envolvido, o nível de incerteza quanto aos atributos e o nível de autoconfiança do consumidor. Os consumidores desenvolvem hábitos para reduzir a incerteza e as consequências negativas do risco, como evitar a tomada de decisões, buscar informações com amigos e dar preferência a marcas nacionalmente conhecidas e cobertas por garantias.[62] Os profissionais de *marketing* devem compreender os fatores que provocam sensações de risco no consumidor e fornecer informações e suporte para reduzir esses riscos.

COMPORTAMENTO PÓS-COMPRA

Após a compra, se perceber certos aspectos inquietantes ou ouvir coisas favoráveis sobre outras marcas, o consumidor pode experimentar uma dissonância cognitiva. Ele ficará, então, atento a informações que apoiem sua decisão. As comunicações de *marketing* devem proporcionar crenças e avaliações que ajudem o consumidor a se sentir bem em relação à sua escolha. O trabalho do profissional de *marketing* não termina quando o produto é comprado. Ele deve monitorar a satisfação, as ações e a utilização, bem como o descarte do produto depois da compra.

A satisfação do cliente deriva da proximidade entre suas expectativas e o desempenho percebido do produto.[63] Se o desempenho não atende plenamente às expectativas, o cliente fica decepcionado; se atende, fica satisfeito; se excede as expectativas, fica encantado. Esses sentimentos podem determinar se o cliente voltará a comprar o produto e se falará positiva ou negativamente sobre ele para outras pessoas. Quanto maior for a diferença entre as expectativas em relação ao produto e ao seu desempenho, maior será a insatisfação do consumidor. Nesse ponto, o estilo pessoal entra em jogo. Alguns consumidores exageram nessa diferença quando o produto não é perfeito e ficam muito insatisfeitos; outros a minimizam e ficam menos insatisfeitos.

A satisfação influencia as *ações pós-compra* dos clientes. Se um consumidor fica satisfeito, maior é a probabilidade de voltar a comprar o produto e de falar bem da marca para outras pessoas. Na verdade, pode-se dizer que o maior nível de sucesso ocorre quando o cliente se torna um defensor e recomenda a oferta da empresa para outras pessoas. Os consumidores insatisfeitos, por sua vez, podem abandonar ou devolver o produto. Também podem agir publicamente: reclamar para a empresa, procurar um advogado, queixar-se para outros grupos (como entidades comerciais, privadas ou governamentais) ou expressar a sua insatisfação *on-line*. Entre as ações privadas, estão parar de comprar o produto (opção de saída) ou alertar os amigos (opção de voz).[64]

As comunicações pós-compra com compradores resultam, comprovadamente, em menor número de devoluções e cancelamentos de pedidos. Os fabricantes de computadores, por exemplo, podem enviar uma carta aos novos proprietários parabenizando-os por terem escolhido uma excelente máquina ou veicular propagandas que mostrem proprietários satisfeitos com a marca. Podem, ainda, solicitar sugestões dos clientes para melhorias e relacionar locais que forneçam serviços de suporte, elaborar manuais de instruções inteligíveis ou enviar uma revista aos proprietários com artigos que descrevam novos aplicativos. Além de tudo isso, podem oferecer bons canais para o atendimento rápido de reclamações.

Um aspecto importante do comportamento pós-compra que os profissionais de *marketing* devem monitorar envolve o *uso* e *descarte* do produto. Um elemento importante da frequência de compras é a taxa de consumo do produto: quanto mais rápido os compradores consumirem um produto, mais rápido voltarão a comprá-lo. Os consumidores podem não substituir certos produtos cedo o suficiente por superestimarem a sua vida útil.[65]

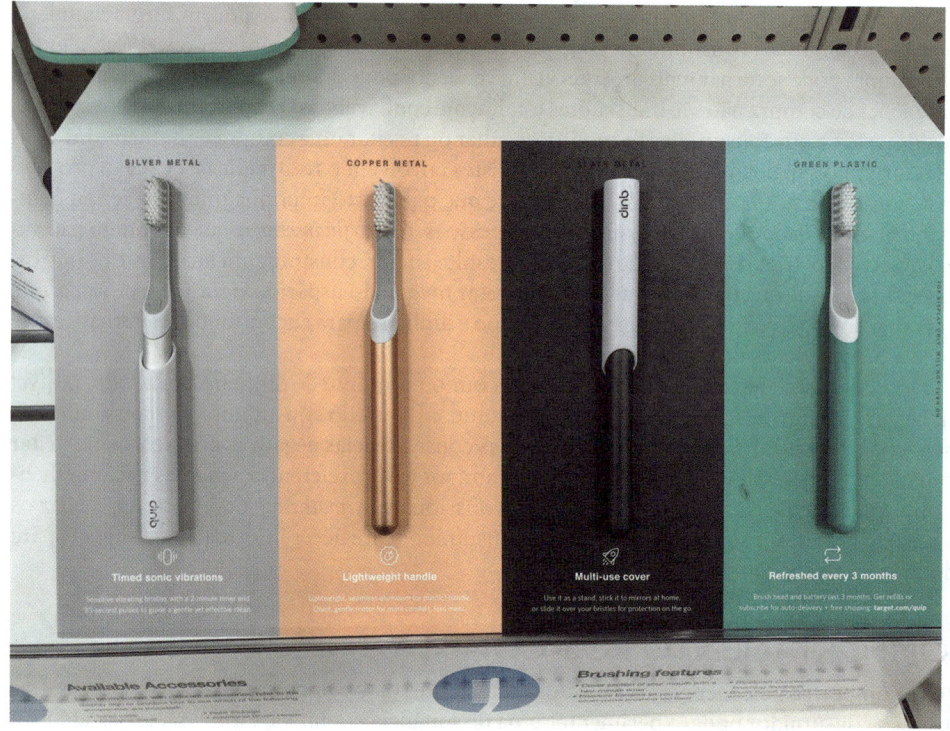

>> A Quip criou uma escova de dentes simples e arrojada, baseada em um serviço por assinatura que envia baterias e cabeças de reposição para os usuários uma vez a cada três meses.

Uma estratégia para acelerar a reposição é ligar o ato de substituir o produto a um determinado feriado, evento ou época do ano (como promover a troca da bateria do detector de fumaça quando o horário de verão termina). Outra é oferecer o produto em um sistema de assinaturas, como a Dollar Shave Club, cujas lâminas são enviadas mensalmente, e a Quip, que entrega novas cabeças para a sua escova de dentes elétrica uma vez a cada três meses. Muitas empresas entregam caixas mensais a seus assinantes com diversos produtos relacionados, em áreas que incluem cosméticos (Birchbox), vestuário (Le Tote), alimentos (Blue Apron) e cuidados para animais (BarkBox).

Outra estratégia é fornecer aos consumidores mais informações sobre quando precisam substituir o produto para preservar seu nível de desempenho. Há pilhas com um medidor embutido que mostra o quanto ainda resta de carga; lâminas de barbear têm fitas coloridas para indicar quando as lâminas estão desgastadas; escovas de dentes têm cerdas coloridas para indicar seu desgaste, e assim por diante. Talvez a forma mais simples de aumentar a utilização de um produto seja saber quando seu uso real é menor que o recomendado e convencer os clientes sobre as vantagens de uma utilização mais regular ou de aumentar a quantidade do produto usada em cada ocasião, que é a lógica por trás das instruções de "aplique, massageie, enxágue, repita" no verso do seu xampu favorito.

INSIGHT de *marketing* — Teoria da decisão comportamental

Nem sempre os consumidores processam informações ou tomam decisões de forma deliberada e racional. Uma das áreas mais ativas de pesquisa acadêmica em *marketing* nas últimas três décadas tem sido a da teoria da decisão comportamental, que estuda como os consumidores tomam decisões nessas situações. Os teóricos da decisão comportamental identificaram muitas situações nas quais os consumidores fazem escolhas aparentemente irracionais. A seguir, resumimos alguns dos problemas de decisão em duas áreas gerais: (1) heurísticas e vieses; e (2) efeitos de enquadramento.

Heurísticas são regras de decisão simples (ou atalhos mentais) que as pessoas usam para economizar tempo e minimizar o esforço cognitivo quando fazem avaliações e tomam decisões. Assim, as heurísticas tendem a concentrar-se apenas nos aspectos mais relevantes do

(continua)

problema, prestando pouca ou nenhuma atenção a outros fatores. Essa abordagem simplificada à tomada de decisões muitas vezes leva a escolhas caracterizadas pela baixa precisão e por erros sistemáticos que poderiam levar a resultados subótimos. Esses erros sistemáticos, também chamados de *vieses de decisão*, são especialmente comuns no caso de decisões complexas, em que os consumidores têm informações limitadas e estão sujeitos a restrições de tempo. Algumas das heurísticas de decisão mais comuns estão resumidas a seguir.

- A *heurística da disponibilidade* reflete a tendência das pessoas de avaliar que a ocorrência de um evento é mais provável se lembram de mais instâncias daquele evento. Por exemplo, quando lhes perguntam se mais americanos morrem assassinados ou de enfisema, a maioria das pessoas atribui um número maior de mortes ao homicídio, pois essa causa lhes ocorre mais facilmente (a mídia cobre mais o homicídio do que o enfisema), embora, na realidade, o enfisema cause muito mais mortes do que o homicídio.
- A *heurística da representatividade* reflete a tendência das pessoas de avaliar a probabilidade de ocorrência de um evento com base no grau de semelhança entre tal evento e a categoria que ele representa. Uma pessoa de óculos, pálida, fraca e retraída tem maior probabilidade de ser considerada um *nerd* de computador do que uma ativa, extrovertida e falante. Essa heurística leva a uma série de vieses de decisão, incluindo a negligência com a taxa base, que ignora a probabilidade real de um evento ocorrer.
- A *falácia da conjunção* decorre da crença errônea de que a probabilidade de dois eventos ocorrerem conjuntamente é maior do que a probabilidade de qualquer um deles ocorrer de forma independente. Um exemplo clássico da falácia da conjunção ofereceu aos respondentes a descrição de uma mulher chamada Linda, que era inteligente, extrovertida e preocupada com a discriminação e a justiça social nos seus tempos de estudante. Quando foi pedido que avaliassem se Linda era (A) uma caixa de banco ou (B) uma caixa de banco ativa no movimento feminista, a maioria dos respondentes escolheu a segunda opção, embora a conjunção (B) não possa ser mais provável do que um dos seus elementos constituintes (A).

O enquadramento de decisões representa o modo como as escolhas são apresentadas a um tomador de decisão e interpretadas por ele. Um telefone celular de US$ 200 pode não parecer tão caro em comparação com um aparelho de US$ 400, mas pode parecer muito caro em comparação com um telefone que custa US$ 50. Os efeitos da estruturação são generalizados e podem ser poderosos.

Encontramos os *efeitos de enquadramento* na propaganda comparativa, em que uma marca se compara favoravelmente com outra com características inferiores ("o dobro do poder de limpeza"); na determinação de preço, em que os preços unitários podem fazer um produto parecer menos oneroso ("apenas alguns centavos por dia"); nas informações do produto, em que unidades maiores podem parecer mais desejáveis (uma garantia de 24 meses, em vez de uma garantia de dois anos); e em jogar um novo produto contra os antigos, para que os consumidores entendam melhor suas funções e recursos superiores.

Quando tomam decisões financeiras, os consumidores usam uma forma específica de enquadramento, chamada de *contabilidade mental*. As pesquisas indicam que os consumidores tendem a colocar diferentes transações em contas mentais distintas, embora não haja lógica alguma por trás disso, já que o dinheiro de todas essas contas poderia ser utilizado para o atingimento de qualquer um dos objetivos. A contabilidade mental baseia-se em uma série de princípios fundamentais:

- Os consumidores tendem a *separar ganhos*. Quando um vendedor tem um produto com mais de um atributo positivo, é desejável que cada atributo seja avaliado separadamente. Listar múltiplos benefícios de um produto industrial de grande porte, por exemplo, pode fazer a soma das partes parecer maior do que o todo.
- Os consumidores tendem a *integrar perdas*. Os profissionais de *marketing* têm uma vantagem a mais em vender algo caso seu custo possa ser adicionado ao valor de outra grande compra. Por exemplo, os compradores de uma casa estão mais inclinados a ver despesas adicionais sob um prisma favorável, dado o alto valor envolvido na compra de um imóvel.
- Os consumidores tendem a *integrar pequenas perdas a ganhos maiores*. O princípio do "cancelamento" pode explicar por que a retenção de impostos na fonte mensalmente causa menos aversão do que o pagamento do valor total do imposto de uma única vez: os descontos parciais tendem a ser absorvidos pelo montante maior do salário.
- Os consumidores tendem a *separar pequenos ganhos de grandes perdas*. O princípio do "tudo tem seu lado bom" explica a popularidade dos descontos e reembolsos em compras de itens de alto valor, como carros.

Considere duas opções. No cenário A, você compra antecipadamente o ingresso de um *show* por US$ 50. Ao chegar à entrada do estabelecimento onde ocorrerá a apresentação, você descobre que perdeu o ingresso. Você decide comprar outro. No cenário B, você optou por

(continua)

comprar o ingresso para um *show* diretamente na bilheteria do teatro. Ao chegar lá, percebe que perdeu US$ 50 no caminho. Você decide comprar o ingresso de qualquer forma.

Qual perda doeria menos? A maioria das pessoas escolheria o cenário B. Embora a quantia perdida nos dois casos seja a mesma, no primeiro caso, você alocou mentalmente esse valor para ir a um *show*. Comprar outro ingresso, portanto, vai estourar seu orçamento mental para esse evento. No segundo caso, o dinheiro perdido não pertencia a conta alguma, então o orçamento mental para o *show* não foi excedido.[66]

Resumo

1. Para competir com sucesso no mercado e criar valor para o cliente, os gerentes devem entender plenamente a teoria e a realidade do comportamento do consumidor.

2. O comportamento do consumidor é influenciado por três fatores: culturais, sociais e pessoais. A pesquisa sobre esses fatores pode fornecer sugestões para ajudar as empresas a atingir e atender os consumidores de maneira mais eficaz. Entre eles, os fatores culturais exercem a maior e mais profunda influência nas percepções e nos desejos das pessoas e em como elas agem para satisfazer esses desejos e necessidades.

3. Os quatro principais processos psicológicos que influenciam o comportamento de compra são motivação, percepção, aprendizagem e memória.

4. Entender a motivação dos consumidores começa por entender as necessidades que os consumidores pretendem saciar com as suas ações. Algumas são biológicas e decorrem de estados fisiológicos de tensão, como fome, sede ou desconforto. Outras são psicológicas, decorrentes de estados de tensão psicológicos, como necessidade de reconhecimento, estima ou pertencimento. Uma necessidade passa a ser uma motivação quando alcança um nível de intensidade suficiente para levar uma pessoa a agir. A motivação tem tanto um direcionamento quanto uma intensidade.

5. A percepção é o processo pelo qual selecionamos, organizamos e interpretamos informações para criar uma imagem significativa do mundo. No *marketing*, as percepções são mais importantes do que a realidade, uma vez que elas afetam o comportamento real do consumidor. As pessoas podem ter diferentes percepções do mesmo objeto em virtude de três processos perceptuais: atenção seletiva, distorção seletiva e retenção seletiva.

6. A reação do consumidor não é totalmente cognitiva e racional; pode, em grande parte, ser emocional e invocar diferentes tipos de sentimento. As emoções são estados mentais que emergem espontaneamente, e não a partir de um esforço consciente, e refletem as reações positivas ou negativas das pessoas a estímulos internos e externos.

7. A memória, a capacidade do cérebro de registrar, armazenar e recuperar informações e eventos, desempenha um papel importante nas decisões de compra dos consumidores. Existem dois tipos de memória: a *memória de curto prazo*, um repositório temporário e limitado de informações, e a *memória de longo prazo*, um repositório mais permanente, potencialmente ilimitado. O *modelo de memória de rede associativa* vê a memória de longo prazo como um conjunto de nós e ligações. Os *nós* são informações armazenadas, conectadas por *ligações* que variam em intensidade.

8. O *processo de compra* comum consiste na seguinte sequência de etapas: reconhecimento do problema, busca de informações, avaliação de alternativas, decisão de compra e comportamento pós-compra. Os consumidores não passam pelo processo de compra necessariamente de uma forma ordenada; eles podem pular ou inverter estágios e alternar-se entre *on-line* e *off-line*. É função do profissional de *marketing* entender o comportamento do comprador em cada etapa.

9. Os consumidores são tomadores de decisão construtivos e estão sujeitos a muitas influências contextuais. Eles geralmente exibem baixo envolvimento em suas decisões, usando muita heurística em decorrência disso. As atitudes alheias e os fatores situacionais inesperados podem influenciar a decisão de compra. A decisão de um consumidor de modificar, adiar ou evitar uma decisão de compra é altamente influenciada por um ou mais tipos de *risco percebido*.

10. Os profissionais de *marketing* devem monitorar a satisfação do cliente e os modos como os clientes utilizam as ofertas da empresa. A satisfação é uma função da correspondência entre as expectativas do consumidor e a percepção sobre o desempenho do produto. Monitorar a satisfação é importante porque reflete o valor que os clientes recebem da oferta da empresa. A análise do comportamento pós-compra do cliente tenta capturar o *uso* e o *descarte* da oferta, tanto para detectar problemas em potencial quanto para identificar novas oportunidades de mercado.

DESTAQUE de *marketing*

Mayo Clinic

A Mayo Clinic é o primeiro e mais integrado grupo de prática médica sem fins lucrativos do mundo. William e Charles Mayo fundaram a clínica há mais de 100 anos como um pequeno ambulatório e foram pioneiros no conceito de grupo de prática médica, um modelo amplamente utilizado hoje.

A Mayo Clinic oferece atendimento médico excepcional e lidera em tratamentos em muitas especialidades, como câncer, doenças cardíacas, distúrbios respiratórios e urologia. Ela frequentemente ocupa o topo do *ranking* dos melhores hospitais da revista *U.S. News & World Report* e tem mais de 80% de reconhecimento de marca entre os adultos norte-americanos. Ela atingiu esse nível de sucesso ao adotar uma abordagem diferente da maior parte das clínicas e dos hospitais dos Estados Unidos e focar incansavelmente na experiência do paciente. Os dois valores centrais inter-relacionados da clínica remontam aos seus fundadores e estão no cerne de tudo o que a organização faz: colocar os interesses do paciente acima de qualquer outro e praticar o trabalho em equipe.

Cada aspecto da experiência do paciente é levado em consideração nas três unidades da Mayo Clinic, em Rochester (Minnesota), Scottsdale (Arizona) e Jacksonville (Flórida). Assim que adentra qualquer uma das instalações, o paciente sente a diferença.

Tudo começa com os recepcionistas, que recebem os novos pacientes nas instalações e os acompanham nos processos administrativos. Os pacientes antigos são cumprimentados pelo nome e com um sorriso caloroso. Os edifícios e as instalações foram projetados e construídos com as necessidades dos pacientes em mente. Como explicou o arquiteto de um dos prédios, o objetivo é que "os pacientes se sintam um pouco melhor antes de ver o médico". Por exemplo, no *lobby* do hospital da Mayo Clinic em Scottsdale há uma cascata interna, além de uma janela de parede a parede com vista para as montanhas.

O Gonda Building, um edifício de 21 andares em Rochester, é uma espécie de sede da Mayo Clinic, onde pessoas do mundo todo buscam tratamento médico. Contando com espaços abertos espetaculares e janelas amplas que se estendem ao céu, o edifício abriga um centro de inovação, onde muitas das ideias de ponta da Mayo ganham vida. O centro foi criado com a missão de "transformar a entrega e a experiência de cuidados de saúde". Para ter ideias que ajudarão a concretizar esse objetivo tão elevado, os funcionários do centro observam os pacientes, entrevistam suas famílias e realizam pesquisas, além de testar e modelar as possíveis soluções. Por exemplo, quando a Mayo Clinic decidiu fazer uma grande renovação nas salas de exames, o centro de inovação construiu protótipos em um espaço flexível para que funcionários e pacientes pudessem testar novos leiautes e identificar o ambiente mais eficiente e favorável ao paciente. O projeto resultante recebeu o nome de "Jack and Jill rooms", um conceito que separa o espaço de exame do espaço da conversa. Agora, cada sala de exames é ladeada por salas de conversa e pode ser acessada por portas internas. Essa configuração beneficia pacientes e médicos que gostam de ter um espaço separado para conversar, longe dos instrumentos e equipamentos médicos, com espaço para acomodar os familiares. Os médicos também descobriram o benefício de não ter móveis nas salas de exames.

A outra diferença significativa no atendimento a pacientes da Mayo Clinic é o conceito de trabalho em equipe. O paciente pode chegar à Mayo Clinic com ou sem a recomendação de um médico. Quando ele chega, é montada uma equipe do paciente, que pode incluir as mais diversas combinações de profissionais médicos, incluindo clínico geral, cirurgiões, oncologistas, radiologistas, enfermeiros, residentes e outros especialistas com a devida habilidade, experiência e conhecimento.

Equipes de profissionais médicos trabalham em conjunto para diagnosticar os problemas médicos dos pacientes, incluindo horas de discussão sobre os resultados de exames para determinar o diagnóstico mais preciso e os tratamentos mais eficazes. Quando chegam a um consenso, o líder reúne-se com o paciente e discute suas opções. Durante todo o processo, o paciente é incentivado a participar da discussão. Caso seja necessária uma cirurgia, o procedimento costuma ser programado para ocorrer no prazo de 24 horas, uma diferença drástica em relação à longa espera pela qual os pacientes passam em muitos hospitais. Os médicos da Mayo Clinic entendem que aqueles que buscam cuidados querem a ação mais rápida possível.

Os médicos da Mayo recebem um salário, em vez de serem remunerados pelo número de pacientes atendidos ou de exames solicitados. Como resultado, os pacientes recebem uma atenção mais individualizada, e os médicos trabalham em conjunto, em vez de competirem uns com os outros. Como um pediatra da clínica explicou, "ficamos à vontade de convocar colegas para o que eu chamo de 'consultoria na calçada'. Eu não tenho que decidir sobre dividir uma remuneração ou ficar devendo favor a alguém. Nunca é uma questão de toma lá, dá cá".

A Mayo Clinic é uma organização sem fins lucrativos, de modo que toda sua receita operacional é reinvestida em pesquisas e programas de educação. Pesquisas de ponta são implementadas rapidamente para prover um tratamento de qualidade aos pacientes. A clínica oferece programas educacionais por meio de suas cinco escolas, e muitos de seus médicos vêm desses programas com as filosofias da Mayo enraizadas em sua mente, inclusive o lema "O melhor para o paciente é o único interesse a ser considerado".

Muitas organizações independentes reconhecem a Mayo Clinic por seu pensamento independente, desempenho e serviço extraordinários e foco central no atendimento ao paciente e em sua satisfação. O CEO, Dr. John Noseworthy, declarou: "Às vezes temos de tomar decisões que não fazem muito sentido do ponto de vista dos negócios, mas são a coisa certa para o paciente". Talvez seja por isso que mais de 1 milhão de pacientes busquem tratamento na Mayo Clinic todos os anos, incluindo vários presidentes americanos e chefes de Estado estrangeiros.[67]

Questões

1. Explique por que a Mayo Clinic se destaca no atendimento aos pacientes. Qual é o valor que a Mayo Clinic cria para os pacientes?
2. Quais são os principais pontos de diferenciação da Mayo Clinic em comparação com outros hospitais ou instalações médicas?
3. Existe algum conflito de interesses entre querer satisfazer seu paciente e proporcionar o melhor tratamento médico possível? Por quê?

DESTAQUE de *marketing*

Intuit

A Intuit desenvolve e comercializa *softwares* de preparação financeira, fiscal e de impostos e serviços relacionados para pequenas empresas, contadores e consumidores individuais. Foi fundada em 1983 por um ex-funcionário da Procter & Gamble, Scott Cook, e um programador da Stanford University, Tom Proulx, após Cook perceber que devia haver um modo mais eficaz de automatizar seu processo de pagamento de contas. Por quase 35 anos, a missão da empresa tem sido a de "revolucionar a vida das pessoas na resolução de seus principais problemas de administração de negócios e finanças".

A Intuit lançou seu primeiro produto, o Quicken, em 1984 e quase faliu duas vezes nos primeiros anos. Para sobreviver, mudou a estratégia de distribuição e passou a oferecer o *software* aos bancos. Após críticas favoráveis em publicações especializadas e uma eficaz campanha de propaganda impressa que divulgou seu número de discagem direta gratuita, a empresa conseguiu sua primeira grande chance. Em 1988, o Quicken era o produto de finanças mais vendido no mercado. Em 1992, a empresa lançou o QuickBooks, um *software* de contabilidade e folha de pagamento para pequenas empresas, e abriu seu capital no ano seguinte.

A Intuit cresceu rapidamente no início da década de 1990, graças ao sucesso do Quicken, do QuickBooks e do TurboTax, um *software* de preparação de imposto de renda.

Os produtos da empresa faziam algo pelas pequenas empresas que os pacotes de contabilidade mais complexos não faziam: resolviam problemas financeiros e fiscais de uma forma simples e fácil de usar. A Intuit não foi a primeira empresa a oferecer *software* de preparação de impostos. Ao menos 46 outras já ofereciam produtos semelhantes. O que fez a versão original do Quicken se destacar é que ele era bem projetado e tinha uma interface intuitiva: em vez de parecer uma planilha, o programa apresentava as imagens conhecidas de uma caixa registradora e de cheques individuais. Em consequência, o Quicken transformou-se imediatamente no líder de mercado na área do *software* de finanças pessoais, embora oferecesse apenas um terço dos recursos de muitos produtos concorrentes.

O reconhecimento da Intuit de que a simplicidade, e não a análise contábil aprofundada, era o segredo da criação de valor para o cliente foi produto da sua ampla pesquisa sobre os consumidores. A Intuit investe um montante significativo de tempo e dinheiro (cerca de 20% da receita líquida) em pesquisa e desenvolvimento todos os anos. A pesquisa do consumidor ajuda a empresa a entender exatamente como os clientes usam e se sentem sobre seus produtos no mundo dinâmico da tecnologia, das novas necessidades do consumidor e da maior competitividade.

Pesquisas de campo podem revelar *insights* dos consumidores de diversas maneiras. Os pesquisadores da Intuit visitam as casas e os escritórios dos clientes para observar exatamente como seus produtos são utilizados, o que funciona bem, o que frustra os usuários e como realizar melhorias. A Intuit conduz cerca de 10 mil horas de visitas desse tipo todos os anos. Ela também convida os consumidores a um dos laboratórios de pesquisa da empresa nos Estados Unidos para testar e experimentar seus novos produtos e ideias. Além disso, os consumidores são entrevistados por telefone e frequentemente solicitados a conhecer novos conceitos de *design* pela internet. A empresa também realiza uma pesquisa extensiva e contínua para saber mais sobre tendências futuras que afetarão as empresas de pequeno porte. A Intuit usa o que aprende não só para produzir versões melhoradas de seus produtos a cada ano, mas também para entender melhor a próxima geração de *software* financeiro e fiscal.

As pesquisas em profundidade levaram a novos produtos e a serviços inovadores nos últimos anos. Por exemplo, os funcionários da Intuit observaram que os consumidores mais jovens ficavam frustrados ao usar um *software* fiscal da empresa, pois não podiam completar o processo em seus dispositivos móveis. Essa frustração, associada à forte empatia da Intuit pelo consumidor, gerou o desenvolvimento do aplicativo SnapTax. O programa reconhece automaticamente os dados dos formulários W-2 dos consumidores e insere os dados diretamente no TurboTax. O SnapTax foi a primeira ferramenta a permitir que as pessoas preparassem e entregassem as declarações federais e estaduais eletrônicas diretamente dos seus *smartphones*. A resposta dos consumidores foi avassaladora: duas semanas após o lançamento, o SnapTax substituiu o Angry Birds como aplicativo número um na iTunes.

Em virtude de perceber a importância de simplificar o processo de inserção de dados, a Intuit adquiriu a Mint, um serviço de gestão de finanças pessoais *on-line* que permite que os clientes insiram sua senha do banco e façam *download* automático de relatórios das suas despesas, o que elimina a inserção de dados e mostra um gráfico de *pizza* das suas finanças. Após a aquisição, a Intuit adquiriu muitos dos recursos da Mint para o seu próprio *software*, o que reduziu o "tempo de *pizza*" – o número de minutos entre começar a usar o programa e ver o primeiro resultado –, gerando gráficos de *pizza* e orçamentos claros e com boa apresentação. A Intuit entende que a preparação de impostos é um processo trabalhoso e repleto de emoções, então começou a se concentrar não apenas na funcionalidade do *software*, mas também no resultado emocional que ele gera. A empresa trabalha para reduzir o esforço e acelerar o processo pelo qual os clientes recebem suas restituições.

Embora as campanhas de *marketing* da Intuit tenham evoluído com o passar dos anos, as recomendações pessoais e o atendimento excepcional ao cliente são as ferramentas de *marketing* mais eficazes da empresa desde que foi fundada. Na verdade, cerca de 8 em cada 10 clientes compram produtos da Intuit devido a recomendações pessoais informais. A capacidade da Intuit de conquistar e defender sua posição no mercado foi facilitada em muito pelo poder do seu ecossistema de produtos para o consumidor (que abrange TurboTax, Quicken, QuickBooks e Mint), que oferece aos clientes mais tempo, dinheiro e confiança. À medida que se expande globalmente, a Intuit desenvolve novos produtos para atender melhor às novas necessidades dos clientes, sempre em evolução. Em 2019, a empresa desenvolveu uma solução que permite que clientes da Coinbase e da Coinbase Pro façam *upload* de suas transações, ganhos e prejuízos diretamente para o TurboTax Premier, que então os ajuda a determinar como devem preencher suas declarações.[68]

Questões

1. Por que as pesquisas com o consumidor e a metodologia de *design thinking* são cruciais para o sucesso da Intuit?
2. Que valor a Intuit cria para os seus clientes?
3. Quais são os desafios que a Intuit enfrentará no futuro próximo?

DESTAQUE
de *marketing*

Lacoste

Todo de Lacoste
Tô de lançamento da Porsche
As bebê me avista e se envolve
Golpe na quadrilha não pode
No time do pai tem que saber jogar

A epígrafe acima é trecho de uma música do MC Bokão intitulada "Todo de Lacoste". A abertura do clipe já apresenta o logo da marca em evidência junto ao título da música. No clipe, o MC segura um jacaré gigante e desfila várias roupas da marca enquanto ostenta um estilo de vida associado aos vencedores: quadra de tênis, carros caros e mulheres desejantes desse homem "que sabe jogar". Mas que jogo é esse?

A Lacoste é uma marca renomada mundialmente, conhecida por seu icônico logotipo do crocodilo verde e seu estilo elegante e esportivo. A marca francesa foi introduzida no Brasil há várias décadas e, desde então, tem uma presença significativa no mercado da moda do país.

Existe uma conexão notável da marca com os *rappers* locais. O universo da música *rap*, *funk* e *trap* tem um papel importante na cultura brasileira e é frequentemente associado a moda e estilo de vida. Muitos artistas do gênero abraçaram a estética da Lacoste, incorporando peças da marca em seus guarda-roupas e mencionando-a em suas letras. Essa associação entre a Lacoste e a comunidade de *rappers*, *trappers*, funkeiros e MCs contribuiu para a criação de uma imagem de prestígio e *status* ao redor da marca. Há até uma expressão para isso: lacosteiros. Contudo, essa nem sempre foi uma relação de reciprocidade.

Em 2021, a marca Lacoste enfrentou críticas devido à percepção de que não atendia adequadamente aos consumidores de baixa renda e sem distinção social no Brasil. Essas críticas estavam relacionadas principalmente aos preços mais altos de seus produtos, à falta de estratégias de inclusão social e à falta de diálogo com o público consumidor mais ostentador e fã da marca.

A crítica foi intensa principalmente depois do lançamento da campanha "Crocodilos jogam juntos", em agosto de 2021. Nessa peça publicitária, aspectos culturais e sociais do consumo foram claramente deixados de lado. Não houve menção significativa aos funkeiros e *rappers* negros do Brasil, que são os mais expressivos consumidores da marca no país. Ao contrário, a marca convidou três brancos e uma negra. O protagonista da crítica foi MC Hariel, que afirmou na rede social Twitter:

"Lagosta não me chamou pra nada... mais tô feliz que chamou uns amigo meu que pra mim e mesma coisa que eu tá lá... e qualquer fita eu compro e porra nenhuma../ a letra antiga já dizia avisa o dono da Lacoste que nós não quer patrocínio nós leva nas nota. E o intuito deles de deixar favelado e pobre bem longe da imagem da marca sempre foi claro... nós compra pq nós quer que eles se foda kkkkk pq já a anos existe essa relação de amor por nossa parte da ódio da parte deles".

Outra *thread* mostra a reação do consumidor brasileiro à campanha e à polêmica, afirmando como a Lacoste ignorou aqueles que mais cultuam a marca e como isso escancara o descaso das marcas com as relações culturais e sociais no consumo dentro da sociedade brasileira.

A conversa no Twitter rendeu uma mudança séria (direta ou indiretamente) na abordagem da marca. Um mês depois do lançamento da campanha, MD Chefe foi contratado pela marca para divulgar a música Rei Lacoste, cantando:

Trinta quilos de pano no meu armário
Jacaré tá ligado que nós ama
Brotei na Lacoste e cacei mais de dez
Tá arriscado vocês chamar o Ibama
Camisa algodão, tô chique, confortável
Vira o tapete pra deitar meu maciço
Lacoste Live, Lacoste Sport
Slim fit, sabe que isso é um vício

Em 2022, MC Hariel (que antes havia criticado a marca) também foi chamado para estrear a campanha do Dia dos Pais, parecendo ter feito as pazes com a marca que o desprezou no passado. Na campanha, apresenta seu filho e mostra um cruzamento de estilos e subculturas antes não abordados nas campanhas dos crocodilos.

Mais recentemente, em 2023, a marca lançou a Casa Lalá, mostrando uma maior consciência em relação à responsabilidade social corporativa e ao impacto social de suas ações, o que mostra uma conexão com o novo posicionamento da marca de "transitar livremente e conectar diferentes culturas" na comemoração dos 90 anos da marca. Na casa, a programação é recheada de *shows* de *funk* e *trap*, bem como debates sobre *upcycling* e outros temas pertinentes à cultura e ao mercado brasileiro.

Vimos que, ao longo do tempo, a Lacoste parece ter adotado medidas para abordar críticas anteriores dos consumidores e melhorar sua relação com a baixa renda e principalmente com consumidores que não dispõem do capital cultural associado à marca fora do Brasil.

Atualmente, a marca parece expandir seu diálogo e inclusão para outros temas, como etarismo e cultura *pop*. Em 2023, as vitrines das lojas estão dominadas por imagens do crocodilo transitando pelo universo das séries da Netflix e do mercado grisalho.

Nesse jogo, quem venceu foram os lacosteiros, consumidores unidos.

Questões:

1. Considerando a desigualdade social no Brasil, de que maneira podemos pensar a relação entre o sucesso da marca Lacoste e os três fatores (cultural, social e pessoal) que influenciam o comportamento de consumo?
2. A necessidade de reconhecimento é um fator psicológico importante na disputa pela atenção dos consumidores funkeiros (os lacosteiros) da Lacoste no Brasil. Como podemos explicar essa tensão que se manifesta como motivação de consumo?
3. Pensando na decisão de compra, seria pertinente afirmar que a atitude dos outros nas redes sociais pode influenciar tanto positivamente quanto negativamente? Como você percebe isso no caso da Lacoste?

Autora

Tatiana Amendola   Professora da ESPM. Também atua na área de consultoria em tendências e estratégias de comunicação das culturas do consumo.

Pós-doutora em tendências de consumo pela PUC-SP, doutora em ciências sociais pelo Instituto de Filosofia e Ciências Humanas (IFCH) da USP, mestre em comunicação, cultura e sociedade pelo Goldsmiths College (University of London) e graduada em ciências sociais pela Faculdade de Filosofia, Letras e Ciências Humanas (FFLCH) da USP.

Referências

BALESTRO, N. Vivo sempre longe de polêmica... *X*, 3 ago. 2021. Disponível em: https://twitter.com/nicolebalestro/status/1422591109277093903. Acesso em: 23 mai. 2023.

CROCODILOS jogam juntos. *Lacoste*, 2023. Disponível em: https://www.lacoste.com/br/lacoste-inside/instagram-brasil.html. Acesso em: 23 mai. 2023.

FERREIRA, K. MC Hariel aparece em campanha de Dia dos Paisda Lacoste. *Kondzilla*, 10 ago. 2022. Disponível em: https://kondzilla.com/mc-hariel-aparece-em-campanha-de-dia-dos-pais-da-lacoste/. Acesso em: 23 mai. 2023.

LACOSTE é criticada nas redes após campanha publicitária sem rappers e funkeiros. *O Globo*, 4 ago. 2021. Disponível em: https://oglobo.globo.com/cultura/lacoste-criticada-nas-redes-apos-campanha-publicitaria-sem-rappers-funkeiros-25140078. Acesso em: 23 mai 2023.

MC BOKÃO. Todo de Lacoste. *Kondzilla*, 2023. Disponível em: https://kondzilla.com/videos/todo-de-lacoste/. Acesso em: 23 mai. 2023.

MC HARIEL. Lagosta não me chamou para nada... *X*, 4 ago. 2021. Disponível em: https://twitter.com/oficialharielmc/status/1422918255153451015?s=20. Acesso em: 23 mai. 2023.

MD CHEFE. Rei Lacoste. *YouTube*, 2021. Disponível em: https://www.youtube.com/watch?v=A_Y0qdWVPgg. Acesso em: 23 mai. 2023.

PRADO, V. Lacoste lança primeiro comercial estrelado pelo rapper MD Chefe. *Portal rapmais*, 6 set. 2021. Disponível em: https://portalrapmais com/lacoste-lanca-primeiro-comercial-estrelado-pelo-rapper-md-chefe/. Acesso em: 23 mai. 2023.

REZENDE, P. Casa Lalá: Lacoste apresenta espaço de experiências em São Paulo. *Gkpb*, 12 mai. 2023. Disponível em: https://gkpb.com.br/124203/casa-lala-lacoste/. Acesso em: 23 mai. 2023.

4
Análise de mercados empresariais

O forte foco em inovação e expansão dos produtos transformou a Caterpillar de uma empresa que vendia tratores na maior fabricante mundial de motores e equipamentos de terraplanagem.
Crédito: Daniel Acker/Bloomberg/Getty Images.

Os mercados empresariais, embora muitas vezes menos visíveis do que os mercados consumidores, são significativamente maiores do que eles. Os mercados empresariais incluem todos os negócios, organizações e governos que compram e vendem vastas quantidades de matérias-primas, componentes manufaturados, maquinário e equipamentos, suprimentos e serviços para ajudá-los a desenvolver ofertas para outros negócios e para os consumidores. Fundamentalmente, o *marketing* empresarial, assim como o *marketing* de consumo, tenta criar valor de mercado pelo desenvolvimento de ofertas que atendam às necessidades dos clientes empresariais. Uma empresa que conseguiu atender consistentemente às necessidades dos clientes e, muitas vezes, superar suas expectativas é a Caterpillar.

>>> A Caterpillar foi fundada em 1925, quando duas empresas de tratores da Califórnia se fundiram. O nome Caterpillar, no entanto, remonta ao início da década de 1900, quando Benjamin Holt, um dos fundadores da empresa, projetou um trator com esteiras largas e espessas no lugar de rodas. Essas esteiras impediam a máquina de afundar nos solos ricos e profundos da Califórnia, que ficavam intransitáveis quando encharcados. O novo trator agrícola rastejava pela terra de tal forma que um observador disse que "se arrastava como uma lagarta" (em inglês, *caterpillar*). Holt colocou o trator no mercado sob a marca Caterpillar

e, após a fusão à nova empresa, tornou-se a Caterpillar Tractor Company. No início, a empresa cresceu em um ritmo constante, atingindo alguns marcos importantes, como o uso dos rolamentos agrícolas da marca registrada Caterpillar em tanques do exército na Primeira e na Segunda Guerra Mundial. No período pós-guerra, a alta demanda por construção e a forte demanda externa, assim como inovações como o trator a *diesel* e os tratores de pneus de borracha, mantiveram as vendas sólidas em meados do século XX. Desde então, a Caterpillar Inc., ou CAT, transformou-se no maior fabricante de máquinas de terraplanagem e motores do mundo. Hoje, a Caterpillar classifica-se em primeiro ou em segundo lugar em todos os setores nos quais atua. Seus produtos têm reputação de alta qualidade e confiabilidade, e a empresa tem mantido seu forte foco em inovação ao mesmo tempo que expande a carteira de produtos. As máquinas, estampadas com a cor amarela característica, são usadas ao redor do mundo e ajudaram a transformar a marca em um ícone americano.[1]

Algumas das marcas mais valiosas do mundo pertencem a empresas que vendem para o mercado empresarial, como ABB, Caterpillar, DuPont, FedEx, HP, IBM, Intel e Siemens, além de muitas outras. Muitos princípios do *marketing* básico também se aplicam ao *marketing* empresarial.

Empresas B2B (do inglês *business-to-business*, ou empresas que vendem para empresas), precisam adotar princípios de *marketing* holístico, como construir relacionamentos de fidelidade estreitos com os clientes, assim como fazem as empresas que atendem o mercado consumidor. Contudo, existem desafios especiais na venda para outras empresas. Neste capítulo, abordaremos algumas das semelhanças e diferenças fundamentais do *marketing* para mercados empresariais.[2]

O processo de compra organizacional

A compra organizacional é o processo de tomada de decisão pelo qual as organizações formais estabelecem a necessidade de aquisição de bens e serviços e identificam, avaliam e selecionam marcas e fornecedores entre diversas alternativas.[3]

OS MERCADOS EMPRESARIAIS

O **mercado empresarial** é formado por todas as organizações que adquirem bens e serviços utilizados na produção de outros bens ou serviços, sejam eles vendidos, alugados ou fornecidos a terceiros. Qualquer empresa que forneça componentes de produtos faz parte do mercado B2B. Os principais setores que compõem o mercado empresarial são: indústria aeroespacial; agricultura, exploração florestal e pesca; química; computação; construção; defesa; energia; mineração; manufatura; construção; transporte; comunicação; serviços públicos; setores bancário, financeiro e de seguros; distribuição; e serviços.

Objetivos de aprendizagem Após ler este capítulo, você deverá ser capaz de:

4.1 Explicar os principais aspectos do processo de compra organizacional.

4.2 Definir o papel do centro de compras na organização.

4.3 Descrever as fases do processo de decisão nos mercados empresariais.

4.4 Explicar como organizações desenvolvem programas de *marketing* para atrair e reter clientes empresariais.

4.5 Descrever como profissionais de *marketing* B2B constroem e mantêm relacionamentos com os clientes.

As compras feitas por empresas envolvem mais dinheiro e uma maior quantidade de produtos do que as feitas por consumidores finais. Consideremos o processo de produção e venda de um simples par de sapatos.[4] Um amplo espectro de materiais e combinações de materiais é usado atualmente na fabricação de calçados. Materiais de couro, fibra sintética, borracha e tecido são considerados insumos básicos para cabedais. Cada material tem sua própria especificidade, que difere dos demais não apenas em aparência, mas também em propriedades físicas, vida útil e requisitos de tratamento. A escolha do material afeta significativamente a vida do calçado e, em muitos casos, dita seu uso. No caso dos sapatos de couro, os coureiros vendem o couro cru aos curtumes, que então vendem o couro tratado aos fabricantes de calçados, que são vendidos aos atacadistas, que os vendem aos varejistas, que, por fim, os vendem aos consumidores finais. Cada elo na cadeia de suprimentos também precisa comprar muitos outros bens e serviços para sustentar suas operações.

Dada a natureza altamente competitiva dos mercados B2B, o maior inimigo das empresas que atuam nesse setor é a comoditização, pela qual clientes consideram que os produtos de diferentes empresas oferecem benefícios idênticos.[5] Ela corrói as margens e compromete a fidelidade do cliente. A comoditização só pode ser superada se o público-alvo se convencer de que existem diferenças significativas entre os produtos no mercado e que os benefícios exclusivos das ofertas de uma empresa valem a despesa adicional. Desse modo, um passo crucial no *marketing* B2B é criar e comunicar uma diferenciação relevante em relação aos concorrentes.

Os profissionais de *marketing* empresarial enfrentam muitos dos mesmos desafios enfrentados pelos profissionais de *marketing* que atuam no mercado consumidor final, especialmente quando se trata de entender os clientes e o que eles valorizam. O renomado Institute for Study of Business Markets (ISBM) observa que os três maiores obstáculos para o *marketing* B2B envolvem integrar os departamentos de *marketing* e de vendas, gerenciar a inovação e utilizar *insights* sobre clientes e mercados. Quatro imperativos adicionais citados pelo ISBM são demonstrar a contribuição do *marketing* para o desempenho das empresas, engajar-se mais profundamente com os clientes e os clientes dos clientes, encontrar a combinação ideal entre atividades de *marketing* centralizadas e descentralizadas e identificar e preparar talentos e competências de *marketing*.[6]

Todavia, o mercado empresarial tem características que o tornam muito diferente do mercado consumidor:

- ***Menos compradores, porém de maior porte.*** De modo geral, as empresas que vendem para o mercado empresarial lidam com um número muito menor de compradores, mas de maior porte em relação às empresas que vendem diretamente para o consumidor final, sobretudo em setores como motores para aeronaves e armamentos, por exemplo. O destino dos pneus da Goodyear, dos motores da Cummins, dos sistemas de controle da Delphi e de outros fornecedores de autopeças depende, em grande parte, da obtenção de contratos com algumas grandes montadoras.
- ***Relacionamento estreito entre fornecedor e cliente.*** Em consequência do menor número de clientes e da importância e do poder dos clientes de grande porte, é de esperar que os fornecedores customizem suas ofertas às necessidades específicas de cada cliente corporativo. A PPG Industries, sediada em Pittsburgh, compra mais de US$ 7 bilhões por ano em materiais e serviços de milhares de fornecedores. Ela recompensa seus fornecedores de desempenho superior em relação a atributos como qualidade do produto, entrega, documentação, inovação, capacidade de resposta e melhoria contínua. Com o programa Supplier Added Value Effort ($AVE), a PPG desafia seus fornecedores de bens e serviços de manutenção, reparo e operação a atingir metas anuais de valor agregado e economia de custos equivalentes a pelo menos 5% de suas vendas anuais totais para a empresa.[7] De modo geral, os compradores empresariais selecionam fornecedores que também consomem seus produtos. Por exemplo, um fabricante de papel pode comprar produtos químicos de uma indústria que, por sua vez, adquira um volume considerável de seu papel.
- ***Compra profissional.*** Bens empresariais costumam ser adquiridos por compradores treinados, que são obrigados a seguir políticas, normas e exigências específicas da organização para a qual trabalham. Boa parte da documentação utilizada em compras empresariais – como solicitação de cotações, propostas e contratos – não é encontrada na maioria das aquisições feitas por consumidores finais. Muitos desses profissionais pertencem a associações de classe, como a americana Institute for Supply Management (ISM), que buscam melhorar a eficácia

e o *status* dos compradores profissionais. Isso significa que os profissionais de *marketing* empresarial devem oferecer mais informações técnicas sobre seus produtos e suas vantagens em relação aos da concorrência.

- **Diversas influências de compra.** Muitas pessoas influenciam o processo de tomada de decisão nas compras organizacionais. Para a compra de bens muito importantes, é comum que sejam designados comitês de compra formados por técnicos e até pela alta gerência. As empresas que atuam nos mercados empresariais têm de enviar vendedores ou mesmo equipes de vendas preparadas para lidar com compradores bem treinados.
- **Demanda derivada.** A demanda por bens empresariais é, em última instância, derivada da demanda por bens de consumo. Por essa razão, os profissionais de *marketing* organizacional devem acompanhar de perto os padrões de compra dos consumidores finais. Por exemplo, o negócio de carvão e gás natural da Consol Energy, sediada em Pittsburgh, depende da demanda das concessionárias de energia e siderúrgicas, que, por sua vez, depende da demanda dos consumidores por eletricidade e produtos feitos de aço, como automóveis, máquinas e eletrodomésticos. Os compradores empresariais também devem estar atentos a fatores econômicos, como nível de produção, investimento, despesas de consumo e taxa de juros. Os profissionais de *marketing* empresarial pouco podem fazer para estimular a demanda total; podem apenas se empenhar ainda mais em aumentar ou manter a participação de mercado da empresa.
- **Demanda inelástica.** A demanda total de muitos bens e serviços organizacionais é inelástica – isto é, não muito afetada por mudanças de preços. Os fabricantes de calçados não comprarão uma quantidade muito maior de couro se seu preço cair, tampouco comprarão muito menos se seu preço aumentar, a não ser que consigam encontrar materiais substitutos satisfatórios. A demanda é especialmente inelástica no curto prazo, pois os fabricantes não conseguem fazer mudanças rápidas nos métodos de produção. Também é inelástica no caso de bens empresariais que representam uma porcentagem pequena do custo total de um produto, como cadarços.
- **Demanda oscilante.** A demanda por bens e serviços organizacionais tende a ser mais volátil do que a demanda por bens e serviços de consumo. Determinado aumento percentual na demanda do consumidor final pode levar a um aumento percentual muito maior na demanda de instalações e equipamentos necessários à produção adicional. A demanda por instalações e equipamentos é mais volátil, uma vez que reflete a demanda de reposição normal anual, bem como a necessidade de atender ao aumento ou à redução da demanda por parte do consumidor final.
- **Concentração geográfica dos compradores.** Há anos, mais da metade das organizações compradoras americanas concentram-se em sete estados: Nova York, Califórnia, Pensilvânia, Illinois, Ohio, Nova Jersey e Michigan. A concentração geográfica de fabricantes ajuda a reduzir os custos de venda. Ao mesmo tempo, as empresas que vendem para mercados empresariais precisam monitorar mudanças regionais de determinados setores, como o automobilístico, que não mais se concentra na região de Detroit.
- **Compra direta.** De modo geral, os compradores empresariais compram diretamente de fabricantes, e não de intermediários, sobretudo quando se trata de itens tecnicamente complexos ou onerosos, como equipamentos agrícolas, maquinário industrial e aeronaves.

TIPOS DE DECISÕES DE COMPRA

O comprador organizacional enfrenta diversas situações decisórias ao realizar uma compra. A quantidade de situações dependerá da complexidade do problema a ser solucionado, de quão nova é a situação de compra, do número de pessoas envolvidas e do tempo necessário para completar a compra. Há três tipos de situação de compra organizacional: recompra simples, recompra modificada e nova compra.[8]

- **Recompra simples.** O departamento de compras encomenda rotineiramente determinado suprimento, como material de escritório ou produtos químicos, e escolhe o fornecedor a partir de uma lista pré-aprovada. Esses fornecedores procuram manter a qualidade de seus bens e serviços e, em geral, oferecem sistemas automáticos de renovação de pedidos para poupar tempo. Os fornecedores buscam oferecer novidades ou substituir concorrentes que estejam causando insatisfação, na tentativa de conseguir um pequeno pedido para depois aumentar o volume de vendas.

- **Recompra modificada.** O comprador decide alterar especificações, preços, requisitos de entrega ou outras condições. A recompra modificada geralmente envolve negociações adicionais e pode levar a um novo contrato de compra ou, em alguns casos, a perturbações na relação de negócios e a uma mudança de fornecedor.
- **Nova compra.** O novo comprador enfrenta algum risco quando adquire um bem ou serviço pela primeira vez (p. ex., um novo prédio de escritórios ou um novo sistema de segurança). Quanto maior for o custo ou o risco, maior será o número de participantes no processo decisório e a quantidade de informações coletadas, o que aumenta o tempo gasto até a decisão final.[9]

O comprador organizacional toma menos decisões na situação de recompra simples e mais na situação de nova compra. Com o tempo, as situações de nova compra convertem-se em recompras simples e em um comportamento de compra rotineira.

Uma nova compra representa a maior oportunidade e o maior desafio de um profissional de *marketing*. Esse processo passa por várias fases: conhecimento, interesse, avaliação, teste e adoção. A comunicação de massa é mais importante durante a fase de conhecimento; os vendedores exercem maior impacto no estágio de interesse; e as fontes técnicas são mais importantes durante a avaliação. Os esforços de venda *on-line* podem ser úteis em todas as fases.

Na situação de nova compra, o comprador precisa determinar especificações do produto, faixas de preço, condições e prazos de entrega, termos de prestação de serviços e de pagamento, quantidade necessária, fornecedores potenciais e fornecedor a ser escolhido. Diferentes participantes influenciam cada etapa da decisão, e a ordem em que essas decisões são tomadas pode variar.

Visto que as vendas envolvidas na nova tarefa são complexas, muitas empresas utilizam uma força de vendas formada por seus melhores vendedores. A promessa da marca e o reconhecimento do nome da marca do fabricante são importantes para criar confiança e estimular o cliente a cogitar uma mudança. O profissional de *marketing* também tenta atrair o maior número possível de influenciadores de compra, fornecendo assistência e informações úteis.

Após conquistar o cliente, a força de vendas da empresa busca continuamente maneiras de agregar valor a suas ofertas de mercado para facilitar a recompra. A EMC (atual Dell EMC) adquiriu com sucesso uma série de líderes em *software* de computação para reposicionar seu negócio, de modo a gerir e proteger – não apenas armazenar – as informações, ajudando as empresas a "acelerar sua jornada para a computação em nuvem". No passado, um produto de *hardware* representava 80% de suas vendas, mas hoje a Dell obtém a maior parte de sua receita de *software* e serviços.

O centro de compras

Quem representa as organizações na compra de bens e serviços avaliados em trilhões de dólares? Os compradores atuam mais em situações de recompra simples e recompra modificada, ao passo que funcionários de outros departamentos exercem maior influência em situações de novas compras. De modo geral, os engenheiros exercem maior influência na seleção dos componentes de produtos, ao passo que os compradores dominam a seleção de fornecedores.[10]

A COMPOSIÇÃO DO CENTRO DE COMPRAS

Em geral, *centro de compras* é o nome dado à unidade de tomada de decisões de uma organização compradora. O centro de compras é composto de "todas as pessoas e grupos que participam do processo decisório de compra e que compartilham algumas metas e riscos provenientes das decisões".[11] O centro de compras inclui todos os membros da empresa que exercem um ou mais de sete papéis no processo de decisão:

- *Iniciadores.* Usuários de um produto ou outros membros da organização que solicitam a compra.
- *Usuários.* Aqueles que utilizarão o bem ou serviço. Em muitos casos, os usuários iniciam a proposta de compra e ajudam a definir as exigências que devem ser atendidas pelo produto.

- *Influenciadores.* Pessoas que influenciam a decisão de compra, muitas vezes ajudando a definir especificações e fornecendo informações sobre alternativas disponíveis. Nesse sentido, a equipe técnica é um influenciador particularmente importante.
- *Decisores.* Pessoas que decidem sobre os requisitos do produto ou sobre fornecedores.
- *Aprovadores.* Pessoas responsáveis pela autorização das ações propostas por decisores ou compradores.
- *Compradores.* Pessoas com autoridade formal para selecionar o fornecedor e estabelecer os termos da compra. Os compradores podem ajudar na formulação das especificações do produto, mas sua maior responsabilidade está na seleção dos fornecedores e nas negociações de preços e condições. Em transações mais complexas, membros da alta gerência podem estar entre os compradores.
- *Filtros internos.* Pessoas com poder de evitar que vendedores ou informações cheguem até os membros do centro de compras. Por exemplo, compradores, recepcionistas e telefonistas podem impedir que vendedores entrem em contato com usuários ou decisores.

Várias pessoas podem exercer determinado papel, como o de usuário ou influenciador, e uma mesma pessoa pode exercer múltiplos papéis.[12] É comum, por exemplo, que o gerente de compras exerça simultaneamente os papéis de comprador, influenciador e filtro interno: ele tem autonomia para determinar quais representantes de vendas podem visitar outras pessoas na organização, definir o orçamento e as restrições para a compra e decidir qual fornecedor ganhará o negócio, embora outros decisores possam selecionar um ou mais fornecedores potenciais capazes de atender aos requisitos.

Um centro de compras típico pode envolver de 5 a 6 membros e, em alguns casos, chegar a dezenas de profissionais. Alguns deles podem estar fora da empresa compradora, como funcionários do governo, consultores, conselheiros técnicos e membros do canal de *marketing*.

O PAPEL DO CENTRO DE COMPRAS NA ORGANIZAÇÃO

Antigamente, os departamentos de compras ocupavam uma posição inferior na hierarquia administrativa, a despeito de frequentemente gerenciarem mais da metade dos custos da empresa. Pressões competitivas recentes levaram muitas empresas a modernizá-los e a elevar seus administradores ao nível de diretoria. Esses novos departamentos, orientados de maneira estratégica, têm a missão de maximizar o valor obtido de um menor número de fornecedores de maior qualidade.

Algumas multinacionais até promoveram seus departamentos de compra a "departamentos estratégicos de suprimentos", responsáveis pela obtenção de recursos e parcerias globais. Na Caterpillar, compras, controle de estoques, planejamento de produção e negociações foram combinados em um único departamento. Vejamos outras empresas que se beneficiaram do aperfeiçoamento de suas práticas de compras organizacionais.

Rio Tinto A Rio Tinto é líder mundial em prospecção, mineração e processamento de recursos minerais, com presença significativa na América do Norte e na Austrália. Coordenar seus fornecedores consumia muito tempo, então a empresa passou a adotar uma estratégia de comércio eletrônico com um fornecedor-chave. Ambas as partes têm colhido frutos significativos desse novo arranjo. Em muitos casos, os pedidos são processados no armazém do fornecedor poucos minutos após serem transmitidos, e o fornecedor pode participar de um programa de "pague ao receber", que encurtou o ciclo de pagamentos da Rio Tinto para cerca de 10 dias.[13]

Medline Industries A Medline Industries, maior fabricante e distribuidora privada de produtos de saúde nos Estados Unidos, passou a usar um *software* para integrar sua visão de atividade de clientes entre canais de vendas diretas e eletrônicas. Os resultados? A empresa aumentou sua margem de produto, melhorou a retenção de clientes, reduziu a perda de receita por erros de preços e incrementou a produtividade de seus representantes de vendas.[14]

A modernização da atividade de compras indica que as empresas que atuam no mercado empresarial devem fortalecer sua equipe de vendas para que ela esteja à altura da capacitação maior dos compradores organizacionais atuais.

A DINÂMICA DO CENTRO DE COMPRAS

Centros de compras geralmente incluem vários participantes com diferentes interesses, autoridade, *status* e suscetibilidade à persuasão, além de, em alguns casos, critérios de decisão muito diversos. O pessoal da engenharia pode querer maximizar o desempenho do produto, ao passo que o da produção deseja facilidade de uso e confiabilidade de abastecimento; já o pessoal do financeiro concentra-se nos aspectos econômicos da compra; o pessoal de compras preocupa-se com os custos operacionais e de reposição; e os representantes do sindicato priorizam as questões de segurança.

Os compradores empresariais também têm motivações, percepções e preferências pessoais influenciadas por idade, renda, escolaridade, cargo na empresa, personalidade, postura em relação aos riscos e cultura. Há os adeptos do "quanto mais simples, melhor"; os compradores especialistas; aqueles do "queremos o melhor" ou "queremos que tudo seja feito". Alguns compradores mais jovens, altamente instruídos e especialistas em computação, analisam com rigor as propostas concorrentes antes de escolher um fornecedor; outros, da antiga escola, são "durões" que jogam os concorrentes uns contra os outros; e, em algumas empresas, os "figurões" da área de compras são lendários.

Em última análise, são as pessoas, não as organizações, que tomam decisões de compra.[15] As pessoas são motivadas pelas próprias necessidades e percepções na tentativa de maximizar as recompensas organizacionais que obtêm (salário, promoção, reconhecimento e senso de realização). Contudo, as necessidades organizacionais legitimam o processo de decisão de compra e seus resultados.

Empresários e executivos não apenas compram "produtos". Eles compram soluções para dois problemas: a questão econômica e estratégica da organização e sua própria necessidade de alcançar recompensa e realização pessoal. Nesse sentido, as decisões de compra organizacionais são tanto "racionais" quanto "emocionais", satisfazendo as necessidades da organização e dos indivíduos.[16]

Uma pesquisa feita por um fabricante de componentes industriais identificou que, apesar de os altos executivos de seus clientes de pequeno e médio porte sentirem-se à vontade para comprar de outras empresas, eles pareciam nutrir inseguranças subconscientes ao comprar os seus produtos. As constantes mudanças tecnológicas faziam com que se preocupassem com questões como confiabilidade, compatibilidade e desempenho do produto. Reconhecendo esse desconforto, o fabricante reformulou sua abordagem de vendas para enfatizar um apelo mais emocional e a maneira como sua linha de produtos realmente capacitava os funcionários do cliente a melhorar seu desempenho, livrando a gerência de complicações e do estresse de usar seus componentes.[17]

A VENDA PARA CENTROS DE COMPRAS

O *marketing* B2B bem-sucedido exige que os profissionais de *marketing* saibam em quais tipos de empresa concentrar seus esforços de vendas, bem como em quem concentrar a atenção dentro dos centros de compras dessas organizações.

Uma vez que identificam os tipos de empresa nos quais concentrar os esforços de *marketing*, os profissionais de *marketing* devem decidir a melhor forma de vender para eles. Quem são os participantes mais importantes do processo decisório? Quais são as decisões influenciadas por eles? Qual é a intensidade dessa influência? Quais são os critérios de avaliação que utilizam? Consideremos o seguinte exemplo:

> Certa empresa vende aventais cirúrgicos descartáveis a hospitais. Entre os funcionários do hospital que participam da decisão de compra, estão o diretor de compras, o administrador do centro cirúrgico e os cirurgiões. O diretor de compras analisa se a melhor opção é comprar aventais descartáveis ou reutilizáveis. Se os resultados dessa análise apontarem para os aventais descartáveis, o administrador do centro cirúrgico vai comparar os produtos e os preços dos concorrentes e fazer sua escolha. Após levar em consideração a absorção, as características antissépticas, a aparência e o preço, o administrador deve optar pela marca que atender às exigências funcionais pelo menor custo. Os cirurgiões influenciarão a decisão retroativamente ao relatar sua satisfação com a marca escolhida.

É provável que o profissional de *marketing* empresarial não saiba exatamente que tipo de dinâmica de grupo ocorre durante o processo decisório, mas qualquer informação que obtiver sobre personalidades e fatores interpessoais será útil.

As pequenas empresas concentram-se em alcançar os principais influenciadores da compra, ao passo que as de maior porte optam por praticar vendas multinível em profundidade, para atingir o maior número de participantes possível. Seus vendedores praticamente "vivem" com os clientes de alto volume de compras. As empresas devem apoiar-se mais em seus programas de comunicação para atingir influências ocultas de compra e manter os clientes atuais informados.[18]

As empresas que atuam no mercado empresarial precisam rever periodicamente suas premissas sobre os diferentes participantes do centro de compras. Por tradição, a SAP comercializava seus produtos de *software* para os CIOs (*chief information officer*) das grandes empresas. Uma mudança de foco na venda para o nível das unidades corporativas individuais mais abaixo no organograma elevou significativamente as vendas de licenças de *software* para novos clientes.

Insights sobre clientes e centros de compras são fundamentais. Uma pesquisa etnográfica da GE sobre o setor de fibra plástica revelou que a empresa não estava, como supunha, em um negócio de *commodities* orientado pelo preço. Em vez disso, tratava-se de um setor artesanal, com clientes que esperavam colaboração nos primeiros estágios de desenvolvimento. Como resultado, a GE reorientou completamente a forma como interagia com as empresas desse setor. Pesquisas etnográficas também podem ser muito úteis nos mercados em desenvolvimento, especialmente em áreas rurais remotas, onde os profissionais de *marketing* muitas vezes não conhecem bem os consumidores.

Ao desenvolver os esforços de venda, os profissionais de *marketing* empresarial também podem levar em consideração os clientes de seus clientes, ou os usuários finais, se necessário. Muitas vendas B2B ocorrem para empresas que utilizam os produtos que compram como componentes de produtos que vendem aos consumidores finais. O profissional de *marketing* empresarial pode buscar oportunidades para interagir com os clientes de seus clientes e melhorar suas ofertas ou até mesmo seu modelo de negócio. Quando a XSENS, fornecedora holandesa de tecnologia de sensor de movimento tridimensional, ajudou a resolver os problemas de um cliente de seus clientes, também desenvolveu um novo procedimento operacional que melhorou em mais de 10 vezes a precisão de seus produtos.[19]

O processo de compra

O processo de compra empresarial abrange diversos estágios explícitos. Um modelo popular lista oito fases diferentes do processo de decisão nos mercados empresariais.[20] A Figura 4.1 apresenta esses estágios, e tecemos importantes considerações sobre cada um deles em mais detalhes nas próximas seções. Observe que, nas situações de recompra simples ou modificada, algumas fases são simplificadas ou suprimidas. Por exemplo, normalmente o comprador já tem um fornecedor preferido ou uma lista ordenada de fornecedores e pode pular as fases de prospecção de fornecedores e solicitação de propostas.

RECONHECIMENTO DO PROBLEMA

O processo de compra começa quando alguém na empresa reconhece um problema ou uma necessidade que pode ser resolvida pela aquisição de um bem ou serviço. O reconhecimento pode ser desencadeado por estímulos internos ou externos. Um estímulo interno pode ser a decisão de desenvolver um novo produto que requer novos equipamentos e materiais ou uma máquina que deixa de funcionar e precisa de novas peças, ou então o material comprado se mostra insatisfatório, levando a empresa a procurar por um novo fornecedor, preços mais baixos ou maior qualidade. Externamente, o comprador pode obter novas ideias ao visitar uma feira comercial, ver uma propaganda, receber um *e-mail*, ler um *blog* ou receber uma ligação de um vendedor que lhe ofereça um produto melhor ou um preço inferior. Os profissionais de *marketing* empresarial podem estimular de diferentes maneiras o reconhecimento de problemas por meio de *marketing* direto.

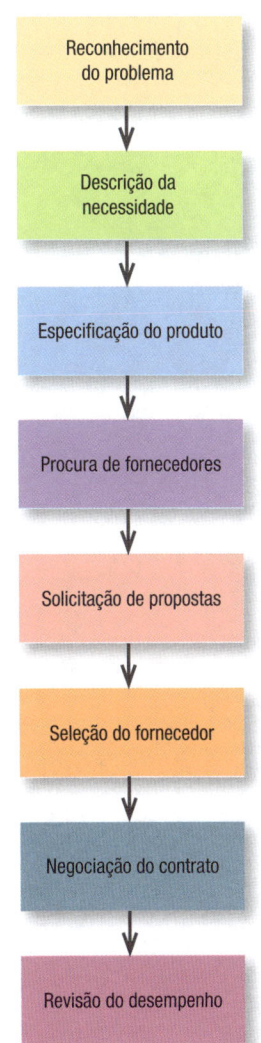

FIGURA 4.1

Estágios do processo de compra.

DESCRIÇÃO DA NECESSIDADE

A seguir, o comprador determina as características gerais dos itens necessários e a quantidade requerida. O objetivo é identificar as necessidades específicas que a empresa pretende atender e os benefícios que busca obter com a oferta. Para itens padronizados, isso é simples. Para itens complexos, o comprador trabalha com outras pessoas, como engenheiros e usuários, na definição de características como segurança, durabilidade ou preço. Os profissionais de *marketing* empresarial podem auxiliar os compradores ao descrever como seus produtos atendem ou até superam suas necessidades.

ESPECIFICAÇÃO DO PRODUTO

O próximo passo é o estabelecimento das especificações técnicas do produto pela organização compradora. Muitas vezes, solicita-se à equipe de engenharia responsável pelo projeto uma **análise de valor do produto**. Trata-se de uma metodologia de redução de custos em que os componentes são cuidadosamente estudados para que seja possível determinar se podem ser reprojetados, padronizados ou fabricados a partir de métodos mais baratos de produção, sem impactar negativamente o desempenho do produto. A equipe de análise de valor identifica, por exemplo, componentes projetados para além dos requisitos que, por isso, terão uma durabilidade mais longa que a do próprio produto. Especificações rigorosamente detalhadas permitem ao comprador rejeitar componentes muito caros ou que não atendam a padrões específicos.

Os fornecedores também podem utilizar essa análise como estratégia para conquistar uma conta. Seja qual for o método, é importante eliminar custos excessivos. A Cemex, gigante mexicana no setor de cimento, é notória por seu programa "The Cemex Way" (O jeito Cemex), que usa métodos de alta tecnologia para eliminar ineficiências.[21]

PROCURA DE FORNECEDORES

Nessa etapa, o comprador tenta identificar os fornecedores mais apropriados ao examinar catálogos comerciais, fazer contato com outras empresas, ver propagandas do setor, frequentar feiras setoriais e acessar a internet. A migração para o comércio eletrônico acarreta amplas consequências para os fornecedores e mudará a forma de fazer compras por muitos anos.

Para facilitar a procura de fornecedores e fortalecer sua posição em negociações com fornecedores, as empresas muitas vezes formam alianças de compra. Estas envolvem a reunião de diversas empresas que compram os mesmos bens para formar consórcios de compras, o que lhes permite simplificar a procura por fornecedores e obter descontos maiores por volume. A Topco é a maior organização de compras em grupo (GPO, do inglês *group purchasing organization*), representando um consórcio de empresas alimentícias de varejo e atacado.

As empresas que compram *on-line* utilizam mercados eletrônicos de diversas formas.

- Sites *de catálogos*. As empresas podem encomendar milhares de itens por meio de catálogos eletrônicos distribuídos por *software* de *e-procurement*, como o da W. W. Grainger.
- *Mercados verticais*. Empresas que compram bens industriais, como plástico, aço e produtos químicos, ou serviços, como logística ou mídia, podem acessar *sites* de comércio especializados (chamados de *e-hubs*). O Plastics.com, por exemplo, permite que compradores de plástico pesquisem os melhores preços entre milhares de fornecedores disponíveis.
- Sites *de leilão virtual* (pure plays). A Ritchie Bros. Auctioneers é a maior leiloeira industrial do mundo, com mais de 40 *sites* de leilões permanentes na América do Norte, na Europa, no Oriente Médio, na Ásia e na Austrália. Ela vendeu US$ 4,5 bilhões de equipamentos usados e novos em mais de 400 leilões sem reservas em 2017, incluindo uma ampla gama de equipamentos pesados, caminhões e outros ativos para setores de construção, transporte, agricultura, manuseio de materiais, petróleo e gás natural, mineração, silvicultura e indústria naval. Embora alguns prefiram licitar pessoalmente nos leilões Ritchie Bros., também é possível participar *on-line* em tempo real no rbauction.com, o *site* multilíngue da empresa.[22]
- *Mercados* spot (ou à vista). Nos mercados *spot* eletrônicos, os preços mudam a cada minuto. A Intercontinental Exchange (ICE) tem bolsas para mercados financeiros de *commodities* com vendas na casa dos trilhões de dólares.

<< A maior leiloeira industrial do mundo, Richie Bros., conduz inúmeros leilões, tanto *on-line* quanto presenciais, para seus clientes.

- *Negociações privadas.* HP, IBM e Walmart conduzem negociações privadas para se conectar com grupos especialmente convidados de fornecedores e parceiros.

Um número crescente de empresas está fazendo a transição para as compras *on-line*. As compras empresariais *on-line* podem ser organizadas em torno de dois tipos de *e-hubs*: os *verticais*, centrados em setores produtivos (plástico, aço, produtos químicos, papel), e os *funcionais* (logística, compra de mídia, propaganda, gestão de consumo de energia). A compra empresarial *on-line* oferece várias vantagens: corta custos de transação tanto para compradores quanto para fornecedores, reduz o tempo entre a encomenda e a entrega, consolida sistemas de aquisição e forja relações mais diretas entre parceiros e compradores. Como desvantagem, elas tendem a corroer a fidelidade fornecedor-comprador e criar problemas de segurança.

SOLICITAÇÃO DE PROPOSTAS

A seguir, o comprador convida os fornecedores qualificados a apresentarem propostas. Após avaliar as propostas, o comprador convidará alguns fornecedores a fazerem uma apresentação formal.

Os profissionais de *marketing* empresarial precisam estar aptos a pesquisar, redigir e apresentar propostas de *marketing* que descrevam o valor e os benefícios do ponto de vista dos clientes. As apresentações verbais devem inspirar confiança, além de mostrar as competências e os recursos da empresa, de modo a destacá-la da concorrência.

Propostas e vendas costumam resultar de esforços em equipe que alavancam o conhecimento e a experiência de colegas de trabalho. A Cutler-Hammer, empresa com sede em Pittsburgh e que faz parte da Eaton Corp., criou "grupos" de vendedores focados em determinada região geográfica, setor industrial ou nicho de mercado.

SELEÇÃO DO FORNECEDOR

Os compradores organizacionais procuram obter o melhor pacote possível de benefícios (econômico, técnico, de serviço e social) em relação aos custos de uma oferta do mercado. A intensidade de seu incentivo para comprar decorre da diferença entre benefícios percebidos e custos percebidos.[23] Em geral, os compradores avaliam os fornecedores em atributos como preço, reputação, confiabilidade e agilidade. Antes de escolher um fornecedor, o centro de compras especifica e ordena os atributos do fornecedor que deseja, geralmente aplicando um modelo de avaliação para classificá-los com base no desempenho em relação aos atributos que o comprador mais valoriza.

Os profissionais de *marketing* empresarial devem, portanto, garantir que os clientes apreciem plenamente o fato de as ofertas da empresa serem diferentes e melhores. Para tanto, os vendedores muitas vezes apresentam ou "enquadram" suas ofertas de modos que os permitam destacar os benefícios que oferecem. A estruturação pode ser uma simples questão de assegurar que os clientes percebam todos os benefícios ou economias proporcionados pelas ofertas da empresa, ou se tornar mais influente no processo de pensamento dos clientes sobre os princípios econômicos de aquisição, posse, uso e descarte de ofertas de produtos.

Para desenvolver proposições de valor atrativas, os profissionais de *marketing* empresarial precisam entender melhor como os compradores organizacionais realizam suas avaliações.[24] A escolha dos atributos e sua importância relativa variam de acordo com a situação de compra. Confiabilidade de entrega, preço e reputação do fornecedor podem ser importantes para algumas empresas. Para outras, os atributos mais importantes podem ser assistência técnica, flexibilidade do fornecedor e confiabilidade do produto. Identificar claramente as prioridades da empresa ao escolher um fornecedor e identificar aqueles que atendem a tais critérios é o segredo para o sucesso no mercado.

Cada vez mais, as empresas reduzem seu número de fornecedores. Há até mesmo uma tendência a utilizar apenas um fornecedor, embora as empresas que usam vários fornecedores citem o risco de greves trabalhistas, desastres naturais ou outros imprevistos como o principal motivo para não dependerem de uma única fonte de suprimento. Outra razão para a relutância é o temor de que o fornecedor escolhido se acomode com o relacionamento a ponto de perder sua vantagem competitiva.

NEGOCIAÇÃO DO CONTRATO

Uma vez selecionados os fornecedores, o comprador negocia a forma final do pedido, relacionando as especificações técnicas, a quantidade requerida, o prazo de entrega desejado, os critérios de devolução e os termos de garantia. Muitas indústrias adquirem equipamentos pesados, como máquinas e caminhões, por meio de *leasing*. Nesse caso, o arrendatário obtém uma série de vantagens: tem acesso aos produtos mais recentes, conta com um atendimento de qualidade, retém capital e obtém vantagens tributárias. O arrendador geralmente acaba com um rendimento líquido maior e a chance de atender clientes que não poderiam arcar com os custos da compra direta.

No caso de itens usados em atividades de manutenção, reparo e operação, os compradores tendem a adotar contratos em aberto, em vez de recorrer a pedidos de compras periódicas. Um contrato em aberto estabelece um relacionamento de longo prazo, no qual o fornecedor promete reabastecer o comprador de acordo com a necessidade, a preços já negociados e durante um período definido. Como os estoques são mantidos pelo vendedor, os contratos em aberto são às vezes chamados de *planos de compra sem estoque*. Esse sistema estreita os laços entre fornecedor e comprador e dificulta a entrada de fornecedores não cadastrados, a menos que o comprador fique insatisfeito.

Empresas que temem a escassez de materiais essenciais estão dispostas a comprar e manter grandes estoques, firmando contratos de longo prazo com fornecedores para garantir o fluxo contínuo de materiais. A DuPont, a Ford e várias outras grandes corporações consideram o planejamento do fornecimento de longo prazo uma das principais responsabilidades de seus gerentes de compra. A General Motors, por exemplo, prefere comprar de um número menor de fornecedores que estejam localizados próximo de suas fábricas e que produzam componentes de alta qualidade. Além disso, as empresas que atendem ao mercado empresarial também estão desenvolvendo extranets com clientes importantes, a fim de facilitar as transações e diminuir seu custo. Os clientes enviam os pedidos diretamente de seu computador para o fornecedor.

Algumas empresas vão mais além e transferem para seus fornecedores a responsabilidade de efetuar os pedidos por meio de um sistema denominado estoque gerenciado pelo fornecedor (VMI, do inglês *vendor managed inventory*). Esses fornecedores monitoram os níveis de estoque do cliente e são responsáveis por sua reposição automática via programas de reposição contínua. A Performance Pipe, divisão da Chevron Phillips Chemical Company, fornece sistemas de áudio, iluminação e visão para as principais montadoras do mundo. Seu programa de estoque gerenciado pelo fornecedor, composto de 40 fornecedores, resultou em significativa redução de tempo e custos, além de permitir à empresa realocar o espaço anteriormente dedicado à armazenagem para atividades produtivas de manufatura.[25]

REVISÃO DO DESEMPENHO

Periodicamente, o comprador avalia o desempenho do(s) fornecedor(es) selecionado(s) por meio de um entre três métodos: entrar em contato com os usuários finais e pedir-lhes uma avaliação; classificar o fornecedor de acordo com diversos critérios, empregando um método com diferentes ponderações para cada um desses critérios; ou agregar o custo do desempenho insatisfatório de um fornecedor e obter custos de compra ajustados, incluindo o preço pago. A revisão do desempenho pode levar o comprador a continuar, modificar ou encerrar o relacionamento com o fornecedor.

Muitas empresas implementaram programas de incentivo para recompensar gerentes de compras por seu bom desempenho, levando-os a aumentar a pressão sobre os fornecedores para obter as melhores condições.

Desenvolvimento de programas eficazes de *marketing* empresarial

Os profissionais de *marketing* empresarial têm usado todas as ferramentas de *marketing* à sua disposição para atrair e reter clientes. Eles adotam sistemas que vendem e agregam serviços valiosos para suas ofertas de produtos e utilizam programas de indicações de clientes, além de uma ampla variedade de atividades de comunicação e *branding* (gestão da marca) *on-line* e *off-line*.

A TRANSIÇÃO DE PRODUTOS PARA SOLUÇÕES

Muitos compradores empresariais preferem adquirir de um único vendedor uma solução completa para seu problema. Essa prática, conhecida como **compra de sistemas**, teve origem nas aquisições de grandes sistemas de armamento e de comunicação feitas pelo governo dos Estados Unidos. O governo abria uma licitação para fornecedores primários que, se escolhidos, seriam responsáveis por cotar e montar os subcomponentes adquiridos de fornecedores secundários. O fornecedor primário oferecia, portanto, uma "solução *turnkey*" (chave na mão), que ganhou esse nome porque bastava ao comprador girar uma chave para ter o serviço completo.[26]

Cada vez mais, as empresas percebem que os clientes gostam de comprar dessa maneira, e muitas delas têm adotado a **venda de sistemas** como ferramenta de *marketing*. Gigantes da tecnologia, como HP, IBM, Oracle e Dell, têm feito a transição de especialistas para concorrentes de soluções completas que podem fornecer a tecnologia central necessária à migração dos negócios para a nuvem.

Uma variante dessa estratégia é a contratação de sistemas, em que uma única fonte atende a *todas* as necessidades relativas às atividades de manutenção, reparo e operação. Durante a vigência do contrato, o vendedor também gerencia os estoques do cliente. Por exemplo, a Shell Oil gerencia o estoque de combustível de muitos de seus clientes empresariais e sabe quando é necessário fazer reposições. O cliente beneficia-se com a redução de custos de aquisição e gerenciamento e com a proteção do preço durante a vigência do contrato. Já o vendedor lucra com a redução dos custos operacionais em virtude da estabilidade da demanda e da redução da burocracia.

A venda de sistemas é uma estratégia de *marketing* empresarial considerada fundamental na concorrência para projetos de grande porte, como represas, siderúrgicas, sistemas de irrigação, sistemas de saneamento, oleodutos, serviços públicos e até mesmo para a construção de novas cidades. Para ganhar esse tipo de concorrência, as empresas de engenharia têm de competir em preço, qualidade, confiança, entre outros atributos. Os fornecedores, no entanto, não ficam à mercê das demandas dos clientes. O ideal é que atuem ativamente junto aos clientes desde o início do processo para influenciar o desenvolvimento efetivo das especificações. Eles também podem ir além das especificações e oferecer valor adicional de diversas maneiras, como mostra o exemplo a seguir.

> **Venda para o governo da Indonésia** O governo da Indonésia abriu uma licitação para a construção de uma fábrica de cimento nas proximidades de Jacarta. Uma empresa americana apresentou uma proposta que incluía a escolha do terreno, o projeto da fábrica, a contratação da equipe de construção, a montagem de materiais e equipamentos e a entrega da fábrica concluída ao governo da Indonésia. Uma concorrente japonesa, ao apresentar sua proposta, além de incluir todos esses serviços, ofereceu a contratação e o treinamento de funcionários

para operarem a fábrica, a exportação de cimento por intermédio de suas *tradings* e o uso do cimento para a construção de estradas e novos prédios de escritórios em Jacarta. Apesar de mais cara, a proposta japonesa venceu a licitação. Obviamente, os japoneses não viram o projeto apenas como a construção de uma fábrica de cimento (uma visão estreita da venda de sistemas), mas sim como uma contribuição ao desenvolvimento econômico da Indonésia. Eles visualizaram o projeto e as necessidades do cliente de maneira mais ampla, e essa é a verdadeira venda de sistemas.

FORTALECIMENTO DE SERVIÇOS

Os serviços desempenham um papel estratégico e financeiro crescente para muitas empresas B2B que comercializam principalmente bens. Ao agregar serviços de alta qualidade a suas ofertas de produtos, as empresas podem oferecer maior valor e estreitar seus vínculos com os clientes.

Um exemplo clássico é o da Rolls-Royce, que investiu fortemente no desenvolvimento de modelos de motores a jato gigantes para os novos aviões jumbo lançados pela Boeing e pela Airbus. Uma importante fonte de lucros para a Rolls-Royce, além da venda de motores e peças de reposição, é o contrato de reparo e manutenção de longo prazo "potência por hora". As margens são mais elevadas, visto que os clientes estão dispostos a pagar um ágio pela paz de espírito e previsibilidade que esses contratos oferecem.[27]

As empresas de tecnologia também têm agrupado serviços para melhorar a satisfação do cliente e aumentar os lucros. Como muitas empresas de *software*, a Adobe Systems está em transição para um negócio de *marketing* digital com base em assinaturas mensais na nuvem. Por exemplo, produtos da Adobe como Photoshop, Illustrator e InDesign agora são *on-line* e se transformaram em serviços por assinatura. Um benefício para as empresas que oferecem tais serviços é que o modelo de assinatura elimina a necessidade de trabalhar constantemente para convencer os usuários que compraram o produto no passado a adquirir a nova versão atualizada, pois, nesse modelo, a transição é automática. A receita também vem crescendo, uma vez que a empresa pode vender serviços de suporte a seus clientes na nuvem.

DESENVOLVIMENTO DE MARCAS B2B

Os profissionais de *marketing* empresarial cada vez mais reconhecem a importância das suas marcas. As marcas dão aos gestores tranquilidade ao garantirem a qualidade do produto e, logo, ajudam a justificar a compra de marcas estabelecidas perante os *stakeholders* da empresa. Como diz o velho ditado, "ninguém nunca foi demitido por comprar IBM".

A suíça ABB é líder global em tecnologias de energia e automação, com 110 mil funcionários em mais de cem países. A empresa gasta anualmente US$ 1 bilhão em P&D para alimentar uma longa tradição de projetos inovadores e de construção nacional. A ABB iniciou um projeto de reposicionamento extensivo que avaliou cinco plataformas alternativas de posicionamento, concluindo que a ABB deveria representar "poder e produtividade para um mundo melhor". Em uma abordagem de "uma empresa, uma marca", revistas, cartazes, folhetos, comunicação digital e até exposições foram renovados para criar um visual unificado para a marca e fortalecer a sua posição de mercado global. A maior parte da propaganda da ABB contém imagens de projetos reais, com mensagens específicas ao negócio para explicar as tecnologias.[28]

No *marketing* B2B, a marca corporativa é muitas vezes crucial, em virtude de estar associada a muitos produtos da empresa. Houve um tempo em que a Emerson Electric, fornecedora global de ferramentas elétricas, compressores, equipamentos elétricos e soluções de engenharia, era um conglomerado de 60 empresas autônomas – e, às vezes, anônimas. Para ampliar a sua presença para vender localmente ao mesmo tempo que alavancava sua marca global, a Emerson alinhou as marcas sob uma nova arquitetura e identidade de marca global. A consolidação global reduziu o número de *sites* da empresa à metade, o conteúdo *on-line* e as campanhas de *marketing* foram traduzidos para idiomas locais ao redor do mundo, e plataformas de redes sociais foram expandidas.[29] A SAS é outra empresa que reconheceu a importância de sua marca corporativa.

<< Para livrar-se da imagem de ser uma marca exclusivamente para gerentes de tecnologia da informação (TI) e fortalecer o crescimento, a SAS, produtora de *software* de *business analytics*, preparou uma campanha de anúncios impressos e de TV focada em executivos que não conheciam os benefícios do *software* da SAS ou os méritos do *business analytics* em geral.

SAS Com um "fã clube" enorme de clientes de TI em 147 países, a SAS, empresa de serviços e *software* de *business analytics* (em português, analítica de negócios), parecia estar em uma posição invejável na virada do século. No entanto, sua imagem era o que um observador da indústria chamou de "marca *nerd*". Para ampliar o alcance da empresa para além dos gerentes de TI com doutorado em matemática ou análise estatística, a empresa precisava conectar-se com altos executivos das maiores empresas – pessoas que não tinham a menor ideia do que era o *software* da SAS ou não consideravam o *business analytics* uma questão estratégica. Trabalhando pela primeira vez com uma agência de propaganda externa, a SAS surgiu com um novo logotipo, um novo *slogan* ("The Power to Know", ou "O poder do conhecimento") e uma série de anúncios de TV e impressos em veículos como *BusinessWeek*, *Forbes* e *Wall Street Journal*. Altamente rentável e atualmente uma das maiores empresas privadas de *software* do mundo, a SAS mais do que dobrou suas receitas desde a mudança de marca e encontrou o mesmo sucesso dentro da empresa. Há mais de 15 anos ela aparece no *ranking* da revista *Fortune* como uma das melhores empresas dos Estados Unidos para se trabalhar.[30]

SUPERAÇÃO DAS PRESSÕES POR PREÇO

Apesar das mudanças que têm levado a compras estratégicas, parcerias e participação de equipes multifuncionais, os compradores ainda gastam uma grande parcela de seu tempo negociando preços com fornecedores. O número de compradores com orientação para preço pode variar por país, dependendo das preferências do cliente quanto às especificidades do serviço e das características da organização do cliente.[31]

As empresas que atendem ao mercado empresarial podem tratar os pedidos de redução de preço de várias maneiras, como observado anteriormente. Elas podem apresentar evidências de que o custo total de posse (i.e., o custo de seu produto ao longo do tempo de utilização) é inferior ao dos produtos concorrentes. Podem, ainda, citar o valor dos serviços recebidos pelo comprador, especialmente quando forem superiores aos oferecidos pela concorrência.[32] Uma pesquisa revelou que o suporte técnico e as interações pessoais, bem como o *know-how* e a capacidade que o fornecedor tem de reduzir o tempo de lançamento de produtos da empresa compradora, podem ser úteis à criação de diferenciadores para atingir o *status* de fornecedor-chave.[33]

Melhorar a produtividade ajuda a aliviar as pressões por preço. Algumas empresas dispõem-se a atender compradores com orientação para preço oferecendo preços mais baixos, mas estabelecendo condições restritivas, como limitar a quantidade que pode ser comprada, não oferecer reembolsos, não fazer adaptações e não oferecer serviços.[34] Outras buscam soluções que intensifiquem os benefícios e reduzam os custos, de modo a contrabalançar qualquer pressão por preços. Consideremos o exemplo a seguir.

> **Lincoln Electric** Há décadas, a Lincoln Electric, fabricante de produtos e equipamentos de solda com sede em Cleveland, Estados Unidos, ajuda seus clientes a reduzir custos com o programa Guaranteed Cost Reduction (GCR, em português, garantia de redução de custo). Quando um cliente insiste que um distribuidor da Lincoln cubra os preços da concorrência, a empresa e o distribuidor em questão garantem que, no período de um ano, encontrarão reduções de custos na fábrica do cliente que sejam equivalentes ou superiores à diferença de preço entre os produtos da Lincoln e dos concorrentes. A Holland Binkley Company, um grande fabricante de componentes para reboques de tratores, comprava arame de soldagem da Lincoln Electric havia muitos anos. Quando a Binkley começou a pesquisar um preço melhor para esse produto, a Lincoln Electric desenvolveu um pacote para as duas empresas trabalharem juntas na redução de custos. O pacote inicialmente previa uma economia de US$ 10 mil, mas acabou acarretando uma redução de seis dígitos, um crescimento nos negócios e uma sólida parceria de longo prazo entre cliente e fornecedor.[35]

A colaboração também pode ajudar a aliviar a pressão por preço. Suponhamos que a Medline, fornecedora de produtos hospitalares, estabeleça um acordo com o hospital Highland Park, prometendo uma economia de US$ 350 mil nos primeiros 18 meses em troca de um aumento de 10 vezes no volume de suprimentos adquiridos pelo hospital. Se a Medline não proporcionar a economia prometida, ressarcirá a diferença. Se alcançar uma economia substancialmente maior do que prometeu, terá participação no excedente. Para garantir o sucesso desse tipo de acordo, o fornecedor deve estar disposto a auxiliar o cliente a construir um banco de dados de acompanhamento, entrar em acordo sobre como medir custos e benefícios e elaborar um mecanismo para solucionar divergências.

Reduzir o preço e aumentar os benefícios não são as únicas formas de superar pressões por preço. Em alguns casos, a questão não é melhorar a oferta, mas sim comunicar melhor os benefícios que esta já proporciona aos clientes. Uma abordagem popular ao processo de tornar o valor

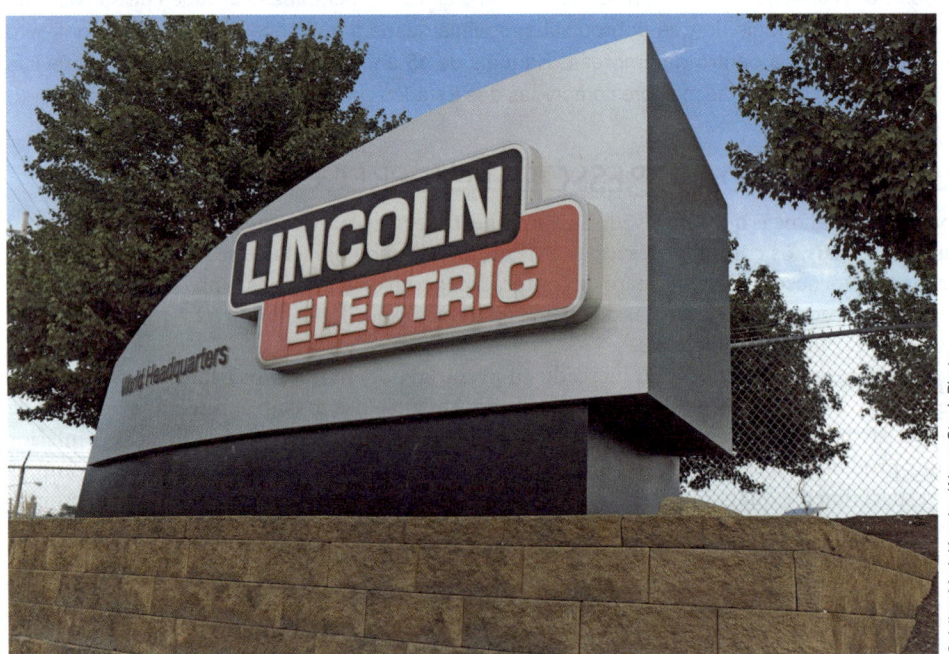

>> Em vez de baixar os preços para se equiparar à concorrência, a Lincoln Electric, fabricante de produtos e equipamentos de solda, trabalha lado a lado com os clientes para encontrar economias de custos nas suas operações equivalentes ou superiores às diferenças de preços.

da oferta mais transparente para os clientes é a *análise do valor econômico* (EVA, do inglês *economic value analysis*), uma ferramenta que ajuda a monetizar os benefícios funcionais da oferta da empresa, como desempenho, confiabilidade e garantia.

Suponhamos que o comprador de uma grande empreiteira deseja adquirir um trator para construção de casas e está em dúvida entre o da Caterpillar e o da Komatsu. Ele gostaria que o veículo lhe proporcionasse determinados níveis de confiabilidade, durabilidade, desempenho e valor de revenda. Os vendedores concorrentes descrevem minuciosamente suas respectivas ofertas. O comprador observa que, com base nesses atributos, o trator da Caterpillar traz mais benefícios. Ele também percebe diferenças nos serviços incluídos – entrega, treinamento e manutenção –, e conclui que a Caterpillar oferece um atendimento melhor e que seu pessoal aparenta conhecer melhor o produto, além de ser mais atencioso. Por fim, o comprador valoriza mais a imagem de marca e a reputação da Caterpillar. Ele soma todos os benefícios econômicos, funcionais e psicológicos dessas quatro fontes – produto, serviços, pessoal e imagem – e deduz que a Caterpillar oferece mais benefícios ao cliente.

Ele, então, compra o trator da Caterpillar? Não necessariamente, pois também pondera o custo total com o qual terá de arcar para efetuar a transação com a Caterpillar e com a Komatsu. Esse custo total consiste em mais do que o custo monetário. Como observou Adam Smith há mais de dois séculos em *A riqueza das nações*, "o verdadeiro preço de alguma coisa é a dificuldade e o trabalho para adquiri-la". Assim, o custo total para o cliente também inclui os custos de tempo e de energia física e psicológica para adquirir o produto, além de seu uso, manutenção, propriedade e descarte. O comprador leva em consideração esses custos e o custo monetário para formar um quadro do custo total para o cliente. Então, ele verifica se o custo total da Caterpillar é demasiadamente elevado em relação ao benefício total entregue por ela. Se for, ele poderá optar pelo trator da Komatsu. O comprador vai adquirir aquele que entregar o maior valor percebido.

Agora, apliquemos essa teoria do processo decisório do comprador para ajudar a Caterpillar a vender seu trator. A oferta da empresa pode ser melhorada de três maneiras. A primeira consiste em aumentar o benefício total para o cliente, melhorando os benefícios econômicos, funcionais e psicológicos de seus bens, serviços, pessoal e/ou imagem. A segunda consiste em reduzir os custos não monetários do comprador, ou seja, seus custos de tempo e de energia física e psicológica. A terceira consiste em reduzir o custo monetário do produto.

Suponhamos que a Caterpillar conclua que, para o comprador, sua oferta vale US$ 20 mil. Além disso, suponhamos que o custo da empresa para produzir o trator seja de US$ 14 mil. Isso significa que a oferta da Caterpillar gera potencialmente US$ 6 mil acima do custo da empresa, de modo que ela precisa cobrar um preço entre US$ 14 mil e US$ 20 mil. Se cobrar menos que US$ 14 mil, não cobrirá seu preço de custo; se cobrar mais, poderá ficar fora do mercado.

O preço cobrado pela Caterpillar determinará que valor será entregue ao comprador e que valor ela receberá de volta. Se cobrar US$ 19 mil, estará concedendo US$ 1 mil de valor ao cliente e US$ 5 mil para si mesma. Quanto menor for o preço determinado pela empresa, maior será seu valor percebido pelo cliente e, portanto, maior será o incentivo deste para comprar. Para conquistar a venda, a Caterpillar deve oferecer um valor percebido pelo cliente maior do que o da Komatsu.[36]

GESTÃO DA COMUNICAÇÃO

Embora normalmente estejam associadas aos mercados consumidores, as comunicações de *marketing* também têm um papel importante nos mercados empresariais. As empresas precisam informar os clientes corporativos sobre os benefícios das suas ofertas e coordenar suas atividades com os colaboradores.[37] Assim como ocorre nos mercados consumidores, as comunicações empresariais estão cada vez mais entrando no espaço *on-line*, onde utilizam otimização para mecanismos de busca (SEO, do inglês *search engine optimization*) e *marketing* para mecanismos de busca (SEM, do inglês *search engine marketing*) para se conectar com compradores.

A seguir, estão alguns exemplos de como as principais empresas vêm redesenhando sua presença *on-line*, empregando otimização para mecanismos de busca, participando das redes sociais e lançando *webinars* e *podcasts* para melhorar o desempenho de seus negócios por meio do *marketing* B2B.

Chapman Kelly Subsidiária da HMS Business Services, a Chapman Kelly fornece serviços de auditoria de dependentes e sinistros médicos, odontológicos e farmacêuticos para ajudar as empresas a reduzir seus custos com planos de saúde e seguros. Inicialmente, a empresa tentava adquirir novos clientes por meio de *telemarketing* e técnicas de vendas tradicionais. Após redesenhar e otimizar seu *site* para que o nome da empresa aparecesse mais próximo do topo nas buscas *on-line* relevantes, sua receita quase dobrou.[38]

Makino A fabricante de máquinas Makino desenvolve relacionamentos com sua base de clientes, composta de usuários finais, realizando uma série contínua de *webinars* para setores específicos, com periodicidade média de três por mês. A empresa utiliza conteúdo altamente especializado para atrair diferentes indústrias e estilos de manufatura – por exemplo, mostram como tirar o máximo proveito de máquinas-ferramentas ou como funcionam os processos de corte de metal. Seu banco de dados de participantes de *webinars* tem permitido à empresa reduzir os custos de *marketing* e melhorar sua eficiência e eficácia.[39]

Kinaxis A empresa canadense de gerenciamento de cadeia de suprimentos Kinaxis usa uma abordagem totalmente integrada às comunicações, incluindo *blogs*, *white papers* e um canal de vídeo que depende de palavras-chave específicas para direcionar o tráfego para seu *site* e gerar *leads* qualificados. Com as pesquisas sugerindo que 93% de todas as compras B2B começam com consultas na internet, a Kinaxis coloca muita ênfase em SEO, reutilizando e adaptando o conteúdo tanto quanto possível para torná-lo relevante e fácil de usar.[40]

Alguns profissionais de *marketing* empresarial estão adotando práticas dos colegas do *marketing* de consumo para construir sua marca.[41] A Xerox realizou uma campanha de comunicação totalmente integrada para habilmente reforçar o fato de que 50% de sua receita vêm de serviços empresariais, e não de copiadoras. Vejamos como foi o anúncio em que a Xerox menciona a rede de hotéis Marriott:[42]

Dois mensageiros da Marriott estão sentados em um escritório. "Você terminou as faturas do mês passado?", um pergunta ao outro. "Não, mas peguei suas roupas na lavanderia e mandei engraxar seus sapatos", responde o segundo. "Bom, eu fiz reserva para você no restaurante de *sushi* da esquina!", diz o primeiro mensageiro. Ouve-se, então, esta locução em *off*: "A Marriott sabe que é melhor a Xerox automatizar seus processos globais de fatura para que ela possa se concentrar em atender seus clientes".

Às vezes, um toque pessoal pode fazer toda a diferença. Clientes que pensam em fazer transações de seis ou sete dígitos por bens e serviços de grande monta querem todas as informações que puderem obter, especialmente de uma fonte confiável e independente.

Gestão de relacionamentos B2B

Fornecedores e clientes do mercado empresarial têm explorado diversas maneiras de gerenciar seus relacionamentos.[43] A fidelidade à marca é impulsionada pela gestão da cadeia de suprimentos, pelo envolvimento do fornecedor e por alianças de compras.[44] Profissionais de *marketing* B2B estão utilizando abordagens mais focadas para atrair e reter clientes, enfocando suas metas e desenvolvendo táticas de *marketing* individualizadas.[45]

A RELAÇÃO COMPRADOR-FORNECEDOR

Muitas pesquisas defendem a necessidade de maior coordenação vertical entre compradores e vendedores, de forma que seu relacionamento deixe de ser uma mera parceria de transações e se transforme em uma atividade capaz de criar mais valor para ambas as partes.[46]

Diversas forças influenciam o desenvolvimento de um relacionamento entre parceiros de negócios. Os quatro fatores relevantes são: disponibilidade de alternativas, importância do suprimento, complexidade do suprimento e dinâmica de mercado do suprimento. Com base neles, o relacionamento entre cliente e fornecedor pode variar desde a compra e venda básica, que envolve trocas simples e rotineiras com níveis moderados de cooperação e troca de informações, até um relacionamento colaborativo, no qual confiança e comprometimento levam a uma verdadeira parceria.[47]

Contudo, com o passar do tempo, os papéis desempenhados em um relacionamento podem mudar.[48] Algumas necessidades podem ser satisfeitas com um desempenho razoavelmente básico do fornecedor se os compradores não quiserem nem precisarem manter um relacionamento estreito com ele. Da mesma forma, alguns fornecedores podem não considerar vantajoso investir em clientes com potencial de crescimento limitado.

Um estudo concluiu que relacionamentos mais estreitos entre cliente e fornecedor surgem quando o suprimento é importante para o cliente e existem obstáculos para a seleção de fornecedores, como requisitos complexos para a compra e poucos concorrentes.[49] Outro estudo sugeriu que a integração vertical maior entre comprador e vendedor por meio de troca de informações e planejamento é necessária somente em ambientes de grande incerteza e quando os investimentos específicos são modestos.[50]

GESTÃO DA CONFIANÇA, CREDIBILIDADE E REPUTAÇÃO CORPORATIVA

Estabelecer confiança entre as partes é pré-requisito para um relacionamento saudável no longo prazo.[51] A *confiança* reflete-se na disposição de uma empresa em contar com um parceiro de negócios. Vários fatores interpessoais e interorganizacionais afetam a confiança em um relacionamento entre empresas, como percepção de competência, integridade, honestidade e benevolência da organização. As interações pessoais com os funcionários da empresa, as opiniões sobre a empresa como um todo e as percepções de confiança evoluem com a experiência.

Uma empresa tem mais chance de ser considerada confiável quando fornece informações completas e honestas, tem os incentivos dos funcionários alinhados com as necessidades do cliente, forma parcerias com clientes para criar valor de mercado e oferece comparações válidas com produtos concorrentes.[52] Como estabelecer confiança pode ser particularmente complicado em ambientes virtuais, muitas empresas impõem exigências mais rigorosas a parceiros de negócios *on-line*. Os compradores empresariais preocupam-se com a possibilidade de que os produtos não sejam entregues com a qualidade desejada, no local certo e dentro do prazo. A preocupação dos vendedores é não receber em dia – ou não receber nunca – e debater a quantidade de crédito que devem estender. Para tanto, muitas empresas usam ferramentas como aplicativos de consulta de crédito e serviços de informações *on-line* para ajudar a determinar o risco de crédito de seus parceiros de negócios.

Credibilidade corporativa é a medida em que os clientes acreditam que uma empresa pode gerar e entregar bens e serviços capazes de satisfazer suas necessidades e desejos. Ela reflete a reputação alcançada pelo fornecedor no mercado e forma a base de um relacionamento estreito. A credibilidade corporativa depende de três fatores: competência corporativa, confiabilidade corporativa e atratividade corporativa. A *competência corporativa* reflete até que ponto a empresa é vista como capaz de fabricar e vender produtos ou prestar serviços. A *confiabilidade corporativa* reflete até que ponto a empresa é vista como motivada em ser honesta, confiável e sensível às necessidades do cliente. A *atratividade corporativa* reflete até que ponto a empresa é vista como simpática, atraente, de prestígio e dinâmica.

Em outras palavras, uma empresa com credibilidade é considerada boa no que faz, atenta aos interesses do cliente e de convívio agradável.

RISCOS E OPORTUNISMO NOS RELACIONAMENTOS EMPRESARIAIS

Pesquisadores observaram que estabelecer um relacionamento entre cliente e fornecedor cria um conflito entre segurança (garantir soluções previsíveis) e adaptação (permitir flexibilidade para a ocorrência de imprevistos). A coordenação vertical facilita o estabelecimento de vínculos fortes, mas, ao mesmo tempo, aumenta o risco para os investimentos específicos de ambas as partes.[53]

Investimentos específicos são aqueles desenvolvidos para se adaptar especificamente a uma empresa parceira na cadeia de valor (p. ex., investimentos em treinamento, equipamentos e procedimentos ou sistemas operacionais específicos para a empresa).[54] Por exemplo, um fabricante poderia investir no desenvolvimento de um sistema de realização de pedidos e controle de estoque adaptado às necessidades de um determinado varejista. Esse investimento específico ajuda a melhorar a eficácia e a eficiência de custos da colaboração entre entidades empresariais.[55]

Entretanto, investimentos específicos também implicam risco considerável tanto para o cliente quanto para o fornecedor. A teoria econômica dos custos de transação defende que, como os investimentos iniciais em projetos específicos podem ser altos, as empresas podem ficar presas em um relacionamento específico. Além disso, pode ser necessário trocar informações sigilosas sobre custos e processos. Um comprador pode ficar vulnerável a atrasos em virtude dos custos de mudança de processo; um fornecedor pode ficar vulnerável por ter colocado em jogo ativos e/ou tecnologia/conhecimento de uso exclusivo. Com relação ao segundo risco, consideremos o exemplo a seguir.

Um fabricante de peças para automóveis firma um contrato para fornecer um componente de motor para um fabricante de equipamento original (OEM, do inglês, *original equipment manufacturer*). Um contrato de exclusividade por um ano com o fornecedor protege o investimento específico do OEM em uma linha de produção dedicada. No entanto, é possível que, durante a vigência do contrato, o fornecedor também seja obrigado a trabalhar (de modo extracontratual) como parceiro da equipe interna de engenharia do OEM, usando computadores interligados para trocar informações detalhadas sobre engenharia e coordenar mudanças frequentes de projeto e manufatura. Essas interações podem reduzir custos e/ou aumentar a qualidade por meio de uma resposta mais ágil da empresa a mudanças no mercado. Por outro lado, podem aumentar a ameaça à propriedade intelectual do fornecedor.

Quando os compradores não conseguem monitorar com facilidade o desempenho do fornecedor, este pode não honrar o compromisso assumido ou trapacear e não entregar o valor prometido. Define-se *oportunismo* como "uma forma de trapaça ou entrega inadequada relativa a um contrato implícito ou explícito".[56]

Uma forma de oportunismo passiva pode envolver a recusa ou relutância em se adaptar a novas situações ou simplesmente a negligência em cumprir obrigações contratuais. A descoberta de que uma empresa de processamento de amendoim, a Peanut Corporation of America, com apenas US$ 25 milhões em vendas, tinha um produto contaminado gerou um *recall* de US$ 1 bilhão, pois o ingrediente era utilizado em 2 mil outros produtos. Em seguida, a empresa encerrou todas as operações de produção e negócios, e o CEO foi preso por vender conscientemente alimentos contaminados.[57]

O oportunismo é motivo de apreensão porque força as empresas a dedicar recursos para controle e monitoramento que poderiam ser usados para fins mais produtivos. Um contrato pode ser um instrumento inadequado para regular transações quando é difícil detectar oportunismo por parte do fornecedor, quando a empresa investe em ativos que não têm utilização alternativa e quando as contingências são difíceis de prever. Clientes e fornecedores têm maior probabilidade de formar uma *joint venture* (que sugere um maior nível de comprometimento com a relação colaborativa do que assinar um contrato simples) quando a especificidade do ativo do fornecedor é alta e monitorar o comportamento do fornecedor é difícil.[58]

A existência de uma perspectiva futura significativa e/ou de regras robustas de solidariedade normalmente estimula clientes e fornecedores a buscar benefícios conjuntos. Seus investimentos específicos passam da expropriação (aumento do oportunismo pela parte que recebe) para o compromisso (menor oportunismo).[59]

GESTÃO DE MERCADOS INSTITUCIONAIS

Até aqui, nossa discussão concentrou-se principalmente no comportamento de compra de empresas com fins lucrativos. Ainda assim, muito do que foi mencionado se aplica às práticas de compra das organizações institucionais e governamentais. Desejamos, contudo, enfatizar características específicas encontradas nesses mercados.

O **mercado institucional** é formado por escolas, hospitais, asilos, prisões e demais instituições que precisam oferecer bens e serviços às pessoas sob sua responsabilidade. Muitas dessas organizações caracterizam-se por recursos financeiros limitados e clientela cativa. Os hospitais, por exemplo, precisam decidir que tipo de comida comprar para seus pacientes. O objetivo da compra não é o lucro, pois a alimentação é fornecida aos pacientes como parte do pacote total de serviços. Tampouco é apenas a minimização dos custos, pois uma alimentação de baixa qualidade provocará queixas dos pacientes e prejudicará a reputação do hospital. O comprador do hospital deve procurar vendedores de alimentos para organizações institucionais cujo padrão de qualidade se iguale ou supere o padrão mínimo estabelecido e que, ao mesmo tempo, ofereçam preços baixos. Na verdade, muitas indústrias alimentícias montam um setor separado para atender compradores de organizações institucionais, em razão das necessidades e características específicas desses clientes. Para atender a especificações de hospitais, universidades e presídios, a Heinz produz, embala e determina os preços de seu *ketchup* de maneira diferente. A Aramark, que fornece serviços de alimentação para estádios, arenas, *campi*, empresas e escolas, também tem vantagem competitiva no fornecimento de alimentos para prisões americanas, como resultado direto do refinamento de suas práticas de compra e da gestão de sua cadeia de suprimentos.

Aramark Se, antes, a Aramark limitava-se a selecionar produtos de listas oferecidas por fornecedores potenciais, ela agora colabora com esses fornecedores para desenvolver produtos personalizados, a fim de atender às necessidades de cada segmento. No segmento penitenciário, a qualidade tem sido tradicionalmente sacrificada para atender a custos com alimentos que operadores fora desse mercado considerariam impraticáveis. "Se você quer negociar no segmento penitenciário, saiba que suas propostas serão avaliadas em centésimos de centavo", diz John Zillmer, presidente da Aramark Food & Support Services. "Portanto, qualquer vantagem que se consiga obter no lado da compra é extremamente valiosa." A Aramark selecionou uma série de produtos proteicos e os adquiriu de parceiros exclusivos a preços que jamais poderia ter imaginado. Esses parceiros eram diferenciados porque entendiam a química das proteínas e sabiam como baixar o preço sem deixar de criar um produto aceitável para os clientes da Aramark, permitindo à empresa reduzir custos. A Aramark, então, repetiu esse processo com 163 itens diferentes, formulados exclusivamente para prisões. Em vez de reduzir o custo com alimentação em um centavo por refeição, que era o padrão nesse mercado, a empresa conseguiu uma economia de cinco a nove centavos por refeição, enquanto mantinha ou até aumentava a qualidade.[60]

Na maioria dos países, os órgãos públicos são grandes compradores de bens e serviços. É comum que realizem licitações e contratem o fornecedor que oferecer o preço mais baixo. Em alguns casos, o órgão dá preferência a fornecedores conhecidos pela qualidade superior ou pela pontualidade de entrega. Os governos também compram em uma base de contratos negociados, principalmente no caso de projetos de grande complexidade, que envolvem custos e riscos importantes de P&D, e no caso de projetos em que a competição é fraca.

Uma vez que suas decisões de gastos passam pelo crivo público, os órgãos públicos requerem muita papelada burocrática dos fornecedores, o que provoca queixas frequentes relacionadas com burocracia, regulamentação, demora nos processos decisórios e mudanças constantes do pessoal responsável pelos suprimentos. Diferentes tipos de órgão – de defesa, civil ou inteligência – têm diferentes necessidades, prioridades, estilos de compra e prazos. Ademais, os vendedores não se preocupam em justificar os custos, e essa é uma das principais funções dos profissionais do governo responsáveis por suprimentos. As empresas que almejam fechar contrato com um governo precisam ajudar os departamentos governamentais a analisar o impacto dos produtos nos resultados financeiros. Demonstrar experiência útil e desempenho anterior bem-sucedido por meio de estudos de caso, sobretudo os que envolvem outras organizações governamentais, pode exercer alguma influência.

Assim como as empresas fornecem indicações aos órgãos públicos sobre como comprar e utilizar melhor seus produtos, o governo também oferece aos fornecedores potenciais indicações detalhadas sobre como vender para ele. Deixar de seguir essas diretrizes ou preencher formulários e contratos incorretamente pode resultar em um pesadelo jurídico.

Felizmente, para negócios de todos os portes, os governos federais têm tentado simplificar os procedimentos de contratação e tornar as licitações mais atraentes. Algumas reformas dão ênfase à compra de itens disponíveis comercialmente, em vez de itens feitos especialmente de acordo com as especificações do governo; à comunicação *on-line* com os fornecedores para eliminar a papelada; e à análise das lições aprendidas com os fornecedores que perderam licitações, para que possam ter mais chance de sucesso na próxima oportunidade.

Nos Estados Unidos, muitos órgãos federais que atuam como agentes de compras para outros departamentos governamentais disponibilizaram catálogos virtuais, o que permite que órgãos civis e militares autorizados comprem pela internet um grande número de itens, desde suprimentos médicos e material de escritório até roupas. A General Services Administration (GSA; Departamento de Serviços Gerais), por exemplo, não só vende mercadorias estocadas pelo seu *site*, como também cria conexões diretas entre compradores e fornecedores terceirizados. Um bom ponto de partida para qualquer trabalho com o governo americano, por exemplo, é certificar-se de que a empresa está no banco de dados System for Award Management (SAM; Sistema para Gestão de Contratos), órgão responsável por coletar, validar, armazenar e disseminar dados em suporte às aquisições de órgãos governamentais.

Resumo

1. Compra organizacional é o processo pelo qual as organizações formais estabelecem a necessidade de comprar bens e serviços para, depois, identificar, avaliar e escolher entre marcas e fornecedores alternativos. O mercado empresarial é formado por todas as organizações que adquirem bens e serviços utilizados na produção de outros bens e serviços, posteriormente vendidos, alugados ou fornecidos a terceiros.

2. Quando comparados com os mercados de consumo B2C, os mercados empresariais costumam apresentar: compradores em menor quantidade, mas de maior porte; um relacionamento cliente-fornecedor mais próximo; e compradores geograficamente mais concentrados. A demanda dos mercados empresariais é derivada da demanda dos mercados de consumo final e flutua com o ciclo de negócios. Não obstante, a demanda total de muitos bens e serviços organizacionais é "pouco elástica" em relação ao preço.

3. O centro de compras é a unidade de decisão da organização compradora. Ele é formado por iniciadores, usuários, influenciadores, decisores, aprovadores, compradores e filtros internos. Para influenciar esses participantes, as empresas que atuam no mercado empresarial devem estar informadas sobre fatores ambientais, organizacionais, interpessoais e individuais.

4. O *marketing* B2B bem-sucedido exige que os profissionais de *marketing* empresarial saibam em quais tipos de empresa concentrar seus esforços de vendas, bem como em quem concentrar a atenção dentro dos centros de compras dessas organizações. Ao desenvolver os esforços de venda, os profissionais de *marketing* organizacional também podem levar em consideração os clientes de seus clientes, ou os usuários finais.

5. O processo de compra consiste em oito estágios: reconhecimento do problema, descrição da necessidade, especificação do produto, procura de fornecedores, solicitação de propostas, seleção do fornecedor, negociação do contrato e revisão do desempenho. Os profissionais de *marketing* empresarial devem garantir que o valor das suas ofertas é comunicado claramente em todos os estágios do processo de compra.

6. Os profissionais de *marketing* B2B utilizam diversas ferramentas de *marketing* para atrair e reter clientes. Eles têm fortalecido suas marcas e usado tecnologia e outras ferramentas de comunicação para desenvolver programas de *marketing* eficazes. Também usam sistemas de venda e adicionam serviços para agregar valor para os clientes.

7. Empresas que atuam no mercado empresarial devem manter relacionamentos estreitos com seus clientes. Estabelecer confiança entre as partes é pré-requisito para um relacionamento saudável no longo prazo. A *confiança* depende de fatores como a percepção de competência, integridade, honestidade e benevolência da empresa. Os fornecedores de produtos empresariais devem estar informados sobre o papel exercido pelos compradores profissionais e seus influenciadores, bem como sobre a necessidade de vários contatos de venda e a importância da compra direta, da reciprocidade e do *leasing*.

8. O mercado institucional consiste em escolas, hospitais, asilos, presídios e outras instituições que têm como função fornecer bens e serviços às pessoas sob sua responsabilidade. Os compradores dos órgãos públicos tendem a exigir dos vendedores um extenso trabalho burocrático e a favorecer licitações e fornecedores locais. Os fornecedores devem estar preparados para adaptar suas ofertas às necessidades e aos procedimentos especiais encontrados nos mercados institucional e governamental.

DESTAQUE de *marketing*

Alibaba

O Alibaba Group foi fundado em 1999 por Jack Ma, que queria usar a internet para colocar fornecedores chineses em contato com compradores estrangeiros. Ma via que pequenos fabricantes e empreendedores chineses não tinham acesso a compradores estrangeiros na época. Além disso, devido à regulamentação pesada do governo, apenas as grandes empresas conseguiam acessar a indústria chinesa. O Alibaba.com foi criado para resolver essa questão – o *site* atuaria como um intermediário rápido, simples e eficiente entre fabricantes chineses e compradores internacionais. Desde que foi fundada, a Alibaba transformou-se em uma das maiores e mais valiosas empresas do mundo, operando um portfólio de negócios diversificado.

O mercado da Alibaba é composto de muitos segmentos diferentes.

- O *site* original, Alibaba.com, que funciona como mercado B2B, onde fabricantes chineses vendem seus bens a granel para empresas estrangeiras.
- Taobao.com, *site* C2C (do inglês, *consumer-to-consumer*) semelhante ao eBay, no qual usuários podem dar lances em leilões ou vender seus próprios produtos.
- Tmall.com, *site* B2C semelhante à Amazon, onde empresas chinesas locais e internacionais podem vender produtos para consumidores chineses.
- AliExpress, *site* B2C em que consumidores podem comprar bens a preços próximos daqueles oferecidos pelo Alibaba.com sem tamanho de pedido mínimo.

O Alibaba.com é simplesmente uma plataforma que liga compradores a fornecedores chineses; a empresa em si não tem estoques para o mercado B2B. A Alibaba cobra dos vendedores uma comissão sobre cada transação e oferece uma ampla variedade de produtos para empresas estrangeiras comprarem. Os produtos disponíveis incluem maquinário, petróleo, plásticos, móveis, malas, vestuário, produtos agrícolas e alimentícios e equipamentos de serviço. O enorme sortimento de produtos à venda no Alibaba.com é uma opção atraente para muitos tipos de negócios, desde hotéis até fazendas e lojas de moda.

A maioria dos produtos mais vendidos pela Alibaba consiste em itens que podem ser fabricados em massa para empresas. Além disso, muitos desses itens também são leves e pequenos, o que reduz os custos de frete. Tanto roupas quanto produtos eletrônicos se encaixam em ambas as categorias. Produtos que são presença constante entre os mais populares do mercado incluem alto-falantes e fones de ouvido *bluetooth*, brincos e braceletes, baterias de celular e roupas íntimas. A Alibaba também se adapta rapidamente às preferências e demandas dos clientes, então itens como cigarros eletrônicos e brinquedos da moda, como *fidget spinners*, dominaram o *site* em diversos momentos.

A Alibaba responde por uma grande parcela das vendas *on-line* na China, e Jack Ma oferece dois *insights* cruciais para explicar como o Alibaba.com tornou-se um sucesso tão gigantesco no mercado B2B. Primeiro, Ma acredita que os vendedores chineses primam pela frugalidade. Vendedores e compradores não se interessariam por um mercado que envolvesse altos custos monetários. Com isso em mente, a Alibaba tornou gratuitos todos os serviços básicos na sua plataforma. A empresa gera receita com anúncios *on-line* e recursos *premium* que os vendedores podem optar por adquirir, como *web design* para customizar suas lojas. As lojas básicas, sem customização, podem ficar desorganizadas, o que incentiva os vendedores a tentar destacar as suas. O segundo *insight* de Ma é que os usuários chineses desconfiam de estranhos na internet. Para evitar esse problema, o Alibaba.com estabeleceu um serviço pelo qual grupos independentes checam as declarações dos vendedores para garantir a sua legitimidade. Além disso, a Alibaba criou o sistema Alipay, que recebe o dinheiro dos compradores adiantado e guarda-o para garantir o pagamento ao vendedor.

O Alibaba.com também se beneficia do efeito de ordenamento de rede. A escala monumental do Alibaba e das suas diversas plataformas geralmente os coloca como primeiro *link* listado quando compradores em potencial buscam produtos no Baidu, equivalente chinês ao Google. O resultado é um maior número de compradores para a Alibaba. Mais compradores criam a necessidade de mais vendedores, e mais vendedores criam mais opções e variedade para novos compradores, o que forma um ciclo virtuoso. Esse ciclo dificulta a entrada de concorrentes nacionais e internacionais, como a Tencent e a Amazon.

As dificuldades de comunicação muitas vezes representam desafios enormes para mercados B2B, então a Alibaba trabalha para melhorar a comunicação entre compradores e vendedores. Para superar as barreiras linguísticas, a Alibaba criou *sites* em 15 idiomas diferentes, do hebraico ao vietnamita, para ajudar fornecedores a vender a clientes que não falam inglês. A plataforma da Alibaba permite que os fornecedores criem *posts* nos idiomas locais ou que utilizem o serviço de tradução automática para traduzir diretamente de e para o inglês. Para melhorar a comunicação direta entre vendedores e compradores, a Alibaba também oferece o aplicativo móvel AliSuppliers, que permite que vendedores respondam a perguntas de compradores e ajustem seus pedidos. Eles também podem conversar com os compradores usando a função TradeManager. A ferramenta AliSource Pro, disponível para todos os compradores, ajuda a reunir empresas e fornecedores. Os compradores podem postar descrições dos produtos que estão buscando, incluindo detalhes específicos, como a quantidade do pedido. A Alibaba analisa os *posts* e recomenda fornecedores com base nas especificações listadas em até 24 horas.

O Alibaba Group investiu pesado no desenvolvimento de um mercado de comércio eletrônico acessível e fácil de usar, o que ajudou a promover o crescimento e a expansão maciços da empresa. O feriado chinês do Dia dos Solteiros, no qual consumidores compram presentes para si mesmos para comemorar o orgulho de ser solteiro, tornou-se o maior dia de compras do ano, em grande parte graças ao mercado prolífico da Alibaba. A empresa continua a crescer no setor de comércio eletrônico, mas também nos setores de tecnologia, jogos, mídias sociais e entretenimento.[61]

Questões

1. Quais são os principais fatores que contribuem para o sucesso de mercado da Alibaba?
2. Como a Alibaba cria valor nos mercados empresariais?
3. Quais dos dois mercados fundamentais, empresarial ou consumidor, a Alibaba deveria priorizar no futuro? Por quê?

DESTAQUE de *marketing*

Salesforce.com

A Salesforce.com, Inc. é uma empresa de gestão do relacionamento com o cliente (CRM, do inglês *customer relationship management*) que oferece aplicativos na nuvem como um serviço. Os aplicativos de CRM ajudam as empresas a gerenciar os dados dos clientes, registrar interações com clientes, elaborar previsões de vendas e facilitar diversas outras funções de negócios. Marc Benioff, ex-executivo da Oracle, fundou a Salesforce.com em 1999 com o lema "O fim do *software*", que posicionava a plataforma de CRM na internet como uma alternativa mais simples e eficiente às licenças de pacotes de *software* tradicionais. Quatro anos após o lançamento, a Salesforce.com era a maior fornecedora de *software* de CRM do mundo.

Antes do lançamento da Salesforce.com, o *software* de CRM oferecido por empresas como Oracle, SAP e Siebel Systems era vendido na forma de licenças. O *software* inclui funções como gestão de vendas, *call centers* e atendimento ao cliente. O *software* de CRM era instalado e configurado nas premissas do comprador por empresas de TI, como PwC, IBM e Arthur Andersen. O sistema representava uma série de dificuldades para os clientes.

A primeira dificuldade era que o *software* de CRM era caro. Por exemplo, uma licença de *software* de CRM para uma empresa com 200 usuários custava aproximadamente US$ 350 mil. Além do custo da licença, as empresas precisavam gastar com *hardware*, instalação, suporte e manutenção, atualizações e contratação de profissionais para treinar seus funcionários. No total, o custo de um aplicativo

para 200 usuários podia superar US$ 1,8 milhão em apenas um ano.

O segundo problema era que integrar o *software* de CRM com o negócio do cliente era um processo demorado. Fatores como treinar os funcionários no uso do *software* e configurar a infraestrutura de *hardware* e TI significavam que os clientes demoravam em média de 18 a 24 meses para terem plena funcionalidade do *software*. Além disso, o *software* de CRM que os clientes adquiriam muitas vezes não produzia os resultados prometidos. Muitas vezes, os clientes não tinham como testar a funcionalidade do *software* de CRM antes de adquiri-lo. Até 60% das implementações de *software* de CRM falhavam para os clientes.

A Salesforce.com inovou no mercado de *software* de CRM com a oferta de aplicativos 100% *on-line*, um sistema chamado de "CRM sob demanda". A empresa usava computação em nuvem para armazenar e entregar seu *software* com o uso de servidores centralizados. Para ter acesso ao *software* da empresa, os clientes compravam planos mensais ou anuais. O simples *login* no *site* da Salesforce.com permitia que os clientes utilizassem os aplicativos de CRM. Como não havia *software* para instalar, a plataforma na nuvem permitia que os clientes acessassem seus aplicativos em qualquer dispositivo conectado à internet.

A plataforma de computação em nuvem da Saleforce.com trabalhava muitas das questões envolvidas com a prática tradicional de adquirir licenças de *software*. Os clientes não precisavam mais investir em equipes de TI caras e no custo inicial da estrutura de *hardware* para utilizar aplicativos de CRM. A Saleforce.com oferecia serviços de aplicativos ao preço de US$ 65 por mês por usuário, o que reduzia o custo anual para uma empresa com 200 usuários para US$ 156 mil. Além disso, os clientes podiam concentrar-se em aprender a usar o *software* imediatamente, sem antes ter de treinar uma equipe de TI. A Saleforce.com permitia que os clientes experimentassem os aplicativos desejados, então os clientes podiam adquirir os serviços quando tinham plena confiança na sua utilização e nos seus benefícios. Se, em algum momento, os clientes deixassem de acreditar na utilidade do aplicativo, podiam simplesmente cancelar o seu plano mensal.

A Saleforce.com também simplificou os benefícios oferecidos às empresas. Em comparação com outros provedores de *software* de CRM, a Saleforce.com eliminou recursos excedentes e enfocou as necessidades mais importantes dos compradores. Em especial, os aplicativos da Saleforce.com concentraram-se na automação de vendas e do *marketing* digital, atendimento ao cliente e suporte. Reduzir o número de recursos dos seus aplicativos permitiu que a Saleforce.com desenvolvesse uma interface de usuário intuitiva e fácil de operar. A Saleforce.com também coleta informações sobre padrões de uso e as utiliza para atualizar seus aplicativos; por exemplo, ela coloca os botões mais usados em locais mais convenientes.

Após o sucesso do *software* como serviço, os líderes do setor que dominavam as licenças de *software* começaram a acrescentar aplicativos de CRM sob demanda aos próprios portfólios. Para manter a sua liderança no mercado, a Salesforce.com desenvolveu um *software* inovador que lhe dava vantagens competitivas. O Salesforce Customer 360 é uma plataforma integrada de CRM, baseada em inteligência artificial (IA), que une os departamentos de *marketing*, vendas, comércio, TI e análise de dados e fornece a essas equipes uma visão unificada e compartilhada dos seus clientes, para que possam trabalhar juntas na formação de relações de confiança duradouras e na oferta das experiências personalizadas que seus clientes esperam receber. Além disso, a Salesforce.com lançou aplicativos como o force.com, que permite que desenvolvedores externos criem aplicativos e os hospedem nos servidores da empresa. Esses aplicativos permitem que empresas criem ambientes de CRM adaptados especificamente às suas necessidades. A Salesforce também lançou um aplicativo de rede social privada chamado Chatter, que permite que os funcionários se comuniquem em tempo real enquanto trabalham, como postar atualizações sobre projetos e clientes.

Os aplicativos de CRM de baixo custo e fácil adoção da Saleforce.com representavam uma oferta atraente para as empresas de pequeno e médio portes, que muitas vezes não tinham os recursos para comprar e implementar licenças de *software*. Além disso, graças às suas interfaces intuitivas e funcionais, a Salesforce.com atraía empresas de todos os portes. Em virtude disso, a Salesforce.com conquistou espaço no mercado de *software* de CRM e manteve sua dominância com o desenvolvimento de novos e inovadores aplicativos de CRM.[62]

Questões

1. Por que a Salesforce.com teve tanto êxito? O que a empresa fez particularmente bem quando criou e expandiu suas ofertas?
2. Quais são alguns dos desafios que a Salesforce.com deve enfrentar no futuro?
3. Quais outros bens e serviços a Salesforce.com poderia oferecer em seguida? Por quê?

DESTAQUE de *marketing*

Simpress

A indústria de terceirização de soluções de impressão e gestão de documentos está em constante expansão, oferecendo serviços de gerenciamento de documentos e impressão para empresas em todo o mundo de uma forma completa. Isso abrange desde a instalação e a configuração de equipamentos de impressão até a gestão de suprimentos, manutenção, suporte técnico, monitoramento remoto de impressoras e soluções de gerenciamento de documentos.

Ao contratar esse serviço, as empresas buscam terceirizar atividades que não são prioritárias, com o objetivo de reduzir custos e aumentar a produtividade dos funcionários, permitindo que eles possam se concentrar em atividades mais relevantes.

Uma das vantagens de optar pelas empresas de terceirização de impressão e gestão de documentos é a especialização no assunto. Essas empresas têm equipes altamente qualificadas e experientes, que estão sempre atualizadas com as últimas tendências e tecnologias disponíveis. Com isso, elas garantem a qualidade, o desempenho e a segurança dos serviços prestados aos clientes.

O mercado de terceirização de impressão e gestão de documentos é altamente competitivo no Brasil e no mundo. Além de empresas globais como Xerox, HP, Ricoh, Canon e Konica Minolta, muitas outras menores e regionais oferecem serviços semelhantes. A oferta de produtos e soluções pode variar em termos de preços e personalização, associados à reputação de qualidade das marcas oferecidas.

Fundada em 2001, a Simpress é uma empresa brasileira líder desse mercado no Brasil, com clientes como a Companhia Brasileira de Distribuição (Pão de Açúcar), a rede D´or São Luiz, a Raia Drogasil, a PUC, a USP, entre outros

Entretanto, nos últimos anos, a empresa percebeu uma mudança no comportamento dos seus clientes empresariais, que começaram a buscar soluções de impressão e gestão de documentos mais personalizadas à natureza dos seus negócios, ou seja, adaptadas às suas necessidades específicas e particularidades.

Desde a sua fundação, a Simpress adotou uma abordagem de vendas centrada em seus produtos, apresentando aos potenciais clientes sua oferta de terceirização baseada nas características técnicas (rapidez, segurança, versatilidade, manutenção, etc.) das impressoras multifuncionais. No entanto, a empresa percebeu que essa estratégia não estava trazendo os resultados esperados, uma vez que muitas negociações acabavam se concentrando apenas no preço do serviço.

Os gestores de vendas e *marketing* da Simpress se perguntavam: todos os clientes realizam impressão de documentos da mesma forma? A gestão de documentos ocorre da mesma maneira em todas as empresas? Faria sentido oferecer a mesma solução para todos? Ou isso poderia significar perder uma oportunidade de mostrar seus diferenciais, além do preço?

A Simpress então decidiu contratar uma consultoria para ajudar a responder essas e outras questões e elaborar um plano de *marketing* que respondesse a essas possíveis mudanças do mercado.

Como ponto de partida, a consultoria realizou entrevistas com clientes em diferentes segmentos de mercado, incluindo finanças, logística, higiene pessoal, bebidas e alimentos, saúde, educação, comércio, gráficas e jurídico. Essas entrevistas foram realizadas com o responsável pela compra do serviço e com o usuário do equipamento, a fim de entender as razões de compra e as importâncias de uso de cada um deles.

As descobertas foram surpreendentes. Embora todos os responsáveis pela compra dos serviços da Simpress desejassem reduzir custos, eles também valorizavam outros aspectos, como capacidade e velocidade de impressão, garantia de redundância e suporte, treinamento dos usuários, capacidade de gerenciamento e controle e segurança.

Já os usuários não enxergavam um serviço de impressão e gestão de documentos, mas uma ferramenta que poderia ajudá-los em um processo de compra, entrada e aprovação de notas fiscais, digitalização de receitas, desenvolvimento de apostilas, prontuários médicos, controles de reembolso e certificação digital.

A partir da consolidação das entrevistas, a direção da empresa, junto à consultoria, decidiu mudar sua estratégia de foco no produto para uma abordagem com foco em atender às necessidades de cada mercado. Em outras palavras, isso implicava em mudar a estratégia de *marketing*, a forma de venda e o atendimento aos clientes, passando a oferecer soluções para problemas específicos de cada segmento de mercado.

Por exemplo, se uma escola precisasse imprimir uma grande quantidade de material didático, a Simpress oferecia soluções de impressão em alta qualidade e rapidez. Já para um hospital que precisasse que suas impressoras não parassem nunca, a Simpress oferecia soluções fortemente baseadas em segurança e suporte ágil. Para uma empresa de logística, que muitas vezes utilizava os equipamentos em diversos locais do Brasil, era oferecida uma solução em que o atendimento cobrisse todo o território nacional.

O foco sempre estava em resolver a demanda específica de cada cliente, em vez de apresentar um serviço padronizado.

Para isso ser possível, toda a estratégia de comunicação foi alterada, com novos materiais de comunicação desenvolvidos com essa abordagem. Além disso, toda a equipe de vendas foi treinada para que pudesse realizar a oferta dos serviços da empresa dessa nova forma.

Foram criadas abordagens de vendas, apresentações comerciais, *folders* das ofertas, campanhas de *e-mail marketing*, *press-releases*, certificações *on-line* e *scripts* de qualificação e prospecção.

Essa mudança na estratégia de *marketing* e vendas da Simpress, baseada nas necessidades específicas de cada segmento de mercado, gerou resultados positivos para todos. Os clientes passaram a ter soluções mais alinhadas às suas necessidades de negócios, enquanto a empresa ganhou em argumentação de vendas, competitividade e índice de assertividade em relação às propostas apresentadas.

Essa abordagem de vendas mais consultiva e personalizada da Simpress se mostrou eficaz, resultando em um aumento na satisfação do cliente, na fidelização e no crescimento do negócio. Hoje, a empresa atua em outros segmentos de mercado, como computadores, celulares e equipamentos de automação industrial.

Questões

1. Por que abandonar a estratégia de foco em produto surtiu efeito positivo para o negócio da Simpress? Qual foi o papel dos clientes nessa nova abordagem?
2. Quais outros produtos e serviços podem ser oferecidos pela Simpress a seus clientes atuais como forma de ampliar sua receita recorrente?
3. Em qual tipo de decisão de compra pode ser caracterizado o serviço prestado pela Simpress: compra recorrente, recompra modificada ou nova compra? De que forma o tipo de decisão pode implicar em oportunidades e desafios para a empresa?
4. Diante da entrada de novos *players* nesse mercado, como *startups* de tecnologia, quais seriam as vantagens e desvantagens da Simpress frente a esses novos competidores?
5. Qual é a importância da comunicação com o mercado em situações como a vivida pela Simpress?

Autores

Marcelo Vergilio Paganini de Toledo Professor dos cursos de graduação da ESPM-SP e sócio da 3.0 Inteligência. PhD em *marketing* pela ESPM. Atuou como executivo de *marketing* e comunicação em empresas como CPM, Nokia, IBM, Unilever e Brahma.

Luciana Florêncio de Almeida Professora dos cursos de graduação e pós-graduação da ESPM, líder do Grupo de Pesquisa Agrifood & Franchising, pesquisadora parceira do PENSA-USP (Centro de Estudos dos Agronegócios) e sócia da Stracta Consultoria Estratégia. Doutor em administração pela FEA/USP.

Referência

https://simpress.com.br. Acesso em: 12 jan. 2024.

Este caso foi desenvolvido com autorização da empresa Simpress. As informações foram coletadas por meio de interações de um dos autores com gestores da empresa durante projeto de consultoria

5
Pesquisa de *marketing*

Empresas do mundo todo usam o *software* de pesquisa de *marketing* na nuvem da Qualtrics para administrar aspectos críticos do seu negócio, incluindo atrair e reter clientes, criar uma cultura corporativa e construir marcas fortes.
Crédito: Kristoffer Tripplaar/Alamy Stock Photo.

Tomar decisões de *marketing* em um mundo em rápida transformação é tanto uma arte quanto uma ciência. Os profissionais de *marketing* bem-sucedido reconhecem que o ambiente de *marketing* apresenta constantemente novas oportunidades e ameaças e entendem a importância de monitorar, prever e se adaptar a esse ambiente continuamente. A Qualtrics é uma das muitas empresas que ajudam esses profissionais a obter *insights* de mercado e entender melhor as necessidades dos clientes, que não param de mudar.

>>> A Qualtrics é líder em *software* de pesquisa de *marketing on-line*, oferecendo uma plataforma *on-line* usada pelas empresas para coletar e gerenciar dados sobre experiências e transformá-los em ações. A empresa foi fundada em 2002, em um porão, com o objetivo de ajudar empresas a medirem a satisfação dos clientes. Percebendo o valor de formar parcerias com instituições acadêmicas que desempenham um papel-chave na formação e na capacitação da próxima geração de administradores, a Qualtrics desenvolveu relacionamentos fortes com muitas universidades; em 2010, tinha parcerias com mais de mil universidades e 95 das 100 maiores escolas de administração. Em 2012, os clientes da Qualtrics mandavam mais de 1 bilhão de questionários; um ano depois, ela entrou para a lista da *Forbes* de

empresas mais promissoras dos Estados Unidos. Hoje, as ofertas da Qualtrics são utilizadas por equipes, departamentos e empresas inteiras para administrar aspectos críticos dos seus negócios, como atrair e reter clientes, construir a cultura dos funcionários, desenvolver bens e serviços diferenciados e criar marcas fortes, tudo usando uma única plataforma na nuvem. Mais de 9 mil empresas do mundo todo, incluindo 75% daquelas na lista Fortune 100 (como Amazon, Boeing, Chevron, Citibank, ESPN, FedEx, MasterCard, MetLife, Microsoft, PepsiCo, Prudential, Royal Caribbean, Southwest Airlines e Toyota) usam a Qualtrics para obter *insights* de mercado e gerenciar as experiências de clientes, colaboradores, funcionários e marca. Em 2018, a Qualtrics foi adquirida pela SAP para combinar a experiência da segunda em gestão de dados com o conhecimento da primeira em gestão de experiências. Para a SAP, aplicações em nuvem como a Qualtrics são essenciais para a sua estratégia de negócios, ajudando a diferenciá-la de concorrentes como Amazon Web Services e Microsoft. Em reconhecimento ao valor da *expertise* da Qualtrics, o CEO da SAP chamou a Qualtrics de "joia da coroa da SAP". Em julho de 2020, menos de dois anos após adquirir a Qualtrics, a SAP anunciou o plano de abrir o capital da subsidiária, estratégia que permitiria que a Qualtrics crescesse ao mesmo tempo que continuaria a ser o maior e mais importante parceiro de pesquisa e desenvolvimento e de *go-to-market* da SAP.[1]

Para tomar as melhores decisões táticas no curto prazo e decisões estratégicas no longo prazo, os profissionais de *marketing* precisam de informações oportunas, precisas e práticas sobre os consumidores, a concorrência e as marcas. Obter um *insight* de *marketing* e compreender suas consequências pode levar ao lançamento bem-sucedido de um produto ou estimular o crescimento de uma marca.

Neste capítulo, examinaremos o escopo do *marketing* e as etapas envolvidas no processo de pesquisa de *marketing*. Além disso, veremos como os profissionais de *marketing* podem desenvolver indicadores eficientes para avaliar a produtividade do *marketing*.

O escopo da pesquisa de *marketing*

Muitas vezes, os gerentes de *marketing* encomendam estudos formais sobre problemas e oportunidades específicos. Eles podem solicitar um levantamento de mercado, um teste de preferência de produto, uma previsão de vendas por região ou uma avaliação de propaganda. É função do pesquisador oferecer uma visão clara das atitudes e do comportamento de compra do consumidor para auxiliar a decisão do gerente de *marketing*.

A pesquisa de *marketing* é a função que liga o consumidor, o cliente e o público à empresa por meio da informação, que é utilizada para identificar e definir oportunidades e problemas de *marketing*, gerar, refinar e avaliar ações de *marketing*, monitorar o desempenho de *marketing* e melhorar a compreensão de *marketing* como um processo. A pesquisa de *marketing* especifica as

---

Objetivos de aprendizagem Após ler este capítulo, você deverá ser capaz de:

5.1 Definir o escopo da pesquisa de *marketing*.

5.2 Explicar o processo de pesquisa de *marketing*, como obter e analisar dados de mercado e como desenvolver um plano de pesquisa.

5.3 Explicar como medir e prever a demanda de mercado.

5.4 Definir as diferentes abordagens à avaliação da produtividade de *marketing*.

informações necessárias para abordar tais problemas, elabora o método de coleta de informações, gerencia e implementa o processo de coleta de dados, analisa os resultados e comunica as conclusões e suas consequências.

A IMPORTÂNCIA DOS *INSIGHTS* DE *MARKETING*

A pesquisa de *marketing* tem tudo a ver com a geração de *insights*. Os *insights* de *marketing* fornecem diagnósticos sobre como e por que observamos certos efeitos no mercado e o que isso significa para o profissional de *marketing*.

Bons *insights* de *marketing* costumam formar a base dos programas de *marketing* bem-sucedidos. Considere os exemplos a seguir:

> Quando uma extensa pesquisa feita pela Walmart sobre os consumidores de varejo dos Estados Unidos revelou que as principais vantagens competitivas da loja eram os benefícios funcionais, como "oferece preços baixos", e os benefícios emocionais, como "faz com que eu me sinta um cliente inteligente", seus profissionais de *marketing* usaram essas ideias para desenvolver a campanha "Save Money, Live Better" (Economize dinheiro, viva melhor). A nova campanha, que substituiu o *slogan* "Always Low Prices. Always." (Sempre preços baixos. Sempre.), então com 19 anos, conquistou o prêmio REBRAND 100 Global Award de distinção e deu um ângulo positivo para a reputação da Walmart de ter mercadorias "baratas", deslocando o foco dos clientes, antes exclusivamente nos preços, para a ideia de que comprar nas lojas da rede os ajudaria a ter um estilo de vida melhor.

Quando a pesquisa de *marketing* mostrou que os consumidores consideravam o Walgreens, em grande parte, uma loja de conveniência com uma farmácia nos fundos, a empresa tomou medidas para reposicionar-se como uma marca de saúde *premium*, dando mais ênfase às ofertas de bem-estar, como seus centros médicos de urgência. Três anos depois, a receita tinha aumentado 14%, apesar do desempenho pífio da economia.[2]

Compreender o mercado é crucial para o sucesso de *marketing*. Para melhorar o *marketing* de sua marca de cuidados com o cabelo, Pantene, avaliada em US$ 3 bilhões, a Procter & Gamble promoveu um mergulho nos sentimentos das mulheres em relação aos cabelos, usando questionários com escalas de humor da psicologia, pesquisa de eletroencefalografia (EEG) de alta resolução para medir ondas cerebrais, entre outros métodos. Como resultado, a empresa reformulou os produtos Pantene, redesenhou embalagens, reduziu a linha de 14 "coleções" para oito e ajustou a campanha de propaganda.[3]

Sem informações sobre o consumidor, muitas vezes os profissionais de *marketing* têm problemas. Quando a Tropicana redesenhou suas embalagens de suco de laranja, abandonando a imagem icônica de uma laranja espetada por um canudo, ela não testou adequadamente as reações dos consumidores, e os resultados foram desastrosos. As vendas caíram 20%, e a empresa restabeleceu a antiga embalagem poucos meses depois.[4]

Apesar do rápido crescimento da pesquisa de *marketing*, muitas empresas ainda não conseguem usá-la de modo adequado ou correto, ou por não entender

>> Um pesquisador de *marketing* cuja avaliação de uma proposta para *Guerra nas Estrelas* se baseava mais em opiniões do que em *insights* gerados a partir de pesquisas cuidadosas previu o fracasso do que viria a ser um *blockbuster* multibilionário.

Crédito: World History Archive/Alamy Stock Photo

o que esperar dela ou por não fornecer ao pesquisador uma definição suficientemente específica do problema ou oportunidade a ser explorado. Também pode haver expectativas irrealistas sobre o que os pesquisadores são capazes de oferecer. O uso inadequado dessas pesquisas tem acarretado inúmeras gafes, incluindo o desastre histórico a seguir.

> **General Foods.** Na década de 1970, um bem-sucedido executivo de pesquisa de *marketing* deixou a General Foods para encarar um desafio ousado: levar a pesquisa de mercado para Hollywood e propiciar aos estúdios de cinema acesso aos mesmos métodos que haviam impulsionado o sucesso da gigante do ramo alimentício. Um grande estúdio entregou-lhe a proposta para um filme de ficção científica e pediu que pesquisasse e previsse se seria um sucesso ou um fracasso. Sua opinião serviria como base para a decisão do estúdio de financiar ou não o filme. O executivo concluiu que o filme seria um fracasso. Em primeiro lugar, segundo ele, o caso Watergate tinha deixado os americanos menos confiantes em suas instituições, de modo que, naquele momento, preferiam o realismo e a autenticidade à ficção científica. Além disso, o filme trazia a palavra "guerra" no título. Seu argumento foi de que os americanos, sofrendo da ressaca pós-Vietnã, boicotariam o filme em massa. O filme em questão era *Guerra nas Estrelas* (*Star Wars*), que chegou a faturar US$ 4,3 bilhões somente em receita de bilheteria. O que esse pesquisador forneceu foram informações e opiniões, não *insights*. Ele não estudou o roteiro em si e não soube que se tratava fundamentalmente de uma história humana – de amor, conflito, perda e redenção – que, por acaso, tinha o espaço como cenário.⁵

QUEM FAZ PESQUISA DE *MARKETING*?

A maioria das empresas usa uma combinação de recursos de pesquisa de *marketing* para estudar seus setores, concorrentes, públicos e estratégias de canal. De modo geral, elas reservam um orçamento na ordem de 1 a 2% das vendas para esse tipo de pesquisa e gastam uma grande parte desse montante na aquisição de serviços de fornecedores externos. Além disso, a maioria das grandes empresas conta com departamentos de pesquisa de mercado, que costumam desempenhar um papel fundamental na organização. Vejamos a seguir como a Procter & Gamble descreve o seu.

> **Procter & Gamble** O departamento de pesquisa de mercado da P&G, denominado CMK, (do inglês, *consumer & market knowledge*, ou conhecimento sobre mercado e consumidor), é a principal bússola interna da empresa. O CMK orienta e promove decisões relacionadas com a estratégia de desenvolvimento de negócios de marcas e clientes com base em uma análise

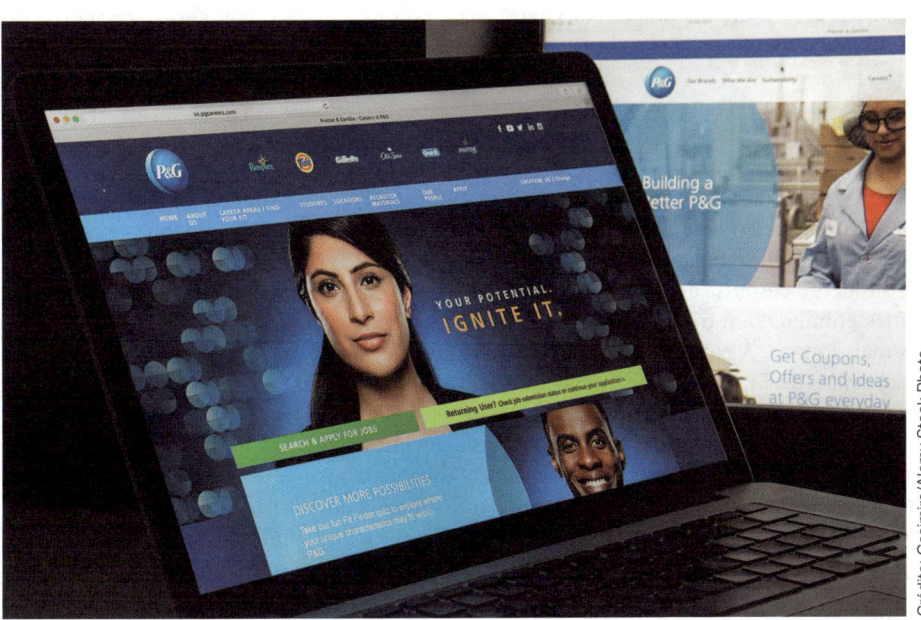

<< O departamento de pesquisa de mercado da P&G, conhecido pela sigla CMK, analisa tendências de mercado, comportamento do consumidor e ações dos concorrentes e desempenha um papel vital em todas as etapas do ciclo de vida das marcas da empresa.

aprofundada de consumidores, compradores e do comércio varejista. O CMK lidera a análise de tendências de mercado e hábitos/motivações do consumidor, comportamento do comprador e dinâmica do cliente e da concorrência. Além disso, ele projeta e analisa pesquisas quantitativas e qualitativas de consumidores e compradores, bem como dados de mercado de terceiros. O CMK é um parceiro vital, envolvido em todas as etapas do ciclo de vida da marca, desde a formulação de um conceito e o desenvolvimento final de produtos até o lançamento no mercado, impulsionando o crescimento do negócio. O CMK dá vida à estratégia global declarada da P&G: o cliente manda.[6]

Os institutos de pesquisa de *marketing* classificam-se em três categorias: (1) institutos de pesquisas gerais, como Nielsen Company, Kantar Group, Westat e IRIR, que coletam informações sobre os consumidores e o *trade* e as vendem no mercado; (2) institutos de pesquisa customizada de *marketing*, que realizam projetos específicos; (3) institutos de pesquisa especializados em certas linhas ou segmentos, que prestam serviços de pesquisa especializada (p. ex., uma empresa de pesquisa de campo que comercializa serviços de entrevistas de campo para outras empresas).

Ninguém precisa estourar o orçamento para obter dados de pesquisa de *marketing* úteis. Bibliotecas, universidades e câmaras de comércio são grandes fontes de informações. As agências do governo, incluindo o Departamento do Censo e o Departamento do Comércio dos Estados Unidos, por exemplo, disponibilizam grandes quantidades de informações gratuitamente ou a preços baixos para os empreendedores, com *insights* sobre mercados crescentes ou emergentes. A internet também está repleta de informações valiosas sobre praticamente todos os assuntos. Comprar listas de clientes ou usar uma ferramenta *on-line* barata, como a SurveyMonkey, também ajuda empresas menores a coletar informações de *marketing* que podem ajudá-las a levar seus produtos aos mercados em crescimento que contêm os clientes-alvo que desejam atingir.

A empresa também pode obter *insights* de mercado pela observação dos seus concorrentes. Muitos proprietários de pequenas empresas, como restaurantes, hotéis ou lojas de produtos especializados, visitam rotineiramente os estabelecimentos de seus concorrentes para saber quais mudanças têm sido feitas. Tom Stemberg, fundador da superloja de materiais de escritório Staples, fazia visitas semanais sem aviso prévio às próprias lojas, de concorrentes e outras fora da sua categoria, sempre focado em saber "o que a loja estava fazendo bem" para obter ideias de melhoria para a Staples.[7]

Para reunir *insights* de mercado, a empresa pode aproveitar o conhecimento e a experiência dos funcionários. Ninguém pode estar mais próximo dos clientes e compreender melhor bens, serviços e marcas de uma empresa do que seus funcionários. A desenvolvedora de *software* Intuit divide-os em equipes de 4 a 6 pessoas, às quais chama de times de "duas *pizzas*". Para auxiliar os esforços de pesquisa de mercado, os times observam clientes nas mais diversas situações e de todas as camadas sociais para identificar problemas que a Intuit poderia resolver. A empresa leva em consideração todas as soluções e experiências propostas pelos funcionários, criando produtos a partir das ideias com mais chance de dar certo.[8]

O processo da pesquisa de *marketing*

Para aproveitar todos os recursos e práticas disponíveis, profissionais de *marketing* eficazes adotam um processo formal de pesquisa de *marketing*, que segue as cinco etapas mostradas na Figura 5.1. Ilustramos essas etapas na situação a seguir.[9]

Considere a pesquisa de *marketing* por trás da decisão da American Airlines de oferecer opções de entretenimento em todos os seus voos, a começar pelos passageiros da primeira classe nos voos mais longos. A empresa considerava diversas opções: (1) serviço *wi-fi* de alta velocidade; (2) 124 canais de TV a cabo por satélite de alta definição; e (3) um sistema de vídeo pessoal que permitiria a cada passageiro customizar a sua experiência. O gerente de pesquisa de *marketing* foi escolhido para investigar como os passageiros de primeira classe classificariam os serviços de *wi-fi* de alta velocidade e quanto a mais estariam dispostos a pagar por isso. Uma fonte estimou receitas de US$ 70 milhões do acesso ao *wi-fi* em 10 anos se um número suficiente de passageiros de primeira classe pagasse US$ 25. Assim, a American Airlines poderia recuperar os custos em um prazo razoável, considerando que disponibilizar a conexão custaria US$ 90 mil por avião.

DEFINIÇÃO DO PROBLEMA

Ao instruir o pesquisador de *marketing*, a gerência não deve definir o problema de maneira muito genérica ou excessivamente limitada. Um gerente de *marketing* que solicita "Descubra tudo o que puder sobre as necessidades dos passageiros de primeira classe" coletará uma quantidade desnecessária de informações. Outro que diga "Descubra se há uma quantidade suficiente de passageiros a bordo de um B777, em um voo direto de Chicago a Tóquio, que se proponha a pagar US$ 25 pelo acesso a uma rede *wi-fi* de alta velocidade, para que a American Airlines atinja em um ano o ponto de equilíbrio no custo de oferecer esse serviço" apresentará uma visão muito limitada do problema.

Para ampliar e esclarecer os parâmetros de pesquisa, o pesquisador de *marketing* poderia perguntar por que o acesso à internet sem fio deve custar US$ 25, e não US$ 15, US$ 35 ou qualquer outro preço. Por que a American Airlines deve necessariamente recuperar o custo desse serviço, sobretudo se ele lhe trouxer novos passageiros, que trarão mais receitas? Outra questão relevante a ser levantada é até que ponto é importante ser o líder de mercado e por quanto tempo essa liderança pode ser sustentada antes que a concorrência a force a baixar o preço ou a oferecer o serviço gratuitamente. Essas perguntas se concentram nas questões cruciais que o gestor deve responder e, ao mesmo tempo, são específicas o suficiente para levar a ações concretas.

Em última análise, o gerente de *marketing* define a pergunta da seguinte maneira: "Oferecer um serviço de *wi-fi* de alta velocidade a bordo atrairá a preferência dos clientes e lucros incrementais para a American Airlines que justifiquem seu custo, em comparação com outros investimentos que a empresa poderia fazer?". A pergunta pode ser dividida em diversas subperguntas: (1) "A American deve oferecer serviço de *wi-fi* de alta velocidade?"; (2) "Em caso positivo, o serviço deve ser oferecido apenas para a primeira classe ou incluir a classe executiva e, possivelmente, a econômica?"; (3) "Que preço(s) cobrar?"; (4) "Em que tipos de aeronave e voo o serviço deve ser oferecido?".

A seguir, o gerente pode traduzir as perguntas de negócios em objetivos de pesquisa específicos: (1) determinar que tipos de passageiro da primeira classe estariam mais propensos a utilizar um serviço de acesso rápido à internet sem fio; (2) estabelecer quantos deles estariam dispostos a utilizar esse serviço nos diferentes níveis de preços cobrados; (3) descobrir quantos passageiros escolheriam a American em virtude desse novo serviço; (4) estimar, em longo prazo, em que medida esse serviço agregaria valor à imagem da American Airlines; (5) descobrir qual é a importância desse serviço para os passageiros de primeira classe em relação a outros itens, como tomadas elétricas ou mais entretenimento.

A pesquisa de *marketing* varia com o tipo de informação que pretende gerar. Algumas são *exploratórias*, cuja meta é identificar o problema e sugerir possíveis soluções. Outras são *descritivas* e buscam quantificar a demanda; por exemplo, quantas pessoas comprariam um serviço de *wi-fi* de alta velocidade a bordo por US$ 25. Algumas pesquisas são *causais*, cujo propósito é testar relações de causa e efeito.

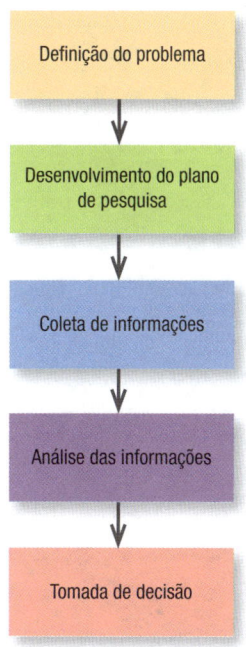

FIGURA 5.1
O processo da pesquisa de *marketing*.

DESENVOLVIMENTO DO PLANO DE PESQUISA

A segunda etapa da pesquisa de *marketing* consiste em elaborar o plano mais eficiente para a coleta das informações necessárias e então descobrir o custo do projeto. Suponhamos que a American Airlines tenha estimado que instalar o serviço de *wi-fi* ultrarrápido a bordo resultaria, em longo prazo, em um lucro estimado de US$ 50 mil. Se o gerente acreditar que fazer a pesquisa de *marketing* resultará em uma política mais eficaz de preços e promoções e em um lucro em longo prazo equivalente a US$ 90 mil, ele poderá gastar no máximo US$ 40 mil nessa pesquisa. Se a pesquisa custar mais de US$ 40 mil, não vale a pena executá-la. O custo da pesquisa de mercado deve corresponder aos benefícios estimados.

Para elaborar um plano de pesquisa, é preciso tomar decisões sobre fontes de dados, metodologia de pesquisa, instrumentos de pesquisa, plano de amostragem e métodos de contato.

Fontes de dados. O pesquisador pode reunir dados secundários, dados primários ou ambos. **Dados secundários** são aqueles que já foram coletados para outra finalidade e podem ser encontrados em algum lugar. **Dados primários** são os novos dados que serão coletados para uma finalidade específica ou para um projeto específico de pesquisa.

Após determinar os tipos de dados, os pesquisadores normalmente começam sua investigação examinando se parte dos dados que a empresa já coletou pode ser útil para responder à pergunta de pesquisa. O próximo passo envolve utilizar a rica gama de dados secundários, de baixo custo e prontamente disponíveis, para verificar se o problema pode ser resolvido parcial ou totalmente sem o alto custo da coleta de dados primários. Por exemplo, anunciantes de automóveis em busca de um retorno mais lucrativo de suas propagandas na internet podem adquirir uma cópia do levantamento da J. D. Power que fornece *insights* sobre quem compra marcas específicas e onde os anunciantes podem encontrá-los *on-line*.

Quando os dados necessários não existem ou são defasados e não confiáveis, o pesquisador tem de coletar dados primários. A maioria dos projetos de pesquisa de *marketing* requer a coleta de dados primários.

Metodologias de pesquisa. Dados primários podem ser coletados de cinco maneiras: por observação, grupos focais, levantamentos, dados comportamentais e experimentação.

Pesquisa observacional. Com a **pesquisa observacional**, os pesquisadores podem coletar dados novos ao observar discretamente como os clientes compram ou consomem produtos. Em alguns casos, eles equipam os consumidores com *pagers* e os instruem a escrever o que estão fazendo toda vez que são acionados, ou conduzem entrevistas mais informais em um café ou bar.[10] Fotografias e vídeos também fornecem informações detalhadas. Apesar de ter preocupações em relação ao direito de privacidade, alguns varejistas têm instalado em suas câmeras de segurança um *software* que permite registrar o comportamento dos compradores nas lojas. Em seus mil pontos de venda, a T-Mobile pode acompanhar a forma como as pessoas se deslocam, quanto tempo ficam na frente das vitrines, quais telefones escolhem e por quanto tempo analisam cada modelo de telefone.[11]

A **pesquisa etnográfica** usa conceitos e ferramentas da antropologia e de outras disciplinas das ciências sociais para fornecer uma compreensão cultural aprofundada de como as pessoas vivem e trabalham.[12] O objetivo é envolver o pesquisador na vida dos consumidores para desvendar desejos ocultos que podem não aflorar em qualquer outra forma de pesquisa.[13] Empresas como Fujitsu Laboratories, Herman Miller, Steelcase e Xerox têm adotado a pesquisa etnográfica para conceber produtos avançados. Empresas de tecnologia como IBM, Microsoft e Hewlett-Packard contam com antropólogos e etnólogos trabalhando com engenheiros de sistemas e desenvolvedores de *software*.[14]

Todo tipo de empresa pode se beneficiar da visão profunda sobre o consumidor que uma pesquisa etnográfica fornece. Para impulsionar as vendas em queda de sua pipoca Orville Redenbacher, a ConAgra passou nove meses observando famílias em casa e estudando registros semanais de sua opinião sobre vários salgadinhos. Os pesquisadores descobriram um *insight* fundamental: a essência da pipoca era a de que se tratava de um "facilitador de interação". Quatro anúncios de TV em nível nacional foram veiculados a partir daí, com o *slogan* "Spending Time Together: That's the Power of Orville Redenbacher" (Passar tempo juntos, esse é o poder da Orville Redenbacher).

A pesquisa etnográfica não se limita a produtos de consumo. A Smith & Nephew, com sede no Reino Unido, é um negócio global de tecnologia médica que aplicou uma extensa pesquisa etnográfica internacional a pacientes e clínicos para entender o impacto físico e emocional causado por ferimentos. Esse processo resultou no desenvolvimento de um novo curativo, o ALLEVYN Life.[15] No contexto B2B, um foco mais incisivo nos usuários finais ajudou a elevar a Thomson Reuters a patamares financeiros mais altos.

> **Thomson Reuters** Pouco antes de adquirir a Reuters, em 2008, a gigante dos serviços de informação global Thomson Corporation empreendeu exaustivas pesquisas para entender melhor seus clientes finais. A Thomson vendia para empresas e profissionais nos setores financeiro, jurídico, fiscal e contábil, científico e de saúde e interessava-se em saber como corretores e bancos de investimento usavam seus dados, pesquisas e outros recursos para tomar decisões de investimento rotineiras para os seus clientes. Segmentar o mercado por seus usuários finais, em vez de pelos compradores corporativos, e estudar a visão que eles tinham da Thomson em

comparação com a concorrência permitiu à empresa identificar segmentos de mercado que ofereciam oportunidades de crescimento. A Thomson realizou, então, levantamentos e pesquisas etnográficas do tipo "um dia na vida de" sobre como os usuários finais faziam seus trabalhos. Usando uma abordagem chamada de "três minutos", os pesquisadores combinaram observações com entrevistas detalhadas para entender o que os usuários finais faziam três minutos antes e três minutos depois de usar um dos produtos da Thomson. *Insights* resultantes da pesquisa ajudaram a empresa a desenvolver novos produtos e fazer aquisições que levaram a receitas e lucros significativamente maiores no ano seguinte.[16]

Para reunir *insights* sobre a questão do *wi-fi* nos voos da American Airlines, os pesquisadores poderiam se infiltrar em salas de embarque da primeira classe para ouvir o que os passageiros falam sobre as diferentes companhias aéreas e suas características, ou sentar-se ao lado deles nos aviões. Também podem ocupar aviões da concorrência e observar o serviço de bordo.

Pesquisa por grupo focal. Um **grupo focal** é a reunião de 6 a 10 pessoas cuidadosamente selecionadas com base em determinadas considerações demográficas e psicográficas, entre outras, para discutir a fundo vários tópicos de interesse mediante uma ajuda de custo. Um moderador profissional faz perguntas e sondagens com base em um roteiro preparado pelo gerente responsável pela pesquisa, e o objetivo é desvendar as reais motivações dos consumidores e por que eles dizem ou fazem determinadas coisas. As sessões costumam ser gravadas, e normalmente os gerentes de *marketing* ficam atrás de um espelho falso na sala ao lado. Para permitir uma discussão mais aprofundada, os grupos focais têm reduzido o número de participantes por reunião.

A pesquisa por grupo focal é uma etapa exploratória importante, especialmente se uma série de grupos focais revelou preferências e atitudes consistentes. Mesmo assim, os pesquisadores devem evitar generalizações, pois as preferências do pequeno número de pessoas envolvidas podem não refletir exatamente o mercado como um todo. Alguns profissionais de *marketing* acreditam que esse ambiente de pesquisa é artificial demais e preferem meios mais naturais.

Na pesquisa da American Airlines, o moderador pode começar com uma pergunta geral, por exemplo: "Como você se sente em relação a viagens aéreas?". As perguntas então passam a abordar como as pessoas avaliam as várias companhias aéreas, os diferentes serviços oferecidos e, especificamente, o serviço de *wi-fi* de alta velocidade.

Levantamentos. As empresas realizam **levantamentos** para avaliar o conhecimento, as crenças, as preferências e o grau de satisfação das pessoas. Uma empresa como a American Airlines pode preparar seu próprio instrumento de pesquisa ou, a um custo muito menor, acrescentar perguntas a uma pesquisa coletiva, que inclua questões de várias empresas. Também pode utilizar um painel permanente de consumidores, criado por ela mesma ou por outra empresa. Por fim, pode conduzir uma enquete por interceptação, em que os pesquisadores abordam as pessoas em *shopping centers* e fazem perguntas, ou, ainda, adicionar um pedido de pesquisa ao final de chamadas telefônicas para o departamento de atendimento ao cliente.

Quando conduzem levantamentos, sejam eles *on-line*, por telefone ou pessoalmente, as empresas devem sentir que as informações que recebem fazem tudo valer a pena. Os hotéis, cuja sobrevivência depende do que os hóspedes acham, deixam questionários nos quartos e usam diversos métodos eletrônicos para medir a sua satisfação. Além disso, acompanham o que dizem deles em *sites* de avaliação, como o TripAdvisor, nas mídias sociais e em *sites* de viagem. Os dados de levantamentos podem afetar os serviços que oferecem, os preços das diárias e até mesmo a remuneração dos funcionários. Outras entidades no campo da hospitalidade também usam levantamentos para ajustar os seus serviços. Com base no *feedback* de passageiros em seus voos noturnos, a El Al Airlines combinou o serviço de alimentação e bebidas para que os passageiros pudessem terminar suas refeições e dormir mais rapidamente. Em resposta a uma reclamação frequente dos clientes, a Crystal Cruises simplificou a sua tabela de preços para o acesso à internet.[17]

Naturalmente, as empresas correm o risco de gerar uma saturação e ver as taxas de resposta despencarem. Manter o questionário simples e sucinto é crucial para atrair participantes. Oferecer incentivos é outra forma. Por exemplo, Walmart, Rite-Aid, Petco e Staples incluem no recibo da caixa registradora um convite de preenchimento de uma pesquisa com a chance de ganhar um prêmio.

Pesquisa comportamental. Os clientes deixam pistas de seu comportamento de consumo nos dados coletados por leitores de códigos de barra, nos registros de compras por catálogo e nos bancos de dados de clientes. A **pesquisa comportamental** usa esses dados para entender melhor os clientes e as suas ações. As compras realizadas refletem preferências e costumam ser mais confiáveis do que declarações feitas a pesquisadores de mercado. Por exemplo, os dados de compras de gêneros alimentícios mostram que a população de alta renda não compra necessariamente as marcas mais caras, ao contrário do que declara em entrevistas. Em contrapartida, muitas pessoas de baixa renda compram marcas caras. Não faltam dados a serem coletados na internet a respeito dos consumidores. É evidente que a American Airlines pode obter muitas informações úteis sobre seus passageiros ao analisar registros de compra de passagens e comportamento *on-line*.

A pesquisa experimental é desenvolvida de forma a captar as relações de causa e efeito ao eliminar as explicações alternativas para os achados. Se o experimento for bem planejado e executado, os gerentes de pesquisa e de *marketing* poderão confiar em suas conclusões. Esse tipo de pesquisa implica selecionar grupos homogêneos de pessoas, submetê-los a diferentes tratamentos, controlar as variáveis externas e verificar se as diferenças identificadas nas respostas são estatisticamente significativas. Se os fatores externos puderem ser eliminados ou controlados, os efeitos observados poderão ser relacionados com as variações no tratamento e nos estímulos.[18]

Por exemplo, a American Airlines poderia fazer o experimento de introduzir o serviço de *wi-fi* de alta velocidade a bordo de um de seus voos regulares de Chicago a Tóquio cobrando US$ 25 em uma semana e US$ 15 na semana seguinte. Se a aeronave transportar aproximadamente o mesmo número de passageiros de primeira classe em ambos os voos e as semanas em questão forem indiferentes, qualquer diferença significativa no número de serviços comprados poderia ser relacionada com o preço cobrado.

Instrumentos de pesquisa. Para a coleta de dados primários, os pesquisadores de *marketing* dispõem de três importantes instrumentos de pesquisa: questionários, indicadores qualitativos e dispositivos tecnológicos.

Questionários. O **questionário** consiste em um conjunto de perguntas feitas aos entrevistados. Graças à sua flexibilidade, é, de longe, o instrumento mais usado para a coleta de dados primários. O formato, a linguagem e a sequência de perguntas podem influenciar as respostas, de modo que testes e depurações são necessários.[19] As *perguntas fechadas* especificam de antemão todas as possíveis respostas e geram respostas fáceis de interpretar e tabular. Já as *perguntas abertas* permitem a quem responde fazê-lo em suas próprias palavras e são particularmente úteis em pesquisas exploratórias, nas quais o pesquisador procura saber como as pessoas pensam, e não quantas pessoas pensam de determinado modo. A Tabela 5.1 fornece exemplos dos dois tipos de pergunta.

Pesquisa qualitativa. Há profissionais de *marketing* que preferem métodos qualitativos para avaliar a opinião do consumidor, pois acreditam que suas ações nem sempre correspondem às respostas dadas nos levantamentos feitos. As *técnicas de pesquisa qualitativa* são métodos de mensuração relativamente indiretos e não estruturados, limitados apenas pela criatividade do pesquisador, que permitem uma ampla gama de respostas possíveis. São especialmente úteis como uma primeira etapa na exploração da percepção dos consumidores, pois os entrevistados podem sentir-se mais à vontade e revelar mais sobre si mesmos nesse processo.

No entanto, a pesquisa qualitativa tem desvantagens. As amostras são muito pequenas, e seus resultados podem não ser generalizados para populações mais amplas. Ademais, o exame dos resultados de uma mesma pesquisa qualitativa feito por pesquisadores diferentes pode gerar conclusões muito distintas.

Todavia, o uso de métodos qualitativos desperta cada vez mais interesse. Confira a seguir outras abordagens populares.[20]

- **Associação de palavras.** Para identificar a gama de possíveis associações de marca, pergunta-se às pessoas que palavras lhes vêm à mente quando ouvem o nome de determinada marca: "O que o nome Timex significa para você? Diga o que lhe vem à mente quando pensa nos relógios Timex".
- **Técnicas projetivas.** Apresenta-se um estímulo incompleto ou ambíguo e pede-se ao entrevistado que o complete ou explique. Uma abordagem desse tipo é aquela em que balões vazios, como os encontrados em histórias em quadrinhos, aparecem em cenas de pessoas comprando

TABELA 5.1 Tipos de pergunta

Denominação	Descrição	Exemplo
A. Perguntas fechadas		
Dicotômica	Uma pergunta com duas respostas possíveis.	Para programar essa viagem, você ligou pessoalmente para a American? Sim Não
Múltipla escolha	Uma pergunta com três ou mais respostas possíveis.	Com quem você está viajando neste voo? ☐ Ninguém ☐ Apenas filhos ☐ Cônjuge ☐ Colegas de trabalho/amigos/parentes ☐ Cônjuge e filhos ☐ Estou participando de uma excursão
Escala Likert	Uma afirmação em que o entrevistado indica seu nível de concordância/discordância.	As companhias aéreas menores geralmente oferecem serviços melhores do que as grandes companhias. Discorda totalmente / Discorda / Nem concorda, nem discorda / Concorda / Concorda totalmente 1_____ 2_____ 3_____ 4_____ 5_____
Diferencial semântico	Uma escala que liga duas palavras antônimas. O respondente seleciona o ponto que representa sua opinião.	Acho a American Airlines: Grande _____ Pequena Experiente _____ Inexperiente Moderna _____ Antiquada
Escala de importância	Uma escala que mede a importância dada a um atributo qualquer.	Para mim, o serviço de bordo das companhias aéreas é: Extremamente importante / Muito importante / De alguma importância / Pouco importante / Totalmente sem importância 1_____ 2_____ 3_____ 4_____ 5_____
Escala de classificação	Uma escala que classifica algum atributo de "excelente" a "ruim".	O serviço de bordo da American Airlines é: Excelente / Muito bom / Bom / Razoável / Ruim 1_____ 2_____ 3_____ 4_____ 5_____
Escala de intenção de compra	Uma escala que descreve a intenção de compra do entrevistado.	Se um serviço de wi-fi estivesse disponível a bordo de um voo longo, eu: Certamente usaria / Provavelmente usaria / Não tenho certeza / Provavelmente não usaria / Certamente não usaria 1_____ 2_____ 3_____ 4_____ 5_____
B. Perguntas abertas		
Completamente desestruturada	Uma pergunta que os entrevistados podem responder de diversas maneiras.	Qual é sua opinião sobre a American Airlines?
Associação de palavras	São apresentadas várias palavras, uma de cada vez, e os entrevistados mencionam a primeira palavra que lhes vem à mente.	Qual é a primeira palavra que lhe vem à mente quando ouve: Companhia aérea _____ American Airlines _____ Viagem _____
Complementação de frase	É apresentada uma frase incompleta, e o respondente tem de completá-la.	Quando escolho uma companhia aérea, o que mais pesa em minha decisão é _____.
Complementação de história	É apresentada uma história incompleta, e o entrevistado deve completá-la.	"Voei pela American há alguns dias. Notei que as partes externa e interna da aeronave ostentavam cores muito vivas. Isso suscitou os seguintes pensamentos e sentimentos em mim...". Agora complete a história.
Complementação de figura	É apresentada uma figura com dois personagens, e um deles afirma algo. Pede-se aos entrevistados que se imaginem no lugar do interlocutor e completem o balão vazio.	

ou usando determinados bens ou serviços. Os entrevistados devem "preencher o balão" com o que acreditam que está acontecendo nas cenas ou que os personagens estão dizendo. Nas atividades de comparação, os entrevistados comparam marcas com pessoas, países, animais, atividades, carros, nacionalidades ou até mesmo com outras marcas.

- **Visualização.** Solicita-se ao entrevistado que crie uma colagem com revistas ou desenhos para representar suas percepções.
- **Personificação de marca.** Pede-se aos entrevistados que comparem a marca com uma pessoa (ou mesmo um animal ou objeto): "Se a marca ganhasse vida na forma de uma pessoa, como ela seria, o que faria, onde moraria, o que vestiria, com quem conversaria em uma festa (e sobre o que conversaria)?". Por exemplo, a marca John Deere pode levar um entrevistado a pensar em um homem do Centro-Oeste dos Estados Unidos, trabalhador e confiável.
- *Laddering.* Uma série de "porquês" cada vez mais específicos pode revelar a motivação do consumidor e seus objetivos mais profundos. Pergunte a alguém por que quer comprar um bom telefone celular de uma marca reconhecida. "Eles parecem de boa qualidade" (atributo). Então, pergunte por que é importante que um telefone seja de boa qualidade. "Porque isso sugere que a marca é confiável" (benefício funcional). Depois, questione por que a confiabilidade é importante. "Para que meus amigos e familiares possam me encontrar sempre" (benefício emocional). Em seguida, pergunte por que o entrevistado precisa estar disponível o tempo todo. "Porque poderei ajudá-los, se estiverem com problemas" (valor central). A marca faz o consumidor se sentir um bom vizinho, pronto para ajudar os outros.

Os profissionais de *marketing* não têm necessariamente de escolher entre medidas qualitativas e quantitativas. É comum usarem ambas as abordagens, reconhecendo que as vantagens de uma podem compensar as desvantagens da outra. Por exemplo, as empresas podem recrutar alguém de um painel *on-line* para participar de um teste de uso domiciliar no qual a pessoa recebe um produto e captura suas reações e intenções tanto em um vídeo diário quanto em um questionário pela internet.

Dispositivos de medição. A tecnologia permite ao profissional de *marketing* usar sensores cutâneos e varreduras de ondas cerebrais ou de corpo inteiro para obter respostas dos consumidores. Por exemplo, sensores de pulso para rastreamento biométrico podem medir a atividade eletrodérmica, ou a condutância da pele, para registrar mudanças nos níveis de suor, temperatura corporal e movimento.[21] Muitos avanços em técnicas visuais que estudam os olhos e o rosto geraram benefícios para gerentes e pesquisadores de *marketing*.

>> A tecnologia de rastreamento ocular, que observa quais produtos chamam e prendem a atenção dos clientes, e o *software* de reconhecimento facial, que estima a idade e o gênero dos usuários, estão entre os métodos que as empresas usam para direcionar anúncios interativos aos grupos apropriados.

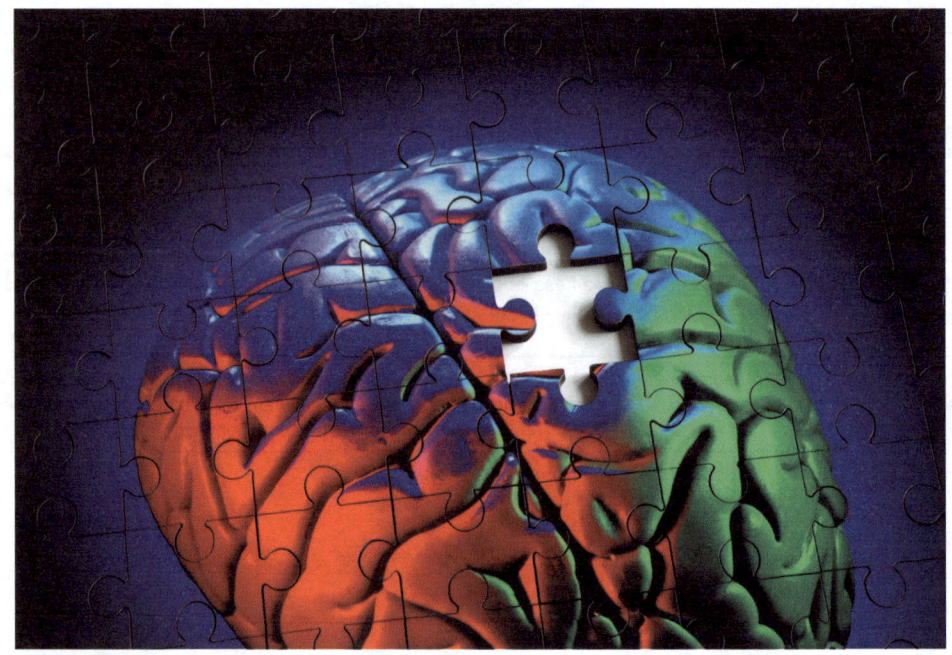

Fisionomia Uma série de métodos – cada vez mais economicamente viáveis – para o estudo dos olhos e do rosto de consumidores foi desenvolvida nos últimos anos para as mais diversas aplicações. Fabricantes de produtos embalados como P&G, Unilever e Kimberly-Clark combinam simulações computacionais em 3D de projetos de produtos e embalagens com leiautes de loja e utilizam tecnologia de rastreamento ocular para verificar onde o olhar do consumidor recai primeiro, por quanto tempo ele se fixa em determinado item, e assim por diante. Depois de fazer esses testes, a Unilever mudou o formato do recipiente de seu sabonete líquido Axe, o aspecto do logotipo e a exposição em loja. No International Finance Center Mall, em Seul, na Coreia do Sul, duas câmeras e um detector de movimentos são colocados acima de telas LCD sensíveis ao toque em cada um dos 26 quiosques de informações. Um *software* de reconhecimento facial estima a idade e o gênero dos usuários e faz surgir anúncios interativos com foco no público certo. Aplicações semelhantes estão sendo desenvolvidas para *outdoors* digitais em Nova York, Los Angeles e São Francisco. Câmeras e *software* de reconhecimento facial têm sido testados para identificar e recompensar clientes fiéis de varejistas e restaurantes via atualizações *opt-in* de *smartphones*. Em uma aplicação comercial, o SceneTap usa câmeras com *software* de detecção facial para publicar informações sobre a lotação de um bar, bem como a idade média e o perfil de gênero dos clientes, para ajudar os frequentadores a escolher seu próximo destino.[22]

Como alternativa à pesquisa tradicional do consumidor, alguns pesquisadores começaram a desenvolver técnicas sofisticadas, originalmente da neurociência, que monitoram a atividade cerebral para avaliar melhor as respostas dos consumidores ao *marketing*. O termo *neuromarketing** designa a pesquisa do cérebro quanto ao efeito dos estímulos de *marketing*. Empresas têm usado a tecnologia EEG (eletroencefalograma) para correlacionar a atividade da marca aos sinais fisiológicos, como a temperatura da pele ou o movimento dos olhos, e, desse modo, avaliar como as pessoas reagem à propaganda.

Pesquisadores que estudam o cérebro encontraram resultados diferentes daqueles encontrados pelos métodos convencionais de pesquisa. Um grupo de pesquisadores da UCLA utilizou imagens de ressonância magnética funcional para descobrir que as propagandas do Super Bowl aos quais as pessoas reagiram com maior atividade cerebral eram diferentes daqueles escolhidos como os preferidos. Outras pesquisas constataram pouco efeito no *product placement*, a menos que os produtos em questão desempenhassem um papel integral no enredo. Além disso, diversos estudos observaram correlações maiores com pesquisas sobre ondas cerebrais e comportamento do que com levantamentos. Por exemplo, as ondas cerebrais previam compras de música melhor do que as autodeclarações sobre preferências musicais.

Embora possa oferecer perspectivas diferentes das técnicas convencionais, a pesquisa neurológica ainda pode ter um custo muito elevado e não é universalmente aceita. Dada a complexidade do cérebro humano, no entanto, muitos pesquisadores advertem que a pesquisa neurológica não deve formar a única base de tomada de decisões de *marketing*. Os dispositivos de medição para captar a atividade cerebral podem ser altamente invasivos, como toucas cravejadas de eletrodos ou o uso de condições de exposição artificial.[23]

COLETA DE INFORMAÇÕES

A fase de coleta de dados da pesquisa de *marketing* costuma ser a mais dispendiosa e sujeita a erros. Alguns entrevistados não estarão em casa ou conectados, ou podem estar inacessíveis por outros motivos, e deverão ser recontatados ou substituídos. Outros se recusarão a cooperar ou darão respostas tendenciosas ou desonestas. De modo a controlar os custos sem prejudicar a obtenção de respostas de alta qualidade, a empresa deve desenvolver um plano de amostragem e coleta de dados.

---

*N. de R.T. O termo *neuromaketing* foi mantido nesta edição de acordo com a versão original, em inglês. No entanto, é importante destacar que há um debate sobre a melhor terminologia a ser utilizada. Muitos defendem que o preferível seria "neurociência aplicada ao *marketing*".

Plano de amostragem. Após decidir sobre o método e os instrumentos da pesquisa, o pesquisador de *marketing* deve elaborar um plano de amostragem com a intenção de obter respostas de alta qualidade e, ao mesmo tempo, manter os custos dentro dos limites. Isso requer três decisões:

- **Unidade amostral.** A questão-chave aqui é *quem será pesquisado*. No levantamento da American Airlines, a unidade amostral deve conter pessoas que viajam na primeira classe a negócios, a turismo ou as duas categorias? Viajantes com menos de 18 anos devem ser entrevistados? Deve-se entrevistar tanto o marido quanto a esposa? Uma vez determinada a unidade amostral, deve ser desenvolvida uma estrutura de amostragem, para que todos da população-alvo tenham a mesma chance de serem entrevistados.
- **Tamanho da amostra.** A questão-chave aqui é *quantas pessoas devem ser entrevistadas*. Amostras grandes oferecem resultados mais confiáveis, mas não é necessário entrevistar toda a população-alvo. De modo geral, amostras com menos de 1% da população podem fornecer um grau de confiabilidade aceitável, desde que feitas com um procedimento de amostragem confiável.
- **Procedimento de amostragem.** A questão-chave aqui é *como os entrevistados devem ser selecionados*. A amostragem probabilística permite aos profissionais de *marketing* calcular os limites de confiabilidade para erros de amostragem, o que torna a amostra mais representativa. Assim, uma vez definida a amostra, pode-se concluir, por exemplo, que "o intervalo de 5 a 7 viagens por ano tem 95 chances em 100 de conter o número real de viagens realizadas anualmente por passageiros de primeira classe entre Chicago e Tóquio".

Métodos de contato. O pesquisador de *marketing* deve decidir como entrar em contato com os entrevistados: *on-line*, pessoalmente, pelo correio, por *e-mail* ou por telefone.

On-line. A internet oferece muitas maneiras de realizar pesquisas. A empresa pode incluir um questionário em seu *site* e oferecer um incentivo para aqueles que o responderem, por exemplo. Ou pode inserir um *banner* em um *site* altamente visitado, convidando as pessoas a responder algumas perguntas e concorrer a um prêmio. O teste de produtos *on-line* pode proporcionar informações mais rapidamente do que as técnicas tradicionais de pesquisa usadas para desenvolver novos produtos.

Os profissionais de *marketing* também podem conduzir um painel de consumidores em tempo real ou um grupo focal virtual ou, ainda, patrocinar um grupo de discussão, um boletim informativo ou um *blog* e incluir perguntas de tempos em tempos. Eles podem envolver os clientes em uma sessão de *brainstorming* ou os seguidores da empresa no Twitter na avaliação de uma ideia. Percepções coletadas de comunidades *on-line* patrocinadas pela Kraft ajudaram a empresa a desenvolver sua popular linha de salgadinhos de 100 calorias.

A Del Monte explorou sua comunidade *on-line* de 400 membros escolhidos a dedo, denominada I Love My Dog (Eu amo meu cachorro), quando pesquisou sobre uma nova ração para o café da manhã dos cães. Houve consenso entre os membros para algo com sabor de *bacon* e ovos e uma dose extra de vitaminas e minerais. A empresa continuou a trabalhar com a comunidade *on-line* durante todo o desenvolvimento do produto e colocou no mercado a linha fortificada Snausages Breakfast Bites em metade do tempo normalmente necessário para lançar um novo produto.

Diversos novos provedores de pesquisa *on-line* ingressaram no mercado: SurveyMonkey, Survey-Gizmo, Qualtrics e Google Consumer Surveys. Fundada em 1999, a SurveyMonkey tem mais de 15 milhões de usuários cadastrados. Seus membros podem criar pesquisas para rápida publicação em *blogs*, *sites*, no Facebook ou no Twitter. Como qualquer levantamento, no entanto, pesquisas *on-line* precisam fazer as perguntas certas às pessoas certas sobre o assunto certo.

Existem outros meios de utilizar a internet como ferramenta de pesquisa, como rastrear o *clickstream*, a sequência de cliques dos clientes enquanto navegam pelo *site* da empresa e migram para outros. Também é possível publicar preços diferentes, usar chamadas distintas e divulgar características diversas de um produto em *sites* diferentes ou em momentos diferentes, a fim de avaliar a eficácia relativa de suas ofertas. Os pesquisadores também usam mensagens de texto de diversas maneiras: para realizar bate-papos com entrevistados, para sondar mais a fundo o membro de um grupo focal *on-line* ou para direcionar os respondentes para um *site*. As mensagens de texto também são uma maneira útil de fazer com que adolescentes se abram e respondam sobre determinados assuntos.

Pessoalmente. Entrevistas pessoais são o método mais versátil. O entrevistador pode fazer mais perguntas e registrar observações adicionais sobre o entrevistado, como o modo de se vestir e a expressão corporal. Ao mesmo tempo, contudo, são as mais dispendiosas, pois estão sujeitas à tendenciosidade por parte do entrevistador e exigem mais planejamento e supervisão. Nas *entrevistas marcadas*, os entrevistados são contatados para o agendamento de um horário e, com frequência, recebem uma pequena ajuda de custo ou um incentivo. Nas *entrevistas de interceptação*, as pessoas são abordadas em *shoppings* ou ruas movimentadas para uma entrevista no local. Esse tipo de entrevista deve ser rápida e corre o risco de incluir amostras não probabilísticas (não aleatórias).

Correspondência e *e-mail*. O questionário por correio é uma das maneiras de chegar às pessoas que não responderiam entrevistas pessoais ou cujas respostas poderiam ser influenciadas ou distorcidas pelos entrevistadores. A linguagem desse tipo de questionário tem de ser simples e clara. Infelizmente, a taxa de resposta costuma ser baixa ou lenta.

Telefone. Entrevistas por telefone permitem que o entrevistador colete informações rapidamente, esclareça as perguntas em caso de dúvida dos entrevistados e faça perguntas de seguimento, que têm o potencial de gerar informações adicionais valiosas. Contudo, as entrevistas devem ser breves e não muito pessoais. Embora a taxa de resposta seja normalmente superior à dos questionários por correio, tem sido cada vez mais difícil realizar entrevistas por telefone, em decorrência da crescente antipatia dos consumidores pelo *telemarketing*.

Mineração de dados. Por meio da mineração de dados (*data mining*), analistas de *marketing* podem extrair informações úteis de uma ampla massa de dados sobre indivíduos, tendências e segmentos.[24] A mineração de dados utiliza técnicas estatísticas e matemáticas sofisticadas, como análise de agrupamento (que agrupa objetos para garantir que os objetos no mesmo grupo, ou *cluster*, são mais semelhantes uns aos outros do que aos membros de outros grupos), modelagem preditiva (previsão de resultados de eventos incertos) e modelagem cognitiva (uso de modelos computadorizados para simular a tomada de decisões e a solução de problemas realizadas por seres humanos).

Em geral, as empresas podem usar seus dados de diversas maneiras para criar valor para o cliente e conquistar uma vantagem competitiva:

- *Para identificar clientes potenciais.* Muitas empresas geram indicações de vendas anunciando seus bens ou serviços. Os anúncios geralmente contêm um recurso de resposta, como um *link* para um *site*, um cartão de resposta ou um número telefônico gratuito, e um banco de dados é construído a partir dessas respostas. A empresa seleciona os melhores clientes potenciais do banco de dados e, em seguida, entra em contato com eles por correio, *e-mail* ou telefone, na expectativa de convertê-los em clientes.
- *Para decidir que clientes devem receber uma oferta em particular.* As empresas interessadas em realizar vendas, vendas incrementais e vendas cruzadas de seus bens e serviços estabelecem critérios que descrevem o cliente-alvo ideal para determinada oferta. Em seguida, pesquisam em seus bancos de dados os clientes que mais se aproximam desse perfil ideal. Observando as taxas de resposta, a empresa pode atingir seu alvo com uma precisão cada vez maior. Após uma venda, é possível estabelecer uma sequência automática de atividades: uma semana mais tarde, enviar uma nota de agradecimento; cinco semanas depois, enviar uma nova oferta; na décima semana (se o cliente não respondeu), telefonar e oferecer-lhe um desconto especial.
- *Para intensificar a fidelidade do cliente.* As empresas podem despertar o interesse e o entusiasmo do cliente lembrando de suas preferências e enviando brindes apropriados, cupons de desconto e textos de seu interesse.
- *Para reativar as compras dos clientes.* As empresas podem implementar programas de postagem automática (disparo automático de mensagens) que enviam cartões de felicitação, ofertas de Natal ou promoções de fim de estação. O banco de dados ajuda a arquitetar ofertas atraentes e oportunas.
- *Para evitar erros sérios que envolvam o cliente.* Um grande banco relatou alguns dos erros que cometeu por não usar seu banco de dados de clientes adequadamente. Em um dos casos, foi cobrada uma multa de um cliente por atraso no pagamento da prestação de sua casa sem

que se levasse em consideração que esse cliente chefiava uma empresa que era uma das maiores correntistas do banco. O cliente encerrou a conta. Em um segundo caso, dois gerentes ligaram para o mesmo cliente oferecendo um empréstimo hipotecário com preços diferentes. Nenhum dos dois sabia que o outro havia telefonado. Em um terceiro caso, uma agência do banco em outro país ofereceu a um cliente preferencial apenas um atendimento padrão.

ANÁLISE DAS INFORMAÇÕES E TOMADA DE DECISÃO

A penúltima etapa no processo de pesquisa de *marketing* envolve tirar conclusões a partir da tabulação dos dados e do desenvolvimento de indicadores. Médias e medidas de dispersão são computadas para cada uma das principais variáveis. Os pesquisadores também aplicam algumas técnicas estatísticas e modelos de apoio à decisão avançados, na expectativa de obter conclusões adicionais. Eles podem testar diversas hipóteses e teorias ao aplicar a análise de sensibilidade para verificar as premissas e a força das conclusões.

Os principais resultados da pesquisa para o caso da American Airlines mostraram que:

- A principal razão para o uso do serviço de *wi-fi* de alta velocidade pelos passageiros é estar conectado para receber e enviar documentos e *e-mails*, inclusive os mais pesados. Alguns também passariam o tempo navegando pela *web* para baixar vídeos e músicas. Eles declararam que o custo seria pago por suas empresas.
- Cerca de 5 em cada 10 passageiros de primeira classe usariam internet a bordo a um custo de US$ 25; cerca de seis usariam a um custo de US$ 15. Assim, uma taxa de US$ 15 geraria uma receita menor (6 × US$ 15 = US$ 90) do que uma taxa de US$ 25 (5 × US$ 25 = US$ 125). Se o mesmo voo ocorresse 365 dias por ano, a American Arlines arrecadaria US$ 45.625 por ano (= US$ 125 × 365). Considerando um investimento de US$ 90 mil por avião, seriam necessários aproximadamente dois anos para que se atingisse o ponto de equilíbrio.
- A oferta desse serviço a bordo fortaleceria a imagem da American Airlines como uma empresa inovadora e progressista perante o público. A empresa conquistaria novos passageiros, além de prestígio entre os clientes.

Os gerentes da American Airlines que encomendaram a pesquisa devem ponderar as evidências apresentadas. Se confiam pouco nos resultados obtidos, podem decidir contra a introdução de um serviço de *wi-fi* de alta velocidade. Se estão dispostos a lançar o serviço, os resultados apoiam essa inclinação. Eles podem, inclusive, decidir estudar mais o assunto e conduzir pesquisas adicionais. A decisão é deles, mas uma pesquisa conduzida com rigor certamente proporciona uma visão abrangente do problema.

Na análise das informações disponíveis e na tomada de uma decisão, é importante diferenciar os dados de mercado dos *insights* de mercado. Informação não é conhecimento, como observou Albert Einstein. Da mesma forma, os dados de mercado por si só normalmente não são muito úteis, a menos que ofereçam *insights* para melhorar o entendimento dos gestores sobre o problema e fortaleçam a relação custo-benefício das suas ações. Assim, interpretar os dados e relacioná-los ao problema do momento é crucial na tomada de decisão gerencial.

A medição da demanda de mercado

Compreender o ambiente de *marketing* e conduzir uma pesquisa de *marketing* pode ajudar a identificar oportunidades de mercado. A empresa deverá, então, mensurar e prever o tamanho, o crescimento e o potencial de lucros de cada nova oportunidade. Previsões de vendas preparadas pelo *marketing* são utilizadas pelo departamento de finanças, para levantar o caixa necessário ao investimento e às operações, pelo departamento de produção, para estabelecer níveis de capacidade e produção, pelo departamento de compras, para a aquisição dos suprimentos necessários, e pelo departamento de recursos humanos, para a contratação do número adequado de funcionários. Se a previsão estiver fora da realidade, a empresa acabará com excesso ou falta de estoque. Uma vez que as previsões de vendas se baseiam em estimativas de demanda, os gerentes precisam definir o que entendem por "demanda de mercado".

Embora o grupo de materiais de alta *performance* da DuPont soubesse que o DuPont Tyvek detinha uma participação dominante do mercado de US$ 100 milhões para membranas permeáveis de proteção contra o vento, havia uma oportunidade maior de entrar em todo o mercado multibilionário de construção civil americano com bens e serviços adicionais.

CONCEITOS FUNDAMENTAIS NA MENSURAÇÃO DA DEMANDA

Os principais conceitos de mensuração da demanda são demanda de mercado e demanda da empresa, previsão de mercado, previsão de vendas da empresa, potencial de mercado e potencial de vendas da empresa. Discutimos esses conceitos em mais detalhes a seguir.

A **demanda de mercado** por uma oferta é o volume total de um produto adquirido por determinado grupo de clientes, em determinada área geográfica, em determinado período, em determinado ambiente de *marketing* e sob determinado programa de *marketing*.

A **demanda da empresa** é a participação estimada de uma empresa na demanda de mercado em níveis alternativos de esforço de *marketing*, ao longo de determinado período. Ela depende de como seus bens, serviços, preços e comunicações são percebidos em relação aos da concorrência. Se os outros fatores forem iguais, a participação no mercado dependerá da escala relativa e da efetividade das despesas de *marketing*. Como observado anteriormente, os especialistas no desenvolvimento de modelos de *marketing* têm desenvolvido funções de resposta de vendas para mensurar como as vendas de uma empresa são afetadas por seu nível de despesas de *marketing*, seu *mix* de *marketing* e sua efetividade em *marketing*.[25]

A demanda de mercado que corresponde ao nível real das despesas de *marketing* do setor é chamada de **previsão de mercado**.

A **previsão de vendas da empresa** é o nível esperado de vendas de uma empresa com base em um plano de *marketing* pré-selecionado e um ambiente de *marketing* pressuposto. Dois outros conceitos relacionados são importantes. Uma *cota de vendas* é a meta de vendas estabelecida para uma linha de produtos, uma divisão da empresa ou um representante de vendas. Antes de mais nada, é um dispositivo gerencial que tem como função definir e estimular o esforço de vendas. De modo geral, as cotas de vendas são estabelecidas em um patamar ligeiramente mais alto do que as vendas estimadas, a fim de aumentar o esforço da equipe de vendas. Um *orçamento de vendas* é uma estimativa conservadora do volume de vendas esperado. Ele é utilizado principalmente para a tomada de decisões relativas às compras, à produção e ao fluxo de caixa. O orçamento de vendas baseia-se na necessidade de evitar riscos excessivos e costuma ser estabelecido em patamares ligeiramente mais baixos do que a previsão de vendas.

O **potencial total do mercado** é o volume *máximo* de vendas que pode estar ao alcance de todas as empresas em determinado setor, ao longo de determinado período, sob determinado nível de esforço de *marketing* do setor e sob determinadas condições ambientais. A previsão de mercado mostra a demanda de mercado *esperada*, não a demanda total que o mercado pode alcançar. Para determinar esta última, temos de visualizar o nível de demanda de mercado resultante de um nível muito elevado de despesas do setor em *marketing*, em que aumentos adicionais de esforço pouco estimulariam a demanda adicional. O potencial de mercado é, portanto, o limite do qual se aproxima a demanda de mercado à medida que as despesas do setor em *marketing* chegam perto de se tornarem infinitas em determinado ambiente de *marketing*. As palavras "em determinado ambiente de *marketing*" são fundamentais. Consideremos o potencial de mercado para automóveis, que é maior em tempos de prosperidade do que em um período de recessão. Um meio comum de estimar o potencial total do mercado é multiplicar o número de compradores potenciais pela quantidade média que cada comprador adquire e multiplicar esse resultado pelo preço.

O **potencial de vendas da empresa** é o limite de vendas a que a demanda da empresa pode chegar à medida que seu esforço de *marketing* aumenta em relação ao dos concorrentes. O limite absoluto da demanda da empresa é, obviamente, o potencial de mercado. Ambos seriam iguais se a empresa alcançasse 100% do mercado. Na maioria dos casos, o potencial de vendas é menor que o de mercado, mesmo quando as despesas de *marketing* aumentam consideravelmente. Isso porque cada concorrente tem um núcleo resistente de compradores fiéis que não respondem aos esforços de outras empresas para aliciá-los. Assim, capturar todos os clientes da concorrência no mercado é um desafio enorme.

PREVISÃO DA DEMANDA DE MERCADO

Fazer uma previsão é a arte de antecipar aquilo que os compradores provavelmente fariam sob determinadas condições. Com relação aos principais bens de consumo duráveis, como os eletrodomésticos, muitos institutos de pesquisa realizam levantamentos periódicos das intenções de compra dos consumidores fazendo perguntas como: *"Você pretende adquirir um automóvel nos próximos seis meses?"*. Pesquisas desse tipo também levantam dados sobre a renda atual e futura dos consumidores e suas expectativas quanto à economia. As várias informações são combinadas em uma mensuração da confiança do consumidor ou em uma mensuração do sentimento do consumidor (como a da Conference Board e a da Survey Research Center da University of Michigan, respectivamente). Na maioria dos mercados, uma boa previsão representa um fator-chave para o sucesso.

É comum as empresas começarem com uma projeção macroeconômica, seguida de uma projeção setorial e uma previsão de vendas da empresa. A projeção macroeconômica leva em consideração inflação, desemprego, taxas de juros, gastos de consumidores, investimentos de empresas, gastos governamentais, exportações líquidas e outras variáveis. O resultado é uma previsão do produto interno bruto (PIB), que será utilizada com outros indicadores macroambientais para prever vendas setoriais. A empresa realiza sua previsão de vendas supondo que ganhará uma determinada participação de mercado.

Como as empresas efetuam suas previsões? Elas podem desenvolvê-las internamente ou comprá-las de terceiros, como institutos de pesquisa de *marketing* que desenvolvem previsões entrevistando clientes, distribuidores e outras partes com conhecimentos específicos. Empresas especializadas realizam previsões de longo prazo sobre componentes macroambientais específicos, como população, recursos naturais e tecnologia. Alguns exemplos são a IHS Global Insight (uma fusão da Data Resources com a Wharton Econometric Forecasting Associates), a Forrester Research e o Gartner Group. As empresas de pesquisas de futuro, como o Institute for the Future, o Hudson Institute e o Futures Group, produzem cenários especulativos.

Todas as previsões são fundamentadas em uma destas três bases de informação: o que as pessoas dizem, o que as pessoas fazem e o que as pessoas fizeram. A primeira base, o que as pessoas dizem, envolve levantamento das intenções dos compradores, compilação das opiniões da força de vendas e opinião de especialistas. A elaboração de uma previsão com base naquilo que as pessoas fazem envolve outro método: a introdução do produto em um mercado-teste para medir a resposta dos compradores. A última base de informação, o que as pessoas fizeram, envolve a análise de registros de comportamento de compras do passado ou a utilização de análises de séries temporais ou de demanda estatística.

- **Vendas do setor e participações de mercado.** As associações setoriais costumam levantar e publicar as vendas totais do setor, embora não relacionem as vendas individualizadas por empresa. Com base nessas informações, cada empresa pode avaliar seu desempenho em relação ao setor como um todo. Se as vendas de uma empresa crescem 5% ao ano enquanto as do setor crescem 10%, essa empresa está, na verdade, perdendo posição.

  Outra maneira de estimar vendas é comprar relatórios de institutos de pesquisa de *marketing* que realizam auditorias de vendas totais e vendas por marca. Por exemplo, a Nielsen Media Research audita as vendas no varejo em várias categorias de produtos de supermercados e drogarias. Uma empresa pode adquirir essas informações e comparar seu desempenho com o do setor como um todo e/ou com o de qualquer concorrente específico para verificar se está ganhando ou perdendo participação total ou por marca. Visto que, de modo geral, os distribuidores não fornecem informações sobre o volume de mercadorias que os concorrentes vendem, os profissionais de *marketing* que atendem ao mercado empresarial operam com menos conhecimento sobre sua participação de mercado.

- **Pesquisa de intenções dos compradores.** Para compradores empresariais, vários institutos conduzem pesquisas de intenção de compra relacionadas com instalações, equipamentos e materiais industriais, em geral com uma margem de erro de 10%. Essas pesquisas são especialmente úteis na estimativa de demanda por bens industriais, bens de consumo duráveis, compras de produtos que requerem planejamento antecipado e novos produtos. Esse tipo de pesquisa se mostra ainda mais valiosa quando os compradores são poucos, o custo de alcançá-los é baixo e eles têm intenções expressas claramente que serão de fato implementadas. Uma técnica estatística baseada em levantamentos muito popular na pesquisa de mercado é a análise conjunta, que ajuda a determinar como os consumidores avaliam os diferentes atributos (recursos do produto, benefícios de serviço e preço) que compõem uma determinada oferta.[26]

- **Compilação de opiniões da força de vendas.** Quando for impraticável entrevistar os compradores, a empresa poderá solicitar a seus representantes de vendas que estimem as vendas futuras. Envolver a equipe de vendas em estimativas traz uma série de benefícios. Os representantes de vendas podem ter uma visão melhor das tendências em curso do que qualquer outro grupo e, participando do processo de estimativa, eles se sentirão mais confiantes em relação à sua meta de vendas e mais incentivados a atingi-la. Um procedimento de previsão "de base" oferece estimativas detalhadas decompostas por produto, território, cliente e representante de vendas.

  No entanto, poucas empresas utilizam esse tipo de estimativa sem efetuar alguns ajustes. Os representantes de vendas podem ser pessimistas ou otimistas, não saber como os planos de *marketing* de sua empresa influenciarão as vendas futuras em seu território e subestimar deliberadamente a demanda para que a empresa estabeleça uma cota de vendas mais baixa. Para encorajar estimativas melhores, a empresa deve oferecer algum tipo de apoio ou incentivo à equipe de vendas, como informações sobre os planos de *marketing* ou comparações entre as estimativas anteriores e as vendas reais.

- **Opinião de especialistas.** As empresas também podem obter previsões de especialistas, como revendedores, distribuidores, fornecedores, consultores de *marketing* e associações comerciais. As estimativas dos revendedores estão sujeitas aos mesmos pontos fortes e fracos identificados nas estimativas da equipe de vendas. Muitas empresas compram previsões econômicas e setoriais de institutos de previsão econômica reconhecidos, que dispõem de um volume maior de dados e conhecimento especializado na preparação de previsões.

  Ocasionalmente, as empresas convidam um grupo de especialistas para preparar uma previsão. Os especialistas trocam ideias e produzem uma estimativa de grupo (*método de discussão em grupo*) ou individual – nesse caso, um analista as consolida em uma única estimativa (*compilação de estimativas individuais*). Rodadas adicionais de avaliação e detalhamento podem ser feitas (como ocorre com o método Delphi).[27]

- **Análise de vendas passadas.** As previsões de vendas também podem ser elaboradas com base em vendas passadas. A *análise de séries temporais* consiste em decompor essas séries em quatro componentes (tendência, ciclo, sazonalidade e sinuosidade) e projetá-los para o futuro. A *análise de tendência exponencial* consiste em prever as vendas do próximo período mediante a combinação de uma média de vendas passadas com as vendas mais recentes, atribuindo maior peso a estas últimas. A *análise de demanda estatística* consiste em mensurar o nível de impacto de todos os elementos de um conjunto de fatores causais (p. ex., renda, despesas de *marketing* e preço) sobre o nível de vendas. Por fim, a *análise econométrica* consiste na elaboração de conjuntos de equações que descrevem um sistema e derivam estatisticamente os diferentes parâmetros que compõem as equações. Técnicas avançadas de aprendizado de máquina estão revolucionando o *marketing* ao automatizar e acelerar tarefas que vão desde a análise de vendas e receitas até a identificação de tendências do setor.

- **Método de teste de mercado.** Quando os compradores não planejam suas compras cuidadosamente ou os especialistas não estão disponíveis ou não são confiáveis, um teste direto de mercado pode ajudar na previsão de vendas de novos produtos ou de produtos já estabelecidos que passem a ser vendidos por um novo canal de distribuição ou em um novo território.

Avaliação da produtividade de *marketing*

Embora seja fácil quantificar as despesas e os investimentos de *marketing* como insumos em curto prazo, os resultados decorrentes, como maior reconhecimento da marca, destaque da imagem de marca, mais fidelidade do cliente e melhoria das perspectivas de novos produtos, podem levar meses ou até anos para se manifestarem. Enquanto isso, uma série de mudanças internas na organização e externas no ambiente mercadológico pode coincidir com as despesas de *marketing*, tornando mais difícil isolar os efeitos de uma atividade específica.[28]

No entanto, a pesquisa de *marketing* deve avaliar a eficiência e a eficácia das atividades de *marketing*. Duas abordagens complementares para medir a produtividade do *marketing* são: (1) *indicadores de marketing* para avaliar seus efeitos; e (2) *modelos de mix de marketing* para prever relações de causa e efeito e como a atividade de *marketing* afeta os resultados. Os **painéis de monitoramento de marketing** são uma forma estruturada de disseminar as percepções obtidas com essas duas abordagens dentro da organização.

INDICADORES DE *MARKETING*

Os profissionais de *marketing* empregam uma ampla variedade de indicadores para avaliar os efeitos de seu trabalho.[29] Por indicadores de *marketing*, entende-se um conjunto de medidas que ajudam as empresas a quantificar, comparar e interpretar o desempenho de seu *marketing*.[30]

A diretora de *marketing* da marca de cosméticos Mary Kay concentra-se em quatro parâmetros de longo prazo da força da marca – conscientização de mercado, consideração, teste e produtividade de uma consultora de beleza em 12 meses –, além de uma série de indicadores de curto prazo específicos a programas, como impressões de anúncios, tráfego no *site* e conversão em compra.

A vice-presidente (VP) de *marketing* da Virgin America analisa um amplo conjunto de indicadores *on-line*: custo por aquisição, custo por clique e custo por mil impressões de página (CPM). Ela também analisa o total de receita impulsionada por busca espontânea e paga, exibição de propaganda *on-line*, resultados de monitoramento, além de outras métricas do mundo *off-line*.

Os profissionais de *marketing* escolhem um ou mais indicadores com base em questões ou problemas específicos que enfrentam. O Mindbody, um provedor de *software* de gestão de negócios baseado na *web* para os setores de bem-estar e beleza em todo o mundo, rastreia inúmeras análises *on-line*, incluindo conversões de *landing pages*, taxas de cliques para anúncios *on-line* e *rankings* nas buscas do Google. Além disso, o Mindbody monitora os seguintes indicadores *on-line* em bases semanais: (1) *análise do site*, que detalha a navegação no *site* e a interação *on-line*; (2) *presença nas mídias sociais*, que mostra as diferentes reações demográficas e geográficas aos canais de mídia social em diferentes mercados; e (3) *estatísticas de marketing de permissão*, que são indicadores de interações e engajamento com consumidores a partir de *e-mails* automáticos.

Tim Ambler, da London Business School, acredita que as empresas podem dividir a avaliação do desempenho de *marketing* em duas partes: resultados em curto prazo e mudanças no *brand equity*.[31] Os resultados em curto prazo costumam refletir questões de lucro e prejuízo, como mostrado pelo giro de vendas, pelo valor para o acionista ou por uma combinação dos dois. A avaliação do *brand equity* inclui: mensurações de conscientização, atitudes e comportamentos dos consumidores; participação de mercado; diferencial de preço relativo; número de reclamações; distribuição e disponibilidade; número total de clientes; qualidade percebida; e fidelidade/retenção.[32]

As empresas também podem monitorar um extenso conjunto de indicadores internos, como a inovação. Por exemplo, a 3M monitora a proporção de suas vendas resultante de inovações recentes. Ambler recomenda, ainda, o desenvolvimento de medidas e indicadores relativos aos funcionários, argumentando que "seus clientes são os usuários finais, mas seus funcionários são os primeiros usuários, e você precisa avaliar a saúde do mercado interno".

MODELOS DE *MIX* DE *MARKETING*

O *marketing accountability* (mensuração das ações de *marketing*) também significa que os profissionais da área devem estimar com maior precisão os efeitos de seus investimentos. Os **modelos de mix de marketing** analisam dados de diversas fontes, como dados coletados de leitores de códigos de barra no varejo, dados de expedição da empresa e dados de determinação de preços, mídia e despesas com promoções, para compreender com maior precisão os efeitos de cada atividade de *marketing*.[33] Para aprofundar esse entendimento, análises multivariadas, como a análise de regressão, são conduzidas para identificar como cada elemento de *marketing* influencia os resultados relevantes, como as vendas de determinada marca ou a participação de mercado.

Especialmente populares nas empresas de produtos embalados, como a Procter & Gamble, a Clorox e a Colgate, os resultados dos modelos de *mix de marketing* são usados para alocar ou realocar despesas. As análises tentam descobrir quanto da verba para propaganda foi desperdiçada, quais são os níveis ideais de gastos e quais devem ser os níveis mínimos de investimento.

Embora os modelos de *mix de marketing* ajudem a isolar efeitos, eles são menos eficazes em avaliar como os diferentes elementos de *marketing* funcionam em conjunto. Dave Reibstein, da Wharton School, também observa três outras deficiências.[34] (1) O modelo do *mix de marketing* enfoca o crescimento incremental, não as vendas de base ou os efeitos de longo prazo. (2) A integração de indicadores importantes, como satisfação do cliente, reconhecimento de marca e *brand equity*, ao modelo de *mix de marketing* é limitada. (3) De modo geral, o modelo de *mix de marketing* não consegue incorporar indicadores relacionados com concorrência, comércio ou força de vendas (em média, as empresas gastam muito mais com força de vendas e promoção comercial do que com propaganda ou promoção ao consumidor).

PAINÉIS DE MONITORAMENTO DE *MARKETING*

As empresas também empregam processos e sistemas organizacionais para se certificar da maximização do valor de toda essa diversidade de indicadores. A gerência pode montar um conjunto sucinto dos indicadores internos e externos relevantes em um painel de monitoramento de *marketing* para síntese e interpretação. Os painéis de *marketing* são como o painel de instrumentos em um carro ou avião, exibindo a visualização em tempo real dos indicadores que asseguram o funcionamento adequado. Formalmente, os painéis de *marketing* são "um conjunto conciso de fatores interconectados de desempenho a serem vistos em comum por toda a organização".[35] Os dados que a empresa insere nos painéis de *marketing* devem incluir duas medidas de mercado cruciais: uma que reflita o desempenho e uma que dê sinais de alerta precoce.

Os painéis são eficientes na mesma medida em que as informações nas quais se baseiam também o são, mas ferramentas sofisticadas de visualização ajudam a dar vida aos dados para melhorar sua compreensão e análise. A codificação por cores, os símbolos e os diferentes tipos de gráficos, tabelas e indicadores são eficazes e fáceis de usar. Algumas empresas também nomeiam *controllers* de *marketing* para examinar itens e gastos orçamentários. Cada vez mais, esses *controllers* usam *software* de inteligência de negócios (BI, do inglês *business intelligence*) para criar versões digitais de painéis de *marketing* que agregam dados de fontes internas e externas.

Os painéis de monitoramento de *marketing* fornecem todas as informações atualizadas necessárias à condução dos negócios de uma empresa, como vendas *versus* previsão, eficácia do canal de distribuição, evolução do *brand equity* e desenvolvimento do capital humano. Um painel eficaz dá foco às ideias, melhora a comunicação interna e revela onde os investimentos em *marketing* estão compensando ou não. Atualmente, os profissionais de *marketing* seguem quatro trajetórias de mensuração comuns:[36]

- A *mensuração baseada no cliente* analisa a forma como consumidores em potencial se convertem em clientes, desde a conscientização até a preferência, a experimentação e a repetição da compra, ou algum modelo menos linear. Essa área também examina como a experiência do cliente contribui para a percepção de valor e a vantagem competitiva.
- A *mensuração baseada na venda de um bem ou serviço* reflete o que os profissionais de *marketing* conhecem sobre as vendas unitárias de bens/serviços: a quantidade vendida por linha de produto e/ou região geográfica; o custo de *marketing* por unidade vendida como um critério de eficiência; e onde e como a margem é otimizada em relação às características da linha de produto ou do canal de distribuição.
- A *mensuração baseada no fluxo de caixa* concentra-se na eficácia com que as despesas de *marketing* obtêm retornos no curto prazo. Modelos de retorno sobre o investimento (ROI, do inglês *return on investment*) de programas e campanhas medem o impacto imediato ou o valor presente líquido dos lucros esperados de determinado investimento.
- A *mensuração baseada na marca* acompanha o desenvolvimento do impacto do *marketing* no longo prazo. Isso é feito pelos indicadores de *brand equity* que avaliam a qualidade da percepção da marca pelo cliente e pelo consumidor em potencial e a saúde financeira geral da marca.

Idealmente, o número de indicadores apresentados em um painel de monitoramento de *marketing* se reduzirá a poucos fatores-chave ao longo do tempo. Enquanto isso, o processo de desenvolvimento e aperfeiçoamento do painel de *marketing* irá, sem dúvida, levantar e resolver muitas questões fundamentais sobre o negócio.

Alguns executivos receiam perder a visão do todo ao se concentrarem demais em um conjunto de números em um painel. Há críticos que se preocupam com a privacidade e a pressão que essa técnica impõe aos funcionários, mas a maioria dos especialistas considera que as recompensas valem o risco.

INSIGHT de *marketing*

Seis maneiras de extrair novas ideias de seus clientes

Os clientes, sejam eles consumidores ou negócios, podem ser uma fonte eficaz de novas ideias, que podem levar a ofertas de mercado bem-sucedidas. A seguir, apresentamos diversas estratégias populares para coletar *insights* de clientes atuais e potenciais.

- Observe como os clientes usam seu produto. A Medtronic, fabricante de equipamentos médicos, tem vendedores e pesquisadores de mercado que observam regularmente os cirurgiões especializados em coluna vertebral que usam seus produtos e os da concorrência para aprender como os seus podem ser melhorados. Depois de conviver com famílias de classe média baixa na Cidade do México, os pesquisadores da Procter & Gamble conceberam o Downy Single Rinse, um amaciante de roupas que eliminou uma árdua etapa do processo de lavagem que era, em parte, feita manualmente naquela região.
- Pergunte aos clientes quais problemas eles veem em seus produtos. A Komatsu Heavy Equipment enviou um grupo de engenheiros e projetistas para os Estados Unidos por seis meses para acompanhar os condutores de seus equipamentos e aprender como melhorá-los. A Procter & Gamble, ciente de que os consumidores ficavam frustrados porque as batatinhas quebravam e era difícil mantê-las intactas depois de aberto o pacote, fez com que as Pringles tivessem um tamanho uniforme e fossem embaladas em um recipiente tubular que oferecia mais proteção.
- Pergunte aos clientes quais são os produtos de seus sonhos. Pergunte a seus clientes o que gostariam que seu produto tivesse, mesmo que o ideal pareça impossível de atingir. Um usuário de 70 anos disse à Minolta que gostaria que a câmera fizesse os fotografados terem uma aparência melhor e não mostrasse suas rugas e os efeitos do envelhecimento. Em resposta, a Minolta criou uma câmera com duas lentes, uma delas para capturar imagens mais suaves dos fotografados.
- Solicite ativamente o *feedback* dos clientes. A Levi Strauss utiliza painéis de jovens para discutir estilos de vida, hábitos, valores e compromissos da marca; a Cisco realiza fóruns de clientes para melhorar os produtos que oferece; e a Harley-Davidson solicita ideias de produtos de 1 milhão de membros de seu H.O.G. (Harley Owners Group). O *site* corporativo global da P&G inclui uma seção chamada Share Your Thoughts (Compartilhe suas ideias) para solicitar conselhos e *feedback* dos clientes.
- Forme uma comunidade de entusiastas da marca que conversam sobre o seu produto. A Harley-Davidson e a Apple têm fortes entusiastas e defensores da marca. A Sony envolveu-se em diálogos colaborativos com os consumidores para o desenvolvimento conjunto dos produtos da marca PlayStation. A LEGO conta com as crianças e com entusiastas adultos influentes para obter *feedback* sobre novos conceitos de produto em estágios iniciais de desenvolvimento.
- Encoraje ou desafie seus clientes a mudar ou melhorar seu produto. O *site* Salesforce.com quer que seus usuários desenvolvam e compartilhem novas aplicações de *software* utilizando ferramentas simples de programação. A International Flavors & Fragrances oferece um *kit* de ferramentas a seus clientes para que modifiquem sabores específicos, que, depois, a empresa fabrica. A LSI Logic Corporation também fornece aos clientes *kits* do tipo "faça você mesmo" para que possam criar seus próprios *chips* especializados. A BMW publicou um *kit* em seu *site* para permitir que os clientes desenvolvam ideias utilizando telemática e serviços *on-line* dentro do carro.[37]

Resumo

1. Pesquisa de *marketing* tem tudo a ver com geração de *insights*. Os *insights* de *marketing* fornecem diagnósticos sobre como e por que observamos certos efeitos no mercado e o que isso significa para o profissional de *marketing*. A boa pesquisa de *marketing* caracteriza-se por método científico, criatividade, multiplicidade de métodos, desenvolvimento de modelos precisos, análise de custo-benefício, ceticismo saudável e foco ético.

2. O processo de pesquisa de *marketing* consiste em definir o problema, desenvolver o plano de pesquisa, coletar as informações, analisar as informações e tomar decisões. Ao conduzir as pesquisas, as empresas devem decidir entre coletar seus próprios dados (primários) ou fazer uso dos já existentes (secundários). Também devem decidir quanto à abordagem a ser adotada (observacional, grupo focal, levantamento ou comportamental) e ao instrumento de pesquisa a ser utilizado (questionários, pesquisa qualitativa ou dispositivos tecnológicos). Além disso, devem determinar um plano de amostragem, os métodos de contato (*on-line*, pessoalmente, correio/*e-mail* ou telefone) e as estratégias de mineração de dados.

3. Para estimar a demanda corrente, as empresas precisam determinar o tamanho, o crescimento e o potencial lucro de cada oportunidade de mercado. Para estimar a demanda futura, as empresas fazem o levantamento das intenções dos compradores, solicitam contribuições de sua força de vendas, coletam opiniões de especialistas, analisam o histórico de vendas ou realizam testes de mercado. Modelos matemáticos, técnicas estatísticas avançadas e procedimentos informatizados de coleta de dados são essenciais para qualquer tipo de previsão de demanda e de vendas.

4. A pesquisa de *marketing* deve avaliar a eficiência e a eficácia das atividades de *marketing*. Duas abordagens complementares para medir a produtividade do *marketing* são: (1) indicadores de *marketing* para avaliar seus efeitos; e (2) modelos de *mix* de *marketing* para prever relações de causa e efeito e como a atividade de *marketing* afeta os resultados. Os *insights* gerados por essas duas abordagens devem ser disseminados dentro da organização. Os painéis de monitoramento de *marketing* fornecem todas as informações atualizadas necessárias à condução dos negócios de uma empresa, como vendas *versus* previsão, eficácia do canal de distribuição, evolução do *brand equity* e desenvolvimento do capital humano. As informações inseridas pela empresa no painel de monitoramento de *marketing* devem incluir dois importantes *scorecards* (indicadores) baseados no mercado que reflitam o desempenho e forneçam possíveis sinais precoces de alerta.

DESTAQUE de *marketing*

IDEO

A IDEO é uma empresa internacional de *design* com estúdios na América do Norte, na Ásia e na Europa que trabalha com uma ampla gama de clientes nos setores corporativo, governamental e social para gerar um impacto positivo por meio do *design*. A IDEO usa uma abordagem de solução de problemas centrada no ser humano denominada *design thinking*, que prioriza as necessidades das pessoas como o fator central para a criação de produtos, serviços e experiências. Os bens e serviços projetados pela IDEO incluem o primeiro *mouse* da Apple, uma rede de escolas de classe mundial a preços acessíveis no Peru e um sistema de votação inclusivo e acessível para o condado de Los Angeles.

As raízes da IDEO remontam a 1978, mas o nome atual surgiu em 1991, por ser uma empresa de *design* com foco no *design* e na engenharia de produtos. Como muitas outras empresas, a IDEO inicialmente empregava engenheiros

industriais, elétricos, de produção e químicos para criar e melhorar os produtos do cliente. Contudo, a IDEO diferenciou-se das outras empresas de *design* com a sua abordagem multidisciplinar e com a popularização do *design thinking*. À medida que crescia, a empresa assumia projetos cada vez mais variados e empregava pessoas com habilidades muito mais diversas. A IDEO buscava as perspectivas de profissionais de *marketing*, antropólogos, médicos, professores, arquitetos e especialistas de outros campos.

Todos os aspectos da empresa, desde a estrutura organizacional e os espaços físicos até a contratação, o treinamento e a gestão dos funcionários, refletem um conjunto de sete valores centrais que a IDEO articulou com o objetivo de promover uma comunidade criativa e colaborativa dentro da organização. Os valores são: fale menos, faça mais; faça o sucesso dos outros; aprenda com falhas; abrace a ambiguidade; seja otimista; colabore; e assuma a responsabilidade. Nos escritórios da IDEO, as mesas dos sócios e dos líderes seniores estão espalhadas entre as dos *designers* juniores para estabelecer as condições necessárias para a colaboração entre todos os níveis. Espaços abertos e flexíveis permitem que os funcionários apresentem seus protótipos e realizem sessões de *brainstorming* (reunião de grupos para geração de ideias ou solução de problemas).

A IDEO aplicou a sua abordagem de *design thinking* (processo criativo e colaborativo para inovação ou solução de problemas) a diversos produtos, serviços e experiências inovadores nos mais diferentes setores e indústrias. Quando a Oral-B pediu à IDEO que desenhasse uma nova escova de dentes para crianças pequenas em 1996, o primeiro passo da empresa foi observar crianças escovando seus dentes. Durante as observações, a IDEO notou que as crianças seguram a escova de um jeito diferente dos adultos. Enquanto os adultos têm boas habilidades motoras e conseguem movimentar suas escovas apenas com os dedos, as crianças seguram a escova com a mão fechada para movimentá-la. As escovas de dentes dos adultos criavam problemas para as crianças porque eram finas e difíceis de segurar. A IDEO usou esse *insight* para criar uma escova de dentes com um cabo grosso e mole. Essa inovação simples se disseminou rapidamente e se tornou o fator de forma dominante para escovas de dentes infantis.

Outro exemplo vem de Los Angeles, onde a liderança do condado queria reformular o sistema de votação antiquado, que datava da década de 1960. O condado contratou a IDEO para desenhar o conceito, o visual e a sensação geral do sistema atualizado, uma solução modular que poderia se adaptar com o passar do tempo. Com quase 5 milhões de eleitores registrados, o condado de Los Angeles representa a maior jurisdição eleitoral dos Estados Unidos. Os pesquisadores da IDEO organizaram eventos de prototipagem em centros comunitários de todo o condado, onde escutaram eleitores de todas as idades e com histórias de vida diversas. A IDEO criou um sistema de votação que seria útil e acessível para todos os tipos de eleitores: aqueles com deficiências visuais e auditivas, em cadeiras de rodas, com déficits de aprendizagem, que não conhecem tecnologia e que não falam inglês. O novo sistema estreou durante as primárias presidenciais de 2020.

A IDEO também formou uma parceria com a The North Face para ajudar a construir a história de marca da fabricante de produtos para uso ao ar livre na China. A empresa queria expandir a sua presença na China, mas descobriu que as narrativas de aventura e esportes radicais usadas na história de marca americana da empresa não funcionavam com os consumidores chineses. Os pesquisadores da IDEO descobriram que os consumidores chineses respondiam melhor a uma história de marca que os incentivava a fugir da vida na cidade grande e aproveitar a liberdade relaxante de passar o tempo com outras pessoas em meio à natureza. Os pesquisadores e *designers* da IDEO ajudaram a elaborar a campanha de *marketing* chinesa da empresa e colaboraram com plataformas digitais e *displays* de loja para atrair novos clientes.

A IDEO trabalhou com a J.M. Smucker Company para ajudar a Folgers, marca líder de café para consumo doméstico nos Estados Unidos, a se conectar com o público *millennial*. A colaboração produziu a 1850, uma marca inspirada na tradição e na história da Folgers. A IDEO ajudou a formular a experiência de produto *go-to-market*, incluindo embalagem, varejo e mercadoria. Lançada em 2018, a 1850 foi considerada o principal lançamento na categoria café em 2019.

O fator constante por trás das muitas soluções da IDEO é a aplicação do *design* centrado no ser humano. A IDEO continua a defender a sua filosofia de que as melhores soluções de *design* são encontradas quando orientamos o processo para os desejos e as necessidades do usuário. A IDEO aplica o *design* centrado no ser humano a inúmeros campos, incluindo serviços financeiros, organizações sem fins lucrativos, construção de marca, serviços de saúde, aprendizagem e educação e bens de consumo.[38]

Questões

1. Por que a IDEO tem sido tão bem-sucedida?
2. Qual é o desafio mais difícil que a IDEO enfrenta na realização de suas pesquisas e no *design* de seus produtos?
3. No fim das contas, a IDEO cria grandes soluções para empresas, que então recebem todo o crédito. Ela deve tentar criar mais reconhecimento de marca para si mesma? Por quê?

DESTAQUE de *marketing*

LEGO

O LEGO é um dos brinquedos mais icônicos do mundo. Os bloquinhos de construção coloridos deram origem a inúmeros conjuntos, bonecos, *videogames* e até mesmo filmes e parques temáticos. O LEGO baseia-se em um conceito simplíssimo: todos os blocos se encaixam em todos os outros blocos, o que cria uma combinação infinita de prédios, robôs, carros e tudo mais que o usuário consegue imaginar. A LEGO emprega uma abordagem de *design thinking* à sua inovação de produto, usando novos lançamentos que utilizam os blocos coloridos de maneiras criativas para manter a novidade. Em 2017, a LEGO tornou-se a maior fabricante de brinquedos do mundo e uma das marcas mais fortes em todos os setores.

A LEGO começou em 1932, em uma pequena oficina em Billund, na Dinamarca. O carpinteiro Ole Kirk Christiansen vendia brinquedos de madeira, escadinhas e tábuas de passar ao lado de Godtfred, seu filho. Dois anos depois, a dupla batizou o seu negócio de LEGO, abreviatura para as palavras dinamarquesas *leg godt*, que significam "brincar bem". Durante os próximos anos, a LEGO expandiu sua linha de produtos para incluir patos de madeira, cabides e simples blocos de madeira. Foi apenas em 1947, quando comprou uma máquina de moldes de injeção de plástico, que a LEGO começou a produção em massa dos brinquedos de plástico que seriam os predecessores dos blocos de LEGO modernos. Em 1957, a LEGO criou os blocos de plástico que se encaixam; no ano seguinte, a empresa lançou o mecanismo de acoplagem de tubos vazados, que se tornou o modelo para todos os brinquedos da marca. Os blocos de LEGO se tornaram ultrapopulares entre os clientes, e a empresa começou a expandir-se mundialmente no início da década de 1960. Em 1964, a LEGO começou a vender conjuntos de peças, que incluíam as peças necessárias e as instruções para construir modelos específicos. Não demorou para que conjuntos baseados em filmes e livros, como as séries *Harry Potter, Guerra nas Estrelas* e *Jurassic Park*, se tornassem alguns dos brinquedos infantis mais desejados do mundo.

O crescimento e a expansão da LEGO desaceleraram no final do século XX. As taxas de natalidade caíram, e as crianças perderam um pouco do interesse por brinquedos que não ofereciam gratificação instantânea. Os muitos parques temáticos que a LEGO abriu ao redor do mundo não geraram lucro, dada a falta de familiaridade da empresa com o setor de hospitalidade. A LEGO começou a produzir conjuntos progressivamente mais complexos e diferenciados para atrair mais clientes, mas as vendas insistiam em não crescer. A complexidade crescente dos blocos de LEGO também complicou a produção e a gestão de estoque. Os grandes varejistas ficavam com encalhes enormes, mesmo no período de Natal. Em 1998, a empresa sofreu o seu primeiro prejuízo financeiro; em 2003, a LEGO estava à beira da falência.

Em 2004, Jorgen Knudstorp foi promovido a CEO, apenas três anos após chegar à empresa. Knudstorp, que antes trabalhara na McKinsey & Company, começou a reverter a situação e a melhorar os processos de negócios. Ele cortou custos e administrou melhor o fluxo de caixa, o que estabilizou a empresa. Para reanimar a popularidade dos brinquedos, Knudstorp concentrou-se bastante em inovação e enfatizou as pesquisas de mercado e sobre consumidores. Knudstorp acreditava que, para reavivar a ligação emocional entre os clientes e os brinquedos da LEGO, a empresa precisaria compreender profundamente os desejos e comportamentos de cada cliente.

A transição da LEGO para a ampla utilização de pesquisas como base para a tomada de decisões reduziu a complexidade da produção e garantiu o sucesso dos lançamentos. Em 2011, a empresa lançou a linha LEGO Friends, na tentativa de atrair mais meninas para a marca. As pesquisas de mercado da empresa levaram ao *insight* de que as meninas preferiam usar os seus conjuntos de LEGO para a interpretação de papéis, ao passo que os meninos gostavam de narrativas e histórias de fundo fortes, como aquelas oferecidas pelos conjuntos Ninjago e Legends of Chima. Tanto os meninos quanto as meninas gostavam do aspecto de construção dos LEGOs. A linha LEGO Friends oferecia mais conjuntos e mais locais, como *shoppings*, lojas de suco e laboratórios criativos, que permitiam que as meninas usassem os seus bonequinhos para a interpretação de papéis. A linha fez muito sucesso nos mercados mundiais, incluindo China, Alemanha e Estados Unidos.

A LEGO também estabeleceu o Future Lab, uma equipe secreta de pesquisa e desenvolvimento responsável por criar algumas das linhas de brinquedo mais inovadoras e bem-sucedidas da sua história. As equipes da Future Lab são compostas de *designers* industriais, programadores, profissionais de *marketing* e até mesmo mestres construtores, que fazem *brainstorming* para gerar produtos modernos. Durante uma viagem de campo anual de uma semana a Barcelona, as equipes do Future Lab fizeram longas sessões de *brainstorming* e produziram protótipos usando baldes de blocos, *software* de animação e câmeras digitais profissionais. Os protótipos de maior sucesso são levados de volta e trabalhados na Dinamarca, onde as ideias viáveis entram em produção. As linhas de brinquedo criadas pelo Future Lab incluem a LEGO Mindstorms, uma plataforma de robótica criada em parceria com o MIT, a LEGO Fusion, um aplicativo de realidade visual, e a LEGO Architecture, coleções que modelam os edifícios mais famosos do mundo.

Em 2017, a LEGO ultrapassou a rival Mattel e tornou-se a maior fabricante de brinquedos do mundo. Embora a empresa tenha tido muito sucesso financeiro desde o seu pior momento, em 2003, estudos da LEGO indicam que as crianças passam cada vez menos tempo brincando com brinquedos físicos todos os anos. Na era digital, a LEGO precisa continuar a pesquisar os seus clientes e experimentar com linhas de produtos inovadoras para manter-se na liderança da indústria de brinquedos.[39]

Questões

1. Como a LEGO consegue reinventar constantemente o seu negócio?
2. Qual foi o papel da pesquisa de *marketing* no sucesso de mercado da LEGO?
3. O que diferencia a LEGO dos seus concorrentes? A vantagem competitiva da LEGO é sustentável?

DESTAQUE de *marketing*

Youse

A célebre frase de John Wanamaker, "Metade do dinheiro que gasto em propaganda é desperdiçado, o problema é que não sei qual metade", não saía da cabeça de Filippo Carmona.

Desde 2021, Filippo atuava como gerente de *branding* da Youse Seguros, a primeira *insurtech* brasileira (plataforma de seguros 100% digital), e era responsável pela definição e alocação de investimentos em mídia, tanto nas operações *on-line* quanto nas *off-line*. Além da gestão da marca, seu trabalho influenciava diretamente desde a estratégia de geração de *leads* e a gestão da jornada de consumidores até a conversão de venda de apólices de seguro de vida, residencial e automóveis.

Mesmo que a jornada inicial dos consumidores fosse digital, como forma de otimizar a aquisição de *leads* não convertidos, às vezes era necessário que um atendente fizesse contato com os *prospects*, por conta de dúvidas ou incertezas relativas aos produtos, assistências ou serviços vinculados. Além disso, era preciso considerar que muitas pessoas impactadas por anúncios veiculados na televisão utilizavam algum dispositivo móvel (*tablets*, *notebook* e, principalmente, *smartphones*) para acessar a internet para conhecer melhor a oferta de produtos e iniciar sua jornada de relacionamento com a marca, um fenômeno chamado de *second screen*. Assim, Filippo sabia que a mensuração feita somente pelos *softwares* de *analytics*, que atribuem todo o desempenho da comunicação às veiculações *on-line*, não era suficiente para responder a seu principal problema: qual seria a distribuição ideal de investimentos para potencializar a construção da marca Youse e, ao mesmo tempo, otimizar a geração de negócios para a empresa?

Com o problema de gestão claramente definido, Filippo, junto a seu time e parceiros de mercado, desenvolveu um plano de pesquisa com o objetivo de endereçar a questão. Foi nesse momento que ele conheceu o Media Mix Modeling (MMM).

O MMM é um método científico que permite saber quanto e onde devem ser realizados os investimentos de mídia. Esse método promove a cultura da otimização, a governança e a gestão do conhecimento. É uma modelagem quantitativa de dados que responde a cinco perguntas: se o investimento está dando certo, onde, quanto, quando e como deve ser investido. A estrutura necessária para a realização do MMM e os algoritmos de análise são de domínio público, e várias aplicações já foram realizadas, comprovando sua consistência. Outra característica da metodologia é a análise da potencialização que a marca traz para os investimentos em comunicação. Uma pesquisadora da Universidade de Boston mostrou que a integração do *tracking* de imagem de marca, também chamado de funil de conversão de marca (identificação dos percentuais de lembrança, conhecimento, intenção e preferência pela marca), pode identificar o quanto os níveis mais altos (principalmente a preferência) podem potencializar os investimentos em comunicação na obtenção de *leads* e negócios.

Com o plano definido, a próxima etapa foi reunir os dados necessários para a construção do MMM. Essa fase também foi desafiadora, pois a Youse trabalhava com diversos parceiros de comunicação de *marketing*, para aproveitar as especificidades de cada canal. Por isso, diversos parceiros de mídia, tanto *off-line* (revistas, jornais, mídias *out-of-home*, emissoras de televisão aberta e por assinatura) quanto *on-line* (portais, campanhas, influenciadores) foram acionados para a construção de um banco de dados integrado, em que todas as informações de investimento e de resultados são armazenadas após auditoria de consistência e conformidade. Além disso, os dados da pesquisa de *tracking* de imagem de marca também são agregados ao banco de dados.

Com o auxílio de uma consultoria externa, os dados são analisados periodicamente, com o objetivo de auxiliar na estratégia de negociação e alocação de recursos de comunicação. É possível observar um grande avanço na assertividade de alocação de recursos financeiros em comunicação da empresa. Entre a primeira rodada do MMM e a última (fevereiro/2023), foi possível reduzir a dispersão de investimentos em comunicação (veiculações que não geram *leads*) em 84%. Além disso, os resultados do MMM auxiliam na manutenção dos custos de aquisição de *leads* e indicam o quanto é possível transferir do investimento destinado à *performance* para a construção de marca sem que haja redução na geração de *leads*, resultando na otimização dos investimentos globais.

Frente aos dados obtidos, Filippo precisou analisá-los e entender as oportunidades de estratégia de *marketing* que possibilitem colocar a Youse na liderança do seu segmento: a comercialização de seguros com contratação 100% digital.

Questões

1. Quais riscos e ameaças você identifica no *case* da implementação do MMM na Youse?
2. Internalizar todos os processos de pesquisa para uma marca deve ser um alvo perseguido pela gestão?
3. Como avançar na incorporação de metodologia científica na gestão de negócios?
4. Uma empresa menos disruptiva que a Youse também poderia fazer a implementação do MMM?
5. Quais seriam os próximos passos que você adotaria sendo o gestor de *marketing* da Youse?

Autores

Evandro Luiz Lopes Professor de comportamento do consumidor e de métodos quantitativos aplicados à gestão da ESPM, nos cursos de graduação em administração, mestrado e doutorado acadêmico em administração e mestrado profissional em comportamento do consumidor.

Professor e consultor, matemático, mestre, doutor, pós-doutor e livre-docente em *marketing*.

Filippo Carmona Possui MBA em *marketing* digital pela ESPM e é gerente de *branding* na Youse Seguros.

Referências

GIL DE ZÚÑIGA, H.; GARCIA-PERDOMO, V.; MCGREGOR, S. C. What is second screening? Exploring motivations of second screen use and its effect on online political participation. *Journal of communication*, v. 65, n. 5, p. 793-815, 2015.

MEDIA Mix Modeling. *Ilumeo*, 2023. Disponível em: https://ilumeo.com.br/media-mix-modeling. Acesso em: 8 mai. 2023.

SRINIVASAN, S.; VANHUELE, M.; PAUWELS, K.. Mind-set metrics in market response models: An integrative approach. *Journal of Marketing Research*, v. 47, n. 4, p. 672-684, 2010.

ZAREMBA, A. Conversion Attribution: What Is Missed by the Advertising Industry? The OPEC Model and Its Consequences for Media Mix Modeling. *Journal of Marketing and Consumer Behaviour in Emerging Markets*, v. 10, n. 1, p. 4-23, 2020.

3 | Desenvolvimento de uma estratégia de mercado *viável*

6
Identificação de segmentos de mercado e seleção de mercados-alvo

Quando o consumo e a participação de mercado de sopas enlatadas caíram, a Campbell decidiu estudar os hábitos dos consumidores da geração *millennial* em pessoa, o que resultou em uma linha de sopas prontas com sabores mais exóticos, promovida totalmente *on-line*.
Crédito: Radu Bercan/Alamy Stock Photo.

As empresas não conseguem atender todos os clientes em mercados grandes, amplos ou diversificados. Elas precisam, portanto, identificar os segmentos de mercado que poderão atender com eficácia. Identificar esses segmentos de mercado requer um profundo entendimento do comportamento do consumidor e uma cuidadosa análise estratégica sobre o que distingue cada um deles. Identificar e satisfazer os segmentos certos de mercado costuma ser a chave para o sucesso de *marketing*. A Campbell é uma das muitas empresas que tenta entender o jovem consumidor *millennial*.

>>> As icônicas latas de sopa vermelhas e brancas da Campbell Soup Company representam uma das marcas mais famosas dos Estados Unidos, sendo tema até de uma pintura de Andy Warhol. Alguns anos atrás, no entanto, a empresa de um século e meio sofreu um baque duplo: o consumo geral de sopa enlatada diminuiu 13%, e a participação de mercado da Campbell caiu de 67 para 53% devido à popularidade das sopas frescas e *premium*. Para

combater esse tombo, a Campbell decidiu que precisava entender melhor o público de 18 a 34 anos, que representava 25% da população norte-americana e que afetaria profundamente o futuro da empresa. A empresa adotou uma abordagem de pesquisa antropológica e mandou seus executivos a campo para estudar consumidores *millennials* presencialmente, em "*hubs* de mercado *hipster*", como Londres; Austin, Texas; Portland, Oregon; e Washington, D.C. Os executivos participaram de sessões chamadas de *live-alongs* (compartilhamento de vida), em que faziam compras com jovens consumidores e comiam na casa deles; ou *eat-alongs* (compartilhamento de refeições), em que jantavam com eles em restaurantes. O principal *insight*? Consumidores *millennials* adoravam temperos e provavam mais comida exótica do que seus pais — eles simplesmente não sabiam cozinhar em casa! A solução encontrada foi uma nova linha de refeições prontas para consumo: a Campbell's Go! Soup, com seis variedades de sabor, como frango marroquino com grão-de-bico; chouriço picante e frango desfiado com feijão preto; e frango com *curry* de coco e cogumelos *shitake*. Vendidos em sachês em vez de latas, para transmitir a ideia de frescor, e a um preço três vezes maior que o da linha básica vermelha e branca (US$ 3), os novos produtos foram promovidos exclusivamente *on-line*, inclusive em *sites* de música e humor, plataformas de jogos e mídias sociais. A Campbell também vende os caldos Swanson, os sucos vegetais V8, os molhos Pace e o molho de macarrão Prego, mas as sopas representam metade de sua receita, de modo que o sucesso de *marketing* da nova linha era crucial.[1]

Para competir com mais eficácia, muitas empresas têm adotado o *marketing* segmentado. Em vez de dispersar seus esforços de *marketing*, elas concentram sua atenção em consumidores a quem poderiam efetivamente satisfazer. O *targeting* (seleção do segmento ou mercado-alvo) eficaz exige que os profissionais de *marketing*:

1. Identifiquem grupos distintos de compradores que diferem em suas necessidades e desejos (segmentação).
2. Selecionem um ou mais segmentos de mercado para entrar (*targeting*).
3. Para cada segmento-alvo, estabeleçam, comuniquem ou entreguem os benefícios certos para a oferta de mercado da empresa (desenvolvimento de uma proposição de valor e posicionamento).

Este capítulo enfocará as duas primeiras etapas: como segmentar o mercado e identificar os clientes-alvo. O Capítulo 10 discutirá a terceira: como desenvolver uma proposição de valor e um posicionamento para construir ofertas de mercado viáveis, que crescem ao longo do tempo e suportam ataques competitivos.

Objetivos de aprendizagem   Após ler este capítulo, você deverá ser capaz de:

6.1 Explicar a essência do *targeting*.

6.2 Definir os princípios fundamentais do *targeting* estratégico.

6.3 Descrever como comunicar e entregar ofertas para os clientes-alvo de maneira eficaz.

6.4 Explicar como desenvolver estratégias para múltiplos segmentos-alvo.

6.5 Descrever como segmentar mercados consumidores.

6.6 Descrever como segmentar mercados empresariais.

Identificação dos clientes-alvo

Existem muitas técnicas para identificar os clientes-alvo.[2] Após identificar oportunidades de mercado, uma empresa deve decidir quantos e em quais mercados deseja focar. Os profissionais de *marketing* estão cada vez mais combinando diversas variáveis para identificar mercados-alvo menores e mais definidos. A ideia é desenvolver uma oferta que possa atender às necessidades desses clientes melhor do que a concorrência. Dessa forma, um banco pode não só identificar um grupo de aposentados abastados, mas também, dentro desse grupo, distinguir vários segmentos, de acordo com a renda atual, o patrimônio, as economias e as preferências de risco. Isso levou alguns pesquisadores a defender uma *abordagem de segmentação de mercado baseada em necessidades*.

O **targeting** é o processo de identificar os clientes para os quais a empresa otimizará a oferta. Em outras palavras, o *targeting* reflete a opção da empresa de quais clientes priorizará e quais ignorará na hora de formular, comunicar e entregar a sua oferta. A lógica de identificar os clientes-alvo e os aspectos táticos e estratégicos desse processo é discutida em mais detalhes nas próximas seções.

A LÓGICA DO *TARGETING*

No **marketing de massa**, a empresa ignora as diferenças entre os segmentos e busca atingir todo o mercado com apenas uma oferta. Ela desenvolve um plano de *marketing* para um produto com uma imagem superior que possa ser comercializado ao maior número de consumidores por meio de distribuição e comunicação massificadas. O *marketing* indiferenciado é apropriado quando todos os consumidores têm praticamente as mesmas preferências e o mercado não apresenta qualquer segmento natural. Henry Ford foi o exemplo perfeito dessa estratégia de *marketing* quando lançou o Ford-T em uma cor, o preto.

O argumento a favor do *marketing* de massa é a criação de um mercado potencial maior, gerando custos mais baixos, que, por sua vez, levam a preços mais baixos ou a margens mais altas. A linha de produtos limitada mantém reduzidas as despesas com pesquisa e desenvolvimento, produção, estoque, transporte, pesquisa de *marketing* e de propaganda e gerenciamento de produto. O programa de comunicação indiferenciada também reduz custos. No entanto, muitos críticos apontam para a fragmentação crescente do mercado e a proliferação de canais e comunicações de *marketing*, o que torna difícil e cada vez mais dispendioso atingir um público em massa.

Diferentes grupos de consumidores com diferentes necessidades e desejos possibilitam aos profissionais de *marketing* definir segmentos múltiplos. Com frequência, uma empresa pode aprimorar o *design*, a determinação de preço, o lançamento e a entrega do produto, além de ajustar o plano e as atividades de *marketing* para se contrapor melhor ao *marketing* da concorrência. No *marketing* direcionado, a empresa comercializa diversos produtos a todos os segmentos do mercado. A fabricante de cosméticos Estée Lauder comercializa marcas que atraem mulheres (e homens) de diversos gostos: a marca-mãe, a original Estée Lauder, atrai consumidoras mais maduras; a Clinique e a M·A·C são voltadas para jovens descoladas; a Aveda, para adeptas da aromaterapia; e a Origins, para consumidoras ecoconscientes que preferem cosméticos produzidos com ingredientes naturais.[3]

O nível supremo de diferenciação é a *abordagem individualizada*, na qual cada segmento de mercado é composto de um único cliente.[4] À medida que as empresas se tornam proficientes na coleta de informações sobre clientes e parceiros de negócios (fornecedores, distribuidores e varejistas) individuais e que suas fábricas são projetadas de maneira mais flexível, as empresas aumentam sua capacidade de individualizar ofertas de mercado, mensagens e mídia.

Os consumidores podem comprar *jeans*, botas de caubói e bicicletas personalizadas que custam milhares de dólares. Peter Wagner começou a Wagner Custom Skis em Telluride, no estado de Colorado, em 2006. Sua empresa produz atualmente cerca de mil *snowboards* e pares de esquis por ano, com preços a partir de US$ 1.750. Cada esqui ou *snowboard* é único e precisamente ajustado às preferências e ao estilo de pilotagem de seu dono. Estratégias como usar materiais semelhantes aos da NASA e fazer ajustes de milésimos de uma polegada enviam uma mensagem forte de desempenho, combinada com a atrativa estética dos esquis.[5]

O *marketing* individualizado certamente não serve para qualquer empresa. Funciona melhor para aquelas que normalmente coletam muitas informações individuais dos clientes e oferecem muitos produtos que podem ser comercializados por venda cruzada, necessitam de substituição ou atualização periódica e oferecem alto valor. Para outras, o investimento necessário para coleta de informações, *hardware* e *software* pode exceder o lucro recebido. O custo das mercadorias é elevado para além do que o cliente está disposto a pagar.

A **customização em massa** é a capacidade de uma empresa de atender aos requisitos de cada cliente para preparar de modo massificado bens, serviços, programas e comunicações projetados individualmente.[6] O "configurador" *on-line* do MINI Cooper permite que compradores em potencial selecionem e experimentem várias opções para um novo MINI. A máquina de venda automática Freestyle da Coca-Cola permite que os usuários escolham entre mais de cem marcas da Coca e sabores personalizados, podendo até criar seus próprios.

Os serviços também são um cenário natural para a aplicação do *marketing* personalizado: companhias aéreas, hotéis e locadoras de automóveis têm tentado oferecer experiências mais individualizadas. Até candidatos a cargos políticos estão adotando o *marketing* personalizado. No Facebook, os políticos podem encontrar as preferências de um indivíduo observando de quais grupos ou causas ele participa. Então, usando a plataforma de anúncios do Facebook, a equipe da campanha pode testar centenas de mensagens de propaganda destinadas a refletir o tema desses outros interesses. Os adeptos de caminhadas podem receber uma mensagem com temas ambientais; membros de determinados grupos religiosos podem receber uma mensagem com tema relacionado às suas crenças.

TARGETING ESTRATÉGICO E TÁTICO

O *targeting* pode ser estratégico ou tático, dependendo dos critérios que a empresa usa para escolher os clientes-alvo. O **targeting estratégico** enfoca os clientes cujas necessidades a empresa pode atender ao garantir que suas ofertas são customizadas para as suas necessidades. O *targeting*

>> Como parte de uma ampla tendência para a personalização, a Coca-Cola lançou as máquinas Freestyle, que permitem aos usuários personalizar suas opções de refrigerante.

tático identifica as maneiras pelas quais a empresa pode atingir esses clientes estrategicamente importantes. O *targeting* estratégico e o tático não são mutuamente exclusivos; são dois componentes fundamentalmente inter-relacionados do processo de identificação dos clientes-alvo.

Entretanto, os objetivos do *targeting* estratégico são diferentes dos objetivos do tático. O *targeting* estratégico exige um tamanho do mercado que produza o melhor ajuste entre os benefícios da oferta e as necessidades dos clientes. Assim, em vez de tentar atingir o público-alvo com uma oferta que tenta atrair toda uma ampla gama de clientes com necessidades diversas, o *targeting* estratégico baseia-se na escolha intencional de ignorar alguns clientes para melhor atender outros com uma oferta que corresponda às suas necessidades específicas. O *targeting* tático adota a abordagem contrária. Em vez de excluir alguns clientes em potencial, ele tenta atingir *todos* os clientes estrategicamente importantes da forma mais eficaz e com a melhor relação custo-benefício.

Devido aos seus objetivos divergentes, o *targeting* estratégico e o tático têm prioridades diferentes. Enquanto o foco do primeiro está no *valor* que a empresa pode criar para capturar os clientes-alvo, o *targeting* tático concentra-se nos *meios* que a empresa pode utilizar para alcançar tais clientes. Juntos, o *targeting* estratégico e o tático buscam responder a duas perguntas, a primeira com foco na estratégia, e a segunda, na tática: *quem* são os clientes com os quais a empresa pode estabelecer uma relação mutuamente benéfica? *Como* a empresa pode atingir esses clientes com o máximo de eficiência e eficácia?

Os dois aspectos do *targeting*, o estratégico e o tático, são discutidos em mais detalhes nas seções a seguir.

Targeting estratégico

A identificação dos clientes-alvo é orientada pela capacidade da empresa de desenvolver uma oferta capaz de atender às necessidades desses clientes com mais eficácia que a concorrência e, ao mesmo tempo, criar valor para a empresa.[7] Isso exige que o *targeting* estratégico comece pela identificação exata das necessidades do cliente que a oferta da empresa será formulada para atender.

O *targeting* estratégico eficaz exige que a empresa faça uma escolha importante, mas difícil: a decisão calculada de conscientemente abrir mão de alguns clientes em potencial para atender mais eficazmente às necessidades de outros. Muitas empresas fracassam por não estarem dispostas a sacrificar a amplitude do mercado e por se concentrarem apenas nos clientes para os quais a sua oferta poderia criar valor superior. O *targeting* não se baseia apenas em identificar os clientes que a empresa pretende atender; ele também deve se basear em uma avaliação significativa dos clientes que ela intencionalmente escolhe *não* atender. Sem essa avaliação, uma estratégia de mercado viável torna-se impossível.

O gerente deve responder a duas perguntas cruciais quando avalia a viabilidade de um determinado segmento de clientes: *a empresa pode criar valor superior para esses clientes? Os clientes podem criar valor superior para a empresa?*

A resposta da primeira pergunta depende de quanto os recursos da empresa são compatíveis com as necessidades dos clientes-alvo. A empresa deve ter os ativos e as competências necessários para elaborar uma oferta que cria valor para o cliente. A resposta da segunda é determinada pela atratividade dos clientes-alvo. Em outras palavras, eles conseguem criar valor para a empresa? Esses dois princípios do *targeting* estratégico – a compatibilidade do alvo e a atratividade do alvo – são discutidos em mais detalhes nas próximas seções.

COMPATIBILIDADE DO ALVO

A **compatibilidade do alvo** reflete a capacidade da empresa de superar a concorrência para atender às necessidades dos clientes-alvo. Em outras palavras, é a capacidade de criar valor superior para o cliente. A compatibilidade do alvo é uma função dos recursos da empresa e da sua capacidade de utilizá-los de uma forma que cria valor para os clientes-alvo. Os recursos certos são importantes porque permitem que a empresa crie uma oferta capaz de produzir valor superior para os clientes de um modo eficaz e eficiente em relação aos custos.

Os recursos essenciais para o sucesso da estratégia de *targeting* da empresa incluem fatores como:

- A **infraestrutura de negócios**, que inclui ativos como a infraestrutura de produção, onde estão localizados as instalações e os equipamentos de produção da empresa; a infraestrutura de serviços, como *call centers* e soluções de gestão do relacionamento com o cliente; a infraestrutura da cadeia de suprimentos, que inclui a infraestrutura e os processos de compras; e a infraestrutura de gestão, que abrange a cultura de administração da empresa.
- O **acesso a recursos escassos** dá para a empresa uma vantagem competitiva exclusiva, pois restringe as opções estratégicas dos concorrentes. Por exemplo, garantir o acesso a recursos naturais únicos, a espaços de varejo e produção de primeira linha e a um endereço memorável na internet pode ser altamente benéfico para a empresa.
- **Funcionários habilidosos**, com conhecimento tecnológico, operacional e de negócios, especialmente aqueles envolvidos em pesquisa e desenvolvimento, educação e consultoria, são ativos estratégicos críticos.
- O **conhecimento tecnológico**, aquele necessário para desenvolver uma oferta que atende a uma determinada necessidade do cliente, inclui os processos proprietários e tecnológicos da empresa e sua propriedade intelectual, como patentes e segredos comerciais.
- **Marcas fortes** aumentam o valor, uma vez que conferem uma identificação diferenciada à oferta e geram associações significativas que criam valor além daquele criado pelos atributos da oferta. As marcas são especialmente importantes em setores comoditizados, em que existem apenas diferenças mínimas entre bens e serviços concorrentes.
- As **redes de colaboradores** incluem redes verticais de colaboradores na cadeia de suprimentos da empresa (fornecedores e distribuidores) e redes horizontais, como colaboradores de pesquisa e desenvolvimento, produção e promoção, que ajudam a empresa a criar sua oferta e informar os clientes sobre ela.

Um aspecto importante de avaliar os recursos de uma empresa é identificar as suas competências centrais.[8] Uma **competência central** tem três características: (1) é uma fonte de vantagem competitiva e cria uma contribuição significativa para os benefícios percebidos pelos clientes; (2) tem aplicações em uma grande variedade de mercados; e (3) é difícil de ser imitada pelos concorrentes.[9] Hoje, as empresas terceirizam recursos menos críticos quando isso lhes oferece maior qualidade ou menor custo. Muitas indústrias têxteis, químicas e de informática/eletrônicos usam fabricantes de outros países e concentram suas atividades em *design*, desenvolvimento e *marketing*, que são suas competências centrais. O segredo do sucesso é dominar e cultivar os recursos e as competências que compõem a *essência* do negócio.[10]

Embora a capacidade da empresa de criar valor para os clientes-alvo seja um componente essencial, o *targeting* bem-sucedido exige outro critério importante: os clientes-alvo também devem ser capazes de criar valor para a empresa, o que significa que devem ser atraentes para ela. A próxima seção discute os principais fatores envolvidos na avaliação da atratividade do alvo.

ATRATIVIDADE DO ALVO

A **atratividade do alvo** reflete a capacidade do segmento de mercado de criar valor superior para a empresa. Assim, a empresa deve selecionar cuidadosamente os clientes para os quais adapta sua oferta com base em quanto eles agregam valor para a organização e a ajudam a atingir o seu objetivo. Os clientes-alvo podem criar dois tipos de valor para a empresa: *monetário* e *estratégico*.

Valor monetário. O valor monetário consiste na capacidade dos clientes de gerar lucros para a empresa. O valor monetário inclui as *receitas* que um determinado segmento de clientes gera e os *custos* de atendê-los.

- A **receita do cliente** envolve o dinheiro recebido pela empresa e pago pelos clientes pelo direito de ter ou usar a sua oferta. Diversos fatores de mercado e de clientes influenciam o volume das receitas. Esses fatores incluem: o tamanho do mercado e a taxa de crescimento; o poder de compra dos clientes, sua fidelidade de marca e a sua sensibilidade a preço; o poder de determinação de preço da empresa; a intensidade da concorrência no mercado; além de fatores contextuais, como a economia, as regulamentações do governo e o ambiente físico.

- Os **custos de atender os clientes-alvo** incluem as despesas para adaptar os benefícios da oferta às suas necessidades, além de comunicar e entregar a oferta a eles. Além disso, o custo de atender os clientes-alvo pode incluir as despesas para adquirir e reter os clientes, oferecer suporte pós-compra e administrar programas de incentivos e fidelidade.

Muitas empresas tendem a se concentrar quase exclusivamente no aspecto monetário do valor criado pelos clientes-alvo, pois os custos e as receitas que eles geram são mais fáceis de quantificar. Ao adotar apenas essa perspectiva, elas ignoram o fato de que o valor estratégico que os clientes-alvo criam pode ser um fator significativo no valor que eles contribuem para a empresa.

Valor estratégico. O valor estratégico se refere aos benefícios não monetários que os clientes produzem para a empresa. Os três principais tipos de valor estratégico são o *valor social*, o *valor de escala* e o *valor de informação*.

- O **valor social** reflete a influência dos clientes-alvo em outros compradores em potencial. Os clientes podem ser tão atraentes para a empresa pelas suas redes sociais e pela sua capacidade de impactar as opiniões de outros compradores quanto são pelas receitas que oferecem para ela. As empresas frequentemente buscam líderes de opinião, criadores de tendências e *experts* devido à sua capacidade de promover e apoiar a oferta da empresa nas suas redes sociais.
- O **valor de escala** denota os benefícios derivados da escala das operações da empresa. Os fundamentos econômicos do seu modelo de negócios poderiam levar a empresa a buscar clientes de margens baixas, às vezes até não lucrativos, como no caso de companhias aéreas, hotéis e cruzeiros, que têm grandes custos fixos, mas custos variáveis menores. Uma empresa nos estágios iniciais de crescimento poderia decidir buscar clientes de margens baixas para construir um produto e uma base de usuários que servirão de plataforma para o crescimento futuro. O crescimento rápido de empresas como Uber, Airbnb, Microsoft, eBay e Facebook ilustra os benefícios advindos de construir redes de usuários em larga escala.
- O **valor de informação** é, como diz o nome, o valor das informações que os clientes fornecem. Um motivo para a empresa buscar clientes é a grande quantidade de dados que eles podem oferecer sobre as suas necessidades e o seu perfil. Essas informações podem ajudar a empresa a desenvolver, comunicar e entregar valor para outros clientes com necessidades semelhantes. A empresa também pode buscar clientes que provavelmente estarão entre os adotantes iniciais da oferta, antes da adoção pelo mercado de massa. Esses *lead users* ("usuários líderes") permitem que a empresa obtenha *feedback* sobre como modificar e aprimorar a oferta para atrair mais compradores.

Avaliar o valor estratégico de diferentes segmentos de clientes é mais difícil do que avaliar o seu valor monetário. O valor estratégico não é tão fácil de observar e pode ser difícil de quantificar. A capacidade do cliente de influenciar os outros não pode ser determinada diretamente, e, mesmo que possa ser quantificada pelo número de seguidores nas mídias sociais, o impacto das suas preferências nos outros clientes é difícil de estimar. Apesar da dificuldade para determinar o valor estratégico, esse fator não pode ser ignorado na escolha dos clientes-alvo, seja como complemento para o seu valor monetário, seja como componente principal do seu valor para a empresa. Alguns clientes altamente influentes, que talvez nunca gerem um único dólar para a empresa diretamente, ainda podem exercer influência significativa em segmentos mais amplos e mais lucrativos do mercado que decidem comprar a oferta da empresa.

Targeting tático

Embora o ***targeting* tático**, assim como o estratégico, envolva identificar os clientes-alvo, seu objetivo é diferente: determinar quais clientes enfocar e quais ignorar e determinar como a oferta da empresa pode ser comunicada e entregue, de maneira eficaz e com eficiência de custos, aos clientes-alvo que já foram selecionados. As seções a seguir discutem em mais detalhes os principais aspectos do *targeting* tático.

DEFINIÇÃO DO PERFIL DO CLIENTE

Depois que escolhe um mercado-alvo estrategicamente viável, a empresa deve coletar informações sobre o perfil desses clientes para comunicar os atributos da oferta e entregá-la a eles. O *targeting* tático identifica as maneiras com melhor relação custo-benefício para fazer isso ao ligar a necessidade do cliente que a oferta pretende atender às suas características observáveis. Esses fatores observáveis, que formam o **perfil do cliente**, envolvem descritores demográficos, geográficos, comportamentais e psicográficos.

- Os **fatores demográficos** incluem idade, sexo, renda, profissão, escolaridade, religião, etnia, nacionalidade, situação profissional, densidade populacional (urbano ou rural), classe social, tamanho da família e estágio no ciclo de vida. Se os clientes-alvo da empresa não são indivíduos e sim outras organizações, estas são identificadas por fatores chamados de firmográficos, que incluem porte, estrutura organizacional, setor, crescimento, receitas e lucratividade.
- Os **fatores geográficos (geolocalização)** refletem a localização física dos clientes-alvo. Os dados geográficos descrevem *onde* os clientes estão localizados, em contraste com os dados demográficos, que descrevem *quem* eles são. Alguns indicadores geográficos podem ser relativamente duradouros (p. ex., o endereço do cliente), ao passo que outros são dinâmicos e mudam frequentemente (p. ex., onde o cliente está em um determinado momento). A onipresença dos dispositivos móveis, que identificam clientes individuais e podem determinar a sua localização exata em tempo real, aumentou radicalmente a importância dos fatores geográficos para o *targeting*.
- Os **fatores comportamentais** descrevem as ações dos clientes. Eles podem incluir as experiências prévias dos clientes com a oferta da empresa, e estes podem ser clientes atuais, clientes da concorrência ou clientes novos à categoria. Os fatores comportamentais também categorizam os clientes pela frequência com que compram a oferta, a quantidade que compram, sua sensibilidade ao preço e às atividades promocionais da empresa, sua fidelidade, se compram *on-line* ou *off-line* e os varejistas que mais frequentam. Outros fatores comportamentais relevantes são o papel dos clientes no processo de decisão (p. ex., iniciadores, influenciadores, decisores, compradores ou usuários) e o estágio da jornada de decisão do consumidor em que se encontram. Os fatores comportamentais também incluem o modo como o cliente aprende sobre novos produtos, como socializa e o que faz no seu tempo livre.
- Os **fatores psicográficos** envolvem aspectos da personalidade do indivíduo, como atitudes, sistema de valores, interesses e estilo de vida. A psicografia liga as características observáveis e as inobserváveis dos clientes-alvo, o que a diferencia dos fatores demográficos, geográficos e comportamentais. Enquanto valores, atitudes, interesses e estilos de vida podem ser estabelecidos diretamente pelo contato com os clientes, os fatores psicográficos muitas vezes são difíceis de discernir e devem ser inferidos a partir das características e dos comportamentos observáveis dos clientes. O interesse do cliente por esportes, um fator psicográfico, pode ser confirmado por comportamentos como assinar revistas esportivas, assistir a programas sobre esporte, ser membro de um clube e comprar equipamentos esportivos e ingressos para jogos.

A importância da psicografia, assim como a dos fatores de geolocalização, é acentuada pela proliferação da comunicação *on-line* e do comércio eletrônico, que tornaram os valores morais, as atitudes, os interesses e os estilos de vida dos clientes mais transparentes para as empresas. As empresas de mídias sociais, como Facebook, Google, YouTube e Twitter, conseguem construir perfis psicográficos acionáveis dos clientes a partir dos seus dados demográficos, geográficos e comportamentais. O mesmo vale para empresas de mídia tradicionais, emissoras de cartões de crédito e varejistas *on-line* que coletam dados que ligam os perfis demográficos, geográficos e comportamentais dos indivíduos ao seu sistema de valores, atitudes, interesses e estilo de vida.

ALINHAMENTO ENTRE VALOR PARA O CLIENTE E PERFIL DO CLIENTE

Um elemento essencial do *targeting* tático é determinar as características de perfil dos segmentos de clientes estrategicamente importantes. Embora o foco do *targeting* estratégico na criação de valor seja crucial para o sucesso da oferta da empresa, ele tem uma desvantagem importante: o valor não é observável, o que significa que não é fácil usá-lo como base para ações que atinjam os clientes-alvo. O *targeting* tático compensa esse problema com a identificação das características demográficas, geográficas, psicográficas e comportamentais dos clientes-alvo selecionados estrategicamente para que a empresa possa atingi-los. Assim, o *targeting* estratégico e o tático são facetas complementares e inseparáveis do processo de identificação dos clientes-alvo.

Um exemplo desse processo é uma empresa que decide lançar um novo cartão de crédito com um programa de fidelidade que recompensa os clientes com benefícios de viagem, como passagens aéreas e estadias em hotéis. Os clientes estrategicamente importantes são aqueles que desejam um cartão de crédito e que valorizariam os seus benefícios de viagem (valor para o cliente), usariam o cartão com frequência e não seriam inadimplentes nos pagamentos (valor para a empresa). Como as necessidades dos clientes não são observáveis, é difícil determinar quais clientes aproveitariam os benefícios de viagem oferecidos pelo cartão. Também são inobserváveis o uso futuro do cartão de crédito pelos clientes e a probabilidade de não pagarem suas contas. Além de complicar o processo de buscar segmentos de clientes atraentes e compatíveis, essas características inobserváveis dificultam o trabalho da empresa de se comunicar com eficácia e entregar o cartão aos clientes-alvo.

Resolver esse dilema envolve ligar o segmento de clientes baseado em valor com as características observáveis dos clientes que pertencem ao segmento. Para identificar os clientes que provavelmente utilizariam o cartão com frequência sem deixar de pagar a conta, a empresa poderia considerar a classificação de crédito, as características demográficas e a geolocalização dos clientes, assim como o seu comportamento de compra, incluindo padrões de compra, tipo e quantidade de itens comprados e pagamento frequente com cartão de crédito. Para identificar os clientes que buscam recompensas de viagem, a empresa poderia buscar clientes que leem revistas de viagem, assistem a programas sobre viagem na TV, compram bagagem, frequentam *sites* de viagem e procuram os serviços de agentes de viagem. Assim, a empresa usaria canais de comunicação relacionados com viagens para promover o novo cartão e suas ofertas. O foco em clientes com perfis alinhados com o segmento-alvo baseado em valor permite que a empresa otimize as suas atividades de *targeting*.

Para que a avaliação das opções de *targeting* tático da empresa tenha os melhores resultados possíveis, os gestores de *marketing* devem seguir os dois grandes princípios do *targeting* tático: *eficácia* e *eficiência de custos*. O princípio da eficácia reflete o quanto a empresa consegue atingir *todos* os clientes estrategicamente viáveis cujas necessidades possam ser atendidas de modos que beneficiem a empresa e seus colaboradores, conscientizando-os da oferta da empresa e dando-lhes acesso a ela. O princípio da eficiência de custos exige que a comunicação e a distribuição da empresa atinjam *apenas* os clientes selecionados pelo *targeting*. O objetivo desse segundo princípio é limitar o desperdício de recursos em clientes cujas necessidades a oferta da empresa não pode atender de maneira eficaz e que não conseguem criar valor para a empresa.[11]

O USO DE PERSONAS PARA DAR VIDA A SEGMENTOS-ALVO

Para dar vida a todas as informações e aos *insights* adquiridos sobre seu mercado-alvo, alguns pesquisadores usam **personas**. São perfis detalhados de um ou mais consumidores-alvo hipotéticos, construídos com base em dados demográficos, psicográficos, geográficos e outros atitudinais ou comportamentais. Fotos, imagens, nomes ou breves biografias ajudam a transmitir como o cliente-alvo é, age e sente, de modo que os profissionais de *marketing* possam incorporar um ponto de vista bem definido dele em todas as decisões de *marketing*. Muitas empresas de *software* usam personas para melhorar as interfaces e as experiências do usuário, e os profissionais de *marketing* ampliaram a aplicação. Por exemplo:

> O maior e mais bem-sucedido lançamento da Unilever para tratamento dos cabelos, o Sunsilk, foi baseado em *insights* sobre a consumidora-alvo da empresa, apelidada de Katie. A persona representava as necessidades de uma mulher de vinte e poucos anos para cuidar de seus cabelos, além de suas percepções, atitudes e o modo como lidava com seus "dramas" cotidianos.

A Campbell Hausfeld, fabricante de ferramentas e equipamentos especiais, contava com a ajuda dos muitos varejistas a quem fornecia seus produtos, incluindo Home Depot e Lowe's, para se manter em contato com os consumidores. Depois de desenvolver oito perfis de consumidor, incluindo uma mulher independente e um idoso, a empresa lançou novos produtos, como brocas mais leves ou com apetrecho para pendurar quadros.

Embora as personas forneçam informações vívidas para auxiliar a tomada de decisões de *marketing*, é preciso tomar cuidado para não generalizar demais. Todo mercado-alvo pode ter uma gama de consumidores que diferem a respeito de várias dimensões fundamentais, então os profissionais de *marketing* muitas vezes desenvolvem múltiplas personas, cada uma delas refletindo as características de um determinado segmento de consumidores, para levar essas diferenças em consideração. Usando pesquisa quantitativa, qualitativa e por observação, a Best Buy desenvolveu cinco *personas* de cliente para redesenhar e relançar o *site* GeekSquad.com, voltado ao seu serviço de suporte a computadores: Jill, uma mãe de classe média alta que usa diariamente seu computador e conta com o Geek Squad como um serviço terceirizado semelhante ao de um jardineiro ou encanador; Charlie, um homem com mais de 50 anos que tem interesse por tecnologia, mas precisa de um guia que não o intimide; Daryl, um experimentador tecnologicamente bem informado que põe a mão na massa e, às vezes, precisa de ajuda; Luis, um pequeno empresário com pouco tempo disponível, cujo principal objetivo é executar tarefas com o máximo de agilidade; e Nick, um representante em potencial do Geek Squad que vê o *site* de maneira crítica e precisa ser desafiado.

Claramente, a persona do cliente não representa todos os clientes-alvo. Caracterizar o segmento-alvo com um indivíduo representativo, entretanto, ajuda a visualizar os clientes-alvo e a entender melhor a sua probabilidade de responder à oferta da empresa.[12]

Targeting para um único segmento e para múltiplos segmentos

Por ora, a análise concentrou-se em um cenário no qual a empresa identifica e se concentra em um único segmento de clientes. O *marketing* de segmento único, entretanto, é a exceção, não a regra. A maioria das ofertas pertence a uma linha de produtos, com diferentes ofertas direcionadas para diferentes segmentos de clientes. As próximas seções discutem o *targeting* para segmentos únicos e para múltiplos segmentos, assim como os princípios fundamentais por trás da decisão de buscar múltiplos segmentos.

UM ÚNICO SEGMENTO COMO ALVO

Na concentração em um único segmento, uma empresa vende somente para um segmento específico. A Porsche concentra-se no mercado de carros esportivos, e a Volkswagen, no de carros pequenos – sua investida no mercado de carros de maior porte com o Phaeton foi um fracasso nos Estados Unidos. Empregando o *marketing* concentrado, a empresa consegue entender a fundo as necessidades do segmento e estabelece uma forte presença no mercado. Além disso, desfruta economias operacionais graças à especialização de sua produção, distribuição e promoção.

Empresas que direcionam seu *marketing* a um único segmento em geral se concentram em grupos menores e bem-definidos de clientes que buscam um conjunto diferenciado de benefícios. Por exemplo, enquanto empresas como Hertz, Avis, Alamo e outras se especializam na locação de carros nos aeroportos para quem viaja a negócios ou lazer, a Enterprise mirou o mercado de baixo orçamento e de reposição de seguros, alugando principalmente para clientes cujos carros foram destruídos em um acidente ou roubados. Ao oferecer baixo custo e conveniência em um nicho de mercado esquecido, a Enterprise tem sido altamente rentável. Outro concorrente de nicho em ascensão é a Allegiant Air.

> **Allegiant Air** Quando a recessão prolongada que começou em 2008 causou estragos no desempenho financeiro de todas as grandes companhias aéreas nacionais dos Estados Unidos, uma estrela em ascensão conseguiu obter lucro um trimestre após o outro: a Allegiant Air.

<< Enquanto as grandes companhias aéreas americanas sofriam com a recessão que teve início em 2008, a Allegiant Air, com sede no estado do Oregon, manteve-se lucrativa com uma estratégia de nicho que oferecia voos sem escalas baratos entre mercados menores e locais de férias badalados, esquivando-se da concorrência e atraindo clientes que, sem ela, sequer teriam viajado.

Fundada em Eugene, no estado do Oregon, em 2007, a Allegiant desenvolveu uma estratégia de nicho altamente bem-sucedida ao oferecer aos viajantes de lazer voos acessíveis sem escala a partir de mercados menores, como Great Falls, MT, Grand Forks, ND, Knoxville, TN, e Plattsburgh, NY, com destino a locais de férias badalados na Flórida, na Califórnia e no Havaí, além de Las Vegas, Phoenix e Myrtle Beach. Ao ficar fora de rotas conhecidas, a Allegiant evita a concorrência em praticamente todos os seus mais de cem itinerários. Grande parte de seu tráfego de passageiros é cumulativa e incremental, atraindo viagens turísticas que talvez não acontecessem de outra forma. Se um mercado parece não agradar, a Allegiant rapidamente o deixa. A companhia equilibra cuidadosamente as receitas e os custos. Ela cobra por serviços como bebidas durante o voo e espaço no bagageiro, que são gratuitos em outras aéreas. Também gera receita adicional por meio de venda cruzada de produtos e pacotes de férias. A Allegiant é dona de seus 64 aviões MD-80 usados e reduz custos voando apenas algumas vezes por semana, em vez de algumas vezes por dia, como a maioria das concorrentes. Ela até fixa seus assentos em um ponto intermediário entre totalmente vertical e totalmente reclinado, pois assentos ajustáveis adicionam peso, queimam combustível e são um "pesadelo de manutenção".[13]

Como é um segmento de nicho atraente? Os clientes de nicho têm um conjunto de necessidades distintas; eles concordam em pagar um preço mais alto à empresa que melhor suprir suas necessidades; o nicho é razoavelmente restrito, mas tem porte, lucratividade e potencial de crescimento, além de não costumar atrair outros concorrentes; e o nicho gera algumas economias por meio da especialização. À medida que a eficiência de *marketing* aumenta, nichos aparentemente pequenos demais podem se tornar mais lucrativos.

MÚLTIPLOS SEGMENTOS COMO ALVO

À medida que os mercados se tornam mais fragmentados, um número crescente de empresas desenvolve ofertas direcionadas para um número maior de segmentos de clientes menores. Mesmo empresas que começam com uma única oferta, direcionada para um mercado-alvo específico, alcançam maior índice de adoção pelos clientes com o passar do tempo. À medida que a sua base de clientes se diversifica, essas empresas passam de uma única oferta para uma linha de produtos, com ofertas que se adaptam às necessidades dos clientes diversos que elas atendem.

O processo de identificar múltiplos segmentos de clientes é semelhante àquele de identificar um único segmento. A principal diferença é que a análise de *targeting* produz múltiplos segmentos viáveis. Assim, uma consequência direta da decisão de direcionar-se para múltiplos segmentos de clientes é a necessidade de desenvolver ofertas diferenciadas para satisfazer as diferentes exigências de cada segmento. Na verdade, como os segmentos variam em necessidades e no valor que poderiam criar para a empresa, esta deve desenvolver um portfólio de ofertas para atender às necessidades distintas dos clientes de um modo que beneficie a empresa.

Com a especialização seletiva, uma empresa seleciona um subconjunto de todos os segmentos possíveis, cada qual objetivamente atraente e apropriado. Pode haver pouca ou nenhuma sinergia entre os segmentos, mas cada um promete ser lucrativo. Quando a Procter & Gamble lançou o Crest Whitestrips, inicialmente os segmentos-alvo incluíam jovens que tinham ficado noivas há pouco tempo e aquelas com casamento marcado, além do público homossexual masculino. A estratégia de segmentos múltiplos também tem a vantagem de diversificar as ofertas entre diferentes segmentos de clientes como forma de diversificar o risco da empresa.

A empresa pode tornar suas ofertas mais atraentes para os clientes-alvo ao enfocar diferentes produtos e/ou mercados. Com a *especialização por produto*, uma empresa comercializa determinado produto a vários segmentos. Um exemplo seria um fabricante de microscópios que vende para laboratórios de universidades, governamentais e industriais. A empresa fabrica diferentes microscópios para os diferentes consumidores e constrói uma sólida reputação na área específica de produto. O risco é a substituição do produto por uma tecnologia totalmente nova. Com a *especialização por mercado*, por outro lado, a empresa concentra-se em atender a várias necessidades de um grupo particular de clientes. Um exemplo seria uma empresa que vende uma gama de produtos apenas para laboratórios de universidades. A empresa ganha uma forte reputação atendendo a esse grupo de clientes e torna-se um canal para promover produtos que o grupo possa utilizar. Uma empresa excelente no desenvolvimento de produtos diferenciados para os seus clientes-alvo é a Hallmark Cards.

> **Hallmark** Os produtos de felicitações da Hallmark são vendidos em mais de 40 mil lojas de varejo nos Estados Unidos e em cem países no mundo. A cada ano, são produzidos 10 mil cartões novos e redesenhados, além de produtos relacionados, como artigos para festas, papéis de embrulho e ornamentos. Seu sucesso deve-se, em parte, a uma vigorosa segmentação do negócio de cartões de felicitações. Além de submarcas populares, como a humorística Shoebox Greetings, a Hallmark lançou linhas voltadas para segmentos de mercado específicos. A Fresh Ink visa a mulheres entre 18 e 39 anos. A linha Simple Motherhood é voltada para mães, com fotografias viçosas e sentimentos simples, porém empáticos. As quatro linhas étnicas – Eight Bamboo, Golden Thread, Uplifted e Love Ya Mucho – são dirigidas a consumidores sino-americanos, indo-americanos, afro-americanos e hispânicos, respectivamente. Cartões de felicitações específicos também beneficiam instituições de caridade, como (PRODUCT) RED™, Unicef e Susan G. Komen Race for the Cure. A Hallmark também abraçou a tecnologia. Cartões

>> A linha mundial de cartões de felicitações da Hallmark, que varia de cartões sentimentais, engraçados e musicais até produtos *on-line* e interativos, é direcionada a segmentos de mercado específicos, incluindo novas mães, pais, avós e clientes de diferentes etnias, além daqueles que desejam contribuir com organizações filantrópicas, como a Unicef.

musicais incorporam clipes de trilhas de filmes, programas de TV e músicas populares. A linha de produtos interativos, Magic Prints, com a tecnologia da "luva mágica", permite que as crianças deixem uma impressão da mão no encarte de um cartão ou em outra lembrança para pais ou avós. Pela internet, a Hallmark oferece *e-cards*, além de cartões personalizados impressos que remetem aos consumidores. Para atender às necessidades das empresas, a Hallmark Business Expressions oferece cartões corporativos personalizados de boas-festas e para todas as ocasiões e eventos.[14]

Quando direcionam seus esforços para múltiplos segmentos de clientes, algumas empresas cometem o erro de não alinhar os atributos das suas ofertas com o valor diferenciado que os clientes-alvo buscam em cada segmento. Isso ocorre com frequência quando as empresas criam ofertas baseadas na sua capacidade de desenvolvimento de produtos e de produção, em vez de elaborar ofertas destinadas a satisfazer necessidades explícitas dos clientes. Essa abordagem é problemática porque, a menos que a empresa entenda claramente como as ofertas individuais responderão às necessidades de cada segmento trabalhado, as ofertas podem acabar competindo pelos mesmos segmentos de clientes enquanto as necessidades de outros segmentos são ignoradas. Além disso, os clientes-alvo podem ficar confusos e ter dificuldade para entender as diferenças das múltiplas ofertas que não têm a capacidade de entregar o valor que buscam. Assim, é essencial para o sucesso da estratégia de *targeting* para múltiplos segmentos da empresa que ela adapte os atributos das suas ofertas às necessidades de cada segmento de clientes buscado.

Segmentação de mercados consumidores

A **segmentação de mercado** divide um mercado em fatias bem definidas. O segmento de mercado é composto de um grupo de clientes que compartilham um conjunto semelhante de necessidades e/ou características de perfil. Os tipos mais comuns de segmentação incluem a demográfica, geográfica, comportamental e psicográfica. Discutimos esses tipos de segmentação nas seções a seguir.

SEGMENTAÇÃO DEMOGRÁFICA

Na segmentação demográfica, o mercado é dividido por variáveis, como idade, tamanho da família, ciclo de vida da família, sexo, renda, ocupação, escolaridade, religião, raça, geração, nacionalidade e classe social. Uma das razões pelas quais as variáveis demográficas são tão populares entre os profissionais de *marketing* é que elas costumam estar associadas às necessidades e aos desejos dos consumidores. Outra razão é que são fáceis de mensurar. Mesmo quando o mercado-alvo é descrito em termos não demográficos (p. ex., por tipo de personalidade), é necessário considerar as características demográficas para estimar o tamanho desse mercado-alvo e o meio de comunicação que deve ser usado para atingi-lo de modo eficiente.

Eis algumas das variáveis demográficas utilizadas em mercados segmentados.

Idade. Os profissionais de *marketing* muitas vezes agrupam os clientes com base na sua idade em diferentes gerações. Por exemplo, um dos fatores demográficos mais usados é o da geração, como: a geração silenciosa (1925–1945); os *baby boomers* (1946–1964); a geração X (1965–1981); a geração Y, também chamada de *millennial* (1982–2000); e a geração Z (2001–presente). Cada *geração* é profundamente influenciada pela época em que cresceu, por músicas, filmes, política e eventos daquele período. Seus membros compartilham as mesmas experiências culturais, políticas e econômicas importantes, além de ter visões e valores semelhantes. Os profissionais de *marketing* costumam fazer propaganda para uma coorte usando os ícones e as imagens proeminentes em sua experiência, além de desenvolver produtos que atendem como nenhum outro aos interesses ou às necessidades específicas de um público-alvo geracional.

Por exemplo, as fabricantes de suplementos desenvolvem dois tipos de produtos com base na idade dos consumidores. A Centrum, marca de suplementos multivitamínicos da Pfizer, comercializa dois tipos diferentes de vitaminas: a Centrum Adulto, direcionada a homens e mulheres adultos, e a Centrum Silver, formulada para adultos com idade superior a 50 anos. A Centrum

Silver contém vitaminas ajustadas para a idade dos consumidores, com um amplo espectro de micronutrientes para gerar benefícios de saúde para adultos mais velhos. Outros produtos específicos para determinadas faixas etárias incluem fraldas, comida de bebê, financiamento estudantil e comunidades para idosos.

Fase no ciclo de vida. Indivíduos que estão no mesmo momento do ciclo de vida ainda podem diferir em relação à fase em que se encontram. A fase da vida define a preocupação principal de uma pessoa, como passar por um divórcio ou por um segundo casamento, cuidar de pais idosos, decidir morar com alguém ou comprar uma casa nova. Essas fases da vida apresentam oportunidades para os profissionais de *marketing*, que podem ajudar as pessoas a lidarem com as decisões a elas associadas.

Por exemplo, a indústria do casamento atrai empresas de uma vasta gama de bens e serviços. Não é para menos: o casal americano médio gasta quase US$ 40 mil para casar.[15] Os profissionais de *marketing* sabem que um casamento normalmente significa que dois conjuntos de hábitos de compras e preferências de marca devem se fundir em um. Procter & Gamble, Clorox e Colgate-Palmolive incluem seus produtos em "*kits* de recém-casados", distribuídos quando os casais solicitam a licença de casamento. As empresas pagam alto por listas de recém-casados para apoiar seu *marketing* direto, devido ao alto retorno esperado sobre seus esforços promocionais.

Contudo, nem todos atravessam esse estágio de vida em um determinado momento – ou em qualquer outro, na verdade. Mais de um quarto de todas as residências dos Estados Unidos são formadas por apenas uma pessoa – um alto recorde. Não surpreende que esse mercado de US$ 1,9 trilhão esteja atraindo o interesse das empresas: a Lowe's veiculou um anúncio com uma mulher solteira que reformava seu banheiro; a DeBeers vende um "anel de mão direita" para mulheres solteiras; e na recém-inaugurada ultramoderna torre de 63 andares no centro de Manhattan, dois terços dos ocupantes moram sozinhos em apartamentos de um dormitório e do tipo estúdio.[16]

> **Dia dos Solteiros** O Dia dos Solteiros é um feriado popular na China, no qual os jovens comemoram o seu orgulho de serem solteiros. O feriado ganhou esse nome devido à data, 11 de novembro (11/11), composta de quatro "uns". O Dia dos Solteiros se tornou o maior dia de compras *on-line* e *off-line* do mundo, e gigantes do comércio eletrônico chinês, como Alibaba e JD.com, geram cerca de US$ 115 bilhões em vendas durante o evento, que vai de 11 de novembro até a meia-noite de 12 de novembro. A Alibaba e outras varejistas e fabricantes adotaram o feriado como maneira de atingir jovens adultos solteiros e lançam inúmeras promoções direcionadas a convencê-los a gastar. O Taobao, maior *site* de comércio eletrônico do mundo (parte do grupo Alibaba), até adicionou um recurso no seu aplicativo para comparar os gastos dos usuários naquele dia com os de outras pessoas na sua região.[17]

Gênero. Homens e mulheres costumam ter orientações atitudinais e comportamentais diferentes, devido, em parte, a características genéticas ou ao tipo de socialização.[18] Estudos demonstram que as mulheres têm um perfil mais comunitário, ao passo que os homens são mais individualistas e objetivos. As mulheres costumam assimilar informações do ambiente em que vivem como um todo, ao passo que os homens tendem a focar a parte do ambiente que lhes permite atingir um objetivo.

As diferenças de gênero estão diminuindo em outras áreas à medida que homens e mulheres ampliam seus papéis. Uma pesquisa do Yahoo descobriu que mais da metade dos homens se identificaram como os principais compradores de supermercado em suas famílias. A Procter & Gamble cria alguns anúncios pensando nos homens, como em suas marcas de sabão em pó Gain e Tide, o desodorizador de ambiente Febreze e as vassouras Swiffer. Por outro lado, de acordo com alguns estudos, as mulheres nos Estados Unidos e no Reino Unido tomam 75% das decisões de compra de novas casas e compram 60% dos carros novos.[19]

No entanto, faz tempo que a segmentação por gênero tem sido aplicada a roupas, penteados e cosméticos. A Avon, por exemplo, construiu um negócio de mais de US$ 6 bilhões vendendo produtos de beleza para mulheres. A Gillette encontrou sucesso semelhante com sua lâmina de depilação Venus. Mais recentemente, no entanto, diversas empresas começaram a questionar o valor da diferenciação de gênero e eliminar as características de gênero dos seus produtos em resposta ao ceticismo dos consumidores em relação aos produtos com esse tipo de diferenciação. Por exemplo, a Bic lançou a Made for YOU, uma linha de barbeadores e produtos de beleza sem gênero, juntando-se a empresas como Non Gender Specific, Aēsop e MALIN+GOETZ, que oferecem produtos de cuidados com a pele de gênero neutro.[20]

>> Amplas pesquisas com consumidores e testes de mercado de uma lâmina desenhada para atender às necessidades diferenciadas das mulheres levaram a lâmina Venus, da Gillette, a conquistar mais de 50% do mercado mundial de aparelhos de depilação femininos em nível global.

Lâminas Venus A lâmina Venus da Gillette tornou-se a linha de depilação feminina mais bem-sucedida de todos os tempos, retendo mais de 50% do mercado mundial do setor. Isso foi resultado de uma criteriosa pesquisa de consumo e extensos testes de mercado sobre o *design*, a embalagem e a propaganda do produto. A lâmina marcou uma ruptura com os *designs* anteriores, que eram essencialmente versões coloridas ou reembaladas das lâminas de barbear masculinas. A Venus foi projetada exclusivamente para atender às necessidades das mulheres. Pesquisas abrangentes identificaram necessidades específicas das mulheres ao se depilarem, como uma superfície de depilação nove vezes maior que a face masculina, em um ambiente úmido e passando por áreas curvilíneas do corpo. O *design* resultante incluiu um cartucho na forma oval para se encaixar melhor em áreas estreitas, como axilas e a linha do biquíni, além de lubrificação adicional para um deslize melhor. Além disso, ao descobrir que as mulheres mudam sua pegada em uma navalha aproximadamente 30 vezes durante cada sessão de depilação, a Gillette desenhou a Venus com um cabo emborrachado largo e esculpido, que oferece firmeza e controle superiores. A empresa também encomendou à Harris Interactive (atual Harris Insights & Analytics) um estudo *on-line* entre mais de 6.500 mulheres em 13 países, que mostrou que 7 de 10 mulheres queriam uma "pele de deusa", definida como lisa (68%), saudável (66%) e suave (61%), o que levou ao lançamento do novo aparelho Gillette Venus & Olay.[21]

Renda. A segmentação por renda é uma prática bastante utilizada em várias categorias, como automóveis, roupas, cosméticos, serviços financeiros e viagens. Contudo, a renda nem sempre prevê o melhor cliente para determinado produto. Apesar dos altos preços dos primeiros aparelhos, os operários foram os primeiros compradores da televisão em cores; era mais barato para eles comprar esses aparelhos do que ir a cinemas ou restaurantes.

Muitas empresas visam deliberadamente a grupos de renda mais baixa, em alguns casos descobrindo menos pressões competitivas ou maior fidelidade do consumidor. A Procter & Gamble lançou duas extensões de marca de papel higiênico com desconto de preço em 2005, a Bounty Basic e a Charmin Basic, e ambas obtiveram certo sucesso. Outras empresas estão se saindo bem com produtos de preço *premium*. Quando a Whirlpool lançou uma linha mais cara de máquinas de lavar, a Duet, as vendas dobraram suas previsões em um período de economia estagnada, principalmente graças a consumidores de classe média que trocaram produtos mais baratos por outros mais caros (tendência conhecida como *trading up*).

Cada vez mais, as empresas descobrem que seus mercados são como uma "ampulheta", à medida que as pessoas de renda média migram *tanto* para os produtos com desconto *quanto* para os produtos *premium*. As empresas que perderem a oportunidade de entrar nesse novo mercado correrão o risco de ser "esmagadas" entre dois segmentos e ver sua participação cair ano após ano. Ao perceber que sua estratégia de canal enfatizava varejistas como a Sears, que vendiam principalmente para a classe média, a Levi-Strauss introduziu linhas *premium*, como a Levi's Made & Crafted, para varejistas de luxo, como Bloomingdales e Saks Fifth Avenue, e a linha mais barata, Signature by Levi Strauss & Co., para varejistas do mercado de massa, como Walmart e Kmart.

Etnia e cultura. O *marketing* multicultural reflete a conscientização de que os diferentes segmentos étnicos e culturais têm necessidades e desejos suficientemente diferentes para demandar atividades de *marketing* direcionadas, e uma abordagem de massa não é refinada o bastante para a diversidade do mercado. Consideremos que o McDonald's gera uma parcela significativa das suas receitas nos Estados Unidos com as minorias étnicas. Um levantamento recente mostrou que 25% dos respondentes afro-americanos, 24% dos de origem hispânica e 20% dos de origem asiática declararam que o McDonald's é o restaurante de *fast-food* que mais frequentam. Sua bem-sucedida campanha "I'm Lovin' It" (no Brasil, "Amo muito tudo isso") foi fundamentada na cultura *hip-hop*, mas revelou um apelo que transcende raça e etnia.[22]

Os segmentos hispânico, africano e asiático do mercado americano e seus inúmeros submercados têm crescido de 2 a 3 vezes mais do que a taxa das populações não multiculturais, e seu poder de compra tem se expandido. Os consumidores multiculturais também variam caso sejam da primeira, da segunda ou de gerações posteriores ou caso sejam imigrantes ou nascidos e criados nos Estados Unidos. Assim, normas, nuances de linguagem, hábitos de compra e práticas de negócios dos mercados multiculturais devem ser levados em consideração na formulação inicial de uma estratégia de *marketing*, em vez de adicionados posteriormente. Toda essa diversidade também traz implicações à pesquisa de *marketing*; é preciso uma amostragem cuidadosa para traçar um perfil adequado dos mercados-alvo.

O *marketing* multicultural pode resultar em diferentes mensagens de *marketing*, mídias, canais, e assim por diante. Existe mídia especializada para atingir praticamente qualquer segmento cultural ou grupo minoritário, embora algumas empresas venham se esforçando para proporcionar apoio financeiro e administrativo para programas completos. Felizmente, à medida que os países se tornam mais diversificados culturalmente, muitas campanhas de *marketing* dirigidas a um grupo cultural específico podem se disseminar e influenciar positivamente os outros. A Ford desenvolveu um anúncio de TV com o comediante Kevin Hart para lançar seu novo modelo Explorer, que inicialmente visava ao mercado afro-americano, mas se tornou um dos principais anúncios para o lançamento no mercado como um todo.[23]

SEGMENTAÇÃO GEOGRÁFICA

A **segmentação geográfica** pressupõe a divisão do mercado em diferentes unidades geográficas, como nações, estados, regiões, cidades ou bairros. Uma empresa pode atuar em uma ou mais áreas geográficas; pode até mesmo atuar em todas elas, desde que preste atenção às variações locais. Desse modo, pode criar programas de *marketing* sob medida para as necessidades e os desejos de grupos de clientes locais em áreas comerciais, bairros e até atender às necessidades de clientes individuais. Entrar na internet para alcançar clientes em uma região geográfica específica pode abrir diversas oportunidades locais, como a Yelp descobriu.

> **Yelp** Fundada em 2004, a Yelp.com quer "conectar pessoas com grandes empresas locais", visando aos consumidores que procuram ou querem compartilhar avaliações de empresas locais. Quase dois terços das milhões de avaliações devidamente verificadas que o *site* recebe são para restaurantes e lojas de varejo. A Yelp foi lançada em São Francisco, onde festas mensais com usuários preferenciais evoluíram para um programa formal, o Yelp Elite, que passou a ser utilizado para lançar o serviço em novas cidades. O aplicativo móvel permite deixar a internet de lado e conectar-se diretamente com os consumidores; mais de metade das buscas no *site* hoje vem de sua plataforma móvel. A Yelp gera receita vendendo anúncios para comerciantes locais por meio de centenas de vendedores. O negócio de propaganda local é enorme, e os anúncios digitais superaram os tradicionais nos mercados locais. As empresas locais também se beneficiam da Yelp: diversos estudos demonstram o retorno de receita potencial proveniente das avaliações de seus negócios no *site*.[24]

As diferenças regionais importam. Considere os seguintes fatos: os moradores de Salt Lake City (e do Utah) consomem mais gelatinas Jell-O; os de Long Beach, na Califórnia, tomam mais sorvete; e os de Nova York compram mais CDs de música *country*.[25] O *marketing* regional cada vez mais significa *marketing* até no nível dos CEPs. Muitas empresas utilizam *software* de mapeamento para identificar a localização geográfica dos seus clientes. Nos Estados Unidos, por exemplo, elas

<< A propaganda local permite que o *site* Yelp.com ou o aplicativo Yelp compartilhem milhões de resenhas de clientes que desejam relatar suas experiências em negócios locais com usuários que estejam em busca de bens e serviços específicos, como lojas e restaurantes.

descobriram que a maioria dos clientes está a um raio de 16 km da loja e que se concentram em determinadas áreas.

Algumas abordagens combinam dados geográficos com dados demográficos e, assim, obtêm descrições mais detalhadas de consumidores e bairros. A Claritas, uma empresa de pesquisa de mercado e análise de dados, desenvolveu uma abordagem de análise geodemográfica chamada PRIZM Perimeter, que classifica famílias em 68 segmentos demográficos e comportamentais distintos que refletem os gostos, desgostos, estilos de vida e comportamentos de compra dos consumidores. Os 68 segmentos são definidos de acordo com o *status* socioeconômico, incluindo características como renda, escolaridade, profissão, valor da residência, urbanização, idade, nível socioeconômico e presença de filhos na residência.[26] Supõe-se que os membros de cada segmento se assemelham nas vidas que levam, nos carros que dirigem, nos empregos que mantêm e nas revistas que leem.

A análise geodemográfica ajuda a capturar a crescente diversidade da população americana. As segmentações de análise geodemográfica, como o PRIZM, são usadas para responder às mais diversas perguntas: em quais bairros ou CEPs estão nossos clientes mais valiosos? Em que medida já penetramos nesses segmentos? Quais canais de distribuição e meios de promoção são mais eficazes em atingir nossos mercados-alvo em cada área? Ao mapear as áreas mais densas, o varejista pode recorrer à *clonagem de clientes*, pressupondo que os melhores clientes em potencial vivem nas localidades de onde já vem a maioria dos clientes.

SEGMENTAÇÃO COMPORTAMENTAL

Na **segmentação comportamental**, os profissionais de *marketing* dividem os compradores em grupos segundo suas ações. Muitos acreditam que as variáveis associadas a diversos aspectos de usuários e usos – ocasiões, *status* do usuário, índice de utilização, estágio de disposição e *status* de fidelidade – são os melhores pontos de partida para definir segmentos de mercado.

- *Status do usuário.* Com base na sua experiência prévia com a oferta da empresa, os consumidores podem ser classificados como não usuários, usuários potenciais, novos usuários, usuários frequentes e ex-usuários de um produto. Entender a experiência dos clientes com a empresa é importante, pois diferentes tipos de experiência tendem a exigir diferentes estratégias de *marketing*. O grupo de usuários potenciais inclui os consumidores que se tornarão usuários devido a um evento ou estágio de vida; por exemplo, mulheres grávidas são usuárias em potencial que se tornarão *heavy users*. O segredo para atrair usuários potenciais, ou até os não usuários, é compreender por que eles não estão usando o produto em questão. Eles têm atitudes, convicções ou comportamentos profundamente arraigados ou simplesmente desconhecem os benefícios e os usos do produto ou da marca?

- **Índice de utilização.** Os mercados podem ser segmentados em *light users*, *medium users* e *heavy users*. Muitas vezes, os *heavy users* representam uma porcentagem pequena do mercado, mas respondem por uma alta parcela do total de consumo. No caso das cervejas, os *heavy users* são responsáveis por 87% do total consumido, quase sete vezes mais do que os *light users*. Entretanto, um problema potencial é que, de modo geral, os *heavy users* ou são extremamente fiéis a uma marca ou não são fiéis a marca alguma e vivem atrás do menor preço. Eles também têm menos margem para expandir sua compra e seu consumo. Já os *light users* podem ser mais receptivos a novos apelos de *marketing*.[27]
- **Estágio de disposição.** Há quem conheça ou desconheça o produto, quem seja informado sobre ele ou esteja apenas interessado, além daqueles que o desejam ou pretendem comprá-lo. Para ajudar a caracterizar quantas pessoas estão em diferentes estágios e quantas foram convertidas de um estágio para outro, os profissionais de *marketing* podem decompor o mercado em estágios de disposição do consumidor. As proporções de consumidores em diferentes estágios têm um efeito significativo na hora de planejar o programa de *marketing*. Suponha que um órgão de saúde queira incentivar as mulheres a fazerem o exame de Papanicolau anualmente para detectar um possível câncer do colo do útero. No início, muitas mulheres podem não conhecer o exame. O esforço de *marketing* deve ser voltado para uma propaganda altamente educativa que use uma mensagem simples. Mais tarde, a propaganda deve abordar os benefícios do exame de Papanicolau e os riscos de não fazê-lo. Oferecer um exame gratuito pode motivar as mulheres a realizá-lo.
- ***Status* de fidelidade.** Com base no *status* de fidelidade à marca, os consumidores podem ser divididos em quatro segmentos principais: fiéis convictos, que compram apenas uma marca todas as vezes; fiéis divididos, que são fiéis a duas ou três marcas de cada vez; fiéis inconstantes, que trocam de uma marca para a outra; e infiéis, que não demonstram fidelidade a marca alguma. Assim, a empresa pode concentrar seus esforços em (1) reter os clientes fiéis e aumentar a sua taxa de utilização e (2) aumentar a participação da empresa entre as compras dos segmentos menos fiéis.
- **Ocasiões.** Os consumidores compram os bens e serviços de uma empresa por diferentes motivos. Podemos diferenciar os compradores de acordo com as ocasiões em que desenvolvem uma necessidade, compram um produto ou utilizam uma oferta. Por exemplo, viagens aéreas são provocadas por ocasiões relativas a negócios, férias ou compromissos familiares. Flores podem ser presenteadas ou servir de decoração doméstica. O vinho pode ser bebido ou servir de ingrediente. Entender as ocasiões de uso é importante porque ocasiões diferentes estão associadas a necessidades distintas, e o valor que um produto ou serviço pode criar para os clientes tende a variar entre as ocasiões.

SEGMENTAÇÃO PSICOGRÁFICA

Na **segmentação psicográfica**, os consumidores são divididos em diversos grupos com base em traços psicológicos/de personalidade, estilos de vida ou valores. A segmentação psicográfica é importante porque as características demográficas, geográficas e comportamentais dos consumidores nem sempre refletem exatamente as suas necessidades fundamentais. Por exemplo, pessoas do mesmo grupo demográfico podem exibir perfis psicográficos bastante diferentes; alguns consumidores mais velhos podem ser psicologicamente jovens, como demonstra a experiência da Honda.

> **Honda Element** A Honda tentou atrair jovens na faixa dos 21 anos com seu compacto de linhas retas, o Element, que os executivos da empresa descreveram como "um quarto de república sobre rodas". Contudo, tantos *baby boomers* sentiram-se atraídos pelos anúncios – que mostravam universitários sensuais se divertindo na praia perto do carro – que a idade média dos compradores acabou girando em torno dos 42 anos. Com os *baby boomers* procurando manter-se jovens, a Honda constatou que as linhas divisórias entre os grupos etários se tornaram

<< Após os anúncios do Honda Element, direcionados para jovens entre 20 e 30 anos, também atraírem a atenção dos *baby boomers*, o que elevou a idade do comprador médio para mais de 40 anos, a montadora conscientemente promoveu o compacto Fit tanto para compradores *millennials* quanto para os seus pais com "ninho vazio".

indistintas. Quando as vendas caíram, a Honda decidiu suspender as vendas do Element e, quando estava prestes a lançar um novo compacto chamado de Fit, selecionou deliberadamente como alvo a geração Y, bem como seus pais, que agora estavam de "ninho vazio".[28]

Um dos mais antigos sistemas de classificação de *marketing* baseado em medidas psicográficas é o sistema VALS, que se baseia em traços psicológicos para classificar adultos americanos em oito grupos primários conforme suas respostas a um questionário com quatro perguntas demográficas e 35 perguntas atitudinais.[29] As principais dimensões do quadro de segmentação VALS são a motivação do consumidor e os recursos do consumidor. Os consumidores são inspirados por uma de três motivações primárias: os ideais, as realizações e a autoexpressão. Aqueles principalmente motivados por ideais são guiados por conhecimento e princípios. Os motivados por realizações buscam produtos que demonstrem sucesso para seus pares. Os consumidores cuja motivação é a autoexpressão anseiam por atividade social ou física, variedade e risco. Traços de personalidade, como energia, autoconfiança, intelectualismo, busca por novidades, inovação, impulsividade, liderança e vaidade, aliados a dados demográficos essenciais, determinam os recursos de um indivíduo. Diferentes níveis de recurso intensificam ou restringem a expressão da principal motivação de uma pessoa. Embora possa fornecer uma compreensão mais aprofundada dos consumidores, o VALS é criticado por alguns profissionais de *marketing* por se distanciar um pouco do comportamento real do consumidor.[30]

A segmentação psicográfica também pode se basear na orientação sexual e na identificação de gênero dos consumidores.* Estima-se que o mercado LGBT (lésbicas, *gays*, bissexuais e transgêneros) represente cerca de 7% da população e tenha poder de compra de aproximadamente US$ 917 bilhões nos Estados Unidos.[31] Mais de 75% dos adultos LGBT e seus amigos e familiares afirmam que trocariam de marca para adotar uma sabidamente simpatizante ao movimento LGBT. Recentemente, diversas empresas criaram iniciativas direcionadas para esse mercado. A American Airlines criou um Rainbow Team (equipe arco-íris), com uma equipe dedicada à comunidade LGBT e um *site* que enfatiza serviços relevantes para a comunidade, como um calendário de eventos nacionais com temas da área. Volvo, Nike, Kimpton, AT&T, Target, P&G, General Mills e Kraft também costumam ser listadas entre as empresas que mais simpatizam com a comunidade. Os apelos *on-line* da Hyatt concentram-se em *blogs* e *sites* sociais orientados para a comunidade LGBT, em que os clientes compartilham suas experiências de viagem. Algumas empresas preocupam-se com a reação de organizações que criticam, ou até mesmo boicotam, empresas que apoiam o movimento LGBT. Embora Pepsi, Campbell e Wells Fargo tenham sido alvos de boicotes desse tipo no passado, todas continuam a veicular anúncios dirigidos para a comunidade LGBT.

---

*N. de R.T. Entendemos que identidade de gênero deve ser classificada na mesma categoria de gênero.

Segmentação de mercados empresariais

Os mercados empresariais podem ser segmentados de acordo com algumas variáveis empregadas na segmentação do mercado consumidor, como as variáveis geográficas, os benefícios procurados e o índice de utilização. Contudo, os profissionais de *marketing* empresarial também utilizam outras variáveis. Algumas das mais comuns para a segmentação de mercados empresariais são as seguintes.[32]

- **Fatores demográficos**, como setor (p. ex., quais setores devemos atender?), porte da empresa (p. ex., devemos atender empresas de que porte?) e local (p. ex., quais áreas geográficas devemos atender?).
- **Variáveis operacionais**, como tecnologia (p. ex., em quais tecnologias de clientes devemos focar?), *status* de usuários e não usuários (p. ex., devemos servir os *heavy users*, os *medium users*, os *light users* ou os não usuários?) e recursos dos clientes (p. ex., devemos atender clientes que necessitam de muitos ou de poucos serviços?).
- **Abordagens de compras**, como uma organização da função de compras (p. ex., devemos atender empresas com organizações de compras altamente centralizadas ou descentralizadas?), estrutura de poder (p. ex., devemos atender empresas em que predomina a engenharia, a área financeira, e assim por diante?), natureza dos relacionamentos existentes (p. ex., devemos atender as empresas com as quais temos um relacionamento forte ou ir atrás das que mais nos interessam?), políticas gerais de compras (p. ex., devemos atender empresas que preferem o *leasing*? Contratos de serviço? Compras de sistemas? Propostas lacradas?) e critérios de compras (p. ex., devemos atender empresas que buscam qualidade? Serviço? Preço?).
- **Fatores situacionais**, como urgência (p. ex., devemos atender empresas que precisam de entrega ou serviço imediato?), aplicação específica (p. ex., devemos enfocar determinadas aplicações de nosso produto, em vez de todas as aplicações?) e tamanho do pedido (p. ex., devemos focar nos pedidos grandes ou nos pequenos?).
- **Características pessoais**, como similaridade comprador/vendedor (p. ex., devemos atender empresas em que os recursos humanos e os valores sejam semelhantes aos nossos?), atitude em relação ao risco (p. ex., devemos atender os clientes que assumem riscos ou os que os evitam?) e fidelidade (p. ex., devemos atender empresas que demonstram alto grau de fidelidade a seus fornecedores?).

A lista apresentada identifica as principais perguntas que os profissionais que atuam no mercado empresarial devem fazer para determinar qual segmento e qual cliente atender. Um fabricante de pneus pode vender seus bens para fabricantes de automóveis, caminhões, tratores, empilhadeiras ou aviões. Uma vez escolhido o setor-alvo, ele pode ser dividido pelo tamanho da empresa, com adoção de operações separadas de venda para grandes e pequenas empresas. Uma empresa também pode segmentar por critério de compra. Por exemplo, os laboratórios do governo precisam de preços baixos e contratos de serviço quando compram equipamentos científicos; os laboratórios de universidades necessitam de equipamentos que exijam pouca manutenção; e os laboratórios industriais requerem equipamentos altamente confiáveis e precisos.

Os profissionais de *marketing* empresarial podem dividir o mercado de diversas maneiras para decidir sobre os tipos de empresa aos quais venderão. É crucial identificar os ramos de atividade com perspectivas de maior crescimento, os clientes mais lucrativos e as oportunidades mais promissoras para a empresa, assim como fez a Timken.

> **Timken** Quando a Timken, fabricante de rolamentos para empresas de vários setores, viu seu lucro líquido e retorno aos acionistas despencar em comparação com as concorrentes, surgiu a preocupação de que a empresa não estaria investindo nas áreas mais rentáveis. Para identificar empresas que operavam em setores financeiramente atraentes e estariam mais propensas a valorizar suas ofertas, a Timken realizou um amplo estudo de mercado e descobriu que alguns clientes geravam muitos negócios, mas tinham pouco potencial de lucro, ao passo que, para outros, o oposto era verdadeiro. Como resultado, a Timken transferiu sua atenção da indústria automobilística para os setores de processamento pesado, aeroespacial e de defesa, além de renegociar com clientes financeiramente desinteressantes ou minimamente atraentes.

Um fabricante de tratores reclamou que o preço dos rolamentos da Timken era muito elevado para seus tratores de médio porte. A Timken sugeriu que o fabricante procurasse outros fornecedores, mas continuou a vender rolamentos para os tratores de grande porte do fabricante, satisfazendo ambos os lados. Ajustando seus produtos, preços e comunicações para atrair os tipos certos de empresa, a Timken obteve uma receita recorde, apesar da recessão.[33]

INSIGHT de marketing — Perseguindo a cauda longa

O advento do comércio eletrônico, possibilitado pela tecnologia e ilustrado por Amazon.com, eBay, iTunes e Netflix, levou a uma mudança nos padrões de compra do consumidor, de acordo com Chris Anderson, editor-chefe da revista *Wired* e autor de *The Long Tail* (publicado no Brasil como *A cauda longa: do mercado de massa para o mercado de nicho*).

Na maioria dos mercados, a distribuição das vendas de produtos corresponde a uma curva que pende fortemente para um lado – a "cabeça" –, em que a maior parte das vendas é gerada por poucos produtos. A curva cai acentuadamente e se estende logo acima de zero ao longo do eixo X – a cauda longa –, em que a vasta maioria dos produtos gera poucas vendas. Tradicionalmente, o mercado de massa focou a geração de produtos campeões de venda que ocupam o topo, desprezando os nichos de mercado de baixa renda que compõem a cauda. A regra 80–20 (baseada no princípio de Pareto), segundo a qual 80% da receita de uma empresa é gerada por 20% de seus produtos, é a epítome desse conceito.

Anderson afirma que, devido ao crescimento do comércio eletrônico, a cauda longa detém significativamente mais valor do que antes. Na verdade, para ele, a internet contribuiu diretamente para a mudança de demanda "em direção à cauda, dos campeões de vendas para os nichos", em uma série de categorias de produtos, incluindo música, livros, roupas e filmes. De acordo com essa visão, a regra que prevalece agora está mais próxima de 50–50, com produtos que vendem menos correspondendo à metade da receita de uma empresa.

A teoria da cauda longa de Anderson baseia-se em três premissas: (1) os custos mais baixos de distribuição tornam economicamente mais fácil vender produtos sem previsões precisas de demanda; (2) quanto mais produtos estiverem disponíveis para venda, maior será a probabilidade de explorar a demanda latente para preferências de nicho inacessíveis por meio dos canais tradicionais de varejo; e (3) se um número suficiente de preferências de nicho forem agregadas, um grande mercado novo poderá surgir.

Anderson identifica dois aspectos do comércio eletrônico que apoiam essas premissas. Primeiro, o estoque e a variedade crescentes oferecidos *on-line* permitem mais escolhas. Em segundo lugar, os custos de busca por novos produtos que sejam relevantes são reduzidos em razão da riqueza de informações disponíveis *on-line*, da filtragem de recomendações de produtos que os fornecedores podem oferecer com base nas preferências dos usuários e da rede de comunicação boca a boca dos usuários da internet.

Com uma nova capacidade de ligar clientes potenciais a ofertas de nicho adaptadas aos seus gostos, diversas empresas começaram a derivar valor crescente da cauda longa. As empresas maiores se beneficiam da cauda longa por serem capazes de oferecer produtos cada vez mais variados, que permanecem viáveis mesmo com volumes de venda relativamente baixos. Graças aos custos menores de projetar, comunicar e entregar suas ofertas, empresa menores beneficiaram-se da capacidade de entrar no mercado com produtos que atendem a preferências de nicho. Ainda assim, nem todo mercado foi transformado pela cauda longa. Em categorias que envolvem produção complexa ou custos de estoque muito altos, as ofertas continuam a ser limitadas. Por exemplo, os setores automotivo, aéreo e naval ainda dependem de um número relativamente pequeno de ofertas produzidas em massa, cada uma das quais atende grandes segmentos de clientes.

Alguns críticos questionam a noção de que os velhos paradigmas de negócios mudaram tanto quanto Anderson sugere. Segundo eles, especialmente em entretenimento, a "cabeça" em que os campeões de vendas estão concentrados é valiosa também aos consumidores, e não só aos criadores de conteúdo. Uma crítica argumentou que "a maioria dos campeões de vendas é popular porque tem alta qualidade"; outra observou que a maioria dos bens e serviços que compõem a cauda longa se origina de uma pequena concentração de "agregadores de cauda longa" na internet.

Embora algumas pesquisas acadêmicas sustentem a teoria da cauda longa, outras a questionam mais, constatando que sistemas ineficientes de recomendação tornam muitos produtos de baixa participação na cauda tão obscuros e difíceis de encontrar que desaparecem antes que possam ser comprados com frequência suficiente para justificar sua existência. Para as empresas que vendem bens físicos, os custos de inventário, estocagem e manuseio podem superar qualquer benefício financeiro de tais produtos.[34]

Resumo

1. O *targeting* é o processo de identificar os clientes para os quais a empresa otimizará a oferta. Ele reflete a opção da empresa de quais clientes priorizará e quais ignorará quando formular, comunicar e entregar a sua oferta. O *targeting* envolve dois tipos de decisão: estratégicas e táticas.

2. O *targeting estratégico* envolve identificar quais clientes (segmentos) atender e quais ignorar. O *targeting* estratégico é orientado por dois fatores-chave: compatibilidade do alvo e atratividade do alvo.

3. A *compatibilidade do alvo* reflete a capacidade da empresa de criar valor para os clientes. É uma função dos recursos da empresa, incluindo infraestrutura de negócios, recursos escassos, funcionários habilidosos, redes de colaboradores, *know-how*, marcas fortes, um ecossistema estabelecido e capital.

4. A *atratividade do alvo* reflete o potencial dos clientes de criar valor para a empresa. É uma função de fatores monetários, como as receitas geradas por um determinado segmento de clientes e os custos associados a atendê-los, e de fatores estratégicos, como o valor social, o valor de escala e o valor de informação do segmento.

5. Um princípio fundamental do *targeting* estratégico é que a empresa deve ser capaz de criar valor superior para os seus clientes em relação à concorrência. Para tanto, a empresa deve identificar os mercados nos quais tem recursos superiores em relação à concorrência.

6. O *targeting tático* envolve identificar maneiras eficazes e com boa eficiência de custos de atingir clientes estrategicamente viáveis. O *targeting* tático liga os segmentos baseados em valores (em geral inobserváveis) a características observáveis e acionáveis específicas. Essas características observáveis, também denominadas *perfil do cliente*, incluem fatores demográficos (p. ex., idade, sexo e renda), geográficos (p. ex., endereço residencial permanente e localização atual), psicográficos (p. ex., valores morais, atitudes, interesses e estilo de vida) e comportamentais (p. ex., frequência e quantidade de compra e sensibilidade a preço).

7. O *targeting* tático é orientado por dois fatores críticos: eficácia (capacidade da empresa de atingir todos os clientes-alvo) e eficiência de custos (capacidade da empresa de utilizar seus recursos para atingir apenas os clientes-alvo).

8. A *segmentação* é um processo de categorização que agrupa clientes pelo foco nas diferenças consideradas relevantes para o *targeting*, ignorando as que são irrelevantes. A segmentação permite que os gestores agrupem os clientes em segmentos maiores e desenvolvam ofertas para todo o segmento, em vez de para cada cliente individual.

DESTAQUE de *marketing*

L'Oréal

A L'Oréal foi fundada em Paris há mais de 100 anos por um jovem químico, Eugene Schueller, que vendia sua tintura de cabelo patenteada para cabeleireiros e salões locais. Na década de 1930, Schueller já havia inventado outros produtos de beleza, como óleo bronzeador e o primeiro xampu comercializado em massa. De lá para cá, a empresa evoluiu para a maior empresa de produtos de beleza e cosméticos do mundo, com distribuição em 150 países, mais de 84 mil funcionários, 34 marcas globais e mais de €26 bilhões em vendas. Famosa pelo *slogan* de sua campanha de 1973, "Because I'm Worth It" ("Porque eu mereço"), a L'Oréal é líder mundial em produtos de beleza. A empresa gasta aproximadamente €4 bilhões em propaganda por ano, o que faz dela a terceira maior anunciante do mundo.

Grande parte da expansão internacional inicial da empresa é creditada a Sir Lindsay Owen-Jones, cuja visão

estratégica e gestão de marca precisa transformaram a L'Oréal de uma pequena empresa francesa em um fenômeno internacional de cosméticos. Durante seus quase 20 anos como CEO e presidente, Owen-Jones alienou marcas fracas, investiu pesado em inovação de produtos, adquiriu marcas etnicamente diversas e expandiu-se para mercados com os quais ninguém sonhava, como China, América do Sul e a antiga União Soviética. Sua missão era atingir a diversidade, "atender às necessidades de homens e mulheres ao redor do globo e tornar os produtos de beleza disponíveis para o máximo possível de pessoas".

A L'Oréal é dotada de um rico portfólio de marcas internacionais que atendem às necessidades diversas de consumidores do mundo todo. Suas marcas são agrupadas em quatro divisões, com base no perfil dos clientes-alvo.

- A *Produtos de Consumo* produz 52% das vendas e oferece uma ampla gama de produtos de massa a preços competitivos nas áreas de cuidados para o cabelo, maquiagem e cuidados para a pele. Suas marcas incluem L'Oréal Paris, Magic, Garnier, Maybelline New York, African Beauty Brands, Essie, Nyx Professional Makeup e Niely. Essas marcas são distribuídas em canais de varejo de massa, incluindo hipermercados, supermercados, farmácias e lojas tradicionais.
- A *L'Oréal Luxe* representa 27% das vendas e oferece marcas de luxo nas áreas de cuidados para a pele, maquiagem e perfume. Suas marcas incluem Lancôme, Giorgio Armani, Yves Saint Laurent Beauté, Biotherm, Kiehl's, Ralph Lauren, Shu Uemura, Cacharel, Helena Rubinstein, Clarisonic, Diesel, Viktor&Rolf, Yuesai, Maison Margiela, Urban Decay, Guy Laroche, Paloma Picasso, Atelier Cologne, House 99, It Cosmetics e Proenza Schouler. Os produtos da L'Oréal Luxe estão disponíveis em lojas de departamento, de cosméticos e de viagem, além de butiques de marca própria e *sites* exclusivos.
- A divisão de *Produtos Profissionais* é responsável por 14% das vendas e oferece produtos de qualidade profissional para cabeleireiros e profissionais de cuidados com a pele. As marcas incluem L'Oréal Professionnel, Kérastase, Redken, Matrix, Pureology, Shu Uemura Art of Hair, Mizani, Decléor, Carita, Biolage e Seed Phytonutrients. Essas marcas são distribuídas para salões de beleza do mundo tudo.
- A divisão de *Cosméticos Ativos*, que representa 7% das vendas, é a líder mundial em dermocosméticos. Suas marcas incluem Vichy, La Roche-Posay, Skinceuticals, Roger & Gallet, Sanoflore e CeraVe. Essas marcas altamente complementares são desenvolvidas e apoiadas por profissionais de saúde (dermatologistas, pediatras, esteticistas) para atender a diversas necessidades dermatológicas, desde as peles normais àquelas sujeitas a manchas. As marcas dessa divisão são vendidas em lojas de saúde, incluindo farmácias e *spas* médicos.

Para a L'Oréal, um *marketing* de segmentação preciso do mercado – atingir o público certo com o produto certo no lugar certo – é crucial para seu sucesso global. Como Owen-Jones explicou: "Cada marca está posicionada em um segmento [de mercado] muito preciso, que se sobrepõe o mínimo possível aos outros".

A empresa construiu seu portfólio principalmente pela aquisição de empresas locais de produtos de beleza em todo o mundo, renovando-as quanto à direção estratégica e expandindo a marca para novas áreas por meio de seu poderoso braço de *marketing*. Por exemplo, a L'Oréal tornou-se instantaneamente forte (com 20% de participação de mercado) na crescente indústria de cuidados para cabelos étnicos quando comprou e fundiu as empresas americanas Soft Sheen Products, em 1998, e Carson Products, em 2000. A L'Oréal acreditava que a concorrência havia negligenciado essa categoria, pois ela era fragmentada e mal compreendida. Contando com o suporte de um amplo portfólio de marcas e produtos, a SoftSheen-Carson é líder de mercado na indústria étnica de cuidados com os cabelos.

A L'Oréal também investe tempo e dinheiro na inovação de seus 20 centros de pesquisa ao redor do mundo, agrupados em seis *hubs* regionais nos Estados Unidos, Japão, China, Índia, Brasil e África do Sul. A empresa gasta cerca de €900 milhões por ano em P&D, mais de um ponto percentual acima da média setorial, pesquisando e inovando produtos que atendam às necessidades específicas de cada região. Compreender as rotinas de beleza e as necessidades específicas de diferentes culturas, países e consumidores é fundamental para o sucesso global da L'Oréal. Cabelo e pele diferem muito de uma parte do mundo para outra; por isso, a empresa escuta e observa consumidores do mundo todo para obter uma compreensão profunda de suas necessidades de beleza.

Os cientistas da L'Oréal estudam os consumidores em laboratórios e em suas próprias casas, podendo atingir marcos científicos de beleza. No Japão, por exemplo, a L'Oréal desenvolveu o rímel Wondercurl, especialmente formulado para curvar os cílios das mulheres asiáticas, que costumam ser curtos e retos. Como resultado, em três meses, o rímel tornou-se o mais vendido do Japão, e jovens entusiasmadas faziam fila na frente das lojas para comprá-lo. A L'Oréal continuou a pesquisar o mercado e desenvolveu esmalte de unha, *blush* e outros cosméticos destinados a essa nova geração de jovens asiáticas.[35]

Questões

1. Examine o portfólio de marcas da L'Oréal. Quais são os diferentes segmentos de clientes aos quais essas marcas são direcionadas?
2. Quais são os segredos do sucesso dos lançamentos de produtos locais (como o rímel Wondercurl da Maybelline no Japão)?
3. O que o futuro reserva para a L'Oréal? Quem são seus principais concorrentes? Se você fosse CEO da empresa, como sustentaria sua posição de liderança?

DESTAQUE de *marketing*

Chase Sapphire

O Chase Bank, subsidiária de serviços bancários comerciais e de varejo do maior banco dos Estados Unidos, o JPMorgan Chase, oferece serviços como contas para pessoas físicas, cartões de crédito, empréstimos imobiliários e financiamento de veículos. O Chase Bank é famoso pelos altos índices de satisfação dos clientes, ocupando a primeira posição entre os seis maiores bancos dos Estados Unidos. Atendendo quase metade das famílias americanas, o Chase Bank tem mais de 93 milhões de portadores de cartões e 5 mil agências espalhadas pelo país.

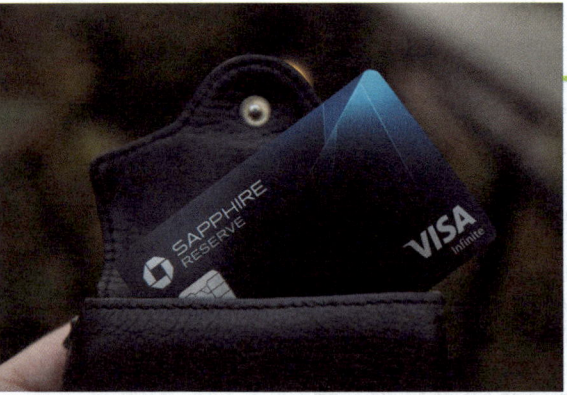

Em 2006, o Chase Bank iniciou um projeto significativo de pesquisa de mercado para fortalecer as suas operações de cartão de crédito. O foco do projeto era desenvolver um entendimento profundo sobre os diversos segmentos de consumidores nesse mercado. Quando segmentam o mercado, as emissoras de cartões de crédito costumam usar dois tipos de variáveis demográficas: faixa etária e patrimônio. Além disso, os cartões de crédito são diferenciados por fatores como taxa anual, recompensas como *cashback* e prêmios proprietários (pontos) e fatores como taxas de juros, linhas de crédito e classificação de crédito. O projeto de pesquisa de mercado do Chase mostrou que competir no segmento mais abastado do mercado de cartões de crédito para consumidores seria valioso para fortalecer a presença da empresa. De acordo com a pesquisa, esse segmento demográfico representava 15% dos titulares de cartões dos Estados Unidos, mas gerava mais de 50% das despesas totais com cartões de crédito.

Em 2009, o Chase Bank lançou cinco submarcas primárias no seu portfólio de cartões de crédito, direcionadas a diferentes segmentos de mercado. Elas incluíam a JP Morgan para clientes individuais, a Chase Sapphire para consumidores abastados, a Chase Ink para pequenos empresários, a Chase Freedom para consumidores que priorizam o *cashback* e a Chase Slate para consumidores focados em pagar a dívida do cartão de crédito. Para atrair consumidores abastados, a Chase Sapphire oferecia recompensas competitivas e atendimento de altíssimo nível. Na época, essa parcela do mercado era dominada pela American Express. O Platinum Card da Amex oferecia vantagens como atendimento 24 horas, acesso a clubes exclusivos e amenidades em hotéis, *resorts* e restaurantes no mundo todo. Esses recursos atraíam empresários e turistas, que compõem uma parcela significativa do segmento mais rico. Para entrar no mercado, a Chase ofereceu o Sapphire sem anuidade. Os clientes ganhavam dois pontos por dólar gasto com viagens aéreas e um ponto por dólar gasto em outras compras. Os clientes que gastassem US$ 500 no cartão durante os três primeiros meses também receberiam 10 mil pontos de bônus, fáceis de trocar por recompensas no *site* Ultimate Rewards. Além disso, todas as ligações dos titulares de cartões Chase Sapphire eram atendidas por funcionários ao vivo, sem que os clientes precisassem digitar o número do seu cartão. Até o final do ano, mais de 90% dos titulares de cartões Sapphire informavam satisfação geral com o cartão, ao passo que 85% indicavam que o recomendariam para outras pessoas.

Com base no sucesso do Sapphire, a Chase lançou um novo cartão em 2011, o Chase Sapphire Preferred, para conquistar uma participação ainda maior do mercado dos mais abastados. O novo cartão teria uma anuidade de US$ 95, mas oferecia aos titulares 50 mil pontos se gastassem mais de US$ 4 mil nos três primeiros meses. Os titulares do cartão Preferred também teriam direito a taxas de conversão de pontos por dólar maiores em viagens e refeições e poderiam trocar pontos por eventos exclusivos, denominados Chase Experiences. Ao contrário da maioria dos cartões de crédito da época, o Chase Sapphire Preferred tinha um núcleo metálico entre as duas camadas de plástico, o que o tornava mais sólido e pesado. Os clientes informavam que o cartão fazia um som agradável quando o colocavam no balcão na hora de pagar, o que conferia uma identidade exclusiva ao cartão.

O pilar fundamental do portfólio Chase Sapphire, o cartão Sapphire Reserve, surgiu após mais pesquisas mostrarem que parte dos clientes dentro do segmento mais rico, principalmente pessoas de 25 a 44 anos com rendas de mais de US$ 150 mil por ano, davam alta prioridade aos benefícios de viagem e utilizavam os pontos para resgatar recompensas. Além de formular o seu novo cartão para diferenciá-lo do Sapphire Preferred, a Chase também tinha que atrair os *millennials* e impedir o comportamento dos clientes que chamava de *churners*. Em 2013, muitos *millennials* tomavam cuidado na hora de solicitar novos cartões de crédito porque haviam acumulado altas dívidas com o financiamento estudantil. Contudo, a Chase descobriu que os *millennials* também gostavam de sistemas de recompensas e que um incentivo substancial o suficiente podia mudar a sua atitude. Os *churners* eram aqueles que solicitavam múltiplos cartões de crédito para tirar vantagens dos bônus de assinatura e taxas de juros iniciais mais baixas; esses cartões muitas vezes não eram utilizados após as recompensas serem utilizadas.

O novo cartão Chase Sapphire Reserve foi lançado em agosto de 2016. Com anuidade de US$ 450, o cartão oferecia três pontos por dólar gasto com viagens e refeições, uma taxa de conversão de pontos por dólar maior para viagens, crédito de viagem anual e acesso ao programa Chase Experiences. Para os *millennials*, isso representava um cartão de crédito flexível e perfeito para o estilo de vida de quem gosta de viajar. Na época do lançamento, a Chase ofereceu inéditos 100 mil pontos de bônus, creditados após o cliente gastar US$ 4 mil nos três primeiros meses. A Chase reconheceu que era mais fácil persuadir os *millennials* com influenciadores das mídias sociais do que com anúncios tradicionais na televisão. Para anunciar o cartão, a Chase formou parcerias com diretores, *designers* e modelos, que comunicaram suas experiências compartilhadas em diversas mídias sociais, o que criou uma sensação de exclusividade maior do que teria sido possível com a propaganda em massa.

A demanda pelo cartão Sapphire Reserve superou radicalmente as expectativas da Chase. Menos de 10 dias após o lançamento, a Chase ficou sem a liga metálica usada no interior dos cartões. Os *call centers* foram inundados por clientes em potencial interessados. O cartão atingiu a sua nova meta de aquisição de clientes menos de duas semanas após ser lançado. Os altos pontos para novos assinantes levaram a altos custos para a Chase. Alguns meses depois, o banco anunciou que o bônus de assinatura seria reduzido para 50 mil pontos. Contudo, a empresa considerava os custos um investimento, algo que geraria retorno durante muitos anos com a conquista de clientes dedicados e engajados.

O sentimento se confirmou um ano depois, quando a Chase revelou que a taxa de renovação do Reserve era extremamente alta, de cerca de 90%, o que resolvia o problema dos *churners*.

A Chase galgou à liderança do mercado de cartões de crédito *premium* por entender o comportamento e a demografia dos seus clientes-alvo. A empresa reconheceu que os *millennials* se interessavam por barganhas e buscavam experiências, não objetos materiais. A linha Sapphire era a resposta perfeita para essa atitude, desde o peso do cartão até a excelência no atendimento ao cliente e o programa de recompensas líder do mercado. Ao desenvolver um produto atraente, adaptado ao estilo de vida dos *millennials*, a Chase conseguiu criar uma marca cultuada.[36]

Questões

1. Quem são os clientes buscados pela Chase com o cartão Sapphire? Quais são as principais características de valor e de perfil desses clientes?
2. Qual é o valor que o cartão Sapphire cria para os clientes? Da perspectiva do cliente, quais são os prós e os contras do cartão Sapphire em comparação com outros cartões de crédito?
3. Qual foi o papel dos incentivos promocionais, como pontos de bônus, na criação da demanda dos clientes? Os *millennials* continuariam clientes fiéis após terem aproveitado a oferta inicial? O cartão Sapphire continuaria a ser atraente para os *millennials* se os incentivos promocionais fossem reduzidos e se assemelhassem aos de outras ofertas de cartões de crédito?

DESTAQUE de *marketing*

Kenner

No final da década de 2010, a indústria brasileira de calçados obteve um resultado notável. Sua produção atingiu níveis de destaque, e isso ocorreu principalmente em relação à fabricação de chinelos e sandálias, que alcançou a marca de 800 milhões de pares no país em 2008. As maiores fabricantes do planeta, Índia e China, fabricaram 9 bilhões e 900 milhões de pares, respectivamente, liderando a indústria mundial na época.

Uma marca conhecida no mercado de sandálias é a Kenner, que surgiu em 1988 e começou focando nos praticantes de *surf*. A partir do sucesso obtido junto a esses consumidores, mais tarde a marca fez sucesso entre os jovens das classes socioeconômicas alta e média do Rio de Janeiro (classes A e B). Para esses consumidores, ser dono de uma sandália Kenner representava, naquela época, um prestígio de elevada magnitude, o que acabou atraindo o desejo de pessoas de classes socioeconômicas menos favorecidas. Esses usuários entendiam que ser dono de uma sandália da marca Kenner indicava um *status* e uma exclusividade que não seriam alcançados facilmente por qualquer membro da classe à qual pertenciam.

A elevação na intenção de compra e a popularização das sandálias ocasionou uma contraposição entre os usuários originais da marca Kenner (classes A e B) e os novos consumidores que passaram a demonstrar um grande desejo por ela (pertencentes às classes C e D). Isso certamente dificultaria o planejamento da empresa no sentido de oferecer algo que agradasse simultaneamente, no longo prazo, a todos esses segmentos, que apresentam características distintas.

O incômodo gerado nas classes A e B passou a ser percebido pela empresa, assim como o seu crescente desinteresse pelas sandálias Kenner. A empresa notou que os mais abastados faziam uso das sandálias para certas práticas, como ir à praia ou à piscina, não as utilizando frequentemente em atividades diárias, como ir ao mercado ou trabalhar. Isso ocorria principalmente no caso dos mais jovens e privilegiados financeiramente, que percebiam as sandálias fabricadas pela Kenner como um item funcional em seu vestuário. Já os consumidores de mais baixa renda percebiam tais sandálias de modo diferente, estando dispostos a pagar um preço elevado não pela funcionalidade do produto, mas por desejarem um *status* diferenciado entre aqueles com quem conviviam. Esse *status* seria advindo da marca estampada nos chinelos e sandálias utilizados por esses consumidores.

Vale ressaltar que uma pesquisa recente indica que a maioria dos consumidores do mercado de calçados aponta que a marca é um fator relevante para a decisão de compra, com 71% deles indicando que estariam dispostos a pagar um valor mais elevado por sua marca predileta.

Com o passar do tempo, a Kenner passou a notar uma perda de interesse de seu mercado-alvo original (o público de mais alta renda) pelas sandálias. Uma razão seria a demora em secar. Afinal, uma vez molhadas, as sandálias Kenner demoravam mais para desaparecer com a umidade do que sandálias de borracha mais populares. Outra razão dizia respeito ao uso apenas eventual dado às sandálias Kenner, que aparentemente não eram consideradas ideais, devido a seu peso mais elevado do que o da maioria das sandálias, para idas à praia ou a outros locais de lazer, geralmente apenas em finais de semana. Ao mesmo tempo que os consumidores das classes A e B reduziam seu consumo, os das classes C e D ampliavam-no largamente.

Isso gerou uma situação incômoda à empresa. Seu foco sempre havia sido a produção de sandálias, sem nunca ter pesquisado de fato as características daqueles que as consumiam. Era muito relevante definir o segmento de mercado a que as sandálias Kenner serviriam de forma adequada e satisfatória.

Após realizar uma pesquisa extensa sobre os usos dados à sandália por seus usuários e os atributos mais valorizados no produto, a empresa percebeu que os jovens das classes A e B associavam a marca Kenner a um estilo de vida ligado ao ambiente praiano e ao *surfwear* em geral. Já aqueles das classes C e D costumavam ter mais de um par de sandálias, para uso em diferentes oportunidades. Como esse público tinha os chinelos e sandálias como um item de vestuário cotidiano, eles faziam uso intenso do produto, tanto para o trabalho quanto para o lazer.

Assim, a Kenner estava em uma situação sensível. Era preciso definir em qual mercado-alvo focar, uma vez que não parecia viável tentar vender para todas as classes socioeconômicas. Uma mudança de trajetória parecia necessária, trocando o segmento inicialmente atendido por outro, de menor renda, porém mais fiel à marca.

Questões

1. Que decisões a Kenner deve avaliar na segmentação de seu público-alvo?
2. Como o uso dado ao produto pode ajudar a empresa a definir seu mercado-alvo?
3. Qual é o público ideal no qual a empresa deve focar seus esforços? Que características devem ser consideradas ao realizar a segmentação?
4. Quais tipos de segmentação a Kenner pode utilizar no contexto apresentado?

Autor

Daniel Kamlot Professor do mestrado e da graduação da ESPM/RJ. Doutor em administração de empresas (FGV/Ebape), mestre em administração de empresas com ênfase em *marketing* (PUC-Rio) e engenheiro da computação (PUC-Rio).

Referências

BORELLI, F.C.; HEMAIS, M.W.; DIAS, P.I.R.C. Sandálias Kenner. *Revista de Administração Contemporânea*, v. 16, n. 1, p. 157-171, 2012.

ESTUDO do comportamento de compra do consumidor de calçados. *IEMI*, 8 abr. 2022. Disponível em: https://www.iemi.com.br/comportamento-e-mercado-de-calcados-no-brasil/. Acesso em: 24 nov. 2023.

NOSSO produto. *Kenner*, 2023. Disponível em: https://www.kenner.com.br/institucional/sobre. Acesso em: 16 mai. 2023.

7
Elaboração da proposição de valor para o cliente e do posicionamento

O reposicionamento estratégico da T-Mobile como "Desoperadora", sua transição para ofertas mais centradas no cliente e o investimento contínuo na sua rede móvel fizeram a empresa conseguir competir com as rivais AT&T e Verizon.
Crédito: Cheryl Fleishman/Alamy Stock Photo.

Nenhuma empresa pode vencer se seus bens ou serviços se assemelham a qualquer outro produto no mercado. Como parte do processo de gestão estratégica da marca, cada oferta deve representar os tipos certos de associação na mente dos consumidores no mercado-alvo. Vejamos como a T-Mobile posicionou suas ofertas para destacar a sua proposição de valor diferenciada.

>>> A T-Mobile foi formada nos Estados Unidos em 2004 para ser a subsidiária de comunicações móveis da Deutsche Telekom, gigante de telecomunicações alemã. Um componente importante do sucesso fenomenal da T-Mobile foi o seu posicionamento estratégico contra os dois *players* dominantes no mercado de telecomunicações: a AT&T e a Verizon. Além do modo como a T-Mobile escolheu definir a sua marca – Un-Carrier (Desoperadora) –, o posicionamento refletiu-se nos bens e serviços que oferecia para os clientes. A empresa eliminou os contratos de longo prazo, substituídos por um modelo de preços transparente. Também

facilitou as trocas de *smartphone* e livrou-se das tarifas de *roaming* global, grandes fontes de frustração para os clientes que usavam as redes celulares rivais. A T-Mobile facilitou as ligações gratuitas nas redes *wi-fi* e o *streaming* de vídeo sem cobranças adicionais. Tudo isso foi possível graças ao seu investimento contínuo nas redes móveis, o que criou qualidade e confiabilidade à altura dos serviços da AT&T e da Verizon, buscando uma experiência de atendimento ao cliente superior à das concorrentes. Para promover a sua vantagem competitiva, a T-Mobile mirou na AT&T. Ela observou que muitos clientes acreditavam que a AT&T, que tinha direitos exclusivos ao iPhone na época do seu lançamento, havia tirado vantagem dessa oportunidade para vender pacotes de ligações caros demais e oferecer um péssimo atendimento ao cliente. O ataque direto à AT&T concentrava-se nos quatro pontos de diferença principais da T-Mobile: inovação tecnológica, preços baixos e transparentes, ótimo serviço e ser uma opção legal ("descolada") dos consumidores *millennials*. O investimento estratégico no desenvolvimento de ofertas centradas no cliente, o posicionamento competitivo da marca e a fusão com a Sprint em 2020 permitiram que a T-Mobile se tornasse a segunda maior operadora de telefonia móvel dos Estados Unidos, com mais de 100 milhões de clientes.[1]

Como demonstra o sucesso da T-Mobile, uma empresa pode colher os frutos de estabelecer para si uma posição singular no mercado. A criação de um posicionamento de marca que seja persuasivo e bastante diferenciado exige uma profunda compreensão das necessidades e dos desejos dos consumidores, das competências organizacionais e das ações competitivas. Também exige um modo de pensar disciplinado, porém criativo. Neste capítulo, descreveremos um processo pelo qual os profissionais de *marketing* podem descobrir o posicionamento de marca mais vigoroso.

Desenvolvimento da proposição de valor e do posicionamento

Um aspecto crítico da estratégia de *marketing* é o desenvolvimento de uma proposição de valor e do posicionamento da oferta da empresa junto aos clientes-alvo. Uma empresa identifica diferentes necessidades e grupos no mercado, estabelece como alvo aqueles capazes de atender melhor e, então, desenvolve uma proposição de valor e posiciona suas ofertas de modo que os clientes-alvo reconheçam os benefícios diferenciados delas. Ao articular claramente sua proposição de valor e seu posicionamento, as empresas podem oferecer alto valor e satisfação, o que leva à repetição de compras e, em última análise, à maior rentabilidade da empresa.

Objetivos de aprendizagem   Após ler este capítulo, você deverá ser capaz de:

7.1   Explicar como a empresa deve desenvolver uma proposição de valor e uma estratégia de posicionamento.

7.2   Descrever como a empresa escolhe um quadro de referência.

7.3   Discutir como uma empresa identifica pontos de paridade e pontos de diferença.

7.4   Definir as principais estratégias para criar uma vantagem competitiva sustentável.

7.5   Identificar estratégias alternativas para comunicar o posicionamento das ofertas da empresa.

DESENVOLVIMENTO DA PROPOSIÇÃO DE VALOR

Como os clientes fazem suas escolhas? Eles tendem a maximizar o valor, dentro dos limites impostos pelos custos envolvidos em sua busca e pelas limitações de conhecimento, mobilidade e renda. Os clientes estimam qual oferta acreditam – independentemente do motivo – que entregará o maior valor percebido e agem com base nisso. Se a oferta está ou não à altura das expectativas afeta a satisfação do cliente e a probabilidade de repetição da compra.

Dependendo das necessidades dos clientes, a oferta pode criar valor em três domínios: *funcional, psicológico* e *monetário*.[2]

- O **valor funcional** reflete os custos e benefícios diretamente relacionados com o desempenho da oferta. Entre os atributos da oferta que criam valor funcional, encontram-se desempenho, confiabilidade, durabilidade, compatibilidade, usabilidade, customização, forma, estilo e embalagem. O valor funcional costuma ser uma consideração primária para ofertas consideradas principalmente utilitárias, como equipamentos industriais e de escritório.
- O **valor psicológico** abrange os custos e benefícios psicológicos associados à oferta. O valor psicológico estende-se além dos benefícios funcionais e cria benefícios emocionais para os clientes-alvo. Por exemplo, os clientes podem valorizar os benefícios emocionais que derivam de um automóvel (p. ex., o prazer de dirigir um carro de alto desempenho e o *status* social e estilo de vida que o veículo comunica). O valor psicológico é de maior importância nas categorias de luxo e moda, nas quais os clientes buscam ativamente benefícios emocionais e de autoexpressão.
- O **valor monetário** inclui os custos e benefícios financeiros associados à oferta. Os atributos da oferta que criam valor monetário incluem preço, tarifas, descontos e reembolsos, além dos diversos custos monetários associados ao uso e descarte da oferta. Embora o valor monetário normalmente esteja associado aos custos, a oferta também pode incluir benefícios monetários, como bônus, *cashback*, prêmios, recompensas financeiras e empréstimos a juros baixos. O valor monetário muitas vezes é o critério de escolha dominante para ofertas sem diferenciação em categorias comoditizadas.

Para todas as três dimensões (funcional, psicológica e monetária), o valor para o cliente é a diferença entre a avaliação que o cliente potencial faz de todos os benefícios e custos relativos a um produto e as alternativas percebidas. O **benefício total para o cliente** é o valor percebido de um pacote de benefícios funcionais, psicológicos e monetários que os clientes esperam de determinada oferta de mercado em função de produto, serviço e imagem. O **custo total para o cliente** é o conjunto de custos funcionais, psicológicos e monetários que os consumidores esperam incorrer para avaliar, obter, utilizar e descartar uma determinada oferta de mercado.

A **proposição de valor para o cliente** baseia-se na diferença entre os benefícios que o cliente obtém e os custos que ele assume pelas diferentes opções possíveis. A empresa pode elevar o valor da oferta para o cliente aumentando os benefícios funcionais, psicológicos e monetários e/ou reduzindo os custos correspondentes.

Uma proposição de valor consiste em um conjunto de benefícios que a empresa promete entregar; é mais do que o posicionamento central da oferta. Por exemplo, o posicionamento central da Volvo é "segurança", mas ela promete ao comprador mais do que um carro seguro; outros benefícios incluem bom desempenho, *design* e respeito ao meio ambiente. Assim, a proposição de valor é uma promessa relativa à experiência que os clientes podem esperar da oferta que a empresa faz ao mercado e de seu relacionamento com o fornecedor. O cumprimento ou não da promessa dependerá da capacidade da empresa de administrar seu sistema de entrega de valor.

Muitas vezes, os gerentes realizam uma **análise de valor para o cliente**, que revela os pontos fortes e fracos da empresa em relação aos concorrentes. As etapas dessa análise são as seguintes:

1. **Identificar os atributos e benefícios relevantes valorizados pelos clientes.** Os clientes são questionados sobre os atributos, benefícios e níveis de desempenho que buscam ao escolher produtos e fornecedores. Atributos e benefícios devem ser definidos de forma ampla para abranger todos os fatores que compõem as decisões dos clientes.[3]
2. **Avaliar a importância relativa dos diferentes atributos e benefícios.** Os clientes são solicitados a classificar a importância de diferentes atributos e benefícios. Se suas avaliações divergem muito, o profissional de *marketing* deve agregá-las em diferentes segmentos.

3. **Avaliar o desempenho da empresa e dos concorrentes nos principais atributos/benefícios.** Se a oferta da empresa supera a do concorrente em todos os atributos e benefícios importantes, a empresa pode cobrar um preço mais elevado (e, desse modo, conseguir lucros maiores) ou pode cobrar o mesmo preço e obter maior participação de mercado.
4. **Monitorar o valor para o cliente ao longo do tempo.** A empresa deve refazer periodicamente seus estudos sobre os valores para o cliente e a classificação dos concorrentes à medida que a economia, a tecnologia e os recursos se modificam.

A análise de valor para o cliente sugere que o vendedor deve avaliar o benefício e o custo total para o cliente em relação à oferta da concorrência para saber como sua oferta é vista pelo comprador. Também sugere que o vendedor que estiver em desvantagem em relação ao valor entregue tem duas alternativas: elevar o benefício total para o cliente ou reduzir o custo total para o cliente. A primeira alternativa requer o fortalecimento ou o aumento dos benefícios econômicos, funcionais e psicológicos relacionados com bens, serviços, pessoal e imagem da oferta. A segunda requer uma redução dos custos para o comprador, com a redução do preço ou do custo de posse e manutenção, a simplificação do processo de encomenda e entrega ou a absorção de algum risco do comprador por meio de garantia.

DESENVOLVIMENTO DE UMA ESTRATÉGIA DE POSICIONAMENTO

Posicionamento é o ato de conceber a oferta e a imagem de uma empresa para que ela ocupe um lugar diferenciado na mente dos clientes do mercado-alvo.[4] O objetivo é incutir a marca na mente dos consumidores para maximizar o benefício potencial para a empresa. Ao contrário da proposição de valor, que articula todos os custos e benefícios da oferta, o posicionamento enfoca os benefícios principais que darão aos consumidores um motivo para escolher a oferta da empresa.

O posicionamento eficaz de marca esclarece a essência da marca, identifica os objetivos que ela ajuda o consumidor a alcançar e mostra como isso é feito de maneira inigualável, ajudando a orientar a estratégia de *marketing*. Todos na empresa devem assimilar o posicionamento da marca e usá-la no contexto da tomada de decisões.

Muitos especialistas em *marketing* acreditam que um posicionamento de marca deve ter componentes racionais e emocionais. Em outras palavras, deve sensibilizar tanto a mente quanto o coração.[5] As empresas costumam se valer de vantagens de desempenho para estabelecer sintonia emocional com seus clientes. Quando uma pesquisa sobre o medicamento para tratamento de cicatrizes Mederma descobriu que as mulheres compravam o produto não somente para tratamento físico, mas também para elevar a autoestima, os profissionais de *marketing* da marca acrescentaram conteúdo emotivo a mensagens de cunho tradicionalmente prático que ressaltavam recomendações médicas: "O que fizemos foi complementar o racional com o emocional".[6] A Kate Spade é outra marca que combina o funcional com o emocional em seu posicionamento.

> **Kate Spade** Embora tenha pouco mais de 25 anos de existência, a Kate Spade evoluiu de uma marca de bolsas para uma marca de moda bem mais diversificada. Lançada pelo casal Kate e Andy Spade, que posteriormente venderam sua participação no negócio, a marca era inicialmente conhecida por uma bolsa preta minúscula de aparência minimalista. Em 2007, uma nova diretora de criação, Deborah Lloyd, introduziu uma sensibilidade mais aguçada para o estilo, com o propósito de atingir o ponto fraco da cliente Kate Spade: ser "a pessoa mais interessante do pedaço". Com maior ênfase na junção de forma e função, a marca expandiu-se para os setores de roupas e bijuterias e tornou-se a peça central da renovação da Liz Claiborne (atual Fifth & Pacific). Os acessórios são atualizados constantemente e há lançamentos frequentes de mercadorias. A Kate Spade fez uma investida agressiva no comércio eletrônico para complementar suas mais de 200 lojas, e 20% das vendas são provenientes desse canal. A empresa também fez uma incursão bem integrada em mídias sociais, usando Facebook, Twitter, Instagram, Tumblr, Pinterest, YouTube, FourSquare e Spotify para reforçar os valores centrais da marca: "padrões, cores, comida divertida e momentos clássicos de Nova York".[7]

<< Em pouco mais de um quarto de século, a Kate Spade, inicialmente uma coleção limitada de bolsas femininas, expandiu suas ofertas para incluir joias e roupas, com uma presença crescente na internet e nas mídias sociais para complementar suas lojas físicas.

Uma medida útil da eficácia do posicionamento de uma empresa é o *teste de substituição de marca*. Se, em alguma atividade de *marketing* (p. ex., uma campanha de propaganda, uma comunicação nas mídias sociais ou um lançamento de produto), a marca for substituída por outra concorrente, essa atividade não funcionará tão bem no mercado. Por exemplo, o posicionamento da Kate Spade funcionaria para as suas concorrentes Tory Birch, Coach ou Cole Haan? Se a resposta for sim, isso significa que a marca Kate Spade não desenvolveu um posicionamento diferenciado no mercado.

Uma marca bem posicionada deve ser inconfundível em seu significado e em sua execução. Se o patrocínio de um evento esportivo ou musical, por exemplo, funciona igualmente bem para um concorrente líder, isso quer dizer que o posicionamento não está suficientemente bem definido ou o patrocínio tal qual foi executado não se associa adequadamente ao posicionamento da marca.

Um posicionamento eficaz tem um "pé no presente" e um "pé no futuro". Ele deve ser um tanto aspiracional, para que a marca tenha espaço para crescer e melhorar. O posicionamento calcado na atual situação do mercado não é suficientemente voltado para o futuro, mas, ao mesmo tempo, o posicionamento não pode se distanciar tanto da realidade a ponto de se tornar essencialmente impossível de atingir. O verdadeiro segredo do posicionamento é alcançar o equilíbrio entre o que a marca é e o que poderia ser.

O posicionamento exige que os profissionais de *marketing* definam e comuniquem as semelhanças e as diferenças entre sua marca e a de seus concorrentes. Mais especificamente, para decidir o posicionamento, é preciso:

1. determinar um quadro de referência, identificando o mercado-alvo e a concorrência relevante.
2. identificar os pontos de paridade e de diferença ideais com base nessa estrutura de referência.

Esses dois aspectos do posicionamento são discutidos em mais detalhes nas seções a seguir.

A escolha do quadro de referência

Os consumidores determinam o valor de uma oferta em relação a um quadro de referência usado para avaliar seus custos e benefícios. Uma oferta pode ser considerada atraente em comparação com uma inferior, mas a mesma oferta pode ser rejeitada em comparação com uma superior. Assim, um **quadro de referência** pode funcionar como *benchmark* (melhores práticas) para que os clientes avaliem os benefícios da oferta da empresa.

Dado que os consumidores naturalmente constroem quadros de referência para avaliar as opções disponíveis, um profissional de *marketing* habilidoso pode estruturá-los de modo a destacar o valor da oferta. Decisões sobre o quadro de referência estão intimamente ligadas às decisões sobre o mercado-alvo. Optar por atingir certo tipo de consumidor pode definir a natureza da concorrência, seja porque outras empresas já selecionaram esse segmento como alvo (ou planejam fazê-lo no futuro), seja porque os consumidores nesse segmento já estão considerando determinados produtos ou marcas em suas decisões de compra.

Um bom ponto de partida para definir um quadro de referência competitivo para o posicionamento da marca é determinar os *membros da categoria* – os produtos ou conjuntos de produtos com os quais a marca compete e que funcionam como seus substitutos próximos. Parece simples para uma empresa identificar seus concorrentes. A PepsiCo sabe que a Dasani da Coca-Cola é uma das principais concorrentes de água engarrafada de sua marca Aquafina; o Wells Fargo sabe que o Bank of America é um de seus principais concorrentes no ramo bancário; e a Petsmart.com sabe que um grande concorrente no varejo *on-line* para ração e suprimentos para animais de estimação é a Petco.com.

No entanto, o universo de concorrentes reais e potenciais de uma empresa pode ser muito mais amplo do que parece à primeira vista. Para uma marca com intenções explícitas de crescimento ingressar em novos mercados, uma estrutura competitiva mais ampla, ou talvez ainda mais aspiracional, pode ser necessária. Além disso, é mais provável que uma empresa seja prejudicada por concorrentes emergentes ou novas tecnologias do que por concorrentes preexistentes.

O mercado de barrinhas de cereais criado pela PowerBar acabou se fragmentando em uma série de subcategorias, como as dirigidas a segmentos específicos (p. ex., as barrinhas Luna para mulheres) e as que têm atributos específicos (p. ex., a Balance, com proteínas, e a Pria, para controle de calorias). Cada uma representava uma subcategoria para a qual a PowerBar original não era potencialmente tão relevante.[8]

As empresas devem escolher o seu quadro competitivo para evocar comparações mais vantajosas. Consideremos os exemplos a seguir:

No Reino Unido, a Automobile Association posicionou-se como o quarto serviço de emergência, ao lado da polícia, dos bombeiros e da ambulância, para transmitir maior credibilidade e urgência. A International Federation of Match Poker está tentando minimizar em parte a imagem negativa do jogo de pôquer para enfatizar a similaridade do jogo de cartas a outros esportes mentais, como xadrez e *bridge*.

As Forças Armadas dos Estados Unidos mudaram o foco de sua propaganda de recrutamento, deixando de promover o serviço militar como dever patriótico e passando a promovê-lo como um lugar onde se aprende habilidades de liderança, um discurso bem mais racional do que emocional que compete melhor com o setor privado.[9]

Em mercados estáveis, com pouca mudança provável em curto prazo, pode ser bastante fácil definir um, dois ou talvez três principais concorrentes. Em categorias dinâmicas, nas quais pode existir ou surgir concorrência em diversas formas, múltiplos quadros de referência podem emergir.

Identificação de pontos de diferença e pontos de paridade potenciais

Depois de estabelecer o quadro de referência para o posicionamento, por meio da definição do mercado-alvo e da natureza da concorrência, os profissionais de *marketing* podem definir os pontos de diferença (atributos ou benefícios exclusivos da oferta da empresa) e os pontos de paridade (atributos ou benefícios que a oferta da empresa tem em comum com a da concorrência).[10] Analisamos as associações a pontos de paridade e de diferença nas seções a seguir.

IDENTIFICAÇÃO DOS PONTOS DE DIFERENÇA

Os **pontos de diferença** diferenciam a oferta da empresa das ofertas da concorrência. São os atributos ou benefícios que os consumidores associam fortemente a uma marca, avaliam positivamente e acreditam que não poderiam ser equiparados por uma marca da concorrência.

Associações que formem pontos de diferença podem se basear em praticamente qualquer tipo de atributo ou benefício.[11] A Louis Vuitton pode buscar o ponto de diferença de ter bolsas mais estilosas; a Energizer, de ter a pilha mais duradoura; e a Fidelity Investments, de oferecer a melhor consultoria e o melhor planejamento financeiro.

Estabelecer pontos de diferença significativos pode gerar retornos financeiros. Como parte de seu processo de abertura de capital, a operadora britânica de telefonia móvel O2 foi rebatizada para se desvincular da então em dificuldades BT Cellnet da British Telecom por meio de uma poderosa campanha emocional que falava sobre liberdade e capacitação. Quando a taxa de aquisição de clientes, o índice de fidelidade e a receita média cresceram, o negócio foi adquirido pela multinacional espanhola Telefónica pelo triplo do valor de sua IPO (do inglês *initial public offering*; ou oferta inicial de ações, em português).[12]

Um aspecto cada vez mais importante da diferenciação é a autenticidade de marca, ou seja, o quanto os consumidores consideram que a marca é fiel à sua essência e à sua razão para existir.[13] Marcas como Hershey's, Kraft, Crayola, Kellogg's e Johnson & Johnson, consideradas autênticas e genuínas, podem evocar confiança, afeto e fidelidade intensa. A Welch's, pertencente à National Grape Cooperative (Cooperativa Nacional de Uvas), composta de 1.150 viticultores de Concord e Niagara, é tida pelos consumidores como "saudável, autêntica e real". A marca reforça essas credenciais concentrando-se no abastecimento local de ingredientes, um fator cada vez mais importante para os consumidores que querem saber de onde vêm e como foram feitos seus alimentos.[14]

Marcas fortes podem ter múltiplos pontos de diferença. Podemos citar como exemplos: Apple (*design*, facilidade de uso e atitude irreverente), Nike (desempenho, tecnologia inovadora e espírito vencedor) e Southwest Airlines (valor, confiabilidade e personalidade divertida).

Criar associações fortes, favoráveis e singulares é um verdadeiro desafio, mas é essencial para um posicionamento de marca competitivo. Embora o posicionamento bem-sucedido de um novo produto em um mercado bem estabelecido possa parecer particularmente difícil, a Method Products mostra que não é impossível.

> **Method Products** Idealizada pelos ex-colegas de classe Eric Ryan e Adam Lowry, a Method Products começou com a percepção de que, apesar de os produtos de limpeza e uso doméstico constituírem uma categoria imensa, ocupando um corredor inteiro ou mais de um supermercado, era uma categoria incrivelmente sem graça. A Method lançou um bonito e despojado recipiente para detergente de lava-louça que também tinha uma vantagem funcional – o frasco, em formato de peça de xadrez, foi criado para deixar o detergente escoar pelo fundo, para que os usuários não tivessem que virá-lo de cabeça para baixo. Esse produto exclusivo, de fragrância agradável, foi desenhado pelo premiado *designer* industrial Karim Rashid. A sustentabilidade também se tornou parte da essência da marca, desde as práticas relacionadas com suprimentos e mão de obra até a redução de materiais e o uso de substâncias não tóxicas. Ao criar uma linha atóxica e biodegradável de produtos de limpeza doméstica, com cores brilhantes e *design* elegante totalmente diferenciado para a categoria, a Method superou a casa dos US$ 100 milhões em receitas. Sua grande chance veio com a colocação de seu produto na Target, conhecida pela parceria frequente com *designers* renomados para a produção de mercadoria diferenciada a preços acessíveis. Limitada em seu orçamento de propaganda, a empresa conta com embalagem atrativa e produtos inovadores no esforço de expressar o posicionamento da marca. Campanhas nas mídias sociais conseguiram potencializar o *slogan* "People Against Dirty" (Pessoas contra a sujeira) da empresa e o seu desejo de tornar a divulgação completa dos ingredientes uma exigência do setor.[15]

Três critérios determinam se uma associação da marca pode funcionar realmente como um ponto de diferença: nível de desejo, capacidade de entrega e grau de diferenciação. Apresentaremos a seguir algumas das principais considerações.

>> A Method Products conseguiu chamar a atenção dos consumidores e alçar as tediosas ofertas de limpeza doméstica a um novo patamar com as embalagens arrojadas e diferentes da sua linha de produtos biodegradáveis e ambientalmente corretos.

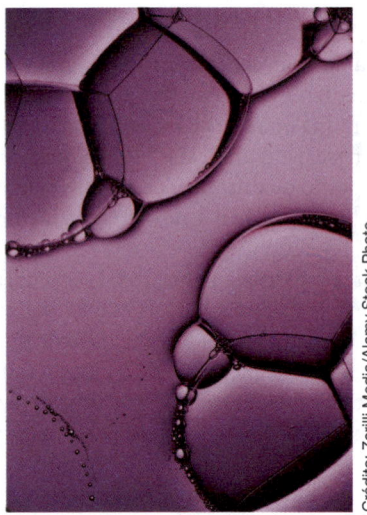

Crédito: Zerilli Media/Alamy Stock Photo

- **Desejável para o consumidor.** Os consumidores devem considerar a associação da marca como pessoalmente relevante. A Select Comfort causou sensação no setor de colchões com suas camas Sleep Number, que permitem aos consumidores ajustar o colchão para um nível ideal de conforto com um simples indicador de numeração. Aos consumidores, também deve ser dada uma razão convincente para acreditar e uma lógica que justifique de modo compreensível por que a marca consegue entregar o benefício desejado. A Mountain Dew pode alegar que é mais energizante do que outros refrigerantes e sustentar essa alegação observando que tem um nível mais elevado de cafeína. O Chanel No 5 pode afirmar que é o perfume francês essencialmente elegante e sustentar essa afirmação observando a longa associação entre a Chanel e a alta costura. As evidências concretas também podem assumir a forma de ingredientes patenteados, de marca, como o creme antirrugas da Nivea, que contém a coenzima Q10.
- **Entregável pela empresa.** A empresa deve ter os recursos internos e assumir o compromisso de criar e manter de modo viável e rentável a associação da marca na mente dos consumidores. O *design* do produto e o modo como ele é comercializado devem sustentar a associação desejada. Comunicar essa associação exige mudanças reais no produto em si ou apenas mudanças de percepção na forma como o consumidor pensa no produto ou na marca? Criar a segunda alternativa costuma ser mais fácil. A General Motors teve de se esforçar para superar as percepções do público de que o Cadillac não é uma marca jovem ou moderna. Para isso, ela recorreu a *designs* ousados, qualidade sólida e imagens ativas contemporâneas. A associação de marca ideal é fácil de antecipar e defender, mas difícil de atacar. De modo geral, é mais fácil para líderes de mercado como ADM, Visa e SAP sustentarem seu posicionamento, por basear-se no desempenho demonstrável de um bem ou serviço, do que para líderes de mercado como Fendi, Prada e Hermès, cujo posicionamento se baseia na moda e, portanto, está sujeito aos caprichos de um mercado mais instável.
- **Diferenciável da concorrência.** Por fim, os consumidores devem considerar a associação da marca como diferenciada e superior em comparação com concorrentes relevantes. O adoçante Splenda superou a Equal e a Sweet'N Low e assumiu a liderança de sua categoria ao diferenciar-se com sua autenticidade como um produto derivado do açúcar, sem as desvantagens associadas a um adoçante artificial de baixa caloria. Na concorrida categoria de bebidas energéticas, a Monster tornou-se uma marca de quase US$ 2 bilhões e uma ameaça à pioneira da categoria, a Red Bull, diferenciando-se com uma lata inovadora de quase 500 ml e uma extensa linha de produtos que tem como alvo quase todo estado de necessidade relacionado com o consumo de energia.[16]

IDENTIFICAÇÃO DOS PONTOS DE PARIDADE

Os **pontos de paridade**, por outro lado, são associações de atributos ou benefícios que não são necessariamente exclusivos à marca e podem, inclusive, ser compartilhados com outras marcas.[17] Esse tipo de associação assume três formas básicas: paridade de categoria, correlacional e de concorrência.

- Os **pontos de paridade de categoria** são atributos ou benefícios tidos pelos consumidores como essenciais para que um produto seja digno e confiável no âmbito de determinada categoria de bens ou serviços. Em outras palavras, eles representam as condições necessárias – embora nem sempre suficientes – para a escolha da marca. Os consumidores não considerarão uma agência de viagens como tal se ela não fizer reservas de passagem e hospedagem, recomendar pacotes turísticos e oferecer diversas opções de pagamento e entrega de bilhetes. Os pontos de paridade de categoria podem mudar ao longo do tempo, em razão de avanços

tecnológicos, modificações jurídicas ou tendências de consumo, mas isso faz parte do jogo do *marketing*.
- Os **pontos de paridade correlacional** são associações potencialmente negativas que surgem da existência de associações positivas em relação à marca. Um desafio para os profissionais de *marketing* é que muitos atributos ou benefícios que compõem seus pontos de paridade ou pontos de diferença são negativamente correlacionados. Em outras palavras, se a marca de uma empresa é considerada boa em algum aspecto, como ser econômica, os consumidores não podem considerá-la boa em outra coisa, como ser "da mais alta qualidade". Pesquisas sobre as trocas compensatórias que os consumidores fazem em suas decisões de compra podem ser elucidativas nesse ponto.
- Os **pontos de paridade de concorrência** são associações destinadas a anular elementos de uma marca percebidos como pontos fracos à luz dos pontos de diferença da concorrência. Uma forma de revelar os principais pontos de paridade de concorrência é simular o posicionamento dos concorrentes e inferir seus pontos de diferença pretendidos, que, por sua vez, indicarão os pontos de paridade da marca.

Seja qual for a fonte de fraquezas percebidas, se, aos olhos dos consumidores, uma marca pode atingir o "ponto de equilíbrio" nas áreas em que parece estar em desvantagem *e* obter vantagens em outras áreas, ela deve ocupar uma forte e talvez imbatível posição competitiva. Vejamos o lançamento da cerveja Miller Lite, a primeira grande cerveja *light* da América do Norte.

Miller Lite A estratégia inicial da propaganda da cerveja Miller Lite tinha dois objetivos: assegurar a paridade com os principais concorrentes na categoria de cerveja normal ao afirmar que era "saborosa" e, ao mesmo tempo, criar um ponto de diferença ao afirmar que a cerveja continha um terço a menos de calorias e, por isso, era "menos pesada" do que as cervejas normais. Como geralmente ocorre, o ponto de paridade e o ponto de diferença entraram em conflito, uma vez que os consumidores tendem a relacionar o sabor às calorias. Para driblar uma possível resistência ao produto, a Miller contratou porta-vozes com credibilidade, sobretudo ex-atletas profissionais famosos, que supostamente não beberiam uma cerveja se não gostassem do sabor. Esses ex-atletas discutiam com bom humor qual dos dois benefícios do produto – "saborosa" ou "menos pesada" – descrevia melhor a cerveja. A propaganda terminava com o inteligente *slogan* "Everything You've Always Wanted in a Beer... and Less" (Tudo o que você sempre quis em uma cerveja... e muito menos). Com o passar do tempo, o posicionamento da marca passou a incorporar o chamado Miller Time (Momento Miller) em sua propaganda, um apelo emocional sobre a sociabilidade da marca e sua capacidade de servir como um catalisador de bons momentos passados com amigos.[18]

Para que determinada oferta alcance um ponto de paridade em determinado atributo ou benefício, um número mínimo de consumidores deve acreditar que ela é boa o suficiente nesse aspecto. Existe uma zona ou faixa de tolerância ou aceitação em relação aos pontos de paridade. A marca não precisa ser vista literalmente como equivalente a suas concorrentes, mas os consumidores precisam ter a sensação de que ela se sai bem o suficiente naquele atributo ou benefício em particular. O fato de os consumidores terem essa sensação pode ser um sinal de que estão dispostos a fundamentar suas avaliações e decisões em outros fatores potencialmente mais favoráveis à marca. Presume-se que uma cerveja *light* jamais terá um sabor tão bom quanto a normal, mas seu sabor terá de ser parecido o suficiente para ela ser efetivamente competitiva.

Muitas vezes, o segredo do posicionamento não é atingir um ponto de diferença, mas um ponto de paridade! Considere a concorrência entre Visa e American Express no setor dos cartões de crédito.

Visa e American Express Na categoria de cartões de crédito, o ponto de diferença da Visa é ter o cartão mais aceito, o que ressalta o principal benefício da categoria: a conveniência. A American Express, por outro lado, construiu o valor de sua marca destacando o prestígio associado ao uso de seu cartão. Agora, Visa e American Express competem para criar pontos de

>> A Visa oferece cartões gold e *platinum* na tentativa de se equiparar ao prestígio da concorrente American Express, ao passo que esta estende o alcance do seu cartão para superar a vantagem da Visa de ser o cartão de crédito mais aceito.

paridade na tentativa de enfraquecer a vantagem uma da outra. A Visa oferece cartões gold e *platinum* para realçar o prestígio de sua marca e há anos anuncia "It's Everywhere You Want to Be" (Aceito em todo lugar onde você deseja estar), exibindo destinos de viagem e lazer que só aceitam o cartão Visa para acentuar exclusividade e aceitação. A American Express aumentou significativamente o número de estabelecimentos que aceitam seu cartão e criou outras melhorias de valor, além de reforçar sua diferenciação com propagandas que exibem celebridades como Robert De Niro, Tina Fey, Ellen DeGeneres e Beyoncé e com promoções para acesso exclusivo a eventos especiais.[19]

ALINHAMENTO DO QUADRO DE REFERÊNCIA, PONTOS DE PARIDADE E PONTOS DE DIFERENÇA

Não é incomum uma marca identificar mais de uma estrutura de referência competitiva real ou potencial quando a concorrência aumenta ou a empresa planeja uma expansão para novas categorias. Por exemplo, a Starbucks poderia definir conjuntos muito diversos de concorrentes, sugerindo diferentes pontos de paridade e pontos de diferença como resultado:[20]

Restaurantes de serviço rápido e lojas de conveniência (McDonald's e Dunkin' Donuts). Os pontos de diferença pretendidos podem ser qualidade, imagem, experiência e variedade, ao passo que os pontos de paridade podem ser conveniência e valor.

Cafés vendidos em supermercados para consumo doméstico (Folgers, Nescafé e Green Mountain Coffee K-Cups). Os pontos de diferença pretendidos podem ser qualidade, imagem, experiência, variedade e frescor, ao passo que os pontos de paridade podem ser conveniência e valor.

Cafés locais. Os pontos de diferença pretendidos podem ser conveniência e qualidade de serviço, ao passo que os pontos de paridade podem ser qualidade, variedade, preço e comunidade.

Observe que alguns pontos de paridade e pontos de diferença potenciais para a Starbucks são compartilhados entre os concorrentes; outros são exclusivos de um concorrente em particular.

Sob tais circunstâncias, os profissionais de *marketing* têm de decidir o que fazer. Há duas opções principais em relação a múltiplos quadros de referência. Uma delas é primeiramente desenvolver o melhor posicionamento possível para cada tipo ou classe de concorrentes e, em seguida, verificar se existe uma forma de criar um posicionamento combinado que seja sólido o suficiente para tratar todos eles com eficácia. Entretanto, se a concorrência for muito diversificada, poderá ser necessário priorizar os concorrentes e, em seguida, escolher o mais importante conjunto deles para servir como quadro competitivo. Uma consideração crucial é não tentar ser tudo para todas as pessoas; isso leva ao posicionamento de "menor denominador comum", que normalmente é ineficaz.[21]

Por fim, se existem muitos concorrentes em diferentes categorias ou subcategorias, pode ser útil desenvolver o posicionamento no nível categórico para todas as categorias relevantes ("restaurantes de serviço rápido" ou "cafés vendidos em supermercados para consumo doméstico", no caso da Starbucks) ou com um exemplar de cada categoria (McDonald's ou Nescafé, no caso da Starbucks).

Há ocasiões em que a empresa tenta *estabelecer* duas estruturas de referência com um conjunto de pontos de diferença e pontos de paridade. Nesses casos, os pontos de diferença de uma categoria tornam-se os pontos de paridade de outra, e vice-versa. A rede Subway está posicionada como um restaurante que oferece sanduíches saudáveis e saborosos. Esse posicionamento permite à marca criar um ponto de paridade em sabor e um ponto de diferença em saúde em relação a restaurantes de serviço rápido, como McDonald's e Burger King, e, ao mesmo tempo, ter um ponto de paridade em saúde e um ponto de diferença em sabor em relação a restaurantes e cafés que servem comida saudável.

O posicionamento duplo permite às marcas expandir sua cobertura de mercado e sua base de clientes potenciais. Outro exemplo de posicionamento duplo é o da BMW.

BMW Devido à sua primeira forte investida competitiva no mercado americano no final dos anos 1970, a BMW posicionou-se como o único automóvel que oferecia luxo *e* desempenho. Naquela época, os carros de luxo americanos eram vistos, de modo geral, como pouco potentes, ao passo que os de ótimo desempenho eram tidos como pouco sofisticados. Apoiando-se no *design* de seus modelos, na tradição alemã e em outros aspectos de um programa de *marketing* bem concebido, a BMW conseguiu alcançar simultaneamente: (1) um ponto de diferença em luxo e um ponto de paridade em desempenho em relação a concorrentes americanos de forte desempenho, como o Chevy Corvette; e (2) um ponto de diferença em desempenho e um ponto de paridade em luxo em relação a concorrentes luxuosos, como o Cadillac. O brilhante *slogan* "The Ultimate Driving Machine" ("A máquina de dirigir definitiva") realmente captava a então recém-criada categoria guarda-chuva – carros luxuosos de alto desempenho.[22]

Apesar de o posicionamento duplo muitas vezes ser uma maneira atrativa de acomodar objetivos do consumidor potencialmente conflitantes e criar uma solução do tipo "o melhor de dois mundos", ele também gera um fardo extra. Se os pontos de paridade e os pontos de diferença em

<< Ao combinar os aparentemente incompatíveis benefícios de luxo e desempenho, a BMW conquistou grande sucesso no mercado automotivo americano.

relação a ambas as categorias não tiverem credibilidade, a marca poderá ser considerada ilegítima em todas as categorias. Muitos dos primeiros PDAs (ou computadores de bolso) que tentaram em vão mesclar categorias englobando desde *pagers* até *notebooks*, como o Palm Pilot e o Apple Newton, servem como nítida ilustração desse risco.

Muitas vezes, um bom posicionamento tem vários pontos de diferença e de paridade. Entre esses pontos, com frequência dois ou três definem realmente o campo de batalha competitivo e devem ser analisados e desenvolvidos com cuidado. Um bom posicionamento também deve seguir a regra 80–20, ou seja, ser altamente aplicável a 80% dos produtos da marca. A tentativa de se posicionar em 100% dos produtos de uma marca costuma produzir um resultado insatisfatório de "menor denominador comum". Os 20% restantes devem ser revistos para garantir que os produtos tenham a estratégia de marca adequada e para averiguar como eles poderiam ser alterados para refletir melhor o posicionamento da marca.

Os mapas perceptuais, também chamados de mapas de posicionamento, podem ser úteis na escolha de benefícios específicos como pontos de paridade e pontos de diferença para posicionar uma marca. Os **mapas perceptuais** são representações visuais de percepções e preferências dos consumidores que fornecem descrições quantitativas de situações de mercado e do modo como os consumidores visualizam diversos bens, serviços e marcas em relação a várias dimensões. Sobrepondo as preferências do consumidor com as percepções da marca, os profissionais de *marketing* podem revelar "buracos" ou "aberturas", que sugerem necessidades não atendidas dos consumidores e oportunidades não exploradas de *marketing*.[23]

A criação de uma vantagem competitiva sustentável

A vantagem competitiva de uma oferta reflete a sua capacidade de satisfazer a necessidade do cliente mais do que os meios alternativos de satisfazer a mesma necessidade. Assim, a criação de uma vantagem competitiva dá aos clientes um motivo para escolher uma determinada oferta, e não uma alternativa disponível.

A VANTAGEM COMPETITIVA SUSTENTÁVEL COMO CONCEITO DE *MARKETING*

Para desenvolver uma marca forte e evitar a armadilha da *commodity*, os profissionais de *marketing* devem partir do princípio de que é possível diferenciar uma oferta por meio da criação de uma vantagem competitiva sustentável.[24] **Vantagem competitiva** é a capacidade de desempenho de uma empresa em uma ou mais maneiras que os concorrentes não podem ou não pretendem equiparar.

Algumas empresas têm encontrado sucesso. As empresas farmacêuticas desenvolvem produtos biológicos (i.e., medicamentos produzidos usando as próprias células do corpo, sem utilizar reações químicas em laboratório) porque são difíceis de ser copiados e transformados em uma versão genérica uma vez expirada sua patente. A Roche Holding tem uma vantagem de pelo menos três anos com seu tratamento biológico de artrite reumatoide, que gera US$ 7 bilhões por ano, o Rituxan, antes que uma cópia biossimilar seja introduzida no mercado.[25]

Poucas vantagens competitivas são inerentemente sustentáveis. No longo prazo, elas costumam ser replicadas pela concorrência. Em vez disso, a vantagem competitiva pode ser alavancável. Uma *vantagem alavancável* é usada por empresas como um trampolim para novas vantagens, assim como a Microsoft alavancou seu sistema operacional com o Microsoft Office e aplicações de rede. De modo geral, uma empresa que pretende durar deve continuamente inventar novas vantagens que possam servir como base para pontos de diferença.

Qualquer benefício de bens ou serviços suficientemente desejável, entregável e diferenciado pode servir como ponto de diferença de uma marca. Os meios óbvios, e muitas vezes os mais atrativos, de diferenciação para os consumidores são os benefícios relacionados com o desempenho. A Swatch oferece relógios coloridos e elegantes; a GEICO oferece seguro confiável a preços reduzidos.

GEICO A GEICO investiu centenas de milhões de dólares com propaganda na TV. Valeu a pena? Warren Buffet, presidente e CEO da Berkshire Hathaway, controladora da GEICO, certamente pensa que sim. A GEICO tornou-se a companhia de seguros para automóveis de mais rápido crescimento nos Estados Unidos ao vender diretamente aos consumidores com uma mensagem básica: "15 minutos podem poupar 15% ou mais no seguro de seu carro". Em parceria com a The Martin Agency, a GEICO veiculou diversas campanhas premiadas na TV para enfatizar diferentes benefícios da marca. As propagandas de TV que exibem o seu mascote, uma lagartixa com sotaque londrino, reforçam a imagem de marca da GEICO como confiável e bem-sucedida. A campanha "Happier Than" (Mais feliz que) retrata situações exageradas para descrever quão felizes são os clientes da GEICO, como um camelo em uma quarta-feira (*hump day*)* ou o Drácula se voluntariando para doar sangue. Uma terceira campanha, exibindo Maxwell, um porco falante, salienta recursos específicos de bens e serviços. A quarta campanha, "Did You Know" (Você sabia?), começa com uma pessoa comentando sobre o famoso *slogan* de 15 minutos da empresa com um companheiro, que responde: "Everyone knows that" (Todo mundo sabe disso). A pessoa então continua tentando ostentar algum conhecimento distorcendo outra sabedoria popular, como a de que Pinóquio foi um péssimo palestrante motivacional ou que o Velho McDonald que tinha uma fazenda era péssimo em ortografia. As várias campanhas complementam-se entre si e beneficiam-se com o sucesso mútuo; a empresa domina as transmissões de TV com tantas mensagens de seguros para carros que qualquer propaganda da concorrência fica perdido.[26]

Às vezes, mudanças no ambiente de *marketing* podem abrir novas oportunidades para criar um meio de diferenciação. Oito anos depois de lançar o Sierra Mist e com as vendas estagnadas, a PepsiCo explorou o interesse crescente dos consumidores por produtos naturais e orgânicos para reposicionar o refrigerante de lima-limão como natural com apenas cinco ingredientes: água gaseificada, açúcar, ácido cítrico, sabor natural e citrato de potássio.

Com frequência, o posicionamento de uma marca transcende suas considerações de desempenho. As empresas podem criar imagens atrativas que atendam às necessidades sociais e

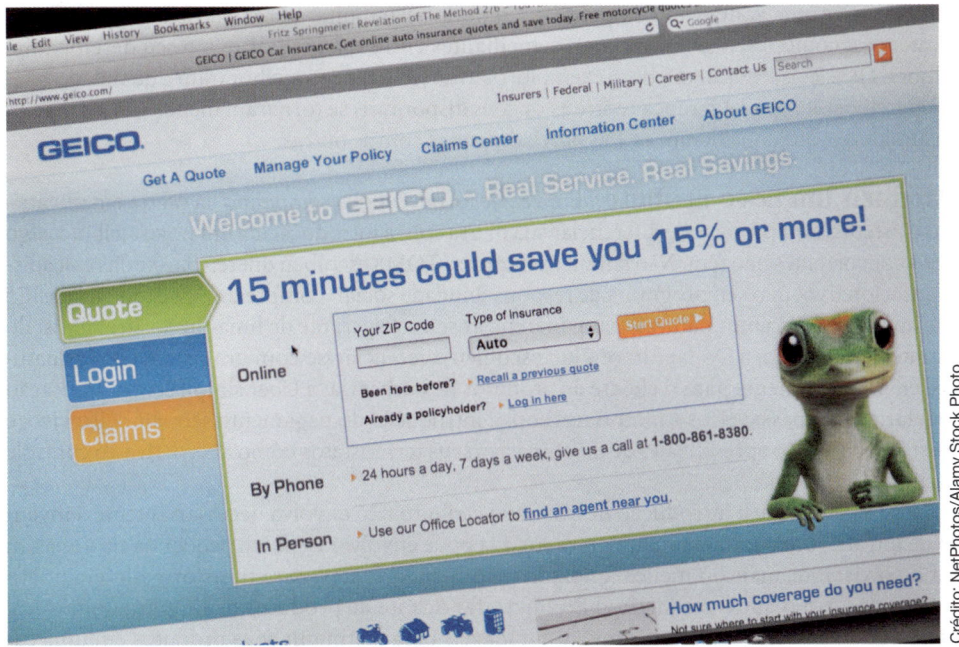

<< A GEICO conseguiu se destacar do vozerio da concorrência e se tornar a seguradora que mais cresce no ramo de seguros de automóveis nos Estados Unidos com campanhas de propaganda multimilionárias na televisão em que uma lagartixa com sotaque londrino oferece conselhos sobre como economizar.

---

*N. de T.: termo informal usado nos Estados Unidos que designa o meio da semana de trabalho, a quarta-feira, como o topo da corcova (*hump*) de um camelo. Chamar a quarta-feira de *hump day* passa a ideia de que a semana é uma corcova que precisa ser escalada para chegar ao fim de semana.

psicológicas dos consumidores. A principal explicação para a extraordinária participação de mercado mundial da Marlboro (cerca de 30%) é que sua imagem de "caubói viril" encontrou eco em grande parte do público fumante. Empresas de vinho e outras bebidas alcoólicas também se esforçam para desenvolver imagens distintivas para suas marcas. Até mesmo o espaço físico de um varejista pode ser um poderoso gerador de imagens. A rede de hotéis Hyatt Regency tenta desenvolver uma imagem diferenciada com seus *lobbies*.

Para identificar possíveis meios de diferenciação, os profissionais de *marketing* precisam alinhar o desejo dos consumidores de obter um benefício com a capacidade da empresa de entregá-lo. Por exemplo, seus canais de distribuição podem ser projetados de modo a tornar o ato de compra do produto mais fácil e gratificante. Em 1946, a ração para animais de estimação custava pouco, não era muito nutritiva e estava disponível exclusivamente em supermercados e eventuais lojas especializadas. A Iams, com sede em Dayton, no estado norte-americano de Ohio, obteve sucesso na venda de alimentos *premium* para animais de estimação por meio de veterinários, criadores e *pet shops*.

ESTRATÉGIAS PARA CRIAR UMA VANTAGEM COMPETITIVA SUSTENTÁVEL

Três estratégias fundamentais são essenciais para formular proposição de valor que faz a oferta se destacar da concorrência: *diferenciar-se em um atributo existente, introduzir um novo atributo* e *construir uma marca forte*.[27]

Diferenciar-se em um atributo existente. É a estratégia essencial para criar uma vantagem em relação à concorrência. A Gillette diferenciou-se dos concorrentes com o foco na qualidade. A Dollar Shave Club, fornecedora de lâminas de barbear *on-line*, enfoca o preço como vantagem competitiva em relação a marcas *premium*, como a Gillette. A Zapps diferencia-se de outras varejistas de calçados *on-line* pelo nível de atendimento ao cliente que oferece. A BMW usa a experiência de dirigir seus veículos como ponto de diferenciação em relação à concorrência. A Volvo diferencia-se com o foco na segurança, ao passo que a Rolls-Royce se destaca pela ênfase no luxo.

Diferenciar-se com base em um atributo significativo para os clientes é a maneira mais intuitiva de criar uma vantagem competitiva. Contudo, isso muitas vezes é difícil, pois as ofertas na categoria começam a se tornar mais semelhantes entre si à medida que o seu desempenho melhora. Os televisores são um bom exemplo: os avanços técnicos melhoraram a qualidade geral dos aparelhos, então as diferenças entre as opções disponíveis se tornaram menos óbvias para os consumidores, que consideram as TVs parecidas umas com as outras.

Introduzir um novo atributo. Em vez de fortalecer o desempenho da oferta em um atributo existente, a empresa pode diferenciar sua oferta com a introdução de um novo atributo, algo que os concorrentes não têm. Não faltam exemplos: a TOMS escolheu diferenciar-se das calçadistas tradicionais com o seu programa de responsabilidade social "compre um, doe um"; a PepsiCo usou apenas ingredientes naturais para diferenciar seu refrigerante de lima-limão Sierra Mist do restante da categoria; a Dollar Shave Club escolheu diferenciar-se com um sistema de assinaturas e envio diretamente para o cliente de produtos de barbearia; a Uber simplificou a transação monetária entre passageiros e motoristas com a introdução do pagamento sem dinheiro vivo; e a Nest incorporou o aprendizado de máquina aos seus termostatos como alternativa ao controle da temperatura doméstica.

É interessante que a introdução de um novo atributo não envolva necessariamente a invenção de um atributo completamente inovador. Ela pode envolver também pequenos ajustes a um atributo existente, mais ou menos ignorado pelos concorrentes, para transformá-lo em ponto de diferença. Foi o que fez a Method Products, fabricante de produtos de limpeza doméstica, quando criou embalagens esteticamente agradáveis para distinguir seus produtos em uma categoria na qual a embalagem era considerada um atributo absolutamente funcional. No mesmo espírito, a Apple introduziu o *design* como ponto de diferença crítico na categoria dos computadores quando lançou o iMac, computador com formato oval de plástico translúcido disponível em múltiplas cores.

Embora a introdução de um novo atributo possa oferecer uma vantagem poderosa para a empresa, essa ação raramente é sustentável. Os concorrentes imediatamente copiam um novo atributo valorizado pelos clientes, o que reduz radicalmente a vantagem competitiva da empresa pioneira no atributo. Criar uma vantagem competitiva sustentável exige que a empresa trabalhe constantemente para encontrar maneiras novas e exclusivas de criar valor para o cliente.

Construir uma marca forte. Uma fonte valiosa de vantagem competitiva sustentável é uma marca forte que dá aos clientes um motivo para escolher a oferta da empresa. Um exemplo de poder de marca é a Harley-Davidson, que provavelmente deve seu sucesso tanto à força da sua marca quanto ao projeto das suas motocicletas. O sabor não é o que diferencia a Coca-Cola dos outros refrigerantes de cola; é a sua imagem de marca, que transcendeu as fronteiras nacionais e barreiras culturais para torná-la conhecida por praticamente todos os habitantes do planeta.

A diferenciação pelo poder de marca é particularmente valiosa em categorias comoditizadas, como cereais, refrigerantes e bebidas alcoólicas. A Grey Goose, por exemplo, conseguiu posicionar o seu produto como a "vodca mais saborosa do mundo" ("World's Best Tasting Vodka"), o que permite que a empresa cobre um preço significativamente mais alto do que muitas marcas concorrentes. O sucesso da Grey Goose em conquistar essa distinção é especialmente interessante porque a vodca é, na prática, uma *commodity*, criada para ser uma "aguardente neutra", sem "caráter, aroma, sabor ou cor distintivos".[28] Como a maioria dos clientes não nota a diferença entre as vodcas *premium*, a marca Grey Goose é obviamente o fator que determina a sua compra.

Além de ser considerada um atributo da oferta da empresa, a marca também tem um papel único na criação de uma vantagem competitiva: ela influencia as percepções sobre a oferta em dimensões como qualidade, confiabilidade e durabilidade, dimensões que não são evidentes para os clientes. Assim, as marcas podem imbuir a oferta da empresa com uma mensagem exclusiva e significativa que repercute além das características concretas do produto e do serviço da empresa e agrega valor para os clientes. Em outras palavras, os clientes não estão apenas comprando produtos da Harley-Davidson, Coca-Cola ou Warby Parker, eles estão comprando o significado sugerido por essas marcas.

As marcas também têm um outro lado. Além de influenciar as crenças dos clientes sobre a oferta, uma marca forte pode impactar o comportamento do cliente quando é a primeira opção que lhe ocorre para atender a uma determinada necessidade. Por exemplo, a Budweiser promove seu produto consistentemente para que, quando os clientes pensem em cerveja, "Bud" seja a primeira marca que lhes vem à mente. A GEICO é outra empresa que gasta dezenas de milhões de dólares por ano para garantir que os motoristas pensem nela primeiro quando considerarem seguro de automóvel. A McDonald's quer ser o primeiro restaurante de *fast-food* que ocorre aos clientes, superando concorrentes como Burger King, Wendy's e Taco Bell. Tylenol, Advil e Aleve tornaram-se *top of mind* na categoria de analgésicos que não precisam de receita, o que faz essas marcas sustentarem a sua liderança de mercado em uma categoria repleta de genéricos baratos funcionalmente idênticos.

A lembrança de marca (*top of mind*) também cria uma vantagem competitiva no sentido de que a marca que costuma ser a primeira considerada muitas vezes serve de ponto de referência para os clientes, a opção padrão contra a qual todas as outras são avaliadas. É um benefício importante, pois, a menos que haja um motivo forte para escolher uma opção alternativa, os compradores tendem a selecionar a opção padrão.

Comunicação do posicionamento da oferta

Após formularem a estratégia de posicionamento da oferta, os profissionais de *marketing* devem comunicá-la a todos na organização para orientar suas palavras e ações. Uma maneira de fazer isso é desenvolver uma **declaração de posicionamento**. As seções a seguir apresentam os principais aspectos de elaborar uma declaração de posicionamento eficaz: comunicar a categoria à qual a oferta pertence e seus pontos de paridade e de diferença e desenvolver uma narrativa para disseminar o posicionamento da oferta.

ELABORAÇÃO DE UMA DECLARAÇÃO DE POSICIONAMENTO

Uma declaração de posicionamento articula claramente os clientes-alvo da oferta e o principal benefício que dará a eles um motivo para escolhê-la. Considere as seguintes declarações de posicionamento da Hertz, Volvo e Domino's, respectivamente, que orientam suas campanhas de comunicação há anos junto aos seus clientes-alvo.

> Para os profissionais liberais ocupados (clientes-alvo), a Hertz oferece uma maneira rápida e conveniente de alugar o tipo certo de carro em um aeroporto (proposição de valor).
>
> Para famílias de classe média alta preocupadas com segurança (clientes-alvo), a Volvo oferece o automóvel mais seguro e durável para transportar sua família (proposição de valor).
>
> Para quem adora *pizza* e conveniência (clientes-alvo), a Domino's oferece uma deliciosa *pizza* quente, entregue rapidamente em sua casa (proposição de valor).

Uma questão importante no desenvolvimento da declaração de posicionamento é decidir se devemos promover os atributos específicos que descrevem a oferta da empresa ou nos concentrar nos benefícios finais produzidos por tais atributos. Muitos profissionais de *marketing* tendem a se concentrar nos *benefícios* como bases do posicionamento da oferta, pois os consumidores normalmente se interessam mais por eles e por exatamente o que obterão com um produto.

Os *atributos* da oferta, por outro lado, geralmente desempenham um papel de apoio. Múltiplos atributos podem apoiar um determinado benefício e podem mudar com o passar do tempo. Os atributos fornecem "razões para acreditar" ou "pontos de prova" de que uma marca pode, com credibilidade, afirmar que proporciona determinados benefícios. Os responsáveis pelo *marketing* do sabonete Dove, por exemplo, discorrem sobre como seu atributo de um quarto de creme hidratante cria o benefício sem igual de uma pele mais macia. A Singapore Airlines pode se orgulhar de seu excelente atendimento ao cliente, resultante de comissários de bordo bem treinados e uma forte cultura de serviço.

COMUNICAÇÃO DA CATEGORIA DE UM PRODUTO

Em alguns casos, a categoria de um produto pode ser óbvia. O público-alvo tem consciência de que, nos Estados Unidos, a Maybelline é uma marca líder em cosméticos, a Cherrios, em cereais, a McKinsey, em consultoria, e assim por diante. No caso de um novo produto, os profissionais de *marketing* devem informar aos consumidores à qual categoria a marca pertence.

Também existem casos em que os consumidores sabem a que categoria a marca pertence, mas não estão convencidos de que ela seja um membro digno dessa categoria. Por exemplo, os consumidores podem saber que a Hewlett-Packard (HP) fabrica câmeras digitais, porém podem não estar seguros de que as câmeras da HP estejam no mesmo nível das fabricadas pela Canon, Nikon e Sony. Nesse caso, talvez a HP ache melhor reforçar sua identificação com a categoria.

Às vezes, as marcas são associadas a categorias às quais *não* pertencem. Essa abordagem é uma forma de destacar o ponto de diferença da marca, mas funciona somente se os consumidores souberem à qual categoria a marca realmente pertence. A *pizza* congelada DiGiorno's adotou essa estratégia de posicionamento: em vez de inseri-la na categoria de *pizzas* congeladas, os profissionais de *marketing* a posicionaram na categoria de *pizza* entregue em casa, com uma propaganda que diz "It's Not Delivery, It's DiGiorno!" (Não é *pizza delivery*, é DiGiorno). Da mesma forma, o canal pago HBO desenvolveu uma programação original e ousada para justificar sua tarifa *premium*, adotando o *slogan* "It's Not TV, It's HBO" (Não é TV, é HBO).

A estratégia de posicionamento mais comum é informar os consumidores sobre a categoria à qual a marca pertence antes de apontar seu ponto de diferença. Supõe-se que eles precisam saber o que é o produto e qual é a sua função antes de decidir se ele se sobressai entre as marcas com as quais compete. No caso de novos produtos, quase sempre a propaganda se concentra inicialmente em criar conscientização de marca e, depois, em tentar criar a imagem de marca. O Ally Bank explorou uma desconfiança em relação às instituições financeiras para estabelecer um posicionamento único.

Ally Financial   Ao trocar o nome da GMAC Financial para Ally Financial e lançar sua subsidiária Ally Bank, a empresa fez inicialmente uma campanha apresentando um homem bajulador em um terno (que representava o banco típico) sendo mesquinho com crianças inocentes (que representavam os correntistas típicos). A ideia era mostrar o Ally Bank como simples e direto. Um anúncio exibia o porta-voz astuto sentado com duas meninas em uma pequena mesa e perguntando a uma delas se ela queria um pônei. Diante da resposta afirmativa da garota, deu-lhe um pequeno pônei de brinquedo. Quando a outra garota disse sim, deu-lhe um pônei real. A primeira, claramente decepcionada, perguntou por que ela não ganhara um pônei real, e o homem respondeu: "você não pediu". Tendo estabelecido a conscientização inicial, a campanha desenvolveu seu posicionamento direto com vários anúncios de acompanhamento transmitindo o tema "Your Money Needs an Ally" (Seu dinheiro precisa de um aliado)* e exaltando a capacidade dos clientes de interagir com humanos no Ally Bank, em vez de com máquinas. No anúncio "Dry Cleaner" (Lavanderia), os clientes aparentemente reais de uma lavanderia são filmados por uma câmera oculta enquanto tentam lidar com um liquidificador, que, segundo uma placa indicava, deviam usar se precisassem de ajuda. O anúncio termina com as palavras "Ally Bank. Helpful People. Not Machines" (Ally Bank. Pessoas são prestativas, máquinas não).[29]

Existem três formas de comunicar em qual categoria um produto se encaixa:

- *Anunciar os benefícios da categoria.* Para garantir aos consumidores que a marca corresponderá ao principal motivo pelo qual eles usam aquela categoria, os profissionais de *marketing* costumam usar os benefícios para anunciar a categoria do produto. Dessa forma, ferramentas industriais podem anunciar sua durabilidade, ao passo que antiácidos podem comunicar sua eficácia. Uma massa pronta para *brownie* pode conseguir ser introduzida na categoria de sobremesas assadas ao realçar o benefício de ótimo sabor e sustentar essa afirmação com ingredientes de alta qualidade (desempenho) ou com a divulgação de usuários se deliciando durante o consumo da sobremesa (imagem).
- *Comparar com produtos exemplares.* Marcas conhecidas e notáveis também podem ser usadas para especificar a categoria de um produto. Quando Tommy Hilfiger era desconhecido, ele foi divulgado como um grande estilista americano por associação a Geoffrey Beene, Stanley Blacker, Calvin Klein e Perry Ellis, membros reconhecidos da categoria.

*N. de R.T. Brincadeira com o duplo sentido da palavra *ally*, que, além de ser o nome do banco, também significa "aliado".

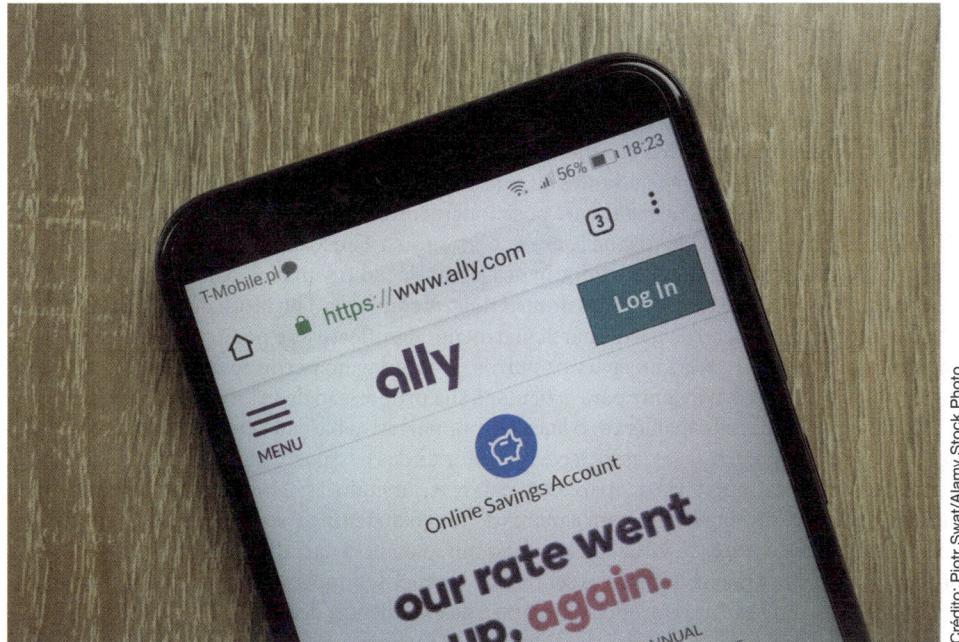

<< Após a ex-GMAC Financial Services ser rebatizada ALLY Financial, a campanha de propaganda da nova subsidiária Ally Bank destacava a abordagem simples, direta e sem firulas do atendimento ao cliente, enfatizando a interação com pessoas, em vez de com máquinas.

- *Contar com um nome que descreva o produto*. A descrição do produto que acompanha o nome de marca é, de modo geral, um meio conciso de expressar a origem da categoria. A Ford Motor Co. investiu mais de US$ 1 bilhão em um novo e radical modelo 2004 denominado X-Trainer, que combina os atributos de um utilitário, uma *minivan* e uma perua. Para comunicar sua posição sem igual – e evitar a associação com os modelos Explorer e Country Squire, também da Ford –, o veículo, que acabou sendo chamado de Freestyle, foi descrito como uma *sports wagon*.

COMUNICAÇÃO DE BENEFÍCIOS EM CONFLITO

Como visto, uma dificuldade comum na criação de um posicionamento de marca forte e competitivo é que muitos dos benefícios que constituem os pontos de paridade e os pontos de diferença são negativamente correlacionados. A ConAgra deve convencer os consumidores de que os alimentos congelados Healthy Choice são saborosos *e* saudáveis. Vejamos os seguintes exemplos de atributos e benefícios correlacionados negativamente: preço baixo *versus* alta qualidade, poderoso *versus* seguro, sabor *versus* baixa caloria, forte *versus* refinado, nutritivo *versus* saboroso, onipresente *versus* exclusivo, eficaz *versus* suave e variado *versus* simples.

Além disso, atributos e benefícios individuais quase sempre têm aspectos positivos *e* negativos. Pensemos, por exemplo, em uma marca duradoura, como as poltronas reclináveis La-Z-Boy, os casacos Burberry ou o jornal *The New York Times*. A tradição da marca pode sugerir experiência, sabedoria e conhecimento, além de autenticidade. Em contrapartida, pode significar algo fora de moda e desatualizado.

O desafio é que os consumidores normalmente querem maximizar *ambos*, os atributos e os benefícios negativamente correlacionados. Grande parte da arte e da ciência do *marketing* está em lidar com as trocas compensatórias, e no caso do posicionamento isso não é diferente. Evidentemente, a melhor estratégia é desenvolver um bem ou serviço que se saia bem nas duas dimensões. O tecido GORE-TEX conseguiu dominar o aparente conflito de imagem entre "respirável" e "ser à prova d'água" por meio de avanços tecnológicos. Quando entrevistas de profundidade e quantitativas, bem como grupos focais, indicaram que os consumidores queriam os benefícios da tecnologia sem as complicações associadas a ela, a Royal Philips lançou a campanha "Sense and Simplicity" (Razão e simplicidade) para sua marca de produtos eletrônicos, na qual dizia que os produtos Philips eram fáceis de usar.

Outras metodologias incluem: lançar duas campanhas de *marketing* diferentes, cada uma dedicada a um atributo ou benefício diferente da marca; vincular-se a uma pessoa, um local ou um objeto que detenha o tipo adequado de valor, com o objetivo de estabelecer um atributo ou benefício como ponto de paridade ou ponto de diferença; e até mesmo convencer os consumidores de que a correlação negativa entre atributos e benefícios, sob uma perspectiva diferente, é, na verdade, positiva.[30]

O POSICIONAMENTO COMO NARRATIVA

Em vez de esboçar atributos ou benefícios específicos, alguns especialistas de *marketing* descrevem o posicionamento de uma marca por meio de uma narrativa ou história. Os consumidores apreciam a riqueza e a imaginação resultantes de pensar na história por trás de um bem ou serviço.

Para ajudar a aprimorar seu *marketing* e posicionamento, a Jim Beam, com a marca homônima Jim Beam e a Maker's Mark de uísque *bourbon*, contratou a The Moth, um grupo de contadores profissionais de histórias conhecido por um programa de rádio semanal, para abrir uma reunião semestral de três dias com suas equipes de *marketing*. A equipe da The Moth detalhou a estrutura de uma história, identificou as partes particularmente significativas e pediu aos funcionários da Beam que contassem histórias uns para os outros. A abordagem permitiu que a empresa desenvolvesse uma história convincente para articular a sua proposição de valor para o cliente.[31]

Alguns pesquisadores consideram o *branding* por narrativa baseado em metáforas profundas que se conectam com memórias, associações e histórias das pessoas.[32] Eles identificam cinco elementos dessa técnica: a história da marca em palavras e metáforas; a jornada dos consumidores referente a como eles se envolvem com a marca ao longo do tempo e seus pontos de contato com ela; a linguagem ou expressão visual da marca; o modo como a narrativa é expressa de forma experimental ou como a marca envolve os sentidos; e o papel desempenhado pela marca na vida dos consumidores. Com base na convenção literária e na experiência de marca, eles também identificam quatro aspectos críticos da história da marca: (1) cenário (o momento, o lugar e o contexto);

>> A Jim Beam usou contadores de histórias profissionais para aprimorar seu *marketing* e posicionamento.

(2) elenco (a marca como uma personagem, incluindo seu papel na vida do público, suas relações e responsabilidades, além de sua história ou o mito da criação); (3) roteiro (a forma como a lógica narrativa se desenrola ao longo do tempo, incluindo ações, experiências desejadas, acontecimentos marcantes e o momento de epifania); e (4) linguagem (a voz, as metáforas, os símbolos, a temática e o fio condutor, que conferem autenticidade).

O conceito correlacionado de *primal branding* (DNA de marca) considera as marcas como complexos sistemas de crenças. De acordo com ele, diversas marcas, como Google, MINI Cooper, Corpo de Fuzileiros Navais dos Estados Unidos, Starbucks, Apple, UPS e Aveda, têm um "código primitivo" ou DNA que repercute junto a seus clientes e gera sua paixão e fervor. Sete ativos compõem esse sistema de crenças ou código primitivo: uma história de criação, um credo, um ícone, rituais, palavras sagradas, um jeito de lidar com os descrentes e um bom líder.[33]

INSIGHT de *marketing* — O posicionamento de uma *startup*

- *Construir marcas é um desafio para uma pequena empresa com recursos e orçamentos limitados.* No entanto, existem inúmeras histórias de sucesso de empreendedores que ergueram suas marcas basicamente do zero e as transformaram em marcas poderosas. De modo geral, quando os recursos de sustentação da marca são limitados, o foco e a consistência em programas de *marketing* são cruciais. A criatividade também é fundamental – isto é, encontrar novas formas de divulgar novas ideias sobre produtos para os consumidores. Vejamos a seguir algumas orientações específicas de *branding* para pequenas empresas.

- *Encontre uma vantagem atrativa de desempenho para bens ou serviços.* Seja qual for a marca, diferenças comprováveis e significativas no desempenho de um bem ou serviço podem ser a chave para o sucesso. A Dropbox firmou uma posição sólida ante uma série de concorrentes que também oferecem aos consumidores um meio de armazenar convenientemente grandes quantidades de documentos, fotos, vídeos e outros arquivos, em parte devido à sua conveniente abordagem de pasta única para acomodar os vários dispositivos de um usuário.[34]

- *Foque o desenvolvimento de uma ou duas marcas fortes com base em uma ou duas associações essenciais.* Muitas vezes, as pequenas empresas devem se ater a apenas uma ou duas marcas e a associações essenciais como pontos de diferença dessas marcas. Essas associações devem ser constantemente reforçadas por toda a extensão do programa de *marketing* e ao longo do tempo. Arraigada nas culturas de *snowboard* e surfe, a Volcom adotou o credo "Youth Against Establishment" (Juventude contra o sistema), que resultou em vendas estáveis de suas linhas de música, roupa esportiva e acessórios.

- *Incentive que se prove um bem ou serviço de toda forma possível.* Um pequeno negócio de sucesso tem de se distinguir de tal modo que os consumidores possam conhecê-lo e experimentar seus produtos. Uma forma é incentivar a experimentação por meio de amostras, demonstrações ou qualquer maneira de envolver os consumidores com a marca. A See's Candies permite que os clientes que entram na loja provem qualquer doce que quiserem. Como um executivo sênior observou: "Esse é o melhor *marketing* que temos; quem experimenta adora". A See usa somente ingredientes frescos e nenhum conservante para criar seus deliciosos sabores.[35]

- *Desenvolva uma estratégia digital coesa para tornar a marca "maior e melhor".* As mídias sociais, a propaganda *on-line* e o comércio eletrônico permitem que as pequenas empresas apresentem um perfil mais amplo do que seria possível de qualquer outra forma. A Urbane Apartments, uma empresa de investimento imobiliário e gestão de propriedades sediada em Royal Oak, no estado norte-americano de Michigan, tem um destaque virtual que excede em muito seu escopo no mundo real. A empresa orgulha-se de seu *blog*, escrito por residentes que divulgam seus lugares favoritos na cidade, seu próprio *site* de rede social Urbane Lobby para locatários e seus perfis ativos no YouTube, Facebook e Twitter.[36] O *mobile marketing* pode ser especialmente importante, dada a natureza regional de muitas pequenas empresas.

- *Crie* buzz ("gerar repercussão, viralizar") *e uma comunidade fiel da marca.* Visto que, com frequência, as pequenas empresas contam apenas com a comunicação boca a boca para estabelecer seu posicionamento, ações como relações públicas, redes sociais e promoções e patrocínios de baixo custo

(continua)

podem ser alternativas acessíveis. Criar uma vibrante comunidade da marca, reunindo clientes atuais e potenciais, também pode ser uma maneira econômica de reforçar a fidelidade e ajudar a espalhar a notícia para novos consumidores. O Evernote tem dezenas de "usuários avançados", que atuam como entusiastas para divulgar a marca de aplicativo para organização pessoal, promovida pela empresa *on-line* como o "cérebro externo" de seus clientes.[37]

- *Empregue um conjunto bem integrado de elementos de marca.* Taticamente, é importante para as pequenas empresas maximizar a contribuição de cada um dos três principais conjuntos de impulsionadores de *brand equity*. Primeiro, devem desenvolver um conjunto diferenciado e bem integrado de elementos da marca (nomes, logotipos, embalagem) que reforce tanto o conhecimento quanto a imagem da marca. Os elementos da marca devem ser significativos e de fácil memorização, com o máximo possível de potencial criativo. Uma embalagem inovadora pode substituir campanhas de propaganda, capturando a atenção dos consumidores no ponto de venda. A Smartfood lançou seu primeiro produto, sem qualquer propaganda, com uma embalagem diferenciada que servia como um forte símbolo visual na prateleira, além de ter um extenso programa de amostras que incentivava a degustação. Os nomes próprios ou sobrenomes, que costumam caracterizar os pequenos negócios, podem oferecer alguma distinção, mas podem ser difíceis de pronunciar e memorizar, não ter significado ou apresentar outras restrições relativas ao *branding*.

- *Alavanque o máximo possível de associações secundárias.* Associações secundárias – qualquer pessoa, lugar ou objeto com associações potencialmente relevantes – costumam ser um atalho economicamente viável para construir *brand equity*, especialmente aquelas que ajudam a sinalizar qualidade ou credibilidade. Em 1996, J. Darius Bickoff lançou uma linha de água engarrafada reforçada por eletrólitos denominada Smartwater, seguida em dois anos pelo lançamento da Vitaminwater, uma alternativa vitamínica e aromatizada à água engarrafada, e pela Fruitwater dois anos depois disso. Um *marketing* inteligente, incluindo garotos-propaganda como o *rapper* 50 Cent, a cantora Kelly Clarkson, a atriz Jennifer Aniston e o astro do futebol americano Tom Brady, ajudou a impulsionar o sucesso. Menos de 10 anos após seu lançamento, a empresa Energy Brands de Bickoff, também conhecida como Glacéau, foi vendida para a Coca-Cola por US$ 4,2 bilhões.[38]

Resumo

1. Um aspecto crítico da estratégia de *marketing* é o desenvolvimento de uma proposição de valor e o posicionamento da oferta da empresa junto aos clientes-alvo. Ao articular claramente sua proposição de valor e seu posicionamento, as empresas podem oferecer alto valor e satisfação, o que leva à repetição de compras e, em última análise, à maior rentabilidade da empresa.

2. Dependendo das necessidades dos consumidores, uma oferta pode criar valor em três domínios: *valor funcional*, que consiste nos custos e benefícios diretamente relacionados com o desempenho da oferta; *valor psicológico*, que abrange os custos e benefícios psicológicos associados à oferta; e *valor monetário*, que inclui os custos e benefícios financeiros associados à oferta. Na soma dessas três dimensões, o valor para o consumidor é a diferença entre a avaliação dos consumidores sobre todos os custos e benefícios da oferta e a avaliação que fazem dos custos e benefícios das alternativas percebidas.

3. A *proposição de valor* consiste em um conjunto de benefícios que a empresa promete entregar. Ela baseia-se na diferença entre os benefícios que os clientes recebem e os custos que assumem com relação à oferta da empresa. A proposição de valor é específica ao cliente; segmentos de clientes com necessidades diferentes precisam de proposições de valor distintas.

4. *Posicionamento* é o ato de conceber a oferta e a imagem de uma empresa para que ela ocupe um lugar diferenciado na mente dos consumidores do mercado-alvo. Ao contrário da proposição de valor, que articula todos os custos e benefícios da oferta, o posicionamento enfoca os benefícios principais que darão aos consumidores um motivo para escolher a oferta da empresa.

5. Os consumidores determinam o valor de uma oferta em relação a um *quadro de referência* usado para avaliar seus custos e benefícios. Uma oferta pode ser considerada atraente em comparação com uma inferior, mas a mesma oferta pode ser rejeitada em comparação com uma superior. Os profissionais de *marketing* devem tomar cuidado para selecionar o quadro de referência que destaca o valor da oferta.

6. Um componente fundamental de desenvolver uma estratégia de posicionamento é identificar os *pontos de diferença* (os atributos ou benefícios exclusivos da oferta da empresa) e os *pontos de paridade* (os atributos ou benefícios que a oferta da empresa tem em comum com a concorrência). Três critérios determinam se

uma associação de marca pode realmente funcionar como ponto de diferença: nível de desejo, capacidade de entrega e grau de diferenciação.

7. *Vantagem competitiva* é a capacidade de desempenho de uma empresa em uma ou mais maneiras que os concorrentes não podem ou não pretendem equiparar. A vantagem competitiva da oferta dá aos clientes um motivo para escolhê-la no lugar das alternativas disponíveis. Ela reflete os pontos de diferença da oferta que são valorizados pelos clientes. Qualquer produto ou serviço com suficiente nível de desejo, capacidade de entrega e grau de diferenciação pode servir como ponto de diferença e, logo, criar uma vantagem competitiva.

8. Três estratégias fundamentais são essenciais para formular proposição de valor, que faz a oferta se destacar da concorrência e criar uma vantagem competitiva. São elas: diferenciar-se em um atributo existente, introduzir um novo atributo e construir uma marca forte.

9. Após formularem a estratégia de posicionamento da oferta, os profissionais de *marketing* desenvolvem uma *declaração de posicionamento* para comunicá-lo a todos na organização e garantir que ele oriente as suas ações no mercado. Os principais aspectos de elaborar uma declaração de posicionamento eficaz incluem comunicar a categoria à qual a oferta pertence e seus pontos de paridade e de diferença e desenvolver uma narrativa para disseminar o posicionamento da oferta.

DESTAQUE de *marketing*

Unilever: Axe e Dove

A Unilever, fabricante de marcas de produtos de limpeza doméstica, alimentos e cuidados pessoais, sabe usar estratégias de comunicação de *marketing* pessoal para segmentar grupos etários, dados demográficos e estilos de vida específicos. A empresa desenvolveu algumas das marcas mais bem-sucedidas do mundo, como Axe, marca masculina de higiene pessoal, e Dove, marca de cuidados pessoais dirigida às mulheres.

A marca Axe (chamada de Lynx no Reino Unido, na Irlanda, na Austrália e na China), lançada em 1983 e introduzida nos Estados Unidos em 2002, hoje é vendida em mais de 70 países. A Axe oferece a jovens consumidores masculinos uma ampla gama de produtos de cuidados pessoais, como desodorante em *spray* para o corpo, gel de banho e xampu em uma variedade de fragrâncias. A Axe tornou-se a marca de higiene pessoal masculina mais popular do mundo. Ela efetivamente se destacou na multidão ao identificar o público-alvo certo e atraiu esses clientes com mensagens de *marketing* pessoal que acertaram o alvo.

A Unilever categorizava a população masculina em diversos grupos de perfis e decidiu que a maior oportunidade existia no segmento denominado "O Novato Inseguro", composto de homens *nerds* que precisavam de ajuda para atrair o sexo oposto e poderiam ser facilmente persuadidos a comprar produtos para melhorar sua aparência. A maioria dos anúncios da Axe usa humor e apelo sexual, muitas vezes com rapazes magros e comuns que atraem dúzias, centenas ou até milhares de garotas bonitas depois de usarem o produto em excesso. O resultado: a marca é ao mesmo tempo aspiracional e acessível, e o tom descontraído agrada ao público jovem masculino.

A Axe ganhou inúmeros prêmios de propaganda não só por sua criatividade, mas também por seu uso eficaz de canais de mídia não convencionais. Usando de vídeos *on-line* ousados a *videogames*, *kits* de jogos de relacionamento, salas de bate-papo e aplicativos para dispositivos móveis, a marca Axe envolve jovens adultos do sexo masculino em momentos, locais e ambientes relevantes. Na Colômbia, por exemplo, uma Patrulha Axe feminina examina a cena de um bar e borrifa nos homens um *spray* corporal Axe. Kevin George, então diretor de *marketing* da Unilever, explicou: "Tem tudo a ver com ir além do comercial de TV de 30 segundos para criar uma ligação mais profunda com o nosso cara".

A Axe sabe onde alcançar seus consumidores. Ela anuncia somente em redes de TV dominadas pelo público masculino, como MTV, ESPN, Spike e Comedy Central, faz parceria com as ligas de basquete NBA e NCAA, que atraem plateias masculinas mais jovens, e veicula anúncios durante grandes eventos esportivos. Anúncios impressos aparecem nas revistas *Playboy*, *Rolling Stone*, *GQ* e *Maxim*. As ações *on-line* da Axe via Facebook e Twitter ajudam a redirecionar os consumidores ao *site* TheAxeEffect.com.

A Unilever entende que deve manter a marca renovada, relevante e descolada para permanecer atual junto ao seu volúvel público jovem. Como resultado disso, a empresa lança uma nova fragrância por ano e renova suas comunicações *on-line* e de propaganda com frequência, ciente de que rapazes entram e saem do mercado-alvo periodicamente. Talvez ainda mais importante do que atualizar a sua linha de produtos seja manter a marca relevante e em sintonia com as tendências sociais. Por isso, em uma questão de poucos anos, a Axe deu uma guinada de 180° e, em vez de celebrar os estereótipos masculinos, passou a se opor a eles vigorosamente.

O comercial "Is It OK for Guys?" (Está tudo bem para homens?), parte da campanha "Find Your Magic" (Encontre sua magia) da Axe, pede aos homens que abandonem os estereótipos masculinos tradicionais e adotem uma versão mais contemporânea da masculinidade. O anúncio retrata homens que, na sua intimidade, enfrentam problemas com a sua masculinidade e fazem perguntas como: *está tudo bem ser virgem? Está tudo bem experimentar com outros caras? Está tudo bem ser a parte de dentro da conchinha na cama?* As perguntas, baseadas em pesquisas reais no Google, destacam a ansiedade que os jovens sentem sobre aderir ou desviar dos estereótipos sociais de masculinidade. A campanha pretende mostrar aos clientes que eles não são os únicos a questionar os limites da imagem tradicional de masculinidade, fazendo eles estabelecerem um vínculo emocional com a marca.

No outro lado do espectro do *marketing* pessoal, a marca Dove da Unilever fala às mulheres com um tom e uma mensagem diferentes. Em 2003, a Dove abandonou sua linha histórica de propaganda, que promovia seu benefício de um quarto de creme hidratante, e lançou a "Campanha Dove pela Real Beleza". A campanha celebra mulheres "reais" e fala diretamente com as mulheres sobre o conceito de que a beleza está em todas as formas, tamanhos, idades e cores. A campanha resultou de uma pesquisa que apontou que apenas 4% das mulheres em todo o mundo se consideram bonitas.

A primeira fase da campanha apresentou modelos femininos não tradicionais e pediu aos espectadores que avaliassem suas aparências na internet e decidissem se elas eram "enrugadas ou maravilhosas" e "acima do peso ou extraordinárias". As perguntas pessoais chocaram muitos, mas criaram tanto *buzz* de relações públicas que a Dove decidiu dar continuidade à campanha. A segunda fase contou com imagens singelas e confiantes de mulheres curvilíneas e encorpadas. Mais uma vez, a marca quebrou estereótipos sobre o que normalmente aparece na propaganda e comoveu muitas mulheres pelo mundo. A terceira fase, "Pro-Age" (A favor da idade), apresentava mulheres maduras nuas e fazia perguntas como "A beleza tem limite de idade?". A empresa obteve *feedback* positivo imediato de suas consumidoras nessa faixa etária. A Dove também fundou o Self-Esteem Fund (Fundo para autoestima), destinado a ajudar as mulheres a se sentirem melhor com sua aparência.

Também como parte da "Campanha pela Real Beleza", a Dove lançou uma série de curtas-metragens, entre eles *Evolution* (Evolução), que venceu um Grand Prix de filme e de *cyber* no Festival de Publicidade de Cannes em 2007. O filme mostra em velocidade acelerada a transformação de uma mulher de aparência comum em uma supermodelo por obra de maquiadores, cabeleireiros, iluminação e retoques digitais. O *slogan* final é "Não é à toa que nossa percepção de beleza é distorcida". O filme foi um sucesso viral instantâneo.

A Dove prosseguiu com *Onslaught* (Ataque), um curta que mostrava uma jovem de ar jovial sendo bombardeada por imagens de mulheres sensuais e seminuas e promessas de produtos que a fariam parecer "menor", "mais suave", "mais firme" e "melhor". Já o filme de 2013, intitulado *Sketches* (Rascunhos), exibia um retratista da polícia fazendo dois retratos falados da mesma mulher. Em um momento, uma mulher descrevia-se para o desenhista por trás de uma cortina; em outro, era a vez de alguém que só a conhecera de vista descrevê-la. A diferença na linguagem e nas descrições revelou como as mulheres são frequentemente suas mais severas críticas de beleza. O anúncio terminava com o *slogan* "Você é mais bonita do que pensa". O filme *Sketches* foi o vídeo de propaganda mais visto de todos os tempos e teve mais de 175 milhões de visualizações apenas no primeiro ano.

Embora as campanhas da Axe e da Dove não pudessem ser mais diferentes entre si e tenham provocado muita controvérsia e debate, ambas receberam crédito por terem segmentado de modo eficaz sua base de consumidores com estratégias de *marketing* pessoal e mensagens adequadas. O sucesso da Axe no *marketing* pessoal transformou a marca em líder na que antes era considerada uma categoria madura, a dos desodorantes. E nos 15 anos em que a Dove se concentrou em mudar as atitudes das mulheres e promover sua autoestima positiva, as vendas saltaram de US$ 2,5 bilhões para US$ 6 bilhões.[39]

Questões

1. Quais são as proposições de valor para o cliente da Dove e da Axe? Quais são as semelhanças e as diferenças entre as marcas?
2. Existe um conflito na forma como a Unilever faz *marketing* para mulheres e rapazes? Ela estaria desfazendo todo o bem que faz na "Campanha Dove pela Real Beleza" ao exibir mulheres como símbolos sexuais nos anúncios da Axe?
3. Como a Unilever deveria administrar essas marcas no futuro? Ela deveria tentar identificar um posicionamento que se adapte a ambas?

DESTAQUE de *marketing*

Warby Parker

A Warby Parker foi fundada por quatro alunos de MBA da Wharton que queriam vender óculos de marca a preços acessíveis pela internet. Na época, o setor de óculos era dominado por duas empresas, a Luxottica e a Essilor. A Luxottica projetava, fabricava e vendia a maioria das armações vendidas. A empresa tinha licenças de muitas das marcas mais populares, como Ralph Lauren, Ray-Ban e Oakley, e era dona de redes de óticas de varejo, como LensCrafters e Sunglass Hut. Enquanto a Luxottica especializava-se em armações, a Essilor, maior atacadista de lentes dos Estados Unidos, dominava essa parte do setor. Devido ao modo como as duas empresas dominavam o mercado, os preços das lentes e armações eram altíssimos. Os consumidores pagavam cerca de US$ 500 por óculos de marca que custavam US$ 25 para produzir. Além disso, quase todas as vendas de óculos ocorriam em lojas físicas. Os fundadores da Warby Parker acreditavam que havia uma oportunidade significativa para vender óculos de marca a preços baixos pela internet.

A Warby Parker conseguiu preços baixos com a integração vertical da empresa. Primeiro, ela contratou um *designer* de óculos, além de dois terceirizados experientes. Ao criar as próprias coleções de armações, a Warby Parker não precisava pagar licenças para as marcas de moda nem comprar armações da Luxottica. A empresa adquiria seus materiais para as armações de uma empresa familiar italiana e terceirizava a fabricação para fábricas chinesas. O processo de produção era completado em um laboratório ótico no estado de Nova York, onde lentes pré-fabricadas eram ajustadas e encaixadas nas armações. O uso de lentes pré-fabricadas, em vez de aplicar as receitas diretamente às armações, reduzia os custos radicalmente. O resultado desses fatores é que a Warby Parker conseguia oferecer óculos a partir de US$ 95.

A Warby Parker projeta seus óculos para atrair clientes atentos às tendências da moda e que querem expressar o seu individualismo. Cada modelo da Warby Parker tem seu próprio nome, muitas vezes com referência a figuras literárias ou militares famosas (p. ex., as armações Moriarty, Daisy e Roosevelt). As armações são inspiradas por óculos retrô e *vintage*, mas são modernizadas de modo a criar um visual atemporal. Além disso, todas as armações estão disponíveis em diversas cores e padrões, desde tons simples até listras e gradientes mais chamativos.

A maior parte das vendas da Warby Parker ocorre por meio do *site* da empresa. A Warby Parker abriu o caminho para as vendas *on-line* e mudou o mercado de óculos. Para incentivar os clientes desacostumados com a legitimidade de comprar óculos *on-line*, a Warby Parker oferecia políticas como frete grátis, política de devoluções "sem perguntas" em até 30 dias e o famoso programa de experimentar o produto em casa. Os consumidores normalmente experimentam muitas armações na loja antes de fecharem a compra. Para preservar essa funcionalidade, a Warby Parker dá aos clientes a opção de experimentar até cinco pares de óculos diferentes, sem custo adicional, para descobrir se gostam deles ou não. Os clientes podem ficar com os óculos por uma semana antes de devolvê-los. Essas políticas de apoio ao cliente ajudaram a Warby Parker a estabelecer a sua presença no comércio eletrônico e tornar-se uma gigante no mercado de óculos *on-line*.

Três anos após lançar o seu *site*, a Warby Parker criou uma presença de varejo presencial com a abertura de lojas próprias. Em 2013, a Warby Parker inaugurou sua primeira loja para os clientes que desejavam experimentar seus óculos. As lojas da Warby Parker funcionam como *showrooms* de óculos. Com foco na experiência do cliente, elas são amplas, com muitos espaços abertos e prateleiras de fácil acesso para apresentar as coleções. Nessas lojas físicas, os funcionários circulam entre os clientes para responder perguntas e ajudá-los a encontrar sua armação favorita. Depois que os clientes selecionam os óculos que querem, os funcionários fazem o pedido rapidamente pelo *site*.

Um componente fundamental da missão da Warby Parker é "mostrar o caminho para negócios com consciência social", e sua missão filantrópica atrai muitos *millennials* que querem apoiar empresas socialmente responsáveis. O mais famoso dos programas sociais da Warby Parker é o "Buy a Pair, Give a Pair" (Compre um par, dê um par), no qual, para cada óculos vendido, outro é distribuído em países em desenvolvimento. Desde que foi fundada, a Warby Parker trabalha com a VisionSpring, uma organização sem fins lucrativos que se dedica a fornecer óculos para pessoas carentes em países em desenvolvimento. A Warby Parker e a VisionSpring utilizam dois modelos básicos para auxiliar pessoas com deficiências visuais. O primeiro é capacitar homens e mulheres adultos nos países em desenvolvimento para administrar exames de vista e vender óculos a preços irrisórios.

O segundo é oferecer cuidados oftalmológicos e óculos gratuitos a crianças em idade escolar. A Warby Parker informa que mais de 50% das pessoas que ajuda estão recebendo seus primeiros óculos. Por meio dessas iniciativas, a Warby Parker forneceu mais de 4 milhões de óculos a indivíduos de mais de 50 países.

A Warby Parker conseguiu cumprir as metas estabelecidas pelos seus fundadores quando foi criada. A empresa foi avaliada em US$ 1,2 bilhão após apenas cinco anos de existência. Muitos dos seus estilos de óculos ainda são vendidos a US$ 95, preço que a Warby Parker definiu para os seus óculos na época do lançamento. A empresa é famosa por ter revolucionado o setor de óculos com a oferta de qualidade e estilo a preços baixos. A Warby Parker também demonstrou que organizações com fins lucrativos podem enfrentar desafios sociais de forma sustentável ao mesmo tempo que desenvolvem um empreendimento bem-sucedido.[40]

Questões

1. Qual é a proposição de valor para o cliente da Warby Parker? Essa proposição de valor é sustentável?
2. Quais são os pontos de paridade e os pontos de diferença da Warby Parker em relação aos concorrentes?
3. Qual é o papel da distribuição direta ao consumidor no modelo de negócios da Warby Parker? Quais são os prós e os contras para a Warby Parker de disponibilizar seus produtos nas óticas tradicionais?

DESTAQUE de *marketing*

Fazenda Futuro

Dois anos após ter vendido sua bem-sucedida criação, a marca Do Bem, para a gigante Ambev, Marcos Leta volta ao mercado com outro lançamento promissor, a Fazenda Futuro. Assim como sua "irmã", essa nova marca tem uma forte preocupação com a saúde do consumidor e do planeta. Contudo, em vez de ser uma inovação em uma categoria já existente, assim como a Do Bem foi para bebidas prontas, a Fazenda Futuro tem para si a função de inaugurar e expandir a nova, e um tanto desacreditada, categoria de carnes à base de plantas.

O apelo da sustentabilidade é bastante caro ao consumidor, que tende a priorizar marcas que se mostram preocupadas com o seu futuro pessoal e coletivo. Produtos com apelo natural, orgânico, 100% livre de transgênicos e de alto teor de gorduras são valorizados pelo consumidor, assim como produtos que mostram preocupação com o planeta ao otimizar e minimizar os impactos ambientais e sociais de suas cadeias produtivas. Nesse sentido, a Fazenda Futuro mostra resultados contundentes: em comparação com os produtos tradicionais de carne, a produção do Futuro Burger, por exemplo, utiliza 89% menos terra, 96% menos água e 78% menos energia.

A dificuldade dessa categoria é entregar para o consumidor as principais características esperadas pelos consumidores de carnes de origem animal: a textura, a suculência e o sabor.

Assim, desde antes de seu lançamento em 2019, a *foodtech* Fazenda do Futuro tem como principal foco o investimento em tecnologia e engenharia para criação de produtos que possam entregar sua promessa ao consumidor: "é tipo carne, só que de planta". Quase um terço da receita bruta é reinvestida em pesquisa e desenvolvimento, em um processo contínuo de testes e melhorias. À medida que os produtos se atualizam, vão ficando cada vez mais próximos da carne animal.

O primeiro produto lançado, o Futuro Burger, está na sua terceira versão e hoje é líder da categoria. O portfólio vem se expandindo, e atualmente a linha inclui Carne Moída do Futuro, Almôndega do Futuro, Futuro Frango, Linguiça do Futuro, Futuro Atum e uma linha de festas, de produtos para serem consumidos em grupos, denominada Futuro Party, que engloba os itens Kikibe, Mini Burger e Franguito. Cada item tem sua própria fórmula, mas os ingredientes mais usados são a proteína de soja e o grão-de-bico, além de beterraba, óleo de coco e alga marinha.

Mesmo resolvendo a questão tecnológica do produto em si, existe uma segunda barreira a se ultrapassar nessa categoria: o hábito alimentar do consumidor brasileiro em relação ao consumo de proteína animal e certa descrença em soluções alternativas. A Fazenda Futuro não quer alcançar o óbvio (para ela) consumidor vegetariano e vegano. Em seu ambicioso propósito, "mudar a forma como o mundo se alimenta", ela quer atrair os flexitarianos, consumidores que estão dispostos a mudar seus hábitos alimentares diante dos impactos que causam no planeta. Particularmente no Brasil, esse é um desafio muito grande, já que somos o terceiro maior mercado consumidor de carne animal, atrás apenas dos Estados Unidos e da China.

A comunicação é fundamental para ajudar a construir e trazer popularidade à categoria de carnes à base de plantas.

Ciente disso, em 2022, Marcos Leta anunciou a nova sócia da empresa, a cantora Anitta. Além de ajudar no lançamento de novos produtos, como a linha Futuro Party, que tem a artista nas embalagens, o objetivo é aproveitar a sua visibilidade na expansão da categoria como um todo e da marca em particular.

Os números que a empresa já conseguiu atingir em quatro anos de atuação mostram que esse é mesmo um caminho para o futuro. Em 2023, a empresa (Future Farm) já está presente em 30 países, competindo em mercados onde produtos à base de plantas já estão mais estabelecidos, como o norte-americano e o canadense. Em 2022, a empresa foi avaliada em R$ 2,2 bilhões e continua captando recursos em novas rodadas de grandes fundos de investimentos. Continuamente, ela vem recebendo prêmios nas áreas de inovação, *branding* e *design*, como o Latin American Design Awards, o World Changing Ideas 2020 e o Progressive Grocer Impact Awards em 2022.

A empresa acredita que, no futuro, vamos olhar para trás e lembrar, incrédulos, da maneira como comíamos. Ela acredita que vamos questionar como aceitávamos isso. Ainda, acredita que, se hoje os vegetais acompanham a carne, no futuro eles tomarão o centro do prato. Por fim, a empresa nos convida a começar esse futuro hoje.

Questões

1. Defina a estrutura de referência competitiva adotada pela Fazenda Futuro e destaque os pontos de paridade e de diferença da marca em relação aos seus competidores.
2. Qual é a proposta de valor da Fazenda Futuro? Você acredita que é uma proposta sustentável ao longo do tempo, ou mesmo em um futuro próximo?
3. Analise a escolha da artista Anitta para a campanha de comunicação da Fazenda Futuro, considerando o objetivo e o posicionamento da marca. Existem coerências ou conflitos?

Autora

Mariana Bussab Porto da Rocha Professora de *marketing* na ESPM. Doutora em gestão internacional pela ESPM e mestre em administração de empresas pela FGV.

4 | Criação de *valor*

8
Elaboração e gestão de produtos

O Tesla Model 3 pretendia provar que carros elétricos ambientalmente corretos produzidos em massa poderiam, de forma lucrativa, roubar participação de mercado dos fabricantes de veículos a gasolina tradicionais.
Crédito: imageBROKER/Alamy Stock Photo.

No coração de uma grande marca está um grande produto. Para obter liderança de mercado, as empresas devem oferecer bens e serviços de qualidade superior que proporcionem valor insuperável ao cliente. A Tesla conquistou o mercado de carros elétricos nos Estados Unidos graças, em parte, ao foco incansável em inovação de produto e no desempenho.

>>> Em março de 2016, a Tesla revelou o tão aguardado Model 3, o veículo com o qual a empresa espera finalmente conseguir levar o carro elétrico para o consumidor de massa. Com preço de US$ 35 mil para o modelo básico (descontados US$ 8 mil em créditos e economia de combustível), o Model 3 pretendia causar disrupção na indústria automobilística ao provar que a produção em massa de um veículo ambientalmente correto é viável e lucrativa. O novo carro para o mercado de massa da Tesla gerou muita animação, e mais de meio milhão de unidades foram encomendadas na pré-venda, 100 mil delas antes de o Model 3 ser revelado. O apelo para o cliente do Model 3 era resultado de diversos fatores. Provavelmente, o mais importante era a ausência de concorrentes diretos. A combinação da imagem da Tesla

de marca de luxo com preço (relativamente) baixo torna o Model 3 a única opção para os clientes que buscam um sedã elétrico ao custo de cerca de US$ 40 mil. Para atingir a meta de montar 5 mil veículos por semana, a Tesla investiu cerca de US$ 1 bilhão na sua primeira Gigafactory, uma unidade de montagem de veículos e baterias de íons de lítio nas proximidades de Reno, no estado de Nevada. Os esforços da Tesla de ampliar a produção do Model 3 deram resultado: em 2018, ele tornou-se o veículo de luxo mais vendido dos Estados Unidos, embora os carros elétricos representassem apenas 1,12% das vendas totais de veículos. Apesar do sucesso, a Tesla enfrenta a concorrência crescente das outras montadoras, que estão reformulando suas linhas de produtos para incluir um número crescente de outros veículos elétricos. Contudo, o foco da Tesla está em aumentar a sua participação no mercado à custa dos carros tradicionais. "Nossa verdadeira concorrência não é o pinga-pinga de carros elétricos não Tesla em produção, mas o enorme fluxo de carros a gasolina que sai das fábricas do mundo todos os dias", argumentou Elon Musk, CEO da Tesla. No terceiro trimestre de 2020, Elon Musk apresentou um plano para a Tesla fabricar um carro elétrico de US$ 25 mil usando baterias radicalmente mais baratas, com o potencial de transformar a empresa na maior montadora de automóveis do mundo.[1]

O planejamento de *marketing* começa na formulação de uma oferta para satisfazer as necessidades e os desejos dos clientes-alvo. O cliente julgará a oferta de acordo com três fatores básicos: produto, serviço e marca. Neste capítulo, examinaremos o produto; no Capítulo 9, os serviços; e no Capítulo 10, a marca. Todos os três – produto, serviço e marca – devem ser combinados em uma oferta competitivamente atraente.

Diferenciação de produtos

Para conseguirem competir no mercado, os produtos devem ser diferenciados. Em um extremo, encontramos produtos que permitem pouca variação, como frango, aspirina (ácido acetilsalicílico) e aço. Entretanto, até mesmo nesses casos é possível certa diferenciação: os frangos da Perdue, a aspirina da Bayer e a Tata Steel da Índia construíram identidades distintas em suas categorias. A Procter & Gamble fabrica várias marcas de sabão em pó (Tide, Cheer e Gain), todas com sua própria identidade. No outro extremo, estão produtos que permitem grande diferenciação, como automóveis, edifícios comerciais e móveis. Nesse caso, a empresa lida com uma extensa variedade de possibilidades de diferenciação.

Produtos diferenciados podem criar vantagens competitivas significativas. Elaborar uma aura exclusiva para um produto que ajuda a distanciá-lo dos concorrentes pode envolver ações que vão desde avanços tecnológicos chocantes, como o sistema robótico da Vinci, da Intuitive Surgical,

---

Objetivos de aprendizagem Após ler este capítulo, você deverá ser capaz de:

8.1 Explicar como as empresas usam diferenciação de produtos para criar valor de mercado.

8.2 Explicar o papel do *design* de produtos na diferenciação das ofertas de mercado.

8.3 Discutir os principais aspectos da elaboração de portfólios de produtos e linhas de produtos.

8.4 Descrever as principais decisões envolvidas na gestão da embalagem de produtos.

8.5 Explicar como as empresas formulam e administram garantias de produtos.

que realiza cirurgias minimamente invasivas, até ajustes simples, como colocar um adesivo da Chiquita em uma banana. Algumas marcas, como a De Beers, ligam seus produtos a ocasiões especiais para diferenciá-los. Outras, como a Tropicana e a Tiffany, usam a embalagem para garantir que se destacarão dos seus respectivos concorrentes.

Os atributos que servem de base para a diferenciação incluem funcionalidade central, recursos, qualidade de desempenho, qualidade de conformidade, durabilidade, confiabilidade, forma, estilo e customização.[2] Cada vez mais, o *design* torna-se um importante meio de diferenciação, o que será discutido em uma seção específica mais adiante.

- **Funcionalidade central.** Para criar valor para o cliente, os produtos precisam entregar o seu benefício central de fato. Os produtos que não cumprem a sua proposição de valor central inevitavelmente fracassam no mercado. Considere o triste destino da Nokia, que caiu das alturas.

>> A incapacidade de continuar a inovar e permanecer relevante permitiu que os concorrentes derrubassem a Nokia do seu posto de líder no setor de altíssima tecnologia da telefonia móvel.

Nokia Por 14 anos, a Nokia dominou as vendas de celulares como a líder mundial do setor, antes de ser superada pela Samsung. Outrora o orgulho da Finlândia, a empresa viu-se ultrapassada pela concorrente, inclusive em sua terra natal. Como uma marca tão bem-sucedida pôde cair por terra? Em poucas palavras, ela não conseguiu inovar e permanecer relevante. A Nokia não reagiu ao grande sucesso do iPhone – e às subsequentes mudanças na demanda dos consumidores – por considerá-lo muito caro de produzir e não estar à altura de seus próprios padrões de produto. O iPhone teria falhado no "teste de queda" da Nokia, no qual um aparelho é largado de uma altura de 1,5 metro em diferentes ângulos. A empresa finlandesa havia gastado US$ 40 bilhões em P&D na década anterior e era pioneira do *smartphone*, mas optou por não investir em aparelhos que antecipassem o que o iPhone acabou representando. Sem os novos produtos certos, a Nokia começou a ser associada pelos consumidores a uma era diferente da tecnologia, um golpe fatal no mercado acelerado e tecnologicamente intenso de *smartphones*.[3]

- **Recursos.** Muitos produtos podem ser oferecidos com recursos variáveis que complementam sua função básica. Uma empresa pode identificar e selecionar novos recursos apropriados fazendo pesquisas com compradores recentes e, em seguida, calculando o *valor para o cliente* em relação ao *custo para a empresa* de cada recurso potencial. Além disso, é necessário considerar quantas pessoas desejam esses recursos, quanto tempo seria requerido para introduzir cada um deles e se os concorrentes poderiam copiá-los com facilidade.[4] Para evitar o "desgaste", as empresas devem priorizar alguns recursos e dizer aos consumidores como usá-los e tirar o melhor proveito deles.[5] Por exemplo, o visual arrojado da Apple chamava a atenção, mas foi a interface do usuário simplificada e ainda mais intuitiva que atraiu até os clientes tecnofóbicos para o mercado de computadores e criou uma legião de seguidores. Os profissionais de *marketing* também devem pensar em termos de pacotes de recursos. A indústria automobilística fabrica carros com vários "níveis de acabamento", o que reduz custos de estoque e fabricação. Cada empresa precisa decidir entre oferecer a customização dos recursos a um custo mais elevado ou oferecer pacotes padronizados a um custo mais baixo.
- **Qualidade de desempenho.** É o nível no qual as características básicas do produto operam. A qualidade é cada vez mais importante para a diferenciação à medida que as empresas adotam um modelo de valor e oferecem maior qualidade ao menor preço. O fabricante deve projetar um nível que seja apropriado para o mercado-alvo e a concorrência, porém não necessariamente o maior nível possível. Além disso, toda empresa deve gerenciar a qualidade de desempenho ao longo do tempo. A melhoria contínua de um produto costuma trazer maiores retornos e maior participação de mercado, e negligenciar esse fato pode trazer sérias consequências, como foi o caso da Kodak e da Commodore.
- **Qualidade de conformidade.** Os consumidores esperam que os produtos tenham alta qualidade de conformidade, isto é, que todas as unidades produzidas sejam idênticas e atendam às especificações prometidas. Suponhamos que um Porsche 911 seja projetado para passar

de 0 a 100 quilômetros por hora em 10 segundos. Se todos os Porsche 911 que saem da linha de montagem fizerem isso, pode-se dizer que o modelo tem alta qualidade de conformidade. Um produto com baixa qualidade de conformidade certamente desapontará alguns compradores, levando as empresas a testarem exaustivamente seus produtos acabados para garanti-la. Embora os homens respondam por quase três quartos das vendas mundiais de cerveja, a SABMiller descobriu que as mulheres eram mais sensíveis aos níveis de sabor da bebida e, portanto, conseguiam testá-la melhor.[6]

- **Durabilidade.** Um indicador da vida operacional esperada do produto sob condições naturais ou excepcionais, é um atributo valioso para veículos, eletrodomésticos e outros bens duráveis. Entretanto, a durabilidade não deve demandar um adicional excessivo no preço. Além disso, o produto não deve estar sujeito à rápida obsolescência tecnológica, como no caso de computadores pessoais, TVs e celulares.
- **Confiabilidade.** Um indicador da probabilidade de um produto não quebrar ou apresentar defeitos durante determinado período. A fabricante de eletrodomésticos Maytag tem fama de fabricar produtos confiáveis, e sua propaganda de longa data "Lonely Repairman" (Reparador solitário) foi criada para reforçar esse atributo. Os compradores normalmente pagam mais por produtos confiáveis.

Mercedes-Benz Em meados da primeira década do século XXI, a Mercedes-Benz passou por um dos períodos mais dolorosos de sua história centenária. Sua reputação de qualidade estelar levou uma surra em pesquisas feitas pela J. D. Power e outros, e ela foi ultrapassada pela BMW em vendas globais. Para se recuperar, uma nova equipe gerencial reorganizou a empresa em torno de elementos funcionais – motores, chassi e sistemas eletrônicos –, em vez de linhas de modelos. Engenheiros passaram a testar os sistemas eletrônicos um ano mais cedo e a submeter cada novo modelo a 10 mil testes, que rodaram 24 horas por dia durante três semanas. A Mercedes também triplicou o número de protótipos de novos *designs*, permitindo que os engenheiros os dirigissem por quase 5 milhões de quilômetros antes da produção. Com essas e outras mudanças, o número de falhas nos carros caiu 72% em relação ao pico atingido em 2002, e os custos com garantia diminuíram 25%. Um efeito colateral interessante foi que os revendedores da Mercedes-Benz tiveram de lidar com uma queda considerável em seu negócio de consertos e serviços.[7]

- **Forma.** Muitos produtos podem ser diferenciados quanto à forma – tamanho, formato ou estrutura física. Considere as muitas formas possíveis da aspirina. Embora seja essencialmente uma *commodity*, ela pode ser diferenciada por posologia, formato, cor, invólucro ou tempo de ação.
- **Estilo.** Descreve o visual do produto e a sensação que ele passa ao comprador, criando uma diferenciação difícil de imitar. As pessoas pagam mais por carros da marca Jaguar porque eles têm um visual incrível. A estética desempenha um grande papel em marcas como os computadores Apple, os chocolates Godiva e as motos Harley-Davidson.[8] Todavia, um estilo marcante não indica necessariamente desempenho superior. Um carro pode ter um visual fora de série, mas passar muito tempo na oficina.
- **Customização.** Produtos e programas de *marketing* personalizados permitem que as empresas se diferenciem estrategicamente ao descobrir exatamente o que uma pessoa deseja ou não, podendo atender a essa demanda.[9] Varejistas *on-line* como Zazzle e CafePress permitem aos usuários enviar imagens e criar suas próprias roupas e cartazes ou comprar mercadorias criadas por outros usuários. A NikeiD, que permite aos clientes personalizar e projetar seus próprios calçados e roupas, seja *on-line* ou nas lojas físicas NikeiD Studios, tem gerado centenas de milhões de dólares em receita. A demanda por personalização certamente existe. Um estudo da Forrester constatou que mais de um terço dos consumidores *on-line* dos Estados Unidos tinha interesse em personalizar recursos de produtos ou adquirir produtos sob medida conforme suas especificações. As empresas responderam: a M&M permite imprimir mensagens especializadas em seus doces; a Pottery Barn Kids permite personalizar um livro infantil; e, por aproximadamente US$ 2 mil, a Burberry permite selecionar tecido, cor, estilo e cinco outras características para uma cliente ter um casaco personalizado.[10]

Design de produto

À medida que a concorrência se intensifica, o *design* oferece uma maneira consistente de diferenciar e posicionar os bens e serviços de uma empresa. O **design** é o conjunto de características que dizem respeito à aparência, à sensação e ao funcionamento do produto sob a perspectiva do consumidor. O *design* oferece benefícios funcionais e estéticos, apelando tanto para o lado racional quanto para o emocional.[11]

O PODER DO *DESIGN*

Com uma cultura cada vez mais voltada ao visual, traduzir o significado da marca e posicioná-la por meio do *design* é fundamental. Formas, cores e visuais chamativos podem ajudar uma oferta a se distanciar dos produtos concorrentes. "Em um mercado apinhado", escreve Virginia Postrel em *The Substance of Style* (A substância do estilo), "a estética geralmente é a única maneira de fazer um produto sobressair".[12] O *design* é especialmente importante no caso de bens duráveis, como os automóveis. Ciente do desejo dos consumidores por forma e funcionalidade, a Tesla superou-se no desenvolvimento de um veículo ao mesmo tempo bom para o meio ambiente e esteticamente atraente.

O *design* pode mudar a percepção do consumidor e tornar sua experiência com a marca mais recompensadora. Pense nos esforços da Boeing para fazer seu 787 parecer mais espaçoso e confortável. Compartimentos centrais elevados, compartimentos de bagagem laterais, painéis divisórios, teto ligeiramente arqueado e assentos elevados faziam o interior da aeronave parecer maior. Como um engenheiro de projeto observou, "na realidade, se fizermos bem nosso trabalho, as pessoas não perceberão o que fizemos. Elas simplesmente se sentirão mais confortáveis".

À medida que o *marketing* holístico reconhece o poder emocional do *design* e a importância que a aparência e o funcionamento dos produtos têm para os consumidores, o *design* exerce uma influência maior em categorias nas quais costumava desempenhar um papel secundário. Os móveis de escritório da Herman Miller, os fogões e utensílios de cozinha da Viking e os acessórios e as torneiras de cozinha e banheiro da Kohler estão entre as marcas que se destacam em suas categorias graças a uma aparência atrativa aliada a um desempenho eficiente e eficaz.

Alguns países e regiões desenvolveram uma forte reputação por suas habilidades e realizações de *design*, como a Itália, em vestuário e mobiliário, e a Escandinávia, em produtos projetados para funcionalidade, estética e consciência ambiental. Os tecidos da finlandesa Marimekko, que levaram

<< Diversos produtos, como os M&Ms, podem ser personalizados pelos consumidores.

a ampla fama de produtos têxteis coloridos e inusitados da Finlândia para o restante do mundo, ainda são fabricados com técnicas ambientalmente seguras. A finlandesa Fiskars, que remonta ao século XVII, é famosa em todo o mundo pelos produtos com a sua marca e por outras marcas internacionalmente famosas, como Wedgwood, Waterford, Arabia e Royal Doulton. A Dyson colocou o Reino Unido no mapa internacional do *design* de produtos ao transformar em arte a forma e a eficiência de produtos "humildes", como aspiradores de pó, ventiladores e secadores de cabelo.

ABORDAGENS PARA O *DESIGN*

O *design* não é apenas uma fase na criação de um bem, serviço ou aplicativo; é uma maneira de pensar que permeia cada aspecto do programa de *marketing* para que todos os elementos funcionem em conjunto. Para a empresa, um produto bem projetado é fácil de fabricar e distribuir. Para o cliente, é agradável de ver e fácil de abrir, instalar, usar, reparar e descartar. O *designer* deve levar todos esses objetivos em consideração.[13]

Dada a natureza criativa do *design*, não surpreende que não exista uma abordagem amplamente adotada. Algumas empresas usam processos formalmente estruturados. O conceito de **design thinking** é uma abordagem orientada para dados que tem três fases: observação, idealização e implementação. O *design thinking* requer intensivos estudos etnográficos dos consumidores, sessões criativas de *brainstorming* e trabalho em equipe para decidir como levar a ideia do projeto à realidade. A Whirlpool usou essa ferramenta para desenvolver os aparelhos de cozinha da linha KitchenAid Architect com uma aparência mais harmônica do que aquela que existia na categoria. Outra empresa famosa pela maestria no *design* é a Bang & Olufsen.

> **Bang & Olufsen** A dinamarquesa Bang & Olufsen (B&O), bastante aclamada pelo *design* de seus aparelhos de som, TV e telefones, confia nos instintos de um punhado de *designers* que raramente consultam os consumidores. A B&O não lança muitos novos produtos por ano, portanto todo novo produto é comercializado por anos. Seus alto-falantes BeoLab 8000 eram vendidos por US$ 3 mil o par quando lançados em 1992 e por US$ 5 mil quase 20 anos depois. Quando a empresa foi objeto de uma exposição especial no Museu de Arte Moderna (MoMA, Museum of Modern Art) na cidade de Nova York, o museu observou: "A Bang & Olufsen projeta equipamentos de som como objetos belos, que não chamam atenção desmedida para si mesmos". Atualmente, 15 produtos da B&O fazem parte da coleção de *design* permanente do MoMA.[14]

>> Um *design* criterioso e atemporal garante que os produtos audiovisuais da dinamarquesa Bang & Olufsen terão uma longa vida útil.

O *design* não precisa envolver remodelagens radicais. "*Design* universal" e "melhoria incremental" são as palavras de ordem na Oxo, fabricante de materiais de escritório e de cozinha. A Oxo apela para usuários que vão desde avós até netos, com pequenas melhorias para aliviar as frustrações e tornar objetos cotidianos prazerosos de usar. Sua reinvenção inteligente do secador de salada, inspirado por um carrossel de brinquedo, permite que os usuários o operem com um botão, em vez de puxar uma corda ou girar uma manivela manualmente enquanto seguram o secador com a outra mão. Os recipientes retangulares e fáceis de segurar da Oxo também abrem com um botão na tampa, o que elimina a necessidade de puxá-la por um dos cantos. A Oxo adicionou alças emborrachadas ao humilde descascador para facilitar o uso, enquanto sua pinça de cozinha tem um cabo antiderrapante e uma tranca para guardá-la fechada.[15]

O Prêmio Internacional de Design e Excelência (IDEA, do inglês International Design and Excellence Awards) é concedido todo ano com base nos quesitos de benefício para o usuário, benefício para o cliente/negócio, benefício para a sociedade, responsabilidade ecológica, estética e apelo apropriados e teste de usabilidade. A IDEO tem sido uma das mais bem-sucedidas empresas de *design* ao longo dos anos. Os sucessos recentes da Samsung na área do *design* foram o resultado de um esforço concentrado.

Samsung Grande parte do notável sucesso de *marketing* da Samsung advém de novos produtos inovadores que capturaram a imaginação dos consumidores em todo o mundo. A empresa investiu pesado em P&D e em competências de *design*, com grandes retornos. A Samsung tem uma filosofia de *design* clara, chamada de Design 3.0, e um *slogan* de *design* interno, "Make it Meaningful" (Dê significado), que reflete seu foco incansável em fabricar produtos bonitos e intuitivos a serem integrados ao estilo de vida dos clientes. A Samsung aplica três critérios de projeto: (1) simples e intuitivo, (2) eficiente e duradouro e (3) adaptativo e envolvente. Assim como sua principal rival, a Apple, a empresa organiza seus esforços de *design* por meio de um Corporate Design Center, que permeia divisões e reporta diretamente ao CEO. Esse centro alinha os esforços de *design* de várias divisões e analisa tendências culturais para ajudar a prever o futuro do *design*. Ele também coordena o trabalho feito nos cinco Global Design Centers da Samsung, localizados em Londres, São Francisco, Xangai, Tóquio e Nova Deli.[16]

<< Com uma filosofia de *design* sustentada pelo *slogan* interno "Make it Meaningful" (Dê significado), a Samsung concentra-se em criar produtos belos e funcionais que podem ser integrados ao estilo de vida dos consumidores.

Portfólios de produtos e linhas de produtos

A maioria dos produtos pertence ao portfólio de produtos e/ou à linha de produtos de uma empresa. Cada produto deve ser relacionado com outro para assegurar que uma empresa ofereça o conjunto ideal de produtos para atender às necessidades de diferentes segmentos de clientes.

FORMULAÇÃO DE PORTFÓLIOS DE PRODUTOS

Um **portfólio de produtos** é composto de todos os produtos oferecidos pela empresa, incluindo diversas categorias e linhas de produtos. Por exemplo, o extenso portfólio de produtos do iPhone inclui fones de ouvido, cabos e suportes, braçadeiras, capas protetoras, carregadores de bateria e veiculares e alto-falantes. O portfólio da japonesa NEC consiste em produtos de comunicação e de computação. A Michelin tem três linhas de produtos: pneus, mapas e guias de restaurantes. Na Universidade de Northwestern, as faculdades de medicina, direito, administração de empresas, engenharia, música, jornalismo e artes têm reitores diferentes.

O portfólio de produtos de uma empresa tem abrangência, extensão, profundidade e consistência específicas. Esses conceitos são discutidos na Figura 8.1 para os produtos de consumo da Procter & Gamble.

- A **abrangência** de um portfólio de produtos refere-se à quantidade de linhas de produtos que a empresa oferece. A Figura 8.1 mostra uma abrangência de portfólio de produtos de três linhas (na verdade, a P&G produz muitas outras linhas).
- A **extensão** de um portfólio de produtos refere-se ao número total de itens no *mix*. Na Figura 8.1, são 12. Também podemos falar sobre a extensão média de uma linha, obtida dividindo-se a extensão total (nesse caso, 12) pelo número de linhas (3), o que totalizaria uma extensão média de produto igual a 4.
- A **profundidade** de um portfólio de produtos consiste em quantas opções são oferecidas de cada produto na linha. Se o sabão Tide vem em dois aromas (Clean Breeze e Normal), duas formulações (líquido e em pó) e duas opções de aditivo (com ou sem alvejante), sua profundidade é igual a seis, porque existem seis variantes distintas.[17] A profundidade média do *mix* de produtos da P&G pode ser calculada pela média do número de opções dentro dos grupos de marcas.
- A **consistência** do portfólio de produtos reflete o quão estreita é a relação entre as várias linhas de produtos no tocante a uso final, requisitos de produção, canais de distribuição ou algum outro critério. As linhas de produtos da P&G são consistentes, uma vez que são bens de consumo que passam pelos mesmos canais de distribuição. As linhas são menos consistentes quando desempenham diferentes funções para os compradores.

FIGURA 8.1

Amplitude do portfólio de produtos e extensão das linhas de produtos da Procter & Gamble.

Créditos: REUTERS/Lucy Nicholson/Alamy Stock Photo; Keith Homan/Alamy Stock Photo; Malcolm Haines/Alamy Stock Photo; Keith Homan/Alamy Stock Photo; GK Images/Alamy Stock Photo; Cortesia de Kelly Murphy; Keith Homan/Alamy Stock Photo; GK Images/Alamy Stock Photo; rvlsoft/Alamy Stock Photo; rvlsoft/Alamy Stock Photo; Betty LaRue/Alamy Stock Photo; Helen/Alamy Stock Photo.

Essas quatro dimensões do *mix* de produtos permitem à empresa expandir seus negócios de quatro maneiras. Ela pode adicionar novas linhas de produtos, ampliando a abrangência do *mix*; pode aumentar a extensão de cada linha de produtos; pode adicionar mais opções para cada produto e aprofundar seu *mix*; e, por fim, pode buscar maior consistência na linha de produtos. Para tomar decisões sobre tais produtos e marcas, é útil conduzir uma análise da linha de produtos.

ANÁLISE DA LINHA DE PRODUTOS

Uma **linha de produtos** é um grupo de produtos relacionados vendidos pela mesma empresa. Ao oferecer uma linha de produtos, normalmente as empresas desenvolvem uma plataforma e módulos básicos, que podem ser acrescidos para atender a diferentes exigências dos consumidores e reduzir os custos de produção. Os fabricantes de automóveis montam seus carros de acordo com uma plataforma básica. As empreiteiras criam uma casa-modelo na qual podem ser incluídas especificações adicionais. Os gerentes de linha de produtos precisam conhecer as vendas e os lucros de cada item em sua linha para determinar quais devem ser desenvolvidos, mantidos, colhidos ou abandonados.[18] Eles também precisam entender o perfil de mercado e a imagem de cada linha de produtos.[19]

A linha de produtos da empresa em geral contém produtos que atraem diferentes camadas das necessidades dos clientes. Os supermercados praticamente não têm margem no pão e no leite, conseguem margens razoáveis em alimentos enlatados e congelados e têm margens ainda maiores em flores, alimentos étnicos e itens frescos de confeitaria. As empresas devem reconhecer que cada item difere quanto à margem e desenvolver estratégias para maximizar a lucratividade da linha de produtos como um todo.

O gerente de linha de produtos deve rever a posição de sua linha em relação à concorrência. Consideremos a empresa de papel X, que tem uma linha de produtos de papelão.[20] Duas especificações das folhas de papelão são a gramatura e a qualidade do acabamento. Em geral, a gramatura do papel é oferecida em níveis padrão de 90, 120, 150 e 180, já o acabamento pode ser de qualidade baixa, média ou alta.

O mapa de produtos permite que a empresa enxergue seus principais concorrentes de uma vez só, além de ajudar os planejadores a identificar segmentos e oportunidades de mercado. O mapa na Figura 8.2 mostra como se situam os vários itens na linha de produtos da empresa X e de quatro concorrentes, A, B, C e D. O concorrente A vende dois itens de produto na classe de gramatura extra-alta, com a qualidade de acabamento variando de média a baixa. O concorrente B vende quatro itens que variam em gramatura e qualidade de acabamento. O concorrente C vende três itens; quanto maior for a gramatura, maior será a qualidade de acabamento. O concorrente D vende três itens, todos de baixa gramatura, mas que variam na qualidade de acabamento. A empresa X oferece três itens que variam em gramatura e qualidade de acabamento.

O mapeamento de produto mostra quais itens do concorrente competem com os itens da empresa X. Por exemplo, seu papel de baixa gramatura e qualidade média compete com o papel dos concorrentes D e B, mas seu papel de alta gramatura e qualidade média não tem concorrência

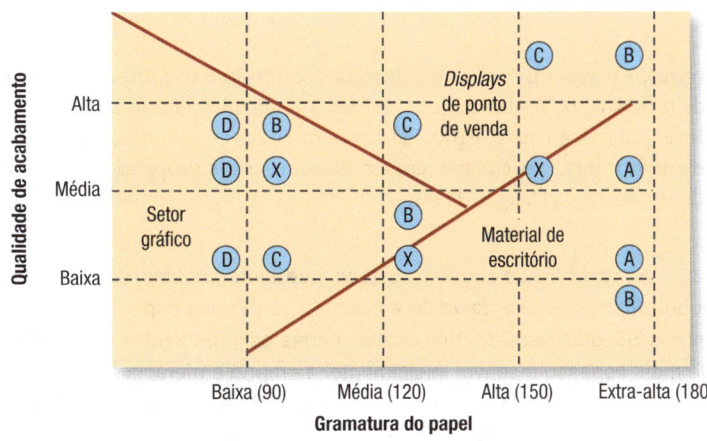

FIGURA 8.2

Mapa de produtos para uma linha de papéis.

Crédito: Benson P. Shapiro, *Industrial Product Policy: Managing the Existing Product Line* (Cambridge, MA: Marketing Science Institute Report No. 77–110). Copyright © 2003. Reproduzida, com permissão, de Marketing Science Institute e Benson P. Shapiro.

>> O *upgrade* que a Volkswagen deu às suas linhas europeias de sedãs Škoda e Seat pode acabar diluindo a imagem de suas marcas esportivas mais caras, Audi e VW.

direta. O mapa também revela as possíveis localizações para novos itens. Nenhum fabricante oferece papel de alta gramatura e baixa qualidade. Se a empresa estimar uma forte demanda não atendida e puder produzir esse papel a um custo e a um preço mais baixos, talvez pense em adicioná-lo à sua linha.

Outro benefício do mapeamento de produtos é que ele identifica os segmentos do mercado. A Figura 8.2 mostra o tipo de papel, por gramatura e qualidade, preferido pelo setor gráfico em geral, pelo setor de *displays* de ponto de venda e pelo setor de materiais de escritório. O mapa mostra que a empresa X está bem posicionada para atender às necessidades do setor gráfico em geral, mas é pouco eficaz no atendimento aos outros setores.

Empresas multimarcas de todo o mundo tentam otimizar seus portfólios de marcas. Com frequência, isso significa focar o crescimento da marca central e concentrar recursos nas marcas de maior porte e mais estabelecidas. A Hasbro designou um conjunto de marcas centrais de brinquedos, incluindo Comandos em Ação, Transformers e My Little Pony, para enfatizar em seu *marketing*. A estratégia de "volta ao básico" da Procter & Gamble concentrou-se em marcas com mais de US$ 1 bilhão em receita, como Tide, Crest, Pampers e Pringles. Cada produto em uma linha de produtos deve desempenhar um papel, assim como cada marca no portfólio de marcas.

Volkswagen A Volkswagen tem quatro marcas centrais de particular importância em seu portfólio europeu. Inicialmente, Audi e Seat tinham uma imagem esportiva, ao passo que VW e Škoda tinham uma imagem familiar. Audi e VW ocupavam uma faixa de preço-qualidade mais elevada do que Škoda e Seat, que tinham interiores espartanos e desempenho de motor funcional. Para reduzir custos, racionalizar o *design* de peças e sistemas e eliminar redundâncias, a Volkswagen elevou o nível de qualidade das marcas Seat e Škoda, conquistando participação de mercado com interiores vistosos, uma gama completa de sistemas de segurança e tração confiável. O risco, obviamente, era o de que, ao se aproximar de seus produtos mais sofisticados, Audi e VW, a Volkswagen poderia diluir seu diferencial. Consumidores europeus econômicos podem se convencer de que um Seat ou um Škoda é quase idêntico à sua irmã VW, mas custando vários milhares de euros a menos.[21]

As linhas de produtos precisam ser modernizadas. A questão é se a linha deve ser renovada gradualmente ou de uma só vez. A abordagem gradualista permite à empresa identificar como clientes e revendedores reagem ao novo estilo. Ela também é mais econômica, mas possibilita que os concorrentes vejam as mudanças e comecem a redesenhar suas próprias linhas. Considere a inovação na linha de produtos da Häagen-Dazs.

Häagen-Dazs Ao contrário de outras empresas, que injetavam ar no seu sorvete para poupar custos, Reuben Mattus estava decidido a criar uma categoria especial para a receita da família. Sob o nome Häagen-Dazs, Mattus usava apenas os ingredientes mais refinados para criar um sorvete mais espesso e suave. Inicialmente, a empresa oferecia apenas três sabores simples (baunilha, chocolate e café), acrescentando morango ao conjunto em 1966, após seis anos de busca por uma fonte de frutas doces e vermelhas que estivessem à altura dos padrões de Mattus. A inovação de produto continuou quando a Häagen-Dazs lançou os picolés de sorvete cobertos de chocolate no Dia dos Namorados em 1986. Em 1993, foi a vez do *sorbet* Häagen-Dazs. Quando a Häagen-Dazs descobriu o doce de leite na América do Sul, a empresa desenvolveu o seu próprio caramelo, mais rico e denso, para melhor complementar o sorvete. Em 2013, inspirada pela textura cremosa do sorvete italiano, a Häagen-Dazs decidiu criar sua própria versão. Em 2016, a empresa começou a eliminar os ingredientes geneticamente modificados de todos os seus sabores.[22]

>> A inovação de sabor na Häagen-Dazs é um processo de muitos anos. Orgulhosa da qualidade dos seus produtos, a empresa busca fontes ou desenvolve ingredientes que estejam à altura dos seus padrões.

Nos mercados em rápida mudança, a modernização é realizada continuamente. As empresas planejam melhorias para incentivar os clientes a migrar para itens de maior valor e preço mais alto. Empresas de microprocessadores, como Intel e Qualcomm, e empresas de *software* como, Microsoft, Oracle e SAP, lançam seguidamente versões mais avançadas de seus produtos. É importante programar a introdução das melhorias para que elas não sejam precoces (prejudicando as vendas da linha existente) nem muito tardias (após a concorrência ter estabelecido uma sólida reputação).[23]

EXTENSÃO DA LINHA DE PRODUTOS

Os objetivos da empresa influenciam a extensão da linha de produtos, ou seja, o número total de itens na linha. Um dos objetivos pode ser criar uma linha que induza o *up-selling* (venda de produtos superiores). O Mercedes-Benz Classe C desempenha uma função crítica como um ponto de entrada para a marca. Como um analista do setor observa: "O Classe C é fundamental para a corrida do luxo, pois cria maior volume para a Mercedes. Também abre a marca Mercedes para possíveis futuros compradores, conquistando-os quando jovens, na expectativa de que façam *upgrade* quando forem mais ricos e mais velhos".[24]

Um objetivo diferente é criar uma linha de produtos que facilite o *cross-selling* (venda cruzada): a Hewlett-Packard vende impressoras e computadores. Outro objetivo é criar uma linha de produtos que proteja a empresa contra os altos e baixos da economia: a Electrolux oferece eletrodomésticos como geladeiras, lavadoras de louça e aspiradores de pó sob diferentes nomes de marca nos segmentos de mercado econômico, médio e superior, em parte para se prevenir no caso de aquecimento ou desaceleração da economia. As empresas que buscam grande participação de mercado e rápido crescimento no mercado preferirão linhas mais extensas. Aquelas que enfatizam a alta lucratividade adotarão linhas mais reduzidas, que consistirão em itens cuidadosamente escolhidos.

As linhas de produtos tendem a se expandir com o tempo. O excesso de capacidade produtiva pressiona o gerente de linha a desenvolver novos itens. A força de vendas e os canais de distribuição também pressionam a empresa a adotar uma linha de produtos mais completa, a fim de satisfazer seus clientes, mas a adição de itens aumenta diversos custos: *design* e engenharia, armazenagem, mudança no processo de fabricação, processamento de pedidos, transporte e promoção. Assim, mais cedo ou mais tarde, a alta gerência pode interromper o desenvolvimento em virtude da insuficiência de recursos ou da capacidade de manufatura. Um padrão de crescimento de linha de produtos seguido por uma forte retração pode se repetir muitas vezes. Cada vez mais, os consumidores cansam-se de linhas de produto densas, marcas excessivamente expandidas e produtos carregados de atributos (ver seção *Insight de marketing*: quando menos é mais).[25] Por meio da análise de vendas e de custos, os gerentes de linhas de produtos devem revê-las periodicamente para detectar mercadorias "peso morto" que estejam prejudicando as vendas totais.[26]

Crocs Os calçados de plástico típicos da Crocs – coloridos, confortáveis e perfeitos para o verão – fizeram sucesso desde seu lançamento em Boulder, no estado americano de Colorado, em 2002. A oferta pública inicial (IPO, do inglês *initial public offering*) da empresa em 2006 captou US$ 208 milhões, o maior de todos os tempos no setor calçadista dos Estados Unidos.

>> Quando o sucesso rápido da linha de sandálias de plástico típicas da Crocs foi ameaçado pela recessão de 2008 e a queda nas vendas, a empresa recuperou-se com a diversificação, criando centenas de *designs* de calçados confortáveis e estilosos e adotando a distribuição multicanal.

O pico das suas ações ocorreu um ano depois, quando as vendas da Crocs atingiram US$ 847 milhões, mas a recessão e a fadiga da marca foram um golpe duplo que levou a uma queda acentuada nas vendas e baixou o preço das ações a mero US$ 1, o que o diretor financeiro agora chama de uma "experiência de quase morte". Em 2011, no entanto, a Crocs havia se recuperado, com mais de US$ 1 bilhão em receitas e metas de crescimento de 15 a 20%. O que aconteceu? A empresa diversificou e criou mais de 300 estilos de botas, mocassins, tênis e outros calçados elegantes e confortáveis, que ajudaram a reduzir sua dependência dos calçados de plástico para menos de 50% das vendas. Também foi adotada uma abordagem de distribuição multicanal para vender por atacado por meio de varejistas como Kohl's e Dick's Sporting Goods (60% dos negócios), bem como diretamente *on-line* (10%) e em mais de 500 lojas próprias (30%). As vendas internacionais representam atualmente mais da metade de suas vendas, incluindo mercados de *marketing* emergentes e mercados crescentes de classe média na Ásia e na América Latina.[27]

A empresa estende sua linha de produtos de duas maneiras: por ampliação ou por complementação.

Ampliação de linha. Cada linha de produtos de uma empresa abrange certa parte da extensão total possível. Por exemplo, os automóveis da Mercedes estão situados na faixa superior de preços do mercado de automóveis. A **ampliação de linha** ocorre quando uma empresa estende sua linha de produtos para além da faixa atual, seja para o mercado inferior (*down-market*), para o mercado superior (*up-market*) ou para ambos.

Ampliação *down-market*. Há diversas razões possíveis para que uma empresa posicionada no mercado médio queira lançar uma linha a preços mais baixos. Primeiro, a empresa pode notar fortes oportunidades de crescimento no mercado de menor nível e entrar nele na tentativa de capturar parte desse crescimento. A empresa também pode ser forçada a concentrar-se nesse nível mais baixo em virtude da estagnação ou do declínio do mercado médio. Por fim, a empresa pode ampliar sua linha de produtos para o segmento de preços mais baixos para bloquear os concorrentes que atendem a esse mercado, para que não tentem se expandir para o mercado de nível mais alto. Na verdade, quando a empresa é atacada por um concorrente do segmento inferior, muitas vezes ela contra-ataca entrando no próprio segmento inferior.

Quando lançam extensões de linha para segmentos inferiores, as empresas enfrentam diversas decisões de *branding*. Uma opção é usar o nome da marca-mãe em todas as ofertas. A Sony usou seu nome em produtos de várias faixas de preço. Outra alternativa é lançar ofertas ao mercado de preços mais baixos usando uma submarca, como a Charmin Basics e a Bounty Basics, da P&G. Outra opção é lançar uma oferta de preço mais acessível com um nome diferente, como a marca Old Navy, da Gap. A implementação dessa estratégia é onerosa e implica que o *brand equity* terá de ser criado do zero, mas o valor do nome da marca-mãe será preservado.

A entrada em segmentos inferiores envolve riscos, incluindo a diluição da imagem da marca-mãe e a canibalização das vendas da marca principal. A P&G lançou o sabão Tide Basic em mercados de teste – com preço inferior, mas sem algumas das mais recentes tecnologias de detergente de sua famosa marca-mãe – e desistiu do lançamento.[28] Por outro lado, a Mercedes lançou com sucesso os carros classe C a US$ 30 mil, sem prejudicar sua capacidade de vender outros de seus modelos por US$ 100 mil. A John Deere lançou uma linha de tratores para gramados a preços mais baixos, a Sabre from John Deere, sem deixar de vender seus tratores mais caros apenas com a marca John Deere. Nesses casos, os consumidores podem ter conseguido compartimentalizar as diferentes ofertas da marca e compreender as diferenças funcionais entre as ofertas em faixas de preços superiores e inferiores.[29]

Ampliação *up-market*. As empresas podem desejar entrar na faixa superior do mercado para alcançar maior crescimento, obter maiores margens ou simplesmente se posicionar como fabricantes de linha completa. Muitos mercados criaram segmentos de nível superior, como a Starbucks em café, a Häagen-Dazs em sorvetes e a Evian em água mineral. Todas as empresas automobilísticas japonesas líderes lançaram uma marca de automóvel de alto nível: o Lexus da Toyota, o Infiniti da Nissan e o Acura da Honda. Observe que elas inventaram nomes inteiramente novos, porque os consumidores podem não ter dado à marca "permissão" para se expandir quando as linhas foram inicialmente introduzidas. A ampliação *up-market* tem seus riscos, entretanto. A empresa pode não ter recursos (infraestrutura, *know-how* e pessoal) para desenvolver um produto superior que atenda às necessidades dos clientes-alvo dos mercados mais elevados.

Algumas empresas usaram suas marcas principais ao se moverem mercado acima. A Gallo lançou o Gallo Family Vineyards (com preço variando de US$ 10 a US$ 30 por garrafa) com uma imagem moderna e jovial para competir no segmento de vinhos *premium*. A General Electric lançou a marca GE Profile para suas ofertas de eletrodomésticos de grande porte no mercado de poder aquisitivo mais alto. Para sinalizar para os consumidores que houve uma melhoria de qualidade, algumas marcas usam modificadores, como "novo" ou "super". Considere os casos da fralda Pampers Ultra Seca, do Tylenol Extra ou do aspirador de pó PowerPro Dustbuster Plus.

Ampliação dupla. As empresas que atendem ao mercado médio podem decidir ampliar sua linha nos dois sentidos para abranger todo o mercado com os seus produtos e ensanduichar a concorrência. A estratégia envolve riscos, tanto para ampliação *down-market* quanto para a *up-market*. Contudo, ela pode funcionar, como mostra a Robert Mondavi Winery, agora de propriedade da Constellation Brands. A Mondavi vende garrafas de vinho por US$ 35 como o primeiro "vinho *premium* do Novo Mundo", mas também vende garrafas de US$ 125 da Mondavi Reserve em adegas, restaurantes e vinhedos de nível superior e por mala-direta, assim como garrafas de US$ 11 de Woodbridge produzidas durante o período de excesso de oferta de uvas em meados da década de 1990. A Purina é outro exemplo de como a expansão de mercado simultânea superior e inferior pode ser eficaz.

> **Purina Dog Food** A Purina Dog Food realizou uma ampliação dupla com o propósito de criar uma linha de produtos diferenciados por benefícios para os cães, amplitude de variedades, ingredientes e preço. O Pro Plan (US$ 40/saco de 8,2 kg) ajuda cães a terem uma vida longa e saudável, com ingredientes de alta qualidade (carne real bovina, de peixes e de aves). O Purina ONE (US$ 25/saco de 7,5 kg) atende às necessidades nutricionais específicas e variáveis dos

<< A Purina Dog Food estendeu a sua linha de produtos com ofertas que fornecem diferentes níveis de benefícios, a diferentes níveis de preços, como forma de fortalecer a sua posição no mercado.

cães, proporcionando uma nutrição *superpremium* para uma boa saúde. O Purina Dog Chow (US$ 15/saco de 8,4 kg) oferece aos cães uma nutrição completa para desenvolvimento, reforço e reparo em cada fase da vida. O Alpo by Purina (US$ 10/saco de 8 kg) oferece combinações de sabor de carne bovina, fígado e queijo, além de três variedades de carne.

Complementação da linha. Uma linha de produtos pode ser estendida pela adição de itens na mesma faixa em que a empresa já atua. Existem diversos motivos para a **complementação de linha**: buscar lucros incrementais, satisfazer revendedores que reclamam de vendas perdidas pela falta de itens na linha, atender ao desejo dos clientes por variedade,[30] tentar ser a empresa líder do setor oferecendo a linha completa e tentar preencher lacunas que possam constituir oportunidades para os concorrentes. Confira o modo como a BMW preenche as lacunas na sua linha de produtos.

BMW AG Com o passar do tempo, a BMW passou de uma fabricante de automóveis com uma marca e cinco modelos para uma potência com três marcas, 14 séries e aproximadamente 30 modelos. A empresa expandiu seu leque de produtos não somente para o mercado popular (*down-market*), com os MINI Coopers e seus modelos compactos da série 1, mas também para o mercado mais sofisticado (*up-market*), com os Rolls-Royce, além de preencher a lacuna entre esses segmentos com os esportivos, *roadsters* e cupês. A empresa usou a complementação de linha com sucesso para atrair os ricos, os super-ricos e os ricos potenciais sem se afastar de seu posicionamento superior. A BMW também criou uma estratégia clara de migração de marca dentro de sua linha de produtos, tentando mover os clientes de veículos mais baratos para os mais luxuosos.[31]

A complementação de linha ultrapassa os limites se resultar em autocanibalização ou confusão para os clientes ou simplesmente se não atender às necessidades de qualquer segmento de clientes. Na verdade, se as ofertas são semelhantes demais umas às outras, os clientes tendem a ficar confusos sobre qual escolher, e se as ofertas variam em preço, a esmagadora maioria pode comprar a mais barata. Além de evitar a confusão e a autocanibalização, a oferta proposta deve atender a uma necessidade genuína do mercado, e não ser adicionada somente para satisfazer uma necessidade interna. O infame automóvel Edsel, com o qual a Ford perdeu US$ 350 milhões no fim da década de 1950, atendia às necessidades internas de posicionamento da montadora por um carro entre suas linhas Ford e Lincoln, mas claramente não atendia às necessidades do mercado.

Embalagem e rotulagem

Muitos profissionais de *marketing* acreditam que a embalagem e a rotulagem são elementos importantes de uma estratégia de produto. Algumas embalagens, como a garrafa da Coca-Cola, a caixa azul da Tiffany e a lata da Red Bull, são mundialmente famosas.

EMBALAGEM

Define-se embalagem como o conjunto de atividades de *design* e produção do recipiente que envolve um produto. A embalagem pode incluir até três níveis de materiais, com um ou mais deles projetados para capturar a atenção do comprador e garantir que o produto se destaque da concorrência. A colônia Cool Water de Davidoff For Men vem em um frasco de vidro azul exclusivo com conteúdo impresso em branco (*embalagem primária*) dentro de uma caixa de papel-cartão azul com conteúdo impresso em branco (*embalagem secundária*). Esta, por sua vez, vem em uma caixa de papelão ondulado (*embalagem de remessa*), para proteger as seis dúzias de unidades que cada uma contém.

A embalagem é importante por ser o primeiro contato do comprador com o produto. Uma boa embalagem atrai o consumidor e estimula a escolha pelo produto. Na verdade, as embalagens podem atuar como "comerciais de cinco segundos". Algumas embalagens podem até ser atrativamente expostas em casa. Uma embalagem diferenciada, como a da graxa de sapatos Kiwi, das balas Altoids e da vodca Absolut, é parte importante do *brand equity*.

Vários fatores contribuem para que, cada vez mais, as embalagens sejam usadas como ferramenta de *marketing*.

- **Autoatendimento.** Em um supermercado médio, que estoca cerca de 15 mil itens, o comprador comum passa por aproximadamente 300 itens por minuto. Uma vez que cerca de 50 a 70% de todas as compras são decididas na loja, a embalagem eficaz deve desempenhar muitas das tarefas de vendas: atrair a atenção, descrever os aspectos do produto, criar confiança no consumidor e transmitir uma imagem geral favorável.
- **Poder aquisitivo do consumidor.** Os consumidores de maior poder aquisitivo estão dispostos a pagar um pouco mais por conveniência, aparência, confiabilidade e prestígio de embalagens melhores.
- **Imagem da marca e da empresa.** As embalagens contribuem para o reconhecimento instantâneo da empresa ou da marca. Na loja, podem produzir um efeito de *outdoor*, como a marca Garnier Fructis com sua vibrante embalagem verde no corredor de artigos para cabelo.
- **Oportunidade de inovação.** Uma embalagem diferenciada ou inovadora pode trazer grandes benefícios aos consumidores e lucros aos fabricantes. As empresas estão sempre em busca de uma forma de tornar seus produtos mais convenientes e fáceis de usar, muitas vezes cobrando a mais por isso. O SC Johnson Smart Twist Cleaning System tem um pulverizador portátil e um carrossel que gira entre versões concentradas de três produtos de limpeza; as toalhas de mão Kleenex usam um dispensador que se encaixa de cabeça para baixo em um toalheiro no banheiro; e a graxa de sapatos Kiwi Express Shine tem um dispensador e um aplicador para lustrar sapatos sem a necessidade de espalhar um jornal e usar uma luva e um pincel.

Uma embalagem deve atingir alguns objetivos: deve identificar a marca; transmitir informações descritivas e persuasivas; facilitar o transporte, a proteção do produto e o armazenamento do produto; e auxiliar o consumo. Para atingir esses objetivos e satisfazer os desejos dos consumidores, os profissionais de *marketing* devem garantir que os componentes estéticos e funcionais da embalagem estejam alinhados uns aos outros e, ao mesmo tempo, otimizados para criar valor para o cliente e para a companhia. Do ponto de vista funcional, o *design* estrutural é de crucial importância. Os elementos da embalagem devem harmonizar entre si e entre as decisões sobre determinação de preço, propaganda e outros fatores de *marketing*.[32] Quanto à estética, é preciso analisar tamanho, forma, materiais, cores, texto e ilustrações.[33]

A cor é um aspecto particularmente importante da embalagem e incorpora significados diversos de acordo com a cultura e o segmento de mercado. Segundo um especialista, "a cor é onipresente. É neutra em termos de linguagem, mas carregada de significado. É completamente evidente, mas cada pessoa a vê com olhos diferentes, literal e figurativamente".[34] A cor pode definir uma marca, como as caixas azuis da Tiffany, o roxo dos chocolates Cadbury e as caminhonetes

>> A marca da Tiffany é definida, em parte, por sua icônica embalagem azul.

marrons da UPS. A Orange, uma operadora de telefonia móvel, usa a cor laranja na sua identidade visual e até no próprio nome.

Um dos motivos para a cor ser importante é que cores diferentes têm significados distintos e comunicam emoções particulares. Considere as seguintes interpretações de diferentes cores que alguns especialistas em *marketing* acreditam ser comuns na cultura ocidental.[35]

Vermelho simboliza entusiasmo, energia, paixão, coragem e até mesmo ousadia. *Cor de laranja* tem a conotação de aventura e diversão. Combina a energia do vermelho com o calor do amarelo. *Amarelo*, como a cor do sol, é associado a calor, alegria e felicidade. *Verde*, como a cor da natureza, denota saúde, crescimento, frescor e renovação. *Azul*, como a cor do céu e do mar, é associado a segurança, confiança, competência e integridade. *Roxo* simboliza nobreza, riqueza e sabedoria. Combina a estabilidade do azul com a energia do vermelho. *Cor-de-rosa* denota qualidades suaves, pacíficas e reconfortantes. *Marrom*, como a cor da terra, denota honestidade e confiabilidade. *Preto* é tido como clássico, forte e equilibrado. *Branco* tem a conotação de pureza, inocência e limpeza.

Atualizações ou redesenhos de embalagem podem ocorrer com frequência para tornar a marca mais contemporânea, relevante ou prática. Embora possam exercer impacto imediato sobre as vendas, também podem ter uma desvantagem, como a PepsiCo aprendeu com sua marca Tropicana.

Tropicana A PepsiCo teve um grande sucesso com a marca Tropicana, adquirida em 1998. Então, em 2009, a empresa lançou uma embalagem reformulada para "atualizar e modernizar" a marca. O objetivo era criar "apego emocional enaltecendo o suco e alardeando as boas qualidades da fruta natural". O Arnell Group foi responsável pela remodelação radical que levou a um visual inteiramente novo, minimizando o nome da marca, realçando a importância da frase "100% laranja pura e natural" e substituindo a imagem do canudo espetado em uma laranja na frente da embalagem pelo *close* de um copo de suco de laranja. A reação do consumidor foi rápida e negativa. A embalagem parecia "feia" ou "simplória", e alguns até mesmo a confundiam com uma marca própria. As vendas caíram 20%. Depois de apenas dois meses, a PepsiCo anunciou o retorno da antiga embalagem.[36]

Depois de projetada, a embalagem deve ser testada. *Testes de engenharia* são conduzidos para assegurar que a embalagem resistirá a condições normais; *testes visuais* são feitos para assegurar que o texto ficará legível, e as cores, harmoniosas; *testes de distribuidores* servem para assegurar que os distribuidores considerarão as embalagens atraentes e fáceis de manusear; e *testes de consumidor* são realizados para assegurar a resposta favorável dos compradores.

Quando desenvolvem embalagens eficazes, as empresas devem considerar o seu impacto ambiental. A tendência japonesa de exagerar em todas as embalagens, de alimentos a cosméticos, contrasta com a reputação nacional de astro da reciclagem. Uma única banana pode ser enrolada em várias camadas de celofane. Quadradinhos de chocolate vêm em embalagens individuais, todos juntos em uma caixinha de papelão, esta contida em um invólucro plástico. A higiene e as regulamentações são um fator nessa história, mas a tradição e as expectativas dos clientes contam mais. A embalagem dos produtos é considerada um toque adicional de luxo e muitas vezes vem estampada com o nome da loja ou da marca. Assim, o processo de elaborar uma embalagem ambientalmente correta ainda precisa trabalhar as expectativas dos clientes.[37]

Felizmente, responder às preocupações ambientais crescentes tornou-se um elemento importante do desenvolvimento de embalagens eficazes em outras partes do mundo. Embora isso consuma mais do tempo e dos recursos da empresa, muitas se "esverdearam" e estão encontrando maneiras criativas de embalar seus produtos, o que pode levar a benefícios inesperados. A Nespresso, a Keurig e outras desenvolveram cápsulas de café recicláveis, o que deve atrair novos clientes preocupados com o meio ambiente. A Dell usa embalagens de bambu como alternativa a papelão, espuma, polpa de papel moldada e plástico, além de adotar medidas para reduzir o volume total de embalagem utilizada.[38] No entanto, desenvolver embalagens ambientalmente corretas que também satisfaçam as necessidades dos clientes pode ser um desafio, como a Frito-Lay descobriu.

Sun Chips Os salgadinhos multigrãos Sun Chips da Frito-Lay, que contêm 30% menos gordura que as batatas *chips*, tiveram sucesso como uma opção saudável, "boa para você". Parte do esforço da empresa para apoiar um "planeta mais saudável" destinava-se a abastecer sua fábrica em Modesto com energia solar e utilizar um saco totalmente compostável, feito de materiais à base de plantas. Foi necessária muita pesquisa para desenvolver essa embalagem, lançada com alarde em 2010. Infelizmente, ela era composta de polímeros que a faziam "estalar" à temperatura ambiente, e os consumidores começaram a reclamar do ruído que geravam. Um piloto da Força Aérea disse que esse ruído era mais alto que o do *cockpit* de seu jato. Para provar seu ponto de vista, ele apertou o novo saco de Sun Chips e registrou um nível de 95 decibéis com um medidor de som, consideravelmente superior aos 77 decibéis registrados quando ele apertou um saco convencional de Tostitos. Quando as vendas ficaram em queda e milhares de pessoas aderiram a uma página no Facebook chamada "Desculpe, mas eu não posso ouvir você com o barulho desse saco de Sun Chips", a Frito-Lay decidiu abandonar a embalagem após 18 meses no mercado.[39]

>> A Frito-Lay decidiu eliminar o saco totalmente compostável que tanto se esforçara para desenvolver para a sua linha de batatinhas mais saudáveis após as vendas caírem e os consumidores reclamarem sobre o alto nível de ruído da embalagem.

ROTULAGEM

O rótulo pode ser uma simples etiqueta presa ao produto ou um projeto gráfico elaborado que seja parte inerente da embalagem. Ele pode trazer apenas o nome da marca ou conter muitas informações. Mesmo que o fabricante prefira um rótulo simples, a lei pode exigir informações adicionais.

O rótulo desempenha diversas funções. Primeiro, deve *identificar* o produto ou a marca (p. ex., o nome Sunkist carimbado em laranjas). Também deve *classificar* o produto (p. ex., pêssegos enlatados são rotulados em classes A, B e C). Além disso, deve *descrever* o produto: quem o fez, onde e quando, o que contém, como usá-lo e quais são as medidas de segurança. Por fim, pode *promover* o produto com ilustrações atraentes. Por exemplo, novas tecnologias permitem que rótulos aderentes envolvam toda a embalagem, com imagens vívidas e mais informações sobre o produto, substituindo os rótulos de papel colados.

Com o tempo, os rótulos podem precisar de renovação. O do sabonete Ivory já foi redesenhado 18 vezes desde a década de 1890, com mudanças graduais no tamanho e no formato das letras. Contudo, como a Tropicana constatou, empresas com rótulos que se tornaram ícones precisam tomar muito cuidado antes de iniciar uma reformulação e devem preservar os principais elementos de *branding* nesse processo.

Há uma longa história de questões legais envolvendo rótulos e embalagens. Em 1914, a Federal Trade Commission Act (Lei da Comissão Federal de Comércio dos Estados Unidos) estabeleceu que embalagens e rótulos falsos ou enganosos constituem concorrência desleal. A Fair Packaging and Labeling Act (Lei de Embalagem e Rotulagem), aprovada pelo Congresso americano em 1967, determinou exigências compulsórias de rotulagem, incentivou a autorregulamentação do setor e permitiu que órgãos federais estabelecessem a regulamentação de embalagem em setores específicos.

A Food and Drug Administration (FDA) exigiu que os produtores de alimentos processados incluíssem rotulagem nutricional que destacasse claramente a quantidade de proteínas, gorduras, carboidratos e calorias contidos nos produtos, assim como o teor de vitaminas e minerais como uma porcentagem da cota diária recomendada. Esse mesmo órgão também tomou medidas contra a má utilização de descrições como "*light*", "mais fibras", "natural" e "menos gordura".

Nem todos os países aplicam definições tão estritas. No Reino Unido, "*light*" e "*lite*" não têm um significado oficial por lei, mas "baixo teor de gordura" sim – o produto alimentar deve ter menos de 3% de gordura para se qualificar. Como resultado, constatou-se que alguns alimentos de marca tidos como "*light*" continham até sete vezes mais gordura do que aqueles descritos como de "baixo teor de gordura".[40]

Garantias

Todas as empresas que vendem algo são legalmente responsáveis pela satisfação das expectativas normais ou razoáveis dos compradores. Garantias de desempenho e garantias comerciais são promessas explícitas ou implícitas dos vendedores de que o produto terá o desempenho especificado; caso contrário, o produto será consertado ou o cliente será reembolsado durante um determinado período. Produtos que estejam na garantia podem ser devolvidos ao fabricante ou encaminhados a uma assistência técnica para que sejam consertados, trocados ou para que o comprador seja reembolsado. Sejam elas explícitas ou implícitas, as garantias têm respaldo legal.

Uma **garantia de desempenho** garante que, se o produto não funcionar como prometido pela empresa ou esperado pelos clientes, a empresa oferecerá alguma forma de compensação para o comprador. Detalhar de antemão o processo de falhas possíveis do produto agrega credibilidade às afirmações da empresa, reduz o risco funcional e monetário associado ao uso do produto e cria o valor de paz de espírito para os clientes. Além de criar valor para o cliente, as garantias também podem ser benéficas para a empresa: elas intensificam o foco na experiência do cliente, estabelecem responsabilidade, aceleram o desenvolvimento de normas de desempenho e criam diretrizes para recuperar-se de falhas.[41]

Muitas empresas oferecem garantias gerais ou específicas. Empresas como a Procter & Gamble prometem satisfação geral ou completa, sem entrar em mais detalhes: "Se você não estiver satisfeito por qualquer motivo, devolva o produto para que possamos trocá-lo ou devolver seu dinheiro". Já a A. T. Cross oferece garantia vitalícia para suas canetas e lapiseiras. Se necessário, o cliente envia a caneta por correio para a A. T. Cross (envelopes pré-pagos são fornecidos nas lojas), onde é consertada ou trocada gratuitamente.

A empresa pode oferecer aos clientes uma garantia de *satisfação geral*, que se aplica a qualquer aspecto da experiência do produto, independentemente de envolver a qualidade real do produto ou a avaliação do cliente sobre ela. Ou a empresa pode oferecer uma garantia de *atributo específico*, aplicável apenas a um determinado aspecto do produto, como desempenho, confiabilidade ou durabilidade. As garantias de produtos podem ser válidas por um período específico (p. ex., um ano) ou envolver períodos variáveis (p. ex., a vida útil do produto ou a vida do cliente).

As **garantias comerciais** oferecem aos clientes e à empresa os mesmos benefícios que as garantias de desempenho. Contudo, há diferenças em duas dimensões cruciais. As garantias comerciais normalmente abrangem o conserto ou a substituição do item adquirido e normalmente não permitem que o cliente o devolva em troca de reembolso, como no caso das garantias de desempenho. Além disso, enquanto as garantias de desempenho sempre são oferecidas gratuitamente e não exigem um pagamento adicional dos clientes, as garantias comerciais gratuitas que acompanham o produto podem ser estendidas. As garantias estendidas envolvem um pagamento adicional e podem ser adquiridas na hora da compra ou em uma data posterior.[42]

A garantia estendida e os contratos de serviço podem ser extremamente lucrativos para fabricantes e varejistas. Analistas estimam que as vendas de garantias estendidas foram responsáveis por um grande percentual dos lucros operacionais da Best Buy, por exemplo. Apesar das evidências de que a garantia estendida não compensa, alguns consumidores valorizam a paz de espírito que elas oferecem.[43] Essas garantias ainda geram somas bilionárias à receita dos fornecedores de produtos eletrônicos nos Estados Unidos, embora o total tenha declinado à medida que os consumidores se sentiram mais confiantes em buscar soluções para problemas técnicos na internet ou com amigos.[44]

As garantias reduzem o risco percebido pelo comprador, sugerindo que o produto é de alta qualidade, e a empresa e seus serviços, confiáveis. São especialmente eficazes quando a empresa ou o produto não é conhecido ou quando a qualidade do produto é superior à da concorrência. Os planos de garantia de 10 anos ou 100 mil milhas do sistema de tração dos automóveis Hyundai e Kia foram um sucesso; eles surgiram, em parte, da necessidade de garantir aos potenciais compradores a qualidade dos produtos e a estabilidade das empresas.

Garantias eficazes, sejam elas de desempenho ou comerciais, devem ter três características: precisam ser *relevantes, fáceis de entender* e *fáceis para o cliente utilizar*. Para que a garantia seja relevante, o recurso garantido da oferta deve ser importante para os clientes. O valor das garantias é limitado, ou até nulo, quando elas se aplicam a recursos que os clientes não consideram importantes ou que quase nunca dão errado. As garantias são fáceis de entender quando a promessa da empresa e as medidas que os clientes precisam tomar em caso de falha do produto são enunciadas de forma simples e direta. As garantias são fáceis de utilizar e mais facilmente comunicadas para os clientes quando contêm um número limitado de restrições e exceções. Isso reduz o tempo e o esforço necessário para os clientes exercerem seus diretos caso o produto não esteja à altura das estipulações da garantia.[45]

INSIGHT de marketing — Quando menos é mais

Entre as decisões que os gestores precisam tomar, tanto na indústria quanto no varejo, está como projetar e administrar suas linhas e sortimentos de produtos. Embora o senso comum sugira que oferecer uma ampla variedade de opções será mais benéfico e, logo, mais atraente para um número maior de consumidores, essa opção também é mais cara para a empresa. Levantamentos respaldados por pesquisas indicam que os consumidores preferem varejistas e marcas que oferecem a maior variedade, então os gestores normalmente tentam maximizar o número de opções oferecido aos consumidores dentro dos limites de custo impostos pela empresa.

Há diversos fatores por trás da crença, comum entre os gestores, de que a variedade facilita a escolha:

- **Maior capacidade de combinar preferências e opções.** Maiores sortimentos oferecem a oportunidade de combinar melhor as preferências dos clientes com as opções disponíveis no conjunto de escolha. Quanto mais opções o sortimento tiver, maior será a probabilidade de consumidores individuais encontrarem a sua escolha ideal.
- **Maior flexibilidade para os consumidores.** Sortimentos maiores permitem que os consumidores mantenham suas opções em aberto e lhes oferecem maior flexibilidade quando fazem uma escolha. A falta de variedade pode fazer os consumidores sentirem que sua escolha é restrita pela quantidade inadequada de opções, o que pode criar uma aura de negatividade.
- **Maior oportunidade para explorar as opções disponíveis.** O simples fato de um conjunto de escolha conter opções bastante variadas pode convencer os consumidores de que podem explorar toda a gama de opções disponíveis na categoria do produto. Isso lhes dá confiança na ideia de que entendem os diferentes recursos e benefícios das alternativas disponíveis antes de tomar uma decisão.

Os motivos para sortimentos maiores tenderem a beneficiar os consumidores são impressionantes, mas isso nem sempre é verdade. Em alguns casos, ter mais opções pode prejudicar a capacidade dos consumidores de decidir entre elas. Isso pode ocorrer por diversos motivos:

- **Sobrecarga de informações.** Os consumidores expostos a grandes sortimentos podem esbarrar na sobrecarga de informações, pois precisam processar mais informações do que quando precisam considerar sua escolha a partir de sortimentos menos amplos. Os sortimentos menores cansam menos os consumidores, simplesmente porque precisam considerar e avaliar menos opções e atributos.
- **Sobrecarga de escolhas.** Sortimentos maiores têm maior probabilidade de causar sobrecarga de escolhas, que pode ocorrer quando o consumidor encontra mais de uma opção satisfatória no conjunto de escolha disponível. Isso aumenta a dificuldade de tomar uma decisão. Além de processar grandes quantidades de informações, o cliente precisa escolher no que ganhar e no que perder, abrindo mão do desempenho em um atributo para ganhar em outro.
- **Maiores expectativas dos consumidores.** Sortimentos maiores complicam as escolhas porque levam os consumidores à expectativa de que encontrarão a opção perfeita. Quando os consumidores têm altas expectativas de encontrar a sua escolha ideal entre as opções e não a encontram, aumenta a probabilidade de abandonarem o sortimento como um todo sem tomar uma decisão.

Montar o sortimento com o tamanho ideal para a escolha dos clientes-alvo não é uma tarefa simples. Algumas condições de mercado favorecem sortimentos mais amplos, que reforçarão a escolha do consumidor, mas sortimentos maiores podem prejudicar a escolha em outros cenários. A pergunta que deve ser respondida é: quando ter mais ou menos opções beneficia a escolha do consumidor? Pesquisas recentes sugerem que a reação dos consumidores ao tamanho do sortimento depende do seu nível de conhecimento e experiência e, principalmente, do quanto entendem dos atributos e níveis de atributo das alternativas e do quanto já têm preferências entre essas opções. Esse conhecimento lhes permite decidir

(continua)

mais facilmente entre os custos e benefícios de diferentes atributos das opções. Isso significa que os consumidores "especialistas", com conhecimento sobre o produto e preferências claras e explícitas, tendem a se beneficiar da variedade oferecida por sortimentos maiores, ao contrário dos "novatos", que não estão familiarizados com a categoria do produto e não têm preferências imediatas.

Assim, quando se trata de gerenciar sortimentos de produtos, mais variedade nem sempre é o melhor caminho. As pesquisas empíricas mostram que há muitos casos em que ter menos opções torna a compra mais provável, reduz a taxa de devoluções e deixa os clientes mais satisfeitos. As pesquisas sobre a dimensão do sortimento enfatizam que os gestores devem considerar dois fatores-chave quando elaboram as linhas de produtos: os objetivos e o conhecimento especializado dos consumidores. Os gestores precisam levar esses dois fatores essenciais em consideração para desenvolver uma estratégia de linha de produtos que crie ofertas centradas no cliente e tenha sucesso de mercado.[46]

Resumo

1. O produto é um elemento-chave do *mix* de *marketing*. Ao lado de serviços e marcas, os produtos são os principais fatores por trás dos benefícios para o cliente e o motivo pelo qual os consumidores estão dispostos a comprar uma determinada oferta.

2. Para conseguir competir no mercado, os produtos precisam de diferenciação. Os atributos que servem de base para a diferenciação incluem funcionalidade central, recursos, qualidade de desempenho, qualidade de conformidade, durabilidade, confiabilidade, forma, estilo e customização.

3. O *design* de produto – sua aparência, as sensações que causa e suas funções – oferece uma maneira consistente de diferenciar e posicionar os bens e serviços de uma empresa. Não é apenas uma fase na criação de um bem, serviço ou aplicativo; é uma maneira de pensar que permeia cada aspecto do programa de *marketing* para que todos os elementos funcionem em conjunto. O *design* oferece benefícios funcionais e estéticos, apelando tanto para o lado racional quanto para o emocional da tomada de decisão dos consumidores.

4. A maioria dos produtos pertence ao portfólio de produtos e/ou à linha de produtos de uma empresa. Cada produto deve ser relacionado com outro para assegurar que uma empresa ofereça o conjunto ideal de produtos para atender às necessidades de diferentes segmentos de clientes.

5. Um portfólio de produtos abrange todos os produtos oferecidos por uma empresa, incluindo diversas linhas e categorias de produtos. O portfólio de produtos de uma empresa tem uma determinada abrangência, extensão, profundidade e consistência. Essas quatro dimensões são as ferramentas para desenvolver a estratégia de *marketing* da empresa e decidir quais linhas de produtos expandir e quais manter, colher ou desinvestir.

6. Uma linha de produtos é um grupo de produtos relacionados vendidos pela mesma empresa. Uma linha de produtos normalmente contém produtos que apelam para diferentes camadas das necessidades dos clientes. Ao oferecer uma linha, as empresas em geral desenvolvem uma plataforma básica e módulos, que podem ser adicionados para atender a diferentes requisitos dos clientes e reduzir os custos de produção. Para analisar uma linha de produtos e decidir a quantidade de recursos que devem ser investidos nela, os gerentes de linha de produtos precisam examinar as vendas, os lucros e o perfil do mercado.

7. Os objetivos da empresa influenciam a extensão da linha de produtos, isto é, o número total de itens na linha. As linhas de produtos tendem a se expandir com o tempo. A empresa estende sua linha de produtos de duas maneiras: por ampliação ou por complementação. A ampliação de linha ocorre quando uma empresa estende sua linha de produtos para além da faixa atual, seja para o mercado inferior (*down-market*), para o mercado superior (*up-market*) ou para ambos. A complementação da linha ocorre quando a empresa adiciona mais itens à faixa atual.

8. A embalagem inclui todas as atividades envolvidas na concepção e na produção do recipiente de um produto. A embalagem deve atingir diversos objetivos: identificar a marca, comunicar informações descritivas e persuasivas, facilitar o transporte/proteção/armazenamento do produto e auxiliar o consumo. Uma boa embalagem atrai o consumidor e incentiva a escolha do produto.

9. O rótulo pode ser uma simples etiqueta presa ao produto ou um projeto gráfico elaborado que faça parte da embalagem. O rótulo desempenha diversas funções: *identifica* o produto ou a marca; pode *descrever* o produto (quem o fez, onde e quando, o que contém, como usá-lo e quais são as medidas de segurança); e pode *promover* o produto com mensagens persuasivas.

10. Garantias são promessas explícitas ou implícitas de uma empresa de que seu produto terá o desempenho

especificado ou de que, em caso de falha, o produto será consertado ou o cliente terá seu valor reembolsado dentro de determinado prazo. As garantias reduzem a percepção de risco do comprador ao sugerirem que o produto é de alta qualidade e que a empresa e o desempenho dos seus serviços merecem confiança. Sejam elas explícitas ou implícitas, as garantias têm respaldo legal.

DESTAQUE de *marketing*

Apple

Crédito: Sean Xu/Alamy Stock Photo

A Apple Computers foi fundada em 1976 por Steve Jobs e Steve Wozniak, dois jovens que abandonaram a faculdade e que queriam tornar os computadores mais fáceis de usar para que todos pudessem tê-los em casa e no trabalho. O primeiro grande sucesso da empresa, o Apple II, lançado em 1977, revolucionou o setor de informática com a introdução do primeiro sistema colorido. Com o crescimento explosivo do mercado, a Apple abriu o seu capital em 1980. Três anos depois, Jobs contratou John Sculley, então CEO da PepsiCo, para ser o CEO da Apple. A decisão saiu pela culatra em 1985, quando Sculley demitiu Jobs.

O foco da Apple no lucro de curto prazo, em vez de na inovação, levou à deterioração gradual da sua posição no mercado; em 1996, os especialistas questionavam a viabilidade da empresa. Para compensar a falta de inovação, a Apple adquiriu a NeXT Software, empresa que Jobs fundou após deixar a Apple, e contratou Jobs para ser o CEO interino (Jobs tornou-se CEO oficial em 2000). De volta ao comando da Apple, Jobs firmou uma aliança com a Microsoft para desenvolver uma versão para Mac do popular *software* Office e lançou o iBook (um *laptop* básico para os mercados de educação e consumidor) e o iMac (uma linha de computadores *all-in-one* com formato oval de plástico translúcido disponível em múltiplas cores).

Durante as duas últimas décadas, a Apple continuou a investir pesado em pesquisa e desenvolvimento para se tornar a líder mundial em lançamentos de novos produtos inovadores. A empresa transformou o modo como as pessoas ouvem música, jogam *videogame*, falam ao telefone e até mesmo leem livros. Entre suas revolucionárias inovações de produto, estão o iPod, o iMac, o iPhone e o iPad, que explicam por que a empresa ocupou o topo da lista das empresas mais admiradas do mundo da revista *Fortune* por vários anos.

Uma das primeiras e mais importantes inovações da Apple foi o iPod, um tocador de MP3. Além de tornar-se um fenômeno cultural, o iPod atraiu muitos consumidores para a Apple e iniciou uma série de monumentais inovações de produto. O iPod exemplificou as habilidades de *design* de ponta da Apple – não existia algo parecido em questão de *design*, experiência e modo de funcionamento. Para deleite da Apple (e desgosto da concorrente Sony), o iPod tornou-se "o Walkman do século XXI". A dupla dinâmica formada pelo iPod e pela recém-lançada iTunes Music Store levou as vendas do iPod às alturas.

O iPod também foi fundamental para mudar a maneira como as pessoas ouvem e usam música. De acordo com o músico John Mayer, "as pessoas sentem que estão caminhando pela musicologia" quando usam seus iPods, levando-as a ouvir mais músicas e com mais paixão. O iPod já passou por uma série de gerações, e, ao longo do caminho, a Apple adicionou recursos como fotografia e recursos de vídeo e rádio. Ao perceber o sucesso da sua entrada na música em geral e com o iPod em particular, a Apple desenvolveu o iTunes, um mercado de música digital por *software*. Lançada em 2003, a iTunes Store tornou-se a maior loja de música dos Estados Unidos em 2008 e a maior do mundo em 2010.

A Apple alcançou seu impressionante domínio de mercado combinando inovação de produto perspicaz com *marketing* inteligente. O esforço de *marketing* foi projetado para atrair tanto os fãs da marca quanto pessoas que nunca tinham usado seus produtos. Alcançar uma base de clientes tão ampla exigiu uma mudança nas estratégias de canais. A Apple acrescentou varejistas de massa especializados em produtos eletrônicos, como a Best Buy e a hoje obsoleta Circuit City, aos canais que já mantinha, quadruplicando o número de pontos de venda.

Além desse esforço intensificado em uma estratégia de empurrar (*push*), a Apple também desenvolveu uma estratégia de puxar (*pull*) com uma propaganda memorável e criativa, que ajudou a impulsionar a popularidade do iPod. A campanha "Silhouettes", que exibia a silhueta de pessoas ouvindo iPods e dançando, foi veiculada em todo o mundo com uma mensagem simples o bastante para ser assimilada por diferentes culturas, retratando o iPod como algo arrojado, mas não fora do alcance de qualquer pessoa que goste de música.

À medida que a popularidade do iPod crescia, um efeito halo ajudava a aumentar a participação de mercado da Apple em seus outros produtos. Assim, em 2007, a Apple mudou seu nome oficial de Apple Computer Inc. para Apple Inc., para facilitar a comunicação do foco da empresa em outros produtos além de computadores. O grande lançamento de produto da Apple depois do iPod foi o iPhone, que marcou seu ingresso na indústria de celulares em 2007. Com tela sensível ao toque, teclado virtual e recursos de internet e *e-mail*, o iPhone foi recebido com grande entusiasmo pelos consumidores; as pessoas faziam fila durante horas para estar entre as primeiras a comprar um. Entretanto, os analistas de investimento receavam que o contrato de dois anos da Apple com a operadora de telefonia AT&T e o alto preço inicial do aparelho prejudicassem o sucesso do iPhone. No entanto, 74 dias após a estreia do produto, a Apple vendia seu milionésimo iPhone. Havia levado dois anos para o iPod atingir as vendas cumulativas (US$ 1,1 milhão) que o iPhone alcançou após seu primeiro trimestre. Na verdade, metade dos compradores de iPhones mudou para a AT&T, incorrendo em multas para romper o contrato que tinham com outras operadoras de telefonia sem fio, apenas para ter a chance de possuir um iPhone.

O lançamento do iPad também criou um frenesi da mídia em 2013. O dispositivo multitoque combinava a aparência do iPhone à potência de um MacBook e oferecia aos consumidores acesso a músicas, livros, filmes, fotos, *videogames*, documentos e centenas de milhares de aplicativos ao toque de um dedo, sem *mouse* nem teclado. A seguir, veio o lançamento do iPad mini, uma versão menor do original, e do iPad Air, acompanhado de uma poderosa campanha de *marketing* que inspirava os consumidores a fazerem qualquer coisa com seu iPad, inclusive criar filmes, construir turbinas eólicas, estudar recifes de coral e escalar montanhas com mais segurança.

Após o sucesso retumbante do iPad, em 2015 a Apple lançou seu primeiro dispositivo vestível, o Apple Watch, que oferecia monitoramento *fitness* e de recursos de saúde. Após um período inicial mais lento, o Apple Watch viria a se tornar uma das categorias de produto de crescimento mais rápido para a Apple, vendendo 30 milhões de unidades em 2019. Fiel à sua missão de manter-se na vanguarda da tecnologia de produtos eletrônicos fáceis de usar, a Apple hoje investe pesado em inteligência artificial e aprendizado de máquina. Nos últimos anos, aliás, o uso de inteligência artificial em produtos para consumidores explodiu com a criação de assistentes digitais, incluindo a Alexa da Amazon, o Assistente da Google e a Siri da própria Apple.

Investir em pesquisa e desenvolvimento é um meio que possibilita à empresa manter-se como líder de um setor tão agressivo. A Apple gastou US$ 18 bilhões em pesquisa e desenvolvimento em 2020 e continua a aumentar o orçamento de P&D para manter-se à frente da concorrência. Criar, produzir e lançar novos produtos é uma prioridade para a Apple. Respaldada por um *marketing* criativo, o pioneirismo da empresa é a razão pela qual consumidores e analistas aguardam ansiosos por notícias do próximo produto da Apple.[47]

Questões

1. Quais são os principais fatores que contribuem para o sucesso fenomenal da Apple?
2. Os lançamentos de produtos da Apple na última década foram monumentais. Como a empresa consegue se destacar tanto em inovação?
3. Qual foi a importância do iPhone para o sucesso atual da Apple? Discuta a importância dos lançamentos do iPad e do Apple Watch para a estratégia de desenvolvimento de novos produtos da Apple.

DESTAQUE de *marketing*

Casper

A Casper é uma empresa de comércio eletrônico americana que vende principalmente colchões. A ideia da Casper foi criada por quatro membros de uma aceleradora de empresas novaiorquina em 2013. A ideia era ser uma alternativa ao que chamavam de *big mattress* (o setor de colchões), os fabricantes e varejistas dominantes da época.

As quatro marcas que compunham a *big mattress* eram Serta, Simmons, Tempur-Pedic e Sealy. Os fundadores da

Casper acreditavam que os colchões vendidos por essas empresas eram caros demais. O preço de um colchão *queen* de uma dessas empresas, na época, podia chegar a US$ 2.500. Além disso, a maioria dos colchões era comprada em lojas. Os fundadores da Casper acreditavam que o processo de compra em lojas físicas era uma das piores experiências de compra do mundo. Os clientes não podiam fazer muito mais do que deitar no colchão por alguns minutos dentro da loja.

A Casper aplicou o modelo de negócios da Warby Parker ao setor de colchões. Os quatro fundadores admiravam em especial o sucesso da Warby Parker em oferecer óculos de marca a preços radicalmente baixos e o seu modelo de vendas *on-line*. Com a venda dos colchões *on-line*, a Casper eliminou a experiência tradicionalmente sofrida que os consumidores tinham de comprar colchões em lojas. Além disso, os colchões da Casper eram oferecidos a um terço dos preços da *big mattress*.

A Casper projetou o seu primeiro colchão para ser "perfeito para todo mundo". O primeiro colchão da Casper era composto de uma espuma resistente que podia ser comprimida para caber no maior tamanho de caixa transportado pela UPS. A combinação de ter apenas um modelo e usar um método de entrega simples significava que os consumidores tinham um processo de decisão simples e que a empresa tinha benefícios logísticos enormes. A Casper também oferecia frete grátis e um período de teste gratuito de 100 noites para os clientes. Se os clientes não ficavam satisfeitos com o colchão, um agente de atendimento ao cliente buscava-o de volta, e o valor do produto era reembolsado incondicionalmente.

A combinação de um colchão bem projetado e uma experiência de compra superior, tudo a um preço baixo, tornou a Casper uma opção atraente para os clientes. Para conscientizar o público sobre o produto, a Casper primeiro enfocou a comunicação boca a boca e mídia externa. A empresa investiu em anúncios nos quais caricaturas coloridas de pessoas e animais dormiam em um colchão Casper. A propaganda apareceu em *outdoors*, metrôs e táxis por todo o país. As imagens veiculadas pela Casper tinham a intenção de ser leves e divertidas, mas também de enfatizar a importância de ter um colchão de alta qualidade. Em comparação com os concorrentes, a Casper tomava cuidado para não afogar os clientes potenciais em estatísticas e especificações em excesso.

As vendas da Casper cresceram rapidamente após o lançamento, ultrapassando os US$ 600 milhões em receita em apenas três anos. O portfólio de produtos foi expandido para incluir três tipos diferentes de colchão, e a empresa começou a vender travesseiros, lençóis e camas para capturar novos clientes. A empresa também formou parcerias com varejistas como Nordstrom, Target e Amazon para expandir a sua distribuição.

À medida que crescia, a Casper deslocava seus esforços de propaganda para as plataformas digitais. Os anúncios digitais eram mais baratos, enquanto a televisão era dominada pelos membros da *big mattress*. A Casper investiu na prática comum de usar *cookies* para rastrear as visitas de consumidores ao seu *site* e veicular anúncios segmentados quando eles visitavam outros *sites*. A Casper também patrocinou diversos *podcasts* e programas de rádio populares, incluindo This Week in Tech, My Brother, The Howard Stern Show e The Dr. Laura Show.

A equipe de mídias sociais da Casper frequentemente se engajava com clientes em plataformas como Facebook, Instagram e Twitter. A Casper publicava vídeos populares de *unboxing* nessas plataformas, nos quais consumidores podiam ver como os colchões saíam das caixas minúsculas, abriam-se e ficavam do tamanho certo. A Casper também publicava uma série semanal na plataforma Instagram Stories em que os clientes deprimidos com a manhã de segunda-feira podiam assistir despertadores sendo destruídos de forma espetacular. A Casper lançou o *site* Insomnobot 3000, no qual um *chatbot* manda mensagens engraçadinhas para quem tem dificuldade para pegar no sono. O engajamento dos clientes e os esforços de propaganda levaram a um maior Net Promoter Score (uma métrica comum de satisfação do cliente).

O modelo de negócios inovador da Casper inspirou os concorrentes a seguir os seus passos, incluindo a *big mattress*. A Serta-Simmons e a Tempur-Sealy começaram a oferecer "camas em caixas" em 2016. Dois anos depois, a Walmart lançou a Allswell, uma marca doméstica digital especializada em colchões e roupa de cama. Também em 2018, a Amazon acrescentou seus próprios colchões de *memory foam* à popular linha AmazonBasics. Diante da nova concorrência, a Casper abriu a sua primeira loja física para aumentar a visibilidade e fidelizar os clientes. A Casper anunciou que planejava expandir-se e abrir mais de 200 lojas até 2021. Embora muitas fabricantes de colchões tenham seguido o modelo de negócios da Casper, a empresa ainda pretende continuar o seu sucesso inicial por meio do aumento da linha de produtos, do engajamento com os clientes e da expansão da sua presença no varejo físico.[48]

Questões

1. Por que os produtos da Casper são tão desejáveis para os consumidores? Que atributos específicos do produto os consumidores mais valorizam?
2. Como a Casper deveria competir com empresas tradicionais e *startups* que estão expandindo suas ofertas diretamente para os consumidores? A Casper deveria se concentrar mais em construção de marca e comunicação vigorosas e menos em inovação de produto?
3. A Casper deveria se concentrar em estender sua linha de produtos para tentar oferecer um colchão "para todos os bolsos e todos os fins"? Ou deveria focar em um único tipo de colchão (em diferentes tamanhos) para simplificar os esforços de inovação e as escolhas dos consumidores?

DESTAQUE de *marketing*

Toyota

Crédito: tomas devera photo/Shutterstock

A Toyota, uma das três maiores montadoras do mundo (ao lado da Renault Nissan e da Volkswagen), percorreu um longo caminho em seus 75 anos de história. Ela lançou seu primeiro carro de passageiros, o Modelo AA, em 1936, copiando o *design* do Airflow da Chrysler e o motor de um Chevrolet 1933. A Toyota enfrentou diversos desafios nos seus primeiros anos, incluindo uma crise financeira em 1950. No entanto, quando os consumidores passaram a desejar automóveis menores e mais econômicos durante a crise do petróleo de 1973, a empresa reagiu com dois carros menores, o Toyota Corona e o Toyota Corolla, que ofereciam recursos básicos e serviram como os novos carros de nível de entrada da montadora. Também foi lançado o Cressida, que combinava a economia de combustível desejada pelos consumidores com o interior espaçoso e amenidades de luxo, como ar-condicionado e rádio AM-FM.

Nas décadas de 1980 e 1990, a Toyota adicionou gradativamente mais tipos de veículos, que variavam em preço, tamanho e amenidades, para dar aos clientes mais opções que se adaptassem às suas necessidades na estrada. Em 1982, ela lançou o Camry, um carro de porte médio e quatro portas que oferecia mais espaço do que o Corona e viria a se tornar o veículo de passageiros mais vendido na América do Norte. Pioneiro dos SUVs da empresa, o 4Runner surgiu em 1984. No início, o 4Runner não era muito diferente das picapes da empresa tanto em *design* quanto em desempenho. Mais tarde, entretanto, o 4Runner aproximou-se mais de um veículo de passageiros e abriu caminho para o lançamento de outras SUVs, incluindo o Rav4, o Highlander e o LandCruiser. Na mesma época, a Toyota lançou uma picape de tamanho padrão, que se tornaria a atual Tundra, além de vários modelos esportivos e econômicos que visavam ao público jovem adulto.

Em 1989, a montadora lançou a Lexus, sua divisão de luxo, com o compromisso de uma experiência inigualável, a começar por um tratamento diferenciado nas concessionárias. A Toyota entendia, no entanto, que cada país tem sua própria definição de luxo. Nos Estados Unidos, perfeição e luxo significam conforto, tamanho e confiabilidade; na Europa, atenção aos detalhes e tradição da marca. Em vista disso, a empresa adaptou sua propaganda de acordo com o país e a cultura.

Em 1997, a Toyota inovou e lançou o Prius, o primeiro híbrido produzido em massa. Inicialmente, o Prius era vendido a US$ 19.995, um preço intermediário entre o Corolla e o Camry. O foco da empresa no desenvolvimento de um automóvel de energia limpa foi brilhante. Quando a segunda geração do Prius chegou aos *showrooms* em 2002, as concessionárias já haviam recebido 10 mil pedidos mesmo antes de o carro estar disponível. Ao longo da próxima década, Ford, Nissan, GM e Honda seguiram os passos da Toyota e entraram no mercado de veículos híbridos com seus próprios modelos.

A Toyota também passou a criar veículos para públicos-alvo específicos. Para tanto, a empresa lançou o Scion, em 2000, destinado a jovens adultos de 16 a 21 anos. Após alguns anos de atenção ao *feedback*, a Toyota descobriu que o público-alvo do Scion queria mais personalização. Usando esse *insight*, a empresa projetava o carro *mono-spec* na fábrica, isto é, com apenas um nível bem equipado de acabamento, permitindo aos clientes escolher entre dezenas de elementos de personalização nas concessionárias, incluindo componentes do sistema de áudio, rodas e até tapetes. O Scion foi promovido em eventos musicais e *showrooms* em que os jovens se sentiam à vontade de frequentar enquanto aprendiam mais sobre o veículo.

Outra razão importante por trás do sucesso da Toyota é a produção. A empresa é mestra em manufatura enxuta e melhoria contínua. Suas fábricas podem produzir até oito modelos diferentes ao mesmo tempo, acarretando enorme aumento de produtividade e capacidade de resposta ao mercado. Ainda, a Toyota inova continuamente. Sua linha de montagem característica passa por milhares de mudanças operacionais no curso de um ano. Seus funcionários têm três propósitos em mente: fazer carros, fazer carros melhores e ensinar a todos como fazer carros melhores. A montadora incentiva a resolução de problemas, sempre buscando aprimorar o processo pelo qual melhora todos os demais processos.

A Toyota vem integrando suas montadoras em todo o mundo em uma gigantesca rede única, capaz de personalizar carros para os mercados locais e modificar a produção rapidamente para atender a qualquer pico de demanda nos mercados mundiais. Com a sua rede de produção, a empresa pode fabricar uma ampla variedade de modelos a custos muito menores. Isso significa que ela é capaz de preencher nichos de mercado à medida que surgem, sem a necessidade de desenvolver novas operações de montagem. Isso, por sua vez, permitiu que a empresa estabelecesse sua presença em uma ampla variedade de segmentos de mercado.

Ao longo dos anos, os automóveis da Toyota mantiveram a consistência em alta qualidade e confiabilidade. A empresa precisou enfrentar grandes desafios em 2009 e 2010, quando teve de realizar um *recall* gigante de mais de 8 milhões de veículos. Diversos problemas, que iam de pedais do acelerador que travavam até uma aceleração súbita e falhas no sistema de frenagem, afetaram muitas marcas da Toyota, incluindo Lexus, Prius, Camry, Corolla e Tundra. Apesar desses prejuízos, a Toyota recuperou-se e, três anos depois, retomou a liderança como a maior montadora do mundo. O forte foco da empresa em veículos híbridos revelou-se uma aposta lucrativa e ajudou na recuperação.

Atualmente, a Toyota oferece uma linha completa de carros para o mercado global, desde sedãs familiares e veículos utilitários esportivos até caminhões e *minivans*. Projetar esses produtos diferentes significa escutar diversos clientes em regiões diferentes, fabricar os carros que os clientes querem e criar esforços de *marketing* para reforçar a imagem de cada marca.[49]

Questões

1. A Toyota construiu uma enorme empresa de manufatura capaz de fabricar milhões de carros por ano para uma ampla variedade de consumidores. Por que ela conseguiu crescer muito mais do que qualquer outra montadora de automóveis?
2. A Toyota fez a coisa certa ao fabricar uma marca de carros para todos? Por quê?
3. O que a empresa deveria fazer durante o próximo ano? E nos próximos cinco anos? E nos próximos 10 anos? Como empresas em crescimento podem evitar problemas de qualidade no futuro?

DESTAQUE de *marketing*

YVY

A YVY nasceu em 2018 do sonho de seus fundadores, Marcelo Ebert e José Luiz Majolo, de trazer, para o mercado de varejo, uma linha de produtos de limpeza naturais e sustentáveis. YVY quer dizer "terra" em tupi-guarani, chão que se pisa, algo que se aproxima de um lar. A palavra "YVY" também é um palíndromo, ou seja, pode ser lida de trás para frente, o que remete à circularidade de seus produtos, que são formulados com ingredientes de origem natural, renováveis e em cápsulas recicláveis que usam 6 vezes menos plástico.

Em 2007, Majolo havia fundado, em Jundiaí, a Terpenoil, uma fábrica de produtos de limpeza a partir de uma tecnologia natural, à base de óleo de terpeno extraído da casca da laranja. A tecnologia permitia o desenvolvimento de produtos de limpeza de alta *performance* a partir de ingredientes inteiramente naturais e seguros e com preço competitivo. É da Terpenoil, por exemplo, a única fórmula de desinfetante inteiramente natural reconhecida pela Anvisa. O negócio profissional da Terpenoil já tinha um porte significativo, atendendo clientes como grandes redes de hospitais, *shoppings*, fábricas, prédios comerciais e agências bancárias. Além disso, a marca entregava um preço competitivo em comparação às grandes marcas do segmento de produtos de limpeza profissional (Diversey, Johnson Professional, Ecolab).

Marcelo e Majolo tinham plena consciência de que o mercado de limpeza doméstica era um setor bilionário, com uma alta taxa de penetração* e dominado por empresas multinacionais como Unilever, Procter & Gamble, Reckitt e Ceras Johnson. No entanto, os consumidores no Brasil não tinham acesso a um produto que oferecesse bom desempenho de limpeza, preço competitivo e fosse livre de ingredientes prejudiciais à saúde e ao meio ambiente. Ao analisarem o segmento de varejo, eles identificaram três desafios principais: substituir ingredientes sintéticos por versões naturais, reduzir o uso de plástico nas embalagens e aprimorar a experiência de compra para os consumidores. Com a tecnologia da Terpenoil, as formulações dos produtos já estavam prontas. Então, eles se concentraram em resolver as questões relacionadas às embalagens e à experiência de compra.

Para uma marca que busca causar o mínimo impacto possível no meio ambiente, a maneira como a indústria da limpeza doméstica usa o plástico em suas embalagens era uma questão fundamental a ser abordada. Em média, 95% de um produto de limpeza é composto por água, que atua como o solvente universal dos ingredientes de limpeza. Como menciona Marcelo, "é uma indústria que gosta de levar água para passear, e por isso acaba precisando de muito plástico". Para a YVY, era preciso adotar um ângulo diferente. O uso de produtos superconcentrados diluídos em água no local de uso já é uma prática comum no mercado profissional. No entanto, para os consumidores do varejo, era essencial desenvolver uma solução de diluição que fosse simples,

---

*Segundo o Euromonitor, o Brasil é o 5º mercado mundial de saneantes do mundo.

divertida e à prova de erros. Afinal, um produto mal diluído pode causar problemas: se for subdosado, sua eficácia na limpeza é comprometida; se for superdosado, pode deixar resíduos e se tornar dispendioso. Era crucial encontrar uma maneira de dosar na medida certa.

Para criar a embalagem, eles se inspiraram em outras categorias, como as cápsulas de café da Nespresso ou da Drinkfinity da Pepsi. A solução encontrada foi desenvolver uma embalagem reutilizável feita de plástico ultradurável e transparente. O corpo principal da embalagem foi projetado para receber a quantidade ideal de água (500 ml). Uma cápsula de plástico (40 ml) é acoplada a um anel na parte superior da embalagem. Ao rosquear o gatilho (ou *pump*) no anel, o lacre da cápsula é rompido, e o concentrado é diluído na água. Quando o produto acaba, basta encher novamente com água, colocar uma nova cápsula refil e recomeçar o processo. Cada embalagem tem um anel colorido que indica o tipo de produto contido no frasco: multiuso, desinfetante, limpeza pesada e detergente lava-louças.

Para os produtos de lava-roupas, lava-louças de máquina e limpa-pisos, a YVY optou por desenvolver embalagens de 500 ml com líquido altamente concentrado, que são dosados diretamente na tampa. Como esses segmentos de consumo são baseados em doses, o uso de cápsulas resultaria em um maior consumo de plástico em comparação a uma garrafa convencional. Por isso, eles escolheram criar uma garrafa com 16 doses feita de plástico reciclado, compensado ambientalmente.

A YVY estima que uma família consome, em média, 1,8 kg de plástico em produtos de limpeza a cada mês. Com o sistema da marca, esse consumo é reduzido para 300 gramas, o que representa uma redução de 6 vezes. Além disso, a superconcentração das fórmulas resulta em uma redução de 94% das emissões de carbono na cadeia logística. A embalagem recebeu vários prêmios de *design*, incluindo o primeiro prêmio do Design for a Better World Award, concedido pelo Centro Brasil de Design. Nas palavras de Marcelo Ebert: "Queremos revolucionar esse mercado, oferecendo um produto sustentável que economiza tempo e espaço, além de contar com uma embalagem de *design* moderno e reciclável".

Outra parte importante do conceito das embalagens foram as caixas de envio de produtos. Com a redução do volume de água, os produtos ficam mais leves e podem ser enviados por *delivery*, viabilizando uma operação de *e-commerce*. Dentro da caixa, eles podem ajustar três desenhos de berço para acomodar diferentes quantidades de cápsulas.

Havia também o desafio de melhorar a experiência do consumidor ao comprar produtos de limpeza. Essa experiência costuma ser tediosa, repetitiva e cheia de preocupações, como vazamentos e contaminação de outros itens no carrinho. As embalagens são pesadas para carregar, mas quando estão em falta, a casa fica parada. Além disso, a indústria oferece uma variedade de produtos semelhantes, causando sobrecarga cognitiva em uma compra que não é nada prazerosa.

Diante disso, a YVY optou por um modelo de assinatura que automatiza a compra e evita várias idas ao mercado. O consumidor escolhe a opção mais adequada às necessidades de sua casa. O produto é enviado por *delivery* para todo o Brasil, e a assinatura pode ser ajustada até cinco dias antes do próximo envio, considerando o rendimento dos produtos recebidos. Esse modelo também permite um contato direto com os consumidores, eliminando intermediários como varejistas ou plataformas de comércio eletrônico. Por fim, a YVY fecha sua pegada ao trabalhar com logística reversa para a devolução das cápsulas usadas, completando o ciclo sustentável.

Questões

1. Como a marca YVY construiu sua diferenciação de produto em comparação aos demais produtos de limpeza do mercado?
2. Como a embalagem contribuiu para a diferenciação da linha YVY?
3. A YVY tem uma lógica de linha de produtos que se propõe a oferecer os produtos essenciais, entendendo que, em marcas sustentáveis, menos é mais. Como a marca pode expandir sua linha sem ferir essa filosofia?
4. A YVY é mais que um produto; é um sistema de limpeza. Como você entende que a marca construiu essa oferta?
5. Que outros segmentos ou canais de mercado poderiam ser alvo de expansão da linha YVY?
6. Explique como a YVY busca melhorar a experiência do consumidor ao comprar produtos de limpeza.

Autora

Roberta Dias Campos Professora do mestrado profissional de comportamento do consumidor da ESPM. Coordenadora do Grupo Entrever Futuros do Consumo sobre Pesquisa de Tendência e Futuros.

Mestre e doutora em administração pelo Instituto COPPEAD de Administração da UFRJ. Mestre e doutora em ciências sociais pela Université Paris Descartes/Sorbonne. Trabalhou em empresas como Ceras Johnson, Coca-Cola e Descomplica como executiva de *marketing* e *insights*.

Referências

CENTRO BRASIL DESIGN. Yvy. CBD, 22 jan. 2021. Disponível em: https://www.cbd.org.br/cases/yvy/. Acesso em: 19 mai. 2023.

MENDONÇA, E. Euromonitor prevê que que Brasil ultrapassará Alemanha e Índia em produtos de limpeza até 2025. Household Innovation, 27 mai. 2021. Disponível em: https://householdinnovation.com.br/euromonitor-preve-que-brasil-ultrapassara-alemanha-e-india-em-produtos-de-limpeza-ate-2025/. Acesso em: 19 mai. 2023.

https://terpenoil.com.br/. Acesso em: 19 mai. 2023.

https://yvybrasil.com/. Acesso em: 19 mai. 2023.

https://yvybrasil.com/faq/. Acesso em 19 mai. 2023.

9
Elaboração e gestão de serviços

Na tentativa de se tornar a maior varejista de alimentos de alta qualidade do mundo, todos os funcionários da Publix são treinados para colocar o cliente em primeiro lugar. O resultado é que a maior rede de supermercados de propriedade dos funcionários dos Estados Unidos tem índices de satisfação do cliente impressionantes.
Crédito: Ken Wolter/Alamy Stock Photo.

À medida que as empresas encontram cada vez mais dificuldades em diferenciar seus bens, elas recorrem à diferenciação em serviços, seja por meio de entregas pontuais e respostas mais adequadas e rápidas às consultas, seja por meio de resoluções mais ágeis às reclamações. As prestadoras de serviço que alcançaram o topo conhecem bem as vantagens da diferenciação em serviços e o seu valor em criar experiências memoráveis para os clientes.[1] Uma empresa de serviços que entende bem como manter os clientes satisfeitos é a Publix.

>>> A história da Publix remonta a 1930, quando George Jenkins inaugurou a primeira Publix Food Store em Winter Haven, no estado da Flórida. A loja definiu um novo padrão de higiene e sortimento de produtos. Enquanto muitos dos concorrentes tinham gôndolas vazias devido à falta de bens durante a Grande Depressão, Jenkins atravessava o país em busca de produtos para estocar suas prateleiras. Em suas viagens, ele também reuniu ideias sobre

como modernizar o negócio. Com o tempo, Jenkins expandiu o número de lojas; ele adquiria minimercados e os substituía por supermercados maiores e mais modernos, que contavam com inovações como ar-condicionado, lâmpadas fluorescentes, portas com fotodetectores e piso de marmorite. A fórmula da Publix de oferecer um ambiente de compras agradável, atendimento simpático e mercadorias de alta qualidade ajudou a transformá-la na maior rede de supermercados de propriedade dos funcionários dos Estados Unidos, com mais de 1.200 supermercados, que geravam mais de US$ 35 bilhões em receitas. Durante toda a sua história, a empresa jamais desviou da filosofia de Jenkins de tratar funcionários e clientes como membros da família. Os funcionários da empresa, que também são seus maiores acionistas coletivamente, são todos treinados para colocar o cliente em primeiro lugar. O resultado é que, todos os anos, a Publix é reconhecida como o supermercado número um pelo American Customer Satisfaction Index (índice de satisfação do cliente americano), fica consistentemente na primeira posição em satisfação do cliente no *ranking* de farmácias de supermercado da J.D. Power e é escolhida uma das "100 Melhores Empresas para Trabalhar" da revista *Fortune* desde que a lista foi criada. Com o foco apaixonado na criação de valor superior para o cliente, a Publix pretende manter-se fiel à missão de ser a maior varejista de alimentos de alta qualidade do mundo.[2]

Visto que é fundamental entender a natureza especial dos serviços e o que eles significam para as empresas, neste capítulo analisaremos os serviços e a forma mais eficaz de oferecê-los.

A natureza dos serviços

Um **serviço** é um ato essencialmente intangível que uma parte pode oferecer a outra e que não resulta na propriedade de algo. Ele pode estar ou não ligado a um bem concreto. Cada vez mais, fabricantes, distribuidores e varejistas oferecem serviços de valor agregado ou simplesmente um excelente atendimento ao cliente em busca da diferenciação.

Os serviços são onipresentes. O *setor governamental*, composto de tribunais, agências de empregos, hospitais, órgãos de financiamento, serviços militares, departamentos de polícia, corpos de bombeiro, correios, agências reguladoras e escolas, faz parte do setor de serviços. O *setor de organizações sem fins lucrativos*, composto de museus, instituições de caridade, igrejas, universidades, fundações e hospitais, também faz parte do setor de serviços. Boa parte do *setor empresarial*, no qual se incluem companhias aéreas, bancos, hotéis, seguradoras, escritórios de advocacia, consultorias em gestão, consultórios médicos, produtoras de cinema, empresas de manutenção e imobiliárias, é outro componente do setor de serviços. Muitos trabalhadores do *setor de manufatura*, como operadores de computador, contadores e assessores jurídicos, são prestadores de serviços. Na verdade, eles formam uma "fábrica de serviços" que presta serviços à "fábrica de bens físicos". Aqueles que trabalham no *setor de varejo*, como caixas, balconistas, vendedores e funcionários de atendimento ao cliente, também fornecem um serviço.

Objetivos de aprendizagem Após ler este capítulo, você deverá ser capaz de:

9.1 Definir as características distintivas dos serviços.

9.2 Explicar as novas realidades enfrentadas por empresas no setor de serviços.

9.3 Identificar as principais estratégias para ter excelência em serviços.

9.4 Explicar como empresas de serviços podem administrar a qualidade de forma eficaz.

O ASPECTO DE SERVIÇO DE UMA OFERTA

O componente de serviço pode ser uma parte secundária ou a parte principal da oferta total. Com base em quanto envolvem um serviço, definimos cinco categorias de oferta ao mercado:

- **Um bem tangível puro**, como sabonete, creme dental ou sal, sem qualquer tipo de serviço associado a eles.
- **Bens tangíveis associados a serviços**, como carro, computador ou celular, associados a uma garantia ou a um contrato específico de serviço ao cliente. De modo geral, quanto mais tecnologicamente sofisticados forem esses bens, mais suas vendas dependerão de uma alta qualidade de serviços de suporte.
- **Uma oferta híbrida**, como uma refeição em um restaurante, igualmente compostas de bens e serviços. As pessoas frequentam restaurantes tanto pela comida servida quanto pelo serviço prestado.
- **Serviço principal associado a bens ou serviços secundários**, como viagens aéreas, com serviços adicionais ou bens de apoio, como salgadinhos e bebidas. Esse serviço requer um bem de alto investimento de capital – como uma aeronave – para ser realizado, mas o item principal é o serviço.
- **Um serviço puro**, essencialmente um serviço intangível, como o de babá, uma consulta de psicoterapia e uma sessão de massagem.

Os restaurantes são bons exemplos de ofertas híbridas que combinam bens e serviços. Uma das marcas mais bem-sucedidas do setor é a Panera Bread.

Panera Bread Fundada por Ron Shach como uma padaria de Boston chamada Cookie Jar em 1980, a Panera Bread despontou ao longo do tempo como líder na categoria de restaurante *fast casual.** A Panera combina a agilidade e a conveniência de um *fast-food* com a qualidade e o *menu* variado de um restaurante com serviço de mesa. Essa rede visa a "pessoas que gostam de comer bem e que entendem e interagem com os alimentos ou aquelas que estão perto disso", vendendo comida fresca "de verdade" a preços que os consumidores estão dispostos

<< A Panera Bread teve sucesso ao combinar a rapidez, a conveniência e os preços dos restaurantes de *fast-food* com as ofertas de qualidade e o cardápio variado dos restaurantes tradicionais.

*N. de R.T. O modelo *fast casual* é uma categoria que oferece comida de restaurante com a agilidade de um *fast-food*.

a pagar. Uma atmosfera despretensiosa – sem serviço de mesa, mas também sem limite de tempo – incentiva os clientes a prolongarem sua permanência no recinto. A marca é vista como voltada para a família, sem deixar de ser sofisticada, oferecendo pão artesanal saído do forno, além de um cardápio completo de sanduíches, saladas, sopas e café da manhã, tudo saudável e saboroso. A Panera inovou de várias maneiras, infundindo uma forte consciência social em muito do que faz. Com o *slogan* "Live Consciously. Eat Deliciously" (Viva conscientemente e coma deliciosamente), a Panera capitaneia uma série de iniciativas sociais e comunitárias, como a Panera Bread Foundation, colaborações com a Feeding America e doações a instituições locais de combate à fome e de caridade. A empresa também impulsionou seus gastos digitais e ostenta um programa de fidelidade que representa uma parcela significativa de suas transações.[3]

Às vezes, os clientes não conseguem avaliar a qualidade técnica de alguns serviços mesmo depois de o terem recebido. Com base na dificuldade de avaliação, os benefícios de serviços podem ser classificados em três categorias. Os benefícios de busca são características que podem ser avaliadas pelo comprador antes da compra. Os benefícios de experiência são características que podem ser avaliadas após a compra. Já os benefícios de crença são as características que o comprador tem dificuldade para avaliar mesmo depois do consumo.[4]

Visto que os serviços geralmente têm alto conteúdo de experiência e crença, sua aquisição apresenta um maior risco, com diversas consequências. Em primeiro lugar, os consumidores de serviços costumam confiar mais na comunicação boca a boca do que em propaganda. Em segundo lugar, dão grande importância ao preço, ao fornecedor e a sinais físicos para avaliar a qualidade. Em terceiro lugar, são altamente fiéis aos prestadores de serviços que os satisfazem. Em quarto lugar, como os custos de troca são altos, há muito comodismo do consumidor, de modo que pode ser difícil tirar um cliente do concorrente.

Embora a fidelidade do cliente possa ser um componente forte dos serviços, no atual ambiente de comunicações, uma única falha de serviço pode tornar-se um pesadelo de relações públicas e minar essa fidelidade, como a Carnival Cruises descobriu.

Carnival O Carnival Triumph estava no terceiro dia de um cruzeiro de quatro dias que havia partido de Galveston, no estado americano do Texas, com destino ao México, quando um incêndio na sala de máquinas deixou a embarcação à deriva e 3.100 passageiros com acesso restrito a comida, água e banheiros. O esgoto transbordou para os corredores e os deques inferiores

>> A Carnival descobriu da pior maneira possível como a imagem da empresa e a fidelidade dos clientes podem ser arruinadas quando um incêndio na casa de máquinas do navio Carnival Triumph deixou mais de 3 mil passageiros com acesso limitado a comida, água e banheiros.

ficaram insuportavelmente quentes. Quando a embarcação retornou à costa após cinco longos dias, o CEO recebeu os passageiros no desembarque e entregou a cada um deles US$ 500, uma passagem de avião de volta para casa, reembolso total pela viagem e um crédito para outro cruzeiro. No entanto, dada a publicidade em torno do que a mídia chamou de "cruzeiro fétido", os danos eram irreparáveis. A opinião pública sobre o setor de cruzeiros como um todo decaiu. A Carnival viu suas reservas diminuírem 20%, obrigando a empresa a repassar grandes descontos para encher as embarcações. Para evitar futuros problemas, a linha de cruzeiros investiu US$ 600 milhões para atualizar sua frota e contratou um novo vice-presidente (VP) de operações técnicas para supervisionar as ações de segurança. Sete anos depois, em meio ao surgimento da covid-19, em março de 2020, a Carnival enfrentou um desafio semelhante quando diversos surtos nos seus navios ganharam espaço na mídia, o que levou a uma investigação do Congresso dos Estados Unidos sobre as práticas de segurança da empresa.[5]

CARACTERÍSTICAS DISTINTIVAS DOS SERVIÇOS

Os pesquisadores listam quatro características principais que diferenciam os serviços de bens: *intangibilidade, inseparabilidade, variabilidade* e *perecibilidade*.[6] Entender esses aspectos exclusivos da entrega de serviços é importante, pois eles podem afetar radicalmente a estrutura dos programas de *marketing*. Discutiremos os quatro aspectos dos serviços em mais detalhes a seguir.

Intangibilidade. Ao contrário de bens tangíveis, os serviços não podem ser vistos, provados, sentidos, ouvidos ou cheirados antes de adquiridos. Uma pessoa que se submete a uma cirurgia plástica não pode ver o resultado exato antes que o procedimento seja feito, assim como um paciente de psiquiatria não consegue saber o efeito exato do tratamento. A fim de reduzir essa incerteza, os consumidores buscam sinais ou evidências da qualidade do serviço, deduzindo a qualidade com base nas instalações, nas pessoas, nos equipamentos, no material de comunicação, nos indícios e nos preços. Por isso, cabe ao prestador de serviços "administrar as evidências" para "deixar tangível o intangível".[7]

Para demonstrar a qualidade do seu serviço, as empresas podem enfatizar seus aspectos tangíveis. Na ausência de um bem tangível, as instalações do prestador de serviços – sinalizações primária e secundária, projeto ambiental e área de recepção, vestimenta dos funcionários, material suplementar, e assim por diante – são especialmente importantes. Todos os aspectos do processo de prestação de serviços podem incorporar a marca, e é por isso que a Allied Van Lines se preocupa com a aparência de seus motoristas e trabalhadores, a UPS tem um *brand equity* tão forte com seus caminhões marrons e os Hotéis Doubletree da rede Hilton oferecem biscoitos de chocolate fresquinhos para simbolizar cuidado e cordialidade.

É comum os prestadores de serviços escolherem elementos de marca – logotipos, símbolos, personagens e *slogans* – para tornar tangível o serviço e seus principais benefícios (p. ex., os "céus amigáveis" da United, as "boas mãos" da Allstate e a natureza "em alta" da Merrill Lynch). A Disney domina a arte de "transformar o intangível em tangível" e de criar fantasias mágicas em seus parques temáticos. O mesmo vale para varejistas como Dick's Sporting Goods e Bass Pro Shops.[8] A Apple tornou tangível o atendimento ao cliente com a criação do Genius Bar, uma estação de suporte técnico dentro das suas lojas que oferece suporte em estilo *concierge* para os clientes.

Os bancos e as instituições financeiras são particularmente propensos a adicionar uma dimensão tangível aos seus serviços – construindo um edifício imponente em um endereço de alto prestígio – para comunicar uma ideia de estabilidade e incutir confiança. Além disso, muitas instituições financeiras, incluindo Scotiabank, MetLife, Chase, Citi, SunTrust, US Bank, Barclays e Bank of America, pagam mais de US$ 100 milhões (em alguns casos, mais de US$ 500 milhões) pelo direito de colocar seus nomes em grandes estádios e arenas esportivas.[9]

Inseparabilidade. Enquanto os bens materiais são fabricados, estocados, distribuídos e mais tarde consumidos, os serviços são produzidos e consumidos simultaneamente.[10] Um corte de cabelo não pode ser armazenado nem produzido sem o cabeleireiro. A pessoa encarregada de prestar o serviço é parte dele. Uma vez que o cliente também costuma estar presente enquanto o serviço é executado, a interação prestador de serviços-cliente é uma característica especial do *marketing* de serviços. Quando os clientes demonstram forte preferência por determinado prestador de serviços, seu preço aumenta para racionar seu tempo limitado.

Há diversas estratégias para superar as limitações da inseparabilidade. O prestador de serviços pode trabalhar com grupos maiores. Alguns psicoterapeutas transformaram suas sessões de terapia individuais em sessões com pequenos grupos e, mais tarde, em sessões com grupos com mais de 300 pessoas reunidas em um grande salão de hotel. O prestador de serviços pode trabalhar mais rapidamente; os psicoterapeutas, por exemplo, podem passar 30 minutos mais eficientes com cada paciente, em vez de 50 minutos menos estruturados, e, assim, atender mais pacientes. A organização de serviços pode treinar um número maior de atendentes e, desse modo, inspirar mais confiança nos clientes, como fez a H&R Block com sua rede de consultores tributários bem preparados.

Uma forma comum de trabalhar a inseparabilidade dos serviços é a gestão da produção, uma estratégia de preços que tenta otimizar a demanda dos clientes com base na capacidade disponível do prestador de serviço. Como os serviços não podem ser estocados para aumentar a sua disponibilidade em momentos de maior demanda, os provedores usam preços variáveis para influenciar o comportamento do consumidor. Para tanto, estabelecem preços em que a demanda do consumidor corresponde à capacidade da empresa. Por exemplo, os *resorts* estão sujeitos a flutuações sazonais na demanda, os restaurantes tendem a estar mais ocupados nos fins de semana e as companhias aéreas enfrentam demanda acima do normal em torno dos feriados de final de ano, como Natal, Ano Novo e, nos Estados Unidos, Dia de Ação de Graças. Ao variarem seus preços, as empresas conseguem influenciar a demanda dos clientes de forma a equilibrá-la com a sua capacidade.

Variabilidade. A qualidade dos serviços depende de quem os oferece, além de quando, onde e para quem, de modo que os serviços são altamente variáveis. Como a prestação de serviços é uma experiência interativa, o serviço recebido de fato varia entre os clientes e os prestadores de serviço individuais. As empresas de serviço sabem que a variabilidade em seu desempenho as coloca em risco. A rede de hotéis Hilton iniciou um grande programa para dar mais uniformidade às experiências dos hóspedes.

>> Para garantir que os hotéis da rede Hilton na Europa e nos Estados Unidos oferecessem aos seus hóspedes serviços de alta qualidade uniforme (caso contrário, seriam expulsos da rede), o grupo lançou um projeto para revisar todos os aspectos da experiência do hóspede, desde a arquitetura das propriedades até as reclamações dos clientes.

Crédito: Newscast Online Limited/Alamy Stock Photo

Hotéis Hilton Entre 1964, quando a Hilton Hotels vendeu seu licenciado estrangeiro Hilton International Co., e 2006, quando o comprou de volta, as duas empresas operaram de forma independente. Em decorrência disso, a marca Hilton não mais proporcionava aos clientes uma experiência uniforme de alta qualidade. Como disse um analista de pesquisas: "Os padrões de marca na Europa sempre foram muito diferentes daqueles nos Estados Unidos. Acho que eram, sinceramente, um pouco mais frouxos na Europa". Para resolver essa inconsistência, a Hilton iniciou o H360, um projeto destinado a rever tudo, desde o café da manhã até as amenidades de banho, a decoração dos *lobbies*, o serviço de *wi-fi*, a arquitetura do hotel e o tratamento dado às reclamações de clientes em todos os hotéis da empresa. Como resultado do H360, cujo lema era "One brand. One vision. One culture" (Uma marca. Uma visão. Uma cultura), proprietários independentes de hotéis da rede Hilton nos Estados Unidos e no exterior foram obrigados a se atualizar conforme os padrões da marca ou seriam retirados da rede. Proteger a marca parece ter servido bem aos negócios, pois ajudou a aumentar suas receitas e fortalecer o *brand equity*.[11]

Os consumidores de serviços conhecem essa variabilidade e costumam se informar com outros consumidores antes de escolherem determinado prestador. Para tranquilizar os clientes, algumas empresas do setor oferecem *garantias de serviço* que podem reduzir as percepções de risco do cliente.[12] Veja a seguir três providências que as empresas de serviços podem tomar para garantir a qualidade.

- **Investir em bons processos de recrutamento e treinamento.** Recrutar os funcionários certos e oferecer a eles um excelente treinamento são providências essenciais para o controle de qualidade, seja qual for o nível de qualificação exigido. Os funcionários mais bem capacitados exibem seis características que melhoram a qualidade do serviço: competência, cortesia, credibilidade, confiabilidade, capacidade de resposta e comunicação.
- **Padronizar o processo de execução do serviço em toda a organização.** Um **mapa de serviços** pode delinear o processo de serviço, os pontos de contato com o cliente e a evidência de serviço do ponto de vista do cliente.[13] A Figura 9.1 mostra um mapa de serviços desenvolvido para um hóspede de hotel.[14] Nos bastidores, o hotel deve ajudar habilmente os hóspedes a passarem de uma etapa para a seguinte. Os mapas de serviços podem ser úteis para identificar "pontos de dor" para os clientes, desenvolver novos serviços, apoiar uma cultura de zero defeitos e elaborar estratégias de recuperação de serviços.
- **Acompanhar a satisfação do cliente.** Para reduzir a variabilidade do serviço, devem ser utilizados sistemas de sugestão e de reclamação, pesquisas com clientes e comparação com concorrentes. As necessidades dos clientes podem variar de acordo com a área, possibilitando às empresas o desenvolvimento de programas regionais de satisfação do cliente.[15] As empresas também podem desenvolver bancos de dados e sistemas de informações do cliente para oferecer um serviço mais personalizado, em especial pela internet.[16]

Perecibilidade. Serviços não podem ser estocados; por isso, sua perecibilidade pode ser um problema quando a demanda oscila. Por exemplo, em virtude da demanda na hora do *rush*, as empresas de transporte público precisam ter um número bem maior de equipamentos do que se não houvesse oscilações na demanda durante o dia. Alguns médicos cobram dos pacientes uma taxa de não comparecimento a consultas, pois o valor do serviço (a disponibilidade do médico) existe somente no momento da consulta.

FIGURA 9.1

Mapa de serviço para uma noite em um hotel.

Crédito: Valarie Zeithaml, Mary Jo Bitner e Dwayne D. Gremler, *Services Marketing: Integrating Customer Focus across the Firm*, 7th ed. (Nova York: McGraw-Hill, 2017).

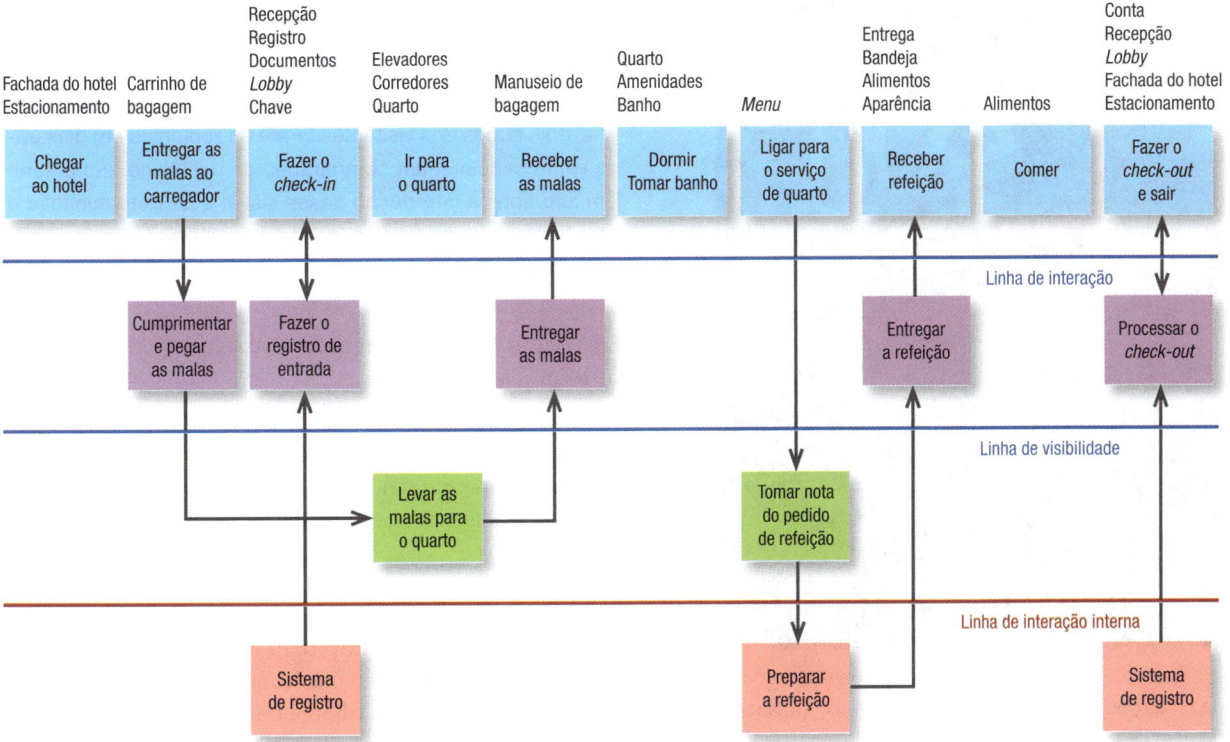

O gerenciamento de demanda ou de produção é crucial – os serviços certos devem estar disponíveis aos clientes certos, nos lugares certos, na hora certa e ao preço certo para maximizar a lucratividade. Existem várias estratégias para estabelecer mais equilíbrio entre demanda e oferta de serviços.[17] Em relação à demanda (o lado do cliente), podemos identificar as seguintes estratégias.

- *Preços diferenciados* transferem parte da demanda dos períodos de pico para os de baixo movimento. Podemos citar como exemplos os descontos oferecidos nos ingressos de cinema para alguns dias da semana ou os descontos no aluguel de carros no fim de semana.[18]
- *Períodos de baixa demanda* podem ser aproveitados. O McDonald's oferece serviço de café da manhã, e hotéis promovem pacotes para o fim de semana.
- *Serviços complementares* podem oferecer alternativas aos clientes que estejam aguardando em uma fila, como bares em restaurantes e caixas eletrônicos em bancos.
- *Sistemas de reserva* são uma maneira de administrar o nível de demanda. Companhias aéreas, hotéis e consultórios médicos os utilizam muito.

Um dos métodos mais populares para equilibrar oferta e demanda na entrega de serviços é a **determinação de preços por desempenho**. Por exemplo, os operadores de rodovias usam preços dinâmicos para otimizar o trânsito. A unidade de Cintra da Ferrovial SA abriu diversas estradas pedagiadas na região de Dallas que podem alterar os preços a cada cinco minutos para manter as velocidades acima de 80 km/h. O pedágio de uma seção de 11 km, por exemplo, pode flutuar entre US$ 0,90 e US$ 4,50. No mesmo espírito, equipes esportivas, bandas, *resorts* de esqui e parques temáticos começaram a ajustar seus preços com base na demanda. O preço dinâmico pode gerar resultados. Considere o caso do Indianapolis Zoo.

>> O preço dinâmico baseado em pré-vendas e demanda antecipada ajudou o Indianapolis Zoo a controlar o número de visitantes e aumentar a receita em uma tacada só.

Indianapolis Zoo O Indianapolis Zoo adotou o preço dinâmico em parte para limitar o excesso de visitantes após a inauguração de um novo centro de orangotangos. O resultado foi que os ingressos para adultos, que antes custavam US$ 16,95, passaram a ficar entre US$ 8 e US$ 30, dependendo das pré-vendas e da demanda antecipada. Por exemplo, o zoológico oferece descontos nos dias úteis frios durante o inverno e aumenta o preço depois que grupos escolares reservam dezenas de ingressos. O preço dinâmico produziu resultados tangíveis: dois terços dos visitantes foram ao zoológico em dias úteis no verão seguinte, em comparação com 57% no ano anterior. Um ano após a introdução desse sistema de determinação de preços por desempenho, a receita do zoológico com ingressos aumentou 12%.[19]

Em relação à oferta, as seguintes estratégias podem facilitar a gestão da produção.

- *Funcionários que trabalham meio período* podem ser contratados para atender ao pico da demanda (p. ex., universidades contratam professores para trabalhar meio período quando o número de matrículas cresce, e lojas contratam vendedores extras no final do ano).
- *Rotinas de eficiência para o horário de pico* podem ser introduzidas para que os funcionários desempenhem apenas tarefas essenciais durante os períodos de pico (p. ex., paramédicos auxiliam médicos nos momentos de alta demanda).
- *Maior participação do cliente* libera o tempo dos prestadores de serviços (p. ex., os clientes podem preencher suas fichas no consultório médico ou embalar suas compras no supermercado).

- *Serviços compartilhados* podem melhorar as ofertas (p. ex., vários hospitais podem compartilhar as compras de equipamentos médicos).
- *Instalações visando à expansão futura* podem ser um bom investimento (p. ex., um parque de diversões pode comprar a área ao seu redor para expansão posterior).

Para as redes de *fast-food*, as cabines *drive thru* são um meio de expandir as oportunidades de venda para além das refeições à mesa. Esse serviço gera impressionantes 70% da receita do setor. De acordo com a revista *QSR*, a Taco Bell opera algumas das cabines *drive thru* mais rápidas e precisas do mercado. A empresa tem como objetivo gastar três minutos e 30 segundos por pedido e busca constantemente formas de baixar segundos e cortar custos.[20]

As novas realidades no setor de serviços

No passado, as empresas prestadoras de serviços ficavam atrás do setor industrial em relação ao conhecimento e à utilização do *marketing*, seja porque eram pequenas, seja porque enfrentavam alta demanda ou um nível de concorrência baixo. Entretanto, esse quadro mudou. Alguns dos profissionais de *marketing* mais talentosos agora trabalham para empresas de serviços.

Profissionais de *marketing* de serviços perspicazes reconhecem as novas realidades do setor de serviços, como o papel crescente da tecnologia e a importância do poder do cliente, da coprodução com o cliente e da necessidade de envolver os funcionários tanto quanto os clientes.

O PAPEL CRESCENTE DA TECNOLOGIA

A tecnologia vem mudando as regras do jogo no setor de serviços de modo fundamental. O setor bancário, por exemplo, está sendo transformado pela capacidade de fazer transações bancárias *on-line* e por meio de aplicativos móveis – alguns clientes raramente pisam no *lobby* de um banco ou interagem com um funcionário. A pandemia da covid-19 acelerou a transformação digital dos serviços, pois forçou muitas empresas a mudarem seus planos e a transformarem seus negócios por meio da integração da tecnologia digital, o que alterou fundamentalmente o modo como geram valor para os seus clientes.

A tecnologia também exerce grande poder no aumento da produtividade dos trabalhadores no setor de serviços. Contudo, as empresas devem evitar pressionar tanto por produtividade a ponto de reduzir a qualidade percebida.[21] A Amazon detém algumas das inovações tecnológicas mais surpreendentes no varejo eletrônico, mas nem por isso deixa de manter os clientes extremamente satisfeitos quando surge um problema, mesmo que eles não cheguem a se manifestar com um funcionário da empresa. Mais empresas estão introduzindo recursos de *chat* ao vivo para combinar tecnologia e voz humana. Uma empresa que permite conexões entre organizações e seus clientes em diversos pontos de contato, incluindo mensagens de texto, *e-mails*, ligações telefônicas, vídeos e *chatbots* inteligentes, é a Twilio.

Twilio A Twilio, plataforma de comunicação na nuvem líder no mercado, é usada por milhões de desenvolvedores em todo o mundo para "virtualizar" a infraestrutura de telecomunicações e melhorar a experiência de interação humana. A Twilio tem mais de 60 mil clientes corporativos, incluindo empresas famosas, como Airbnb, Intuit, Salesforce, Uber, Twitter, eBay, Sony, Yelp, Hulu e Lyft. A Twilio oferece a seus clientes uma plataforma completa, personalizável e fácil de usar para automatizar e simplificar as comunicações com clientes, colaboradores, funcionários e colegas. A Coca-Cola usa a Twilio para despachar técnicos de manutenção; o *site* de imóveis Trulia usa a Twilio para o seu aplicativo de "clique para ligar", que permite que compradores em potencial falem com um corretor; a EMC usa a Twilio para enviar mensagens de texto para os funcionários quando um serviço de tecnologia da informação (TI) sai do ar; e a Airbnb usa o serviço para enviar aos locadores mensagens de texto automáticas sobre possíveis locatários. Com base na sua plataforma de comunicação para aplicativos de mensagens, texto, voz, vídeo e *chat*, a Twilio expandiu seu portfólio de serviços para incluir um *call center* baseado na nuvem e um aplicativo de pagamentos que permite que as empresas processem transações pelo telefone sem que o atendente precise saber o número do cartão. Para acrescentar recursos

>> Para manter seus clientes empresariais de alto nível contentes, bem como os clientes destes, a Twilio, uma das maiores plataformas de comunicação na nuvem do mercado, oferece diversos serviços customizáveis e fáceis de usar que automatizam, simplificam e aprimoram as interações entre empresas e seus clientes, colaboradores e funcionários.

de *e-mail* ao seu portfólio de ofertas, a Twilio adquiriu a SendGrid, principal plataforma de API de *e-mail*, em 2019. A aquisição fortaleceu a capacidade da empresa de entregar mensagens consistentes com base nas preferências dos clientes sobre formas de comunicação.[22]

A internet e a computação em nuvem permitem às empresas melhorar suas ofertas de serviços e fortalecer suas relações com os clientes ao prover interatividade, personalizações específicas de cliente e situações e ajustes em tempo real de suas ofertas ao mercado. Contudo, à medida que as empresas coletam, armazenam e utilizam mais informações sobre os clientes, elas também suscitam preocupações sobre segurança e privacidade. As empresas devem incorporar as devidas medidas de segurança e tranquilizar os clientes sobre suas iniciativas.*

EMPODERAMENTO DO CLIENTE

A era digital claramente mudou o relacionamento com os clientes, que estão se tornando mais exigentes na aquisição de serviços de suporte a bens e têm pressionado por "serviços avulsos" e pelo direito de selecionar os elementos que desejam. Os clientes cada vez mais preferem não ter de lidar com um prestador de serviço diferente para cada tipo de equipamento, e algumas assistências técnicas, cientes disso, passaram a atender a uma gama maior de aparelhos. Uma empresa de encanamento também pode dar manutenção a ar-condicionados, fornos e outros componentes de uma infraestrutura doméstica.

O mais importante é que as mídias sociais deram poder aos clientes ao permitir que eles enviem seus comentários para todo o mundo com um clique do *mouse*. Embora uma pessoa que tenha uma boa experiência como cliente esteja mais propensa a falar sobre isso, alguém que tenha uma experiência ruim vai falar com mais pessoas. Noventa por cento dos clientes irritados relataram compartilhar sua história com um amigo; agora, eles podem compartilhar sua história com estranhos também. Na internet, *sites* como Angie's List, Yelp e TripAdvisor também são maneiras populares de disseminar histórias sobre aventuras e desventuras em atendimento ao cliente. Um desafio ainda maior para as empresas é que os clientes descontentes podem escolher compartilhar vídeos prejudiciais das suas experiências negativas com o atendimento.

---

*N. de R.T. No Brasil, essas medidas de segurança de dados são também regulamentadas por lei federal, a LGPD (Lei Geral de Proteção de Dados).

Ao receber uma reclamação de cliente, a maioria das empresas consegue responder rapidamente. A maioria das empresas permite contato 24 horas por dia, sete dias por semana, por telefone ou *chat on-line*, mas também contata clientes e monitora *blogs*, *sites* e mídias sociais. Se relatos de problemas por parte de clientes são detectados por um funcionário em um *blog*, ele entra em contato e oferece ajuda. Respostas claras e úteis a consultas de clientes podem ser eficazes também. A Delta Airlines apresentou o Delta Assist para monitorar publicações de clientes no Twitter e no Facebook em tempo integral, com uma equipe de 10 pessoas, e dar respostas em tempo real a qualquer dúvida ou problema.

No entanto, mais importante do que simplesmente responder a um cliente descontente é impedir que a insatisfação ocorra no futuro. Isso pode significar simplesmente dedicar tempo para cuidar do relacionamento com os clientes e dar a eles a atenção de uma pessoa real. Resolver o problema de um cliente de maneira rápida e simples ajuda muito a conquistar sua fidelidade no longo prazo.[23]

COPRODUÇÃO COM O CLIENTE

A realidade é que os clientes não se limitam a comprar e utilizar um serviço; eles desempenham um papel ativo em sua entrega. Suas palavras e ações afetam a qualidade de suas próprias experiências com os serviços e as experiências de outros, bem como a produtividade dos funcionários da linha de frente.[24]

De modo geral, os clientes sentirão que obtêm mais valor, e inclusive um vínculo mais forte com o fornecedor, se estiverem ativamente envolvidos no processo de prestação do serviço. Essa coprodução pode, contudo, pressionar os funcionários da empresa e reduzir sua satisfação, especialmente se não compartilham dos mesmos valores, interesses ou conhecimentos que os clientes.[25] Além disso, um estudo estimou que um terço dos problemas de serviço são causados pelo próprio cliente.[26] A crescente mudança para tecnologias de autoatendimento provavelmente aumentará esse percentual.

Evitar falhas de serviço é crucial, já que se recuperar delas é sempre um desafio. Um dos maiores problemas é a imputação. Com frequência, os clientes acham que a empresa é culpada ou, mesmo que não seja esse o caso, que ainda assim é responsável por corrigir qualquer erro. Infelizmente, apesar de muitas empresas terem procedimentos bem elaborados e executados para lidar com suas próprias falhas, elas constatam que administrar falhas de *clientes* – quando um problema de serviço surge em razão da falta de entendimento ou inépcia de um cliente – é muito mais difícil. As soluções assumem diversas formas, como mostram os exemplos a seguir.[27]

- *Redesenhar os processos e redefinir os papéis dos clientes para simplificar contatos de serviço.* A Staples transformou seu negócio com o programa Easy (Fácil), que visava a evitar incômodos na hora de encomendar material de escritório.
- *Incorporar a tecnologia certa para auxiliar funcionários e clientes.* A Comcast, maior operadora de TV por assinatura dos Estados Unidos, introduziu um *software* para identificar falhas de rede antes que elas afetassem o serviço e para informar de modo mais eficaz os operadores de *call center* sobre os problemas dos clientes.
- *Criar clientes de alto desempenho, explicando com clareza seu papel, sua motivação e sua capacidade.* A USAA lembra a seus segurados alistados nas Forças Armadas que suspendam o seguro de seus automóveis quando estiverem servindo no exterior.
- *Incentivar a "cidadania dos clientes" para que se ajudem entre si.* Em campos de golfe, além de seguir as regras do jogo e ter um comportamento adequado, os jogadores podem encorajar os outros a fazerem o mesmo.

SATISFAÇÃO DE FUNCIONÁRIOS TANTO QUANTO DE CLIENTES

Empresas de serviços gerenciadas com excelência sabem que as atitudes positivas por parte dos funcionários promovem mais fidelidade de clientes.[28] Incutir uma forte orientação ao cliente nos funcionários também pode aumentar sua satisfação e seu comprometimento no trabalho, sobretudo se tiverem contato constante com o cliente. Os funcionários prosperam em cargos de contato com clientes quando têm um impulso natural para (1) mimar os clientes, (2) decifrar com precisão suas necessidades, (3) desenvolver com eles um relacionamento pessoal e (4) proporcionar atendimento de alta qualidade para resolver seus problemas.[29]

Dada a importância das atitudes positivas dos funcionários para a satisfação do cliente, as empresas de serviços devem atrair os melhores recursos humanos que puderem encontrar. Devem oferecer uma carreira, em vez de um mero emprego. Devem criar um sólido programa de treinamento, oferecer apoio e recompensar os funcionários por bom desempenho. Podem usar uma intranet, boletins informativos internos, lembretes diários e mesas-redondas com as equipes para reforçar atitudes centradas no cliente. Por fim, devem auditar regularmente a satisfação dos funcionários no emprego.

A Zappos desenvolveu uma organização focada no cliente e admirada por muitos.

Zappos Desde o princípio, a varejista *on-line* Zappos traz no cerne de sua cultura um serviço superior de atendimento ao cliente. Com frete grátis e direito a devoluções, atendimento ao cliente 24 horas por dia e giro rápido dos inúmeros produtos de milhares de marcas oferecidos no *site*, a empresa trabalha duro para fidelizar clientes. Ao contrário de tantas outras empresas, ela não terceirizou seus *call centers* Zappos.com, e metade do processo de entrevista é dedicado a descobrir se os candidatos a um emprego são suficientemente extrovertidos, de mentalidade aberta e criativos para haver um ajuste cultural apropriado. A Zappos dá aos seus representantes de atendimento ao cliente autonomia para resolver problemas. Quando um cliente ligou para reclamar que suas botas pareciam furadas após um ano de uso, o representante enviou-lhe um novo par, embora a política da empresa seja a de aceitar devoluções apenas de calçados não usados. Todo funcionário tem uma chance por ano de contribuir com o Culture Book (livro da cultura) da empresa, sobre como é a vida na Zappos e como cada um de seus departamentos, desde a venda até a armazenagem, a entrega, os preços e o faturamento, implementa um serviço ao cliente superior. Graças ao seu sucesso, a Zappos até oferece seminários de dois dias para executivos de negócios ansiosos para conhecer os segredos por trás da cultura corporativa e da sua abordagem diferenciada em atendimento ao cliente.[30]

Como ter excelência em serviços

A crescente importância do setor de serviços intensificou o foco no que é preciso para alcançar excelência em *marketing* de serviços.[31] A excelência em *marketing* de serviços exige a excelência em três áreas abrangentes: *marketing* externo, interno e interativo.[32] O **marketing externo** é o

>> Fidelizar o cliente com atendimento de altíssimo nível ao cliente é a base da cultura corporativa da Zappos, uma cultura promovida por Tony Hsieh, CEO de longa data da empresa.

processo normal de preparo, determinação de preço, distribuição e promoção de um serviço ao cliente. O **marketing interno** consiste no processo de treinamento e motivação de funcionários para que atendam bem os clientes. A maior contribuição que pode ser dada pelo departamento de *marketing* é ser "excepcionalmente hábil em induzir todos os outros setores da organização a fazer *marketing*".[33] O **marketing interativo** descreve a habilidade dos funcionários em servir ao cliente. No *marketing* interativo, o trabalho em equipe é muitas vezes fundamental. Delegar autoridade aos funcionários da linha de frente pode permitir maior flexibilidade e adaptabilidade do serviço, pois promove uma melhor resolução de problemas, uma cooperação mais estreita entre os funcionários e uma transferência mais eficiente de conhecimentos.[34]

MELHORES PRÁTICAS DAS MELHORES EMPRESAS DE SERVIÇOS

Para alcançar excelência em *marketing* com seus clientes, empresas de serviços bem administradas têm foco em centralidade do cliente, comprometimento com a qualidade do serviço, uma ideia clara sobre a necessidade de atender os clientes de alto valor, além de implementar estratégias para gerenciar as reclamações dos clientes.

Centralidade do cliente. As maiores empresas de serviços são "obcecadas por seus clientes": sabem muito bem quem eles são e quais são suas necessidades. Por isso, desenvolvem uma estratégia distintiva para satisfazê-las. Na luxuosa rede de hotéis Four Seasons, os candidatos a um emprego devem passar por quatro entrevistas antes de serem contratados. Cada hotel também emprega um "historiador" para rastrear as preferências de cada hóspede. Com mais de 10 mil filiais nos Estados Unidos, mais do que qualquer outra corretora, a Edward Jones mantém-se próxima dos clientes designando um único consultor financeiro e um administrador para cada escritório. Embora dispendiosa, a manutenção dessas pequenas equipes promove relacionamentos pessoais.[35]

Centralidade do cliente significa enxergar o mundo em geral e os serviços da empresa em particular do ponto de vista do cliente. A centralidade do cliente vai além de prover os serviços que a empresa oferece e estende-se a entregar as soluções das quais os clientes precisam. Uma empresa centrada no cliente é proativa na identificação e na resolução das necessidades do cliente, não apenas reage e oferece os serviços que eles pediram explicitamente. Empresas como The Ritz-Carlton, Four Seasons, REI e Zappos adotaram a centralidade do cliente como princípio fundamental dos seus modelos de negócios. Uma empresa que recebe elogios consistentes pelo sucesso na construção da sua marca é a Singapore Airlines.

Singapore Airlines A Singapore Airlines (SIA) é amplamente reconhecida como a melhor companhia aérea do mundo, em grande parte devido aos seus extraordinários esforços de *marketing*. A companhia recebe tantos prêmios que tem de atualizar seu *site* mensalmente. Famosa por mimar seus passageiros, a SIA busca continuamente surpreender seus clientes e superar suas expectativas. Ela foi a primeira a oferecer sistemas de entretenimento sob demanda em todas as classes de voo, sistemas de som Dolby e um serviço exclusivo a passageiros de classe executiva e primeira classe para reserva de refeições antes do embarque. Graças ao seu exclusivo simulador de US$ 1 milhão, desenvolvido para reproduzir as condições de pressão e umidade do ar no interior de um avião, a SIA descobriu que as papilas gustativas mudam durante o voo e que, entre outras coisas, era preciso reduzir o tempero das refeições servidas a bordo. Seus novos contratados recebem quatro meses de treinamento, o dobro da média do setor, e os que já pertencem ao quadro de funcionários recebem quase três semanas de cursos de reciclagem por ano (ao custo de US$ 70 milhões).

Com sua reputação de excelência, a companhia atrai alguns dos melhores formandos da região e aloca para cada voo mais comissários de bordo e outros membros da tripulação de cabine do que a concorrência. A SIA adota a regra 40-30-30: 40% dos recursos vão para treinamento e motivação da equipe; 30% são gastos com a reavaliação de processos e procedimentos; e os 30% restantes vão para o desenvolvimento de novas ideias de bens e serviços.[36]

>> O sucesso do *marketing* da Singapore Airlines foi às alturas e conquistou elogios com o esforço contínuo para agradar os passageiros e superar suas expectativas.

Qualidade do serviço. Empresas como Marriott, Disney e Ace Hardware têm um compromisso sério com a qualidade de serviços. Seus gerentes analisam não somente o desempenho financeiro mensal da empresa, mas também o desempenho de seus serviços. Ray Kroc, do McDonald's, insistia em avaliar constantemente o QSLV (qualidade, serviço, limpeza e valor) de cada loja da rede. Algumas empresas colocam um lembrete no contracheque dos funcionários: "Proporcionado a você pelo cliente". Sam Walton, do Walmart, exigia de seus funcionários a seguinte promessa: "Juro e declaro solenemente que vou sorrir para cada cliente que estiver a até três metros de mim, olhá-lo nos olhos e perguntar-lhe educadamente se precisa de alguma ajuda". Allstate, Dunkin' Brands, Oracle e USAA têm executivos de alto escalão com cargos como diretor de clientes ou diretor de experiências, que têm o poder e a autoridade de aprimorar o atendimento aos clientes em todas as interações.[37]

Os melhores prestadores de serviços estabelecem padrões rigorosos para a qualidade de seus serviços. No setor altamente regulamentado dos bancos, o Citibank mantém seu objetivo de atender às ligações telefônicas em até 10 segundos e responder às cartas dos clientes em até dois dias, além de ser líder do setor no uso de mídias sociais para serviço ao cliente. Os padrões estabelecidos devem ser *apropriadamente* altos. Um padrão de eficiência de 98% pode parecer bom, mas é sinônimo de 64 mil encomendas perdidas pela Federal Express por dia, seis palavras erradas por página de um livro, 400 mil receitas médicas atendidas incorretamente por dia, 3 milhões de correspondências perdidas pelo serviço postal dos Estados Unidos por dia, interrupção dos serviços de telefone/internet/eletricidade por oito dias ao ano ou 29 minutos ao dia, mil produtos com rótulos (ou preços) errados em um supermercado e 6 milhões de pessoas não computadas no censo dos Estados Unidos.

As empresas mais eficientes na prestação de serviços avaliam regularmente tanto o desempenho das concorrentes quanto o delas próprias. Para isso, utilizam indicadores como o *voice of the customer* (VOC, ou voz do cliente) a fim de identificar o que satisfaz ou desagrada o cliente. Elas usam comparações com a concorrência, compradores misteriosos, pesquisas com os clientes, formulários de sugestões e reclamações, equipes de avaliação de serviço e cartas ao presidente. Os serviços podem ser avaliados pela *importância para o cliente* e pelo *desempenho da empresa*. A *análise ponderada de importância-desempenho* é utilizada para avaliar os diversos elementos do pacote de serviços e identificar as mudanças necessárias.

De modo geral, os consumidores americanos têm grandes expectativas quanto à prestação de serviços, o que explica por que, com frequência, eles acham que suas necessidades não são adequadamente atendidas. As avaliações negativas no setor de serviços ocorrem por vários motivos.

Os clientes reclamam de informações imprecisas, de funcionários desatenciosos, grosseiros ou mal treinados e de longo tempo de espera. Pior ainda, muitos acham que suas queixas nunca chegam realmente aos ouvidos de alguém em virtude de sistemas lentos ou falhos, seja por telefone, seja pela internet. Eles dizem que as empresas tratam inadequadamente as queixas *on-line* ao responder de modo seletivo ou inconsistente (ou simplesmente não respondendo) e dar evasivas, soando insinceras ou tentando apenas "subornar" o consumidor. Não tem de ser assim. Considere o caso da Butterball, maior empresa de produtos à base de peru dos Estados Unidos.

> **Butterball Talk Line** Disponível nos meses de novembro e dezembro, os mais de 50 especialistas do serviço de atendimento ao consumidor da empresa respondem a mais de 100 mil perguntas sobre como preparar, assar e servir perus. As perguntas vêm de milhares de famílias dos Estados Unidos e do Canadá; só no Dia de Ação de Graças são 12 mil ligações. Treinados na Universidade de Butterball, todos os operadores prepararam dezenas de perus de diversas maneiras e são capazes de lidar com inúmeras dúvidas que chegam até eles, inclusive por que os clientes não devem guardar perus na neve ou como saber quando estão prontos. A Talk Line começou em 1981 com seis voluntários que atenderam a telefonemas durante o período de festas e responderam a 11 mil perguntas sobre como assar perus. Mais recentemente, a empresa expandiu as maneiras como os clientes podem procurar a Talk Line, que agora incluem mídias sociais, *chats* ao vivo, mensagens de texto e até a Amazon Alexa.[38]

Atendimento de clientes de alto valor. Muitas empresas decidiram mimar os grandes gastadores para manter sua preferência o maior tempo possível. Os clientes nas faixas altas de lucro obtêm descontos especiais, ofertas promocionais e muitos serviços diferenciados; os clientes nas faixas baixas de lucro, que mal cobrem o custo de atendê-los, podem ser mais taxados, ter menos serviços disponíveis e efetuar suas consultas por mensagens de voz.

Quando a recessão de 2008 se instaurou, a Zappos decidiu parar de oferecer remessa expressa como cortesia a consumidores que compravam pela primeira vez e passou a oferecê-la somente a compradores que repetiam a compra. O valor economizado foi investido em um novo serviço VIP para os clientes mais fiéis da empresa.[39] Contudo, as empresas que fornecem níveis diferenciados

<< Especialistas treinados conversam francamente sobre perus com milhares de famílias americanas e canadenses todos os finais de ano e respondem a mais de 100 mil perguntas sobre como preparar, assar e servir o prato principal do jantar de Ação de Graças.

de serviço devem ser cuidadosas ao alardear um serviço superior; os clientes que recebem um tratamento menos diferenciado falarão mal da empresa e prejudicarão sua reputação. Um tipo de empresa que é especialista em identificar e atender os clientes de alto valor é o cassino.

Cassinos como Caesars Palace, Bellagio e Harrah's oferecem regalias aos grandes apostadores para convencê-los a se hospedar e jogar neles pelo máximo de tempo possível. É uma estratégia que dá resultado: apostadores de alto nível, denominados "baleias", regularmente arriscam milhares de dólares, ou até milhões, em uma única noite. Para muitos cassinos, os grandes apostadores representam até 40% das suas receitas. As regalias mais comuns para esses apostadores incluem quartos com descontos ou gratuitos, muitas vezes com um mordomo e um *chef* particular, carro de luxo com chofer (também gratuito) e até descontos nos prejuízos com as apostas. Alguns apostadores também são convidados para refeições em restaurantes listados no guia da Michelin situados dentro dos próprios hotéis-cassinos. Os cônjuges dos grandes apostadores que não se interessam por jogos de azar podem receber crédito nas lojas para convencê-los a passar mais tempo fazendo compras.[40]

Prestar serviços que maximizem tanto a satisfação do cliente quanto a lucratividade da empresa pode ser um desafio. Por um lado, a empresa precisa ter certeza de que cria benefícios significativos para os seus clientes de alto valor. Por outro, oferecer benefícios demais pode impactar negativamente os seus lucros e, logo, ser contraproducente. Considere a experiência do cassino Tropicana, em Atlantic City.

Ansioso por atrair grandes gastadores, o cassino Tropicana, de Atlantic City, fez uma oferta especial a Don Johnson, um grande apostador e jogador experiente de *blackjack*. As regras do jogo seriam modificadas de forma a reduzir a vantagem do cassino, e seria oferecido ao jogador 20% de desconto sobre as suas perdas (i.e., se perdesse US$ 500 mil, teria de pagar apenas US$ 400 mil). Na pressa de atrair Johnson para o seu cassino, os gerentes não perceberam que estavam exagerando na oferta ao dar a Johnson uma vantagem nas apostas. Com a probabilidade a seu favor, Johnson ganhou quase US$ 6 milhões em uma só noite, quantia igual à receita mensal do cassino. O Tropicana não foi o único a oferecer benefícios excessivamente generosos aos grandes apostadores; o Borgata e o Caesars, também de Atlantic City, sucumbiram à mesma sina e perderam US$ 9 milhões para Johnson.[41]

Gestão das reclamações dos clientes. Em média, 40% dos clientes que passam por uma experiência de má prestação de serviço param de fazer negócios com a empresa.[42] Contudo, se esses clientes estiverem dispostos a reclamar antes de procurar outro prestador, eles realmente oferecerão à empresa uma dádiva, caso a reclamação seja tratada de modo apropriado. Empresas que incentivam os clientes insatisfeitos a reclamar – e que delegam a seus funcionários poder para remediar a situação instantaneamente – alcançam ganhos e lucros mais altos do que aquelas que não têm uma abordagem sistemática à resolução de falhas.[43]

Induzir os funcionários da linha de frente a adotar comportamentos que *extrapolam* sua função e a defender os interesses e a imagem da empresa junto aos consumidores, bem como tomar a iniciativa e engajar-se em uma conduta consciente no trato com os clientes, pode ser um trunfo fundamental no atendimento a reclamações.[44] Os clientes avaliam os incidentes queixosos em relação aos resultados que obtêm, aos procedimentos utilizados para chegar a esses resultados e à natureza do tratamento interpessoal durante o processo.[45] As empresas também buscam qualificar seus *call centers* e *representantes de atendimento ao cliente* para melhorar o modo como lidam com reclamações. O texto "*Insight de marketing*: como tornar os *call centers* de empresas mais eficientes", no final deste capítulo, ilustra o que as grandes empresas estão fazendo.

DIFERENCIAÇÃO DE SERVIÇOS

Quando um produto físico não pode ser facilmente diferenciado, a chave para seu sucesso competitivo pode estar na adição de serviços valorizados e na melhoria da qualidade com que são prestados. A Rolls-Royce PLC garante alta demanda por seus motores de aeronave monitorando o funcionamento de seus equipamentos ao redor do mundo, de modo contínuo e ao vivo, por meio de satélites. Pelos programas TotalCare e CorporateCare, as companhias aéreas pagam à Rolls uma taxa por hora voada de um motor, e a Rolls assume os riscos e custos pelo tempo de inatividade e reparos.

Os principais diferenciadores de serviços são: facilidade de pedido; entrega rápida e no momento certo; instalação, treinamento e consultoria; manutenção e reparo; e devoluções.

Facilidade de pedido. A facilidade de pedido diz respeito à facilidade com que o cliente pode fazer um pedido à empresa. À medida que os mercados se tornam mais competitivos, muitas empresas se concentram em tornar o processo de realizar um pedido o mais conveniente possível. Isso envolve simplificar todos os aspectos da interação do cliente com a empresa, desde a avaliação inicial das opções disponíveis até a compra em si. Assistentes de voz como Alexa, Google Home e Siri usam inteligência artificial para prever as preferências do consumidor e, assim, ajudam a facilitar ainda mais o processo de pedido.

O esforço para simplificar o processo de realizar um pedido não se limita ao mercado consumidor, tendo também um papel importante nos mercados empresariais. A Baxter Healthcare fornece aos hospitais terminais de computador, pelos quais os pedidos são enviados diretamente a ela, o que simplificou o processo. Outro exemplo de simplificação do processo de encomenda é a Align Technology.

Align Technology A Align Technology foi pioneira em aparelhos ortodônticos invisíveis no mercado com o lançamento do sistema Invisalign, que são aparelhos transparentes usados para ajustar os dentes. A empresa nasceu da simples observação de que os aparelhos dentários normalmente receitados após procedimentos ortodônticos poderiam ser usados para realinhar os dentes e não apenas para impedir que se movessem. A observação levou à ideia de que uma série de alinhadores personalizados poderiam ser usados para endireitar dentes desalinhados. Até 2018, o sistema Invisalign havia sido usado para tratar mais de 5 milhões de pacientes, sendo amplamente adotado por profissionais da odontologia. Para simplificar o processo de tratamento, a empresa lançou um *scanner* digital que substituía o processo trabalhoso e demorado de fazer moldes físicos. O uso da tecnologia digital permitiu que a empresa acelerasse o processo de realização de pedidos, aumentasse a qualidade dos moldes e melhorasse a experiência geral dos clientes.[46]

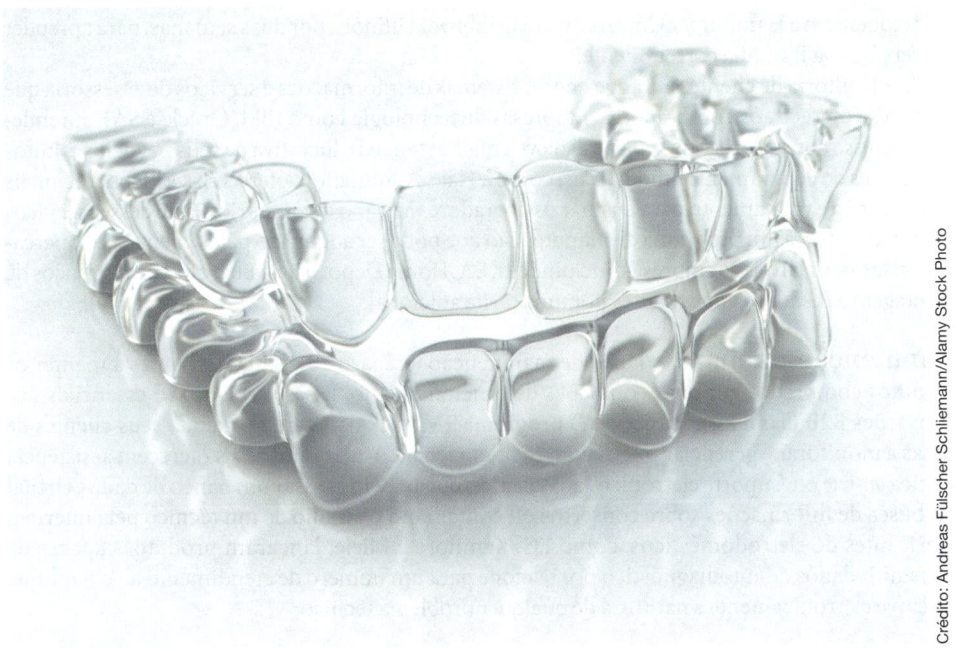

<< Com o uso de tecnologia de *scanners* digitais para eliminar a necessidade de moldes físicos, a Align Technology simplificou, acelerou e melhorou o processo ortodôntico, tanto para os pacientes quanto para os dentistas.

Muitas empresas, especialmente aquelas que oferecem serviços de assinatura, vão além da transação individual para garantir que os clientes continuarão a usar o serviço. A Harry's, um serviço de assinatura de lâminas e cremes de barbear, simplificou as decisões dos consumidores com um processo em três passos que ajuda na escolha da lâmina e determina a frequência com que o cliente receberá peças de reposição. A Gillette criou um sistema de pedido por mensagem de texto para o seu serviço de assinatura: os membros enviam a mensagem "BLADES" (lâminas) quando querem uma nova encomenda. No mesmo espírito, a Amazon lançou o Dash, dispositivo por *wi-fi* com o qual o cliente aperta um botão para encomendar novamente um determinado produto (como lâminas de barbear, sabão em pó ou comida para cachorro).

Entrega rápida e no momento certo. A entrega refere-se à forma como um bem ou serviço é entregue ao cliente. Isso inclui agilidade, precisão e cuidado em todo o processo. Os consumidores de hoje esperam rapidez na entrega: *pizza* entregue em meia hora, óculos feitos em uma hora, carros lubrificados em 15 minutos. Muitas empresas adotaram sistemas computadorizados de *resposta rápida* que interligam os sistemas de informações dos fornecedores, das fábricas, dos centros de distribuição e das lojas de varejo para melhorar o processo de entrega.

No mercado consumidor, a Amazon lidera a corrida por entregas mais rápidas entre os varejistas *on-line*, oferecendo opções de entrega que vão desde uma semana a algumas poucas horas de espera. Serviços de entrega de alimentos como o Uber Eats ajudam muitos restaurantes e fornecedores a oferecer entrega rápida e confiável aos seus clientes sem precisar investir no desenvolvimento da sua própria infraestrutura de entrega.

No mercado empresarial, a Cemex, gigante do setor de cimento com sede no México, transformou o negócio de cimento ao prometer uma entrega de concreto mais rápida do que a de uma *pizza*. A empresa equipa suas betoneiras com um sistema GPS para saber sua localização em tempo real. Seu programa de serviço ininterrupto, o LOAD, garante entregas em uma janela de 20 minutos, fornecendo flexibilidade em um setor em que atrasos são dispendiosos, porém comuns.[47]

Instalação, treinamento e consultoria. A instalação está relacionada com o trabalho feito para colocar um produto em funcionamento no local planejado. A facilidade de instalação é um ponto decisivo na venda para principiantes em tecnologia e de produtos complexos, como equipamentos pesados.

Oferecer treinamento ao cliente significa capacitar os funcionários do cliente para utilizar os equipamentos da maneira mais apropriada e eficiente. A General Electric não apenas vende e instala equipamentos caros de raio X em hospitais, mas também oferece treinamento abrangente para os usuários do produto. Nos Estados Unidos, o McDonald's exige que seus novos franqueados frequentem a Hamburger University, em Oakbrook, Illinois, por duas semanas, para aprender a gerenciar sua franquia corretamente.

A consultoria de clientes abrange dados, sistemas de informações e serviços de assessoria que a empresa oferece aos compradores. Empresas de tecnologia como IBM, Oracle e SAP aprenderam que essa consultoria é uma parte cada vez mais essencial e lucrativa de seus negócios. Muitos fabricantes de equipamentos industriais, como a Haas Automation, oferecem serviços adicionais de instalação e treinamento para ensinar os operadores a usar o maquinário. Parte desses serviços adicionais integra um programa de manutenção que pode ser adquirido pelos clientes. No mercado consumidor, diversas empresas, incluindo IKEA, Home Depot e Best Buy, oferecem serviços de montagem e instalação aos clientes por uma tarifa adicional.

Manutenção e reparo. Planos de manutenção e reparo auxiliam os clientes a manter os produtos comprados em boas condições de funcionamento. Esses serviços são essenciais nas transações B2B (*business-to-business*). O programa TVTrack da Goodyear ajuda seus clientes de frotas a monitorar e gerenciar pneus com mais eficiência. Muitas empresas oferecem assistência técnica *on-line* ou "suporte eletrônico" aos clientes, que podem acessar um banco de dados virtual em busca de informações sobre consertos ou contar com o auxílio de um técnico pela internet. Fabricantes de eletrodomésticos, como LG, Kenmore e Miele, lançaram produtos capazes de transmitir dados de autodiagnóstico por telefone para um número de atendimento ao cliente que descreve eletronicamente a natureza de qualquer problema técnico.

Os fabricantes de produtos de luxo reconhecem especialmente a importância de um processo de reparo livre de problemas. Embora os relógios Movado sejam de alta qualidade, seu processo de reparo estava longe disso, exigindo um trabalho manual moroso e gerando inconveniência ao cliente. Reconhecendo a necessidade de oferecer mais serviços digitais em geral, a Movado criou um *site* em que se pode comprar produtos diretamente da empresa, bem como executar muitas etapas iniciais do processo de reparo *on-line*, como registrar problemas e identificar possíveis opções de reparo, antes de entrar em contato diretamente com o atendimento ao cliente. O banco de dados criado pelos usuários do *site* também permitiu à empresa recrutar possíveis participantes para grupos focais e identificar tendências de reparo que possam sugerir problemas recorrentes de produção.[48]

Devoluções. Um incômodo tanto para clientes quanto para fabricantes, varejistas e distribuidores, as devoluções de produtos também são uma realidade incontornável dos negócios, especialmente no caso das compras feitas pela internet. Com o frete grátis cada vez mais popular, é mais fácil para os clientes experimentarem um item, mas isso também aumenta a probabilidade de devoluções.

As devoluções podem ser cumulativas. De acordo com uma estimativa, de 10 a 15% das vendas globais de Natal retornam como devoluções ou trocas, e o custo total anual pode chegar a US$ 100 bilhões.[49] Para o consumidor, as devoluções podem ser inconvenientes, embaraçosas ou difíceis de realizar, mas elas também têm um lado negativo para os comerciantes, como quando a mercadoria devolvida não está em condições de revenda, não tem comprovante de compra ou é devolvida à loja errada. Pior ainda: pode até ter sido usada ou roubada. No entanto, uma relutância em aceitar devoluções pode irritar os clientes.

Contudo, as devoluções de produto têm seu lado positivo. Devolver fisicamente um produto pode levar o consumidor à loja, talvez pela primeira vez. Uma pesquisa constatou que uma política leniente de devoluções deixava os clientes mais dispostos a realizar outras compras e recomendar a empresa a outras pessoas.[50]

Podemos pensar em devoluções de produtos de duas formas: devoluções controláveis ou incontroláveis.[51] *Devoluções controláveis* resultam de problemas ou erros incorridos pelo vendedor ou pelo cliente e podem ser eliminadas em grande parte com melhorias na manipulação ou na armazenagem, aprimoramentos na embalagem e transporte e logística mais eficazes por parte do vendedor ou de seus parceiros na cadeia de suprimentos. *Devoluções incontroláveis* resultam da necessidade dos clientes de realmente ver, testar ou experimentar pessoalmente os produtos para determinar sua adequação e não podem ser eliminadas pela empresa no curto prazo.

Uma estratégia básica é eliminar as causas dos retornos controláveis enquanto se desenvolvem processos para tratar os retornos incontroláveis. O objetivo é ter menos produtos devolvidos e colocar uma porcentagem mais elevada de volta ao canal de distribuição para ser revendida. A americana Road Runner Sports, com sede em San Diego, que comercializa tênis, roupas e equipamentos por meio de várias lojas, catálogos e *site*, treina seus vendedores para que saibam recomendar os produtos certos. Como resultado, sua taxa de devolução em tênis de corrida tem sido de 12%, significativamente abaixo da média setorial de 15 a 20%.[52]

INOVAÇÃO COM SERVIÇOS

A inovação é tão vital no setor de serviços quanto em qualquer outro.[53] Novas categorias de serviços surgem constantemente para satisfazer necessidades e desejos não atendidos, como é o caso do Drybar, um novo conceito de salão de beleza criado em torno de uma promessa simples: "No Cuts. No Color. Just Blowouts for Only $40" (Sem cortes, sem coloração, somente escova por apenas US$ 40). Outros exemplos são o *site* Reddit, um gigantesco fórum digital *on-line* com dezenas de milhares de fóruns ativos, onde usuários cadastrados podem publicar conteúdos ou *links*, e a *startup on-line* CareLinx, um serviço que oferece cuidadores e assistência não médica a idosos em atendimento domiciliar.

Considere como surgiram as seguintes categorias de serviços e como, em alguns casos, foram criadas soluções criativas em categorias preexistentes.

>> Novas categorias de serviços estão sempre surgindo, como o Drybar, uma rede de salões que faz somente escovas e foi fundada por Alli Webb.

Viagens *on-line* Agentes de viagem como Expedia e Travelocity oferecem aos clientes a comodidade de reservar viagens a preços baixos pela internet. Entretanto, para que ganhem dinheiro, é preciso que os consumidores visitem seus *sites* e reservem viagens. A Kayak conseguiu entrar na categoria mais tarde com a aplicação do modelo de negócio do Google de faturar com base em cliques. A ênfase de *marketing* da Kayak está em desenvolver um mecanismo de busca mais eficaz, oferecendo mais alternativas, flexibilidade e companhias aéreas. A Kayak facilita as buscas para quem quer viajar, usando um algoritmo de inteligência artificial que leva em consideração os fatores de preço, duração e quantidade de escalas e oferece informações sobre (e descontos em) hotéis próximos.[54]

Clínicas de saúde dentro de lojas Uma das áreas em que é mais difícil inovar é a de cuidados com a saúde. Contudo, enquanto o sistema de saúde atual está projetado para tratar um pequeno número de casos complexos, as clínicas de saúde instaladas dentro de lojas tratam um grande número de casos simples. Clínicas desse tipo, como Quick Care, RediClinic e MinuteClinic, costumam ser encontradas em drogarias e outras redes de lojas de varejo, como Target e Walmart. Normalmente, elas contam com enfermeiros para tratar doenças e lesões leves, como gripes, resfriados e infecções de ouvido, e aplicar vacinas, além de oferecer vários serviços de saúde e bem-estar, como exames médicos para prática de esportes nas escolas. Elas procuram oferecer um serviço acessível e previsível, com transparência de preços, sem hora marcada, sete dias por semana (inclusive à noite). A maioria das consultas não leva mais de 15 minutos, e os custos variam de US$ 25 a US$ 100.[55]

Aviação privada Inicialmente, a aviação privada restringia-se à posse ou ao fretamento de um avião particular. A propriedade fracionada, lançada pela NetJets, permite aos seus clientes pagar uma porcentagem do custo de um avião privado mais manutenção e custo direto por hora, tornando o serviço mais acessível para uma base mais ampla de clientes. A Marquis Jets teve a ideia simples de combinar o tempo pré-pago na maior e mais bem conservada frota do mundo com a consistência e os benefícios da propriedade fracionada, sem o compromisso de longo prazo. As duas empresas fundiram-se em 2010. Assim como a concorrente Flight Options, as empresas de aviação privada estão capitalizando o aumento da insatisfação dos executivos com o serviço de linhas aéreas comerciais e a necessidade de opções eficientes de viagem.[56]

Inovar em serviços existentes também pode gerar grandes retornos. Quando a Ticketmaster lançou mapas interativos que permitiam aos clientes escolherem seus assentos, em vez de receberem um na base do "melhor assento disponível", a taxa de conversão de compradores em potencial para compradores efetivos saltou para 30%, um aumento de 25%. Persuadir um comprador de ingressos a adicionar uma publicação do tipo "estou indo..." no Facebook rende, em média, US$ 5 extras em venda de ingressos, ao passo que adicionar resenhas de um espetáculo no *site* dobra a taxa de conversão.[57]

A empresa de serviços que inova com regularidade pode intrigar os clientes e manter-se um passo à frente de qualquer concorrente.[58] Às vezes, uma categoria de serviço pode ser reinventada, como no caso do Cirque du Soleil.

Cirque du Soleil   Em seus mais de 25 anos de história, o Cirque du Soleil (que significa "circo do sol" em francês) fugiu continuamente do conceito convencional de circo. Nele, personagens tradicionais, como trapezistas, palhaços, fisiculturistas e contorcionistas, atuam em um cenário inusitado com trajes suntuosos ao som de música *new age* e cenografia espetacular. Além disso, ele eliminou outros elementos comumente vistos em um circo, pois não há animais. Cada produção está vagamente associada a um tema, como "um tributo à alma nômade" (Varekai) ou "uma fantasmagoria da vida urbana" (Saltimbanco). O grupo, que começou fazendo apresentações artísticas nas ruas de Quebec, tornou-se um negócio global de meio bilhão de dólares, empregando 3 mil funcionários em quatro continentes para entreter milhões de espectadores anualmente. Parte de seu sucesso vem de uma cultura corporativa que incentiva a criatividade artística e a inovação e protege cuidadosamente sua marca. Uma nova produção é criada a cada ano, sempre internamente, e é única. Não há dois grupos apresentando o mesmo espetáculo. Além de um *mix* de mídia e de promoção local, um extenso programa de envio de *e-mails* aos milhares de membros do Cirque Club cria uma comunidade de fãs, e cerca de 20 a 30% do total de vendas de ingressos provêm dos associados ao clube. Gerando US$ 800 milhões em receita anual, a marca Cirque du Soleil expandiu-se para abranger um selo de música, uma operação de varejo e produções permanentes em Las Vegas (cinco, ao todo), Orlando, Tóquio e outras cidades.[59]

<< O Cirque du Soleil tem suas raízes nas apresentações de rua, mas transformou-se em um empreendimento global ao descartar alguns elementos circenses tradicionais e utilizar outros em espetáculos temáticos inovadores.

Gestão da qualidade de serviço

A qualidade do serviço de uma empresa é testada sempre que o serviço é prestado. Se os vendedores mostram-se entediados, não conseguem responder a perguntas simples ou conversam uns com os outros e deixam os clientes esperando, estes pensarão duas vezes antes de fazer negócios novamente com a empresa. Uma entrega impecável é o ideal para qualquer organização que presta serviços. Duas atividades importantes são administrar as expectativas dos clientes e adotar tecnologias de autoatendimento.

COMO ADMINISTRAR EXPECTATIVAS DE CLIENTES

Os clientes formam expectativas a partir de várias fontes, incluindo experiências anteriores, comunicação boca a boca e propaganda. De modo geral, eles comparam o serviço percebido com o serviço esperado. Se o serviço percebido não atender às expectativas do serviço esperado, os clientes ficarão decepcionados. Empresas bem-sucedidas adicionam a suas ofertas benefícios que não somente satisfazem os clientes, mas também os surpreendem e encantam.[60] Uma empresa que construiu seu negócio com foco em exceder as expectativas do cliente é a American Express.

> **American Express** A American Express adotou uma abordagem de construção de relacionamentos segundo a qual parte da avaliação dos representantes de atendimento baseia-se no *feedback* dos clientes. Os representantes, chamados de profissionais de atendimento ao cliente, podem ver todo tipo de dados relevantes em sua tela quando um cliente liga, incluindo nome, idade, endereço e hábitos de compra e pagamento. Seja no caso do titular de um cartão que perde a carteira ou a mala durante uma viagem, seja no caso de um pedido de ajuda para encontrar uma criança desaparecida em um país estrangeiro, a American Express capacitou seus profissionais de atendimento ao cliente a fazer o que for preciso para prestar assistência. Esse nível exemplar de serviço ao cliente também traz benefícios financeiros. Associados que classificam a sua experiência positivamente tendem a aumentar seus gastos com cartão AmEx de 10 a 15% e são de quatro a cinco vezes mais propensos a permanecer como clientes, elevando o valor de acionista. Não menos importante, em virtude de sua forte cultura de serviço e apoio, a American Express apresenta algumas das mais altas taxas de retenção de funcionários do setor.[61]

>> Os representantes de atendimento ao cliente estão capacitados a fazer tudo o que for possível para preservar e aumentar a satisfação dos clientes da American Express. No processo, eles geram benefícios financeiros para a empresa.

O modelo de qualidade de serviços apresentado na Figura 9.2 destaca as exigências mais importantes para a prestação de serviços de alta qualidade.[62] Também são identificados cinco *gaps* que levam ao fracasso na prestação de serviços.

1. Gap *entre as expectativas do consumidor e as percepções dos gestores*: nem sempre o gestor entende corretamente o que o cliente quer. Administradores de hospitais podem achar que os pacientes querem uma comida melhor, quando na verdade estão mais preocupados com a qualidade do serviço de enfermagem.
2. Gap *entre as percepções dos gestores e as especificações da qualidade de serviços*: o gestor pode entender corretamente os desejos do cliente, mas não ser capaz de estabelecer um padrão específico de desempenho. Administradores de hospitais podem dizer aos enfermeiros para prestar um serviço rápido, sem especificá-lo quantitativamente.
3. Gap *entre as especificações da qualidade dos serviços e sua entrega*: os funcionários podem ser mal treinados, incapazes ou desinteressados em relação ao padrão, podendo ainda receber orientações conflitantes. As enfermeiras podem ficar confusas se devem dedicar o tempo que for necessário para ouvir clientes ou se devem atendê-los rapidamente.
4. Gap *entre a entrega dos serviços e as comunicações externas*: as expectativas do cliente são afetadas por declarações feitas por representantes da empresa e por mensagens de propaganda. Se o folheto de um hospital mostra acomodações bonitas, mas, ao chegar ao hospital, o paciente se depara com um quarto modesto e de mau gosto, as comunicações externas distorceram as expectativas do cliente.
5. Gap *entre o serviço percebido e o serviço esperado*: ocorre quando o consumidor tem uma percepção equivocada sobre a qualidade do serviço. O médico pode visitar o paciente com frequência para mostrar que se interessa por ele, mas o paciente pode interpretar essas visitas como um sinal de que sua doença é grave.

Diversos trabalhos validaram o papel das expectativas na interpretação e na avaliação de consumidores sobre o serviço prestado e o relacionamento que adotam com a empresa ao longo do

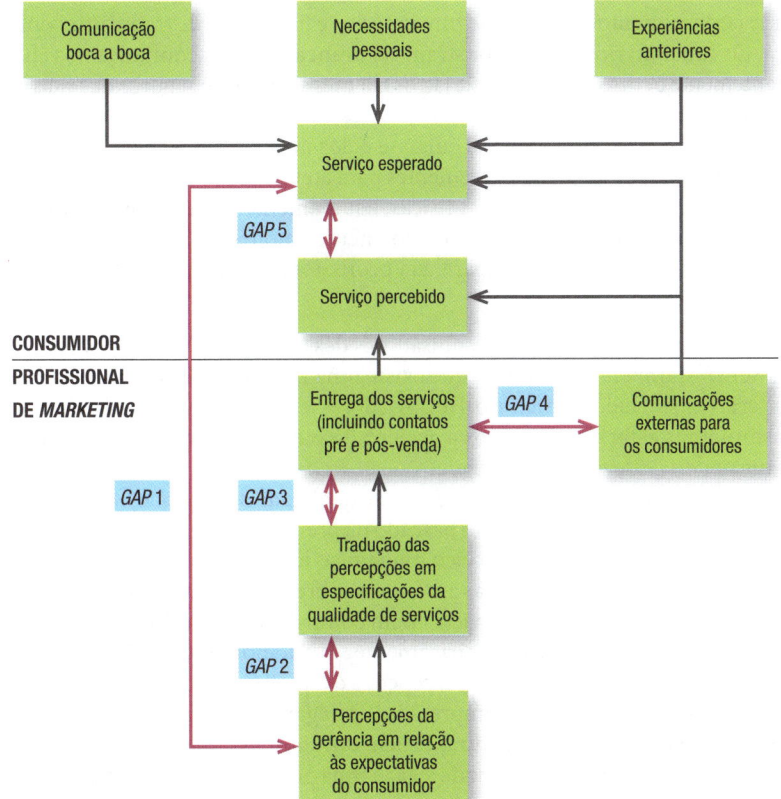

FIGURA 9.2

Modelo de qualidade dos serviços.

Crédito: A. Parasuraman, Valarie A. Zeithaml e Leonard L. Berry, "A Conceptual Model of Service Quality and Its Implications for Future Research," *Journal of Marketing*, Fall 1985, p. 44.

tempo.⁶³ De modo geral, ao decidir se mantêm um relacionamento de serviço ou saem dele, os consumidores voltam o olhar para o futuro em relação ao seu comportamento provável e às interações com a empresa. Assim, qualquer atividade de *marketing* que afete a utilização atual ou a expectativa futura pode ajudar a solidificar um relacionamento de serviço.

No que diz respeito aos serviços de fornecimento contínuo, como serviços públicos, assistência médica, serviços financeiros e de informática, seguros e outros, de associação ou assinatura, observou-se que os clientes calculam mentalmente os benefícios econômicos percebidos em relação aos custos econômicos. Em outras palavras, é como se os clientes se perguntassem: "Estou aproveitando esse serviço o suficiente, levando em conta o que pago por ele?". Uma resposta negativa acarretará uma mudança de comportamento e o possível encerramento de uma conta.

Os relacionamentos duradouros de serviços podem enfrentar algumas desvantagens. Por exemplo, o cliente de uma agência de propaganda pode achar que, com o tempo, a agência perdeu sua objetividade, que suas ideias estão cansadas e rançosas e que ela começou a tirar proveito do relacionamento.⁶⁴

GESTÃO DA QUALIDADE DE SERVIÇO

Com base nesse modelo, os pesquisadores identificaram cinco fatores determinantes da qualidade dos serviços (confiabilidade, capacidade de resposta, segurança, empatia e itens tangíveis), que estão descritos a seguir por ordem de importância.⁶⁵

- *Confiabilidade*: habilidade de prestar o serviço de modo confiável e exatamente como prometido. Envolve prestar o serviço como prometido, oferecendo confiabilidade no modo como resolve os problemas de serviço dos clientes, acertando os serviços na primeira tentativa, prestando-os no momento prometido, registrando informações sem erros e contratando funcionários que têm o conhecimento necessário para responder às perguntas dos clientes.
- *Capacidade de resposta*: disposição para ajudar clientes e fornecer serviço prontamente. Envolve manter os clientes informados sobre quando os serviços serão realizados, prestar atendimento rápido aos clientes, estar disposto a ajudá-los e demonstrar prontidão para responder aos pedidos deles.
- *Segurança*: conhecimento e cortesia de funcionários e habilidade de transmitir confiança e segurança. Os funcionários que demonstram segurança incutem confiança nos clientes e são consistentemente bem-educados, o que faz os clientes se sintirem seguros nas suas transações.
- *Empatia*: atenção individualizada dada aos clientes. Envolve dar atenção individual aos clientes, lidar com eles de forma atenciosa, guiar-se pelos interesses dos clientes, entender as suas necessidades e oferecer horários convenientes para atendê-los.
- *Itens tangíveis*: aparência de instalações físicas, equipamentos, funcionários e material de comunicação. Os itens tangíveis incluem equipamentos modernos, instalações atraentes, funcionários bem-arrumados e com aparência profissional e materiais visualmente atraentes associados ao serviço.

Com base nesses cinco fatores, os pesquisadores desenvolveram a escala SERVQUAL, composta de 21 itens.⁶⁶ Também observaram que existe uma **zona de tolerância**, uma faixa em que um serviço seria considerado satisfatório. De um lado, essa faixa está ancorada pelo nível mínimo que os consumidores estariam dispostos a aceitar; do outro, está ancorada pelo nível que eles acreditam que poderia e deveria ser entregue.

Pesquisas subsequentes ampliaram o modelo de qualidade dos serviços. Um modelo de processo dinâmico de qualidade de serviço foi baseado na premissa de que percepções e expectativas de clientes em relação à qualidade de serviço mudam ao longo do tempo, mas, em determinado instante, são uma função das expectativas anteriores sobre o que *vai* acontecer e sobre o que *deveria* acontecer durante a realização do serviço, assim como do que foi *realmente* entregue durante o último contato.⁶⁷ Segundo o modelo empiricamente testado por pesquisadores, os dois tipos de expectativa têm efeitos opostos sobre as percepções da qualidade do serviço. Assim, aumentar as expectativas do cliente sobre o que empresa *vai* entregar pode levar a uma percepção de melhor qualidade geral do serviço. Em contrapartida, diminuir as expectativas do cliente sobre o que a empresa *deveria* entregar também pode levar a uma percepção de melhor qualidade geral do serviço.

GESTÃO DO AUTOATENDIMENTO

Os consumidores valorizam a conveniência nos serviços,[68] e muitos serviços que exigem interação pessoal têm sido substituídos por tecnologias de autoatendimento. Além das tradicionais máquinas automáticas de salgadinhos e refrigerantes, o autoatendimento inclui caixas eletrônicos (ATMs), postos de gasolina com autoabastecimento, hotéis com *check-out* automático e diversas atividades realizadas pela internet, como compra de ingressos, transações financeiras e personalização de produtos.

Para simplificar as suas operações e acelerar o atendimento ao cliente, o Chili's instalou telas de computador nas mesas de seus restaurantes para que os clientes possam fazer os pedidos e pagar com cartão de crédito. O restaurante constatou que os usuários desse serviço gastam mais, em parte porque compram mais sobremesas e café quando estão diante de uma tela. Outro exemplo: a OpenTable permite que os clientes façam reservas em restaurantes com facilidade pela internet.

> **OpenTable** Maior sistema de reservas *on-line* do mundo, a OpenTable permite que os usuários façam uma reserva em seu *site* ou em seu aplicativo para celulares em milhares de restaurantes do mundo. Por uma taxa de instalação e uma mensalidade bastante modestas – US$ 249 ao mês por *software* para gerenciar reservas mais US$ 1 por pessoa atendida pelo *site* –, um restaurante pode ter acesso à ampla base de clientes da OpenTable. Com metade dos restaurantes da América do Norte inscritos e mais de 15 milhões de pessoas atendidas mensalmente por meio do *site*, o serviço vem adicionando funcionalidades. Por exemplo, a aquisição da Foodspotting por US$ 10 milhões permitiu que os usuários pesquisem um cardápio pelas imagens dos pratos. Com mais de 40% das reservas feitas por celular ou *tablet*, a OpenTable tem reforçado sua estratégia móvel e adicionado serviços de pagamento com um novo aplicativo. A empresa atualizou o seu principal pacote para administradores de restaurantes, o GuestCenter, para melhorar a capacidade de reservar mesas para grupos grandes e gerenciar melhor os horários dos garçons. Hoje, os clientes podem ver o que está acontecendo com as suas reservas em tempo real, e até mesmo no seu Apple Watch. A OpenTable também tem um sistema de pontos que oferece aos consumidores benefícios como acesso a degustações de vinho exclusivas e a cardápios em diversos restaurantes, além de refeições pagas. Sua prioridade agora é aproveitar a enorme quantidade de dados coletados sobre as preferências dos clientes para oferecer recomendações personalizadas de refeições.[69]

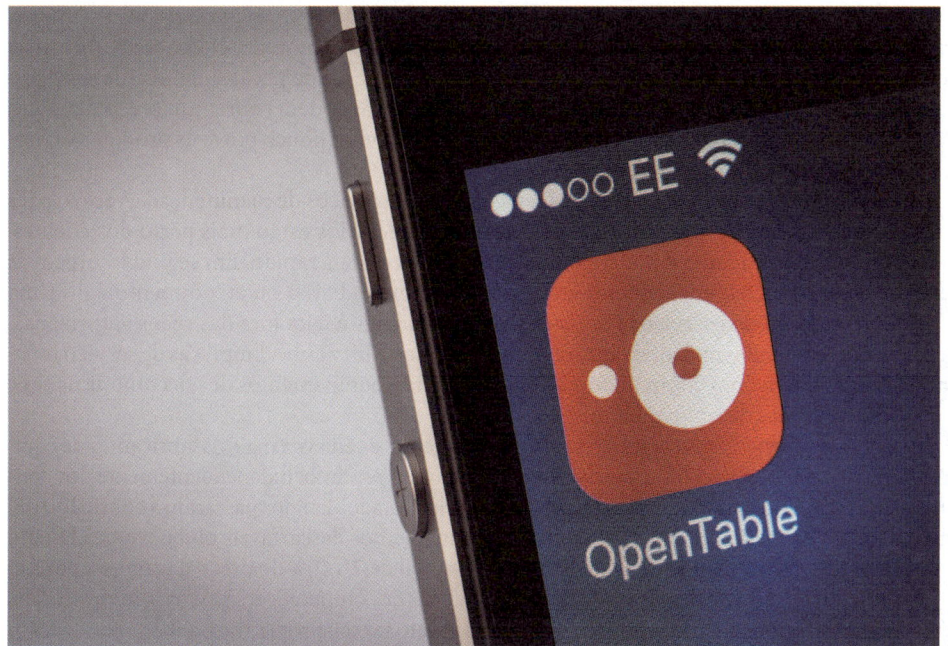

<< A OpenTable, gigante de reservas de restaurante *on-line*, permite que os clientes reservem uma mesa pelo telefone ou *tablet* e usa os dados acumulados sobre as preferências dos usuários para recomendar experiências customizadas.

Toda empresa precisa pensar em melhorar seu serviço usando tecnologias de autoatendimento. A Comcast precisa prestar menos atendimento aos clientes porque 40% de suas instalações são feitas por eles próprios e 31% dos clientes administram suas contas somente pela internet.[70]

Uma integração bem-sucedida da tecnologia à força de trabalho requer uma reengenharia completa da linha de frente para identificar o que as pessoas fazem melhor, o que as máquinas fazem melhor e como implantá-las separadamente e em conjunto.[71] Algumas empresas constataram que o principal obstáculo não está na tecnologia em si, mas em convencer os clientes a utilizá-la, sobretudo pela primeira vez.

Os clientes devem ter uma noção clara de seu papel no processo de autoatendimento, devem enxergar um benefício claro e devem sentir que realmente podem usar o autoatendimento.[72] A tecnologia de autoatendimento não é para todo mundo. Embora algumas vozes automatizadas cheguem a se popularizar entre os clientes, muitas podem incitar frustração e até mesmo raiva por ser impossível falar com um ser humano de verdade.

GESTÃO DE PACOTES DE BENS E SERVIÇOS

Não menos importantes do que os setores de prestação de serviços são aqueles baseados em bens que precisam oferecer um pacote de serviços paralelos.[73] Fabricantes de equipamentos, sejam eles pequenos eletrodomésticos, equipamentos para escritório, tratores, computadores de grande porte ou aeronaves, precisam fornecer serviços de suporte e assistência ao produto físico, um novo campo de batalha para conquistar vantagem competitiva. Muitas empresas de bens têm uma presença mais forte na *web* do que tinham anteriormente e devem garantir que também oferecem um serviço *on-line* adequado, se não superior.

Os produtos podem ser valorizados por meio de serviços diferenciados, como facilidade de pedido, entrega, instalação, treinamento do cliente, consultoria para o cliente, manutenção e reparo. Algumas fabricantes de equipamentos, como a Caterpillar e a John Deere, extraem uma considerável porcentagem de seu lucro desses serviços.[74] No mercado global, as empresas que fabricam um bom produto tangível, mas fornecem serviços de suporte técnico precários, estão em séria desvantagem.

A qualidade dos departamentos de atendimento ao cliente varia significativamente. Em um extremo, estão os departamentos que apenas transferem as ligações dos clientes para a pessoa ou a área encarregada, com pouco acompanhamento. No outro extremo, estão os departamentos com a função de receber as solicitações, as sugestões e até mesmo as reclamações dos clientes e resolvê-las com rapidez. Algumas empresas chegam a tomar a iniciativa de entrar em contato com os clientes para oferecer um serviço depois de finalizada a venda.[75]

Os fabricantes geralmente começam pela criação de seus próprios departamentos de peças e serviços. Eles querem estar perto dos equipamentos que fabricam e saber como resolver seus problemas. Além disso, acham que treinar outras pessoas é caro e demorado. Descobrem, inclusive, que podem ganhar um bom dinheiro operando tanto o negócio de peças quanto o de serviços: enquanto forem os únicos fornecedores de determinada peça, podem cobrar um preço mais alto por ela. Na verdade, muitos fabricantes de equipamentos cobram pouco por seus produtos e compensam isso fixando altos preços por peças e serviços.

Com o passar do tempo, os fabricantes repassam mais serviços de manutenção e reparo para distribuidores e revendedores autorizados. Esses intermediários estão mais perto dos clientes, operam em mais localidades e podem oferecer um serviço mais rápido. Em seguida, surgem as prestadoras de serviços independentes, que oferecem preço baixo ou atendimento ágil. Uma grande porcentagem dos serviços realizados em automóveis é feita fora das redes autorizadas, por oficinas e redes independentes como a Midas Muffler e a Jiffy Lube. Empresas de serviço independentes trabalham com computadores de grande porte, equipamentos de telecomunicações e diversas outras linhas de equipamento.

As opções de serviços aos clientes crescem rapidamente, e cada vez mais os fabricantes de equipamentos têm de descobrir como ganhar dinheiro com seu produto, independentemente dos contratos de serviços. Algumas garantias de carros novos nos Estados Unidos passaram a cobrir 100 mil milhas antes da primeira revisão. O aumento de equipamentos descartáveis ou que nunca falham deixa os clientes menos inclinados a pagar uma taxa anual de 2 a 10% do preço da compra por um serviço de manutenção. Uma empresa com várias centenas de computadores pessoais, impressoras e equipamentos relacionados pode calcular que é mais barato ter seu próprio pessoal de manutenção.

INSIGHT de *marketing*

Como tornar os *call centers* das empresas mais eficientes

Muitas empresas aprenderam da maneira mais difícil que clientes exigentes, com poder de decisão, não toleram ser mal atendidos. Após a fusão, Sprint e Nextel começaram a administrar seus *call centers* como centros de custo, em vez de um meio para aumentar a fidelidade do cliente. Os funcionários eram recompensados por manter breves as chamadas dos clientes, e, quando a administração começou a monitorar até as idas ao banheiro, o moral desabou. Com a rotatividade de clientes fora de controle, a Sprint Nextel iniciou um plano para a melhoria do serviço, enfatizando o atendimento em detrimento da eficiência. O primeiro diretor de serviços da empresa foi nomeado, e os operadores de *call center* passaram a ser recompensados por resolver problemas na primeira chamada de um cliente, não mais pela brevidade das ligações. Um ano depois, o cliente médio fazia contato com o atendimento ao cliente apenas quatro vezes, e não mais oito.

Algumas empresas, como AT&T, JPMorgan Chase e Expedia, têm *call centers* estabelecidos nas Filipinas, em vez de na Índia, pois os filipinos falam inglês com menos sotaque e assimilam mais a cultura americana do que os indianos, que falam inglês em estilo britânico e podem usar expressões idiomáticas desconhecidas.[76] Outras empresas selecionam com mais discernimento o tipo de chamadas que direcionam para *call centers* terceirizados no exterior, optando por direcionar as ligações mais complexas para representantes locais de atendimento ao cliente altamente treinados. Essa modalidade de trabalho costuma oferecer melhor qualidade de serviço a um custo menor e com menos rotatividade.

As empresas precisam definir o número necessário de representantes de atendimento ao cliente. Um estudo mostrou que o corte de apenas quatro atendentes em um *call center* composto de 36 profissionais fazia o número de clientes em espera por quatro minutos ou mais passar de 0 a 80. As empresas também podem tentar obter razoavelmente mais de cada representante. A rede de hotéis Marriott e outras empresas, como KeyBank e Ace Hardware, consolidaram as operações de *call center* em menos localidades, o que lhes permitiu manter o quadro de representantes no processo.

Recrutamento e treinamento de pessoal também são influentes. Um extenso estudo da Xerox demonstrou que um trabalhador eficaz de *call center* com alta probabilidade de permanecer no emprego pelos seis meses necessários para que se recupere o investimento de US$ 5 mil da empresa muito provavelmente teria uma personalidade criativa e não inquisitiva. Assim, quando seleciona candidatos para os cerca de 50 mil postos de trabalho dos seus *call centers*, em vez de enfatizar a experiência anterior, a Xerox leva em consideração respostas como "Faço mais perguntas do que a maioria das pessoas" e "As pessoas tendem a confiar no que digo".

Algumas empresas têm explorado os recursos de *big data* para associar um cliente ao atendente de *call center* mais adequado para atender às suas necessidades. Usando algo parecido com a metodologia de *sites* de namoro, uma tecnologia de análise avançada extrai dados de transação e informações demográficas tanto dos clientes (bens ou serviços que tenham comprado, termos contratuais e data de validade, registro de reclamações ou tempo de espera médio por chamada) quanto dos representantes de *call center* (tempo médio de atendimento e eficiência de vendas) para identificar as combinações ideais em tempo real.

Por fim, manter representantes de *call center* felizes e motivados também é, obviamente, essencial para que eles consigam prestar um excelente atendimento ao cliente. A American Express permite que os operadores de *call center* escolham seus próprios horários de trabalho e troquem turnos sem a aprovação prévia de um supervisor.[77]

Resumo

1. Um serviço é um ato essencialmente intangível que uma parte pode oferecer a outra e que não resulta na propriedade de algo. Ele pode estar ou não ligado a um bem físico.
2. Visto que os serviços geralmente têm alto conteúdo de experiência e crença, sua aquisição apresenta um maior risco, e os consumidores de serviços costumam confiar mais em preço, fornecedor e evidências físicas para avaliar a qualidade. Os custos de troca para muitos serviços tendem a ser altos, pois os clientes são bastante fiéis aos provedores de serviços que os atendem bem.
3. Os serviços são intangíveis, inseparáveis, variáveis e perecíveis. Cada uma dessas características representa desafios e requer certas estratégias. Os profissionais de

marketing devem encontrar maneiras de tornar tangível o intangível, aumentar a produtividade dos prestadores de serviços, melhorar e padronizar a qualidade do serviço fornecido e adequar o fornecimento de serviços durante períodos de pico e de baixa demanda do mercado.

4. O *marketing* de serviços enfrenta novas realidades no século XXI, em decorrência do poder do cliente, da coprodução do cliente e da necessidade de satisfazer tanto os funcionários quanto os clientes. A era digital claramente mudou o relacionamento com os clientes. Os clientes não se limitam a comprar e utilizar um serviço; eles desempenham um papel ativo em sua entrega.

5. Atingir excelência em *marketing* de serviços não pede apenas o *marketing* externo, mas também o *marketing* interno, para motivar os funcionários, e o *marketing* interativo, para enfatizar a importância tanto da alta tecnologia quanto do alto envolvimento pessoal.

6. As melhores empresas de serviços destacam-se nas seguintes práticas: concepção estratégica, histórico de compromisso da alta gerência com a qualidade, padrões rigorosos, níveis de lucros, sistemas de monitoramento do desempenho do serviço e de atendimento às reclamações do cliente. Também diferenciam suas marcas por meio de pacotes primários e secundários de serviço, além de inovação contínua.

7. A prestação de serviço superior ao cliente requer a administração das expectativas de clientes e a adoção de tecnologias de autoatendimento. As expectativas de clientes desempenham um papel crítico em suas experiências e avaliações de um serviço. Para gerenciar a sua qualidade, as empresas devem entender os efeitos resultantes cada vez que prestam o serviço. Para alcançar excelência em *marketing* com seus clientes, empresas de serviços bem administradas têm foco em centralidade do cliente, comprometimento com a qualidade do serviço e meta de atender os clientes de alto valor.

8. A diferenciação de serviços é um componente crucial para o sucesso do *marketing* da empresa. Os principais diferenciadores de serviços são: facilidade de pedido; entrega rápida e no momento certo; instalação, treinamento e consultoria; manutenção e reparo; e devoluções.

9. A qualidade do serviço é um fator crucial da satisfação do cliente. Ela tem cinco determinantes: confiabilidade, capacidade de resposta, segurança, empatia e itens tangíveis. Para criar valor para o cliente, a empresa deve esforçar-se para oferecer um serviço superior em todas essas dimensões e, ao mesmo tempo, enfocar os serviços que os clientes mais valorizam.

DESTAQUE de *marketing*

Ritz-Carlton

A Ritz-Carlton Hotel é uma rede de hotéis de luxo americana que opera 91 *resorts* e hotéis de luxo em 30 países. A empresa recebe grandes elogios pelos seus excelentes serviços e é reconhecida como o padrão máximo no departamento de atendimento ao cliente. Ao superar as expectativas dos clientes, a Ritz-Carlton tornou-se uma das empresas líderes no ramo de hospitalidade de luxo.

A Ritz-Carlton, que começou como The Ritz-Carlton Investing Company, foi fundada por Albert Keller na década de 1900. A empresa construíra diversos hotéis na Costa Leste dos Estados Unidos, em cidades como Boston, Filadélfia, Atlantic City e Boca Raton, mas, em 1940, ela praticamente não existia mais; apenas um hotel não havia sido fechado e vendido devido às dificuldades financeiras causadas pela Grande Depressão. O Ritz-Carlton em Boston continuou a operar (a unidade foi vendida em 2006 para a Taj Hotels) e serviu de alicerce para os hotéis futuros. O hotel tinha banheiros privados em cada quarto, cozinha *gourmet*, experiências personalizadas para os hóspedes e inúmeras amenidades que contribuíam para uma experiência de altíssimo luxo. Em 1983, foi formada a The Ritz-Carlton Hotel Company. Sob nova gestão, a Ritz-Carlton expandiu-se por todo o mundo, acrescentando novas unidades nos Estados Unidos, na Ásia e na Europa.

A pedra fundamental do sucesso da Ritz-Carlton é a fidelidade do cliente, conquistada com o atendimento excepcional. A experiência de atendimento é definida pelos *gold standards* (padrões-ouro) da Ritz-Carlton, que refletem os valores e a filosofia pelos quais a empresa opera. Os *gold standards* podem ser descritos pela declaração de missão da empresa: "The Ritz-Carlton é um locar onde o cuidado genuíno e o conforto de nossos hóspedes são nossa maior missão".

Para garantir a consistência nas suas interações com os clientes, na década de 1980, a Ritz-Carlton padronizou a linguagem usada pelos funcionários. A administração criou um linguajar diferenciado, com expressões como "o prazer é meu", "agora mesmo" e "estamos totalmente comprometidos esta noite". Com o tempo, essas expressões começaram a soar insinceras, pois os funcionários as utilizavam em situações em que não eram adequadas. Quando os funcionários diziam que era o seu prazer desentupir a pia ou limpar o banheiro, os hóspedes notavam isso. Questionários indicavam que os hóspedes achavam que as interações com funcionários haviam se tornado robóticas demais. A Ritz-Carlton reagiu e alterou seus padrões linguísticos para dar ênfase a conversas mais autênticas e não roteirizadas. Hoje, a Ritz-Carlton tem diretrizes mais tranquilas sobre como se dirigir aos hóspedes; ainda respeitosas e conscientes, mas que passam a sensação de honestidade.

Uma diferença do atendimento ao cliente da Ritz-Carlton é que os funcionários têm total autonomia para oferecer um serviço único e personalizado. Os funcionários são incentivados a garantir a felicidade dos hóspedes seja como for, sem precisar consultar um supervisor antes. Há inúmeras histórias de funcionários que vão além do esperado para gerar o fator "uau!". Por exemplo, quando o diretor de alimentação de um hotel notou uma mancha nas costas do casaco de um hóspede antigo e perguntou o que acontecera, este disse que era uma mancha velha que não conseguia tirar, mas que era um de seus casacos favoritos. Após a conversa, a recepcionista recolheu os casacos do hóspede e da sua família para deixá-los pendurados enquanto almoçavam. Enquanto isso, a equipe do restaurante levou o casaco do hóspede para a governança, que conseguiu remover a mancha. O hóspede ficou nas nuvens.

Na Ritz-Carlton, todos os funcionários, sem exceção, podem gastar até US$ 2 mil por dia por hóspede para resolver problemas dos clientes e tornar a sua experiência mais memorável. Um dos casos mais famosos ocorreu no Ritz-Carlton de Xangai. Um hóspede chegou ao hotel vestindo um paletó e uma bermuda havaiana. Na recepção, explicou que suas calças se rasgaram no aeroporto. Como o hóspede tinha uma reunião de negócios importante às 10h do dia seguinte, o agente ofereceu-se para ver se a governança conseguiria consertar a calça. Quando viu que seria impossível consertá-la, o agente foi ao distrito de compras de Xangai no início da manhã seguinte para resolver o problema. Após vasculhar diversas lojas, o agente encontrou e comprou uma calça que correspondia quase exatamente à peça original.

Para melhorar constantemente as suas práticas de atendimento ao cliente, a Ritz-Carlton coleta enormes quantidades de dados sobre suas operações, serviços, comportamento dos funcionários e *feedback* geral, que usa para criar o sistema de gerenciamento de clientes The Ritz-Carlton Mystique. Esses dados sobre aspectos específicos do comportamento dos hóspedes permitem que a Ritz-Carlton formule experiências personalizadas antes que os hóspedes cheguem aos seus hotéis e *resorts* ao redor do mundo. Os funcionários registram as preferências dos hóspedes, incluindo configuração do termostato, opções de bebida e alimentação, arrumação do quarto e seleção de amenidades.

A dedicação incansável em aperfeiçoar a experiência do cliente tornou a Ritz-Carlton um símbolo de excelência no atendimento ao cliente. Em troca, a Ritz-Carlton tem a fidelidade duradoura dos clientes – o cliente médio da Ritz gasta mais de US$ 250 mil na rede durante a sua vida. A Ritz-Carlton também adicionou ao seu portfólio os Ritz-Carlton Residences, condomínios residenciais em cidades e balneários. Os condomínios são caracterizados pelo mesmo atendimento, gestão e amenidades que a Ritz-Carlton oferece em seus hotéis.[78]

Questões

1. De que forma os hotéis da Ritz-Carlton se comparam com os hotéis concorrentes? Quais são as principais diferenças?
2. Discuta a importância das histórias de fator "uau!" para o atendimento ao cliente em um hotel de luxo como o Ritz-Carlton.
3. Quais são os principais aspectos da cultura corporativa da Ritz-Carlton? Qual é o papel da cultura corporativa para capacitar a empresa a oferecer uma experiência de alto nível para o cliente?

DESTAQUE de *marketing*

Nordstrom

Em 1901, John W. Nordstrom abriu uma pequena loja de sapatos em Seattle, que acabou se tornando uma rede de lojas de moda de luxo chamada Nordstrom. Na família há quatro gerações, atualmente a empresa comercializa roupas, acessórios, joias, cosméticos e perfumes de alta qualidade e das melhores marcas.

John Nordstrom estabeleceu alicerces fortes para a empresa no início do século XX. Ele construiu sua empresa com base na crença de sempre oferecer o nível mais alto possível de atendimento ao cliente, além de mercadorias de primeira linha. No varejo de calçados, a rede oferecia uma ampla gama de produtos para atender às necessidades e ao bolso de quase todos.

Quando John Nordstrom se aposentou, seus filhos Everett, Elmer e Lloyd continuaram a administrar o negócio com a mesma atitude orientada ao cliente. A empresa expandiu seus negócios para o ramo de vestuário, e as lojas foram abastecidas com uma ampla variedade de roupas de alta qualidade, em vários níveis de preço, para atrair a maioria dos consumidores. A Nordstrom acreditava que era melhor oferecer tamanhos demais de cada estilo do que correr o risco de não ter o suficiente e deixar um cliente frustrado caso seu tamanho não estivesse disponível. Os irmãos também instituíram a política da "decisão por consenso", que ajudou a levar a empresa adiante mesmo quando surgiam divergências.

A Nordstrom transformou-se em uma varejista bilionária sob a liderança da terceira geração da família (Bruce, John e Jim Nordstrom) e de Jack McMillan. Sua filosofia centrou-se em capacitar os gerentes e a força de vendas para tomar decisões que favorecessem os clientes, não a empresa. Ela recompensava os funcionários mais dinâmicos que demonstravam um espírito empreendedor e preferia contratar pessoas gentis que poderiam ser treinadas para vender, em vez de vendedores experientes que não primavam pela gentileza.

Foi durante esse período que a empresa também descentralizou seu processo de compra, dando aos gerentes regionais a liberdade de comprar estilos e roupas que atendessem às necessidades e aos gostos de sua área específica. Em outras palavras, os gerentes em Minnesota compravam de forma muito diferente dos seus colegas no sul da Califórnia. Para atender a cada região, a empresa incentivava sua força de vendas a perguntar regularmente aos clientes quais produtos e estilos eles gostariam de ver na loja. "Quando entramos em um mercado, nossa pior compra é a primeira", explicou Jim Nordstrom.

Atualmente, a Nordstrom continua a ser referência em padrão de atendimento ao cliente e fidelidade. A empresa é tão famosa por essa característica que histórias reais de

"heroísmo", ou atos inusitados de atendimento ao cliente, ainda circulam. Uma das mais conhecidas relata como, em 1975, um cliente entrou em uma loja Nordstrom querendo devolver um conjunto de pneus comprado na Northern Commercial Company, uma empresa do Alasca que a Nordstrom adquirira. Embora a Nordstrom nunca tivesse comercializado pneus, ela aceitou a devolução de bom grado e reembolsou o cliente imediatamente por sua compra. Em outro exemplo, uma vendedora percebeu que um cliente deixara sua passagem aérea no balcão da loja. Ela ligou para o aeroporto e solicitou à companhia aérea a emissão de outro bilhete, mas o pedido foi recusado. Sem hesitar, a vendedora tomou um táxi e entregou a passagem ao cliente em mãos no aeroporto.

A política de devoluções sem perguntas da Nordstrom permanece intacta, mas há muitos outros exemplos de seu atendimento excepcional. Seus representantes de vendas enviam cartas de agradecimento aos clientes que compram na loja, esquentam os carros deles nos dias mais frios e entregam pessoalmente pedidos especiais a domicílio. A Nordstrom instalou uma ferramenta chamada Personal Book em suas caixas registradoras, com a qual os vendedores podem registrar e, posteriormente, revisar as preferências específicas dos clientes, a fim de personalizar suas experiências de compras. Os vendedores também podem realizar vendas em qualquer departamento, dando-lhes mais oportunidades de desenvolver relacionamentos com seus clientes. A rede também oferece aos clientes múltiplos canais de compras, permitindo-lhes adquirir algo pela internet e retirar o produto em uma loja no prazo de uma hora.

No instante que entramos em uma loja da Nordstrom, fica evidente que o ambiente foi desenvolvido com o cliente em mente para criar uma experiência eficiente e agradável: "uma experiência memorável". A Nordstrom acredita que tem 15 segundos para capturar a emoção de um cliente quando ele entra na loja. Os corredores são limpos e organizados, as vitrines amplas criam uma atmosfera luminosa aberta, e o leiaute é fácil de navegar. Os provadores são grandes e bem iluminados, com lâmpadas que reproduzem a luz natural; as escadas rolantes são significativamente mais largas do que em outras lojas, para permitir que casais ou pais com filhos fiquem lado a lado; e cada componente é posicionado para criar um ambiente mais residencial. O leiaute das lojas é eficiente e ordenado, uma estratégia que foi copiada por outros varejistas de todo o mundo.

O programa de fidelidade do cliente da Nordstrom, batizado de The Nordy Club, recompensa os clientes em quatro níveis com base em seus gastos anuais: membros (US$0 a US$499), *insiders* (US$500 ou mais), influenciadores (US$2 mil ou mais) e embaixadores (US$5 mil ou mais). Todos os membros recebem ajustes básicos gratuitos a itens sem desconto, acesso a cursos gratuitos com estilistas para ajudar na curadoria do próprio visual, entrega na calçada ou no estacionamento para compras *on-line* e pontos de recompensa que podem ser trocados por crédito na loja. Os membros de mais alto nível recebem mais pontos por cada dólar que gastam e acesso antecipado a eventos de vendas. Além disso, estilistas visitam esses clientes em suas residências para oferecer serviços especializados de moda e consultoria de estilo pessoal.

Atualmente, a Nordstrom opera 380 lojas de linha completa e de saldos em 40 estados americanos, em Porto Rico e no Canadá. As lojas de linha completa incluem as lojas Nordstrom tradicionais, Nordstrom.com, Trunk Club (uma butique de vestuário masculino e feminino personalizado de médio e alto nível, adquirida em 2014), Jeffrey (butiques de luxo nas quais a Nordstrom adquiriu uma participação majoritária em 2005) e Nordstrom Local (lojas sem estoque lançadas pela rede em 2017). As lojas de saldos incluem Nordstrom Rack, Nordstromrack.com, HauteLook (loja *on-line* que oferece promoções relâmpagos de produtos de grife, adquirida pela Nordstrom em 2011) e as lojas de ponta de estoque Last Chance.

O foco de longo prazo no cliente, muitas vezes dispendioso, rendeu grandes benefícios para a empresa. A Nordstrom despontou como uma marca de luxo conhecida pela qualidade, confiança e serviço durante mais de 100 anos, e seus clientes permanecem fiéis mesmo em tempos difíceis. Muitos clientes optam por comprar na Nordstrom em detrimento de seus concorrentes em virtude de seu relacionamento já existente e de sua política descomplicada de devoluções. A Nordstrom continua estrategicamente focada no atendimento ao cliente e busca constantemente novos meios que contribuam para aprofundar e desenvolver a relação entre seus clientes e vendedores.[79]

Questões

1. Qual é o papel do atendimento no posicionamento da Nordstrom? O atendimento tem o mesmo papel nas experiências *on-line* e nas lojas físicas?
2. De que outra forma a Nordstrom poderia continuar a fornecer um serviço excepcional ao cliente e aumentar a fidelidade à marca?
3. Como a Nordstrom deveria trabalhar a popularidade crescente do varejo *on-line*? Ela tem como competir com sucesso no ambiente *on-line*? Quem são os maiores concorrentes da Nordstrom? Compare-os com a rede.

DESTAQUE de *marketing*

Oto CRM

A Oto CRM é uma unidade de negócio da PMWEB, empresa gaúcha que atua na prestação serviços de tecnologia para *marketing* e CRM. A imersão da PMWEB no universo da tecnologia e do *marketing cloud* iniciou com a aquisição de parte do seu controle acionário pela Responsys, uma empresa norte-americana com larga experiência no setor. Atualmente, a PMWEB tem dois grandes acionistas: a Wunderman Thompson, uma agência de propaganda britânica, e a Oracle, a maior empresa de gerenciamento de dados no mundo.

Atenta às mudanças no setor de varejo, que buscava alternativas de *e-commerce* e de relacionamento com consumidores, a PMWEB criou a Oto CRM. O nome "Oto" remete à natureza do serviço *on-line to off-line*, já que ela é uma plataforma que propicia ao varejista atuar a partir de uma estratégia *omnichannel*.

A Oto CRM é uma SaaS (*software as a service*, ou *software* como serviço), um modelo de negócio escalável que opera por meio de dados na nuvem e que se baseia no pagamento de mensalidades por parte de seus clientes. Ela tem foco em varejistas de médio e grande porte, que têm uma grande base de consumidores, com informações sobre o perfil desses consumidores e da sua jornada de consumo. A Oto foi criada em 2019, período pré-pandemia de covid-19, e expandiu-se rapidamente entre 2020 e 2021, devido à necessidade de o varejo adequar-se às leis que impediam ou restringiam a circulação de pessoas, o que gerou a impossibilidade de os consumidores visitarem as lojas físicas.

O propósito do serviço é articular as estratégias *on-line* e *off-line* por meio da expansão da atuação do vendedor, por isso ele atua em dois momentos do processo de venda: a pré-venda e a pós-venda. Na **pré-venda**, essa atuação ocorre por meio de segmentação da base de clientes, definição do seu perfil, criação de personas e histórico e comportamento de consumo disponível por meio de aplicativo a toda a equipe de vendas do varejista. A plataforma também fornece o RFV (ou RFM, em algumas literaturas), que trata da recência, frequência e valor monetário do cliente. O RFV é uma métrica que indica a frequência com que o consumidor efetua transações. Com base nesses indicadores, são disponibilizadas campanhas e/ou mensagens com ofertas individualizadas, seguindo o perfil dos consumidores finais das redes varejistas. Dessa forma, o varejista estabelece uma comunicação assertiva, integrada e multicanal com o seu consumidor final.

Na etapa de **pós-venda**, a Oto atua por meio da produção de relatórios contendo diversos indicadores de *performance* individuais da equipe de vendedores: vendas realizadas, taxa de conversão e receita proveniente dessas vendas. A empresa realiza análises e atribuições loja a loja alinhadas aos KPIs de *performance* (indicadores que permitem verificar se as estratégias digitais empregadas estão surtindo os resultados desejados). Em consonância, os gestores de varejo têm condições de rever estratégias e/ou adequá-las para atingir os objetivos e as metas traçadas para o negócio.

Os serviços ofertados pela Oto têm o cliente como centro (*customer centricity*). Por se tratar de um serviço B2B (*business to business*), o *design* (a solução para os problemas dos varejistas) tem origem na identificação das dores ou necessidades dos empreendedores/gestores na administração dos seus negócios nesse segmento: muitas plataformas para interagir com o cliente; indicadores de *performance* de lojas dispersos ou confusos; acesso complexo a esses indicadores; vendedores que não conhecem profundamente os consumidores; vendedores ociosos; vendedores com dificuldades de atingir e/ou superar metas; consumidor final que não vai até a loja; atendimento não humanizado.

Outra característica dos serviços da Oto é a coparticipação (participação do cliente/varejista na produção do serviço), pois, à medida que o *software* é aplicado, a rede varejista precisa dispor de uma base de dados atualizada dos seus consumidores. Esses dados são a matéria-prima para que a plataforma possa funcionar e gerar os resultados esperados, ou seja, promover o empoderamento do vendedor da loja, criar um sólido relacionamento entre vendedor/lojista e o consumidor final e gerar uma experiência positiva para o consumidor final.

Os clientes/varejistas mostram-se satisfeitos com os serviços prestados pela Oto. Em vídeos divulgados em seu *site*, há depoimentos de gestores de redes varejistas e vendedores que usam o aplicativo para se relacionar e se comunicar com os clientes finais. Entre os gestores, os comentários destacam que os serviços ofertados pela Oto proporcionam a efetiva administração dos seus negócios. Os relatórios gerados pela plataforma, as campanhas produzidas para os consumidores e os dados sobre *performance* dos vendedores e das lojas lhes permitem definir objetivos, estratégias e ações adequadas à realidade do mercado. Entre os vendedores, há ênfase na facilidade de acessar a plataforma e nos resultados que eles conseguem obter com o seu uso.

Esses depoimentos estão evidenciados na pesquisa realizada pela Forrester Consulting (2022), divulgada no *site* da Oto. O impacto econômico da sua atuação nas redes varejistas indica um crescimento de 20% na receita atribuída, 304% de ROI (retorno sobre o investimento) e um aumento de 10% na produtividade dos vendedores, além de *payback* em seis meses de operação.

Questões

1. O cenário pós-pandemia é muito desafiador para as empresas, especialmente para as varejistas, que é o público-alvo dos serviços ofertados pela Oto. Em função disso, sugira estratégias para a Oto administrar a perecibilidade.

2. Elenque os itens tangíveis e intangíveis presentes no serviço ofertado pela Oto. Em seguida, indique quais desses itens podem contribuir para reduzir a intangibilidade dos serviços prestados pela empresa e, consequentemente, podem contribuir para uma imagem positiva frente aos seus clientes.

3. A Oto faz parte das novas realidades dos serviços, sendo uma SaaS. Com base nesse raciocínio, indique estratégias que a empresa poderia desenvolver para aumentar a satisfação dos seus clientes (empresas varejistas de grande e médio porte).

Autora

Iara Silva da Silva Professora nos cursos de graduação da ESPM Porto Alegre, consultora de empresas nas áreas de *marketing* e comunicação. Doutora em comunicação social e mestre em administração e negócios pela PUCRS.

Referência

O IMPACTO econômico do Oto no verejo. *Oto CRM*, 2024. Disponível em: https://marketing.otocrm.com.br/forrester-tei-study. Acesso em: 15 jan. 2024.

10
Construção de marcas fortes

Líder de mercado, o Gatorade voltou a concentrar-se em seu mercado-alvo de atletas, com uma ampla variedade de novos produtos e uma campanha de propaganda renovada.
Crédito: The Gatorade Company.

As marcas são um dos ativos intangíveis mais valiosos de uma empresa, e compete ao *marketing* gerenciar adequadamente seu valor. Desenvolver uma marca forte é tanto uma arte quanto uma ciência; requer planejamento cuidadoso e profundo comprometimento de longo prazo, além de um *marketing* planejado e executado com criatividade. Marcas fortes geram intensa fidelidade do consumidor, e, em sua essência, está um excelente bem ou serviço. Criar uma marca forte é um processo sem fim, como descobriram os profissionais de *marketing* do Gatorade.

>>> As origens do Gatorade remontam a quase cinco décadas. O produto foi desenvolvido por pesquisadores da Universidade da Flórida para ajudar atletas a lidar com os efeitos

debilitantes do clima quente e úmido da região. Na esteira de seu sucesso como líder pioneiro da categoria de bebidas esportivas, a PepsiCo adquiriu sua controladora, a Quaker Oats, em 2001, por US$ 13 bilhões. A marca decolou ainda mais nos anos seguintes como resultado do gigantesco sistema de distribuição da PepsiCo e de uma série de lançamentos de produtos e embalagens. Contudo, quando a participação de mercado caiu de 80 para 75%, a PepsiCo decidiu que uma mudança era necessária. A equipe de *marketing* do Gatorade levou a marca de volta às suas raízes, afastando-se do mercado de massa para concentrar-se nos atletas. A meta era superar o mercado de bebidas esportivas de US$ 7 bilhões por ano e tornar-se um *player* importante no mercado de nutrição esportiva, avaliado em US$ 20 bilhões ao ano. Três novas linhas, denominadas 01 Prime, 02 Perform e 03 Recover, foram introduzidas para antes, durante e depois do treino, respectivamente, e direcionadas a três mercados diferentes. A linha G Series foi destinada a atletas de desempenho que praticavam esportes como lazer, universitários ou de alta intensidade; a linha G Series Fit focou em jovens na faixa de 18 a 34 anos que se exercitavam de três a quatro vezes por semana; e a linha G Series Pro mirou os atletas profissionais. A frase de efeito da propaganda "Win from Within" (Vença de dentro para fora) refletia o novo foco de marca do Gatorade naquilo que está *dentro* do corpo de um atleta, assim como a Nike era vista como símbolo do que está *fora* do corpo.[1]

Os profissionais de *marketing* das marcas de sucesso do século XXI precisam se destacar na **gestão estratégica de marca**, um processo que associa o desenvolvimento e a implementação de atividades de *marketing* a programas de desenvolvimento, mensuração e gestão de marcas com o objetivo de maximizar seu valor. O processo de gestão estratégica de marca envolve quatro etapas principais:[2] identificação e definição do posicionamento da marca; planejamento e implementação do *marketing* da marca; mensuração e interpretação do desempenho da marca; e crescimento e sustentação do valor da marca.

Como o *branding* funciona?

Talvez a habilidade mais distintiva de um profissional de *marketing* seja sua capacidade de criar, manter, aprimorar e proteger as marcas, sejam elas consagradas, como Mercedes, Sony e Nike, ou novas, como Warby Parker, Casper e Tovala.

A American Marketing Association (AMA) define **marca** como "um nome, termo, sinal, símbolo ou *design*, ou uma combinação de tudo isso, destinado a identificar os bens ou serviços de um fornecedor ou de um grupo de fornecedores para diferenciá-los de outros

---

Objetivos de aprendizagem Após ler este capítulo, você deverá ser capaz de:

10.1 Explicar o papel das marcas na criação de valor de mercado.

10.2 Descrever os princípios fundamentais da formulação de associações de marca e elementos de marca.

10.3 Discutir como a empresa deve estruturar a hierarquia das suas marcas.

10.4 Explicar como a empresa deve gerenciar suas marcas ao longo do tempo.

10.5 Descrever os principais aspectos do *branding* de luxo.

concorrentes". Em última análise, o propósito da marca é criar, para os consumidores, a empresa e seus colaboradores, valor que vai além daquele criado pelos aspectos de produto e de serviço da oferta.

A ESSÊNCIA DO *BRANDING*

Branding é o processo de dotar bens e serviços com o poder de uma marca. Tem tudo a ver com criar diferenças. Os profissionais de *marketing* usam nomes e outros elementos de marca para ensinar aos consumidores "quem" e "o que" é o produto e por que eles devem se interessar por ele. O *branding* eficaz cria estruturas mentais que ajudam o consumidor a organizar seu conhecimento sobre os bens e serviços de modo a tornar sua tomada de decisão mais clara e, nesse processo, gerar valor à empresa.

O *branding* existe há séculos como meio de identificar os produtos de um fabricante e diferenciá-los dos de outro. Os sinais mais antigos de *branding* na Europa eram as exigências das associações medievais de que os artesãos colocassem marcas em seus produtos para proteger a si mesmos e aos consumidores contra produtos de qualidade inferior. Nas belas-artes, o *branding* teve início quando os artistas passaram a assinar suas obras. Hoje, as marcas representam diversos papéis importantes que melhoram a vida dos consumidores e incrementam o valor financeiro das empresas.

Como se coloca uma "marca" em um produto ou serviço? Embora as empresas impulsionem a criação da marca por meio de planos de *marketing* e outras atividades, em última análise, a marca é algo que se instala na mente dos consumidores. Trata-se de uma entidade perceptiva que tem origem na realidade, mas reflete as visões e as idiossincrasias dos consumidores.

Para que as estratégias de *branding* sejam bem-sucedidas e criem valor de marca, os consumidores devem ser convencidos de que existem diferenças significativas entre as marcas que pertencem a uma categoria de produto. As diferenças de marca muitas vezes estão relacionadas com os atributos ou as vantagens do produto em si. Gillette, Merck e 3M foram líderes em suas categorias de produto durante décadas em virtude, em parte, da contínua inovação. Outras marcas criam vantagem competitiva por meio de fatores não relacionados com o produto. Gucci, Chanel e Louis Vuitton tornaram-se líderes em suas categorias ao compreender as motivações e os desejos do consumidor e criar imagens relevantes e cativantes para seus glamorosos produtos.

Marcas de sucesso são vistas como genuínas e autênticas naquilo que vendem e no que são.[3] Uma marca bem-sucedida torna-se uma parte indispensável da vida de seus clientes. Antes vista como um tanto apagada e "patricinha", a J.Crew triplicou sua receita, tornando-se uma força altamente criativa na moda. Constantemente lançando novos estilos, sem deixar de manter um visual coeso, a marca conta com intensa fidelidade, inúmeros *blogs* de fãs e a adesão de celebridades como Michelle Obama e Anna Wintour.

O *branding* pode ser aplicado praticamente em qualquer campo no qual o consumidor tenha opções. É possível colocar uma marca em um bem físico (automóveis Tesla ou o medicamento para colesterol Lipitor), um serviço (Singapore Airlines ou seguro-saúde Blue Cross/BlueShield), uma loja (a de departamentos Nordstrom ou a especializada Dick's Sporting Goods), um local (a cidade de Sydney ou o país Irlanda), uma organização (U2 ou a American Automobile Association) ou uma ideia (legalização do aborto ou livre comércio).

O *branding* tem assumido grande importância nos esportes, nas artes e no entretenimento. Uma das principais marcas desportivas do mundo vem de Madri, na Espanha.

> **Real Madrid** Em 2013, o Real Madrid superou o Manchester United e alcançou a posição de time mais valioso do mundo no futebol, com um valor estimado, na época, de US$ 3,3 bilhões. Também conhecido pelos fãs como Los Merengues, o clube icônico, mas em dificuldades, começou a prosperar quando o magnata da construção bilionário Florentino Pérez assumiu o controle, em 2000. A estratégia de Pérez foi atrair alguns dos melhores jogadores do esporte que também eram marcas pessoais, como David Beckham, Zinedine Zidane e, mais tarde, Cristiano Ronaldo. O sucesso em campo permitiu a Pérez desenvolver três linhas distintas e lucrativas de negócios: direitos de transmissão, receita de patrocínio e endosso e receita de dia de jogo. Uma marca verdadeiramente global, o Real Madrid obtém boa parte de sua receita no exterior, e seus contratos de patrocínio incluem negócios de alta visibilidade com Adidas, Emirates Airlines e o grupo financeiro espanhol BBVA.[4]

>> Contratar grandes jogadores, astros que são suas próprias marcas, transformou o time de futebol Real Madrid em uma marca global multibilionária.

>> Cameron Hughes compra excedentes de vinícolas para produzir e vender vinhos de alta qualidade para comerciantes selecionados a preços acessíveis.

O PAPEL DAS MARCAS

As marcas identificam a origem ou o fabricante de um produto e permitem que os consumidores, sejam eles indivíduos ou organizações, atribuam a responsabilidade pelo desempenho de um produto a determinado fabricante ou distribuidor.

O papel das marcas para os consumidores. A marca é uma promessa entre a empresa e o consumidor. É um meio de definir as expectativas dos consumidores e reduzir seus riscos. Em troca da fidelidade do cliente, a empresa promete oferecer de forma confiável uma experiência previsivelmente positiva e um conjunto de benefícios desejáveis. Uma marca pode até ser "previsivelmente imprevisível" se é isso que os consumidores esperam, mas o segredo do sucesso é atender ou superar as expectativas do cliente na satisfação de suas necessidades e desejos.

Os consumidores podem avaliar um produto idêntico de forma diferente, dependendo de como a marca é estabelecida. Por exemplo, os consumidores podem estar dispostos a pagar US$ 100 por uma bolsa de couro genérica (sem marca), mas 10 vezes mais pela mesma bolsa se ela tiver a marca da Louis Vuitton, da Hermès ou da Gucci. Eles conhecem as marcas por meio de experiências anteriores com o produto e com o plano de *marketing* do produto, identificando quais satisfazem suas necessidades e quais deixam a desejar. À medida que a vida das pessoas se torna mais complexa, agitada e corrida, a capacidade que as marcas têm de simplificar a tomada de decisões e reduzir riscos se torna inestimável.[5]

As marcas também podem assumir um significado pessoal para os consumidores e tornar-se parte importante de sua identidade[6] ao expressar quem são ou quem gostariam de ser. Para alguns consumidores, as marcas podem até mesmo assumir características semelhantes às humanas.[7] As relações de marca, como qualquer outro relacionamento, não são imutáveis, e os profissionais de *marketing* devem ser sensíveis a todas as palavras e ações que possam fortalecer ou enfraquecer os laços com o consumidor.[8]

Cameron Hughes Um negociante que compra os excedentes de vinícolas e corretores de vinho de alto nível na França, Itália, Espanha, Argentina, África do Sul e Califórnia, Cameron Hughes produz uma edição limitada com *blends premium* que levam o seu nome como marca. Hughes não possui pés de uva nem maquinário ou caminhões. Ele terceiriza o engarrafamento e vende diretamente para varejistas como Costco, Sam's Club e Safeway, eliminando intermediários e sucessivos *markups*. Hughes nunca sabe quais ou quantos lotes excedentes de vinho ele terá, mas usa essa incerteza a seu favor ao criar um novo produto a cada lote. Essa alta rotatividade faz parte do interesse da Costco por ele. Os clientes da loja de desconto gostam da ideia de encontrar uma pechincha rara, e Hughes promove seu produto por meio de degustações na loja e *e-mails* com informações privilegiadas pelos quais avisa os clientes da Costco sobre os próximos lotes numerados, que somem rapidamente das prateleiras. Hughes também compra garrafas de vinho sem rótulo encalhadas e as comercializa sob a sua própria marca. Uma garrafa de *cabernet* da Califórnia de US$ 100 pode ser vendida por US$ 25 ou menos sob a sua marca Lot 500 Napa Valley Cabernet Sauvignon.[9]

O papel das marcas para as empresas. As marcas também desempenham funções valiosas para as empresas.[10] Elas simplificam o manuseio de produtos, pois ajudam a organizar os estoques e a contabilidade. As marcas que inspiram confiança sinalizam determinado nível de qualidade, e, dessa maneira, consumidores satisfeitos podem facilmente optar de novo pelo produto.[11] A fidelidade à marca proporciona à empresa previsibilidade e segurança de demanda, além de criar barreiras que tornam mais difícil para outras empresas ingressar no mercado. A fidelidade também significa disposição para pagar um preço mais alto, normalmente de 20 a 25% a mais do que se pagaria pelas marcas concorrentes.[12]

Ainda que os concorrentes possam reproduzir um processo de fabricação ou um *design*, terão dificuldade em se equiparar às impressões duradouras formadas na mente de pessoas e organizações graças a anos de atividade de *marketing* e experiência com o produto. Nesse sentido, o *branding* pode ser visto como um meio poderoso de garantir vantagem competitiva. Às vezes, os profissionais de *marketing* só percebem a real importância da fidelidade à marca quando mudam um elemento crucial, como ilustra o clássico caso da New Coke.

Coca-Cola Bombardeada por uma série de testes de sabor conduzidos em 1985 em nível nacional pela Pepsi-Cola, que era mais doce, a Coca-Cola decidiu substituir sua antiga fórmula por uma variação mais adocicada, batizada de New Coke. Foram gastos US$ 4 milhões em pesquisa de mercado. Testes cegos mostraram que os consumidores de Coca-Cola preferiam a fórmula nova, mais doce, mas o lançamento da New Coke provocou uma comoção nacional. Os pesquisadores de mercado haviam avaliado o sabor, mas não o apego emocional dos consumidores à Coca-Cola. Cartas de indignação, protestos formais e até mesmo ameaças de ação judicial obrigaram a manutenção do "The Real Thing" (O verdadeiro sabor). Dez semanas depois do lançamento, a empresa reintroduziu sua fórmula centenária rebatizada como Classic Coke.

<< Os protestos veementes dos fãs apaixonados pela Coca-Cola a forçaram a abandonar a New Coke, cujo lançamento havia se baseado em amplas pesquisas, e restaurar a fórmula de um século de idade da empresa.

Esforços para ressuscitar a New Coke acabaram fracassando, e a marca desapareceu por volta de 1992. Ironicamente, o fracasso da New Coke deu à antiga fórmula um *status* mensurável no mercado, com mais atitudes favoráveis e maiores vendas como resultado. Curiosamente, 34 anos depois, a New Coke ressurgiu brevemente como parte de uma campanha promocional em conjunto com a Netflix. O refrigerante apareceu em diversos episódios da terceira temporada do seriado de ficção científica *Stranger Things* e foi disponibilizada em canais de varejo por tempo limitado.[13]

Para as empresas, as marcas representam uma propriedade legal incrivelmente valiosa que pode influenciar o comportamento do consumidor, ser comprada e vendida e, ainda, oferecer a segurança de receitas futuras e estáveis para seu proprietário.[14] Quantias generosas são pagas por marcas em fusões e aquisições, muitas vezes justificadas pela premissa da expectativa de lucros extras, assim como pela dificuldade e pela despesa envolvidas na criação de marcas semelhantes a partir do zero.[15] A Wall Street acredita que marcas fortes resultam em melhor desempenho em termos de ganhos e lucros para as empresas, o que, por sua vez, gera maior valor para os acionistas.[16]

BRAND EQUITY E PODER DE MARCA

O valor criado por uma marca é capturado por dois conceitos fundamentais: *brand equity* e poder de marca. Ambos serão discutidos a seguir, assim como a relação entre eles.

Brand equity. O valor monetário de uma marca é chamado de **brand equity** (ou patrimônio de marca) e reflete o valor agregado à avaliação da empresa por ser proprietária da marca. O *brand equity* abrange o valor presente líquido dos retornos financeiros totais que a marca gerará durante a sua existência. Entender o conceito de *brand equity*, gerenciar seus antecedentes e suas consequências e desenvolver metodologias para avaliá-lo são de suma importância para garantir a saúde financeira da empresa.

Antes da onda de fusões e aquisições da década de 1980, incluindo os US$ 25 bilhões pela RJR Nabisco, as empresas gastavam milhões de dólares para construir marcas, mas não tinham procedimentos contábeis para avaliar o valor das marcas que criavam. O surto de fusões e aquisições gerou interesse pela avaliação de marcas e levou a formas mais precisas de medir o *brand equity*. Estabelecer um valor monetário justo para os ativos de marca que uma empresa acumulou com o passar dos anos é essencial, pois o valor das suas marcas não se reflete nas demonstrações contábeis da organização e pode ser maior do que o valor dos ativos tangíveis.

O *brand equity* está incluso no termo contábil **goodwill**, que é o valor monetário de todos os ativos intangíveis de uma empresa. Além de documentar os ativos tangíveis da empresa, como propriedades, infraestrutura, materiais e investimentos, a *goodwill* incorpora os ativos intangíveis que pertencem a ela, incluindo marcas, patentes, direitos autorais, *know-how*, licenças, estruturas de distribuição, cultura corporativa e práticas de gestão. Assim, *goodwill* é um termo muito mais amplo do que *brand equity* e inclui tanto o valor da marca da empresa quanto o valor dos seus outros ativos intangíveis.

A mensuração de *brand equity*. Embora a importância do *brand equity* seja inquestionável, não existe um consenso universal sobre qual método deve ser utilizado para avaliar exatamente o patrimônio de uma marca.[17] Existem diversos métodos alternativos, e todos enfatizam diferentes maneiras de medir o *brand equity*. O *método de custo*, o *método de mercado* e o *método financeiro* são as três formas mais comuns de medir o *brand equity*.

- O **método de custo** calcula o *brand equity* pela análise dos custos de desenvolver a marca, como pesquisa de *marketing*, *design* da marca, comunicação, gestão e custos jurídicos. O método de custo pode depender dos custos históricos da criação da marca, que incluem uma estimativa de todas as despesas relevantes para a construção da marca. Por outro lado, pode basear-se no custo de reposição da marca (o custo monetário de reconstruir a marca) no momento da avaliação.
- O **método de mercado** estima o *brand equity* medindo a diferença entre as receitas de vendas de uma oferta com marca em relação àquelas de uma oferta idêntica sem marca, ajustada para

as despesas de construir a marca. Determinar o valor da marca Morton Salt, por exemplo, envolveria comparar as receitas de vendas geradas pelo produto da Morton com as receitas de vendas geradas pelo seu equivalente genérico (sal normal) menos o custo de construir e gerenciar a marca.

- O **método financeiro** avalia o *brand equity* como o valor presente líquido (VPL) do lucro futuro da marca e, em geral, abrange três passos principais: calcular o fluxo de caixa futuro da empresa, estimar a contribuição da marca para o fluxo de caixa futuro da empresa e ajustar esse fluxo de caixa usando um fator de risco que considera a volatilidade dos lucros que podem ser atribuídos à marca.

Cada um dos três métodos tem suas vantagens e desvantagens. Assim, a empresa tem a ganhar quando usa múltiplos métodos e abordagens alternativas para medir o valor da marca. Todos esses devem levar em consideração o valor estratégico da marca e, mais especificamente, a capacidade desta de influenciar o comportamento de diversas entidades do mercado.

Poder de marca. O **poder de marca**, também chamado de *brand equity* baseado no cliente, é o valor que a marca agrega a um produto ou serviço.[18] O poder de marca reflete o quanto a marca influencia o que os consumidores pensam, como se sentem e como agem com relação à marca.

Assim, o poder de marca é o efeito diferencial que o conhecimento de uma marca exerce sobre a resposta do consumidor ao seu *marketing*.[19] Uma marca tem poder de marca positivo se os consumidores reagem mais favoravelmente a um produto e à forma como ele é divulgado quando a marca é identificada do que quando não é identificada. A marca tem poder negativo se os consumidores reagem menos favoravelmente à sua atividade de *marketing* sob as mesmas circunstâncias.

O poder de marca é fruto das diferenças nas respostas do consumidor evocadas pela marca. Se não ocorrem diferenças, o produto com marca é basicamente uma *commodity*, e a concorrência provavelmente se baseará nos preços. Além disso, as diferenças na resposta são resultado do conhecimento que o consumidor tem da marca, de todos os pensamentos, sensações, imagens, experiências e crenças associados a ela. As marcas devem criar associações fortes, favoráveis e exclusivas com os clientes, como é o caso da Toyota (confiabilidade), da Hallmark (carinho) e da Amazon.com (conveniência e variedade). Por fim, o *brand equity* reflete-se nas percepções, nas preferências e nos comportamentos relacionados com todos os aspectos do *marketing* de uma marca. Marcas mais fortes obtêm a maior receita.[20]

Os principais benefícios do poder de marca incluem melhor percepção sobre o desempenho do produto, maior fidelidade, menor vulnerabilidade a ações de *marketing* de concorrentes e a crises de *marketing*, margens maiores, respostas mais inelásticas dos consumidores a aumentos de preço e respostas mais elásticas a reduções de preço, maior suporte e cooperação comercial, maior eficácia das comunicações de *marketing*, oportunidades de licenciamento mais amplas, oportunidades adicionais de extensões de marca, melhor recrutamento e retenção dos funcionários e maiores retornos financeiros.

Assim, o desafio dos profissionais de *marketing* na construção de uma marca forte é garantir que os clientes tenham experiências adequadas com produtos, serviços e programas de *marketing*, a fim de criar os sentimentos, as ideias e os conhecimentos de marca desejados. Em um sentido abstrato, o *brand equity* pode ser entendido como algo que oferece às empresas uma "ponte" estratégica vital entre seu passado e seu futuro.

Os gastos anuais em *marketing* com bens e serviços também devem ser considerados investimentos no conhecimento da marca por parte do consumidor. A qualidade do investimento, e não a quantidade, é o fator crítico. É possível gastar mais do que o necessário na construção de uma marca se o dinheiro não for aplicado com sabedoria.

O conhecimento da marca dita seu direcionamento futuro mais adequado. Os consumidores vão decidir com base no que pensam e sentem sobre a marca, por onde (e como) acreditam que a marca deve seguir e se dão aval ou não a qualquer ação ou programa de *marketing*. Produtos novos no mercado americano, como a aspirina BENGAY, o cereal Cracker Jack, a limonada Frito-Lay, o sabão em pó Fruit of the Loom e o *ketchup premium* da Smucker's fracassaram porque foram considerados inadequados pelos consumidores enquanto extensões da marca.

Medição do poder de marca. Como o poder de marca pode ser mensurado? Uma abordagem *indireta* avalia fontes potenciais de poder de marca identificando e rastreando as estruturas de conhecimento da marca detidas pelo consumidor.[21] Já a abordagem *direta* avalia o impacto real do conhecimento da marca na resposta do consumidor aos diferentes aspectos do *marketing*.

Essas duas abordagens gerais são complementares, e os profissionais de *marketing* podem usá-las em conjunto. Em outras palavras, para que o poder de marca desempenhe uma função estratégica útil e oriente as decisões de *marketing*, é importante que os executivos de *marketing* compreendam totalmente (1) as fontes de *brand equity* e como elas afetam os resultados relevantes e (2) como essas fontes e resultados mudam, se for o caso, ao longo do tempo. As auditorias de marca são importantes para o primeiro ponto; já o rastreamento da marca é importante para o segundo.

- Uma **auditoria de marca** envolve uma série de procedimentos focalizados que avaliam a saúde da marca, desvendam suas fontes de *brand equity* e sugerem maneiras de melhorar e alavancar seu valor. Os profissionais de *marketing* devem realizar uma auditoria de marca ao elaborar planos de *marketing* e avaliar mudanças no direcionamento estratégico. Realizar auditorias de marca periodicamente – por exemplo, a cada ano – permite aos responsáveis pelo *marketing* monitorar a pulsação de suas marcas, podendo, assim, gerenciá-las de forma mais proativa e responsiva. Uma auditoria de marca eficaz fornece *insights* sobre os consumidores, as marcas e a relação entre os dois.
- Os estudos de **rastreamento da marca** usam a auditoria de marca para coletar informações quantitativas dos consumidores ao longo do tempo, provendo informações consistentes e fundamentais acerca do desempenho de suas marcas e programas de *marketing*. Os estudos de rastreamento nos ajudam a compreender onde, em que medida e de que forma o valor da marca está sendo criado, para facilitar a tomada de decisões cotidianas.

Uma empresa que realizou uma importante auditoria de marca e redefiniu o seu posicionamento de marca é a Kellogg.

Kellogg Company A categoria de cereais prontos para consumo tem estado sob cerco nos últimos anos à medida que consumidores ocupados optam por comer às pressas e consumidores ligados em nutrição se preocupam com ingredientes geneticamente modificados. Com uma história que se estende por mais de um século, a Kellogg decidiu que precisava atualizar a marca e encarar seus problemas. Uma extensa auditoria de marca, denominada Project Signature (Projeto Assinatura), foi lançada para fornecer direção estratégica e inspiração criativa. Após um ano de trabalho com a Interbrand, parceira de consultoria de marca, os

>> A auditoria encomendada pela Kellogg sobre as mudanças na categoria de cereais, um processo que se estendeu por um ano, expôs mudanças nos hábitos dos consumidores e resultou em novas ferramentas de *marketing*, incluindo um novo *slogan*, a atualização da embalagem e a consolidação dos *sites* da empresa.

resultados foram: um novo *slogan*, "Let's Make Today Great" (Vamos fazer do dia de hoje um grande dia); um logotipo e um *design* atualizados e mais contemporâneos; a identificação clara do propósito central da marca, com destaque para o "poder do café da manhã"; a incorporação explícita da marca principal da Kellogg em todas as campanhas de *marketing*; e a unificação dos 42 *sites* da empresa espalhados pelo mundo. A auditoria da marca influenciou vários programas e atividades de *marketing*, desde a campanha de *marketing* de causas "Share Your Breakfast" (Compartilhe seu café da manhã), para ajudar uma em cada cinco crianças dos Estados Unidos que podem não ter acesso a uma refeição matinal, até o programa de mídia social "Love Your Cereal" (Ame seu cereal), desmascarando mitos sobre o cereal. Patrocinadora olímpica, a Kellogg também dedica 20% de seu orçamento de comunicação ao engajamento *on-line*.[22]

Não se deve confundir a avaliação do *brand equity* com a avaliação da marca, que é o trabalho de estimar o valor financeiro total da marca. No caso de empresas conhecidas, o valor da marca costuma ser superior à metade da capitalização total da empresa no mercado. John Stuart, cofundador da Quaker Oats, afirmou: "Se esta empresa fosse dividida, eu lhe daria o terreno e as instalações e ficaria com as marcas. E me sairia bem melhor do que você". As empresas americanas não incluem o *brand equity* em seus balanços por conta da arbitrariedade da estimativa, em parte devido a diferenças de opinião sobre o que representa uma boa estimativa, mas em países como Reino Unido, Hong Kong e Austrália, as empresas atribuem um valor a esse ativo.

Formulação da marca

Os profissionais de *marketing* constroem o *brand equity* de suas empresas criando as associações de marca certas na mente dos consumidores. Esse processo depende de *todos* os contatos relacionados com a marca com os consumidores, sejam eles iniciados pela empresa ou não.[23]

DEFINIÇÃO DO MANTRA DA MARCA

Para focar o posicionamento da marca e o modo como as empresas desejam que os consumidores pensem sobre sua marca, as empresas podem definir um mantra. Um **mantra de marca** é uma frase curta, composta de três a cinco palavras, que expressa seu coração e sua alma e está intimamente relacionada com outros conceitos de *branding*, como essência da marca e promessa principal da marca. A finalidade do mantra de marca é orientar as ações de todos os funcionários da organização e todos os seus parceiros externos de *marketing*, garantindo que entendam o que a marca deve representar fundamentalmente para os consumidores.

Os mantras da marca são recursos poderosos. Ao destacar os pontos de diferença, eles podem oferecer orientação sobre quais produtos introduzir sob a marca, quais campanhas de propaganda veicular e onde e como vender a marca. Sua influência, no entanto, pode estender-se para além das questões táticas. Os mantras da marca podem guiar inclusive decisões aparentemente desconexas ou mundanas, como a decoração de uma área de recepção e a forma de atendimento de telefones. Com efeito, eles criam um filtro mental que barra atividades de *marketing* inadequadas em relação à marca ou ações de qualquer tipo que possam ter um efeito negativo sobre as impressões que os clientes têm da marca.

Os mantras da marca devem comunicar de modo sucinto o que ela é e o que ela *não* é. O que torna um mantra eficaz? A filosofia de marca "Food, Folks, and Fun" (Comida, amigos e diversão) do McDonald's captura a essência de sua marca e sua promessa principal. Nike e Disney, dois exemplos de alta visibilidade e sucesso, mostram o poder e a utilidade de um mantra bem concebido.

Nike A Nike apresenta um rico conjunto de associações com os consumidores, com base no *design* inovador de seus produtos, nos patrocínios de atletas de alto nível, na propaganda premiada, no impulso competitivo e na atitude irreverente. Internamente, os profissionais de *marketing* da Nike adotaram um mantra para a marca composto de três palavras, "autêntico desempenho atlético", que serve para orientar suas ações de *marketing*. Assim, aos olhos da Nike, todo o seu plano de *marketing* – seus produtos e como são vendidos – deve refletir esses valores centrais. Ao longo dos anos, a Nike expandiu suas associações de marca de "tênis de corrida" para "calçados esportivos", depois para "calçados e roupas esportivas" e "tudo o que for associado a esportes (inclusive equipamentos)". Em cada passo, a empresa guiou-se pelo mantra "autêntico desempenho atlético". Por exemplo, quando a Nike lançou sua bem-sucedida linha de roupas, um obstáculo importante para os produtos foi torná-los inovadores o suficiente por meio do material, do corte ou do *design* para realmente beneficiar atletas de alto nível. Ao mesmo tempo, a empresa tem tomado o cuidado de evitar usar o nome da marca para designar produtos que não se encaixem no mantra da marca (como sapatos casuais marrons).

Disney A Disney desenvolveu seu mantra de marca em resposta ao seu extraordinário crescimento via licenciamento e desenvolvimento de produtos em meados da década de 1980. No final dessa década, surgiu a preocupação de que alguns de seus personagens, como Mickey Mouse e Pato Donald, eram usados de forma inadequada e estavam fadados à superexposição. Os personagens apareciam em tantos produtos e eram divulgados de tantas maneiras que, em alguns casos, era difícil discernir, para começo de conversa, qual poderia ter sido a lógica por trás do negócio. Além disso, em virtude da ampla exposição dos personagens no mercado, muitos consumidores começaram a sentir que a Disney explorava seu nome. A empresa agiu rapidamente para garantir que uma imagem coerente – reforçando suas principais associações de marca – fosse transmitida por todos os bens e serviços de terceiros. Para facilitar essa fiscalização, a Disney adotou como mantra interno "entretenimento, família e diversão", servindo como filtro para novas propostas de empreendimentos. Oportunidades que não fossem consistentes com o mantra da marca, por mais interessantes que fossem, eram rejeitadas. (Por mais útil que esse mantra tenha sido para a Disney, adicionar a palavra "magia" poderia ter contribuído ainda mais.)

Ao contrário dos *slogans* de marca, desenvolvidos para engajar os clientes, os mantras são criados com propósitos internos em mente. O mantra interno da Nike, "autêntico desempenho atlético", não era comunicado diretamente aos consumidores; estes eram apresentados ao seu *slogan* "Just Do It" (Simplesmente faça), que pretendia capturar o mantra. Os mantras de marca têm três critérios fundamentais. Primeiro, um bom mantra de marca deve *comunicar* o que há de singular na marca. Também pode ser necessário definir a categoria (ou as categorias) da marca e os limites para a marca. Segundo, deve simplificar a essência da marca: deve ser curto, incisivo e vívido em seu significado. Por fim, deve estabelecer um terreno pessoalmente significativo e relevante para o maior número possível de funcionários.

No caso de marcas que passam por crescimento acelerado, é útil definir o espaço de produto ou benefício em que gostariam de competir, como a Nike fez com "desempenho atlético" e a Disney com "entretenimento familiar". Palavras que descrevem a natureza do bem ou serviço ou os tipos de experiência ou benefício que a marca oferece podem ser cruciais para identificar categorias apropriadas à extensão. Para marcas em categorias mais estáveis, nas quais as extensões são menos prováveis de ocorrer, o mantra de marca pode se concentrar exclusivamente nos pontos de diferença.

Outras marcas podem ser fortes em uma ou até mesmo em algumas das associações que compõem seu mantra. No entanto, para que o mantra seja eficaz, nenhuma outra marca deve ser singularmente excelente em *todas* as dimensões. Parte do segredo do sucesso tanto da Nike quanto da Disney é que há anos nenhum concorrente consegue cumprir a promessa combinada sugerida pelos mantras de suas marcas.

ESCOLHA DE ELEMENTOS DE MARCA

Elementos de marca são recursos que identificam e diferenciam a marca. A maioria das marcas fortes emprega diversos desses elementos, que podem ser registrados. A Nike tem um símbolo inconfundível, o *slogan* estimulante "Just Do It" e o nome mitológico Nike, baseado na deusa alada da vitória. Os profissionais de *marketing* devem escolher elementos de marca que gerem o máximo de *brand equity* possível. O teste da adequação de um determinado elemento de marca é o que os consumidores pensariam ou sentiriam sobre o produto *se conhecessem somente o elemento da marca*. Com base apenas no nome isolado do produto, um consumidor pode esperar que os alimentos SnackWell's (coma bem) sejam saudáveis e que o *notebook* Panasonic Toughbook (nome que ressalta sua resistência) seja durável e confiável.

Diversos fatores precisam ser considerados na escolha dos elementos de marca. Eles devem ser memoráveis, significativos e cativantes, além de transferíveis, adaptáveis e passíveis de proteção. As três primeiras características giram em torno da construção de marca, ao passo que as três últimas são defensivas, ajudando a manter a alavancagem e preservar o *brand equity* contra desafiantes.

- *Memorável*. Com que facilidade o elemento da marca é lembrado e reconhecido? Quando isso ocorre? É tanto no momento da compra quanto no de consumo? Nomes curtos como Tide, Crest e Puffs são elementos de marca memoráveis.[24]
- *Significativo*. O elemento de marca evoca significados? Considere o significado inerente de nomes como a bateria automotiva DieHard (resiste até o fim), a cera de piso Mop & Glo (esfrega e brilha) e as comidas congeladas de baixas calorias Lean Cuisine (cozinha esguia). O nome de marca da vodca neozelandesa 42BELOW refere-se a uma latitude que passa pela Nova Zelândia e ao seu teor alcoólico. A embalagem e outros sinais visuais foram criados para alavancar a percepção de pureza do campo e, assim, comunicar o posicionamento da marca.[25]
- *Cativante*. Esteticamente, o elemento de marca é cativante? Uma tendência recente é usar nomes bem-humorados que também possam ser prontamente convertidas em uma URL, como no caso de marcas *on-line* como Flickr, Instagram, Pinterest, Tumblr e Dropbox.
- *Transferível*. O elemento de marca pode ser usado para apresentar novos produtos na mesma categoria ou em outras? Ele agrega ao *brand equity* em outras geografias e segmentos de mercado? Embora fosse inicialmente uma livraria virtual, a Amazon.com foi inteligente o suficiente para não se chamar Books 'R' Us. Escolher o nome do maior rio do mundo permitiu que a empresa crescesse e se expandisse para a gama radicalmente diversificada de produtos que vende hoje.
- *Adaptável*. O elemento de marca é adaptável e atualizável? Logotipos podem ser atualizados facilmente. Nos últimos 100 anos, o logo da Shell foi atualizado 10 vezes.
- *Passível de proteção*. O elemento de marca pode ser protegido juridicamente? E em termos concorrenciais? Quando nomes correm o risco de se tornar sinônimo de sua categoria de produto, como ocorreu com Gillette, Xerox e Maizena, seus fabricantes devem preservar suas marcas registradas e não permitir que se tornem genéricas.

Os elementos de marca podem exercer diversos papéis na sua construção.[26] Se os consumidores não analisam muitas informações ao tomar decisões sobre produtos, os elementos de marca devem ser facilmente reconhecidos, além de inerentemente descritivos e persuasivos. Ser cativante também pode aumentar a consciência e as associações dos elementos de marca.[27] No entanto, escolher um nome com significado inerente pode dificultar o processo, caso mais tarde seja necessário adicionar um significado diferente ou atualizar o posicionamento.[28]

Muitas vezes, os elementos de marca mais importantes são aqueles que capturam as características intangíveis e menos concretas. É comum as empresas de seguros usarem em suas marcas símbolos de força (como o Rochedo de Gibraltar da Prudential e o alce da Hartford) ou de segurança (as mãos unidas em formato de concha da Allstate, o guarda-chuva da Traveler's e o capacete da Fireman's Fund).

Assim como os nomes de marca, os *slogans* são um meio extremamente eficiente de construir *brand equity*.[29] Eles podem funcionar como "ganchos" para ajudar os consumidores a compreender o que é a marca e o que a torna especial: "Like a Good Neighbor, State Farm Is There" (Assim como um bom vizinho, a State Farm está lá), "Nothing Runs Like a Deere" (Nada corre como um Deere) e "Every Kiss Begins with Kay" (Todo beijo começa com Kay – o nome da joalheria é equivalente à pronúncia em inglês da letra "k", de "*kiss*").

As empresas devem ter cuidado ao substituir um bom *slogan*. O Citi deixou de usar seu famoso *slogan* "Citi Never Sleeps" (O Citi nunca dorme), substituindo-o por "Let's Get It Done" (Vamos fazer), mas acabou por retomá-lo quando o novo *slogan* não vingou. Após 50 anos, a Avis Car Rental trocou "We Try Harder" (Nós nos esforçamos mais) por "It's Your Space" (É o seu espaço). O novo *slogan* foi muito menos duradouro do que aquele que substituiu, e sua mensagem inerente foi pior ainda.

A mágica dos personagens de marca

Personagens de marca têm uma longa e importante história em *marketing*. Os duendes da Keebler reforçam a ideia de comida caseira de qualidade associada a um senso de magia e diversão para sua linha de biscoitos. No setor de seguros, o pato da Aflac compete pela atenção do consumidor com o lagarto da GEICO, e a falante Flo da Progressive compete com os personagens adoráveis dos Peanuts para a Met Life. O amistoso mascote Bibendum da Michelin, que lembra a forma de um pneu, transmite segurança para a família; e acredita-se que ele tenha ajudado a marca a atingir 80% de conscientização em todo o mundo. Todos os anos, a Michelin distribui um "passaporte" que limita o uso do mascote em propagandas pelos profissionais de *marketing*. O Bibendum nunca é agressivo, por exemplo, e jamais faz um discurso de vendas.[30]

Os **personagens de marca** representam um tipo especial de símbolo de marca – aquele com características humanas –, aumentando a simpatia e identificando a marca como interessante e divertida. Os consumidores podem formar relacionamentos mais facilmente com uma marca quando ela é representada por um ser humano ou outro personagem. Os personagens de marca costumam ser apresentados por meio de propaganda e podem desempenhar um papel central em campanhas de propaganda e projetos de embalagem. Os confeitos falantes da M&M são parte integrante de toda propaganda, promoção e comunicação digital da marca. Alguns personagens de marca são desenhos animados, como o Pillsbury Doughboy, o Peter Pan (pasta de amendoim) e inúmeros personagens de cereais, como o Tigre Tony e o Snap, Crackle e Pop, ambos da Kellogg. Outros personagens são interpretados por atores, como Juan Valdez (café colombiano) e Ronald McDonald.[31]

Como costumam ser coloridos e ricos em imagens, os personagens podem ajudar as marcas a se destacarem em um mercado abarrotado e comunicarem o benefício de um produto essencial em uma forma de venda não agressiva. Os personagens também evitam muitos dos problemas associados a garotos-propaganda humanos, pois não exigem aumentos e não aprontam. Por oferecerem a oportunidade de moldar a personalidade da marca e facilitar interações com os clientes, os personagens de marca desempenham um papel cada vez mais importante no mundo digital. O sucesso do Mr. Peanut em vídeos virais levou à introdução de uma nova linha de manteiga de amendoim. Mesmo os mais antigos estão encontrando o seu espaço nas redes. Criado em 1957, o mascote Mr. Clean já conquistou mais de um milhão de fãs no Facebook.

O nome da marca pode ser protegido por marcas registradas, os processos de manufatura podem ser protegidos por patentes, e as embalagens podem ser protegidas por direitos autorais e *designs* registrados. Esses direitos de propriedade intelectual asseguram que a empresa invista na marca com segurança e tire proveito dos benefícios desse ativo valioso.[32]

COMO ESCOLHER ASSOCIAÇÕES SECUNDÁRIAS

Para construir marcas fortes, os profissionais de *marketing* ligam as marcas a outras informações significativas armazenadas na memória dos consumidores. Essas associações se transformam em fontes secundárias de conhecimento de marca (ver Figura 10.1).

Essas associações "secundárias" podem vincular a marca a determinadas fontes, como a própria empresa (por meio de estratégias de *branding*), países ou outras regiões geográficas (identificação da origem do produto) e canais de distribuição (estratégias de canal), além de a outras marcas (*branding* de ingrediente ou *cobranding*), personagens (licenciamento), formadores de opinião (endosso), eventos culturais ou esportivos (patrocínio) e outras fontes de terceiros (prêmios ou críticas).

Pensemos, por exemplo, que a Burton – fabricante de botas e pranchas para *snowboard*, acessórios, vestuário e casacos para esqui – decidiu lançar uma prancha de surfe chamada Dominator. A Burton abocanhou mais de um terço do mercado de *snowboard* criando parcerias com os melhores profissionais do esporte e uma bem estruturada comunidade de praticantes amadores por todo o país.[33] Ao criar um plano de *marketing* de sustentação à nova prancha, a Burton poderia alavancar o conhecimento secundário da marca de diversas formas.

Primeiro, ela poderia recorrer a uma submarca e batizar o produto de Dominator by Burton. As avaliações dos consumidores sobre o novo produto seriam influenciadas pelo que sentem em relação à Burton e se considerarem que esse conhecimento antecipa a qualidade de uma

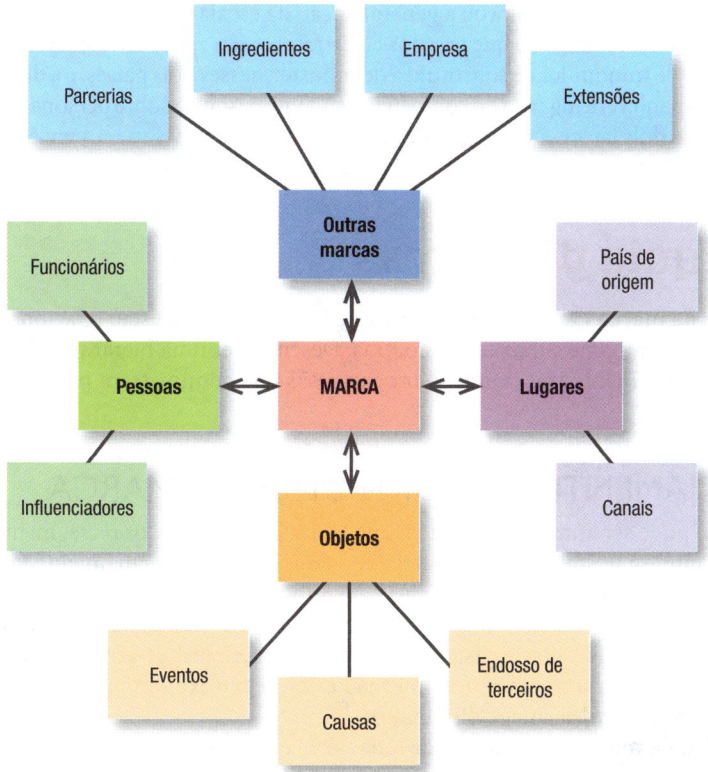

FIGURA 10.1

Fontes secundárias de conhecimento de marca.

prancha de surfe da empresa. A Burton também poderia apegar-se a suas origens rurais na Nova Inglaterra, mas essa localização geográfica não teria muita relevância em se tratando de surfe. Ela poderia também tentar comercializar o produto em lojas populares de surfe, na expectativa de que sua credibilidade "contagiasse" a marca Dominator. Também seria possível lançar mão da estratégia de *cobranding*, identificando uma marca forte para seus materiais de espuma ou fibra de vidro (como fez a Wilson ao incorporar a borracha dos pneus Goodyear às solas de seus tênis Pro Staff Classic).

Outra abordagem para a Burton seria encontrar um ou mais dos melhores surfistas profissionais para divulgar a prancha. Ainda, ela poderia optar por patrocinar um campeonato de surfe ou mesmo toda a turnê mundial da Associação dos Surfistas Profissionais. Finalmente, a Burton poderia conquistar e divulgar avaliações positivas de terceiros, como das revistas *Surfer* e *Surfing*. Dessa forma, independentemente das associações criadas pela prancha de surfe em si, por seu nome de marca ou por qualquer outro aspecto do programa de *marketing*, a Burton poderia construir *brand equity* por associação aos outros elementos descritos.

A alavancagem de associações secundárias pode ser uma forma eficiente e eficaz de fortalecer uma marca, mas associá-la a uma pessoa ou a outro objeto pode ser arriscado, pois qualquer coisa ruim que aconteça com essa outra entidade também pode contaminar a marca. Quando os famosos formadores de opinião Tiger Woods e Lance Armstrong tiveram problemas, muitas das empresas que os utilizavam para promover suas marcas optaram por cortar laços com eles.

As associações secundárias da marca devem estar alinhadas à sua personalidade. Uma **personalidade de marca** é a combinação específica de características humanas que podemos atribuir para uma determinada marca. Definir a personalidade de uma marca é importante porque os clientes tendem a escolher marcas cujas personalidades correspondem às suas. Pesquisadores identificaram os seguintes traços das personalidades de marca:[34] sinceridade (pé no chão, honesta, íntegra e alegre), animação (corajosa, vivaz, imaginativa e atualizada), competência (confiável, inteligente e bem-sucedida), sofisticação (alta classe e charmosa) e robustez (durona e ao ar livre). Uma personalidade de marca pode ter diversos atributos: a da Levi's sugere uma personalidade jovem, rebelde, autêntica e americana.

Um estudo intercultural explorou a generalização da escala de personalidade de marca fora dos Estados Unidos e identificou que três dos cinco fatores são aplicáveis no Japão e na Espanha, mas a dimensão de tranquilidade substituiu a de robustez nesses dois países, e a dimensão de paixão surgiu na Espanha em lugar da de competência.[35] Uma pesquisa sobre personalidade de marca na Coreia revelou dois fatores culturais específicos, amabilidade passiva e ascendência, refletindo a importância dos valores confucianos nos sistemas social e econômico da Coreia.[36]

Hierarquia de marcas

A **hierarquia de marcas** reflete como as marcas de uma empresa estão relacionadas com seus bens e serviços, bem como umas com as outras. Desenvolver uma hierarquia de marcas significativa é particularmente importante para empresas que administram portfólios de marcas diversificados.

GERENCIAMENTO DE PORTFÓLIOS DE MARCA

Uma marca só pode ser ampliada até determinado ponto, e nem todos os segmentos de mercado que uma empresa gostaria de alcançar vão enxergá-la de modo igualmente favorável. Com frequência, são necessárias múltiplas marcas para atingir múltiplos segmentos. Outros motivos para o lançamento de marcas múltiplas na categoria incluem aumentar a presença da empresa nas prateleiras e a dependência do varejista na loja, reter clientes que buscam variedade e trocariam para outra marca, elevar a concorrência interna na empresa e explorar economias de escala em propaganda, vendas, *merchandising* e distribuição.[37]

O **portfólio de marca** é o conjunto de todas as marcas e linhas da marca que uma empresa oferece em dada categoria ou segmento de mercado. Montar um portfólio de marcas adequado requer um pensamento cuidadoso e uma execução criativa. O que caracteriza um portfólio de marca ideal é sua capacidade de maximizar o *brand equity* em combinação com todas as outras marcas que o compõem. Em geral, os profissionais de *marketing* precisam fazer uma escolha entre a abrangência de mercado e os fatores de custo e lucratividade. Se os lucros podem ser elevados com a redução do número de marcas, o portfólio é grande demais; se os lucros podem ser elevados com o acréscimo de marcas, o portfólio não é grande o suficiente.

O princípio básico da criação de um portfólio de marcas é maximizar a abrangência de mercado para que nenhum cliente-alvo seja ignorado e minimizar a sobreposição de marcas a fim de que não concorram entre si pela aprovação do cliente. Cada marca deve ser claramente diferenciada e atrativa a um segmento de mercado grande o suficiente para justificar seus custos de *marketing* e produção. Considere os seguintes exemplos.

> **Dow Corning** A Dow Corning adotou uma abordagem de marca dupla para vender seu silício, usado como ingrediente por muitas empresas. O silício sob o nome Dow Corning usa uma abordagem *high touch*, em que os clientes recebem muita atenção e suporte; já o silício vendido sob o nome Xiameter usa uma abordagem sem regalias, enfatizando os preços baixos.[38]

> **Unilever** A Unilever, em parceria com a PepsiCo, vende quatro marcas de chá gelado pronto para beber. O Brisk é uma marca "de acesso", por ser um ponto de entrada, além de ser marca de valor "rica em sabores"; o Lipton é uma marca tradicional, com uma combinação atrativa de sabores e chás; o Lipton Pure Leaf é *premium* e "rico em chá", para os puristas da bebida; e o Tazo é uma marca de nicho super *premium*.[39]

Os profissionais de *marketing* monitoram cuidadosamente os portfólios de marca ao longo do tempo, com o intuito de identificar as fracas e liquidar as não lucrativas.[40] Marcas associadas a ofertas mal diferenciadas tendem a ser caracterizadas por canibalização e diluição de marca. Essas ofertas excessivamente expandidas e pouco diferenciadas podem ter de ser podadas para garantir a saúde da marca e a sua capacidade de criar valor de mercado.

Três estratégias gerais de portfólio de marca são populares:

- Uma **estratégia de marcas individuais** envolve nomes de famílias distintas ou de marcas individuais. É comum as empresas de bens de consumo manterem uma longa tradição de atribuir um nome de marca diferente para produtos distintos. A General Mills usa muitos nomes de marcas individuais, como Bisquick, farinha Gold Medal, barras de granola Nature Valley, comida mexicana Old El Paso, sopa Progresso, cereal Wheaties e iogurte Yoplait. Se uma empresa produz vários produtos diferentes, em muitos casos, um nome abrangente não é desejável. A Swift & Company desenvolveu famílias distintas de nomes para seus presuntos (Premium) e fertilizantes (Vigoro). As empresas costumam usar nomes de marca diferentes para linhas de qualidade distintas dentro da mesma classe de produtos. A principal vantagem dessa estratégia é que, se o produto for um fracasso ou der a impressão de ser de qualidade inferior, a empresa não terá sua reputação vinculada a ele.[41]
- Uma **estratégia de guarda-chuva** envolve um guarda-chuva corporativo ou nome de marca da empresa. Muitas empresas, como a Heinz e a GE, usam sua marca corporativa como marca guarda-chuva para toda a sua gama de produtos.[42] Os custos de desenvolvimento são menores no caso de nomes guarda-chuva, uma vez que não há necessidade de fazer pesquisa de nome ou gastar muito em propaganda para criar reconhecimento. A Campbell Soup lança novas sopas sob sua marca com extrema simplicidade e alcança reconhecimento imediato. As vendas de um novo produto tendem a ser elevadas quando o nome do fabricante é bem-conceituado. Tem-se verificado que as associações de imagem corporativa relacionadas com inovação, especialização e confiabilidade influenciam diretamente as avaliações do consumidor.[43] Por fim, uma estratégia de *branding* corporativo pode acarretar maior valor intangível para a empresa.[44] O lado negativo é que há uma probabilidade maior de transbordamentos negativos caso a experiência ruim do cliente com um produto contamine suas percepções sobre outros produtos associados à mesma marca.
- Uma **estratégia de submarca** combina dois ou mais nomes da marca corporativa, da família de marcas ou das marcas individuais de um produto. A Kellogg emprega uma estratégia de submarca ou híbrida de *branding* combinando a marca corporativa com marcas de produtos individuais, como Kellogg's Rice Krispies, Kellogg's Raisin Bran e Kellogg's Corn Flakes. Muitos fabricantes de bens duráveis, como Honda, Sony e Hewlett-Packard, utilizam submarcas para seus produtos. O nome corporativo ou da empresa confere legitimidade ao novo produto, ao passo que o nome da submarca o particulariza.

As estratégias de marcas individuais e de guarda-chuva representam os dois extremos de um relacionamento contínuo com a marca. Uma estratégia de submarca recai em um ponto intermediário, dependendo de qual componente da submarca recebe mais ênfase. Um bom exemplo de estratégia de marcas individuais é a da United Technologies.

> **United Technologies** A United Technologies Corporation (UTC) oferece uma ampla gama de bens e serviços de alta tecnologia para os setores aeroespacial e de construção comercial, gerando quase US$ 63 bilhões em receitas. Seus negócios aeroespaciais incluem helicópteros Sikorsky, motores a jato Pratt & Whitney e a UTC Aerospace Systems, que abarca os sistemas aeroespaciais Goodrich Corporation e Hamilton Sundstrand. A UTC Building & Industrial Systems, maior fornecedora mundial de tecnologias de construção, inclui elevadores e escadas rolantes Otis; sistemas de aquecimento, ar-condicionado e refrigeração Carrier; e sistemas contra incêndio e de segurança de marcas como Kidde e Chubb. A maioria de suas marcas leva o nome dos indivíduos que inventaram o produto ou criaram a empresa há décadas, pois eles têm mais força e são mais conhecidos no mercado organizacional do que o nome da marca-mãe, além de o quadro de funcionários ser fiel a cada empresa. O nome UTC é divulgado somente para um público restrito, porém influente: a comunidade financeira e os formadores de opinião de Nova York e Washington, DC. "Minha filosofia sempre foi a de usar o poder das marcas comerciais das subsidiárias para melhorar o reconhecimento e a aceitação, a consciência e o respeito de marca pela matriz em si", disse o então CEO da UTC, George David. No início de 2020, a United Technologies fundiu-se com a Raytheon, fornecedora do setor de defesa, para formar a Raytheon Technologies Corporation.[45]

>> A United Technologies (atual Raytheon Technologies) depende do poder das suas marcas individuais, que incluem Pratt & Whitney, Goodrich, Otis, Carrier e Kidde, para gerar reconhecimento e respeito pela matriz.

Ao adotar uma estratégia "guarda-chuva", muitas vezes é útil ter uma marca carro-chefe bem definida. O **produto carro-chefe** é aquele que melhor representa ou incorpora a marca como um todo aos consumidores. Muitas vezes, é o primeiro produto pelo qual a marca ganhou fama, um *best-seller* amplamente aceito ou um produto altamente admirado ou premiado.[46]

Produtos carro-chefe desempenham um papel fundamental no portfólio de marcas na medida em que podem gerar benefícios de curto prazo (aumento das vendas) e de longo prazo (melhor *brand equity* para uma gama de produtos). Determinados modelos desempenham papéis de destaque para muitos fabricantes de automóveis. Além de gerar mais vendas, os sedãs Toyota Camry e Honda Accord representam valores de marca compartilhados por todos os automóveis desses fabricantes. Para justificar os altos investimentos feitos no lançamento de seu novo modelo Mercedes S-class em 2014, o presidente da Daimler, Dieter Zetsche, explicou: "Este carro está para a Mercedes-Benz como o porto está para a cidade de Hamburgo, a *Mona Lisa* para Leonardo da Vinci e a música *Satisfaction* para os Rolling Stones: o símbolo mais importante da reputação do todo".[47]

Muitas empresas têm lançado **variantes de marca**, que são linhas específicas de marca fornecidas a um varejista ou a um canal de distribuição específico, resultantes da pressão exercida pelos varejistas sobre os fabricantes para que forneçam produtos exclusivos. Um fabricante de câmeras pode fornecer a grandes comerciantes produtos com nível inferior de desempenho e limitar seus itens mais caros a lojas especializadas. A Valentino pode desenhar e fornecer linhas diferentes de ternos e jaquetas para diferentes lojas de departamento.[48]

COBRANDING

Os profissionais de *marketing* muitas vezes combinam as suas marcas com as de outras empresas para criar valor superior de mercado. O **cobranding**, também chamado de *dual branding*, envolve duas ou mais marcas, que são promovidas em conjunto.

A essência do cobranding. Uma forma é a *combinação de marcas da mesma empresa*, como quando a General Mills anunciou o cereal Trix e o iogurte Yoplait. Outra forma é o *cobranding em uma joint venture*, como nos casos das lâmpadas da General Electric e da Hitachi no Japão e do cartão de crédito Citi Platinum Select AAdvantage Visa Signature, que envolve três entidades diferentes. Existe também o *cobranding de múltiplos patrocinadores*, como é o caso da Taligent, uma aliança tecnológica entre a Apple, a IBM e a Motorola. Por fim, há o *cobranding no varejo*, em que dois estabelecimentos varejistas usam o mesmo local como forma de otimizar tanto o espaço físico quanto os lucros, como os restaurantes de propriedade conjunta da Pizza Hut, da KFC e da Taco Bell.

A principal vantagem do *cobranding* é a possibilidade de posicionar um produto de maneira convincente em virtude das múltiplas marcas envolvidas, gerando mais vendas ao mercado-alvo existente e criando oportunidades adicionais com novos consumidores e canais, além da possibilidade de reduzir o custo de lançamento do produto ao combinar duas imagens bem conhecidas, o que acelera sua adoção. Ainda pode ser um meio valioso de conhecer melhor os consumidores e o modo como outras empresas os abordam. As empresas do setor automotivo colheram todos esses benefícios.[49]

As possíveis desvantagens do *cobranding* são os riscos e a perda de controle resultantes da associação com outra marca na mente dos consumidores. As expectativas do consumidor sobre o nível de envolvimento e o comprometimento de *cobranding* tendem a ser altas, portanto um desempenho insatisfatório pode ter repercussões negativas para todos os envolvidos. Além disso, se uma das marcas entra em vários arranjos de *cobranding*, ela corre o risco de que seu excesso de exposição dilua a transferência de qualquer associação significativa.[50]

Uma condição necessária para o sucesso do *cobranding* é que cada uma das marcas envolvidas tenha um *brand equity* independente — uma conscientização de marca adequada e uma imagem suficientemente positiva. O requisito mais importante é que exista uma correlação lógica entre as duas marcas, de forma que a combinação e a atividade de *marketing* maximizem as vantagens das marcas individuais e minimizem suas desvantagens. Os consumidores estarão mais propensos a perceber *cobranding* favoravelmente se as marcas forem complementares e oferecerem qualidades únicas; elas não devem ser necessariamente semelhantes e redundantes.[51]

Os gestores devem avaliar cuidadosamente qualquer iniciativa de *cobranding*, buscando a adequação correta de valores, competências e metas, bem como um equilíbrio apropriado de *brand equity*. Deve haver um planejamento detalhado para legalizar contratos, formar arranjos financeiros e coordenar planos de *marketing*. Como comparou um executivo da Nabisco, "ceder uma marca é como doar um filho – você quer ter certeza de que tudo sairá perfeitamente bem". Os arranjos financeiros entre marcas podem variar, embora seja comum o pagamento de taxa de licenciamento e de *royalties* para a marca mais envolvida no processo de produção.

Alianças entre marcas envolvem diversas decisões. Que habilidades você *não* tem? Que limitações de recursos você enfrenta (pessoal, tempo, dinheiro)? Quais são suas metas estratégicas? A parceria fortalece o *brand equity*? Há algum risco de acabar diluindo o *brand equity*? A oportunidade oferece alguma vantagem estratégica, como transferências de conhecimento?

Branding de ingrediente. O *branding* de ingrediente é uma forma especial de *cobranding*. Ele envolve a criação de um *brand equity* para materiais, componentes ou peças que necessariamente entram em produtos finais de outras marcas. No caso de produtos hospedeiros com marcas que não são tão fortes, as marcas ingredientes podem prover diferenciação e sinais importantes de qualidade.[52]

Entre algumas ações de marca ingrediente bem-sucedidas, estão a tecnologia de redução de ruídos Dolby, as fibras resistentes à água GORE-TEX e os tecidos impermeáveis Scotchgard. A Vibram é líder mundial em solas de borracha de alto desempenho para sapatos de uso externo, de trabalho, militares, recreativos, de moda e ortopédicos. Se você olhar debaixo dos seus sapatos, poderá

<< O *cobranding* de Milka e Oreo, marcas da Mondelēz, tem o objetivo de estabelecer uma presença mais forte para a suíça Milka no mercado americano.

encontrar solas Vibram; elas são usadas por uma vasta gama de fabricantes de calçado, como The North Face, Saucony, Timberland, Lacoste, L.L. Bean, Wolverine, Rockport, Columbia, Nike e Frye.

Uma forma interessante de *branding* de ingrediente é o *self-branding*, em que as empresas anunciam e até mesmo registram suas próprias marcas ingredientes.[53] A rede de hotéis Westin, por exemplo, anuncia sua própria Heavenly Bed (Cama Paradisíaca), um ingrediente crucialmente importante para uma boa noite de sono do hóspede. A marca foi tão bem aceita que a Westin passou a vender camas, travesseiros, lençóis e cobertores por um catálogo *on-line*, além de outros presentes da linha Heavenly, artigos de banho e até mesmo itens para animais de estimação com a marca Heavenly. O sucesso da cama também criou uma auréola de valor para a marca Westin como um todo. Entusiastas da Heavenly Bed estão mais propensos a avaliar positivamente outros aspectos de seu quarto ou de sua estadia.[54] Se bem feito, faz sentido criar marcas ingredientes próprias, porque assim as empresas têm mais controle sobre elas e podem desenvolver ingredientes específicos para os fins desejados.

As marcas ingredientes procuram criar conscientização e preferência para seu produto de tal forma que os consumidores não comprem um produto final que não contenha o ingrediente. A DuPont lançou uma série de produtos inovadores, como o material de superfície sólida Corian®, para uso em setores que vão do vestuário ao aeroespacial.

Muitos de seus produtos, como o revestimento residencial Tyvek®, o revestimento antiaderente Teflon® e a fibra de Kevlar®, ficaram conhecidos como marcas ingredientes em bens de consumo fabricados por outras empresas. Muitos fabricantes produzem componentes ou materiais que entram nos produtos de marca, mas cuja identidade individual acaba se perdendo. Entre os poucos que conseguiram evitar esse destino está a Intel. Sua campanha de marca dirigida ao consumidor final convenceu muitos compradores de computador a preferir marcas com Intel Inside. Como resultado, os principais fabricantes – Dell, HP, Lenovo – compram *chips* da Intel a um preço superior ao que pagariam se fossem comprar *chips* equivalentes de um fornecedor desconhecido.

Qual é a receita para uma marca ingrediente de sucesso?[55] Primeiro, os consumidores devem perceber que o ingrediente é importante para o desempenho e o sucesso do produto final. O ideal é que esse valor intrínseco seja facilmente visível ou experimentável. Segundo, os consumidores devem ser convencidos de que o ingrediente é superior. Para tanto, a empresa deve coordenar uma campanha de comunicação, muitas vezes com a ajuda dos fabricantes dos produtos finais e dos varejistas que comercializam os produtos, para ajudar os consumidores a entender as vantagens do ingrediente de marca. Por fim, um símbolo ou logotipo distintivo deve sinalizar claramente aos consumidores que o produto final contém o ingrediente. O ideal é que o símbolo ou logotipo funcione como um "selo", seja simples e versátil e comunique qualidade e confiança com credibilidade.[56]

Dinâmicas de marca

Em geral, as marcas não permanecem sempre iguais; elas evoluem com o tempo. As duas formas mais comuns de as marcas evoluírem são por reposicionamento de marca e extensões de marca.

REPOSICIONAMENTO DE MARCA

Qualquer fato novo no ambiente de *marketing* pode afetar o sucesso de uma marca. Entretanto, várias marcas conseguiram recuperar-se de forma impressionante nos últimos anos.[57] Após passar por um período de dificuldades no mercado automobilístico, Cadillac, Fiat e Volkswagen obtiveram êxito na retomada de seu sucesso em diferentes graus. O resgate pela General Motors de seu Cadillac em declínio foi turbinado por uma revisão completa de sua linha de produtos, com novos modelos que redefiniram seu visual e estilo, como é o caso do *crossover* SRX, dos sedãs XTS e CTS, do SUV Escalade e do novo sedã esportivo ATS. Uma boa dose de *marketing* inovador, como o primeiro uso de uma música do Led Zeppelin em uma propaganda, também ajudou.

De modo geral, a primeira coisa a ser feita para reposicionar uma marca é compreender quais eram as fontes de *brand equity*. As associações positivas estão perdendo sua força ou singularidade? As pessoas passaram a associar coisas negativas à marca? Em seguida, é necessário tomar

A cadeia de valor da marca

A **cadeia de valor da marca** é um modo estruturado de avaliar as fontes e os resultados do *brand equity*, bem como a forma pela qual as atividades de *marketing* criam o valor da marca (Figura 10.2). Tal cadeia baseia-se em diversas premissas básicas.[58]

Em primeiro lugar, o processo de criação do valor da marca tem início quando a empresa investe em um programa de *marketing* cujos alvos sejam clientes reais ou potenciais e que tenha por objetivo desenvolver a marca, incluindo comunicações de *marketing*, comercialização ou suporte ao intermediário e pesquisa, desenvolvimento e projeto do produto. Essa atividade de *marketing* vai influenciar a mentalidade dos consumidores – o que os clientes pensam e sentem e tudo o que esteja relacionado com a marca. A seguir, essa mentalidade dos clientes vai afetar seu comportamento de compra e sua reação a toda atividade de *marketing* subsequente – determinação de preços, canais de distribuição, comunicações e o produto em si –, o que afetará a participação de mercado e a rentabilidade da marca resultantes. Por fim, a comunidade de investidores leva em consideração o desempenho de mercado da marca para avaliar o valor para o acionista, em termos gerais, e o valor da marca, em particular.

O modelo também pressupõe que três conjuntos de multiplicadores aumentam ou reduzem o valor que pode fluir de um estágio a outro.

- O *multiplicador do programa* determina a capacidade do programa de *marketing* de influenciar a mentalidade do cliente e depende da qualidade do investimento no programa.
- O *multiplicador do cliente* determina até que ponto o valor criado na mente do cliente afeta o desempenho no mercado. Esse resultado depende de superioridade competitiva (eficácia do investimento em *marketing* em relação às marcas concorrentes), canal e outro suporte intermediário (quantidade de reforço de marca e esforço de vendas contribuída pelos diversos parceiros de *marketing*) e número de clientes e seu perfil (número e tipo de clientes, lucrativos ou não, atraídos pela marca).
- O *multiplicador do mercado* determina até que ponto o valor demonstrado pelo desempenho de uma marca no mercado se manifesta no valor para o acionista, o que depende, em parte, das ações de analistas financeiros e investidores.

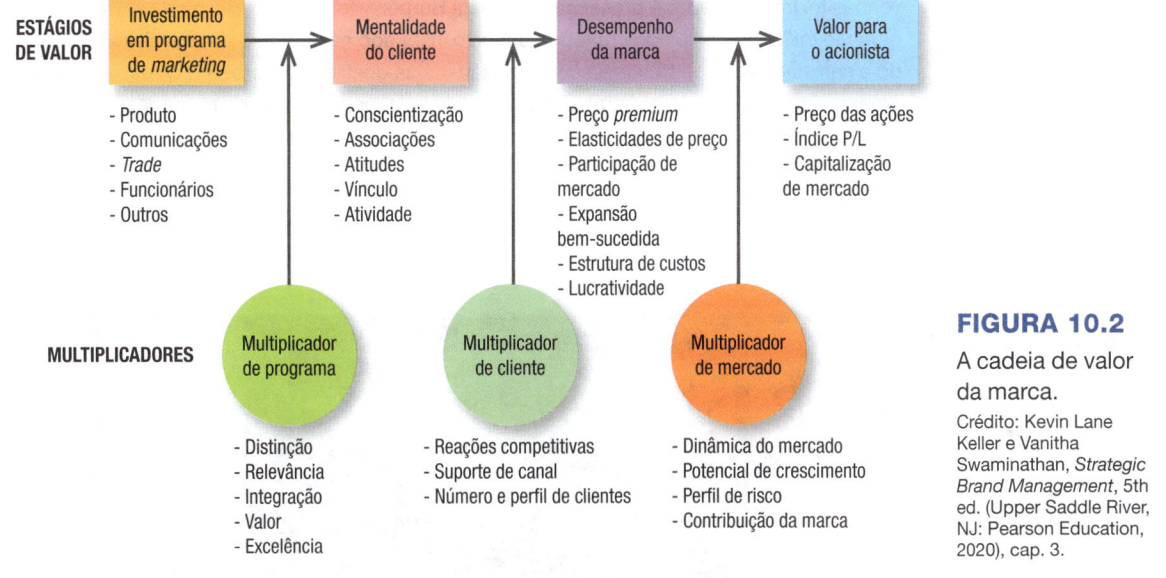

FIGURA 10.2
A cadeia de valor da marca.
Crédito: Kevin Lane Keller e Vanitha Swaminathan, *Strategic Brand Management*, 5th ed. (Upper Saddle River, NJ: Pearson Education, 2020), cap. 3.

decisões sobre a manutenção de um posicionamento existente ou a criação de um novo, e, se for o caso, decidir qual posicionamento adotar.[59]

Às vezes, a fonte do problema é o programa de *marketing* não cumprir a promessa da marca. Nesse caso, uma estratégia de "retorno às origens" pode ser adequada. Como visto anteriormente, a Harley-Davidson reconquistou sua liderança de mercado atendendo melhor às expectativas dos clientes quanto ao desempenho de seus produtos. A Pabst Brewing Company fez isso voltando às raízes e alavancando sua embalagem e imagem icônicas, com uma percepção de autenticidade.

Contudo, em outros casos, o antigo posicionamento deixa de ser viável, e uma estratégia de "reinvenção" torna-se necessária. A Mountain Dew teve a imagem de sua marca completamente renovada e virou uma potência em refrigerantes. Como sua história revela, muitas vezes é mais fácil reavivar uma marca ainda em circulação, mesmo que esteja um tanto esquecida. A Old Spice é outro exemplo de marca que transcende suas raízes. De uma marca identificada como um *kit* clássico de pós-barba e colônia que os *baby boomers* davam de presente no Dia dos Pais, a Old Spice passou a identificar-se positivamente com os produtos contemporâneos de cuidados masculinos para o público mais jovem da geração *millennial*. Para revitalizar a Old Spice, a P&G recorreu à inovação de produto e a comunicações cômicas que enfatizavam a experiência da marca.

Obviamente, as estratégias de reposicionamento formam um *continuum*, que vai desde o puro "retorno às origens" até a pura "reinvenção" e várias combinações intermediárias. O desafio é, muitas vezes, mudar o suficiente para atrair novos clientes, mas não a ponto de afastar os antigos.[60] Vejamos como a Burberry deu a volta por cima.

Burberry A Burberry tem uma incrível história de mais de 150 anos. Os clássicos *trenchcoats* ingleses da empresa foram usados por soldados britânicos na Primeira Guerra Mundial; Sir Ernest Shackleton usou um Burberry durante sua expedição à Antártida; e a marca foi designada como fornecedora oficial da família real. Na virada do século XXI, no entanto, o padrão xadrez característico da marca não era mais considerado descolado; havia sido usado em muitos produtos e copiado por muitos falsificadores. Apesar do *status* icônico da peça, o casaco representava apenas 20% dos negócios globais da Burberry. Para responder ao problema, a Burberry decidiu reforçar seu legado, enfatizando, inovando e ampliando seus principais produtos de luxo. Visando ao cliente de luxo do futuro, a Burberry retirou de 90% dos produtos o padrão xadrez excessivamente usado. A marca foi reposicionada para ter uma sensibilidade mais unificada e contemporânea, o que resultou na criação de mais de 300 tipos de casacos, desde capas e jaquetas *cropped* até *trenchcoats* clássicos em uma variedade de cores e estilos. Novas lojas foram abertas em locais desejáveis, e o treinamento para representantes de vendas foi intensificado. A presença *on-line* da Burberry foi reformulada para ser mais atrativa à geração *millennial*, exibindo conteúdo emotivo inspirado na marca, como músicas, filmes, legado e narrativa, além de transmissões simultâneas de desfiles da Burberry. O resultado foi que a empresa se transformou em uma das marcas de luxo mais valiosas do mundo.[61]

>> Para consolidar o seu *status* de luxo entre consumidores contemporâneos, a Burberry removeu o seu padrão xadrez característico de muitos dos seus principais produtos, criou centenas de novos estilos de casaco e reformulou sua presença *on-line* para ser mais atrativa para a geração *millennial*.

EXTENSÕES DE MARCA

Quando uma empresa usa uma marca estabelecida para lançar um novo produto em uma categoria ou nível de preço diferente, a oferta resultante é chamada de **extensão de marca**. A Honda empresta seu nome a diversos produtos, como carros, motos, removedores de neve, aparadores de grama, motores para barcos e *snowmobiles*. Esse conjunto de produtos permite que a empresa anuncie que é possível "colocar seis Hondas em uma garagem para dois carros".

Quando uma nova marca é combinada com uma marca já existente, a extensão de marca também pode ser denominada *submarca*, como é o caso dos bombons Kisses da Hershey, do *software* Acrobat da Adobe, dos automóveis Toyota Camry e dos hotéis Courtyard by Marriott. A marca preexistente que origina uma extensão de marca é conhecida como *marca-mãe*. Se ela já estiver associada a diversos produtos por meio de extensões de marca, pode ser chamada de *marca máster* ou *família de marcas*.

As extensões de marca são diferentes das extensões de linha. Ao contrário das extensões de marca, em que a empresa estende sua marca para uma categoria de produto à qual não está associada no momento, em uma **extensão de linha**, a marca-mãe abrange um novo produto dentro de uma categoria de produto já atendida por ela, como novos sabores, formatos, cores, ingredientes e tamanhos de embalagem, por exemplo. Ao longo dos anos, a Danone vem lançando diversos tipos de extensão de sua linha de iogurtes – com pedaços de fruta e sabores naturais, além do Danoninho. Como observamos, na extensão de marca, a marca-mãe é usada para entrar em uma categoria de produto diferente daquela que atende, como os relógios Swiss Army.

Muitas empresas decidiram alavancar seu ativo mais valioso lançando uma grande quantidade de produtos com algumas de suas marcas mais fortes. A maior parte dos novos produtos é composta de extensões de linha, normalmente de 80 a 90% ao ano. Além disso, muitos dos novos produtos mais bem-sucedidos, como o café Dunkin' Donuts, as sopas Progresso Light e as refeições para micro-ondas Hormel Compleats, são extensões. Ainda assim, muitos produtos novos são lançados todos os anos com marcas novas.

Quando estender uma marca? Os profissionais de *marketing* devem avaliar cada extensão de marca em potencial por sua eficácia em transmitir o *brand equity* da marca-mãe para o novo produto, além de considerar a eficácia com que a extensão contribui para o *brand equity* da marca-mãe. O Crest Whitestrips alavancou a forte reputação da Crest em higiene bucal para proporcionar reafirmação no campo dos branqueadores dentários e, ao mesmo tempo, reforçar a autoridade da empresa em higiene bucal. A joalheira Bulgari entrou nos ramos de hotéis, restaurantes, perfumes, chocolates e cuidados para a pele.

> **Armani**   A Armani estendeu sua marca das linhas de alto luxo Giorgio Armani e Giorgio Armani Privé para a de luxo intermediário Emporio Armani e para as de luxo acessível Armani Jeans e Armani Exchange. Existe uma diferenciação clara entre essas marcas, o que minimiza o potencial de confusão do consumidor e a canibalização da marca. Cada uma delas também faz jus à promessa central da marca-mãe, o que reduz as chances de prejudicar a imagem principal.

> **Ralph Lauren**   A Ralph Lauren tem comercializado com sucesso uma marca de luxo aspiracional com uma imagem saudável de estilo de vida americano em uma ampla gama de produtos. Além de roupas e perfumes, as butiques da Lauren vendem roupas de cama, velas, camas, sofás, louças, álbuns de fotos e joias. A Calvin Klein adotou uma estratégia expansiva de igual sucesso, mas com diferentes imagens de estilo de vida.

Os profissionais de *marketing* devem fazer uma série de perguntas quando ponderam o possível sucesso de uma extensão.[62] *A marca-mãe tem poder significativo? Existe uma forte base de ligação? A extensão tem os pontos de paridade e de diferença ideais? Como os programas de* marketing *podem melhorar o brand equity da extensão? Quais serão as consequências da extensão para o brand equity e a lucratividade da marca-mãe?*

>> Os três níveis de preço da Armani em suas linhas de produto ajudam a empresa a sobreviver e prosperar em bons e maus momentos.

Alguns dos principais resultados de pesquisa sobre extensões de marca estão resumidos a seguir.[63]

- Extensões de marca bem-sucedidas ocorrem quando associações favoráveis são atribuídas à marca-mãe e há uma percepção de ligação entre a marca-mãe e o produto da extensão. Essa ligação pode envolver atributos e benefícios relacionados com o produto e aqueles relacionados com tipos de usuários e situações de uso comuns. Por exemplo, a Ralph Lauren estendeu a sua marca da moda para perfumes, móveis e até tintas.
- Uma marca tida como modelo de uma categoria de produto pode ser difícil de ser estendida para fora da categoria. Por exemplo, estender a marca Coca-Cola para sucos frescos seria um grande desafio, dada a natureza prototípica da marca na categoria de refrigerantes. Assim, associações positivas na classe de produto original tornam-se negativas no contexto da extensão. Além disso, associações de atributos concretos tendem a ser mais difíceis de estender do que associações de benefícios abstratos.
- As extensões verticais costumam exigir estratégias de submarca para prevenir as associações de marca negativas (no caso das extensões para níveis superiores) ou a diluição de marca e a canibalização de produtos (no caso das extensões para níveis inferiores). Por exemplo, em vez de utilizar a sua marca principal para lançar uma extensão da linha de produtos para níveis inferiores do mercado, a Giorgio Armani criou uma submarca, a Armani Exchange, que ajudou a reduzir a probabilidade de diluição de marca e a canibalização das vendas.

Um dos principais erros na avaliação de oportunidades de extensão é não levar em consideração *todas* as estruturas de conhecimento de marca detidas pelos consumidores e, em vez disso, focar em uma ou mais associações de marca como uma base potencial de ligação.[64] A Bic é um exemplo clássico desse tipo de erro.

Bic Especializada em produtos baratos e descartáveis, a francesa Société Bic conseguiu criar um mercado para canetas esferográficas não recarregáveis no fim da década de 1950, para isqueiros descartáveis no início da década de 1970 e para lâminas descartáveis no início da década de 1980. Contudo, não obteve êxito quando tentou usar a mesma estratégia de *marketing* para perfumes Bic nos Estados Unidos e na Europa. Os perfumes – dois femininos (Nuit e Jour) e dois masculinos (Bic for Men e Bic Sport for Men) – vinham em *spray*, em embalagens de vidro de 7,5 ml que pareciam isqueiros rechonchudos, e eram vendidos a US$ 5 cada. Os produtos ficavam expostos em suportes nos balcões dos caixas em todos os amplos canais de distribuição da Bic. Na época, a representante da Bic descreveu os novos produtos como extensões do legado da empresa: "excelente qualidade a preços acessíveis, fácil de comprar e usar". A campanha de promoção e propaganda da extensão de marca, avaliada em US$ 20 milhões, trazia imagens de pessoas estilosas divertindo-se com o perfume e divulgava o bordão "Paris in Your Pocket" (Paris em seu bolso). No entanto, a Bic não conseguiu superar a falta de magnetismo e as associações negativas à sua imagem, e a extensão acabou sendo um fracasso.[65]

<< Embora a Bic tenha defendido que seus perfumes de US$ 5 para homens e mulheres estenderiam a tradição da empresa de conveniência e qualidade acessível, essa ampliação de produto estava fadada ao fracasso pela sua incongruência com a imagem da empresa entre os consumidores.

Vantagens das extensões de marca. Os consumidores criam expectativas sobre um novo produto com base no que conhecem sobre a marca-mãe e na medida em que pensam ser um conhecimento relevante. Quando a Sony lançou um novo computador pessoal destinado a aplicativos multimídia, o VAIO, os consumidores podem ter se sentido mais tranquilos em relação ao desempenho esperado em razão de sua prévia experiência e de seu conhecimento de outros produtos da empresa. Depois que conquistou o reconhecimento dos clientes, a marca VAIO foi desmembrada da Sony e hoje opera de forma independente; a Sony ainda tem uma participação minoritária na empresa, além de deter a marca registrada do nome VAIO e do logotipo.

Criando expectativas positivas, as extensões reduzem os riscos. Também pode ser mais fácil convencer os lojistas a estocar e promover uma extensão de marca, em virtude de um aumento esperado na demanda dos clientes. Uma campanha que introduza uma extensão não precisa criar conscientizações de marca *e* do novo produto, podendo concentrar-se no produto propriamente dito.[66] Portanto, as extensões podem resultar em redução de custos da campanha de lançamento, o que é fundamental, visto que, no mercado norte-americano, estabelecer um novo nome de marca para um produto de consumo de massa pode custar até US$ 100 milhões.

As extensões também evitam a dificuldade e a despesa de criar um novo nome e possibilitam mais eficiência na embalagem e na rotulagem. Embalagens e rótulos semelhantes ou praticamente idênticos das extensões implicam custos de produção mais baixos e, se coordenados de maneira apropriada, mais notoriedade nas lojas, pois criam um efeito de "cartaz".[67] A Stouffer's, por exemplo, oferece diversos tipos de comida congelada com embalagens na cor laranja, idêntica para todos os sabores, o que aumenta sua visibilidade quando elas são dispostas lado a lado no *freezer*. Se uma empresa oferecer ao público um portfólio de variações da marca dentro de uma categoria de produto, os consumidores que querem mudanças poderão experimentar um produto diferente sem ter de abandonar a família de marcas.

> **Coca-Cola** Para fugir da sua imagem tradicional e aproximar-se de tendências focadas em saúde, a Coca-Cola decidiu lançar uma linha de energéticos, pela primeira vez com o próprio nome na marca. O novo energético, denominado Coca-Cola Energy e Coca-Cola Energy No Sugar, é feito de extrato de guaraná e cafeína natural. A decisão posiciona os energéticos da empresa em concorrência direta com a Monster Energy, marca de propriedade parcial e distribuição da Coca-Cola. O novo energético também tem pela frente uma missão difícil: mudar a percepção dos consumidores sobre a marca Coca-Cola, tradicionalmente associada a refrigerantes de cola.[68]

Além de facilitar a aceitação de novos produtos, as extensões de marca podem ajudar a esclarecer o significado de uma marca e seus principais valores ou melhorar o nível de fidelidade do consumidor à empresa que está por trás da extensão. Por meio das extensões de marca, Crayola construiu o significado "artes e ofícios coloridos para crianças", e Vigilantes do Peso, o significado de "perda e manutenção de peso".

O sucesso de uma extensão de categoria pode não só reforçar a marca-mãe e abrir um novo mercado, mas também facilitar ainda mais o surgimento de novas extensões de categoria. O sucesso dos produtos iPod e iTunes da Apple abriu um novo mercado, ajudou as vendas de produtos principais do Mac e preparou o caminho para o lançamento dos produtos iPhone e iPad.

Desvantagens das extensões de marca. A má notícia é que as extensões podem fazer o nome da marca não ser fortemente associado a um produto.[69] Ao vincular sua marca a produtos alimentícios mais comuns, como purê de batata, leite em pó, sopa e bebida, a Cadbury correu o risco de perder o significado mais específico de sua marca, ligado a chocolates e balas.[70]

A **diluição de marca** ocorre quando os consumidores deixam de associá-la a um produto específico ou a produtos altamente semelhantes e passam a lhe dar menos importância. A Porsche obteve sucesso de vendas com o seu utilitário esportivo Cayenne e o sedã de quatro portas Panamera, que representaram três quartos de suas vendas de veículos em 2012, mas alguns críticos achavam que a empresa estava diluindo sua imagem de carro esportivo nesse processo. Subsequentemente, a Porsche incrementou suas pistas de testes *off-road*, seus cursos de condução e seus eventos itinerantes para ajudar os clientes a sentir a adrenalina de dirigir um lendário Porsche 911.

Se uma empresa lança extensões que os consumidores consideram inadequadas, eles podem começar a questionar a integridade da marca, ficar confusos ou até frustrados. Qual versão do produto é a "certa" para eles? Eles conhecem a marca tão bem quanto supunham conhecer? As lojas recusam muitos novos produtos e marcas porque suas prateleiras ou *displays* não têm espaço para eles, e a própria empresa pode ficar abarrotada.

Mesmo que as vendas de uma extensão de marca sejam altas e atinjam seu alvo, é possível que a receita provenha de consumidores que optaram pela extensão em detrimento dos produtos já existentes da marca-mãe, canibalizando a marca-mãe. Mudanças nas vendas dentro da marca talvez não sejam necessariamente indesejáveis porque podem ser compreendidas como uma forma de canibalização antecipada. Em outras palavras, os consumidores poderiam ter mudado para uma marca da concorrência e não para a extensão de linha, caso ela não tivesse sido introduzida na categoria. O sabão em pó Tide mantém a mesma participação de mercado de 50 anos atrás em virtude das contribuições de vendas de diversas extensões de linha, como sabão em pó perfumado, sem perfume, em cápsulas, líquido, etc.

Uma desvantagem das extensões de marca facilmente ignorada é que, lançando um produto como uma extensão de marca, a empresa abre mão da oportunidade de criar uma nova marca, com imagem e *brand equity* próprios e exclusivos. Consideremos os benefícios obtidos pela Disney ao lançar filmes direcionados ao público adulto com a Touchstone, pela Levi's ao criar as calças rústicas Dockers e pela Black&Decker ao lançar as sofisticadas ferramentas elétricas DeWALT.

GERENCIAMENTO DE UMA MARCA EM CRISE

Gestores de *marketing* devem pressupor que suas marcas passarão por uma crise algum dia. Chick-fil-A, BP, Domino's e Toyota passaram por crises de marca graves, e algumas delas poderiam até causar danos permanentes. Bank of America, JPMorgan, AIG e outras instituições financeiras foram abaladas por escândalos financeiros que corroeram a confiança do investidor. As repercussões incluem vendas perdidas, menor eficácia das atividades de *marketing*, maior sensibilidade às atividades de *marketing* dos rivais e impacto reduzido das atividades de *marketing* da empresa sobre marcas concorrentes. Para proteger a marca, os altos executivos da empresa, e às vezes até os próprios fundadores, podem ter de deixar seus cargos.[71]

De modo geral, quanto mais fortes forem a marca e a imagem corporativa — especialmente quanto à credibilidade e à confiabilidade —, maior será a capacidade de resistência da empresa a uma tempestade. Contudo, uma preparação cuidadosa e um programa de gerenciamento de crises bem elaborado também são cruciais. Como revelou o tratamento lendário quase impecável da Johnson & Johnson ao incidente de adulteração de seu produto Tylenol*, é fundamental que os consumidores considerem a resposta da empresa tão *ágil* quanto *sincera*. Eles devem ter uma sensação imediata de que a empresa realmente se importa.

Quanto mais a empresa demora para reagir, mais os consumidores ficam propensos a formar impressões negativas com base em uma cobertura da mídia ou uma comunicação boca a boca desfavorável. Pior ainda, eles podem concluir que não gostam mesmo da marca e trocá-la para

---

*N. de R.T. Em 1982, sete pessoas morreram em Chicago após consumirem cápsulas de Tylenol contaminadas com cianeto. Investigações apontaram que o produto foi adulterado e que não havia envolvimento da fabricante no caso. Mesmo não sendo responsável pela contaminação, a Johnson & Johnson desenvolveu medidas de segurança para a produção e a embalagem de seus produtos, para evitar que novas adulterações pudessem ocorrer.

sempre. Antecipar-se a um problema com ações de relações públicas, e talvez até de propaganda, pode ajudar a evitar esses incidentes.[72]

Um exemplo clássico é o da Perrier, que já foi líder da categoria de água mineral engarrafada. Em 1994, a Perrier foi forçada a suspender a produção em todo o mundo e fazer o *recall* de todos os produtos existentes quando traços de benzeno, um conhecido cancerígeno, foram encontrados em quantidade excessiva em suas garrafas de água. Nas semanas que se seguiram ao fato, a empresa apresentou várias explicações, criou confusão e gerou ceticismo. Pior ainda foi o produto ficar fora das prateleiras por mais de três meses. Apesar de um oneroso relançamento com anúncios e promoções, a marca teve dificuldade em recuperar a participação de mercado perdida, e um ano depois do incidente as vendas representavam menos da metade do que haviam sido. Com a associação-chave à sua "pureza" manchada, a Perrier não tinha outro ponto de diferença convincente. Consumidores e varejistas encontraram substitutos satisfatórios, e a marca jamais se recuperou. Por fim, foi adquirida pela Nestlé S/A.[73]

Em segundo lugar, quanto mais sincera for a reação da empresa, reconhecendo publicamente o impacto sobre os consumidores e se mostrando disposta a adotar as medidas necessárias, menos provável será que os consumidores formem impressões negativas. Quando clientes relataram ter encontrado cacos de vidro em potes de seu alimento para bebês, a Gerber tentou tranquilizar o público de que não havia problemas em suas fábricas, mas recusou-se categoricamente a retirar os produtos das lojas. Após a participação de mercado ter caído de 66 para 52% em dois meses, um funcionário da empresa admitiu: "Não retirar nossa comida para bebês das prateleiras deu a impressão de que não somos uma empresa preocupada com o bem-estar de nossos clientes".

Na ocorrência de um problema, os consumidores precisam saber, sem sombra de dúvida, que a empresa encontrou a solução adequada. Uma das chaves da recuperação da Tylenol foi a introdução, pela Johnson & Johnson, de embalagens triplas à prova de adulteração, eliminando com sucesso a preocupação do consumidor de que o produto poderia ser adulterado novamente.

Nem todas as crises são fruto das ações da própria empresa. Crises externas, como recessões econômicas, desastres naturais e grandes eventos geopolíticos, podem ameaçar a marca e exigem uma resposta adequada dela. Por exemplo, durante as dificuldades causadas pela pandemia da covid-19, muitas organizações recorreram aos seus profissionais de *marketing* para reter os clientes e sustentar as marcas. A parcela da receita investida em *marketing* atingiu um recorde de 11,4% em maio de 2020, em relação a apenas 8,6% quatro anos antes e superando o recorde anterior de 9,3% seis anos antes.[74] O *marketing* de marcas enfrentou um desafio inédito em sua história com esse cataclismo global. Os melhores profissionais responderam rápida e audaciosamente, de modo a proteger a saúde da marca e a fidelidade dos clientes. Considere a resposta da Nike.

> **Nike** Com base nos fatores e nas condições de mercado predominantes, a Nike implementou uma resposta global em quatro fases para enfrentar a covid-19: contenção, recuperação, normalização e retorno ao crescimento. A empresa usou suas equipes de inovação e *marketing* para ajudar a desenvolver equipamentos de proteção individual (EPI) para médicos, enfermeiros e profissionais de saúde na linha de frente. Também garantiu aos funcionários e membros da equipe que continuariam a receber seus salários, apesar do fechamento de muitos dos seus pontos de varejo. Para os consumidores, a Nike lançou uma envolvente campanha digital denominada Play Inside (jogue dentro), que incentivava as pessoas a permanecerem saudáveis e ativas enquanto se protegiam do vírus dentro das suas casas. A empresa também ofereceu aos consumidores o componente *premium* do seu popular aplicativo de exercícios físicos gratuitamente por 90 dias. Dando seguimento a uma transição na estrutura de vendas que crescera nos anos anteriores, a Nike usou um aplicativo proprietário de comércio eletrônico para deslocar uma parcela ainda maior do seu negócio para a internet.[75]

A pandemia forçou todas as marcas a repensar o que e como vendiam. O *marketing* digital já era importante, mas tornou-se ainda mais. A porcentagem do orçamento de *marketing* dedicada às mídias sociais saltou de 13%, em janeiro de 2020, para 23%, em maio do mesmo ano. As empresas bem-sucedidas, entretanto, empregaram uma estratégia digital equilibrada e completa, que também enfatizava *sites*, aplicativos e opções de comércio eletrônico. Com o aumento das vendas de produtos domésticos, algumas marcas tiveram de lidar com crescimento e demanda sem precedentes. A King

Arthur Flour, famosa pela sua farinha pura, orgânica e de alta qualidade, descobriu que muitos dos seus clientes infrequentes, que antes cozinhavam apenas algumas vezes por ano, haviam começado a cozinhar algumas vezes *por mês*. Com a explosão da demanda e do interesse pelos seus produtos, a empresa, que é de propriedade dos funcionários, começou a vender pacotes menores para atingir mais clientes e contratou reforços para lidar com as milhares de ligações para o seu serviço Baker's Hotline, além da explosão das interações e do tráfego nas mídias sociais.[76]

Não existem soluções fáceis para guiar uma marca com sucesso através de tamanha turbulência no mercado, mas as quatro diretrizes a seguir podem ajudar as empresas que precisam administrar uma marca durante um período de crise econômica, de saúde ou de algum outro tipo.

- *Empatia*: aproxime-se ainda mais dos consumidores e clientes. O que estão pensando agora? O que estão sentindo? O que estão fazendo de diferente? Essas mudanças são temporárias ou permanentes?
- *Valor*: apresente a proposição de valor mais convincente e instigante possível. Reconheça a totalidade do valor e comunique todos os possíveis benefícios econômicos, funcionais e psicológicos, assim como todas as possíveis economias de tempo, dinheiro, energia e desgaste psicológico.
- *Estratégia*: seja autêntico e fiel à promessa de marca. Encontre maneiras de desenvolver programas que atendam às necessidades de curto prazo de uma maneira fiel à marca.
- *Inovação*: realize exercícios e atividades de "Pare, comece e continue (mas melhore)". Aproveite a oportunidade para fazer uma "faxina", podando e focalizando as marcas e ofertas de produtos. Repense orçamentos, planos de *go-to-market* e consumidores-alvo.

Embora uma crise possa impactar gravemente até as marcas mais fortes, os melhores profissionais de *branding* destacam-se dessas e de muitas outras formas para oferecer uma direção estratégica clara e trabalhar criativamente para encontrar novas maneiras de implementar seus planos.

Branding de luxo

As marcas de luxo são um dos exemplos mais puros do papel do *branding*, pois a marca e sua imagem costumam ser vantagens competitivas importantes que criam enorme valor para a empresa e para os seus clientes. Profissionais de *marketing* para marcas de luxo, como Prada, Gucci, Cartier e Louis Vuitton, gerenciam franquias lucrativas que perduram há décadas em um setor que alguns acreditam valer US$ 300 bilhões.[77]

CARACTERÍSTICAS DAS MARCAS DE LUXO

Com itens significativamente mais caros dos que os mais comuns de uma categoria, durante anos as marcas de luxo diziam respeito a *status* social e a quem um cliente era – ou talvez quisesse ser. Os tempos mudaram e, em muitos países desenvolvidos, o luxo passou a expressar, sobretudo, estilo e substância, combinando prazer pessoal e autoexpressão.

Um comprador de luxo deve sentir que está obtendo algo verdadeiramente especial. Assim, os denominadores comuns de marcas de luxo são qualidade e exclusividade. Uma fórmula vencedora para muitos é a habilidade, herança, autenticidade e história (muitas vezes crítica para justificar um preço alto). A Hermès, fabricante francesa de artigos de couro de luxo, vende seus *designs* clássicos por centenas ou até mesmo milhares de dólares "não porque eles estão na moda", como escreveu um autor, "mas (porque) nunca saem de moda".[78] Vejamos a seguir como várias marcas de luxo tornaram-se sucessos duradouros de mercado.

> **Sub-Zero** Os refrigeradores da marca Sub-Zero são vendidos a preços que variam de US$ 2 mil para os modelos compactos de embutir a US$ 15 mil para os modelos topo de linha. Seu público-alvo são consumidores com elevados padrões de desempenho e *design* que prezam seu lar e o que compram para mobiliá-lo. A Sub-Zero conduz pesquisas extensivas sobre esse grupo e sobre *designers*, arquitetos e varejistas especializados em cozinha, que recomendam e comercializam seus produtos.[79]

<< Como diz o nome, a Patrón, vendida em garrafas numeradas feitas à mão, alçou-se à liderança do mercado de tequilas de alto nível que a marca praticamente criou.

Patrón Cofundada pelo criador da marca Paul Mitchell para cuidados com os cabelos, John Paul DeJoria, a Patrón surgiu após uma viagem em 1989 a uma destilaria no pequeno estado mexicano de Jalisco. Batizada de Patrón, que significa "chefe" ou "sujeito legal", a suave tequila de agave vem em uma elegante garrafa feita de maneira artesanal e numerada individualmente para venda por US$ 45 ou mais. A Patrón, que basicamente criou o mercado de luxo para tequilas, gerou mais de US$ 600 milhões em vendas no varejo e superou a José Cuervo, tornando-se a maior marca da bebida no mundo. Em 2018, a Patrón foi adquirida pela Bacardi por US$ 5,1 bilhões.[80]

Montblanc O objetivo da Montblanc, cujos produtos variam de canetas a perfumes, é ser uma marca forte de luxo para o máximo de classes de clientes de luxo possível, mas sem deixar de manter uma imagem pública de destaque. A promessa da marca é que "a Montblanc reúne a alta qualidade europeia com *designs* clássicos para dar vida a peças que emanam tradição clássica e criação refinada. Assim como a alma permanece muito depois que o corpo se foi, nossas peças são criadas para ter desempenho excelente e simbolizar elegância por muitas gerações". A empresa expandiu-se de suas origens em instrumentos de escrita para categorias como artigos de couro e relógios, nas quais poderia usar o seu poder de marca e a sua filosofia de competência de fabricação, alta qualidade, valor sustentável e criatividade".[81]

Grande parte do crescimento das marcas de luxo nos últimos anos tem sido geográfica. A China ultrapassou os Estados Unidos como o maior mercado de luxo do mundo. Embora inicialmente muito "orientados para o logotipo" e interessados em sinais de marca ostensivos, os consumidores de luxo chineses também se tornaram mais conscientes em relação à qualidade e ao *design*, assim como os consumidores de luxo de outras partes do mundo.

>> As ofertas na linha de produtos crescente da Montblanc combinam produção de qualidade excepcional com *designs* clássicos e refinados que prometem aos clientes um desempenho magnífico e elegante por muitas gerações.

Crédito: Marek Slusarczyk/Alamy Stock Photo

GESTÃO DAS MARCAS DE LUXO

Os profissionais de *marketing* aprenderam que o luxo não é visto da mesma maneira em todo o mundo. No entanto, no fim das contas, quem lida com marcas de luxo deve lembrar que muitas vezes está vendendo um sonho ancorado em qualidade, *status* e prestígio de produto.[82]

Assim como os profissionais de *marketing* em categorias menos dispendiosas, aqueles que administram o destino das marcas de luxo atuam em um ambiente de *marketing* em constante evolução. Globalização, novas tecnologias, mudanças na cultura de consumo e outras forças exigem habilidade e competência na administração da marca. Para garantir o sucesso nesse ambiente dinâmico, os profissionais de *marketing* devem aderir aos princípios gerais que se aplicam à gestão das marcas de luxo. Alguns dos princípios mais importantes da gestão das marcas de luxo são:[83]

- Todas as decisões de *marketing* associadas a marcas de luxo (produto, serviço, preço, incentivos de vendas, comunicação e distribuição) devem estar alinhadas para garantir que as experiências de compra e consumo sejam consistentes com a imagem da marca.
- O *branding* de luxo geralmente inclui a criação de uma imagem *premium* e aspiracional.
- As marcas de luxo frequentemente abrangem diversas categorias, e, por consequência, seus concorrente costumam ser definidos de maneira ampla.
- As marcas de luxo devem proteger sua identidade e combater vigorosamente as falsificações e infrações às suas marcas registradas.
- Todos os atributos das marcas de luxo devem estar alinhados com a imagem da marca. Isso inclui identificadores de marca, como nomes, logotipos, símbolos e embalagem, além de associações de marca, como personalidades, eventos, países e outras entidades.

Uma tendência das marcas de luxo é envolver os produtos com experiências pessoais. Os varejistas de moda desse nicho de mercado têm oferecido tais experiências associadas a seus artigos, na expectativa de que os clientes que visitaram uma oficina ou conheceram o *designer* se sintam mais próximos da marca. A Gucci convida seus maiores clientes para desfiles de moda, eventos equestres e o Festival de Cinema de Cannes.

As escolas de direção e os centros de experiência da Porsche na Alemanha, nos Estados Unidos e em outras partes do mundo permitem aos motoristas do carro esportivo "treinar suas habilidades de direção e aproveitar o prazer de dirigir, seja em estradas pavimentadas ou não, seja na neve ou no gelo". Para tanto, a Porsche inaugurou instalações de última geração no sul da Califórnia que contam com ladeiras de 45 graus em um cenário fora de estrada, além de uma simulação de colina de gelo.

<< As escolas de direção e os centros de experiência da Porsche na Alemanha, nos Estados Unidos e em outras partes do mundo incentivam os motoristas a acelerar suas habilidades de direção e capturar a diversão de testar os limites dos seus veículos nas mais diferentes condições.

Em um mundo cada vez mais conectado, profissionais do *marketing* de luxo têm se concentrado em encontrar para suas marcas as estratégias certas de venda e comunicação pela internet. Algumas marcas de moda começaram a ir além de anúncios chamativos em revistas, ouvindo os consumidores e comunicando-se com eles por meio de Facebook, Twitter, Instagram, WeChat e outros canais de mídias digitais e sociais. O comércio eletrônico também começou a se apropriar das marcas de luxo. *Sites* como Net-a-Porter (atual Yoox Net-a-Porter), Gilt Groupe e Farfetch oferecem novas formas para as marcas de moda movimentarem produtos de alta qualidade.

Em última análise, os profissionais do *marketing* de luxo têm aprendido que, assim como em qualquer outro nicho de mercado, o sucesso depende de obter o equilíbrio certo entre imagens clássicas e contemporâneas e entre continuidade e mudança nos programas e nas atividades de *marketing*.

Considerando os esforços que essas marcas fazem para mimar clientes em suas lojas – recepcionistas, taças de champanhe, ambiente extravagante –, elas tiveram de trabalhar arduamente para também oferecer uma experiência de alta qualidade *on-line*. Elas cada vez mais mesclam ambos os canais. A Gucci firmou parceria com a Samsung Electronics para criar uma experiência imersiva em loja para seus relógios e joias, combinando o comércio físico e o virtual. As lojas apresentam vitrines transparentes que mostram imagens em uma tela sem obscurecer os produtos por trás dela, além de uma loja digital dentro da física, onde os clientes podem usar *tablets* para navegar. Para atingir clientes de alto poder aquisitivo que trabalham muito e têm pouco tempo para fazer compras, marcas requintadas do mundo da moda, como Dior, Louis Vuitton e Fendi, divulgaram *sites* de *e-commerce* como uma forma de os clientes pesquisarem itens antes de entrarem em uma loja e como um meio de combater as falsificações vendidas na internet.

INSIGHT de *marketing*: Como acertar o alvo do posicionamento de marca

O segredo para desenvolver um posicionamento de marca significativo é usar uma abordagem sistemática para elaborar os diferentes aspectos da marca de uma forma que seja relevante e significativa para os clientes que a empresa busca atingir. Essa abordagem sistemática é oferecida pelo sistema de alvo da marca. Analisamos

(continua)

esse sistema no contexto de um exemplo hipotético da Starbucks, discutido na Figura 10.3.

O círculo interno da marca é o mantra da marca, que define a sua essência e a promessa de marca fundamental. Para orientar as ações dos funcionários e colaboradores da empresa, o mantra garante que eles terão um entendimento claro sobre o que a marca deve representar para os consumidores. O mantra da marca está no centro do alvo e é o princípio norteador para todos os outros aspectos do posicionamento da marca. Poderíamos definir o mantra da marca Starbucks como "uma experiência rica e satisfatória de tomar café". Embora a Starbucks tenha estendido suas ofertas para incluir bebidas não cafeinadas, lanches e até vinho, o café e a experiência de consumi-lo estão no centro da marca. "Rica" e "satisfatória" capturam os aspectos físicos e psicológicos da experiência ideal na Starbucks.

O círculo ao redor daquele que contém o mantra da marca abrange os pontos de diferença e de paridade que compõem o seu posicionamento. Esses pontos devem ser tão específicos quanto possível, mas sem serem estreitos demais, e devem ser construídos em termos dos benefícios que o cliente consegue realmente derivar do produto ou serviço.

Diferentes concorrentes sugerem diferentes pontos de paridade e de diferença. Mantendo em mente concorrentes como pequenos cafés independentes, restaurantes de *fast-food* como o McDonald's e marcas de café feito em casa, benefícios como oferecer café fresco de alta qualidade, diversidade de bebidas à base de café e serviço rápido e personalizado podem ser interpretados como possíveis pontos de diferença para a Starbucks, ao passo que preços justos, a presença das lojas em locais convenientes e a responsabilidade social podem ser considerados pontos de paridade importantes para a marca.

No próximo círculo concêntrico, estão as evidências ou as razões para acreditar, que são atributos ou benefícios que fornecem sustentação factual ou demonstrável para os pontos de paridade e os pontos de diferença. As evidências também são chamadas de "razões para acreditar" porque podem ser usadas na campanha de comunicação da empresa para fornecer aos clientes fatos que validam a mensagem da marca. A cadeia logística integrada, o amplo treinamento dos baristas e o programa generoso de benefícios para os funcionários estão entre os fatores que permitem que a Starbucks sustente o seu posicionamento.

Por fim, o círculo externo contém dois aspectos relevantes adicionais do posicionamento de marca. O primeiro envolve os valores, a personalidade ou a característica da marca – associações intangíveis evocadas por palavras e ações que ajudam a estabelecer o tom das palavras e ações relativas à marca. No caso da Starbucks, a marca pode ser vista como contemporânea, consciente e preocupada. O segundo aspecto envolve as propriedades operacionais e a identidade visual, componentes mais tangíveis da marca que afetam o modo como ela é vista. Para a Starbucks, isso inclui o nome da marca, o logotipo da sereia e a paleta com branco e verde escuro que caracteriza o visual da marca.

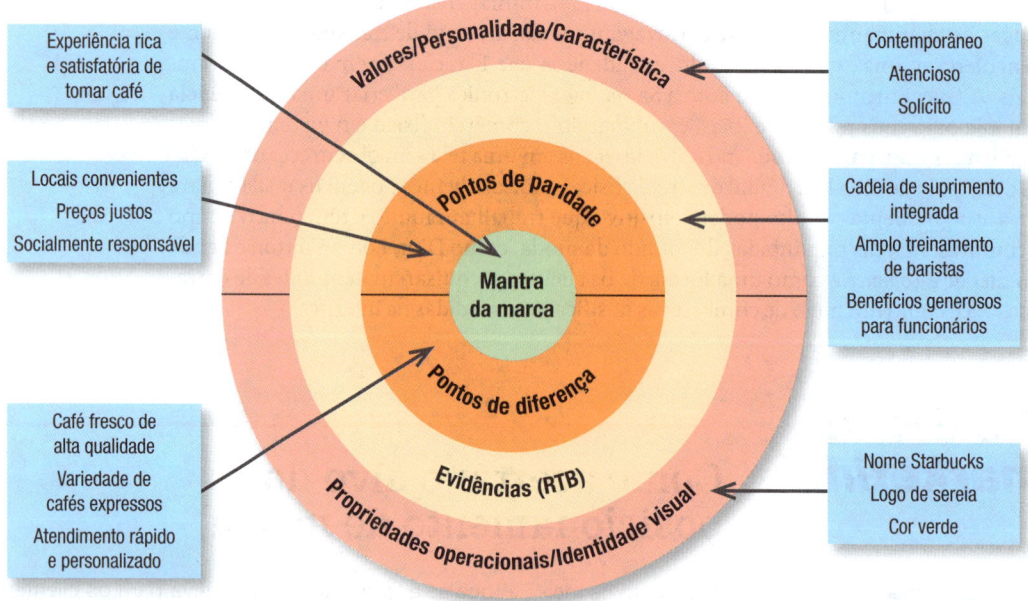

FIGURA 10.3
Exemplo hipotético do alvo de posicionamento da marca Starbucks.

Resumo

1. Uma marca é um nome, termo, sinal, símbolo ou *design*, ou uma combinação de tudo isso, destinado a identificar os bens ou serviços de um fornecedor ou de um grupo de fornecedores para diferenciá-los de outros concorrentes. Em última análise, o propósito da marca é criar, para os consumidores, a empresa e seus colaboradores, valor que vai além daquele criado pelos aspectos de produto e de serviço da oferta.

2. Marcas são ativos intangíveis valiosos que oferecem uma série de benefícios a clientes e empresas e precisam ser administradas cuidadosamente.

3. O valor criado por uma marca é capturado por dois conceitos-chave: *brand equity* e poder de marca. O *brand equity* reflete o valor agregado à avaliação da empresa por ser proprietária da marca. Ele abrange o valor presente líquido dos retornos financeiros totais que a marca gerará durante a sua existência. O poder de marca reflete o quanto a marca influencia o que os consumidores pensam, como se sentem e como agem em relação à marca. Assim, ele é o efeito diferencial que o conhecimento de uma marca exerce sobre a resposta do consumidor ao *marketing* de um produto ou serviço.

4. Elementos de marca são recursos que identificam e diferenciam a marca. Os elementos de marca mais comuns incluem nomes, logotipos, símbolos, *slogans* e embalagens. Os elementos de marca eficazes são memoráveis, significativos, cativantes, transferíveis, adaptáveis e passíveis de proteção.

5. Para construir marcas fortes, os profissionais de *marketing* ligam as marcas a outras informações armazenadas na memória dos consumidores. Essas associações "secundárias" vinculam a marca a determinadas fontes, como a própria empresa, países ou outras regiões geográficas e canais de distribuição. Também podem vincular a outras marcas, personagens, formadores de opinião, eventos culturais ou esportivos e outras fontes de terceiros.

6. A hierarquia de marcas reflete como as marcas de uma empresa estão relacionadas com os seus bens e serviços, bem como umas com as outras. Desenvolver uma hierarquia de marcas significativa é particularmente importante para empresas que administram portfólios de marcas diversificados. O que caracteriza um portfólio de marca ideal é sua capacidade de maximizar o *brand equity* em combinação com todas as outras marcas que o compõem. Três estratégias gerais de portfólio de marca são populares: estratégias de marcas individuais, de guarda-chuva e de submarcas.

7. Os profissionais de *marketing* muitas vezes combinam as suas marcas com as de outras empresas para criar valor de mercado superior. O *cobranding* envolve duas ou mais marcas que são promovidas em conjunto. O *branding* de ingrediente é um caso especial de *cobranding* que envolve materiais, componentes ou peças necessariamente contidos em outros produtos de marca.

8. As marcas evoluem com o passar do tempo. As duas maneiras mais comuns de as marcas evoluírem são pelo reposicionamento da marca e por extensões de marca. O reposicionamento envolve mudar o significado de uma marca existente sem necessariamente associá-la a novos produtos ou serviços. A extensão, por outro lado, envolve usar uma marca estabelecida para lançar um novo produto em uma categoria ou nível de preço diferente.

9. As marcas têm um papel crítico na criação de ofertas de luxo, pois a marca e sua imagem muitas vezes são vantagens competitivas cruciais que criam valor significativo para a empresa e seus clientes. Todas as decisões de *marketing* associadas a marcas de luxo (produto, serviço, preço, incentivos de vendas, comunicação e distribuição) devem estar alinhadas para garantir que as experiências de compra e consumo sejam consistentes com a imagem da marca.

DESTAQUE de *marketing*

Louis Vuitton

As raízes da marca Louis Vuitton remontam ao momento em que o próprio Louis Vuitton deixou o vilarejo de Anchay e mudou-se para Paris, em 1837, para começar o seu negócio de fabricação de malas e baús. Louis Vuitton primeiro foi aprendiz do maleiro Monsieur Marechal, quando tinha 16 anos. Foi quando aprendeu as habilidades necessárias para fabricar malas de alta qualidade por conta própria. Após

o período de aprendizagem, Louis Vuitton abriu sua primeira loja em Paris, em 1854. A notícia sobre sua habilidade técnica e artística espalhou-se rapidamente. As malas de Louis Vuitton eram famosas por serem à prova d'água e empilháveis (em virtude do seu desenho retangular). No início da década de 1860, suas malas eram tão populares que ele abriu a maior loja de malas do mundo no coração de Paris.

Quando a Imperatriz Eugenie, esposa de Napoleão III, contratou Louis Vuitton para ser o seu maleiro pessoal, seus produtos começaram a se popularizar entre a elite parisiense. À medida que os clientes de Louis Vuitton viajavam para o exterior e mostravam sua bagagem, a demanda pelos seus produtos multiplicava-se. A clientela expandiu-se para incluir algumas das figuras mais influentes do século XIX, e a marca Louis Vuitton tornou-se um símbolo de luxo. Membros da realeza, gigantes da indústria e grandes artistas começaram a viajar com malas Louis Vuitton ao seu lado, incluindo o Duque e a Duquesa de Windsor, J. P. Morgan e Henri Matisse.

Atraídos pela popularidade crescente das malas Louis Vuitton, muitos imitadores entraram no mercado e começaram a produzir imitações. Para diferenciar as suas criações, Louis Vuitton desenhou o famoso padrão xadrez em dois tons de marrom (chamado de Damier) em 1888. Quatro anos depois, Louis Vuitton morreu, e Georges, seu filho, assumiu a empresa.

Georges Vuitton transformou a Louis Vuitton em uma marca global quando comprou uma vaga na Feira Mundial de Chicago em 1893. Naquele mesmo ano, Georges fez um *tour* pelos Estados Unidos e visitou cidades como Nova York e Filadélfia. Seus esforços de publicidade fizeram com que lojas de departamento começassem a vender malas Louis Vuitton, o que estabeleceu a marca internacionalmente. Em 1896, Georges Vuitton introduziu um monograma com as letras L e V entrelaçadas, que viria a se tornar o símbolo mais icônico dos produtos Louis Vuitton.

No início do século XX, a Louis Vuitton continuou a sua expansão global e adicionou novos estilos de bolsas para acompanhar as suas malas de sucesso. Quando os aviões começaram a se tornar uma forma mais convencional de viajar, em meados do século XX, a demanda por malas Louis Vuitton cresceu ainda mais à medida que figuras famosas passaram a viajar com mais frequência. Quando as mulheres entraram no mercado de trabalho, a Louis Vuitton lançou bolsas menores e *clutches*, que logo se tornaram símbolos de alta classe e bom gosto no ambiente de trabalho. A decisão marcou a transição da empresa para uma marca de moda de luxo. A Louis Vuitton expandiu sua linha de produtos para incluir carteiras e valises masculinas logo em seguida.

O luxo e o sucesso financeiro da Louis Vuitton durante o século XX chamaram a atenção do empresário Bernard Arnault, que, com uma série de fusões e aquisições, a transformou na fabricante de produtos de luxo mais valiosa do mundo. Como parte dessa estratégia de expansão, em 1987, a Louis Vuitton fundiu-se com a Moët et Chandon e a Hennessy, principais fabricantes de champagne e conhaque, respectivamente, e criou a LVMH.

A Louis Vuitton começou a vender roupas de luxo em 1997, quando a empresa contratou Marc Jacobs, um dos *designers* de moda mais famosos do mundo na época. Jacobs aplicou os *designs* clássicos do tecido Damier e do monograma LV a linhas de vestuário *prêt-a-porter* (pronto para usar), assim como a cintos e outros acessórios. Por meio de colaborações frequentes com celebridades e ícones da moda, as roupas e acessórios da Louis Vuitton foram adotados por astros de Hollywood e da cultura pop em todo o mundo. Com essas novas mudanças, a LVMH tornou-se o maior conglomerado de luxo do mundo.

Com o passar dos anos, a Louis Vuitton empregou diversas estratégias para preservar o seu *status* de marca de luxo. A Louis Vuitton não anuncia promoções ou oferece liquidações dos seus produtos. Sua estratégia de preço reflete o conceito de que ter um produto LV é, de fato, um luxo. Quando produtos da Louis Vuitton não vendem, a empresa descontinua a linha. O encalhe é incinerado para que os produtos não sejam roubados ou vendidos com desconto. Os preços são e continuam altos porque os clientes estão dispostos a pagar mais pelo *status* associado a ter um produto da marca Louis Vuitton.

A Louis Vuitton toma cuidado para não diluir sua marca por comunicações em excesso, o que impõe à empresa o desafio de tentar vender o máximo possível e, ao mesmo tempo, manter uma aura de luxo e exclusividade. A empresa não usa a televisão para propaganda de massa. Em vez disso, veicula propagandas em *outdoors* e revistas de moda, com imagens de alto nível que destacam o prestígio de ter um produto LV. A Louis Vuitton continua a usar supermodelos e celebridades (como Madonna, Angelina Jolie e Jennifer Lopez) como embaixadoras de marca. A empresa também patrocina sua própria regata internacional, a Louis Vuitton Cup, para promover seus produtos.

Para construir a marca de luxo mais valiosa do mundo, a Louis Vuitton mantém o equilíbrio delicado entre *design* atemporal e produtos novos. O lendário monograma LV aparece em todos os seus produtos, sejam eles malas, bolsas ou cintos. Ao modificar a linha de produtos para se adaptar às necessidades dos seus clientes de elite ao mesmo tempo que preserva seus *designs* icônicos, a Louis Vuitton continua a oferecer produtos que são sinônimos de luxo, riqueza e moda.[84]

Questões

1. Quais são os principais aspectos da marca Louis Vuitton? Como ela cria valor para os clientes?
2. Como uma marca tão exclusiva quanto a Louis Vuitton cresce e vende mais ao mesmo tempo que permanece renovada e mantém seu prestígio?
3. A falsificação de produtos da Louis Vuitton tem sempre uma repercussão negativa? Existem circunstâncias em que isso pode repercutir aspectos positivos?

DESTAQUE de *marketing*

MUJI

A MUJI foi fundada em 1980 como a marca própria do supermercado japonês Seiyu. Na época, as marcas estrangeiras tornavam-se cada vez mais populares com o crescimento da economia. O resultado é que imitações mais baratas e de baixa qualidade se tornaram alternativas atraentes para os consumidores preocupados com o orçamento doméstico. Os produtos da MUJI foram criados para atender à demanda crescente por produtos de alta qualidade, duradouros e com preços acessíveis. A MUJI começou com nove produtos domésticos e 31 alimentos, anunciados com o *slogan* "preços mais baixos por um bom motivo". Os produtos eram embalados em materiais simples, como celofane transparente e papel pardo. Nos anos seguintes, a MUJI expandiu a linha de produtos para incluir material de escritório, roupas, eletrodomésticos e móveis. A marca também começou a inaugurar lojas próprias pelo Japão.

O nome completo da empresa, Mujirushi Ryohin, significa "produtos de qualidade sem marca", uma filosofia de *design* que reflete a simplicidade e funcionalidade dos seus produtos. A MUJI afirma que os seus produtos "não têm marca", o que significa que não têm logotipos ou outras características distintivas. Eles são projetados para não se destacarem e para serem minimalistas. Segundo a MUJI, eles devem ser apenas "o bastante" para cumprir a função para a qual foram criados. É o que se vê nas meias da MUJI, que usam um ângulo de 90°, em vez dos 120° normais. O ângulo reto ajuda com o deslize no calcanhar quando as meias são usadas com botas e aumenta o conforto geral. A intenção da MUJI é que seus produtos sejam simples em função e estilo, pois assim podem ser combinados e recombinados para se encaixar às necessidades e ao estilo de vida de qualquer usuário.

A MUJI segue três princípios fundamentais para criar produtos minimalistas de alta qualidade a preços acessíveis. Primeiro, a MUJI toma cuidado ao selecionar os materiais usados na fabricação. A empresa é famosa por usar materiais industriais que consegue comprar a granel a baixos custos. O conceito começou com os alimentos que a MUJI vendia no início da década de 1980; ela vendia macarrão em formato de U após comprar as pontas de espaguete cortadas após a fabricação, assim como salmão enlatado feito das partes menos desejadas do peixe. Segundo, a MUJI simplifica o processo de fabricação; os produtos normalmente usam materiais naturais ou sem acabamento, que não precisam ser pintados ou tingidos. Além da uniformidade de cor e material dos produtos, isso também cria menos desperdícios e reduz os custos. Terceiro, a MUJI usa embalagem a granel para os seus produtos e coloca-os em recipientes simples. Além de alinhada com a filosofia "sem marca" da MUJI, a embalagem minimalista economiza recursos e ajuda a empresa a ser ambientalmente responsável.

A filosofia "sem marca" da MUJI também pode ser observada na sua estratégia promocional. A empresa tem um orçamento para propaganda modesto e depende da comunicação boca a boca para conscientizar os consumidores sobre suas ofertas. Em vez de enormes campanhas de propaganda na TV e na mídia impressa, a MUJI prefere se comunicar com o público por meio da imprensa e de eventos nas lojas. Os recursos são investidos nos vendedores que a empresa emprega nas lojas físicas. Gerentes contratados em cada região são enviados aos escritórios da MUJI em Tóquio para aprenderem a vender os produtos da marca. Ao garantir que os clientes terão uma boa experiência nas lojas, a MUJI cultiva o reconhecimento de marca sustentável. Ao controlar os custos de *marketing*, a MUJI mantém seus preços baixos e dedica mais recursos ao desenvolvimento de produtos.

Por se promover como a marca "sem marca", a MUJI criou um nicho que permitiu a expansão global da empresa. Embora ofereça mais de 7 mil itens, a MUJI não customiza seus produtos para países ou regiões específicas. Em vez disso, os produtos da MUJI são projetados para se adaptar a residências em qualquer lugar do mundo. Todo produto MUJI é produzido com um propósito específico em mente, então é simples de usar. A MUJI também emprega o mesmo estilo de *design*, leiaute e *merchandising* em todas as suas lojas, estejam elas onde estiverem. A uniformidade dos pontos de varejo e dos produtos reduz os custos de adaptação regional. A MUJI segue fielmente a política de adicionar mais lojas em novos países apenas quando as atuais estão dando lucro, o que mantém os lucros altos e o crescimento estável. As lojas no exterior hoje representam a maioria das lojas da MUJI, e a maior parte delas se encontra no Leste Asiático.

A insistência da MUJI nos seus valores de marca permeia todos os aspectos da empresa e contribuiu para uma marca forte e consistente e para um modelo de negócios sustentável. O *design* "sem marca" dos seus produtos cria uma estética única: embora a empresa queira produzir itens sem um visual distintivo, em meio ao forte trabalho de marca dos outros produtos, os produtos da MUJI são fáceis de reconhecer. A adesão aos seus três princípios fundamentais mantém baixos os preços dos produtos da MUJI. Ao unir essas vantagens e a simplicidade de forma e função dos produtos, a MUJI criou uma combinação vitoriosa para a expansão global. Desde a primeira loja, em 1983, a MUJI inaugurou mais de mil outras em todo o mundo.[85]

Questões

1. Quais são os principais fatores por trás do sucesso da MUJI no mercado? Quais são os pontos de paridade e de diferença da MUJI em relação à concorrência?
2. Quais são os prós e contras de usar uma estratégia "sem marca"?
3. Como a MUJI deveria cultivar a sua marca?

DESTAQUE de *marketing*

Nescafé

A importância do Brasil como produtor e exportador de café é reconhecida mundialmente. Além disso, somos o segundo país que mais consome o produto, atrás somente dos Estados Unidos. Entre as grandes marcas de café, está a Nescafé. No mundo, ela é a principal marca de café para consumo dentro de casa.

A história de sucesso da Nescafé foi construída com ela mantendo-se relevante para os consumidores e, consequentemente, para o negócio. Para manter-se relevante para o consumidor de 1938 até hoje, a Nescafé precisou acompanhar as transformações culturais e as práticas de consumo, sem esquecer da sua identidade, que une inovação à tradição. De acordo com especialistas, as transformações que afetaram os hábitos relacionados ao café (preparo, locais e ocasiões de consumo, significados) podem ser organizadas em três ondas.

A primeira onda começou no final do século XIX, com a oferta em massa e a conveniência no preparo, o uso doméstico e o consumo para estímulo energético e concentração.

O período é o pós-industrial. Antes dele, o consumo do café era reservado apenas às classes mais favorecidas e aos intelectuais. Foram as inovações relacionadas ao processamento, à embalagem e ao *marketing* que permitiram o seu consumo em massa. A Nescafé foi a contribuição da Nestlé para que o preparo do café fosse rápido e fácil, sem deixar de lado o sabor. Bastava adicionar água e, instantaneamente, o café estava pronto.

A segunda onda começou em meados dos anos 1960, com as cafeterias e o café como experiência, o aumento significativo da qualidade, a apreciação de cafés especiais, os baristas, os *drinks* e bebidas à base de café (p. ex., *lattes* e *cappuccinos*) e a consciência da importância de toda a cadeia produtiva. Durante esse período, surgiram a Nespresso (também da Nestlé) e a Starbucks.

A linha Nescafé Dolce Gusto é uma evolução da segunda onda, oferecendo o conceito de cafeteria no lar de forma divertida e com um olhar otimista para o mundo. Ela é formada por máquinas multibebidas com um *design pop* e cápsulas para o consumo em diferentes momentos, com opções quentes e frias, como o café lungo, o café expresso, o café *mocca*, o *cappuccino*, o *latte macchiato*, o *chococcino* e diversas outras variantes.

A terceira onda começou em meados dos anos 2000, com o café como estilo de vida, preparações inovadoras e rigorosas, cafés de origem, mestres de torra, a valorização do produto, o comércio justo, a sustentabilidade e o consumo ético. A terceira onda é sobre fazer o consumidor se sentir especial não apenas por meio de serviços, mas também ao compartilhar a história por trás da xícara. É explicar o porquê de um café ser distinto, de um consumidor poder sentir certas notas e de o café de alta qualidade exigir tanto trabalho. É sobre os produtores, torradores e baristas. A resposta da Nestlé para essas demandas foi o lançamento do Nescafé Gold e do Nescafé Origens do Brasil.

Com o Nescafé Gold, veio a opção de café torrado para ser coado. A sua identidade reforça o processo de torra, exaltando a arte de seus mestres, que misturam técnicas com intuição para revelar as qualidades do produto. Além disso, associa o café ao conhecimento e às sensações. Com o Nescafé Origens do Brasil, a identidade ressalta a parceria com os produtores de café de regiões do Brasil, valorizando os saberes, os sabores e as qualidades naturais de cada local.

A respeito da quarta onda, ainda existe muita controvérsia entre os especialistas em café. A Nestlé acredita que haverá um avanço ainda maior nas questões relacionadas à sustentabilidade, à cadeia produtiva, além da Internet das Coisas. Preparando-se para esse movimento, as máquinas Nescafé Dolce Gusto NEO foram lançadas em 2022. O objetivo foi unir qualidade, tecnologia e sustentabilidade, desde a preocupação com o grão, passando pelo desenvolvimento das cafeteiras inteligentes, até o pós-consumo das cápsulas Nescafé de papel. As máquinas são conectadas a um aplicativo que armazena informações sobre as preferências do usuário e, ao lerem o QR *code* presente nas cápsulas, já sabem a extração, a temperatura e o fluxo de água para a receita perfeita de cada um.

A história de Nescafé mostra a evolução de uma marca que já nasceu com o endosso de uma marca muito forte ("Nes", de Nestlé) e construiu a sua própria força, que passou a ser compartilhada e, ao mesmo tempo, suportada por suas submarcas.

Questões

1. Quais seriam as associações pretendidas para as identidades de Nescafé e de cada uma de suas submarcas?
2. Em um bom portfólio de marcas, não existe dúvida a respeito do papel a ser desempenhado por cada uma delas. Como você definiria o papel da Nescafé e de cada uma de suas submarcas?
3. Partindo dos critérios para avaliação dos elementos da marca, como você avaliaria os nomes das submarcas: Nescafé Gold, Nescafé Origens do Brasil, Nescafé Dolce Gusto e Nescafé Dolce Gusto Neo?
4. Considerando as vantagens e as desvantagens do *cobranding*, qual é a sua avaliação a respeito de Starbucks by Nescafé Dolce Gusto? Quais seriam as vantagens e as desvantagens?

Autora

Ana Duque-Estrada Supervisora acadêmica de *marketing* e professora na ESPM. Consultora de *branding.* Doutora em gestão internacional e mestre em comunicação e práticas de consumo pela ESPM.

Referências

DÉBORA. Ondas do café: descubra o que são e como elas impactam o consumo de café. *Coffee & Joy*, 7 dez. 2021. Disponível em https://blog.coffeeandjoy.com.br/ondas-do-cafe/. Acesso em 30 nov. 2023.

JÁ estamos surfando a quarta onda do café? *Perfect Daily Grind*, 10 out. 2022. Disponível em https://perfectdailygrind.com/pt/2022/10/10/ja-estamos-surfando-a-quarta-onda-do-cafe/. Acesso em 30 nov. 2023.

NESCAFÉ começa com força termina com força. *Nescafé*, 2023. Disponível em https://www.nescafe.com/cwa/pt-cwa/comeca-com-forca-termina-com-forca. Acesso em 30 nov. 2023.

https://www.abics.com.br. Acesso em 30 nov. 2023.

https://www.gov.br. Acesso em 30 nov. 2023.

https://www.nescafe.com/br. Acesso em 30 nov. 2023.

https://origemdascoisas.com. Acesso em 30 nov. 2023.

http://revistacafeicultura.com.br. Acesso em 30 nov. 2023.

11
Gestão de preços e promoções de vendas

A Netflix aliou uma série de aumentos de preço a investimentos pesados em desenvolvimento de conteúdo original para complementar o amplo catálogo que oferece para os assinantes.
Crédito: M. Unal Ozmen/Shutterstock.

O preço é o único elemento do *mix de marketing* que gera receita, ao passo que os outros geram custos. O preço também informa ao mercado o posicionamento de valor pretendido pela empresa para seu produto ou marca. Um produto bem desenvolvido e comercializado pode cobrar um preço superior e colher altos lucros, mas a nova realidade econômica levou muitos consumidores a reavaliar o que estão dispostos a pagar por bens e serviços, obrigando as empresas a rever cuidadosamente suas estratégias de determinação de preços. Uma empresa que chamou a atenção de consumidores e de outras empresas foi a Netflix, com uma estratégia de preços nada ortodoxa.

>>> Fundada em 1997 por Reed Hastings e Marc Randolph, a Netflix oferece um serviço de *streaming* de filmes e programas de televisão por assinatura. Como provedora de conteúdo audiovisual OTT (*over the top*), a Netflix distribui a programação como produto independente diretamente para os espectadores pela internet, contornando os canais de mídia tradicionais, como as emissoras de TV a cabo e aberta. Desde o início, a base de assinantes da empresa cresceu rapidamente, atingindo 58 milhões nos Estados Unidos e 130 milhões no

mundo todo em 2018. Duas decisões cruciais que a Netflix precisou enfrentar desde os seus primeiros momentos foram selecionar (e, posteriormente, desenvolver) conteúdo pelo qual os clientes estariam dispostos a pagar continuamente e definir um preço que os atrairia ao mesmo tempo que permitiria que a empresa adquirisse o conteúdo desejado. À medida que a concorrência de outros serviços de *streaming* (como Amazon Prime Video, Apple+ e Hulu) se intensificou e os custos de licenciamento para o conteúdo original aumentaram, a Netflix começou a investir pesado em desenvolver conteúdo original. Apenas em 2018, a Netflix tinha aproximadamente 700 programas originais, com mais a caminho. Para pagar pelo novo conteúdo, a empresa teve de expandir seus serviços e sua estrutura de preços. Desde o lançamento do serviço de *streaming*, em novembro de 2010, a Netflix ampliou o portfólio de serviços ofertados e, ao mesmo tempo, aumentou o preço. Três anos após lançar um serviço de *streaming* ao custo de US$ 7,99 por mês, a Netflix lançou uma versão *premium* de US$ 11,99. Um ano depois, em maio de 2014, a Netflix apresentou um serviço básico por US$ 7,99 e aumentou o preço do serviço padrão para US$ 8,99. No ano seguinte, o preço do serviço padrão aumentou para US$ 9,99 e, depois, para US$ 10,99, em 2017. Esse aumento foi combinado com o aumento do preço do serviço *premium* para US$ 13,99. Em 2019, a empresa anunciou outro aumento, o maior desde a criação dos serviços de *streaming*, que colocou a assinatura do serviço básico em US$ 8,99, a do padrão em US$ 10,99 (aumentado para US$ 12,99 em 2020) e a do *premium* em US$ 15,99. Essa estrutura de preço reflete a crença da empresa de que os benefícios para o cliente oferecidos pelo serviço de *streaming* são maiores do que os custos correspondentes. "O preço é sempre relativo ao valor", afirmou Hastings, CEO da Netflix. "Continuamos a aumentar a oferta de conteúdo e vemos o reflexo disso na audiência ao redor do mundo".[1]

As decisões de preço são complexas e devem levar em consideração muitos fatores: a empresa, os clientes, os concorrentes e o ambiente de *marketing*. Os profissionais de *marketing* holístico sabem que suas decisões sobre a definição de preços devem ser coerentes com a estratégia de *marketing* da empresa, seus mercados-alvo e o posicionamento de suas marcas. Neste capítulo, apresentaremos conceitos e ferramentas que facilitam a determinação de um preço inicial, bem como seu ajuste ao longo do tempo, de acordo com cada mercado.

O que é a determinação de preço

O preço não é um mero número em uma etiqueta. Os preços que pagamos por bens e serviços desempenham muitas funções e assumem diversas formas: aluguel, mensalidades escolares, tarifas de transporte público, honorários, pedágios, adiantamentos, salários e comissões. O preço

---

Objetivos de aprendizagem   Após ler este capítulo, você deverá ser capaz de:

11.1   Descrever o papel do preço na administração de *marketing*.

11.2   Identificar os principais fatores psicológicos que influenciam a percepção dos consumidores sobre os preços.

11.3   Explicar os fatores que o gestor deve considerar quando determina os preços.

11.4   Discutir como responder a cortes de preços competitivos.

11.5   Explicar como formular e gerenciar incentivos.

também tem muitos componentes. Quando você compra um carro novo, o preço de tabela pode ser abatido por descontos e promoções da concessionária. Algumas empresas aceitam múltiplas formas de pagamento, como pontos, milhas e *bitcoins*.

Ao longo de grande parte da história, os preços foram determinados por meio da negociação entre compradores e vendedores. Em algumas áreas, barganhar ainda faz parte do jogo. A determinação de um preço para todos os compradores é uma ideia relativamente moderna, que surgiu com o desenvolvimento do varejo em grande escala no fim do século XIX. Empresas como F. W. Woolworth, Tiffany & Co. e John Wanamaker, entre outras, praticavam uma "política estrita de preço único", uma abordagem eficiente, pois elas vendiam uma ampla variedade de itens e supervisionavam um número muito elevado de funcionários.

Tradicionalmente, o preço funciona como o principal determinante na escolha do que comprar. Consumidores e compradores que têm acesso a informações sobre preços e descontos podem pressionar os varejistas a reduzir seus preços. Os varejistas, por sua vez, podem pressionar os fabricantes a baixar *seus* preços também. O resultado é um mercado caracterizado por muitas liquidações e promoções de vendas.

Há mais de 25 anos, a internet vem modificando a interação entre consumidores e empresas fornecedoras. A internet permite que os compradores comparem preços de milhares de fornecedores em um piscar de olhos. Além disso, usando dispositivos móveis, os clientes podem facilmente comparar preços nas lojas antes de decidir comprar, pressionar o varejista a igualar ou melhorar o preço ou comprar em outro lugar. Com plataformas promocionais como a Groupon, os clientes também podem reunir seus recursos para obter preços melhores.

> **Groupon** O Groupon foi lançado em 2008 com o propósito de ajudar as empresas a aproveitar a internet e o *e-mail* para usar promoções como uma forma de propaganda. Mais especificamente, o Groupon envia à sua ampla base de assinantes uma oferta diária em tom jocoso – podendo ser uma porcentagem ou um valor monetário de desconto em relação ao preço normal – para um bem ou serviço de determinada marca. Com esses *e-mails* de desconto, o Groupon oferece às empresas clientes três benefícios: aumento da exposição da marca ao consumidor, possibilidade de discriminar preços e geração do "fator de *buzz*" (fator de repercussão/disseminação). O Groupon retém de 40 a 50% das receitas em cada negócio feito. Muitas promoções são oferecidas em nome de varejistas locais, como *spas*, academias e restaurantes, mas o Groupon também gerencia negócios em nome de marcas nacionais. Algumas empresas

>> Por meio de uma oferta diária à sua grande base de assinantes, o Groupon tenta ajudar negócios, muitos deles locais, a acessarem o efervescente mercado *on-line* em troca de uma grande porcentagem das vendas.

reclamam que o Groupon atrai apenas os interessados em ofertas e não é tão eficaz assim na conversão de clientes regulares. Um estudo descobriu que 32% das empresas perderam dinheiro, e 40% disseram que não usariam tal promoção novamente. No setor de serviços, os restaurantes apresentaram os piores resultados, ao passo que os *spas* e os salões de beleza foram os mais bem-sucedidos. O Groupon tem tentado inovar de várias maneiras. Usando sua enorme força de vendas para comercializar o Groupon Now, ele atrai empresas locais para oferecer oportunidades em horários e locais específicos via *web* ou celular. O aplicativo para iPhone desse novo serviço tem dois botões, "Estou entediado" e "Estou com fome", para ativar ofertas em tempo real. Para as empresas, esse serviço é uma forma de gerar tráfego em horários ociosos. Até mesmo um restaurante concorrido pode pensar em algum desconto para o meio da tarde ou o meio da semana, ciente de que raramente estará lotado nesses períodos. Depois de um IPO (oferta pública no mercado de ações, do inglês *initial public offering*) badalado, as ações do Groupon não tiveram um bom desempenho, e a empresa ainda luta para encontrar a fórmula certa de negócio.[2]

Além de empoderar os compradores, a internet permite que os vendedores otimizem seus preços. Assim, os vendedores hoje podem monitorar a demanda de mercado e ajustar seus preços às novas informações. Por exemplo, a Uber usa preços "dinâmicos" para cobrar tarifas maiores em horários de alta demanda. Além disso, as empresas agora conseguem oferecer promoções de vendas personalizadas com base no perfil de um determinado segmento de mercado ou até de compradores individuais. Varejistas *on-line*, como Amazon, Wayfair e Target, oferecem incentivos promocionais com base nas características demográficas, psicográficas e comportamentais dos consumidores. Da mesma forma, muitas lojas físicas utilizam geolocalização para oferecer promoções para clientes que estão nos seus arredores.

As empresas variam no modo como determinam seus preços. Em muitas pequenas empresas, os preços costumam ser determinados pelo dono do negócio. Nas grandes, gerentes de divisão e de produto são incumbidos da tarefa. Mesmo nessas organizações, a alta administração estabelece os objetivos e as políticas gerais de determinação de preços e, muitas vezes, aprova os preços sugeridos pelos níveis mais baixos na hierarquia gerencial.

Em setores nos quais a determinação de preços é um fator-chave, as empresas costumam dispor de um departamento subordinado ao departamento de *marketing*, ao de finanças ou à alta administração para realizar essa tarefa ou para auxiliar a sua execução. Outros que exercem influência sobre a determinação de preços são os gerentes de vendas, os gerentes de produção, os gerentes financeiros e os contadores. Nas configurações de B2B (*business-to-business*), o desempenho da determinação de preço melhora quando a responsabilidade pela tarefa é distribuída horizontalmente entre as unidades de vendas, *marketing* e finanças e quando há um equilíbrio em centralizar e delegar essa responsabilidade entre vendedores – individualmente ou em equipe – e a gerência central.[3]

Muitas empresas não lidam bem com essa tarefa e acabam adotando "estratégias" como: "determinamos os custos internos e aplicamos as margens tradicionais do setor". Outros erros comuns são: não rever os preços com frequência suficiente para capitalizar mudanças de mercado; determinar os preços independentemente do restante do programa de *marketing*, em vez de pensá-los como um elemento intrínseco da estratégia de posicionamento de mercado; e não variar os preços de acordo com diferentes itens de produto, segmentos de mercado e ocasiões de compra.

Para planejar e implementar estratégias de determinação de preço com eficácia, é preciso entender profundamente a psicologia da definição de preços dos compradores e adotar uma abordagem sistemática de estabelecimento, adaptação e mudança de preços.

A psicologia do consumidor e a determinação de preço

Tradicionalmente, muitos economistas acreditavam que os consumidores eram "seguidores de preços" e os aceitavam por seu "valor nominal" ou conforme determinados. Contudo, as empresas reconhecem que, na maioria das vezes, os consumidores processam as informações de preço ativamente, interpretando-as de acordo com o conhecimento adquirido em experiências de compra anteriores, na comunicação formal (propagandas, visitas de vendas e folhetos), na comunicação informal (amigos, colegas de trabalho, familiares) e nos pontos de venda ou recursos *on-line*, entre outros fatores.[4]

As decisões de compra baseiam-se em como os consumidores percebem os preços e qual consideram ser o verdadeiro preço corrente – e *não* o preço definido pela empresa –, estabelecendo um limite mínimo abaixo do qual os preços podem representar qualidade inferior ou inaceitável, assim como um limite máximo acima do qual os preços serão vistos como proibitivos e não compensadores. Cada pessoa tem sua própria interpretação dos preços.

Considere a psicologia do consumidor envolvida na compra de um simples par de *jeans* e de uma camiseta. Por que uma simples camiseta preta, que parece algo tão comum, custa US$ 275 na Armani, US$ 14,90 na Gap e US$ 7,90 na rede de lojas sueca H&M? Os clientes que adquirem camisetas Armani pagam por uma peça de corte mais elegante, feita 70% de náilon, 25% de poliéster e 5% de elastano, que ostenta uma etiqueta "Made in Italy", de uma marca de luxo conhecida por ternos, bolsas e vestidos de gala vendidos por milhares de dólares. Por outro lado, as camisetas Gap e H&M são feitas principalmente de algodão. Para calças que combinem com essa camiseta, as escolhas são abundantes. A Gap vende suas "Khakis originais" por US$ 44,50, embora os modelos "chinos" clássicos com botões da Abercrombie & Fitch custem US$ 70. Contudo, isso é uma bagatela em comparação com a calça cáqui Michael Bastian de US$ 480 ou Giorgio Armani de US$ 595. As calças de grife podem usar tecidos caros, como gabardine de algodão, e exigir horas de meticulosa costura à mão para criar um *design* diferenciado, mas a imagem e a percepção de exclusividade são igualmente importantes.[5]

Entender como os consumidores chegam a suas percepções de preço é uma prioridade de *marketing*. Aqui, abordaremos três tópicos relevantes para a psicologia dos preços: preços de referência, preços de imagem e pistas de preços.

Preços de referência. Embora os consumidores possam conhecer bem a faixa de preços em questão, surpreendentemente poucos conseguem se lembrar com precisão do preço específico de produtos. Ao examinar opções de compra, porém, os consumidores costumam utilizar **preços de referência**, comparando um preço observado com um preço de referência interno de que se recordem ou com uma estrutura de referência externa, como um preço praticado no varejo.[6] Possíveis preços de referência incluem o preço justo (o que os consumidores acreditam que o produto deveria custar), o preço típico, o último preço pago, o limite máximo de preço (preço de reserva, ou preço máximo que a maioria dos consumidores pagaria), o limite de preço mínimo

>> A imagem do consumidor da Abercrombie & Fitch permite que a marca cobre preços mais altos do que muitas das suas rivais.

(o mínimo que a maioria dos consumidores pagaria), o preço dos concorrentes, o preço futuro esperado e o preço com desconto normal.[7]

É comum que os vendedores tentem manipular os preços de referência. Por exemplo, uma empresa pode colocar seu produto entre os mais caros para sugerir que ele pertence a essa classe. As lojas de departamentos expõem vestuário feminino em vários departamentos diferenciados por preço, presumindo que os vestidos encontrados no departamento mais caro sejam de melhor qualidade.[8] Os profissionais de *marketing* também estimulam a mentalidade de preço de referência ao exibir o alto preço sugerido pelo fabricante, indicando que o produto era originalmente bem mais caro, ou ao apontar o alto preço de um concorrente.

Quando os consumidores evocam uma ou mais dessas estruturas de referência, o preço percebido pode variar em relação ao preço praticado. Uma pesquisa revelou que as surpresas desagradáveis – quando o preço percebido é inferior ao preço praticado – podem exercer um impacto maior na probabilidade de compra do que as surpresas agradáveis.[9] As expectativas dos consumidores também podem desempenhar um papel fundamental na reação ao preço. Em *sites* de leilões eletrônicos, como o eBay, consumidores oferecem menos no leilão atual quando descobrem que produtos semelhantes estarão disponíveis em futuros leilões.[10]

Empresas inteligentes procuram estruturar os preços para indicar o melhor valor possível. Por exemplo, um item relativamente caro pode ser visto como mais barato se o preço for subdividido em valores menores, como uma taxa de associação anual de US$ 600 apresentada como "US$ 50 ao mês", ainda que o valor total seja igual.[11]

Preço de imagem. Muitos consumidores usam o preço como um indicador de qualidade. A **determinação de preços com base na imagem** é especialmente eficaz com produtos que apelam para a vaidade das pessoas, como perfumes, carros de luxo e roupas de grife. Em um frasco de perfume, a essência pode valer apenas US$ 10, mas quem dá o perfume de presente está disposto a desembolsar US$ 100 somente para comunicar ao presenteado todo seu apreço.

No caso dos automóveis, as percepções de preço e qualidade interagem entre si. Carros mais caros são percebidos como de alta qualidade. Da mesma maneira, aqueles de maior qualidade são percebidos como mais caros do que realmente são. Quando informações adicionais sobre a verdadeira qualidade estão disponíveis, o preço torna-se um indicador menos significativo de qualidade. Quando essas informações não existem, o preço passa a ser o principal indicador.

Algumas marcas adotam a exclusividade e a escassez para denotar singularidade e justificar preços *premium*. Fabricantes de artigos de luxo, como relógios, joias e perfumes, geralmente enfatizam a exclusividade em suas ações de comunicação e estratégias de canal. Os altos preços podem aumentar a demanda entre os consumidores de artigos de luxo que desejam singularidade, pois eles acreditam que menos clientes poderão pagar pelo produto.[12]

Para manter um ar de exclusividade, a Ferrari limitou deliberadamente a venda de seu icônico carro esportivo de US$ 200 mil ou mais a até 7 mil unidades, apesar da demanda crescente na China, no Oriente Médio e nos Estados Unidos. No entanto, até mesmo as percepções de exclusividade e *status* podem variar de acordo com o cliente. A cerveja Brahma é uma bebida de baixa fermentação e sem sofisticação no mercado brasileiro, mas se destacou na Europa, onde é vista como "o Brasil em uma garrafa". A cerveja Pabst Blue Ribbon, por sua vez, é a bebida "retrô" preferida dos estudantes universitários americanos, mas suas vendas explodiram na China, onde uma garrafa modernizada e o argumento de ser "maturada em um precioso barril de madeira como um uísque escocês" permitem que ela seja vendida ao preço de US$ 44.[13]

Pistas de preço. As **pistas de preço** também são importantes na psicologia dos preços. Muitas empresas acreditam que os preços devem terminar em um número quebrado. Os consumidores consideram que um item que custa US$ 299 está na faixa dos US$ 200, não na dos US$ 300, pois tendem a memorizar os preços da esquerda para a direita, em vez de arredondá-los. A codificação dos preços dessa forma é importante quando existe uma quebra mental do preço em um valor arredondado maior.

Outra explicação para isso é que os preços terminados em "9" transmitem a ideia de desconto ou pechincha. Portanto, se uma empresa almeja uma imagem de alto preço, deve evitar a tática dos números quebrados. Um estudo mostrou inclusive que a demanda realmente aumentou em um terço quando o preço de um vestido subiu de US$ 34 para US$ 39, mas permaneceu inalterada

>> Apesar da demanda crescente, a Ferrari limita a produção e o número de carros esportivos que vende para manter a percepção de exclusividade da marca.

quando o preço subiu de US$ 34 para US$ 44.[14] Preços que terminam em "0" e "5" são igualmente comuns no mercado, pois acredita-se que os consumidores os memorizam com mais facilidade. Placas de liquidação afixadas ao lado de preços estimulam a demanda, mas apenas quando não utilizadas em excesso. As vendas totais de uma categoria são maiores quando alguns de seus itens, mas não todos, levam placas de liquidação; a partir de certo ponto, o uso de placas adicionais pode diminuir as vendas.[15]

Preços sugestivos com placas de liquidação e preços que terminam em "9" são mais influentes quando o conhecimento dos consumidores sobre preço é escasso, quando compram o item com pouca frequência ou quando são novos na categoria. Isso também vale para quando há variação de *design* de produtos ao longo do tempo, variação sazonal de preços ou variação de qualidade ou tamanho entre lojas.[16] Quanto mais usados, menos eficazes serão. A disponibilidade limitada (p. ex., "por apenas três dias") também pode estimular as vendas entre consumidores que estejam ativamente buscando comprar um produto.[17]

Determinação de preço

Uma empresa deve estabelecer um preço pela primeira vez ao desenvolver um novo produto, ao introduzir seu produto habitual em um novo canal de distribuição ou em uma nova área geográfica e ao participar de licitações de contratos. A empresa deve decidir o posicionamento de seu produto em relação à qualidade e ao preço.[18]

Na maioria dos mercados, podem ser encontrados de 3 a 5 pontos ou níveis de preço. A rede de hotéis Marriott é especialista em desenvolver marcas específicas para diferentes níveis de preço: JW Marriott (o preço mais alto), Marriott Marquis (preço alto), Marriott (preço alto-médio), Renaissance (preço médio-alto), Courtyard (preço médio), TownePlace Suites (preço médio-baixo) e Fairfield Inn (preço baixo). As empresas elaboram suas estratégias de *branding* de modo a ajudar a transmitir aos consumidores os níveis de preço e qualidade de seus bens ou serviços.[19]

Uma empresa precisa levar em consideração diversos fatores ao estabelecer sua política de determinação de preços. O processo de determinação de preço envolve seis etapas principais: definição do objetivo da determinação de preços; determinação da demanda; estimativa de custos; análise de custos, preços e ofertas dos concorrentes; seleção de um método de determinação de preços; e determinação do preço final.

DEFINIÇÃO DO OBJETIVO DA DETERMINAÇÃO DE PREÇOS

O preço de uma oferta é determinado pelo objetivo geral da determinação de preços da empresa. Quanto mais claros forem os objetivos da empresa, mais fácil será a determinação de preços. Os quatro objetivos principais são lucro de curto prazo, penetração de mercado, desnatamento de mercado e liderança na qualidade.

- **Lucro de curto prazo.** Muitas empresas tentam determinar um preço que *maximize o lucro atual*, estimando a demanda e os custos associados a preços alternativos e escolhendo o preço que maximizará o lucro corrente, o fluxo de caixa ou o retorno sobre o investimento (ROI). Essa estratégia pressupõe que a empresa tenha conhecimento de suas funções de demanda e custos, as quais, porém, são difíceis de estimar. Ao enfatizar o desempenho financeiro corrente, a empresa pode sacrificar o desempenho de longo prazo, ignorando os efeitos de outras variáveis do *mix de marketing*, as reações dos concorrentes e as limitações legais em relação aos preços.
- **Penetração de mercado.** As empresas que escolhem determinação de preço para penetração no mercado querem *maximizar a participação de mercado*. Elas acreditam que um maior volume de vendas levará a custos unitários menores e a maiores lucros no longo prazo. Assim, determinam o menor preço possível, pressupondo que o mercado seja sensível a preço. A Texas Instruments (TI) é famosa por praticar essa determinação de preços de penetração de mercado há anos. A TI constrói uma grande fábrica, determina o preço mais baixo possível, abocanha uma fatia significativa do mercado, consegue reduzir seus custos e, consequentemente, reduz ainda mais o preço.

  As seguintes condições favorecem a determinação de um preço baixo: (1) mercado altamente sensível a preço, em que o preço baixo estimula o crescimento; (2) custos de produção e distribuição decrescentes, graças à experiência da produção acumulada; e (3) mercado em que o preço baixo desestimula a concorrência atual e potencial.
- **Desnatamento de mercado.** As empresas que revelam uma nova tecnologia preferem estabelecer preços altos para *maximizar o desnatamento de mercado*. No desnatamento de mercado, a empresa torna a oferta acessível apenas aos clientes com a maior disposição para pagar, então define um preço relativamente alto na tentativa de ficar com a "nata" do mercado. A Sony é uma praticante frequente da determinação de preço por desnatamento de mercado, na qual os preços começam altos e diminuem lentamente ao longo do tempo.

  O desnatamento do mercado é benéfico sob as seguintes condições: (1) um número suficiente de compradores sinaliza uma demanda corrente alta; (2) o preço inicial elevado não atrai mais concorrentes para o mercado; e (3) o preço elevado comunica a imagem de um produto de qualidade superior.
- **Liderança na qualidade.** Uma empresa pode ter como objetivo ser a *líder em qualidade* no mercado. Para manter a liderança na qualidade, a empresa deve cobrar um preço relativamente alto, pois assim consegue investir em pesquisa e desenvolvimento, produção e entrega do serviço. Marcas como Starbucks, Aveda, Victoria's Secret, BMW e Viking conseguiram se posicionar como líderes em qualidade de sua categoria ao combinar qualidade, luxo e preços *premium* com uma base de clientes intensamente fiel. Graças a um *marketing* interno e externo que faz suas marcas parecerem badaladas e exclusivas, a Grey Goose e a Absolut construíram um nicho super *premium* entre as vodcas, uma categoria essencialmente insípida, incolor e inodora.

As organizações públicas e as sem fins lucrativos adotam outros objetivos para a determinação de preços. Uma universidade pode objetivar a recuperação parcial de custos, ciente de que doações particulares e subsídios públicos são necessários para cobrir os custos restantes. Um hospital sem fins lucrativos pode objetivar a recuperação total de custos ao determinar preços. Uma companhia teatral sem fins lucrativos pode determinar o preço de suas produções a fim de vender o máximo de lugares no teatro. Um órgão de serviço social pode determinar um preço social adequado às rendas variáveis de seus clientes.

Independentemente dos objetivos específicos, as empresas que utilizam o preço como ferramenta estratégica lucrarão mais do que as que simplesmente deixam os custos ou o mercado determinar seus preços. No caso dos museus de arte, que obtêm em média apenas 5% de suas receitas da cobrança de ingressos, o preço cobrado pode enviar uma mensagem que afeta a sua imagem pública e o montante de doações e patrocínios que recebem.

DETERMINAÇÃO DA DEMANDA

Cada preço levará a um nível diferente de demanda e, portanto, terá um impacto diferente nos objetivos de *marketing* da empresa. A relação normalmente inversa entre preço e demanda é representada por uma curva de demanda: quanto mais alto for o preço, menor será a quantidade demandada. No caso de artigos de prestígio, a curva de demanda às vezes se inclina para cima. Alguns consumidores consideram o preço mais alto um indicador de um produto melhor. Entretanto, se for cobrado um preço excessivamente elevado, o nível de demanda poderá cair.

Para estimar a demanda pela oferta da empresa, os profissionais de *marketing* precisam saber quão reativa, ou elástica, a demanda seria diante de uma mudança de preço. A **elasticidade-preço da demanda** reflete o quanto uma variação no preço afeta a quantidade vendida. Quanto maior for a elasticidade-preço, menos sensíveis os consumidores serão a aumentos de preço e maior será a probabilidade de um aumento de preço levar a maiores receitas de vendas.[20]

Considere as duas curvas de demanda da Figura 11.1. Com a curva de demanda (a), um aumento de preço de US$ 10 para US$ 15 leva a um declínio relativamente pequeno na demanda, de 105 para 100. Com a curva de demanda (b), o mesmo aumento de preço leva a uma queda substancial na demanda, de 150 para 50. Se a demanda praticamente não se altera com uma pequena mudança no preço, dizemos que ela é *inelástica*. Se a demanda muda consideravelmente, dizemos que ela é *elástica*.

Quanto maior for a elasticidade, maior será o volume de crescimento resultante de uma redução de 1% no preço. Se a demanda for elástica, os fornecedores poderão estudar uma redução de preço. O preço mais baixo produzirá maior receita total. Isso ocorre desde que os custos de produzir e vender mais unidades não aumentem desproporcionalmente.

A elasticidade-preço da demanda depende da magnitude e da direção da mudança de preço considerada. Ela pode ser ínfima, com uma pequena alteração de preços, ou substancial, quando a alteração for significativa. Pode ser diferente para redução de preço *versus* aumento de preço e pode haver uma **faixa de indiferença no preço**, em que as mudanças no preço têm pouco ou nenhum efeito.

A elasticidade-preço em longo prazo pode ser diferente da elasticidade em curto prazo. Os compradores podem continuar a comprar de seu fornecedor atual após um aumento de preço, mas depois mudar de fornecedor. Nesse caso, a demanda é mais elástica no longo prazo do que no curto prazo. Contudo, pode ocorrer o inverso: os compradores podem abandonar um fornecedor após serem avisados de um aumento de preço, mas voltar para ele mais tarde. A distinção entre as elasticidades em longo e em curto prazo é que, no primeiro caso, as empresas não saberão o efeito total da mudança de preço até que algum tempo tenha decorrido.

Em geral, a elasticidade-preço é baixa quando: (1) o produto é diferenciado, e os substitutos são poucos ou inexistentes; (2) os consumidores não notam facilmente o preço mais alto; (3) os consumidores demoram para alterar seus hábitos de compra; (4) os consumidores acreditam que os preços mais altos são justificados por fatores como o custo de criar o produto, a escassez do produto

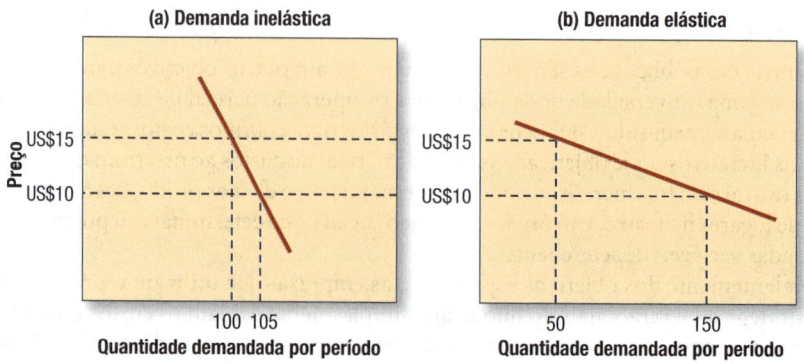

FIGURA 11.1
Demandas inelástica e elástica.

ou a tributação à qual ele está sujeito; (5) a despesa é uma parte menor da renda total do comprador ou do custo total do produto final; e (6) o custo é coberto parcial ou totalmente por terceiros.[21]

Uma análise abrangente de pesquisas acadêmicas realizadas durante 40 anos sobre elasticidade-preço descobriu que a elasticidade-preço média para todos os produtos, mercados e períodos estudados foi de −2,62.[22] Em outras palavras, uma queda de 1% nos preços levava a um aumento de 2,62% nas vendas. Além disso, a elasticidade-preço era maior para bens duráveis do que para outros bens e maior para produtos nos estágios de introdução/crescimento do seu ciclo de vida do que para produtos maduros ou em declínio. Por fim, as elasticidades-preço promocionais eram maiores do que as elasticidades-preço reais no curto prazo (embora o contrário fosse verdade no longo prazo).

ESTIMATIVA DE CUSTOS

A demanda estabelece um teto para o preço que a empresa pode cobrar por seu produto. Os custos determinam o piso. A empresa deseja cobrar um preço que cubra os custos de produção, distribuição e venda do produto, incluindo um retorno justo por seu esforço e risco.

Custos fixos, variáveis e totais. Os custos de uma empresa assumem duas formas: fixos e variáveis. Os **custos fixos** são aqueles que não variam segundo a produção ou a receita de vendas. Todo mês uma empresa deve cobrir aluguel, energia, juros, folha de pagamento, etc., independentemente do nível de produção.

Os **custos variáveis** oscilam em proporção direta ao nível de produção. Por exemplo, cada *tablet* fabricado pela Samsung envolve o custo de plástico e vidro, microprocessadores e outros dispositivos eletrônicos e embalagem. Esses custos tendem a ser constantes por unidade produzida, mas são chamados de variáveis porque seu total varia conforme o número de unidades produzidas.

Os **custos totais** consistem na soma dos custos fixos e variáveis para qualquer nível de produção dado. O **custo médio** é o custo por unidade naquele nível de produção e equivale aos custos totais divididos pela produção. A administração deve cobrar um preço que ao menos cubra os custos totais de produção em determinado nível de produção.

Para determinar preços com inteligência, a gerência precisa saber como seus custos variam em diferentes níveis de produção. Suponhamos que uma empresa como a Samsung tenha construído uma fábrica de tamanho fixo para produzir mil *tablets* por dia. O custo por unidade será alto se forem produzidas poucas unidades por dia. À medida que a produção se aproxima das mil unidades, o custo médio cai, pois os custos fixos são distribuídos por mais unidades. Contudo, acima de mil unidades, o custo médio em curto prazo (SRAC, do inglês *short-run average cost*) aumenta, visto que a fábrica se torna ineficiente: os operários têm de esperar para utilizar as máquinas, atrapalhando uns aos outros, e as máquinas quebram com mais frequência.

Se a Samsung acredita que pode vender 2 mil unidades por dia, deve considerar a ideia de construir uma fábrica maior. A fábrica utilizaria maquinário e acordos de trabalho mais eficientes, e o custo unitário de produção de 2 mil unidades por dia seria menor do que o custo unitário de produção de mil unidades. Na verdade, uma fábrica com capacidade para 3 mil unidades seria ainda mais eficiente, mas uma produção diária de 4 mil unidades seria menos eficiente, em razão de deseconomias de escala: haveria trabalhadores demais para gerenciar, e a burocracia tornaria as atividades mais lentas. Uma fábrica com produção diária de 3 mil unidades teria o porte ideal, caso a demanda fosse forte o suficiente para suportar esse nível de produção.

Há mais custos do que aqueles associados à fabricação. Para estimar a rentabilidade real de vender para diferentes tipos de varejista ou cliente, o fabricante precisa usar a contabilidade de custos baseada em atividade ABC (do inglês *activity-based cost*), em vez da contabilidade de custos padrão.

Efeitos da curva de experiência. Suponha que a Samsung opere uma fábrica que produza 3 mil *tablets* por dia. À medida que a empresa ganha experiência na produção de *tablets*, seus métodos melhoram. Os operários aprendem a trabalhar mais rápido, os materiais fluem com mais facilidade, e os custos de compras caem. O resultado é a queda do custo médio com a experiência de produção acumulada. Assim, o custo médio de produzir os primeiros 100 mil *tablets* é de US$ 100 por unidade. Assim que a empresa tiver produzido os primeiros 200 mil *tablets*, seu custo médio terá caído para US$ 90. Depois que sua experiência acumulada de produção dobrar novamente, para 400 mil *tablets*, o custo médio será de US$ 80. Esse declínio no custo médio advindo da experiência de produção acumulada é denominado **curva de experiência**.

Agora, suponha que três empresas concorram nesse setor: Samsung, A e B. A Samsung é a fabricante de custo mais baixo, US$ 80, tendo já produzido 400 mil unidades. Se as três venderem o *tablet* por US$ 100, a Samsung terá um lucro de US$ 20 por unidade, a empresa A ganhará US$ 10, e a empresa B ficará no ponto de equilíbrio. A jogada inteligente da Samsung seria reduzir o preço para US$ 90, tirando B do mercado e levando A a pensar em se retirar. Enquanto isso, a Samsung abocanharia os negócios que caberiam a B (e, possivelmente, a A). Ademais, clientes sensíveis a preço ingressariam no mercado atraídos pelo menor preço. Assim que a produção superasse as 400 mil unidades, os custos da Samsung cairiam ainda mais e com maior rapidez. Dessa forma, mesmo ao novo preço de US$ 90, os lucros anteriores seriam suplantados.

A **determinação de preços baseada na curva de experiência**, entretanto, traz riscos importantes. A determinação agressiva de preços pode conferir ao produto uma imagem negativa. A estratégia também pressupõe que os concorrentes sejam fracos e não estejam dispostos a disputar o mercado, levando a empresa a construir mais fábricas para atender à demanda enquanto o concorrente usa uma nova tecnologia de custo mais baixo. A líder de mercado, no entanto, fica presa à tecnologia antiga.

Grande parte da determinação de preços baseada na curva de experiência tem se concentrado nos custos de fabricação, mas todos os custos, inclusive os de *marketing*, podem ser melhorados. Se as três empresas investem grandes somas em *marketing*, a empresa que faz isso há mais tempo pode alcançar custos mais baixos e pode cobrar um pouco menos por seu produto e, ainda assim, obter o mesmo retorno, desde que os demais custos sejam iguais.

ANÁLISE DOS PREÇOS DOS CONCORRENTES

Dentro da faixa de preços possíveis, determinada pela demanda de mercado e pelos custos do negócio, uma empresa deve levar em consideração os custos, os preços e as possíveis reações de preço dos concorrentes. Se a oferta da empresa contém características não oferecidas pelo concorrente mais próximo, o valor de tais características para o cliente deve ser avaliado e adicionado ao preço do concorrente. Por outro lado, se a oferta do concorrente contém características não oferecidas pela empresa, seu valor para o cliente deve ser avaliado e subtraído do preço estabelecido pela empresa. Assim, a empresa pode decidir se cobrará mais, o mesmo ou menos do que o concorrente.[23]

Empresas que oferecem a poderosa combinação entre baixo preço e alta qualidade estão conquistando os corações e as carteiras de consumidores em todo o mundo.[24] Concorrentes com preço baseado em valor ideal, como Aldi, Lidl, JetBlue Airways e Southwest Airlines, têm transformado o modo como consumidores de praticamente todas as faixas etárias e níveis de renda compram mantimentos, roupas, passagens aéreas, serviços financeiros e outros bens e serviços.

Os concorrentes tradicionais têm motivos para se sentirem ameaçados. Empresas iniciantes muitas vezes dependem de atender a um ou alguns segmentos de consumidores, proporcionando melhor entrega ou apenas um benefício adicional e combinando preços baixos com operações de alta eficiência para manter os custos reduzidos. Elas mudaram as expectativas do consumidor sobre a relação entre qualidade e preço.

Uma escola de pensamento diz que as empresas devem estabelecer suas próprias operações de baixo custo para competir com concorrentes com preço de valor ideal somente se (1) seus negócios ativos se tornarem mais competitivos com isso e se (2) os novos negócios vão obter vantagens que não teriam se fossem independentes.[25]

Operações de baixo custo estabelecidas por HSBC, ING, Merrill Lynch e Royal Bank of Scotland – First Direct, ING Direct, ML Direct e Direct Line Insurance, respectivamente – foram bem-sucedidas, em parte graças à sinergia entre as antigas e as novas linhas de negócios. As principais companhias aéreas também introduziram suas próprias transportadoras de baixo custo, mas a Lite da Continental, a Buzz da KLM, a Snowflake da SAS e a Ted da United não obtiveram sucesso, em parte devido à falta de sinergia. A operação de baixo custo deve ser projetada e lançada como um gerador de recursos, não apenas como uma jogada defensiva.

SELEÇÃO DE UM MÉTODO DE DETERMINAÇÃO DE PREÇOS

Depois de considerar a programação de demanda dos clientes, a função custo e os preços dos concorrentes, a empresa estará pronta para selecionar um método de determinação de preço. Há três principais considerações para determiná-los: custos, concorrentes e clientes. Os custos determinam o piso para o preço; os preços dos concorrentes e o preço de substitutos oferecem um ponto de orientação; e a avaliação de características singulares do produto estabelece o teto para o preço.

As empresas devem, então, selecionar um método de determinação de preços que inclua uma ou mais dessas três considerações. Examinaremos cinco métodos de determinação de preços: preço de *markup*, preço de retorno-alvo, preço baseado no valor econômico para o consumidor, preço competitivo e preço por leilão.

Preço de *markup*. O método mais elementar de determinação de preços é adicionar um *markup* padrão ao custo do produto. As empresas de construção civil submetem propostas para licitações estimando o custo total do projeto e acrescentando um *markup* padrão para o lucro. Advogados e contadores normalmente determinam preços adicionando um *markup* padrão ao tempo e aos custos.

Suponhamos que um fabricante de torradeiras tenha os seguintes custos e expectativas de vendas.

Custo variável unitário	US$ 10
Custos fixos	US$ 300.00
Vendas esperadas por unidade	50.000

O custo unitário do fabricante seria determinado por:

$$\text{Custo unitário} = \text{custo variável} + \frac{\text{custo fixo}}{\text{vendas por unidade}} = \text{US\$ } 10 + \frac{\text{US\$ } 300.000}{50.000} = \text{US\$ } 16$$

Agora, suponhamos que o fabricante desejasse realizar um *markup* de 20% sobre as vendas. Seu preço de *markup* seria determinado por:

$$\text{Preço de } markup = \frac{\text{custo unitário}}{(1 - \text{retorno desejado sobre as vendas})} = \frac{\text{US\$ } 16}{1 - 0,2} = \text{US\$ } 20$$

O fabricante cobraria dos revendedores US$ 20 por torradeira e teria um lucro de US$ 4 por unidade. Se os revendedores desejassem ganhar 100% sobre o preço que pagaram, acresceriam um *markup* de 50%, aumentando o preço da torradeira para US$ 40. As taxas de *markup* costumam ser maiores em itens sazonais (para cobrir o risco de encalhe), itens especiais, itens com vendas mais lentas, itens com altos custos de armazenagem e de manuseio e itens de demanda inelástica, como medicamentos vendidos apenas com receita médica.

A utilização de *markups* padrão faz sentido? Geralmente, não. Afinal, os compradores em geral não ligam para os custos do fabricante. Na verdade, qualquer método de determinação de preços que não leve em consideração a demanda atual, o valor percebido e a concorrência provavelmente não levará ao preço ideal. Mesmo assim, por uma série de razões, a determinação de preços de *markup* continua sendo uma prática bastante comum. Em primeiro lugar, é muito mais fácil estimar os custos do que a demanda. Vinculando o preço ao custo, as empresas simplificam a tarefa de determiná-lo. Em segundo lugar, quando todas as empresas do setor utilizam esse método de determinação de preços, estes tendem a ser similares, e a competição é minimizada. Em terceiro lugar, muitas pessoas acreditam que a determinação de preços de *markup* é mais justa tanto para compradores quanto para vendedores. As empresas não se aproveitam dos compradores quando a demanda aumenta, e os vendedores ganham um retorno justo sobre o investimento.

Determinação de preço de retorno-alvo. Na determinação de preço de retorno-alvo, a empresa parte de uma taxa de retorno desejada (p. ex., 10% da receita de vendas) e, então, determina o preço que renderia sua taxa-alvo de retorno. Como não leva em consideração a demanda dos clientes e as ofertas da concorrência, a determinação de preço de retorno-alvo é comumente utilizada por empresas de serviços públicos sujeitas a altos níveis de regulamentação. As concessionárias de serviços públicos, que precisam obter um retorno justo para o seu investimento, são usuárias frequentes desse método.

Suponhamos que o fabricante de torradeiras tenha investido US$ 1 milhão no negócio e queira determinar um preço que permita um ROI de 20%, especificamente US$ 200 mil. O preço de retorno-alvo é determinado pela seguinte fórmula:

$$\text{Preço de retorno-alvo} = \text{custo unitário} + \frac{\text{retorno desejado} \times \text{capital investido}}{\text{unidades vendidas}}$$

$$= \text{US\$ } 16 + \frac{0{,}20 \times \text{US\$ } 1.000.00}{50.000} = \text{US\$ } 20$$

O fabricante realizará esses 20% de ROI desde que suas previsões de custos e vendas sejam precisas. Mas e se as vendas não alcançarem 50 mil unidades? A empresa pode preparar um gráfico do ponto de equilíbrio para verificar o que aconteceria em outros níveis de vendas (Figura 11.2). Os custos fixos são de US$ 300 mil, independentemente do volume de vendas. Os custos variáveis, não mostrados na figura, sobem com o volume. Os custos totais são iguais à soma dos custos fixos e dos custos variáveis. A curva de receita total inicia-se em zero e sobe a cada unidade vendida.

As curvas de receita total e custo total cruzam-se em 30 mil unidades. Esse é o verdadeiro volume do ponto de equilíbrio, verificado pela seguinte fórmula:

$$\text{Volume do ponto de equilíbrio} = \frac{\text{custo fixo}}{(\text{preço} - \text{custo variável})} = \frac{\text{US\$ } 300.000}{\text{US\$ } 20 - \text{US\$ } 10} = 30.000$$

O fabricante espera, é claro, que o mercado compre 50 mil torradeiras a US$ 20, ganhando US$ 200 mil sobre seu investimento de US$ 1 milhão. No entanto, isso depende da elasticidade-preço e dos preços dos concorrentes. Infelizmente, a determinação de preços de retorno-alvo tende a desconsiderar esses aspectos. O fabricante precisa levar em consideração diferentes preços e estimar seus impactos prováveis sobre o volume de vendas e os lucros.

Determinação de preços baseada no valor econômico para o consumidor. Um número crescente de empresas baseia seus preços no valor econômico. A determinação de preços baseada no valor econômico para o consumidor leva em consideração uma série de fatores, como a imagem que o comprador tem do desempenho do produto, o canal de distribuição, a qualidade das garantias, o atendimento ao cliente, além de atributos mais subjetivos, como reputação do fornecedor, confiabilidade e consideração. As empresas devem entregar o valor prometido em sua proposta de valor, e o cliente deve perceber esse valor. As empresas utilizam outros elementos do *mix de marketing*, como propaganda, força de vendas e internet, para comunicar e aumentar o valor percebido pelo cliente.

Uma empresa pode cobrar mais caro do que seus concorrentes se conseguir convencer os consumidores de que oferece o custo total de propriedade mais baixo. Os profissionais de *marketing*

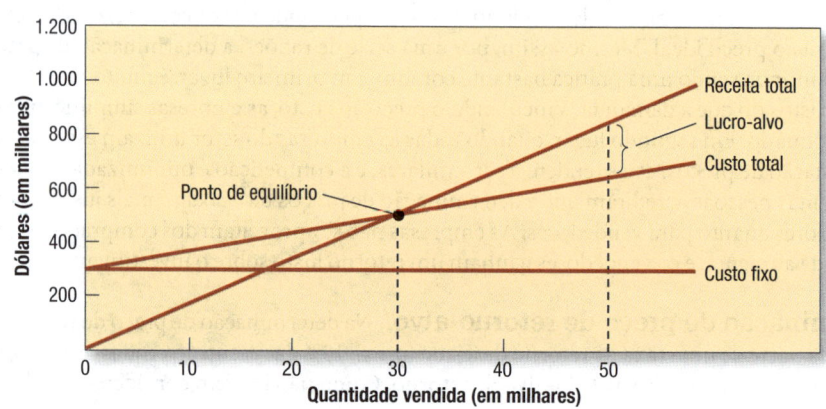

FIGURA 11.2
Gráfico do ponto de equilíbrio para determinação de preço de retorno-alvo e volume do ponto de equilíbrio.

costumam tratar os elementos de serviço em uma oferta de produto físico como incentivos de vendas, não como acréscimos que aumentam o valor e pelos quais podem cobrar. Na verdade, um dos erros mais comuns cometidos pelos fabricantes nos últimos anos é o de oferecer todos os tipos de serviço para diferenciar seus bens sem cobrar por eles.

A Caterpillar utiliza o valor percebido para determinar os preços de seus equipamentos de terraplanagem. Ela pode definir o preço de um trator em US$ 100 mil, ainda que um veículo similar da concorrência custe US$ 90 mil. Quando um cliente potencial pergunta a um revendedor Caterpillar por que deveria pagar US$ 10 mil a mais pelo produto, o revendedor explica o seguinte:

US$	90.000	é o preço do trator se ele apenas for equivalente ao trator do concorrente
US$	7.000	é o preço adicional pela durabilidade superior da Caterpillar
US$	6.000	é o preço adicional pela confiabilidade superior da Caterpillar
US$	5.000	é o preço adicional pelo serviço superior da Caterpillar
US$	2.000	é o preço adicional pelo maior período de garantia de peças da Caterpillar
US$	110.000	é o preço normal para cobrir o valor superior da Caterpillar
−US$	10.000	desconto
US$	100.000	preço final

O revendedor é capaz de demonstrar que, embora o cliente tenha de pagar um adicional de US$ 10 mil, na verdade está recebendo US$ 20 mil em valor extra. O cliente opta pelo trator da Caterpillar porque está convencido de que seus custos operacionais no longo prazo serão menores.

Garantir que os clientes apreciem o valor total de uma oferta de bem ou serviço é crucial. Vejamos a experiência da PACCAR.

PACCAR A PACCAR Inc., fabricante dos caminhões Kenworth e Peterbilt, consegue cobrar um ágio de 10% com base em seu foco incansável sobre todos os aspectos da experiência do cliente para maximizar o valor total. A empresa de transporte rodoviário de cargas Contract Freighters, cliente fiel da PACCAR há 20 anos, justificou o pedido de mais 700 caminhões novos, apesar de seu preço mais elevado, em virtude da maior qualidade percebida: maior confiabilidade, maior valor de troca e até mesmo o acabamento interior superior que poderia atrair os melhores motoristas. A PACCAR combate a tendência de comoditização por meio da montagem

<< A fabricação customizada dos seus caminhões Kenworth e Peterbilt com foco em qualidade, eficiência e conforto maximiza o valor para o cliente e permite que a PACCAR cobre preços maiores pelos seus veículos.

personalizada de seus caminhões de acordo com especificações individuais. A empresa investe fortemente em tecnologia e pode criar o protótipo de peças novas em questão de horas, em vez dos habituais dias e semanas, permitindo atualizações mais frequentes. Ela foi a primeira a lançar veículos híbridos (e vendê-los a um preço *premium*) em um setor caracterizado por alto consumo de combustível. Um programa de US$ 1 bilhão e vários anos de duração, destinado a projetar e desenvolver caminhões da mais alta qualidade e os mais eficientes do setor, resultou em lançamentos bem-sucedidos de diversas novas linhas de caminhões.[26]

Não é porque uma empresa alega que sua oferta entrega mais valor total que todos os consumidores vão reagir positivamente. Alguns se interessam apenas pelo preço, mas existe um segmento que costuma se importar com a qualidade. Por exemplo, na Índia, em cidades como Mumbai, os guarda-chuvas são essenciais nos três meses de chuva quase ininterrupta no período de monções, e os fabricantes dos guarda-chuvas Stag viram-se em uma amarga guerra de preços com produtos chineses mais baratos. Ao perceber que seus concorrentes sacrificavam demais a qualidade, a administração da Stag decidiu aumentar a qualidade com novas cores, *designs* e funcionalidades, incorporando lanternas de alta potência e música aos seus guarda-chuvas, por exemplo. Apesar dos preços mais altos, as vendas do guarda-chuva Stag até aumentaram.[27]

O segredo da determinação de preços baseada no valor econômico para o consumidor é entregar mais valor exclusivo do que o concorrente e demonstrar isso aos compradores potenciais. Assim, a empresa precisa entender totalmente o processo de tomada de decisão do cliente. Por exemplo, a Goodyear teve dificuldade em cobrar um preço *premium* por um novo tipo de pneu de custo mais elevado, apesar da introdução de funcionalidades que aumentavam a vida útil da banda de rodagem. Como os consumidores não tinham um preço de referência com o qual comparar os pneus novos da Goodyear, eles tendiam a gravitar em torno das ofertas de preço mais baixo. A solução da empresa foi determinar o preço de seus modelos com base na expectativa de desgaste em milhas, não nas características técnicas do produto, facilitando as comparações entre produtos.[28]

Preço competitivo. No **preço competitivo** (ou determinação de preços de mercado), a empresa estabelece seus preços orientando-se em grande parte pelos preços dos concorrentes. Em setores oligopolistas que vendem *commodities* como aço, papel ou fertilizantes, as empresas normalmente cobram o mesmo preço. As menores "seguem a líder" e mudam seus preços quando a líder muda, não quando seus próprios custos ou demanda mudam. Algumas empresas podem cobrar um pequeno adicional ou conceder um ligeiro desconto, mas preservam o valor da diferença. Assim, pequenas redes de postos de gasolina geralmente cobram alguns centavos a menos por litro do que as grandes redes, sem permitir que a diferença aumente ou diminua. O preço competitivo é bastante difundido. Quando os custos variam e/ou são difíceis de medir, quando a demanda flutua ou quando não se sabe como a concorrência reagirá, as empresas consideram o preço competitivo uma boa solução, pois ele reflete um consenso do setor.

Preço por leilão. A determinação de preços por leilão vem ganhando popularidade, especialmente com uma série de mercados eletrônicos que vendem de tudo, de porcos a carros usados, à medida que as empresas desovam excessos de estoque ou artigos de segunda mão. Veja a seguir os três principais tipos de leilão e seus diferentes procedimentos de determinação de preços.[29]

- **Leilão inglês (ascendente).** Há um vendedor e muitos compradores. Em *sites* como eBay e Amazon.com, o vendedor oferece um item e os compradores aumentam seus lances até que o preço máximo seja atingido. O maior lance leva o item. Atualmente, os leilões ingleses são mais utilizados para a venda de antiguidades, gado, imóveis e equipamentos ou veículos usados. A Kodak e a Nortel venderam centenas de patentes para imagens digitais e sem fio por meio de leilões, levantando centenas de milhões de dólares.[30]
- **Leilão holandês (descendente).** Há um vendedor e muitos compradores, ou um comprador e muitos vendedores. No primeiro caso, o leiloeiro anuncia um preço alto para o produto e o reduz lentamente, até que um comprador aceite o lance. No segundo, o comprador anuncia algo que deseja comprar e, então, vendedores potenciais competem pela venda oferecendo o menor preço. A SAP Ariba realiza leilões B2B para ajudar empresas a adquirir itens de baixo

preço variados, como aço, gorduras, óleos, crachás, picles, garrafas plásticas, solventes, papelão e até mesmo assessoria jurídica e serviços de limpeza.[31]
- **Licitação com propostas lacradas.** As empresas interessadas podem apresentar somente uma proposta, sem conhecer a dos concorrentes. O governo americano costuma usar esse método para adquirir suprimentos ou conceder licenças. A empresa não pode determinar seu preço abaixo do custo nem apresentar uma proposta alta demais por receio de perder o negócio. O efeito final dessas duas forças opostas é o *lucro esperado* da proposta.[32]

Para adquirir equipamento para seus pesquisadores de medicamentos, a Pfizer usa leilões reversos, nos quais os fornecedores submetem pela internet o preço mais baixo que estão dispostos a receber. No entanto, se as economias crescentes que uma empresa obtém em leilões *on-line* se traduzirem em margens reduzidas para um fornecedor habitual, este pode julgar que a empresa está sendo oportunista ao forçar concessões de desconto. Leilões *on-line* com muitos licitantes podem resultar em maior satisfação geral para ambas as partes, expectativas futuras mais positivas e menos percepções de oportunismo.[33]

DETERMINAÇÃO DO PREÇO FINAL

Os métodos de determinação de preços estreitam a faixa na qual a empresa deve selecionar seu preço final. De modo geral, as empresas não determinam um preço único; elas elaboram uma estrutura de determinação de preços que reflete variações geográficas na demanda e nos custos, exigências de segmento de mercado, oportunidade de compra, níveis de pedidos, frequência de entrega, garantias, contratos de serviço e outros fatores. Em razão dos descontos, das bonificações e do apoio promocional, raramente a empresa obtém o mesmo lucro sobre cada unidade do produto vendido.

A tendência de utilizar diferentes tabelas de determinação de preços para diferentes tipos de consumidor e ajustá-las dinamicamente está em franca expansão. As empresas ajustam o processo com base nos níveis de estoque, na velocidade do item (velocidade de venda), nos preços da concorrência e na propaganda. Até as equipes esportivas têm ajustado os preços dos ingressos para refletir a popularidade do competidor e o calendário do jogo. Os negócios *on-line* que oferecem produtos na Amazon.com têm mudado seus preços em questões de horas ou até mesmo minuto a minuto, em parte para garantir o primeiro lugar nos resultados de pesquisa.

A **discriminação de preços** ocorre quando uma empresa vende um bem ou serviço por dois ou mais preços que não refletem uma diferença proporcional de custos. No *preço discriminatório de primeiro grau*, o vendedor cobra um preço diferente de cada cliente, dependendo de seu grau de exigência. No *preço discriminatório de segundo grau*, o vendedor cobra menos de clientes que compram um volume maior. Em determinados serviços, como o de telefonia celular, no entanto, os preços diferenciados resultam em consumidores pagando *mais* quanto maior for o nível de uso.

No *preço discriminatório de terceiro grau*, o vendedor cobra valores diferentes de diversos segmentos de consumidores, como nos seguintes casos.[34]

- **Preço por segmento de cliente.** Preços diferentes pelo mesmo bem ou serviço são cobrados de diferentes segmentos de clientes. Por exemplo, os museus vendem ingressos mais baratos para estudantes e idosos. Quando a agência de viagens *on-line* Orbitz descobriu que as pessoas que usavam computadores Mac da Apple gastavam até 30% mais em uma diária de hotel, passou a mostrar-lhes opções de viagem diferentes, às vezes mais caras, das apresentadas aos usuários do Windows. A Orbitz também leva em consideração a localização e o histórico do usuário no *site*, bem como a popularidade geral e as promoções de um hotel.[35]
- **Preço pela versão do produto.** Preços diferentes são atribuídos a várias versões de um produto, mas não de maneira proporcional aos seus respectivos custos. A Evian cobra US$ 1 por uma garrafa de dois litros de sua água mineral. Um *spray* hidratante com 150 ml dessa mesma água custa US$ 12.
- **Preço por canal de distribuição.** A Coca-Cola pratica um preço diferente dependendo de onde o refrigerante é vendido – um restaurante sofisticado, uma lanchonete ou uma máquina de venda automática.
- **Preço por localização.** O mesmo produto tem preços distintos em locais diferentes, mesmo que o custo de oferecê-lo em cada local seja o mesmo. Em um teatro, o preço das poltronas

varia de acordo com as preferências do público por lugares diferentes. Algumas empresas armazenam os endereços de IP dos computadores e os códigos postais e usam a distância da loja da concorrência para ajustar os seus preços.
- **Preço por período.** Os preços variam conforme a temporada, o dia ou a hora. Nos Estados Unidos, restaurantes oferecem descontos para clientes que preferem fazer refeições mais cedo, e hotéis reduzem as diárias nos fins de semana. Os preços de varejo para rosas aumentam em até 200% no período que antecede o Dia dos Namorados.

Os setores de transporte aéreo e hotelaria usam sistemas de gestão e de determinação de preços por desempenho: oferecem descontos para compras antecipadas, preços mais altos para compras de última hora e tarifas mais baratas para evitar a ociosidade. As companhias aéreas cobram tarifas diferentes dos passageiros no mesmo voo, dependendo da classe em que viajam, da hora do dia (matutina ou vespertina), do dia da semana (dia útil ou fim de semana), da temporada, da empresa, dos negócios anteriores ou do *status* da pessoa (jovem, militar, idoso), e assim por diante. É por isso que a sua passagem de um voo de Nova York a Miami pode ter lhe custado US$ 200, já a de alguém sentado ao seu lado pode ter custado US$ 1.290.

Contudo, uma variação constante nos preços pode ser traiçoeira no tocante ao relacionamento com o consumidor. Um meio de torná-la eficiente é oferecer aos clientes um pacote de bens e serviços que atendam exatamente às suas necessidades, dificultando a comparação de preços. No entanto, a tática preferida pela maioria das empresas é oferecer uma estratégia de determinação de preços que recompense o bom comportamento, em vez de impor penalidades. Por exemplo, a transportadora APL recompensa os clientes que conseguem prever com exatidão quanto espaço de frete precisarão com tarifas menores para reservas antecipadas.

Embora algumas formas de discriminação de preços sejam ilegais, como quando uma empresa oferece diferentes condições de preços para pessoas diferentes do mesmo grupo comercial, essa prática é legal se a empresa puder provar que seus custos são diferentes quando vende o mesmo produto com qualidades diferentes e em quantidades variáveis a diferentes varejistas. A determinação predatória de preços – vender abaixo do custo para obliterar a concorrência – é contra a lei, no entanto.

Para que a discriminação de preços funcione, são necessárias determinadas condições. A primeira é que o mercado deve ser segmentável, e os segmentos devem mostrar diferentes níveis de demanda. A segunda é que os integrantes do segmento de preço mais baixo não devem ser capazes de revender o produto ao segmento de preço mais alto. A terceira é que os concorrentes não devem ser capazes de vender por menos do que a empresa no segmento de preço mais elevado. A quarta é que o custo da segmentação e da fiscalização do mercado não deve exceder a receita extra derivada da discriminação de preços. Por fim, a prática não deve gerar ressentimento ou indignação nos clientes.

DETERMINAÇÃO DE PREÇO DO *MIX* DE PRODUTOS

A lógica da determinação de preços deve ser modificada quando o produto faz parte de um *mix* de produtos. Na **determinação de preço do *mix* de produtos**, a empresa busca um conjunto de preços que maximize os lucros do *mix* como um todo. Esse processo é desafiador porque vários produtos têm custo e demanda inter-relacionados e estão sujeitos a diferentes graus de concorrência. Podemos distinguir seis situações que envolvem a determinação de preços de um *mix* de produtos: preço isca (ou "boi de piranha"), preço para características opcionais, preço para produtos complementares (ou cativos), preço composto, preço para subprodutos e preço para o pacote de produtos.

- **Preço isca.** A empresa pode determinar o preço de um produto ou serviço específico de uma maneira que maximize a lucratividade da linha de produtos como um todo. Uma abordagem comum para determinar os preços de uma linha de produtos é usar **preços iscas**. Muitas vezes, supermercados e lojas de departamento reduzem o preço de marcas conhecidas para estimular um movimento maior nas lojas. Essa tática é economicamente viável se a receita proveniente de vendas adicionais compensar as margens menores obtidas com esses itens. Os fabricantes dessas marcas normalmente desaprovam o fato de seus produtos serem usados como iscas, uma vez que essa prática pode diluir a imagem da marca e suscitar reclamações de outros varejistas que cobram o preço de tabela. Os fabricantes vêm tentando impedir que os intermediários utilizem preços iscas fazendo *lobby* a favor de leis para a manutenção dos preços no varejo, mas nos Estados Unidos essas leis foram revogadas.

- **Preço para características opcionais.** Muitas empresas oferecem produtos, características e serviços adicionais com o produto principal. É difícil determinar o preço desses opcionais, pois a empresa precisa decidir quais itens estarão incluídos no preço padrão e quais serão oferecidos como opcionais. Muitos restaurantes cobram muito pelas bebidas e pouco pelos pratos. A receita das refeições cobre os custos, ao passo que a das bebidas, sobretudo as alcoólicas, gera lucro. Isso explica por que muitas vezes os garçons pressionam os clientes a pedirem bebidas. Outros restaurantes cobram menos pelas bebidas alcoólicas e mais pelos pratos para atrair as pessoas que gostam de beber.

- **Preço para produtos complementares (ou cativos).** Alguns produtos requerem a utilização de produtos complementares ou cativos. Muitas vezes, os fabricantes de barbeadores estabelecem preços baixos para os aparelhos, mas cobram mais pelas lâminas de barbear. É comum que cinemas e salas de concerto faturem mais com a venda de alimentos, bebidas e mercadorias do que com a venda de ingressos.[36] A Verizon pode oferecer um celular grátis se o cliente fizer uma assinatura de dois anos do serviço. Por outro lado, determinar um preço excessivamente alto para o produto complementar no mercado de reposição pode fazer com que falsificações e substituições corroam as vendas. Atualmente, os consumidores podem comprar cartuchos de impressora de fornecedores que oferecem desconto e economizar cerca de 20 a 30% em relação ao preço do fabricante.

- **Preço composto.** Empresas de serviços muitas vezes cobram preços compostos, que consistem em uma taxa fixa e uma taxa de utilização variável. Os usuários de celular pagam uma taxa mínima mensal mais a cobrança das ligações que excedam ao pacote de minutos contratado. Alguns parques de diversões cobram um ingresso que dá direito a um mínimo de atrações e entradas adicionais para os demais brinquedos. Os prestadores de serviços enfrentam um problema semelhante à determinação de preços para produtos complementares: especificamente, quanto cobrar pelo serviço básico e quanto cobrar pela utilização variável. A taxa fixa deve ser baixa o suficiente para induzir à compra do serviço, então o lucro poderá ser gerado pelas taxas de utilização.

- **Preço para subprodutos.** Com frequência, a produção de determinados produtos – carnes, derivados de petróleo e outros produtos químicos – resulta em subprodutos, que devem ter seus preços determinados com base em seu valor. Qualquer receita advinda dos subprodutos torna mais fácil para a empresa cobrar um preço mais baixo pelo produto principal, caso a concorrência a force a fazê-lo. Fundada em 1855, a empresa australiana CSR inicialmente se chamava Colonial Sugar Refining Company e era conhecida por refinar açúcar. Com o tempo, começou a vender subprodutos da cana; o bagaço, por exemplo, era usado para fabricar placas divisórias. Atualmente, graças ao desenvolvimento de produtos e a aquisições, a CSR tornou-se uma das 10 maiores empresas australianas de materiais de construção.

- **Preço para o pacote de produtos.** As empresas costumam agrupar produtos e características.[37] O *pacote puro* ocorre quando os produtos são oferecidos somente na forma de pacote. Os fornecedores de produtos pós-venda para automóveis têm cada vez mais agrupado suas ofertas em programas personalizáveis três-em-um ou quatro-em-um, especialmente para produtos de segunda linha, como proteção para pneu e roda e reparos na funilaria sem pintura. Uma agência de talentos pode determinar que uma de suas estrelas só assine contrato se o estúdio de cinema também aceitar outros talentos representados por ela, como diretores e roteiristas. Trata-se de um tipo de *venda casada.** No *pacote misto*, os produtos estão disponíveis tanto individualmente quanto de forma agrupada, em geral cobrando menos pelo pacote do que pelos itens isoladamente. Por exemplo, uma companhia de teatro pode determinar o preço de uma assinatura da temporada abaixo do custo dos ingressos individuais para todos os espetáculos. Como os clientes talvez não tenham planos de comprar todos os componentes, as economias representadas pelo preço cobrado pelo pacote terão de ser suficientemente substanciais para induzi-los a comprá-lo.[38] Alguns clientes, porém, desejam menos do que o pacote completo por um preço mais baixo.[39] Eles solicitam ao vendedor que "desagrupe" ou "reagrupe" sua oferta. Se um

---

*N. de R.T. No Brasil, quando compulsória, a venda casada é vetada pelo Código de Defesa do Consumidor.

fornecedor economiza US$ 100 por não ter de entregar um produto indesejado e reduz o preço ao cliente em US$ 80, ele satisfaz o cliente e aumenta seu lucro em US$ 20.

Iniciativas e respostas a mudanças de preços

Para ganhar espaço no mercado e expandir os lucros, as empresas muitas vezes agem vigorosamente em relação aos seus preços. Algumas os reduzem, em geral para atrair os clientes da concorrência; outras os aumentam, a fim de capturar maior valor dos clientes atuais.

INICIATIVAS DE REDUÇÃO DE PREÇOS

Várias circunstâncias podem levar uma empresa a reduzir seus preços. Uma é o excesso de capacidade: a empresa necessita de negócios adicionais e não consegue gerá-los aumentando o esforço de vendas, melhorando o produto ou tomando outras medidas. Às vezes, as empresas iniciam reduções de preços em uma tentativa de dominar o mercado por meio de custos mais baixos. Nesse caso, ou a empresa começa com custos mais baixos que os da concorrência ou inicia as reduções na expectativa de conquistar participação de mercado e diminuir custos.

No entanto, cortar preços para manter clientes ou combater concorrentes muitas vezes incentiva os consumidores a exigir concessões em preço e treina os vendedores a oferecê-las.[40] Uma estratégia de redução de preços esconde outras armadilhas. Por exemplo, os consumidores vão supor que a qualidade é baixa. Além disso, um preço baixo compra a participação de mercado, mas não a fidelidade do mercado. Os mesmos clientes passarão a comprar de qualquer empresa que ofereça preços mais baixos. Os concorrentes reagem baixando seus preços ainda mais e desencadeando uma guerra de preço. Também há a possibilidade de que os concorrentes com preços maiores se equiparem aos preços baixos da empresa, mas tenham maior capacidade de sustentação, dada a sua estrutura de custos menor.

É comum os clientes questionarem a motivação por trás das alterações de preço.[41] Eles podem supor que o item está prestes a ser substituído por um novo modelo, que o item é defeituoso e não vende bem, que a empresa está em dificuldades financeiras, que o preço vai baixar ainda mais ou que a qualidade foi sacrificada. A empresa deve monitorar cuidadosamente essas deduções.

INICIATIVAS DE AUMENTO DE PREÇOS

Um aumento de preços bem-sucedido pode elevar os lucros substancialmente. Por exemplo, se a margem de lucro de uma empresa for de 3% sobre as vendas, um aumento de 1% nos preços elevará os lucros em 33%, desde que o volume de vendas não seja afetado. Assim, se a empresa cobrava US$ 10, vendia 100 unidades e tinha custos de US$ 970, ela obtinha um lucro de US$ 30, ou de 3% sobre as vendas. Ao aumentar o preço em US$ 0,10 (1%), ela elevaria seus lucros em 33%, pressupondo-se o mesmo volume de vendas.

Uma das principais circunstâncias que provocam aumento de preços é a **inflação de custos**, na qual custos crescentes não acompanhados de ganhos em produtividade achatam as margens de lucro e levam as empresas a aumentarem seus preços com frequência. Muitas vezes, elas fazem um reajuste superior ao aumento de custos, prevendo uma inflação adicional ou controles de preço pelo governo. Essa prática é chamada de **remarcação antecipada de preços**. Outro fator que leva a aumentos de preço é uma alta demanda superior às capacidades de produção da empresa. Quando não consegue atender todos os clientes, a empresa pode aumentar seus preços e/ou racionar a oferta.

Embora seja possível que um aumento de preços transmita significados positivos aos consumidores (p. ex., que o item é "um sucesso" e representa um valor extraordinário), de modo geral, eles não gostam de preços mais altos. Ao repassar aumentos de preço a clientes, a empresa deve evitar a imagem de extorsionária. A Coca-Cola chegou a propor máquinas automáticas inteligentes de venda que elevariam os preços quando as temperaturas subissem, e a Amazon propôs a experiência de precificação dinâmica que variava os preços de acordo com a ocasião de compra.

Essas duas ideias se tornaram notícias de primeira página. Quanto mais semelhantes forem os produtos ou as ofertas de uma empresa, mais provável será que os consumidores interpretem as diferenças de preço como injustas. A personalização e a diferenciação do produto, bem como as ações de comunicação que esclareçam as diferenças, são cruciais.[42]

Há algumas técnicas para evitar a surpresa e as reações de consumidores, como a de manter um senso de justiça em torno de qualquer aumento de preço (p. ex., avisando os clientes com antecedência para que possam antecipar suas compras ou procurar um preço melhor). Grandes aumentos de preços precisam ser explicados em termos compreensíveis. Realizar algumas alterações de preço menos visíveis também é uma boa técnica: eliminar descontos, aumentar a quantidade mínima dos pedidos e diminuir a fabricação de produtos que geram margens de lucro pequenas são alguns exemplos. Os contratos ou propostas para projetos de longo prazo devem conter cláusulas de reajuste baseadas em fatores como o aumento dos índices reconhecidos de preços nacionais.

REAÇÕES ÀS MUDANÇAS DE PREÇOS DOS CONCORRENTES

A introdução ou alteração de qualquer preço pode provocar uma reação de clientes, concorrentes, distribuidores, fornecedores e até do governo. Quanto aos concorrentes, é mais provável que reajam quando o número de empresas é pequeno, o produto é homogêneo e os compradores são muito bem informados.

Como uma empresa pode antecipar as reações de um concorrente? Uma forma é pressupor que o concorrente reagirá de modo padrão à determinação ou à alteração de um preço. Outra forma é pressupor que o concorrente tratará cada diferença ou alteração de preço como um novo desafio e reagirá de acordo com o próprio interesse em dado momento. Então, a empresa precisará pesquisar a situação financeira atual do concorrente, as vendas recentes, a fidelidade dos clientes e os objetivos corporativos. Se o concorrente tiver uma meta de participação de mercado, é provável que cubra as diferenças ou alterações de preços.[43] Se a meta for a maximização dos lucros, poderá reagir reforçando seu orçamento de propaganda ou melhorando a qualidade do produto.

A questão é complexa porque o concorrente pode dar diferentes interpretações a uma redução ou a um corte de preço: pode supor que a empresa está tentando roubar mercado, que está se saindo mal e tentando aumentar suas vendas ou que almeja que todo o setor baixe os preços para estimular a demanda total. Quando o Walmart começou a exibir anúncios divulgando preços mais baixos do que a Publix, a rede regional de supermercados reagiu praticando um preço abaixo do Walmart em cerca de 500 itens essenciais e iniciou sua própria campanha de propaganda em retaliação.[44]

Como se deve reagir a uma redução de preço feita por um concorrente? Isso dependerá da situação. A empresa precisa considerar as seguintes questões: (1) por que o concorrente alterou o preço? Foi para roubar mercado, utilizar a capacidade excedente, acompanhar mudanças nas condições de custo ou liderar uma mudança de preço em todo o setor? (2) O concorrente planeja que a mudança de preço seja permanente? (3) O que acontecerá com nosso lucro e com nossa participação de mercado se não reagirmos à mudança? As outras empresas reagirão? (4) Quais prováveis medidas serão tomadas pelos outros concorrentes para cada possível reação?

É comum que a líder de mercado enfrente grandes reduções de preço praticadas por empresas menores em busca de maior participação de mercado. Por meio do preço, a T-Mobile ataca a AT&T e a Verizon, a AMD ataca a Intel e a Dollar Shave Club ataca a Gillette. As líderes de mercado também enfrentam marcas próprias de lojas que praticam preços reduzidos. Três possíveis respostas aos concorrentes de baixo custo são diferenciar ainda mais seu produto ou serviço, introduzir um negócio de baixo custo e reinventar-se como um concorrente de baixo custo.[45] A estratégia mais adequada depende da capacidade da empresa de gerar mais demanda ou reduzir custos.

Nem sempre uma análise mais profunda das alternativas é viável quando ocorre o ataque. A empresa pode ter de reagir em horas ou dias, especialmente em setores nos quais as mudanças ocorrem com certa frequência e é importante reagir rápido, como nos de carne, madeira e petróleo. Seria mais sensato, portanto, tentar prever as possíveis mudanças de preço da concorrência e preparar planos de contingência para a reação.

Gestão dos incentivos

Os **incentivos** são ferramentas de promoção de vendas, principalmente de curto prazo, concebidas para estimular compras mais rápidas ou em maior volume de determinados bens ou serviços por parte dos consumidores ou dos canais.[46]

INCENTIVOS COMO RECURSO DE *MARKETING*

A porcentagem dos investimentos em promoção de vendas dentro do orçamento anual cresceu por vários anos, sendo a área de mais rápido crescimento a de descontos com cupons digitais, resgatados via *smartphone* ou baixados diretamente para a impressora do consumidor. Cupons digitais eliminam custos de impressão, reduzem desperdício de papel, são facilmente atualizáveis e apresentam maiores índices de resgate. Hoje, muitos varejistas oferecem cupons customizados com base no histórico de compras dos consumidores.[47]

As promoções de vendas podem gerar aumento de vendas no curto prazo, mas pouco ganho permanente no longo prazo. As promoções de vendas normalmente não criam um aumento permanente do volume total da categoria. Tendo recorrido a financiamento sem juros, descontos polpudos em dinheiro e planos especiais de *leasing* para impulsionar as vendas durante períodos de baixo crescimento ou recessão econômica, as montadoras de automóveis têm tido dificuldade para desacostumar os consumidores dos descontos.[48] As promoções de vendas muitas vezes estimulam os consumidores a praticar o acúmulo: eles compram antes do normal (aceleração das compras) ou em quantidades adicionais. O resultado é que, após o pico inicial, as vendas costumam sofrer uma queda pós-promoção.[49] Enquanto seu impacto nas vendas muitas vezes é temporário, as reduções de preços, os cupons, as liquidações e os prêmios constantes podem ter um impacto negativo no longo prazo, pois desvalorizam a oferta da empresa na mente dos compradores.

Nem todas as promoções de vendas são prejudiciais para a imagem de marca da empresa. Algumas ferramentas de promoção de vendas visam a construção da franquia da marca (*consumer franchise building*). Elas transmitem uma mensagem de venda junto à oferta, como no caso de cartões de fidelidade e cupons, que anunciam características do próprio produto e dos prêmios relacionados com ele. As ferramentas de promoção de vendas que *não* visam à construção de marca incluem pacotes de produtos com desconto, prêmios ao consumidor não relacionados com o produto, concursos e sorteios, ofertas de reembolso em dinheiro e bonificações ao canal de distribuição.

O uso de preços promocionais tornou-se o *modus operandi* de um grande número de empresas que oferecem bens e serviços. Os vendedores em particular são rápidos em dar descontos para fechar uma venda. No entanto, caso se espalhe a notícia de que o preço de tabela da empresa é "flexível" e dar descontos é a regra, a percepção de valor das ofertas é minada. Algumas categorias de produtos tendem a se autodestruir por estarem permanentemente em liquidação.

Algumas empresas com excesso de capacidade ficam tentadas a oferecer descontos ou até mesmo a oferecer ao varejista, com um bom desconto, uma versão de seu produto com a marca da loja. Entretanto, como a marca da loja tem um preço menor, ela pode começar a atropelar a marca do fabricante. Os fabricantes devem considerar as implicações de oferecer produtos com desconto para os varejistas, pois podem acabar perdendo o lucro no longo prazo em um esforço para atingir metas de volume no curto prazo.

Os gerentes precisam monitorar a proporção de clientes que recebem descontos, o desconto médio oferecido e qualquer tendência de os vendedores recorrerem exageradamente a eles. Para tanto, a gerência deve conduzir uma **análise de preço líquido** para chegar ao "preço real" de sua oferta. O preço real é afetado não somente por descontos, mas também por outras despesas que reduzem o preço praticado. Suponhamos que o preço de tabela de determinado produto seja US$ 3 mil. O desconto médio é de US$ 300. O gasto médio da empresa com promoções é de US$ 450 (15% do preço de tabela). Uma verba de propaganda cooperativa de US$ 150 é oferecida aos varejistas para que endossem o produto. Logo, o preço líquido é de US$ 2.100, não US$ 3 mil.

PRINCIPAIS DECISÕES SOBRE INCENTIVOS

Ao usar incentivos, a empresa deve definir seus objetivos, selecionar as ferramentas, desenvolver o programa, implementá-lo e controlá-lo, para depois avaliar os resultados.

Estabelecimento dos objetivos dos incentivos. Os objetivos dos incentivos são derivados dos objetivos de *marketing* básicos para a oferta. Dependendo de onde a atividade promocional do fabricante se concentra, se nos consumidores ou nos varejistas, os incentivos podem ter diferentes objetivos.

No caso dos incentivos para *consumidores*, os objetivos envolvem encorajar compras mais frequentes ou em unidades maiores entre os usuários, promover a experimentação do produto por não usuários e atrair usuários instáveis das marcas concorrentes. Se algum dos que trocaram de marca não o teriam feito de outra forma, os incentivos podem render incrementos de longo prazo em participação de mercado.[50] O ideal é que os incentivos voltados aos consumidores exerçam impacto de curto prazo nas vendas, assim como efeitos de longo prazo no *brand equity*.[51]

No caso dos incentivos para *varejistas*, os objetivos incluem persuadir o varejista ou o atacadista a estocar o produto; convencê-los a ter em estoque mais unidades do que o habitual; induzir os varejistas a promover o produto, expondo-a mais ou reduzindo seu preço; e motivar os varejistas e seus vendedores a promover o produto junto aos clientes.

Definição do tamanho e da abordagem para incentivos. Para tomar decisões sobre a utilização de um incentivo em particular, os profissionais de *marketing* devem determinar primeiramente seu *tamanho*. Para que a promoção tenha sucesso, o incentivo deve ser significativo para os clientes-alvo. Em segundo lugar, o gestor de *marketing* precisa estabelecer as *condições* de participação, podendo oferecer incentivos a todos ou a grupos selecionados. Em terceiro lugar, é preciso estipular a *duração* do programa. Em quarto lugar, deve-se escolher um *meio de distribuição*; por exemplo, um cupom de desconto pode ser distribuído na embalagem, em lojas, pelo correio, *on-line* ou em propagandas. Em quinto lugar, o gestor de *marketing* precisa estabelecer o *timing* da promoção. Por fim, é necessário determinar o *orçamento total da promoção de vendas*. O custo de cada promoção é composto da soma do custo administrativo (impressão, postagem e promoção da oferta) e do custo do incentivo (o prêmio ou o desconto, incluindo os custos de resgate) multiplicada pelo número esperado de unidades vendidas. O custo de uma oferta com cupons deve levar em connsideração que apenas uma parte será resgatada pelos consumidores.

Além de determinar o tamanho dos incentivos, a empresa deve decidir como alocar os recursos e, mais especificamente, quanto esforço dedicar a atividades de "empurrar" e de "puxar".

Em uma **estratégia de empurrar (*push*)**, são usadas a equipe de vendas, as verbas promocionais dirigidas ao revendedor e outros meios para induzir os intermediários a expor, promover e vender o produto aos usuários finais. Essa estratégia é especialmente apropriada quando o grau de fidelidade à marca na categoria é baixo, quando a escolha da marca é feita na loja, quando o produto é comprado por impulso e quando seus benefícios são bem conhecidos.

Em uma **estratégia de puxar (*pull*)**, o fabricante utiliza a propaganda, a promoção e outras formas de comunicação para persuadir o consumidor a pedir o produto aos intermediários, fazendo com que eles o encomendem. Tal estratégia é especialmente adequada quando há alto grau de fidelidade à marca e grande envolvimento na categoria, quando as pessoas percebem diferenças entre as marcas e quando escolhem a marca antes de ir à loja.

Empresas de destaque em *marketing* como Apple, Coca-Cola e Nike empregam habilidosamente as duas estratégias, *push e pull*. A estratégia de *push* é mais eficaz quando acompanhada por uma estratégia de *pull* bem concebida e executada, que ative a demanda do consumidor. Por outro lado, sem ao menos algum interesse por parte dos consumidores, pode ser muito difícil conquistar aceitação e suporte do canal, e vice-versa.

Seleção dos incentivos para o consumidor. O responsável pelo planejamento de promoções deve levar em consideração o tipo de mercado, os objetivos da promoção de vendas, as condições de competitividade e a eficácia de custo de cada ferramenta.[52] Os principais **incentivos para o consumidor** incluem:

- *Reduções de preço* são descontos temporários para promover as vendas. As reduções de preço podem ser iniciadas pelo fabricante, que busca aumentar as vendas, ou pelo varejista, que deseja liquidar a mercadoria e diminuir os estoques. As reduções de preço podem ser apresentadas em termos de quantias específicas ou como porcentagens.[53]

- *Cupons* são cédulas que conferem ao portador o direito a um desconto declarado na compra de um produto específico. Eles são enviados pelo correio, acompanham outros produtos, são inseridos em anúncios de revistas e jornais, enviados por *e-mail* ou disponibilizados *on-line*.[54]
- *Reembolsos em dinheiro* proporcionam uma redução de preço depois da compra e não na própria loja. O consumidor envia determinado comprovante de compra ao fabricante, que reembolsa parte do valor pago pelo correio. A indústria automobilística e outras fabricantes de bens de consumo oferecem reembolsos para estimular a compra dos seus produtos dentro de um período especificado. Os reembolsos podem ajudar a limpar o estoque sem reduzir o preço estipulado na tabela.[55]
- *Pacotes de produtos com desconto* oferecem aos consumidores descontos sobre o preço regular de um produto, estampados na etiqueta ou no pacote. Um *pacote com preço reduzido* é um pacote de um único produto vendido a um preço reduzido (como dois pelo preço de um). Um *pacote conjugado* são dois produtos relacionados vendidos juntos (como uma escova de dentes e um creme dental).[56]
- *Brindes* são mercadorias oferecidas a um preço relativamente baixo ou grátis como incentivo à compra de outro produto. O brinde pode acompanhar o produto (afixado à embalagem ou dentro dela) ou ser distribuído por um canal diferente (p. ex., pelo correio).
- *Programas de fidelidade* oferecem recompensas relacionadas com a frequência e a intensidade da aquisição de bens ou serviços da empresa.
- *Prêmios** são oportunidades de ganhar dinheiro, viagens ou mercadorias como decorrência da compra de um produto. Em um *concurso*, os consumidores fazem uma inscrição, que é examinada por um corpo de jurados que escolherá os melhores. Já em um *sorteio*, solicita-se aos consumidores que inscrevam seu nome para premiação aleatória. Um *jogo* dá algo aos consumidores que pode ajudá-los a ganhar um prêmio toda vez que efetuam uma compra – números de bingo, palavras com letras faltando, entre outros.[57]
- *Promoções combinadas* envolvem um cenário em que duas ou mais marcas ou empresas se unem oferecendo cupons de desconto ou reembolsos e promovendo concursos para aumentar seu poder de atração.
- *Descontos sazonais* são reduções de preço para compradores que adquirem mercadorias ou serviços fora de estação. Hotéis e empresas aéreas oferecem descontos sazonais em períodos de baixa temporada.
- *Financiamento* envolve oferecer condições financeiras favoráveis para tornar a oferta mais atraente para os consumidores. Os vendedores (especialmente bancos e concessionárias) também podem oferecer condições de pagamento mais flexíveis, estendendo os empréstimos por períodos maiores, o que reduz os pagamentos mensais.

Seleção de incentivos comerciais. Os fabricantes pagam os membros dos canais de distribuição na forma de incentivos comerciais. Ao contrário dos incentivos para o consumidor, que tentam criar mais valor para os compradores, a intenção dos **incentivos comerciais** é tornar as ofertas mais atraentes para os membros do canal de distribuição: atacadistas, varejistas e revendedores. Mais especificamente, os fabricantes usam diversas ferramentas de promoção comercial:[58]

- *Bonificações* são pagamentos adicionais oferecidos ao varejista em troca da realização de certas funções, como promover a oferta no ponto de venda, manter um estoque maior do produto para garantir a sua disponibilidade e oferecer serviços de valor agregado adicionais.
- *Mercadorias gratuitas* são mercadorias extras dadas a intermediários que comprem certa quantidade ou que incluam no pedido determinado sabor ou tamanho.
- *Desconto direto* é um desconto concedido no preço de tabela em cada caixa comprada durante um período estipulado.
- *Desconto de bom pagador* é uma redução no preço para compradores que pagam suas contas em dia. Um exemplo típico é aquele em que o comprador reduz determinada porcentagem de uma fatura por pagá-la antecipadamente.

A força crescente dos grandes varejistas aumentou sua capacidade de exigir promoção ao canal de distribuição.[59] A força de vendas da empresa e seus gerentes de marca geralmente não se

---

*N. de R.T. No Brasil, a distribuição gratuita de prêmios nas modalidade concurso, sorteio e vale-brinde é regulamentada por lei federal (Lei nº 5.768/1971 e Decreto nº 70.951/1972).

entendem sobre como fazer promoções para o varejo. A força de vendas diz que os varejistas locais não manterão os produtos da empresa na prateleira a menos que recebam mais verbas de promoção, ao passo que os gerentes de marca querem concentrar os orçamentos limitados em promoção para o consumidor e em propaganda.

Os fabricantes, que quase sempre acham difícil policiar os varejistas para se certificar de que cumprem o acordo, cada vez mais exigem comprovações de desempenho antes de pagar qualquer bonificação. São vários os desafios envolvidos no gerenciamento de promoções para o varejo. Alguns varejistas vêm praticando a **compra antecipada**, isto é, compram durante a vigência da oferta uma quantidade maior do que podem vender imediatamente. Com isso, o fabricante tem de programar mais produção do que o planejado e arcar com os custos de turnos e horas extras. Outros varejistas estão praticando o *desvio*, ou seja, compram mais caixas do que o necessário em uma região onde o fabricante fez a oferta e encaminham o excedente para suas lojas em regiões onde a oferta não foi feita. Para evitar a compra antecipada e o desvio, os fabricantes limitam a quantidade a ser vendida com desconto, ou produzem e distribuem menos do que o pedido total, a fim de equilibrar a produção.

Seleção de incentivos para a força de vendas. As empresas gastam bilhões de dólares em ferramentas de promoção para a força de vendas. A ideia é identificar clientes potenciais, impressionar e recompensar clientes e motivar a força de vendas. Os **incentivos para a força de vendas** tentam incentivar a equipe a apoiar um novo produto ou modelo, fortalecer a prospecção e estimular as vendas na baixa temporada. Os concursos de vendas são uma forma popular desse tipo de incentivo. Eles têm como objetivo incentivar a equipe de vendas ou os revendedores a aumentar seus resultados em um período estipulado, oferecendo prêmios (em dinheiro, viagens, brindes ou pontos) àqueles que têm sucesso.

É comum as empresas desenvolverem orçamentos para cada ferramenta promocional, os quais permanecem razoavelmente constantes de ano para ano. Para muitas novas empresas que querem fazer alarde junto ao público-alvo, especialmente no mundo B2B, as feiras comerciais são uma ferramenta importante, mas seu custo por contato é o maior de todas as opções de comunicação. O tópico da gestão da força de vendas e a venda pessoal será discutido em mais detalhes no Capítulo 15.

INSIGHT de marketing

Questões éticas em preços de medicamentos

Os Estados Unidos gastam quase US$ 330 bilhões por ano com medicamentos. Nas três últimas décadas, a participação dos produtos farmacêuticos nos gastos quase dobrou, e hoje representa cerca de 10% do total das despesas de saúde. O governo americano gasta mais com saúde do que com qualquer outro segmento do orçamento federal, incluindo defesa e previdência social. Os Estados Unidos gastam mais com medicamentos do que qualquer outro país, e cerca de duas vezes mais do que a média dos outros grandes países industrializados.

A determinação dos preços de medicamentos levanta uma questão ética sobre como as empresas farmacêuticas devem cobrar pelos seus produtos. Algumas analisam os preços de uma perspectiva puramente financeira. Para justificar a decisão de elevar o preço da nitrofurantoína (um medicamento listado pela Organização Mundial de Saúde como essencial para infecções do sistema urinário) de cerca de US$ 500 por frasco para mais de US$ 2.300,

Nirmal Mulye, fundador da Nostrum Pharmaceuticals, argumentou que a empresa tinha "uma obrigação moral de ganhar dinheiro e vender o produto pelo maior preço".

Não faltam exemplos de empresas que elevam os preços de medicamentos proprietários. O EpiPen, dispositivo médico para injetar uma dose de epinefrina como tratamento de emergência para reações alérgicas graves a picadas de insetos, alimentos, fármacos ou outras substâncias, aumentou de US$ 100 por um pacote com duas doses em 2009 para US$ 608 em 2016. Com quase 90% de participação de mercado, o EpiPen representava cerca de 40% dos lucros da Mylan, sua controladora. O EpiPen gerava uma margem de lucro líquida de cerca de 55%, significativamente mais alta do que a margem de lucro total da empresa, de 8,9%.

Talvez o exemplo mais extremo da determinação de preços baseada exclusivamente nos lucros seja a da Turing Pharmaceuticals. Após adquirir os direitos do Daraprim, o

(continua)

único medicamento disponível para tratar diversas doenças mortais raras, inventado 60 anos atrás, a empresa elevou o preço de US$ 14,50 para US$ 750 por pílula, um aumento de 5.000%. As ações da Turing levaram a um clamor público contra os preços abusivos, o CEO teve de se demitir e o Congresso dos Estados Unidos abriu uma investigação sobre as práticas de preços da empresa.[60]

Ao contrário dos preços para produtos de consumo discricionário, os preços de medicamentos podem impactar diretamente o bem-estar social. Elevar os preços pode impedir que pacientes de baixo nível econômico tenham acesso a medicamentos críticos para a sua saúde, o que pode levá-los a pular doses, tomar doses menores ou simplesmente abandonar o tratamento. O impacto na sociedade dos preços de medicamentos exige que desenvolvamos uma abordagem que vá além de apenas otimizar os lucros das empresas.

Um desafio é o processo relativamente opaco de determinação de preços de medicamentos. Para torná-lo mais transparente, a American Marketing Association lançou a campanha TruthinRx em 2016. Essa campanha de base permite que médicos e pacientes compartilhem suas experiências com preços de medicamentos para buscar o apoio do público para regulamentações que obriguem as empresas a serem mais transparentes no modo como determinam os preços de medicamentos. A campanha TruthinRx enfoca os três *players* do mercado que afetam significativamente os preços de medicamentos: (1) as empresas farmacêuticas, que fabricam e comercializam os medicamentos; (2) os gerentes de benefícios farmacêuticos, profissionais que trabalham para empregadores e seguradoras de saúde e negociam descontos para medicamentos junto às empresas farmacêuticas; e (3) as seguradoras de saúde, que aprovam receitas, definem copagamentos e trabalham com os gerentes de benefícios farmacêuticos para determinar quanto os pacientes pagam pelos medicamentos.[61]

Resumo

1. O preço é o único elemento do *mix* de *marketing* que gera receita; os outros geram somente custos. As decisões sobre determinação de preços se tornaram mais desafiadoras em um cenário econômico e tecnológico em constante transformação.

2. As decisões de compra baseiam-se em como os consumidores percebem os preços e não apenas no preço declarado da oferta. Entender como os consumidores chegam a suas percepções de preço – e, mais especificamente, o papel dos preços de referência, das inferências preço-qualidade e dos dígitos finais dos preços – pode ajudar a empresa a definir o preço de mercado ideal.

3. Ao estabelecer sua política de preços, as empresas seguem um procedimento de seis etapas. Primeiro, selecionam seu objetivo de determinação de preços. Depois, estimam a curva de demanda, isto é, as quantidades prováveis vendidas a cada preço possível. Também estimam como seus custos variam em diferentes níveis de produção, em diferentes níveis de experiência de produção acumulada e para ofertas diferenciadas ao mercado. Em seguida, examinam os custos, os preços e as ofertas da concorrência e selecionam um método de determinação de preços. Por fim, selecionam o preço final.

4. Quando define um preço, a empresa pode ter quatro objetivos: lucro atual, penetração de mercado, desnatamento de mercado e liderança na qualidade do produto. Quanto mais claros forem os objetivos da empresa, mais fácil será determinar o preço.

5. A curva de demanda mostra o volume provável de compras do mercado ante as alternativas de preço, resumindo as reações de muitos indivíduos com diferentes sensibilidades a preço. Os profissionais de *marketing* precisam saber quão reativa, ou elástica, a demanda seria diante de uma mudança de preço.

6. A determinação de preço é afetada por três considerações principais: custos, concorrentes e clientes. Os custos determinam o piso para o preço. Os preços dos concorrentes e o preço de substitutos oferecem um ponto de orientação. A avaliação dos clientes sobre as características singulares do produto estabelece o teto para o preço. Os métodos mais comuns de determinação de preços incluem preço de *markup*, preço de retorno-alvo, determinação de preços baseada no valor econômico para o consumidor, preços competitivos e preço por leilão.

7. A lógica da determinação de preços deve ser modificada quando o produto faz parte de um *mix* de produtos e o objetivo da empresa é maximizar os lucros do *mix* como um todo. Os cenários mais comuns para determinação de preço de *mix* de produtos incluem preço isca, preço para características opcionais, preço para produtos complementares (ou cativos), preço composto, preço para subprodutos e preço para o pacote de produtos.

8. Para ganhar espaço no mercado e expandir os lucros, as empresas muitas vezes agem vigorosamente em relação aos seus preços. Algumas os reduzem, em geral para atrair os clientes da concorrência; outras

os aumentam, para capturar maior valor dos clientes atuais. As empresas devem prever as mudanças de preço por parte da concorrência e preparar um plano de contingência para a reação, decidindo inclusive se mantêm ou mudam o preço ou a qualidade.

9. A empresa que enfrenta uma mudança de preço do concorrente deve tentar compreender sua intenção e a provável duração da mudança. As líderes de mercado atacadas por concorrentes com preço reduzido podem buscar maior diferenciação, introduzir seu próprio concorrente em baixo preço ou se transformar por completo.

10. Os incentivos consistem em um conjunto de ferramentas de incentivo, principalmente de curto prazo, concebidas para estimular compras mais rápidas ou em maior volume de determinados bens ou serviços por parte dos consumidores ou dos canais. Ao usar incentivos, a empresa deve definir seus objetivos, selecionar as ferramentas, desenvolver o programa, implementá-lo e controlá-lo, para depois avaliar os resultados.

11. Quando formula os incentivos, a empresa deve decidir quanto esforço dedicará às estratégias de marketing *push* e *pull*. Em uma estratégia de empurrar (*push*), são usadas a equipe de vendas do fabricante, a promoção dirigida ao revendedor e outros meios para induzir os intermediários a estocar, promover e vender o produto aos usuários finais. Na estratégia de puxar (*pull*), o fabricante usa propaganda e incentivos para persuadir os consumidores a procurarem o produto junto aos intermediários, o que induz estes a encomendá-los do fabricante. Escolher a combinação certa de estratégias de *push* e *pull* é um ingrediente importante para conquistar o apoio comercial.

DESTAQUE de *marketing*

Priceline

A Priceline surgiu em 1998, quando Jay S. Walker lançou seu serviço Name Your Own Price (Diga o seu próprio preço) para a compra de passagens aéreas pela internet. A Priceline inverteu o sistema convencional de compra de produtos, pois com ela o comprador "define" os preços. Em geral, os vendedores anunciam um produto no mercado a um determinado preço e os compradores decidem se querem adquiri-lo. A Priceline criou um mecanismo no qual os clientes faziam *login* no *site* da empresa e postavam um "anúncio" que indicava onde queriam ir, as datas da viagem e o preço que estavam dispostos a pagar. A seguir, a Priceline buscava passagens compatíveis nos bancos de dados das companhias aéreas parceiras. Os clientes precisavam ser flexíveis em relação ao horário do voo e à companhia pela qual voariam; as informações sobre a passagem e a companhia aérea eram fornecidas apenas após a transação ser completada.

No início do serviço de passagens aéreas, a Priceline tinha parcerias apenas com a America West e a TWA. Um ano após a sua fundação, a Priceline havia vendido passagens para mais de 1 milhão de indivíduos. Logo em seguida, grandes companhias aéreas, incluindo United, American e Delta, firmaram parcerias com o serviço. O modelo da Priceline de reservas *on-line* era valioso para as companhias aéreas, pois estas permaneciam anônimas durante todo o processo de compra e não precisavam diluir a sua marca com a venda de passagens com grandes descontos, ao mesmo tempo que mantinham seus próprios preços estabelecidos. O modelo também era atraente para os viajantes com orçamentos apertados, pois, em média, os clientes encontravam preços

menores do que conseguiriam com as suas próprias buscas na internet.

A Priceline cresceu rapidamente e contratou William Shatner para estrelar suas campanhas de propaganda. A empresa gastou milhões para colocar Shatner em anúncios em jornais e no rádio. Os esforços de propaganda deram certo e aumentaram o reconhecimento de marca. A Priceline tornou-se um dos 10 *sites* mais conhecidos da internet em 1999. No mesmo ano, as receitas atingiram cerca de US$ 500 milhões, e a oferta pública inicial das suas ações atingiu US$ 12,9 bilhões, o maior valor de primeiro dia de vendas até então. Durante aquele ano, a Priceline expandiu o seu sistema Name Your Own Price para a venda de automóveis, quartos de hotel, financiamento imobiliário e até compras de supermercado. A Priceline firmou parcerias com diversas empresas e estava prestes a se tornar uma megamarca da internet.

A Priceline despencou com o estouro da bolha das pontocom no início da década de 2000. As ações perderam 99% do seu valor, caindo de um máximo de US$ 974 para cerca de US$ 7. Jay Walker também deixou a Priceline e escolheu concentrar-se em outra empresa. Para recuperar-se do desastre financeiro, a empresa abandonou os ramos não relacionados com viagens e, ironicamente, deu lucro pela primeira vez em 2001. Em 2002, começou a expandir suas operações de viagem além do modelo Name Your Own Price. A Priceline adquiriu a Active Hotels e a Booking.com, *sites* europeus de reserva de quartos de hotel, em 2004 e 2005, respectivamente. A decisão seria considerada uma das aquisições mais bem-sucedidas da história da internet. A Priceline adquiriu a Agoda.com, uma agência de viagens *on-line* no Sudeste Asiático, em 2007; a Rentalcars.com, um serviço de aluguel de automóveis, em 2010; a Kayak, uma empresa de metabusca, em 2013; e a OpenTable, um serviço de reservas de restaurantes, em 2014. A expansão dos negócios da Priceline fez com que as ações superassem o recorde anterior de 1999.

Boa parte do sucesso da Priceline pode ser atribuído ao foco da empresa nos negócios nos segmentos mais lucrativos das viagens *on-line*. Os hotéis representam mais de 85% da receita bruta, em comparação com 48% para a Expedia, a maior concorrente da Priceline. O mercado hoteleiro é menos concentrado que o de viagens aéreas, então a Priceline consegue gerar mais lucros ao se concentrar nessas reservas, sobre as quais pode cobrar uma comissão de 15 a 20%, em comparação com 3% para passagens aéreas. Além disso, boa parte da receita bruta da Priceline vem da Europa. Ao contrário dos Estados Unidos, os mercados hoteleiros europeus são compostos principalmente de propriedades independentes, o que significa que têm mais dificuldade para atrair clientes. Com a indexação adequada dos hotéis europeus, a Priceline fortalece a sua posição para negociar suas comissões.

Os processos de análise de dados da Priceline também criam uma vantagem competitiva. A empresa toma muito cuidado para pesquisar como e onde comprar anúncios *on-line*. Aplicada a todos os seus negócios, a abordagem criou um sistema de propagandas que lidera o setor em eficácia. A empresa gasta, em média, US$ 7,50 por quarto de hotel reservado, em comparação com US$ 16,00 para a Expedia. Além disso, a Priceline usa a análise de dados para maximizar suas conversões no *site* (quando o consumidor vai da navegação no *site* à compra de um serviço). A pesquisa da Priceline sobre o perfil demográfico e os comportamentos dos clientes permite que a empresa utilize anúncios altamente personalizados nos seus *sites* e em *e-mails*. A Priceline conquistou a maior taxa de conversão do setor em 2019, e a alta conversão aumenta as margens de lucro para cada reserva.

A Priceline lidera o setor de viagens *on-line* por uma larga margem. Sua capitalização de mercado é mais de três vezes maior do que a da sua concorrente mais próxima. As bases para o sucesso da Priceline são o foco em segmentos de mercado lucrativos e a dedicação rigorosa à análise de dados, permitindo que a empresa obtenha altas margens de lucro.[62]

Questões

1. Qual foi a importância da abordagem Name Your Own Price para o sucesso da Priceline?
2. Quais são os prós e contras da abordagem Name Your Own Price para a determinação do preço de uma oferta?
3. Definir os preços com base na vontade de pagar é justo? Cria valor para os clientes? Cria valor para a empresa?

DESTAQUE de *marketing*

Uber

As origens da Uber remontam a 2008, quando Travis Kalanick e Garrett Camp, empreendedores de *startups*, estavam tendo dificuldade para chamar um táxi em um dia nevado de inverno. Os dois tiveram a inspiração de criar um aplicativo para *smartphone* que chamaria um táxi. De volta a San Francisco, Camp comprou o domínio UberCab.com, e a empresa foi lançada oficialmente dois anos depois. Inicialmente, a UberCab era um serviço de automóveis privados de luxo para executivos de San Francisco e do Vale do Silício. Os clientes interessados tinham primeiro que enviar um *e-mail* a Kalanick e pedir acesso ao aplicativo. Após inserirem seus dados de cobrança, os clientes podiam chamar um carro com motorista. Ao contrário dos serviços de chofer

tradicionais, o aplicativo UberCab permitia que os passageiros acompanhassem a localização do automóvel e guiava o motorista até o destino do passageiro.

A Uber começou a ganhar força quase imediatamente após o lançamento do aplicativo. Os executivos ficaram particularmente interessados na incrível conveniência do serviço. A maioria tinha de reservar carros com muita antecedência e a altos custos. A Uber permitia que eles reservassem uma viagem rapidamente, onde quer que estivessem. A UberBlack tinha um preço menor do que as limusines particulares, mas era mais cara do que uma viagem de táxi típica. No final do ano, a empresa tirou o "Cab" do nome e tinha milhares de usuários em San Francisco. À medida que a Uber atraía mais e mais clientes e motoristas, os investidores também passaram a se interessar pela empresa. Em fevereiro de 2011, a Uber captou US$ 11 milhões da Benchmark, um fundo de capital de risco. Crente de que o conceito que desenvolvera teria escala, a Uber começou a expandir-se pelos Estados Unidos e pelo restante do mundo. Em maio de 2011, a Uber lançou o serviço na cidade de Nova York. Meses depois, começou a operar em Paris.

Em 2012, a Uber lançou um novo serviço, a uberX, uma versão mais barata que permitia que os motoristas usassem seus veículos pessoais, não carros de luxo, para transportar passageiros. As qualificações para ser motorista de um uberX eram muito menos estritas do que as do UberBlack, que obrigava todos os motoristas a ter licença para operar uma limusine e que os veículos atendessem aos critérios da Uber. Tudo que os motoristas da uberX precisavam era de carteira de motorista, seguro de automóvel e ficha de trânsito limpa. O preço de um uberX era cerca de 10% menor do que o de um táxi tradicional. Em 2014, a Uber revelou o UberPOOL, que reunia passageiros com destinos próximos para compartilhar viagens. A versão da Uber para a carona poupava para os usuários cerca de 50% do custo de viagem de táxi.

O segredo para o sucesso da Uber é a facilidade de uso. Os passageiros precisam simplesmente baixar o aplicativo, criar uma conta e inserir seus dados de cobrança. O aplicativo mostra os motoristas disponíveis nas redondezas. Para chamar um, o usuário simplesmente informa o seu destino e aperta um botão para ser pareado com um motorista. O cliente pode observar a localização do seu motorista, visualizar o seu nome e informações sobre o automóvel e consultar a nota de qualidade do motorista. Os clientes também podem recusar motoristas com notas baixas. Assim como os passageiros, os motoristas têm o direito de recusar clientes com notas suficientemente baixas. O aplicativo do motorista também mostra locais onde números maiores de passageiros estão solicitando o serviço. Minutos após ser pareado com um motorista, o cliente pode já estar a caminho de onde precisa.

No final da viagem, o custo é deduzido automaticamente do método de pagamento do passageiro, e a Uber fica com 25% do valor, além de uma taxa de reserva (uma quantia fixa que cobre custos regulatórios, operacionais e de segurança). Os preços são determinados pelo tempo e pela distância da viagem. Para equilibrar oferta e procura, a Uber também usa um sistema de preço dinâmico durante momentos de maior procura do serviço, prática que pode multiplicar o preço normal em até sete vezes. O preço dinâmico da Uber gerou alguma insatisfação dos clientes e preocupação sobre justiça. Quando a Costa Leste dos Estados Unidos foi atingida por uma nevasca em 2013, os clientes publicaram capturas de tela das suas contas dinâmicas nas mídias sociais; alguns chegaram a pagar US$ 400 por uma única viagem. Apesar das preocupações dos clientes, a Uber manteve o preço dinâmico como fonte de segmentação dos clientes e como incentivo para atrair motoristas para locais específicos durante momentos de alta demanda.

A expansão rápida da Uber pelo mundo esbarrou na oposição de legisladores e taxistas. Muitos políticos e burocratas questionaram a legalidade do serviço e se a empresa deveria estar sujeita às mesmas leis que os serviços de táxi e de limusine. A Uber foi parcialmente banida da França, da Itália e da Finlândia, ao passo que outros locais, como Austrália, Hong Kong e Bulgária, simplesmente proibiram o serviço. Como os preços do uberX e do UberPool muitas vezes são menores do que uma viagem de táxi média, os taxistas perderam uma parcela significativa dos seus clientes. Muitos taxistas também consideram injusto o fato de precisarem se submeter a inspeções mais rigorosas e adquirir uma licença (chamada de "medalhão" nos Estados Unidos) para transportar passageiros legalmente, ao passo que os requisitos da Uber são muito menores.

O crescimento da Uber desde que a empresa foi fundada é impressionante. Em 2019, a Uber estava disponível em mais de 700 regiões metropolitanas do mundo. Estima-se que a Uber tenha mais de 100 milhões de usuários no mundo, e a empresa gerou mais de US$ 11 bilhões em receita em 2018. A combinação de conveniência e preços justos transformou radicalmente o transporte de passageiros no mundo. Além do serviço de carona compartilhada, a Uber entrou no ramo da entrega de comida com a criação do UberEATS. A empresa também anunciou planos de lançar um serviço de compartilhamento de transporte aéreo chamado Uber Elevate.[63]

Questões

1. Quais são os principais fatores que contribuíram para o sucesso de mercado fenomenal da Uber?
2. Qual é a proposição de valor para o cliente da Uber? Qual foi o papel do sistema de preços da Uber na sua capacidade de atrair passageiros?
3. O preço dinâmico é justo? Que estratégias alternativas a Uber poderia usar para equilibrar oferta e demanda?

DESTAQUE de *marketing*

iFood

O iFood é uma das mais importantes plataformas de *delivery* de comida no Brasil. Criada em 2011 pelos jovens empreendedores e adeptos de inovação Patrick Sigrist, Eduardo Baer, Guilherme Bonifácio e Felipe Fioravante, a plataforma revolucionou o mercado brasileiro de *delivery* de comida. O objetivo principal dos fundadores era fazer o iFood ser uma espécie de *marketplace* digital, ou seja, uma grande variedade de cardápios de diversos restaurantes concentrados em um único lugar, seja no *site*, seja no próprio aplicativo.

A empresa é totalmente orientada para o engajamento e a satisfação dos clientes. Investimentos em tecnologia, experiência digital do cliente, melhoria dos serviços logísticos, ampliação da cobertura geográfica e amplo portfólio de cardápios e restaurantes têm garantido um sucesso nas vendas.

Em 2018, o iFood implementou uma estratégia de precificação dinâmica que se mostrou muito exitosa. Usando algoritmos e gestão de dados, a plataforma começou a gerenciar seus preços em tempo real com base nas condições de oferta e demanda. Por exemplo, em dias e horários de pico, a empresa pode aumentar os preços para reduzir a demanda e reduzir a pressão sobre os restaurantes e entregadores. Essa medida tem contribuído efetivamente para a melhoria da qualidade dos serviços e para a satisfação e experiência dos clientes.

A estratégia de precificação dinâmica do iFood ajudou a resolver problemas de abastecimento de restaurantes. Onde a oferta é limitada, a empresa equilibra oferta e demanda ajustando os preços para atrair mais empresas para a plataforma. Os preços dinâmicos também são utilizados para incentivar os clientes a realizarem pedidos em dias e horários de demanda reduzida. Descontos promocionais são oferecidos durante esse período para aumentar as vendas e otimizar a capacidade de restaurantes e entregadores.

A estratégia de precificação dinâmica adotada pela empresa é baseada em análise de dados e utilização de algoritmos que consideram diversos fatores, como demanda em tempo real, oferta de restaurantes, localização dos clientes e condições climáticas da região. Essas informações são processadas pelos sistemas, garantindo que o iFood consiga modificar de forma rápida e eficiente seus preços.

Os horários de maior volume de pedido de *delivery* de comida são o jantar de final de semana, o jantar durante a semana e o almoço de sábado e domingo. Nesses horários de pico, os restaurantes recebem muitos pedidos ao mesmo tempo, gerando problemas com gargalos na produção e na entrega, o que pode causar problemas na qualidade do preparo, atrasos na entrega e, principalmente, insatisfação dos clientes. Para resolver esse problema, o iFood aumenta os preços nesses dias e horários, de modo a desencorajar alguns clientes a realizar seus pedidos. Assim, a empresa busca equilibrar o sistema de demanda e oferta reduzindo a pressão e a sobrecarga em restaurantes e entregadores, o que garante uma melhor qualidade no atendimento aos pedidos dos clientes.

Por outro lado, existem momentos de baixa procura, como as tardes de segunda-feira. Nesses casos, o iFood também utiliza a precificação dinâmica para estimular a demanda e estimular os clientes a realizarem seus pedidos. Nesses períodos, a empresa utiliza descontos e promoções especiais, oferecendo preços ainda mais atrativos. Essa medida incentiva os clientes a utilizarem os serviços nesses horários, ampliando as vendas dos restaurantes parceiros e reduzindo a capacidade ociosa deles.

O iFood também considera a localização do cliente na sua estratégia de precificação dinâmica. Em locais onde a oferta de restaurantes é pequena, os preços podem ser mais competitivos e agressivos, para captar mais estabelecimentos parceiros para a plataforma. Com foco total no cliente, o iFood está sempre preocupado em oferecer aos consumidores um amplo sortimento de opções, mesmo em áreas com baixo número de restaurantes.

Existem outras variáveis externas que também influenciam a estratégia de precificação dinâmica, como mudanças no clima e realização de eventos. Em dias de chuva, a demanda por pedidos de *delivery* de comida cresce, tendo em vista as dificuldades com trânsito e a falta de motivação em sair de casa para ir a um restaurante. O iFood usa essas informações para definir sua precificação com base na demanda prevista, garantindo um equilíbrio na oferta e um serviço de qualidade mesmo em circunstâncias adversas.

O iFood passou a ser um *benchmark* para o setor e contribuiu decisivamente para a melhoria nos sistemas de *delivery* de comida no Brasil, muito por conta da adoção da sua estratégia de precificação dinâmica por outras plataformas de entrega.

Cabe destacar que a implementação da estratégia de preços dinâmicos não é à prova de problemas e críticas por parte de restaurantes parceiros e clientes. Alguns clientes não gostam das mudanças de preços constantes e reclamam da falta de transparência na precificação. Além disso, existem preocupações em relação à possibilidade de práticas anticompetitivas por parte da empresa, já que o iFood tem um grande poder de mercado no setor de entrega de alimentos no Brasil.

O iFood tem buscado solucionar esses problemas ao investir em transparência e criar políticas justas para seus restaurantes parceiros. A empresa criou um portal de informações em seu *site* que explica de forma detalhada os métodos de precificação e os fatores considerados no processo de formação dos preços. O iFood também investiu em tecnologia e parcerias para expandir as ofertas de restaurantes em comunidades carentes, para equilibrar a concorrência e oferecer aos consumidores uma maior variedade de opções.

A estratégia de precificação dinâmica tem apresentado excelentes resultados para o iFood. Em 2020, a empresa obteve um crescimento de receita de mais de 100% no ano, apesar dos desafios gerados pela pandemia de covid-19. Mesmo sendo uma estratégia complexa, que exige da empresa elevados níveis de profissionalização de gestão e investimento tecnológico, a precificação dinâmica tem se mostrado uma ferramenta essencial para promover um melhor equilíbrio entre demanda e oferta e alavancar as vendas em um setor extremamente competitivo.

Questões

1. Quais são as principais vantagens competitivas que a estratégia de preços dinâmicos pode oferecer para uma empresa em comparação a outras estratégias de preços mais tradicionais?
2. Como a precificação dinâmica do iFood afeta a formação de preços dos restaurantes parceiros na plataforma? Quais são os desafios que o iFood enfrenta para equilibrar a maximização da receita com a manutenção de relacionamentos saudáveis com seus parceiros de negócios?
3. Como a precificação dinâmica do iFood pode ser usada para personalizar preços para diferentes segmentos de clientes, como estudantes, clientes recorrentes ou clientes com baixo poder aquisitivo? Quais são as implicações éticas e legais dessa abordagem?
4. Como o iFood pode usar a precificação dinâmica para incentivar novas mudanças no comportamento do cliente, como estimular novos hábitos de consumo e comportamentos de compra (p. ex., incentivar a compra de itens complementares)? Quais são os desafios envolvidos na implementação dessa estratégia?
5. Como o iFood pode garantir que sua estratégia de precificação dinâmica não afete negativamente a competitividade dos pequenos restaurantes em relação aos grandes restaurantes ou cadeias de *fast food*? Quais são as medidas que o iFood pode implementar para garantir uma concorrência justa na plataforma?

Autor

Vitor Pires dos Santos Docente nos cursos de graduação e pós-graduação e pesquisador da ESPM-RJ.

Professor de educação executiva, facilitador de treinamentos e palestrante nas áreas de *marketing*, *trade marketing* e varejo. Doutor pelo Instituto COPPEAD de Administração (UFRJ) e mestre em gestão e estratégia de negócios (UFRJ).

Referências

ANTUNES, V. N. B. et al. Food delivery apps and the digital market: A case study of the Ifood.com company from the information economy perspective. *Diversitas Journal*, v. 8, n. 2, 2023.

PRECIFICAÇÃO inteligente: 6 passos para executar. *iFood*, 2023. Disponível em: https://blog-parceiros.ifood.com.br/precificacao-inteligente/. Acesso em: 25 mai. 2023.

QUAL é a melhor estratégia de preços para cada tipo de e-commerce? Empresas e negócios, 6 mai. 2022. Disponível em: https://assets.jornalempresasenegocios.com.br/2022/05/jornal_ed_4602.pdf. Acesso em: 20 mai. 2023.

5 Comunicação do *valor*

12
Comunicações de *marketing*

A elogiadíssima "Campanha Dove pela Real Beleza", que encoraja as mulheres a valorizarem sua beleza individual, repercutiu entre as consumidoras e elevou as vendas da empresa em mais de 60%.
Crédito: Retro AdArchives/Alamy Stock Photo.

O *marketing* moderno exige mais do que desenvolver um produto adequado a um preço atraente e torná-lo acessível. As empresas também precisam se comunicar com os *stakeholders* atuais e potenciais, bem como com o público em geral. Para a maioria das empresas, a questão não é *se*, mas *o quê, como, quando, para quem* e *com que frequência* comunicar. Hoje, os consumidores têm à disposição centenas de canais de TV a cabo e via satélite, milhares de revistas e jornais e milhões de páginas da internet e vêm assumindo um papel mais ativo na decisão de quais comunicações querem receber. Para alcançar seus objetivos estratégicos, os praticantes do *marketing* holístico devem elaborar campanhas de comunicação que se destacam nesse caos e atingir os clientes em nível pessoal. Considere o exemplo da Unilever de posicionar sua marca Dove e desenvolver a "Campanha pela Real Beleza".

>>> **Dove** A "Campanha Dove pela Real Beleza" é muito citada em listas de melhores comerciais de todos os tempos devido à sua abordagem audaciosa, autêntica e impactante, que combina o objetivo de vender produtos de beleza ao questionamento das ideias de beleza da sociedade. Em vez de alimentar as inseguranças femininas e encorajar as mulheres a tentarem ser mais atraentes, a Dove foi no sentido contrário e encorajou as mulheres a olharem além da beleza superficial oferecida pela maioria dos produtos de beleza. Em vez disso, elas deveriam se concentrar nos atributos que já as tornavam belas. O que gerou a campanha foi uma pesquisa global de 2004, que descobriu que menos de um quarto das entrevistadas acreditava ser responsável por definir os próprios padrões de beleza, e apenas 2% se consideravam belas. A campanha, desenvolvida pela Ogilvy & Mather, estreou no Reino Unido em 2003, com *outdoors* que mostravam diversas mulheres "comuns", não modelos, em roupa de baixo. Em Toronto, no Canadá, um *outdoor* semelhante mostrava uma mulher com curvas generosas e os *slogans* "Fat or fit?" (Gorda ou em forma?) e "Grey or gorgeous?" (Grisalha ou linda?) e pedia aos motoristas que votassem por SMS. Contudo, o que deu destaque à campanha foi o vídeo viral *Evolution* (Evolução), de 2008, que ridicularizava a prática de retocar as fotos de mulheres para criar uma imagem "socialmente desejável" da beleza feminina. A mensagem da Dove encontrou eco junto às consumidoras e à mídia; a peça, de orçamento relativamente baixo, financiada pela Unilever Canada, tornou-se um dos primeiros vídeos virais de marca. A "Campanha Dove pela Real Beleza" beneficiou-se do fato de ser considerada autêntica na sua representação da marca Dove. A empresa sempre usara mulheres "reais" em seus anúncios, na tentativa de empoderar as mulheres para redefinir a beleza em seus próprios termos. Não era apenas uma questão de vender sabonete; era uma campanha com o objetivo de redefinir a percepção de beleza. O sucesso da campanha não se limitou à sua popularidade na mídia: as vendas da Dove saltaram de US$ 2,5 bilhões para US$ 4 bilhões durante a campanha. Com o passar dos anos, a Dove manteve-se fiel à premissa fundamental da campanha. A peça "Retratos da Real Beleza" tornou-se o comercial mais viral de todos os tempos, sendo assistido mais de 150 milhões de vezes globalmente em menos de um ano.[1]

Se bem feita, a comunicação de *marketing* pode ser extremamente compensadora. Este capítulo descreverá como essa comunicação funciona e o que pode fazer por uma empresa. Além disso, abordará como os profissionais de *marketing* holístico combinam e integram as comunicações de *marketing*.

Objetivos de aprendizagem   Após ler este capítulo, você deverá ser capaz de:

12.1 Explicar a função da comunicação de *marketing*.

12.2 Definir objetivos de comunicação significativos.

12.3 Descrever como a empresa deve identificar os clientes-alvo e elaborar a mensagem de comunicação.

12.4 Explicar como a empresa deve decidir o *mix* de mídia para as suas comunicações e desenvolver um plano de mídia.

12.5 Descrever as estratégias criativas envolvidas no desenvolvimento de uma campanha de comunicação eficaz.

12.6 Identificar métricas acionáveis para medir a eficácia da comunicação.

O papel das comunicações de *marketing*

A **comunicação de *marketing*** é o meio pelo qual as empresas buscam informar, persuadir e lembrar os consumidores – direta ou indiretamente – sobre os produtos e as marcas que comercializam. Em certo sentido, a comunicação de *marketing* representa a voz da empresa e de suas marcas, estabelecendo um diálogo e construindo relacionamentos com seus consumidores. Ao reforçar a fidelidade do cliente, a comunicação de *marketing* pode contribuir para o *customer equity*.

A comunicação de *marketing* também colabora com os consumidores ao mostrar como, por que, por quem, quando e onde um produto é usado. Os consumidores ficam sabendo quem fabrica o produto e o que a empresa e a marca representam; podem, ainda, receber um incentivo pela experimentação ou pelo uso. A comunicação de *marketing* permite às empresas conectar suas marcas a outras pessoas, lugares, eventos, marcas, experiências, sensações e objetos. Posicionando a marca na memória e criando uma imagem de marca, a comunicação de *marketing* pode contribuir com a formação do *brand equity*, bem como impulsionar as vendas e até mesmo afetar seu valor para o acionista.

O PROCESSO DE COMUNICAÇÃO

O profissional de *marketing* deve compreender os elementos fundamentais da comunicação eficaz. O processo de comunicação pode ser analisado de duas perspectivas: uma macro, mais geral, que delineia os principais aspectos da comunicação enquanto processo interativo; e uma micro, mais específica, focada no modo como o receptor da mensagem responde à comunicação. As duas perspectivas se refletem nos dois modelos de comunicação: um macromodelo e um micromodelo.

Macromodelo do processo de comunicação. O **macromodelo da comunicação de *marketing*** articula a interação entre o emissor (empresa) e o receptor (consumidor) da mensagem de comunicação. A Figura 12.1 mostra um macromodelo que denota os nove principais elementos de uma comunicação eficaz. Dois deles representam as principais partes envolvidas: o *emissor* e o *receptor*. Outros dois representam as principais ferramentas: a *mensagem* e o *meio*. Outros quatro elementos representam as principais funções de comunicação: *codificação*, *decodificação*, *resposta* e *feedback*. O último elemento no sistema é o *ruído*, que representa mensagens aleatórias e concorrentes que podem interferir na comunicação pretendida.

O emissor precisa saber quais públicos deseja atingir e que reações pretende gerar. Deve codificar a mensagem para que o público-alvo a decodifique. Em outras palavras, o emissor deve expressar a mensagem de uma determinada forma tangível (palavras, imagens, sons ou movimentos) para que a mensagem pretendida possa ser recuperada pelo receptor posteriormente. Os emissores também devem transmitir a mensagem por meios que alcancem o público-alvo e desenvolver canais de *feedback* para monitorar as respostas. Quanto mais o campo de experiência do emissor se sobrepõe ao do receptor, mais eficaz é a comunicação. Observe que os processos de atenção seletiva, distorção seletiva e retenção seletiva (discutidos no Capítulo 4) podem afetar o modo como os receptores recebem e interpretam a mensagem.

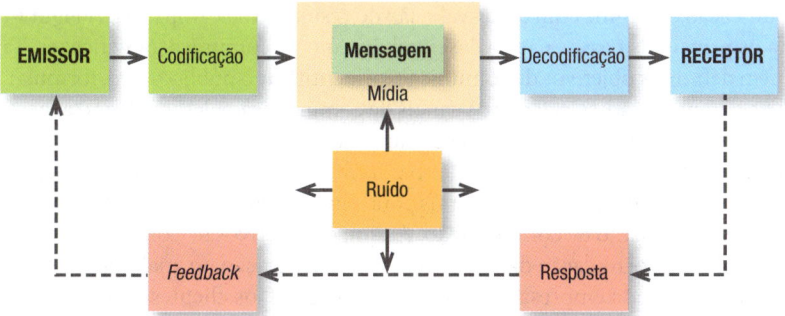

FIGURA 12.1
Elementos do processo de comunicação.

Micromodelo da comunicação de *marketing*. Um micromodelo da comunicação de *marketing* concentra-se nas respostas específicas dos consumidores às comunicações.[2] Os modelos clássicos de hierarquias de respostas pressupõem que o comprador passa por um estágio cognitivo, um afetivo e um comportamental, nessa ordem.[3] A sequência aprender-sentir-agir é apropriada quando o público tem grande envolvimento com uma categoria de produtos percebida como de alta diferenciação, como um automóvel ou uma casa. Uma sequência alternativa, agir-sentir-aprender, é relevante quando o público apresenta grande envolvimento com o produto, mas percebe pouca ou nenhuma diferenciação entre os produtos da categoria, como na compra de uma passagem aérea ou de um computador. Uma terceira sequência, aprender-agir-sentir, é importante quando o público tem pouco envolvimento e percebe pouca diferenciação entre os produtos da categoria, como na compra de sal ou pilhas. Quando escolhe a sequência certa, o profissional de *marketing* consegue planejar melhor sua comunicação.

Independentemente da sequência específica, gerar uma reação do consumidor envolve diversos passos.

- *Consciência*. Seja qual for a ação que decida tomar, os clientes antes precisam estar cientes da oferta da empresa. Se a maior parte do público-alvo não sabe que a oferta existe, a missão do comunicador é conscientizar.
- *Conhecimento*. O público-alvo pode estar ciente, mas não saber muito sobre a oferta.
- *Simpatia*. Os membros do público-alvo podem conhecer a marca, mas como se sentem em relação a ela?
- *Preferência*. O público-alvo pode gostar do produto, mas não o preferir a outros. Nesse caso, o comunicador pode tentar conquistar a preferência do consumidor comparando a qualidade, o valor, o desempenho e outras características com as dos prováveis concorrentes.
- *Convicção*. O público-alvo pode preferir determinado produto, mas não estar convencido a comprá-lo.
- *Compra*. Por fim, algumas pessoas do público-alvo podem estar convencidas, mas não efetuar realmente a compra. O comunicador precisa levar esses consumidores a tomarem a iniciativa da compra, oferecendo o produto a um preço mais baixo e benefícios adicionais ou deixando o consumidor experimentá-lo.

Para aumentar a probabilidade de sucesso para a campanha de comunicação, os profissionais de *marketing* devem tentar aumentar a probabilidade de que *cada* passo ocorra. Assim, a campanha de comunicação deve garantir: (1) que o consumidor certo será exposto à mensagem certa, no lugar certo e na hora certa; (2) que a oferta está posicionada corretamente em termos dos pontos de diferença e de paridade desejáveis e que a empresa consegue entregar; (3) que o consumidor presta atenção à campanha e entende adequadamente a mensagem pretendida; e (4) que os consumidores estão motivados para considerar a compra e o uso da oferta.

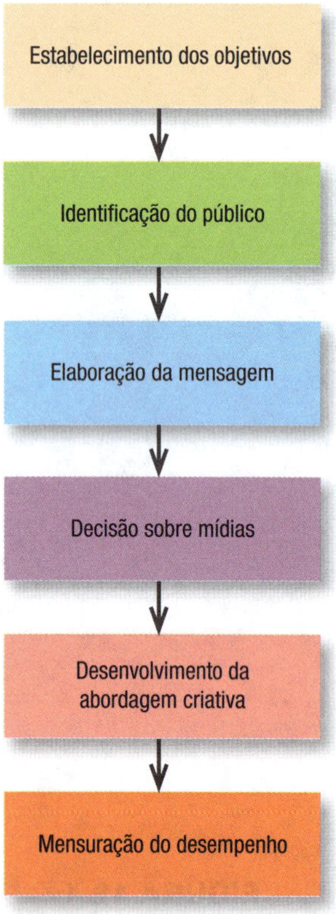

DESENVOLVIMENTO DE UM PROGRAMA DE COMUNICAÇÃO EFICAZ

Para desenvolver um programa de comunicação eficaz, a empresa deve seguir um processo sistemático, que começa com a definição dos objetivos a serem atingidos pela campanha de comunicação e termina com uma avaliação do resultado da campanha. A Figura 12.2 apresenta os principais passos para o desenvolvimento de comunicações eficazes. Tais passos incluem definir os objetivos de comunicação, identificar o público-alvo, formular a mensagem de comunicação, selecionar os canais de comunicação, desenvolver o aspecto criativo da comunicação e medir a eficácia da comunicação.

Em última análise, o sucesso da campanha de comunicação da empresa depende da viabilidade da estratégia e das táticas gerais para administrar a oferta, que servem de base para desenvolver um plano de comunicação. Assim, os objetivos de comunicação, a seleção do público-alvo e a formulação da mensagem de comunicação normalmente seguem o plano de *marketing* geral da empresa, que define os objetivos, os clientes-alvo e a proposição de valor da oferta.

FIGURA 12.2
Desenvolvimento de um programa de comunicação.

Fluxograma:
- Estabelecimento dos objetivos
- Identificação do público
- Elaboração da mensagem
- Decisão sobre mídias
- Desenvolvimento da abordagem criativa
- Mensuração do desempenho

Definição dos objetivos de comunicação

Definir os objetivos de uma campanha de comunicação envolve três decisões principais: definir o foco das comunicações da empresa, definir as referências (metas) de comunicação e determinar o orçamento de comunicação. Discutiremos essas decisões em mais detalhes nas seções a seguir.

DEFINIÇÃO DO FOCO DAS COMUNICAÇÕES DA EMPRESA

Um **objetivo de comunicação** é uma tarefa específica e um determinado nível de sucesso a ser atingido com um público específico em um certo prazo.[4] Classificamos os objetivos de comunicação de acordo com sua meta: informar o público-alvo sobre a oferta para criar conscientização; persuadir o público sobre os benefícios da oferta para construir preferências; ou incentivar o público a agir de modos que beneficiem a empresa e sua oferta para incitar ações.

- **Criar conscientização** estabelece um alicerce para o *brand equity*. Criar conscientização envolve promover a capacidade do consumidor de reconhecer ou lembrar de uma marca em detalhes suficientes para que efetue a compra. É mais fácil conquistar o reconhecimento do que a lembrança. Por exemplo, quando os consumidores são solicitados a pensar em uma marca de comidas congeladas, há mais chances de eles reconhecerem as diferenciadas embalagens laranja da Stouffer's do que lembrarem da marca sem vê-las. A *lembrança* tende a ser importante para os consumidores que receberam as comunicações de *marketing* fora da loja, quando as ofertas da empresa não estão imediatamente visíveis e disponíveis para compra. O *reconhecimento*, por outro lado, tende a ser importante dentro da loja, quando os consumidores podem enxergar e comprar a oferta da empresa. Criar conscientização pode envolver destacar a consciência da necessidade (estimular a demanda primária) ou a consciência da oferta específica (estimular a demanda seletiva).
- **Construir preferências** envolve comunicar a capacidade da oferta de atender a uma necessidade atualmente relevante do cliente. Algumas necessidades relevantes têm orientação negativa (remoção de problema, evitamento de problema, satisfação incompleta, esgotamento normal). Por exemplo, muitos produtos de limpeza doméstica comunicam a sua capacidade de resolver problemas. Outras necessidades têm orientação positiva (gratificação sensorial, estímulo intelectual ou aprovação social). Por exemplo, os produtos alimentícios costumam usar anúncios com orientação sensorial que enfatizam o apelo para o apetite. Algumas formas de propaganda persuasiva utilizam a propaganda comparativa, que faz uma comparação explícita dos atributos de duas ou mais marcas, como o anúncio de TV da Chrysler para o Dodge Ram, que pergunta: "E se você retirasse a potência, o torque e a cobertura de garantia de um Ram? Bem, você acabaria com um Ford F-150".[5] A comunicação comparativa funciona melhor quando desperta, ao mesmo tempo, motivações cognitivas e afetivas e quando os consumidores processam a propaganda de um modo detalhado e analítico.[6] A comunicação de reforço, por exemplo, busca convencer os compradores atuais de que tomaram a decisão certa. Os anúncios de automóveis muitas vezes apresentam clientes satisfeitos que aproveitam os recursos especiais do seu novo veículo.
- **Incitar ações** envolve motivar os consumidores a decidir comprar uma marca ou tomar uma atitude relacionada com a compra. Ofertas promocionais no formato de cupons ou "leve dois, pague um" incentivam os consumidores a firmar o compromisso mental de fazer uma aquisição, mas muitos não têm uma necessidade de categoria clara e podem não estar no mercado quando expostos a um anúncio, diminuindo as chances de suas intenções de compra se efetivarem. Em dada semana, por exemplo, talvez 20% dos adultos estejam planejando comprar detergentes; somente 2%, limpadores de tapete; e apenas 0,25%, um carro. A comunicação focada na ação pretende estimular a compra de bens e serviços.

O objetivo da comunicação deve surgir de uma análise completa da situação atual do mercado.[7] Se a classe do produto estiver madura, a empresa for líder no mercado e o uso da marca for baixo, o objetivo adequado será estimular mais o uso mais frequente. Se a classe do produto for nova, a empresa não for líder no mercado, mas a marca for superior à líder, então o objetivo adequado será convencer o mercado da superioridade da marca.

Os objetivos de comunicação da oferta da empresa também dependem do nível atual de conscientização dos consumidores. Considere as duas ofertas representadas na Figura 12.3. Constatamos que 80% dos consumidores do mercado total estão cientes da marca A, 60% a experimentaram e apenas 20% dos que a experimentaram ficaram satisfeitos. Isso indica que o programa de comunicação de *marketing* é eficaz para criar conscientização, mas o produto não atende às expectativas do consumidor. Assim, nesse caso, seria benéfico para a empresa enfocar na melhoria do produto. Em contrapartida, apenas 40% dos consumidores do mercado total estão cientes da marca B e apenas 30% a experimentaram, mas 80% daqueles que a experimentaram ficaram satisfeitos. Nesse caso, o programa de comunicação se beneficiaria do foco em criar conscientização e encorajar a experimentação da marca.

DEFINIÇÃO DAS REFERÊNCIAS DE COMUNICAÇÃO

Além de definir o foco da campanha de comunicação, a empresa deve estabelecer referências claras que definam a magnitude do impacto desejado e o período durante o qual um determinado resultado (conscientização, preferência ou ação) será concretizado. Sem referências bem-definidas, a empresa terá enormes dificuldades para elaborar uma campanha de comunicação eficaz, alinhada com os seus objetivos estratégicos.

Em linhas gerais, existem dois tipos de referências de comunicação: quantitativas e temporais. As referências quantitativas quantificam um determinado objetivo. Por exemplo, as referências quantitativas podem determinar o nível de conscientização que uma campanha de comunicação deve produzir, a intensidade desejada das preferências entre o público-alvo e os detalhes da ação que a campanha de comunicação deve criar. As referências temporais, por outro lado, definem os prazos para que um determinado resultado seja obtido. Há uma forte relação e uma interdependência entre as referências quantitativas e os temporais: a definição de um cronograma depende da magnitude do resultado desejado, e vice-versa.

Para ser acionável, um objetivo de comunicação deve ter um foco claramente articulado, assim como referências temporais e quantitativas claramente definidas. Por exemplo, considere os seguintes objetivos de comunicação:

> Criar conscientização sobre o novo filme de James Bond (foco) entre 40% dos consumidores *millennials* (referência quantitativa) antes da estreia (referência temporal).
> Aumentar o número de consumidores que acreditam que a pasta de dentes Marca X tem poder de branqueamento superior (foco) de 10% para 40% (referência quantitativa) em um ano (referência temporal).

Definir referências temporais e quantitativas é importante, pois a empresa terá dificuldade para formular um programa de comunicação eficaz sem saber o resultado específico que precisa ser atingido e os prazos para atingi-lo. Além de orientar o desenvolvimento de uma campanha de

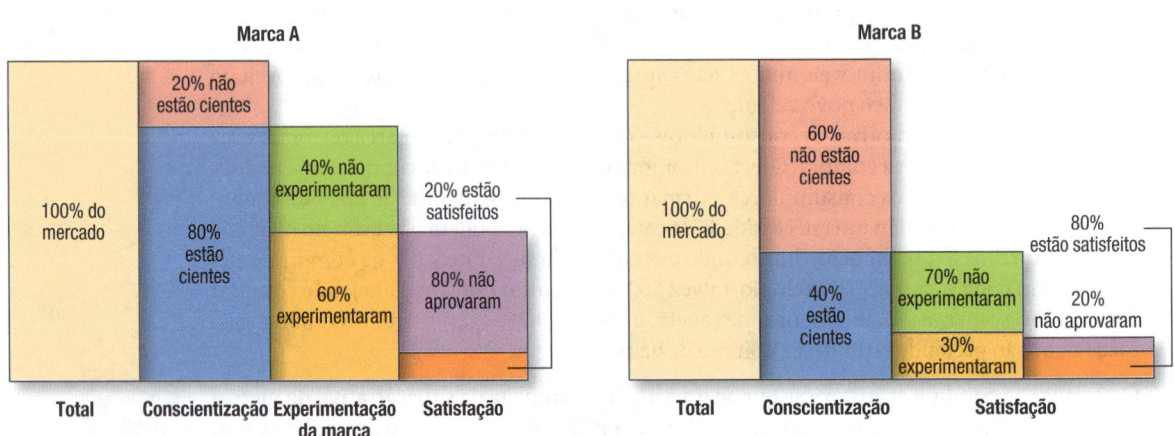

FIGURA 12.3
Posição atual dos consumidores em relação a duas ofertas.

comunicação, as referências temporais e quantitativas são importantes para determinar a eficácia das atividades de comunicação da empresa. Nesse contexto, as referências de desempenho servem como pontos de referência para a avaliação dos resultados da campanha de comunicação.

DETERMINAÇÃO DO ORÇAMENTO DE COMUNICAÇÃO

Uma das decisões de *marketing* mais difíceis é definir quanto investir em comunicação. Como a empresa sabe que está gastando a quantia certa? John Wanamaker, o magnata das lojas de departamentos, certa vez confessou: "Metade do dinheiro que gasto em propaganda é desperdiçado, o problema é que não sei qual metade". O investimento em comunicação de *marketing* varia muito de setor para setor e de empresa para empresa. Os gastos podem chegar a 50% das vendas no setor de cosméticos, mas a somente 5% no setor de equipamentos industriais. Mesmo dentro de determinado setor, há empresas que gastam mais e empresas que gastam menos.

Uma abordagem prática para definir o orçamento de comunicação é o **orçamento de objetivos e tarefas**. Nesse método, os profissionais de *marketing* desenvolvem orçamentos de comunicação definindo objetivos específicos, determinando as tarefas que devem ser executadas para alcançar tais objetivos e estimando os custos para executá-los. A soma desses custos é o orçamento de comunicação proposto. O princípio fundamental é de que o orçamento total de comunicação deve ser definido de forma que o lucro marginal de cada quantia gasta com comunicação seja igual ou maior que o lucro marginal de cada quantia gasta com outras atividades de *marketing*.

Quantos recursos a empresa deve alocar às comunicações de *marketing* em comparação com as alternativas, como aprimoramento do produto, redução dos preços ou melhoria do serviço? Não existe uma regra universal. O gasto com comunicações de *marketing* depende de diversos fatores. Os principais fatores que devemos considerar quando definimos o orçamento de comunicação estão listados a seguir.[8]

- *Estágio no ciclo de vida do produto.* Novos produtos geralmente recebem grandes orçamentos de comunicação para desenvolver a conscientização e serem experimentados pelo consumidor. Marcas estabelecidas, por sua vez, costumam manter-se com orçamentos de comunicação menores quando medidos como uma porcentagem das vendas.
- *Diferenciação de produtos.* Ofertas em categorias menos diferenciadas (cervejas, refrigerantes, bancos e companhias aéreas) geralmente precisam de mais propaganda para estabelecer uma imagem diferenciada do que aquelas que oferecem benefícios distintos.
- *Participação de mercado.* Marcas com forte participação de mercado geralmente exigem menos investimento com propaganda, medido como porcentagem das vendas, para manter sua participação. Aumentar a participação de mercado pelo aumento do tamanho do mercado requer despesas maiores.
- *Complexidade da mensagem.* O número de repetições necessárias para comunicar a mensagem da empresa para os consumidores tem impacto direto no orçamento de comunicação. Mensagens mais complexas tendem a exigir mais repetição e, logo, um orçamento de comunicação maior.
- *Cobertura.* É a capacidade da empresa de atingir os consumidores de maneira eficaz e com boa relação custo-benefício. As comunicações com os clientes mais difíceis de alcançar tendem a exigir um orçamento de comunicação maior.
- *Comunicação competitiva.* Em mercados com grande número de concorrentes e despesas elevadas com propaganda, uma marca precisa anunciar maciçamente para ser conhecida. Mesmo as propagandas não diretamente concorrentes à marca criam saturação e a necessidade de investir mais.
- *Recursos disponíveis.* O orçamento de comunicação é limitado pelos recursos da empresa. Afinal, a empresa não pode gastar o que não tem.

Para definir um orçamento de comunicação significativo, a empresa deve levar todos esses fatores em consideração. Algumas, entretanto, não consideram todos eles e se concentram em uma única métrica: determinar orçamentos de comunicação em paridade com os da concorrência. Essa abordagem, também chamada de **orçamento de paridade com a concorrência**, é problemática, pois não há motivos para acreditar que os concorrentes saibam qual é o gasto ideal com comunicação. A reputação de cada empresa, seus recursos, oportunidades e objetivos são tão diferentes que os orçamentos de comunicação dificilmente servirão de parâmetro para as outras. Além disso, nada indica que os orçamentos baseados na paridade com a concorrência desencorajem guerras de comunicação.

Outras empresas estabelecem o orçamento de comunicação de acordo com o que acham que podem gastar com isso. O método ignora completamente o papel da comunicação como investimento e seu impacto instantâneo no volume de venda. Também leva a um orçamento anual incerto, o que dificulta o planejamento de longo prazo e cria um orçamento definido pela disponibilidade de recursos, em vez de pelas oportunidades no mercado. Os recursos disponíveis obviamente têm um papel importante na determinação do orçamento total de comunicação, mas basear o orçamento de comunicação exclusivamente nos recursos adicionais provavelmente levará a gastos em excesso (para as grandes empresas) ou insuficientes (para as menores).

Por fim, algumas empresas estabelecem gastos de comunicação com base em determinada porcentagem de vendas atuais ou previstas. As empresas automobilísticas costumam alocar um percentual fixo para comunicação de *marketing* com base no preço calculado do carro. Já as empresas de petróleo estabelecem o orçamento a partir de uma fração de centavo para cada litro vendido da gasolina de sua marca. Embora prático em termos de implementação, quando esse método não é relacionado com a meta de comunicação a ser cumprida, pode levar à alocação pouco prática dos recursos da empresa, o que, em última análise, cria uma campanha de comunicação ineficaz.

Embora a comunicação de *marketing* seja tratada como uma despesa corrente, parte dela é, na verdade, um investimento na construção de *brand equity* e fidelidade dos clientes. Quando uma empresa investe US$ 5 milhões em bens de capital, ela pode tratar o equipamento como um ativo amortizável em cinco anos e dar baixa de apenas um quinto do custo no primeiro ano. Quando investe US$ 5 milhões em propaganda para lançar um produto, entretanto, ela deve amortizar o custo integral no primeiro ano, reduzindo o lucro lançado no balanço, ainda que os efeitos persistam durante muitos anos.

Identificação do público-alvo e formulação da mensagem de comunicação

Identificar o público-alvo e desenvolver a mensagem de comunicação são os dois componentes principais que definem a estratégia da campanha de comunicação da empresa. Eles definem os aspectos táticos da campanha de comunicação, incluindo selecionar as mídias certas e desenvolver uma solução criativa e eficaz.

IDENTIFICAÇÃO DO PÚBLICO-ALVO

O processo deve ser iniciado tendo em mente um público-alvo bem definido: possíveis compradores dos produtos da empresa, usuários atuais, decisores ou influenciadores, assim como indivíduos, grupos, setores específicos ou público em geral. O público-alvo exerce uma influência crítica nas decisões do comunicador sobre o que dizer, como, quando, onde e para quem.

É possível traçar o perfil do público-alvo segundo qualquer segmento de mercado identificado, mas geralmente é útil fazer isso com base em uso e fidelidade. O público-alvo é novo na categoria ou já é um usuário? Ele é fiel à marca, a um concorrente ou é alguém que muda toda hora? Se o público-alvo é um usuário atual da marca, trata-se de um cliente assíduo ou esporádico? A estratégia de comunicação será diferente dependendo dessas respostas.

A escolha do público-alvo para a campanha de comunicação está diretamente relacionada com a escolha do mercado-alvo para a oferta da empresa. Na verdade, o grande objetivo da campanha de comunicação é facilitar a conscientização, a preferência, a compra e o uso da oferta. Contudo, o mercado-alvo e o público-alvo não representam sempre exatamente o mesmo conjunto. Em alguns casos, o público-alvo pode diferir do mercado-alvo.

Por exemplo, um fabricante de cereais poderia desenvolver uma campanha de comunicação para promover os seus produtos para crianças, ainda que a compra em si seja feito pelos adultos.

No mesmo espírito, um produtor de leite poderia escolher promover os seus produtos para adultos, embora crianças tendam a ser responsáveis pela maior parte do consumo.

O público-alvo da campanha de comunicação de uma empresa provavelmente será diferente dos clientes-alvo dela quando as decisões de compra e de uso forem tomadas por um grupo, e não por um indivíduo. Nesse caso, a campanha de comunicação pode ser direcionada aos diferentes membros da unidade decisória que provavelmente influenciarão as ações do usuário final.

ELABORAÇÃO DA MENSAGEM DE COMUNICAÇÃO

Os profissionais de *marketing* estão sempre em busca da "grande ideia" que se conecte com os consumidores de modo racional e emocional, diferencie-se nitidamente da marca dos concorrentes e seja ampla e flexível o suficiente para se traduzir em diferentes mídias, mercados e períodos. Novos *insights* são importantes para a criação de posicionamento e apelos únicos.

Normalmente, uma boa propaganda enfoca uma ou duas proposições principais de venda. Como parte do refinamento do posicionamento de marca, o anunciante deve realizar uma pesquisa de mercado para determinar qual apelo funciona melhor entre seu público-alvo e, então, preparar um **briefing criativo**, que costuma ter uma ou duas páginas. Trata-se de uma elaboração da declaração de posicionamento que inclui questões como mensagem principal, público-alvo, objetivos da comunicação (fazer, saber, acreditar), principais benefícios da marca, sustentações à promessa da marca e mídias.

Quantas mensagens de comunicação o anunciante deve criar antes de tomar uma decisão? Quanto maior for o número de mensagens exploradas, maior será a probabilidade de encontrar uma excelente. Para tanto, a empresa deve confiar na sua própria equipe de *marketing*, contratar uma agência de propaganda externa ou recorrer ao *crowdsourcing* para recrutar consumidores para elaborar uma mensagem de comunicação eficaz.[9]

Embora confiar aos consumidores uma ação de *marketing* da marca possa ser genial, também pode resultar em fracasso. Quando a Kraft procurava um nome moderno para um novo sabor de seu icônico produto Vegemite na Austrália, ela rotulou os primeiros três milhões de frascos com uma etiqueta "Name Me" (Dê-me um nome) para obter o apoio dos consumidores. De 48 mil sugestões, no entanto, a empresa selecionou "iSnack 2.0", e as vendas despencaram. A empresa teve que retirar os potes de iSnack das prateleiras e começar do zero de uma forma mais convencional, criando o nome Cheesybite.[10]

Ao determinar a estratégia de mensagem, a gerência deve procurar apelos, temas ou ideias que se conectem ao posicionamento da marca e ajudem a estabelecer pontos de paridade e pontos de diferença. Alguns podem estar relacionados diretamente com o desempenho do bem ou serviço (qualidade, economia ou valor da marca), ao passo que outros podem estar relacionados com considerações mais extrínsecas (contemporaneidade, popularidade ou tradição da marca).

Decisão sobre os meios de comunicação

As empresas devem distribuir o orçamento de comunicação de *marketing* entre as nove principais formas de comunicação: propaganda, *marketing on-line* e de mídias sociais, comunicação *mobile*, *marketing* direto, eventos e experiências, comunicação boca a boca, publicidade e relações públicas, vendas pessoais e embalagem. Em um mesmo setor, as empresas podem diferir consideravelmente quanto às escolhas de formas e canais. A Avon concentra seus recursos de comunicação nas vendas pessoais, ao passo que a Revlon investe pesado em propaganda. A Electrolux fez grandes investimentos em força de vendas porta a porta durante anos, ao passo que a Hoover focava mais em propaganda.

As empresas sempre buscam maneiras de aumentar sua eficiência substituindo uma ferramenta de comunicação por outra. Muitas substituíram algumas atividades de venda de campo por propaganda, mala-direta e *telemarketing*. A substitutibilidade das ferramentas de comunicação explica por que as funções de *marketing* precisam estar coordenadas.

DEFINIÇÃO DO *MIX* DE COMUNICAÇÃO

A comunicação não se limita à propaganda. Os clientes passam a conhecê-la por meio de uma gama de contatos e pontos de ligação, incluindo clubes *on-line* e comunidades de consumidores, feiras, *marketing* de eventos, patrocínios, visitas a fábricas, relações públicas e comunicados de imprensa e *marketing* de causas sociais. Para conseguir comunicar a sua proposição de valor ao público-alvo, a empresa deve desenvolver uma campanha de comunicação integrada de *marketing* que abranja diversas mídias. Vejamos como a BMW recorreu ao uso criativo de diversos formatos e mídias para construir a marca MINI Cooper nos Estados Unidos.

> **MINI Cooper** Quando lançou o MINI Cooper modernizado nos Estados Unidos, a BMW empregou um amplo *mix* de mídias e ferramentas de comunicação: *outdoors*, cartazes, internet, material impresso, relações públicas, *product placement* e atividades de *marketing* de base. Muitas delas foram vinculadas a um *site* inteligentemente concebido com informações sobre o produto e a rede de concessionárias. A campanha criativa e integrada resultou em uma lista de espera de seis meses para o MINI Cooper. Apesar de seu relativamente limitado orçamento de comunicações, a marca continuou a desenvolver campanhas inovadoras e premiadas desde então, usando especialmente propaganda em ambientes externos de um jeito criativo: duas palmeiras envergadas ao lado de um MINI em alta velocidade em um *outdoor* davam a ilusão de velocidade e potência; um *outdoor* digital cumprimentava os motoristas de MINI que passavam por ele usando um sinal de *chip* de radiofrequência embutido nos comandos de chave; e um MINI real ao lado de um prédio movia-se para cima e para baixo como um ioiô. A campanha mundial "Not Normal" (Não é normal) destaca o caráter forte e independente do MINI por meio de mídias tradicionais e digitais. Atualmente vendido em cem países ao redor do mundo, o MINI expandiu sua linha em seis modelos, incluindo um conversível, um coupé, o Clubman de quatro portas e o Countryman Wagon. Esses lançamentos de produto reforçam que o MINI é ágil, versátil e divertido de dirigir, e a campanha de *marketing* como um todo constrói fortes conexões emocionais com os motoristas.[11]

As atividades de *marketing* integrado podem ser julgadas quanto à eficiência e à eficácia com que influenciam a conscientização de marca e com que criam, mantêm ou fortalecem a imagem de marca. Embora a Volvo invista em pesquisa e desenvolvimento e engaje-se em propagandas, promoções e outras ferramentas de comunicação para reforçar a associação de sua marca com

>> A campanha de comunicação para o lançamento americano do MINI Cooper, da BMW, usou um *mix* de mídia amplo e de forma imaginativa, o que maximizou o orçamento e levou a uma lista de espera de seis meses para o veículo.

"segurança", ela também pode patrocinar eventos para assegurar que seja considerada contemporânea e atualizada. Entre os patrocínios mais notáveis da Volvo, estão os torneios de golfe e o *tour* de golfe profissional da Europa, a Volvo Ocean Race, a famosa prova de hipismo de Gotemburgo e eventos culturais.

O *mix* de comunicação identifica os diferentes modos de comunicação que a empresa usará para informar o público-alvo sobre as suas ofertas. Os formatos mais comuns incluem propaganda, *marketing on-line* e de mídias sociais, comunicação *mobile*, *marketing* direto, eventos e experiências, comunicação boca a boca, publicidade e relações públicas, vendas pessoais e embalagem. Os principais aspectos desses formatos de comunicação estão resumidos a seguir.[12]

- **Propaganda** significa qualquer forma paga de apresentação e promoção não pessoal de ideias, bens ou serviços por um patrocinador identificado em mídias impressas (jornais, revistas, folhetos, livros, panfletos, catálogos), de radiodifusão (rádio e televisão), em rede e expositiva (*outdoors*, placas, cartazes, embalagem externa, encartes em embalagens, reimpressões de anúncios e *displays* no ponto de venda). A propaganda pode desenvolver uma imagem duradoura para um produto (os anúncios da Coca-Cola) ou desencadear vendas rápidas (um anúncio da Macy's sobre uma liquidação de fim de semana). Algumas formas de propaganda, como anúncios na TV, podem exigir um orçamento maior; outras, como anúncios direcionados na internet, podem custar menos. A mera existência de uma propaganda em mídias de massa pode exercer efeito sobre as vendas. Os consumidores talvez acreditem que uma marca muito anunciada deve ser de alta qualidade.[13]
- A **comunicação *on-line* e de mídias sociais** envolve atividades e programas *on-line* destinados a envolver clientes atuais ou potenciais e, direta ou indiretamente, aumentar a conscientização, melhorar a imagem ou gerar vendas de bens e serviços (*sites*, *e-mails*, anúncios de busca, *blogs* corporativos, salas de *chat* de terceiros, fóruns, mensagens no Facebook e Twitter e canais e vídeos no YouTube). As mensagens e o *marketing on-line* podem assumir muitas formas para interagir com os consumidores quando estão em modo de busca ativa ou quando estão simplesmente navegando e procurando alguma coisa para fazer.
- A **comunicação *mobile*** é uma forma especial de comunicação *on-line* que transmite mensagens para os celulares tradicionais, *smartphones* ou *tablets* dos consumidores (SMS, comunicação *on-line* e comunicação por mídias sociais). Cada vez mais, o *marketing on-line* nas mídias sociais depende de formas móveis de comunicação, como *smartphones* ou *tablets*. A comunicação *mobile* é *oportuna* (as mensagens podem ser bastante sensíveis ao tempo e refletem quando e onde o consumidor está) e *pervasiva* (i.e. está sempre à mão para os consumidores).
- O ***marketing* direto** envolve o uso de correio, telefone, *e-mail*, mensagens *on-line* ou interações presenciais para comunicar-se diretamente com clientes atuais e potenciais específicos ou buscar respostas ou diálogos com eles. O advento da análise de dados deu aos profissionais de *marketing* a oportunidade de aprender ainda mais sobre os consumidores e desenvolver comunicações de *marketing* mais pessoais e relevantes.
- **Eventos e experiências** são atividades e programas patrocinados por uma empresa e destinados a criar interações entre a marca e os consumidores. Exemplos incluem esportes, artes, entretenimento, festivais, visitas a fábricas, museus corporativos e atividades de rua, bem como eventos para causas e atividades menos formais. Os eventos e experiências oferecem muitas vantagens, desde que sejam *engajantes* e *implícitos*, ou seja, que envolvam um tipo de venda indireta e não agressiva.
- A **comunicação boca a boca** envolve passar informações de uma pessoa para a outra pela fala. As mídias sociais podem ser interpretadas como uma instância específica de comunicação boca a boca, na qual a comunicação pessoal ocorre *on-line* e pode ser observada pelos outros. Os profissionais de *marketing* podem influenciar a comunicação boca a boca que ocorre naturalmente e ajudar a criá-la ao "semear" uma mensagem que tenderá a engajar os consumidores e provocar esse tipo de comunicação em relação à empresa e às suas ofertas.
- A **publicidade e as relações públicas** envolvem diversos programas internos, dirigidos aos funcionários da empresa, ou externos, dirigidos a consumidores, outras empresas, governo ou mídia, que visam a promover ou proteger a imagem de uma empresa ou a comunicação de cada um de seus produtos (*kits* de imprensa, discursos, seminários, relatórios anuais, filantropia, publicações, relações com a comunidade, *lobby*, mídia de identidade e revistas

corporativas). Os profissionais de *marketing* tendem a subutilizar as atividades de publicidade e relações públicas. No entanto, um programa bem elaborado e coordenado com outros elementos do *mix* de comunicação pode ser extremamente eficaz, sobretudo se uma empresa precisa contestar percepções distorcidas por parte dos consumidores. O apelo das atividades de relações públicas e publicidade baseia-se na sua alta credibilidade: notícias e reportagens são mais autênticas e têm mais credibilidade junto aos leitores do que anúncios.

- A **venda pessoal** é um processo no qual o vendedor tenta convencer o comprador a adquirir um determinado produto ou serviço. Normalmente, a venda pessoal envolve a comunicação presencial e depende bastante das habilidades de persuasão do vendedor. A venda pessoal costuma ocorrer em um de dois formatos possíveis: no varejo, em que o vendedor interage com clientes potenciais que entram na loja para perguntar sobre o produto; e no *marketing* direto para o consumidor, em que o vendedor visita compradores em potencial para conscientizá-los sobre a oferta da empresa.
- A **embalagem** é uma forma de comunicação eficaz, especialmente no caso de decisões tomadas no ponto de venda. O estilo do produto, a cor e a forma da embalagem, a decoração da loja e a identidade visual da empresa comunicam uma imagem aos compradores e transmitem uma impressão que pode fortalecer ou enfraquecer a visão do cliente sobre uma empresa.

O crescimento da mídia digital oferece aos profissionais de *marketing* uma série de novas formas de interação com clientes atuais e potenciais. Podemos agrupar as opções de comunicação em três categorias.[14] A mídia paga inclui anúncios de TV, revistas e *banners* eletrônicos, pesquisa paga e patrocínios, ou seja, tudo o que permite ao profissional de *marketing* exibir seu anúncio ou marca mediante o pagamento de uma taxa. A *mídia própria* refere-se a canais de comunicação próprios, como um folheto institucional ou da marca, embalagem do produto, *site*, *blog*, página do Facebook ou conta do Twitter. A *mídia orgânica* consiste em canais pelos quais os consumidores, a imprensa ou outros comunicam voluntariamente algo sobre a marca por comunicação boca a boca, *buzz* ou *marketing* viral. As mídias sociais têm um papel fundamental na mídia orgânica.[15]

Os diferentes formatos de mídias de comunicação e os modos como funcionam em conjunto para criar uma campanha de *comunicação integrada de marketing* são discutidos em mais detalhes no Capítulo 14. Questões relativas à venda pessoal e à gestão da força de vendas da empresa são discutidas em mais detalhes no Capítulo 15.

DESENVOLVIMENTO DE UM PLANO DE MÍDIA

O planejador de mídia precisa determinar quais são os veículos mais eficazes em termos de custo dentro de cada mídia escolhida. Nos Estados Unidos, um anunciante que quiser comprar 30 segundos de propaganda em uma rede de TV poderá desembolsar US$ 100 mil para aparecer em um programa novo, US$ 500 mil no horário nobre em programas famosos como *The Voice* e mais de US$ 5 milhões em um evento como o Super Bowl. Essas escolhas são fundamentais: o custo médio para se produzir um comercial de TV em rede nacional de 30 segundos gira em torno de US$ 300 mil.[16] Veicular essa propaganda uma única vez na TV pode custar tanto quanto criá-lo e produzi-lo. Cada vez mais, os profissionais de mídia tomam por base medidas sofisticadas de eficácia e as empregam em modelos matemáticos para chegar ao melhor *mix* de mídia.[17]

Os planejadores de mídia devem considerar fatores como tamanho e composição do público e custo de mídia e então considerar o custo por mil pessoas atingidas. Em primeiro lugar, deve-se considerar a *qualidade do público*. No caso de uma loção para bebês, uma revista lida por um milhão de jovens pais teria um valor de exposição de um milhão; se fosse lida por um milhão de adolescentes, o valor de exposição seria praticamente zero. Em segundo lugar, considere a *probabilidade de atenção do público*. Os leitores de algumas revistas tendem a prestar mais atenção nas propagandas do que os de outras. Em terceiro lugar, considere a *qualidade editorial* do meio, ou seja, seu prestígio e credibilidade. É mais provável que as pessoas acreditem em uma propaganda de TV ou rádio quando ele for inserido em um programa de que gostam. Por fim, considere o valor das *políticas de colocação de propagandas e serviços adicionais*, como as edições regionais ou direcionadas e os cronogramas específicos de produção em revistas.

Programas de comunicação envolvem diversas mídias diferentes que precisam ser integradas para transmitir a mensagem desejada para o público-alvo. A Ocean Spray, uma cooperativa agrícola de produtores de *cranberry*, usou diversos veículos de comunicação para dar uma reviravolta nas vendas.

Ocean Spray Enfrentando forte concorrência, tendências de consumo adversas e quase uma década de queda nas vendas, a Ocean Spray decidiu reintroduzir o *cranberry* como "uma frutinha surpreendentemente versátil que traz benefícios à vida moderna" por meio de uma verdadeira campanha de 360 graus que usou todas as facetas das comunicações de *marketing* para alcançar os consumidores em uma variedade de cenários. A intenção era dar sustentação a toda uma gama de produtos – molho, sucos e a fruta desidratada de várias formas – e alavancar o fato de que a marca nascera nas turfeiras de *cranberry* e continuava lá. A campanha, autêntica e talvez surpreendente, intitulada "Straight from the Bog" (Direto da turfeira), foi idealizada para reforçar dois importantes benefícios da marca: além de gostosos, os produtos Ocean Spray faziam bem à saúde. As ações de relações públicas (RP) desempenharam um papel crucial. Turfeiras em miniatura foram levadas a Manhattan e exibidas em uma seção matinal do programa *Today,* da NBC. A turnê Bogs Across America (Turfeiras pela América) levou a experiência para Los Angeles e Chicago. Anúncios na TV e impressos apresentavam dois produtores (representados por atores), cobertos até a cintura pela turfeira, falando, muitas vezes com uma pitada de humor, sobre o que faziam. A campanha também incluiu um *site*, exposições em lojas e eventos para consumidores e membros da própria cooperativa de produtores. A inovação de produtos também foi crucial: novos sabores foram introduzidos, bem como uma linha de sucos naturais, em versões dietéticas e *light*, além dos Craisins (*cranberries* doces desidratados como passas). Outros elementos incluíam um restaurante *pop-up* no Rockefeller Center, em Nova York, onde os vencedores de um concurso no Facebook para combinar *cranberries* com outros alimentos e bebidas foram servidos com *drinks* e aperitivos feitos com produtos da Ocean Spray. Além disso, uma promoção do ano bissexto pediu aos consumidores que "pulassem" para os Craisins. A campanha atingiu o objetivo, elevando as vendas em uma média de 10% nos primeiros cinco anos, apesar do contínuo declínio da categoria de sucos de frutas.[18]

<< Após uma década de quedas nas vendas, a Ocean Spray deu a volta por cima com a campanha "Straight from the Bog" (Direto da turfeira), que apresentou inovações de produtos e foi desde anúncios impressos e na TV até minivisitas a turfeiras e um restaurante *pop-up*.

Vencendo o Super Bowl da propaganda

O Super Bowl, a final do campeonato de futebol americano, atrai a maior audiência da televisão: mais de 100 milhões de espectadores assistem à transmissão ao vivo. Com um público desse tamanho, um anúncio de 30 segundos custa mais de US$ 5,5 milhões.[19] Apesar do alto custo, é possível argumentar que, em comparação com comerciais normais na TV, quando se leva em consideração o tamanho da audiência, veicular anúncios durante o Super Bowl é uma pechincha. Os últimos Super Bowls alcançaram entre 110 e 115 milhões de espectadores por ano, o que significa que, a um custo de US$ 5 milhões, um anúncio de 30 segundos durante o Super Bowl custa de 4 a 5 centavos de dólar por espectador. É muito menos do que o custo médio de anunciar em cadeia nacional, em que o custo por espectador varia entre 8 e 10 centavos de dólar ou até mais.[20]

Além da relativa eficiência de custos, as propagandas no Super Bowl tendem a ser mais impactantes, dado que o jogo costuma ser assistido em grandes televisores de alta definição. Além disso, graças à natureza icônica dos anúncios durante o Super Bowl, muitos dos comerciais são reproduzidos eternamente nas mídias sociais, alcançando um público muito maior do que o tempo comprado diretamente. Na verdade, muitas empresas que veiculam seus anúncios durante o Super Bowl também desenvolvem campanhas sofisticadas de publicidade e mídias sociais que atraem milhões de espectadores adicionais.

Muitos anúncios do Super Bowl agora têm um novo propósito: gerar curiosidade e interesse para que os consumidores acessem a internet e participem de mídias sociais e de comunicação boca a boca para obter informações mais detalhadas. Os mais populares – como o anúncio do Honda CR-V com Matthew Broderick parodiando seu papel no filme *Curtindo a vida adoidado*, o anúncio da VW com um garoto brincando de Darth Vader e o anúncio da Amazon em que a Alexa perde a voz – atraíram dezenas de milhões de visualizações no YouTube. Cada vez mais, os anúncios do Super Bowl são lançados *on-line* antes do jogo na tentativa das empresas de maximizar seu poder de relações públicas e mídias sociais.

Determinação de cobertura, frequência e impacto. A seleção de mídia tenta encontrar o meio mais eficaz em termos de custo para oferecer o número e o tipo de exposições desejados ao público-alvo. O que queremos dizer com número de exposições desejado? O anunciante busca um objetivo específico de comunicação e certa resposta do público-alvo, geralmente envolvendo o nível de conscientização de marca gerado. O número de exposições necessário para atingir um determinado nível de conscientização do público depende da cobertura, da frequência e do impacto das mídias escolhidas.

- *Cobertura (C).* O número de pessoas ou famílias diferentes expostas a determinada programação de mídia pelo menos uma vez durante um período específico.
- *Frequência (F).* O número de vezes durante determinado período em que uma pessoa ou família é exposta à mensagem, em média.
- *Impacto (I).* O valor qualitativo de uma exposição em determinado veículo (p. ex., uma propaganda de alimento na revista *Bon Appétit* teria maior impacto do que na *Fortune*).

Quanto maior for a conscientização do público, maiores serão a cobertura, a frequência e o impacto das exposições. Existem compensações importantes entre esses fatores. Imaginemos que um gerente de planejamento disponha de um orçamento de US$ 1 milhão e que o custo por mil exposições de qualidade média seja de US$ 5. Isso significa que o anunciante pode comprar 200 milhões de exposições (US$ 1.000.000,00 ÷ [5 / 1.000]). Se ele está em busca de uma frequência média de exposição de 10, pode atingir 20 milhões de pessoas (200.000.000 ÷ 10) com o orçamento em questão. Todavia, se o anunciante quiser uma média melhor a um custo de US$ 10 por mil exposições, poderá atingir apenas 10 milhões de pessoas, a menos que diminua a frequência da exposição desejada.

A relação entre cobertura, frequência e impacto está representada nos conceitos a seguir.

- *Número total de exposições (E).* É a cobertura multiplicada pela frequência média; isto é, $E = C \times F$, também conhecida como *GRPs* (do inglês *gross rating points*). Se determinada programação de mídia atinge 80% dos lares com uma frequência média de exposição de três, diz-se que a programação de mídia tem 240 GRPs (80 × 3). Se outra programação de mídia apresentar 300 GRPs, terá mais peso, mas não podemos dizer em que proporção a cobertura e a frequência contribuem para esse peso.

- *Número ponderado de exposições (NPE)*. É a cobertura multiplicada pela frequência média vezes o impacto médio; isto é, *NPE = C × F × I*.

A cobertura é mais importante quando se trata do lançamento de produtos, de extensões de marcas bastante conhecidas, de marcas pouco compradas ou quando se busca um mercado-alvo indefinido. A frequência é mais importante quando há fortes concorrentes, uma história complexa a contar, alta resistência do consumidor ou um ciclo de compra frequente. Um motivo crucial para a repetição é o esquecimento dos consumidores. Quanto maior for o "índice de esquecimento" associado a uma marca, categoria de produto ou mensagem, maior será o nível apropriado de repetição.[21]

Decisão sobre o *timing* e a alocação da mídia. Ao escolher a mídia, o anunciante terá de considerar a macroprogramação e a microprogramação. A **decisão de macroprogramação** refere-se à programação da propaganda em face da temporada e do ciclo de negócios. Imaginemos que 70% das vendas de um produto aconteçam entre junho e setembro. A empresa em questão pode variar as despesas de propaganda para acompanhar esse padrão sazonal, para desafiá-lo ou para mantê-lo estável durante todo o ano. A **decisão de microprogramação** envolve alocar as despesas de comunicação durante um período curto para maximizar o impacto. Imaginemos que a empresa decide comprar 30 *spots* de rádio em setembro. As mensagens de comunicação do mês podem ser concentradas, dispersadas continuamente durante todo o mês ou dispersadas de modo intermitente.

O modelo escolhido deve atender aos objetivos da comunicação e levar em consideração três fatores. A *rotatividade do comprador* expressa o índice pelo qual novos compradores entram no mercado; quanto maior for o índice, maior será a continuidade que a comunicação deve ter. A *frequência de compra* é o número de vezes durante um dado período em que o comprador médio adquire o produto; quanto maior for a frequência, maior será a continuidade que a comunicação deve ter. O *índice de esquecimento* indica em que medida o comprador esquece a marca; quanto maior for esse índice, maior será a continuidade que a comunicação deve ter.

Ao lançar um produto, o anunciante precisa escolher entre quatro estratégias: continuidade, concentração, alternância (*flighting*) e intermitência (pulso) da propaganda.

- *Continuidade* significa exposições regulares durante determinado período. Geralmente, os anunciantes utilizam a propaganda contínua em casos de ampliação de mercado, com itens comprados com frequência ou com uma categoria de compradores bem definida.
- *Concentração* significa utilizar todos os recursos destinados à comunicação em um único período. Tal estratégia aplica-se a produtos vendidos em uma única ocasião ou por temporada.
- *Alternância*, ou *flighting*, implica fazer propaganda durante um período, seguido de um hiato sem comunicação e de um segundo período de atividade de comunicação. Essa estratégia é utilizada quando os recursos são limitados, o ciclo de compra é relativamente descontínuo e quando se trata de itens sazonais.
- *Intermitência*, ou pulso, é a propaganda contínua em níveis baixos, reforçada periodicamente por ondas de atividade mais intensas. Ela utiliza a força da comunicação contínua e alternada para criar uma estratégia de programação balanceada. Seus defensores acreditam que o público compreende a mensagem mais completamente, além de ser mais econômica.[22]

Uma empresa deve decidir como alocar seu orçamento de comunicação tanto no espaço quanto no tempo. Dizemos que ela faz "compras nacionais" quando veicula propagandas nas redes de rádio e TV ou revistas de circulação nacional. Por outro lado, faz "compras pontuais" quando adquire horário na TV em apenas alguns mercados ou em edições regionais de revistas. Esses mercados são chamados de **áreas de influência dominante**. Dizemos, ainda, que a empresa faz "compras locais" quando anuncia em jornais, rádios ou *outdoors* locais.

Desenvolvimento da abordagem criativa

O impacto da comunicação da empresa depende não somente do que é dito, mas também, e muitas vezes acima de tudo, de *como* é dito. A execução criativa pode ser decisiva.[23]

DETERMINAÇÃO DO APELO DA MENSAGEM

A eficácia da comunicação depende de como a mensagem é expressa e do conteúdo da mensagem em si. Uma comunicação ineficaz pode significar que se optou por uma mensagem errada ou que a mensagem certa foi mal expressa. Os profissionais de *marketing* utilizam diferentes estratégias criativas para traduzir suas mensagens em uma comunicação específica, podendo ser classificadas de maneira abrangente como estratégias que envolvem apelos informativos ou transformacionais.[24]

Apelos informativos. Os apelos informativos baseiam-se nos atributos ou benefícios de um bem ou serviço. Exemplos na propaganda são os anúncios com foco na solução de problemas (Aleve oferece o alívio mais duradouro para as dores), anúncios de demonstração de produto (a Thompson Water Seal resiste a chuva, neve e calor intensos), anúncios de comparação de produtos (a AT&T oferece a maior rede móvel 4G) e testemunhos de pessoas desconhecidas ou celebridades (o jogador da NBA LeBron James vendendo McDonald's, Nike, Samsung e Sprite, entre outros). Os apelos informativos pressupõem um processamento estritamente racional da comunicação por parte do consumidor, sendo o triunfo da lógica e da razão.

As pesquisas acadêmicas esclarecem os apelos informativos e sua relação com o uso de argumentos unilaterais ou bilaterais. Você pode pensar que apresentações unilaterais que elogiam o produto são mais eficazes do que argumentos bilaterais que também mencionam suas deficiências. Entretanto, as mensagens bilaterais podem ser mais adequadas, principalmente quando existem associações negativas que precisam ser superadas.[25] Mensagens bilaterais são mais eficazes com públicos mais instruídos e com aqueles que apresentam resistência inicial.[26]

A ordem em que os argumentos são apresentados é importante.[27] No caso de mensagens unilaterais, apresentar o argumento mais forte primeiro tem a vantagem de despertar a atenção e o interesse, o que é fundamental em meios de comunicação nos quais o público geralmente não presta atenção na mensagem inteira. Se o público não tiver como escapar da mensagem, uma apresentação com clímax pode ser mais eficaz. No caso de mensagens bilaterais, se o público for inicialmente resistente, o comunicador poderá começar pelo argumento contrário e concluir com seu argumento mais forte.

Apelos transformacionais. Os apelos transformacionais baseiam-se em um benefício ou uma imagem que não tem relação com o produto. Eles podem descrever que tipo de pessoa utiliza a marca (a Volkswagen fez propaganda para pessoas jovens e ativas com sua campanha "Drivers Wanted" [Procuram-se motoristas]) ou que tipo de experiência resulta do uso da marca (a Pringles anunciou durante anos "Once You Pop, the Fun Don't Stop" [Depois que você abre, a diversão não para]). De modo geral, os apelos transformacionais tentam estimular as emoções que motivarão a compra.[28]

Os comunicadores trabalham com apelos negativos, como medo, culpa e vergonha, para induzir as pessoas a fazer algo (escovar os dentes, realizar um exame de saúde periódico) ou deixar de fazer algo (fumar, abusar de bebidas alcoólicas, comer demais). Apelos ao medo funcionam melhor quando são moderados, a fonte é de grande credibilidade e a comunicação promete o alívio, de maneira aceitável e eficaz, do temor despertado. As mensagens são mais persuasivas quando moderadamente discrepantes em relação àquilo que o público acredita. As que expressam somente aquilo que o público já acredita no máximo reforçam essas crenças; por outro lado, se as mensagens forem discrepantes demais, serão contestadas e rejeitadas.[29]

Os comunicadores também utilizam apelos emocionais positivos, como humor, amor, orgulho e alegria. Elementos motivacionais ou de "interesse emprestado" – como a presença de bebês engraçadinhos, filhotes travessos, músicas famosas ou apelos sexuais provocantes – são muitas vezes empregados para atrair a atenção do consumidor e elevar seu envolvimento com um anúncio. Essas técnicas são consideradas necessárias no árduo ambiente de mídia atual, caracterizado pelo baixo envolvimento do consumidor e pelo excesso de anúncios concorrentes. As táticas chamativas podem prejudicar a compreensão, cansar rápido e roubar os holofotes do produto. Dessa forma, um desafio é descobrir como lidar com o bombardeio de anúncios *e* conseguir transmitir a mensagem desejada.

A magia da propaganda é tornar tangível na mente do consumidor conceitos abstratos. No caso de uma propaganda impressa, o comunicador precisa decidir sobre o título, o texto, a ilustração e as cores.[30] Para uma mensagem de rádio, devem ser escolhidas as palavras, os tipos de voz e os estilos de locução. O tom de um anunciante que promove um automóvel usado deve ser diferente daquele que promove um novo carro de luxo. Se a mensagem for veiculada na TV ou pessoalmente, todos esses elementos e a linguagem corporal deverão ser planejados. Para mensagens *on-line*, é preciso especificar o leiaute, as fontes, as imagens e outras informações visuais e verbais.

SELEÇÃO DA FONTE DA MENSAGEM

Pesquisas revelam que a credibilidade da fonte é crucial para a aceitação de uma mensagem. As três fontes de credibilidade identificadas com maior frequência são o domínio do assunto, a confiabilidade e a atratividade.[31] O *domínio do assunto* é o conhecimento especializado que o comunicador tem para sustentar o argumento. A *confiabilidade* reflete o quanto a fonte é considerada objetiva e honesta. Confia-se mais nos amigos do que em estranhos ou em vendedores, e pessoas que não são pagas para endossar um produto são consideradas mais dignas de confiança do que aquelas que recebem por isso. A *atratividade* descreve a simpatia da fonte e é medida em termos de sinceridade, humor e naturalidade.

A fonte com maior credibilidade é a pessoa que obtém alta pontuação nas três dimensões: domínio do assunto, confiabilidade e atratividade. As empresas farmacêuticas querem que os médicos confirmem os benefícios de seus produtos porque eles transmitem alta credibilidade. Charles Schwab tornou-se a peça central da propaganda de sua corretora de mais de US$ 4 bilhões por meio das campanhas corporativas "Talk to Chuck" (Fale com o Chuck) e "Own Your Tomorrow" (Seja dono do seu amanhã), que enfatizavam integridade e atratividade.

As mensagens provenientes de fontes reconhecidas pelo seu conhecimento, confiança e atratividade chamam mais atenção e são lembradas com mais facilidade, por isso os anunciantes costumam usar celebridades como porta-vozes.[32] A seção *Insight de marketing*: celebridades como garotos-propaganda enfoca o uso de depoimentos em campanhas de comunicação. Por outro lado, algumas empresas têm usado pessoas comuns nos anúncios para ser mais realistas e superar o ceticismo do consumidor. A Ford apresentou clientes reais participando de uma coletiva de imprensa para falar de seus veículos. A Red Lobster usou *chefs* de seus restaurantes para exaltar as virtudes de seu cardápio.[33]

Se alguém tem uma atitude positiva em relação a uma fonte e a uma mensagem (ou uma atitude negativa em relação a ambas), diz-se que existe um estado de *congruência*. Mas o que acontece se uma celebridade elogia uma marca da qual o consumidor não gosta? Alguns pesquisadores postulam que uma mudança de atitude ocorrerá, aumentando o grau de congruência entre as duas avaliações.[34] O consumidor passará a simpatizar um pouco menos com a celebridade *ou* um pouco mais com a marca. Caso venha a se deparar com a mesma celebridade elogiando outras marcas de que não gosta, o consumidor acabará desenvolvendo uma impressão negativa em relação à celebridade e mantendo atitudes negativas em relação às marcas. Pelo **princípio da congruência**, os comunicadores podem usar sua boa imagem para reduzir algumas impressões negativas em relação a uma marca, mas, nesse processo, podem perder um pouco da estima do público.

DESENVOLVIMENTO DA EXECUÇÃO CRIATIVA

Uma ferramenta prática para facilitar a conversa sobre produção criativa vem do sistema Adplan, desenvolvido por Derek Rucker, especialista em propaganda da Kellogg School of Management.[35] Após uma agência ou equipe criativa apresentar um *storyboard* (sequência de cenas de um vídeo por meio de pequenas ilustrações) ou uma execução de propaganda, o Adplan ajuda o estrategista a considerar fatores importantes que facilitam o sucesso e/ou indicam onde podem ocorrer passos em falso. A sigla Adplan abrange seis dimensões: atenção, distinção, posicionamento, vínculos, amplificação e patrimônio (no original, *attention, distinction, positioning, linkage, amplification* e *net equity*).

- **Atenção** indica se um anúncio conquistará o interesse do público-alvo. A atenção se reflete tanto na captura inicial quanto no interesse contínuo. Por exemplo, se o consumidor que começa a escutar um anúncio no YouTube clica em "pular anúncio" após cinco segundos, o anúncio não conseguiu capturar atenção suficiente, e a mensagem da empresa provavelmente não será ouvida. Por reconhecer esse problema, a GEICO criou anúncios de cinco segundos

que não podem ser pulados. Para enfrentar essa questão, outras marcas usam conteúdos criativos que as pessoas querem assistir até o final.
- **Distinção** avalia se um anúncio usa temas, conteúdos ou recursos criativos que o diferenciam de outros anúncios na categoria ou em geral. Por exemplo, o histórico anúncio "1984" da Apple, apesar de veiculado apenas uma vez (durante o Super Bowl), atingiu níveis incríveis de distinção, pois era altamente cinematográfico e representava a Apple como um herói em uma distopia tecnológica. Muitos comerciais automotivos locais, por outro lado, parecem redundantes.
- **Posicionamento** descreve se um anúncio situa a marca na categoria certa, fornece um benefício forte e apresenta uma razão para os clientes acreditarem na mensagem que servirá de âncora para o benefício. Essa dimensão verifica que o posicionamento desejado realmente é transmitido na execução. Por exemplo, a Old Spice veiculou uma campanha famosa que enfatizava a ideia de que era o sabonete líquido mais masculino do mercado.
- **Vínculos** comunicam se o público-alvo lembrará da execução criativa. Muitas vezes, não basta que o público-alvo se lembre de ter assistido a um anúncio. Um vínculo forte entre criatividade e mensagem garante que os clientes-alvo lembrarão da marca que foi apresentada. É possível, por exemplo, que uma pessoa se lembre de um anúncio, mas esqueça da sua mensagem. Durante muitos anos, a Ameriquest Mortgage veiculava anúncios no intervalo do Super Bowl que as pessoas adoravam. Contudo, elas não conseguiam se lembrar da marca que eles promoviam.
- **Amplificação** captura se as ideias dos indivíduos sobre um anúncio são positivas ou negativas. Por exemplo, a Nike veiculou um anúncio com Colin Kaepernick depois que o ex-jogador da NFL se recusou a ficar de pé durante o hino nacional para protestar contra a injustiça racial, e o anúncio gerou tanto reações positivas quanto negativas dos consumidores. Em geral, as marcas buscam provocar principalmente ideias e reações positivas entre o seu público-alvo. A amplificação das ideias positivas é importante porque pode levar à formação de atitudes favoráveis e, em última análise, à compra.
- **Patrimônio** refere-se a como o anúncio se encaixa com a tradição e as associações estabelecidas da marca. Por exemplo, a marca BMW está associada a alto desempenho. Por consequência, um dos objetivos da BMW é garantir que os novos anúncios não ameaçarão nem minarão esse patrimônio.

Embora o intuito da ferramenta Adplan seja orientar discussões estratégicas sobre anúncios, cada elemento dela pode ser medido empiricamente. Assim, o sistema funciona como uma maneira de promover diálogos mais profundos em torno de propagandas, além de direcionar possíveis testes e mensurações. Observe que a intenção do Adplan é funcionar apenas como um aspecto do esforço do estrategista no sentido de avaliar a produção criativa. Os estrategistas também devem desenvolver um *briefing* criativo adequado e considerar o propósito da propaganda (p. ex., se o resultado desejado é conscientização ou persuasão), a adequação do canal de mídia e o orçamento de propaganda da empresa.[36]

Medição da eficácia da comunicação

A alta gerência deseja saber os *resultados* e as *receitas* obtidos com os investimentos em comunicação, mas, com frequência, os diretores da área de comunicação fornecem apenas dados sobre *insumos*, como *clippings* de jornais e revistas e número de anúncios veiculados, e sobre *despesas*, como custos de mídia. Para sermos justos, eles tentam traduzir os insumos em resultados intermediários, como cobertura e frequência (a porcentagem do mercado-alvo exposta a uma comunicação e o número de exposições), índices de *recall* e reconhecimento, mudanças de persuasão e cálculos de custo por mil.

Após implementar o plano de comunicação, os profissionais de *marketing* precisam medir a sua eficácia. A pesquisa sobre o impacto da comunicação busca determinar o quanto a comunicação da empresa conseguiu atingir os seus objetivos.[37] A eficácia da comunicação pode ser medida de duas perspectivas: com um método de oferta e um de demanda.

Com um *método de oferta*, a mensuração da eficácia da comunicação pretende avaliar a cobertura da mídia (p. ex., os segundos em que a marca fica claramente visível na tela da TV ou a centimetragem dos *clippings* de imprensa que a mencionam).

Embora os métodos de oferta proporcionem medidas quantificáveis, colocar no mesmo plano a cobertura na mídia e a exposição da propaganda não leva em consideração o conteúdo de cada comunicação recebida pelo consumidor.[38] O anunciante utiliza espaço e tempo na mídia para comunicar uma mensagem estrategicamente concebida. A cobertura da mídia e a transmissão de TV apenas expõem a marca, não necessariamente incrementam seu significado de forma direta. Apesar de alguns profissionais de relações públicas sustentarem que a cobertura editorial positiva pode valer de cinco a dez vezes o equivalente na propaganda, é raro que um patrocínio apresente um tratamento tão favorável.

Com um *método de demanda*, a mensuração da eficácia da comunicação pretende avaliar a eficácia da campanha da empresa entre o público-alvo. Para tanto, pergunta-se aos integrantes do público-alvo se reconhecem ou se lembram da mensagem, quantas vezes a viram, que pontos foram mais marcantes, como se sentem em relação a ela e suas atitudes anteriores e atuais em relação ao produto e à empresa.

Por exemplo, é possível pesquisar espectadores de eventos com o intuito de medir a lembrança sobre o evento, assim como as atitudes e intenções resultantes em relação ao patrocinador. Muitos anunciantes também conduzem pós-testes para avaliar o impacto geral de uma campanha de propaganda já concluída. Se a empresa desejava aumentar a conscientização de marca de 20 para 50% e só conseguiu aumentá-la para 30%, significa que ela investiu pouco, suas propagandas eram fracas ou algum outro fator foi ignorado. Os profissionais de *marketing* também reúnem dados comportamentais da resposta do público, como quantas pessoas compraram o produto, quantas gostaram dele e quantas falaram a respeito dele a outras pessoas. Assim, a maioria dos anunciantes tenta mensurar o efeito comunicacional dos anúncios, ou seja, o seu impacto potencial na conscientização, no conhecimento ou na preferência.

As empresas geralmente analisam a eficácia das suas campanhas de comunicação para determinar se estão gastando mais ou menos do que deviam com propaganda. Um meio de responder a essa questão é trabalhar com a fórmula descrita na Figura 12.4. A *participação nos investimentos em propaganda* de uma empresa produz determinada *participação em comparação com a concorrência* (*share of voice*); isto é, a proporção da propaganda que uma empresa faz sobre um produto em relação a toda a propaganda que é feita sobre ele. Esta, por sua vez, conquista uma *participação na lembrança e na preferência do consumidor* (*share of mind* e *share of heart*, respectivamente) e, em última instância, uma *participação de mercado*.

Para aumentar a eficácia da sua campanha de comunicação, os profissionais de *marketing* muitas vezes conduzem pré-testes dos seus anúncios.[39] Com base no resultado destes, o anúncio pode ser modificado de maneiras que aumentem as suas chances de atingir seus objetivos. Os críticos do pré-teste afirmam que as agências podem criar propagandas que se saiam bem nos testes, mas que não necessariamente gerem bons resultados no mercado. Os defensores dessa tática, por sua vez, sustentam que ela pode trazer informações de diagnóstico úteis e que, de qualquer forma, não deve ser usada como o único critério de decisão. Reconhecida amplamente como uma das melhores anunciantes, a Nike tem fama de efetuar pouquíssimos pré-testes.

Além de fazer pré-testes de suas campanhas de comunicação, os profissionais de *marketing* podem medir se e como a campanha influencia as vendas. Os pesquisadores podem avaliar o impacto sobre as vendas pela *abordagem histórica*, que utiliza técnicas de estatística avançadas para estabelecer uma correlação entre as vendas passadas e as despesas incorridas com propaganda. Outros pesquisadores utilizam um *modelo experimental* para medir o impacto da propaganda sobre as vendas. Um número crescente de empresas têm se empenhado em medir o *efeito sobre as vendas* dos investimentos em propaganda, em vez de realizar apenas avaliações do efeito comunicativo.[40] A Millward Brown International realizou estudos de acompanhamento no Reino Unido durante muitos anos com o objetivo de coletar informações para auxiliar os anunciantes a decidirem se a propaganda de fato ajudava a marca.

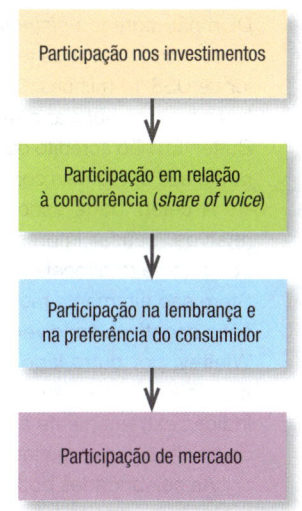

FIGURA 12.4

Fórmula para avaliar os diversos estágios do impacto da propaganda sobre as vendas.

INSIGHT de marketing

Celebridades como garotos-propaganda

Uma celebridade bem escolhida consegue despertar a atenção para um produto ou uma marca, como a Priceline constatou quando escolheu William Shatner, ícone de *Jornada nas Estrelas*, para estrelar uma campanha de gosto duvidoso que reforçava sua imagem de preços baixos. Outras celebridades proeminentes que atuam como garotos-propaganda incluem Tom Brady (Under Armour), Mark Wahlberg (AT&T), Kristen Bell (Old Navy), Reese Witherspoon (Crate and Barrel) e Drew Barrymore (Crocs).

As campanhas engraçadinhas da Priceline são exibidas há mais de uma década, e, supostamente, a decisão de Shatner de ser pago com ações da empresa lhe rendeu milhões de dólares por seu trabalho. A celebridade certa também pode emprestar sua imagem a uma marca. Para reforçar a imagem de alto *status* e prestígio, a American Express usa Robert De Niro e Martin Scorsese, duas lendas do cinema, nos seus anúncios.

As celebridades tendem a ser mais eficazes quando têm credibilidade e personificam o atributo principal de um produto. O ator Dennis Haysbert, com sua pose de estadista, para a seguradora State Farm, o estilo rústico do jogador de futebol americano Brett Favre para o *jeans* Wrangler e a cantora e atriz Jennifer Hudson para o programa Vigilantes do Peso foram todos aprovados pelos consumidores como encaixes perfeitos. Por outro lado, Céline Dion não agregou *glamour* – nem vendas – à Chrysler e foi demitida apesar de ter um contrato de três anos no valor de US$ 14 milhões. Ozzy Osbourne seria uma escolha bizarra para anunciar a margarina I Can't Believe It's Not Butter (Eu não acredito que isso não é manteiga), considerando sua aparente e constante confusão mental.

A celebridade escolhida deve ser altamente reconhecida, causar impressões extremamente positivas e adequar-se totalmente ao produto. Paris Hilton e Howard Stern são altamente reconhecidos, mas causam impressões negativas em diversos grupos. Tom Hanks e Oprah Winfrey, por outro lado, poderiam muito bem fazer comerciais de uma enorme gama de produtos porque têm índices extremamente altos de familiaridade e atratividade (conhecidos como fator Q no ramo de entretenimento).

As celebridades podem exercer um papel mais estratégico em relação às marcas, não somente divulgando um produto, mas também ajudando a criar, posicionar e vender bens e serviços. A Nike costuma envolver seus garotos-propaganda atléticos no *design* de produtos. Tiger Woods, Paul Casey e Stewart Cink contribuíram com *design*, protótipo e teste de novos tacos e bolas de golfe no centro de pesquisa e desenvolvimento desse esporte mantido pela empresa. Beyoncé (Pepsi), will.i.am (Intel), Justin Timberlake (Bud Light Platinum), Alicia Keys (BlackBerry) e Taylor Swift (Diet Coke) foram designados embaixadores de suas marcas, com vários deveres e responsabilidades criativas.

Algumas celebridades emprestam seu talento às marcas sem usar diretamente sua fama. Vários astros e estrelas de cinema e TV, como Jon Hamm (Mercedes-Benz), Morgan Freeman (Visa), Matt Damon (TD Ameritrade), Jeff Bridges (Duracell) e George Clooney (Budweiser), emprestam sua voz a comerciais sem se identificar. Embora os anunciantes admitam que parte do público reconhece as vozes, a premissa básica da locução em *off* e não identificada de celebridades é o talento e a habilidade vocais incomparáveis que elas trazem de suas carreiras artísticas.

O uso de celebridades, porém, apresenta alguns riscos. A celebridade pode exigir um pagamento maior no momento da renovação contratual ou simplesmente desistir do compromisso. Assim como ocorre com filmes e discos, em alguns casos, as campanhas com celebridades podem resultar em um oneroso fiasco. A celebridade pode perder popularidade ou, pior ainda, ser flagrada em um escândalo ou em uma situação embaraçosa, como aconteceu com Tiger Woods, Michael Phelps e Lance Armstrong. Além de verificar cuidadosamente o passado de seus candidatos a garotos-propaganda, algumas empresas têm optado por usar mais de um, a fim de reduzir a exposição da marca às falhas de uma única pessoa.

Outra solução é a empresa criar suas próprias celebridades de marca. A cerveja Dos Equis, importada do México, aumentou em mais de 20% as vendas nos Estados Unidos durante a última recessão embarcando na popularidade de sua campanha de propaganda "Most Interesting Man in the World" (O homem mais interessante do mundo). Sofisticado e confiante, com uma voz única e uma barba grisalha, o personagem tem centenas de milhares de amigos no Facebook apesar de ser fictício. Vídeos de suas façanhas atraem milhões de acessos no YouTube. A Dos Equis possibilitou que os clientes "ligassem" para ele e ouvissem uma série de mensagens automáticas de correio de voz.[41]

Resumo

1. O *marketing* moderno exige mais do que desenvolver um bom produto, estabelecer preços atraentes e torná-lo acessível aos clientes-alvo. As empresas também precisam se comunicar com os *stakeholders* atuais e potenciais e com o público em geral.

2. O *mix* de comunicação de *marketing* é composto de nove formas principais de comunicação: propaganda, *marketing on-line* e de mídias sociais, comunicação *mobile*, *marketing* direto, eventos e experiências, comunicação boca a boca, publicidade e relações públicas, vendas pessoais e embalagem.

3. O processo de comunicação compõe-se de nove elementos: emissor, receptor, mensagem, meio, codificação, decodificação, resposta, *feedback* e ruído. Para transmitir mensagens, os profissionais de *marketing* precisam codificar suas mensagens levando em consideração o modo como o público-alvo as decodifica. Também precisam transmiti-las por meio de veículos de comunicação eficazes que alcancem o público-alvo, bem como desenvolver canais de *feedback* para monitorar a resposta.

4. O desenvolvimento de uma comunicação eficaz passa por oito etapas: (1) identificar o público-alvo, (2) determinar os objetivos da comunicação, (3) elaborar a comunicação, (4) selecionar os canais de comunicação, (5) estabelecer o orçamento total de comunicação, (6) decidir sobre o *mix* de comunicação, (7) medir os resultados da comunicação e (8) gerenciar o processo de comunicação integrada de *marketing*.

5. Para identificar o público-alvo, o profissional de *marketing* precisa corrigir qualquer lacuna existente entre a visão atual do público e a imagem pretendida. Os objetivos de comunicação podem ser criar uma necessidade para a categoria, aumentar a conscientização da marca, melhorar a atitude em relação a ela e fortalecer a intenção de compra da marca.

6. A elaboração da comunicação requer tomar três decisões críticas: o que dizer (estratégia de mensagem), como dizer (estratégia criativa) e quem deve dizer (fonte da mensagem). Os canais de comunicação podem ser pessoais (canais defensores, especializados e sociais) ou não pessoais (mídia, atmosfera e eventos).

7. Embora existam outros métodos, em geral o mais eficaz é o de objetivos e tarefas para definição do orçamento de comunicação, que leva os profissionais de *marketing* a desenvolverem seus orçamentos mediante a definição de objetivos específicos.

8. Para decidir sobre o *mix* de comunicação de *marketing*, os profissionais de *marketing* precisam examinar as vantagens e os custos específicos de cada ferramenta de comunicação e a classificação da empresa no mercado. Também precisam considerar o tipo de mercado de produto em que estão atuando, se os consumidores estão dispostos a realizar uma compra e o estágio do ciclo de vida do produto.

9. A avaliação da eficácia do *mix* de comunicação de *marketing* consiste em perguntar aos integrantes do público-alvo se reconhecem ou se lembram da mensagem, quantas vezes a viram, que pontos foram mais marcantes, como se sentem em relação a ela e suas atitudes anteriores e atuais em relação ao produto, à marca e à empresa.

DESTAQUE de *marketing*

Red Bull

Em 1982, o empresário Dietrich Mateschitz sofria de *jet lag* na sua viagem a Bangcoc. Na cidade, os tailandeses lhe contaram sobre um tônico popular chamado Krating Daeng, que aliviaria seus sintomas de sonolência e cansaço. Ele experimentou a bebida e descobriu que realmente aliviava a fadiga. Impressionado, Mateschitz criou a Red Bull GmbH dois anos depois, em sociedade com o empresário tailandês Chaleo Yoovidhya, dono de uma fabricante do tônico. Três anos depois, a empresa criou uma fórmula que adaptava o sabor do tônico aos paladares ocidentais. A Red Bull foi vendida pela primeira vez na Áustria em 1987.

Os anúncios da Red Bull afirmavam que a bebida tinha três benefícios principais: maior concentração para os estudantes, melhor desempenho para os atletas e alívio dos sintomas de fadiga para quem viajava a negócios. Além desses usos, o Red Bull também era bastante vendido como mistura para *drinks*. As boates começaram a adotar o Red Bull como uma maneira mais segura de ajudar as pessoas a se divertirem na madrugada sem ter de recorrer a drogas. A Red Bull notou esse uso não pretendido e usou o *marketing* de guerrilha para tornar o produto uma parte ainda mais integrada às baladas. A empresa contratou estudantes e DJs para servir Red Bull nas festas, o que incentivava os outros clientes a experimentar a bebida.

Após o sucesso em nível nacional, a Red Bull expandiu-se para além da Áustria em 1992, quando passou a ser vendida na Hungria e na Eslovênia. A Red Bull continuou com a expansão internacional para a Alemanha e a Suíça logo em seguida. Cinco anos depois, a Red Bull começou a vender nos Estados Unidos. Apesar da popularidade na Áustria, o sucesso inicial da Red Bull nesses mercados foi limitado, pois foi uma das primeiras bebidas na categoria de energéticos a entrar no mercado. Muitos clientes não sabiam bem quando ou por que deveriam tomar um Red Bull.

Para resolver a confusão dos clientes, a Red Bull enfocou o seu posicionamento em torno do estilo de vida aventureiro. A Red Bull veiculou inúmeros anúncios com o famoso *slogan* "Red Bull te dá asas", o que tornou a bebida e seus efeitos mais conhecidos nos novos mercados. Em 1995, a Red Bull começou a patrocinar atletas e equipes de diversos esportes ao redor do mundo, e, em poucos anos, a lista de patrocínios incluía centenas de atletas, além de diversos times e eventos esportivos. A empresa tornou-se bastante ativa no mundo dos esportes automobilísticos e patrocinou uma equipe de Fórmula 1, que, na época, atraía a maior audiência televisiva anual entre todos os eventos esportivos. Anos mais tarde, a empresa comprou a própria equipe de Fórmula 1. A Red Bull Racing se tornaria uma das equipes mais vitoriosas do automobilismo, com quatro campeonatos sucessivos entre 2010 e 2013. A Red Bull expandiu a sua lista de patrocínios esportivos e portfólio de equipes para incluir, entre outros esportes, Nascar, NFL, futebol, BMX, *motocross* e *skate*. As investidas da Red Bull no patrocínio de atletas e eventos esportivos internacionais ajudaram a transformá-la em uma marca global.

Além do *marketing* esportivo, a Red Bull investiu pesado no *marketing* de conteúdo para promover a bebida e o estilo de vida associado a ela. A empresa fundou a Red Bull Media House, um conjunto de empresas de mídia que cria conteúdos para revistas, cinema, televisão, *videogames*, mídias sociais e música. Diversas plataformas publicaram milhares de fotos, vídeos e artigos sobre pessoas e ideias alinhadas à imagem que a marca Red Bull promove. Os fãs também são incentivados a fazer *upload* do próprio conteúdo sobre o estilo de vida Red Bull. A Red Bull Media House lançou um longa-metragem chamado *The Art of Flight,* que logo atingiu o topo da parada do iTunes. A gravadora da Red Bull ajudou a tornar famosos artistas como Awolnation e Twin Atlantic. *The Red Bulletin*, publicação da própria empresa, distribuiu mais de cinco milhões de exemplares em 2017. No seu canal do YouTube, a equipe de mídias sociais da Red Bull Media House publicou diversos vídeos virais que destacavam o estilo de vida baseado nos esportes radicais praticados por usuários da bebida. Com mais de 5 milhões de assinantes, o canal da Red Bull no YouTube tem milhares de vídeos sobre os atletas e eventos esportivos da Red Bull.

O *marketing* de conteúdo da Red Bull levou o reconhecimento de marca a níveis inéditos e aumentou ainda mais a associação entre um estilo de vida ativo e a empresa. A abordagem não tradicional da Red Bull ao *marketing* transformou a empresa em uma das marcas mais reconhecidas do mundo. O mais incrível é que a bebida original permaneceu mais ou menos igual durante todo esse tempo: um tamanho, um fator de forma e alguns poucos sabores. A Red Bull continua a patrocinar atletas famosos, equipes e eventos esportivos no mundo todo. Ela gerou níveis gigantescos de reconhecimento com golpes de publicidade como o Red Bull Stratos, em que um atleta saltou da estratosfera, e o evento anual Red Bull Rampage, em que ciclistas saltam de penhascos. As vendas da Red Bull atingiram aproximadamente US$ 6,8 bilhões em 2018. A empresa mantém a sua linha de produtos limitada, mas o amplo portfólio de *marketing* continua a expandir a marca.[42]

Questões

1. Quais são as maiores forças da Red Bull e os riscos que ela corre à medida que mais empresas (como Coca-Cola, Pepsi e Monster) entram na categoria de bebidas energéticas e conquistam participação de mercado? Quais são os riscos de competir com essas potências?

2. Discuta os prós e contras das táticas de *marketing* não convencionais da Red Bull. A empresa deveria veicular mais propaganda tradicional? Por quê?

3. Discuta a eficácia dos patrocínios da Red Bull. Onde a empresa deve estabelecer seu limite?

DESTAQUE de *marketing*

The Best Job in the World

Possivelmente a maravilha do mundo natural mais famosa de todas, a Grande Barreira de Coral é o maior recife do mundo e o único objeto que pode ser identificado do espaço. A Grande Barreira de Coral está localizada junto a Queensland, na Austrália, famosa por suas praias paradisíacas e florestas tropicais tranquilas. Seria de imaginar que estar tão próximo de dois chamarizes tão fortes seria uma combinação vitoriosa para o turismo. Contudo, Queensland fica longe das grandes cidades do país, como Melbourne e Sydney, que a maioria dos viajantes prioriza quando visitam a Austrália. Além disso, a crise financeira de 2008 levou a uma queda significativa no turismo internacional.

A Tourism Queensland, departamento de turismo e eventos do governo de Queensland, pretendia concorrer com outros destinos turísticos populares, como o Caribe e as ilhas gregas, e conquistar o posto de ilha mais visitada do mundo. O maior desafio identificado pela Tourism Queensland era conscientizar o público internacional. Para tanto, em 2009, a Tourism Queensland deu à agência de *marketing* SapienNitro a missão de criar uma campanha de propaganda global. A campanha precisaria ser bem-sucedida com um orçamento limitado de US$ 1,2 milhão.

A SapientNitro desenvolveu uma campanha que se tornaria lendária: "The Best Job in the World" (O melhor emprego do mundo). A campanha consistia em um anúncio de emprego da Tourism Queensland, que buscaria preencher o cargo de caseiro da ilha. Os candidatos não precisavam ter experiência prévia, e sua única responsabilidade seria escrever um *post* de *blog* sobre as ilhas por semana. O candidato de sorte que fosse selecionado receberia hospedagem de graça na ilha e um salário na casa de centenas de milhares de dólares para seis meses de serviço. O emprego foi batizado de "melhor emprego do mundo", e os interessados precisavam enviar um vídeo de 60 segundos no *site* da Tourism Queensland para se candidatar à vaga.

Para gerar publicidade internacional, a Tourism Queensland convidou jornalistas e blogueiros de viagem influentes de todo o mundo para visitar as ilhas e realizou uma coletiva de mídia em uma mansão luxuosa em meio a um paraíso tropical ensolarado. O cenário representava um contraste chocante para muitos dos participantes da coletiva, que chegavam do inverno frio e escuro do hemisfério norte.

O interesse público pela campanha de propaganda foi imediatamente explosivo. Um dia após o lançamento, o *site* recebeu mais de 200 mil visitas. A Tourism Queensland recebeu vídeos de mais de 234 mil candidatos, de quase 200 países, durante um período de seis semanas. O *site* atraiu mais de 6,8 milhões de visitantes únicos por mês, que geraram aproximadamente 54 milhões de visualizações de página e passaram, em média, 8,25 minutos visitando o *site*, um número extremamente alto. Mais de 46 mil artigos foram publicados em veículos de mídia tradicionais sobre a promoção. No total, estima-se que a campanha tenha atingido quase 3 bilhões de pessoas em todo o mundo.

A campanha de US$ 1,2 milhão superou as expectativas mais otimistas da Tourism Queensland. Três motivos principais ajudam a explicar por que a promoção, apesar do baixo orçamento, gerou um número explosivo de visualizações. Primeiro, a promoção concentrou-se quase que exclusivamente no *site* do departamento. Os US$ 1,2 milhão teriam comprado pouquíssimo espaço para veicular anúncios na TV, mas o dinheiro investido resultou em um *site* que girou o mundo facilmente. Segundo, a esmagadora maioria do conteúdo da campanha de propaganda foi gerada pelos milhares de candidatos, que enviaram mais de 550 horas de vídeos para o *site*; nenhum deles foi criado pelas equipes da SapienNitro ou da Tourism Queensland. Os candidatos mais famosos receberam milhões de visualizações no YouTube e enorme atenção nas mídias sociais. A popularidade desses vídeos persistiu mesmo após o encerramento do período para se candidatar ao emprego. Terceiro, a Tourism Queensland ganhou a cobertura na mídia, em vez de ter que comprá-la. As empresas de mídia assumiram a responsabilidade por seguir os principais candidatos e contar as suas histórias. A BBC Television criou um documentário de uma hora com os 16 candidatos finais da competição, que foi o campeão de audiência na semana do seu lançamento no Reino Unido.

O vencedor da competição foi um homem britânico chamado Ben Southall. Após conquistar o emprego, Southall bateu o recorde de entrevistas realizadas durante um período de 24 horas na época: 124, transmitidas por redes de televisão de todo o mundo. Durante os seis meses de trabalho,

Southall foi entrevistado por Oprah Winfrey e apareceu em uma série de seis episódios da National Geographic. Ele tornou-se embaixador da Queensland Tourism após o fim do projeto. No total, a campanha inteligente gerou mais de US$ 250 milhões em mídia e atraiu a atenção do mundo para o turismo em Queensland. A campanha "The Best Job in the World" recebeu oito Leões de Cannes por destaque de criatividade em propaganda e *marketing* e foi incluída no Platinum Hall of Fame da PR News em 2014.[43]

Questões
1. Quais são os principais motivos para a popularidade fenomenal da campanha "The Best Job in the World" da SapientNitro?
2. A campanha teve sucesso em gerar viagens de turismo para Queensland? Como devemos medir o sucesso dessa campanha de publicidade?
3. O que Queensland deveria fazer no futuro para promover o turismo?

DESTAQUE de *marketing*

Big Brother Brasil

No ano em que celebrou o seu 21º aniversário na mídia brasileira, o principal *reality show* da grade de programação da Rede Globo, Big Brother Brasil (BBB), demonstrou ainda mais sua força de atuação no mercado publicitário nacional. Apresentando 12 cotas de patrocínio em seu plano comercial, as opções de visibilidade para as marcas anunciantes variavam em estratégias comunicacionais e focavam tanto em *awareness* quanto em construir preferência de marca ou conversão em vendas de seus parceiros comerciais.

Na edição de 2021, o BBB construiu uma audiência histórica por meio de uma estratégia de integração de canais que ultrapassava a transmissão televisiva da Rede Globo e Multishow, contando com uma ramificação *crossmedia* composta por iniciativas em mídias sociais, portais na internet e plataformas próprias de distribuição de conteúdo por *streaming*, como Globoplay. Isso fez com que o programa atingisse o recorde de audiência desde a edição de 2007, totalizando 184 milhões de telespectadores. O *site* do BBB, com notícias sobre o programa, curiosidades sobre os participantes e uma ferramenta de votação, apresentou o maior volume histórico de usuários mensais, com 24 milhões de internautas na maior votação por minuto, no *site* Gshow e no aplicativo Globoplay, totalizando 4,4 bilhões de votos na temporada, com recorde de 3,6 milhões por minuto. A estratégia se estendeu para as mídias sociais, como o Twitter, emplacando 189 milhões de menções espontâneas em plataformas digitais e 4,7 milhões de internautas comentando sobre o BBB. Apoiado pela força midiática de distribuição de conteúdo, do total de comentários sobre TV e *streaming* no Brasil de janeiro até maio de 2021, 93% estavam relacionados ao BBB21.

A relevância e a afinidade do BBB com sua audiência são claramente percebidas pelos parceiros comerciais ou marcas anunciantes que desejam estar associadas ao programa e à sua dinâmica semanal. Vale mencionar a força do *mix* de mídia utilizado pela Rede Globo para amplificar seu conteúdo para muito além da televisão. Esse *mix* incluía assessoria de imprensa, eventos e espaços de experiência em *shopping center*, *live marketing*, estratégia de *e-mail marketing*, publicidade *mobile*, licenciamento de marca, concessão para o direito de uso de imagem para iniciativas de conteúdo e influenciadores e suporte do trabalho realizado em mídias sociais oficiais do próprio programa. Em plataformas como Twitter, Instagram e TikTok, as equipes de *marketing* e comunicação dos próprios participantes, localizadas fora do confinamento do *reality*, auxiliaram a consolidar um alinhamento de conteúdo "de dentro" da casa, com pautas produzidas especialmente para milhões de seguidores, construindo uma base recente de fãs curiosos sobre as novas celebridades participantes do programa.

Diversos anunciantes interessados na capacidade de alcance (número de pessoas atingidas pela mídia em determinado período), na frequência (volume de vezes que a audiência recebe a mensagem em um intervalo de tempo) e no impacto (valor qualitativo da inserção baseado no meio) que o BBB foi capaz de oferecer em 2021 trouxeram objetivos de *marketing* a partir de suas estratégias comunicacionais ofertadas nas opções de patrocínio e visibilidade de marca. Um exemplo é o caso do PicPay, empresa de pagamentos e carteira digital. A partir de ações de *merchandising* visando a *awareness* e reforço de posicionamento de marca, a PicPay tinha o objetivo comunicacional de se tornar o principal meio de pagamento digital do brasileiro. Ela se consolidou em 2021 como a ferramenta de circulação de "estalecas", moeda oficial dos participantes do BBB, o que gerou um grande reconhecimento de marca, atingindo 51 milhões de usuários após as ativações no BBB.

Outro exemplo de alinhamento entre objetivos de comunicação de *marketing* e excelente execução criativa no BBB foi a marca de desodorantes Above, um dos primeiros parceiros comerciais a utilizar o licenciamento do BBB, que ofereceu os produtos ao elenco durante todo o período de transmissão do programa. O objetivo da ação, além da visibilidade de marca entregue por meio do formato publicitário tradicional do *break*, foi gerar humanização a partir do manuseio do produto pelos participantes. De acordo com o presidente da empresa, um dos objetivos era justamente gerar reconhecimento a partir da estratégia de *awareness*. A ação trouxe um resultado de crescimento de 109% em vendas pela cota de patrocínio, além de um *uplift* (indicador de impacto da mídia paga no tráfego ao *site* ou aplicativo do anunciante) de 1.840%.

Questões

1. Identifique no BBB quais são as iniciativas que compõem o *mix* de mídia do produto.
2. Conhecendo a estratégia do BBB, qual seria o diferencial do produto para auxiliar a entrega midiática aos parceiros comerciais/anunciantes?
3. A partir das marcas citadas no texto, qual foi a escolha estratégica para o plano de mídia: continuidade, concentração, *flighting* ou pulsação?

Autora

Roberta Fleck Saibro Krause Professora de graduação e pós-graduação da ESPM Porto Alegre e professora de graduação na ESPM-RJ e na ESPM-SP.

Pesquisadora em comunicação do Grupo TCAv e LabMem (Unisinos). Doutora e mestre em ciências da comunicação pela Unisinos. Membro do comitê interno de pesquisa do curso de jornalismo da ESPM e membro do comitê externo de pesquisa do Programa de Pós-Graduação em Ciências da Comunicação da Unisinos. Consultora de *marketing*.

Referências

ALVES, S. PicPay, Pantene e Above são as marcas que mais se destacam em merchans do BBB21. *B9*, 17 mar. 2021. Disponível em: https://www.b9.com.br/140686/picpay-pantene-above-destaque-merchans-bbb21/. Acesso em: 26 nov. 2023.

AUDIO MONITOR. *Report BBB Merchans Fev/2021*. 2021. Disponível em: https://app.i-maxpr.com/s/0316/83.pdf. Acesso em: 26 nov. 2023.

BBB21 comercializa mais de 2 milhões de produtos licenciados. *Propmark*, 2 mai. 2021. Disponível em: https://propmark.com.br/bbb21-comercializa-mais-de-2-milhoes-de-produtos-licenciados/. Acesso em: 26 nov. 2023.

BBB21 faz marcas aumentar em engajamento, vendas e e-commerce. *Propmark*, 6 mai. 2021. Disponível em: https://propmark. com.br/bbb21-faz-marcas-aumentarem-engajamento-vendas-e-e-commerces/. Acesso em: 26 nov. 2023.

BIG Brother Brasil plano comercial 22a temporada. *Globo. com*, 2022. Disponível em: http://estaticog1.globo.com/2022/01/19/plano_comercial__bbb22.pdf. Acesso em: 26 nov. 2023.

CALAIS, B. Quem é o empresário que está apostando no "Big Brother" para faturar R$ 1 bilhão. *Forbes*, 31 mar. 2021. Disponível em: https://forbes.com.br/forbes-money/2021/03/quem-e-o-empresario-que-esta-apostando-no-big-brother-para-faturar-r-1-bilhao/. Acesso em: 26 nov. 2023.

PICPAY no #BBB21: descubra o potencial das conversas para gerar reconhecimento de marca e conversão. *X Marketing*, 2021. Disponível em: https://marketing.twitter.com/pt/success-stories/descubra-o-potencial-das-conversas. Acesso em: 26 nov. 2023.

SACCHITIELLO, B. Cotas do BBB22 devem render 700 milhões à Globo. *Meio & Mensagem*, 4 nov. 2021. Disponível em: https://www.meioemensagem.com.br/midia/cotas-do-bbb-21-devem-render-r-700-milhoes-a-globo. Acesso em: 26 nov. 2023.

SCHNAIDER, A. PicPay, Pantene e Above se destacam no BBB, indica TunAd. *Meio & Mensagem*, 16 mar. 2021. Disponível em: https://www.meioemensagem.com.br/midia/picpay-pantene-e-above-se-destacam-no-bbb-indica-tunad. Acesso em: 26 nov. 2023.

13
Elaboração de uma campanha de *marketing* integrado na era digital

O *product placement* em videoclipes, o uso de grandes artistas como garotos-propaganda e as parcerias com empresas como Chrysler, HP e HTC para incorporar a sua tecnologia sonora aos seus produtos foram componentes fundamentais para o sucesso dos fones Beats by Dre.
Crédito: Akio Kon/Bloomberg/Getty Images.

À medida que as comunicações se tornam mais complexas, as empresas precisam enfrentar o desafio crescente de coordenar as atividades de comunicação de modo a garantir uma mensagem consistente em diversos canais – e tudo de uma maneira que permita que atinjam seus objetivos estratégicos. O resultado é que as empresas estão adotando a comunicação integrada de *marketing* para elaborar, comunicar e entregar mensagens por meio de múltiplas estratégias que funcionam juntas e se reforçam mutuamente. Uma empresa que teve muito sucesso em usar diversas maneiras de disseminar sua mensagem é a Beats by Dre.

>>> Nascido Andre Young, o famoso produtor de *rap* Dr. Dre foi membro-fundador do grupo de *hip-hop* N.W.A. e deixou sua marca inconfundível na cena musical antes de se tornar um empreendedor. Os fones de ouvido Beats by Dre, lançados em 2006 com o magnata da música Jimmy Iovine, transformaram-se em objeto de desejo para muitos amantes da música apesar do custo de US$ 300, quase 10 vezes mais que os similares comuns. Seu atrativo está em um som com graves potentes e um visual elegante, embora as avaliações dos audiófilos

sejam controversas. Com forte adesão entre músicos e atletas famosos, esses fones não eram apenas uma tendência da moda, mas eram também práticos e essenciais ao estilo de vida moderno. *Product placement*, celebridades como garotos-propaganda e anúncios compartilhados foram os principais componentes da estratégia de *marketing* da Beats. Dre e Iovine, na época presidente da Interscope Records, tinham relacionamentos com a maioria dos músicos mais famosos dos Estados Unidos e arranjaram para que os fones de ouvido aparecessem nos videoclipes de alguns dos músicos de maior sucesso do mundo, como Lady Gaga, Miley Cyrus, Snoop Dogg e Nicki Minaj. O nome de Dr. Dre deu credibilidade à Beats junto a artistas que não teriam se disposto a endossar um produto comercial. A exclusividade e o alto custo associados à criação de videoclipes também ajudaram a transformar os fones Beats em símbolo de *status* e fenômeno cultural. O conhecimento especializado e as relações sociais de Dre e Iovine no mundo da música permitiram que eles identificassem músicas de sucesso e garantissem que os fones apareceriam com destaque nos seus videoclipes. Além do apoio de celebridades, a Beats desenvolveu edições especiais para algumas delas: JustBeats, com Justin Bieber; HeartBeats semelhantes a joias, com Lady Gaga; e DiddyBeats, com P. Diddy. A Beats by Dre fez parceria com empresas como Chrysler, HP e HTC para integrar sua tecnologia a carros, computadores e *smartphones*, além de lançar sua própria versão auricular e outros produtos. "Vendemos meio bilhão de dólares em produto antes de pagarmos por um único anúncio", comentou Iovine. O sucesso da Beats não passou batido entre os grandes *players* do setor. Em 2011, a HTC, fabricante coreana de *smartphones*, adquiriu uma participação majoritária na empresa (pressões financeiras depois forçariam a HTC a vender suas ações de volta para Dre e Iovine) e, em 2014, a Apple adquiriu a Beats por US$ 3,2 bilhões.[1]

Para facilitar a contratação de diversos serviços ao mesmo tempo, as agências de mídia e de propaganda adquiriram outras agências especializadas em promoção, empresas de relações públicas, consultorias de *design* de embalagens, desenvolvedores de *sites*, especialistas em mídias sociais e empresas de mala-direta. Elas têm se redefinido como *empresas de comunicação* que ajudam os clientes a melhorar a eficácia geral de suas comunicações, oferecendo consultoria estratégica e prática sobre muitas formas de comunicação. Essas capacidades expandidas tornam mais fácil para as empresas reunir várias propriedades da comunicação – bem como os serviços de *marketing* correlacionados – em um programa de comunicação integrada.

Objetivos de aprendizagem Após ler este capítulo, você deverá ser capaz de:

13.1 Descrever os princípios fundamentais do gerenciamento de uma campanha de *marketing* integrado.

13.2 Definir os principais aspectos da gestão de uma campanha de propaganda eficaz.

13.3 Explicar como formular e administrar comunicações *on-line*.

13.4 Descrever os principais aspectos da gestão de mídias sociais.

13.5 Explicar como gerenciar as comunicações *mobile*.

13.6 Explicar como elaborar experiências e eventos significativos.

13.7 Descrever o papel da comunicação boca a boca nas comunicações de *marketing*.

13.8 Resumir como gerenciar a publicidade e as relações públicas.

13.9 Discutir o papel da embalagem do produto como ferramenta de comunicação.

Gerenciamento da comunicação integrada de *marketing*

A **comunicação integrada de *marketing* (CIM)** é uma abordagem à gestão de uma campanha de comunicação pelo uso coordenado de diferentes ferramentas de comunicação que funcionam em conjunto e se reforçam mutuamente para auxiliar a empresa a atingir seus objetivos estratégicos. A CIM garante que as atividades de comunicação da empresa são consistentes entre si e podem atingir os objetivos de comunicação da empresa de maneira eficaz e com eficiência de custos. A CIM pode ocorrer em quatro níveis distintos: horizontal, vertical, interno e externo.

- A *integração horizontal* envolve coordenar todas as ações de *marketing* relevantes, incluindo embalagem, preços, promoção de vendas e distribuição, com a campanha de comunicação para maximizar o impacto no cliente.
- A *integração vertical* envolve alinhar os objetivos de comunicação aos objetivos de mais alto nível que orientam a estratégia de *marketing* geral da empresa.
- A *integração interna* envolve compartilhar as informações relevantes de diferentes departamentos, incluindo desenvolvimento de produtos, pesquisa de mercado, vendas e atendimento ao cliente, com a equipe de comunicação para criar uma campanha eficaz e com eficiência de custos.
- A *integração externa* coordena as atividades de comunicação da empresa com as de colaboradores externos, incluindo agências de propaganda, mídias sociais e relações públicas, organizadores de eventos e copatrocinadores de campanhas.

Ter uma campanha de comunicação bem integrada é crucial para o sucesso da empresa no mercado.[2] Na verdade, sem um foco explícito em consistência, a comunicação da empresa pode facilmente se tornar uma compilação aleatória de mensagens não relacionadas (e, por vezes, até conflitantes), elaboradas por diferentes equipes criativas que trabalham isoladas umas das outras e distribuídas por canais de mídias também isolados uns dos outros, de modos que não enfatizam seu impacto conjunto. Em última análise, elas podem acabar por confundir os clientes-alvo em vez de informá-los e persuadi-los.

A ampla gama de ferramentas de comunicação, mensagens e públicos torna obrigatório que as empresas caminhem para uma comunicação integrada de *marketing*. É preciso adotar uma "visão de 360 graus" do consumidor para compreender plenamente todas as diferentes formas pelas quais a comunicação pode influenciar seu comportamento cotidiano. Quando bem executada, a comunicação integrada de *marketing* avalia os papéis estratégicos de uma série de disciplinas da comunicação e habilmente as combina para oferecer clareza, coerência e impacto máximo por meio de mensagens integradas com coesão.

No desenvolvimento de um programa de comunicação integrada de *marketing*, o principal objetivo do profissional de *marketing* é criar o programa de comunicação mais eficaz e eficiente possível. Os critérios a seguir podem ajudar a garantir que a comunicação está realmente integrada.[3]

- *Cobertura*. A cobertura é a proporção do público atingida em cada opção de comunicação empregada, assim como o tanto de sobreposição existente entre as opções. Em outras palavras, até que ponto as diferentes opções de comunicação atingem o mercado-alvo designado e os mesmos – ou diferentes – consumidores que o integram?
- *Contribuição*. A contribuição é a capacidade inerente que cada comunicação de *marketing* tem de gerar a resposta do consumidor e exercer os efeitos de comunicação neles na ausência de exposição a qualquer outra opção de comunicação. Em que medida a comunicação influencia o processamento pelo consumidor e cria conscientização, aprimora a imagem, provoca respostas e induz vendas?
- *Compartilhamento*. O compartilhamento é o grau em que associações *comuns* são reforçadas pelas opções de comunicação, isto é, até que ponto as informações transmitidas por diferentes opções de comunicação compartilham o mesmo significado. A coerência e a coesão da imagem da marca são importantes porque determinam a facilidade com que as associações e as respostas existentes podem ser lembradas e a facilidade com que outras associações e respostas podem ser vinculadas à marca na memória.
- *Complementaridade*. De modo geral, as opções de comunicação são mais eficazes quando utilizadas em sequência. A complementaridade envolve enfatizar associações e vínculos *diferentes*

entre as opções de comunicação. Para um posicionamento eficaz, as marcas geralmente precisam estabelecer múltiplas associações. Diversas opções de comunicação de *marketing* podem ser mais apropriadas para estabelecer um tipo específico de associação com a marca. Por exemplo, o patrocínio de uma causa pode melhorar as percepções de confiança e credibilidade de uma marca, mas propagandas de TV e impressas podem ser necessários para comunicar as vantagens de desempenho dessa marca.

- *Versatilidade.* Em qualquer programa de comunicação integrada, a mensagem será nova para alguns consumidores e familiar para outros. A versatilidade reflete até que ponto uma opção de comunicação de *marketing* funciona para os diferentes grupos de consumidores. A capacidade da comunicação de trabalhar em dois níveis, comunicando-se bem com consumidores que tenham ou não tido contato com outras comunicações, é de extrema importância.
- *Custo.* A avaliação das comunicações de *marketing* em todos esses critérios deve ser comparada com seu custo para que se chegue ao programa de comunicação mais eficaz *e* eficiente.

Um esforço de comunicação integrada de *marketing* é capaz de produzir uma mensagem mais coerente, ajudar a construir marcas mais fortes e gerar um impacto mais expressivo nas vendas. Ele força a gerência a refletir sobre todas as formas pelas quais o cliente estabelece contato com a empresa, como a empresa comunica seu posicionamento, a importância relativa de cada veículo e as questões de *timing*. Também atribui a alguém – que antes não existia – a responsabilidade de unificar as imagens e as mensagens da marca à medida que passam pelas milhares de atividades da empresa. A comunicação integrada de *marketing* deve aprimorar a capacidade da empresa de atingir os clientes certos com as mensagens certas, no momento certo e no local certo.[4]

O desenvolvimento de uma campanha de comunicação integrada exige um entendimento claro sobre os detalhes dos formatos de mídia alternativos, de modo a criar uma experiência consistente para os clientes-alvo. A seguir, descreveremos brevemente alguns dos principais aspectos dos formatos de comunicação mais populares: propaganda, *marketing on-line* e de mídias sociais, comunicação *mobile*, eventos e experiências, comunicação boca a boca, publicidade e relações públicas e embalagem. No capítulo seguinte, discutiremos a venda pessoal e o *marketing* direto.

Propaganda

Propaganda é toda apresentação e promoção de ideias, bens, serviços e marcas por um patrocinador identificado por meio de mídias pagas. Em geral, o anunciante compra tempo (no caso de propagandas de rádio e televisão) ou espaço de mídia (no caso de propagandas impressas) para transmitir a mensagem da empresa para o seu público-alvo. As formas mais populares de propaganda (TV, impressa, rádio, *on-line* e mídia externa) são discutidas em mais detalhes nas seções a seguir.

PROPAGANDA NA TV

De modo geral, a TV é tida como a mídia mais poderosa de propaganda e atinge um amplo espectro de consumidores. A propaganda televisiva tem três vantagens particularmente importantes. Em primeiro lugar, pode demonstrar vividamente os atributos do produto e explicar de maneira persuasiva seus benefícios ao consumidor. Em segundo lugar, pode retratar com dramaticidade imagens do uso e do usuário, a personalidade da marca e outros fatores intangíveis. Em terceiro lugar, a televisão tem a oportunidade de acessar um público cativo durante a transmissão ao vivo de eventos importantes (p. ex., o Super Bowl, o Oscar e notícias urgentes).

> **Aflac** A Aflac (American Family Life Assurance Company), maior fornecedora de seguros complementares, era relativamente desconhecida até que uma campanha de propaganda muito criativa a transformou em uma das marcas mais reconhecidas da história recente. Criada pela agência Kaplan Thaler, uma campanha alegre apresenta um pato irritadiço que grita incessantemente o nome da empresa, "Aflac!", enquanto consumidores ou celebridades conversam sobre seus produtos. A tentativa frustrada do pato em chamar a atenção cativou os consumidores. As vendas subiram 28% no primeiro ano em que o pato foi ao ar, e o reconhecimento do nome

>> O reconhecimento do nome da marca American Family Life Assurance Company foi às alturas, assim como as vendas, após uma campanha de comerciais criativos na TV em que um pato mal-humorado grasnava interminavelmente o acrônimo Aflac.

passou de 13 para 91%. A Aflac manteve o pato em sua propaganda, chegando a incorporá-lo em sua logomarca corporativa em 2005. As mídias sociais permitiram aos profissionais de *marketing* desenvolver mais a personalidade do pato, que tem 515 mil fãs no Facebook, um número que continua a crescer. O pato Aflac não é um fenômeno apenas nos Estados Unidos; ele também estrela propagandas na TV japonesa, com uma personalidade um pouco mais alegre, e credita-se a ele um impulso nas vendas do maior mercado da Aflac.[5]

No entanto, em virtude da natureza fugaz dos comerciais e dos elementos criativos que potencialmente provocam distração, as mensagens relacionadas com o produto e a própria marca podem ser ignoradas.[6] Além disso, o grande número de propagandas inseridas na programação de TV cria uma saturação, o que faz elas serem facilmente ignoradas ou esquecidas pelo consumidor.

Outra consideração é o custo relativamente alto das propagandas de TV. Nos Estados Unidos, um comercial de 30 segundos durante um programa popular em rede nacional pode custar de US$ 200 mil a US$ 500 mil por veiculação e atingir de 2 a 7 milhões de telespectadores. Isso significa entre 8 e 10 centavos de dólar por espectador. Os anúncios *on-line* com vídeo, por outro lado, custam em torno de US$ 25 por mil impressões, o que corresponde a 2,5 centavos por espectador, embora o impacto possa ser reduzido pelo fato de eles muitas vezes serem visualizados nas telas muito menores dos computadores e dispositivos móveis.[7]

Com o avanço do *streaming* pela internet, a programação de TV expandiu-se além do televisor em si e hoje inclui conteúdo assistido em computadores, *notebooks*, *tablets* e celulares. Essa mudança deu aos consumidores um maior controle sobre quando e como assistir às comunicações da empresa. Além disso, a popularidade crescente das alternativas de entretenimento sem comerciais, como Netflix, Amazon e Hulu, está sacudindo o mundo da comunicação tradicionalmente dominado pelos comerciais de 30 segundos na TV. Em resposta, os profissionais de *marketing* buscam novas maneiras de engajar os espectadores nos mais diversos tipos de programação e em todos os dispositivos nos quais os clientes assistem a comerciais.

Apesar das suas desvantagens, as propagandas televisivas podem ser uma maneira poderosa de informar os clientes sobre a empresa e suas ofertas, fortalecer as preferências e a fidelidade de marca dos clientes e gerar vendas e lucro. Os profissionais de *marketing* inteligentes aproveitam as vantagens das propagandas de TV e as combinam com outras formas de propaganda e comunicações de *marketing* para maximizar o impacto no cliente.

<< A propaganda em revistas pode ser uma forma eficaz de construir ou reforçar o imaginário do usuário para determinada marca, como aconteceu com a campanha da Ray-Ban "Never Hide" (Nunca se esconda).

PROPAGANDA IMPRESSA

A mídia impressa caracteriza-se por um total contraste em relação à mídia eletrônica. Visto que os leitores impõem à leitura seu próprio ritmo, revistas e jornais podem oferecer muitas informações detalhadas sobre o produto e comunicar com eficácia o imaginário do usuário e do uso. Ao mesmo tempo, a natureza estática das fotos na mídia impressa dificulta a apresentação e a demonstração dinâmicas, podendo ser consideravelmente passiva.

As duas principais mídias impressas, revistas e jornais, compartilham vantagens e desvantagens. Embora os jornais tenham boa penetração e sejam mais imediatos, as revistas normalmente são mais eficazes na construção do imaginário do usuário e do uso. Os jornais diários costumam ser muito utilizados para propaganda local, principalmente de lojas. Em um dia normal, cerca de metade até três quartos dos adultos americanos leem um jornal, embora cada vez mais prefiram a versão eletrônica. A propaganda impressa tem declinado continuamente nos últimos anos.[8] Apesar de os anunciantes terem alguma flexibilidade na criação e na colocação de anúncios em jornais, a qualidade inferior da reprodução e o curto período de exposição podem diminuir seu impacto.

Pesquisadores que estudam as propagandas impressas relatam que os principais elementos são, em ordem de importância, *foto, título* e *texto*. A foto deve ser forte o suficiente para chamar a atenção. O título deve reforçá-la e fazer a pessoa ler o texto. O texto em si precisa ser envolvente, e o nome da marca deve estar em destaque. Ainda assim, um anúncio realmente notável será percebido por menos de 50% do público exposto a ele. Cerca de 30% se lembrará do argumento principal do título; cerca de 25% se lembrará do nome do anunciante; e menos de 10% chegará a ler a maior parte do texto. Anúncios medíocres nem sequer atingem esses resultados modestos.

Um anúncio impresso deve ser claro e consistente, além de destacar a marca. Em uma campanha premiada, anúncios do iPad Mini nas contracapas das revistas *Time* e *The New Yorker* comparavam o tamanho real do dispositivo com o da revista. Para comemorar seu 75º aniversário, a premiada campanha impressa "Never Hide" (Nunca se esconda) da Ray-Ban apresentou sete anúncios mostrando como os usuários do óculos desprezaram as convenções e destacaram-se da multidão por sete décadas.

PROPAGANDA NO RÁDIO

O rádio é uma mídia penetrante: cerca de 93% dos americanos com mais de 12 anos escutam rádio diariamente e, em média, por aproximadamente 20 horas por semana. Esses números têm se sustentado nos últimos anos. A maioria das pessoas escuta rádio no carro e fora de casa.

Para ter sucesso, as redes de rádio estão se tornando multiplataformas com forte presença digital, para permitir que os ouvintes as sintonizem a qualquer hora e em qualquer lugar.

Talvez a principal vantagem desse meio seja a flexibilidade: as estações têm público bem definido, as propagandas são relativamente baratas de criar e veicular e as finalizações rápidas possibilitam respostas rápidas. O rádio pode envolver os ouvintes ao combinar marcas conhecidas, presença local e personalidades fortes. É particularmente eficaz no período da manhã e permite que as empresas alcancem um equilíbrio entre cobertura ampla e local. Além disso, as propagandas de rádio estão se beneficiando da popularidade crescente dos *podcasts*, que oferecem aos ouvintes uma ampla gama de opções e a possibilidade de escolher quando escutar o conteúdo desejado.

As desvantagens óbvias do rádio são a falta de imagens e a natureza relativamente passiva do processamento das mensagens por parte do consumidor. Ainda assim, as propagandas de rádio podem ser extremamente criativas. O uso inteligente de músicas, sons e outros elementos criativos pode aguçar a imaginação do ouvinte e, assim, criar imagens incrivelmente relevantes.

PROPAGANDA *ON-LINE*

Levando em consideração que os usuários da internet gastam uma parcela mínima de 5% de seu tempo *on-line* em busca de informações, os *banners* continuam sendo muito promissores em comparação com os concorridos anúncios de busca. No entanto, os anúncios precisam ser mais atrativos e influentes, mais bem direcionados e mais atentamente acompanhados.[9]

Os anúncios *on-line* têm várias vantagens. Pode-se facilmente monitorar seus efeitos: quantos visitantes únicos clicaram em uma página ou anúncio, quanto tempo gastaram, o que fizeram e para onde foram em seguida.[10] Isso também permite que as empresas testem diferentes mensagens e soluções criativas, o que, por sua vez, permite que otimizem a campanha de propaganda para aumentar a sua probabilidade de provocar a resposta desejada nos consumidores. As propagandas *on-line* também oferecem a vantagem do **contextual placement** (segmentação contextual), que permite às empresas comprar anúncios em *sites* relacionados com as suas ofertas. Elas também podem anunciar com base nas palavras-chave que os consumidores digitam em mecanismos de busca para alcançá-los quando estão efetivamente envolvidos no processo de compra.[11] Além disso, a propaganda *on-line* permite uma ampla variedade de conteúdos, desde texto puro até anúncios semelhantes aos impressos, comerciais em vídeo e experiências totalmente interativas.

No entanto, estar *on-line* também traz desvantagens. Os consumidores podem filtrar a maioria das mensagens. Os profissionais de *marketing* poderão pensar que seus anúncios são mais eficazes do que realmente são se ocorrerem cliques não intencionais ou cliques falsos gerados por *softwares* maliciosos. Os anunciantes também perdem certo controle sobre suas mensagens eletrônicas, que podem sofrer ação de *hackers* ou vandalismo. No entanto, sem dúvida os prós superam os contras, e a participação de mercado da propaganda *on-line* cresceu continuamente durante a última década.

Uma forma cada vez mais popular de propaganda *on-line* é a **publicidade nativa** (um tipo de informe publicitário), que envolve materiais semelhantes ao conteúdo editorial da publicação, mas cuja intenção é promover o produto do anunciante. Em outras palavras, os anúncios nativos são mensagens comerciais pagas que correspondem ao visual e ao estilo da publicação em que são veiculados. Ao contrário da propaganda tradicional, a publicidade nativa é concebida para ser não disruptiva e parecer parte do fluxo editorial da publicação.

Existem três formatos comuns de anúncios nativos: (1) recomendações de conteúdo, como artigos sugeridos que aparecem no final de um artigo com conteúdo editorial; (2) anúncios *in-feed*, que aparecem no *feed* de notícias de redes sociais; e (3) resultados de busca e resultados promovidos, que aparecem acima dos resultados de uma busca orgânica no Google.

Com o seu método não disruptivo, a publicidade nativa ganhou popularidade no mundo todo. Embora seja utilizada principalmente nas comunicações *on-line*, a publicidade nativa também é utilizada em formatos de mídia tradicionais, incluindo mídia impressa, televisão e rádio. Por exemplo, uma revista pode reproduzir um artigo que foi desenvolvido em conjunto pela equipe editorial e pelo anunciante para criar um conteúdo informativo, engajante e de alta legibilidade para promover um determinado produto, serviço ou marca.

MÍDIA EXTERNA

A mídia externa (OOH, em inglês *out of home*) é uma categoria ampla que abrange diversas formas criativas e inusitadas para atrair a atenção dos consumidores nos locais onde trabalham, divertem-se e, obviamente, fazem compras. Algumas das opções mais populares são *outdoors*, espaços públicos, *product placement* e pontos de venda.

Outdoors. Os *outdoors* transformaram-se com o passar do tempo e atualmente utilizam artes gráficas coloridas e produzidas digitalmente, iluminação, sons e movimento. Propagandas colocadas em *outdoors* são chamadas de "venda de 15 segundos", pois os consumidores são expostos a elas muito brevemente e precisam captar a mensagem em um piscar de olhos. Em Nova York, tampas de bueiro foram reimaginadas como fumegantes xícaras de café Folgers; na Bélgica, o eBay colou adesivos com a frase "Moved to eBay" (Mudamos para o eBay) em fachadas de pontos comerciais vazios; e na Alemanha, operários imaginários trabalhando dentro de máquinas de venda automática e cabines de caixas eletrônicos e de fotos serviram para justificar que um *site* alemão de classificados proclamasse "*Life is too short for the wrong job*" (A vida é curta demais para o emprego errado).[12]

Uma mensagem criativa forte pode fazer toda a diferença. A Chang Soda Water de Bangcoc tinha recursos suficientes em seu orçamento para apenas um *outdoor* digital. Para maximizar o impacto, ela construiu uma gigantesca garrafa borbulhante no painel para ilustrar a carbonatação do produto. O *buzz* (disseminação) da comunicação boca a boca resultante da ação quintuplicou as vendas, de 200 mil para 1 milhão de garrafas.[13]

Espaços públicos. Cada vez mais, os anunciantes têm anunciado em locais inusitados, como telas de cinema, fuselagens de aviões e equipamentos de academias, além de salas de aula, estádios, elevadores de prédios comerciais ou hotéis e outros locais públicos. Propagandas em ônibus, metrôs e trens tornaram-se um meio valioso de atingir trabalhadores de ambos os gêneros. O "mobiliário de rua" – pontos de ônibus, quiosques e áreas públicas – é outra opção que vem ganhando espaço rapidamente.

À medida que a eficácia de muitos meios de comunicação tradicionais entra em declínio, os anunciantes recorrem aos espaços públicos para criar uma impressão memorável da empresa e das suas ofertas na mente dos clientes. O resultado é que um número crescente de anunciantes compra espaço em estádios e arenas ou em latas de lixo, bicicletários, parquímetros, esteiras de bagagem em aeroportos, elevadores, bombas de gasolina, fundo de piscinas e de buracos em campos de golfe, embalagens de lanches servidos em aviões e frutas de supermercados com rótulos minúsculos colados em maçãs e bananas. Além disso, mais empresas passaram a usar seus nomes para patrocinar arenas, estádios e outros locais que sediam eventos. Bilhões foram gastos na última década pelo direito de dar nome a grandes instalações esportivas na América do Norte.

Product placement. Os anunciantes pagam centenas de milhares de dólares para que seus produtos façam breves aparições no cinema e na TV.[14] Em alguns casos, o *product placement* resulta de um acordo mais abrangente de propaganda em rede; em outros, resulta do trabalho de pequenas agências especializadas que mantêm vínculos estreitos com aderecistas, cenógrafos e executivos de produção.

Há empresas que conseguem exibir seus produtos sem custo algum. A Nike não paga para aparecer nos filmes, mas quase sempre fornece tênis, jaquetas, mochilas, etc. Cada vez mais, produtos e marcas são incluídos no próprio roteiro, como quando um novo iPad para o pai aficionado por aparelhos eletrônicos da série de TV *Modern Family* foi tema de um episódio inteiro. Em alguns casos, no entanto, as marcas pagam pelo direito de aparecer em um filme, como no caso do filme *007 – Operação Skyfall*.

> *007 – Operação Skyfall* No filme *007 – Operação Skyfall*, o 23º da série, a Heineken pagou quase US$ 40 milhões para ter James Bond bebendo sua cerveja em vez da tradicional vodca martini. A soma cobriu um terço do orçamento estimado para a produção do filme. Além da Heineken, as empresas com maior presença em tela foram Adidas, Aston Martin, Audi, Omega, Sony e Tom Ford. Uma empresa de pesquisa estimou que as marcas do filme

>> Além de a Heineken gastar uma fortuna para que James Bond escolhesse sua cerveja no lugar do martini batido, não mexido, outras marcas optaram por colocar seus produtos no filme *007 – Operação Skyfall*.

receberam mais de US$ 7,6 milhões em exposição no fim de semana de lançamento. Algumas marcas também exibiram uma promoção do filme fora da tela. A Heineken fez um anúncio extravagante de 90 segundos com uma perseguição criativa em um trem que terminava com uma participação especial de Daniel Craig, o ator britânico que interpretou Bond no filme. Mais de 22 milhões de pessoas viram a campanha *on-line*, e a promoção "Crack the Case" (Desvende o caso) da Heineken convidava os consumidores em grandes centros urbanos a demonstrarem suas habilidades à la Bond em um jogo.[15]

Pontos de venda. O apelo da propaganda nos pontos de venda fundamenta-se no fato de que os consumidores tomam muitas decisões sobre marcas no interior da loja. Existem inúmeras maneiras de se comunicar com os consumidores no ponto de venda (PDV). A propaganda dentro de lojas inclui mensagens nos carrinhos e cestos de compra, nas alças dos carrinhos, nos corredores e nas prateleiras, além de ações promocionais, como demonstrações no interior da loja, experimentação no local e máquinas de cupons instantâneos, comuns no mercado americano.[16] Alguns supermercados vendem espaço no piso para aplicação de logotipos de empresas e testam novas tecnologias de prateleiras que "falam" com os consumidores. O *mobile marketing* atinge os consumidores por meio dos seus *smartphones* quando visitam as lojas. Rádios no PDV veiculam uma programação e comerciais em milhares de mercados e farmácias nos Estados Unidos.

Comunicação *on-line*

As empresas precisam estar onde os clientes estão, e cada vez mais a internet é o lugar certo. Do tempo gasto pelos consumidores americanos com todas as mídias, mais de metade é *on-line*. Entretanto, os clientes estabelecem as regras de seu envolvimento e, se desejarem, isolam-se com a ajuda de agentes e intermediários, definindo quais informações são necessárias, quais ofertas interessam e quanto estão dispostos a pagar.

SITE DA EMPRESA

As empresas devem criar *sites* que incorporem ou expressem seus objetivos e produtos, bem como sua história e visão, e que sejam atrativos na primeira visualização e interessantes o suficiente para incentivar novas visitas.[17] No passado, a pioneira do setor de beleza Estée Lauder alardeou que contava com três meios de comunicação para construir seu negócio multimilionário de cosméticos: "telefone, telégrafo e o boca a boca entre as mulheres". Agora, ela teria de acrescentar a essa lista a internet, onde o *site* oficial da empresa descreve produtos novos e antigos, anuncia ofertas e promoções especiais e ajuda clientes a localizar lojas onde possam comprar produtos Estée Lauder.

Os visitantes avaliam o desempenho de um *site* com base em sua facilidade de uso e atratividade física. A *facilidade de uso* geralmente significa que o conteúdo é fácil de entender e navegar. A *atratividade física* reflete o apelo estético do *site*, incluindo fatores como leiaute, fontes e combinação de cores. Os recursos do *site* podem ajudar a facilitar as vendas. Por exemplo, a J. D. Power descobriu que os consumidores encantados com o *site* de uma montadora de automóveis se sentiam mais propensos a fazer um *test drive*.[18]

Como descreveremos em detalhes a seguir, empresas como a Comscore e a Nielsen Online monitoram por onde os clientes navegam, tomando por base métricas como *page views* (acessos), visitantes únicos, duração da visita, e assim por diante. As empresas também devem se preocupar com os problemas de segurança e de proteção à privacidade no ambiente da internet. Um grupo de pesquisadores recomenda transformar vários "pontos de contato" relacionados com a privacidade no *site* em uma experiência positiva para o cliente desenvolvendo controles de privacidade centrados no usuário que evitam múltiplas intrusões e usam automação sempre que possível para impedir a intrusão humana.[19]

Além dos *sites*, as empresas podem usar *microsites* – páginas individuais ou em conjunto que funcionam como complementos de um *site* principal. Por exemplo, as pessoas raramente visitam o *site* de uma companhia de seguros, mas a empresa pode criar um *microsite* em *sites* de carros usados para dar dicas aos compradores desse tipo de veículo, além de oferecer uma proposta de seguro atrativa.

CRESCIMENTO DO TRÁFEGO *ON-LINE*

Um componente importante do *marketing on-line* é estimular o tráfego na direção da mídia própria da empresa. Duas abordagens comuns são usadas para isso: otimização para mecanismos de busca e *marketing* para mecanismos de busca.

A **otimização dos mecanismos de busca (SEO, do inglês *search engine optimization*)** descreve atividades que visam a melhorar a probabilidade de que o *link* de uma marca esteja no topo de todos os *links* não pagos quando os consumidores pesquisam termos relevantes. Como a SEO envolve otimizar o *site* da própria empresa sem pagar terceiros para gerar tráfego, implementá-la é significativamente mais barato do que adotar o *marketing* para mecanismos de busca.

O ***marketing* para mecanismos de busca (SEM, do inglês *search engine marketing*)** descreve atividades nas quais a empresa paga os mecanismos de busca para aparecer em destaque nos resultados de palavras-chave específicas que sirvam de referência aos interesses de produto ou consumo dos usuários. Quando um consumidor busca qualquer um desses termos no Google, o anúncio de uma empresa pode aparecer no topo ou ao lado dos resultados da busca, dependendo do lance feito e do algoritmo que os mecanismos de pesquisa usam para determinar a relevância de um anúncio para determinada busca. Por exemplo, a McDonald's poderia pagar a Google pelas suas informações para aparecer entre os resultados gerados quando os consumidores buscam uma determinada palavra-chave ou sequência de palavras, como "hambúrguer", "batatas fritas" ou "*fast-food*".

Os anunciantes normalmente só pagam se as pessoas clicarem nos *links*, mas as empresas acreditam que os consumidores que já expressaram interesse ao iniciar uma busca sejam clientes de alto potencial. O custo por clique depende do ordenamento do *link* na página e da popularidade da palavra-chave pesquisada. A crescente popularidade dos anúncios pagos por busca acirrou a concorrência entre os arrematadores de palavras-chave, elevando consideravelmente o preço de anúncios baseados em busca e incitando a cobrança de um ágio pelas melhores palavras-chave possíveis, por lances estratégicos e por acompanhamento dos resultados de eficácia e eficiência.

Uma série de diretrizes tem sido sugerida como parte da SEO e do SEM.[20] Por exemplo, termos de busca mais amplos ("iPhone" ou "hambúrguer") são úteis para a construção de marcas em geral; já termos mais específicos que identificam determinado modelo ou serviço ("Apple iPhone XS Max") são úteis para gerar e concretizar indicações de vendas. Os termos de pesquisa devem ser destacados nas páginas apropriadas do *site* da empresa para que os mecanismos de busca possam identificá-los facilmente. De modo geral, qualquer produto pode ser identificado por várias palavras-chave, mas as empresas devem dar lances por termos de acordo com seu provável retorno sobre receita.

Mídias sociais

Componente importante do *marketing* digital, as mídias sociais são um meio para os consumidores compartilharem textos, imagens e arquivos de áudio e vídeo entre si e com empresas, ou vice-versa.

As mídias sociais dão às empresas voz e presença pública na internet, podendo reforçar com eficiência econômica outras atividades de comunicação. Além disso, em razão de seu imediatismo cotidiano, também podem incentivar as empresas a se manterem inovadoras e relevantes. Os profissionais de *marketing* podem criar ou explorar comunidades virtuais de modo a incitar a participação de consumidores e criar um ativo de *marketing* de longo prazo.

O CRESCIMENTO DAS MÍDIAS SOCIAIS

As mídias sociais permitem que os consumidores se envolvam com uma marca em um nível provavelmente mais profundo e mais amplo do que nunca. Os profissionais de *marketing* devem fazer o máximo possível para incentivar o envolvimento produtivo de consumidores dispostos a isso. Entretanto, por mais úteis que sejam, as mídias sociais raramente são a única fonte de comunicação de *marketing* para uma marca.

Uma pesquisa sugere que as marcas e os produtos variam muito quanto ao nível de socialização *on-line*. Os consumidores estão mais propensos a se engajar quando o assunto é a mídia, as instituições de caridade e a moda e menos propensos quando se trata de bens de consumo.[21] Embora os consumidores possam usar as mídias sociais para obter informações úteis ou ofertas e promoções ou para usufruir de conteúdo interessante ou divertido criado por determinada marca, uma porcentagem muito menor está disposta a usar as mídias sociais para manter "conversas" bidirecionais com marcas. Em suma, os profissionais de *marketing* devem levar em consideração que, quando se trata de mídias sociais, apenas *alguns* consumidores querem se envolver com *algumas* marcas e, mesmo assim, apenas *algumas* vezes.

Um desafio enfrentado por quem pratica *marketing* nas mídias sociais é a velocidade com que se espera que as empresas reajam a notícias e eventos relevantes. A conectividade *always on* (sempre ligada) condicionou os consumidores a esperarem uma resposta quase instantânea das empresas. Isso, por sua vez, força as empresas a desenvolverem novas capacidades de comunicação que lhes permitam reagir a problemas e oportunidades em tempo real, moldando o debate nas mídias sociais e agindo de modo a retificar problemas e aproveitar oportunidades.

Adotar as mídias sociais, aproveitar a comunicação boca a boca e criar *buzz* também exigem que as empresas aceitem tanto o lado ruim quanto o lado bom das coisas.[22] Quando o concurso "Do Us a Flavor" (Faça-nos um sabor) da Frito-Lay convidou seus fãs nos Estados Unidos a sugerir novos sabores de batata frita pela chance de ganhar um vultoso prêmio em dinheiro, o aplicativo de inscrições no Facebook travou no primeiro dia devido ao alto volume de tráfego. Apesar disso, a promoção voltou aos trilhos, e o sabor vencedor – batatas com sabor de queijo e alho – juntou-se aos vencedores anteriores de outros países, como as batatas com sabor de salada Caesar, na Austrália, e as batatas de camarão, no Egito.[23]

O exemplo da Frito-Lay mostra o poder e a velocidade das mídias sociais, mas também os desafios impostos às empresas. A realidade, no entanto, é que não importa se uma empresa escolhe aderir às mídias sociais ou não, a internet sempre permitirá vigilância e críticas de consumidores e organizações. Ao usar as mídias sociais e a internet de maneira construtiva e ponderada, as empresas têm ao menos um meio de criar forte presença *on-line* e oferecer pontos de vista alternativos que sejam confiáveis, caso ocorra *feedback* negativo. Se uma empresa construir uma forte comunidade virtual, os membros dessa comunidade frequentemente se apressarão em defender a marca e desempenhar um papel de policiamento em relação a caracterizações imprecisas ou injustas.

PLATAFORMAS DE MÍDIAS SOCIAIS

As plataformas principais das mídias sociais se dividem em quatro: comunidades e fóruns *on-line*, *blogs*, redes sociais e avaliações dos clientes.

Comunidades e fóruns *on-line*. As comunidades e os fóruns *on-line* assumem as mais variadas formas e tamanhos. Muitos são criados por consumidores ou grupos de consumidores sem interesses comerciais ou ligações com empresas. Outros são patrocinados por empresas, e seus membros comunicam-se com elas e entre si por meio de postagens, mensagens de texto e salas de bate-papo sobre interesses especificamente relacionados com os produtos e as marcas de determinada empresa. Essas comunidades e fóruns *on-line* podem ser um recurso valioso para os negócios e preencher múltiplas funções, tanto pela coleta quanto pela transmissão de informações fundamentais.

O segredo do sucesso das comunidades *on-line* é criar atividades individuais e de grupo que ajudem a formar laços entre seus membros. A Apple realiza um grande número de grupos de discussão organizados por linhas de produto e tipos de usuário (consumidor ou profissional). Esses grupos são a principal fonte de informações sobre produtos que os clientes têm após a garantia expirar.

O fluxo de informações em comunidades e fóruns *on-line* é bidirecional e pode proporcionar às empresas informações e *insights* de clientes que são úteis, porém difíceis de obter. Quando a GlaxoSmithKline se preparava para lançar seu primeiro medicamento para perda de peso, o Alli, ela patrocinou uma comunidade de apoio ao emagrecimento. A empresa considerou o *feedback* recebido como mais valioso do que aquele que poderia ter obtido de grupos focais tradicionais. Da mesma forma, a LEGO começou a usar *crowdsourcing* (terceirização coletiva ou colaboração de grupo) para que os consumidores apresentassem ideias de produtos. Para isso, a empresa permitiu que os fãs criassem e votassem em projetos, que a LEGO então comercializava na forma de produtos formais. A plataforma de *crowdsourcing* global da LEGO produziu diversos produtos de sucesso, incluindo uma série de conjuntos baseados em *Minecraft*, um jogo incrivelmente popular.[24]

Blogs. Os *blogs* – periódicos ou diários *on-line* atualizados regularmente – tornaram-se um importante canal para a comunicação boca a boca. Existem milhões deles e muita variação entre um e outro; alguns são pessoais, para amigos e familiares, ao passo que outros se destinam a atingir e influenciar um vasto público. Um apelo óbvio dos *blogs* consiste em reunir pessoas com interesses em comum.

As empresas criam seus próprios *blogs* e monitoram com atenção os alheios.[25] Tendo em vista que muitos consumidores examinam informações sobre produtos e opiniões contidas nos *blogs*, a Comissão Federal de Comércio dos Estados Unidos (FTC) também tomou medidas para exigir que os blogueiros revelem sua ligação com empresas cujos produtos endossam. No outro extremo, alguns consumidores usam *blogs* e vídeos como forma de retaliação ao mau atendimento ou a produtos defeituosos fornecidos por uma empresa.

Redes sociais. Redes sociais como Facebook, LinkedIn, Instagram, YouTube, Twitter e WeChat se tornaram uma força importante para o *marketing* B2C (do inglês *business-to-consumer*) e B2B (do inglês *business-to-business*).[26]

Os profissionais de *marketing* ainda estão aprendendo a melhor forma de explorar as redes sociais e seu público vasto e bem segmentado.[27] Dada a natureza não comercial das redes, pois os usuários geralmente as acessam para conectar-se com outras pessoas, atrair a atenção e persuadir são tarefas mais desafiadoras. Além disso, como os usuários geram seu próprio conteúdo, os anúncios podem aparecer ao lado de material inadequado ou até mesmo ofensivo.

Muito conteúdo *on-line* não é necessariamente compartilhado nem viraliza. Apenas uma pequena parcela do conteúdo acaba se beneficiando do "efeito cascata" e espalha-se para mais de uma pessoa além do destinatário inicial. Ao decidir se contribuem ou não com as mídias sociais, os consumidores podem ser motivados por fatores intrínsecos (p. ex., se estão se divertindo ou aprendendo), mas são influenciados com mais frequência por fatores extrínsecos, como considerações sociais e de autoimagem.[28]

Thales Teixeira, especialista em vídeo viral da Harvard Business School, aconselha usar *brand pulsing* (pulsação de marca – integração da marca ao longo do anúncio) para ter um anúncio viral compartilhado: mostre a marca brevemente, de maneira que não seja muito invasiva na história; faça uma abertura com alegria ou surpresa para fisgar aqueles espectadores volúveis que se entediam facilmente; crie uma montanha-russa emocional dentro do anúncio para manter os espectadores envolvidos; e surpreenda, mas sem chocar, pois se um anúncio deixar o público muito desconfortável, é improvável que seja compartilhado.[29]

O *marketing* viral tenta criar sensação no mercado para apresentar uma marca e suas características notáveis. Alguns acreditam que as ações de *marketing* viral são conduzidas mais pelas regras de entretenimento do que pelas regras de venda. Consideremos estes exemplos: a Quicksilver apresenta vídeos e livros sobre surfe para adolescentes; a Johnson & Johnson e as fraldas Pampers têm *sites* populares com dicas para os pais; o Walmart apresenta vídeos com dicas de economia no YouTube; a vodca Grey Goose tem uma divisão inteira dedicada ao entretenimento; a Mountain Dew tem uma gravadora; e a Hasbro vem unindo forças com a Discovery para criar um canal de TV.[30] Em última análise, no entanto, o sucesso de qualquer campanha viral ou comunicação boca a boca depende da disposição dos consumidores de conversar com outros consumidores.

Um componente cada vez mais importante da comunicação *on-line* das empresas é o uso de influenciadores nas mídias sociais. O termo **marketing de influenciadores** refere-se ao uso de figuras populares na internet para promover produtos, serviços ou marcas em seus *feeds* nas mídias sociais. Estritamente, o *marketing* de influenciadores pode ser interpretado como um misto de publicidade e endosso pago que ocorre no contexto das mídias sociais. Nesse caso, a empresa paga ao formador de opinião para promover suas ofertas, mas, em vez de usar esse endosso nas próprias comunicações, ela depende das próprias redes sociais do influenciador para disseminar a mensagem.

O *marketing* de influenciadores cresceu rapidamente nos últimos anos e transformou-se em uma indústria multibilionária. Esse crescimento rápido criou diversos desafios para os profissionais de *marketing*. Um número crescente de empresas percebe o valor de usar influenciadores para promover suas ofertas, então a demanda pelos seus serviços aumentou. O preço do endosso multiplicou-se várias vezes e pode ultrapassar os US$ 100 mil para alguns dos maiores influenciadores do mercado.[31]

Os altos cachês cobrados pelos influenciadores e a falta de medidas precisas do seu impacto no mercado também criaram um mercado global para fraudes nas mídias sociais. Um número crescente de empresas especializa-se em vender seguidores no Twitter e *retweets*, visualizações no YouTube e endossos no LinkedIn para usuários que desejam parecer mais populares e influentes nos espaços das mídias sociais. Houve um caso em que uma única empresa usava mais de 3,5 milhões de contas automatizadas, cada uma delas vendida a múltiplos clientes, para fornecer aos influenciadores mais de 200 milhões de seguidores no Twitter.[32] Muitos desses influenciadores usaram seus números de seguidores inflacionados para negociar cachês mais altos de anunciantes. Vendo a importância de autenticar o impacto real dos influenciadores, os anunciantes passaram a empregar empresas que funcionam como detetives das mídias sociais. Essas empresas avaliam as atividades dos influenciadores nas mídias sociais em busca de sinais de atividades de *bots* para determinar a porcentagem de seguidores, visualizações e visitantes reais.

Avaliações dos clientes. As avaliações dos clientes podem ser especialmente influentes para moldar as preferências e decisões de compra dos consumidores.[33] Uma pesquisa da Nielsen descobriu que as avaliações dos clientes *on-line* eram consideradas a segunda fonte mais confiável de informações de marca (após recomendações de amigos e familiares).[34] Pesquisas revelam que a influência social pode levar a comentários virtuais desproporcionalmente positivos, tornando os avaliadores subsequentes mais propensos a serem influenciados pelos comentários positivos anteriores do que pelos negativos. Os consumidores que publicam avaliações são suscetíveis a pressões por conformidade e adotam normas alheias.[35] Por outro lado, avaliações ou classificações positivas *on-line* geralmente não são tão influentes ou valorizadas quanto as negativas.[36]

Os consumidores também são influenciados pelas opiniões e recomendações *on-line* de outros consumidores. As redes sociais informais que surgem entre os consumidores complementam as redes de produtos criadas pelas empresas.[37] Influenciadores digitais, um dos poucos ou talvez os únicos a influenciar certo perfil de consumidores, são particularmente importantes e valiosos para as empresas.[38]

Comunicação *mobile*

Os consumidores americanos gastam uma quantidade considerável de tempo com dispositivos móveis (celulares) – mais do que com rádios, revistas e jornais combinados.[39] Dada a onipresença dos celulares e *tablets* e a capacidade dos profissionais de *marketing* de personalizar mensagens com base em dados demográficos e outras características do comportamento do consumidor, o apelo do *mobile marketing* como ferramenta de comunicação é inegável.

David Bell, da Wharton School, ressalta quatro características distintivas de um dispositivo móvel: (1) é associado de modo exclusivo a um usuário; (2) está praticamente todo o tempo "ligado", visto que costuma ser levado a todo lugar; (3) permite o consumo imediato, porque é, na prática, um canal de distribuição acoplado a um sistema de pagamento; e (4) é altamente interativo, uma vez que possibilita a geolocalização e a captura de fotos ou vídeos.[40]

Os gastos com anúncios para dispositivos móveis aumentaram radicalmente no mundo todo. Com o aumento das capacidades dos celulares, no entanto, esses anúncios podem ser mais do que meros meios de exibição como *minioutdoors* estáticos. Muito interesse foi gerado recentemente em aplicativos para dispositivos móveis que adicionam conveniência, valor social, incentivos ou entretenimento e melhoram em alguma medida a vida dos consumidores.[41]

Os dispositivos móveis também servem para impulsionar programas de fidelidade, em que os clientes podem monitorar suas idas a uma loja e receber recompensas pelas compras feitas. Ao rastrear o paradeiro de clientes que concordaram em receber comunicações, os varejistas podem enviar-lhes promoções específicas de local quando estão perto de lojas ou outros tipos de estabelecimento. A Sonic Corp. usava dados de GPS e a proximidade de torres de celular em Atlanta para identificar quando os clientes que tinham se inscrito para receber comunicações da empresa estavam próximos de um dos cerca de 50 restaurantes Sonic na área. Quando isso acontecia, a empresa enviava aos clientes uma mensagem de SMS com uma oferta de desconto ou um anúncio para atraí-los ao restaurante.[42]

Visto que as taxas de resgate de cupons tradicionais vêm caindo ao longo dos anos, a capacidade do celular de fazer mais ofertas relevantes e oportunas aos consumidores no ponto de venda, ou perto dele, atraiu o interesse de muitas empresas. Esses novos cupons podem assumir qualquer formato, e os sinais digitais nas lojas podem enviá-los aos celulares. Respeitando a proteção à privacidade dos usuários, um maior conhecimento dos profissionais de *marketing* sobre as identidades por trás de múltiplas telas (*on-line* e móvel) pode permitir anúncios mais relevantes e segmentados.

Entender como os consumidores querem usar seus celulares é fundamental para entender o papel da propaganda nesse processo. Considerando que a tela é de tamanho reduzido e a atenção que se presta é fugaz, cumprir o papel tradicional da propaganda de informar e persuadir é mais desafiador nos dispositivos móveis. A vantagem é que os consumidores estão mais envolvidos e atentos aos seus celulares do que quando navegam pela internet. Ainda assim, várias empresas de *m-commerce* (venda via celulares e *tablets*) têm eliminado os anúncios para que os consumidores possam fazer compras com o mínimo possível de cliques.[43]

Eventos e experiências

Participar de momentos pessoalmente relevantes na vida dos consumidores por meio de experiências e eventos patrocinados pode aprofundar a relação da empresa ou da marca com o mercado-alvo. Encontros diários com as marcas também podem afetar as atitudes e crenças dos consumidores em relação às marcas.

GESTÃO DE EVENTOS

Do ponto de vista das empresas, há uma série de motivos para patrocinar eventos.

- *Criar identificação com um mercado-alvo ou com um estilo de vida específico.* A Old Spice patrocina torneios esportivos estudantis, como o campeonato de basquete universitário Old Spice Classic no final de novembro, para destacar a relevância do produto e distribui amostras grátis entre seu público-alvo masculino com idade entre 16 e 24 anos.
- *Aumentar a exposição do nome da empresa ou do produto.* Os eventos oferecem a exposição sustentada para a marca, condição necessária para reforçar sua visibilidade. A lembrança espontânea de patrocinadores da Copa do Mundo, como Emirates Airlines, Hyundai, Kia e Sony, beneficiou-se da repetição da marca e da exposição de propaganda no decorrer de um mês de duração do torneio.
- *Criar ou reforçar as percepções do consumidor quanto a associações com a imagem da marca.* Os eventos em si têm associações que ajudam a criar ou reforçar as associações de marca.[44] Para fortalecer

sua imagem e apelo junto a duas áreas vitais da cultura americana, o Toyota Tundra optou por patrocinar os torneios de pesca B.A.S.S e a turnê de música *country* Brooks & Dunn.

- *Intensificar a imagem corporativa.* O patrocínio e a organização de eventos podem melhorar a percepção de que a empresa é simpática e tem prestígio. Embora a Visa veja seu patrocínio de longa data das Olimpíadas como um meio de ampliar o reconhecimento internacional da marca e aumentar seu uso e volume, isso também inspira patriotismo e explora o espírito olímpico. A McDonald's patrocina programas comunitários para melhorar sua imagem junto ao público, incluindo o Black & Positively Golden, que celebra a cultura negra.
- *Criar experiências e provocar sensações.* As sensações provocadas por um evento empolgante ou recompensador também podem ser associadas indiretamente à marca. Os modelos da Audi tiveram destaque nos filmes do *Homem de Ferro*, grandes sucessos de bilheteria, incluindo o R8 Spyder pessoal do personagem principal Tony Stark, além do A8, do A3 e dos SUVs Q5 e Q7.
- *Expressar compromisso com a comunidade ou com questões sociais.* O *marketing* de causas consiste em patrocínios que envolvem a associação da empresa a organizações sem fins lucrativos e instituições de caridade. Empresas como Timberland, Stoneyfield Farms, Home Depot, Starbucks, American Express e Tom's of Maine transformaram o seu apoio a determinadas causas no alicerce de seus programas de *marketing*.
- *Entreter os principais clientes ou recompensar os melhores funcionários.* Muitos eventos oferecem tendas de recepção e outros serviços ou atividades especiais que ficam disponíveis apenas aos patrocinadores e seus convidados. Essas regalias inspiram boa vontade e estabelecem valiosos contatos comerciais. Pela perspectiva do funcionário, os eventos podem melhorar a participação e o moral ou ser usados como incentivos. A BB&T Corp., grande empresa de serviços bancários e financeiros nas regiões sul e sudeste dos Estados Unidos, usou seu patrocínio da Nascar Busch Series para entreter clientes corporativos e seu patrocínio das ligas menores de beisebol para gerar entusiasmo entre seus funcionários.
- *Permitir oportunidades de merchandising ou promoções.* É comum os profissionais de *marketing* associarem concursos ou sorteios, merchandising dentro da loja, resposta direta e outras atividades de *marketing* a um evento. Empresas como Ford e Coca-Cola patrocinaram um programa de sucesso na TV americana, o *American Idol*, com esse objetivo.

Apesar dessas vantagens potenciais, o resultado de um evento pode ser imprevisível e escapar ao controle do patrocinador. Embora muitos consumidores valorizem os patrocinadores por oferecer o suporte financeiro que torna possível a realização de um evento, alguns podem se ressentir da sua comercialização.

CRIAÇÃO DE EXPERIÊNCIAS

Além de comunicar recursos e benefícios, o *marketing* de experiência conecta um bem ou serviço a experiências únicas e interessantes. Em vez de focar-se na venda, o *marketing* de experiência tenta deixar o consumidor vivenciar o modo como a oferta da empresa se encaixa na sua própria vida. Diversas empresas também têm organizado seus próprios eventos e experiências para gerar interesse e envolvimento por parte dos consumidores e da mídia.

Uma forma popular de *marketing* de experiência envolve o patrocínio de eventos. O sucesso de uma ação de patrocínio passa pela escolha dos eventos apropriados, pela criação do plano de patrocínio ideal para o evento e pela avaliação dos efeitos que produz. Em virtude da diversidade de oportunidades existentes e do enorme investimento envolvido, os profissionais de *marketing* devem ser seletivos. Os objetivos de *marketing* e a estratégia de comunicação que foram definidos para a marca devem ser cumpridos pelo evento, que, por sua vez, deve contar com reconhecimento suficiente, ter a imagem desejada e ser capaz de criar os efeitos desejados. O público deve corresponder ao mercado-alvo e ter uma atitude favorável em relação ao envolvimento do patrocinador. O evento ideal é singular, mas não está comprometido com muitos patrocinadores, possibilita atividades de *marketing* complementares e reflete ou aprimora a imagem corporativa ou da marca do patrocinador.[45]

As empresas podem até mesmo criar uma imagem forte ao convidar consumidores em potencial e clientes a visitarem sua sede e fábricas.[46] Empresas como Ben & Jerry's, Boeing, Crayola e Hershey patrocinam excelentes visitas a suas instalações, atraindo milhões de visitantes por ano. Outras empresas, como Hallmark, Kohler e Beiersdorf (fabricantes do creme

NIVEA), construíram museus corporativos em sua sede ou nas proximidades para mostrar sua história e o que envolve a fabricação e a comercialização de seus produtos. Muitas empresas passaram a criar experiências com produtos e marcas em ambientes internos e externos. Por exemplo, há o World of Coca-Cola em Atlanta e Las Vegas e o M&M's World na Times Square, em Nova York.

Para fidelizar os clientes, algumas montadoras europeias oferecem aos clientes a opção de voar até a fábrica para escolher o automóvel que encomendaram da sua concessionária local, fazer um passeio e atravessar a Europa com o seu novo carro. No final da viagem, os clientes podem deixar o veículo no porto para transporte transatlântico. Por exemplo, a Mercedes-Benz oferece um desconto de até 7% do preço de compra para entregas europeias e isenta a taxa de destino tradicional. Ela também oferece um *voucher* de passagem aérea, estadia por uma noite em um hotel e visita à fábrica e ao museu da empresa.[47]

Comunicação boca a boca

Os consumidores usam a *comunicação boca a boca* para falar sobre dezenas de marcas todos os dias, desde produtos de mídia e entretenimento, como filmes, programas de TV e publicações, até produtos alimentícios, serviços de viagens e lojas de varejo. As empresas estão bem conscientes de seu poder. Os calçados Hush Puppies, os *donuts* Krispy Kreme e, mais recentemente, as sandálias Crocs foram desenvolvidos por meio de forte comunicação boca a boca, assim como empresas como Red Bull, Starbucks e Amazon.com.

O *marketing* viral usa a comunicação boca a boca, que estimula os consumidores a usarem a internet para encaminhar informações em áudio, vídeo ou texto sobre bens e serviços desenvolvidos pela empresa.[48] Com os *sites* de conteúdo gerado pelo usuário, como YouTube, Facebook e Instagram, consumidores e anunciantes podem fazer *upload* de anúncios e vídeos para serem compartilhados por milhões de pessoas.[49] Vídeos *on-line* podem ser relativamente econômicos, e os profissionais de *marketing* têm mais liberdade com eles, como fez a Blendtec.

> **Blendtec** Com sede no estado americano de Utah, a Blendtec era conhecida principalmente por seus liquidificadores e processadores de alimentos de uso profissional. A empresa não era conhecida pelo público em geral até lançar uma série hilária de vídeos *on-line* intitulada "Will It Blend?" (Será que vai bater?) para promover alguns de seus produtos comerciais para uso doméstico. O vídeo mostra o fundador e CEO da empresa, Tom Dickson, vestindo um jaleco branco e triturando objetos que vão desde bolas de golfe e canetas até garrafas de cerveja, tudo de um jeito espirituoso, porém descarado. A genialidade dos vídeos (www.willitblend.com) está em sua conexão com eventos atuais. Assim que o iPhone foi lançado com alarde midiático, a Blendtec exibiu um vídeo em que Dickson dizia sorrindo: "Eu adoro meu iPhone. Ele faz tudo. Mas será que vai bater?". Assim que o liquidificador estilhaçou o aparelho, Dickson levantou a tampa e, olhando para um montinho de pó preto, falou simplesmente "iSmoke" (iFumaça). O clipe atraiu mais de 3,5 milhões de visualizações no YouTube. Dickson apareceu no *Today* e em outros programas de TV e fez uma ponta em um vídeo da banda Weezer. Um dos poucos itens que *não* dá para triturar: um pé de cabra![50]

Recorrer a situações absurdas é uma faca de dois gumes. O *site* da Blendtec coloca claramente seus vídeos cômicos na categoria "*Não* tente isto em casa" e desenvolveu outra série mostrando como triturar legumes para uma sopa, por exemplo, na categoria "*Tente* isto em casa". Outro produto que se beneficiou muito da comunicação boca a boca foi a SodaStream.

> **SodaStream** A SodaStream, uma máquina que permite aos consumidores gaseificar água em casa para substituir os refrigerantes vendidos no varejo, foi desenvolvida com um gasto mínimo de mídia graças ao poder da comunicação boca a boca. Para promover conversas sobre a marca, a empresa fez uma farta distribuição de amostras, recorreu ao *product placement* e

envolveu-se com grupos de afinidade, como organizações verdes, pelas vantagens ambientais da gaseificação em domicílio, e donos de barcos e *motorhomes*, pela conveniência de não ter de armazenar garrafas e latas. O ex-CEO Daniel Birnbaum observou: "Preferi investir em relações públicas (RP) em vez de em propaganda, porque com o RP não sou eu falando, é outra pessoa". Uma das atividades de *marketing* mais bem-sucedidas da SodaStream é a "The Cage" (A gaiola). A empresa calcula o número médio de latas e garrafas descartadas por uma família durante um ano em determinado país para, em seguida, encher uma gaiola gigante com elas e deixá-la em locais de tráfego intenso, como aeroportos, chamando a atenção para o assunto.[51]

Um exemplo clássico do uso de comunicação boca a boca é o modo como o Dollar Shave Club usou as mídias sociais para criar uma campanha de comunicação viral que ajudou a construir a marca.

Dollar Shave Club
A *startup* de comércio eletrônico Dollar Shave Club vende pela internet um suprimento de lâminas e aparelhos de barbear a um baixo custo mensal de acordo com três planos. O segredo do lançamento da empresa foi um vídeo *on-line*. Considerado por alguns como o "melhor vídeo de *startup* de todos os tempos" e vencedor de vários prêmios, o filme de 90 segundos do Dollar Shave Club recebeu milhões de visualizações no YouTube e conquistou milhares de seguidores nas redes sociais. Em um vídeo peculiar e irreverente, o CEO da empresa, Michael Dubin, dirige uma empilhadeira, joga tênis e dança com um urso felpudo enquanto promove a qualidade, a conveniência e o preço das lâminas e aparelhos de barbear da empresa. Dubin observou: "Apresentamos um novo negócio, uma boa ideia, um vídeo engraçado e abordamos um ponto de dor de muitos consumidores". Além de conquistar centenas de milhares de clientes, a empresa também conseguiu levantar mais de US$ 20 milhões em capital de risco e, posteriormente, foi adquirida pela Unilever por US$ 1 bilhão.[52]

A comunicação boca a boca positiva pode acontecer organicamente com pouca propaganda, mas também pode ser administrada e facilitada.[53] Sem dúvida, hoje mais anunciantes buscam mídia espontânea – comentário profissional não solicitado, menção em *blogs* pessoais, discussão em redes sociais – como resultado de suas ações de *marketing* em mídias pagas e mídia própria.

Os produtos não precisam recorrer a situações absurdas ou arrojadas para gerar *buzz*. Embora seja mais provável que as marcas mais interessantes sejam comentadas *on-line*, o fato de uma marca ser vista como nova, excitante ou surpreendente surte pouco efeito na questão de ser ou não discutida em comunicações verbais presenciais.[54] As marcas debatidas fora da internet costumam ser salientes, visíveis e vir facilmente à mente. Pesquisas revelam que os consumidores tendem a gerar uma comunicação boca a boca positiva e compartilhar informações sobre suas *próprias* experiências positivas de consumo. No entanto, tendem a apenas transmitir impressões negativas e passar adiante informações que ouviram sobre as experiências de consumo negativas dos *outros*.[55]

>> A SodaStream conquistou o entusiasmo da comunicação boca a boca com a distribuição de amostras, *product placement* e engajamentos com os grupos que mais valorizariam a conveniência e as vantagens ambientais de ter um gaseificador doméstico.

# Publicidade e relações públicas

A publicidade tenta promover a empresa e suas ofertas. Ao contrário da propaganda, na qual a empresa paga pela mídia, a *publicidade* usa espaço editorial e não incorre em custos de mídia. As formas mais comuns de publicidade incluem notícias, artigos e editoriais. O objetivo principal da publicidade é chamar atenção para a empresa ou para as suas ofertas. As relações públicas (RP), por outro lado, focam-se em mais do que a atenção pública. Em última análise, o objetivo das RP é administrar a reputação como um todo da empresa e da sua oferta ao mesmo tempo que constrói relacionamentos com o público.

PUBLICIDADE

A fim de apoiar a promoção corporativa ou de produtos e a construção de imagem, muitas empresas têm se voltado para a **publicidade**, que envolve conquistar espaço editorial (em contraponto ao espaço pago) na mídia para promover um produto, serviço, ideia, lugar, pessoa ou organização.

À medida que a propaganda de massa perde força, os gerentes de *marketing* voltam-se mais para a publicidade com o intuito de promover conscientização e conhecimento da marca para produtos novos e estabelecidos. Essa atividade também é eficiente na cobertura de comunidades locais e no alcance de grupos específicos, podendo ser mais vantajosa em termos de custo do que a propaganda. Cada vez mais, a publicidade ocorre *on-line*, mas ela deve ser planejada com a propaganda e outras comunicações de *marketing*.

A publicidade tem vantagens importantes em relação à propaganda tradicional. Primeiro, é gratuita; embora o anunciante tenha de pagar a uma agência para garantir a cobertura na mídia, ele não paga pelo custo da mídia em si (p. ex., tempo em rádio e televisão ou espaço em jornais e revistas). Além disso, como a fonte da mensagem não é a própria empresa, e sim terceiros, a publicidade tem mais credibilidade e tende a influenciar mais o público-alvo. A principal desvantagem da publicidade é que ela não pode ser controlada diretamente pela empresa e, por consequência, pode acabar sendo irrelevante ou até prejudicar a empresa e suas ofertas. Assim, a ausência de um resultado previsível é o preço associado ao baixo custo e à maior credibilidade da publicidade.

A publicidade pode atingir múltiplos objetivos. Pode desenvolver a *conscientização* divulgando notícias na mídia que chamem a atenção para um bem, serviço, pessoa, organização ou ideia. Pode desenvolver *credibilidade* comunicando a mensagem em um contexto editorial. Pode aumentar o *entusiasmo* da equipe de vendas e dos revendedores com artigos sobre um novo produto antes de seu lançamento, além de reduzir *custos de promoção*, uma vez que custa menos do que mala-direta e propaganda na mídia.

A publicidade tem um papel importante em diversas tarefas:

- *Lançamento de novos produtos.* O impressionante sucesso comercial de brinquedos como o LeapFrog, os bichinhos de pelúcia Beanie Babies e as pulseiras Silly Bandz deve-se, em grande parte, ao esforço de publicidade.
- *Reposicionamento de um produto maduro.* Em um clássico estudo de caso, a cidade de Nova York era muito criticada na imprensa na década de 1970 até o lançamento da campanha "I Love New York" (Eu amo Nova York).
- *Geração de interesse por uma categoria de produtos.* Empresas e associações comerciais usam a publicidade para renovar o interesse em *commodities* em declínio, como ovos, leite, carne e batatas, bem como para expandir o consumo de produtos como chá, carne de porco e suco de laranja.
- *Defesa de produtos que enfrentaram problemas públicos.* Os profissionais de publicidade precisam estar aptos a administrar crises, como as enfrentadas por marcas estabelecidas como Tylenol, Toyota e BP nos últimos anos.
- *Construção de imagem corporativa que reflita favoravelmente nos produtos.* Todos os anos, os aguardadíssimos discursos de abertura do falecido Steve Jobs durante o Macworld ajudaram a criar uma imagem inovadora e iconoclasta para a Apple Corporation.

Obviamente, a publicidade criativa pode influenciar a conscientização do público por uma fração do custo da propaganda. A empresa não paga pelo espaço ou pelo tempo obtido na mídia; paga somente para sua equipe desenvolver e divulgar fatos relevantes e gerenciar determinados acontecimentos. Uma história interessante que capte a atenção da mídia pode equivaler a um investimento milionário em propaganda. Alguns especialistas afirmam que os consumidores são cinco vezes mais propensos a serem influenciados pela mensagem editorial do que pela propaganda. Vejamos um exemplo de uma premiada campanha de publicidade.

> **Meow Mix** Uma marca histórica, a Meow Mix Cat Food decidiu explorar suas raízes e resgatar um de seus elementos de marca mais identificáveis: um *jingle* com refrão repetitivo de miado, fora do ar havia mais de 20 anos. O cantor e apresentador de *reality show* CeeLo Green e seu gato persa Purrfect foram os escolhidos para fazer as honras. O vídeo com Green cantando uma versão remixada do *jingle* em um dueto com Purrfect atraiu atenção geral. A história recebeu 1,2 mil colocações de mídia e 535 milhões de impressões de mídia, incluindo exclusividades com a AP (Associated Press) e o programa de TV *Access Hollywood*. O tráfego na internet para a marca aumentou 150%, e mais de 10 mil fãs baixaram a música ou o toque de chamada. Para cada *download*, um quilo de Meow Mix era doado a uma instituição de caridade para animais de estimação em Los Angeles.[56]

RELAÇÕES PÚBLICAS

A empresa precisa relacionar-se de maneira construtiva não somente com consumidores, fornecedores e revendedores, mas também com os públicos relevantes. As **relações públicas (RP)** envolvem uma série de programas desenvolvidos para promover ou proteger a imagem de uma empresa entre os *stakeholders* (públicos interessados) relevantes.

Uma empresa sensata toma medidas concretas para administrar relações de sucesso com seus públicos principais. A maioria tem um departamento de RP que monitora as atitudes dos públicos da organização e divulga informações e boletins para construir um bom relacionamento. Os melhores departamentos de RP procuram aconselhar a alta gerência a adotar programas positivos e a eliminar práticas questionáveis, a fim de evitar publicidade negativa.

Muitas empresas têm departamentos de RP que desempenham três funções principais. Eles apresentam notícias e informações sobre a organização com o melhor enfoque possível para criar cobertura na imprensa, fazem a empresa ser mais bem compreendida por meio de comunicações internas e externas para gerenciar as comunicações corporativas e, por fim, fazem *lobby* (esforço para influenciar) junto a legisladores e autoridades governamentais para promover ou derrubar leis ou regulamentações.

As relações públicas podem envolver diversos formatos de mídia. Alguns dos mais populares são publicações, eventos, notícias, discursos, atividades comunitárias e identidade visual.

- **Publicações.** As empresas dependem bastante de materiais publicados para alcançar e influenciar seus mercados-alvo. Isso inclui relatórios anuais, folhetos, artigos, boletins e revistas corporativas e materiais audiovisuais.
- **Eventos.** As empresas podem chamar a atenção para novos produtos ou outras atividades organizando e divulgando eventos especiais que alcancem o público-alvo, como coletivas de imprensa, seminários, passeios, exposições, concursos, competições e aniversários.
- **Notícias.** Uma das principais tarefas dos profissionais de relações públicas é encontrar ou criar notícias favoráveis sobre a empresa, seus produtos e funcionários, além de fazer a mídia aceitar *press releases* e participar de entrevistas coletivas.
- **Discursos.** Cada vez mais, os executivos devem responder a perguntas da mídia ou proferir palestras em associações comerciais ou em reuniões de vendas. Essas aparições em público podem contribuir para a imagem da empresa.
- **Atividades de prestação de serviços de interesse público.** As empresas podem influenciar positivamente o público contribuindo com dinheiro e tempo para causas sociais.
- **Identidade visual.** As empresas precisam de uma identidade visual para que o público possa reconhecê-las imediatamente. A identidade visual é transmitida por logotipos, papel timbrado, folhetos, sinalização, formulários, cartões de visita, instalações, uniformes e tipos de vestimenta.

As RP ajudam as empresas a moldar a sua imagem pública e gerenciar suas relações com a comunidade. Além disso, as RP são especialmente relevantes para minimizar os danos à imagem corporativa durante uma crise de *marketing*, além de ajudarem a reconstruir a marca após a crise estar resolvida.

Embalagem

Como geralmente é considerada o primeiro encontro do comprador com o produto, a embalagem pode ser um fator determinante para despertar o seu interesse. A embalagem também molda a avaliação subsequente do comprador sobre o produto e a decisão de compra final. Devido à sua capacidade de influenciar as percepções e escolhas dos consumidores, muitas empresas usam a embalagem para agregar valor exclusivo para o cliente e diferenciar seus produtos dos da concorrência.[57]

O *rótulo* é um elemento altamente visível e importante da embalagem. Os rótulos incluem comunicação escrita, eletrônica ou gráfica posicionada diretamente na embalagem, além de tudo mais que esteja associado e preso ao produto, como etiquetas informacionais. As funções principais do rótulo são: comunicar aos consumidores, aos membros do canal e à empresa informações que facilitam a identificação da oferta; descrever os principais atributos da oferta; destacar os benefícios da oferta; instruir os compradores sobre o uso, o armazenamento e o descarte corretos do produto; aumentar o apelo estético da oferta; e alavancar e fortalecer a marca associada à oferta.*

Seguir um conjunto de três princípios fundamentais das embalagens pode ajudar a desenvolver uma embalagem eficaz, que contribui para o sucesso do produto no mercado. Esses princípios fundamentais são *visibilidade*, *diferenciação* e *transparência*.

- **Visibilidade.** As empresas que tentam promover suas ofertas muitas vezes inundam seus consumidores com uma enxurrada constante de informações. Essa sobrecarga pode ser contraproducente, pois faz os clientes ignorarem e deixarem de captar as informações que não acreditam ser imediatamente relevantes para a decisão do momento. O excesso de informações também pode fazer os compradores ignorarem dados que poderiam ser úteis a eles. Embalagens eficazes podem se sobressair em meio ao caos informacional, prender a atenção dos compradores, induzi-los a considerar a oferta favoravelmente e, em última análise, levá-los à compra. O frasco em forma de lágrima criado pela Method, uma *startup* de San Francisco, ajudou a tornar o seu sabonete líquido, disponível nas gôndolas da Target, Walmart e Whole Foods, uma marca conhecida.
- **Diferenciação.** Outro aspecto da embalagem eficaz é que ela pode ajudar a diferenciar a oferta da empresa das ofertas das concorrentes. Quando confrontados com múltiplas opções, os clientes com tempo limitado frequentemente recorrem à embalagem como uma fonte crítica de informações sobre as ofertas que estão avaliando. Muitas empresas usam embalagens diferenciadas para promover suas marcas, pois assim os clientes fiéis não têm dificuldade alguma para encontrar o produto que estão buscando.

*N. de R.T. No Brasil, embalagens e rótulos devem atender às exigências de legislações governamentais específicas.

>> A embalagem atraente em forma de gota permitiu que a Method se diferenciasse de outros sabonetes líquidos e se tornasse imediatamente reconhecível entre os consumidores.

- **Transparência.** Além de atrair a atenção dos consumidores e diferenciar as ofertas da empresa da concorrência, a embalagem eficaz comunica claramente o valor da oferta para os seus clientes-alvo. Os consumidores em geral interagem com a embalagem no momento da compra, o que significa que ela deve promover as virtudes da oferta e dar aos compradores um motivo para adquiri-la, comunicando transparentemente a sua proposição de valor. Por exemplo, muitos produtos sustentáveis usam a cor verde nas suas embalagens para comunicar visualmente o fato de serem ambientalmente corretos.

Muitas das funções da embalagem são semelhantes às da propaganda. Ambas funcionam como um meio de comunicação que informa os compradores sobre os aspectos mais relevantes da oferta da empresa. Contudo, a embalagem e a propaganda comunicam tipos diferentes de informação e a transmitem de maneiras diferentes. A propaganda normalmente tenta criar uma impressão memorável da oferta na mente de futuros compradores. O impacto da embalagem na decisão de compra, por outro lado, é muito mais imediato (na verdade, é praticamente instantâneo), pois os compradores geralmente reagem à embalagem do produto no próprio ponto de venda. Assim, a embalagem costuma ser projetada para ter um impacto visual mais direto no comprador. Além disso, os clientes quase nunca dedicam muito tempo ou energia à avaliação de produtos de baixo custo conhecidos e tendem a depender das propriedades visuais da embalagem e dos produtos em si quando tomam a sua decisão de compra.

INSIGHT de marketing

Mensuração do ROI de mídias sociais

As empresas estão dedicando mais tempo, esforços e dinheiro do que nunca às mídias sociais. De acordo com uma pesquisa com diretores de *marketing* (CMOs, do inglês *chief marketing officer*) realizada pela MDG Advertising, as mídias sociais hoje representam 12% dos orçamentos de *marketing*, e espera-se que esse valor suba para mais de 20% nos próximos cinco anos. Quando você gasta tanto tempo e dinheiro com as mídias sociais, é importante saber o quanto elas estão ajudando a sua marca. Contudo, falar é fácil. Dos CMOs entrevistados, 44% afirmaram que não conseguem medir o impacto geral das mídias sociais no seu negócio. Embora 36% acreditem que têm uma boa ideia do impacto qualitativo das suas atividades nas mídias sociais, apenas 20% realmente quantificaram o impacto das mídias sociais no seu negócio.

Existem ferramentas digitais para ajudar a monitorar a presença da empresa nas mídias sociais, a começar pelos alertas gratuitos da Google, que enviam *e-mails* com resultados de busca automatizados para até mil termos à sua escolha. O detalhe é que os alertas monitoram apenas *sites* da Google. Por menos de US$ 100 por mês, a BuzzSumo lhe permite configurar alertas para menções de palavras-chave como o nome da sua empresa ou da sua marca, assim como o dos concorrentes; também permite buscas ilimitadas de conteúdos e influenciadores sociais, ajudando os profissionais de *marketing* a desenvolver seu próprio conteúdo e alcançar aqueles que influenciam os outros. Uma opção mais sofisticada é a Nuvi, cuja visualização de dados apurada permite que as empresas entendam rapidamente a percepção sobre o seu negócio na internet e a eficácia dos seus esforços nas mídias sociais, além de dar às empresas a capacidade de capturar os comentários negativos.

O dilema é como medir as vendas reais originadas das mídias sociais. A MDG Advertising afirma que, apesar de 58% das marcas declararem que medem o engajamento social, apenas 21% medem conversões de receita ou metas. Quando a Audi veiculou o primeiro anúncio do Super Bowl que exibia uma *hashtag* do Twitter em 2011, ela não tinha ideia de quanto o alto envolvimento de sua base de fãs do Facebook se traduziria em vendas de mais carros. Um relatório demonstrou que 50% das empresas da Fortune 1000 não faziam *benchmarking* nem mediam o retorno de seus projetos de CRM social. Inicialmente, o foco da mensuração dos efeitos das mídias sociais recaía sobre quantidades facilmente observáveis, como o número de curtidas do Facebook e de publicações por semana do Twitter. Essas quantidades nem sempre se correlacionavam com o sucesso de *marketing* ou comercial, então os pesquisadores começaram a aprofundar sua análise.

Avaliar o valor da mídia social não é tarefa fácil. Alguns especialistas em *marketing* comparam as redes sociais a um telefone: como avaliar o ROI (retorno sobre investimento, do inglês *return on investment*) de todas as diversas chamadas que fazemos? Josh Bernoff, o aclamado guru de *marketing* digital da Forrester Research, divide os benefícios de curto prazo e os benefícios de longo prazo das mídias sociais em quatro categorias.

(continua)

- *Benefícios financeiros de curto prazo*, como o aumento de receita ou a redução de custos. Do lado da receita, quando a NetShops.com adicionou classificações e avaliações ao seu *site*, as vendas cresceram 26% em um período de seis meses. Do lado do custo, a National Instruments, fabricante de produtos sofisticados de engenharia, constatou que os membros de sua comunidade de usuários responderam a 46% das perguntas de outros usuários, permitindo que a empresa economizasse seu custo típico de serviço de US$ 10 por chamada. Da mesma forma, a reformulação da comunidade *on-line* da AT&T poupou-lhe 16% no suporte ao cliente por telefone em um mês.
- *Benefícios digitais globais de curto prazo.* Quando melhorou a visibilidade das avaliações de seus produtos, a Swanson Health Products tornou-se mais acessível aos mecanismos de busca, e o tráfego para suas páginas de produtos subiu 163%. Vídeos *on-line*, comunidades e *blogs*, além do Twitter, também podem impulsionar o desempenho das buscas.
- *Ascensão da marca no longo prazo.* As mídias sociais podem melhorar as mensurações de desempenho da marca no longo prazo. Quando a P&G criou uma página no Facebook em apoio à esquiadora Lindsey Vonn, ela coletou 40 mil assinaturas em uma petição para tornar o esqui um esporte olímpico. Levantamentos de usuários participantes do Facebook constataram de 8 a 11% de aumento na preferência de marca e na intenção de compra.
- *Prevenção ao risco no longo prazo.* Lidar com uma crise pode custar a uma empresa milhões de dólares ao longo do tempo. É melhor evitá-la antes que provoque qualquer dano à marca. Empresas como McDonald's e AT&T contam com equipes que monitoram os tuítes sobre seus produtos para cortar o mal pela raiz assim que surge qualquer alegação de problema.

A maneira mais fácil de gerar e medir retorno nas redes sociais é criar um concurso, sorteio ou promoção. A agência de propaganda Wildfire, sediada no Vale do Silício, criou uma promoção para o suco Jamba Juice em que o valor de um cupom da sorte era revelado apenas na loja. Com a participação de dezenas de milhares de clientes, a promoção foi um sucesso, mas os resultados das redes sociais ainda podem ser imprevisíveis.[58]

Resumo

1. O gerenciamento e a coordenação de um processo completo de comunicação requerem uma *comunicação integrada de marketing*. As comunicações de *marketing* eficazes reconhecem o valor agregado de um plano abrangente, capaz de avaliar os papéis estratégicos de diversas disciplinas de comunicação e combiná-las para oferecer clareza, coerência e o máximo impacto por meio da integração coesa de mensagens criteriosas.

2. O desenvolvimento de uma *campanha de comunicação integrada* exige um entendimento claro sobre os detalhes dos formatos de mídia alternativos para criar uma experiência consistente para os consumidores. Os formatos de comunicação mais populares são: propaganda, *marketing on-line* e de mídias sociais, comunicação *mobile*, eventos e experiências, comunicação boca a boca, publicidade e relações públicas e embalagem.

3. *Propaganda* é qualquer forma paga de apresentação não pessoal e promocional de ideias, bens ou serviços por um patrocinador identificado. Entre os anunciantes, estão não somente empresas privadas, mas também agências governamentais e instituições sem fins lucrativos e filantrópicas. Em geral, o anunciante compra tempo ou espaço de mídia para transmitir a mensagem da empresa para o seu público-alvo. As formas mais populares de propaganda são anúncios na TV, impressos, no rádio e *on-line* e mídia externa.

4. Uma forma importante de comunicação *on-line* é a *mídia própria* da empresa. Duas abordagens comuns são usadas para isso: (1) otimização para mecanismos de busca (SEO), que tenta aumentar a probabilidade de que um *link* para o conteúdo da empresa apareça no topo dos resultados de busca orgânicos (não pagos); e (2) *marketing* para mecanismos de busca (SEM), que envolve pagar as empresas de mecanismos de busca para colocar o seu conteúdo nos resultados da busca de uma determinada palavra-chave.

5. As *mídias sociais* se tornaram uma forma influente de comunicação de *marketing*. Elas ocorrem em muitas formas: comunidades e fóruns *on-line*, *blogs*, redes sociais e avaliações dos clientes. As mídias sociais reforçam outras comunicações e oferecem às empresas a oportunidade de ter voz e presença pública *on-line* para suas marcas. Os profissionais de *marketing* podem criar ou explorar comunidades virtuais para incitar a participação de consumidores e criar um ativo de *marketing* de longo prazo.

6. As *comunicações móveis* são uma forma cada vez mais importante de *marketing* interativo pela qual as empresas podem usar mensagens de texto, aplicativos e anúncios para se conectar com os consumidores por meio de seus celulares, *tablets* e dispositivos vestíveis. Um dos aspectos mais atraentes dessa forma de

marketing interativo é que ela permite a personalização das mensagens com base em informações demográficas, comportamentais e de geolocalização.

7. *Eventos e experiências* são oportunidades de participação em momentos especiais e mais pessoalmente relevantes da vida dos consumidores. O envolvimento em eventos é capaz de ampliar e aprofundar o relacionamento do patrocinador com os clientes ao ligar um produto ou serviço da empresa a experiências únicas e engajantes.

8. O *marketing boca a boca* tenta engajar os clientes e levá-los a compartilhar suas opiniões e experiências sobre produtos, serviços e marcas. A comunicação boca a boca positiva pode acontecer organicamente com pouca propaganda, mas também pode ser administrada e facilitada. O *marketing* viral usa a comunicação boca a boca, estimulando os consumidores a usarem a internet para encaminhar informações em áudio, vídeo ou texto sobre bens e serviços desenvolvidos pela empresa.

9. A *publicidade* tenta promover a empresa e suas ofertas. Ao contrário da propaganda, em que a empresa paga pela mídia, a publicidade usa espaço editorial e não incorre em custos de mídia. As formas mais comuns de publicidade incluem notícias, artigos e editoriais. O objetivo principal da publicidade é chamar atenção para a empresa ou para as suas ofertas.

10. As *relações públicas (RP)* pretendem administrar a reputação como um todo da empresa e da sua oferta ao mesmo tempo que constroem relacionamentos com a comunidade. As principais ferramentas das relações públicas são publicações, eventos, patrocínios, notícias, discursos, atividades comunitárias e identidade visual. Os departamentos de RP desempenham diversas funções: promover a cobertura positiva sobre a organização na imprensa, administrar as comunicações corporativas internas e externas e fazer *lobby* junto a legisladores e autoridades governamentais em busca de leis e regulamentações favoráveis.

11. A *embalagem* é semelhante à propaganda *on-line* que busca informar os compradores sobre os benefícios da oferta da empresa. Ao contrário da propaganda, que normalmente tenta criar uma impressão memorável da oferta na mente de futuros compradores, a embalagem costuma ser projetada para ter um impacto visual mais direto no comprador. Devido à sua capacidade de influenciar as percepções e escolhas dos consumidores, muitas empresas usam a embalagem para agregar valor exclusivo para o cliente e diferenciar seus produtos dos da concorrência.

DESTAQUE de *marketing*

Burger King

A Burger King foi fundada em 1954, em Miami, na Flórida, quando James McLamore e David Edgerton inventaram uma churrasqueira especial e lançaram o hambúrguer Whopper original. A Burger King e o seu sanduíche Whopper começaram a se espalhar pelos Estados Unidos e, no final da década de 1970, ela transformou-se na segunda maior rede de *fast-food*, atrás apenas da McDonald's. Contudo, nas três décadas seguintes, 13 CEOs diferentes entraram e saíram da empresa, e cada um deles tentou levá-la em uma direção diferente. Com as mudanças constantes no comando, a Burger King enfrentou desafios diferentes, acompanhados por uma queda nas receitas. Alguns dos problemas incluíram uma série de campanhas de propaganda ineficazes, um cardápio complexo demais e mudanças nas preferências dos clientes.

A comunicação da Burger King evoluiu significativamente durante a sua história. No início da década de 1960, o *slogan* da Burger King era "Where kids are king" (Onde as crianças são reis), tema que introduziu as famosas coroas de papel nos restaurantes. A propaganda da empresa mudaria anos mais tarde para enfocar o tamanho superior dos sanduíches e os hambúrgueres mais frescos. O famoso *slogan* "Have it your way" (Coma do seu jeito) foi lançado em 1974. Nas décadas de 1970 e 1980, a Burger King lançou uma série de campanhas que não foram bem aceitas pelo público. A campanha "Where's Herb?" (Onde está o Herb?), lançada em 1986, focava em um homem que nunca experimentara um Whopper antes. A Burger King ofereceu US$ 5 mil a qualquer cliente que encontrasse Herb durante suas viagens pelo país. O objetivo da campanha era rivalizar com a famosa "Where's the Beef" (Onde está a carne), da Wendy's, mas não conseguiu conquistar o mesmo nível de atenção nacional. A revista *Advertising Age* escolheu a campanha como o maior fracasso promocional da década.

Após mudanças na administração no início da década de 2000, a Burger King reformulou o seu estilo de propaganda para correr mais riscos e incorporar um humor mais irônico. Em 2004, ela lançou o *site* Subservient Chicken (Galinha subserviente), em que as pessoas podiam ver uma pessoa fantasiada de galinha obedecer às suas ordens, e ressuscitou o *slogan* "Have it your way". O *site* recebeu mais de 20 milhões de visitas na semana em que estreou. Em 2007, foi a vez da campanha "Whopper Freakout" (Chilique do Whopper), em que clientes furiosos eram filmados em segredo depois que os funcionários lhes diziam que o Whopper havia sido descontinuado. A campanha viralizou e foi acompanhada de um aumento de 4,5% nas vendas nas lojas.

Algumas campanhas da Burger King foram bem-sucedidas e ajudaram a construir a marca, mas outras saíram pela culatra e tiveram um impacto negativo na imagem da empresa. O anúncio do sanduíche Texican Whopper, em 2009, enfureceu o governo mexicano, pois usava uma caricatura estereotipada de um caubói branco e alto morando com um lutador de luta-livre mexicano baixinho. O anúncio "SpongeBob Square Butt" (Bob Esponja Calça Quadrada) também foi controverso, pois o anúncio altamente sexualizado tinha os jovens consumidores como público-alvo. As organizações de saúde mental também se ofenderam com anúncios como "The King's Gone Crazy" (O Rei enlouqueceu) por causa da sua representação grosseira dos problemas de saúde mental. Em 2011, a revista *Time* chamou o Rei, mascote da Burger King, de um dos 10 mascotes de produto mais horripilantes do mercado. Em suma, embora alguns anúncios tenham conseguido aumentar as vendas, a Burger King estava se tornando cada vez mais malsucedida em causar uma boa impressão nos fãs.

Em 2010, a Burger King foi vendida para a 3G Capital, que buscou otimizar as operações e reformular a estratégia de propaganda da empresa para aumentar a sua lucratividade. Após a aquisição pela 3G Capital, a Burger King começou a simplificar as suas operações. A empresa adotou uma estratégia de corte de custos e de orçamento base zero que envolvia uma análise detalhada das despesas e a redefinição do orçamento para zero a cada período de planejamento. Essas novas iniciativas incluíram reformar os restaurantes para melhorar a experiência dos clientes, reduzir o cardápio para se concentrar nos hambúrgueres e batatas fritas e vender parte dos restaurantes de propriedade da empresa de volta para os franqueados.

A aquisição pela 3G Capital foi acompanhada de uma nova parceria com a agência de *marketing* McGarryBowen, que reformulou completamente a estratégia de propaganda da Burger King e a levou de volta às raízes irônicas. A equipe de mídia lançou uma série de campanhas criativas que comentavam sobre temas políticos ou culturais do momento. Uma das campanhas mais bem-sucedidas girava em torno do vídeo "Whopper Neutrality" (Neutralidade do Whopper), lançado logo após o fim da neutralidade de rede nos Estados Unidos. O vídeo explica os efeitos do fim da neutralidade de rede e usa o preço do Whopper como analogia. O anúncio controverso tornou-se o anúncio da Burger King mais compartilhado de todos os tempos, com 4 bilhões de acessos, e serviu de referência durante uma audiência no Congresso dos Estados Unidos. A Burger King ridicularizou a criatividade da inteligência artificial com uma série de anúncios bizarríssimos gerados completamente por algoritmos de aprendizado de máquina.

Outras comunicações lançadas pela Burger King ofereciam comentário social sobre temas como o "imposto rosa" (o fato de que produtos femininos custam mais do que produtos masculinos), *bullying* e inclusão de clientes surdos. Muitos anúncios também eram mais leves e engraçados: a Burger King ofereceu Whoppers com buracos no centro para comemorar o Dia Nacional da Rosquinha, escondeu Whoppers em sacos de pipoca para contornar as regras dos teatros na Romênia e até trocou cartões de embarque por hambúrgueres no mesmo país. Essas campanhas fortaleceram a sua influência global nas mídias sociais.

A Burger King voltou a crescer após redescobrir suas raízes e simplificar suas comunicações de *marketing*. A rede concentrou-se em manter a sua relevância na mente dos clientes, lançando constantemente novas campanhas de propaganda impressionantes e voltadas para temas da atualidade. A abordagem da Burger King à gestão da comunicação integrada de *marketing* também foi reconhecida pelos profissionais do setor, e a empresa recebeu o Leão de Cannes de Anunciante Criativo do Ano em 2017.[59]

Questões

1. Quais foram os principais fatores que minaram a eficácia das comunicações da Burger King ao longo dos anos?
2. Como a Burger King deveria equilibrar as suas iniciativas de redução de custos com o investimento em uma campanha de *marketing* integrado para criar e sustentar a lembrança espontânea e conquistar participação de mercado?
3. Como a Burger King deveria usar comunicações tradicionais, *on-line* e móveis para criar uma base de clientes fiel?

DESTAQUE de *marketing*

AccorHotels

A AccorHotels surgiu em 1967, quando seus fundadores, Paul Dubrule e Gerard Pelisson, inauguraram o Novotel, seu primeiro hotel, em Lille Lesquin, na França. Os dois logo formaram o grupo Société d'investissement et d'exploitation hôteliers (SIEH) e expandiram a empresa com a abertura e a aquisição de novos hotéis ao redor do mundo. Em 1983, a SIEH tinha 400 hotéis e 1.500 restaurantes e trocou o nome da empresa para Accor Group.

A partir de 2010, a Accor começou a alterar a sua estratégia operacional, passando da propriedade para o franqueamento e a gestão de propriedades hoteleiras. Essa estratégia, chamada de *asset-light* (com poucos ativos), permitiu que a empresa se concentrasse em investir e expandir suas diversas marcas, em vez de dedicar capital à compra de imóveis. A Accor era composta de dois negócios: a HotelInvest, no setor imobiliário, focada em propriedade e aluguel de hotéis; e a HotelServices, focada em administrar as operações hoteleiras da Accor. Tornar-se *asset-light* ajudou a Accor a inaugurar 2.018 novos hotéis em 2014, muitos deles em novos mercados. Em 2019, a Accor administrava 26 marcas internas, direcionadas para diversos segmentos do mercado hoteleiro. Suas marcas de luxo incluem Raffles, Fairmont e Sofitel, as marcas médias incluem Swissotel e Mercure, e as duas principais marcas econômicas são Ibis e Formula 1.

A revolução digital representou novos desafios para a Accor. Hoje, os clientes conseguem compartilhar suas experiências de viagem em uma escala muito maior, fazem reservas em cima da hora e interagem com as contas de mídias sociais dos hotéis. Além disso, houve um aumento no número de maneiras de fazer reservas para viagens. Antes da revolução digital, agências de viagem físicas normalmente lidavam com as reservas de voos, quartos de hotéis e passeios. Novos *players* entraram no mercado de viagens, incluindo agências *on-line* (p. ex., Booking, Expedia), *sites* de resenhas (p. ex., TripAdvisor), *blogs* de viagem (p. ex., Lonely Planet), *sites* de mídias sociais (p. ex., Facebook, Twitter) e serviços de hospitalidade alternativos (p. ex., Airbnb). Concorrentes como a Airbnb, que oferecem hospedagem acessível em residências privadas, tornaram-se fortes ameaças para a Accor. As agências de viagem *on-line*, que cobram uma comissão para permitir que os clientes reservem quartos em hotéis Accor com facilidade, também representavam uma ameaça aos lucros do grupo.

Para aumentar as reservas diretas, a Accor investiu pesado em seu *site*, aplicativo móvel, contas nas redes sociais e anúncios para estabelecer uma conexão pessoal com os clientes. Em 2014, a Accor comprou mais de 12 milhões de

palavras-chave e anúncios de busca. No mesmo ano, a empresa enviou mais de 570 milhões de *e-mails* para clientes em potencial. O resultado foi que as vendas *on-line* representaram 5% das vendas totais, longe do objetivo da empresa de aumentar esse índice para 50%. Para estimular o crescimento, a Accor decidiu melhorar a experiência dos clientes, começando pela reserva da viagem e terminando após a estadia nos hotéis. As tentativas da Accor de melhorar a sua hospitalidade digital tinham elementos focados nos consumidores e elementos focados nos funcionários.

Para ampliar as reservas feitas de dispositivos móveis, a Accor adquiriu o Wipolo, aplicativo móvel francês de serviços de viagem. A compra do Wipolo em 2014 deu à Accor um aplicativo móvel dinâmico, que funcionaria como canal principal de reservas para os clientes e aumentaria a participação das reservas feitas de dispositivos móveis, que, na época, representavam apenas 12% das vendas *on-line* da Accor. O aplicativo permitia que os clientes consultassem diversas propriedades, reservassem quartos facilmente, usassem serviços digitais dos hotéis, oferecessem *feedback* e utilizassem o programa de fidelidade da Accor. A Accor também centralizou seus bancos de dados de gestão do relacionamento com o cliente em uma única plataforma, batizada de Voice of the Guests (Voz dos hóspedes). O novo banco de dados ajudava os funcionários a oferecer serviços personalizados para os hóspedes e incluía um sistema de recomendação que gerava automaticamente ofertas customizadas para os clientes com base no seu perfil e comportamento de viagem. Além disso, a Accor simplificou a experiência do cliente para incluir reserva com um clique, *check-in* e *check-out on-line*, ofertas direcionadas e boas-vindas personalizadas. A Accor informou que 93% dos clientes que experimentaram o serviço queriam usá-lo novamente.

A Accor precisou enfrentar novos concorrentes, como agências de viagem *on-line* e novas empresas de hospitalidade, mas seu investimento pesado na modernização da sua experiência digital permitiu que permanecesse competitiva. Ao simplificar o seu *site* e aplicativo móvel, os clientes precisam apenas apertar um botão para reservar o quarto, fazer *check-in* e escrever uma resenha. O novo banco de dados de CRM da Accor permite que os funcionários ofereçam uma experiência personalizada para cada hóspede. Em 2019, a AccorHotels operava 4.200 hotéis em mais de cem países e era o maior grupo hoteleiro do mundo fora dos Estados Unidos.[60]

Questões
1. O que foi crucial para o sucesso de mercado da Accor?
2. Qual foi o papel da estratégia *on-line* da Accor na sua capacidade de conquistar e reter clientes fiéis?
3. Como a Accor deveria dividir seus recursos entre comunicações tradicionais, *on-line* e móveis?

DESTAQUE de *marketing*

Unicef

O Fundo das Nações Unidas para a Infância (Unicef) trabalha para construir um mundo melhor para cada criança, atuando em mais de 190 países e territórios. Ao lidar com um tema tão específico, como olhar para uma comunicação integrada em tantos canais digitais e aumentar a capacidade de arrecadação de fundos? Essa era uma das perguntas feita pela organização, que em 2013 iniciava um olhar mais profundo em sua comunicação digital. Impulsionada por mudanças nos formatos de arrecadação, nos públicos impactados por comunicações de organizações sem fins lucrativos e de olho no crescimento dos canais digitais, as estratégias precisavam ser unificadas. Naquele momento, a organização não tinha grande presença nas mídias sociais, tinha diferentes *websites* para comunicar suas ações e pouco utilizava o *e-mail* como uma ferramenta de relacionamento e comunicação.

O desafio abrangia a necessidade de simplificar as comunicações *omnichannel* e aumentar a retenção de doadores, fundamentais para a missão desse fundo da ONU de promover mudanças para as crianças. No entanto, o que se observava era uma diminuição na retenção de doadores, dificultando a criação de relacionamentos e, consequentemente, a fidelização das pessoas impactadas pela comunicação da organização.

Havia uma clara necessidade de simplificar e otimizar as comunicações dos doadores para melhorar o engajamento, reduzir a rotatividade e ajudar a converter cada conversa em uma doação. Contudo, diversos desafios surgiram ao longo do percurso. Havia dados e canais isolados na utilização de SMS, *e-mail*, *telemarketing* e WhatsApp como seus principais canais de comunicação com seus doadores, e o gerenciamento separado de tais plataformas dificultava a entrega de uma experiência consistente ao doador.

Nos anos seguintes, o Unicef iniciou uma unificação global em suas comunicações, com o lançamento de campanhas globais e um novo *site* que integrava navegação e experiência em todas suas plataformas. Essa estratégia criou planos de comunicação digital integrados que envolviam diversos canais e países; melhorou a mensuração de ações digitais, que puderam ser replicadas para todo o planeta, o que acompanhou as estratégias no Brasil; trouxe engajamento e alcance ao serem adotadas tecnologias que respondiam às mudanças nos hábitos digitais de seus doadores, permitindo o contato em canais de sua preferência, o envolvimento com conteúdo personalizado, otimizações nas jornadas de comunicação, automatização nas comunicações de relacionamento e mensurações de cada campanha digital.

Para resolver o desafio de simplificar as comunicações com novos e existentes doadores, era necessário, além de uma comunicação externa integrada, uma solução unificada capaz de melhorar a segmentação de suas mensagens, entender o comportamento de seus doadores, suas preferências e os estágios das jornadas de comunicação *on* e *off-line*.

Assim, foram implementadas réguas de relacionamento mais assertivas, utilizando *e-mail marketing*, WhatsApp e SMS durante determinados intervalos e testando *call-to-action* em anúncios nas redes sociais, bem como um sistema de CRM capaz de gerenciar *leads* e rastrear o comportamento do doador. Em pouco tempo, isso trouxe um aumento de 7,8% na taxa de retenção de doadores, redução de 33,3% na taxa de perda e taxa de conversão de 4% no fluxo de abandono no processo de novas doações.

Outros resultados puderam ser observados, como o aumento na arrecadação proveniente de pessoas físicas no Brasil, indo de R$ 16,1 milhões em 2014 a R$ 55 milhões em 2021, um aumento de 241%. Esse fato foi de encontro com a pesquisa realizada pelo Ibope em 2015 em parceria com a Worldwide Independent Network of Market Research (WIN), que apontou o Unicef como uma das organizações sem fins lucrativos com maior respeito entre os brasileiros. De acordo com a pesquisa, 55% dos entrevistados estariam dispostos a doar para as campanhas do Unicef, o que mostra a eficiência de suas estratégias de comunicação.

A combinação de uma comunicação *omnichannel* e de estratégias de relacionamento integradas ajudou o Unicef a se envolver com potenciais doadores, além de melhorar o relacionamento com sua base existente de maneira significativa. Essas soluções integradas ajudaram o fundo da ONU a reduzir o custo de enviar a mesma mensagem por diferentes canais, melhorando a eficiência e a experiência de quem se engaja com a organização, o que foi fundamental para fortalecer o relacionamento com sua audiência, algo essencial no desenvolvimento de uma campanha de *marketing* integrada na era digital.

Valor arrecadado de doações de pessoas físicas

FIGURA 1
Valores retirados dos relatórios anuais do Unicef, divulgados pela própria organização[1], nos anos de 2014, 2015[2], 2016[3], 2017[4], 2018[5], 2019[6], 2020[7] e 2021[8].

---

[1] https://www.unicef.org/brazil/uni-noticias-do-unicef
[2] https://www.unicef.org/brazil/sites/unicef.org.brazil/files/2019-03/UNI33_RA2015.pdf
[3] https://www.unicef.org/brazil/sites/unicef.org.brazil/files/2019-03/UNI36_RA2016_0.pdf
[4] https://www.unicef.org/brazil/sites/unicef.org.brazil/files/2019-03/UNI39_RA2017.pdf
[5] https://www.unicef.org/brazil/sites/unicef.org.brazil/files/2019-03/UNI42_RA2018.pdf
[6] https://www.unicef.org/brazil/media/7626/file
[7] https://www.unicef.org/brazil/media/13271/file/UNI47-RA2020.pdf
[7] https://www.unicef.org/brazil/media/19061/file/UNI50-RA2021.pdf

Questões

1. Quais foram os principais desafios enfrentados pelo Unicef em relação à comunicação integrada e à arrecadação de fundos?
2. Como o Unicef buscou resolver o problema de retenção de doadores e melhorar o engajamento com suas comunicações?
3. Quais foram as estratégias adotadas pelo Unicef para unificar suas comunicações digitais em nível global?
4. Como a implementação de réguas de relacionamento mais assertivas e o uso de diferentes canais de comunicação contribuíram para os resultados alcançados pelo Unicef?

Autor

Bruno Peres Coordenador e professor da pós-graduação na ESPM.

Trabalha há 20 anos na área de *marketing* e planejamento digital. Tem mestrado pela FEA-USP, MBA pela USP-FUNDACE, pós-graduação em comunicação digital pelo Senac e formação em *design* digital pela Universidade de Mogi das Cruzes. Possui certificação em inovação e tecnologia pelo MIT, nos EUA, e uma especialização em estratégia e presença digital pela Universidade de Toronto, no Canadá. Trabalhou e liderou equipes em empresas como Groupon, Accor, iFood, Discovery, ONU Refugiados, Unicef Brasil (onde foi o responsável por iniciar as estratégias de captação digital como consultor em 2013) e Unicef HQ, atuando como consultor global de inteligência digital em Nova York. Ministra aulas e palestras sobre *marketing* digital desde 2008 em diversos países. Atualmente, é coordenador e professor da pós-graduação na ESPM.

Referências

AMEC awards 2019 winners. AMEC, 2019. Disponível em: https://amecorg.com/awards/2019-winners/. Acesso em: 29 nov. 2023.

DI OLIVEIRA, N. Pesquisa revela ONGs com imagem mais positiva no Brasil. Observatório do Terceiro Setor, 27 jul. 2016. Disponível em: https://observatorio3setor.org.br/noticias/pesquisa-revela-ongs-com-imagem-mais-positiva. Acesso em: 29 nov. 2023.

GOMEZ, R. ONGs internacionais ampliam arrecadação no Brasil e miram classe C. BBC News, 27 jun. 2013. Disponível em: https://www.bbc.com/portuguese/noticias/2013/07/130627_ongs_abre_presenca_rg. Acesso em: 29 nov. 2023.

UN agency needed to streamline omnichannel communications and boost donor retention. *Infobip*, 2023. Disponível em: https://www.infobip.com/customer/unicef. Acesso em: 29 nov. 2023.

UNICEF. Communicate to advocate for every child. *AMEC*, 2015. Disponível em: http://amecinternationalsummitstockholm.org/wp-content/uploads/2015/06/UNICEF-Global-Communication-and-Public-Advocacy-Strategy1.pdf. Acesso em: 29 nov. 2023.

UNICEF. O que fizemos em 2014. *Relatório Anual UNI 2014*, a. 11, n. 30, jan. 2015. Disponível em: https://www.unicef.org/brazil/sites/unicef.org.brazil/files/2019-03/UNI30_RA2014.pdf. Acesso em: 29 nov. 2023.

UNICEF. Os resultados da sua parceria com o UNICEF em 2011. *Relatório Anual UNI*, a. 18, n. 50, jul. 2022. Disponível em: https://www.unicef.org/brazil/media/19061/file/UNI50-RA2021.pdf. Acesso em: 29 nov. 2023.

14
Venda pessoal e *marketing* direto

A Amway, maior empresa de vendas diretas do mundo, combina as vendas diretas com uma estratégia de *marketing* multinível e um sistema de distribuição baseado em níveis.
Crédito: NetPhotos/Alamy Stock Photo.

As empresas que visam à expansão de seus lucros e vendas devem investir tempo e recursos consideráveis na busca por novos clientes. Para gerar *leads* (contatos de clientes potenciais), uma empresa pode anunciar em meios de comunicação, enviar malas-diretas e *e-mails*, comprar cadastros de consumidores de empresas especializadas e usar técnicas de mineração de dados para identificá-los. Embora as comunicações de massa e digital ofereçam muitos benefícios, há momentos em que a comunicação pessoal é necessária para ser relevante e fechar uma venda. A venda pessoal serve de base para negócios multibilionários, como a Amway.

>>> A Amway (abreviatura de "American Way") foi fundada em 1959 por Rich DeVos e Jay Van Andel em Ada, no estado do Michigan. Seu primeiro produto foi o Liquid Organic Cleaner, um dos primeiros produtos de limpeza multiuso concentrados biodegradáveis. Desde então, a Amway expandiu-se além dos produtos de limpeza e tornou-se líder global nas categorias de saúde e beleza. O modelo de negócios da Amway combina vendas diretas com uma estratégia de *marketing* multinível. Os distribuidores da Amway, em geral chamados de "empreendedores independentes", lucram com o *markup* de varejo dos produtos que vendem diretamente para os clientes, mas também com uma porcentagem dos produtos

> vendidos para os distribuidores que recrutaram e para os quais serviram de mentores – um sistema de distribuição baseado em níveis que permite que alguns distribuidores gerem uma renda substancial. O modelo de *marketing* multinível da Amway é questionado judicialmente desde 1979, quando a Comissão Federal de Comércio dos Estados Unidos, após investigar a empresa, determinou que o modelo não era um esquema de pirâmide ilegal, pois os recrutas vendiam os produtos da empresa para clientes de verdade, e não apenas para outros recrutas. Para sustentar a sua posição no mercado, a Amway investe pesado em pesquisa e desenvolvimento. Detentora de 800 patentes, a empresa tem mais de cem laboratórios científicos espalhados pelo mundo e emprega quase mil cientistas, engenheiros e profissionais técnicos. Maior empresa de vendas diretas do mundo, com mais de 17 mil funcionários, a Amway gerou US$ 8,4 bilhões em 2019, ano em que os produtos de nutrição e controle de peso representaram 54% das receitas, seguidos pelos produtos de beleza e higiene pessoal (25%).[1]

Personalizar a comunicação e criar diálogos dizendo e fazendo a coisa certa, para a pessoa certa e na hora certa é essencial para a eficácia de *marketing*. Neste capítulo, examinaremos como as empresas personalizam sua comunicação de *marketing* para gerar mais impacto. Começaremos pela avaliação da venda pessoal e então consideraremos o *marketing* direto.

Vendas pessoais

As **vendas pessoais** envolvem interação direta com um ou mais compradores potenciais para apresentar bens ou serviços, responder a perguntas e receber pedidos (apresentações e reuniões de vendas, programas de incentivos, amostras e feiras comerciais). A venda pessoal é a ferramenta mais eficaz nas últimas etapas do processo de compra, especialmente para influenciar as preferências, a convicção e as ações dos compradores.[2]

Avon e Electrolux são exemplos de empresas que utilizam o modelo de vendas pessoais. Os produtos da Tupperware e da Mary Kay Cosmetics são vendidos para um grupo: um vendedor vai à casa de uma anfitriã que convidou amigas, demonstra os produtos e anota os pedidos. Nos sistemas de *marketing* multinível (de rede), as empresas recrutam empresários independentes que atuam como distribuidores. A remuneração destes inclui uma porcentagem das vendas dos vendedores que recrutam, assim como lucros sobre vendas diretas a clientes.

A venda pessoal tem três qualidades de destaque:

- É *customizada*, ou seja, a mensagem pode ser criada para atrair qualquer indivíduo.
- É *orientada por relacionamento*, o que significa que as relações pessoais de venda podem variar de um simples relacionamento profissional a uma genuína amizade pessoal.
- É *orientada por resposta*, o que significa que, com frequência, o comprador pode fazer escolhas pessoais e é estimulado a responder diretamente.

Objetivos de aprendizagem Após ler este capítulo, você deverá ser capaz de:

14.1 Definir os principais aspectos do processo de vendas.

14.2 Explicar como formular e desenvolver uma organização de vendas eficaz.

14.3 Explicar como administrar uma força de vendas.

14.4 Discutir o papel do *marketing* direto e identificar os principais canais dele.

A venda pessoal é uma arte ancestral. No entanto, vendedores eficazes têm mais do que instinto. Atualmente, as empresas investem centenas de milhões todo ano para treinar seus funcionários em métodos de análise e de gerenciamento de clientes que os transformem de tomadores passivos de pedidos a caçadores ativos de pedidos.

A VENDA PESSOAL COMO PROCESSO

A maioria dos programas de treinamento em vendas concorda quanto às principais etapas envolvidas em qualquer processo eficaz de venda: prospecção, pré-abordagem, apresentação, persuasão, fechamento e atendimento. Essas etapas são mostradas na Figura 14.1, e sua aplicação na venda organizacional é discutida a seguir.[3]

Prospecção e qualificação. A primeira etapa da venda consiste em identificar e qualificar os clientes potenciais. Cada vez mais, as empresas passam a assumir a responsabilidade de encontrar e qualificar clientes em potencial para que a equipe de vendas possa usar seu precioso tempo naquilo que faz melhor: vender.[4] Algumas empresas, incluindo a IBM, qualificam as indicações de vendas de acordo com o acrônimo BANT: o cliente tem o *orçamento* (*budget*) necessário, a *autoridade* para comprar, uma *necessidade* imperiosa do produto ou serviço e um *cronograma* (*timeline*) de entrega alinhado com o que é possível?

Muitas empresas hoje vão além do BANT, e sua busca por indicações qualificadas está cada vez mais sofisticada. Utilizando os mais diversos insumos dos clientes potenciais, como as práticas de contratação, os classificados de empregos e a amostragem de tuítes de clientes e funcionários, as empresas utilizam análise de dados e inteligência artificial para dividir os clientes potenciais entre aqueles que merecem ou não uma ligação ou uma oferta.

O *marketing* deve encontrar o equilíbrio ideal entre a quantidade e a qualidade de *leads*. Em excesso, mesmo que sejam de alta qualidade, eles podem saturar a força de vendas e desperdiçar oportunidades promissoras; uma escassez deles ou sua baixa qualidade podem frustrar ou desmoralizar a força de vendas.

Para gerar *leads* de alta qualidade, os fornecedores precisam conhecer seus clientes. Os fornecedores que atendem às qualificações podem receber a visita de agentes do comprador, que analisarão suas instalações de produção e conhecerão seus funcionários. Depois de avaliar cada empresa, o comprador terá uma pequena lista de fornecedores qualificados. É comum que compradores profissionais forcem os fornecedores a mudarem sua abordagem de *marketing* para aumentar a probabilidade de serem selecionados.

Pré-abordagem. O profissional de vendas precisa aprender o máximo possível sobre a empresa em prospecção (do que ela necessita, quem está envolvido na decisão de compra) e seus compradores (características pessoais e estilos de compra). Como o processo de compra é conduzido na empresa? Como é estruturado?

As empresas podem variar o seu processo de compra e estrutura organizacional. Em muitas grandes empresas, os vendedores interagem com departamentos de compras, que têm a missão de adquirir produtos para a organização. Muitos departamentos de compras em grandes empresas foram centralizados e elevados à categoria de departamentos estratégicos de suprimento com práticas mais profissionais. As compras centralizadas podem dar preferência a ter grandes fornecedores capazes de atender a todas as necessidades da empresa. Ao mesmo tempo, algumas empresas também passaram a descentralizar a compra de itens menores, como cafeteiras, materiais de escritório e outras necessidades de baixo custo. O vendedor deve compreender plenamente o processo de compra no que diz respeito a "quem", "quando", "onde", "como" e "por que" para estabelecer os objetivos de uma visita: qualificar o cliente potencial, coletar informações ou fazer uma venda imediata.

Outro desafio é decidir sobre a melhor abordagem – uma visita pessoal, um telefonema, um *e-mail* ou uma carta. A abordagem correta é crucial, visto que se tornou mais difícil para os representantes de vendas serem recebidos nos escritórios de agentes de compras, médicos e outros possíveis clientes com tempo restrito, mas acesso à internet. Por fim, o vendedor deve planejar uma estratégia geral de vendas para o cliente.

FIGURA 14.1
Principais etapas da venda eficaz.

Apresentação e demonstração. Uma forma comum de contar a "história" do produto para o comprador é a abordagem de AVBV que enfoca a articulação dos *atributos, vantagens, benefícios* e *valor* da oferta da empresa.

- *Atributos* descrevem as características físicas da oferta de *marketing*. Por exemplo, os recursos de um computador incluem a velocidade do processador e a capacidade de memória.
- *Vantagens* descrevem por que os atributos são vantajosos para o cliente.
- *Benefícios* descrevem o retorno econômico, técnico, de serviço e social recebido.
- *Valor* descreve quanto a oferta vale (geralmente em termos monetários).

A abordagem AVBV ajuda a força de vendas a alocar corretamente seus esforços quando promove os diferentes aspectos do produto. Isso é importante porque, muitas vezes, os vendedores gastam tempo demais enfatizando os atributos do produto (orientação para o produto) e não destacam suficientemente os benefícios e o valor da oferta (orientação para o cliente), especialmente quando se vendem produtos individualizados ou de preço *premium* e em mercados altamente competitivos.[5] Para ser eficaz, o discurso de venda para um cliente em potencial deve ser altamente relevante, envolvente e inquestionável, pois sempre há outra empresa à espreita para tomar o negócio.

Persuasão. A venda não é um processo unidirecional no qual os vendedores simplesmente apresentam informações para os compradores. É um processo interativo, no qual os compradores geralmente fazem perguntas e objeções. A maioria das objeções vem de duas fontes: resistência psicológica e resistência lógica.

- A **resistência psicológica** inclui objeção à interferência, preferência por fontes de suprimento ou marcas já estabelecidas, apatia, relutância em abrir mão de algo, associações desagradáveis criadas pelo vendedor, ideias preconcebidas, aversão a tomar decisões e atitude neurótica em relação a dinheiro.
- A **resistência lógica** pode consistir em objeções ao preço, ao prazo de entrega ou a certas características do produto ou da empresa.

Para lidar com as objeções lógicas e psicológicas, o vendedor deve manter uma abordagem positiva, pedir ao comprador que esclareça a objeção, questioná-lo de modo que tenha de responder a suas próprias objeções, negar a validade da objeção ou transformá-la em uma razão de compra.[6]

Embora o preço seja a questão mais negociada, especialmente em tempos de recessão econômica, deve-se levar em consideração outras questões, como tempo de execução do contrato, qualidade dos bens e serviços oferecidos, volume de compra, segurança do produto, responsabilidade por financiamento, riscos envolvidos, promoção e posse. Às vezes, os vendedores sucumbem fácil demais quando os clientes exigem um desconto.[7]

Uma empresa percebeu esse problema quando suas vendas aumentaram 25%, mas seu lucro permaneceu inalterado. A empresa decidiu, então, reforçar o treinamento de seu pessoal de vendas para "vender o preço", em vez de "vender pelo preço". Os vendedores receberam informações mais detalhadas sobre o histórico e o comportamento de compra de cada cliente, além de treinamento sobre como reconhecer oportunidades para agregar valor no lugar de oportunidades para reduzir preços. Como resultado, tanto a receita de vendas da empresa quanto sua margem de lucro aumentaram.[8]

Fechamento. Fechar a venda é um componente essencial do processo. Sem fechar o negócio, não há venda. O vendedor habilidoso sabe quando e como fechar a venda de um modo que, além de garantir o acordo do momento, também ajudará a estabelecer uma relação de longo prazo com o comprador.[9]

Para determinar quando começar o fechamento, os vendedores prestam atenção ao comportamento dos compradores em busca de sinais de que eles estão prontos para finalizar a decisão de compra. Os sinais de fechamento emitidos pelo comprador incluem atitudes físicas, declarações ou comentários e perguntas. Os vendedores podem requisitar o pedido, recapitular os pontos de concordância, oferecer ajuda para preencher o pedido, perguntar se o comprador prefere A ou B, deixar o comprador fazer escolhas secundárias como cor e tamanho ou indicar o que ele perderá se o pedido não for feito naquele momento.

O vendedor também pode oferecer ao comprador incentivos específicos para fechar a compra, como preço especial, quantidade extra ou brinde. Se o cliente continua resistente à compra, talvez o vendedor não esteja interagindo com a pessoa certa – um executivo sênior pode ter a autoridade necessária. O vendedor também pode precisar encontrar outras maneiras de reforçar o valor da oferta e destacar como ela alivia as pressões financeiras ou de outra natureza que o cliente esteja enfrentando.

Atendimento. Para assegurar a satisfação do cliente e a renovação do negócio, o acompanhamento e a manutenção são procedimentos necessários. Imediatamente após o fechamento, o vendedor deve tratar dos detalhes necessários, como data de entrega, condições de compra e outras questões importantes para o cliente. Quando relevante, pode ser agendada uma visita de acompanhamento para verificar se a instalação, a instrução e o serviço foram realizados adequadamente. Além disso, o vendedor também pode tentar detectar eventuais problemas com a oferta, oferecer soluções, responder a preocupações e reafirmar a atitude positiva do comprador em relação à compra.

Durante o atendimento, o vendedor deve ter um plano de como manter e expandir os negócios com o cliente. Oferecer um serviço que vai além da venda em si pode demonstrar aos clientes que o vendedor apoia seus bens e serviços e está comprometido com a construção de um relacionamento com o comprador. Usar serviços de pós-venda pode ajudar a desenvolver um relacionamento de longo prazo que beneficia ambas as partes, pois melhora a experiência de compra geral e cria um senso de confiança entre comprador e vendedor.

GERENCIAMENTO DA VENDA

Os princípios da venda pessoal e da negociação são, em grande parte, orientados para a transação, pois seu propósito é fechar uma venda específica. Contudo, em muitos casos, a empresa não busca uma venda imediata, mas a construção de um relacionamento fornecedor-cliente de longo prazo. Os clientes de hoje preferem fornecedores que possam vender e entregar uma série de bens e serviços coordenados para muitos locais, que possam resolver problemas com rapidez em diferentes localidades e que possam trabalhar com as equipes dos clientes a fim de melhorar seus produtos e processos.[10]

Os vendedores que trabalham com grandes contas devem fazer mais do que enviar um *e-mail* ou visitar os clientes quando acham que estão prontos para fazer pedidos. Eles devem entrar em contato com os clientes em outras ocasiões e fazer sugestões úteis sobre seus negócios para criar valor. Devem monitorá-los, conhecer seus problemas e estar prontos para atendê-los de diversas maneiras, adaptando-se e reagindo a diferentes necessidades ou situações enfrentadas pelos clientes.[11] Uma abordagem popular para a gestão do processo de vendas é a SPIN, sigla derivada dos tipos de perguntas que o vendedor deve fazer aos clientes em potencial: perguntas de situação, de problema, de implicação e de necessidade.

Planejamento da força de vendas

A forma original e mais antiga de *marketing* direto é a visita aos clientes-alvo (em potencial). Para identificar clientes potenciais, convertê-los em clientes e expandir o negócio, a maioria das empresas do mercado organizacional conta com uma força de vendas profissional ou contrata representantes e agentes de fabricantes. No mercado consumidor, muitas empresas também usam uma força de vendas direta, como Allstate, Amway, Avon, Mary Kay, Merrill Lynch e Tupperware.

> **Tupperware** A Tupperware foi fundada em 1946, quando o inventor Earl Tupper apresentou suas tampas herméticas, modeladas na borda invertida de latas de tinta, que impediam que os alimentos ficassem ressecados. Apesar da sua natureza revolucionária, os produtos não vendiam bem nas lojas, principalmente porque a sua vantagem em relação aos recipientes normais não era imediatamente visível para os compradores. Percebendo que os consumidores precisavam de demonstrações para entender como o produto funcionava, Tupper criou a

>> A Tupperware iniciou o conceito de festas de venda direta em residências (e, posteriormente, escritórios) para demonstrar os benefícios dos seus recipientes e incentivar a interação pessoal com os clientes.

Tupperware Home Party (festa em casa da Tupperware) para levar os produtos aos consumidores. As demonstrações foram uma maneira extremamente eficaz de comunicar os benefícios da tampa revolucionária, e anos depois todos os produtos Tupperware foram retirados das prateleiras e passaram a ser distribuídos exclusivamente por venda direta. Além de fonte de renda, as festas em casa também eram uma forma de entretenimento para mulheres cujos círculos sociais giravam em torno das suas famílias. À medida que os consumidores se mudavam para os subúrbios, as festinhas no quintal tornaram-se uma das formas de socialização favoritas para famílias e vizinhos. Os produtos da Tupperware atendiam às necessidades criadas por esse passatempo cada vez mais popular, pois ajudavam a manter os alimentos frescos ao ar livre e a transportá-los para as festas e de volta para casa. Quando os micro-ondas se tornaram eletrodomésticos comuns nas cozinhas americanas, a Tupperware lançou produtos projetados especificamente para eles, o que permitiu que os consumidores reaquecessem restos de alimentos ou preparassem os alimentos congelados que estavam se popularizando. Além de inovar e estender a linha de produtos constantemente, a Tupperware introduziu aulas e demonstrações para os clientes aprenderem a preparar alimentos, cozinhar com o micro-ondas, economizar no supermercado, otimizar o espaço nos armários e administrar o seu tempo. Para adaptar-se à vida agitada dos clientes ocupados, a Tupperware criou demonstrações no ambiente de trabalho. Seja nas festinhas em casa ou nos escritórios, a venda pessoal sempre foi um aspecto marcante da Tupperware. Com a ajuda da sua força de vendas de mais de 3 milhões de membros, a Tupperware hoje atua em quase cem mercados de todo o mundo. A empresa oferece produtos culturalmente distintos, como o Kimchi Keeper, o Kimono Keeper e a Bento Box no Japão.[12]

A cada ano, as empresas americanas gastam mais de US$ 1 trilhão com forças de vendas e materiais de vendas – mais do que com qualquer outro método promocional. Mais de 10% da força de trabalho nos Estados Unidos trabalha em tempo integral com vendas em organizações com e sem fins lucrativos. Hospitais e museus, por exemplo, usam captadores de recursos para entrar em contato com doadores e solicitar doações. Ao afirmar que a função primordial de todas as empresas é a de vendas, o fundador da Boston Beer, Jim Koch, observou: "Sem vendas, não há negócio a gerenciar".[13]

Embora ninguém questione a importância da força de vendas nos planos de *marketing*, as empresas são sensíveis aos altos e crescentes custos de mantê-la, incluindo salários, comissões, bonificações, despesas de viagem e benefícios. Não é de surpreender que as empresas tentem aumentar a produtividade de suas forças de vendas buscando melhorias em seleção, treinamento, supervisão, motivação e remuneração.[14] Os vendedores atuam como elo pessoal entre a empresa e os clientes. Ao formar sua força de vendas, uma empresa precisa desenvolver seus objetivos, estratégia, estrutura, tamanho e recompensa (Figura 14.2).

OBJETIVOS DA FORÇA DE VENDAS

Já se foi o tempo em que tudo o que a força de vendas tinha de fazer era "vender, vender e vender". O vendedor deve saber diagnosticar o problema do cliente e propor uma solução capaz de ajudar a aumentar sua lucratividade. Os melhores vendedores vão além dos problemas declarados para oferecer novos *insights* sobre o modelo de negócio do cliente e identificar necessidades não reconhecidas e problemas não declarados.[15] Qualquer que seja o contexto de venda, os vendedores terão de realizar uma ou mais das seguintes tarefas específicas:

- A *coleta de informações* envolve conduzir pesquisas de mercado e realizar trabalho de inteligência.
- A *definição de alvo* envolve decidir sobre alocação de tempo entre clientes potenciais e atuais.
- A *comunicação* envolve transmitir informações sobre os bens e serviços da empresa.
- A *venda* envolve aproximação do cliente, apresentação, resposta a perguntas, superação de objeções e fechamento da venda.
- O *suporte* envolve oferecer diversos serviços aos clientes, como consultoria, assistência técnica, intermediação em financiamentos e rapidez nas entregas.
- A *alocação* envolve decidir quais clientes poderão ficar sem produtos nos períodos de escassez.

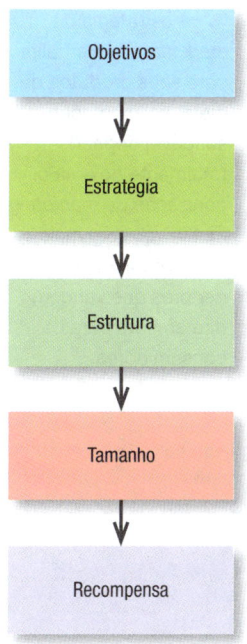

FIGURA 14.2
Planejamento da força de vendas.

Muitas vezes, *marketing* e vendas entram em conflito: a força de vendas reclama que os profissionais de *marketing* não geram indicações suficientes, ao passo que os profissionais de *marketing* reclamam que a força de vendas não as converte em vendas. Melhorar a colaboração e a comunicação entre essas duas áreas pode incrementar receitas e lucros.[16]

Jim Farley, vice-presidente executivo da Ford, observa que "a coisa mais legal sobre meu trabalho na Ford é que sou responsável tanto pelo *marketing* quanto pelas vendas" e sustenta que é um erro separar o comando dessas áreas. Ele vê os melhores vendedores na Ford como uma mescla entre *solucionadores de problemas*, que ajudam a explicar e personalizar toda a sofisticação dos eletrônicos automotivos, e *concierges*, que ajudam em todas as etapas do complexo processo de aquisição de um carro.[17] Para melhorar a compreensão mútua, algumas empresas transferem os profissionais de *marketing* para a área de vendas e vice-versa, quando apropriado, além de colocá-los lado a lado em reuniões conjuntas ao longo do ano.

ESTRATÉGIA DA FORÇA DE VENDAS

Um aspecto importante do desenvolvimento de uma estratégia de vendas é decidir usar uma força de vendas direta ou contratada. Uma força de vendas direta é formada por funcionários da própria empresa que trabalham em tempo integral ou parcial e em caráter exclusivo. Vendedores internos fazem negócios trabalhando por telefone no escritório e recebendo visitas de possíveis compradores, ao passo que os vendedores de campo saem para visitar clientes. Já uma força de vendas contratada é formada por representantes de fabricantes, agentes ou corretores de vendas que recebem comissões com base nas vendas efetuadas.

> **Herbalife** A Herbalife foi fundada por Mark Hughes após sua mãe morrer precocemente de uma *overdose* de medicamento para emagrecer. Hughes buscava uma alternativa mais segura, então criou um *milk-shake diet* que vendia do porta-malas do seu carro. Hoje, a Herbalife vende barras de proteína, energéticos, vitaminas, chás e, claro, *milk-shakes*. Com o passar dos anos, a empresa cresceu a olhos vistos, atingindo mais de 8 mil funcionários no mundo todo e receitas de vendas de quase US$ 4,9 bilhões em 2019. Quase toda a estratégia de *marketing* da Herbalife depende dos seus vendedores multiníveis, que compram da empresa por atacado e vendem os produtos diretamente para os consumidores ou os utilizam eles próprios. A Herbalife não vende para lojas, e seus produtos somente podem ser comprados dos seus 600 mil vendedores, que recebem comissões pelas vendas e pela contratação de novos membros. A Herbalife também

>> A estratégia de *marketing* da Herbalife para seus produtos de dieta e alimentação saudável depende totalmente de uma organização de *marketing* multinível, com mais de meio milhão de vendedores que vendem diretamente para os consumidores.

patrocina grupos de saúde locais para promover uma comunidade de clientes. Com fábricas espalhadas pelo mundo e parcerias com fabricantes, a Herbalife trabalha diretamente com fornecedores locais para controlar os custos e a qualidade em cada passo do processo.[18]

Considere a seguinte situação: um fabricante de móveis da Carolina do Norte quer vender sua linha de produtos para varejistas da costa oeste. Uma alternativa seria contratar 10 novos vendedores que atuassem em um escritório de vendas em São Francisco e recebessem um salário fixo mais comissões. A outra opção seria utilizar um representante de vendas em São Francisco que tivesse bons contatos com varejistas. O representante teria 30 vendedores, que receberiam uma comissão sobre as vendas.

O primeiro passo é determinar o que geraria mais vendas. A força de vendas da empresa concentra-se nos produtos da empresa e é mais bem treinada, mais agressiva e mais bem-sucedida para vendê-los porque muitos clientes preferem lidar diretamente com a empresa. Por outro lado, o representante de vendas conta com uma equipe de 30 vendedores, não apenas 10; ela pode ser tão agressiva quanto uma força de vendas direta, dependendo da comissão oferecida, tem muitos contatos e conhece bem o mercado. Além disso, os clientes podem apreciar sua independência. Uma empresa deve avaliar todos esses fatores ao formular uma função de demanda para ambos os canais.

O próximo passo é estimar os custos de venda de diferentes volumes por intermédio de cada canal. As previsões de custos são mostradas na Figura 14.3. Os custos fixos para incluir um representante de vendas são inferiores aos custos de montagem de um escritório de vendas próprio. No entanto, os custos crescem mais rapidamente com os representantes de vendas, visto que eles ganham comissões maiores do que aquelas destinadas à equipe de vendas da empresa. O passo final é comparar as vendas e os custos. Como demonstra a Figura 14.3, existe um nível de vendas (V_B) no qual os custos de venda são os mesmos para os dois canais. Assim, o representante de vendas é o melhor canal para qualquer volume de vendas abaixo de V_B, e o escritório de vendas da empresa é melhor para qualquer volume acima de V_B. Dada essa informação, não surpreende que os representantes de vendas

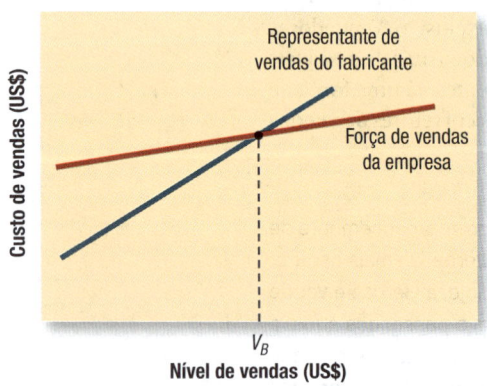

FIGURA 14.3

Gráfico do ponto de equilíbrio para a escolha entre a força de vendas da empresa e o representante de vendas do fabricante.

tendam a ser utilizados por empresas pequenas ou por grandes empresas em territórios menores, onde o volume de vendas é baixo.

Utilizar um representante de vendas pode trazer um problema de controle. Os representantes podem concentrar-se nos clientes que compram mais, porém não necessariamente nos que compram as mercadorias do fabricante. Além disso, podem não dominar os detalhes técnicos do produto ou lidar com os materiais de promoção de maneira menos eficaz.

ESTRUTURA DA FORÇA DE VENDAS

A estratégia escolhida para a força de vendas traz consequências para sua estrutura. Uma empresa que vende uma linha de produtos para um setor com clientes espalhados por muitos lugares estruturaria sua força de vendas por território geográfico. Por outro lado, uma empresa que vende muitos produtos para clientes com necessidades diversas organizaria sua força de vendas em torno de produtos, serviços ou necessidades específicas do cliente.

Algumas empresas necessitam de uma estrutura mais complexa e adotam alguma combinação de quatro tipos de força de vendas: uma força de vendas para clientes estratégicos, designada para prestar serviços para as contas mais importantes (ver seção *Insight de marketing*: gerência de grandes contas); uma força de vendas geográfica, que atende clientes em diferentes territórios; uma força de vendas para distribuidores, que realiza visitas e presta assistência; e uma força de vendas interna, que vende e recebe pedidos por telefone ou pela internet.

Para controlar os gastos, as empresas em geral optam pela força de vendas alavancada, que se concentra na venda dos produtos mais complexos e personalizados de uma empresa para as grandes contas, enquanto o pessoal de vendas interno ou pela internet cuida da venda dos itens mais comuns. Os vendedores lidam com menos contas e são remunerados de acordo com o crescimento das contas mais importantes; tarefas como geração de indicações, elaboração de propostas, atendimento de pedidos e suporte pós-venda são repassadas a terceiros. Em virtude de motivar os vendedores a vender a todas as contas possíveis, essa abordagem ajuda a superar algumas das limitações das forças de vendas baseadas em território geográfico.[19]

As empresas devem distribuir a força de vendas estrategicamente, de modo que ela possa visitar os clientes certos, no momento certo e da maneira certa, atuando como "gerentes de contas" capazes de obter contatos produtivos entre pessoas de diferentes organizações que compram e vendem. Cada vez mais, vender é um trabalho em equipe que requer o apoio de outros funcionários, como: altos executivos, especialmente quando estão em jogo vendas de abrangência nacional ou de grande importância; o pessoal técnico, que fornece informação técnica e presta serviços ao cliente antes, durante e depois da compra; o pessoal de atendimento ao cliente, ao qual cabe a instalação, a manutenção e outros serviços; e uma equipe administrativa, composta de analistas de vendas, supervisores de expedição e assistentes.[20]

TAMANHO DA FORÇA DE VENDAS

Os representantes de venda são um dos patrimônios mais produtivos e onerosos de uma empresa. Aumentar seu número não aumentará apenas as vendas, mas também os custos. Uma vez estabelecida a quantidade de clientes desejada, a empresa pode usar uma *abordagem de carga de trabalho* para determinar o tamanho da força de vendas. Uma versão simplificada desse método consiste em cinco etapas.

1. Agrupar os clientes por tamanho, de acordo com o volume anual de vendas.
2. Estabelecer a frequência de visitas (número anual de visitas por conta) desejável para cada classe.
3. Multiplicar o número de contas em cada classe de tamanho pela frequência de visitas correspondente para calcular a carga de trabalho total para o país, em visitas de vendas por ano.
4. Determinar o número médio de interações com o cliente que um vendedor pode fazer por ano.
5. Dividir o total de visitas anuais necessárias pela média de interações anuais feitas por um representante de vendas para calcular o número total de vendedores necessários.

Suponhamos que uma empresa estime ter mil contas A e 2 mil contas B. Cada uma das contas A requer 36 visitas por ano, e cada uma das contas B, 12. Logo, a empresa necessita de uma força de vendas capaz de fazer 60 mil visitas (36 mil + 24 mil) por ano. Se um vendedor em tempo integral pode fazer em média mil visitas por ano, a empresa precisa de 60 deles.

RECOMPENSA DA FORÇA DE VENDAS

Para atrair vendedores de alta qualificação, a empresa precisa criar um pacote de recompensa atraente. Vendedores gostam de ter renda regular, recompensas extras por desempenho acima da média e retribuição justa por experiência e tempo de casa. Os gestores, por sua vez, não abrem mão de controle, economia e simplicidade. Fica evidente que alguns desses objetivos são conflitantes. Não é de admirar que os planos de remuneração variem muito de um setor para outro e até dentro do mesmo setor.[21]

A empresa deve quantificar quatro componentes da recompensa da força de vendas: a *quantia fixa*, isto é, um salário que satisfaça as necessidades de estabilidade de renda; a *quantia variável*, que pode assumir a forma de comissões, bonificações ou distribuição de lucros, servindo para estimular e recompensar um esforço maior;[22] a *ajuda de custo*, que permite ao vendedor cobrir suas despesas de transporte, hospedagem e alimentação; e os *benefícios*, como férias remuneradas, seguro contra acidentes, plano de saúde, pensões e seguro de vida, cuja finalidade é dar segurança e satisfação no trabalho.[23]

A remuneração fixa é comum quando o trabalho oscila muito entre tarefas de venda e outras que não envolvam essa atividade, assim como nas vendas em que a parte técnica é complexa e requer trabalho em equipe. Já a remuneração variável funciona melhor quando as vendas são cíclicas ou dependem da iniciativa individual. As modalidades fixa e variável originam três tipos básicos de plano de remuneração: salário fixo, somente comissão* e combinação de salário e comissão. Não raro, uma parcela significativa da remuneração dos representantes de venda das empresas americanas é variável, não fixa.

Planos de salário fixo asseguram um rendimento aos vendedores, fazem eles mostrarem mais boa vontade em executar tarefas que não sejam de vendas e evitam que empurrem ao cliente mais do que ele precisa. Sob o ponto de vista da empresa, esse tipo de remuneração contribui para a simplicidade administrativa e diminui a rotatividade de pessoal. Quando a empresa de semicondutores Microchip cortou comissões para sua força de vendas, as vendas aumentaram.[24] Por sua vez, planos somente de comissão atraem vendedores de alto desempenho, promovem maior motivação, requerem menos supervisão e controlam os custos de venda. O lado negativo é que enfatizam o fechamento da venda em detrimento do desenvolvimento de um relacionamento. A forma combinada apresenta os benefícios de ambos os planos, limitando suas desvantagens.

Os planos de remuneração que combinam pagamentos fixos e variáveis associam a parte variável do pagamento a um grande número de metas estratégicas. Uma tendência atual dá menos ênfase ao volume de vendas em favor de fatores como lucro bruto e satisfação e retenção do cliente. Há empresas que recompensam seus vendedores, em parte, segundo o desempenho da equipe de vendas, ou mesmo segundo o desempenho da empresa como um todo, motivando-os a trabalharem em conjunto para o bem comum.

Gerenciamento da força de vendas

Diversas políticas e procedimentos orientam as atividades da empresa direcionadas ao gerenciamento da força de vendas. Algumas das mais importantes, como os processos de recrutamento, seleção, treinamento, supervisão, motivação e avaliação de vendedores, estão apresentadas na Figura 14.4 e são detalhadas nas seções a seguir.

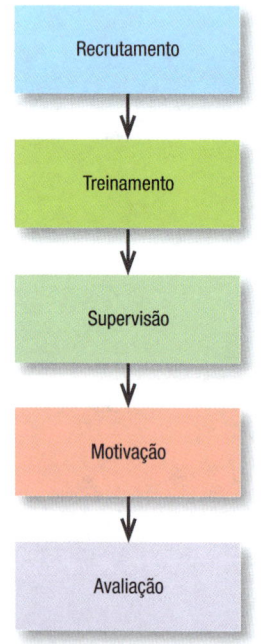

FIGURA 14.4
Gerenciamento da força de vendas.

*N. de R.T. No Brasil, para o "comissionista puro" é garantida a remuneração de, pelo menos, um salário mínimo, mesmo que as comissões de vendas no mês não atinjam o valor do salário mínimo.

RECRUTAMENTO DA FORÇA DE VENDAS

A seleção adequada dos vendedores é um fator vital na criação de toda força de vendas bem-sucedida. É um grande desperdício contratar as pessoas erradas. A rotatividade anual média de representantes de venda em todos os setores chega quase a 20%. A rotatividade da força de vendas resulta em vendas perdidas, gastos com seleção e treinamento de novos profissionais e, muitas vezes, uma sobrecarga dos vendedores que permanecem na empresa.[25]

Diversos estudos mostram pouca relação entre desempenho nas vendas e nível de instrução e experiência, *status* atual, estilo de vida, atitude, personalidade ou habilidades. Fatores preditivos mais eficazes vêm sendo obtidos graças aos testes que combinam várias técnicas (*composite tests*) aos centros de avaliação, onde o ambiente de trabalho é simulado e os candidatos são avaliados em um contexto semelhante àquele em que atuarão.[26]

Para manter o foco no mercado, os profissionais de vendas devem saber como analisar dados de vendas, medir o potencial do mercado, reunir inteligência de mercado e desenvolver estratégias e planos de *marketing*. Sobretudo nos níveis mais altos da gerência de vendas, é preciso ter habilidades analíticas de *marketing*. Os especialistas acreditam que, quando entendem tanto de *marketing* quanto de vendas, as forças de vendas tornam-se mais efetivas no longo prazo.

Embora os resultados dos testes formais sejam apenas um dos elementos de informação de um conjunto que inclui características pessoais, referências, experiência profissional e comportamento durante as entrevistas, eles têm muito peso em empresas como IBM, Prudential e Procter & Gamble. A Gillette afirma que os testes reduziram a rotatividade de pessoal, além de estarem correlacionados com o progresso subsequente dos novos vendedores.

TREINAMENTO E SUPERVISÃO DA FORÇA DE VENDAS

Os clientes de hoje esperam que os vendedores conheçam profundamente o produto, que contribuam com ideias para melhorar as operações e que sejam eficientes e confiáveis. Esses requisitos exigem das empresas um investimento mais alto em treinamento de vendas.

Novos vendedores podem ficar de algumas semanas a vários meses em treinamento. O período médio de treinamento é de 28 semanas em empresas de bens industriais, 12 nas de serviços e quatro nas de bens de consumo. O tempo de treinamento varia conforme a complexidade da tarefa de venda e o tipo de pessoa recrutada. Novos métodos de treinamento surgem continuamente, como aprendizagem programada, educação a distância e videoaulas. Algumas empresas recorrem a simulações e treinamento de sensibilidade ou empatia para ajudar os vendedores a se identificarem com as situações e as motivações que envolvem os clientes.[27]

Vendedores pagos sobretudo com comissões são menos supervisionados. Já os assalariados e aqueles que devem dar cobertura a contas definidas provavelmente receberão maior supervisão. Nas vendas multinível, como as utilizadas por Avon, Sara Lee, Virgin e outras empresas, os distribuidores independentes também são responsáveis por sua própria força de vendas para comercializar os produtos da empresa. Esses representantes independentes recebem uma comissão não somente pelas vendas que fazem, mas também por aquelas realizadas pelos vendedores que contratam e treinam.

GERENCIAMENTO DA PRODUTIVIDADE DA FORÇA DE VENDAS

Quantas visitas por ano devem ser feitas a uma conta? Alguns vendedores investem tempo demais em contas menores, menos lucrativas, quando deveriam direcionar mais esforços para as contas maiores e mais lucrativas.

Se deixados por conta própria, os vendedores dedicarão a maior parte de seu tempo aos clientes atuais, cujo retorno é previsível. Afinal, os vendedores podem esperar algum negócio desses clientes, enquanto uma prospecção pode resultar em nada. As empresas quase sempre especificam quanto tempo os profissionais de vendas devem dedicar à prospecção de novas contas.[28] A Spector Freight quer que seus vendedores dediquem 25% de seu tempo à visita de clientes potenciais e, depois de três contatos infrutíferos, interrompam o processo. Algumas empresas confiam a geração de interesse e a abertura de novas contas a uma força de vendas missionária.

Ao longo de um dia, os representantes de vendas gastam seu tempo com planejamento, viagens, espera, vendas e tarefas administrativas (elaboração de relatórios e cobranças, comparecimento a reuniões de vendas e interação com outros funcionários da empresa sobre produção, entrega, faturamento e desempenho de vendas). Os melhores profissionais de vendas são aqueles que administram seu tempo com eficiência. A técnica de **análise tempo-tarefa** e a quebra de atividades em blocos de uma hora ajudam os vendedores a entender como despendem seu tempo e como poderiam aumentar sua produtividade.

As empresas sempre procuram meios de aumentar a produtividade de sua força de vendas.[29] Para cortar custos, reduzir a pressão do tempo sobre a força de vendas externa e aproveitar as vantagens das inovações em tecnologia, muitas empresas aumentaram o tamanho e a responsabilidade de sua força de vendas interna.

A venda interna custa menos do que a venda pessoal e cresce mais rápido. Cada contato feito por um vendedor interno pode custar a uma empresa de US$ 25 a US$ 30, em comparação com uma faixa de US$ 300 a US$ 500 para um funcionário de campo, incluindo as despesas de viagem. *Softwares* de reuniões virtuais como o WebEx, ferramentas de comunicação como o Skype e *sites* de mídia social como LinkedIn, Facebook e Twitter facilitam a venda com poucas reuniões presenciais. Os vendedores internos nem precisam estar no escritório – uma porcentagem crescente trabalha em casa.[30]

A força de vendas interna permite aos vendedores externos dedicar mais tempo a contas importantes, identificar e captar novos negócios e obter mais pedidos coletivos e contratos para sistemas. Os vendedores internos passam mais tempo verificando estoque, acompanhando pedidos e telefonando para pequenas contas, normalmente mediante um salário fixo ou um salário fixo mais bonificação.

O vendedor moderno tornou-se um ser digital. Não só as informações sobre vendas e estoque são transmitidas com maior rapidez, mas sistemas específicos de apoio a decisões baseados em computador foram criados para ajudar gerentes e representantes de vendas. Usando dispositivos móveis, os vendedores podem acessar informações valiosas de produto e cliente. Com poucos comandos, eles podem conhecer a fundo o histórico dos clientes, aproveitar propostas de vendas previamente elaboradas, transmitir pedidos e resolver questões de atendimento ao cliente no local e enviar amostras, folhetos, manuais e outros materiais para os clientes.

Uma das ferramentas digitais mais úteis para o profissional de vendas é a presença *on-line* da empresa, que pode ajudar a definir seus relacionamentos com contas individuais e a identificar aquelas cujo negócio pede uma interação pessoal. Ela cria uma apresentação da empresa a clientes potenciais autoidentificados e pode funcionar como maneira de contatar o vendedor; pode até receber o pedido inicial.

As mídias sociais são uma ferramenta de venda digital valiosa. A rede social é útil na prospecção e na qualificação de indicações de venda no *front-end* (de interação com clientes), bem como na construção e na gestão de relacionamentos no *back-end* (nos serviços de suporte). Ao monitorar publicações no Twitter para várias palavras-chave, um representante de vendas corporativas da empresa de reuniões virtuais PGi percebeu que alguém de outra empresa comentava sobre sua insatisfação com as webconferências. O representante entrou em contato com o presidente dessa empresa e conseguiu convencê-lo rapidamente sobre os méritos dos produtos da PGi, fechando um contrato em questão de horas.[31]

MOTIVAÇÃO DA FORÇA DE VENDAS

A maioria dos vendedores precisa de incentivo e estímulos especiais, principalmente aqueles que enfrentam desafios diários nas vendas de campo.[32] A maioria das empresas acredita que quanto mais alta for a motivação do vendedor, maiores serão seus esforços e resultados quanto a desempenho, recompensas e satisfação – e tudo isso, por sua vez, reforça a motivação.[33]

Os profissionais de *marketing* reforçam *recompensas monetárias e não monetárias* de todos os tipos. Um estudo concluiu que a recompensa mais valorizada era a remuneração, seguida de promoção, crescimento pessoal e sensação de ter realizado algo relevante.[34] As recompensas menos valorizadas foram simpatia e respeito, segurança e reconhecimento. Em outras palavras, os vendedores são altamente motivados pela remuneração e pela oportunidade de alcançar melhores postos e satisfazer suas necessidades intrínsecas, ao mesmo tempo que são menos motivados por elogios e segurança. Algumas empresas usam concursos de vendas para incrementar o esforço de vendas.[35]

Os planos de remuneração podem até variar dependendo do tipo de vendedor: os de desempenho alto ou estrelas, os de desempenho médio, porém constante, e os de desempenho fraco ou retardatários.[36] *As estrelas* beneficiam-se de comissões sem teto ou limite, comissões por superação ao exceder cotas e premiações que contemplam vários vencedores. Os vendedores de desempenho médio, porém constante, beneficiam-se de metas de múltiplos níveis que servem como trampolins em campanhas de metas e de vendas com prêmios que variam em natureza e valor. Já os retardatários respondem a bônus trimestrais e pressão social.[37]

Muitas empresas estabelecem metas anuais de vendas a partir do plano anual de *marketing*, com base em valor, volume unitário, margem, esforço ou atividade de vendas ou tipo de produto. A remuneração quase sempre está relacionada com a meta atingida. Primeiro, a empresa prepara uma previsão de vendas, que se torna a base para o planejamento da produção, da força de trabalho e dos requisitos financeiros. A gerência, então, estabelece metas para regiões e territórios, as quais, somadas, geralmente ultrapassam a previsão de vendas para estimular gerentes e vendedores a darem o máximo de si. Se eles não conseguirem atingi-las, pelo menos a empresa poderá alcançar sua previsão de vendas.[38]

O senso comum afirma que os lucros são maximizados por vendedores que enfocam os produtos mais importantes e os mais rentáveis. Além disso, quando a empresa lança vários produtos novos ao mesmo tempo, é improvável que os vendedores atinjam sua meta para produtos estabelecidos. A empresa deve, portanto, ampliar sua força de vendas ao lançar produtos novos.

Estabelecer metas de vendas também pode gerar problemas. Se a empresa subestimar o potencial de vendas e os vendedores atingirem suas metas com facilidade, ela terá supervalorizado a remuneração desses vendedores. Se, por outro lado, for superestimado o potencial de vendas, os vendedores terão muito mais dificuldade para atingir as metas e ficarão frustrados ou desistirão. Outro problema desse sistema é que pode levar os vendedores a quererem fechar o maior número de vendas possível, o que, não raro, faz com que negligenciem o atendimento ao cliente. Desse modo, a empresa obtém bons resultados no curto prazo à custa da satisfação do cliente no longo prazo. Por esses motivos, algumas empresas têm abandonado o sistema de metas.

AVALIAÇÃO DA FORÇA DE VENDAS

Descrevemos os aspectos *impulsionadores* da supervisão de vendas, isto é, como a gerência informa aos vendedores o que devem fazer e os motiva a fazê-lo. Contudo, esse tipo de supervisão requer um bom *feedback*, o que significa que é necessário obter regularmente informações sobre os vendedores para avaliar seu desempenho.

Uma fonte importante de informações sobre vendedores é o relatório de vendas. Outras informações podem ser obtidas por meio de observação pessoal, autoavaliação dos vendedores, cartas e reclamações de clientes, pesquisas com clientes e conversas com outros vendedores.

Os relatórios de vendas são divididos em *planos de atividades* e *relatórios de resultados das atividades*. O melhor exemplo do primeiro é o plano de trabalho dos vendedores, enviado com uma semana ou um mês de antecedência, em que são descritas as visitas e os itinerários que eles planejam executar. Esse relatório obriga os vendedores a planejarem e programarem suas atividades, além de manter o gerente informado sobre sua localização. Ele fornece uma base para comparar o que se planejou com o que se realizou ou a habilidade de "planejar o trabalho e trabalhar conforme o planejado".

Muitas empresas solicitam a seus vendedores que elaborem um plano de *marketing* territorial anual, no qual esboçam seu programa para o desenvolvimento de novas contas e para o aumento dos negócios nas contas existentes. Os gerentes de vendas estudam tais planos, fazem sugestões e os utilizam para desenvolver as cotas de vendas. Os vendedores descrevem com detalhes as atividades executadas nos relatórios de visitas, além de enviarem relatórios de despesas, de novos negócios, de negócios perdidos, assim como relatórios sobre as empresas e as condições econômicas locais.

Esses relatórios fornecem dados brutos dos quais os gerentes de vendas podem extrair indicadores-chave sobre o desempenho de vendas: o número médio de visitas de vendas por vendedor, por dia; o tempo médio de visita de vendas por contato; a receita média por visita de vendas; o custo médio por visita de vendas; o custo de transporte/hospedagem/alimentação por visita de vendas; a porcentagem de pedidos por centena de visitas; o número de novos clientes por período; o número de clientes perdidos por período; e o custo da força de vendas como porcentagem do total de vendas.

Ainda que o vendedor produza muitas vendas, pode ser que seus clientes não o tenham em alta conta. Talvez ele seja um pouco melhor do que os vendedores da concorrência ou seu produto seja melhor, ou talvez ele sempre encontre novos clientes para substituir aqueles que não gostam de tratar com ele. Os vendedores podem analisar o sucesso ou o fracasso de uma visita de vendas e propor formas para melhorar visitas subsequentes. Explicações para seu desempenho podem estar relacionadas com fatores internos (esforço, habilidade e estratégia) e/ou externos (tarefa e sorte).

Marketing direto

Atualmente, muitas empresas constroem relacionamentos duradouros com os clientes, a quem enviam cartões de aniversário e materiais informativos e oferecem bens e serviços de brinde. Companhias aéreas, hotéis e outros tipos de negócio adotam programas de recompensas por frequência de compras e clubes de associados.[39] O **marketing direto** é o uso de canais diretos ao consumidor para se comunicar e entregar bens e serviços aos clientes sem o uso de intermediários.

O *marketing* direto oferece diversas vantagens às empresas. Ao eliminar o intermediário, ele quase sempre tem melhor relação custo-benefício do que o *marketing* tradicional. Relacionar-se diretamente com os clientes também oferece à empresa informações valiosíssimas sobre as necessidades atuais e potenciais dos clientes, os modos como usam as ofertas da empresa, quais aspectos das ofertas são particularmente benéficos e quais precisam melhorar. Além disso, a capacidade de interagir diretamente com os clientes permite à empresa oferecer uma experiência de atendimento superior e fortalece a imagem de marca.

Os profissionais de *marketing* direto podem usar uma série de canais para atingir individualmente os consumidores potenciais e os clientes: mala-direta, *marketing* por catálogo, *telemarketing*, quiosques, *sites* e dispositivos móveis. De modo geral, eles buscam uma resposta mensurável, normalmente um pedido do cliente, por meio do *marketing* de pedido direto.

Ambit Energy A Ambit Energy foi fundada em 2006 após a desregulamentação dos mercados de energia. A empresa promove seus serviços diretamente para os consumidores com a ajuda de mais de 80 mil consultores independentes. Com a oferta de contratos de um ano com taxas de juros fixas baixas, a Ambit conquistou uma ampla base de clientes, apostando que estes tenderão a comprar mais de uma pessoa que conhecem do que de um estranho. A abordagem focada no cliente levou ao crescimento rápido, e, em 2010, a J.D. Power and Associates reconheceu a Ambit como a empresa com mais recomendações positivas compartilhadas com amigos, familiares e colegas de trabalho. Assim como muitas empresas de *marketing* direto, a Ambit Energy tem suas controvérsias. Os defensores dos direitos do consumidor preocupam-se que a empresa se esforça demais para transformar clientes em vendedores (a capa do *site* da Ambit convida os visitantes a "descobrir as recompensas de ser um consultor Ambit"), mas, ao mesmo tempo, dificulta o contato com a empresa para conversar sobre taxas e preços e trocar de plano. Em 2015, a Defensoria do Consumidor do Departamento de Serviços Públicos de Nova York forçou a Ambit a reembolsar clientes que foram transferidos de um plano de economia garantida para um plano de taxas variáveis que cobrava significativamente mais. A empresa também foi processada por uma ação coletiva, acusada de apresentar de forma enganosa as economias que os clientes obteriam com os serviços da Ambit (as partes chegaram a um acordo em 2018).[40]

O *marketing* direto tem se revelado um caminho de acelerado crescimento para chegar aos clientes, em parte devido aos elevados e crescentes custos para atingir mercados organizacionais com força de vendas. As vendas geradas pelos canais tradicionais de *marketing* direto (catálogos, mala-direta e *telemarketing*) crescem rapidamente, assim como as vendas por mala-direta, que incluem as vendas para o mercado consumidor e B2B (*business-to-business*) e a arrecadação de fundos por instituições filantrópicas.

CANAIS DE *MARKETING* DIRETO

A seguir, analisaremos algumas questões fundamentais que caracterizam os principais canais de *marketing* direto: mala-direta, *marketing* de catálogo, *telemarketing* e infomerciais.

Mala-direta. O *marketing* de mala-direta consiste em enviar uma oferta, anúncio, lembrete ou outro item a uma pessoa em um endereço específico. Usando listas de mala-direta altamente seletivas, as empresas de *marketing* direto enviam milhões de correspondências todos os anos: cartas, folhetos, fôlders e outros "vendedores com asas".

A mala-direta é um meio popular porque permite seletividade na segmentação de mercado, pode ser personalizada, é flexível e possibilita a realização prévia de testes e mensuração de respostas. Embora o custo para cada mil pessoas seja maior do que no caso da mídia de massa, os alvos contatados são muito mais promissores. O sucesso da mala-direta, no entanto, transformou-se também em uma desvantagem: são tantas as empresas que enviam material de mala-direta que as caixas de correio acabam abarrotadas, levando alguns consumidores a ignorarem a avalanche de solicitações que recebem. A mala-direta também pode gerar indicações de venda, fortalecer relacionamentos com os clientes, informá-los e educá-los, lembrá-los sobre as últimas ofertas e reforçar decisões recentes de compra.

A maioria dos profissionais de *marketing* direto aplicam a fórmula RFV (recência, frequência, valor) para selecionar clientes de acordo com o tempo decorrido desde sua última compra, o número de vezes em que fizeram uma compra e o valor gasto desde que se tornaram clientes. Suponhamos que a empresa esteja oferecendo uma jaqueta de couro. Ela pode dirigir essa oferta aos clientes mais atrativos, que são os que fizeram sua última compra entre 30 e 60 dias atrás, que fazem de 3 a 6 compras por ano e que gastaram no mínimo US$ 100 desde que se tornaram clientes. Há pontuações para vários níveis de RFV; quanto mais alta for a pontuação, mais atraente será o cliente.[41]

Os melhores clientes potenciais de uma empresa são aqueles que já compraram seus produtos alguma vez. O profissional de *marketing* direto também pode comprar listas de nomes, mas elas costumam apresentar problemas, como duplicação de contatos ou dados, dados incompletos ou endereços defasados. A melhor lista é aquela que inclui dados demográficos e psicográficos. Os profissionais de *marketing* direto geralmente compram e testam uma amostra antes de adquirir mais nomes da mesma lista, podendo formar suas próprias listas ao anunciar uma oferta promocional e coletar as respostas.[42]

Uma das grandes vantagens do *marketing* direto é a possibilidade de testar, sob condições reais de mercado, a eficácia de diferentes aspectos de uma estratégia de oferta, como produtos, atributos do produto, texto, tipo de mala, envelope, preços ou listas de mala-direta. A Teaching Company posta 50 milhões de catálogos e dispara 25 milhões de *e-mails* para vender palestras e cursos educacionais. Todos os elementos da oferta são testados. Substituir uma imagem da Mão de Deus de Michelangelo por outra representando as ruínas de Petra melhorou as vendas em mais de 20%.[43]

As taxas de resposta costumam subestimar o impacto de longo prazo das campanhas. Suponhamos que apenas 2% dos destinatários que recebem uma comunicação por mala-direta da Samsonite façam o pedido. Uma porcentagem muito maior descobrirá o produto (a mala-direta tem alto índice de leitura), e determinada porcentagem poderá ter a intenção de comprar o produto mais tarde (por correio ou em lojas). Algumas pessoas podem mencionar as malas Samsonite para outras como resultado da mala-direta. Para determinar uma estimativa mais abrangente do impacto da comunicação, algumas empresas medem o impacto do *marketing* direto na conscientização, na intenção de compra e na comunicação boca a boca.

A mala-direta pode envolver as correspondências tradicionais ou o *e-mail*. Uma campanha por *e-mail* permite às empresas passar informações aos clientes e se comunicar com eles por uma fração do custo de uma campanha por mala-direta. Os *e-mails* podem, portanto, ser ferramentas de vendas muito produtivas. Estima-se que seu índice de indução à compra seja pelo menos três vezes superior ao dos anúncios de mídia social. Para serem eficazes, os *e-mails* devem ser oportunos, segmentados e relevantes. Por exemplo, o Gilt Groupe envia mais de 3 mil variações de seu *e-mail* diário para seu *site* de ofertas relâmpago com base nos históricos de clique, de navegação e de compras do destinatário.[44]

As preocupações com privacidade estão em alta, e muitos consumidores se recusam a compartilhar qualquer informação pessoal com as marcas, ainda que isso os fizesse receber ofertas e descontos personalizados. Algumas empresas têm pedido aos consumidores que informem se e quando gostariam de receber *e-mails*. A floricultura FTD permite aos clientes escolher se desejam receber *e-mails* como lembrete para o envio de flores para praticamente todos os feriados e datas comemorativas, bem como aniversários ou bodas específicos.

Marketing de catálogo. As empresas que utilizam o *marketing* de catálogo podem enviar catálogos completos das suas mercadorias, catálogos de itens especializados ou catálogos corporativos, geralmente impressos, mas também *on-line*.

Milhares de pequenas empresas também publicam catálogos especializados. Muitos profissionais de *marketing* direto combinam catálogos e *sites* como uma forma eficaz de vender. Por exemplo, todos os anos, a W.W. Grainger publica um catálogo impresso gigantesco, de quase 3 mil páginas, e, ao mesmo tempo, coloca na internet uma versão digital, na qual é fácil realizar buscas, que inclui conteúdos complementares que vão além da versão impressa.[45]

Catálogos são um grande negócio nos Estados Unidos – a internet e o setor de venda por catálogo abrangem 37 mil empresas, com faturamento anual combinado de US$ 460 bilhões.[46] O sucesso desse negócio depende da capacidade da empresa de: gerenciar suas listas de clientes com o máximo cuidado, evitando duplicidades e maus pagadores; controlar seu estoque; oferecer mercadoria de qualidade para receber poucas devoluções; e criar uma imagem diferenciada.

Algumas empresas diferenciam seus catálogos por meio da adição de textos literários e informacionais, envio de amostras, operação de uma linha de teleatendimento especial para responder a perguntas, envio de brindes a seus melhores clientes ou doação de uma porcentagem dos lucros para causas sociais. A disponibilização do catálogo completo pela internet também proporciona às empresas que vendem para o mercado organizacional acesso a consumidores globais como jamais se teve, o que proporciona uma economia no custo de impressão e postagem.

Telemarketing. Por *telemarketing*, entende-se o uso de operadoras ou centrais telefônicas para atrair novos clientes, vender para clientes atuais e prestar serviço recebendo pedidos e atendendo a consultas. O *telemarketing* ajuda as empresas a ampliar a receita, reduzir os custos de vendas e aumentar a satisfação do cliente. Os *call centers* podem ser usados para receber ligações dos clientes (*telemarketing receptivo*) e para contatar clientes atuais e potenciais (*telemarketing ativo*).

Com o passar do tempo, o *telemarketing* perdeu muito de sua eficácia, embora ainda seja bastante utilizado em campanhas políticas. No entanto, o *telemarketing* dirigido para empresas vem crescendo. Isso se deve, em parte, ao uso de videoconferências, que cada vez mais substitui, embora sem eliminar, as onerosas visitas pessoais de campo.

Uma forma popular de *telemarketing* envolve as *robocalls*, ligações telefônicas que utilizam discadores automáticos computadorizados para transmitir uma mensagem pré-gravada. Nos Estados Unidos, ligações que utilizam mensagens pré-gravadas são legais apenas se contêm informações relevantes, como lembretes de consultas médicas, notificações de mudanças em voos e alertas de fraude de cartão de crédito, ou se envolvem campanhas eleitorais. As *robocalls* para vender bens e serviços são consideradas ilegais.*[47]

Infomerciais. Algumas empresas preparam infomerciais de 30 ou 60 minutos que buscam combinar o apelo de vendas dos comerciais de TV com a atratividade das informações e do entretenimento. Os infomerciais costumam promover produtos complexos, de alta tecnologia ou que requerem muita explicação; alguns dos mais bem-sucedidos são os criados para o creme antiacne Proactiv, os DVDs de ginástica P90X e o *grill* George Foreman. Os canais de TV de televendas oferecem bens e serviços por uma linha de discagem gratuita ou pela internet com entregas em um prazo de 48 horas.

O FUTURO DO *MARKETING* DIRETO

A ascensão do *marketing* direto levou a um número crescente de nichos com preferências distintas. Consumidores sem tempo e cansados de congestionamentos no trânsito, sem falar da dor de cabeça na procura de uma vaga para estacionar, gostam de números 0800, *sites* sempre disponíveis, entrega em 24 horas e o compromisso dos profissionais de *marketing* direto com o atendimento ao cliente. Além disso, muitas redes de lojas abandonaram itens especializados, que demoram mais a vender, o que criou uma oportunidade para os profissionais de *marketing* direto promoverem esses itens diretamente entre os compradores interessados.

As empresas vendedoras também podem se beneficiar do *marketing* direto. Os profissionais de *marketing* direto podem comprar uma lista de mala-direta contendo os nomes de praticamente

---

*N. de R.T. No Brasil, a prática de *robocall* não é proibida, mas há ações para coibir práticas abusivas. Por exemplo, a Agência Nacional de Telecomunicações (Anatel) determina que as prestadoras efetuem o bloqueio dos usuários que ultrapassem o limite de 100 mil ligações diárias curtas, de até 3 segundos.

qualquer grupo: pessoas canhotas, altas, milionárias ou o que mais você puder imaginar. Isso lhes permite personalizar as mensagens e construir um relacionamento contínuo com cada cliente. Os pais de recém-nascidos inevitavelmente recebem correspondências periódicas descrevendo novas roupas, brinquedos e outros itens à medida que a criança cresce.

O *marketing* direto pode atingir consumidores potenciais no momento em que querem fazer uma solicitação e, portanto, ser notado por alvos altamente interessados. Além disso, permite testar meios e mensagens alternativos em busca da abordagem com a melhor relação custo-benefício. O *marketing* direto também torna a oferta e a estratégia da empresa menos visíveis à concorrência. Por fim, os profissionais de *marketing* direto podem medir as respostas a suas campanhas e, assim, identificar as mais rentáveis.

O *marketing* direto deve ser integrado com outros meios de comunicação e atividades de canal de distribuição. Empresas de *marketing* direto como Eddie Bauer, Lands' End e Franklin Mint fizeram fortuna construindo suas marcas no negócio de *marketing* direto de encomenda por catálogo ou por telefone para depois abrir lojas de varejo. Elas fazem promoção cruzada entre suas lojas, catálogos e *sites*, por exemplo, imprimindo seus endereços eletrônicos nas sacolas de compras.

Os profissionais de *marketing* direto bem-sucedidos consideram a interação com o cliente uma oportunidade de *up-selling*, de venda cruzada ou apenas de estreitamento de relacionamento. Esses profissionais se certificam de que sabem o suficiente sobre cada cliente para personalizar ofertas e mensagens, além de desenvolver um plano de *marketing* vitalício valioso com base no que conhecem dos episódios e das transições de suas vidas. Eles também orquestram cuidadosamente cada elemento de suas campanhas.

>> Infomerciais de TV têm sido usados com grande sucesso para vender o *grill* de George Foreman, o ex-campeão de boxe peso-pesado.

INSIGHT de *marketing* — Gestão de grandes contas

As grandes contas (também chamadas de *key accounts*, contas nacionais, contas globais ou contas da casa) geralmente recebem uma atenção especial. São clientes importantes com múltiplas divisões em várias localidades, que dispõem de determinação de preço uniforme e serviços coordenados para todas as divisões. Um gerente de grandes contas costuma se reportar ao gerente nacional de vendas e supervisiona os vendedores de campo que visitam as instalações do cliente em seus territórios. Em média, uma empresa gerencia cerca de 75 grandes contas. Se tiver muitas, poderá criar um departamento para gerenciá-las, no qual o gerente de grandes contas médio lidará com nove contas.

Normalmente, as grandes contas são administradas por uma equipe gerencial estratégica, composta de funcionários responsáveis por várias funções que

(continua)

integram as atividades de desenvolvimento de novos produtos, suporte técnico, cadeia de suprimentos e *marketing*, além de múltiplos canais de comunicação para cobrir todos os aspectos do relacionamento. A Procter & Gamble tem uma equipe de gerenciamento estratégico de conta composta de 300 funcionários para trabalhar no escritório central do Walmart, em Bentonville, Arkansas, além daqueles que atuam nas sedes da empresa na Europa, na Ásia e na América Latina. A P&G credita a esse relacionamento uma economia de bilhões de dólares.

A gerência de grandes contas vem crescendo. Com o aumento da concentração de empresas compradoras, em razão de fusões e aquisições, um número cada vez menor responde por uma parcela maior das vendas. Muitas passaram a centralizar a aquisição de determinados itens visando a um maior poder de barganha. À medida que os produtos ganham complexidade, mais grupos da empresa cliente envolvem-se no processo de compra. O vendedor tradicional pode não ter a habilidade, a autoridade ou a abrangência necessárias para atender com eficiência o grande comprador.

Ao selecionar grandes contas, as empresas dão preferência àquelas que têm alto volume de compra (especialmente dos produtos mais lucrativos), que comprem de maneira centralizada, que exijam alto nível de serviços em vários pontos geográficos, que estejam atentas a preço e que possam querer uma relação de parceria de longo prazo. Os gerentes de grandes contas atuam como o único ponto de contato, desenvolvem e ampliam o negócio do cliente, entendem os processos de decisão do cliente, identificam oportunidades para agregar valor, fornecem inteligência competitiva, negociam vendas e gerenciam o atendimento ao cliente.

Muitas das grandes contas buscam mais por valor agregado do que por um preço mais vantajoso. Elas apreciam dedicação exclusiva a suas contas de um único ponto de contato, faturamento consolidado, garantias especiais, troca eletrônica de dados, frete prioritário, informações atualizadas, produtos customizados e serviços eficientes de manutenção, reparo e atualização. Sem falar no valor do prestígio. As relações pessoais com indivíduos que valorizam o negócio da conta principal e têm interesse em seu sucesso são razões fortes para que esse tipo de conta se mantenha um cliente fiel.[48]

Resumo

1. *Vendas pessoais* envolvem a interação direta com um ou mais compradores potenciais para apresentar bens ou serviços, responder a perguntas e estimular a venda. A venda pessoal tem três qualidades de destaque: é customizada, orientada por relacionamento e orientada por resposta.

2. Todo *processo de venda* eficaz é dividido em alguns grandes passos: prospecção, pré-abordagem, apresentação, persuasão, fechamento e atendimento. Os vendedores eficazes são treinados nos métodos de análise e de gerenciamento do cliente, assim como na arte de vender com profissionalismo.

3. A *força de vendas* é uma ponte entre a empresa e seus clientes. Para muitos clientes, o vendedor personifica a empresa, e é ele que leva à empresa informações imprescindíveis sobre o cliente. A estruturação e a gestão inteligente da força de vendas são de suma importância para maximizar a eficácia e a eficiência de custos dos esforços de vendas da empresa.

4. *Ao formar uma força de vendas*, é preciso tomar decisões sobre objetivos, estratégia, estrutura, tamanho e recompensa. Os objetivos podem ser prospecção, definição de alvo, comunicação, venda, atendimento, coleta de informações ou alocação. Determinar a estratégia exige escolher a combinação mais eficaz de abordagens de vendas. A escolha da estrutura da equipe de vendas envolve a divisão de territórios por área geográfica, produto ou cliente (ou uma combinação desses elementos). A estimativa do tamanho que a equipe de vendas precisa ter inclui os cálculos da carga de trabalho total e do número de horas de vendas (e, portanto, de vendedores) necessárias. Para estabelecer a remuneração da força de vendas, é preciso determinar tipos de salário, comissões, bônus, contas de despesas e benefícios a serem oferecidos e o peso que a satisfação do cliente deve ter na definição da remuneração total.

5. A *administração da equipe de vendas* envolve cinco componentes principais: (1) recrutamento e seleção dos vendedores; (2) treinamento sobre técnicas de vendas, produtos e políticas da empresa e orientação para a satisfação do cliente; (3) supervisão da equipe de vendas e auxílio aos vendedores para que utilizem seu tempo com eficiência; (4) motivação da força de vendas, equilíbrio das cotas, concessão de prêmios monetários e outras formas de motivação; e (5) avaliação do desempenho individual e coletivo dos vendedores.

6. O *marketing direto* é o uso de canais diretos ao consumidor para se comunicar e entregar bens e serviços aos clientes sem o uso de intermediários. Os profissionais

de *marketing* direto podem usar uma série de canais para atingir individualmente os consumidores potenciais e os clientes: mala-direta, *marketing* por catálogo, *telemarketing*, quiosques, *sites* e dispositivos móveis. De modo geral, eles buscam uma resposta mensurável, normalmente um pedido do cliente, por meio do *marketing* de pedido direto.

7. Os principais *canais de marketing direto* incluem mala-direta, *marketing* de catálogo, *telemarketing* e infomerciais.

Esses canais oferecem diversos benefícios às empresas. Primeiro, oferecem a elas a possibilidade de informar os clientes-alvo sobre os benefícios da oferta, podendo gerar uma venda. Segundo, em relação a outras formas de comunicação, os canais de *marketing* direto são menos visíveis para os concorrentes. Por fim, eles permitem aos profissionais de *marketing* medir as respostas às campanhas para decidir quais foram as mais lucrativas.

DESTAQUE de *marketing*

Avon

A Avon, a mais antiga empresa de vendas diretas de produtos de beleza do mundo, teve início em 1886, quando o vendedor de livros David McConnell começou a oferecer perfumes gratuitos para atrair clientes do sexo feminino. Quando o perfume demonstrou ser mais popular que os livros, McConnell abandonou estes e fundou a California Perfume Company, que seu filho rebatizaria posteriormente em homenagem à cidade natal de William Shakespeare. McConnell contratou a Sra. P. F. E Albee, de 50 anos, para vender perfumes de porta a porta e recrutar uma equipe de vendas, dando às mulheres uma das primeiras oportunidades de trabalhar fora do lar e uma chance de ganhar o próprio dinheiro em uma época em que isso estava longe de ser o padrão. O primeiro catálogo da Avon foi impresso em 1905, e o primeiro anúncio impresso apareceu no ano seguinte, na revista *Good Housekeeping*, que 25 anos mais tarde deu seu selo de aprovação a 11 produtos da Avon, um recorde para qualquer empresa.

As representantes Avon, que batiam nas portas, organizavam festinhas e recrutavam amigas, conquistaram um nicho na cultura popular quando os comerciais de TV "Ding Dong, Avon Calling" (Ding-dong, Avon chamando) apareceram nas décadas de 1950 e 1960. O modelo básico de vendas diretas da Avon não mudou drasticamente com o passar das décadas. O custo de entrada para uma representante da Avon é baixo. As representantes podem escolher três *kits* iniciais (US$ 25, 50 ou 100) com catálogos, amostras, talões de pedidos, sacolas de entrega e formulários de recrutamento. A Avon imprime um novo catálogo para cada período de "campanha" quinzenal. As representantes levam os catálogos para clientes atuais e potenciais e anotam os pedidos, que são atendidos a partir dos estoques que a Avon envia para elas. Hoje, as clientes também podem comprar diretamente *on-line*. As comissões começam em 20% para vendas individuais e coletivas até US$ 150 e podem chegar a 40% para vendas acima de US$ 500; vendas de mais de

US$ 10 mil geram uma comissão de 50%. Dez níveis de liderança oferecem bônus e incentivos, dependendo dos níveis de vendas das campanhas.

As representantes de vendas recrutam outras para as suas equipes, que então recrutam novas representantes para as suas próprias, e assim sucessivamente, acumulando mais comissões para a líder da equipe. Contudo, há limites. A Avon causou polêmica quando abandonou a Associação de Vendas Diretas e citou a necessidade de padrões éticos mais estritos para o *marketing* multinível, muitas vezes considerado uma forma de esquema de pirâmide. A empresa impôs um limite ao lucro que pode ser obtido com o recrutamento de novas representantes. A Avon permite que as representantes recebam comissões de apenas três gerações das suas organizações de venda pessoal, não de um número infinito delas, o que coloca o foco nas vendas para as clientes, não na formação de equipes.

A Avon foi uma das primeiras a se aventurar nos mercados internacionais, e o Brasil tornou-se o maior mercado de vendas da empresa em 2010. Contudo, a empresa enfrenta uma concorrência cada vez mais forte, tanto nos Estados Unidos quanto em nível internacional. Multinacionais como P&G e Unilever avançaram nos países em desenvolvimento; farmácias e lojas de departamento expandiram suas ofertas de cosméticos acessíveis; e varejistas como Ulta Beauty e Sephora entraram no mercado. As vendas da Ulta cresceram de US$ 1,45 bilhão para US$ 3,2 bilhões entre 2010 e 2014, mas as vendas da Avon na América do Norte caíram de US$ 2,2 bilhões para US$ 1 bilhão no mesmo período.

Um dos motivos para a queda da participação de mercado da Avon é que a empresa foi retardatária na proliferação do *marketing on-line* e nas redes sociais. Foi apenas em 2014 que a Avon tentou reformular o seu *site*, que não era renovado havia uma década, e criou materiais de *marketing* especificamente para suas representantes de origem latina, que vendiam muito mais do que as colegas não latinas. As vendas em mídias sociais e *on-line* estavam se tornando cada vez mais importantes à medida que o contato presencial se tornava mais difícil em um mundo em que as mulheres representam quase 50% da força de trabalho. Além disso, os *millennials*, um mercado em franca expansão, com gastos anuais estimados em US$ 1,4 trilhão em 2020, preferiam eventos *on-line* aos presenciais e prestavam atenção em influenciadores no Facebook, Instagram e Twitter – o tipo de *marketing* nas mídias sociais que a Avon não soube facilitar.

Em 2015, a Avon dividiu suas operações e vendeu a maior parte dos negócios norte-americanos para um fundo de investimento privado, a Cerberus Holdings (os negócios nos Estados Unidos, no Canadá e em Porto Rico hoje operam sob o nome New Avon LLC), e transferiu sua sede para Londres. Em 2017, a capitalização de mercado da Avon caiu para US$ 1,3 bilhão, um declínio radical em relação à avaliação de mais de US$ 21 bilhões uma década antes. Muitas das causas tinham sua origem em uma estratégia de *marketing* pouco clara, que remontava ao início da década de 2000. Sob essa estratégia, a Avon tentou trabalhar ao mesmo tempo com varejo e vendas diretas, teve dificuldade para implementar uma plataforma de *software* funcional para facilitar a transição para as vendas *on-line*, executou uma série de reestruturações corporativas mais focadas em corte de custos do que visão estratégica e enfrentou questões regulatórias na China, um mercado em franca expansão.

Jan Zijderveld, ex-presidente da unidade de negócios europeia da Unilever, tornou-se CEO da Avon em 2018. Zijderveld percebeu que a Avon havia perdido o caminho e precisava fortalecer sua capacidade de aproveitar tendências e oportunidades emergentes para crescer e prosperar, então estabeleceu uma parceria com a Salesforce.com e anunciou um investimento de cerca de US$ 300 milhões em tecnologia da informação (TI), novos produtos e ferramentas de *marketing*, treinamento e digitais. Para trazer a Avon para a era digital, o diretor de beleza e marca James Thompson, ex-Diageo, decidiu intensificar o treinamento contínuo para as representantes no uso eficaz das plataformas Facebook e Instagram, além de expandir a plataforma da própria Avon que conecta compras diretas *on-line* a representantes. A Avon também escolheu o seu primeiro diretor digital para desenvolver aplicativos de beleza personalizados que ligariam os clientes a representantes usando as câmeras dos seus celulares e enfocariam a análise de dados para eliminar o elemento de adivinhação das compras de cosméticos. Combinando suas raízes em vendas diretas com as novas tecnologias e mudanças nos modos como as consumidoras socializam, trocam informações e fazem compras, a Avon busca reformular o seu modelo de negócios e recuperar a posição no mercado.

Em janeiro de 2020, a Avon foi adquirida pela Natura &Co, uma multinacional brasileira de cosméticos e produtos de cuidados pessoais, o que criou a quarta maior empresa de beleza do mundo. A aquisição da Avon expande ainda mais o portfólio de marcas da Natura &Co, que, além da própria marca, inclui The Body Shop e Aesop. A aquisição permitiu que a Natura &Co assumisse a liderança em vendas por relacionamento, tanto *on-line* quanto *off-line*, com mais de 6,3 milhões de consultoras e representantes para as marcas Avon e Natura.[49]

Questões

1. Que fatores contribuíram para o sucesso de mercado inicial da Avon? Como esses fatores evoluíram com o passar do tempo?
2. Qual é a proposição de valor da Avon para as suas clientes, sua força de vendas e seus *stakeholders*?
3. Como o papel da venda pessoal mudou nas últimas décadas? A venda pessoal pode continuar a ser um modelo de negócios viável, dada a onipresença das mídias sociais e da comunicação *mobile*?

DESTAQUE de *marketing*

Progressive Insurance

A Progressive Corporation é uma das maiores seguradoras de automóvel, motocicleta, barco e *motor home* nos Estados Unidos. Fundada em 1937, é considerada uma das empresas mais inovadoras do setor. Desde o início, segue a filosofia de dar ao seguro de automóveis um tratamento "como o de nenhuma outra empresa".

A Progressive atrai novos clientes com a oferta de bens e serviços exclusivos. Por exemplo, foi a primeira seguradora a oferecer serviço *drive-thru* para reclamações e assistência 24 horas a sinistros, além de taxas reduzidas para motoristas de baixo risco. Em 1994, lançou uma ferramenta para comparação de seguros que incentivava os clientes a ligar para 800-AUTO-PRO (agora 800-PROGRESSIVE) e receber, além de uma cotação da Progressive, cotações comparativas de três outros concorrentes. Esse serviço foi estendido para a internet. A empresa também foi a primeira do setor a oferecer o Immediate Response Vehicle (IRV), um veículo especial que levava profissionais especializados em sinistro para qualquer lugar em que os clientes precisassem deles, incluindo o local de um acidente. Atualmente, a Progressive tem milhares de IRVs espalhados pelos Estados Unidos.

O setor de seguros mudou muito ao longo dos anos, refletindo o fato de que os consumidores melhoraram seu nível de instrução, ficaram mais atentos ao custo e mostraram-se menos propensos a usar um corretor durante o processo de compra. Jonathan Beamer, líder de estratégia de *marketing* e inovação da Progressive, explicou sua estratégia de mídia: "Como empresa, sempre acreditamos que os clientes deveriam interagir conosco em seu canal preferido. No passado, isso se dava por telefone, pela internet ou por meio de um corretor. As mídias sociais são outro meio de envolvimento dos clientes com nossa marca". A empresa tem uma rede de 35 mil corretores independentes, mas também oferece aos clientes a oportunidade de interagir com ela pela internet ou por dispositivos móveis, além de várias opções para gerenciar suas reclamações de sinistro. Os segurados podem levar o veículo danificado a uma oficina da Progressive ou ligar para a seguradora solicitando assistência em estradas para resolver problemas que vão desde um pneu furado até a necessidade de um chaveiro.

Os consumidores reagiram positivamente às campanhas de *marketing* da Progressive nos últimos anos graças à icônica personagem Flo, uma funcionária espirituosa que usa uniforme e avental brancos, ostentando o logotipo da empresa. Flo representa a marca e os funcionários da Progressive. Os comerciais com a Flo costumam ocorrer em uma espécie de hipermercado imaginário de seguros, voltado a consumidores que estão em busca de uma nova apólice de seguro

ou de uma nova seguradora. A empresa descobriu que usar uma pessoa para representar a marca ajuda os consumidores a tornarem tangível o ato intangível de compra e venda de seguros. A Progressive muitas vezes também inclui um "pacote de seguro" azul e branco nos comerciais, mais uma vez reforçando o conceito de que a Progressive vende algo concreto, não abstrato. Em todos os comerciais, a Flo não mede esforços para auxiliar os clientes e suas organizações. Ela trabalha ao lado de encanadores, arrasta arbustos com paisagistas e encontra carros e motoristas em apuros sob chuva torrencial. Flo, seus pacotes de seguros e os hipermercados contribuíram igualmente para diferenciar a Progressive em um setor competitivo.

A Flo se tornou um dos ícones de propaganda mais reconhecidos da atualidade nos Estados Unidos e transformou a Progressive em um nome familiar. No entanto, a equipe de *marketing* da Progressive toma o cuidado de mantê-la moderna e relevante. Ela aparece em todas as telas, incluindo TV, computadores, dispositivos móveis, aplicativos de celular, *videogames* (como Sims Social) e vídeos de animação no YouTube. Flo tem até sua própria página no Facebook, com milhões de fãs. O *marketing* da empresa recebeu vários prêmios, como o Brand Genius: Marketer of the Year Award da revista *Adweek*, em 2011, e um prêmio Effie por eficiência de *marketing*.

A Progressive é líder no uso de tecnologia para simplificar o processo de venda de seguros. Os recursos tecnológicos da empresa incluem:

- O *atendimento e a gestão de apólices*, que permitem que os clientes atualizem suas informações, realizem pagamentos, obtenham informações sobre *recalls* de veículos e muito mais.
- A *comunicação de sinistros on-line*, que permite que os clientes informem acidentes e sinistros em uma questão de minutos usando uma ferramenta de comunicação visual proprietária. Eles podem até mesmo marcar horário em uma oficina mecânica próxima.

- O *ticker*, que *de preços* mostra o preço do seguro de automóvel da Progressive ao lado dos preços das outras grandes seguradoras.
- O *localizador de agentes*, que permite que os clientes que preferem comprar sua apólice de um agente busquem agentes de seguros independentes.
- O *fale comigo*, que oferece atendimento ao cliente *on-line* para compradores com dúvidas sobre a sua cotação, que podem então conversar com um representante pela internet ou receber uma ligação telefônica dele.

Para a conveniência dos clientes interessados em aprender mais sobre a Progressive, a empresa também criou a experiência Flo Chatbot, um serviço de *chat* no Facebook Messenger, o que tornou a Progressive a primeira entre as 10 maiores seguradoras dos Estados Unidos a permitir que os clientes interagissem com a empresa de forma familiar, natural e conversacional. Se o Flo Chatbot não consegue responder a uma determinada pergunta, um representante da Progressive continua a conversa por telefone ou mensagem privada.

Além de simplificar a experiência do cliente, a Progressive investe pesado no desenvolvimento de soluções para capacitar seus agentes independentes espalhados pelos Estados Unidos. Lançada em 2018, a plataforma For Agents Only (FAO, ou apenas para agentes) é um sistema avançado de gestão de cotações que contém múltiplos recursos destinados a tornar os agentes de vendas mais eficientes e eficazes. A plataforma inclui:

- *Dados de terceiros integrados*, para ajudar os agentes a identificar e adicionar rapidamente veículos, motoristas e produtos adicionais registrados no endereço do cliente.
- *Autopreenchimento de informações repetidas* em diversas cotações de produtos, para poupar trabalho.
- *Experiência de cotação e compra simplificada*, com produtos para linhas de imóveis próprios e alugados, automóveis e recreacionais em um único fluxo de trabalho.
- *Telas de comparação lado a lado*, para ajudar os agentes a assessorar seus clientes sobre a cobertura certa.
- *Treinamento na cotação*, para destacar oportunidades de desconto e recursos que podem agregar valor para o cliente e para o agente.

A Progressive registrou um crescimento impressionante nas últimas duas décadas graças a soluções de seguros inovadoras e acessíveis e a suas campanhas de *marketing* direto eficazes. Entre 1996 e 2019, ela cresceu de US$ 3,4 bilhões para US$ 39 bilhões. Hoje, a Progressive é a terceira maior seguradora de automóveis dos Estados Unidos, líder na venda de seguros para motocicletas e veículos comerciais e uma das 20 maiores no ramo de seguros residenciais.[50]

Questões

1. O que a Progressive fez bem ao longo dos anos para atrair novos clientes de seguros?
2. Discuta a campanha de *marketing* direto da Progressive, que gira principalmente em torno da personagem Flo. Por que isso repercute tão bem junto aos consumidores?
3. O que mais a Progressive deve fazer para permanecer no topo da mente dos consumidores no competitivo setor de seguros?

6 | Entrega de *valor*

15
Elaboração e gestão de canais de distribuição

A L.L.Bean expandiu-se para além de seu famoso catálogo para vender *on-line* e por meio de lojas próprias.
Crédito: L.L.Bean.

Para criar valor com sucesso, é preciso entregar valor com sucesso. Em vez de limitar seu foco a fornecedores, distribuidores e clientes imediatos, os profissionais de *marketing* holístico examinam toda a cadeia de suprimentos como uma rede de valor, incluindo, no topo da cadeia (*upstream*), os fornecedores de seus fornecedores, e na base (*downstream*), os clientes de seus distribuidores. Os bons profissionais de *marketing* também têm observado como a tecnologia tem mudado a forma como os clientes compram e os varejistas vendem e encontrado novos e diferentes meios para distribuir suas ofertas e prestar serviços. Vejamos como a L.L.Bean desenvolveu fortes vínculos com os clientes por meio de uma estratégia de canais bem executada.

>>> Em 1911, o fundador da L.L.Bean, Leon Leonwood Bean, retornou de uma caçada no estado americano do Maine com os pés frios e úmidos – e com a ideia revolucionária de acrescentar um cabedal de couro às botas de borracha dos operários, criando uma bota funcional e confortável. Bean enviou para uma lista de caçadores um panfleto de três páginas descrevendo os benefícios de seu novo Maine Hunting Shoe e oferecendo garantia total. O calçado não foi um sucesso imediato. Dos primeiros cem pares encomendados, 90 foram devolvidos porque o cabedal soltara-se do solado. Mantendo a palavra, Bean reembolsou

o preço pago e consertou o problema. A L.L.Bean rapidamente se tornou conhecida como uma fonte confiável de equipamentos para atividades ao ar livre e consultoria especializada. A garantia da empresa de 100% de satisfação ainda está no centro de seus negócios, assim como a regra de ouro original: "Venda boas mercadorias a um lucro razoável, trate seus clientes como seres humanos, e eles sempre voltarão para comprar mais". A política de devoluções generosa, que permitia que os clientes devolvessem produtos usados ou os trocassem por novos a qualquer momento, ajudou a atrair muitos clientes. Com o passar dos anos, entretanto, um número crescente de oportunistas começou a se aproveitar da política. Por exemplo, eles compravam produtos L.L.Bean usados ou danificados e os devolviam em troca do reembolso. A L.L.Bean foi forçada a revisar sua política de 102 anos, citando mais de US$ 250 milhões em prejuízos ao longo de cinco anos devido ao abuso da sua política de devoluções generosa. A garantia atualizada dá aos clientes um ano para devolver os produtos, que devem estar acompanhados da nota fiscal. Embora a nova política seja equivalente à de algumas outras lojas de produtos para atividades ao ar livre, os clientes da L.L.Bean reagiram negativamente ao fim da sua adorada política de devoluções ilimitadas.[1]

Com o advento do *e-commerce* (venda pela internet) e do *m-commerce* (venda via celulares e *tablets*), os consumidores têm feito compras como nunca. As empresas atuais devem criar e gerenciar sistemas complexos de canais e redes de valor em contínua evolução. Neste capítulo, analisaremos questões estratégicas e táticas sobre integração de canais de *marketing* e desenvolvimento de redes de valor. No Capítulo 17, examinaremos os canais de *marketing* sob a perspectiva dos varejistas.

O papel dos canais de distribuição

A maioria dos fabricantes não vende diretamente aos consumidores finais; entre essas duas pontas, vários intermediários realizam diversas funções, constituindo um canal de *marketing* (também chamado de canal comercial ou canal de distribuição). Os **canais de distribuição** são conjuntos de organizações interdependentes envolvidas no processo de disponibilizar um bem ou serviço para uso ou consumo, formando caminhos que um produto ou serviço segue depois da produção e culminando na compra e na utilização pelo usuário final.[2]

Alguns intermediários, como atacadistas e varejistas, são denominados **comerciantes**; eles compram, adquirem direitos sobre os produtos e os revendem. Outros intermediários, como corretores, representantes dos fabricantes e representantes de vendas, são conhecidos como **representantes**; eles buscam clientes e podem negociar em nome do fabricante sem, no entanto, ter direito sobre os produtos. Ainda há outros, como transportadoras, armazéns independentes, bancos e agências de propaganda, que são chamados de **facilitadores**; eles dão apoio ao processo de distribuição, mas não têm direitos sobre os produtos nem negociam compras ou vendas.

Canais de todos os tipos desempenham um papel importante no sucesso de uma empresa e afetam todas as demais decisões de *marketing*. Os profissionais de *marketing* devem julgá-los no

---

Objetivos de aprendizagem Após ler este capítulo, você deverá ser capaz de:

15.1 Definir os papéis dos canais de *marketing*.

15.2 Explicar as principais decisões de gerenciamento do canal.

15.3 Discutir como as empresas gerenciam a cooperação e o conflito de canal.

15.4 Discutir como as empresas administram a logística de mercado.

contexto de todo o processo pelo qual seus produtos são feitos, distribuídos, vendidos e atendidos. Um dos principais papéis dos canais de *marketing* é converter compradores potenciais em clientes lucrativos. Os canais de *marketing* não devem apenas *servir* aos mercados, mas também *criar* mercados.

Os canais escolhidos afetam todas as outras decisões de *marketing*. O preço estabelecido pela empresa depende da utilização de grandes redes de desconto *on-line* ou butiques de alta qualidade. Decisões relativas à força de vendas e à propaganda dependem do grau de treinamento e motivação de que os revendedores necessitam. Além disso, as decisões de canal envolvem compromissos em prazos relativamente longos com outras empresas, bem como um conjunto de políticas e procedimentos. Quando uma montadora de automóveis contrata concessionárias independentes para vender seus veículos, não pode desfazer o negócio no dia seguinte ou implantar pontos de venda próprios. Contudo, ao mesmo tempo, as escolhas de canal em si dependem da estratégia de *marketing* da empresa. Cabe aos profissionais de *marketing* holístico garantir que as decisões de *marketing* em todas essas diferentes áreas sejam feitas de modo a maximizar o valor coletivamente.

Por que um fabricante delega parte do trabalho de vendas a intermediários, abrindo mão de parte do controle sobre como e para quem os produtos são vendidos? Por meio de seus contatos, experiência, especialização e escala de operação, os intermediários disponibilizam mercadorias em larga escala e as tornam acessíveis aos mercados-alvo, normalmente oferecendo à empresa mais eficiência e eficácia do que ela poderia conseguir trabalhando por conta própria.

Muitos fabricantes não dispõem de recursos financeiros para comercializar seus produtos diretamente. A William Wrigley Jr. Company não considera prático abrir pequenas lojas de goma de mascar em todo o mundo ou vender chicletes pelo correio ou na internet. É mais fácil usar a extensa rede de distribuidores independentes. Até mesmo a Ford se veria em dificuldade se tivesse de substituir todas as atividades executadas por suas mais de 8 mil concessionárias espalhadas pelo mundo.

FUNÇÕES DO CANAL DE DISTRIBUIÇÃO

Um canal de distribuição executa a tarefa de transferir mercadorias dos fabricantes para os consumidores, preenchendo as lacunas de tempo, local e posse que separam as mercadorias e os serviços daqueles que precisam deles ou os desejam. Os membros do canal de *marketing* realizam várias funções fundamentais:

- Reunir informações sobre clientes atuais e potenciais, concorrentes e outros participantes e forças do ambiente de *marketing*.
- Desenvolver e disseminar mensagens persuasivas para estimular a compra e promover a fidelidade à marca.
- Negociar e entrar em acordo sobre preço e outras condições para que se possa realizar a transferência de propriedade ou posse.
- Formalizar os pedidos aos fabricantes.
- Levantar os recursos para financiar estoques em diferentes níveis no canal de *marketing*.
- Assumir riscos relacionados com a operação do canal.
- Oferecer opções de financiamento para os compradores e facilitar o pagamento.
- Fornecer condições para o pagamento das faturas dos compradores por meio de bancos e outras instituições financeiras.
- Supervisionar a transferência real de propriedade de uma organização ou pessoa para outra organização ou pessoa.

Todas as funções do canal têm três elementos em comum: usam recursos escassos, normalmente podem ser mais bem desempenhadas por quem é especializado e podem ser trocadas entre os membros do canal. As funções dos canais podem ser ilustradas em termos de fluxos de bens e serviços entre canais de distribuição. A Figura 15.1 ilustra cinco dos fluxos mais comuns. Se esses fluxos fossem sobrepostos em um diagrama, a grande complexidade, mesmo de canais simples de *marketing*, ficaria evidente.

Muitas das funções dos canais envolvem fluxos bidirecionais de bens e serviços. Algumas funções, como transporte e armazenamento, transferência de propriedade e comunicação, constituem um *fluxo à frente* da atividade da empresa para o cliente. Outras funções, como pedido e

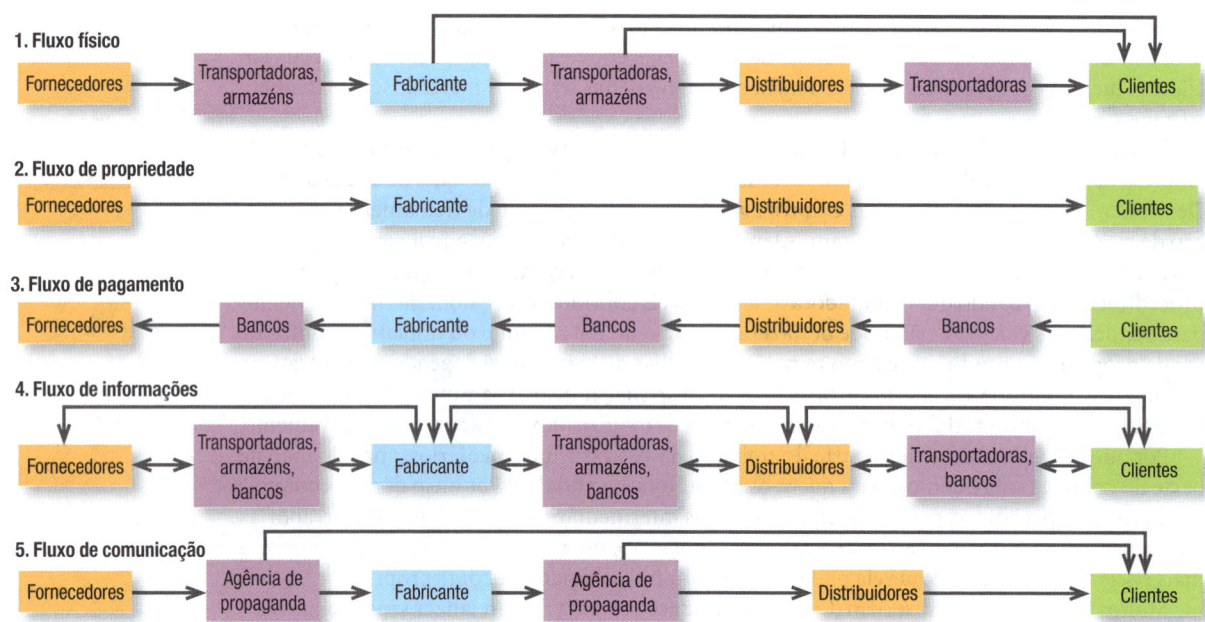

FIGURA 15.1
Cinco fluxos no canal de *marketing*.

pagamento, constituem um *contrafluxo* dos clientes para a empresa. Outras, ainda, como informações, negociação, finanças e riscos assumidos, ocorrem em ambas as direções.

A questão não é *se* várias funções do canal precisam ser realizadas – elas devem ser –, mas *quem* as realizará. Transferir algumas funções para os intermediários reduz custos e preços de fabricantes, porém os intermediários precisam acrescentar uma margem para compensar seu trabalho. Se os intermediários forem mais eficientes que o fabricante, os preços ao consumidor serão mais baixos. Se os consumidores realizarem eles mesmos algumas funções, terão direito a preços ainda menores. As mudanças nas instituições de canal refletem, em grande parte, a descoberta de maneiras mais eficientes de combinar ou separar as funções econômicas que fornecem uma variedade de mercadorias aos clientes-alvo.

NÍVEIS DE CANAL

Os canais de distribuição podem ser descritos pelo número de intermediários que existem entre o produtor e o cliente final. O número de intermediários, também chamado de níveis de canal, define a extensão e a amplitude do canal de distribuição. A Figura 15.2(a) ilustra diversos canais de *marketing* de bens de consumo, cada um com uma extensão diferente.

Um **canal de nível zero**, também chamado de **canal de *marketing* direto**, consiste em um fabricante que vende diretamente ao consumidor final. Os melhores exemplos são mala-direta, vendas pela internet, vendas pela TV, *telemarketing*, vendas porta a porta, reuniões de vendas domiciliares e lojas do próprio fabricante. Tradicionalmente, a Franklin Mint vende itens de colecionador por mala-direta; a Red Envelope vende presentes *on-line*; a Time-Life vende coleções de música e vídeo por meio de comerciais ou infomerciais mais longos pela TV; organizações sem fins lucrativos e políticas, bem como candidatos, usam o telefone para arrecadar doações; as revendedoras da Avon vendem cosméticos de porta em porta; a Tupperware vende seus potes por meio de reuniões domiciliares; e a Apple vende computadores e outros eletrônicos de consumo em lojas próprias. Muitas dessas empresas passaram a vender diretamente aos clientes via internet e catálogos. Até mesmo as empresas tradicionais de produtos de consumo avaliam agregar ao seu *mix* de canais *sites* de comércio eletrônico dirigidos ao consumidor. A Kimberly-Clark lançou uma loja da Kleenex *on-line* no Reino Unido.

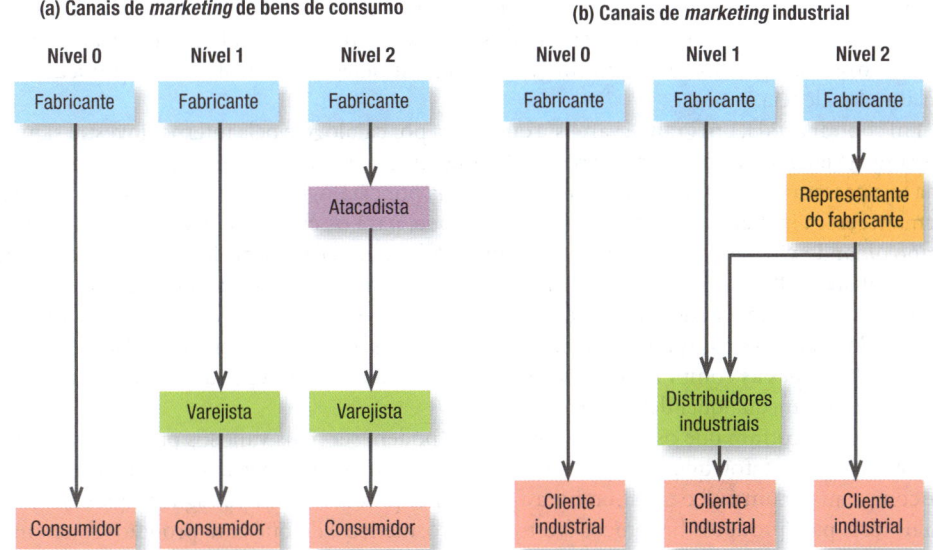

FIGURA 15.2
Canais de *marketing* de bens de consumo e de *marketing* industrial.

Um **canal de um nível** conta com um único intermediário de vendas, como um varejista. Um **canal de dois níveis** conta com dois intermediários, normalmente um atacadista e um varejista. No Japão, onde a densidade da população urbana é alta e os varejistas são fragmentados, a distribuição de produtos alimentícios pode envolver até seis níveis. Obter informações sobre consumidores finais e manter o controle torna-se mais difícil à medida que o número de níveis do canal aumenta.

A Figura 15.2(b) mostra os canais normalmente utilizados no *marketing* B2B. Um fabricante de mercadorias para consumo industrial pode utilizar sua força de vendas para vender diretamente a seus clientes industriais ou pode vender para distribuidoras do setor em questão, que vendem para os clientes industriais. Ele também pode vender diretamente aos clientes por meio de representantes próprios ou de divisões de vendas. Ainda, pode vender indiretamente aos clientes por meio de distribuidoras industriais. Os canais de *marketing* de nível zero, um nível e dois níveis são bastante comuns.

Os canais normalmente descrevem o movimento de bens a partir de sua origem até chegar ao usuário, mas os **canais reversos** também são importantes. Os canais reversos desempenham diversas funções importantes, como na reutilização de produtos ou contêineres (como tambores para produtos químicos), no recondicionamento de produtos (como circuitos impressos ou computadores) para revenda, na reciclagem de produtos e no descarte de produtos e embalagens. Os intermediários de canais reversos incluem centros de remissão dos fabricantes, grupos comunitários, especialistas em coleta de lixo, centros de reciclagem, agentes de reciclagem de lixo e usinas de processamento.

DISTRIBUIÇÃO MULTICANAL

As empresas bem-sucedidas da atualidade costumam empregar o *marketing* multicanal, usando dois ou mais canais de *marketing* para atingir os segmentos de clientes em determinada área de mercado. A HP usa sua força de vendas para vender para grandes clientes, o *telemarketing* ativo, para vender para clientes de médio porte, a mala-direta e um número de contato, para vender para clientes de pequeno porte, varejistas, para vender para clientes menores ainda, e a internet, para vender os itens especiais. Cada canal tem como alvo um segmento diferente de compradores – ou tipos diferentes de necessidade de um comprador – e entrega os produtos certos, nos lugares certos, da maneira certa e pelo menor custo.[3]

Quando diferentes canais buscam os mesmos clientes, pode haver conflito de canais, custo excessivo ou demanda insuficiente. A Dial-a-Mattress cresceu com sucesso durante três décadas vendendo colchões diretamente ao consumidor por telefone e, posteriormente, pela internet. Entretanto, uma grande expansão com 50 lojas físicas em áreas metropolitanas foi um fracasso. Localizações secundárias, escolhidas porque a gerência considerava os locais privilegiados caros demais, não conseguiram gerar tráfego suficiente de clientes. A empresa acabou declarando falência.[4]

Em contrapartida, um grande varejista que opera por catálogo e pela internet investiu significativamente em lojas físicas e obteve resultados diferentes. Os clientes que moravam próximo de uma loja passaram a comprar com menos frequência por catálogo, mas as compras pela internet permaneceram inalteradas. O que se descobriu é que, para os clientes que gostavam de passar tempo olhando vitrines, era indiferente usar um catálogo ou visitar uma loja; esses canais eram intercambiáveis. Por outro lado, os clientes que utilizavam a internet estavam mais focados na transação em si e interessados em eficiência, de modo que foram menos afetados pela introdução de lojas. Constatou-se um aumento em devoluções e trocas nas lojas em virtude da facilidade e da acessibilidade, mas as compras extras feitas por clientes que faziam uma devolução ou troca na loja compensavam qualquer déficit de receita.[5]

Pesquisas mostram que os clientes multicanais podem ser mais valiosos para as empresas.[6] A Nordstrom constatou que seus clientes multicanais gastam quatro vezes mais do que aqueles que compram por um único canal, embora algumas pesquisas acadêmicas sugiram que esse efeito é mais forte para produtos hedônicos (vestuário e cosméticos) do que para produtos funcionais (material de escritório e jardinagem).[7]

Atualmente, a maioria das empresas adota o *marketing* multicanal. A Disney vende seus vídeos por múltiplos canais: locadoras de filmes, como Netflix e Redbox; lojas próprias, chamadas de Disney Stores (agora adquiridas e administradas pela The Children's Place); grandes redes varejistas, como a Best Buy; varejistas da internet, como as Disney Stores *on-line* e a Amazon.com; o catálogo Disney Club e outras empresas de venda por catálogo; e o serviço de *streaming* por assinatura Disney+ da Disney e de outras empresas licenciadas. Essa variedade de canais proporciona à empresa uma cobertura máxima de mercado e permite oferecer seus vídeos por diversos preços.

Às vezes, uma empresa escolhe um canal novo ou não convencional em virtude da dificuldade, do custo ou da ineficácia de trabalhar com o canal dominante. Quando o negócio de locadoras de vídeo entrou em rápido declínio, a Coinstar saiu-se bem com o lançamento da rede Redbox de quiosques de locação de jogos e DVDs convenientemente localizados. A Netflix tem se afastado rapidamente do canal revolucionário que lhe trouxe muito sucesso – a mala-direta – para capitalizar um novo canal.

Cada vez mais, as empresas empregam estratégias de distribuição digital, vendendo diretamente pela internet ou por meio de intermediários com *sites* próprios. Com isso, elas buscam garantir que os múltiplos canais funcionam perfeitamente juntos e combinam as formas preferidas de cada cliente-alvo de fazer negócios, fornecendo as devidas informações de produto e atendimento, seja *on-line*, na loja ou pelo telefone.

Usar múltiplos canais de distribuição cria três benefícios importantes para as empresas. O primeiro é a maior cobertura de mercado: não somente mais consumidores podem comprar os produtos da empresa em mais localidades, como também os que compram em mais de um canal costumam ser mais rentáveis do que consumidores que utilizam um único canal.[8] O segundo benefício é o menor custo de canal: vender *on-line*, por catálogo ou por telefone é mais econômico do que a visita pessoal a clientes menores. O terceiro é a venda personalizada, como acrescentar uma força de vendas técnica para vender equipamentos mais complexos.

Em geral, usar apenas um canal de *marketing* não é muito eficiente. Consideremos o uso de uma força de vendas diretas. Cada vendedor teria de identificar as indicações, qualificá-las, realizar a pré-venda, fechar a venda, fornecer o serviço e administrar o crescimento da conta. Uma abordagem multicanal integrada seria mais eficiente. O departamento de *marketing* da empresa colocaria em prática uma campanha de pré-venda que informasse os clientes potenciais sobre os produtos da empresa por meio de anúncios, mala-direta e *telemarketing*. Ele também geraria indicações por meio de *telemarketing*, mala-direta, anúncios e feiras e qualificaria as indicações, classificando-as como quentes, mornas ou frias. Assim, o vendedor somente entraria em contato com o cliente potencial quando este já tivesse conhecimento da oferta e estivesse pronto para negociar. Essa arquitetura multicanal otimiza cobertura, customização e controle, minimizando custo e conflito.

Entretanto, os benefícios do acréscimo de canais têm um preço. Novos canais geralmente trazem problemas de conflito e controle. Dois ou mais canais de uma empresa podem acabar disputando os mesmos clientes.⁹ É evidente que as empresas precisam refletir previamente sobre a arquitetura de seu canal e determinar quais funções cada canal deve executar.¹⁰

Assim, gerenciar canais virtuais e convencionais tornou-se prioritário para muitas empresas.¹¹ Existem ao menos três estratégias para conquistar a aceitação de intermediários. Uma delas é oferecer marcas ou produtos diferentes na internet e fora dela. Outra é oferecer comissões maiores aos parceiros convencionais para amortecer o impacto negativo sobre as vendas. A terceira é receber pedidos no *site*, mas delegar a entrega e a cobrança aos varejistas. A Harley-Davidson decidiu seguir com cuidado antes de estrear na internet.

> **Harley-Davidson** Considerando que a Harley-Davidson vende mais de US$ 1 bilhão em peças e acessórios a seus fiéis seguidores, gerando cerca de um quarto de sua receita anual, um empreendimento *on-line* seria um passo óbvio para conquistar mais consumidores. No entanto, a empresa precisava tomar cuidado para evitar a ira das 850 revendedoras que se beneficiavam das altas margens de lucro dessas vendas. A solução encontrada foi estimular os clientes *on-line* a escolherem uma revendedora Harley-Davidson participante de quem comprar, assegurando que ela continuasse a ser o ponto focal da experiência do cliente. As revendedoras, por sua vez, tiveram de concordar com uma série de padrões, como verificar o recebimento de pedidos duas vezes por dia e despachá-los imediatamente. A retirada de mercadoria na loja também é uma opção, e alguns produtos estão disponíveis apenas nas lojas físicas.¹²

Diferentes canais de venda devem ser utilizados para clientes de portes diferentes: uma força de vendas diretas para atender grandes clientes; uma estratégia digital ou um sistema de *telemarketing* para clientes de médio porte; e distribuidores para clientes menores. No entanto, esses ganhos podem ficar comprometidos por um nível maior de disputa pelo cliente. Por exemplo, representantes de vendas que trabalham por território podem reivindicar crédito por todas as vendas feitas em seu território, independentemente do canal de *marketing* utilizado.

As empresas que fazem uso de uma arquitetura multicanal também precisam decidir quanto de seu produto será oferecido em cada um dos canais. A Patagonia vê a internet como o canal ideal para mostrar sua linha inteira, considerando que suas lojas físicas estão limitadas pelo espaço a oferecer somente uma parte dos produtos. Mesmo o catálogo impresso da Patagonia promove menos de 70% do total de mercadorias que ela produz.¹³ Outras empresas preferem limitar suas

<< Para garantir que não causaria qualquer mal-estar com os parceiros quando entrou no mundo das vendas *on-line*, a Harley-Davidson pediu aos clientes que selecionassem uma concessionária Harley da qual comprar peças, acessórios e mercadorias em geral.

ofertas *on-line*, com base na teoria de que os compradores pesquisam *sites* e catálogos na *web* em busca do melhor produto entre a imensa variedade de produtos da empresa e não querem ter de clicar em dezenas de páginas. Vejamos como a REI administrou com todo o cuidado seus múltiplos canais.

> **REI** A fornecedora de artigos para atividades ao ar livre REI tem sido aclamada por analistas do setor pela integração impecável entre sua loja de varejo, seu *site*, seus quiosques de internet, suas vendas por catálogo, suas lojas de ponta de estoque e sua linha 0800 para encomendas. Se a loja fica sem estoque de um item, basta os clientes utilizarem o quiosque de acesso à internet dentro da própria loja e encomendá-lo pelo *site* da REI. Clientes menos familiarizados com a internet podem pedir aos caixas que façam o pedido por eles. A empresa não gera tráfego somente da loja para a internet, mas também manda compradores da internet para suas lojas. Se um cliente está navegando pelo *site* da REI e faz uma pausa para ler um artigo da seção "Learn and Share" (Aprenda e compartilhe) sobre mochilas, o *site* pode destacar uma promoção de botas para trilhas na loja. Para criar uma experiência mais comum em todos os canais, os ícones e as informações usadas nas classificações e nos comentários no *site* também aparecem em *displays* de produtos na loja. Como muitos varejistas, a REI descobriu que os compradores que utilizam dois canais gastam consideravelmente mais do que aqueles que usam somente um, ao passo que os compradores que usam três canais gastam ainda mais. Por exemplo, 1 em cada 3 pessoas que compram um item pela internet vai gastar US$ 90 adicionais na loja quando for retirar sua compra.[14]

Decisões de gerenciamento do canal

Para projetar um sistema de canais de *marketing*, é preciso analisar as necessidades e os desejos do cliente, estabelecer os objetivos e as restrições de canal e identificar e avaliar as principais alternativas de canal. Depois que a empresa escolhe uma alternativa de canal, cada intermediário deve ser selecionado, treinado, motivado e avaliado. O projeto e os arranjos de canais devem ser modificados com o tempo, incluindo a possibilidade de expansão de canal para mercados internacionais.

>> As compras multicanal aumentam as vendas, como demonstra a experiência da REI, fornecedora de equipamentos para recreação ao ar livre, depois que integrou totalmente suas atividades de varejo, internet, catálogo e vendas por telefone.

ESTABELECIMENTO DE OBJETIVOS DO CANAL

Os objetivos do canal devem ser determinados em relação aos clientes que desejam alcançar, aos níveis de serviço e aos custos e graus de suporte associados. Em situações de concorrência, os participantes do canal devem organizar suas tarefas funcionais de modo a minimizar os custos totais e ainda prover os níveis de serviço desejados. Com frequência, os profissionais podem identificar diversos segmentos de mercado com base no serviço desejado e escolher os melhores canais a serem utilizados em cada caso.

Os consumidores podem escolher os canais de sua preferência com base em preço, sortimento de produtos e conveniência, bem como seus próprios objetivos de compra (econômico, social ou de experiência).[15] O mesmo consumidor, porém, pode escolher canais diferentes para funções distintas.[16] Alguns consumidores estão dispostos a "mudar para melhor" (*trade-up*), comprando de varejistas que ofereçam bens mais sofisticados, como os relógios TAG Heuer ou os tacos de golfe Callaway, e a "optar por economia" (*trade-down*), comprando toalhas de papel e detergentes de varejistas com desconto ou vitaminas de marcas próprias das lojas. Outros podem folhear um catálogo antes de visitar uma loja ou fazer o *test drive* de um carro em uma revendedora antes de fazer o pedido pela internet.

Os objetivos do canal variam de acordo com as características do produto. As mercadorias volumosas, como materiais de construção, precisam de canais que reduzam a distância da remessa e o manuseio. Produtos não padronizados, como máquinas fabricadas sob encomenda, são vendidos diretamente pelos representantes de vendas. Produtos que requerem serviços de instalação e manutenção, como sistemas de aquecimento e refrigeração, são normalmente vendidos e mantidos pela empresa ou por revendedores franqueados. Produtos com alto valor por unidade, como geradores e turbinas, costumam ser vendidos pela força de vendas da empresa, não por intermediários.

O projeto do canal deve se adaptar ao macroambiente. Quando as condições econômicas se mostram desfavoráveis, os fabricantes almejam colocar seus produtos no mercado utilizando canais mais enxutos e desprovidos de serviços que aumentam o preço final. As regulamentações e restrições legais também afetam o projeto de canal. Por exemplo, as leis americanas não veem com bons olhos os arranjos de canais que tendem a diminuir substancialmente a concorrência ou a criar um monopólio.

Ao ingressar em novos mercados, as empresas costumam observar de perto o que as outras fazem. A Auchan, uma varejista francesa com mais de 3 mil lojas no mundo todo, considerou a presença de seus rivais franceses Leclerc e Casino na Polônia como essencial para sua decisão de também entrar nesse mercado.[17] O objetivo de canal da Apple de criar uma experiência dinâmica de varejo para os consumidores não estava sendo atendido por canais existentes, por isso a empresa optou por abrir lojas próprias.

Apple Store Quando as lojas da Apple foram inauguradas em 2001, muitos questionaram suas perspectivas, e a revista *BusinessWeek* publicou um artigo intitulado "Desculpe, Steve, veja aqui por que as Apple Stores não terão sucesso". Apenas cinco anos depois, a Apple comemorava a inauguração de uma nova loja vitrine espetacular em Manhattan. Hoje, há mais de 500 lojas de varejo da Apple em operação no mundo todo, com mais de 50 mil funcionários. Mais de 1 milhão de clientes visitam lojas da Apple todos os dias, mais do que o dobro do público de todos os parques temáticos da Disney juntos.[18] As vendas anuais por metro quadrado de uma loja da Apple são significativamente maiores do que as da Tiffany, da Coach e da Best Buy. Sob qualquer ponto de vista, as Apple Stores também têm tido sucesso absoluto em incitar entusiasmo pela marca. Elas permitem às pessoas ver e tocar os produtos – e experimentar o que a Apple pode fazer por elas –, aumentando as chances de se tornarem clientes da marca. As Apple Stores têm como alvo clientes adeptos de tecnologia, com apresentações de produtos e *workshops* dentro da loja, uma linha completa de produtos, *softwares* e acessórios da Apple, além de uma Genius Bar, uma estação composta de especialistas da Apple que fornecem suporte técnico, muitas vezes gratuitamente. A meticulosa atenção da Apple aos detalhes é refletida nas músicas e fotos pré-carregadas nos dispositivos em demonstração, nos toques inovadores, como leitores itinerantes de cartão de crédito para minimizar as filas nos caixas, e

>> A Apple abriu suas próprias lojas para criar uma atmosfera dinâmica, na qual os clientes podem experimentar toda a sua linha de produtos, e o foco da equipe de vendas é ajudar os clientes a resolverem problemas.

nas horas investidas em treinamento de pessoal. Os funcionários não recebem comissões de vendas nem têm cotas de vendas, sendo informados de que sua missão é "ajudar os clientes a resolverem problemas". Embora as Apple Stores tenham incomodado os varejistas e as lojas autorizadas existentes, a Apple tem trabalhado arduamente para aparar as arestas, em parte justificando sua decisão como uma evolução natural de seu canal de vendas *on-line*.[19]

Empresas mais gabaritadas tentam firmar uma parceria de longo prazo com os distribuidores.[20] O fabricante comunica claramente o que deseja com relação a cobertura de mercado, níveis de estoque, desenvolvimento de *marketing*, atendimento ao cliente, busca de contas, assessoramento e serviços técnicos e informações de mercado, podendo introduzir um plano de recompensa à adesão a essas políticas.

SELEÇÃO DE MEMBROS DO CANAL

Para o cliente, os canais são a empresa. Imagine a impressão negativa que os clientes teriam do McDonald's, da Shell Oil ou da Mercedes-Benz se um ou mais de seus pontos de venda ou concessionárias parecessem constantemente sujos, ineficientes ou desagradáveis.

Para facilitar a seleção de membros do canal, os fabricantes devem determinar as características do intermediário ideal: o tempo de experiência no negócio, outras linhas vendidas, o histórico de crescimento e de lucro, o grau de solvência (garantia para pagamento de dívidas), a capacidade de cooperação e a reputação no mercado. Se os intermediários forem representantes, os fabricantes devem avaliar o número e as características de outras linhas vendidas, assim como o tamanho e a qualidade da força de vendas. Se forem lojas de departamentos que desejam exclusividade, é preciso avaliar os locais onde atuam, seu potencial de crescimento e o tipo de clientela.

Identificação das principais opções de canal. Todo canal, desde a força de vendas até representantes, distribuidores, revendedores, mala-direta, *telemarketing* e varejistas tradicionais, tem seus pontos fortes e fracos. A força de vendas pode lidar com produtos e transações complexas, mas é cara. O varejo *on-line* é bem mais barato, mas não pode lidar com produtos complexos. Os distribuidores podem gerar vendas, mas a empresa perde o contato direto com os clientes. Vários clientes podem compartilhar o custo dos representantes de fabricantes, mas o esforço de venda é menos intenso do que os representantes da própria empresa empreenderiam.

Com base no número de intermediários, há três estratégias de distribuição fundamentais: *exclusiva*, *seletiva* e *intensiva*. Discutimos cada uma dessas estratégias a seguir.

A **distribuição exclusiva** implica limitar bastante o número de intermediários. Essa tática é apropriada quando se deseja manter o controle sobre o nível e a produção dos serviços oferecidos pelos revendedores. Ela geralmente requer uma parceria mais estreita entre eles. A distribuição exclusiva é mais comum na distribuição de automóveis novos, de alguns aparelhos eletrodomésticos de grande porte e de moda e acessórios de luxo. Quando a lendária grife italiana Gucci descobriu que sua imagem estava severamente desgastada pelo excesso de exposição em licenciamentos e lojas de desconto, decidiu encerrar seus contratos de fornecimento com terceiros, controlar sua distribuição e abrir lojas próprias para recuperar parte do brilho.

Os dois parceiros de canal se beneficiam com os acordos de exclusividade: o fabricante obtém pontos de venda mais fiéis e confiáveis; os revendedores obtêm uma fonte fixa de suprimento de produtos especiais, além de mais suporte por parte do fabricante. Os acordos de exclusividade são legais, contanto que não diminuam a concorrência de maneira significativa ou criem monopólio e que ambas as partes entrem no acordo voluntariamente.

O direito de exclusividade inclui acordos territoriais exclusivos. O fabricante pode concordar em não vender para outros revendedores em determinada área, ou o comprador pode concordar em vender apenas em seu próprio território. A primeira prática eleva o entusiasmo e o compromisso do revendedor. É também perfeitamente legal, pois um fabricante não tem qualquer obrigação legal de vender por intermédio de mais lojas do que desejar. Já a segunda prática, pela qual o fabricante tenta impedir que um revendedor venda fora de seu território, tornou-se uma importante questão legal.

A **distribuição seletiva** trabalha com intermediários, mas não todos aqueles que estariam dispostos a trabalhar com um determinado produto. Ao contrário da distribuição exclusiva, na qual os varejistas individuais não competem diretamente entre si (p. ex., porque são designados para áreas geográficas que não se sobrepõem), a distribuição seletiva pode incluir varejistas que competem pelos mesmos clientes. A STIHL é um bom exemplo de distribuição seletiva de sucesso.

STIHL A STIHL fabrica ferramentas motorizadas portáteis para uso externo. Todos os seus produtos carregam o mesmo nome de marca, e ela não fabrica para marcas próprias de outras empresas. Mais conhecida pelas motosserras, ela expandiu sua linha de produtos e incluiu

<< A STIHL rejeita as varejistas de massa e limita os seus canais de distribuição a meia dúzia de distribuidores independentes dos Estados Unidos e aos próprios centros de *marketing* e distribuição da empresa, que abastece os varejistas independentes do país e exporta para outros 80 países.

aparadores, sopradores, podadores e cortadores a disco. Nos Estados Unidos, a STIHL vende exclusivamente por meio de seis distribuidores independentes, além de contar com seis centros de *marketing* e distribuição próprios que atendem a uma rede nacional de mais de 8 mil revendedores. A empresa também exporta para 80 países e é uma das poucas em sua categoria que não vendem por meio de varejistas de massa, catálogos ou internet. Ela chegou a rodar uma campanha de propaganda intitulada "Por quê?", na qual elogiava a força e o apoio de seus revendedores independentes com manchetes como "Por que a marca número um do mundo de motosserras não é vendida na Lowe's ou na Home Depot?" e "O que torna esse soprador portátil potente demais para ser vendido na Lowe's ou na Home Depot?".[21]

A **distribuição intensiva** disponibiliza bens ou serviços no maior número possível de pontos de venda. Essa estratégia é adequada para salgadinhos, refrigerantes, jornais, balas e chicletes – itens que os consumidores compram com frequência ou em uma variedade de locais. Lojas de conveniência, como a 7-Eleven e a Circle K, e lojas em postos de gasolina, como a On the Run da rede ExxonMobil, sobreviveram com a venda de itens que fornecem exatamente isto: conveniência de localização e tempo.

Os fabricantes sentem-se constantemente tentados a passar de uma distribuição exclusiva ou seletiva para uma distribuição mais intensiva, visando a ampliar a cobertura e as vendas. Essa estratégia pode ajudar no curto prazo, mas, se não for realizada corretamente, pode prejudicar o desempenho no longo prazo, em virtude de incentivar uma competição acirrada entre os varejistas. As guerras de preços podem corroer a lucratividade, minando o interesse do varejista em manter o produto e afetando o *brand equity*. Algumas empresas não querem ter seus produtos vendidos em toda parte. Depois que a Sears adquiriu a rede de desconto Kmart, a Nike retirou todos os seus produtos da Sears para garantir que a Kmart não comercializasse a marca.

Para desenvolver um canal, os membros devem ter algum grau de compromisso uns com os outros por um período específico. Contudo, esses compromissos levam, invariavelmente, à redução da capacidade do fabricante de reagir a mudanças e incertezas. Uma empresa precisa de estruturas e políticas de canal que permitam uma adaptabilidade elevada.

Livres para escolher seus revendedores, os fabricantes enfrentam algumas limitações quanto ao seu direito de encerrar as atividades de revenda. Em geral, eles só podem eliminar revendedores "por justa causa". Contudo, não caracteriza justa causa o revendedor se recusar a cooperar com o fabricante em acordos questionáveis, como distribuição exclusiva ou acordos vinculados.

Franquias. Uma forma cada vez mais popular de expandir os canais de distribuição é o uso de **franquias**. Em um sistema de franquia, os *franqueados* são um grupo estritamente consolidado de empresas cujas operações sistemáticas são planejadas, dirigidas e controladas pelo dono da operação, denominado *franqueador*. Franquias como McDonald's, Hampton, Jiffy-Lube, Subway, Supercuts, 7-Eleven e muitas outras são um componente essencial do mundo dos negócios.

As franquias se diferenciam por três características principais:

- O franqueador tem uma marca comercial ou de serviço e a licencia aos franqueados em troca de pagamento de *royalties*. Por exemplo, a McDonald's Corporation detém a propriedade intelectual associada à marca McDonald's e a logística associada à operação das suas franquias.
- O franqueado paga pelo direito de fazer parte do sistema. Os custos iniciais incluem aluguel e arrendamento de equipamento e acessórios e, em geral, uma taxa regular de licenciamento. Os franqueados da McDonald's podem investir até US$ 1,5 milhão em custos e taxas iniciais. Depois disso, o franqueado continua pagando à McDonald's determinado percentual sobre as vendas, além de um aluguel mensal.
- O franqueador fornece aos seus franqueados um sistema para fazer negócios. Nos Estados Unidos, a McDonald's exige que seus franqueados frequentem a "Hamburger University", em Oak Brook, Illinois, durante duas semanas, para que aprendam como administrar o negócio. Os franqueados também devem seguir alguns procedimentos relativos à compra de materiais.[22]

A franquia beneficia tanto o franqueador quanto o franqueado. Os franqueadores obtêm a motivação e o trabalho duro de funcionários que são empreendedores, não "mão de obra contratada". A familiaridade dos franqueados com as comunidades e as condições locais também é uma vantagem, assim como o enorme poder de compra de ser um franqueador. Os franqueados, por sua vez, são beneficiados ao entrar em um negócio garantido, com uma marca comercial conhecida e de grande aceitação. Fica mais fácil conseguir dinheiro emprestado de instituições financeiras e receber apoio em inúmeras áreas, que vão desde *marketing* e propaganda até a seleção do local de instalação e da equipe de trabalho.

Os franqueados ficam em dúvida entre serem independentes ou fiéis ao franqueador. Alguns franqueadores dão aos seus franqueados mais liberdade para executar suas próprias operações, desde personalizar o nome da loja até adaptar promoções e preços. A Great Harvest Bread acredita em uma abordagem de franquia livre, incentivando seus padeiros franqueados a criar novos itens para os *menus* de suas lojas e a compartilhá-los com outros franqueados se forem bem aceitos pela clientela.[23]

Embora a franquia seja uma prática de negócios tradicional, ela pode assumir formatos diferentes, dependendo da entidade que patrocina a franquia. O sistema tradicional é a *franquia de varejista patrocinada pelo fabricante*. A Ford, por exemplo, autoriza a venda de seus carros por concessionárias independentes que concordem em seguir condições específicas de vendas e serviços. Outro sistema é a *franquia de atacadista patrocinada pelo fabricante*. A Coca-Cola autoriza engarrafadoras (atacadistas) em vários mercados a comprar seu xarope, acrescentar água e gás, engarrafar e vender a varejistas em mercados locais.

Outra forma do sistema de franquia é a *franquia de varejista patrocinada pela empresa de serviços*, organizada por um fornecedor de serviços que presta seus serviços aos consumidores de maneira eficiente. É possível encontrar exemplos disso nos negócios de locação de automóveis (como Hertz e Avis), *fast-food* (como McDonald's e Burger King) e hotéis (como Howard Johnson e Ramada Inn). Em um sistema de dupla distribuição, as empresas usam tanto a integração vertical (o franqueador efetivamente é dono e administrador das unidades) quanto a governança de mercado (o franqueador licencia as unidades a outros franqueados).[24]

MOTIVAÇÃO DE MEMBROS DO CANAL

A empresa precisa enxergar seus intermediários da mesma forma que enxerga seu consumidor final. Precisa identificar suas necessidades e desejos de modo que sua oferta de canal seja feita sob medida para fornecer valor superior a esses intermediários.

Programas cuidadosamente implementados de treinamento, de pesquisa de mercado e de capacitação podem motivar e melhorar o desempenho dos intermediários. A empresa sempre deve deixar claro que os considera parceiros no esforço conjunto para satisfazer o consumidor final. A Microsoft exige que seus engenheiros de atendimento terceirizados participem de uma série de cursos e realizem provas de certificação. Os aprovados são tratados formalmente como profissionais certificados pela empresa (Microsoft Certified Professionals) e podem utilizar essa designação para promover seu próprio negócio. Em vez de provas, outras empresas utilizam pesquisas com os clientes.

Poder de canal. A habilidade dos fabricantes em gerenciar os distribuidores varia bastante. O **poder de canal** pode ser definido como a habilidade de mudar o comportamento dos membros do canal de modo que ajam de maneira diferente do que fariam normalmente.[25] Os fabricantes podem exercer os seguintes tipos de poder para obter cooperação:[26]

- *Poder coercitivo.* O fabricante ameaça reduzir os investimentos ou encerrar o relacionamento caso os intermediários não cooperem. Esse poder pode ser bastante eficaz, mas exercê-lo produz ressentimento e pode levar os intermediários a contra-atacar.
- *Poder de recompensa.* O fabricante oferece aos intermediários um benefício adicional para que realizem ações ou funções específicas. O poder de recompensa normalmente produz melhores resultados do que o poder coercitivo, mas os intermediários podem esperar uma recompensa sempre que o fabricante desejar determinado comportamento da parte deles.
- *Poder legal.* O fabricante exige um comportamento que seja garantido por contrato. Contanto que os intermediários considerem o fabricante um líder legítimo, esse tipo de poder funcionará.

- *Poder de especialista*. O fabricante detém um conhecimento especial valorizado pelos intermediários. Contudo, uma vez que tal conhecimento seja passado a eles, essa base de poder se enfraquece. O fabricante deve desenvolver novas especialidades continuamente para que os intermediários queiram continuar cooperando.
- *Poder de referência*. O fabricante é tão respeitado que os intermediários se sentem orgulhosos por estarem associados a ele. Empresas como IBM, Caterpillar e HP apresentam elevado poder de referência.

Essas formas de poder de canal variam com a facilidade de observá-las. Os poderes coercitivo e de recompensa permitem uma observação mais objetiva; já os poderes de referência, de especialista e legal são mais subjetivos e dependem da habilidade e da disposição das partes em reconhecê-los.

A maioria dos fabricantes considera um enorme desafio obter a cooperação dos intermediários e costuma utilizar táticas de motivação positivas, como margens de lucro mais elevadas, condições especiais, prêmios, verbas para propaganda cooperativa, verbas de exposição e concursos de vendas. Às vezes, os fabricantes também aplicam sanções, como ameaças de reduzir margens, aumentar o tempo de entrega ou encerrar o relacionamento. O ponto fraco dessa abordagem é a aplicação grosseira da mentalidade de estímulo-resposta.

Em muitos casos, os varejistas detêm o poder. Nos Estados Unidos, os fabricantes oferecem aos supermercados entre 150 e 250 novos itens a cada semana, dos quais mais de 70% são rejeitados pelos varejistas. Os fabricantes precisam conhecer os critérios de aceitação adotados por compradores, comitês de compras e gerentes de loja. Entrevistas realizadas pela Nielsen constataram que os gerentes de loja eram mais influenciados por (em ordem de importância) fortes indícios de aceitação do consumidor, um plano bem concebido de propaganda e promoção de vendas e generosos incentivos financeiros.

Parcerias de canal. Com base na natureza da relação entre os membros do canal de *marketing*, existem três tipos básicos de canais: canais convencionais, sistemas verticais de *marketing* e sistemas horizontais de *marketing*.

Um **canal de *marketing* convencional** é formado por um fabricante independente e um ou mais atacadistas e varejistas. Cada um deles é um negócio independente que busca maximizar o próprio lucro, mesmo que essa meta reduza o lucro do sistema como um todo. Nenhum membro do canal tem controle completo ou substancial sobre os demais. A coordenação do canal ocorre quando os membros atuam em conjunto para atingir os objetivos do canal, em oposição aos seus objetivos individuais potencialmente incompatíveis.

Os **sistemas verticais de *marketing***, por outro lado, incluem o fabricante e um ou mais atacadistas e varejistas, todos atuando como um sistema unificado. Um dos membros, o **capitão do canal**, também chamado de *administrador do canal*, é dono ou franqueador dos outros ou tem tanto poder que todos cooperam com ele. O administrador de canal coordena um canal sem emitir comandos ou diretrizes, persuadindo os parceiros de canal a agirem de acordo com o que for melhor para todos.[27]

Um administrador de canal pode ser o fabricante de um bem ou o fornecedor de um serviço (Procter & Gamble), o fabricante de um componente-chave (Intel), um fornecedor ou montador (Arrow Electronics), um distribuidor (W. W. Grainger) ou um varejista (Walmart). Dentro de uma empresa, o comando pode ficar a cargo do CEO, de um alto executivo ou de uma equipe de gerentes seniores.

A administração de canal traz dois resultados importantes. O primeiro resultado é expandir o valor para os clientes do administrador, ampliando o mercado ou as compras dos que já são clientes por meio do canal. Já o segundo resultado consiste em criar um canal unido de maneira firme e, ainda assim, adaptável, no qual os membros mais valiosos são recompensados, e os menos importantes, eliminados.

Os sistemas verticais de *marketing* surgiram como resultado de fortes tentativas de membros do canal de controlar o comportamento do canal e eliminar o conflito que ocorre quando os membros independentes perseguem seus próprios objetivos. Eles conseguem economias em razão do tamanho, do poder de barganha e da supressão de serviços duplicados. Compradores corporativos de produtos e sistemas complexos valorizam a troca extensiva de informações obtidas por meio de sistemas verticais de *marketing*.[28] Esses sistemas se tornaram o modo de distribuição dominante no mercado consumidor dos Estados Unidos, atendendo a cerca de 70 a 80% do mercado total. Há três tipos deles: corporativo, administrado e contratual.

- Um **sistema vertical de *marketing* corporativo** combina estágios sucessivos de produção e distribuição sob o comando de um único proprietário. A Sears, por exemplo, durante muitos anos obteve mais de 50% das mercadorias que vendia de empresas nas quais tinha participação integral ou parcial. A Sherwin-Williams produz tinta, mas também opera 3,5 mil lojas de varejo de sua propriedade.
- Um **sistema vertical de *marketing* administrado** coordena sucessivos estágios de produção e distribuição em função do tamanho e do poder de um dos membros. Os fabricantes de uma marca dominante podem contar com a garantia de cooperação comercial e o suporte dos revendedores. Dessa maneira, Frito-Lay, Procter & Gamble e Campbell Soup são capazes de obter alto nível de cooperação de seus revendedores no que diz respeito a exposições, espaço nas prateleiras, promoções e políticas de preço. O arranjo fornecedor-distribuidor mais avançado para um sistema vertical de *marketing* administrado é o projeto de distribuição, que desenvolve um sistema de *marketing* planejado, profissionalmente gerenciado e vertical, que vai ao encontro das necessidades do fabricante e dos distribuidores.
- Um **sistema vertical de *marketing* contratual** consiste em empresas independentes, atuantes em diferentes níveis de produção e distribuição, que integram seus programas por meio de contratos para obter mais economias ou impacto nas vendas do que poderiam conseguir sozinhas.[29] Consideradas às vezes como parcerias de valor agregado (PVAs), há três tipos de sistema vertical de *marketing* contratual. (1) Nas *redes voluntárias patrocinadas pelo atacadista*, os atacadistas organizam redes voluntárias de varejistas independentes para ajudar a padronizar suas práticas de vendas e obtêm economias de compra. (2) Nas *cooperativas de varejistas*, os varejistas tomam a iniciativa de organizar uma nova entidade de negócios para executar as funções de atacado e, possivelmente, parte da produção. (3) Nas *organizações de franquia*, o membro de um canal (o franqueador) pode vincular vários estágios sucessivos ao processo de produção e distribuição.

Muitos varejistas independentes que não se juntaram a sistemas verticais de *marketing* desenvolveram lojas especializadas que atendem a segmentos especiais do mercado. O resultado é a polarização do varejo entre grandes organizações verticais de *marketing* e lojas especializadas independentes. Isso cria um problema para os fabricantes, que estão fortemente ligados a intermediários independentes, mas podem ter de se realinhar com sistemas verticais de *marketing* de rápido crescimento em condições menos atraentes. Além disso, os sistemas verticais de *marketing* constantemente ameaçam abandonar os grandes fabricantes e organizar sua própria fabricação. A nova concorrência no varejo não acontece mais entre unidades independentes de negócios, mas entre sistemas completos de redes programadas centralmente (corporativas, administradas e contratuais), que competem entre si para conseguir a maior economia de custos e a melhor resposta do cliente.

O **sistema horizontal de *marketing*** envolve duas ou mais empresas não relacionadas que unem recursos ou programas para explorar uma nova oportunidade de mercado. Isoladamente, as empresas carecem de recursos de capital, *know-how*, produção ou *marketing* para se aventurarem sozinhas ou receiam assumir riscos. As empresas podem trabalhar juntas em uma base temporária ou permanente ou criar uma *joint venture*.

Por exemplo, muitas redes de supermercado fazem acordos com bancos para oferecer serviços bancários em suas lojas. O Citizens Bank tem mais de 500 agências em supermercados, o que equivale a pouco menos da metade de sua rede de agências. As equipes de funcionários do Citizens que trabalham nesses locais são mais orientadas a vendas e tendem a ser mais experientes em vendas no varejo do que o pessoal que trabalha nas tradicionais agências físicas.[30]

AVALIAÇÃO DOS MEMBROS DO CANAL

Os fabricantes devem avaliar periodicamente o desempenho dos intermediários em padrões como cotas de vendas, níveis médios de estoque, tempo de entrega ao cliente, tratamento dispensado a mercadorias danificadas ou perdidas e cooperação em programas promocionais e de treinamento. O fabricante pode descobrir que paga mais do que deveria a determinados intermediários quando leva em consideração o que eles fazem de fato. Certo fabricante remunerava um distribuidor por manter estoques, mas descobriu que, na verdade, eles eram mantidos em um armazém público. Os fabricantes devem estabelecer acordos que paguem quantias específicas pelo desempenho de cada membro do canal por cada serviço contratado. Os distribuidores que tiverem fraco desempenho precisam ser aconselhados, treinados, motivados ou dispensados.

É comum que uma nova empresa inicie atividades como uma operação de venda local em um mercado razoavelmente restrito usando alguns intermediários existentes. Identificar os melhores canais pode não ser um problema; muitas vezes, o problema está em convencer os intermediários disponíveis a aceitarem as políticas da empresa.

Se for bem-sucedida, a empresa pode expandir-se para novos mercados com diferentes canais. Em mercados menores, pode vender diretamente para varejistas; em mercados maiores, por meio de distribuidores. Na zona rural, pode operar com comerciantes de mercadorias em geral; em áreas urbanas, com comerciantes de linhas específicas. Pode criar sua própria loja *on-line* para vender diretamente para os clientes. Pode conceder franquias exclusivas ou vender por todos os pontos de vendas disponíveis. Em um país, pode usar representantes de vendas internacionais; em outro, pode firmar parceria com uma empresa local.

Os primeiros compradores podem estar dispostos a pagar por canais de alto valor agregado, mas os que compram depois mudarão para canais de custo reduzido. As copiadoras de pequeno porte para uso em escritórios foram vendidas inicialmente por força de venda direta dos fabricantes; mais tarde, por revendedores de equipamentos de escritório; depois, por hipermercados; e, mais recentemente, por empresas de venda por catálogo e pela internet. Em resumo, o sistema de canal evolui em função de oportunidades e condições locais, ameaças e oportunidades que surgem, recursos e capacidades da empresa e avanços tecnológicos.

Nenhum canal de *marketing* permanece eficaz por todo o ciclo de vida do produto. Em mercados competitivos e com poucas barreiras à entrada, é inevitável que a estrutura ideal do canal se modifique com o tempo. Novas tecnologias criaram canais digitais inimagináveis há alguns anos. A mudança pode envolver o acréscimo ou a retirada de canais específicos de mercado ou de membros específicos do canal, ou, ainda, o desenvolvimento de uma maneira totalmente nova de vender mercadorias. Quando a nova concorrência da Best Buy e da Costco forçou o fechamento de um terço dos distribuidores da Leica nos Estados Unidos, a fabricante de câmeras sofisticadas decidiu abrir lojas próprias requintadas para atrair fotógrafos mais exigentes.[31]

O fabricante deve revisar e modificar periodicamente seus projetos e arranjos de canal.[32] Isso se faz necessário quando o canal de distribuição não funciona conforme o planejado, quando os padrões de compra do consumidor mudam, quando o mercado se expande, quando surgem novos concorrentes ou canais de distribuição ou quando o produto chega aos últimos estágios de seu ciclo de vida.[33]

Acrescentar ou retirar membros específicos do canal exige uma análise progressiva. Uma pergunta básica a ser feita é: como ficariam os lucros da empresa com e sem esse intermediário? Talvez a decisão mais difícil envolva a revisão da estratégia de canal como um todo. O sistema de venda de cosméticos de porta em porta da Avon teve de ser modificado à medida que mais mulheres passaram a trabalhar fora de casa.

Cooperação e conflito de canal

Independentemente da qualidade do projeto e do gerenciamento dos canais, sempre haverá algum conflito, uma vez que os interesses das empresas participantes nem sempre coincidem. Um **conflito de canal** ocorre quando as ações de um membro de um canal impedem que outro canal atinja seu objetivo. As empresas que distribuem suas ofertas por diversos canais tendem a enfrentar algum nível de conflito de canal. Nesse contexto, o objetivo do gerente é minimizar os atritos entre os membros dos canais para reduzir o conflito.

Uma fonte comum de conflito de canal é o desejo do fabricante de vender diretamente para os clientes, escanteando seus parceiros de canal tradicionais. Com a abertura das próprias lojas de varejo, a Apple criou um problema para muitos dos seus parceiros de canal e provedores de soluções autorizados, pois, na prática, "roubou" muitos dos seus clientes atuais. Da mesma forma, no espaço

B2B (do inglês *business-to-business*), a Apple ampliou a sua força de vendas diretas para contas corporativas, incluindo a formação de parcerias diretas com empresas como Cisco e IBM, o que, na prática, limitou o escopo dos serviços prestados por muitos dos seus provedores de soluções independentes.[34]

Aqui, examinaremos que tipos de conflito surgem nos canais, o que causa o conflito de canais e o que pode ser feito para resolver as situações de conflito.

A NATUREZA DOS CONFLITOS DE CANAL

Para gerenciar os conflitos de canal com eficácia, os gestores precisam entender os principais tipos de conflito de canal e os fatores que levam aos conflitos entre parceiros de canal.

Tipos de conflito de canal Suponhamos que um fabricante estruture um canal vertical formado por atacadistas e varejistas na expectativa de obter cooperação do canal e maiores lucros para todos os membros. Apesar do desejo de todas as partes por cooperação, podem ocorrer conflitos vertical, horizontal e multicanal.

- O **conflito horizontal de canal** ocorre entre membros de mesmo nível de um canal. Por exemplo, os franqueados podem atender mal os clientes, o que prejudica o valor da marca e resulta em avaliações negativas dos consumidores, que prejudicam as vendas em todos os outros canais. Alguns franqueados da Pizza Inn reclamaram que outros franqueados usavam ingredientes de qualidade inferior, ofereciam atendimento inadequado aos clientes e prejudicavam a imagem da marca como um todo.
- O **conflito vertical de canal** ocorre entre diferentes níveis no mesmo canal. Por exemplo, o conflito vertical tende a ocorrer quando o fabricante vende diretamente para atacadistas e varejistas. Ele tende a ser especialmente forte quando o fabricante vende diretamente para um dos maiores clientes do atacadista. Quando a Estée Lauder criou um *site* para vender suas marcas Clinique e Bobbi Brown, algumas lojas de departamentos reduziram o espaço dedicado a produtos da empresa.
- O **conflito multicanal** existe quando o fabricante estabelece dois ou mais canais que vendem para o mesmo mercado. Por exemplo, o conflito multicanal tende a ocorrer quando uma cadeia de restaurantes permite que duas franquias se estabeleçam muito próximo uma da outra. O conflito multicanal pode se tornar bastante intenso quando os membros de um canal conseguem um preço menor (com base em maior volume de compras) ou trabalham com uma margem de lucro menor. Quando a Goodyear começou a vender suas conhecidas marcas de pneus na Sears, no Walmart e na Discount Tire, ela irritou seus revendedores independentes. Para conseguir tranquilizá-los, a empresa ofereceu modelos exclusivos de pneus que não poderiam ser encontrados em outros varejistas.[35]

Causas dos conflitos de canal. Embora cada conflito de canal tenha antecedentes e consequências específicos, diversos fatores gerais podem contribuir para o surgimento de um conflito de canal. Alguns dos motivos mais comuns para o conflito de canal são apresentados a seguir.

- *Incompatibilidade de objetivos.* O conflito de canal pode decorrer dos objetivos conflitantes de diferentes membros. Por exemplo, o fabricante pode querer atingir rápida penetração no mercado por meio de uma política de preços reduzidos. Os revendedores, em contraposição, podem preferir trabalhar com margens de lucros maiores e buscar lucratividade de curto prazo.
- *Diferenças em estratégias e táticas.* O conflito de canal também pode ocorrer quando os membros adotam estratégias e táticas diferentes para atingir seus objetivos. O fabricante pode estar otimista quanto à perspectiva econômica de curto prazo e querer que os revendedores mantenham um estoque maior. Os revendedores podem não concordar. Na categoria de bebidas, não é incomum que surjam conflitos entre fabricantes e distribuidores sobre a melhor estratégia de propaganda.
- *Desequilíbrio de poder.* Uma maior consolidação varejista – os 10 maiores varejistas americanos representam mais de 80% dos negócios de um fabricante médio – levou à maior pressão de preços e influência de varejistas, o que muitas vezes gera conflito de canal. O Walmart, por

exemplo, é o principal comprador de muitos fabricantes, incluindo Disney, Procter & Gamble e Revlon, e é capaz de impor preços reduzidos ou descontos por volume desses e de outros fornecedores.[36] O desequilíbrio de poder também pode ser causado pela dependência do fabricante entre os distribuidores. O destino de revendedores exclusivos, como concessionárias de automóveis, é afetado profundamente pelas decisões do fabricante quanto ao produto e aos preços.

- *Direitos e papéis pouco claros*. Limites territoriais e crédito pelas vendas costumam gerar conflitos. A HP pode vender computadores pessoais para grandes empresas por intermédio de sua própria força de vendas, mas seus revendedores licenciados também podem tentar conseguir essas contas vultosas.[37]

GERENCIAMENTO DO CONFLITO DE CANAL

Em certa medida, conflitos de canal podem ser construtivos e levar um ambiente em transformação a uma adaptação mais dinâmica. Entretanto, em excesso, eles provocam desequilíbrio.[38] O desafio não é eliminar o conflito, o que é impossível, mas lidar melhor com ele. Advertências verbais, multas, bônus retidos e outros recursos podem ajudar a minimizar o conflito de canal.[39] Os mecanismos mais comuns para o gerenciamento eficaz dos conflitos incluem justificativa estratégica, dupla compensação, metas superordenadas, troca de funcionários, participação conjunta em associações e cooptação, além de diplomacia, mediação ou arbitragem e processos judiciais.[40]

- *Justificativa estratégica*. Em alguns casos, uma justificativa estratégica convincente de que os membros do canal atendem a segmentos distintos e não competem tanto quanto poderiam pode reduzir o potencial de conflito entre eles. Desenvolver versões especiais de produtos para diferentes membros de canal – variantes da marca – é uma forma clara de demonstrar essa distinção.[41]
- *Dupla compensação*. A empresa pode pagar os membros de canais existentes por vendas feitas via novos canais como forma de atenuar o conflito de canal. Quando a Allstate começou a vender seguros *on-line*, ela concordou em pagar aos corretores uma comissão de 2% para atendimento pessoal a clientes que haviam feito cotações pela internet. Apesar de menor do que a comissão normal de 10% para operações convencionais, essa medida serviu para reduzir tensões.[42]
- *Metas superordenadas*. Os membros do canal podem chegar a um acordo sobre a meta fundamental ou superordenada (meta compartilhada só alcançada de forma colaborativa pelas partes) que estejam buscando juntos, seja ela sobrevivência, participação de mercado, alta qualidade ou satisfação do cliente. Eles costumam tomar essa atitude quando o canal enfrenta uma ameaça externa, como um canal concorrente mais eficiente, uma legislação adversa ou uma mudança nos desejos do consumidor.
- *Troca de funcionários*. Trocar funcionários entre dois ou mais níveis de canal pode reduzir o conflito. Os executivos da GM poderiam trabalhar por um curto período em algumas concessionárias, e alguns proprietários de concessionárias poderiam trabalhar no departamento de políticas de revenda da GM. Espera-se que, assim, os participantes passem a entender o ponto de vista um do outro.
- *Participação conjunta em associações*. As empresas podem encorajar a participação conjunta em associações setoriais. Uma boa cooperação entre a Grocery Manufacturers of America e o Food Marketing Institute, que representam a maioria das redes de produtos alimentícios, levou ao desenvolvimento do UPC (do inglês *universal product code*; código universal de produtos). As associações podem discutir problemas entre os fabricantes de alimentos e os varejistas e resolver essas questões de maneira sensata.
- *Cooptação*. Uma organização pode conquistar o apoio dos líderes de outra organização mediante a sua inclusão em conselhos consultivos, conselhos de administração e afins. Contanto que a organização que toma a iniciativa trate os líderes com respeito e ouça suas opiniões, a cooptação pode reduzir o conflito. Contudo, para conseguir o apoio desses líderes, a empresa talvez tenha de fazer concessões no que se refere a políticas e planos.
- *Diplomacia, mediação e arbitragem*. Quando o conflito é crônico ou agudo, as partes podem ter de recorrer a meios mais contundentes. A diplomacia acontece quando cada lado envia uma pessoa ou grupo para se reunir com os representantes da outra parte e resolver o conflito. Com a mediação, recorre-se a uma terceira parte neutra que tenha habilidade para conciliar os interesses das duas partes. Na arbitragem, duas partes concordam em apresentar seus argumentos a um ou mais árbitros e aceitar a decisão deles.

- *Processo judicial.* Em vez de recorrer a outras estratégias, um parceiro de canal pode optar por recorrer a meios jurídicos para resolver o conflito.[43] Quando a Coca-Cola decidiu distribuir a bebida Powerade diretamente a armazéns regionais do Walmart, 60 engarrafadores queixaram-se de que a prática prejudicaria suas atribuições centrais de distribuição loja a loja e moveram uma ação judicial. Um acordo permitiu a exploração mútua do novo serviço e de sistemas de distribuição complementares ao sistema de distribuição loja a loja.[44]

Gestão da logística de mercado

A **logística de mercado** envolve o planejamento da infraestrutura para atender à demanda e, subsequentemente, aos controles de fluxos físicos e às implementações de materiais e de produtos finais entre os pontos de origem e os pontos de uso, com o objetivo de satisfazer as exigências dos clientes auferindo lucro. A distribuição física começa na fábrica. Os gerentes escolhem um conjunto de depósitos (pontos de estocagem) e transportadores que entregarão as mercadorias ao destino final no prazo desejado e ao menor custo total.

A distribuição física expandiu-se para o conceito mais amplo de gerenciamento da cadeia de suprimentos (SCM, do inglês *supply chain management*). O **gerenciamento da cadeia de suprimentos** começa antes da distribuição física e significa suprir estrategicamente os insumos corretos (matérias-primas, componentes e bens de capital), convertê-los eficientemente em produtos acabados e despachá-los ao destino final. Uma perspectiva mais ampla analisa como os próprios fornecedores de uma empresa obtêm seus insumos.

A visão de cadeia de suprimentos pode ajudar uma empresa a identificar os melhores fornecedores e distribuidores que a ajudarão a aumentar a produtividade e reduzir os custos. Entre os fabricantes de bens de consumo mais admirados por seu gerenciamento da cadeia de suprimentos, estão Apple, McDonald's, Amazon.com, Unilever, Intel, Procter & Gamble, Toyota, Cisco Systems e Samsung Electronics.[45] Algumas empresas optam por firmar parcerias e terceirizações com especialistas em logística em busca de auxílio no planejamento de transporte, no gerenciamento de centros de distribuição e em outros serviços de valor agregado que vão além de expedição e armazenagem.

A logística de mercado leva a um exame da forma mais eficiente de entregar valor. Por exemplo, uma empresa de *software* normalmente produz e embala discos e manuais de *software* para, em seguida, enviá-los aos distribuidores, que, então, os remetem aos varejistas, que, por sua vez, os entregam aos clientes. Estes levam o *software* para casa ou para o escritório e o instalam em seus computadores. A logística de mercado oferece dois sistemas superiores de entrega: o primeiro permite ao cliente baixar o *software* diretamente em seu computador; o segundo permite a instalação do *software* em um computador pelo próprio fabricante. Ambas as soluções eliminam a necessidade de imprimir, embalar, transportar e estocar milhões de discos e manuais e rapidamente se tornaram a regra do setor.

OBJETIVOS DA LOGÍSTICA DE MERCADO

Muitas empresas definem seu objetivo em termos de logística de mercado como "levar os produtos certos aos lugares certos, no prazo combinado, com o mínimo custo". Infelizmente, esse objetivo proporciona pouca orientação prática. Nenhum sistema de logística de mercado pode simultaneamente maximizar o atendimento aos clientes e minimizar o custo de distribuição. A excelência no atendimento ao cliente implica estoques elevados, transporte especial e vários armazéns – fatores que aumentam os custos logísticos. A empresa também não tem como tornar a logística de mercado eficiente pedindo a cada gerente de logística de mercado que minimize seus próprios custos de logística.

Minimizar os custos de logística de mercado pode influenciar o sucesso de mercado da oferta e, em alguns casos, ser até contraproducente. Considere os seguintes exemplos:

Em virtude do preço, o gerente de tráfego prefere o transporte ferroviário à via aérea. No entanto, como as ferrovias são mais lentas, o transporte por esse meio empata o capital de giro e retarda o pagamento dos clientes, podendo fazer com que comprem dos concorrentes que oferecem um atendimento mais rápido.

O departamento de expedição usa contêineres baratos para minimizar os custos de expedição, o que eleva a taxa de produtos avariados e a insatisfação dos clientes.

O gerente de estoque prefere estoques baixos, causando a falta de itens e o acúmulo de pedidos e do trâmite de papéis, além de requerer turnos extras de produção e o uso de fretes expressos e mais caros.

Visto que as atividades de logística de mercado envolvem importantes *trade-offs* (uma escolha implica a renúncia da outra), essas decisões precisam ser tomadas com base em todo o processo. O ponto de partida é estudar o que os clientes exigem e o que os concorrentes oferecem. Os clientes estão interessados em entregas dentro do prazo, disposição do fornecedor para atender a necessidades de emergência, manuseio cuidadoso de mercadorias e rápida reposição de produtos defeituosos.

O atacadista deve, então, pesquisar a importância relativa desses serviços. O prazo dos reparos, por exemplo, é essencial para compradores de copiadoras. A Xerox desenvolveu um padrão de fornecimento de assistência técnica que "pode fazer uma copiadora com defeito voltar a funcionar três horas após o recebimento da solicitação de conserto, em qualquer lugar dos Estados Unidos". Para tanto, projetou uma divisão de assistência técnica com funcionários, peças e localização mais adequados.

A empresa também deve considerar o padrão de serviço dos concorrentes. Ela normalmente desejará alcançar ou superar esse padrão, mas o objetivo é maximizar os lucros, não as vendas. Algumas empresas oferecem menos serviços e cobram um preço menor; outras oferecem mais serviços e cobram um preço superior.

É necessário, em última instância, que a empresa estabeleça premissas para o mercado. Algumas empresas definem padrões para cada fator de serviço. Um fabricante de eletrodomésticos estabeleceu os seguintes padrões de serviço: entregar pelo menos 95% dos pedidos dos distribuidores em até sete dias após o recebimento do pedido, atender aos pedidos do distribuidor com 99% de precisão, responder às perguntas do distribuidor quanto à posição do pedido em até três horas e garantir que os danos aos produtos em trânsito não excedam 1%.

DECISÕES DA LOGÍSTICA DE MERCADO

Quatro importantes decisões devem ser tomadas com relação à logística de mercado: como lidar com os pedidos (processamento de pedidos)? Onde os estoques devem ser mantidos (armazenagem)? Qual nível de estoque deve ser mantido (estocagem)? Como os produtos devem ser despachados (transporte)?

Processamento de pedidos. A maioria das empresas vem tentando encurtar o **ciclo pedido-pagamento**, isto é, o tempo entre o recebimento do pedido, a entrega e o pagamento. Esse ciclo inclui muitas etapas, como: o envio do pedido pelo vendedor e seu recebimento; a verificação do crédito do cliente, dos estoques e da programação de produção; o envio do pedido e da fatura; e o recebimento do pagamento. Quanto mais tempo durar esse ciclo, menor será a satisfação do cliente e menores serão os lucros da empresa.

Armazenagem. A maioria das empresas precisa armazenar os produtos acabados até que sejam vendidos, pois os ciclos de produção e de consumo raramente coincidem. Para aproveitar melhor os recursos existentes e acelerar os tempos de transporte, algumas empresas descentralizaram seus estoques. Por exemplo, para gerenciar melhor o estoque, muitas lojas de departamentos (como Nordstrom e Macy's) passaram a despachar os pedidos *on-line* a partir de suas lojas. Por um lado, um número maior de pontos de estocagem significa que os produtos podem ser entregues aos clientes mais rapidamente, mas isso também gera maiores custos de armazenagem e estocagem. Para reduzir esses custos, a empresa poderia centralizar seu estoque em um local e usar transporte rápido para atender aos pedidos.

Atualmente, alguns depósitos vêm assumindo atividades antes realizadas na fábrica, entre elas a montagem, a embalagem e a construção de *displays* promocionais. Postergar a finalização das ofertas para os armazéns pode resultar em menores custos e sua maior adequação à demanda.

Estocagem. Os vendedores gostariam que suas empresas mantivessem estoques suficientes para atender imediatamente a todos os pedidos da clientela. Contudo, isso tem um alto custo.

O custo do estoque aumenta a uma taxa crescente, à medida que o nível de atendimento ao cliente se aproxima de 100%. Para tomar uma decisão, a administração precisaria saber em quanto essas vendas e lucros aumentariam se fossem mantidos estoques maiores e prometidos prazos de entrega menores.

À medida que o estoque diminui, a gerência deve saber em que nível de estoque é necessário fazer um novo pedido. Esse nível de estoque é denominado *ponto de pedido* (ou de *reposição*). Um ponto de pedido de 20 significa solicitar uma reposição quando o estoque cai para 20 unidades. O ponto de pedido deve equilibrar os riscos de esgotamento do estoque, em que a empresa fica sem um determinado bem e não pode atender à demanda dos clientes, e os custos de estoques excedentes, em que a empresa precisa arcar com o custo de manter o estoque por um longo período. Outra decisão diz respeito a quanto pedir. Quanto maior for a quantidade pedida, menor será a frequência de reposição.

A empresa precisa equilibrar os custos de processamento de pedidos com os custos de manutenção de estoque. Os *custos de processamento de pedidos* para um fabricante consistem nos *custos de ajuste* (custos de montar o processo necessário para produzir um item) e nos *custos de operação* (custos operacionais quando a produção está em funcionamento) para o produto. Se os custos de ajuste forem baixos, o fabricante pode produzir o produto com frequência, embora o custo médio por produto seja estável e igual aos custos de operação. Se, no entanto, os custos de ajuste forem altos, o fabricante pode reduzir o custo médio por unidade, produzindo por um período longo e mantendo estoques maiores.

Os custos de processamento de pedidos precisam ser comparados com os *custos de manutenção de estoques*. Quanto maior for o estoque médio, maiores serão os custos de manutenção de estoques, que incluem os custos de estoque e de capital, impostos e seguros, bem como depreciação e obsolescência. Os custos de manutenção de estoques podem chegar a 30% do valor do estoque, o que significa que os gerentes de *marketing* que preferem manter grandes estoques têm de demonstrar que proporcionam um lucro bruto adicional superior aos custos adicionais de mantê-los.

As empresas têm usado diferentes estratégias para gerenciar seus custos de estocagem. Uma abordagem envolve manter os itens de giro lento em um local central e os de giro rápido em armazéns mais próximos aos clientes. A empresa também pode optar por trabalhar quase sem estoque e adquirir os itens com base nos pedidos. Além de poupar custos de armazenagem, essa abordagem, chamada de **gestão de estoque *just-in-time*** (sob demanda), ajuda a empresa a melhorar o seu fluxo de caixa. Assim, ao pedir aos consumidores que paguem adiantado pelos itens adquiridos, a empresa pode usar o dinheiro dos clientes para pagar os fornecedores para enviarem o produto ou os componentes necessários.

Apesar das vantagens de custo óbvias, a gestão de estoque *just-in-time* tem uma desvantagem importante, pois pressupõe uma logística de distribuição ininterrupta. Resumidamente, o estoque *just-in-time* não tem flexibilidade suficiente no caso de algo dar errado, como costuma acontecer – seja uma greve em docas na Califórnia, um terremoto no Japão ou tumultos políticos no norte da África e no Oriente Médio. Em um mundo interconectado, um elo fraco pode derrubar toda a cadeia de suprimentos se não for gerenciado adequadamente. As limitações da gestão de estoque *just-in-time* se destacaram durante a pandemia da covid-19, pois interrupções na aquisição, na fabricação e no transporte de produtos fizeram a demanda superar a oferta em diversas categorias, culminando na escassez de produtos e em tempos de entrega mais longos do que o de costume.

Para equilibrar a eficácia e a eficiência de custos da sua logística, as empresas precisam reavaliar as suas redes de logística periodicamente para se proteger contra choques de demanda extremos. Assim, muitas estão adquirindo espaço de armazenagem adicional e modernizando suas operações de distribuição. Os comerciantes também estão transferindo seus armazéns para locais mais próximos dos grandes centros populacionais, de modo a garantir a disponibilidade dos estoques necessários e a entrega para os clientes mais rapidamente do que a concorrência.

Transporte. As opções de transporte afetam os preços dos produtos, a pontualidade da entrega e as condições do produto ao chegar ao destino, e todos esses fatores determinam a satisfação dos clientes.

Ao enviar produtos para seus depósitos, distribuidores e clientes, a empresa pode escolher entre cinco meios de transporte: ferroviário, aéreo, rodoviário, marítimo ou fluvial e por dutos (*pipelines*). Os responsáveis pela expedição levam em consideração critérios como velocidade, frequência, confiabilidade, capacidade, disponibilidade, rastreabilidade e custo. Com relação à velocidade, os preferidos são os aviões, os trens e os caminhões. Se a meta for o baixo custo, a escolha fica entre o transporte por navios ou dutos.

Graças à conteinerização, é possível combinar dois ou mais meios de transporte. A **conteinerização** consiste em colocar os produtos em caixas ou reboques fáceis de transferir de um meio de transporte para outro. O termo *ferrodoviário* aplica-se ao uso de trens e caminhões; *hidrorrodoviário* refere-se a navios e caminhões; *hidroferroviário* está relacionado com o uso de navios e trens; e *aerodoviário* designa o uso de aviões e caminhões. Cada modo coordenado tem vantagens específicas. Por exemplo, o ferrodoviário é mais econômico do que usar somente o transporte rodoviário, além de oferecer flexibilidade e conveniência.

Os embarcadores podem escolher entre transportadores particulares, contratados ou comuns. Aquele que possui uma frota própria de caminhões ou aviões é um *transportador particular*. Já um *transportador contratado* é uma organização independente que vende serviços de transporte a terceiros, mediante contrato. Por fim, um *transportador comum* fornece serviços entre pontos predeterminados, conforme uma programação, e está disponível a todos os embarcadores a preços de mercado. Há transportadores contratados que investem e inovam para criar proposições robustas de valor.

> **Transportadores contratados**   Com tantas opções de transporte, as empresas do setor competem constantemente para cortar custos, melhorar serviços e oferecer ainda mais valor aos seus clientes. A Maersk Group, com sede em Copenhague, é a maior transportadora global do mundo, com cerca de 550 navios porta-contêineres e 225 petroleiros. Para apurar a eficiência, a empresa encomendou 20 dos maiores navios já construídos. Ao custo de US$ 185 milhões cada um, essas embarcações de porte gigantesco podem transportar 18 mil contêineres de forma rentável, além de emitir 50% menos CO_2. A Schneider, uma das maiores empresas de transporte de carga rodoviária dos Estados Unidos, com mais de US$ 3 bilhões em receita, desenvolveu um simulador tático para toda a frota que gerou economias de dezenas de milhões de dólares. Além de ajudar na programação diária de rotas para os motoristas, o simulador auxilia em decisões específicas, que vão desde quando elevar os preços para determinados clientes até quantos condutores contratar (e onde). Pequenas mudanças podem fazer grandes diferenças para os transportadores. Líder global em logística, a UPS calculou que, ao ter seus

>> Em busca de maior eficiência, a gigante de logística global Maersk Group encomendou navios gigantes, capazes de transportar milhares de contêineres e reduzir significativamente suas emissões de CO_2.

motoristas usando um controle remoto (fob), em vez de uma chave, para trancar e abrir seus caminhões, reduziria em média 1,7 segundo por parada ou 6,5 minutos por dia, economizando estimados US$ 70 milhões ao ano no processo.[46]

Para reduzir o alto custo de manuseio no momento da entrega, algumas empresas passaram a acondicionar os itens em embalagens prontas para ir à prateleira, eliminando a necessidade de desempacotá-los de uma caixa e colocá-los individualmente em uma prateleira. Na Europa, a P&G utiliza um sistema logístico de três níveis para programar entregas de bens de giro rápido e lento, peças volumosas e itens pequenos da maneira mais eficiente. Para reduzir danos ocorridos durante o transporte, o tamanho, o peso e a fragilidade do artigo devem ser levados em consideração na hora de escolher o tipo de engradado utilizado e a densidade do enchimento de espuma. Quando se trata de logística, cada detalhe deve ser examinado para saber se pode ser alterado a fim de melhorar a produtividade e a lucratividade.

INSIGHT de marketing — O fenômeno do *showrooming*

Os consumidores sempre compararam preços em vários estabelecimentos para fazer o melhor negócio ou ampliar suas opções, e agora o *e-commerce* e o *m-commerce* oferecem um novo recurso. O ***showrooming*** permite que os consumidores examinem fisicamente um produto e coletem informações em uma loja, mas façam suas compras mais tarde no *site* do varejista – ou, no cenário menos desejável, no *site* de um concorrente, normalmente por um preço mais baixo.

O *showrooming* foi impulsionado pelos celulares. Graças aos seus dispositivos móveis, os consumidores nas lojas nunca estiveram tão bem equipados para decidir se devem comprar. Um estudo mostrou que mais da metade dos usuários de celulares nos Estados Unidos, especialmente os mais jovens, usou seus aparelhos para pedir recomendações a um amigo ou familiar ou, ainda, para buscar opiniões ou preços menores.

Os varejistas costumavam preocupar-se em atrair consumidores a suas lojas, mas os especialistas observam que, agora, eles precisam se preocupar em vender a consumidores que trazem consigo referências de outras lojas. O aplicativo para celulares Price Check, da Amazon, por exemplo, permite aos compradores comparar instantaneamente os preços de dentro de uma loja física. Os varejistas *on-line* que os usuários móveis podem consultar representam uma séria concorrência às redes tradicionais, em razão de seleções mais amplas, preços inferiores (muitas vezes sem impostos) e conveniência 24 horas por dia.

Para combater o *showrooming*, a Best Buy e a Target anunciaram que cobririam permanentemente os preços dos varejistas *on-line*. Outros apuraram a conexão entre suas lojas e *sites* em resposta a essa tendência. O Walmart, a Macy's e a Best Buy permitem que sejam feitas nas lojas físicas a coleta de pedidos e as devoluções de compras realizadas na internet.

Muitos varejistas têm se preocupado em tornar a experiência em loja mais informativa e gratificante. Guess, PacSun e Aéropostale equiparam seu time de vendas nas lojas com iPads ou *tablets* para coletar informações mais detalhadas dos produtos e compartilhá-las com os consumidores. Clientes inscritos em programas de fidelidade também podem baixar rapidamente seus históricos de compras, preferências e outras informações úteis.

O principal objetivo de todos esses esforços é a retenção do cliente. Um estudo constatou que 70% do público adepto do *showrooming* mais provavelmente compraria de varejistas com *sites* e aplicativos bem projetados, suporte multicanal forte e comparações de preços por meio de QR *codes*. Transferir vendas de uma loja física para a internet pode até ser mais lucrativo para um varejista, desde que ele consiga impedir que o cliente compre em outro lugar.[47]

Resumo

1. A maioria dos fabricantes não vende suas mercadorias diretamente ao consumidor final. Entre fornecedores e consumidores finais, há um ou mais canais de *marketing*, um conjunto de intermediários que desempenham uma variedade de funções. Canais de distribuição são conjuntos de organizações interdependentes envolvidas no processo de disponibilizar um bem ou serviço para uso ou consumo.

2. As empresas utilizam intermediários quando faltam recursos financeiros para trabalhar com *marketing* direto, quando este não é viável ou quando podem ganhar mais usando intermediários. O gerenciamento eficaz dos canais exige seleção, treinamento e motivação de intermediários. A meta é formar uma parceria de longo prazo que seja lucrativa para todos os membros.

3. Os membros dos canais de *marketing* desempenham diversas funções críticas. Algumas funções, como transporte e armazenamento, transferência de propriedade e comunicação, constituem um *fluxo à frente* da atividade da empresa para o cliente. Outras funções, como pedido e pagamento, constituem um *contrafluxo* dos clientes para a empresa. Outras, ainda, como informações, negociação, finanças e riscos assumidos, ocorrem em ambas as direções.

4. Os fabricantes têm muitas opções para alcançar um mercado. Podem vender diretamente ou utilizar canais de um, dois ou três níveis de intermediários. Para decidir que tipo de canal utilizar, é preciso analisar as necessidades do cliente, estabelecer os objetivos do canal e identificar e avaliar as principais opções, incluindo os tipos e o número de intermediários a serem envolvidos no canal.

5. Um número crescente de empresas emprega a *distribuição multicanal*, que usa dois ou mais canais de *marketing* para atingir segmentos de clientes em uma área do mercado. Além disso, cada vez mais as empresas empregam estratégias de distribuição digital, vendendo diretamente pela internet ou por meio de intermediários com *sites* próprios. A distribuição pede o desenvolvimento de uma estratégia de distribuição integrada, na qual as atividades envolvidas na venda por um canal estão alinhadas com as atividades envolvidas na venda por um ou mais canais.

6. Para projetar um sistema de canais de *marketing*, é preciso analisar as necessidades e os desejos do cliente, estabelecer os objetivos e as restrições de canal e identificar e avaliar as principais alternativas de canal. Com base no número de intermediários, há três estratégias de distribuição fundamentais: exclusiva, seletiva e intensiva. Dependendo da opção de intermediários de canal, a empresa precisa selecionar, treinar, motivar e avaliar seus parceiros de canal.

7. Uma forma cada vez mais popular de expandir os canais de distribuição é o uso de franquias. Em um sistema de franquia, os franqueados são um grupo estritamente consolidado de empresas cujas operações sistemáticas são planejadas, dirigidas e controladas pelo inovador da operação, denominado franqueador. Os franqueados são beneficiados ao entrar em um negócio garantido, com uma marca comercial conhecida e de grande aceitação. Fica mais fácil conseguir dinheiro emprestado de instituições financeiras e receber apoio em inúmeras áreas, que vão desde *marketing* e propaganda até a seleção do local de instalação e da equipe de trabalho.

8. A empresa precisa motivar os seus parceiros de canal, por isso identifica suas necessidades e seus desejos e adapta suas ofertas de canal para lhes oferecer valor superior. Um fator importante aqui é o poder de canal, que reflete a capacidade de modificar o comportamento dos membros do canal para mudar a maneira como agem. Com base na natureza da relação entre os membros do canal de *marketing*, existem três formas básicas de coordenação de canal que podem ajudar a motivar os parceiros de canal: canais convencionais, sistemas verticais de *marketing* e sistemas horizontais de *marketing*.

9. Todos os canais de *marketing* têm um potencial de conflito e concorrência como resultado da incompatibilidade de metas, de papéis e direitos mal definidos, de diferenças de percepção e de relacionamentos interdependentes. As empresas podem tentar administrar conflitos por meio de dupla compensação, metas superordenadas, troca de funcionários, cooptação, entre outros meios.

10. Os fabricantes de bens físicos e os prestadores de serviços precisam tomar decisões quanto à logística de mercado – a melhor maneira de armazenar e transportar seus produtos até o destino e coordenar as atividades de fornecedores, agentes de compra, fabricantes, profissionais de *marketing*, integrantes dos canais e clientes. Os principais ganhos na eficiência logística advêm dos avanços na tecnologia da informação.

11. A abordagem de cadeia de suprimentos à gestão da logística de mercado pode ajudar a empresa a identificar fornecedores e distribuidores de qualidade superior, bem como melhorar a produtividade e reduzir os custos. Quatro importantes decisões devem ser tomadas com relação à logística de mercado: como lidar com os pedidos (processamento de pedidos)? Onde os estoques devem ser mantidos (armazenagem)? Qual nível de estoque deve ser mantido (estocagem)? Como os produtos devem ser despachados (transporte)?

DESTAQUE de *marketing*

Zara

A Zara surgiu em 1975, quando Amancio Ortega e Rosalia Mera inauguraram a sua primeira loja na Galícia, no noroeste da Espanha. A loja original vendia versões mais baratas de produtos de ponta do segmento de moda de luxo. O modelo de negócios da Zara de imitar a última moda e oferecer seus *designs* a preços baixos atraía os consumidores espanhóis. Nos oito anos seguintes, a Zara expandiu-se para mais nove lojas em *shoppings* populares na Espanha. Durante esse período, Ortega criou um processo de *design*, fabricação e distribuição que batizou de "moda instantânea", capaz de responder às tendências da moda de forma extremamente rápida. Usando esse processo, a Zara dedicou a década seguinte a expandir-se para o mercado global, o que incluiu Estados Unidos, França, Bélgica e Suécia. Após um sucesso semelhante com as suas expansões, a Zara tornou-se a maior varejista de moda do mundo.

A Zara é famosa por considerar as roupas uma *commodity* perecível, um produto a ser usado por algumas semanas ou meses. As peças da Zara atraem consumidores que querem acompanhar as últimas tendências da moda. Quando um novo estilo se populariza, a Zara consegue imitá-lo e lançar uma nova coleção em menos de duas semanas. Outras redes de moda levam até seis meses para lançar um novo *design*. Ao contrário das empresas que enfocam a quantidade acima do estilo, a Zara faz o contrário. A Zara lança 12 mil estilos por ano, uma ampla variedade que aumenta a probabilidade de os consumidores encontrarem um item que lhes agrade.

A maior parte dos *designs* da Zara fica nas prateleiras por apenas três ou quatro semanas. A renovação constante dos estilos nas prateleiras também incentiva os clientes a visitarem as lojas da Zara mais frequentemente. Isso fica evidente no comportamento dos consumidores no centro de Londres. Os consumidores visitam outras lojas de roupa, em média, quatro vezes ao ano. Já os clientes da Zara visitam suas lojas, em média, 17 vezes por ano. As prateleiras e os cabides cheios dão aos consumidores novidades para escolher. A Zara produz quantidades menores de cada estilo para criar uma escassez artificial, o que faz suas ofertas parecerem mais desejáveis e luxuosas. Um benefício adicional dessa escassez é que, se um estilo não é bem-sucedido, a Zara não precisa descartar um alto volume de peças em estoque.

As roupas da Zara começam com o processo de *design*, que inclui um forte foco na contribuição dos consumidores. Os funcionários e gerentes das lojas escutam os comentários e sugestões dos clientes e fazem anotações sobre o que vestem quando visitam as lojas. Equipes de *design* visitam universidades, clubes noturnos, *shoppings* e outras áreas frequentadas por criadores de tendências de moda para observar novidades com o potencial de fazer sucesso. A equipe de tendências segue blogueiros de moda populares e acompanha os clientes da Zara em busca de novos *insights*. Os dados coletados pela equipe de pesquisa da Zara abrangem novas tendências que diferem por gênero, cultura e estação. Isso permite que a Zara crie ofertas de produtos que refletem as diferentes necessidades dos mercados globais. A Zara oferece peças em tamanhos menores no Japão, lenços *hijab* e vestidos longos para mulheres nos países árabes e peças em tecidos mais respiráveis na América do Sul. Entender as diferentes necessidades de seus clientes permite que a Zara lance uma ampla variedade de estilos bem-sucedidos com bastante frequência.

O que permite que a Zara lance novas coleções rapidamente é a sua cadeia de suprimentos rápida e verticalmente integrada. As instalações de produção internas da empresa permitem que ela controle processos como tingimento, corte e processamento. Quando os novos *designs* chegam à fábrica, as peças são fabricadas, processadas e enviadas para as lojas em menos de 15 dias. A Zara tende a fabricar apenas itens da última moda, com ciclo de vendas curto. Os itens que tendem a ficar nas prateleiras, como calças e camisetas básicas, são terceirizados para fabricantes de baixo custo na Ásia. Quando os itens são lançados e não cumprem as expectativas de vendas, as fábricas imediatamente cancelam a produção. O fluxo rápido e eficiente de dados e informações pode causar fortes flutuações nos pedidos. A Zara pode ajustar os pedidos em até 40 ou 50%, o que evita possíveis casos de superprodução. O processo de produção flexível da Zara tenta oferecer aos consumidores aquilo que querem comprar a cada momento.

A Zara combina o entendimento sobre os clientes com uma cadeia de suprimentos altamente eficiente para criar seu sucesso global. A empresa está ciente de que o consumidor é um recurso que não tem preço para a criação das suas peças e coleções da moda. Aliando esse *insight* a uma estratégia de estoque bem administrada e altamente lucrativa, a Zara pretende manter-se na liderança do varejo de moda.[48]

Questões

1. O modelo de trabalho da Zara serviria para outros varejistas? Por quê?
2. Como a Zara poderá se expandir com sucesso por todo o mundo com o mesmo nível de velocidade e moda instantânea?
3. Quais são os maiores concorrentes da Zara? O que a Zara deveria fazer para construir, fortalecer e sustentar sua vantagem competitiva?

DESTAQUE de *marketing*

Popeyes

Crédito: Brett Hondow/Alamy Stock Photo

A Popeyes foi fundada em Arabi, um subúrbio de Nova Orleans, em 1972, pelo empreendedor veterano Al Copeland. A ideia de Copeland era competir com a KFC, gigante do *fast-food* de frango frito. O primeiro restaurante Popeyes não teve muito sucesso até lançar uma receita mais picante, típica da cozinha *cajun*, que atraía os clientes da Luisiana e seu apetite por sabores mais fortes. A nova receita foi um sucesso, e a Popeyes começou a franquear o seu conceito – a primeira franquia foi inaugurada em Nova Orleans quatro anos mais tarde. Em menos de 10 anos, a Popeyes expandiu-se vigorosamente por todo o país e abriu mais de 500 restaurantes nos Estados Unidos. A Popeyes tornou-se a terceira maior rede de frango frito, atrás da KFC e da Church's.

Em 1989, a Popeyes fundiu-se com a concorrente Church's quando Copeland adquiriu uma participação majoritária na segunda. Embora continuasse a se expandir pelos Estados Unidos, a Popeyes não conseguiu acompanhar o ritmo do próprio endividamento. Sem conseguir pagar os quase US$ 400 milhões que financiaram a fusão, Copeland declarou falência dois anos depois. Logo em seguida, a Popeyes emergiu com o nome America's Favorite Chicken Company, Inc. Continuando a expandir o grupo, a AFC adquiriu a Cinnabon e a Seattle's Best Coffee e abriu seu capital em 2001. As vendas não sustentavam o crescimento da empresa, e a Church's foi vendida para a Arcapita em 2004. Anos de transações em declínio também levariam a AFC a vender a Cinnabon e a Seattle's Best Coffee; a Popeyes era a última entidade que restava em 2007.

O fundo do poço financeiro da empresa foi em 2007, quando suas ações caíram de US$ 34 para US$ 14. A Popeyes chamou Cheryl Bachelder para ajudar a empresa a dar a volta por cima. Ex-presidente e diretora de conceito da KFC, Bachelder não era novata no mundo das franquias. Quando tentou entender os motivos por trás do mau desempenho financeiro da Popeyes, Bachelder atribuiu o problema às operações franqueadas. Durante muitos anos, os franqueados haviam informado baixa satisfação com a gerência. Em dado momento, um grupo de franqueados frustrados invadiu uma reunião do conselho executivo para exigir mudanças. A Popeyes também não havia lançado produtos inovadores nos últimos anos. A consciência dos consumidores sobre o restaurante era baixa, pois a empresa não realizava campanhas de propaganda nacionais. Esses problemas haviam criado tensões no relacionamento da Popeyes com os franqueados.

A Popeyes começou a se reunir com os líderes das franquias para elaborar um novo plano de negócios e identificar os seus maiores problemas. O Dia D da reviravolta da empresa ocorreu em uma reunião em Chicago, quando a gerência da Popeyes e os líderes das franquias concordaram em aumentar o investimento em propaganda nacional. Na época, cada franquia contribuía com 3% das vendas para pagar pelos anúncios, e toda propaganda era local. Os franqueados concordaram em aumentar esse número para 4%, com a condição de que a gerência aumentasse o investimento em propaganda em US$ 6 milhões e ampliasse a propaganda para o nível nacional. A nova campanha apresentou Annie, a nova garota-propaganda da Popeyes. Com seu sotaque sulista característico e toda a hospitalidade sulista, os anúncios diferenciaram a Popeyes da concorrência e destacaram nas suas mensagens as raízes da empresa na Luisiana. A campanha foi essencial para a construção da identidade de marca da Popeyes.

A empresa mudou seu nome para Popeyes Louisiana Kitchen em 2008 para representar a sua nova identidade. Para atender às reclamações dos franqueados sobre o estilo "meio Salvador Dalí" dos restaurantes, a Popeyes fez investimentos significativos para dar aos restaurantes um visual revitalizado. O interior dos restaurantes se abriu para os temperos *cajun* e a clássica culinária sulista. Potes de vidro com pimentas chili decoravam as prateleiras, e cartazes apresentavam obras de arte sobre a cozinha *cajun* no estilo de Nova Orleans. Os lançamentos de novos produtos também refletiam o retorno da Popeyes à sua identidade originária na Luisiana.

Anunciar em nível nacional foi um dos primeiros passos da Popeyes com os seus franqueados para aumentar as vendas. A Popeyes também começou a enfocar a lucratividade no nível dos restaurantes, que é o que mais importava para os franqueados. A empresa investiu em *software* de análise de dados e ajudou os franqueados a abrirem novos restaurantes em regiões mais lucrativas. Antes de usar modelos, a Popeyes tradicionalmente se concentrava em abrir novas unidades em vizinhanças predominantemente afro-americanas. O uso de modelos baseados em dados criou um novo método, baseado na previsão de padrões de trânsito e no potencial de lucro do local. Os franqueados começaram a abrir novos restaurantes em áreas com perfis demográficos mais próximos da média, o que aumentou o índice de sucesso dos seus restaurantes.

A colaboração com os franqueados produziu resultados imediatos para a Popeyes, que teve aumentos enormes nas vendas e começou a gerar lucro pela primeira vez em anos.

Segundo a Popeyes, os índices de satisfação dos franqueados deram um salto, o que se refletiu no aumento do número de novos restaurantes. Mais de um terço das unidades da Popeyes foi inaugurada nos cinco anos após a rede reinventar a sua estratégia de franqueamento. O sucesso da Popeyes não se limitou aos Estados Unidos; a empresa começou a abrir centenas de restaurantes globais após a reviravolta de sucesso. O número de restaurantes Popeyes subiu para mais de 2.600 em nível mundial. Os sucessos recentes demonstram que a relação entre a Popeyes e seus franqueados foi o segredo para o sucesso da empresa.[49]

Questões

1. Quais são os principais aspectos do modelo de franquias da Popeyes?
2. Quais são os principais benefícios das franquias para os franqueadores e franqueados da Popeyes? Quais são as desvantagens das franquias?
3. Quanta liberdade a Popeyes deveria oferecer aos franqueados para decidir sobre o cardápio, a aparência do restaurante e a propaganda? A Popeyes deveria adotar uma abordagem centralizada ou deveria permitir que os franqueados adaptem sua estratégia às condições locais?

16
Gestão de varejo

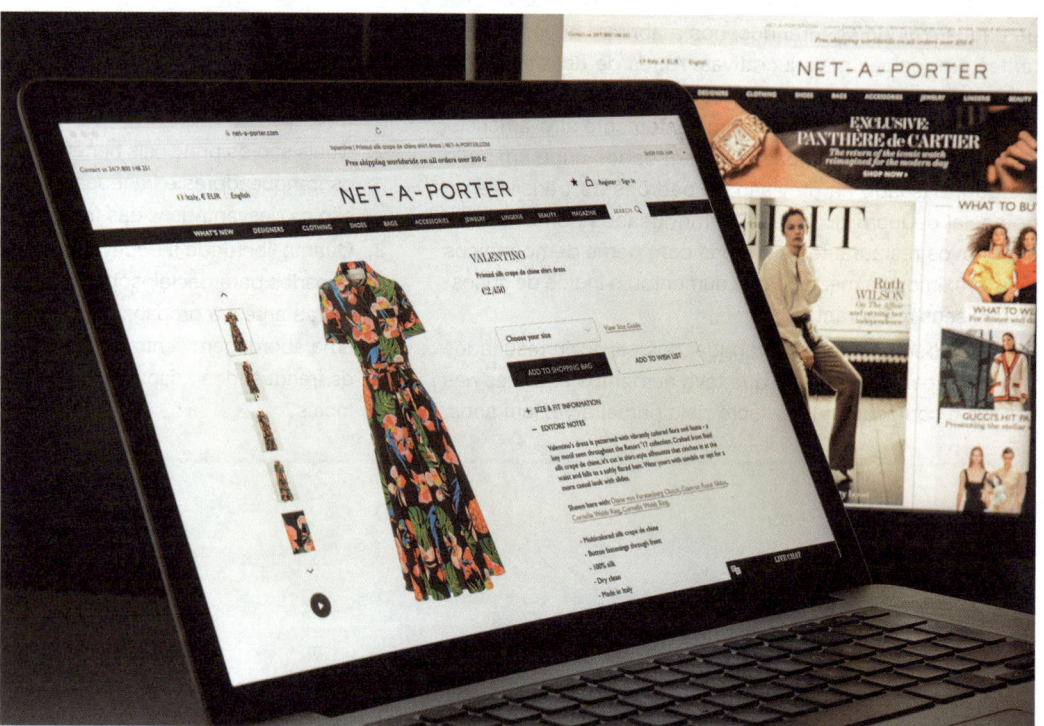

A Net-a-Porter criou uma experiência de compras *on-line* de luxo com a fusão de conteúdo editorial e imagens com qualidade de revista para destacar produtos no seu portfólio de mais de 800 grifes.
Crédito: Casimiro/Alamy Stock Photo.

No capítulo anterior, analisamos os intermediários de *marketing* do ponto de vista de fabricantes dispostos a criar e gerenciar canais de *marketing*. Neste capítulo, veremos como esses intermediários – varejistas, atacadistas e empresas de logística – planejam e elaboram suas próprias estratégias de *marketing* em um mundo em rápida transformação. Os intermediários também buscam excelência em *marketing* e podem colher seus frutos como qualquer outro tipo de empresa. Confira o sucesso da Net-a-Porter.

>>> A Net-a-Porter foi fundada em Londres pela jornalista de moda Natalie Massenet no ano 2000. Na época, a maioria das marcas de luxo sentiam-se intimidadas pelos varejistas *on-line*, então a Net-a-Porter decidiu criar uma experiência de compras superior, mas ainda conveniente, para levar os itens de luxo a compradores de altíssimo poder aquisitivo. Desde que foi lançada, a Net-a-Porter transformou-se na maior varejista de moda de luxo do mundo, oferecendo um portfólio com mais de 800 grifes, incluindo Gucci, Prada, Dolce & Gabbana, Chloé, Alexander McQueen, Balenciaga, Valentino e Stella McCartney. Um dos segredos para o sucesso da empresa foi o seu modelo de negócios, que envolvia a fusão

de conteúdo editorial e a capacidade de varejo para criar uma revista de moda que vendia marcas de luxo. "Vivem me dizendo 'você batalhou muito para redefinir o varejo'", conta Massenet. "Mas a verdade é que eu queria redefinir as revistas. Desde o início, sempre tentamos mesclar as duas, comprar roupas e marcas da mesma forma que uma editora de moda as escolheria". A Net-a-Porter tentava apresentar suas ofertas de modos semelhantes a como apareceriam em uma revista, mas deixar os leitores comprá-las na internet. Isso envolvia produzir vídeos e imagens de alta qualidade para destacar as marcas e desenvolver embalagens de luxo para recriar a experiência de compra de produtos de luxo no *on-line*. A abordagem da Net-a-Porter foi bem-sucedida, e a empresa começou a gerar lucros quatro anos após o lançamento, apesar do clima econômico difícil após o estouro da bolha da internet. Anos depois, em 2010, uma *holding* de produtos de luxo da Suíça, chamada Richemont, adquiriu uma participação majoritária na Net-a-Porter em uma transação que avaliava a varejista *on-line* em mais de US$ 500 milhões. Em 2015, a Net-a-Porter fundiu-se com a Yoox, varejista *on-line* de produtos de luxo fora de estação, para criar a maior varejista *on-line* de moda de luxo, a Yoox Net-a-Porter Group.[1]

O mercado de varejo pode ser implacável. Embora varejistas inovadoras, como a americana Zappos, a sueca H&M, as espanholas Zara e Mango e a britânica Topshop, tenham prosperado nos últimos anos, outras até então sólidas passaram por dificuldades, como as americanas JCPenney, Kohl's e Kmart. As mais bem-sucedidas usam planejamento estratégico, tecnologia de ponta, sistemas avançados de informação e ferramentas complexas de *marketing*. Elas segmentam seus mercados, aprimoram a seleção do mercado-alvo e conectam-se com seus clientes por meio de experiências memoráveis, informações relevantes e oportunas e, claro, bens e serviços certeiros. Neste capítulo, analisaremos a excelência de *marketing* no varejo.

O ambiente de varejo moderno

O **varejo** inclui todas as atividades relativas à comercialização de bens ou serviços diretamente ao consumidor final para uso pessoal e não comercial. Um varejista ou loja de varejo é qualquer empreendimento comercial cujo volume de vendas provenha principalmente do varejo. Toda organização que vende para consumidores finais, seja ela um fabricante, um atacadista ou um varejista, está envolvida em varejo. Não importa *como* os bens ou serviços são vendidos (pessoalmente, pelo correio, por telefone, por máquinas de venda automática ou pela internet) ou *onde* são vendidos (em uma loja, na rua ou na casa do consumidor).

O ambiente do *marketing* de varejo difere drasticamente na atualidade do que era há apenas uma década. O mercado de varejo é muito dinâmico, e uma série de novos tipos de concorrente e concorrência surgiu nos últimos anos.

Objetivos de aprendizagem Após ler este capítulo, você deverá ser capaz de:

16.1 Explicar as principais mudanças que definem o varejo moderno.

16.2 Discutir as decisões de *marketing* enfrentadas pelos varejistas.

16.3 Descrever como a empresa administra o varejo *omnichannel*.

16.4 Explicar os princípios fundamentais da criação e gestão de marcas próprias.

16.5 Descrever os principais aspectos do atacado.

- **Novos formatos e combinações de varejo.** Para atender melhor às necessidades de conveniência dos clientes, surgiu uma variedade de novas formas de varejo. As livrarias têm cafeterias. Postos de gasolina incluem lojas de alimentos. Os supermercados Loblaws têm academias de ginástica. Supermercados como Whole Foods e Kroger estão adicionando bares às suas unidades. Nos corredores de *shopping centers*, estações de ônibus e de trem, há estandes que vendem de tudo. Os varejistas também têm experimentado lojas temporárias (*pop-up*) para promover marcas a compradores sazonais por algumas semanas e em áreas movimentadas. As lojas *pop-up* costumam criar burburinho por meio de experiências interativas. A Google usa as lojas *pop-up* como um meio fácil de estabelecer presença física durante a temporada de compras de fim de ano. Além de conquistar espaço de varejo com a aquisição da Whole Foods, a Amazon lançou suas próprias lojas físicas.
- **Consolidação de varejistas.** Valendo-se da superioridade de seus sistemas de informação, operações logísticas e poder de compra, megavarejistas como Walmart são capazes de oferecer um bom serviço e imensos volumes de mercadorias para consumidores em massa a preços atraentes. Eles espremem os pequenos fabricantes que não conseguem entregar volume suficiente e, com frequência, ditam aos fabricantes mais poderosos o que fabricar, como determinar preço e fazer promoção, quando e como despachar e até mesmo como melhorar a produção e a administração. Sem essas contas, os fabricantes perderiam uma parcela significativa das suas vendas. Como os varejistas consolidados têm poder em relação aos fabricantes, eles tendem a cobrar diversas taxas para listar, estocar e promover novas marcas.
- **Crescimento do varejo móvel.** Os consumidores estão mudando radicalmente a maneira de comprar, cada vez mais usando o celular para enviar mensagens sobre um produto a um amigo ou parente enquanto fazem compras em uma loja. Mais de metade das buscas no Google são realizadas de celulares. Em alguns países, o *m-commerce* já tem posição consolidada. Os consumidores asiáticos usam seus celulares como seu computador principal e beneficiam-se de uma infraestrutura móvel bem desenvolvida. Anúncios para celular são bem aceitos pelos consumidores e relativamente econômicos para as empresas. Na Coreia do Sul, a Tesco criou lojas virtuais para passageiros do metrô de Seul. Painéis interativos com fotos de prateleiras de supermercado, com uma ampla gama de produtos e imagens de marca, foram dispostos nas paredes das estações. Os consumidores podiam encomendar produtos para entrega em domicílio simplesmente tirando fotos com seus celulares.
- **Crescimento do varejo *omnichannel*.** O varejo evoluiu de um formato exclusivamente físico e presencial para um cenário no qual os varejistas ampliaram suas unidades físicas com lojas *on-line*, projetadas para atender os consumidores que preferem fazer compras na internet. Nesse formato físico + *on-line*, as lojas físicas e as virtuais desempenham as mesmas funções, e as vendas *on-line* canibalizam parcialmente as das lojas físicas. Em virtude de perceber as possíveis ineficiências de gerenciar dois canais de distribuição independentes, muitos varejistas adotaram um modelo *omnichannel*, no qual as lojas físicas complementam umas às outras, em vez de competirem entre si. Por exemplo, muitos varejistas, incluindo Best Buy, Target e Nordstrom, estão integrando suas operações *on-line* e *off-line* para oferecer uma experiência integrada para o cliente e maximizar a eficácia e a eficiência de custos para a empresa. A Home Depot permite que os clientes consultem o estoque de todas as suas lojas pela internet e peçam que os itens indisponíveis na sua loja local sejam enviados para ela ou para as suas casas. Os clientes também podem devolver itens indesejados enviando-os de volta por transportadora ou levando-os pessoalmente à loja física mais próxima.
- **Crescimento do *fast retailing*.** Uma tendência importante no varejo de moda em particular, mas com implicações mais amplas, é o surgimento do *fast retailing*. Nesse caso, os varejistas desenvolvem um sistema de cadeia de suprimentos e distribuição completamente diferente que permite oferecer aos consumidores opções de produtos em constante mudança. O *fast retailing* requer decisões ponderadas em diversas áreas, incluindo desenvolvimento de novos produtos, suprimento, manufatura, gestão de estoques e práticas de vendas. Esse tipo de varejo obteve sucesso, uma vez que os consumidores cederam ao apelo de varejistas do *fast fashion*, como H&M, Zara, Uniqlo, TopShop e Forever 21, em virtude da novidade, do valor e do senso de moda de seus produtos.
- **Papel crescente da tecnologia.** A tecnologia afeta profundamente o modo como os varejistas conduzem praticamente todos os aspectos do seu negócio. Hoje, quase todos usam a

tecnologia para produzir previsões, controlar custos de estoque e encomendar de fornecedores, o que reduz a necessidade de descontos e liquidações para eliminar o encalhe. A tecnologia também afeta diretamente a experiência de compra do consumidor dentro da loja. A etiquetagem eletrônica de prateleira permite que os varejistas mudem os níveis de preços instantaneamente, quando necessário. A programação de TVs nas lojas pode transmitir demonstrações contínuas ou mensagens promocionais. Os varejistas estão experimentando telas de compras virtuais, apresentações de áudio/vídeo e integração de QR *code*. Eles também têm desenvolvido estratégias de comunicação digital totalmente integradas com *sites* bem projetados, *e-mails*, estratégias de busca e campanhas de mídia social. As mídias sociais são especialmente importantes para os varejistas na temporada de festas de fim de ano, quando os compradores buscam informações e compartilham sucessos. A Amazon inaugurou lojas sem caixas que utilizam câmeras e inteligência artificial para detectar quais itens os clientes colocam nos seus carrinhos, cobrando por eles sem o consumidor precisar parar em um caixa.
- **Declínio dos varejistas do mercado intermediário.** O atual mercado de varejo tem a forma de uma ampulheta: o crescimento parece se concentrar no topo (com produtos de luxo de varejistas como Tiffany e Neiman Marcus) e na base (com preços baixos de varejistas como Walmart e Dollar General). À medida que os varejistas que praticam grandes descontos melhoram sua qualidade e imagem, os consumidores tendem a migrar para eles. A Target oferece roupas e acessórios de grifes como Phillip Lim, Jason Wu e Missoni, e o Kmart vende uma extensa linha de roupas íntimas e pijamas Joe Boxer. Na outra ponta, recentemente, a Coach converteu 40 de suas cerca de 300 lojas em um formato mais sofisticado, que oferece bolsas mais caras e serviços de *concierge*. As oportunidades são mais escassas no mercado intermediário, em que varejistas de sucesso no passado, como JCPenney, Kohl's, Sears, CompUSA, RadioShack e Montgomery Ward, passam por dificuldades ou até já faliram. Redes de supermercados como Supervalu e Safeway viram-se a meio caminho entre o apelo mais caro de redes como a Whole Foods e a Wgmans e o apelo de desconto da Aldi e do Walmart. Para agravar o problema, há o flagelo da classe média, que viu seu poder de compra encolher em razão da crise imobiliária e da estagnação da renda.

Principais decisões de varejo

Com essa nova realidade do mercado varejista como pano de fundo, examinaremos as decisões de *marketing* de varejistas nas seguintes áreas: mercado-alvo; sortimento de produtos; aquisição de produtos; serviços; experiências e atmosfera da loja; preços; incentivos; e comunicação. Abordaremos as marcas próprias posteriormente neste capítulo.

MERCADO-ALVO

Até que o mercado-alvo seja definido e tenha seu perfil avaliado, o varejista não pode tomar decisões consistentes sobre sortimento de produtos, decoração de loja, mensagem de propaganda, mídia, preços e níveis de serviço. A Whole Foods teve sucesso ao oferecer uma experiência única de compras para uma base de clientes interessada em alimentos orgânicos e naturais.

> **Whole Foods Market** Em suas mais de 480 lojas na América do Norte e no Reino Unido, a Whole Foods (adquirida pela Amazon em 2017) celebra a arte de comer bem. Em suas lojas iluminadas e com atendimento impecável, os alimentos são expostos com fartura e de modo sedutor. A Whole Foods é a maior rede de supermercados de alimentos orgânicos e naturais dos Estados Unidos. A rede também fornece informações detalhadas sobre os produtos vendidos. Se você quiser saber, por exemplo, se o frango que está embalado no balcão refrigerado teve uma vida feliz, receberá um folheto e um convite para visitar a granja na Pensilvânia onde a ave foi criada. Para obter outras informações, basta perguntar aos funcionários bem informados e acessíveis. Uma loja típica da Whole Foods tem mais de 200 funcionários, quase o dobro da Safeway. A empresa trabalha incansavelmente para criar uma atmosfera de loja convidativa, com preços rabiscados a giz, caixas de papelão e gelo em toda parte, além de outros toques

>> *Displays* informativos e coloridos e funcionários com conhecimento sobre os produtos criam uma atmosfera acolhedora para os clientes da Whole Foods, maior rede de mercados de alimentos orgânicos e naturais dos Estados Unidos.

criativos de exposição para deixar o consumidor à vontade. Essa abordagem tem dado certo, sobretudo para os consumidores que consideram alimentos orgânicos e artesanais um luxo justificável.[2]

Erros na escolha de mercados-alvo podem custar caro. A joalheria Zales, por exemplo, que tradicionalmente atuava no mercado de massa, decidiu atrair clientes de alto poder aquisitivo, substituiu um terço de sua mercadoria e modificou sua campanha de comunicação nesse processo. A empresa trocou joias baratas feitas com diamantes de baixa qualidade por peças mais glamorosas e de alta margem feitas com ouro e prata de 14 quilates. Essa mudança foi um desastre. A Zales perdeu muitos de seus clientes tradicionais e não conquistou os novos clientes que esperava atrair.[3]

Para atingir seus alvos com mais eficiência, os varejistas têm fatiado o mercado em segmentos cada vez mais finos e introduzido novas linhas de lojas para explorar nichos de mercado com ofertas mais relevantes. Por exemplo, nos últimos anos, o varejo de moda infantil segmentou-se em um grande número de nichos de mercado. A Gymboree lançou a Janie and Jack para vender roupas e presentes para bebês e crianças; a Hot Topic introduziu a Torrid para vender moda para mulheres acima do peso; e a marca Tween Brands, da Limited Brands, vende moda a preços mais baixos para meninas na pré-adolescência em suas lojas Justice e para os meninos nas lojas Brother.

SORTIMENTO E AQUISIÇÃO DE PRODUTOS

O sortimento de produtos de um varejista deve estar de acordo com as expectativas de compra do mercado-alvo em *amplitude* e *profundidade*.[4] Assim, um restaurante pode oferecer um sortimento restrito e superficial (bufês com poucos pratos), um sortimento restrito e profundo (delicatéssens), um sortimento amplo e superficial (refeitórios) ou um sortimento amplo e profundo (grandes restaurantes).

Identificar o sortimento certo de produtos pode ser particularmente difícil em setores de rápida movimentação, como tecnologia ou moda. Em dado momento, a Urban Outfitters teve problemas quando se desviou de sua fórmula "moderna, mas não moderna demais", passando a adotar novos estilos muito rapidamente. No mesmo espírito, a varejista de roupas casuais Aéropostale teve de remar contra a maré para combinar seu sortimento de produtos com as necessidades dos jovens adolescentes de formas que fossem lucrativas para a empresa. Forçada a entrar com pedido de falência em 2016, a Aéropostale teve de simplificar suas ofertas de produtos e fechar mais de dois terços das suas 800 lojas para não ser extinta.

Desenvolver uma estratégia de diferenciação de produtos é um desafio crítico para definir o sortimento de produtos da loja. As *categorias de destino* podem desempenhar um papel especialmente importante porque impactam mais onde as famílias optam por comprar e como enxergam determinado varejista. Um supermercado pode ser conhecido pelo frescor de suas hortaliças ou pela variedade e pelas promoções que oferece em refrigerantes e salgadinhos.[5]

Após decidir a estratégia de sortimento de produtos, o varejista deve encontrar fontes de suprimentos e estabelecer critérios e práticas de compras. Na sede corporativa de uma rede de supermercados, os compradores especializados (algumas vezes denominados *gerentes de compras*) são responsáveis por desenvolver sortimentos de marcas e atender vendedores que desejam mostrar seus produtos.

Os varejistas têm melhorado rapidamente sua capacidade de prever demandas, selecionar mercadorias, controlar estoques, alocar espaço e expor os itens na loja. Eles utilizam *software* complexo para controlar o estoque, calcular lotes econômicos de pedidos, fazer encomendas e analisar as despesas com fornecedores e produtos. As redes de supermercados aproveitam as informações das leitoras de códigos de barras para administrar seu *mix* de produtos para cada loja.

Algumas lojas têm usado sistemas de identificação por radiofrequência (RFID, do inglês *radio frequency identification*), constituídos de etiquetas inteligentes – *microchips* conectados a minúsculas antenas de rádio – e leitoras eletrônicas, para facilitar o controle de estoque e o reabastecimento de produtos. As etiquetas inteligentes podem ser embutidas nos produtos ou coladas nos rótulos. Quando a etiqueta se aproxima de uma leitora, ela transmite um número de identificação único para sua base de dados computadorizada. Coca-Cola e Gillette usam esse sistema para monitorar estoque e controlar mercadorias em tempo real à medida que elas passam das fábricas aos supermercados e, depois, aos carrinhos de compras.

As lojas têm usado a lucratividade direta do produto para avaliar os custos de manuseio de um produto (referentes a recebimento, movimentação de estoque, trâmite de documentos, seleção, verificação, carregamento e alocação de espaço), desde o momento em que chega ao depósito até a compra pelo cliente final na loja. Às vezes, elas descobrem que a margem bruta do produto tem pouca relação com seu lucro direto. Alguns produtos de grande volume podem ter custos de manuseio tão elevados que são menos lucrativos e merecem menor espaço nas prateleiras do que certos produtos de pouco volume, a menos que os clientes comprem outros produtos mais rentáveis para justificar a perda envolvida em empurrar os produtos de alto volume.

No caso da Trader Joe's, a diferenciação baseou-se em uma estratégia inovadora de aquisição e sortimento de produtos.

> **Trader Joe's** Fundada em Los Angeles, a Trader Joe's criou um nicho especial como "híbrido de atacadista e loja de desconto de comida *gourmet*", vendendo um sortimento em constante rotatividade de alimentos e vinhos exclusivos a preços abaixo da média em suas 474 lojas. Aproximadamente 80% dos produtos vendidos pela Trader Joe's são de marcas próprias (comparados com os apenas 16% vendidos na maioria dos supermercados), de biscoitos amanteigados belgas a castanhas-de-caju temperadas com limão e pimenta à moda tailandesa. Em relação ao *procurement*, a Trader Joe's adotou a filosofia do "menos é mais". Suas lojas oferecem apenas de 2 a 3 mil artigos, um número muito diferente dos 55 mil de um supermercado convencional. Além disso, só vendem os produtos que conseguem comprar e vender a um bom preço, mesmo que isso signifique mudar o estoque semanalmente. Os compradores especializados da empresa vão diretamente a centenas de fornecedores, não a intermediários, dos quais cerca de 25% estão localizados no exterior. Sempre pensando no que os clientes querem e engajando-os no processo, a empresa introduz até 20 produtos por semana para substituir itens menos populares. Com milhares de fornecedores ao redor do mundo, fica difícil copiar a fórmula de sucesso da Trader Joe's. Especialistas elogiam sua capacidade de contar histórias e criar experiências simpáticas e exclusivas. Segundo um deles: "Tudo se resume a pequenos formatos, sortimentos bem selecionados e atribuição de um valor justo a produtos exclusivos de marca própria".[6]

>> A maioria das ofertas da Trader Joe's consiste em produtos de marca própria, com curadoria cuidadosa para oferecer o nível e o *mix* certos de benefícios buscados pelos clientes.

SERVIÇOS

Outro fator de diferenciação é a provisão de um atendimento ao cliente infalivelmente confiável, seja prestado por contato pessoal, por telefone ou por *chat on-line*. Os varejistas também atendem a preferências de consumo muito diversas quanto a níveis de serviço e serviços específicos. Eles se posicionam especificamente para oferecer um dos três níveis de serviço a seguir.

Autosserviço. O autosserviço é a base de todas as operações de desconto. Em nome da economia, muitos clientes dispõem-se a conduzir sozinhos seu processo de procura, comparação e seleção de produtos.

Serviço limitado. Esses varejistas comercializam mais mercadorias e oferecem serviços como crédito e privilégio de devolução de mercadorias. Os clientes normalmente localizam seus próprios produtos, embora possam pedir ajuda.

Serviço completo. Os vendedores estão prontos para ajudar em todas as fases do processo de procura, comparação e seleção. Os clientes que gostam de ser atendidos pessoalmente preferem esse tipo de loja. O alto custo de pessoal, associado ao maior número de produtos especializados e itens de menor movimentação, além do grande número de serviços, resulta em um varejo de alto custo.

Os varejistas também devem decidir o *mix de serviços* que oferecem aos clientes. Este pode envolver *serviços de pré-compra*, como fornecer informações sobre produtos e permitir que os consumidores testem os produtos, e *serviços de pós-compra*, como frete, entrega, instalação, embalagem para presente, ajustes, alterações, alfaiataria e devoluções.

ATMOSFERA DA LOJA

Os varejistas devem levar em consideração todos os sentidos ao moldar a experiência do cliente. Ritmos variados de música afetam as médias de tempo e dinheiro gastos em supermercados – música lenta pode gerar mais vendas. A Bloomingdale's usa essências diferentes em cada departamento: talco de bebê na seção infantil; loção bronzeadora na de maiôs; lavanda na de lingeries; e canela e pinho na época do Natal. Outros varejistas, como a Victoria's Secret e a Juicy Couture, usam perfumes de marca própria, que também são colocados à venda.[7]

DICK'S Sporting Goods A DICK'S Sporting Goods foi fundada em 1948 por Dick Stack, então com 18 anos, que trabalhava em uma loja de artigos militares em Binghamton, Nova York. Grande fã da pesca, Dick foi procurado pelo dono da loja para criar uma lista de produtos necessários para entrar no ramo. Depois que o comerciante rejeitou as sugestões de Dick, este abriu sua própria loja de pesca com US$ 300 que recebeu da avó. No final da década de 1970, ele estendeu a linha de produtos e expandiu-se para diferentes locais, tornando-se o maior varejista dos Estados Unidos de uma linha completa de artigos esportivos, com cerca de 800 lojas. Parte de seu sucesso vem dos recursos interativos de suas lojas. Os clientes podem testar tacos em campos de golfe internos, experimentar calçados em uma pista apropriada e treinar a pontaria em uma área de arco e flecha. Com o *slogan* "Every Season Starts at Dick's" (Toda temporada começa na Dick's), o varejista também enfatiza seu objetivo fundamental de conquistar e melhorar a atividade esportiva, visando a estabelecer uma conexão emocional mais forte com a clientela.[8]

O crescimento do comércio eletrônico forçou os varejistas tradicionais a reagirem. Além de suas vantagens naturais, como produtos que os compradores podem ver, tocar e experimentar, atendimento pessoal ao cliente e entrega imediata para compras pequenas ou médias, eles oferecem a experiência de compra como forte diferencial.

A atmosfera da loja deve corresponder às motivações básicas dos compradores. Se os clientes estiverem suscetíveis a um estado de espírito funcional e orientado a tarefas, uma atmosfera de loja mais simples e contida é recomendável.[9] Por outro lado, alguns varejistas de produtos experienciais passaram a criar entretenimento dentro das lojas para atrair clientes em busca de diversão e animação. A REI, revendedora de equipamentos e roupas para atividades ao ar livre, permite que os consumidores experimentem equipamentos de escalada em paredes de 7 metros de altura, ou até de 20 metros, construídas na loja ou capas de chuva Gore-Tex sob uma tempestade simulada. As lojas Bass Pro Shops também oferecem experiências intensas a seus clientes.

<< Os recursos interativos das suas lojas e o foco em sucesso esportivo que cria uma relação emocional com os clientes transformaram a DICK'S Sporting Goods, que nasceu como uma lojinha de pesca, na maior varejista de artigos esportivos dos Estados Unidos.

Bass Pro Shops Varejista de equipamentos esportivos, a Bass Pro Shops atende caçadores, campistas, pescadores, velejadores e adeptos de outros tipos de atividade ao ar livre. Suas superlojas Outdoor World têm 60 mil metros quadrados ou mais e abrigam aquários gigantescos, cachoeiras, lagos com trutas, alvos para prática de arco e flecha e tiro, demonstrações de pesca com iscas artificiais e área coberta com um pequeno campo de golfe sem obstáculos, além de diversas aulas que englobam desde pesca no gelo até preservação ambiental – tudo gratuito. Cada departamento está configurado para reproduzir a experiência externa correspondente em apoio a demonstrações e testes de produtos. No verão, os pais podem levar seus filhos a um acampamento montado dentro de uma loja, com uma série de atividades em todos os departamentos. A Bass Pro Shops cria uma forte conexão com seus clientes fiéis desde o momento em que entram na loja, passando por uma catraca projetada para destacar que "eles estão entrando em uma atração, não apenas em um espaço de varejo", sendo recebidos por uma placa irreverente com os dizeres "Bem-vindos pescadores, caçadores e outros mentirosos". A rede atrai mais de 120 milhões de visitantes todos os anos, e o cliente médio percorre mais de 80 quilômetros para chegar a uma loja da rede e permanecer por mais de duas horas nela. Seu *showroom* no Missouri é o destino turístico número um do estado.[10]

DETERMINAÇÃO DE PREÇOS

Os preços são um fator-chave de posicionamento e precisam ser definidos em relação ao mercado-alvo, ao *mix* de sortimento de bens e serviços e à concorrência.[11] Diferentes formatos de loja de varejo têm diferentes dinâmicas competitivas e de preços. As lojas de desconto, por exemplo, vêm competindo historicamente de maneira mais direta entre si do que com outros formatos, embora isso esteja mudando.[12]

Todo varejista gostaria de ter *altos giros* e *altos ganhos* (altos volumes e altas margens brutas), mas as duas coisas geralmente não caminham juntas. A maioria dos varejistas enquadra-se em um destes dois grupos: *alto markup* e *baixo volume* (lojas de artigos finos) ou *baixo markup* e *alto volume* (lojas de venda em massa e lojas de descontos). Cada um desses grupos incorpora mais graduações.

Assim, em uma ponta do espectro, está a loja da Bijan na Rodeo Drive, em Beverly Hills, que só atende com hora marcada e é tida como uma das lojas mais caras do mundo. O preço original de sua colônia era de US$ 1,5 mil por frasco; seus ternos custam US$ 25 mil, as gravatas, US$ 1,2 mil, e um par de meias, US$ 100.[13] No outro extremo, está a Target, que combinou habilidosamente uma imagem moderna a preços com descontos e, assim, oferece aos clientes uma forte proposta de valor. A empresa lançou inicialmente uma linha de produtos de *designers* renomados, como Michael Graves, Isaac Mizrahi e Liz Lange, e continuou a agregar à sua marca nomes de alta

>> As superlojas Outdoor World, da Bass Pro Shops, são promovidas tanto como atrações quanto como lojas de varejo, oferecendo aulas e demonstrações de produtos em um ambiente que reflete de perto o encontrado pelos fãs de atividades ao ar livre, convertendo-os em clientes fiéis.

visibilidade, como a cantora Gwen Stefani, para vender roupas infantis da moda. Outra empresa que segue a estratégia de baixas margens e alto volume é a Lumber Liquidators.

> **Lumber Liquidators** A Lumber Liquidators é a maior varejista especializada em pisos de madeira de lei nos Estados Unidos. A empresa foi fundada em 1993, quando o empreiteiro Tom Sullivan começou a comprar excedentes de madeira que outras empresas não queriam e revender o material nos fundos de um estacionamento de caminhões em Stoughton, Massachusetts. A primeira loja foi inaugurada em 1996, em West Roxbury, Massachusetts, e a segunda, em Hartford, Connecticut, naquele mesmo ano. Ao longo dos últimos mais de 20 anos, a Lumber Liquidators cresceu continuamente, e hoje conta com centenas de lojas nos Estados Unidos e no Canadá. A empresa encontrou seu mercado de nicho de pisos de madeira de lei comprando madeira excedente com desconto diretamente de serrarias e vendendo-a a preços mais baixos do que os de varejistas de construção, como Lowe's e The Home Depot. A Lumber Liquidators consegue isso porque corta intermediários e mantém lojas em locais de baixo custo para reduzir os custos operacionais. A empresa também conhece muito bem seus clientes. Ela sabe que os consumidores que solicitam amostras de produtos têm 30% de probabilidade de efetuar a compra no prazo de um mês e que a maioria tende a renovar um cômodo por vez, não a casa inteira ao mesmo tempo.[14]

Na hora de definir os preços, os varejistas consideram diversos fatores. Alguns derrubam o preço de alguns itens para estimular o movimento da loja (ou servir como chamariz) e sinalizar suas políticas de preços.[15] Outros planejam liquidações de mercadorias com menos saída. Os varejistas do ramo de calçados, por exemplo, esperam vender 50% de seus sapatos ao preço normal, 25% por 40% de seu *markup* padrão e os 25% restantes a preço de custo. O nível médio de preços e as políticas de descontos de uma loja afetarão a imagem de preço que ela tem junto aos consumidores, mas fatores não relacionados com preços, como a atmosfera da loja e os níveis de serviço, também são importantes.[16]

Além de gerenciar seus preços, os varejistas precisam administrar a imagem de preço, que reflete a percepção geral que os consumidores têm sobre o nível de preços de um determinado varejista. Por exemplo, o Walmart costuma ser considerado barato, ao passo que a ideia é que a Target tem preços ligeiramente mais altos. Como os consumidores muitas vezes não estão cientes dos preços reais dos itens nos quais estão interessados em diferentes lojas, muitas vezes dependem da imagem de preço dos varejistas para determinar o quanto um preço é atraente. Nesse contexto, quando definem seus preços, os varejistas devem levar em consideração o impacto de cada preço na sua imagem de preço (ver *Insight* de *marketing*: gestão da imagem de preço de um varejista).

<< Para conquistar crescimento estável no mercado de pisos de madeira de lei, a Lumber Liquidators compra o excesso de madeira diretamente das serrarias, o que reduz os custos, e repassa a economia para os clientes.

INCENTIVOS

Para tornar suas ofertas mais atraentes para os clientes, os varejistas costumam usar incentivos, como descontos de preço, descontos por volume (p. ex., pague um, leve dois), ofertas adicionais e cupons. Esses incentivos, também chamados de promoções de vendas, tentam gerar tráfego nas lojas e "dar um empurrãozinho" nos clientes para finalizarem uma compra.

Os varejistas variam no quanto utilizam incentivos. Duas estratégias extremas se destacam: preço baixo todo dia e determinação de preços altos-baixos. Um varejista que segue a política de **preço baixo todo dia** (EDLP, do inglês *everyday low pricing*) cobra um preço baixo constante, praticamente sem oferecer descontos temporários. Esses preços constantes eliminam a oscilação de preços de uma semana para a outra e os "altos e baixos" dos preços determinados por concorrentes que vivem de promoções. Na **determinação de preços altos-baixos**, o varejista cobra preços mais altos em bases diárias, mas realiza promoções frequentes, nas quais os preços caem temporariamente abaixo do nível da política EDLP.[17]

Nos últimos anos, a determinação de preços altos-baixos tem cedido lugar à estratégia EDLP em áreas tão díspares quanto as revendas dos modelos Scion da Toyota e as lojas de departamento de primeira linha, como a Nordstrom. Todavia, quem domina essa estratégia certamente é o Walmart, que praticamente definiu o termo. Com exceção de algumas ofertas de artigos a cada mês, o Walmart promete preços baixos todos os dias para as grandes marcas.

Alguns varejistas, como o Walmart, abandonaram a prática de liquidações, preferindo oferecer EDLP. Essa abordagem levou a maior estabilidade de preços, uma imagem mais sólida de honestidade e confiabilidade e maiores lucros no varejo. Redes supermercadistas que praticam o preço baixo todo dia costumam ser mais lucrativas do que aquelas que promovem liquidações, mas somente em determinadas circunstâncias, como quando o mercado é caracterizado por muitos compradores de "carrinhos cheios", que tendem a comprar muitos itens de uma só vez.[18]

A principal razão pela qual os varejistas adotam a estratégia EDLP é que descontos e promoções constantes são dispendiosos e minam a confiança do consumidor nos preços normais de prateleira. Os consumidores também dispõem de menos tempo e paciência para hábitos antigos, como comparar preços e procurar promoções em supermercados. Entretanto, não se pode negar que as promoções criam entusiasmo e atraem compradores, de tal modo que a estratégia EDLP não garante sucesso e não serve indistintamente a todos.[19] A JCPenney aprendeu essa lição a duras penas.

JCPenney Quando a JCPenney contratou o guru de varejo da Apple, Ron Johnson, como CEO, houve muita expectativa sobre como ele transformaria a gigante das lojas de departamentos. Quando Johnson descobriu que a empresa realizou 590 liquidações no ano anterior e que quase três quartos da receita de vendas da empresa advinham de mercadorias com redução de preço da ordem de 50% ou mais, ele decidiu adotar uma estratégia de preços simplificada. Cupons e liquidações foram eliminados e substituídos por reduções de 40% nos preços de toda a linha. Entretanto, o plano de preço baixo todo dia acabou sendo um desastre, e, com as vendas e o preço das ações em queda, Johnson foi rapidamente colocado porta afora. Várias razões foram levantadas para explicar o fracasso do programa. Concorrentes como Macy's e Sears continuavam a oferecer promoções e descontos, passando a percepção de ter preços melhores. Os clientes da JCPenney tinham saudade dos cupons e das promoções semanais. A política de preço baixo todo dia é considerada eficaz com produtos mais funcionais, mas pode prejudicar os produtos mais vinculados à imagem, como os itens de moda, uma categoria importante para a JCPenney. Um observador pode ter dado a melhor explicação ao afirmar: "No fim das contas, as pessoas não querem um preço justo. Querem um bom negócio".[20]

Quando vão às compras em lojas físicas, os consumidores costumam usar seus celulares para encontrar ofertas ou aproveitá-las: a taxa de resgate para cupons virtuais (10%) excede em muito a de cupons impressos (1%).[21] Para os varejistas, pesquisas revelaram que as promoções por dispositivos móveis podem levar os consumidores a percorrer maiores distâncias dentro de uma loja e fazer mais compras não planejadas.[22]

As empresas têm procurado dar a seus clientes mais controle sobre suas experiências de compra, incorporando tecnologias digitais às lojas, especialmente por meio de aplicativos móveis.

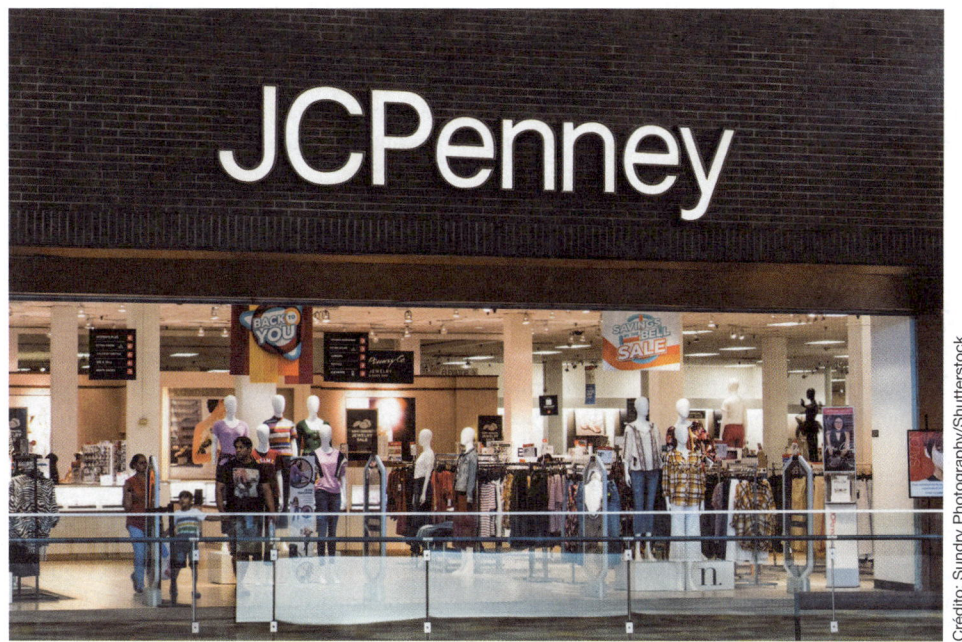

<< A tentativa da JCPenney de abandonar a infinidade de cupons e promoções e adotar uma estratégia de preço baixo todo dia não deu certo para a empresa. Os clientes deixaram claro que sentiam saudade das promoções semanais, e a concorrência continuou a oferecer descontos e promoções.

Considere o exemplo da Nordstrom. Embora a Nordstrom esperasse que seu aplicativo fosse usado remotamente, muitos clientes o ativavam enquanto faziam compras em uma loja, em vez de se dirigir a um vendedor. Como um executivo da empresa observou, "muitos consumidores gostam de tocar, sentir e experimentar a mercadoria, mas também querem as informações disponíveis na internet". A Nordstrom disponibiliza conexão *wi-fi* em quase todas as lojas, em parte para que seu aplicativo funcione rapidamente.

Uma ferramenta cada vez mais popular entre os varejistas de lojas físicas é o **geofencing**, que envolve usar uma promoção móvel para focar em clientes quando estão em um espaço geográfico definido, geralmente próximo a uma loja ou dentro dela. Considere as seguintes aplicações:[23]

A Neiman-Marcus adota o *geofencing* em suas lojas para que seus vendedores saibam quando seus clientes mais valiosos estão no local e possam analisar seu histórico de compras para oferecer um serviço mais personalizado.

A fornecedora de artigos para atividades ao ar livre The North Face utiliza o *geofencing* ao redor de parques e *resorts* de esqui, bem como em suas lojas.

A marca de cosméticos Kiehl usa o *geofencing* em torno de suas lojas independentes e de seus quiosques dentro de outras lojas. Ela anuncia as ofertas em caixas registradoras, páginas de mídia social e lista de *e-mails*, oferecendo aos clientes um protetor labial gratuito no ato da adesão. Milhares de clientes já aderiram, mas a empresa limita suas mensagens de texto a três por mês para evitar ser invasiva.

COMUNICAÇÕES

Os varejistas recorrem a uma variada gama de ferramentas de comunicação para gerar tráfego e compras nas lojas. Eles publicam propagandas, fazem liquidações, distribuem cupons de descontos, enviam *e-mails* promocionais, promovem programas de fidelidade, oferecem degustação de alimentos nas lojas e anunciam descontos nas prateleiras ou nos caixas. Também atuam em conjunto com fabricantes para criar materiais de ponto de venda que reflitam a imagem de ambos. O momento de disparo dos *e-mails* é monitorado, e eles são criados com linhas de assunto chamativas e animação ou mensagens e recomendações personalizadas.

Os varejistas também usam mídias interativas e sociais para transmitir informações e criar comunidades em torno de suas marcas. Eles estudam o modo como os consumidores respondem a seus *e-mails*, não apenas onde e como as mensagens são lidas, mas também quais palavras e imagens levam a um clique.

Considerando que 15% dos clientes mais fiéis de um varejista respondem por até metade de suas vendas, os programas de recompensa ganham cada vez mais sofisticação. Consumidores que aceitam compartilhar informações pessoais podem receber descontos, liquidações secretas ou antecipadas, ofertas exclusivas e créditos. A CVS conta com 9.800 lojas e mais de 90 milhões de membros em seu clube de fidelidade, que podem trocar comprovantes de vendas por cupons em áreas especialmente montadas para isso nas lojas.[24]

Para suas lojas-conceito de Taipei, Hong Kong, Londres e Chicago, a Burberry provocou uma "chuva virtual" com um filme 360° como parte de seu programa digital Burberry World Live, que exibia sua capa de chuva. A britânica Marks & Spencer instalou espelhos virtuais em algumas de suas lojas para que, assim como em seu *site*, os clientes pudessem ver como uma sombra ou um batom lhes cairia sem ter de aplicá-los fisicamente.[25]

Com base em pesquisas que sugerem que a maioria das decisões de compra é tomada dentro da loja, as empresas reconhecem cada vez mais a importância de influenciar os consumidores no momento da compra. Essa forma de influência ocorre por meio do *shopper marketing*, no qual fabricantes e varejistas usam os estoques, os *displays* e as promoções para afetar consumidores que buscam ativamente comprar um produto.

Onde e como um produto é exposto e comercializado pode exercer considerável impacto sobre as vendas. Uma forte defensora do *shopper marketing*, a Procter & Gamble chama a presença na loja de "primeiro momento da verdade" (o uso e o consumo do produto constituem o segundo momento).[26] A P&G observou o poder dos *displays* em um projeto do Walmart destinado a impulsionar as vendas de fraldas *premium*, como a Pampers. Quando surgiu a primeira ala infantil, em que produtos infantis – antes espalhados pela loja – foram reunidos em um único corredor, o novo leiaute de prateleiras incentivava os pais a permanecerem no local por mais tempo e a gastarem mais, elevando as vendas da Pampers. Outra promoção bem-sucedida, dessa vez para a marca de cosméticos Cover Girl, da P&G, explorou a tendência de maquiagem do olho esfumado, desenvolvendo *kits* para o Walmart e conectando-se com clientes em potencial no Facebook para oferecer instruções, *blogs* e uma galeria de fotos.

Os varejistas também usam a tecnologia para influenciar os clientes no momento da compra. Alguns supermercados empregam aplicativos de celular ou "carrinhos de compras inteligentes", que ajudam os clientes a localizar itens na loja, descobrir liquidações e ofertas especiais e pagar com mais facilidade. Algumas empresas, como a Mondelēz, usam a tecnologia de *smart shelf* (gôndola inteligente), instalando nas prateleiras próximo dos caixas sensores capazes de detectar a idade e o sexo do consumidor e, em virtude de análises avançadas, segmentá-los com anúncios e promoções para uma provável opção de lanche em uma tela de vídeo.

Gerenciamento do varejo *omnichannel*

Com base em uma análise de mercado-alvo, os varejistas devem decidir quais canais de distribuição utilizar para atingir seus clientes. Cada vez mais, a resposta é "múltiplos canais". A Staples vende por meio de seu canal de varejo tradicional nas lojas físicas, seu próprio *site* (staples.com), *shopping centers* virtuais e milhares de *links* em *sites* afiliados.

Essa maior dependência de múltiplos canais significa que os canais devem ser projetados para operar de modo eficaz em conjunto. Embora alguns especialistas tenham previsto o contrário, as vendas por catálogos cresceram em um mundo dominado pela internet, à medida que mais empresas os reformularam para usá-los como recursos de *branding* e para complementar suas atividades *on-line*. A abordagem multicanal integrada da Victoria's Secret com lojas de varejo, catálogo e internet tem desempenhado um papel fundamental em seu desenvolvimento de marca.

> **Victoria's Secret** A Victoria's Secret, adquirida pela Limited Brands em 1982, tornou-se uma das marcas mais identificáveis no varejo por seu talento em fazer *marketing* de roupas femininas, *lingerie* e produtos de beleza. Ao ver consumidoras comprando roupa íntima cara como itens de moda em pequenas butiques na Europa, o fundador da Limited Brands, Leslie Wexner, achou que um modelo de loja semelhante poderia funcionar em larga escala nos Estados Unidos, embora esse formato fosse diferente de tudo que a consumidora média encontraria em meio às prateleiras desinteressantes das lojas de departamento. Wexner, no entanto, tinha

<< Enquanto a Victoria's Secret ainda depende de lojas físicas e catálogos para promover a sua *lingerie* europeia, o crescimento das mídias digitais e do comércio eletrônico induziu a empresa a fortalecer a sua presença *on-line*.

razão para crer que as mulheres americanas apreciariam a experiência de compra de *lingerie* no estilo europeu, com papel de parede rosa-claro, provadores convidativos e funcionárias simpáticas e atenciosas. "As mulheres precisam de roupa íntima, mas querem *lingerie*", ele observou. A teoria de Wexner estava certa: pouco mais de uma década depois de ter adquirido o negócio, a cliente média da Victoria's Secret comprava de 8 a 10 sutiãs por ano, em comparação com a média nacional de dois. O crescimento das mídias digitais e do comércio eletrônico forçou a Victoria's Secret a expandir sua presença *on-line*. Durante as duas últimas décadas, a empresa reduziu o número de catálogos físicos que manda pelo correio de 450 milhões para 300 milhões de exemplares e alocou cada vez mais recursos para meios de comunicação digitais.[27]

Podemos diferenciar entre varejistas de *lojas físicas*, varejistas *on-line* (puramente digitais ou *pure click*) que participam do comércio eletrônico sem unidades de varejo físicas e empresas *omnichannel* (ou *brick-and-click*, "clique e tijolo") que têm presença física e *on-line*. Discutiremos os três tipos de varejista a seguir.

VAREJISTAS DE LOJAS FÍSICAS

O tipo mais conhecido de varejista de lojas físicas talvez seja a loja de departamentos. As lojas de departamentos japonesas, como a Takashimaya e a Mitsukoshi, atraem milhões de compradores anualmente e oferecem galerias de arte, restaurantes, cursos de culinária, academias de ginástica e *playgrounds*. Os tipos mais comuns de varejistas de lojas físicas estão resumidos a seguir.

Lojas de departamentos, como JCPenney, Macy's e Bloomingdale's, vendem diversas linhas de produtos.

Lojas especializadas, como The Limited, The Body Shop e Sephora, vendem uma única linha de produtos (ou algumas linhas relacionadas).

Supermercados, como Kroger, Albertsons e Safeway, são grandes lojas de autosserviço, de baixo custo, baixa margem e alto volume, projetadas para atender a todas as necessidades de alimentação e limpeza doméstica de uma família.

Lojas de conveniência, como 7-Eleven, Circle K e Oxxo, são pequenas lojas em áreas residenciais, muitas vezes abertas 24 horas por dia, que vendem uma linha limitada de produtos de conveniência de alta rotatividade.

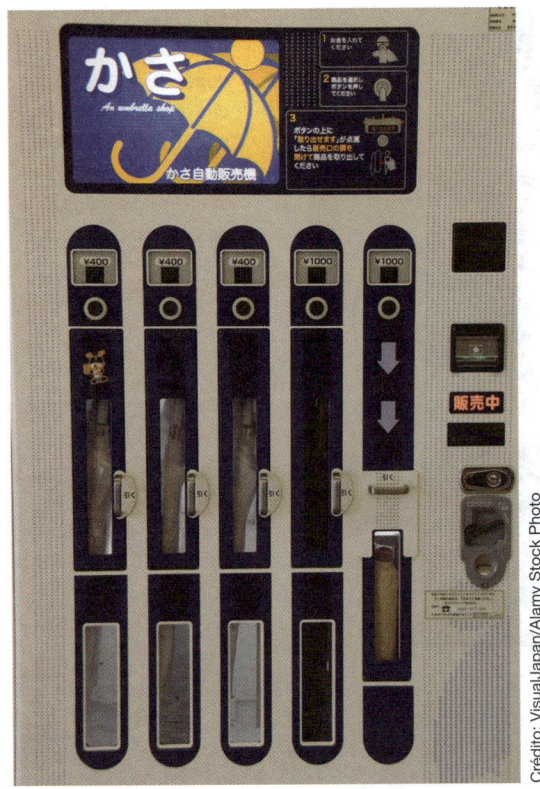

>> Máquinas de venda automática podem ser encontradas em toda parte no Japão, oferecendo praticamente todo tipo de mercadoria, inclusive guarda-chuvas.

Farmácias, como CVS Pharmacy e Walgreens, vendem medicamentos com ou sem prescrição, artigos de higiene pessoal e beleza, outros artigos de cuidados pessoais, bens duráveis de pequeno porte e itens diversos.

Hipermercados, como Walmart e Carrefour, são lojas de preços baixos, margens baixas e alto volume que vendem itens de alimentação e limpeza doméstica que os consumidores compram regularmente, além de serviços (como lavanderia, sapataria e caixa eletrônico).

Matadores de categoria, como The Home Depot, Staples e PetSmart, vendem um sortimento estreito, mas profundo, em uma única categoria.

Lojas de ultradesconto ou valor mínimo, como Aldi, Lidl, Dollar General e Family Dollar, vendem um *mix* de mercadorias bastante limitado, com grandes descontos.

Varejistas off-price (de liquidação), como TJ Maxx e lojas de fábrica, oferecem sobras de mercadorias, pontas de estoque e produtos com defeito vendidos a preços inferiores aos de varejo.

Clubes de compras por atacado, como Costco, Sam's Club e BJ's, oferecem quantidades maiores (p. ex., pacotes) a preços baixos.

Máquinas de venda automática são utilizadas para uma variedade de mercadorias, incluindo produtos comprados por impulso, como refrigerantes, café, balas, jornais e revistas. As máquinas de venda automática são encontradas em fábricas, escritórios, grandes lojas de varejo, postos de gasolina, hotéis, restaurantes e em muitos outros lugares. Com mais de 5 milhões de unidades, o Japão tem a maior cobertura *per capita* de máquinas de venda automática no mundo.

Os varejistas costumam dizer que os três segredos do sucesso são "a localização, a localização e a localização". Os varejistas podem abrir lojas nas seguintes localizações:

Áreas comerciais centrais. Geralmente conhecidas apenas como "centro da cidade", são a parte mais antiga e movimentada da cidade.

Shopping centers regionais. Grandes *shopping centers* localizados fora dos centros comerciais que abrigam de 40 a 200 lojas e normalmente contam com uma ou duas lojas-âncora, como Macy's ou Bloomingdale's, ou uma combinação de superlojas, como PETCO, Designer Shoe Warehouse ou Bed Bath & Beyond, além de um grande número de lojas menores.

Shopping centers de bairro. Pequenos *shopping centers* com uma loja-âncora e de 20 a 40 lojas menores.

Galerias. Um grupo de lojas, comumente abrigadas em prédios baixos, que servem às necessidades da vizinhança quanto a gêneros alimentícios, ferragens, lavanderia e conserto de sapatos.

Uma unidade dentro de uma loja maior. Alguns varejistas bem-sucedidos, como McDonald's, Starbucks, Nathan's e Dunkin' Donuts, instalam pequenas unidades dentro de um espaço concedido por lojas maiores, aeroportos e escolas. Outros varejistas recorrem a lojas localizadas dentro de lojas de departamentos, como fez a Gucci dentro da Neiman Marcus.

Lojas independentes. Alguns varejistas, como Kohl's e JCPenney, evitam centros comerciais e *shopping centers* e instalam novas lojas em locais independentes nas ruas, para evitar que haja conexão direta com outras lojas de varejo.

Redes de lojas de departamentos, postos de combustível e franquias de *fast-food* tomam muito cuidado para selecionar as regiões do país onde abrirão suas unidades, para selecionar determinadas cidades e para escolher locais específicos. Tendo em vista a relação entre movimento intenso e aluguel alto, os varejistas devem decidir sobre os locais mais vantajosos para suas lojas usando a medição do tráfego de pessoas, levantamentos de hábitos de compra dos consumidores e análises da localização da concorrência.

VAREJISTAS *ON-LINE*

As vendas no varejo *on-line* explodiram nos últimos anos, e é fácil perceber o porquê. Os varejistas desse setor podem prover de modo previsível experiências convenientes, informativas e personalizadas para tipos bastante diversos de consumidores e empresas. Ao economizar o custo de espaço físico, funcionários e estoques, esses varejistas podem lucrar com a venda de baixo volume de produtos para mercados de nicho. Considere o sucesso de varejistas *on-line* como a Gilt.

> **Gilt** Durante recessões econômicas, muitas marcas de grife veem-se com um excesso de estoque que precisa ser colocado no mercado. *Sites* de venda relâmpago de terceiros, que oferecem grandes descontos para artigos de luxo e outros bens por um curto período todos os dias, permitem que isso seja feito de modo controlado, menos propenso a prejudicar suas marcas. Nos moldes do Vente-Privée, pioneiro em vendas instantâneas da França, a Gilt foi lançada em novembro de 2007 para vender moda feminina das melhores grifes com até 60% de desconto, mas por um período limitado e apenas para aqueles que se inscreviam no *site*. Os membros eram avisados sobre as ofertas e seus prazos por meio de *e-mails* que transmitiam um senso de imediatismo e urgência. Agregando marcas de luxo como Theory e Louis Vuitton, a empresa chegou a mais de 8 milhões de membros. No entanto, quando a economia melhorou, a Gilt viu-se desafiada pelo estoque em declínio, a concorrência crescente de outros *sites* e sua própria estratégia agressiva de expansão, que incluía roupas masculinas, produtos infantis, artigos para casa, pacotes de viagem e alimentos. A empresa reagiu concentrando-se mais em sua força principal – a moda feminina – e desenvolvendo relacionamentos mais próximos com os clientes via *e-mails* personalizados para anunciar suas promoções. Em 2016, a Gilt foi adquirida pela Hudson's Bay Company, proprietária das redes de lojas de departamentos de luxo Hudson's Bay, Lord & Taylor e Saks Fifth Avenue.[28]

Para direcionar tráfego a um *site*, muitas empresas empregam o *marketing* de afiliados, contratando provedores de conteúdo *on-line* para direcionar negócios aos *sites* de suas marcas. Muitos consumidores entram na internet em busca de preços baixos, mas os varejistas *on-line*, na verdade, competem em múltiplas dimensões: sortimento de produtos, conveniência, experiência de compra, rapidez da entrega, políticas de devolução e capacidade de resolver problemas quando ocorrem. Levantamentos com consumidores sugerem que o inibidor mais significativo das compras

<< A Gilt, que começou com a venda de peças de moda e outros produtos com descontos pela internet por períodos limitados, ajustou o seu modelo de negócios quando a concorrência se intensificou. A empresa passou a se concentrar no seu ponto forte, a moda feminina, e a aprofundar a sua conexão com os clientes por meio de *e-mails* personalizados.

pela internet é a ausência de experiências prazerosas, interação social e contato com um representante da empresa.[29] Garantir a segurança e a privacidade *on-line* continua a ser importante.

Embora a mídia tenha dado muita atenção a *sites* B2C (do inglês *business-to-consumer*; da empresa para o consumidor), a atividade é ainda mais intensa nos *sites* B2B (do inglês *business-to-business*; de empresa para empresa), que vêm mudando profundamente o relacionamento fornecedor-cliente. No passado, os compradores precisavam se empenhar para coletar informações sobre fornecedores globais. Os *sites* B2B tornam os mercados mais eficientes, proporcionando aos compradores fácil acesso a um grande volume de informações a partir de *sites de fornecedores*, *intermediários de informação* (intermediários que agregam valor coletando e disponibilizando informações sobre alternativas), *market makers* (intermediários que criam mercados ligando compradores a vendedores) e *comunidades de clientes* (sites em que compradores podem trocar informações sobre bens e serviços de fornecedores).

Empresas como a Alibaba, a maior dos *market makers* no setor B2B, usam *sites* de leilões B2B, mercados à vista, catálogos de produtos *on-line*, *sites* de permuta e outros recursos da internet para obter preços melhores. O impacto concreto desses mecanismos B2B é tornar os preços mais transparentes. Em caso de produtos indiferenciados, a pressão sobre os preços aumenta. Em caso de produtos altamente diferenciados, os compradores têm uma visão mais clara de seu verdadeiro valor. Os fornecedores de produtos superiores podem compensar a transparência nos preços com a transparência no valor; fornecedores de produtos convencionais precisam reduzir seus custos para se tornarem competitivos.

VAREJO *OMNICHANNEL*

Embora a decisão de acrescentar ou não um canal de *e-commerce* tenha torturado muitas empresas tradicionais – por receio de causar conflitos de canal com seus varejistas, representantes ou lojas próprias no mundo real –, a maioria acabou acrescentando a internet como um canal de distribuição ao se dar conta do volume de negócios gerado *on-line*. Até mesmo a Procter & Gamble, que usou exclusivamente os canais físicos tradicionais de distribuição por anos, passou a comercializar *on-line* algumas grandes marcas, como Tide, Pampers e Olay, em parte para poder acompanhar os hábitos de compra dos consumidores mais de perto. À medida que os consumidores ficam mais à vontade com a ideia de fazer compras nos seus computadores, *tablets* e telefones celulares, muitos varejistas tradicionais, incluindo o Walmart, também estão trabalhando rapidamente para adotar o formato *omnichannel*.

> **Walmart** Em virtude de um alto investimento em lojas físicas, além de muitos executivos veteranos e políticas de longa data, o Walmart demorou a adotar as tecnologias *on-line* e de mobilidade. Assim, as operações *on-line* representavam menos de 2% de suas vendas globais quando a empresa decidiu dar prioridade à sua estratégia digital, proporcionando aos clientes acesso à empresa a qualquer momento e em qualquer lugar, combinando lojas móveis, virtuais e físicas. Após adquirir a *startup* de mídia social Kosmix, conhecida por sua sólida experiência em pesquisa e análise, o Walmart estabeleceu seu grupo @WalmartLabs no Vale do Silício, produzindo inovações como a tecnologia de pagamento por celular, aplicativos móveis de compras e seleção de produtos para as lojas influenciada pelo Twitter. O Walmart descobriu que muitos de seus principais clientes, que ganhavam entre US$ 30 mil e US$ 60 mil por ano, compravam em grande número em seu *site* e, muitas vezes, por meio de celulares, em vez de computadores. Comprovado *expert* em logística, o Walmart adotou a prática de *ship from store*, que usa suas mais de 4 mil lojas nos Estados Unidos como armazéns para atender rapidamente aos pedidos feitos pela internet. O aplicativo para celular tornou-se a prioridade máxima da empresa. Seus usuários gastam mais e frequentam a loja duas vezes mais do que os não usuários. Quando estão próximos de uma loja, o aplicativo passa para o "modo de loja", a fim de ajudar a localizar itens em uma lista de compras e fazer recomendações adicionais, fornecer uma versão digital dos últimos folhetos promocionais e destacar os novos produtos disponíveis na loja. Apesar de todos os esforços para estabelecer uma presença *on-line*, o Walmart ainda está atrás da Amazon. Para correr atrás do prejuízo, em 2016, o Walmart investiu US$ 3,3 bilhões para adquirir a Jet.com, uma *startup* de varejo *on-line* de alto crescimento com modelo de negócios

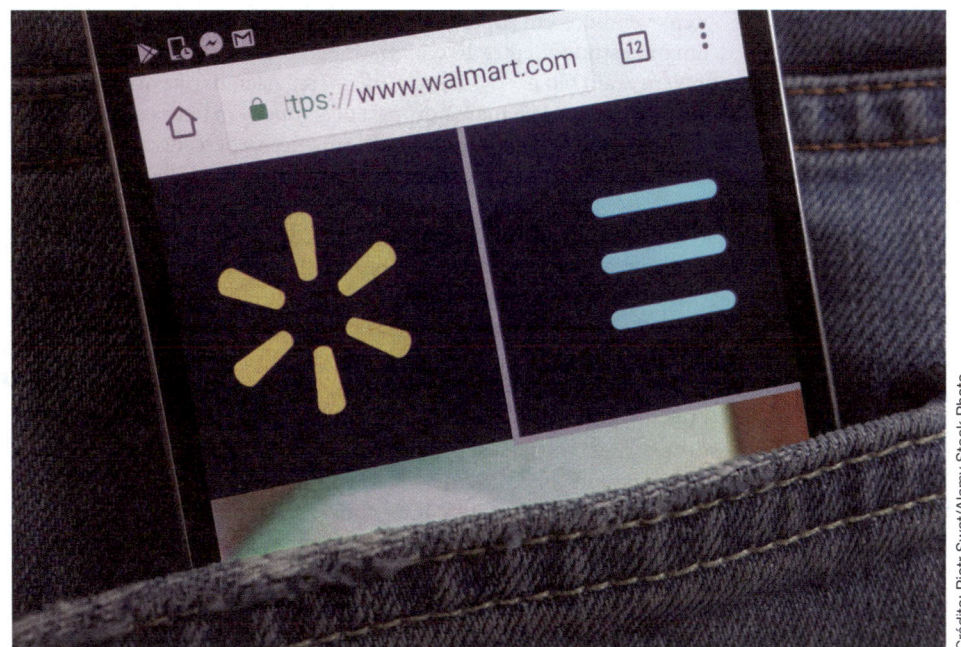

<< Após um começo lento na tecnologia móvel e *on-line*, o Walmart priorizou a sua estratégia digital para oferecer aos clientes acesso 24 horas e em qualquer lugar aos seus produtos usando sistemas móveis e *on-line* e promoções nas lojas, incluindo frete do armazém para a loja e pagamento via *smartphone*.

semelhante ao da Amazon. O Walmart usou essa aquisição para turbinar suas operações de comércio eletrônico e, subsequentemente, descontinuou o *site* Jet.com. A marca foi eliminada gradualmente e deixou de existir em 2020.[30]

Além de combinar varejo de lojas físicas e *on-line*, os varejistas *omnichannel* incluem os varejistas sem lojas que estenderam seu alcance para incluir o varejo *on-line* em seus portfólios. Um exemplo desse tipo de varejo multicanal inclui o *marketing* de mala-direta, o *marketing* de catálogo (Lands' End, L.L. Bean), o *telemarketing* (1-800-FLOWERS) e o *marketing* de informeciais com resposta direta (HSN, QVC). Muitas dessas empresas agregaram o comércio eletrônico como canal adicional para se conectar com os clientes e gerar vendas.

A transição para o varejo *omnichannel* foi bastante facilitada pela pandemia da covid-19. As receitas de vendas de muitos varejistas que tinham apenas lojas físicas evaporaram de uma hora para a outra quando os clientes começaram a ter cada vez mais receio de fazer compras presenciais. As regras do governo sobre operações comerciais exacerbaram a situação, pois restringiram ainda mais o acesso dos consumidores às lojas. Essa mudança drástica na dinâmica dos comportamentos de compra forçou muitos varejistas a reavaliar seus modelos de negócios e adotar o comércio eletrônico como aspecto essencial das suas operações. Algumas empresas, como Amazon, Walmart e Target, fortaleceram suas redes de entrega internas, ao passo que muitos varejistas de menor porte confiaram em intermediários como FreshDirect, GrubHub, DoorDash, Postmates e UberEats para facilitar a logística e entrega.

Gestão de marcas próprias

Uma **marca própria** (também chamada de marca do revendedor, da loja, da casa ou do distribuidor) é uma marca proprietária desenvolvida por varejistas e atacadistas. Varejistas como Benetton, The Body Shop e Marks & Spencer oferecem a maioria de suas mercadorias com marcas próprias. Em supermercados na Europa e no Canadá, as marcas próprias chegam a responder por 40% das mercadorias vendidas. Na Grã-Bretanha, as duas maiores redes de supermercados, Sainsbury e Tesco, vendem aproximadamente metade de suas mercadorias com marcas da casa. Alemanha e Espanha também são mercados europeus com alta porcentagem de vendas de marcas próprias.

Para muitos fabricantes, os varejistas são tanto colaboradores quanto concorrentes. De acordo com a Private Label Manufacturers' Association, as marcas próprias do varejo passaram a responder por 1 em cada 5 itens vendidos em supermercados, redes de drogarias e varejistas de massa dos Estados Unidos. Em um estudo, 7 entre 10 compradores acreditavam que os produtos de marca própria que compravam eram tão bons quanto os de marca nacional, se não melhores, e praticamente todo domicílio adquire itens de marca própria de tempos em tempos.[31] Os riscos na comercialização de marca própria são altos. Uma variação de um ponto percentual das marcas nacionais para marcas próprias em alimentos e bebidas é estimada em US$ 5,5 bilhões em receita para as redes de supermercado.[32]

As marcas próprias estão se disseminando de um modo tão rápido que chega a assustar muitos fabricantes. As recessões elevam as vendas desse tipo de produto e, uma vez que alguns consumidores fazem a troca, geralmente é um caminho sem volta.[33] Contudo, alguns especialistas acreditam que 50% seja o limite natural para marcas próprias porque os consumidores preferem certas marcas tradicionais e porque muitas categorias de produtos não são praticáveis ou atraentes quando oferecidas com marca própria. Nos supermercados, as marcas próprias são bem aceitas em itens como leite e queijo, pães e produtos de panificação, medicamentos, produtos de papel, frutas e verduras frescas e carnes embaladas.[34]

Por que os varejistas se interessariam em patrocinar suas próprias marcas? Primeiro, porque podem ser mais lucrativas. Os varejistas buscam fabricantes com excesso de capacidade que produzam a marca própria a um custo baixo. Outros custos, como pesquisa e desenvolvimento, propaganda, promoção de vendas e distribuição física, também são bem inferiores, de modo que as marcas próprias podem gerar uma margem de lucro mais alta.[35] Em alguns casos, os varejistas também desenvolvem marcas exclusivas para se diferenciar da concorrência, e muitos consumidores interessados em preço preferem as marcas próprias em determinadas categorias de produto, o que dá aos varejistas maior poder de barganha junto às empresas das marcas nacionais.[36]

As marcas próprias devem ser distinguidas dos *genéricos*, isto é, versões "sem marca", em embalagens simples e mais baratas, de produtos comuns, como macarrão, papel toalha e pêssego em calda. Eles oferecem qualidade padrão ou inferior a um preço que pode ser 20 a 40% menor que o das marcas nacionalmente conhecidas e 10 a 20% menor que o das marcas próprias de varejistas. A redução no preço é possível em razão do uso de rotulagem e embalagem de custo mais baixo, do mínimo possível de propaganda e, em alguns casos, de ingredientes de qualidade inferior.

Os varejistas têm agregado mais qualidade a suas marcas próprias e dado mais ênfase a embalagens atrativas e inovadoras. Os supermercadistas passaram a acrescentar itens superiores de marca própria. Quando a Kroger trocou seus fornecedores de queijos, carnes e legumes para melhorar a qualidade de sua sofisticada *pizza* de marca própria, as vendas subiram; a rede de supermercados detém 60% do mercado de *pizzas premium* em suas lojas.[37] Um dos supermercadistas de maior sucesso com marcas próprias é a canadense Loblaws.

> **Loblaws** Desde 1984, quando foi lançada a linha de produtos alimentícios President's Choice, é difícil pensar em *marca própria* sem lembrar da Loblaws. A marca Decadent Chocolate Chip Cookie, da rede de supermercados Loblaws, sediada em Toronto, tornou-se rapidamente líder no Canadá e mostrou como marcas inovadoras de loja podem competir eficientemente com marcas nacionais, alcançando ou até mesmo superando sua qualidade. Uma estratégia bem planejada envolvendo a marca President's Choice e produtos básicos com etiqueta amarela "sem nome" ajudou a diferenciar as lojas da varejista e a transformou em uma potência no Canadá e nos Estados Unidos. A linha de produtos President's Choice foi tão bem-sucedida que a Loblaws a está licenciando para varejistas não concorrentes em outros países. Para completar o portfólio de marcas "bom/melhor/excelente", a Loblaws também lançou uma linha de "luxo acessível", com mais de 200 opções de produtos alimentícios da President's Choice sob um *design black label* diferenciado. Cada um deles, desde o queijo *cheddar* de oito anos e a calda de chocolate com gengibre até a geleia de *bacon*, é divulgado com uma história sobre "de onde vem", "quem produz" e "por que foi escolhido". Para capitalizar a força geral de suas marcas próprias, a Loblaws lançou o *reality show Recipe to Riches* no canal de TV Food Network, em que os participantes competem para ter suas receitas caseiras desenvolvidas em um produto real da President's Choice, que é colocado para compra no dia seguinte nas lojas da Loblaws.[38]

<< A linha de alimentos President's Choice, da Loblaws, com suas embalagens diferenciadas, indica a qualidade e o sucesso crescentes das marcas próprias.

Embora os varejistas mereçam crédito pelo sucesso das marcas próprias, o poder crescente dessas marcas também se beneficiou do enfraquecimento de marcas tradicionais. Muitos consumidores passaram a prestar mais atenção aos preços, uma tendência reforçada pela contínua guerra de descontos e preços especiais que tem incentivado uma geração de consumidores a comprar pelo preço. Fabricantes e varejistas nacionais concorrentes copiam e reproduzem a qualidade e os recursos das melhores marcas de uma categoria, reduzindo a diferenciação física dos produtos. Além disso, o fato de as empresas reduzirem os orçamentos de propaganda tem dificultado a criação de qualquer diferença intangível na imagem de marca. Um fluxo infindável de extensões de marca e de linha obscureceu a identidade de marca e levou a uma confusa proliferação de produtos.

Para combater essas tendências, muitos fabricantes ou marcas nacionais estão reagindo. As empresas detentoras de marcas líderes têm investido significativamente em pesquisa e desenvolvimento para lançar novas marcas, extensões de linha, recursos e melhorias de qualidade e, assim, ficar um passo à frente das marcas de loja. Também passaram a investir em sólidos programas de *pull advertising* (estratégia de puxar) para preservar um alto reconhecimento de marca e a preferência dos consumidores, superando a vantagem do *marketing* dentro das lojas de que as marcas próprias podem desfrutar.

As maiores marcas também procuram firmar parcerias com grandes distribuidores de massa, em uma busca conjunta por racionalização logística e estratégias competitivas que gerem economia para ambos os lados. Cortar todos os custos desnecessários permite às marcas nacionais cobrar um preço superior, embora ele não deva exceder as percepções de valor dos consumidores.

Pesquisadores apresentam quatro recomendações estratégicas para fabricantes que queiram competir contra marcas próprias ou colaborar com elas.[39]

- *Competir seletivamente*, de forma que os fabricantes possam vencer as marcas próprias e agregar valor a consumidores, varejistas e acionistas. Em geral, esse é o caso quando a marca se posiciona como número um ou dois na categoria ou ocupa uma posição de nicho *premium*. A Procter & Gamble racionalizou seu portfólio liquidando várias marcas, como o suco Sunny Delight, a pasta de amendoim Jif e a gordura hidrogenada Crisco, em parte para que pudesse se concentrar em reforçar suas 20 maiores marcas com mais de US$ 1 bilhão em vendas.
- *Firmar parcerias eficazes*, buscando relações ganha-ganha com varejistas por meio de estratégias que complementem suas marcas próprias. A Estée Lauder criou quatro marcas (American Beauty, Flirt, Good Skin e Grassroots) exclusivamente para a Kohl's para ajudá-la a gerar volume e, ao mesmo tempo, proteger suas marcas mais prestigiadas. Os fabricantes que vendem

por varejistas de ultradesconto, como Lidl e Aldi, incrementaram as vendas identificando consumidores que ainda não haviam comprado a marca.
- *Inovar brilhantemente* com novos produtos para combater as marcas próprias. O lançamento contínuo de novos produtos incrementais mantém as marcas de fabricantes renovadas, mas a empresa também deve lançar periodicamente produtos radicalmente novos e proteger a propriedade intelectual de todas as marcas. A Kraft duplicou o número de advogados de patentes para se certificar de que suas inovações fossem legalmente protegidas.
- *Criar proposições de valor vencedoras,* imbuindo as marcas de imagens simbólicas e de uma qualidade funcional que supere a das marcas próprias. Muitas marcas de fabricante deixaram as marcas próprias se equipararem e, às vezes, superá-las em qualidade funcional. Além disso, para ter uma proposição de valor vencedora, as empresas precisam monitorar preços e assegurar que os benefícios percebidos sejam compatíveis com um preço superior.

Gerar uma forte demanda do consumidor é crucial. Quando o Walmart decidiu retirar das prateleiras os sacos para armazenar alimentos Hefty e Glad, comercializando apenas os da marca Ziploc e o da própria loja (Great Value), a Hefty e a Glad tinham muito a perder, uma vez que a gigante do varejo respondia por um terço de suas vendas. Quando os consumidores reclamaram da falta dessa e de outras marcas e passaram a fazer algumas de suas compras em outras lojas, o Walmart cedeu e colocou-as de volta nas prateleiras.

Atacado

Por **atacado** entende-se todas as atividades envolvidas na venda de bens ou serviços aos que compram para revenda ou realizam grandes compras para uso comercial. Os atacadistas compram grandes quantidades de bens de diversos produtores ou fornecedores, os armazenam e revendem para varejistas, que, por sua vez, os vendem para o público.

O NEGÓCIO DO ATACADO

Os atacadistas diferem dos varejistas em vários aspectos. Em primeiro lugar, dão menor importância a promoções, atmosfera de loja e localização, visto que lidam com clientes empresariais, não com consumidores finais. Em segundo lugar, as transações no atacado são comumente maiores do que aquelas realizadas no varejo, e, de modo geral, os atacadistas cobrem uma área comercial maior do que a dos varejistas. Em terceiro lugar, atacadistas e varejistas estão sujeitos a diferentes regulamentações legais e impostos.

Com base nas suas transações com compradores e vendedores, os atacadistas podem ser divididos em dois grupos principais:

- **Atacadistas comerciais**, em geral, compram diretamente do fabricante, assumem a propriedade das mercadorias que manuseiam, armazenam o produto e, então, o vendem para o cliente. Os atacadistas comerciais variam em nível de serviço oferecido. Os *atacadistas de serviço completo* podem oferecer uma ampla variedade de funções complementares, como manter uma equipe de vendas para promover os produtos, oferecer crédito, realizar entregas e prestar assessoria administrativa. Os *atacadistas de serviço limitado*, por outro lado, oferecem poucos serviços adicionais, ou mesmo nenhum, e buscam oferecer mercadorias por preços mais baixos. Por exemplo, os *atacadistas pegue e leve* vendem um conjunto limitado de produtos de alta rotatividade para pequenos varejistas em um ambiente sem algo de especial ou adicional, apenas por dinheiro vivo, trabalhando com devoluções limitadas ou mesmo com uma política de não aceitar devoluções.
- **Corretores e agentes** são diferentes dos atacadistas comerciais porque normalmente não assumem a propriedade dos bens que compram e vendem. Em vez disso, organizam a venda dos bens entre os atacadistas comerciais e os varejistas e recebem por esse processo. Os corretores reúnem compradores e vendedores e os ajudam nas negociações; eles são pagos pela parte que os contrata (corretores de alimentos, imobiliários, de seguros). Os agentes representam os compradores ou vendedores de forma mais permanente e tentam facilitar a compra e a venda por uma comissão, geralmente baseada no preço de venda.

Os atacadistas desempenham um papel importante de intermediários entre fabricantes e varejistas. São especialmente importantes em setores com lojas de varejo fragmentadas, pois oferecem distribuição e serviços relacionados, o que ajuda a aumentar a eficácia e a eficiência de custo das operações. Considere a AmerisourceBergen, uma das maiores atacadistas dos Estados Unidos.

AmerisourceBergen Corporation A AmerisourceBergen Corporation é uma atacadista de medicamentos americana que distribui produtos farmacêuticos genéricos e de marca, além de equipamentos e produtos de saúde de venda livre, para diversas organizações de saúde, como hospitais, sistemas de saúde, farmácias de varejo, varejistas de mala-direta, médicos, clínicas e residenciais geriátricos. A empresa foi formada em 2001 pela fusão da Bergen Brunswig com a AmeriSource Health Corporation, duas das maiores atacadistas farmacêuticas dos Estados Unidos. Em 2013, a AmerisourceBergen tornou-se fornecedora da Walgreens Boots Alliance, um dos maiores varejistas farmacêuticos e distribuidores de medicamentos do mundo, que opera mais de 18 mil farmácias em nível global. Maior prestadora de serviços de logística especializada para a indústria biofarmacêutica, a AmerisourceBergen tem mais de 150 escritórios e mais de 20 mil funcionários no mundo todo e envia mais de 3 milhões de produtos todos os dias. A empresa é líder de mercado na distribuição farmacêutica, sendo responsável por cerca de 20% de todos os fármacos vendidos nos Estados Unidos, com receita anual de mais de US$ 153 bilhões.[40]

PRINCIPAIS FUNÇÕES DOS ATACADISTAS

Por que os fabricantes não vendem diretamente aos varejistas ou aos consumidores finais? Por que existem os atacadistas, afinal? Normalmente, os atacadistas executam com mais eficiência uma ou mais das funções descritas a seguir.

- *Fornecer acesso a varejistas individuais.* Os atacadistas dispõem de uma força de vendas que ajuda os fabricantes a atingir pequenos clientes comerciais a um custo relativamente baixo. Eles têm mais contatos, e, com frequência, os compradores confiam mais nos atacadistas do que em um fabricante distante.
- *Compras e formação de sortimento.* Os atacadistas são capazes de selecionar produtos e formar o sortimento de que seus clientes precisam, poupando-lhes tempo, dinheiro e trabalho consideráveis.

<< A atacadista de medicamentos AmerisourceBergen vende cerca de 20% de todos os produtos farmacêuticos dos Estados Unidos e abastece a Walgreens Boots Alliance, que opera 18 mil farmácias no mundo todo.

- *Fracionamento de lotes de compra.* Os atacadistas conseguem reduzir custos para seus clientes por meio da compra de grandes lotes, que são divididos em lotes menores.
- *Armazenagem.* Os atacadistas mantêm estoques, reduzindo, portanto, os custos e os riscos de estocagem para fornecedores e clientes.
- *Transporte.* Os atacadistas quase sempre oferecem uma entrega mais rápida aos clientes por estarem mais perto deles.
- *Financiamento.* Os atacadistas financiam os clientes, concedendo-lhes crédito, e os fornecedores, fazendo pedidos antecipadamente e pagando suas faturas no prazo.
- *Administração de riscos.* Os atacadistas absorvem parte do risco ao assumir a posse dos produtos e arcar com os custos de roubo, danos, avarias e obsolescência.
- *Pesquisa de mercado.* Os atacadistas fornecem informações a fornecedores e clientes com relação às atividades de seus concorrentes, como novos produtos e alterações de preços.
- *Serviços de gerenciamento e consultoria.* Muitas vezes, os atacadistas ajudam os varejistas a melhorarem suas operações, treinando funcionários de vendas, ajudando com o leiaute e a exposição das mercadorias nas lojas e estabelecendo sistemas de contabilidade e controle de estoques. Também podem ajudar clientes empresariais, oferecendo treinamento e serviços técnicos.

Nos últimos anos, atacadistas e distribuidores vêm enfrentando pressões crescentes de novas fontes de concorrência, incluindo plataformas digitais, como a Alibaba, clientes exigentes, novas tecnologias e mais programas de compra direta por parte de grandes compradores industriais, institucionais e varejistas. As principais queixas dos fabricantes contra os atacadistas são as seguintes: não promovem agressivamente a linha de produtos do fabricante, agindo mais como tiradores de pedidos; não mantêm estoques suficientes e, portanto, não conseguem atender aos pedidos de clientes com a devida rapidez; não disponibilizam ao fabricante informações atualizadas sobre o mercado, sobre os clientes e sobre os concorrentes; e cobram muito caro por seus serviços.

Os atacadistas de visão aceitaram o desafio e adaptaram seus serviços para atender à evolução das necessidades de clientes-alvo e fornecedores. Eles reconheceram que precisavam agregar valor ao canal. A Arrow Electronics fez exatamente isso.

Arrow Electronics

A Arrow Electronics é uma atacadista global de produtos eletrônicos e de escritório. Ela atua como parceira de canal de suprimento para mais de 150 mil fabricantes de equipamento original, revendedores de valor agregado, fabricantes contratados e clientes comerciais por meio de uma rede global. A Arrow tem mais de 300 unidades de vendas e 45 centros de distribuição e de valor agregado, atuando em mais de 80 países. Com grandes fabricantes comprando cada vez mais peças diretamente de fornecedores, no entanto, distribuidores como a Arrow têm sido espremidos. Para aumentar sua competitividade, a Arrow adotou serviços como financiamento, gestão de estoque *in loco*, *software* de rastreamento de peças e programação de *chip*.[41]

Os atacadistas têm se empenhado em aumentar a produtividade de ativos aprimorando as atividades de gestão de estoque e contas a receber. Também têm reduzido custos operacionais, investindo em sistemas de informação mais avançados, tecnologia de manuseio de materiais e tecnologias digitais. Por fim, têm melhorado suas decisões estratégicas em relação a mercados-alvo, sortimento de bens e serviços, preços, comunicações e distribuição.

O setor do atacado permanece vulnerável a uma das tendências mais persistentes: forte resistência aos aumentos de preços e triagem de fornecedores com base no custo e na qualidade. A tendência em direção à integração vertical, em que os fabricantes tentam controlar ou ser donos de seus intermediários, ainda é grande.

INSIGHT de *marketing* — Gestão da imagem de preço de um varejista

A **imagem de preço** reflete a percepção geral que os consumidores têm sobre o nível de preços de um determinado varejista. Por exemplo, o Walmart costuma ser considerado barato, ao passo que a ideia é que a Target tem preços moderados. A imagem de preço é diferente do preço, que é expresso quantitativamente; ela tem natureza qualitativa. Isso significa que os consumidores interpretam os preços do varejista em termos categóricos, como "caro" ou "barato". A imagem de preço existe na mente dos compradores; assim, ela baseia-se na percepção dos consumidores sobre os preços de um determinado varejista em comparação com os de outros e pode não ser um reflexo preciso do nível real dos preços do varejista.

Muitos gestores acreditam erroneamente que a imagem de preço baseia-se exclusivamente nos preços de uma loja específica e que administrá-la é uma simples questão de ajustar os preços dos itens que a loja estoca e vende. O resultado é uma teoria de que o varejista pode baixar sua imagem de preços se reduzir os preços dos itens no seu sortimento.

Contudo, esse método de redefinição da imagem de preço não demonstrou eficácia. Preços baixos ou altos são um fator importante na formação da imagem de preço do varejista, mas não são o único fator que os consumidores levam em consideração quando avaliam a imagem de preço. A Figura 16.1 representa os principais fatores da imagem de preço e seu impacto no comportamento do consumidor.

- *Nível de preços médio.* De fato, a imagem de preço depende dos preços reais dos itens vendidos por um determinado varejista, ainda que não exclusivamente deles. Uma loja na qual os preços estão substancialmente acima daqueles praticados pelos concorrentes terá dificuldade para convencer os clientes de que não é careira, independentemente de outras medidas que adote para mudar sua imagem de preço.
- *Itens de valor conhecido.* Em geral, os consumidores não examinam todos os preços na loja; em vez disso, tendem a concentrar-se nos itens com preços que estão familiarizados, chamados de itens de valor

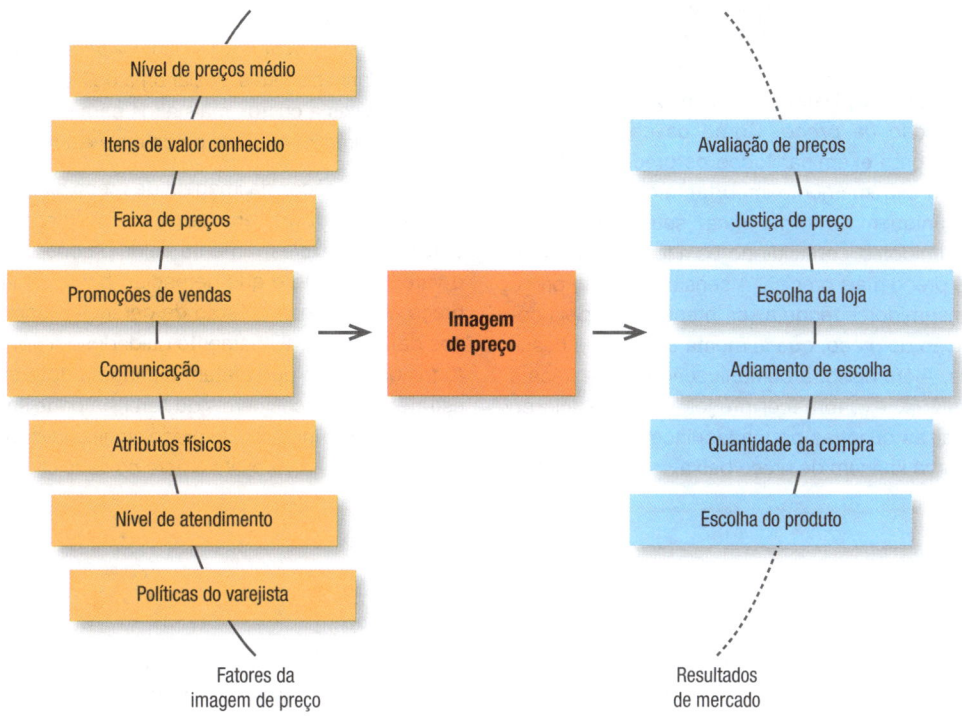

FIGURA 16.1
Fatores de imagem de preço e resultados do mercado.
Crédito: Alexander Chernev, *Strategic Marketing Management: Theory and Practice* (Chicago, IL: Cerebellum Press, 2019).

(continua.)

conhecido. Como conhecem os preços desses itens em outras lojas, os compradores os utilizam para determinar se um preço específico é ou não competitivo. Os itens de valor conhecido normalmente entram na categoria de itens comprados com frequência, como leite, refrigerante e lanches, o que permite aos consumidores comparar facilmente os preços de diferentes lojas.

- *Faixa de preços.* Além do nível médio de preços do varejista, os consumidores formam uma avaliação da imagem de preço com base na faixa de preços observada dentro da loja. Se, além dos itens de valor conhecido mais comprados, o varejista oferece alguns itens com preços extremamente altos, este provavelmente terá uma imagem de preço maior do que um varejista que vende alguns itens com preços extremamente baixos ao lado dos itens mais comprados.

- *Promoções de vendas.* A imagem de preço dos consumidores também pode ser afetada pelo modo como os preços variam com o tempo, particularmente devido a promoções de vendas. Não existem evidências empíricas consistentes para apoiar a ideia do senso comum de que o preço baixo todo dia (EDLP) comunica uma imagem de preço menor para os consumidores do que a determinação de preços altos-baixos (HiLo, do inglês *high-low pricing*), com seus grandes descontos temporários sobre itens de preço alto. Na verdade, o preço HiLo muitas vezes pode induzir uma imagem de preço menor do que o EDLP, mesmo quando o nível de preços médio é o mesmo.

- *Comunicação de preço.* Como os consumidores não têm como examinar todos os preços de todas as lojas, é extremamente importante que os varejistas comuniquem de forma eficaz seus preços para os consumidores, capacitando-os a formar uma imagem de preço mais precisa. A sensibilidade ao preço dos consumidores tende a ser intensificada pela comunicação de preço, que aumenta o seu foco nesse aspecto. Além disso, a comunicação que destaca a economia (p. ex., fornecer preços de referência ou enumerar as quantias poupadas) incentiva a formação de uma imagem de preço baixa.

- *Atributos físicos.* As características físicas do varejista podem impactar a imagem de preço, pois transmitem uma mensagem sobre os custos da loja e o volume de vendas. Uma loja localizada em uma zona comercial de alto nível, repleta de lojas de luxo, com decoração requintada e amenidades de luxo, tende a estar associada a altos custos operacionais, o que sinaliza uma imagem de preço maior. Por outro lado, as lojas grandes de *shopping centers* com estacionamentos amplos tendem a sinalizar alto volume de vendas, o que os consumidores associam a uma imagem de preço menor.

- *Nível de atendimento.* Outro aspecto de alta visibilidade que contribui para a imagem de preço do varejista é o nível de atendimento oferecido. Em geral, os consumidores tendem a associar níveis mais altos de atendimento a uma imagem de preço maior, sejam quais forem os preços reais do varejista, pois pressupõem que oferecer atendimento melhor aumenta os custos, o que tende a elevar os preços cobrados pelo varejista.

- *Políticas da loja.* Os clientes também podem formar a sua imagem de preço do varejista com base em políticas relacionadas com preços. Assim, políticas como a de cobrir o preço da concorrência, que revelam o compromisso da loja com o valor para o cliente e a confiança na competitividade dos seus preços, tendem a levar a uma imagem de preço menor. Por outro lado, os consumidores podem associar uma política de devoluções generosas a custos mais altos para o varejista, o que leva a uma imagem de preço mais elevada.

A gestão eficaz da imagem de preço exige que os gerentes vão além da premissa de que a imagem de preço é determinada exclusivamente pelos preços dos itens que o varejista vende e que gerenciar (baixar) a imagem de preço é uma mera questão de gerenciar (baixar) os preços de varejo. O alinhamento cuidadoso e consciente de *todos* os fatores que afetam a imagem de preço com as estratégias e táticas gerais do varejista pode ser muito útil para criar uma imagem de preço significativa, que ajude a criar valor para o varejista e para os seus clientes.[42]

Resumo

1. O *varejo* inclui todas as atividades relativas à comercialização de bens ou serviços diretamente ao consumidor final para uso pessoal e não comercial. Toda organização que vende para consumidores finais, seja ela um fabricante, um atacadista ou um varejista, está envolvida em varejo, independentemente de como e de onde os bens ou serviços são vendidos.

2. O mercado de varejo é muito dinâmico, e uma série de novos tipos de concorrente e concorrência surgiu nos últimos anos. Os mais importantes *avanços no varejo* incluem o surgimento de novas formas e combinações de varejo, a consolidação dos varejistas, o crescimento do comércio móvel, do *omnichannel* e do *fast retailing*, o papel crescente da tecnologia no varejo e o declínio dos varejistas de mercado intermediário.

3. As principais *decisões de varejo* incluem identificação do mercado-alvo, seleção do sortimento de produtos, desenvolvimento da aquisição de produtos, determinação dos tipos e níveis de serviço oferecidos, formulação da atmosfera das lojas e das experiências nelas, determinação de preços, definição de incentivos e gestão da comunicação.

4. Com base no estabelecimento de uma presença física, podemos diferenciar entre varejistas de *lojas físicas*, varejistas *on-line*, que participam do comércio eletrônico sem unidades de varejo físicas, e empresas *omnichannel*, que têm presença física e *on-line*. Gerenciar os canais *on-line* e *off-line* tornou-se prioridade para muitos varejistas.

5. *Marcas próprias* são marcas desenvolvidas e administradas por varejistas e atacadistas. As marcas próprias normalmente (mas nem sempre) têm preços menores que as marcas nacionais. Os varejistas patrocinam as próprias marcas porque isso permite que se diferenciem da concorrência ao mesmo tempo que vendem para consumidores sensíveis ao preço. Devido a menores custos de pesquisa e desenvolvimento, propaganda, promoção de vendas e distribuição física, as marcas próprias também podem gerar uma margem de lucro mais alta.

6. O *atacado* inclui todas as atividades relativas à venda de bens ou serviços àqueles que compram para revenda ou para uso comercial. Os atacadistas podem realizar determinadas funções com mais eficiência e menos custo do que os fabricantes. Essas funções incluem vendas e promoção, compra e formação de sortimento, fracionamento de lotes de compra, armazenagem, transporte, financiamento, administração de riscos, disseminação de informações de mercado e serviços de gestão e consultoria.

7. Assim como os varejistas, os atacadistas devem tomar decisões com relação aos mercados-alvo, ao sortimento de bens e serviços, ao preço, à promoção e à localização. Os atacadistas mais bem-sucedidos são aqueles que adaptam seus serviços para atender às necessidades dos fornecedores e dos clientes-alvo.

DESTAQUE de *marketing*

Uniqlo

Crédito: mauritius images GmbH/Alamy Stock Photo

A Uniqlo é uma grife, fabricante e varejista de moda casual japonesa. O nome é um cruzamento das palavras *unique* e *clothing* ("único" e "vestuário"), o que reflete a filosofia da empresa de criar roupas casuais ao mesmo tempo simples e estilosas. A Uniqlo desenvolveu sua presença ao redor do mundo rapidamente, expandindo-se para mais de 1.500 lojas e competindo com a Zara e a H&M para se tornar a maior varejista de moda do mundo. Em 2017, a Uniqlo informou mais de US$ 7 bilhões em receitas.

Tadashi Yanai, fundador da Uniqlo, herdou a rede de lojas de alfaiataria do pai em Ube, Yamaguchi, em 1972. Inspirado pelas grandes redes de moda da Europa e dos Estados Unidos, Yanai enxergou o potencial do mercado de moda casual japonês e mudou a estratégia de negócios da família. Em vez de serviços de alfaiataria, a empresa venderia peças casuais a baixo custo. Após se tornar presidente da empresa em 1984, Yanai inaugurou a primeira Unique Clothing Warehouse (Armazém das Roupas Únicas) em Naka-ku, Hiroshima, que posteriormente seria rebatizada de Uniqlo. Um dos primeiros desafios de negócios da Uniqlo foi superar a percepção dos clientes. Como a empresa vendia moda casual a baixo custo, as pessoas acreditavam que suas peças tinham baixa qualidade. Foi apenas em 1998, quando a Uniqlo inaugurou uma loja de três andares em Harajuku, um dos bairros de compras mais populares de Tóquio, que a percepção dos consumidores mudou. Eles perceberam que a Uniqlo estava vendendo jaquetas *fleece* de alta qualidade a preços acessíveis. Isso precipitou uma transformação completa nas percepções dos clientes sobre a marca: de roupas baratas para moda casual acessível de alta qualidade. Até o final de 1998, a Uniqlo havia se expandido para mais de 300 lojas no Japão.

Em comparação com outros varejistas de moda populares, a filosofia de marca da Uniqlo adota uma abordagem bastante simples e inclusiva. Sua mensagem de marca é que "a Uniqlo é uma empresa japonesa moderna que inspira o mundo a se vestir casualmente". Ao contrário de varejistas de moda como Zara e H&M, a Uniqlo não busca seguir as tendências da moda. Em vez disso, a Uniqlo desenha e vende peças para serem acessíveis e universais, um ingrediente crucial para o sucesso da empresa. A ideia se manifesta no lema da marca, "Made for All" (Feita para todos). A Uniqlo desenha suas roupas para atrair todos os consumidores, independentemente de idade, etnia ou gênero. As roupas são básicas, mas ainda permitem que os consumidores as combinem com outras peças e acessórios para expressar o próprio estilo.

A Uniqlo cria produtos para três segmentos primários: mulheres, homens e crianças, incluindo bebês. Em cada um dos três segmentos, a Uniqlo vende cinco tipos diferentes de roupa: vestuário externo, partes de cima, partes de baixo, roupas íntimas e roupas para uso doméstico. Na categoria de vestuário externo, a Uniqlo é famosa pela sua jaqueta Ultra-Light Down, que oferece excelente isolamento térmico apesar de ser leve e fina. As roupas de cima incluem muitos vestidos, blusas, camisetas, polos e moletons básicos. As partes de baixo da Uniqlo incluem calças, bermudas, saias e *leggings*. A Uniqlo oferece coleções de marca nas duas últimas categorias para quem busca dar um toque mais estiloso aos seus guarda-roupas. A maior parte das roupas íntimas e para uso doméstico da Uniqlo são criadas especificamente para serem confortáveis, com níveis variáveis de calor e respirabilidade.

Outro aspecto do sucesso da Uniqlo é o *design* de moda e a inovação. Yanai afirma frequentemente que a Uniqlo não é uma empresa de moda, mas de tecnologia. A Uniqlo investiu em inovações tecnológicas para melhorar o desempenho das suas peças. O tecido HeatTech cria calor a partir da umidade e prende-o em bolsas de ar embutidas no tecido. O tecido AIRism é leve e elástico e continua respirável em muitas temperaturas diferentes. A linha Lifewear mistura moda esportiva com casual e é desenhada para ser uma peça de roupa cotidiana. Com o uso de marcas para essas inovações em tecidos e a ênfase em desempenho e funcionalidade superiores, a Uniqlo diferencia suas roupas daquelas vendidas por outros varejistas de baixo custo.

Outro fator no sucesso da Uniqlo é que ela consegue vender roupas funcionais e de alta qualidade a baixos preços. Após descobrir que muitas redes de moda estrangeiras populares (como Gap e Benetton) eram verticalmente integradas, Tadashi Yanai seguiu o seu exemplo e assumiu o controle de todo o *design*, produção e varejo. Os varejistas de *fast fashion* estruturam a sua cadeia logística para reagir rapidamente a novas tendências em até duas semanas. Em vez disso, a Uniqlo planeja a produção de peças básicas e essenciais com meses de antecedência. A empresa alinha a produção com as suas campanhas de *marketing* para ajustar as quantidades com base na demanda de consumo, e os membros da equipe visitam as fábricas para garantir que as novas peças têm a qualidade Uniqlo.

Para construir a sua marca, a Uniqlo usa muitos métodos diferentes além de folhetos e dos comerciais de TV tradicionais. Um método é uma forte ênfase na experiência dentro das lojas. Luzes fortes, combinadas com pilhas perfeitas e organização eficiente, transmitem a mensagem da Uniqlo de simplicidade e acessibilidade. Telas digitais que explicam os benefícios das inovações e estilos da Uniqlo estão posicionadas estrategicamente em áreas abertas. A Uniqlo também se compromete com a criação de um atendimento diferenciado ao cliente. A empresa treina os funcionários das lojas por três meses, significativamente mais do que a média do setor. Yanai também planeja lançar a Universidade Uniqlo, onde mais de 1.500 gerentes serão treinados e enviados para trabalhar ao redor do mundo todos os anos. Os funcionários são treinados para agirem proativamente no sentido de interagir com os clientes e ajudá-los a encontrar o produto certo. Eles usam seis frases padrão, incluindo "encontrou tudo que estava procurando?" e "me avise se precisar de alguma coisa, meu nome é _____". Na entrada da loja, os *greeters* dão boas-vindas calorosas e tchaus simpáticos aos clientes.

O forte posicionamento de marca e a filosofia "Made for All" da Uniqlo, que se refletem no *marketing*, no *design*, nas operações e no atendimento, ajudaram a transformar a empresa em uma gigante do varejo de moda global e em uma das varejistas de moda mais valiosas do mundo.[43]

Questões

1. Quais são os principais aspectos da proposição de valor para o cliente da Uniqlo?
2. A Uniqlo deveria permanecer verticalmente integrada? Ou deveria recorrer mais à terceirização para melhorar a flexibilidade e realizar economias de escala?
3. Qual é o papel da cultura corporativa na criação de uma experiência de alto nível para o cliente?

DESTAQUE de *marketing*

Best Buy

A varejista de produtos eletrônicos Best Buy remonta a 1966. A primeira loja, chamada Sound of Music, especializava-se em áudio e vendia principalmente aparelhos de som e outros equipamentos musicais. A Sound of Music havia se expandido para sete unidades em 1983, quando mudou de nome para Best Buy. A ideia era refletir os preços competitivos e o maior sortimento de produtos, que incluía eletrodomésticos, informática, *videogames* e sistemas de *home theater*.

No início da década de 2010, os negócios da Best Buy enfrentaram diversos desafios. Em especial, a prática do *showrooming* tornou-se uma tendência que afetava negativamente os varejistas de produtos eletrônicos. Os clientes entravam nas lojas para conferir os produtos eletrônicos e eletrodomésticos e então os comprovam a preços menores de outros varejistas, como a Amazon. A Best Buy costumava atrair muitos clientes interessados em produtos como CDs e DVDs, mas estes estavam se tornando obsoletos à medida que músicas, filmes e *videogames* migravam para plataformas digitais. Concorrentes como RadioShack, Circuit City e hhgregg já haviam fechado as portas ou entrado com pedido de falência, e a Best Buy enfrentava a triste possibilidade de sofrer o mesmo destino.

A reviravolta da Best Buy começou quando Hubert Joly foi contratado para ser o novo CEO, em meados de 2012. Joly, que anteriormente atuara como CEO da Carlson Wagonlit Travel, conglomerado de hotelaria e viagens americano, buscou transformar o *showrooming* de ameaça grave em estratégia de negócios bem-sucedida. Além disso, ele buscou melhorar drasticamente o aspecto de atendimento da Best Buy para reter os clientes e fidelizá-los.

Uma das mudanças mais importantes de Joly foi a garantia de igualar preços da Best Buy. Com o uso de aplicativos de comparação de preços, os clientes viam que empresas como a Amazon quase sempre ofereciam o mesmo produto a um preço menor. Parecia não haver motivo para comprar os produtos na Best Buy; para os clientes, era melhor olhar os produtos na loja física e encomendá-los pela internet. Embora a garantia fosse cara, a garantia de igualar os preços dava aos clientes um motivo para comprar seus produtos na loja da Best Buy, e não na concorrência.

Para se aproveitar do *showrooming*, a Best Buy formou uma parceria com diversas produtoras de equipamentos eletrônicos (como Apple, Samsung e Microsoft) para destacar seus produtos em *displays* com as marcas das empresas. Originalmente, a Best Buy colocava os produtos dessas empresas lado a lado nas áreas que ofereciam diferentes tipos de produtos eletrônicos. Com a nova parceria, a Best Buy passou a apresentar os produtos de cada uma delas em quiosques exclusivos. Por exemplo, os quiosques da Apple têm o mesmo *design* minimalista usado nas Apple Stores. Os da Amazon destacam os dispositivos Alexa, e os clientes podem experimentar novos consoles e jogos na área da Microsoft. Os funcionários alocados aos quiosques também são muito bem versados nos produtos da empresa. Como muitos concorrentes fecharam as portas, as fabricantes de eletrônicos só podiam recorrer à Best Buy para destacar os seus produtos. As parcerias criaram um fluxo de receitas lucrativo para a Best Buy.

A Best Buy também alterou o modo como seus produtos eram expedidos. Antes da mudança, os produtos encomendados do *site* da Best Buy eram enviados de um armazém central. Se este não tinha o produto em estoque, o cliente precisava ir a uma loja Best Buy ou encontrar um varejista diferente. Os gestores perceberam que cada uma das lojas da Best Buy podia servir como um minidepósito do qual enviar os produtos. Após pequenas mudanças, os clientes que encomendavam do *site* da Best Buy podiam pedir que os seus itens fossem entregues ou enviados para coleta do ponto mais próximo, fosse ele uma loja da Best Buy na vizinhança ou o armazém mais próximo. Essa mudança reduziu drasticamente os tempos de transporte e tornou o *site* útil mesmo quando os armazéns ficavam sem estoque. O *site* da Best Buy se tornou uma opção mais competitiva para quem faz compras na internet.

Outra iniciativa da Best Buy foi melhorar o atendimento ao cliente para competir com empresas como a Amazon. A Best Buy acreditava que uma excelente experiência de atendimento ao cliente presencial daria uma vantagem à empresa. Os gerentes da Best Buy retreinaram seus funcionários em 2012 para incentivar mais engajamento com os clientes e os instruíram a aprender mais sobre os novos lançamentos de produtos eletrônicos, como os óculos de realidade virtual e os eletrodomésticos inteligentes. A Best Buy também melhorou o Geek Squad, o serviço de suporte técnico interno que oferecia consertos e instalações para os clientes da empresa. Após as mudanças, o Geek Squad passou a estar disponível para os membros 24 horas por dia, todos os dias da semana, e a oferecer planos mais baratos para estudantes. O Geek Squad também começou um programa que oferecia assessoria residencial gratuita aos clientes sobre quais produtos comprar e qual seria a melhor maneira de instalá-los.

A Best Buy usou análise de dados para entender o comportamento do consumidor, prever a demanda de mercado e aumentar os lucros das lojas. Além disso, ela acompanha o comportamento do consumidor nas lojas, usando dados de aplicativos móveis e *geotagging* para identificar quais quiosques os clientes visitam, quanto tempo passam em cada um e se compram ou não. A Best Buy usa esses dados para otimizar os leiautes das lojas e enviar anúncios customizados para os clientes, a fim de aumentar as vendas.

A estratégia da Best Buy solidificou a posição da empresa como uma das maiores varejistas de produtos eletrônicos do mundo. Com mais de mil lojas físicas nos Estados Unidos, a Best Buy tornou-se um mercado gigante para produtos eletrônicos e eletrodomésticos. Os clientes optam pela Best Buy em virtude da assessoria nas lojas, do atendimento ao cliente e da possibilidade de testar os produtos antes de comprá-los. A Best Buy mostrou que o varejo presencial ainda pode ter sucesso, apesar do crescimento do comércio eletrônico.[44]

Questões

1. Quais são os segredos do sucesso da Best Buy? Quais são os desafios no atual cenário do varejo?
2. De que outra forma a Best Buy poderia competir com concorrentes como Walmart e Costco e empresas *on-line* como a Amazon?
3. A Best Buy deveria focar em ser um *showroom* para empresas que não têm suas próprias lojas de varejo físicas? Quais são os prós e contras dessa abordagem?

DESTAQUE de *marketing*

Chilli Beans

Se você visitou algum *shopping center* no Brasil nos últimos 20 anos, seguramente se deparou com um quiosque ou uma loja de óculos da Chilli Beans. A marca Chilli Beans comercializa óculos, relógios e acessórios e teve um crescimento expressivo nos últimos anos com o posicionamento arte, *fashion*, música e mundo *geek*. De acordo com Caito Maia, CEO e fundador da marca, "Com os óculos da Chilli Beans, você se sente à vontade para ser quem você é, sempre com muito orgulho da sua história".

Depois dos anos iniciais de expansão no mercado brasileiro, a marca iniciou sua trajetória internacional, inaugurando lojas em países como Portugal e Estados Unidos. Nos primeiros anos da década de 2020, a empresa se deparou com um novo desafio: iniciar uma operação em El Salvador, um país da América Central com características peculiares.

El Salvador é um país com muito sol e praia, uma população de 6,6 milhões de habitantes (estimativa de 2023) e um produto interno bruto (PIB) de 27,023 bilhões de dólares (2019). É o menor país da América Central e o mais denso, com 20% da sua população morando no exterior, a maioria nos Estados Unidos. Além disso, 20% do seu PIB tem origem no exterior, sendo a segunda maior receita externa. Essa influência dos Estados Unidos faz com que o anglicanismo seja usado nas campanhas de publicidade. Ainda, apesar de o idioma ser o espanhol, a população jovem fala inglês, em função do grande número de *call centers* que existem no país como oportunidade de trabalho para jovens.

A marca chegou ao país em agosto de 2022, com a abertura da primeira loja na capital San Salvador, que tem uma população de 1,1 milhão de habitantes, pela iniciativa de um empreendedor local, proprietário de uma rede de farmácias, que resolveu diversificar seu portfólio de negócios e investir na marca como *master* franqueado na região.

Para a entrada em El Salvador, a Chilli Beans preparou, em conjunto com o empreendedor local, um plano de *marketing*, considerando as variáveis do *marketing* varejista: localização, tipo de loja, ambientação de loja, sortimento (produto), preço, promoção, equipe de atendimento e serviços. Tudo isso com base na análise de diferenças culturais, segmentação, posicionamento e estratégia para a introdução da marca. Como fatores críticos de sucesso, foram consideradas a localização e a promoção.

Para orientar as decisões, foi realizada uma pesquisa com 500 *prospects* locais. A pesquisa identificou alguns pontos de atenção, como a preocupação com qualidade, aparência e moda e a demanda de pelo menos um par de óculos por ano, com preços variando entre US$ 70 e 90.

A partir desses *insights*, a marca se posicionou em El Salvador como inovadora, versátil e elegante, ofertando óculos de sol e lentes de prescrição com alta qualidade e preço justo.

A primeira loja foi inaugurada no Shopping Multiplaza, em San Salvador. A decisão crítica considerou o fluxo de consumidores do *shopping*, bem como o potencial de consumo da cidade. O formato de loja adotado é um ponto de diferença da marca, já que a Chilli Beans foi a pioneira no conceito de *self-service* ótico, permitindo que os clientes testem seus produtos, o que facilita a decisão de compra.

A ambientação da loja tem um *design clean*, explorando a iluminação para dar destaque aos produtos, suas cores e seu *design*. A cor branca também é usada com esse intuito, combinada com as cores preta e vermelha da identidade visual da marca. Telas de LED e *posters* gigantes também são usados para compor a ambientação, além da música com volume alto. Essa combinação cria um diferencial para a marca, já que, no mercado de El Salvador, a ambientação de lojas desse setor é mais tradicional.

A equipe de atendimento segue a mesma linha da ambientação, conectada com a imagem de inovação. Os atendentes são, em sua maioria, jovens, e o uniforme é uma camiseta colorida com frases que remetem à comunicação da marca, calça *jeans* e tênis. O processo de atendimento busca o equilíbrio entre o respeito, o entusiasmo e a informalidade, para criar a possibilidade de uma conexão mais calorosa e de confiança com a nova marca.

O sortimento escolhido para a inauguração responde à preocupação dos consumidores com questões relacionadas a qualidade, aparência, moda, elegância e inovação. Para a Chilli Beans, esses aspectos também são fundamentais, o que facilitou a escolha dos itens a serem ofertados. O desafio estava no equilíbrio entre o sortimento escolhido e o preço considerado justo pelo consumidor.

O preço inicial foi fixado na faixa entre US$ 70 e 90, resultado de análises que consideraram as pesquisas junto ao consumidor salvadorenho, a faixa de preço do concorrente direto (Ray-Ban) e a experiência da marca em outras operações na América Latina. A resposta do consumidor foi positiva, de modo que, após os primeiros meses de lançamento, a faixa de preço foi modificada, e o modelo mais barato passou a ser vendido por US$ 90, enquanto o mais caro, por US$ 120.

Para a outra variável crítica (promoção), foi desenvolvida uma linha criativa com as palavras-chave "moda" e "inovação", considerando quatro diferentes segmentos de clientes: jovens de 17 a 23 anos; jovens de 24 a 29 anos; jovens adultos de 30 a 40 anos; e adultos de 41 a 49 anos. Todas as campanhas foram desenvolvidas considerando ferramentas digitais, com um embaixador específico para cada um dos públicos.

A estratégia de conteúdo da marca envolveu o calendário histórico da marca, *post* de convidados do Brasil, conteúdo da moda para *download* e socialização da marca com *posts* no Instagram e em seu *site*. A estratégia nas mídias sociais envolveu a criação de campanhas com anúncios, concursos e *posts* informativos.

A Chilli Beans oferece seis meses de garantia, além da possibilidade de troca de modelo em três dias caso o cliente não goste do modelo.

Durante todo o processo de implementação no novo mercado, a Chilli Beans considerou fundamental o parceiro internacional para fazer com que a operação e a marca se consolidassem. Esse é um processo contínuo de aprendizado de mão dupla entre a marca e o parceiro no exterior.

Questões

1. Qual é a importância dos *insights* obtidos pela pesquisa para as decisões de *marketing* da Chilli Beans em El Salvador?
2. Por que a variável localização de loja foi considerada crítica para a implementação da nova operação?
3. Explique o desafio do sortimento de produtos considerando a variável preço.
4. Comente a decisão de escolher diferentes embaixadores nas campanhas de promoção da marca.

Autores

Thelma Rocha Professora do Programa de Pós-Graduação em Administração (PPGA) e do Mestrado Profissional em Comportamento do Consumidor (MPCC) da ESPM. É doutora em administração com ênfase em *marketing* pela FEA-USP, além de mestre em administração mercadológica pela EAESP-FGV. Tem especialização em *international business* pela Stockholm School of Economics (SSE), na Suécia.

Luis Américo Tancsik Leciona fundamentos de *marketing* e *trade marketing* no curso de comunicação e publicidade da ESPM. É mestre em administração de empresas pelo PPGA da ESPM, MBA em varejo pela FIA-USP e graduado em administração de empresas pela PUC-SP.

Erick Alejandro de Morales de Andrade Mestre em administração de empresas pelo PPGA da ESPM e empreendedor salvadorenho-brasileiro. É formado em comunicações integradas de *marketing*, com especialização em *management* pela Escuela de Comunicación Mónica Herrera (ECMH) de El Salvador.

Referências

CHILLI Beans convida consumidores a assumirem suas personalidades em nova campanha. Marcas no mundo, 17 out. 2022. Disponível em: https://marcaspelomundo.com.br/anunciantes/chilli-beans-convida-consumidores-a-assumirem-suas-personalidades-em-nova-campanha/. Acesso em: 3 mai. 2023.

ENCONTRO de Pesquisa GP Agrifood & Franchising – nov/22. *Grupo de Pesquisa Agrifood & Franchising ESPM SP*. 16 nov. 2022. Disponível em: https://www.youtube.com/watch?v=YTZuW6IkLWA. Acesso em: 12 mai. 2023.

THE World Factbook. *Cia.gov*, 23 nov. 2023. Disponível em: https://www.cia.gov/the-world-factbook/. Acesso em: 12 mai. 2023.

https://chillibeans.sv/. Acesso em: 12 mai. 2013.

7 | Gestão do *crescimento*

17
Crescimento em mercados competitivos

A General Motors, que, desde a fundação, foi a primeira montadora a incluir diversos recursos em seus automóveis, mas que começou a ficar para trás na inovação durante a década de 1990, voltou a buscar na inovação uma maneira de turbinar as vendas após a crise econômica global de 2009.
Crédito: Jonathan Weiss/Alamy Stock Photo.

O crescimento é essencial para o sucesso de todas as empresas. Ser líder de mercado em longo prazo é a meta de todo profissional de *marketing*. No entanto, as atuais circunstâncias desafiadoras de mercado com frequência exigem que as empresas reformulem suas estratégias de *marketing* e ofertas de produto. As condições econômicas mudam, os concorrentes lançam novas investidas e os interesses e as exigências dos consumidores evoluem. Ao longo dos anos, uma interessante batalha competitiva foi travada entre as montadoras, e a General Motors buscou maneiras de diferenciar seus veículos para garantir o crescimento de mercado sustentado.

>>> Fundada em 1908, a General Motors sempre buscou novas tecnologias inovadoras para integrar aos seus automóveis. Ela foi a primeira a fabricar carros com ignição automática, o que tornou as manivelas obsoletas. Os *airbags* e um freio em cada roda também apareceram primeiro em carros da General Motors. Na década de 1950, o foco em conveniência e segurança do consumidor deu à empresa 50% do mercado automobilístico americano.

A estagnação da General Motors começou no final do século, quando a inovação começou a ficar para trás e o foco da empresa se centrou nas promoções de vendas como forma de gerar vendas. Quando saiu do processo de falência após a crise econômica global de 2009, a montadora tentou rejuvenescer seus esforços de inovação de produto. O programa de zero colisão, zero emissão e zero congestionamento, anunciado em 2019, reflete a guinada da empresa na direção de veículos elétricos autônomos. Para tanto, a GM está formando parcerias com desenvolvedores de inteligência artificial, como Google e Microsoft, para criar uma frota de carros autônomos e sistemas integrados de auxílio ao motorista. Como parte desse novo foco, a General Motors descontinuou o Chevy Volt e incorporou a tecnologia verde ao Cadillac, sua marca de luxo. Com um investimento significativo em tecnologias que prometem moldar o futuro da indústria automotiva, a General Motors quer recuperar a liderança em inovação e fortalecer a sua posição no mercado.[1]

Este capítulo analisa o crescimento, o papel exercido pela concorrência e a melhor forma de os profissionais de *marketing* gerenciarem suas marcas, levando em consideração o posicionamento de mercado e o estágio do ciclo de produto. A concorrência intensifica-se ano a ano. Concorrentes globais estão ávidos por aumentar vendas em novos mercados, concorrentes *on-line* buscam meios econômicos para expandir sua distribuição, marcas próprias e de lojas oferecem opções de baixo preço e extensões de megamarcas ingressam em novas categorias. Por essas e outras razões, o destino de produtos e marcas mudam com o tempo, e os profissionais de *marketing* devem acompanhar essas mudanças.

Avaliação de oportunidades de crescimento

A avaliação de oportunidades de crescimento envolve o planejamento de novos negócios, assim como a redução ou a extinção de negócios obsoletos. Se houver uma lacuna entre as vendas futuras planejadas e as vendas de fato projetadas, a administração corporativa terá de desenvolver ou adquirir novos negócios para preenchê-la.

Há duas considerações principais para avaliar oportunidades de crescimento. A primeira trata dos tipos de produtos e de mercados nos quais a empresa deveria se concentrar. A segunda envolve os modos como a empresa pode administrar a sua estratégia de crescimento de produto e de mercado ao longo do tempo. Analisamos essas opções nas próximas seções.

ESTRATÉGIAS DE CRESCIMENTO DE PRODUTO E DE MERCADO

A primeira ação da gestão corporativa deve ser analisar oportunidades de melhorar o desempenho dos negócios existentes. Uma estrutura popular para tanto é a **matriz de crescimento de produto e mercado**. Também chamada de matriz de Ansoff, ela define as quatro principais estratégias de crescimento das vendas que ligam os segmentos de clientes da empresa a oportunidades de desenvolvimento de produtos.[2] O sistema avalia as oportunidades de crescimento estratégico em relação a produtos e mercados novos e atuais.

Objetivos de aprendizagem   Após ler este capítulo, você deverá ser capaz de:

17.1 Resumir como a empresa avalia suas oportunidades de crescimento.

17.2 Explicar como a empresa conquista posição no mercado.

17.3 Resumir as estratégias que a empresa pode usar para defender sua posição no mercado.

17.4 Discutir as principais estratégias de *marketing* para o ciclo de vida do produto.

Capítulo 17 | Crescimento em mercados competitivos 469

FIGURA 17.1
Matriz de crescimento de produto e mercado.

Em primeiro lugar, a empresa verifica se pode ter maior participação de mercado com seus produtos atuais e em seus mercados atuais, usando uma estratégia de penetração de mercado. A seguir, examina se pode encontrar ou desenvolver novos mercados para seus produtos atuais por meio de uma estratégia de desenvolvimento de mercados. Então, avalia se pode desenvolver novos produtos de interesse potencial para seus mercados atuais, usando uma estratégia de desenvolvimento de produtos. Posteriormente, também verifica oportunidades de desenvolver novos produtos para novos mercados por meio de uma estratégia de diversificação. As quatro estratégias que compõem a matriz de crescimento de produto e mercado estão ilustradas na Figura 17.1.

Veja como a ESPN aplicou as oportunidades de crescimento.

ESPN Em virtude de seu foco exclusivo em programação e noticiário esportivo, a ESPN passou de pequeno canal regional para tornar-se o maior nome do esporte. No início da década de 1990, a empresa elaborou um plano bem criterioso: estaria presente onde quer que fãs de esportes assistissem, lessem e discutissem esportes. Ela perseguiu essa estratégia, expandindo sua marca, e, atualmente, abrange 10 canais a cabo, um *site*, uma revista, uma rede de restaurantes (ESPN Zone), mais de 600 afiliadas locais de rádios, filmes e séries de televisão originais, publicação de livros, um negócio de venda de mercadorias por catálogo e comércio eletrônico, música, *videogames* e um serviço para celulares. A ESPN International possui, parcial ou integralmente, 47 redes de TV fora dos Estados Unidos e uma variedade de outros negócios que atingem fãs de esportes em mais de 200 países e territórios espalhados pelo planeta. Agora de propriedade da The Walt Disney Company e da Hearst Communications, a ESPN representa uma parcela significativa das receitas de TV a cabo da Disney.³

A **estratégia de penetração de mercado**, que envolve o crescimento das vendas das ofertas atuais da empresa para os seus clientes atuais, costuma ser a mais fácil de implementar. Para isso, a empresa pode demonstrar os benefícios dos seus produtos na tentativa de incentivar os clientes a comprarem mais. Ela também pode

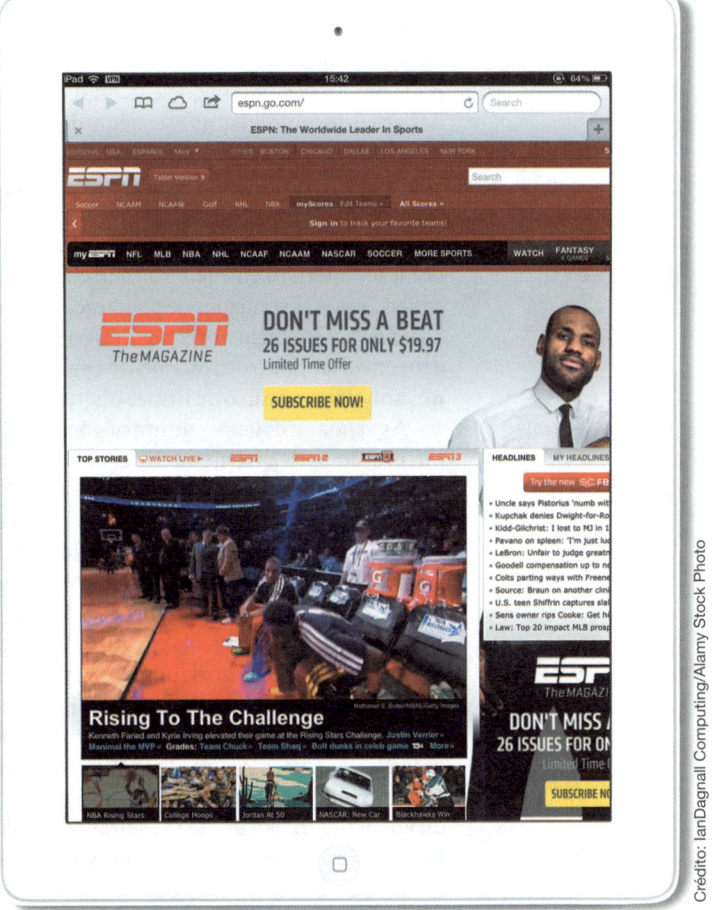

>> A promessa de expandir sua marca para estar onde quer que os fãs assistissem, lessem ou conversassem sobre esportes transformou a ESPN de um canal regional para o maior nome nos esportes, operando diversas mídias e outros negócios em quase 200 países e territórios.

Crédito: IanDagnall Computing/Alamy Stock Photo

identificar novas utilidades para os seus produtos atuais e ensinar os clientes a utilizá-los para atender a diferentes necessidades.

Como uma empresa pode usar uma **estratégia de desenvolvimento de mercado**? Primeiro, ela pode tentar identificar potenciais grupos de usuários nas áreas de vendas atuais. Se a empresa tem vendido apenas para mercados consumidores, pode prospectar os mercados de escritórios e fábricas. Segundo, pode procurar outros canais de distribuição, acrescentando comercialização em massa ou canais *on-line*. Terceiro, a empresa pode vender em novos locais em seu país de origem ou no exterior.

Os gestores também devem considerar uma **estratégia de desenvolvimento de produtos**. Assim, a empresa poderia desenvolver novos recursos de produtos, oferecer diferentes conjuntos de benefícios em diferentes faixas de preço ou pesquisar uma tecnologia alternativa para desenvolver um substituto viável para os seus produtos atuais.

Por fim, o **crescimento por diversificação** faz sentido quando existem boas oportunidades fora dos negócios atuais, ou seja, quando o setor é altamente atrativo e a empresa tem as forças necessárias para se sair bem. A partir de sua origem na produção de filmes de animação, a Walt Disney Company passou a licenciar seus personagens para uso em bens de consumo, publicou livros de ficção sob o selo Hyperion, ingressou no setor televisivo com um canal próprio, o Disney Channel, adquiriu as redes ABC e ESPN e desenvolveu parques temáticos e *resorts* de férias, além de oferecer experiências de cruzeiros e cinema.

Vários tipos de diversificação são possíveis. Em primeiro lugar, a empresa pode optar por uma estratégia concêntrica e procurar novos produtos que tenham sinergias tecnológicas ou de mercado com as linhas de produtos existentes, embora atraiam o interesse de um grupo diferente de clientes. Em segundo lugar, a empresa pode adotar uma estratégia horizontal e fabricar produtos complementares, embora estes demandem outro processo de manufatura. Por fim, a empresa pode procurar novos negócios sem relação com a tecnologia, com os produtos ou com os mercados atuais, seguindo uma estratégia de conglomerado.

CRESCIMENTO POR FUSÕES E AQUISIÇÕES

As empresas podem crescer de duas formas: aumentando a produção e fortalecendo as receitas e os lucros internamente (abordagem chamada de **crescimento orgânico**) ou com base em fusões e aquisições. As estratégias de penetração de mercado e desenvolvimento de mercado normalmente buscam o crescimento orgânico, ao passo que o desenvolvimento de produto e a diversificação podem envolver tanto o crescimento orgânico quanto o crescimento por fusões e aquisições. Vamos nos concentrar no uso de fusões e aquisições para expandir a posição de mercado da empresa.

As vendas e os lucros de um negócio podem ser aumentados por meio de integração para trás, integração para a frente ou integração horizontal no âmbito de seu setor de atuação. A Merck formou uma *joint venture* com a Johnson & Johnson em 1989 para vender medicamentos isentos de prescrição; em 1991, fez o mesmo com a DuPont para ampliar sua divisão de pesquisa básica. Em 1997, associou-se à Rhône-Poulenc S. A. (atual Sanofi S.A.) para unir suas empresas de saúde animal e genética avícola e formar a Merial Limited, uma empresa totalmente integrada de saúde animal. Por fim, a Merck adquiriu a Schering-Plough em 2009, a Cubist Pharmaceuticals em 2014, a Afferent Pharmaceuticals em 2016 e a Antelliq em 2018.[4]

Fusões e alianças horizontais nem sempre funcionam. A fusão entre Sears e Kmart não resolveu os problemas de nenhum dos dois varejistas. A fusão da Nextel Communications Inc. com a Sprint em 2005 foi considerada uma das piores da década, em parte devido às suas redes incompatíveis.[5] No mesmo espírito, a fusão da United com a Continental fazia sentido estratégica e financeiramente, mas os problemas logísticos pareciam infinitos, uma vez que as duas companhias dirigiam seus negócios de maneiras muito diferentes, desde os procedimentos de embarque até a forma como os aviões eram levados até o portão.

Como uma empresa pode usar fusões e aquisições para expandir o seu negócio? Ela pode adquirir um ou mais de seus fornecedores para obter maior controle ou gerar mais lucros por meio de integração para trás. Também pode adquirir alguns atacadistas ou revendedores, sobretudo se forem altamente lucrativos, em uma integração para a frente. Por fim, é possível comprar um ou mais concorrentes, desde que o governo não barre essa integração horizontal.[6] Essas novas fontes, no entanto, podem ainda não gerar o volume desejado de vendas. Nesse caso, a empresa deve examinar as possibilidades de diversificação.

Além de considerar novas oportunidades de mercado, as empresas precisam enxugar, colher (maximizar o retorno de caixa em curto prazo) ou mesmo abandonar negócios antigos, exauridos, a fim de liberar recursos para outros usos e reduzir custos. Para se concentrar em suas operações de viagem e cartão de crédito, a American Express desmembrou a American Express Financial Advisors, que fornecia seguros, fundos mútuos, consultoria de investimento e serviços de corretagem e gestão de ativos (ela foi renomeada Ameriprise Financial). A American International Group (AIG) concordou em vender duas de suas subunidades – American General Indemnity Co. e American General Property Insurance Co. – para a White Mountains Insurance Group como parte de uma estratégia de crescimento em longo prazo para descartar ativos redundantes e concentrar-se em suas principais operações.

Quanto mais diversificado for o portfólio de negócios da empresa, maior será a probabilidade de que, em algum momento, ela precisará reduzir suas operações de negócios e/ou vender unidades de negócios. Assim, para simplificar o negócio e cumprir suas obrigações financeiras correntes, a GE desinvestiu de múltiplas divisões: sua unidade de serviços financeiros para o setor de transporte foi vendida para a canadense Bank of Montréal; sua divisão de eletrodomésticos foi vendida para o Haier Group, empresa chinesa do ramo de eletrodomésticos e eletroeletrônicos; e seu negócio de soluções industriais foi vendido para o conglomerado multinacional suíço-sueco ABB. A GE também concordou em vender sua unidade de energia distribuída para a Advent, um fundo de *private equity*, e fundiu seu negócio de transporte, que inclui as operações de fabricação de locomotivas, com a Wabtec, uma fabricante de locomotivas.

CRESCIMENTO POR INOVAÇÃO E IMITAÇÃO

Theodore Levitt afirmava que uma estratégia de *imitação de produto* pode ser tão lucrativa quanto uma estratégia de *inovação de produto*.[7] Na "imitação inovadora", como ele a denomina, cabe ao inovador a tarefa de desenvolver o novo produto, passando pela distribuição, informação e educação do mercado. A recompensa por todo esse trabalho e risco costuma ser a liderança de mercado. Todavia, outra empresa pode surgir e copiar ou melhorar o novo produto. Embora provavelmente não ultrapasse a líder, a seguidora pode obter lucros altos, uma vez que não teve de arcar com todos os custos de inovação.

Muitas empresas preferem seguir a líder de mercado a desafiá-la. São comuns os padrões de "paralelismo consciente" nos setores em que o produto é homogêneo e exige grande investimento de capital, como o siderúrgico, o de fertilizantes e o químico. As oportunidades para diferenciação de produto e de imagem são baixas, a qualidade do serviço costuma ser comparável e a sensibilidade ao preço é consideravelmente alta. O ambiente nesses setores não recomenda investidas rápidas por participação de mercado, visto que essa estratégia leva apenas à retaliação. Em vez disso, a maioria das empresas apresenta ofertas similares aos compradores, quase sempre copiando a líder. Assim, as participações de mercado caracterizam-se por um nível acentuado de estabilidade.

Isso não quer dizer que faltem estratégias às seguidoras de mercado. Uma empresa desse tipo deve saber como segurar seus clientes e conquistar novos. Todas as seguidoras esforçam-se para oferecer vantagens ao seu mercado-alvo, como localização, serviços e formas de pagamento, enquanto mantêm defensivamente seus custos de fabricação baixos e a qualidade de seus bens e serviços alta. Elas também devem ingressar em novos mercados à medida que se abrem.

A seguidora também deve definir um caminho de crescimento que não atraia retaliação competitiva. Nesse sentido, podemos distinguir três estratégias amplas.

- *Clonagem*. O "clonador" imita o produto, o nome e a embalagem do líder com variações sutis. É comum as empresas de tecnologia serem acusadas de clonagem: imitações baratas copiam sons dos produtos do criador do aplicativo de mensagens móveis WhatsApp, e a Rocket Internet, com sede em Berlim, copiou os modelos de negócios dos concorrentes e tentou superá-los na execução.[8] A Ralston Foods, atualmente de propriedade da ConAgra, vende imitações de cereais de marcas conhecidas em embalagens semelhantes como parte de sua plataforma Value + Brands (valor + marcas). Seus produtos Appel Cinnamon Tasteeos (*versus* Cheerios), Cocoa Crunchies (*versus* Cocoa Puffs) e Corn Biscuits (*versus* Corn Chex) miram as marcas de sucesso da General Mills, mas com preços bem mais baixos.[9]

- *Imitação.* O imitador copia algumas características do líder, mas mantém a diferenciação em termos de embalagem, propaganda, preço e localização. O líder não se importa com o imitador, desde que ele não o ataque agressivamente. Fernandez Pujals cresceu em Fort Lauderdale, na Flórida, e levou a ideia de entrega em domicílio da Domino's para a Espanha, onde tomou emprestada a quantia de US$ 80 mil para abrir sua primeira loja em Madri. Sua rede TelePizza opera mais de 1.600 lojas, incluindo próprias e franqueadas, em 23 países.[10]
- *Adaptação.* O adaptador melhora ou adapta os produtos da líder. Ele pode optar por vender para mercados diferentes, mas, com frequência, transforma-se em futuro desafiante, como muitas empresas japonesas fizeram após terem aperfeiçoado produtos desenvolvidos em outras localidades.

Observe que essas três estratégias de seguidores *não* devem ser confundidas com estratégias ilegais e antiéticas. Falsificadores duplicam os produtos e as embalagens do líder e os vendem no mercado negro ou por meio de revendedores de má reputação. Empresas de alta tecnologia como a Apple e marcas de luxo como a Rolex são assoladas pelo problema da falsificação há anos, em especial na Ásia. A falsificação de medicamentos tornou-se um enorme e potencialmente letal negócio de US$ 75 bilhões. Descobriu-se que as falsificações de medicamentos contêm vestígios de giz, pó de tijolo, tinta e até mesmo pesticida.[11]

Seguir não costuma ser um caminho recompensador. Algumas empresas seguidoras tiveram êxito, mas em outro setor. Les Wexner, que dirige a Limited Brands e sua varejista de *lingerie* Victoria's Secret, adota integralmente a imitação. Durante um mês por ano, ele viaja pelo mundo à procura de ideias que possa pegar emprestado de outras empresas, que vão de companhias aéreas a fabricantes de bens de consumo.[12]

Conquista de posição de mercado

Uma função importante do *marketing* é promover o crescimento das vendas da empresa e da receita. O *marketing* bem executado pode ajudar a atrair consumidores, induzi-los a experimentar os produtos da empresa e promover comunicação boca a boca e difusão.

A **posição de mercado** da empresa pode ser definida em três dimensões:

- Market share *(participação de mercado)*. A participação de mercado é medida pela receita de vendas da empresa ou pelo número de unidades vendidas em relação à receita total ou ao número total de unidades vendidas em um mercado específico.
- Share of mind *(participação na lembrança do consumidor)*. Definida como a porcentagem de clientes que cita a empresa como a primeira que vem à mente em um setor específico.
- Share of heart *(participação na preferência dos consumidores)*. A porcentagem dos clientes que citam a empresa como aquela da qual prefeririam comprar um produto específico.

A participação de mercado normalmente reflete a participação na lembrança e na preferência do consumidor. Poderíamos generalizar da seguinte forma: *empresas que obtêm ganhos constantes em participação na mente e na preferência dos consumidores inevitavelmente obterão ganhos em participação de mercado e lucratividade*. Empresas como Apple, Netflix, Uber, Airbnb e Warby Parker têm colhido os frutos de proporcionar valor emocional, de experiência, social e financeiro para satisfazer os clientes e todos os seus públicos.[13]

O **líder de mercado** detém a maior participação de mercado e geralmente lidera em variações de preços, lançamentos de produtos, cobertura de distribuição e intensidade promocional. Alguns líderes de mercado históricos são Microsoft (*software*), Gatorade (bebidas isotônicas), Best Buy (varejo de produtos eletrônicos), McDonald's (*fast-food*), Blue Cross Blue Shield (seguro de saúde) e Visa (cartões de crédito).

Embora os profissionais de *marketing* pressuponham que as marcas bem conhecidas sejam diferenciadas na mente dos consumidores, a menos que uma empresa dominante detenha o monopólio legal, ela deve manter vigilância constante. Uma poderosa inovação de produto pode surgir; um concorrente pode descobrir um novo ângulo de *marketing* ou planejar um grande investimento de *marketing*; ou a estrutura de custo do líder pode sofrer uma espiral ascendente. Uma marca renomada e líder de mercado que tem se esforçado para se manter no topo é a Xerox.

>> A tradicional Xerox evitou a complacência com o passar dos anos, passando de uma fabricante de copiadoras para uma empresa que oferece uma ampla gama de produtos de imagem e impressão, além de serviços que ajudam os clientes corporativos a reduzir os custos.

Xerox A Xerox teve de se tornar mais do que simplesmente uma fabricante de copiadoras. Agora, o ícone de primeira linha cujo nome se tornou um verbo (xerocar) ostenta o mais amplo leque de produtos de reprodução de imagem do mundo e domina o mercado de sistemas sofisticados de impressão, além de oferecer uma nova gama de serviços relacionados não só a esse mercado, mas também ao de negócios em geral. A empresa fez uma transição de linha de produto ao migrar da antiga tecnologia de lentes de luz para os sistemas digitais e tem buscado meios de tornar o sistema de cópias coloridas menos dispendioso e até imprimir em 3D. A Xerox fornece serviços mais amplos de gerenciamento de documentos e de impressão para ajudar as empresas a reduzir custos, eliminando impressoras de mesa, reduzindo o uso de papel e instalando dispositivos multiusuários e multifuncionais mais eficientes, que estragam menos e usam suprimentos mais baratos. A Xerox também está se tornando muito mais uma empresa de serviços, fornecendo processamento de contas e de negócios, bem como terceirização de tecnologia da informação (TI). A aquisição da Affiliated Computer Services (ACS) permitiu à Xerox incorporar sua tecnologia às operações de *back-office* (funções administrativas). Seja um telefonema para o atendimento ao cliente de uma companhia aérea, uma solicitação em papel ou *on-line* de seguro-saúde ou uma consulta para solucionar um problema em um *smartphone*, tudo pode ser tratado por um funcionário da Xerox. No início de 2017, a Xerox desmembrou sua divisão de serviços de negócios e criou uma nova empresa independente, a Conduent, para permitir que a Xerox continuasse a enfocar o negócio de tecnologia e terceirização de documentos.[14]

Para conquistar e defender a posição de mercado, a empresa pode, a princípio, encontrar formas de expandir as vendas para os clientes atuais. Segundo, pode expandir a demanda de mercado total com a criação de novos mercados. Terceiro, deve utilizar ações defensivas e ofensivas eficazes para proteger a sua participação atual. A seguir, analisamos cada uma dessas estratégias.

CRESCIMENTO DAS VENDAS PARA CLIENTES ATUAIS

Os profissionais de *marketing* podem tentar ampliar a quantidade, o nível ou a frequência de consumo. A *quantidade* de consumo pode, às vezes, ser elevada por meio da embalagem ou do *design* do produto. Sabe-se que embalagens maiores aumentam a quantidade de produto consumida a cada utilização.[15] A compra de produtos de consumo por impulso, como refrigerantes e salgadinhos, aumenta quando os produtos estão mais facilmente disponíveis.

Curiosamente, algumas companhias alimentícias, como a Hershey's, desenvolveram embalagens menores que aumentaram o volume de vendas por meio do consumo mais frequente.[16] De modo geral, para elevar a *frequência* de consumo, é preciso identificar oportunidades adicionais de uso da oferta da empresa ou maneiras totalmente novas e diferentes de empregá-la.

Identificar novas oportunidades de uso. Um programa de *marketing* pode comunicar a conveniência e as vantagens de utilizar uma marca. O antiácido Pepto-Bismol está em 40% dos lares americanos, mas apenas 7% das pessoas afirmam tê-lo usado nos últimos 12 meses. Para expandir seu uso e tornar a marca *top of mind* (a primeira que vem à lembrança dos consumidores), uma campanha de fim de ano a associou a festividades e comemorações com o *slogan* "Eat, Drink, and Be Covered" (Coma, beba e fique tranquilo). De um jeito parecido, na parte interna da aba frontal de sua embalagem, a goma de mascar Orbit coloca a mensagem "Eat. Drink. Chew.

>> O anúncio da Monroe lembra os consumidores de verificar se seus amortecedores precisam de troca.

A Good Clean Feeling" (Coma, beba, masque e tenha uma sensação de frescor), com o propósito de reforçar que a marca pode ser um substituto para a escovação dos dentes.[17]

Outra oportunidade para aumentar o uso se dá quando a percepção dos consumidores sobre o uso que fazem de algum produto difere da realidade. No caso de produtos com vida útil curta, os consumidores tendem a superestimá-la, motivo pelo qual podem deixar de substituir o produto no momento certo.[18] Uma estratégia para efetivar a substituição é vinculá-la a algum feriado, evento ou época do ano. Empresas de produtos domésticos, como pilhas para despertadores e filtros para aspiradores de pó, coifas e ar-condicionados, usam o início e o fim do horário de verão, ou seja, duas vezes ao ano, como forma de lembrar os consumidores da necessidade de troca.

Outra estratégia possível é (1) informar melhor os consumidores sobre quando o produto foi usado pela primeira vez ou precisará ser substituído ou (2) incorporar um medidor do nível de desempenho atual do produto. Os cartuchos de lâminas Gillette têm listas coloridas que desbotam gradualmente a cada barbear, sinalizando ao consumidor quando é hora de trocar o cartucho. A equipe de *marketing* dos amortecedores Monroe lançou a campanha inteligente e totalmente integrada "Everything Gets Old. Even Your Shocks" (Tudo fica velho, até seus amortecedores), que acabou gerando comparações entre amortecedores desgastados e itens de consumo comuns que se desgastam e precisam de reposição, como sapatos, meias, pneus e até mesmo bananas![19]

Identificar novos usos. A segunda estratégia para aumentar a frequência de consumo é identificar aplicações totalmente novas e diferentes. Por exemplo, há muito tempo as indústrias alimentícias divulgam novas receitas que utilizam os produtos de sua marca de diversas formas. Ao descobrir que consumidores americanos usavam o bicarbonato de sódio Arm & Hammer para neutralizar o odor da geladeira, a empresa lançou uma agressiva campanha focando esse uso e conseguiu que metade dos lares no país adotasse o produto. A seguir, a marca foi expandida para várias novas categorias de produto, como creme dental, desodorante antitranspirante e sabão em pó.

CRIAÇÃO DE NOVOS MERCADOS

As empresas que planejam lançar um produto devem decidir o momento de ingressar no mercado. Ser o primeiro pode ser recompensador, mas igualmente arriscado e oneroso. Ser um retardatário faz sentido se a empresa consegue oferecer tecnologia superior, qualidade ou uma marca forte para criar vantagem competitiva.

Vantagem do pioneirismo. Estudos indicam que a pioneira no mercado obtém a maior vantagem. Empresas como Campbell's, Coca-Cola, Hallmark e Amazon.com desenvolveram um domínio duradouro de mercado. Entre as 25 empresas que eram líderes de mercado em 1923, 19 ainda preservavam essa posição 60 anos depois.[20] Em uma amostra de empresas de bens industriais, 66% das pioneiras sobreviveram por pelo menos 10 anos, contra 48% das que vieram em seguida.[21]

O que origina a vantagem das pioneiras? Os usuários iniciais lembrarão o nome da marca pioneira, desde que estejam satisfeitos com o produto. A marca pioneira também estabelece os atributos que a classe de produtos deve ter.[22] Quase sempre a pioneira tem como alvo o setor intermediário do mercado, razão pela qual capta mais usuários. O comodismo do cliente exerce sua influência, pois os clientes relutam em abandonar a sua opção atual. Há também vantagens para o fabricante: economias de escala, liderança tecnológica, patentes, propriedade de ativos escassos e capacidade de impor outras barreiras à entrada de concorrentes.

Pesquisadores identificaram os cinco fatores que são os alicerces da liderança de mercado no longo prazo: visão do mercado de massa, persistência, inovação incansável, responsabilidade financeira e ativos estratégicos.[23] Outra pesquisa salientou a importância da inovação disruptiva.[24] Quando um pioneiro inicia um mercado com um produto realmente novo, como o Segway Human Transporter (meio de transporte de duas rodas), sobreviver pode ser muito desafiador. No caso da inovação incremental, as taxas de sobrevivência são bem maiores.

Acelerar a inovação é essencial em uma era de ciclos de vida do produto mais curtos. Sabe-se que ser um dos primeiros gera resultados. Contudo, agir rápido demais pode ser contraproducente. As empresas não devem agir ao custo de uma formulação e execução cuidadosas do plano de *marketing* para o lançamento do produto. A General Motors apressou o lançamento do Malibu, um novo automóvel de médio porte, para se antecipar à concorrência da Honda, Nissan e Ford. Quando todas as diferentes versões do Malibu não estavam prontas para produção na época do lançamento, a dinâmica da marca foi comprometida.[25]

A vantagem de ser pioneira não é uma regra absoluta.[26] A Bowmar (calculadoras de bolso), o Newton da Apple (assistente pessoal digital), o Netscape (navegador *web*), a Reynolds (canetas esferográficas) e a Osborne (computadores portáteis) foram pioneiras em seu mercado e ultrapassadas por novos concorrentes. As pioneiras devem ficar atentas às desvantagens da sua posição.

Os profissionais de *marketing* identificaram diversas deficiências entre as pioneiras que fracassaram: produtos novos incipientes, posicionados inadequadamente ou que surgiram no mercado antes de haver uma demanda significativa; custos de desenvolvimento do produto que superaram os recursos disponíveis; carência de recursos para competir contra concorrentes de grande porte ingressantes no mercado; e incompetência gerencial ou complacência mórbida. As imitadoras bem-sucedidas prosperaram ao oferecer preços baixos, aperfeiçoar o produto com mais frequência ou utilizar um poder de mercado agressivo para vencer a pioneira.

Pesquisadores levantam outras questões acerca da vantagem de ser pioneira.[27] Eles fazem distinção entre uma *inventora* (a primeira a desenvolver patentes em uma nova categoria de produtos), uma *pioneira em produto* (a primeira a desenvolver um modelo funcional) e uma *pioneira de mercado* (a primeira a efetuar vendas em uma nova categoria de mercado). Eles incluíram em sua amostra as pioneiras não sobreviventes e concluíram que, embora as pioneiras ainda possam ter alguma vantagem, um número de pioneiras de mercado maior do que o divulgado fracassou, e um número maior das primeiras líderes de mercado (mas não pioneiras) obteve êxito. Como exemplos de empresas que entraram no mercado posteriormente, deixando as pioneiras de mercado para trás, podemos citar a Matsushita, que venceu a Sony no setor de videocassetes, a GE, que superou a EMI em equipamentos de ultrassom, e a Google, que derrotou a Yahoo! como mecanismo de busca.

Um estudo longitudinal de 625 marcas líderes em 125 categorias revelou que as marcas líderes são mais propensas a persistir em períodos de desaceleração econômica e inflação alta e menos propensas a persistir em períodos de expansão econômica e inflação baixa.[28] Além disso, metade das marcas líderes na amostra perdeu a posição de liderança após períodos que variaram de 12 a 39 anos. Os dados também mostram que a taxa de manutenção da liderança da marca tem sido substancialmente menor em tempos recentes do que em épocas anteriores (p. ex., há mais de 30 anos) e que, após perdida, a liderança raramente é recuperada. Curiosamente, o estudo observou índices de persistência da liderança de marca acima da média nas categorias de alimentos e produtos domésticos e índices abaixo da média em bens duráveis e vestuário.

Identificação de mercados de nicho. Uma alternativa para a seguidora em um grande mercado é ser líder em um mercado menor, ou em um nicho. Empresas menores costumam evitar a competição com as maiores selecionando como alvo mercados restritos, de pouco ou nenhum interesse para as gigantes. Com o tempo, esses mercados podem vir a ser expressivos por si só, como descobriu a Huy Fong Foods.

Molho de Pimenta Sriracha Em 1980, David Tran fundou a Huy Fong Foods no bairro de Chinatown em Los Angeles, dando à empresa o nome do cargueiro taiwanês que o trouxera aos Estados Unidos como refugiado do Vietnã. Inspirado em um condimento feito em Si Racha, na Tailândia, o molho de pimenta Sriracha é conhecido pelo característico galo (signo de Tran

>> O molho picante Sriracha, um produto de nicho, transformou a Huy Fong Foods, de Los Angeles, em uma das empresas que mais cresce no setor alimentício dos Estados Unidos. Ele até animou as papilas gustativas dos astronautas da NASA em órbita.

no horóscopo chinês) estampado em seu frasco de tampa verde. Uma combinação diferenciada de pimentas *jalapeño*, vinagre, açúcar, sal e alho criou um sabor que seus fornecedores de embalagem consideraram muito picante. Tran recusou-se a mudar a receita, dizendo: "Um molho de pimenta tem de ser picante. Quem não gosta de muito picante, usa menos. Não fazemos maionese aqui". Felizmente, muitos consumidores concordaram. O molho Sriracha da Huy Fong pode ser comprado no Walmart e apreciado em pratos dos restaurantes Applebee's ou em quiosques de comidas de rua nas grandes cidades. A NASA o forneceu a astronautas no espaço para ajudar a combater a dormência das papilas gustativas. Em razão da popularidade do Sriracha, a Huy Fong tornou-se uma das indústrias alimentícias americanas de mais rápido crescimento. Seu sucesso atraiu imitadores, mas as receitas da empresa continuam a crescer, o que a torna uma das líderes no mercado de molhos picantes asiáticos.[29]

Empresas com pequenas participações no mercado total podem ser extremamente lucrativas graças a uma estratégia de nicho inteligente. Essas empresas conhecem tão bem seu público-alvo que conseguem atender às suas necessidades melhor do que qualquer outra, oferecendo alta qualidade. Também podem cobrar preços *premium*, reduzir custos de produção e moldar uma cultura e uma visão corporativas muito fortes. A **ocupante de nicho** alcança margem alta, ao passo que as empresas que praticam *marketing* de massa obtêm alto volume.

O princípio norteador em uma atividade de nicho bem-sucedida é a especialização. Veja a seguir dois tipos comuns de especialização.

- **Especialista no cliente.** A empresa especializa-se em atender a determinado tipo de consumidor final. Por exemplo, um *revendedor de valor agregado* customiza *hardware* e *software* de computação para segmentos específicos de consumidores e cobra um preço elevado por isso. A empresa também vende apenas para clientes em uma determinada localidade, região ou área do mundo.
- **Especialista em produto ou serviço.** A empresa comercializa ou produz somente um produto ou uma linha de produtos. Um produtor de cobre pode se concentrar em produzir cobre bruto, componentes de cobre ou produtos de cobre. Um fabricante pode produzir apenas lentes para microscópios. Um varejista pode comercializar apenas gravatas. A empresa oferece um ou mais serviços que não são oferecidos por outras empresas. Um exemplo disso é um banco que aceita pedidos de empréstimo por telefone e entrega o dinheiro na casa do cliente.

Paul Reed Smith fundou a PRS Guitars para competir com os grandes rivais Fender e Gibson e oferecer "a Stradivarius das guitarras". Os instrumentos da PRS são montados cuidadosamente com mogno selecionado e bordo esculpido, secos em estufa e lixados cinco vezes antes de serem finalizados com oito camadas muito finas de revestimento. Eles custam entre US$ 3 mil e US$ 60 mil, mas o endosso de músicos de renome como Carlos Santana e a distribuição por meio de varejistas respeitados como a Rudy's Music Shop, localizada em Manhattan, ajudaram a marca a se firmar.[30]

Assim como as empresas que atendem a segmentos de clientes maiores, as empresas ocupantes de nicho têm três atribuições: criar novos mercados, expandir os atuais e proteger sua posição de mercado. Contudo, há o risco de o nicho se esgotar ou ser atacado, deixando a empresa com recursos altamente especializados que podem não ter uso alternativo de alto valor. A Zippo conseguiu resolver o problema de um nicho de mercado em acelerada contração.

Zippo Diante do declínio contínuo do hábito de fumar, a Zippo Manufacturing, sediada no estado americano da Pensilvânia, viu o mercado de seu icônico isqueiro cromado "à prova de vento" encolher de 18 milhões de unidades vendidas em 1998 para 12 milhões em 2011. Atenta aos sinais, a empresa decidiu ampliar seu foco para abranger produtos relacionados com chama, calor e muito mais, reduzindo sua dependência dos produtos relacionados ao tabaco para 50% da receita até 2010. Apesar de uma tentativa de diversificação para os segmentos de fitas métricas, chaveiros e fivelas de cinto nas décadas de 1960 e 1970 ter perdido a força na década de 1990 e ter sido descontinuada em 2007, a Zippo chegou perto de cumprir sua nova meta. Ela lançou um isqueiro multiuso longo e fino para acender velas, grelhas e lareiras. Também lançou

<< Quando a Zippo descobriu que o mercado para os seus isqueiros para fumantes estava encolhendo, ela lançou um isqueiro multifuncional para velas, churrasqueiras e lareiras, lançou a linha Outdoors, que incluía aquecedores de mãos e acendedores, e adquiriu uma fabricante de facas.

uma linha de produtos para atividades ao ar livre, que incluía aquecedores e acendedores portáteis, vendidos em lojas como Dick's Sporting Goods, REI e True Value. Ainda, adquiriu a W.R. Case & Sons Cutlery, fabricante de facas. A Zippo lançou até uma linha de roupas e fragrâncias masculinas e femininas em uma tentativa de se tornar uma marca de estilo de vida. A empresa ainda vende seu quinhão de isqueiros com a promoção de novos *designs*, bem como os eternos favoritos, como os isqueiros que levam a imagem de Elvis Presley.[31]

Visto que os nichos podem enfraquecer, é preciso criar novos continuamente. A empresa deve fixar-se em sua atuação de nicho, mas não necessariamente em um nicho específico. Por isso, é preferível a atuação em múltiplos nichos à atuação em um único nicho. Ao se fortalecer em dois ou mais nichos, a empresa aumenta suas chances de sobrevivência.

EXPANSÃO DE MERCADOS EXISTENTES

Normalmente, a empresa dominante lucra mais quando há expansão do mercado total. Se conseguir convencer mais pessoas a consumir *ketchup*, a utilizá-lo em mais refeições ou a usá-lo mais em cada ocasião, a Heinz se beneficiará consideravelmente, uma vez que já vende quase dois terços do *ketchup* consumido nos Estados Unidos. De modo geral, o líder de mercado deve buscar novos usuários ou a maior utilização de seus produtos entre aqueles que já os consomem.

Uma empresa pode buscar novos usuários entre dois grupos: aqueles que nunca usaram o produto ou serviço (*estratégia de novo segmento de mercado*) ou aqueles que moram em outros locais (*estratégia de expansão geográfica*).

Under Armour Quando jogava futebol americano pela Universidade de Maryland, Kevin Plank sentia-se incomodado com as camisetas de algodão que retinham água e ficavam pesadas durante a atividade. A Under Armour nasceu quando, munido de US$ 500 e alguns metros de forro de casaco, Plank trabalhou com um alfaiate local para criar sete protótipos de camiseta

>> Inventada para criar uma camiseta que absorvesse o suor e mantivesse os atletas secos para melhorar o desempenho deles, a Under Armour, que acabou concorrendo com empresas como Nike e Adidas quando acrescentou calçados e roupas esportivas masculinas à sua linha, buscou um novo segmento demográfico com produtos e uma campanha de propaganda desenvolvidos especificamente para mulheres.

justa que absorviam a transpiração e mantinham os atletas secos. Com foco em desempenho e autenticidade e o respaldo de uma propaganda intensa e agressiva, a marca logo se tornou uma das favoritas em escolas, faculdades e universidades; mais tarde, foi lançada uma ampla variedade de roupas esportivas, bem como chuteiras de futebol e tênis de basquete e de corrida. Em 2009, ela era concorrente direta de adversários de grande porte, como Nike e Adidas. Uma marca tradicionalmente masculina, a Under Armour logo reconheceu o valor de um novo alvo demográfico: as mulheres. Sem querer cair em uma abordagem superficial do tipo "diminuir o tamanho e pintar de cor de rosa" para adaptar os produtos masculinos para mulheres, a empresa uniu seus departamentos de *marketing*, *design* de produto e *insights* de consumidor para desenvolver soluções focadas no público feminino. A campanha de mídia totalmente integrada "What's Beautiful" (O que é belo), com um *slogan* que incentivava as mulheres a transpirarem todo dia, independentemente do que acontecesse ("No Matter What, Sweat Every Day"), e o sucesso de suas linhas de calçados ajudaram a divisão feminina a ser o negócio de mais rápido crescimento da Under Armour.[32]

Ao visar novos clientes, uma empresa não deve perder de vista os já existentes. A Daimler, fabricante da Mercedes-Benz, desenvolveu uma abordagem equilibrada para capitalizar tanto a demanda estabelecida de mercados maduros na União Europeia, nos Estados Unidos e no Japão quanto o imenso potencial oferecido pelos mercados emergentes em rápido crescimento. Como o presidente da empresa, Dieter Zetsche, proclamou: "Não se trata de fazer uma coisa ou outra. Você tem de manter sua força nos mercados tradicionais e até expandi-la".[33]

Defesa da posição de mercado

Ao tentar expandir as dimensões de seu mercado total, a empresa líder deve defender ativamente seus negócios já existentes, como a Boeing contra a Airbus, a Walmart contra a Amazon e a Apple contra a Samsung. O que o líder de mercado pode fazer para defender seu território? A resposta mais construtiva é *inovação contínua*. O líder deve levar o setor a desenvolver novos produtos ao consumidor, a ser eficaz na distribuição e a reduzir custos. Soluções abrangentes aumentam sua força competitiva e seu valor para os clientes, de modo que se sintam gratos ou até mesmo privilegiados por serem clientes, em vez de se sentirem presos ou explorados.

Quando o assunto é satisfazer as necessidades dos clientes, podemos fazer uma distinção entre o *marketing* reativo, o *marketing* proativo e o *marketing* criativo. Um profissional de *marketing reativo* descobre uma necessidade declarada e a supre; o *proativo* tenta prever quais necessidades os clientes terão futuramente; e o *criativo* descobre e produz soluções não solicitadas pelos clientes, mas às quais eles respondem com entusiasmo. Os profissionais de *marketing* criativo representam empresas proativas que impulsionam o mercado, e não somente são orientadas pelo mercado.[34] Muitas empresas pressupõem que basta se adaptar às necessidades do cliente, de modo que em sua maioria, se tornam reativas porque são excessivamente fiéis ao paradigma de orientação ao cliente, tornando-se vítimas da "tirania do mercado atendido". As empresas mais bem-sucedidas, pelo contrário, tomam a iniciativa de moldar o mercado de acordo com suas próprias ofertas. Em vez de tentar ser o melhor jogador, elas mudam as regras do jogo.[35]

As empresas proativas criam novas ofertas de produto para atender a necessidades de consumo negligenciadas e até mesmo desconhecidas. No fim da década de 1970, Akio Morita, fundador da Sony, trabalhava em um projeto especial que revolucionaria o modo como as pessoas escutavam música: um toca-fitas portátil apelidado por ele de Walkman. Os engenheiros da empresa insistiam em afirmar que haveria pouca demanda para um produto como esse, mas Morita recusava-se a concordar com essa visão. Quando o Walkman completou 20 anos de existência no mercado, a Sony já havia vendido mais de 250 milhões de unidades de aproximadamente cem modelos diferentes.[36]

Mesmo que não parta para ofensivas, o líder de mercado não deve deixar qualquer posição de mercado exposta. O objetivo da estratégia de *marketing* defensiva é diminuir a probabilidade de ataques, desviá-los para áreas menos ameaçadas e reduzir sua intensidade. Um líder deve estar disposto a fazer qualquer coisa, desde que legal e ética, para minar a capacidade dos concorrentes de lançar um novo produto, garantir a sua distribuição e obter conscientização, experimentação e repetição do consumidor.[37] Seja qual for a estratégia, a rapidez na reação do defensor pode fazer uma enorme diferença nos resultados dos lucros.

Um líder pode utilizar seis estratégias de defesa principais.[38] Decisões sobre qual estratégia adotar dependerão em parte dos recursos e das metas da empresa e de suas expectativas sobre como os concorrentes reagirão.

- **Defesa de posição.** Defender uma posição significa ocupar o espaço mais desejável na mente dos consumidores, fazendo a marca torna-se praticamente invencível, como a Procter & Gamble fez com o sabão em pó Tide para limpeza, o creme dental Crest para prevenção de cáries e as fraldas Pampers para alta absorção.
- **Defesa de flanco.** O líder de mercado também deve erguer postos para proteger uma frente vulnerável ou para se defender de um contra-ataque. Marcas da Procter & Gamble, como os lava-roupas Gain e Cheer e as fraldas Luv, desempenharam papéis estratégicos ofensivos e defensivos para apoiar as marcas Tide e Pampers, respectivamente.
- **Defesa antecipada.** Uma manobra mais agressiva é atacar antes, talvez lançando uma ação de guerrilha no mercado – atingindo um concorrente aqui, outro ali – e causando desequilíbrio geral. Outra manobra consiste em conquistar um grande envolvimento de mercado que emita sinais para dissuadir os concorrentes de atacar.[39] Outra tática de defesa antecipada é lançar uma série de novos produtos e anunciá-los com antecedência, sinalizando aos concorrentes que terão de lutar para conquistar participação de mercado. Se a Microsoft anuncia planos de desenvolver um novo produto, as empresas menores podem optar por operações de desenvolvimento voltadas a outras aplicações, a fim de evitar a competição direta. Algumas empresas de alta tecnologia foram acusadas de vender "*vaporware*", anunciando produtos sem datas definidas de chegada ao mercado ou que nunca são lançados.[40]
- **Defesa contraofensiva.** Em uma contraofensiva, o líder de mercado pode defrontar-se com o atacante e atacar seu flanco ou atacá-lo por todos os lados, obrigando-o a recuar para se defender. Outra forma comum de contraofensiva é o golpe econômico ou político. O líder pode tentar esmagar o concorrente subsidiando preços menores para o produto vulnerável com a receita de produtos mais lucrativos ou pode anunciar prematuramente que uma versão atualizada de certo produto estará disponível, fazendo os consumidores não comprarem o produto do concorrente. Ele pode, ainda, fazer *lobby* entre parlamentares para que tomem medidas políticas capazes de inibir a concorrência ou dar início às devidas ações judiciais. Líderes de

tecnologia, como Apple, Intel, Microsoft, Qualcomm e Samsung, defendem agressivamente suas marcas no tribunal.

- **Defesa de reposicionamento.** Na defesa de reposicionamento, o líder amplia seu domínio para novos territórios por meio da ampliação e da diversificação do mercado. A *ampliação do mercado* faz a empresa mudar o enfoque do produto que fabrica para as necessidades genéricas subjacentes. As petrolíferas, como a BP, procuraram se redefinir como empresas do setor de energia (p. ex., "Beyond Petroleum", ou "além do petróleo"). Essa mudança exigia que elas aprofundassem suas pesquisas nos setores de petróleo, carvão, energia nuclear, hidrelétrica e química. A *diversificação do mercado*, por sua vez, transfere o foco da empresa para setores não relacionados.
- **Defesa por retração.** Há casos em que grandes empresas reconhecem que não podem mais defender todo o seu território. Na *retirada estratégica*, a empresa desiste de territórios vulneráveis e realoca recursos para territórios mais fortes. A Sara Lee liquidou produtos que respondiam por uma grande porcentagem de suas receitas, incluindo sua forte marca de meia calça Hanes, seu negócio global de cuidados com o corpo e seu negócio de detergentes europeus. Posteriormente, os produtos restantes foram divididos em dois negócios: Hillshire Brands e D.E. Master Blenders 1753. Hillshire Brands tornou-se o novo nome da empresa, com foco principal no negócio de carne embalada das Hillshire Farms, na América do Norte, e a D.E. Master Blenders 1753 foi desmembrada para cuidar do seu bem-sucedido negócio europeu de café e chá.[41]

A Procter & Gamble vendeu a Pringles para a Kellogg quando decidiu deixar o negócio de alimentos para se concentrar em seus principais produtos domésticos e de consumo. Outra empresa que reestruturou seu negócio para melhorar a competitividade foi a Kraft.

Kraft Após anos de aquisições, a Kraft dividiu-se em dois negócios: um de petiscos e doces, em rápido crescimento global, que incluiria os biscoitos Oreo e os doces Cadbury, e um supermercadista, de crescimento mais lento, nos Estados Unidos, com seus robustos itens de longa data: café Maxwell House, amendoim Planters, queijo Kraft e gelatina Jell-O. A ideia era melhorar o desempenho e dar aos investidores opções distintas. O negócio de petiscos e doces recebeu o nome de Mondelēz International e foi posicionado como uma empresa de alto crescimento, com muitas oportunidades em mercados emergentes como a China e a Índia. Cunhado por dois funcionários, o nome "Mondelēz" é uma junção das palavras "mundo" e "delicioso" em latim e em várias outras línguas românicas. O negócio supermercadista manteve o nome Kraft Foods e,

>> Para melhorar o desempenho e continuar a atrair investidores, a Kraft Foods dividiu seu portfólio gigantesco de marcas em dois: a Mondelēz International foi posicionada no setor global de doces e petiscos de alto crescimento, ao passo que a divisão norte-americana de crescimento mais lento manteve o nome Kraft Foods para as diversas marcas que dominam suas respectivas categorias nos supermercados.

considerando que consistia em muitas marcas de carne e queijo dominantes na categoria, era vista mais como uma vaca leiteira para investidores interessados em dividendos consistentes. A Mondelēz expandiu-se rapidamente, ao passo que a Kraft Foods (atual Kraft Heinz) se concentrou no corte de custos e no investimento seletivo por trás de suas marcas poderosas.[42]

Estratégias de *marketing* para o ciclo de vida do produto

O conceito de ciclo de vida do produto é uma das teorias mais influentes na gestão do crescimento. A ideia fundamental é que os produtos passam por diversos estágios ao longo do tempo e, em cada um deles, enfrentam desafios e oportunidades diferentes, que exigem diferentes estratégias e táticas de *marketing*. Os princípios fundamentais do conceito de ciclo de vida do produto, as especificidades de cada estágio do ciclo de vida e os padrões alternativos de ciclo de vida do produto são discutidos nas próximas seções.

O CONCEITO DE CICLO DE VIDA DO PRODUTO

A estratégia de posicionamento e diferenciação da empresa deve mudar conforme o produto, o mercado e os concorrentes mudam ao longo do **ciclo de vida do produto**. O conceito de ciclo de vida do produto baseia-se em quatro pressupostos principais:

- Os produtos têm vida limitada.
- As vendas dos produtos atravessam estágios diferentes, cada qual com desafios, oportunidades e problemas distintos para o vendedor.
- Os lucros sobem e descem nos diferentes estágios do ciclo de vida do produto.
- Os produtos exigem estratégias de *marketing*, finanças, produção, compras e recursos humanos específicos para cada estágio de seu ciclo de vida.

A maioria das curvas do ciclo de vida do produto é representada na forma de curvas em forma de sino (a famosa curva normal). Essa curva normalmente é dividida em quatro estágios: introdução, crescimento, maturidade e declínio (ver Figura 17.2).[43] Podemos usar o conceito de ciclo de vida do produto para analisar uma categoria de produto (licores), um produto (vodca) ou uma marca (Absolut). Nem todos os produtos passam por todos os estágios, e a duração de cada um pode variar significativamente por produto. Por exemplo, um produto pode nunca passar do estágio de introdução (pois fracassa) ou nunca completar a fase de crescimento (pois nunca se torna lucrativo o suficiente ou cresce o suficiente para ter escala e se tornar um produto maduro de fato). Nesse contexto, o conceito de ciclo de vida do produto deve ser utilizado para ajudar os gestores a pensar sobre os desafios nos diferentes estágios, e não necessariamente sobre o que o futuro guarda para um determinado produto.

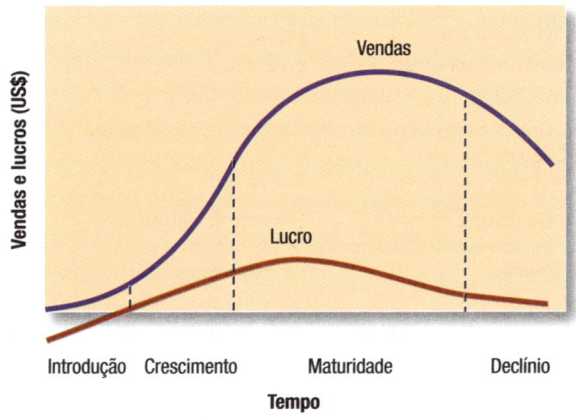

FIGURA 17.2

Ciclos de vida de vendas e lucro.

- *Introdução.* Período de baixo crescimento nas vendas, uma vez que o produto está sendo introduzido no mercado. Não há lucros nesse estágio, em virtude de pesadas despesas com o lançamento do produto.
- *Crescimento.* Período de rápida aceitação do mercado e melhoria substancial dos lucros.
- *Maturidade.* Período de baixa no crescimento das vendas, pois o produto já alcançou a aceitação da maioria dos compradores potenciais. Os lucros se estabilizam ou declinam em face do aumento da concorrência.
- *Declínio.* Período em que as vendas apresentam tendência de queda e os lucros se deterioram.

As características, os objetivos de *marketing* e as estratégias de *marketing* associadas aos quatro estágios do ciclo de vida do produto estão resumidos na Tabela 17.1.

Discutimos os quatro estágios do ciclo de vida do produto nas seções a seguir.

ESTÁGIO DE INTRODUÇÃO

Considerando que leva tempo para preparar um novo produto, solucionar os problemas técnicos, abastecer os revendedores e conquistar a aceitação do consumidor, o crescimento das vendas costuma ser lento no estágio de introdução. Os lucros são negativos ou baixos, e as despesas promocionais superam as vendas em razão da necessidade de (1) informar os consumidores potenciais, (2) induzi-los a experimentar o produto e (3) assegurar a distribuição nas lojas.[44] Os preços tendem a ser mais altos porque os custos também são, e as empresas concentram-se nos consumidores mais propensos a comprar. Consideremos os desafios que a Zipcar enfrentou ao tentar se estabelecer no mercado de locação de automóveis por hora.

TABELA 17.1 Resumo das características, dos objetivos e das estratégias de *marketing* referentes ao ciclo de vida do produto

	Introdução	Crescimento	Maturidade	Declínio
Características				
Vendas	Baixas	Rápido crescimento	Pico	Declínio
Custos	Alto custo por unidade/cliente	Custo médio por unidade/cliente	Baixo custo por unidade/cliente	Baixo custo por unidade/cliente
Lucros	Negativos	Crescentes	Elevados	Em declínio
Clientes	Inovadores	Adotantes imediatos	Massa	Retardatários
Concorrentes	Poucos	Número crescente	Número grande	Em declínio
Objetivos de marketing				
	Criar consciência de produto e experimentação	Maximizar a participação de mercado	Maximizar os lucros, defendendo a participação de mercado	Reduzir gastos e colher o mercado
Estratégias				
Produto	Oferecer um produto básico	Melhorar o produto e desenvolver extensões de linha	Diversificar as ofertas de produtos	Eliminar modelos vulneráveis
Preço	Cobrar custo majorado	Cobrar preço de penetração de mercado	Cobrar preço equivalente ao da concorrência ou melhor	Reduzir o preço
Comunicações	Construir consciência de produto e experimentação entre adotantes imediatos e distribuidores	Construir a consciência e o interesse no mercado de massa	Enfatizar as diferenças e os benefícios da marca e incentivar a troca de marca	Reduzir ao nível necessário para reter clientes
Distribuição	Construir distribuição seletiva	Construir distribuição intensiva	Construir distribuição mais intensiva	Eliminar pontos de venda não lucrativos

Crédito: Theodore Levitt, "Exploit the Product Life Cycle", *Harvard Business Review* 43 (nov./dez. 1965), pp. 81–94; John A. Weber, "Planning Corporate Growth with Inverted Product Life Cycles", *Long Range Planning* (out. 1976), pp. 12–29; Peter Doyle, "The Realities of the Product Life Cycle", *Quarterly Review of Marketing* (Verão 1976).

Zipcar O compartilhamento de carros começou na Europa como um meio de atender aqueles que usam habitualmente o transporte público, mas precisam de um automóvel algumas vezes por mês. Nos Estados Unidos, o apelo da Zipcar, líder de mercado e pioneira no ramo de compartilhamento de carros, tem sido tanto ambiental quanto econômico. Com uma taxa de adesão de US$ 50 e tarifas que totalizam menos de US$ 100 por dia – incluindo combustível, seguro e estacionamento –, uma família padrão poderia economizar de US$ 3 mil a US$ 4 mil por ano deixando de ter um veículo próprio e passando a usar a Zipcar. A empresa estimava que cada carro que se juntava à frota mantinha até 20 carros particulares fora de circulação. Mirando as grandes cidades e os *campi* universitários, oferecendo uma ampla variedade de veículos e enfrentando pouca concorrência, a Zipcar cresceu cerca de 30% ao ano por vários anos. Líder do segmento de locação de automóveis, a Hertz decidiu entrar no negócio de aluguel por hora em 2012, equipando sua frota de 375 mil veículos nos Estados Unidos com dispositivos que permitem aos clientes reservar e desbloquear um carro por computador ou *smartphone*. Ao contrário da Zipcar, a Hertz oferece aluguel unidirecional e não cobra taxa de adesão nem anuidade. Com a Enterprise também ingressando no mercado doméstico, a Zipcar voltou-se para o exterior, concentrando-se inicialmente no Reino Unido e na Espanha. Necessitando de recursos para aproveitar as oportunidades globais, em 2013 a Zipcar foi adquirida pela Avis Budget, a número dois em locação de automóveis.[45]

ESTÁGIO DE CRESCIMENTO

O estágio de crescimento é marcado pela rápida elevação nas vendas. Os primeiros usuários gostam do produto, e novos consumidores começam a comprá-lo. Novos concorrentes ingressam no mercado, atraídos pelas oportunidades. Eles lançam novas características de produto e expandem a distribuição. Os preços se mantêm estáveis ou caem levemente, dependendo da rapidez com que a demanda aumenta.

As empresas mantêm suas despesas promocionais iguais ou a um nível ligeiramente maior para acompanhar a concorrência e continuar a informar o mercado. As vendas aumentam com muito mais rapidez do que as despesas promocionais, acarretando uma bem-vinda redução na proporção promoção-vendas. Os lucros aumentam à medida que os custos de promoção se diluem sobre um volume maior e, graças à curva de aprendizagem, os custos unitários de manufatura diminuem com mais rapidez do que o preço. As empresas devem estar atentas a uma desaceleração da taxa de crescimento, a fim de preparar novas estratégias.

Para sustentar o crescimento rápido em participação de mercado, a empresa pode: adotar diversas estratégias: melhorar a qualidade do produto e agregar novos recursos e melhorias de *design*; adicionar novos modelos e produtos de flanco (p. ex., diferentes tamanhos e sabores) para proteger o produto principal; entrar em novos segmentos de mercado; expandir a cobertura da distribuição e entrar em novos canais de distribuição; reenfocar a comunicação, passando de conscientização e experimentação para preferência e fidelidade; e reduzir preços para atrair a próxima camada de compradores sensíveis a preço.

Investindo dinheiro em melhorias no produto, nas promoções e na distribuição, uma empresa pode garantir uma posição dominante, abrindo mão de obter o máximo lucro imediato em troca de alta participação de mercado com a expectativa de obter lucros ainda maiores no próximo estágio. Quanto da receita a empresa decide reinvestir no crescimento futuro nesse estágio depende dos seus objetivos estratégicos e dos seus recursos.

Manter uma vantagem competitiva diante de muitas mudanças possíveis no mercado pode ser desafiador, mas não impossível, como demonstrado por alguns líderes de mercado de longa data mencionados anteriormente. Encontrar novas maneiras de melhorar consistentemente a satisfação do cliente pode ser uma parte significativa de reter a vantagem competitiva. A Brambles, uma das principais fornecedoras de logística na Austrália, projetou caixotes de plástico para seus clientes supermercadistas que poderiam ser enchidos nas fazendas e levados diretamente às prateleiras das lojas, economizando custos significativos de mão de obra.[46]

ESTÁGIO DE MATURIDADE

Em determinado momento, o crescimento das vendas desacelera, e o produto ingressa em um estágio de relativa maturidade. A maioria dos produtos está nesse estágio do ciclo de vida, que, de modo geral, dura mais tempo do que os anteriores.

O estágio de maturidade pode ser dividido em três fases: crescimento, estabilidade e maturidade decadente. Na primeira fase, a taxa de crescimento das vendas começa a diminuir. Não há um canal de distribuição novo para atender, e novas forças competitivas aparecem. Na segunda fase, as vendas *per capita* param de crescer em virtude da saturação do mercado. A maior parte dos consumidores potenciais experimentou o produto, e as vendas futuras são regidas pelo crescimento da população e pela demanda de substituição. Na terceira fase, a de maturidade decadente, o nível absoluto de vendas começa a cair, e os clientes passam a preferir outros produtos.

A terceira fase impõe os maiores desafios. A desaceleração das vendas provoca excesso de capacidade no setor, o que acirra a concorrência. Os concorrentes mais fracos retiram-se do mercado. Algumas empresas gigantes dominam – talvez uma líder em qualidade, uma líder em serviços e uma líder em custos – e obtêm lucros principalmente por meio de grandes volumes e custos mais baixos. Em torno dessas empresas dominantes, há uma multidão que ocupa os nichos, incluindo uma especialista em mercado, uma especialista em produto e uma especialista em personalização.

A questão que assola a empresa inserida em um mercado maduro é batalhar para se tornar uma das "três grandes" e obter lucros por meio de grandes volumes e custos baixos, ou perseguir uma estratégia de nichos e alcançar lucros com pequenos volumes e margens altas. Às vezes, o mercado divide-se em segmentos econômicos e sofisticados, e as participações de mercado das empresas na faixa intermediária são corroídas em bases contínuas. Veja como a Electrolux, fabricante sueca de eletrodomésticos, tem lidado com essa situação.

Electrolux AB Na virada do século, a sueca Electrolux enfrentava um mercado de eletrodomésticos em acelerada polarização. Empresas asiáticas de baixo custo, como Haier, LG e Samsung, exerciam pressão para baixar preços, ao passo que concorrentes *premium*, como Bosch, Sub-Zero e Viking, cresciam à custa das marcas intermediárias. O CEO da Electrolux à época, Hans Stråberg, decidiu escapar do meio repensando os desejos e as necessidades de seus clientes. Ele segmentou o mercado de acordo com o estilo de vida e os padrões de compra de cerca de 20 perfis de consumidor para segmentar e posicionar o amplo portfólio de marcas

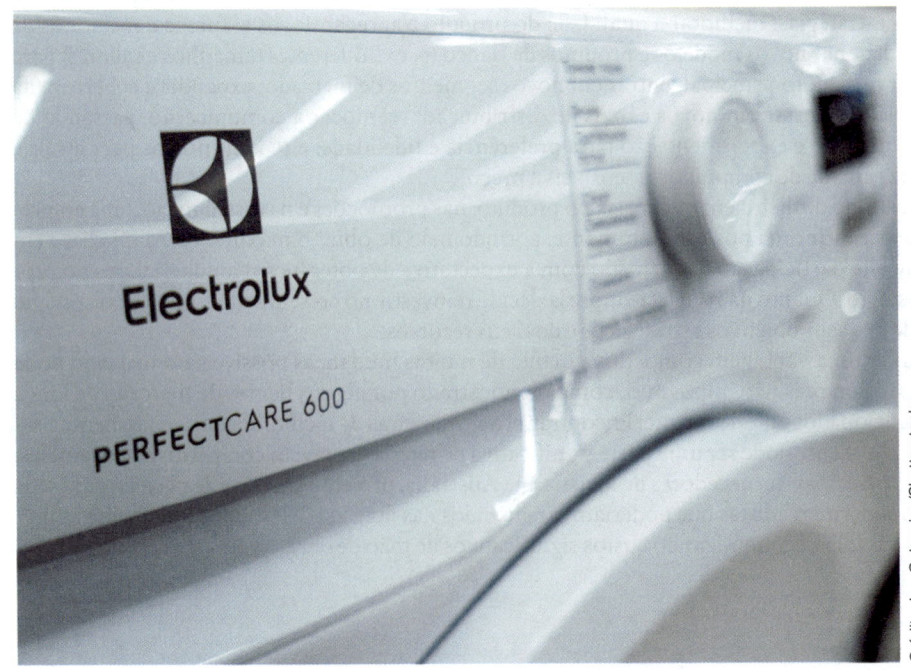

>> Pressionada por concorrentes de baixo custo de um lado e por marcas *premium* do outro, a Electrolux livrou-se da sua imagem de marca mediana e básica e passou a direcionar seus eletrodomésticos para os diferentes estilos de vida e padrões de consumo de cerca de 20 tipos de consumidor.

da empresa, que inclui os refrigeradores Electrolux e Frigidaire, os fornos AEG e as máquinas de café Zanussi. A Electrolux passou a comercializar com sucesso, por exemplo, seus fornos a vapor para consumidores preocupados com a saúde e suas lavadoras de louça compactas, originalmente destinadas a cozinhas menores, para um segmento mais amplo de consumidores que lavam pratos com mais frequência. Para empresas presas na faixa intermediária de um mercado maduro, Stråberg oferece o seguinte conselho: "Comece com os consumidores e entenda quais são suas necessidades latentes e quais são os problemas que vivenciam... Em seguida, monte o quebra-cabeça para descobrir por si mesmo o que as pessoas realmente querem ter... Você precisa descobrir o que as pessoas realmente querem, ainda que elas não consigam expressar isso". Hoje, a Electrolux concentra-se na camada superior do mercado de eletrodomésticos, vendendo fogões de nível profissional para o segmento de consumo de ultraluxo. Com distribuição e presença no mercado local de mais de 150 países, a empresa está bem posicionada em relação ao crescimento global, especialmente em mercados emergentes.[47]

Algumas empresas abandonam produtos mais fracos e se concentram naqueles mais lucrativos e em novos produtos, mas podem ignorar o alto potencial de muitos mercados maduros e de produtos antigos. Diversos setores eram considerados maduros, como automóveis, hotéis, táxis, relógios e câmeras, mas *startups* e empresas tradicionais causaram disrupção no modelo de negócios, encontraram maneiras de oferecer novo valor para os clientes e provaram que essa avaliação estava equivocada.

Duas das principais maneiras de reverter o declínio da empresa são crescimento de mercado e modificação de produtos. Analisamos ambas a seguir.

Crescimento de mercado. Uma empresa pode tentar expandir o mercado de sua marca madura maximizando os dois fatores que formam o volume de vendas: o número de usuários da marca e a taxa de uso por usuário.

A empresa pode expandir o *número de usuários* com uma das seguintes estratégias, ou com ambas:

- *Converter não usuários.* A abordagem também é chamada de *estímulo da demanda primária*. O segredo do crescimento do serviço de frete aéreo foi a busca constante por novos usuários a quem as transportadoras aéreas pudessem demonstrar os benefícios do uso do frete aéreo, em vez de do rodoviário.
- *Atrair os clientes da concorrência.* A abordagem também é chamada de *estratégia de roubar participação de mercado* (*steal share*). Os fabricantes dos lenços de papel Puffs estão sempre tentando atrair os clientes da Kleene. Quando a Goodyear decidiu vender seus pneus no Walmart, na Sears e na Discount Tire, ela imediatamente ampliou a sua participação de mercado roubando a participação dos concorrentes que vendiam pneus por meio desses canais de varejo.

A empresa pode aumentar os índices de utilização entre usuários atuais usando as seguintes estratégias:

- *Aumentar o número de ocasiões de uso.* Por exemplo, a Campbell's começou a promover suas sopas para uso no verão. A Heinz poderia recomendar o uso de vinagre para limpar janelas.
- *Aumentar o consumo em cada ocasião.* Por exemplo, a Heinz projetou recipientes maiores para o seu *ketchup*, virados de cabeça para baixo, para que os usuários possam espremê-los com mais facilidade e usem mais *ketchup*.
- *Criar novas ocasiões de uso.* Por exemplo, a GlaxoSmithKline poderia promover o antiácido Tums como um suplemento de cálcio. A Arm & Hammer poderia promover o uso de bicarbonato de sódio como removedor de odores de geladeiras e pias de cozinha.

Modificação do produto. Os produtores também tentam estimular vendas melhorando qualidade, atributos ou estilo. A *melhoria na qualidade* aumenta o desempenho funcional ao lançar um produto "novo e ainda melhor". A *melhoria nos atributos* acrescenta novas características, como tamanho, peso, materiais, complementos e acessórios, que aumentam o desempenho, a versatilidade, a segurança ou a conveniência do produto. A *melhoria no estilo* visa a aumentar o apelo estético do produto.

Qualquer uma dessas melhorias pode atrair a atenção dos consumidores. Na área altamente competitiva da fotografia digital, a receita anual da Shutterfly atingiu US$ 1 bilhão convertendo as imagens digitais dos clientes em itens tangíveis: álbuns de fotos, calendários, cartões comemorativos, convites de casamento, adesivos de parede e muito mais.

A indústria de papel também tem enfrentado os desafios da era digital. Enquanto existirem consumidores que prefiram ler, armazenar ou compartilhar documentos impressos, o setor reconhece que deve fornecer a solução mais correta possível em termos ambientais. Os fornecedores do setor têm atuado para desenvolver uma cadeia de suprimentos mais ecológica desde as mudas até o reflorestamento, adotar a produção mais verde de celulose e papel, bem como reciclar e reduzir sua pegada de carbono. Tais esforços são cruciais para o sucesso e até mesmo para a sobrevivência desse setor. Em razão do aumento do uso de *e-mails*, pagamentos de contas *on-line* e outros avanços digitais, a National Envelope, líder na fabricação de envelopes, foi à falência após anos de queda nas vendas, ao passo que a principal fornecedora de máquinas de franqueamento postal Pitney Bowes expandiu suas operações digitais.

ESTÁGIO DE DECLÍNIO

As vendas caem em razão de inúmeros fatores, como avanços tecnológicos, mudanças no gosto do consumidor e acirramento da concorrência nacional e internacional. Todos podem provocar excesso de capacidade, redução de preços e erosão nos lucros. O declínio pode ser lento, como é o caso das máquinas de costura e dos jornais, ou rápido, como foi o caso dos disquetes flexíveis e dos cartuchos de oito trilhas. As vendas podem despencar para zero ou congelar em um nível mais baixo. Essas mudanças estruturais são diferentes de um declínio em curto prazo que resulta de alguma espécie de crise de mercado.

À medida que vendas e lucros declinam, algumas empresas saem do mercado. As restantes podem reduzir o número de produtos oferecidos, retirar-se dos segmentos de mercado menores e dos canais mais fracos, cortar o orçamento de *marketing* e reduzir ainda mais os preços. Exceto nos casos em que há fortes motivos para manter um produto fraco, essa decisão custa muito caro para a empresa. A Encyclopædia Britannica suspendeu a produção de suas icônicas enciclopédias quando os consumidores perceberam que podiam obter conteúdo adequado em outro lugar por muito menos ou gratuitamente. A empresa recuperou-se focando no mercado educacional *on-line*. Valorizando a missão histórica da empresa de levar conhecimento especializado ao público em geral, mais da metade dos estudantes e professores americanos têm acesso a algum conteúdo da Britannica.[48]

Diante de um mercado em declínio, muitas empresas concentram-se em colher ou desinvestir de produtos mais fortes e eliminar os mais fracos.

Colheita e desinvestimento. As estratégias de colher e de desinvestir diferem bastante. **Colher** implica reduzir gradualmente os custos de um produto ou negócio e, ao mesmo tempo, tentar manter as vendas. O primeiro passo é cortar os custos de pesquisa e desenvolvimento e os investimentos em unidades de produção e equipamentos. A empresa pode, ainda, reduzir a qualidade do produto, o tamanho da força de vendas, os serviços secundários e as despesas em propaganda, de preferência sem deixar que clientes, concorrentes e funcionários saibam o que está acontecendo. É uma tarefa difícil, mas é a estratégia certa para muitos produtos maduros, podendo aumentar substancialmente o fluxo de caixa corrente.[49]

Quando uma empresa decide **desinvestir** de um produto com forte distribuição e uma clientela remanescente, é provável que possa vendê-lo a outra. Há empresas especializadas em adquirir e revitalizar marcas "órfãs" ou "fantasmas" que as grandes desejam alienar ou que tenham ido à falência, como a Linens 'n Things, os cafés Folgers e Brim, o analgésico Nuprin e o xampu Salon Selective. Essas empresas tentam aproveitar o reconhecimento residual no mercado para desenvolver uma estratégia de revitalização da marca. A Reserve Brands comprou a Eagle Snacks em parte porque uma pesquisa mostrou que 6 em cada 10 adultos se lembram da marca, levando o CEO da Reserve a observar que: "Custaria de US$ 300 milhões a US$ 500 milhões para recriar esse reconhecimento da marca hoje".[50]

Se a empresa não consegue encontrar um comprador, precisa decidir se elimina a marca rápida ou lentamente. Também precisa decidir quanto estoque manter e qual nível de serviço oferecer para os clientes antigos. Por exemplo, quando descontinuou a marca Buell para motocicletas esportivas, a Harley-Davidson ainda ofereceu suporte para os proprietários atuais de veículos Buell.

Eliminação de produtos fracos. Além de gerar prejuízo, produtos fracos geralmente consomem uma quantidade desproporcional de tempo da administração, exigem frequentes ajustes de preços e estoques, envolvem instalação onerosa para ciclos de produção curtos, demandam atenção dos profissionais de propaganda e de vendas, que poderia ser mais bem aplicada na tentativa de tornar os produtos saudáveis mais lucrativos, e podem lançar uma sombra negativa sobre a imagem da empresa. Além disso, não eliminar produtos fracos atrasa a realização de uma pesquisa agressiva por novidades que os substituam, criando um *mix* assimétrico de produtos, com investimento demais nos vencedores de ontem e de menos nos de amanhã.

Reconhecendo essas desvantagens, a General Motors decidiu abandonar as linhas em crise Saturn, Oldsmobile, Pontiac e Hummer. Descontinuar marcas antigas é sempre uma decisão difícil, pois a empresa está basicamente dando baixa em anos, muitas vezes décadas, de esforços de construção de marca. Assim, a decisão de eliminar produtos com desempenho decepcionante não deve ser tomada levianamente; ela envolve consequências de curto e longo prazos para a empresa.

Lamentavelmente, a maioria das empresas não desenvolveu uma política para lidar com produtos envelhecidos. A primeira tarefa é estabelecer um sistema que os identifique. Muitas empresas nomeiam um comitê de revisão de produto, formado por representantes de *marketing*, pesquisa e desenvolvimento, produção e finanças. Com base em todas as informações disponíveis, esse comitê faz uma recomendação para cada produto: deixar como está, modificar a estratégia de *marketing* ou eliminar.[51]

Algumas empresas abandonam mercados em declínio mais cedo do que outras. Isso depende muito da altura das barreiras à saída no setor. Quanto menores forem essas barreiras, mais fácil será para a empresa abandonar o setor, e mais tentador será para as remanescentes permanecer e atrair os clientes das desistentes. A Procter & Gamble, por exemplo, permaneceu no decadente mercado de sabonetes líquidos e elevou seus lucros quando outras empresas desistiram.

A estratégia mais indicada também depende da atratividade relativa do setor e da força competitiva da empresa nesse setor. Uma empresa atuante em um setor não atrativo, mas que detém poder competitivo, deve considerar a redução seletiva. Uma empresa imersa em um setor atrativo e que tem poder competitivo deve pensar em investir mais. As empresas que se saem bem ao reposicionar ou rejuvenescer um produto maduro costumam fazer isso agregando valor a ele.

PADRÕES ALTERNATIVOS DE CICLO DE VIDA DO PRODUTO

A teoria do ciclo de vida do produto tem seus críticos, que alegam que os padrões de ciclo de vida são variáveis demais em relação à forma e à duração para serem generalizados. Eles também apontam que os profissionais de *marketing* raramente conseguem afirmar em que estágio um produto se encontra. Ele pode parecer maduro quando, na verdade, atingiu apenas um período de estabilidade anterior a outra reviravolta. Os críticos também argumentam que o padrão de ciclo de vida do produto, em vez de ser um caminho inevitável, é uma profecia autorrealizável provocada por estratégias de *marketing*, e um *marketing* eficaz pode realmente levar a um crescimento contínuo.[52]

Nem todos os produtos exibem um ciclo de vida do produto em forma de sino.[53] Existem outros três padrões comuns, mostrados na Figura 17.3. A Figura 17.3a mostra um *padrão de crescimento-queda-maturidade*, característico de pequenos eletrodomésticos para cozinha, como máquinas de fazer pão e torradeiras. As vendas crescem rapidamente logo que o produto é lançado e, em seguida, caem para um nível estabilizado, sustentado por consumidores que só decidem mais tarde comprar o produto pela primeira vez ou por aqueles que o compraram no início e precisam substituí-lo. O *padrão de ciclo-novo ciclo*, mostrado na Figura 17.3b, muitas vezes descreve as vendas de novos medicamentos. A empresa farmacêutica promove agressivamente seu novo produto, o que origina o primeiro ciclo. Mais tarde, as vendas começam a declinar, então ela faz uma nova campanha, o que gera um segundo ciclo (em geral, de magnitude e duração menores). Outro

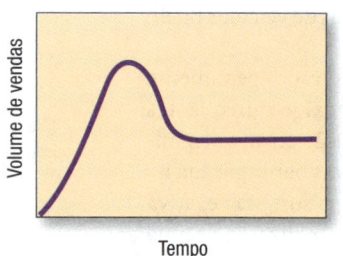
(a) Padrão de crescimento-queda-maturidade

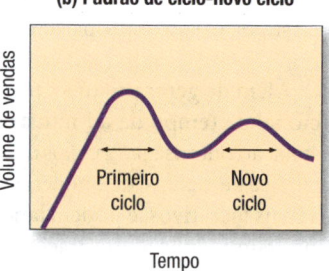
(b) Padrão de ciclo-novo ciclo

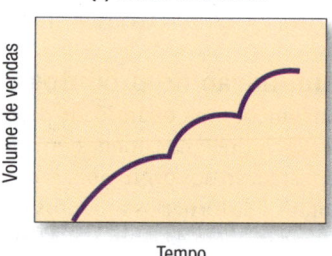
(c) Padrão escalonado

FIGURA 17.3
Padrões comuns de ciclo de vida do produto.

padrão comum é o *escalonado*, apresentado na Figura 17.3c. Nesse caso, as vendas passam por uma sucessão de ciclos de vida baseados na descoberta de novas características do produto, de novos usuários e de novas aplicações. As vendas de náilon, por exemplo, mostram um padrão escalonado, em razão das inúmeras aplicações descobertas ao longo do tempo, como em paraquedas, meias-calças, camisas, tapetes, velas de barcos e pneus de automóveis.[54]

Existem duas categorias especiais de ciclos de vida do produto: modismos e tendências.

- Um **modismo** é "imprevisível, de curta duração e não tem significado social, econômico e político". Uma empresa pode faturar com modismos, como as sandálias Crocs, os bonecos Elmo TMX e os brinquedos Pokémon, mas o sucesso requer sorte e um bom senso de oportunidade. O modismo aparece de súbito, é adotado com enorme entusiasmo, chega logo ao pico e declina rapidamente. Seu ciclo de aceitação é curto e tende a atrair um número limitado de adeptos em busca de emoção ou de se destacar das outras pessoas. É importante observar que pode ser difícil saber o que é ou não um modismo. Por exemplo, as câmeras GoPro foram chamadas de modismo com bastante frequência, mas perduraram.

- Uma **tendência** é um direcionamento ou uma sequência de eventos com certa força e estabilidade, sendo mais previsível e duradoura do que um modismo. As tendências revelam a forma que o futuro tomará e podem oferecer direcionamento estratégico. A tendência à valorização da saúde e da nutrição trouxe maior rigor às regulamentações governamentais e publicidade negativa para empresas que estimulam o consumo de comida pouco saudável. A Macaroni Grill reformulou seu cardápio, que passou a incluir mais opções de poucas calorias e baixo teor de gordura, após o *The Today Show* referir-se a seu sanduíche de frango e alcachofra como "o equivalente em calorias a 16 picolés de chocolate" e a *Men's Health* eleger seu ravióli doce de 1.630 calorias como "a pior sobremesa da América".[55]

>> Os lenços desinfetantes da Clorox são uma das inovações recentes na evolução do mercado de papel-toalha.

As empresas também precisam visualizar o caminho evolucionário do *mercado* à medida que ele sofre influência de novas necessidades, concorrentes, tecnologias, canais e outros desdobramentos, mudando o posicionamento do produto e da marca para acompanhar essa evolução.[56] Assim como os produtos, os mercados desenvolvem-se em quatro estágios: emergente, crescimento, maturidade e declínio. Vejamos a evolução do mercado de papéis-toalhas. Antigamente, as donas de casa usavam panos e toalhas de algodão e linho na cozinha. Então, uma fabricante de papel, em busca de novos mercados, desenvolveu os papéis-toalhas. Essa ocorrência cristalizou um mercado latente, e outros fabricantes ingressaram no mercado, fazendo o número de marcas crescer e gerar sua fragmentação. O excesso de capacidade do setor levou os fabricantes a pesquisarem novos atributos. Um deles, ao saber que os consumidores reclamavam que os papéis-toalhas não absorviam direito, lançou os papéis-toalhas absorventes e expandiu sua participação de mercado. Contudo, os concorrentes lançaram seus próprios papéis-toalhas absorventes, e o mercado voltou a se fragmentar. Então, outro fabricante lançou uma toalha super-resistente, mas logo foi copiado. Outra empresa lançou o papel-toalha que não solta fiapos, mas também foi copiado. A inovação mais recente são toalhas que contêm um agente desinfetante, em geral para limpeza de superfícies (de madeira, metal ou pedra). Dessa forma, estimuladas pelas forças de inovação e competição, os papéis-toalhas evoluíram de um produto único para um produto com vários graus de absorção e resistência e várias utilidades.

INSIGHT de marketing — Estratégias de crescimento de desafiantes de mercado

Há muitos casos de desafiantes de mercado que ganharam terreno e até mesmo ultrapassaram o líder. Desafiantes estabelecem aspirações elevadas, ao passo que os líderes caem na armadilha de tocar seu negócio como de costume. Contudo, nem todos os desafiantes têm sucesso na sua busca por posição de mercado.

Para aumentar as suas chances de sucesso, um desafiante de mercado deve antes definir seu objetivo estratégico, que geralmente é aumentar a participação de mercado. A seguir, deve decidir quem atacar. Uma opção é atacar o líder do mercado. É uma estratégia de alto risco, mas também de alto potencial, e faz sentido se o líder não atende bem ao mercado. Por outro lado, o desafiante pode atacar empresas do seu próprio tamanho, mas com baixo desempenho e poucos recursos financeiros. Essas empresas têm produtos obsoletos, cobram preços excessivos ou não satisfazem os clientes de outras maneiras. O desafiante também pode atacar pequenas empresas locais ou regionais. Por exemplo, muitos grandes bancos atingiram o seu porte atual quando engoliram os bancos regionais menores. Por fim, o desafiante pode não atacar uma empresa específica, mas causar disrupção em todo um setor que não atende adequadamente às necessidades dos clientes. Empresas como Amazon, Uber e Airbnb conseguiram provocar a disrupção de setores inteiros da economia.

Diante de opositores e objetivos bem definidos, o desafiante pode adotar estratégias diferentes para atingir seus objetivos. Cinco delas são descritas a seguir.

- **Ataque frontal.** Em um **ataque frontal** estrito, o atacante se equipara ao seu oponente em relação a produto, serviço, preço, promoção de vendas, incentivos e distribuição. O princípio da força diz que o lado com mais recursos vencerá. Um ataque frontal modificado, como o corte de preço em relação ao do oponente, pode funcionar se o líder não reagir e se o concorrente convencer o mercado de que seu produto é igual ao do líder. A Helene Curtis é especialista em convencer o mercado de que suas marcas de produtos para cabelo, como Suave e Finesse, são iguais em qualidade, mas têm melhor relação custo-benefício do que as marcas mais caras.

- **Ataque pelo flanco.** Um **ataque pelo flanco** é outro nome para a identificação de mudanças nos segmentos de mercado que criam lacunas a serem rapidamente preenchidas. Ataques pelo flanco são particularmente atraentes para uma desafiante com menos recursos do que seu oponente e são bem mais propensos ao sucesso do que os ataques frontais. Grandes empresas de comunicação, como a Verizon e a AT&T, viram-se perdendo vendas no mercado especializado, mas em franco crescimento, do celular pré-pago quando operadoras de menor porte, como Boost Mobile, Virgin Mobile e MetroPCS, passaram a oferecer preços mais baixos e uma gama de opções mais ampla. Outra estratégia de flanco é atender a necessidades inexploradas de mercado. Quando monta um ataque geográfico, o desafiante foca em áreas onde o adversário está com baixo desempenho.

- **Manobra de cerco.** A manobra de cerco é um esforço para conquistar uma porção generosa do território inimigo pelo lançamento de uma forte ofensiva em diversas frentes. O cerco faz sentido quando a desafiante detém recursos superiores. Ao enfrentar sua arqui-inimiga Microsoft, a Sun Microsystems licenciou o *software* Java para centenas de empresas e milhões de desenvolvedores de *software* para todos os tipos de equipamento de consumo. À medida que os produtos eletrônicos de consumo começaram a se tornar digitais, o Java passou a aparecer em uma grande gama de aparelhos.

- **Bypass.** A estratégia de *bypass*, pela qual uma empresa se desvia do concorrente e ataca mercados mais acessíveis, oferece três linhas de abordagem: diversificar para uma linha de produtos não relacionados, diversificar em direção a novos mercados geográficos e dar um salto para novas tecnologias. Durante a "guerra das colas", a Pepsi usou uma estratégia de *bypass* contra a Coca-Cola: lançou a água engarrafada Aquafina em nível nacional antes que a Coca-Cola lançasse sua marca Dasani, adquiriu a gigante de sucos de laranja Tropicana e comprou a Quaker Oats Company, dona da líder de mercado em bebidas isotônicas Gatorade.

(continua)

- **Guerrilha.** A **guerrilha** consiste em travar pequenos e intermitentes ataques, convencionais ou não, incluindo corte seletivo de preços, intensas *blitzes* promocionais e ações judiciais ocasionais, para incomodar o oponente e, eventualmente, assegurar pontos de apoio permanentes. Uma campanha de guerrilha pode sair cara, embora custe menos do que o ataque frontal, de cerco ou pelo flanco, mas normalmente deve ser apoiada por um ataque mais poderoso para vencer o oponente.

Qualquer aspecto de um plano de *marketing* pode servir como base para o ataque, como produtos de menor preço ou com desconto, bens e serviços novos ou melhorados, uma variedade mais ampla de ofertas e estratégias inovadoras de distribuição. O sucesso de uma desafiante depende da combinação de várias estratégias mais específicas para melhorar sua posição ao longo do tempo. Uma vez bem-sucedida, uma marca desafiante deve manter uma mentalidade desafiadora, ainda que se torne líder de mercado, destacando a diferença no modo como faz as coisas.[57]

Resumo

1. Avaliar oportunidades de crescimento envolve duas considerações principais: identificar os tipos de produtos e de mercados nos quais a empresa deveria se concentrar e como administrar a sua estratégia de crescimento de produto e de mercado ao longo do tempo.

2. O crescimento é possibilitado por quatro estratégias fundamentais que definem as oportunidades de mercado para a empresa em termos de produtos e mercados novos e atuais. A empresa pode adotar uma ou mais estratégias de crescimento de produto e de mercado: penetração de mercado, desenvolvimento de mercado, desenvolvimento de produto e diversificação.

3. As empresas podem crescer de duas formas: aumentando a produção e fortalecendo as receitas e os lucros internamente (abordagem chamada de crescimento orgânico) ou com base em fusões e aquisições. As estratégias de penetração e desenvolvimento de mercado normalmente buscam o crescimento orgânico, ao passo que o desenvolvimento de produto e a diversificação podem envolver tanto o crescimento orgânico quanto o crescimento por fusões e aquisições.

4. As empresas com baixos índices de participação de mercado total podem se tornar altamente lucrativas se concentrarem seus esforços em mercados menores, que pouco interessam às empresas maiores. A busca de mercados de nicho permite que as empresas conheçam seus clientes-alvo e atendam às suas necessidades melhor do que as outras, com oferta de valor superior.

5. Ao tentar expandir as dimensões de seu mercado total, a empresa deve defender ativamente sua posição de mercado atual. A estratégia de defesa específica escolhida depende das necessidades dos clientes-alvo da empresa, dos recursos e objetivos da empresa e de suas expectativas sobre como os concorrentes reagirão.

6. Os produtos passam por diversos estágios ao longo do tempo e, em cada um deles, enfrentam desafios e oportunidades que exigem diferentes estratégias e táticas de *marketing*. Os quatro estágios do ciclo de vida do produto são introdução, crescimento, maturidade e declínio. Atualmente, muitos produtos estão no estágio de maturidade.

7. O estágio da introdução é marcado por crescimento lento e lucros mínimos. Se tiver sucesso, o produto entra em estágio de crescimento, caracterizado por crescimento rápido das vendas e aumento de lucros. Segue-se um estágio de maturidade, no qual o crescimento das vendas passa por uma desaceleração, e os lucros se estabilizam. Por fim, o produto entra em uma fase de declínio. Cabe à empresa identificar os produtos realmente vulneráveis e descontinuá-los, de modo a minimizar o impacto sobre os lucros da empresa, os funcionários e os clientes.

8. Nem todos os produtos apresentam um padrão de ciclo de vida em forma de sino. Para conquistar e defender a sua posição de mercado, as empresas precisam visualizar a trajetória evolucionária do mercado e o modo como ela provavelmente será influenciada pelas novas necessidades de clientes, concorrentes, tecnologia, canais e outros acontecimentos.

DESTAQUE de *marketing*

Airbnb

Quando Brian Chesky e Joe Gebbia, dois bacharéis da Rhode Island School of Design, estavam tendo dificuldade para pagar o aluguel em 2007, a dupla fez um *brainstorming* (discussão em grupo para contribuição de ideias e solução de problemas) em busca de ideias para ganhar um dinheiro extra. Os dois tiveram a ideia de alugar três colchões infláveis no seu apartamento e oferecer café da manhã no dia seguinte. Na época, os hotéis das redondezas estavam começando a lotar devido a uma grande convenção de *design* na vizinhança. Chesky e Gebbia criaram um *site* chamado airbedandbreakfast.com para anunciar a sua experiência de hospedaria improvisada. Logo em seguida, três hóspedes reservaram uma estadia no seu apartamento por US$ 80. O sucesso daquela noite inspirou a dupla a se juntar com Nathan Blecharzyk, seu ex-colega de quarto, e transformar a ideia em um negócio.

No seu primeiro ano, a Airbnb visava a convenções com mais participantes do que havia quartos de hotel disponíveis na região. A partir da South by Southwest de 2008 em Austin, Texas, a Airbnb buscou a cobertura em *blogs* para tentar gerar interesse pelo serviço. Chesky usou a convenção para testar e melhorar o produto. Inicialmente, a Airbnb apresentava-se como um *site* de classificados, semelhante ao Craigslist, em vez de como um mercado *on-line*. Os anfitriões do local que Chesky reservou se ofereceram para buscá-lo no aeroporto e prepararam um jantar para ele. Chesky percebeu que o modelo não era ideal quando os anfitriões, constrangidos, perguntaram quando ele pagaria pela estadia. Daquele momento em diante, o *site* da Airbnb transformou-se no meio de pagamento para o locatário, e a empresa ficaria com uma pequena comissão. Além disso, os clientes informaram à Airbnb que se interessariam por listagens gerais de disponibilidade, mesmo quando não houvesse um evento na região. Por consequência, a Airbnb passou a permitir que os anfitriões listassem suas propriedades a qualquer momento.

Com a orientação da incubadora de *startups* Y Combinator, a Airbnb levou sua oferta para Nova York em 2009. A cidade de Nova York era o lugar ideal para a empresa começar, em razão dos altos preços dos hotéis. A Airbnb começou com um grupo pequeno de locatários e anfitriões regulares. Os fundadores fizeram viagens frequentes à cidade para receber *feedback* sobre o sistema, que foi usado para começar a investir recursos na conscientização sobre o produto. Por exemplo, a Airbnb viu que muitos anfitriões usavam as câmeras dos seus celulares para postar fotos básicas das suas propriedades no *site*. Em resposta, a empresa alugou uma câmera de qualidade profissional e tirou fotos de alta definição das propriedades para apresentá-las à melhor luz possível. A Airbnb aprendeu que a apresentação profissional dos locais aumenta a probabilidade de eles serem locados por um fator de mais de 3. A Airbnb também encorajou os anfitriões e os locatários a postar sobre as suas experiências nas mídias sociais, cultivando uma rede entre o número crescente de usuários dos dois lados da transação. Logo em seguida, o número de locatários e de anfitriões aumentou drasticamente em Nova York, e a Airbnb começou a expandir-se para as maiores cidades do planeta.

O sucesso acelerado da Airbnb ajudou a atrair capital de risco. Após o investimento inicial de US$ 20 mil da Y Combinator em 2009, a Airbnb conseguiu angariar US$ 600 mil em financiamento da Sequoia Capital naquele mesmo ano para continuar a expandir suas operações nacionais e internacionais. Um ano mais tarde, a Airbnb captou mais US$ 7,2 milhões em capital de risco da Greylock Partners. No ano seguinte, a Airbnb obteve US$ 112 milhões da Andreessen Horowitz, e sua avaliação atingiu US$ 1 bilhão. Alimentada por capital de risco, a Airbnb está disponível em 89 países e alcançou mais de 1 milhão de noites reservadas menos de três anos após o lançamento.

A Airbnb cresceu rapidamente, e a empresa passou a enfrentar uma concorrência cada vez mais intensa. Mais especificamente, ela enfrentava três tipos principais de concorrente. O primeiro consistia em *sites* imitadores. Após o sucesso inicial da Airbnb, mais de 500 imitadores, como Wimdu e Airizu, tentaram copiar os serviços da empresa e vender seus *sites* para investidores. O segundo tipo de concorrência veio de aluguéis de férias. Empresas americanas como HomeAway, VRBO (Vacation Rentals by Owner, ou "aluguel de férias com o dono") e FlipKey ofereciam casas de aluguel para temporadas de férias destinadas a famílias em busca de acomodações de mais alto nível. O terceiro tipo de concorrente eram os *sites* de hotéis, como Travelocity, Hotels.com e Booking.com, que ofereciam aos clientes acesso fácil a hotéis menores, além de quartos com desconto em hotéis maiores.

Apesar da concorrência crescente, a Airbnb conseguiu continuar com o seu crescimento rápido. O sucesso da empresa pode ser atribuído a diversos fatores cruciais. Ela oferece propriedades diversas em todo o mundo, e seus preços, ao contrário dos preços dos hotéis, não são afetados por custos variáveis. Os hóspedes podem navegar pelas propriedades listadas no *site* com facilidade. A Airbnb desenhou o *site* para oferecer uma experiência de reserva simplificada, e hóspedes de confiança têm acesso a um recurso de reserva instantânea, disponibilizado após completar uma estadia de sucesso. A Airbnb também adotou medidas para remediar preocupações comuns dos anfitriões e dos hóspedes. Para tanto, a empresa implementou um programa de garantia ao anfitrião, para garantir que este será reembolsado caso um hóspede danifique suas propriedades. A Airbnb também oferece atendimento 24 horas para hóspedes e anfitriões e resolve rapidamente qualquer problema que ocorra. Além disso, a Airbnb se beneficia do efeito de rede. Quanto mais usuários tem, mais as pessoas estão dispostas a disponibilizar suas propriedades para aluguel. Os hóspedes que têm boas experiências também tendem mais a listar suas propriedades. Isso cria um ciclo de *feedback* positivo, que ajuda a expandir o número de hóspedes, anfitriões e transações para a Airbnb.

O serviço exclusivo de aluguéis de curto prazo da Airbnb conseguiu causar disrupção no setor de hospitalidade. Os preços competitivos e a ampla disponibilidade de locais, sustentados pelo efeito de rede, criaram uma alternativa atraente aos quartos de hotel e às casas de férias tradicionais. A empresa informou mais de US$ 3,7 bilhões em receitas em 2019. A Airbnb também começou a diversificar sua lista de serviços com o lançamento do Airbnb Plus, que oferece lares de alta qualidade, com mobiliário de alto nível, de anfitriões conhecidos por receberem resenhas excelentes e pela sua atenção aos detalhes. Outro serviço é o Beyond by Airbnb, que oferece residências de alto nível e um serviço de planejamento de viagens que combina experiências customizadas com propriedades luxuosas.[58]

Questões

1. Quais são os principais fatores que contribuíram para o sucesso de mercado da Airbnb?
2. Como a Airbnb conseguiu criar e sustentar uma vantagem competitiva? Quais são os pontos de paridade e de diferença da Airbnb?
3. No futuro, o que a Airbnb deveria fazer para sustentar a sua vantagem competitiva? O que poderia fazer para conquistar e defender sua posição de mercado?

DESTAQUE de *marketing*

American Express

A American Express é uma das marcas mais respeitadas do mundo, conhecida globalmente por seus cartões de crédito e débito, serviços de viagens e serviços financeiros. Fundada no século XIX como uma transportadora de entrega expressa, ela cresceu para se tornar uma agência de viagens e acabou evoluindo para uma empresa global de pagamentos associada a imagens de marca que inspiram prestígio, confiança, segurança, atendimento ao cliente, aceitação internacional e integridade.

Em 1891, a American Express criou os primeiros *travelers cheques* aceitos internacionalmente, que usavam o mesmo sistema de segurança por assinatura e taxa de câmbio garantida empregados atualmente. A empresa emitiu seu primeiro cartão de compra em 1958: um cartão que exigia de seus clientes o pagamento total do saldo devido, ao contrário do crédito rotativo possível com os cartões de crédito. A American Express cobrava uma taxa anual superior à de seus concorrentes para criar uma sensação de prestígio e gerar adesão. Em 1967, um terço do lucro total da empresa vinha dos seus negócios de cartões de compra, e o cartão da American Express superou os *travelers cheques* como o símbolo mais visível da empresa.

Nas décadas de 1960 e 1970, a American Express intensificou seus esforços de *marketing* em resposta à

forte concorrência da Master Charge (agora MasterCard) e da BankAmericard (que mais tarde se tornaria Visa). A agência de propaganda Ogilvy & Mather criou o famoso "Não saia de casa sem ele" no início da década de 1970 como um *slogan* de sinergia. Em 1974, o familiar logotipo da caixa azul apareceu pela primeira vez, com as palavras "*American Express*" impressas no contorno branco sobre um quadrado de fundo azul.

Muitos percebiam os cartões American Express como símbolo de *status* que significava sucesso e realização. A empresa chamava seus titulares de *card members* (membros do cartão) e gravava o ano em que haviam se associado, sugerindo a participação em um clube. Essa imagem de exclusividade era mantida por meio de propaganda, um impecável serviço ao cliente e promoções e eventos de elite.

Durante a década de 1980, a American Express adquiriu diversas empresas, como Lehman Brothers, Kuhn Loeb Inc.

e E. F. Hutton & Co., o que permitiu que ela se expandisse para diversas categorias financeiras, incluindo corretagem, serviços bancários e seguros. Contudo, a empresa teve dificuldade para integrar essas ofertas financeiras mais amplas e liquidou muitos de seus ativos financeiros no início da década de 1990. A nova American Express, mais esguia, enfocou suas competências centrais: cartões de compra e de crédito, *travelers cheques*, serviços de viagem e um conjunto limitado de serviços bancários e financeiros. Além disso, a American Express aumentou o número de comerciantes que aceitavam seus cartões, incluindo o Walmart, e desenvolveu novas opções de cartão, inclusive no sistema de *co-brand*. Para comunicar a transformação ocorrida na década de 1990, foi lançada a campanha corporativa "Do More" (Faça mais).

Essas ações ajudaram a American Express a competir lado a lado com Visa e MasterCard. Além disso, foi reformulado o *branding* de sua divisão Small Business Services para OPEN: The Small Business Network (A rede para pequenas empresas), e foram acrescentados benefícios, como flexibilização de pagamentos, ofertas especiais, parcerias e recursos, para pequenas empresas. John Hayes, diretor de *marketing* da American Express, explicou o raciocínio por trás do desenvolvimento de uma marca separada para pequenos negócios: "Os pequenos empresários são fundamentalmente diferentes das pessoas que trabalham para grandes empresas. São caracterizados por uma mentalidade compartilhada; eles vivem e respiram o seu negócio. Acreditamos que seja importante que essa área tenha a própria identidade".

Na virada do século, a American Express introduziu dois novos e revolucionários cartões de crédito: o Blue e o Centurion Black. O Blue continha um *chip* que aumentava o nível de segurança de transações pela internet e visava aos consumidores mais jovens e adeptos da tecnologia, com uma imagem moderna e sem cobrança de taxa anual. O Black, por outro lado, visava aos clientes elitizados, que gastavam mais de US$ 150 mil anualmente e desejavam amenidades como um serviço 24 horas de *concierge* pessoal e convites para eventos exclusivos. A empresa também continuou a expandir seu programa Membership Rewards, na época o maior programa de recompensas do mundo vinculado a um cartão de crédito, que permitia aos portadores do cartão resgatar pontos para viagens, entretenimento, vales-presente e outras ofertas predeterminadas.

Em contrapartida, Visa e MasterCard aumentaram a pressão competitiva. A Visa tomou posse dos cartões de débito, que possibilitavam saque em dinheiro diretamente da conta bancária do titular do cartão. A MasterCard também cresceu em popularidade quando criou a campanha "Priceless" (Não tem preço), que se tornou uma referência onipresente da cultura *pop*. No entanto, em 2004, a American Express ganhou uma imensa batalha jurídica contra as duas concorrentes, quando a Suprema Corte decidiu que ela poderia estabelecer relacionamento com qualquer banco, algo que questões técnicas a haviam impedido de fazer até então. Nos três anos seguintes, a American Express firmou parceria com bancos como MBNA, Citigroup, UBS e USAA. Ela também lançou diversas campanhas de *marketing* e *slogans* na década de 2000 para ajudar a aumentar o nível de adesão. A campanha "My Life. My Card" (Minha vida, meu cartão) apresentava celebridades como Robert De Niro, Ellen DeGeneres e Tiger Woods, ao passo que "Are You a Cardmember?" (Você é um membro do cartão?) servia mais como um chamariz à ação de se juntar ao American Express.

A situação ficou ruim quando a economia global entrou em colapso em 2008, o que impactou significativamente os resultados financeiros da American Express. Para alimentar o crescimento, a empresa desviou da sua estratégia fundamental de buscar consumidores afluentes e de baixo risco e preferiu concentrar-se em ampliar o número de membros, sem considerar as qualificações. Os novos titulares poderiam manter um saldo negativo e pagar apenas os juros, uma política que acabaria por resultar em maior inadimplência, faturas mais fracas e enormes prejuízos com crédito. À medida que o mundo se recuperava lentamente da crise econômica, a American Express restabeleceu-se mais rapidamente do que a maioria das empresas de cartão de crédito e serviços financeiros. Ela voltou a focar em uma base de clientes de maior poder aquisitivo e fechou muitas contas consideradas insatisfatórias. A empresa ofereceu mais cartões que cobravam uma taxa anual, ampliou seu foco de *marketing* para atrair mais clientes da classe alta e cortejou pequenas empresas com melhores recompensas e inovações tecnológicas.

À medida que uma nova geração de consumidores entra no mercado, a American Express enfrenta o desafio de permanecer relevante. Historicamente, o sucesso da American Express deveu-se principalmente ao seu atendimento ao cliente. Os representantes da empresa ajudam os clientes a reservar viagens, recomendam os melhores restaurantes e compram ingressos para *shows* e eventos esportivos. Contudo, com o avanço da tecnologia e o surgimento de aplicativos especializados, cada vez menos clientes recorrem a esses serviços. Além disso, a maioria dos *millennials* (a próxima onda de clientes de cartões de crédito) não está interessada em auxílio de viagem e serviços de *concierge*; eles usam Kayak, Airbnb, TripAdvisor e OpenTable. Ainda, empresas financeiras concorrentes, especialmente a Chase e a Citibank, oferecem cartões de crédito customizados para esse segmento demográfico em rápido crescimento. Para enfrentar esses desafios, a American Express aumentou as bonificações para novos usuários, expandiu as recompensas pelo uso do cartão e ofereceu regalias como crédito na Uber, destinadas principalmente aos *millennials*. A empresa também está redesenhando muitos dos seus cartões para ter um visual mais arrojado, buscando atrair o desejo dos *millennials* de expressar sua personalidade, não seu *status* ou seu patrimônio.

No combate à concorrência que cresce rapidamente, a American Express tem uma vantagem importante: a marca forte que a empresa desenvolveu e cultivou ao longo dos anos. A *Bloomberg Businessweek* e a Interbrand a colocam entre as 25 marcas mais valiosas do mundo ano após ano;

a *Fortune* a lista entre as empresas mais admiradas; e a J. D. Powers frequentemente a lista como principal empresa de cartão de crédito dos Estados Unidos. Esses resultados reconhecem não só a inovação de produto e de *marketing* da empresa, mas também seu compromisso de prestar aos clientes um excelente serviço em qualquer lugar do mundo.[59]

Questões

1. Avalie a American Express em relação a seus concorrentes. Como seu posicionamento mudou ao longo do tempo? Em que segmentos a American Express enfrenta maior concorrência?
2. Avalie a forma como a American Express integrou seus vários negócios. Quais recomendações você faria para maximizar a contribuição ao valor de todas as suas unidades de negócios?
3. Como a American Express deveria posicionar suas ofertas para atrair e reter novos clientes? Qual é o principal benefício que ela deveria enfatizar no posicionamento da marca?

DESTAQUE de *marketing*

Natura Cosméticos

Quando Luiz Seabra abriu a primeira loja da Natura em São Paulo, em 1969, talvez não imaginasse o enorme sucesso que, em pouco tempo, faria a empresa buscar novas geografias para continuar crescendo. Parecia uma ideia muito ambiciosa enfrentar as gigantes globais dos cosméticos, mas a realidade é que, nos seus primeiros 20 anos, ao menos no Brasil, poucos concorrentes puderam deter seu crescimento.

Segundo o Euromonitor, mesmo com a acirrada concorrência das décadas seguintes, o *market share* da Natura em fragrâncias ficou em 24,3% (2022), uma marca muito expressiva para um mercado competitivo. Além de fragrâncias, a Natura atua em várias categorias de produtos, como maquiagem, cabelos e produtos para mãos, rosto e corpo. Em todas elas, a Natura tem participações importantes no seu país de origem.

Foi com base na combinação de produtos de qualidade, em um grande senso de responsabilidade socioambiental e, especialmente, em um modelo de distribuição via venda direta (ou porta a porta, por meio de suas consultoras de beleza) que a Natura se estabeleceu como potência brasileira.

A expansão para os demais países da América Latina foi um caminho natural. A proximidade regional, cultural e linguística se aliaram a um mercado também promissor para o formato de venda direta. Os países hispânicos já conheciam esse modelo desde 1956, com a chegada da centenária Avon na Venezuela, de onde expandiu-se para quase todos os países latinos. Depois de Avon, Tupperware, Jafra, Yanbal e Mary Kay, a própria Natura aportou no Chile em 1982, inicialmente por meio de um distribuidor local. Durante a década de 1990, ela se estruturou com escritórios próprios na Argentina, Colômbia, Chile e Peru. Em 2005, chegou ao México.

Junto com as demais marcas, a Natura ajudou no desenvolvimento da indústria de cosméticos na América Latina por meio da venda direta. De acordo com o Euromonitor, a venda direta de cosméticos na América Latina representa 26% do *share* global, contra uma média de 7% nas demais partes do mundo. A Natura, dentro da América Latina, já representa 12,9% do mercado.

Uma das possíveis razões para essa adaptabilidade da venda direta na América Latina é que ela é construída sobre relações pessoais, algo culturalmente associado ao "jeito latino de ser". Outra razão, menos nobre, é a desigualdade social. A região está no topo do *ranking* global de concentração de renda, conforme a PNUD (2019). A desigualdade estimula muitas pessoas a buscarem complementação de renda.

Assim como a venda direta foi a forma de aterrissar nos países vizinhos, a transformação digital que o mundo assistiria no século XXI foi um terreno em que a Natura prosperou e se alavancou. Dentro de seu programa de digitalização, a empresa lançou em 2014, de forma bastante inédita, seu *social commerce*, o Rede Natura. O *social commerce* é um modelo que alia a conveniência da compra on-line com a força das relações humanas (e sociais) da venda direta. Esse modelo passou a fazer parte das ferramentas de impulso à estratégia de expansão da Natura na América Latina. A partir desse momento, cada consultora de beleza Natura passava a ter um *site* de *e-commerce*, por onde também podia vender os produtos a seus clientes. Segundo a empresa, em 2023, já havia mais de 1,5 milhão de lojas on-line de consultoras em toda a América Latina.

Em 2016, foi a vez do varejo. A Natura abriu sua primeira loja física no Brasil, permitindo que a empresa alcançasse novos públicos e oferecesse uma experiência de compra diferenciada, reforçando sua identidade e os valores da marca junto a um público de renda mais alta e aumentando a força da experimentação de seus produtos. Esse pacote multicanal foi replicado para a América Hispânica.

Além da força com produtos e com os canais de distribuição, a Natura foi pioneira em obter o respeitado certificado Empresa B na área de cosméticos na América Latina, sendo uma das primeiras do mundo listadas em bolsa a obtê-lo. A certificação B foi criada pela B Lab, uma organização sem fins lucrativos, e é concedida a empresas que passam por um processo de avaliação rigoroso em relação às práticas de responsabilidade social, ambiental e transparência.

Em 2015, a Natura ganhou o reconhecimento Champions of the Earth. O prêmio é a mais alta distinção ambiental da ONU e reconhece organizações que fizeram contribuições notáveis para a proteção do meio ambiente e a promoção do desenvolvimento sustentável.

O reconhecimento é resultado de uma história de ações que envolvem o desenvolvimento sustentável, como a coleta da castanha pelas comunidades amazônicas. Outro exemplo é seu programa de carbono neutro, em que a empresa, desde 2007, neutraliza as emissões geradas por suas operações. Com foco na preservação ambiental e na valorização da biodiversidade brasileira, ela também atua no lado social: entre outros projetos, promove a educação pública por meio do programa Crer Para Ver, uma bem-sucedida iniciativa em que a empresa reverte o resultado de uma linha de produtos não cosméticos, que leva o nome do programa, para projetos de impulso à educação.

Essa forte cultura de sustentabilidade e responsabilidade social tem sido um elemento fundamental em sua estratégia de expansão para a América Latina Hispânica, área que abriga a Amazônia, um dos maiores biomas do mundo, com território de 4 milhões de km^2, com 2.500 espécies de árvores e 30 mil espécies de plantas.

O crescimento na América Latina levou a empresa a sonhar com o mundo. Há pequenas operações nos EUA e na Europa, além de um teste em curso na Ásia. Para acelerar a internacionalização, a escolha foi aliar-se ao crescimento inorgânico a partir de 2013, quando iniciou um processo de aquisições de marcas internacionais. O ápice viria em 2020, com a compra da Avon. Nascia, assim, a *holding* Natura &Co.

As aquisições abriram possibilidades para a mais profunda internacionalização da marca Natura, mas antes a empresa precisava se organizar na América Latina. Avon e Natura, com modelos muito parecidos, categorias similares e *players* importantes na mesma geografia, precisavam definir seus espaços e seus mercados e buscar sinergias.

Questões

1. Quais são os fatores principais para o sucesso na América Latina?
2. Ao analisar o caso Natura, qual (ou quais) o(s) modelo(s) de crescimento que a Natura adotou?
3. Olhando para o futuro, qual seria um caminho de crescimento para a Natura e para o Natura &Co?

Autor

Murillo Boccia Professor e coordenador de pós-graduação da ESPM. Mestre em administração de empresas/*marketing* pela USP, graduado em economia pela USP e tem especialização em *data* e *analytics* pela Harvard Business School. Tem 25 anos de experiência em grandes empresas na área digital, *marketing*, canais e comunicação e dirigindo *business units*.

18
Desenvolvimento de novas ofertas de mercado

O enorme sucesso da empresa icônica de James Dyson veio da combinação de apelo estético com inovação tecnológica e pesquisa rigorosa para reinventar o modo como aspiradores de pó, ventiladores e secadores de cabelo funcionam.
Crédito: Michael Nagle/Bloomberg via Getty Images.

O desenvolvimento de novas ofertas molda o futuro da empresa. Sem investir no desenvolvimento de novas ofertas, a empresa está destinada a depender de adquirir novos produtos desenvolvidos por outras empresas para garantir o crescimento sustentado. O desenvolvimento de novas ofertas é o motor do sucesso da empresa, pois permite que ela questione as normas do setor e aplique soluções criativas para engajar e encantar os clientes. Uma empresa que certamente entende como moldar o próprio futuro e o dos seus clientes é a Dyson Corporation.

>>> A Dyson surgiu em 1991, depois que James Dyson, fundador da empresa, frustrou-se com a rapidez com a qual seu aspirador de pó perdia capacidade de sucção. Ele logo descobriu o problema: o saco do aspirador era bloqueado pela poeira rapidamente, o que restringia o fluxo de ar e reduzia a sucção. Dyson percebeu que não era um problema apenas do seu aspirador de pó específico, mas uma falha no projeto de todos os aspiradores. Decidido a resolver o problema e inventar uma máquina que "nunca perde poder de sucção" (que viria a ser o *slogan* dos seus aspiradores), Dyson projetou um aspirador de pó que, em vez de usar um saco, dependia da força centrífuga para separar a poeira do ar. Seu aspirador de

pó sugava a sujeira com mais eficiência do que os aparelhos tradicionais, além de ter um *design* belíssimo e um apelo estético diferenciado. Com base no sucesso fenomenal dos seus aspiradores, quase duas décadas depois, a Dyson revolucionou outra categoria de produtos que praticamente não mudara com o passar dos anos: os ventiladores. Usando a tecnologia do multiplicador de ar, a Dyson criou um ventilador sem pás, que não tinha peças móveis nem hélices giratórias. A invenção mais recente da Dyson eleva a tecnologia do multiplicador de ar a um novo nível: o secador de cabelo Dyson Supersonic, com seu *design* arrojado, é mais compacto e silencioso do que um secador médio e inclui um sistema de controle de temperatura inteligente para minimizar os danos ao cabelo. Inovações como essa não são rápidas nem baratas. Foram necessários mais de quatro anos, cerca de 600 protótipos, pesquisa com mais de 1.600 km de cabelo humano e US$ 71 milhões para desenvolver o secador.[1]

Este capítulo apresenta um resumo do processo de desenvolvimento de novas ofertas de mercado. Como o termo "*novos produtos*" costuma ser usado em referência a novas ofertas de mercado, usaremos esses termos como sinônimos. Assim, a discussão a seguir não é relevante apenas para novos bens e serviços, mas também para o desenvolvimento dos modelos de negócios da organização.

O processo de desenvolver novas ofertas de mercado

A inovação é o segredo para o desenvolvimento de novas ofertas viáveis. A inovação não se limita ao desenvolvimento de novos bens e serviços; ela pode envolver novas tecnologias, novas abordagens à construção da marca, um novo mecanismo de preços, novas maneiras de gerenciar incentivos, novos canais de comunicação ou um novo método de distribuição. A inovação é particularmente importante em setores caracterizados por alta incerteza tecnológica e de mercado, concorrência feroz, altos custos de investimento e produtos com ciclo de vida curto. As ofertas inovadoras causam a disrupção dos modelos de negócios existentes e tornam supérfluas as empresas que não conseguem inventar novas maneiras de criar valor de mercado para se adaptar às novas condições.

O IMPERATIVO DA INOVAÇÃO

Em uma economia em rápida transformação, a inovação contínua é uma questão de necessidade. Empresas que deixam de desenvolver novos produtos ficam vulneráveis à variação das necessidades e preferências dos clientes, aos ciclos de vida de produto mais curtos, a uma maior concorrência nacional e estrangeira e à cegueira em relação às oportunidades de mercado em potencial criadas pelas novas tecnologias.

Objetivos de aprendizagem   Após ler este capítulo, você deverá ser capaz de:

18.1 Explicar como empresas desenvolvem novas ofertas.

18.2 Explicar como empresas geram novas ideias.

18.3 Descrever como empresas criam e validam protótipos.

18.4 Resumir os principais aspectos da formulação de um modelo de negócios para uma nova oferta.

18.5 Explicar como empresas implementam novas estratégias de ofertas.

18.6 Discutir os principais aspectos da implementação comercial de uma nova oferta.

Empresas altamente inovadoras são capazes de identificar e rapidamente agarrar novas oportunidades de mercado. Ao criar uma atitude positiva em relação à inovação e à exposição ao risco, elas transformam o processo de inovação em algo rotineiro, praticam o trabalho em equipe e permitem que seu pessoal experimente e até mesmo falhe. Uma delas é a W. L. Gore.

W. L. Gore Mais conhecida por seu tecido de alto desempenho Gore-Tex, a W. L. Gore tem lançado produtos inovadores tão variados quanto cordas de violão, fio dental, dispositivos médicos e células de combustível, sem deixar de reinventar constantemente os usos do politetrafluoroetileno (*teflon*). Vários princípios orientam seu processo de desenvolvimento de novos produtos. Em primeiro lugar, ela trabalha com clientes potenciais. Seu enxerto torácico, concebido para combater doenças cardíacas, foi desenvolvido em estreita colaboração com médicos. Em segundo lugar, a Gore tem uma cultura particularmente igualitária. Ela permite que os funcionários escolham projetos e indiquem líderes e equipes de produto. A Gore gosta de estimular "defensores apaixonados", capazes de convencer os outros de que um projeto vale sua dedicação de tempo e comprometimento. Desse modo, os líderes têm posições de autoridade porque têm seguidores. Em terceiro lugar, todos os pesquisadores associados gastam 10% de suas horas de trabalho desenvolvendo suas próprias ideias. As mais promissoras são levadas adiante e avaliadas de acordo com o exercício *real, win, worth* (real, vencer, valor), que questiona se a ideia é uma oportunidade real, se permite que a empresa vença e se vai gerar dinheiro. Em quarto lugar, a Gore sabe quando desistir, embora becos sem saída em uma área possam desencadear inovação em outra: as cordas de violão Elixir resultaram de uma iniciativa malsucedida em cabos de bicicleta. Até mesmo as iniciativas bem-sucedidas podem ter de ser passadas adiante. O fio dental sem fiapo Glide foi vendido para a Procter & Gamble porque a Gore-Tex sabia que os varejistas prefeririam lidar com uma empresa que vende toda a família de produtos de cuidados para saúde. A W. L. Gore emprega quase 10 mil funcionários em dezenas de países ao redor do mundo e tem receita superior a US$ 3,5 bilhões.[2]

>> O desenvolvimento de produtos na W. L. Gore envolve trabalhar lado a lado com os clientes, deixar que os funcionários escolham seus projetos, entregar cargos de liderança para funcionários profundamente comprometidos, permitir que pesquisadores desenvolvam suas próprias ideias e saber quando interromper um empreendimento.

As inovações vão desde pequenas melhorias ou revisões de produtos existentes até itens inéditos no mundo que criam um mercado completamente novo. Menos de 10% de todos os novos produtos podem ser considerados realmente inovadores e novidades no mundo. A maior parte das atividades de novos produtos concentra-se na melhoria dos produtos existentes. Essa forma de inovação contínua pode ampliar o significado da marca e forçar os concorrentes a correr atrás do prejuízo. Muitos dos lançamentos de novos produtos em supermercados na última década foram extensões de marca, como o sabão em pó Tide Pods, o barbeador Gillette Fusion

ProShield, os grânulos de lavanderia Downy Unstopables, a pasta de dentes Colgate Total Clean-In-Between e as bolachas Oreo Thins. Na Sony, modificações de produtos existentes representam mais de 80% das atividades de novos produtos. Na verdade, a maioria das empresas tradicionais se concentra na **inovação incremental**, entrando em novos mercados com pequenas modificações para novos clientes, usando variações de um produto principal para se manter à frente do mercado e criando soluções provisórias para problemas que afetam todo o setor.

O foco em pequenas variações de produtos existentes se deve, em parte, ao fato de que é cada vez mais difícil identificar produtos revolucionários para transformar o mercado. Ainda assim, muitas empresas continuam a buscar inovações inéditas. Em geral, essas inovações estão associadas a maiores custos e riscos, mas, se tiverem sucesso, poderão criar uma vantagem competitiva sustentável maior para a empresa e gerar expressivas recompensas financeiras.[3]

A Keurig foi pioneira no sistema de cafeteira elétrica para dose única de café ou chá vendidos em cápsulas, muito usado em casas e escritórios. Pela velocidade, conveniência e variedade oferecidas, os usuários estão dispostos a pagar 10 vezes o custo de uma xícara tradicional de café. Isso ajudou as vendas da Keurig a superarem US$ 11 bilhões, e sua participação de mercado baseada em receita com vendas de cápsulas de café alcançou 30%.[4]

Os lançamentos bem-sucedidos de novos produtos são as exceções, não a regra. Estima-se que o índice de fracasso para novos produtos seja de até 95%. Os motivos mais comuns incluem pesquisa de mercado ignorada ou mal interpretada, superestimativa do tamanho do mercado, altos custos de desenvolvimento, mau desempenho do produto, preços inadequados, comunicação ineficaz, apoio insuficiente à distribuição, reação proativa da concorrência, falta de apoio organizacional para a nova oferta e retorno inadequado sobre o investimento da empresa. Os diferentes motivos para o fracasso podem ser resumidos em uma única frase: a nova oferta não cria valor superior para seus clientes-alvo de um modo que beneficie suficientemente a empresa e seus colaboradores.

GESTÃO DA INOVAÇÃO

A inovação não acontece no vácuo. Produtos inovadores são criados por indivíduos, e muitos deles trabalham para organizações de grande ou de pequeno porte. Assim, criar um ambiente que promove a inovação e incentiva o desenvolvimento de novos produtos é fundamental.[5] As empresas lidam com o aspecto organizacional da inovação de diferentes maneiras. Algumas das abordagens mais populares à gestão da inovação estão resumidas a seguir.

- **Departamentos encarregados das ofertas atuais.** Uma abordagem comum à promoção e à gestão da inovação é delegar a responsabilidade pelo desenvolvimento de novos bens e serviços aos gestores no comando de uma determinada categoria de produto, marca ou mercado. A vantagem dessa abordagem é que esses profissionais têm um bom entendimento sobre as necessidades dos clientes, o ambiente competitivo e o processo envolvido em projetar, comunicar e entregar os produtos da empresa para os clientes atuais. Por outro lado, os gestores responsáveis por ofertas que já existem muitas vezes se concentram nelas e podem não ter as habilidades, o conhecimento e a motivação necessários para desenvolver novos produtos bem-sucedidos.
- **Departamentos de novos produtos.** Com frequência, as grandes empresas estabelecem um departamento de novos produtos, chefiado por um gestor com substancial autoridade e acesso à alta gerência, cujas responsabilidades abrangem a geração e a seleção de novas ideias, o trabalho em conjunto com o departamento de pesquisa e desenvolvimento, a condução de testes de campo e a comercialização. A Eli Lilly colocou *todos* os departamentos engajados no processo de transformar moléculas em medicina – da equipe de pesquisa e desenvolvimento à equipe que busca aprovação da Food and Drug Administration (FDA) – sob o mesmo teto para melhorar a eficiência e reduzir o tempo de desenvolvimento.
- **Centros de inovação.** Algumas empresas criam centros de inovação em novos locais para melhor formular novos produtos para essas regiões. Por exemplo, a Microsoft tem mais de cem centros de inovação no mundo todo, que firmam parcerias com governos, universidades e colaboradores setoriais da região. No mesmo espírito, a Cisco, gigante dos equipamentos de rede, construiu uma rede de centros de inovação espalhados pelo mundo, e cada um deles

reúne parceiros e *startups* para construir soluções, trabalhar com prototipagem rápida e investir e firmar parcerias com *startups*, aceleradoras e universidades.
- **Equipes empreendedoras.** Outra abordagem para promover a inovação envolve delegar o desenvolvimento de novos produtos a equipes empreendedoras, que são equipes interfuncionais responsáveis por desenvolver um produto ou negócio específico. Esses **intraempreendedores** são desobrigados de outras tarefas e recebem um orçamento independente e um prazo mais generoso do que o normal. Muitas vezes, também são organizados em um sistema de "*skunkworks*", ou seja, espaços de trabalho informais, às vezes em garagens, em que equipes com mentalidade empreendedora tentam desenvolver novos produtos. Por exemplo, à medida que se transformou de uma vendedora de computadores pessoais para uma provedora de soluções no ramo de cibersegurança e projeto e gestão de *data centers*, a Dell construiu sedes independentes para as novas unidades, com ordens explícitas de pensar de forma empreendedora.[6]
- **Comunidades de prática.** Outra estrutura organizacional para o desenvolvimento de novos produtos envolve criar fóruns nos quais os funcionários de diversos departamentos são incentivados a compartilhar seus conhecimentos e habilidades. Por exemplo, a farmacêutica japonesa Esai Co. formou mais de 400 comunidades de inovação. Um desses centros de inovação ajudou a desenvolver um medicamento gelatinoso e fácil de engolir para pacientes com doença de Alzheimer. A rede de supermercados SuperValu encomendou 29 projetos de comunidades de prática, 22 dos quais acabaram sendo implementados pela empresa.[7]
- **Equipes interfuncionais.** Criar equipes para projetos específicos que combinam diferentes conjuntos de habilidades é outra abordagem popular para promover a inovação. Um benefício específico desse método é que ele reúne diferentes tipos de conhecimento especializado no processo de desenvolvimento de novos produtos, o que, por sua vez, acelera a inovação e aumenta a probabilidade de criar novas ofertas inovadoras. As equipes interfuncionais compostas de engenheiros e profissionais de *marketing* ajudam a garantir que os esforços de pesquisa e desenvolvimento da empresa não serão guiados para a criação de uma "ratoeira melhor" quando os clientes em potencial não precisam ou não querem uma.

A ABORDAGEM *STAGE-GATE* PARA O DESENVOLVIMENTO DE NOVAS OFERTAS

O desenvolvimento de novos produtos costuma ser representado como uma sequência de ações (estágios, ou *stages*) separados por obstáculos (portões, ou *gates*) que a nova oferta deve superar.[8] A abordagem *stage-gate* divide o processo de inovação em estágios, com um ponto de verificação ao final de cada um. Em última análise, essa abordagem é utilizada no desenvolvimento de novos produtos para garantir o sucesso de mercado, a fim de minimizar os riscos e otimizar a alocação dos recursos da empresa.

Os sistemas de *stage-gate* evoluíram com o passar dos anos, à medida que os usuários os tornaram mais flexíveis, adaptativos e escalonáveis, com melhor governança e gestão de portfólio integradas, incorporaram responsabilidade e melhoria contínua e passaram a usar insumos constantes de diversas fontes dentro e fora da empresa. Com o uso de abordagem segmentada para formulação, teste, realinhamento e redirecionamento, a empresa tenta separar o joio do trigo, filtrando as más ideias e investindo naquelas com maior tendência de produzir os resultados desejados. Por exemplo, na Tata Steel, cerca de 50 a 100 ideias são geradas para cada uma que chega à implementação. Em um dado momento, 50 a 70 projetos de desenvolvimento de produtos estão na *pipeline* antes de alguns chegarem à fase final.[9]

Não existe um único formato de *stage-gate*; as empresas variam nos modos como definem os diferentes estágios do desenvolvimento de produtos e os obstáculos que a nova oferta deve superar. Ao mesmo tempo, há diversas semelhanças entre as abordagens, então podemos pensar em um **modelo *stage-gate*** geral para administrar o processo de desenvolvimento de novas ofertas. O modelo apresenta uma versão simplificada da abordagem de *stage-gate*, composta de cinco estágios principais: *geração de ideias, desenvolvimento de conceitos, elaboração do modelo de negócios, desenvolvimento da oferta* e *implementação comercial*. Todos os estágios são separados por obstáculos que servem para validar as ações executadas no passo anterior. Esse modelo *stage-gate* para o desenvolvimento de novas ofertas está representado na Figura 18.1.

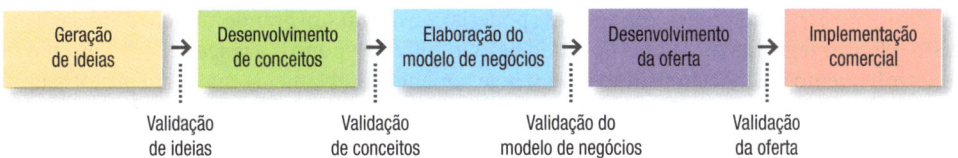

FIGURA 18.1
O modelo *stage-gate* para o desenvolvimento de novas ofertas.

Os cinco estágios da abordagem *stage-gate* para o desenvolvimento de novas ofertas podem ser resumidos da seguinte forma.

- **Geração de ideias.** O ponto de partida para o desenvolvimento de uma nova oferta é descobrir as necessidades não atendidas dos clientes e inventar uma ideia de como atendê-las melhor do que as alternativas disponíveis. A ideia inicial é um rascunho geral dos modos como a empresa pode atender a essa necessidade focal do cliente, sem entrar em muitos detalhes sobre a oferta de mercado. A geração de ideias é seguida por uma avaliação da adequação da ideia e uma validação dos seus pressupostos críticos.
- **Desenvolvimento de conceitos.** Após a validação da ideia, o próximo passo é o desenvolvimento de uma versão inicial (protótipo) da oferta, incluindo a funcionalidade central da oferta proposta. Os conceitos desenvolvidos são validados por uma avaliação da sua factibilidade tecnológica e do seu potencial de atender à necessidade do cliente descoberta.
- **Elaboração do modelo de negócios.** O conceito validado torna-se o centro de um modelo de negócios que define o mercado-alvo da oferta, o valor criado pela oferta nesse mercado e os principais atributos da oferta. O modelo de negócios é validado com base em quanto ele consegue atender à necessidade do cliente identificada de uma forma que beneficie suficientemente a empresa e seus colaboradores.
- **Desenvolvimento da oferta.** O modelo de negócios validado ainda é apenas um plano; a empresa não desenvolveu uma versão da oferta pronta para o mercado. Para atender às necessidades dos clientes-alvo e criar valor para os *stakeholders* e colaboradores, a empresa deve desenvolver os recursos necessários para criar a oferta e, então, desenvolver uma versão dela pronta para o mercado.
- **Implementação comercial.** A versão da oferta pronta para o mercado é implementada comercialmente, o que significa que é comunicada e disponibilizada para os clientes-alvo. Em geral, a implementação comercial começa com o lançamento da oferta em mercados seletos antes de disponibilizá-la para todo o mercado-alvo. A implementação comercial é concomitante com um processo contínuo de testes de mercado e otimização do produto para melhor atender às necessidades dos clientes-alvo, reagir a mudanças no ambiente de mercado e aproveitar toda e qualquer mudança nos processos de negócios, *know-how* e tecnologias fundamentais.

A abordagem *stage-gate* abrange três metas. Seu objetivo é desenvolver: (1) uma oferta *desejável*, atraente para os clientes-alvo; (2) uma oferta tecnologicamente *factível*, que a empresa terá como executar; e (3) uma oferta *viável*, que criará valor para a empresa e para os seus colaboradores. O nível de desejo, a factibilidade e a viabilidade são essenciais para o processo de desenvolvimento de uma oferta, embora os fatores tenham papéis diferentes. O nível de desejo de uma oferta normalmente é essencial na fase de geração de ideias. Tanto o nível de desejo quanto a factibilidade recebem o foco durante o desenvolvimento de conceitos. Por fim, a elaboração do modelo de negócios tenta garantir que todos os três critérios sejam atendidos antes da implementação da versão final da oferta e de levá-la ao mercado.

O alto nível de incerteza e risco associado ao desenvolvimento de novos produtos sugere que, para cada inovação de sucesso, existem muitas que deram errado. O alto índice de fracasso dos projetos de desenvolvimento de novos produtos sugere que, para obter uma oferta de mercado viável, a empresa deve começar com diversas novas ideias que, por meio de uma série de filtragens, redirecionamentos e realinhamentos, produzirão um resultado de sucesso. Nesse contexto, ter obstáculos (*gates*) é importante para gerenciar a alocação de recursos, investir em projetos que tenham alta probabilidade de sucesso e filtrar projetos que não poderiam ser validados nos diferentes estágios do processo de desenvolvimento de novos produtos.

Assim, no início do processo, a empresa poderia considerar um grande número de ideias a um custo relativamente baixo. Muitas dessas ideias são filtradas; poucas avançam para o estágio de desenvolvimento do conceito, que exige um investimento relativamente maior em prototipagem e testes. À medida que os projetos atravessam os diferentes estágios do processo de desenvolvimento, o número de alternativas viáveis é reduzido a algumas poucas (ou, muitas vezes, a uma só) que serão comercializadas. Ao mesmo tempo, o investimento por projeto aumenta, e os dois últimos estágios (comercialização e implementação comercial) normalmente exigem a maior parte dos recursos da empresa.

A abordagem *stage-gate* descrita anteriormente representa uma versão simplificada do processo de desenvolver uma nova oferta. Em muitas ocasiões, o desenvolvimento de uma nova oferta pode não seguir uma série predefinida de passos ordeiros e claramente delineados e envolver, pelo contrário, ações que não seguem o formato linear do sistema *stage-gate*. Não raro, o projeto de desenvolvimento de novas ofertas passa pelo estágio de geração de ideias, mas não consegue superar alguns dos obstáculos subsequentes. Nesses casos, a empresa deve voltar à prancheta e talvez até reavaliar a ideia e/ou o conceito por trás do projeto como um todo. Observe, no entanto, que, apesar do processo de desenvolvimento de novos produtos poder envolver múltiplos ciclos, não sendo um processo linear com transições naturais entre um estágio e o próximo, o sistema *stage-gate* descrito anteriormente oferece uma série de diretrizes acionáveis que podem simplificar o processo de desenvolver novas ofertas.

EXEMPLO DA ABORDAGEM *STAGE-GATE* PARA O DESENVOLVIMENTO DE NOVAS OFERTAS

A abordagem *stage-gate* ao desenvolvimento do modelo de negócios pode ser ilustrada com os seguintes exemplos. Considere uma fabricante de alimentos processados que deseja introduzir um novo produto para ampliar sua presença no mercado e turbinar o crescimento da receita. Os cinco estágios do desenvolvimento de uma nova oferta podem ser divididos da maneira apresentada a seguir.

Geração e validação de ideias. Após explorar diversas ideias alternativas, a empresa decide focar na criação de um pó a ser adicionado ao leite para melhorar o seu valor nutricional e sabor. A seguir, a empresa deve responder diversas perguntas: quem usará o produto? Bebês, crianças, adolescentes, jovens, adultos ou idosos? Qual é o benefício primário que esse produto deve oferecer? Sabor, valor nutritivo, saciar a sede, dar energia? Quando as pessoas consumirão essa bebida? No café da manhã, no almoço, no lanche da tarde, no jantar ou tarde da noite?

Após responder a essas perguntas, a empresa formula várias ideias: (1) uma bebida instantânea para o café da manhã de adultos que querem uma refeição rápida e nutritiva, sem precisar prepará-la; (2) uma bebida saborosa que as crianças podem tomar no meio do dia; e (3) um suplemento alimentar saudável que os idosos podem tomar no fim da noite, antes de dormir. Observe que essas ideias afetam não apenas o modo como o produto seria formulado, mas também o mercado no qual concorreria. Uma bebida instantânea para o café da manhã competiria com *bacon* e ovos, cereais matinais, café com pão doce e outras alternativas. Uma bebida saborosa competiria com refrigerantes, sucos de frutas, isotônicos e outros saciadores da sede.

Após avaliar os prós e contras de diferentes opções, a empresa decide seguir em frente com a primeira ideia e desenvolver uma bebida instantânea para o café da manhã. A seguir, a ideia do produto precisa ser expandida e transformada em um conceito de produto específico.

Desenvolvimento e validação do conceito. Para transformar a ideia em um conceito de produto, a empresa precisa articular os atributos específicos da oferta de mercado: qual será a formulação específica do *produto*? Quais *ingredientes* estarão envolvidos e como serão misturados? Qual *marca* e associação identificarão o produto? Quais são os *preços aos quais a oferta será vendida*? Quais *incentivos* serão associados ao produto? Como a empresa *comunicará* a oferta aos clientes-alvo? Como o produto será *entregue* aos clientes-alvo?

Para responder a essas perguntas, a empresa pode realizar uma pesquisa de mercado para examinar como o produto se relacionará com as outras opções de café da manhã. Dentro da mesma categoria, seus concorrentes mais próximos são o cereal frio e as barras de cereais, e seus concorrentes mais distantes, *bacon* e ovos. A empresa também pode analisar as ofertas de mercado existentes, como seus próprios produtos de café da manhã e aqueles oferecidos pela concorrência. Por fim, a empresa pode considerar o tamanho provável do mercado para o seu produto: existem muitos clientes cujas necessidades a oferta da empresa poderia atender melhor do que os concorrentes?

Com base na avaliação do mercado consumidor, das ofertas concorrentes e dos próprios recursos e objetivos, a empresa poderia decidir desenvolver um produto de preço intermediário, com ênfase em nutrição e conveniência. Nesse estágio, o conceito do produto é definido como "uma mistura em pó a ser adicionada ao leite na preparação de uma refeição matinal instantânea saborosa, com todos os nutrientes necessários para iniciar o dia, oferecida em três sabores (chocolate, baunilha e morango) e embalada em porções individuais (seis por pacote) ao preço de US$ 2,99 por pacote". O conceito do produto pode ser imaginado como a proposição de valor que a empresa oferecerá aos clientes-alvo.

Elaboração e validação do modelo de negócios. Após o desenvolvimento e a validação do conceito do produto, a empresa deve explicar por que os clientes comprarão a sua oferta e como a empresa e seus colaboradores se beneficiarão do lançamento dela. Para tanto, a empresa deve articular: (1) os detalhes específicos do mercado-alvo (tamanho do mercado, principais concorrentes e colaboradores mais importantes); (2) o valor que a oferta cria para os clientes-alvo, para a companhia e para os colaboradores; e (3) os principais atributos da oferta (produto, marca, preço, incentivos, comunicação e distribuição).

O *mercado-alvo* do produto é composto de adultos com pouco tempo disponível que buscam um alimento conveniente, nutritivo e de preço moderado para o café da manhã. Estimativas da demanda dos clientes mostram que é um mercado suficientemente grande para que a empresa atinja suas metas de receita e de lucro. A análise competitiva mostra também que, apesar da presença de diversas concorrentes de grande porte nesse espaço, a maioria delas compete nos extremos do mercado, então há uma oportunidade para uma oferta de café da manhã de preço médio.

O *valor* que a oferta da empresa cria nesse mercado pode ser definido em três dimensões principais: valor para o cliente, valor para o colaborador e valor para a empresa.

- Para os *clientes-alvo*, famílias de classe média com filhos e sem tempo, a oferta criará valor ao oferecer um alimento conveniente, nutritivo e de preço moderado para o café da manhã.
- Para os *colaboradores* (fornecedores e distribuidores), a oferta criará valor por gerar vendas adicionais a preços competitivos.
- Para os *stakeholders da empresa*, a oferta criará valor ao oferecer um novo fluxo de receitas e de lucros. Também permitirá à empresa conquistar uma posição no mercado e construir uma marca forte que poderá ser utilizada como plataforma para ofertas adicionais. Mais especificamente, a empresa inicialmente planeja vender 500 mil caixas para obter uma participação de mercado de 2,5%, com prejuízo no primeiro ano de, no máximo, US$ 1,3 milhão. Ao longo de cinco anos, a empresa pretende conquistar uma participação de mercado de 12% e realizar um retorno sobre o investimento, após os impostos, de 12%.

Após a definição do mercado-alvo e da proposição de valor da oferta, a empresa deve expandir o conceito inicial da *oferta de mercado* e definir os atributos da nova oferta em mais detalhes. Nesse contexto, os principais atributos da oferta da empresa podem ser definidos da seguinte forma:

O produto será oferecido nos sabores chocolate, baunilha e morango, em pacotes com seis unidades, e terá um preço no varejo de US$ 2,99 por pacote. Haverá 48 pacotes em cada caixa, e seu preço para os distribuidores será de US$ 78. Durante os dois primeiros meses, os varejistas ganharão uma caixa grátis na compra de cada quatro caixas e poderão se beneficiar de propaganda cooperativa. Amostras grátis serão distribuídas no interior das lojas. Cupons com descontos de US$ 0,50 serão publicados em jornais e *on-line*. O orçamento total para as promoções de vendas será de US$ 15 milhões. Um terço do orçamento de propaganda de US$ 6 milhões será destinado à televisão, e dois terços serão canalizados para a internet, divididos igualmente entre comunicação *inbound* (destinada a quem busca informações sobre a oferta) e *outbound* (transmitida a consumidores que não demonstraram interesse). O texto das propagandas enfatizará os conceitos de nutrição e conveniência. Durante o primeiro ano, serão gastos US$ 100 mil em pesquisa de *marketing* para obter auditorias de lojas e realizar painéis com grupo de consumidores, a fim de monitorar a reação do mercado.

Desenvolvimento da oferta e teste de mercado. Após a elaboração de um modelo de negócios viável, a empresa embarca no desenvolvimento da oferta, ou seja, na criação do produto real que será disponibilizado no mercado. Para tanto, a empresa deve antes garantir que tem os *recursos* necessários para transformar o conceito de produto em realidade. Por exemplo, a empresa pode ter de obter as instalações de produção necessárias e garantir a disponibilidade dos ingredientes de que precisa para produzir o alimento matinal criado pelos seus engenheiros de alimentos no departamento de pesquisa e desenvolvimento.

Uma vez que os recursos necessários forem adquiridos, a empresa pode avançar para a *implementação da oferta*, ou seja, transformar o conceito de novo produto de alimento matinal em um produto pronto para o mercado. Para isso, a empresa deve produzir o alimento real, projetar sua embalagem, criar sua identidade de marca, definir preços de atacado e varejo, definir promoções de vendas para varejistas e consumidores, garantir os canais de comunicação que informarão os clientes-alvo sobre o produto e reunir os canais de distribuição que entregarão o produto aos clientes-alvo.

Após o desenvolvimento da oferta, a empresa realiza um **teste de mercado** para validar a oferta. Mais especificamente, ela escolhe a cidade de Columbus, no estado de Ohio, local popular para o teste de novos produtos alimentícios, pois é razoavelmente representativo do restante do país em termos de demografia e é um mercado autocontido, com preços de mídia razoáveis. Com base nos resultados do teste de mercado, a empresa modifica sua oferta e ajusta a fórmula do produto, simplifica a embalagem e atualiza a identidade de marca.

Implementação comercial. Após o desenvolvimento da oferta, a empresa está preparada para a implementação comercial. Para minimizar o risco e o gasto inicial de recursos envolvidos no lançamento do produto e garantir a sua capacidade de modificar o produto com base na resposta do mercado, a empresa escolhe implementá-lo em *mercados selecionados*. Para garantir o sucesso inicial da oferta e gerar um fluxo de receitas, a empresa escolhe concentrar-se no subconjunto dos seus clientes-alvo mais propensos a adotar a oferta e com os quais a empresa consegue se comunicar e entregar o produto de forma eficaz e eficiente em termos de custos. Além disso, em vez de lançar todos os três sabores do alimento, a empresa decide lançar primeiro o seu sabor mais popular (chocolate) e deixar os outros para serem introduzidos posteriormente.

Uma vez que o produto foi lançado com sucesso no mercado primário, foi bem recebido pelos consumidores e criou um fluxo de receitas para compensar parcialmente os custos de desenvolver a nova oferta, a empresa *expande* o mercado inicial para incluir todos os clientes que poderiam se beneficiar de um novo alimento no café da manhã. A empresa amplia a escala da produção, começa a promover o produto além do mercado primário e garante que a oferta estará disponível em todo o mercado-alvo. À medida que o mercado-alvo se amplia, a empresa também expande o sortimento de produtos disponível e lança os outros sabores. Além disso, ela considera lançar caixas de maior volume, que oferecem mais valor para os clientes que adotaram a oferta e a consomem regularmente.

Os principais aspectos dos cinco componentes do modelo *stage-gate* (*geração de ideias, desenvolvimento de conceitos, elaboração do modelo de negócios, desenvolvimento da oferta e implementação comercial*) são discutidos em mais detalhes nas seções a seguir.

Geração de ideias

A busca por ideias viáveis é o ponto de partida para o desenvolvimento de novos produtos. Algumas das maiores oportunidades e maiores alavancagens para novos produtos são identificadas quando descobrimos necessidades não atendidas do cliente que a empresa conseguiria atender melhor do que a concorrência.

GERAÇÃO DE IDEIAS VIÁVEIS

Inovações bem-sucedidas são o resultado da identificação de uma nova maneira de satisfazer uma necessidade de mercado não atendida. A inovação combina a necessidade do cliente com uma ideia criativa para atendê-la. Dependendo do ímpeto da inovação, há duas abordagens para a geração de ideias: orientada para o mercado, ou de cima para baixo; e orientada para a invenção, ou de baixo para cima.

A **geração de ideias de cima para baixo** começa por identificar uma oportunidade de mercado e, então, desenvolver uma oferta formulada especificamente para atendê-la. A oportunidade de mercado deve resolver um problema importante enfrentado pelos clientes em potencial melhor do que as alternativas disponíveis. Assim, a geração de ideias de cima para baixo começa por uma análise de mercado que busca identificar uma necessidade não atendida importante que a empresa poderia atender de forma superior à dos concorrentes.

Diversos produtos de sucesso foram o resultado da geração de ideias de cima para baixo. A Motiv percebeu que muitos consumidores acreditavam que braceletes *fitness tracker* e outros dispositivos vestíveis eram grandes demais e desconfortáveis, para não falar da falta de estilo. Assim, a empresa combinou um contador de passos, um monitor cardíaco e um monitor de sono em um anel discreto e estiloso que, além de bonito, é à prova d'água e resiste às intempéries. Os produtos da Varidesk permitem que os usuários trabalhem de pé ou sentados no seu computador ou em outras tarefas de escritório. Os produtos foram o resultado direto de preocupações conhecidas sobre os efeitos negativos que permanecer sentado por longos períodos causam na saúde. Os termostatos inteligentes da Nest atenderam à necessidade por controle de temperatura que não exigisse programação constante, mas ainda economizasse energia e dinheiro e mantivesse uma atmosfera confortável no ambiente doméstico. Os dispositivos inteligentes de segurança doméstica da Nest, lançados em seguida, buscaram clientes que não queriam o incômodo e a despesa regular de instalar um sistema de vigilância doméstica de terceiros, mas ainda queriam implementar alguma medida de segurança nas suas residências.

A **geração de ideias de baixo para cima** é o contrário da geração de cima para baixo: ela começa com uma invenção e, então, busca identificar uma necessidade não atendida do mercado. Com a geração de ideias de baixo para cima, a invenção é guiada pela inovação tecnológica, não pela necessidade de mercado identificada. Por estar alicerçada na tecnologia, a abordagem de baixo para cima tende a ser mais empregada por cientistas do que por gestores de *marketing*. Ainda, as aplicações de mercado da inovação tecnológica muitas vezes surgem por acidente.

Entre os produtos tecnologicamente inovadores resultantes da geração de ideias de baixo para cima estão o *Evista*, que fracassou enquanto contraceptivo, mas transformou-se em um medicamento multibilionário para tratar a osteoporose. O *Strattera* começou como um antidepressivo malsucedido antes de se tornar o medicamento mais vendido na categoria do transtorno do déficit de atenção e hiperatividade (TDAH). O brinquedo icônico *Slinky* foi o resultado acidental da tentativa de um engenheiro naval de inventar um medidor melhor para monitorar a energia de um navio de guerra depois que molas de tensão caíram no chão e continuaram a quicar. A pesquisa de um engenheiro elétrico sobre o uso de radiofrequência para compensar a hipotermia ocasionou a descoberta de que um coração resfriado poderia ser ressuscitado por estimulação, o que levou à invenção do marca-passo.

Para desenvolver um produto que terá sucesso no mercado, a geração de ideias de baixo para cima deve atender a uma oportunidade de mercado viável. A tecnologia inovadora em si não é um bom motivo para desenvolver uma nova oferta. As novas tecnologias podem, é claro, contribuir para o sucesso no mercado, mas o principal fator é a capacidade da empresa de transformá-las em um produto que realmente atende a uma necessidade não atendida do mercado. Por exemplo, o iPod não foi o primeiro MP3 *player* com um disco rígido capaz de armazenar um grande número de músicas. Dispositivos do tipo estavam disponíveis no mercado antes do iPod, muitos a preços mais baixos. Contudo, foi apenas quando a Apple lançou o iPod que toda a categoria de reprodutores de música portáteis baseados em discos rígidos realmente explodiu.

Para transformar uma invenção tecnológica em uma ideia de negócios viável, a empresa deve identificar uma necessidade não atendida do cliente que a invenção poderia resolver melhor do que a concorrência. Assim, embora produtos de sucesso possam surgir de invenções tecnológicas, *a inovação de cima para baixo é o método preferencial de geração de ideias*. Em última análise, o sucesso da oferta depende da sua capacidade de gerar valor; logo, a empresa aumenta suas chances de gerar um produto destinado ao sucesso quando identifica oportunidades de criação de valor no mercado desde o início do processo.

VALIDAÇÃO DE IDEIAS

A validação da ideia analisa os principais pressupostos desta para determinar sua adequação. O processo envolve avaliar o *nível de desejo* e a *viabilidade* da oferta com base na sua probabilidade de satisfazer com sucesso uma necessidade não atendida importante do cliente (nível de desejo da ideia) de uma forma que, simultaneamente, beneficie a empresa (viabilidade da ideia).

As empresas tendem a cometer dois tipos de erro quando avaliam as ideias propostas para novas ofertas. O primeiro envolve não rejeitar uma ideia sem mérito, que provavelmente resultará em uma oferta de mercado malsucedida. O segundo erro se baseia no cálculo oposto: rejeitar uma boa ideia. A alta taxa de fracasso de novos produtos poderia levar à conclusão de que não rejeitar más ideias é um problema mais prevalente do que rejeitar ideias promissoras. Não é necessariamente o caso. Muitos fracassos de novos produtos podem, sem dúvida alguma, ser atribuídos a más ideias, mas a alta taxa de fracasso também pode ser causada pela alta incidência de rejeição de boas ideias (Figura 18.2), além dos muitos riscos tecnológicos e de mercado inerentes ao desenvolvimento de novos produtos. Uma boa ideia mal-executada também corre o risco de fracassar.

As projeções de crescimento de muitas empresas são reféns da crença equivocada de que seria fácil ensinar os clientes a valorizarem os benefícios de ofertas que não resolvem um problema (ponto de dor) que enfrentam. A TiVo é um excelente exemplo. A empresa lançou o primeiro gravador de vídeo digital na virada do século, antecipando que revolucionaria a indústria da televisão e que os clientes o adotariam rapidamente. A revolução da TV realmente se materializou, mas a uma velocidade claramente menor do que a empresa previra. Após a entrada de concorrentes, a TiVo ficou com uma fatia minúscula do mercado de gravadores de vídeo digital. O erro de cálculo da TiVo foi não entender que os consumidores estavam relativamente satisfeitos com o modo como assistiam à TV, não enxergavam o valor da oferta da empresa e não sentiam um forte desejo por adquiri-la. Para os consumidores, era um produto bom de se ter em casa, mas eles não sentiam a necessidade de tê-lo.

FERRAMENTAS DE PESQUISA DE MERCADO PARA GERAÇÃO E VALIDAÇÃO DE IDEIAS

As pesquisas exploratórias são uma presença constante na geração e validação de ideias.[10] Essa forma de pesquisa ajuda a identificar necessidades não atendidas dos clientes, formular perguntas de pesquisa (hipóteses) e gerar ideias. Geralmente usada nos estágios iniciais do desenvolvimento de novos produtos, a pesquisa exploratória busca obter um entendimento geral sobre as oportunidades de mercado disponíveis, em vez de quantificar os *insights* obtidos ou estabelecer relações causais. As ferramentas de pesquisa de mercado comuns para a geração e a validação de ideias envolvem *observar e entrevistar clientes, entrevistar funcionários e especialistas, analisar a concorrência e fazer crowdsourcing.*

- **Observação de clientes.** Examinar o comportamento dos indivíduos no seu ambiente natural pode ser uma maneira eficaz de gerar *insights* sobre as necessidades dos clientes e determinar a melhor maneira de atendê-las. Isso pode incluir observar o comportamento físico e *on-line* dos clientes, o modo como avaliam, compram e consomem os bens e serviços que usam, os *sites* que visitam, o conteúdo nos quais mais se concentram e as informações que compartilham *on-line*.
- **Entrevistas com clientes.** Conversar com clientes para descobrir suas necessidades não atendidas e gerar *insights* sobre novas maneiras de atendê-las é um ponto de partida lógico para a busca por novas ideias. Afinal, a aceitação do cliente é um fator crucial no sucesso de uma nova oferta. Contudo, embora sejam uma fonte importante para a geração de novas ideias, os clientes nem sempre sabem articular suas necessidades claramente e sugerir novos produtos viáveis. É como a famosa frase de Henry Ford: "Se eu tivesse perguntado às pessoas o que queriam, elas teriam pedido um cavalo mais rápido". Focar em excesso em consumidores que podem não saber exatamente o que querem, ou o que seria viável, pode resultar em um

"Tive uma grande ideia!"

"Já tentamos isso antes."

"Não é o momento."

"Não é assim que fazemos as coisas."

"Temos nos saído bem sem isso."

"Discutiremos isso na próxima reunião."

FIGURA 18.2
Por que boas ideias dão errado: forças que combatem novas ideias.
Crédito: Publicado, com permissão, de Jerold Panas, Young & Partners, Inc.

desenvolvimento "míope" de produtos e na perda de potenciais avanços reais. É por isso que algumas empresas, incluindo Apple e IKEA, tendem a incorporar as contribuições dos consumidores com certa cautela, pois creem que o foco nas necessidades atuais dos clientes pode levar a inovações incrementais, e não a inovações revolucionárias.[11]

- **Entrevistas com funcionários.** Os funcionários podem ser uma fonte de ideias para o desenvolvimento de novos bens e serviços. Por exemplo, a Toyota afirma que seus funcionários apresentam dois milhões de ideias anualmente (cerca de 35 sugestões por funcionário) e que mais de 85% delas são implementadas. A LinkedIn lançou uma incubadora interna que permite que qualquer funcionário organize uma equipe e venda a ideia de um projeto a um grupo de executivos. A empresa também criou os *hackdays*, uma sexta-feira por mês em que os funcionários trabalham em projetos criativos.
- **Entrevistas com especialistas.** Incentivadas pelo movimento de inovação aberta (*open innovation*), muitas empresas têm ido além de seus limites para explorar fontes externas de novas ideias, incluindo cientistas, engenheiros, advogados especializados em patentes, laboratórios privados e de universidades, consultores e publicações setoriais, membros do canal de distribuição, agências de *marketing* e de propaganda e até mesmo concorrentes.
- **Análise da concorrência.** As empresas também encontram boas ideias ao analisar os bens e serviços da concorrência, descobrindo o que os clientes gostam ou não nos produtos alheios. Além disso, elas podem comprar os produtos dos concorrentes, realizar engenharia reversa e criar produtos melhores. Conhecer os pontos fortes e fracos dos concorrentes pode ajudar a empresa a estabelecer o posicionamento de marca ideal para um novo produto e os pontos de paridade e de diferença certos para ele.[12]
- *Crowdsourcing.* A abordagem tradicional à inovação de produto, guiada pela empresa, está dando lugar a um mundo em que as empresas recorrem ao *crowdsourcing* para gerar novas ideias e cocriar produtos ao lado dos consumidores. O **crowdsourcing** permite que as empresas chamem gente de fora para o processo de desenvolvimento de novos produtos de formas ricas e significativas e recebam seu conhecimento exclusivo ou uma perspectiva diferente sobre o problema que teriam ignorado.[13] Por exemplo, quando a Baskin-Robbins realizou um concurso *on-line* para escolher seu novo sabor, 40 mil consumidores participaram. O vencedor combinou chocolate, nozes e caramelo e foi lançado com o nome de Toffee Pecan Crunch.[14]

Como diferentes métodos têm suas próprias vantagens e desvantagens, as empresas muitas vezes utilizam abordagens combinadas para gerar novas ideias. Por exemplo, quando a Procter & Gamble queria criar um detergente de lavar louça "inteligente o suficiente" para revelar a quantidade certa de sabão necessária para uma pia cheia de pratos sujos, a empresa recorreu à sua rede global de colaboradores voluntários, incluindo profissionais, cientistas aposentados e estudantes. Uma química italiana que trabalhava em um laboratório caseiro havia descoberto um novo tipo de corante que deixava a água da louça azul quando determinada quantidade de sabão era adicionada. Por um valor de US$ 30 mil, a Procter & Gamble obteve a solução de que precisava.[15]

Desenvolvimento de conceitos

O desenvolvimento de conceitos dá forma a uma ideia potencialmente viável ao criar uma versão inicial, ou protótipo, da oferta da empresa. O **protótipo** é um modelo funcional da oferta que tem o intuito de expandir a ideia original e eliminar problemas em potencial antes de a oferta real ser criada. O desenvolvimento de conceitos aumenta a chance de ter sucesso no mercado, pois avalia a resposta dos consumidores aos benefícios centrais da oferta, de modo a criar um produto com máximo potencial de mercado.

PROTÓTIPOS

O desenvolvimento do conceito normalmente evolui a partir de uma descrição das características fundamentais do produto até um protótipo simplificado que apresenta os conceitos básicos da oferta aos clientes-alvo. Os protótipos não precisam ser funcionais; eles podem ser apenas modelos aproximados que oferecem uma prévia de como a oferta proposta atenderá a uma necessidade de mercado identificada, sendo montados apenas para que a empresa possa avaliar a reação dos clientes potenciais. Assim, o protótipo trata apenas dos aspectos mais importantes de um produto ou serviço potencialmente viável.

A complexidade dos protótipos pode variar radicalmente. Eles podem ser simples representações do conceito por trás da oferta, como um diagrama que ilustra como a oferta funcionará, um desenho que delineia a aparência geral da oferta ou um modelo que incorpora apenas algumas das funções essenciais propostas para o modelo de lançamento no mercado. Outros protótipos podem ser muito mais avançados e, em alguns casos, até se aproximarem da versão final da oferta.

O nível de complexidade do projeto geralmente depende dos diversos estágios do processo de desenvolvimento do novo produto. Durante os estágios de geração de ideias e desenvolvimento de conceitos, protótipos mais simples e mais básicos geralmente bastam. Por outro lado, os estágios mais avançados de desenvolvimento do produto normalmente exigem a criação de protótipos mais refinados. Isso é especialmente verdade quando o conceito de produto validado está pronto para ser traduzido em uma oferta comercializável.[16]

As empresas testam rigorosamente os protótipos para ver como se sairão em diferentes aplicações e para garantir que o produto final será bem recebido no mercado. Existem dois tipos de teste de protótipo: o **teste alfa**, que envolve a avaliação do produto dentro da empresa, e o **teste beta**, que testa o produto com os clientes.

Por exemplo, a Vibram, que produz solas para diferentes tipos de calçados esportivos, incluindo para *skate*, ciclismo e escalada, emprega uma equipe de especialistas para realizar testes alfa dos seus produtos. A empresa avalia seus produtos sob as condições mais extremas, executando testes diretamente no campo e lançando mão de uma série de procedimentos. Veja como um executivo da Vibram descreveu o modo como a empresa testa seus produtos:

> Se nosso químico criar um composto novo voltado para corridas de rua, primeiramente executamos uma bateria de testes de laboratório para entender as propriedades físicas desse composto. Em seguida, trazemos ambientação e superfícies naturais ao laboratório e calculamos as informações. Então, finalmente, os calçados são distribuídos para nossa equipe de teste, que documentará fatores como clima/temperatura, distância, localização e superfícies de corrida, entre outros. A equipe observará as diferenças na aderência das solas e compilará os resultados, então a empresa tomará uma decisão sobre a validação.[17]

O teste beta pode levar os consumidores ao laboratório, ou então estes podem receber amostras do produto para utilizá-lo em suas casas. A Procter & Gamble tem laboratórios próprios, como um centro de testes de fralda para onde dezenas de pais e mães levam seus bebês para participarem dos estudos. Com a finalidade de desenvolver o batom de longa duração Cover Girl Outlast, a P&G pediu a 500 mulheres que fossem ao laboratório todas as manhãs para aplicar o batom, registrassem suas atividades e voltassem oito horas depois para que fosse medido quanto de batom restava. O resultado foi um hidratante labial com *gloss* que as mulheres podiam reaplicar sobre o batom, sem precisar de espelho. A Microsoft tem um programa Insider que lança versões dos seus novos produtos com meses de antecedência para clientes e desenvolvedores interessados em descobrir como será a próxima iteração do sistema operacional Windows.

Os produtos empresariais também podem se beneficiar do teste de mercado. Bens industriais dispendiosos e novas tecnologias normalmente passam pelo teste alfa (dentro da empresa) e pelo teste beta (com clientes externos). Durante os testes beta, a equipe técnica observa como os clientes utilizam o produto, uma prática que costuma revelar problemas não previstos de segurança e suporte técnico e alertar o vendedor para as necessidades de treinamento do cliente e de serviço. A empresa também pode observar quanto valor o equipamento agrega à operação do cliente e tomar isso como base para a subsequente determinação do preço.

VALIDAÇÃO DE CONCEITOS

A **validação de conceitos** normalmente avalia a adequação do conceito fundamental por trás da oferta proposta. Para tanto, ela analisa a *factibilidade* tecnológica da oferta e o modo como os clientes-alvo veem seu *nível de desejo*. Assim, para validar o conceito, o gestor deve responder a duas perguntas principais: *é possível construir um protótipo funcional da oferta e, posteriormente, uma versão funcional completa? Ela atende à necessidade identificada do cliente melhor do que as opções alternativas?*

O desenvolvimento e a validação do conceito normalmente são orientados por estudos experimentais cujo intuito é testar os protótipos produzidos pela empresa. Para tanto, o estudo pode envolver variar um ou mais aspectos do protótipo e observar o efeito dessas alterações nas reações dos clientes à oferta, um processo também chamado de teste A/B. Com base no resultado do experimento, a empresa desenvolve um modelo de negócios para a oferta ou volta à prancheta para formular novas ideias e conceitos que incorporem o conhecimento obtido com o teste. Outra abordagem bastante utilizada é a **análise conjunta**, que envolve pedir aos respondentes que avaliem uma série de combinações de atributos diferentes para a oferta, a fim de determinar o valor que os clientes dão aos atributos específicos dela.

Elaboração do modelo de negócios

Até aqui, o produto existiu somente na forma de uma descrição, um desenho ou um protótipo. A próxima etapa envolve um grande salto em investimento, que faz os custos incorridos nas etapas anteriores parecerem ínfimos. Ela obriga a empresa a determinar se a ideia do produto pode ser traduzida em um produto comercialmente viável. A **elaboração do modelo de negócios** também considera a *viabilidade* da oferta, sua capacidade de criação de valor, bem como o foco em *factibilidade* e *nível de desejo* da oferta durante o desenvolvimento do conceito. Se o modelo de negócios é validado, o conceito pode avançar para a etapa de desenvolvimento de produto. Se a análise do modelo de negócios sugere que a oferta provavelmente não criará valor de mercado para a empresa e para os seus clientes, o conceito da oferta (e, às vezes, a ideia subjacente) deve ser revisado e reavaliado.

COMO ELABORAR O MODELO DE NEGÓCIOS

Elaborar o modelo de negócios envolve três componentes principais (detalhados no Capítulo 2): identificar o mercado-alvo, articular a proposição de valor da oferta nesse mercado e delinear os principais atributos da oferta de mercado (Figura 18.3).

- O **mercado-alvo** é aquele que a empresa escolheu para criar valor com a sua oferta. O mercado-alvo inclui os clientes-alvo que a empresa identificou como compradores em potencial da oferta, os concorrentes que buscam atender aos mesmos clientes-alvo, os colaboradores que ajudam a empresa a distribuir a oferta e atender aos clientes-alvo, a companhia (a empresa em si) e o contexto do mercado no qual a empresa opera.

FIGURA 18.3

Os principais componentes de um modelo de negócios de uma nova oferta.

Crédito: Alexander Chernev, *Strategic Marketing Management: Theory and Practice* (Chicago, IL: Cerebellum Press, 2019).

- A **proposição de valor** detalha o tipo de valor que a empresa planeja criar para os clientes-alvo e colaboradores no mercado, assim como o modo como ela planeja capturar parte desse valor para si.
- A **oferta de mercado** descreve como a empresa criará, comunicará e entregará valor para os seus clientes-alvo, colaboradores e *stakeholders*. Isso envolve especificar os aspectos de produto, serviço, marca, preço, incentivos, comunicação e distribuição da oferta da empresa.

A criação de valor de mercado é o grande objetivo do modelo de negócios. Assim, o sucesso da oferta é determinado por quanto ela cria valor para os clientes-alvo, para os colaboradores e para a empresa. Logo, a elaboração do modelo de negócios para uma nova oferta é orientada por três perguntas fundamentais: *a oferta cria valor para os clientes-alvo? A oferta cria valor para os colaboradores? A oferta cria valor para a empresa?*

Os princípios fundamentais envolvidos no desenvolvimento da proposição de valor e o processo de criar valor para o cliente, a empresa e os colaboradores foram discutidos em detalhes no Capítulo 2.

VALIDAÇÃO DO MODELO DE NEGÓCIOS

A validação do modelo de negócios tenta avaliar a capacidade da oferta de criar valor de mercado em três dimensões fundamentais: nível de desejo, factibilidade e viabilidade.

- O *nível de desejo* indica o quanto os clientes-alvo consideram a oferta atraente. O nível de desejo da oferta depende da sua capacidade de gerar os benefícios buscados pelos clientes a um custo razoável em termos de tempo, dinheiro e esforço. A incapacidade de alcançar o melhor equilíbrio possível entre custos e benefícios pode prejudicar o nível de desejo da oferta. Um exemplo é a Crystal Pepsi, uma alternativa transparente e sem cafeína aos refrigerantes de cola tradicionais. A oferta não conseguiu ganhar força no mercado, apesar da campanha promocional maciça, pois o conceito de um refrigerante de cola transparente não atraiu os consumidores.
- A *factibilidade* indica o quanto a empresa pode criar uma oferta que entrega a funcionalidade desejada pelos clientes. A factibilidade depende das tecnologias atuais e do conhecimento especializado da empresa no uso delas. Por exemplo, uma máquina de motor perpétuo, capaz de operar eternamente sem precisar de uma fonte de energia, não é um conceito factível.
- A *viabilidade* indica o quanto uma oferta pode criar valor para a empresa. Para a maioria das empresas, uma oferta viável é aquela capaz de gerar lucros. Assim, a viabilidade normalmente é uma função da receita esperada e da estrutura de custo da oferta; a incapacidade de equilibrar custos e receitas muitas vezes é um indício de uma falha de mercado iminente. A Pets.com perdia dinheiro com a maioria das vendas e não conseguiu se manter em operação apesar do alto reconhecimento da marca e de uma campanha promocional famosa.

Como o sucesso da empresa se baseia no nível de desejo, na factibilidade e na viabilidade das suas ofertas, para criar um modelo de negócios sustentável, o gestor precisa responder às três perguntas a seguir: *os clientes-alvo consideram a oferta desejável e ela cria valor para eles? Seria factível construir a oferta como planejado? A oferta é viável, ou seja, ela consegue criar valor para a empresa e seus colaboradores?*

O nível de desejo, a factibilidade e a viabilidade da oferta estão inter-relacionados. Uma oferta que os clientes não consideram desejável provavelmente não seria viável, pois não geraria demanda suficiente entre os clientes para criar valor para a empresa. Uma oferta que não é tecnologicamente factível provavelmente seria indesejável, pois não conseguiria atender às necessidades dos clientes.

Um aspecto importante da validação do modelo de negócios da empresa em geral, e da viabilidade de uma oferta em particular, é garantir que a oferta resolve uma necessidade considerada importante por um segmento de clientes grande o suficiente para criar valor para a empresa. Nesse contexto, a previsão da demanda, processo que envolve identificar o tamanho do mercado potencial para a oferta da empresa, é um aspecto essencial do desenvolvimento de novas ofertas.[18]

As **previsões de demanda** são fundamentadas em uma destas três bases de informação: o que as pessoas dizem, o que as pessoas fazem e o que as pessoas fizeram. A primeira base, o que as pessoas dizem, envolve o levantamento das intenções dos compradores, a compilação das opiniões da força de vendas e a opinião de especialistas. A elaboração de uma previsão com base naquilo que as pessoas fazem envolve introduzir o produto em um mercado-teste para medir a resposta dos compradores. A última base de informação, o que as pessoas fizeram, envolve a análise de registros de comportamento de compras do passado ou a utilização de análises de séries temporais ou de demanda estatística. Abordagens diferentes à previsão de demanda são detalhadas posteriormente neste capítulo.

Desenvolvimento da oferta

A implementação da oferta transforma o conceito em realidade. Ela envolve dois aspectos principais: *desenvolver os recursos necessários* para colocar o modelo de negócios em prática e *desenvolver a oferta de mercado*.

DESENVOLVIMENTO DOS RECURSOS FUNDAMENTAIS

Para ser bem-sucedida, a empresa deve ter os recursos necessários para implementar seu modelo de negócios. Muitas vezes, no momento em que desenvolve o conceito da oferta e formula seu modelo de negócios, a empresa não tem todos os recursos necessários para criar e lançar a oferta de mercado. Assim, depois que o modelo de negócios foi formulado, o próximo passo lógico é desenvolver os recursos necessários, ou seja, construí-los, terceirizá-los ou adquiri-los.

Os recursos necessários para lançar uma nova oferta envolvem: *instalações de negócios*, que incluem adquirir e preparar equipamentos de fabricação, criar *call centers* para atender clientes e desenvolver uma infraestrutura de tecnologia da informação; *canais de suprimentos*, para obter os materiais necessários para criar a oferta; *canais de distribuição*, pelos quais a oferta será entregue aos clientes-alvo; *funcionários habilidosos*, capazes de contribuir com o conhecimento tecnológico, operacional e de negócios necessário; e *acesso a capital*, para obter os recursos financeiros necessários para implementar o modelo de negócios.

Para obter os recursos necessários para o lançamento de sucesso da nova oferta, a empresa poderia adotar uma de duas estratégias diferentes. Primeiro, poderia criar seus próprios recursos, seja pelo desenvolvimento interno dos seus ativos e capacidades, seja pela aquisição dos recursos necessários de terceiros. A empresa também poderia, em vez de construir seus próprios recursos, colaborar com outras entidades, detentoras dos recursos necessários para ajudar a desenvolver, fabricar, distribuir e promover a oferta, e utilizar esses recursos sem se tornar sua proprietária.

DESENVOLVIMENTO DA OFERTA DE MERCADO

Desenvolver a oferta de mercado envolve transformar o protótipo em um produto pronto para o mercado. Além de criar o produto ou serviço final, isso também envolve construir a marca, definir preços de atacado e varejo, determinar o tipo de promoção de vendas a ser utilizado, desenvolver um plano para comunicar de maneira eficaz os benefícios da oferta e disponibilizá-la para os clientes-alvo.

O desenvolvimento de uma oferta muitas vezes envolve a criação de protótipos avançados e o uso de testes de mercado para garantir que a oferta conseguirá criar valor de mercado. O nível de prototipagem e teste necessário é influenciado por diversos fatores, como o ineditismo do produto, a sua complexidade e o investimento necessário para modificar a oferta após o seu lançamento. Produtos inéditos precisam de mais testes de mercado do que aqueles que envolvem ligeiras modificações a itens já disponíveis no mercado. Produtos mais complexos tendem a se beneficiar mais dos testes de mercado do que os mais simples. Os produtos que precisarão de altos níveis de investimento no caso de modificação após o lançamento (p. ex., adaptação de fábricas para modificar o *design* de um automóvel) precisam mais de protótipos avançados e testes de mercado do que produtos que podem ser modificados de maneira relativamente fácil após o lançamento.

Uma decisão importante envolvida nos mercados-teste é determinar em quais mercados e com quais clientes a oferta deve ser testada. Diversos fatores são levados em consideração na tomada dessa decisão. Muitos dos grandes fabricantes mundiais de bens de consumo, como L'Oréal, Philips e Nikon, preferem conduzir testes na Coreia do Sul, porque seus consumidores têm fama de ser exigentes, porém justos, e o país tem uma infraestrutura de *marketing* bem desenvolvida que ajuda a garantir que os produtos estejam em boa forma para ingressar em outros mercados globais. A Gucci testa seus produtos de luxo na China, pois as preferências dos consumidores chineses são indicativas da direção que o mercado de luxo está seguindo.

Muitas empresas hoje descartam o mercado-teste, apesar de seus benefícios, e recorrem a métodos mais rápidos e econômicos. A Starbucks lança regularmente produtos antes de estarem em condições consideradas "perfeitas", baseada na filosofia defendida por seu então diretor digital, Adam Brotman: "Não achamos que tudo bem se as coisas não estão perfeitas, mas estamos dispostos a inovar e ter velocidade para alardear ao mercado uma garantia de 100% de que estará perfeito". O aplicativo de pagamentos móveis da empresa apresentou uma série de falhas e correções nos primeiros seis meses após o lançamento, mas atualmente gera 3 milhões de transações por semana.[19] A General Mills prefere lançar produtos em cerca de 25% dos Estados Unidos, uma área grande demais para que as rivais a atrapalhem. Os gestores analisam os dados de cada leitora de código de barras no varejo, informando em questão de dias o desempenho do produto e quais ações corretivas devem ser tomadas.

Quando desenvolve uma nova oferta, a empresa pode criar uma versão 100% funcional e em escala real do produto antes de lançá-lo no mercado. Outra opção seria desenvolver uma versão simplificada, que incorpora apenas os recursos essenciais para atender à necessidade do cliente. O desenvolvimento de uma versão simplificada da oferta, chamada de *produto mínimo viável*, permite que a empresa teste o desempenho dela no mercado antes de avançar para o desenvolvimento da oferta completa.

Implementação comercial

A **comercialização** informa os clientes-alvo sobre a oferta da empresa e a disponibiliza para esses clientes. Como lançamentos em larga escala são caracterizados por maior incerteza e maiores custos, as empresas frequentemente escolhem lançar a oferta em alguns mercados selecionados antes de disponibilizá-la para todos os clientes-alvo. A seguir, são descritos os aspectos fundamentais da comercialização: a *implantação seletiva no mercado* e a subsequente *expansão de mercado*.

IMPLANTAÇÃO SELETIVA NO MERCADO

Uma decisão de comercialização crítica é se a empresa deve lançar sua nova oferta para todos os clientes-alvo listados no modelo de negócios ou se deve implementá-la apenas em mercados selecionados no início e, então, expandir a disponibilidade gradualmente até a oferta atingir seu pleno potencial de mercado.[20] Muitas empresas adotaram a abordagem de **implantação seletiva no mercado**, que permite que conduzam testes em um ambiente natural e observem como clientes-alvo, concorrentes e colaboradores reagem à oferta.[21]

A menor escala da implantação seletiva no mercado permite que a empresa ajuste com mais agilidade diversos aspectos da oferta, de modo a maximizar o impacto desta no mercado. Além de maior agilidade, a implantação seletiva no mercado exige menos recursos da empresa para o lançamento da oferta e tem o potencial de gerar receitas para ajudar a compensar o custo da expansão de mercado subsequente.

O subconjunto de clientes para o qual a oferta será disponibilizada inicialmente é chamado de **mercado-alvo primário**. Ele normalmente envolve os clientes mais propensos a adquirir a oferta da empresa e que a ajudarão a refinar a oferta e gerar um fluxo de receita inicial.

Alguns produtos são aceitos imediatamente (p. ex., patins), ao passo que outros levam um longo tempo para conseguir aceitação (p. ex., automóveis a *diesel*). Um novo conceito de produto que teve rápida aceitação foi o serviço de revenda de ingressos *on-line* StubHub.

<< A StubHub, líder no mercado secundário de ingressos na internet, analisa outras opções de comércio eletrônico enquanto agrega um componente mais emocional ao seu *core business*.

Crédito: Materiais reproduzidos, com permissão, de StubHub, Inc. © 2014 STUBHUB, INC. Todos os direitos reservados.

StubHub Os fundadores da StubHub, Jeff Fluhr e Eric Barker, tiveram a ideia para seu *site* quando eram alunos de MBA na Universidade de Stanford. Percebendo que havia muitos ingressos não utilizados para eventos esportivos, peças de teatro e *shows*, eles decidiram criar um "eBay para ingressos", em que os vendedores poderiam determinar um preço maior ou menor do que o valor nominal dependendo da demanda. A StubHub cobraria uma taxa de 10% do comprador e de 15% do vendedor em cada compra. O serviço teve de contornar leis estaduais restritivas à revenda de ingressos, mas em 2006 faturava US$ 100 milhões, divididos entre esportes (75%), *shows* (20%) e teatro (5%), em um mercado estimado em US$ 4 bilhões nos Estados Unidos. A StubHub foi vendida ao eBay por US$ 310 milhões em 2007 (em 2020, a eBay vendeu a StubHub para a Viagogo, um mercado de ingressos *on-line* com sede na Suíça). A empresa de venda de ingressos originais Ticketmaster e sua empresa-mãe Live Nation lutaram contra a StubHub desde o início, ameaçando-a com processos judiciais, introduzindo bilhetes sem papel que limitavam a revenda e lançando o serviço TicketExchange para competir. A StubHub visa a ser mais do que um revendedor de ingressos; ela quer tornar-se um *site* de comércio eletrônico multiplataforma. Com quase 40% dos ingressos primários encalhados, a StubHub também enfatiza que ajuda os consumidores a descobrirem eventos e a participarem mais deles.[22]

EXPANSÃO DE MERCADO

Expandir o mercado para incluir todos os clientes para os quais a oferta da empresa pretende criar valor é o próximo passo lógico depois que a oferta foi lançada com sucesso no mercado-alvo primário.

A **expansão de mercado** normalmente envolve três atividades principais: ampliar as instalações envolvidas na produção da oferta, promover a oferta para todos os clientes-alvo e garantir que a oferta está disponível para todo o mercado-alvo. Durante a expansão de mercado, a empresa normalmente avança no caminho de menor resistência e de menos recursos para atrair os clientes mais difíceis de alcançar e menos propensos a reconhecer o valor da oferta da empresa. Por consequência, a empresa provavelmente dedicará mais tempo, esforços e recursos durante a expansão de mercado do que durante a implantação inicial no mercado.

Mercados mais amplos geralmente envolvem uma gama maior de clientes, o que, com frequência, exige a introdução de variantes da oferta para levar em consideração as diferentes necessidades e preferências de todos os clientes-alvo. Assim, a empresa pode entrar no mercado com uma única oferta, que atrai os adotantes mais prováveis, e então introduzir variações que atraem uma gama mais ampla de necessidades dos clientes dentro do mercado-alvo expandido. O maior sortimento de ofertas da empresa associado à expansão de mercado, por sua vez, leva ao uso de recursos adicionais para garantir o sucesso de mercado das ofertas.

INSIGHT de marketing

Entendendo a adoção de inovações

Projetar produtos eficazes, que provavelmente serão bem-sucedidos no mercado, exige o entendimento completo sobre o processo pelo qual os clientes avaliam produtos, o conhecimento sobre os fatores nos quais eles baseiam suas decisões e a consciência sobre a velocidade com a qual eles adotam produtos. O termo *difusão da inovação* refere-se ao modo como o conhecimento sobre um produto, serviço ou ideia se dissemina no mercado e à velocidade com a qual são comprados ou usados. Dois sistemas populares para examinar a reação dos clientes a novas ofertas são descritos a seguir.

Modelo de Rogers da adoção de inovações

O **modelo de Rogers**, assim denominado em homenagem ao sociólogo americano Everett Rogers, classifica os clientes de acordo com a velocidade com a qual adotam novas ofertas. O modelo define o nível de inovação com base no tempo que o indivíduo leva para adotar novas ideias em comparação com outros consumidores: se relativamente cedo ou tarde. O modelo de Rogers se baseia na ideia de que alguns clientes são mais abertos a produtos inovadores do que outros. Dependendo de quando o novo produto é adotado, o modelo de Rogers divide os clientes em cinco categorias (Figura 18.4):

- Os *inovadores* são entusiastas da tecnologia. Ousados, eles gostam de mexer com novos produtos e dominar seus mínimos detalhes. Em troca de preços baixos, ficam felizes em realizar testes alfa e beta e relatar as falhas das ofertas iniciais. Os inovadores são definidos como os primeiros 2,5% dos adotantes.
- Os *adotantes imediatos* são líderes de opinião que buscam cuidadosamente novas tecnologias capazes de proporcionar expressiva vantagem competitiva. Eles são menos sensíveis a preços, mas mostram-se dispostos a adotar novos produtos se forem oferecidas soluções personalizadas e um serviço adequado de suporte. Os adotantes imediatos são definidos como os 13,5% dos adotantes após os inovadores.
- A *maioria imediata* inclui indivíduos deliberadamente pragmáticos, que adotam a nova tecnologia quando seus benefícios já foram comprovados e ocorreram muitas adoções. Eles constituem a corrente dominante do mercado e incluem os 34% seguintes dos adotantes.
- A *maioria posterior* é composta de conservadores céticos, avessos ao risco, tímidos em relação à tecnologia e sensíveis ao preço. A maioria posterior é composta dos 34% dos adotantes que vêm após a maioria imediata.
- Os *retardatários* são ligados à tradição e resistem à inovação até descobrirem que seu *status quo* não é mais defensável. Eles compõem os 16% restantes da população de adotantes.

Se a empresa quiser que a sua inovação passe por todo o ciclo de vida do produto, deve abordar cada um dos cinco grupos com uma ação diferente de *marketing*.

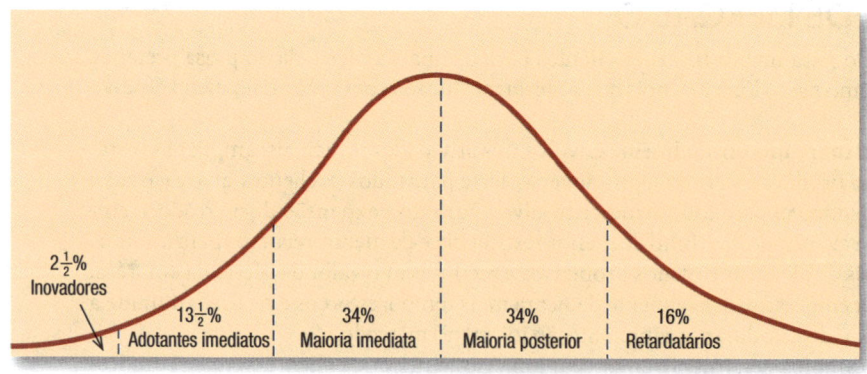

FIGURA 18.4
Classificação de adotantes com base no prazo relativo de adoção de inovações.
Crédito: E. Rogers, *Diffusion of Innovations* (London: Free Press, 1962).

(continua.)

Além de segmentar líderes de opinião, ou em vez de fazer isso, alguns especialistas defendem a segmentação por **líderes de receita** com um novo produto – aqueles clientes com maior valor vitalício do cliente (CLV, do inglês *customer lifetime value*) – para acelerar a trajetória para a rentabilidade.

O modelo de Rogers é um modelo de classificação; embora divida os indivíduos em cinco categorias distintas com base na velocidade com a qual adotam novas ofertas, ele não apresenta uma regra de decisão que possa ser usada para determinar a categoria à qual um determinado indivíduo tende a pertencer. Além disso, como os indivíduos são alocados a uma das cinco categorias com base em traços de personalidade relativamente estáveis, o modelo não leva em consideração o fato de que um cliente inovador em um domínio pode ser um retardatário em outro. Devido a essas limitações, a aplicabilidade do modelo de Rogers é limitada, restringindo-se a descrever cinco tipos de adotantes de inovações.

Modelo de Moore da adoção de novas tecnologias

Batizado em homenagem ao teórico organizacional Geoffrey Moore, o **modelo de Moore** adapta o modelo de Rogers especificamente a produtos tecnológicos. Ele coloca os adaptadores de tecnologias em cinco categorias que refletem aproximadamente as cinco categorias especificadas pelo modelo de Rogers com base na sua abertura à adoção de inovações tecnológicas. As cinco classes de adotantes de inovações no modelo de Moore são apresentadas a seguir.

- Os *entusiastas da tecnologia* são os inovadores comprometidos com inovações tecnológicas e, em geral, o primeiro grupo que deseja experimentar novas tecnologias.
- Os *visionários* (adotantes imediatos) estão entre os primeiros a adotar novas tecnologias para resolver seus problemas, atender às suas necessidades e aproveitar oportunidades de mercado emergentes.
- Os *pragmáticos* (maioria imediata) consideram a inovação uma ferramenta de produtividade. São diferentes dos entusiastas porque não adotam as inovações tecnológicas apenas por adotar. Eles diferem dos visionários porque aplicam a tecnologia para aprimorar modelos de negócios existentes, não para mudá-los.
- Os *conservadores* (maioria posterior) são pessimistas em relação a derivar benefícios significativos de inovações tecnológicas emergentes, logo demoram para adotá-las.
- Os *céticos* (retardatários) tendem a ser altamente críticos das inovações tecnológicos e têm baixa probabilidade de adotá-las, apesar dos benefícios.

O modelo de Rogers pressupõe que a adoção de inovações é um processo contínuo e que, após a inovação atingir saturação de mercado em um segmento, ela entra diretamente no próximo. O modelo de Moore, por outro lado, defende que a adoção de inovações é um processo descontínuo, que envolve certas lacunas, e que a adoção de uma inovação por um segmento não significa necessariamente que ela será adotada por outro. Isso ocorre porque diferentes grupos de consumidores demonstram diferentes padrões de adoção, e cada um deles exige uma estratégia de *marketing* diferente. Por exemplo, o fato de entusiastas da tecnologia abrirem seus braços para uma inovação não significa que esta será amplamente adotada pelos visionários, que podem interpretar a inovação tecnológica de um ponto de vista completamente diferente.

Moore define a maior lacuna no processo de adoção de inovações como aquela que existe entre os adotantes iniciais, segmento composto de entusiastas da tecnologia e visionários, e a corrente dominante do mercado, composta de pragmáticos, conservadores e céticos em relação à tecnologia. Ele chama essa lacuna de abismo e a considera o desafio mais significativo para o desenvolvimento de inovações tecnológicas e o principal obstáculo que os pioneiros tecnológicos precisam superar para que tenham sucesso e consigam fazer suas ofertas serem amplamente aceitas.[23]

Resumo

1. A inovação é o segredo para o desenvolvimento de novas ofertas viáveis. A inovação pode envolver novas tecnologias, novas abordagens à construção da marca, um novo mecanismo de preços, novas maneiras de gerenciar incentivos, novos canais de comunicação ou um novo método de distribuição. As ofertas inovadoras causam a disrupção dos modelos de negócios existentes e tornam supérfluas as empresas que não conseguem inventar novas maneiras de criar valor de mercado para se adaptar às novas condições.

2. O desenvolvimento bem-sucedido de novos produtos exige que a empresa estabeleça uma organização eficaz para gerenciar o processo de desenvolvimento, que pode incluir gestores de produto (de novos produtos ou de produtos existentes), comissões de novos produtos, departamentos de novos produtos ou equipes empreendedoras. Cada vez mais, as empresas têm adotado equipes interfuncionais, conectando-se a indivíduos e organizações de fora da própria empresa por meio de *crowdsourcing* e de outros meios e desenvolvendo vários conceitos de produto.

3. O desenvolvimento de novos produtos é um *processo iterativo* de descobrir uma nova ideia e traduzi-la em uma oferta de mercado viável e bem-sucedida. O desenvolvimento de novos produtos é representado como uma sequência de ações (estágios, ou *stages*) separadas por obstáculos (portões, ou *gates*) que a nova oferta deve superar. A abordagem *stage-gate* divide o processo de inovação em cinco estágios principais – *geração de ideias, desenvolvimento do conceito, elaboração do modelo de negócios, desenvolvimento da oferta* e *implementação comercial* –, separados por *gates*, que servem para validar as ações executadas no passo anterior.

4. A inovação começa pela *geração de uma ideia* que identifica uma necessidade de mercado não atendida e sugere uma nova maneira de atendê-la. Existem dois métodos básicos de geração de ideias: de cima para baixo, que começa pela identificação de uma oportunidade de mercado; e de baixo para cima, que começa com uma invenção e, então, busca identificar uma necessidade de mercado não atendida que tal invenção poderá satisfazer. A geração de ideias de cima para baixo é a abordagem preferencial para o desenvolvimento de novas ofertas.

5. O *desenvolvimento de conceitos* dá forma a uma ideia potencialmente viável ao criar uma versão inicial, ou protótipo, da oferta da empresa. O desenvolvimento de conceitos formula a oferta de maneira rápida e com uso eficiente de recursos, na tentativa de reduzir o risco de mercado e de implementação. Em geral, o desenvolvimento de conceitos evolui a partir de uma descrição das características fundamentais do produto e leva a um protótipo simplificado, que contém a funcionalidade básica da oferta.

6. A formulação do *modelo de negócios* envolve três componentes principais: identificar o mercado-alvo, articular a proposição de valor da oferta nesse mercado e delinear os principais atributos da oferta de mercado. O mercado-alvo delimita o mercado no qual a oferta da empresa pretende criar valor. A proposição de valor descreve o valor que a empresa planeja criar para os clientes-alvo, colaboradores e *stakeholders*. A oferta de mercado define os modos (produto, serviço, marca, preço, incentivos, comunicação e distribuição) pelos quais a empresa criará, comunicará e entregará valor de mercado.

7. O *desenvolvimento da oferta* transforma a oferta conceitualizada em uma oferta real, pronta para o lançamento no mercado. A implementação envolve reunir os recursos necessários para colocar o modelo de negócios em prática e desenvolver a oferta de mercado.

8. A *comercialização* informa os clientes-alvo sobre a oferta da empresa e a disponibiliza para eles. Para minimizar os riscos e recursos envolvidos, inicialmente as empresas implantam a oferta em alguns mercados selecionados (primários) e, após terem sucesso, expandem a disponibilidade para todo o mercado-alvo. A expansão do mercado amplia as instalações e unidades envolvidas na produção da oferta, promove-a para todos os clientes-alvo e garante a sua disponibilidade para todo o mercado-alvo.

9. Dois sistemas de referência populares analisam a reação dos clientes a novas ofertas. O *modelo de Rogers* representa o número de novas adoções, não as adoções totais, em um determinado momento e divide os clientes em cinco categorias (inovadores, adotantes imediatos, maioria imediata, maioria posterior e retardatários) com base em quando adotam o novo produto. Com base no modelo de Rogers, o *modelo de Moore* defende que, no caso de produtos tecnológicos, a adoção de inovações é um processo descontínuo, marcado por lacunas claras entre as adoções. A maior dessas lacunas é aquela entre os adotantes imediatos (entusiastas e visionários) e a corrente dominante do mercado.

DESTAQUE de *marketing*

Honest Tea

A ideia da Honest Tea surgiu em 1997, quando Seth Goldman, ex-aluno da Yale School of Management, entrou em uma loja de conveniência local em busca de algo para tomar após um treino. Goldman encontrou apenas refrigerantes e chás saturados com altos teores de açúcar, o que o inspirou a criar uma nova bebida para clientes preocupados com a saúde. A Honest Tea Company buscaria oferecer garrafas de chá natural, com pouco adoçamento, que teriam uma fração das calorias dos outros chás. No início, a Honest Tea usava a Fresh Fields para a distribuição do produto. Em um breve verão, a Honest Tea tornou-se o chá mais vendido das lojas Fresh Fields e expandiu-se para outros supermercados e minimercados, com níveis semelhantes de sucesso.

A Honest Tea Company identificou quatro tendências de mercado que criavam a demanda para um novo tipo de oferta de chá no mercado de bebidas. Primeiro, a demanda por chá em garrafas havia crescido enormemente nos anos anteriores à fundação da empresa. Os refrigerantes dominavam a indústria das bebidas, mas os chás em garrafa ganhavam cada vez mais popularidade como alternativa mais saudável. Entre 1992 e 1996, o valor de mercado do chá em garrafa cresceu 60%. Segundo, os consumidores americanos haviam começado a desenvolver uma "cultura do chá". Na década anterior ao lançamento da Honest Tea, as vendas de chá de folhas soltas mais do que dobraram, lojas e casas de chá foram inauguradas e o chá tornou-se um tema popular em livros e revistas. Terceiro, a conscientização sobre a saúde e o meio ambiente estava em alta, o que aumentou a demanda por produtos alimentícios e bebidas naturais. A indústria dos produtos naturais triplicou de tamanho entre 1990 e 1996. Quarto, uma mentalidade surgira entre os consumidores chamados de "criativos culturais", que valorizavam os aspectos naturais, éticos e exóticos do consumo de chás saudáveis e eram receptivos a novos produtos como os da Honest Tea.

Orientada por esses *insights*, a Honest Tea formulou o seu chá em garrafa usando apenas folhas de chá de altíssima qualidade do mundo todo, água mineral para a preparação e adoçantes naturais, como mel ou cana-de-açúcar. A Honest Tea prometeu usar ingredientes orgânicos e com certificação Fair Trade e dar preços justos e baixos às suas bebidas: uma garrafa de 473 mL custava cerca de US$ 1,50. A Honest Tea continha apenas 17 calorias por porção, muito menos do que os refrigerantes ou o café gelado. A Honest Tea anunciava seu chá principalmente para três públicos principais: consumidores de chá que consideravam os produtos concorrentes, como os da Snapple, doces demais; consumidores de água mineral que desejavam variedade e sabor fresco; e consumidores de refrigerantes *diet* que queriam uma bebida sem adoçantes artificiais. A Honest Tea teve sucesso nesse mercado, e as receitas anuais da empresa saltaram para US$ 38 milhões em 2008.

Após a Coca-Cola adquirir uma participação de 40% na empresa em 2008 por US$ 43 milhões, o número de lojas que vendia Honest Tea aumentou radicalmente, de 15 mil para mais de 140 mil uma década depois. A Honest Tea começou a ser vendida em supermercados como Kroger, Walmart e Costco, em varejistas como a Amazon e em restaurantes como McDonald's e Subway. A Coca-Cola também forneceu à Honest Tea os recursos de que precisaria para se expandir e lançar novas ofertas de produtos que fossem consistentes com a sua marca.

Continuando com o tema de saúde e bem-estar, a Honest Tea apresentou a Honest Kids, uma alternativa menos açucarada que contém 45 calorias a menos por porção do que outros sucos infantis. A bebida orgânica foi tão bem-sucedida que superou o chá e se tornou o produto mais vendido da empresa. A Honest Kids hoje é oferecida em restaurantes como Subway e Chick-fil-A e se tornou a opção de suco principal no McDonald's em 2017. A Honest Tea também lançou outros produtos, incluindo o Honest Sport, uma bebida esportiva orgânica, e o Honest Fizz, uma alternativa gaseificada aos refrigerantes.

O crescimento da Honest Tea Company também permitiu que a empresa fosse mais além nos seus objetivos de Fair Trade e sustentabilidade. Uma década após a aquisição pela Coca-Cola, a bonificação de Fair Trade anual da Honest Tea foi multiplicada por 17, o que melhorou a qualidade de vida dos agricultores que trabalham com a empresa. Além disso, a Honest Tea aumentou a quantidade de materiais reciclados que usa nas suas garrafas e de ingredientes orgânicos usados em cada bebida.

O principal fator por trás do sucesso da Honest Tea foi a sua identificação clara de um segmento negligenciado do mercado de bebidas adocicadas. Ao acompanhar as tendências de consciência sobre saúde, a Honest Tea Company garantiu o seu lugar como uma das marcas mais valiosas da Coca-Cola. A aquisição permitiu que a empresa oferecesse novos produtos saudáveis para diferentes tipos de clientes, mas ainda operasse sob a mesma missão definida em 1998: criar bebidas deliciosas, saudáveis e orgânicas com honestidade e integridade e de olho na sustentabilidade.[24]

Questões

1. Qual foi o papel da pesquisa de *marketing* e dos *insights* sobre os clientes no desenvolvimento da Honest Tea?
2. Quais são os principais fatores que contribuíram para o sucesso da Honest Tea?
3. Como a Coca-Cola deveria cultivar a marca Honest Tea? A Honest Tea deveria permanecer relativamente independente ou deveria se integrar mais à Coca-Cola Company e recorrer à cultura corporativa e ao conhecimento de negócios da Coca-Cola?

DESTAQUE de *marketing*

WeChat

O WeChat é um aplicativo chinês de mídia social, mensagens e pagamentos móveis desenvolvido pela Tencent, um conglomerado chinês especializado em tecnologia, jogos e mídias sociais. O WeChat é usado principalmente para mensagens e comunicação, semelhante ao Facebook e ao WhatsApp, e combina a funcionalidade de aplicativos como Twitter, PayPal, Reddit e Uber. Os usuários também podem jogar *videogame*, enviar dinheiro, conversar por voz, ler notícias, compartilhar *posts*, chamar um táxi e muito mais. A base de usuários do WeChat é composta de mais de 1 bilhão de usuários diários, incluindo empresas, celebridades e até mesmo hospitais, que usam o aplicativo como plataforma promocional. Muitos chineses não conseguem imaginar como seria a vida sem esse aplicativo onipresente.

Crédito: Piotr Swat/Alamy Stock Photo

O WeChat começou em 2010 como um aplicativo de mídia social e mensagens instantâneas para *smartphones*. O CEO Ma Huateng reconheceu que a plataforma dominante do futuro para as mídias sociais e mensagens seria o telefone celular, não o computador pessoal. Ele deu a uma equipe de engenharia de menos membros a missão de desenvolver a primeira versão do WeChat. O protótipo só podia mandar imagens e mensagens de texto. Como já existiam aplicativos de SMS e de mensagens instantâneas com esses recursos, os consumidores inicialmente não enxergaram o valor do aplicativo. A recepção do WeChat mudou em maio de 2011, quando a equipe lançou uma atualização com suporte para mensagens de voz, que atraía adultos que não estavam acostumados a digitar em *smartphones*. Os empresários chineses também consideraram as novas funcionalidades bastante úteis.

A base de usuários do WeChat decolou em 2012, quando ultrapassou os 100 milhões, por dois motivos principais. Primeiro, as vendas de *smartphones* na China cresceram exponencialmente. Em 2010, as vendas de *smartphones* eram de mais de 35 milhões de unidades; em 2012, as vendas haviam mais do que quintuplicado e ultrapassavam 210 milhões de unidades, o que significava que um número maior de usuários podia baixar e utilizar o aplicativo. Segundo, o crescimento do WeChat foi alimentado por diversas inovações e recursos que melhoravam a experiência para o usuário em comparação com os aplicativos concorrentes. O WeChat lançou recursos exclusivos, como o Shake (Sacudir), que conectava usuários aleatórios que sacudiam seus telefones ao mesmo tempo, e o Message in a Bottle (Mensagem na garrafa), que permitia o envio de mensagens para usuários aleatórios. A plataforma ampliada do WeChat também permitia que os usuários lessem e compartilhassem *posts* de *blogs* em contas oficiais e jogassem na plataforma de *gaming*. Serviços concorrentes, como o Feixin, não ofereciam seu aplicativo a usuários que não eram assinantes da China Mobile, e o MiTalk não oferecia uma experiência estável para o usuário, então o WeChat dominou o mercado de mensagens e mídias sociais.

O WeChat acresceu pagamentos à plataforma em 2013. Inicialmente, o WeChat Pay limita-se a microtransações para jogos, itens virtuais para avatares e assinaturas móveis. Posteriormente, a Tencent expandiu a plataforma de pagamentos e criou o WeChat Wallet, que permite que os usuários paguem por bens e serviços de comerciantes credenciados e transfiram dinheiro uns para os outros. Quatro anos após o lançamento, o WeChat Pay tinha mais de 600 milhões de usuários.

O WeChat Pay melhorou o modo como os usuários chineses dão *hongbao* (envelopes vermelhos cheios de dinheiro), uma tradição popular no Ano Novo Lunar. Os usuários do WeChat Red Packet podem enviar *hongbao* para amigos e parentes de formas divertidas e viciantes. Por exemplo, o usuário pode colocar US$ 5 do seu WeChat Wallet em um envelope vermelho virtual e distribuí-lo igualmente entre cinco amigos. Os usuários também podem pedir aos dois primeiros presenteados que toquem na tela para dividir o dinheiro em parcelas iguais ou aleatoriamente. O Red Packet tornou-se um sucesso estrondoso durante o Ano Novo Lunar de 2014, com mais de 40 milhões de *hongbao* enviados a 8 milhões de usuários. O WeChat Red Packet cresceu e transformou-se em um meio de mensagem em si; os usuários chineses frequentemente mandam uns aos outros quantias em *yuan* que têm significados especiais. Por exemplo, o número 520 é uma gíria chinesa que significa "eu te amo".

Um dos maiores atrativos do WeChat foi a implementação de *miniprogramas* dentro do aplicativo. Introduzidos em 2017, os miniprogramas são como aplicativos dentro do próprio WeChat. Em geral, os miniprogramas têm menos de 10 megabytes e são executados instantaneamente no WeChat, sem precisar baixar de uma loja de aplicativos. Os programas são carregados rapidamente e se integram com facilidade à plataforma WeChat. Muitas empresas desenvolveram miniprogramas para o WeChat. A JD.com, segunda maior empresa de comércio eletrônico B2C da China, desenvolveu um miniprograma de plataforma de compras.

A Tesla tem um miniprograma no qual os usuários podem localizar estações de carregamento, marcar *test drives* e compartilhar suas experiências sobre dirigir um Tesla. Outros miniprogramas incluem jogos populares, localizadores de bicicletas compartilhadas e uma ferramenta de pagamento para postos de gasolina.

A ampla variedade de recursos que o WeChat oferece o ajudou a se transformar em um dos maiores aplicativos móveis do mundo. Embora o WeChat seja um fenômeno amplamente disseminado na China, a Tencent começou a expansão internacional do serviço, anunciando os seus benefícios para usuários em potencial nos Estados Unidos, na Malásia, na Singapura e na África do Sul.[25]

Questões

1. Que fatores contribuíram para o sucesso fenomenal do WeChat na China?
2. Qual foi a importância da vantagem de pioneira do WeChat para conquistar e sustentar a sua posição dominante no mercado?
3. O WeChat conseguirá replicar seu sucesso de mercado fora da China? Por quê?

19
Fidelização do cliente

Construir uma comunidade e criar vínculo emocional com os clientes alimentou a expansão da SoulCycle.
Crédito: Noam Galai/Getty Images.

Gerar uma venda não é o objetivo final do processo de *marketing*, mas o início da construção e da gestão de relacionamentos com clientes para criar uma base de clientes fiéis. Fidelizar os clientes é uma prioridade para as empresas orientadas para o mercado que buscam conquistar e defender a sua posição no mercado. Na verdade, sem fidelizar os clientes, a empresa precisa investir constantemente na aquisição de novos clientes para substituir os infiéis que a trocam pela concorrência em busca de uma oferta melhor.

A fidelidade do cliente é o resultado dos esforços da empresa no sentido de oferecer um produto, um serviço e uma experiência de marca positivos de forma consistente. Embora consumidores com competências aprimoradas possam ajudar as empresas a obter sólida fidelidade dos clientes, esse aumento impõe desafios. Seja como for, os profissionais de *marketing* devem conectar-se com os clientes: informá-los, engajá-los e talvez até fazer com que participem ativamente do processo. As empresas centradas nos clientes conseguem desenvolver relacionamentos com eles, e não apenas com produtos; elas são hábeis em engenharia de mercados, e não apenas em engenharia de produtos. A criação de comunidades de usuários desempenha um papel cada vez mais importante para muitas empresas e setores que buscam novas formas de satisfazer as necessidades dos clientes e criar fidelidade. A SoulCycle é um exemplo vívido de empresa que teve sucesso no mercado com a formação de uma base de clientes fiéis.

>>> Fundada por Elizabeth Cutler e Julie Rice em 2006, a SoulCycle teve a visão de criar uma alternativa para as rotinas tradicionais de *fitness*, em que faltava paixão e sobrava trabalho. Juntas, Cutler e Rice desenvolveram uma aula de bicicleta ergométrica de 45 minutos que combinava exercício aeróbico de alta intensidade, treinamento de força para esculpir os músculos e uma coreografia baseada em ritmo. Desenvolvida para ser mais do que um treino, a SoulCycle pretende criar uma experiência compartilhada para os ciclistas e construir uma comunidade que motiva os membros, inspirando-os a realizar todo o seu potencial. O primeiro estúdio da SoulCycle, localizado na West 72nd Street em Manhattan, tinha 33 bicicletas em uma sala escura, onde instrutores animados lideravam sessões de pedalada ao ritmo de *playlists* customizadas. O conceito da SoulCycle caiu como uma luva para os ciclistas, e, nos anos seguintes, Cutler e Rice inauguraram vários outros estúdios na cidade de Nova York e nas redondezas. Apesar da expansão para múltiplos locais, a SoulCycle conseguiu manter-se fiel à sua missão de criar uma comunidade de ciclistas em torno do seu conceito exclusivo de treino "de corpo e alma". Interessada no conceito de aulas de bicicleta de butique e na base de clientes fiéis, a Equinox, uma operadora de clubes de *fitness* de alto nível, adquiriu 75% da SoulCycle em 2011. Após a aquisição, a SoulCycle continuou a sua expansão rápida; em 2018, operava 88 estúdios nos Estados Unidos e no Canadá. A partir da sua origem humilde, a SoulCycle conseguiu ampliar a escala do seu modelo de negócios com o foco inabalável em criar uma rotina de treino diferenciada que forma um laço emocional com os clientes.[1]

As empresas de sucesso são aquelas que cultivam cuidadosamente a satisfação e a fidelidade dos seus clientes. Neste capítulo, descreveremos algumas das formas como elas conseguem atrair clientes e vencer a concorrência.

Gestão da aquisição e retenção de clientes

A capacidade de adquirir novos clientes e reter os atuais tem impacto direto nos resultados financeiros da empresa. Para ter sucesso na aquisição e retenção de clientes, a empresa deve ter um entendimento claro sobre o (monitoramento da jornada do cliente até a compra) de clientes e equilibrar corretamente seus esforços de aquisição e retenção de clientes.

O FUNIL DE AQUISIÇÃO DE CLIENTES

Os principais passos para atrair clientes podem ser imaginados em termos de um funil que representa as fases do processo de aquisição de clientes, desde apenas estar ciente sobre a oferta até se tornar um defensor fiel. O **funil de aquisição de clientes** pode ser representado em termos de cinco fases relativamente distintas: assimilação, atração, arguição, ação e apologia (no original, *awareness, appeal, ask, act* e *advocate*).[2] Essa abordagem em cinco fases (ou 5 As) para a avaliação do processo de aquisição de clientes está representada na Figura 19.1.

Objetivos de aprendizagem Após ler este capítulo, você deverá ser capaz de:

19.1 Explicar como a empresa deve equilibrar seus esforços de aquisição e retenção.

19.2 Discutir como a empresa pode gerenciar a satisfação e a fidelidade dos clientes.

19.3 Descrever como as empresas gerenciam o relacionamento com o cliente.

19.4 Discutir como a empresa deve gerenciar o valor vitalício do cliente.

FIGURA 19.1
Os 5 As do funil de aquisição de clientes.

A fase de *assimilação ou conscientização* (*awareness*) é a porta para a interação dos clientes com a oferta da empresa. É nessa fase que os clientes-alvo encontram a oferta. O encontro pode ser motivado pelas comunicações de *marketing* da empresa, pode ocorrer no ponto de venda ou pode ser causado pela defesa da oferta por outros clientes ou por colaboradores.

A conscientização muitas vezes não se limita a uma única oferta. Em geral, os clientes conscientizam-se sobre múltiplas ofertas que teriam o potencial de atender a uma necessidade ativa. Isso pode ocorrer quando os clientes buscam informações sobre os diferentes meios de atender à sua necessidade no ponto de venda ou quando são expostos às campanhas de comunicação de *marketing* da empresa ou dos concorrentes. Também pode acontecer sem qualquer influência externa, quando, com base em experiências prévias, os clientes lembram de um conjunto de ofertas disponíveis.

A fase de *atração* (*appeal*) reflete o fato de que, embora os clientes possam se conscientizar de múltiplas ofertas, eles não consideram todas ativamente. Em vez disso, tendem a listar apenas as mais atraentes para formar um conjunto de consideração composto daquelas com maior probabilidade de satisfazer sua necessidade. Assim, a fase de atração do processo de decisão pode ser interpretada como um processo de eliminação seletiva, reduzindo o conjunto inicial de ofertas que ocorre ao cliente.

Durante a fase de *arguição* (*ask*), os clientes buscam informações adicionais sobre as ofertas no seu conjunto de consideração. Essas informações podem vir de fontes externas, como amigos, familiares, a mídia e/ou a empresa e seus colaboradores. Por exemplo, os clientes podem telefonar para amigos em busca de conselhos, contatar a empresa para pedir mais informações, ler resenhas *on-line*, usar um aplicativo para comparar preços ou até mesmo experimentar os produtos nas lojas.

A fase de *ação* (*act*) marca a transição da coleta e avaliação de informações para a ação, normalmente dirigida a uma oferta específica. As ações dos clientes não se limitam à compra; elas refletem a experiência total de propriedade e uso, que também inclui o consumo real do produto ou serviço e a experiência pós-consumo.

A fase de *apologia* (*advocate*) reflete as reações dos clientes após a experiência de consumo. O ideal é que as ações dos clientes envolvam um certo nível de fidelidade à empresa e à sua oferta. Essas reações variam desde a simples recompra da oferta até a defesa e a promoção dela junto a terceiros. Os defensores ativos recomendam produtos, serviços e marcas que amam sem serem solicitados. Eles compartilham experiências positivas com terceiros e, muitas vezes, tornam-se evangelizadores.

Os diferentes passos do funil de decisão nem sempre ocorrem no processo linear representado na Figura 19.1; eles podem envolver múltiplas iterações, reconsideração e reavaliação dos dados disponíveis e coleta de novas informações. Além disso, os clientes não passam necessariamente por todos os 5 As, podendo pular uma ou mais das cinco fases. Por exemplo, o cliente pode comprar por impulso, sem formar um conjunto de consideração e coletar informações adicionais sobre as opções alternativas. Da mesma forma, os defensores fiéis podem não ser os compradores de fato da oferta da empresa. Os produtos da Apple, como iPhone, iPad e Apple Watch, por exemplo, muitas vezes são defendidos por não compradores.

EQUILÍBRIO ENTRE AQUISIÇÃO E RETENÇÃO DE CLIENTES

A gestão eficaz da aquisição e retenção de clientes envolve um entendimento claro e uma estimativa precisa das taxas de conversão e retenção de clientes. Ao calcular as **taxas de conversão** – a porcentagem de clientes em um estágio que se deslocam para o próximo –, os gerentes podem identificar qualquer fase de gargalo ou barreira à construção de uma base de clientes fiéis. Se a porcentagem de usuários recentes é significativamente inferior à dos experimentadores, por exemplo, pode haver algo errado com o produto ou serviço que impeça a repetição da compra.

O funil de aquisição de clientes enfatiza a importância de não atrair somente novos clientes, mas também reter e cultivar os já existentes. As pesquisas sobre retenção de clientes sugerem que adquirir novos clientes pode custar várias vezes mais do que satisfazer e reter os atuais. Os dados também indicam que uma redução de 5% no índice de perda de clientes pode aumentar os lucros de 25 a 85%, dependendo do setor. Além disso, sugere-se que a taxa de lucro tende a aumentar ao longo do tempo de permanência do cliente retido, em razão de aumento de compras, indicações, preços *premium* e redução nos custos operacionais de serviços ao cliente.[3]

Clientes satisfeitos formam o capital de relacionamento com clientes da empresa. Se a empresa fosse vendida, a adquirente pagaria não somente pelas instalações, pelos equipamentos industriais e pela marca, mas também pela **base de clientes** e pela quantidade e pelo valor dos clientes que farão negócios com a nova empresa.

Alguns prestadores de serviços são assolados por uma praga chamada de *spinners*, que são clientes que trocam de operadora de telefonia pelo menos três vezes ao ano em busca do melhor negócio. Muitas operadoras perdem 25% de seus assinantes a cada ano, a um custo estimado na casa dos bilhões de dólares. Alguns dos fatores de insatisfação citados por clientes que desertam são necessidades e expectativas não atendidas, má qualidade e alta complexidade de bens/serviços e erros de faturamento. Cada método de aquisição gera clientes com variados níveis de fidelidade. Um estudo mostrou que os clientes adquiridos por meio da oferta de um desconto de 35% tinham cerca de metade do valor em longo prazo de novos clientes adquiridos sem qualquer desconto.[4] Muitos desses clientes estavam mais interessados na oferta do que no produto em si.

Para reduzir a taxa de deserção de clientes, a empresa deve definir e medir sua **taxa de retenção**. Para uma revista, a taxa de renovação de assinatura é um indicador eficaz de retenção. A seguir, a empresa deve identificar as causas acionáveis da deserção. Por exemplo, baixo nível de serviço, produtos de má qualidade e preços altos podem ser resolvidos pela empresa, mas ela não pode resolver problemas como clientes que se mudam para fora das áreas geográficas atendidas por ela. Por fim, a empresa deve comparar o valor vitalício do cliente (CLV, do inglês *customer lifetime value*) com os custos de redução da taxa de deserção. Contanto que o custo de desencorajar a deserção seja menor do que o lucro perdido, invista na manutenção do cliente.

O resultado do serviço e a fidelidade do cliente são influenciados por uma série de variáveis. Um estudo identificou mais de 800 comportamentos cruciais que levam os clientes a trocarem de prestador de serviço.[5] Entre os principais fatores, estão questões de preço (preços altos, aumentos de preço, preços injustos, preços enganosos), questões de conveniência (localização/horário, tempo de espera para marcar hora e ser atendido), falha no serviço central (erros no serviço, erros de cobrança, catástrofes no serviço), falha na entrega do serviço (frieza, má educação, indiferença, falta de conhecimento), resposta à falha no serviço (resposta negativa, ausente ou relutante), concorrência (o cliente encontrou serviço melhor), problemas éticos (trapaça, venda agressiva, negócio inseguro, conflito de interesse) e mudança involuntária (o cliente mudou-se, o provedor fechou as portas).

Por mais que as empresas se esforcem, é inevitável a perda de alguns clientes por se tornarem inativos ou por "abandonarem a relação". O desafio é reativá-los por meio de estratégias de recuperação.[6] Costuma ser mais fácil atrair um ex-cliente (porque a empresa conhece seu nome e histórico) do que captar novos clientes. Entrevistas de saída e levantamentos com clientes perdidos podem revelar fontes de insatisfação e ajudar a reconquistar somente aqueles com forte potencial de gerar lucro.[7]

Gestão da satisfação e da fidelidade do cliente

A fidelidade pode ser definida como "um compromisso profundamente arraigado de comprar ou recomendar repetidamente certo produto no futuro, apesar de influências situacionais e esforços de *marketing* potencialmente capazes de causar mudanças comportamentais".[8] A fidelidade do cliente pode ser imaginada como um contínuo, com diferentes níveis de intensidade. A fidelidade vai desde a satisfação com a oferta da empresa até a defesa e a evangelização por parte dos clientes que consideram a oferta parte da sua identidade e que se consideram responsáveis pelo seu sucesso.

Wegmans Quando a professora de teatro Maura Morrison e seus alunos na Algonquin Regional High School de Northborough, Massachusetts, montaram *The Musical* em homenagem à Wegmans, a peça incluiu uniformes doados pela loja local e as decorações ecléticas da rede, como Casanova, um galo animatrônico que cacareja a cada hora. Nenhuma outra rede de supermercados evoca o fervor e a dedicação dos wegmaníacos, como se autodenominam seus superfãs. Morrison se lembra de uma vizinha que lacrimejou quando descobriu que a Wegmans abriria uma loja na cidade. "Descobri que ela quase não se mudara para cá porque não tínhamos uma Wegmans [...] as pessoas estão ligadas quase espiritualmente a essa loja". Quase 25 mil pessoas compareceram à inauguração da Wegmans de Northborough em 2011, embora a população da cidade mal ultrapasse os 14 mil. Esse frenesi nas inaugurações é típico. Apenas em 2015, mais de 4 mil pessoas pediram à Wegmans que abrisse uma loja na sua região. A Wegmans conseguiu transformar uma tarefa tediosa em um evento social. Cada unidade é montada de modo a lembrar uma feira livre europeia, substituindo o estilo tradicional dos mercados por minilojas comandadas por especialistas dedicados e um atendimento ao cliente que já foi descrito como "telepático". As lojas frequentemente recebem *shows* de música, demonstrações culinárias e degustações com fazendeiros locais. Os clientes adoram os trenzinhos que correm e apitam ao redor das lojas. À medida que cresceu, a Wegmans investiu milhões na construção de cozinhas e na contratação de *chefs* profissionais em todas as suas unidades, permitindo que os refeitórios locais atraíssem clientes e concorressem com a comida servida em restaurantes. A Wegmans trabalha estrategicamente para buscar clientes que vão desde estudantes até famílias, fidelizando-os para a vida toda. O resultado é uma entidade que cresceu vertiginosamente, transformando a carrocinha de verdureiro dos irmãos John e Walter Wegman em 1921 em um negócio de US$ 7,9 bilhões.[9]

A satisfação do cliente é o segredo para a sua fidelização. Sem atender às necessidades dos clientes, a empresa teria dificuldade para criar uma base de clientes fiéis. A essência da satisfação do cliente, o papel da qualidade do produto ou serviço como fator determinante da satisfação e as diferentes abordagens à mensuração dessa satisfação serão analisados nas próximas seções.

ENTENDENDO A SATISFAÇÃO DO CLIENTE

A satisfação é o sentimento de prazer ou decepção que resulta da comparação entre o desempenho (ou resultado) percebido de um produto e as expectativas do comprador.[10] Se o desempenho não alcançar as expectativas, o cliente ficará insatisfeito. Se alcançá-las, ele ficará satisfeito. Se o desempenho for além das expectativas, o cliente ficará altamente satisfeito ou encantado.

As avaliações dos clientes sobre o desempenho de um produto dependem de muitos fatores, sobretudo do tipo de relação de fidelidade que eles mantêm com a marca.[11] É comum que os consumidores formem percepções favoráveis sobre um produto de uma marca que eles associem a sentimentos positivos. Pesquisas também mostraram um efeito assimétrico do desempenho do produto e das expectativas de satisfação: o efeito negativo sobre a satisfação do cliente ao não ter suas expectativas atendidas é desproporcionalmente mais forte do que o efeito positivo de superação das expectativas.[12]

Embora a empresa centrada no cliente busque criar um alto nível de satisfação, essa muitas vezes não é sua meta principal. Se ela aumenta a satisfação do cliente reduzindo seu preço ou melhorando seus serviços, o resultado pode ser lucros menores. Por outro lado, a empresa pode aumentar sua lucratividade por meios diferentes do aumento da satisfação do cliente (p. ex., melhorando processos de fabricação). Além disso, como são muitos os *stakeholders* (públicos que têm algum tipo de interesse na empresa), incluindo funcionários, revendedores, fornecedores e acionistas, gastar mais para aumentar a satisfação do cliente pode desviar recursos que aumentariam a satisfação dos outros. Em última análise, a empresa deve tentar oferecer um alto nível de satisfação ao cliente e atingir níveis aceitáveis de satisfação dos demais *stakeholders*, considerando seus recursos totais.

Os clientes formam suas expectativas com base em experiências de compras anteriores, recomendações de amigos e colegas, informações e discursos públicos e informações e promessas de profissionais de *marketing* e de concorrentes. Se as expectativas criadas forem muito altas, o comprador provavelmente ficará decepcionado. Por outro lado, se forem muito baixas, não atrairão compradores suficientes (embora satisfaçam aqueles que efetivarem a compra).

Algumas das empresas mais bem-sucedidas da atualidade elevam as expectativas e encontram formas de garantir um desempenho superior. A montadora de automóveis coreana Kia obteve êxito nos Estados Unidos ao lançar carros de baixo custo e alta qualidade, com confiabilidade suficiente para oferecer garantia de 10 anos e 100 mil milhas. A consistência da Amazon na entrega de pedidos, dentro do prazo e sem erros, elevou as expectativas dos clientes sobre o seu desempenho futuro.

Para as empresas centradas no cliente, a satisfação é ao mesmo tempo uma meta e uma ferramenta de *marketing*. Hoje, as empresas devem se preocupar, sobretudo, com o nível de satisfação do cliente, uma vez que a internet proporciona uma ferramenta para que os consumidores espalhem reclamações – assim como elogios – para o restante do mundo. Alguns clientes criam seus próprios *sites* para publicar queixas e promover protestos, visando a marcas de alta visibilidade, como United Airlines, Walmart, Home Depot e Mercedes-Benz.[13]

QUALIDADE DE PRODUTO E SERVIÇO COMO FATOR PARA A SATISFAÇÃO DO CLIENTE

A satisfação também depende da qualidade de bens e serviços. A **qualidade** costuma ser definida como "adequação para o uso", "conformidade com os requisitos" e "não sujeição a variações". Uma definição popular descreve qualidade como a totalidade dos atributos e das características de um produto que afetam sua capacidade de satisfazer necessidades declaradas ou implícitas.[14] Essa é uma definição claramente voltada para o cliente. Podemos dizer que a empresa fornece qualidade sempre que seu produto atende às expectativas do cliente ou as excede.

Uma empresa que satisfaz a maioria das necessidades dos clientes durante a maior parte do tempo é tida como uma empresa de qualidade, mas é importante distinguir entre *desempenho* e *consistência*. O desempenho reflete a funcionalidade geral dos bens e serviços da empresa. A consistência, por outro lado, reflete o quanto o desempenho da empresa se mantém no mesmo nível ao longo do tempo. Um Lexus oferece um desempenho superior ao de um Hyundai: ele proporciona mais estabilidade, velocidade e durabilidade. Entretanto, é possível dizer que tanto um Lexus quanto um Hyundai oferecem a mesma consistência se todas as unidades entregarem a qualidade prometida.

Há uma estreita ligação entre qualidade de bens e serviços, satisfação de clientes e lucratividade. Níveis mais elevados de qualidade resultam em níveis mais elevados de satisfação de clientes, o que justifica preços mais altos. Estudos mostram uma alta correlação entre a qualidade de produtos e a lucratividade da empresa.[15] O esforço para a produção de bens superiores em mercados mundiais tem levado alguns países a concederem prêmios a empresas que apresentam as melhores práticas relacionadas à qualidade, como o Prêmio Deming, no Japão, o Malcolm Baldrige National Quality Award, nos Estados Unidos, e o European Quality Award, na Europa.

Algumas empresas ficam tentadas a reduzir os custos e adotar atalhos como forma de aumentar os lucros no curto prazo. A renda pode realmente aumentar no curto prazo, mas, se essas medidas causam uma queda da qualidade, a experiência do cliente e os lucros de longo prazo saem perdendo. A Home Depot enfrentou problemas quando se tornou excessivamente centrada na redução de custos.

> **Home Depot** Quando a Home Depot decidiu expandir seus negócios para o setor de suprimento a empreiteiras e, ao mesmo tempo, reduzir custos e racionalizar operações em mais de 1.800 lojas nos Estados Unidos, muitos funcionários de tempo integral foram substituídos por outros de meio período, que logo passaram a representar cerca de 40% do pessoal de loja. O indicador de satisfação dos clientes da rede ficou entre os piores entre os grandes varejistas do país, 11 pontos atrás do concorrente mais amigável aos consumidores, a Lowe's, e o preço de suas ações caiu 24% durante o maior *boom* no setor de reformas residenciais na história americana. Para reverter a situação da empresa, uma nova administração definiu três metas que todos os funcionários deveriam se esforçar para atingir: armazéns mais limpos, prateleiras abastecidas e excelência no atendimento ao cliente. Durante as novas *power hours* (horário de

>> A Home Depot recuperou a liderança do mercado com políticas focadas em reverter a queda nos índices de atendimento ao cliente em sua rede de lojas.

trabalho), nos dias úteis das 10h até as 14h e aos sábados e domingos durante o dia todo, os funcionários não deviam fazer nada além de atender clientes. Para garantir a adesão à nova estratégia, as avaliações de desempenho foram modificadas para que os funcionários de loja fossem avaliados quase inteiramente pelo atendimento que dispensavam ao cliente. Essas e outras iniciativas de atendimento ao cliente aumentaram o número de horas de trabalho dedicadas à atividade de atendimento ao cliente de 40 para 53%. A melhoria no atendimento ao cliente, associada a novas práticas de sortimento de produtos e centros de distribuição centralizados, ajudou a Home Depot a recuperar a liderança do mercado e a se distanciar da Lowe's.[16]

A qualidade total, assim como o *marketing*, é tarefa de todos. No entanto, o *marketing* desempenha um papel especialmente importante ao ajudar empresas a identificarem e entregarem bens e serviços de alta qualidade aos clientes-alvo. Como os profissionais de *marketing* contribuem? Eles identificam corretamente as necessidades e os requisitos dos clientes. Comunicam adequadamente as expectativas dos clientes aos *designers* de produtos. Certificam-se de que os pedidos dos clientes sejam atendidos corretamente e dentro do prazo. Verificam se os clientes receberam de modo apropriado instruções, treinamento e assistência técnica sobre o uso do produto. Mantêm contato com os clientes após a venda para garantir que estejam, e permaneçam, satisfeitos. Coletam ideias de clientes para melhorias de bens e serviços para transmiti-las aos departamentos apropriados. Ao fazer tudo isso, os profissionais de *marketing* contribuem substancialmente com a gestão de qualidade total e com a satisfação do cliente, bem como com a rentabilidade do cliente e da empresa.

MENSURAÇÃO DA SATISFAÇÃO DO CLIENTE

Muitas empresas medem sistematicamente a forma como tratam os clientes, identificam os fatores que moldam sua satisfação e modificam as operações e ações de *marketing* como resultado disso.[17]

Empresas estratégicas medem a satisfação dos clientes com regularidade porque esse é o segredo para retê-los. De modo geral, um cliente altamente satisfeito permanece fiel por mais tempo, compra mais à medida que a empresa lança produtos ou aperfeiçoa aqueles existentes, fala bem da empresa e de seus produtos, dá menos atenção a marcas e propagandas concorrentes e é menos sensível ao preço. Além disso, ele sugere ideias sobre bens ou serviços e custa menos para ser atendido do que um cliente novo, uma vez que as transações já se tornaram rotineiras.

É preciso, contudo, levar em consideração que os clientes entendem o que é um bom desempenho de maneiras diferentes. Uma entrega satisfatória pode significar entrega antecipada, entrega dentro do prazo ou entrega do pedido completo, e dois clientes podem se dizer altamente satisfeitos por motivos diversos. Um deles pode ser daquele tipo que está sempre satisfeito, e o outro pode ser do tipo difícil de agradar, mas que ficou satisfeito na ocasião. Também é importante saber o grau de satisfação dos clientes com a concorrência, a fim de avaliar o *"share of wallet"* ou qual é a parcela dos gastos do cliente que a marca da empresa obtém: quanto melhor o consumidor classificar a marca da empresa nos quesitos de satisfação e fidelidade, mais provável será que ele gaste com essa marca.[18]

Levantamentos periódicos podem monitorar diretamente a satisfação do cliente e fazer perguntas adicionais aos entrevistados para medir sua intenção de recompra, a probabilidade ou a disposição de recomendarem a empresa ou a marca a outras pessoas e percepções específicas de atributos ou benefícios que provavelmente estarão relacionadas à satisfação do cliente.

As empresas que alcançam altos índices de satisfação do cliente fazem questão de que seu mercado-alvo saiba disso. Assim que atingiram o topo de sua categoria nas classificações de satisfação do cliente da J. D. Power, empresas como General Motors, Hyundai, American Express e Alaska Airways (entre outras) trataram de comunicar esse fato aos clientes. As empresas também precisam monitorar o desempenho de seus concorrentes. Elas podem acompanhar o índice de perda de clientes e contatar aqueles que pararam de comprar com a empresa ou trocaram de fornecedor para saber por que o fizeram. As empresas também podem contratar *compradores misteriosos* (cliente oculto) para se passarem por compradores potenciais e reportar os pontos fortes e fracos experimentados na compra dos produtos da empresa e dos concorrentes.

Nas situações de compra em que possam passar despercebidos, os próprios gerentes podem fazer esse papel e experimentar diretamente a forma como os clientes são tratados, ou podem ligar para sua empresa e fazer perguntas ou reclamações para ver como os telefonemas são conduzidos. Por exemplo, Ingvar Kamprad, fundador da IKEA, frequentemente visitava suas próprias lojas anonimamente para garantir a consistência das operações e a alta qualidade do atendimento.

A University of Michigan desenvolveu o American Customer Satisfaction Index (ACSI, ou índice americano de satisfação do cliente) para medir a satisfação percebida pelos consumidores em relação a diferentes empresas, indústrias, setores econômicos e economias nacionais.[19] As pesquisas mostram uma associação forte e consistente entre a satisfação do cliente, medida pelo ACSI, e o desempenho financeiro corporativo em termos de ROI (retorno sobre o investimento, do inglês *return on investment*), vendas, valor de longo prazo da empresa e outros indicadores.[20] A seção "*Insight de marketing*: a metodologia Net Promoter Score (NPS) e a satisfação do cliente" explica por que algumas empresas acreditam que basta uma pergunta bem-feita para avaliar a satisfação do cliente.[21]

FIDELIZAÇÃO DO CLIENTE

Não basta atrair novos clientes; a empresa também deve retê-los e ampliar o volume de negócios. Um número enorme de empresas sofre com altos índices de deserção de clientes, mas muitas ainda focam a maior parte dos seus esforços promocionais em adquirir novos clientes, em vez de tentar reter os atuais, apesar dos altos custos associados à necessidade de combater constantemente a rotatividade de clientes. Priorizar a retenção por meio da fidelização é, de longe, uma forma mais eficaz de ter rentabilidade de longo prazo do que adquirir clientes que tenderão a abandonar a empresa assim que avistarem uma oportunidade melhor.

Três das estratégias mais eficazes para a fidelização dos clientes são interagir direto com os clientes, desenvolver programas de fidelidade e construir comunidades de marca. As três estratégias são discutidas a seguir.

Interação direta com clientes. Conectar consumidores, clientes, pacientes e outros diretamente com os funcionários de determinada empresa é altamente motivador e informativo para os funcionários. Os usuários finais podem oferecer uma prova tangível do impacto positivo de bens e serviços da empresa, expressar apreciação pelas contribuições dos funcionários e provocar empatia. A breve visita de um estudante que havia recebido uma bolsa de estudos motivou os responsáveis pela arrecadação de fundos universitários a aumentarem sua produtividade semanal em 400%; já a fotografia de um paciente inspirou radiologistas a melhorarem em 46% a precisão dos resultados diagnósticos.[22]

Além de informar e motivar os funcionários, manter relações próximas e interagir com os clientes muitas vezes os beneficiam. Interagir com a empresa ajuda a manter os clientes engajados com os produtos, os serviços e as marcas da empresa, o que, por sua vez, ajuda a criar clientes fiéis à empresa. Os clientes que acreditam que a empresa escuta suas preocupações e tenta atender às suas necessidades tendem a permanecer fiéis e são menos propensos a trocar para um concorrente que aparece com uma oferta melhor.

Ouvir os clientes é crucial para a gestão do relacionamento. Algumas empresas criaram um mecanismo contínuo que mantém sua equipe de *marketing* permanentemente conectada com o *feedback* que os clientes dão ao pessoal da linha de frente.

A Deere & Company, que fabrica os tratores John Deere e tem um excelente histórico de fidelidade de clientes – quase 98% de retenção em alguns segmentos de produto –, tem utilizado funcionários aposentados para entrevistar os clientes perdidos, além da clientela cativa.[23]

A Chicken of the Sea tem 80 mil membros em seu Mermaid Club, um grupo com seus maiores clientes, que recebem ofertas especiais, dicas e artigos sobre saúde, atualização de novos produtos e um boletim informativo por *e-mail*. Em contrapartida, os membros do clube fornecem um valioso *feedback* sobre o que a empresa está fazendo e o que ela pensa em fazer. Esse *feedback* ajudou a projetar o *site* da marca, desenvolver mensagens para propaganda na TV e formular as embalagens.

A Build-A-Bear Workshop, fabricante de ursos de pelúcia, usa o Cub Advisory Board (Conselho Consultivo do Ursinho) como um grupo que fornece *feedback* e informações que auxiliam a tomada de decisões. Esse conselho é composto de 20 crianças de 5 a 16 anos que avaliam ideias de novos produtos e demonstram aprovação ou não com "patas para cima ou para baixo". Muitos produtos vendidos nas lojas surgiram de ideias de clientes.[24]

Contudo, ouvir é apenas uma parte da história. Também é importante ser um defensor do cliente e, na medida do possível, tomar seu partido e entender seu ponto de vista. Quando apropriado, é preciso modificar a oferta da empresa de forma a criar maior valor para o cliente.

Desenvolvimento de programas de fidelidade. Os programas de fidelidade são um tipo de incentivo promocional criado pelas empresas para recompensar clientes que compram com frequência e, em alguns casos, para aumentar a frequência e a quantidade dos bens e serviços que eles compram. Os programas de fidelidade são projetados para recompensar os clientes que compram com frequência e em grande quantidade. Eles podem ajudar a fidelizar os clientes de alto valor no longo prazo, criando oportunidades de venda cruzada no processo. Lançados por companhias aéreas, hotéis e administradoras de cartão de crédito, os programas de fidelidade atualmente existem em muitos outros setores. A maioria das redes de supermercado e de farmácia oferece cartões que concedem descontos em determinados itens.

Normalmente, a primeira empresa a introduzir um programa de fidelidade em um setor é a maior beneficiada, especialmente se os concorrentes demorarem a reagir. Após a adesão da concorrência, o programa de fidelidade pode tornar-se um ônus financeiro a todas as empresas que o oferecem, mas algumas delas são mais eficientes e criativas em administrá-los. Alguns desses programas geram recompensas de tal modo que prendem os clientes e acarretam significativos custos de troca. Os programas de fidelidade também podem produzir um impulso psicológico e uma sensação de ser especial e fazer parte de uma elite, algo valorizado pelos clientes.[25] A Designer Shoe Warehouse é uma empresa que reconheceu a necessidade de manter os clientes engajados com o seu programa de recompensas.

> **Designer Shoe Warehouse (DSW)** Embora o programa de fidelidade de longa data da DSW estivesse funcionando sem problemas, a varejista de calçados percebeu o perigo inerente à complacência. O programa *on-line* dá aos clientes pontos por cada compra e abre novos níveis de recompensas para eles à medida que gastam mais. O problema das recompensas automáticas é que os clientes esquecem facilmente o programa, que deixa de gerar incentivos para que gastem mais e ganhem mais pontos. Para manter os clientes engajados e motivados, a DSW inaugurou uma campanha de *e-mail* ativa que envia lembretes regulares aos clientes sobre o programa de fidelidade. *E-mails* altamente personalizados informam os clientes sobre

<< Para não deixar os clientes esquecerem o seu tradicional programa de fidelidade, a DSW iniciou uma campanha de *e-mails* personalizados para informá-los sobre novas promoções e motivá-los a conquistar recompensas futuras.

promoções atuais, o número de pontos necessários para ganhar um certificado de US$ 10 para uma compra futura, há quanto tempo participam do programa de fidelidade, o número de pontos conquistados e quanto economizaram nos últimos dois anos. Utilizar todos esses dados dos clientes permite que a DSW crie *e-mails* profundamente pessoais, tornando seus esforços de comunicação contínuos mais relevantes e reforçando a presença tanto da DSW quanto de seu programa de fidelidade na mente dos clientes.[26]

Os programas de filiação, uma forma popular de programa de fidelidade, atraem e retêm os clientes responsáveis pela maior parcela dos negócios. Eles podem ser abertos a todos os que compram um produto ou serviço ou se restringir a um grupo de afinidade ou, ainda, àqueles dispostos a pagar uma pequena taxa. Embora os grupos abertos sirvam bem para formar um banco de dados ou fisgar clientes dos concorrentes, os grupos de participação restrita são mais eficazes em desenvolver fidelização no longo prazo. Taxas e condições para adesão evitam a participação daqueles com um interesse apenas passageiro pelos produtos de uma empresa. Por exemplo, para fidelizar os clientes, a American Express oferece aos membros globais do Platinum Card acesso gratuito a uma rede da The Centurion Lounges nos maiores aeroportos do mundo.

Formação de comunidades de marca. Uma **comunidade de marca** é uma comunidade especializada de consumidores e funcionários cuja identificação e atividades giram em torno da marca.[27] Três características as identificam. Primeiro, elas compartilham de um senso de conexão com a marca, a empresa, o produto ou outros membros da comunidade. Segundo, elas têm rituais, histórias e tradições compartilhadas que ajudam a transmitir o significado da comunidade. Por fim, elas têm uma responsabilidade ou um dever moral compartilhado tanto em relação à comunidade como um todo quanto em relação a membros individuais.

As comunidades de marca podem assumir muitas formas. Algumas surgem organicamente dos próprios usuários da marca, como os grupos de discussão *on-line* Lugnet (LEGO) e Porsche Rennlist. Outras são patrocinadas e intermediadas por empresas, como a SAP Community Network, a My Starbucks Idea, a Sephora Beauty Talk, a Microsoft Xbox Ambassadors e o Harley Owners Group (H.O.G.).

Harley-Davidson Fundada em 1903, em Milwaukee, no estado de Wisconsin, em duas ocasiões, a Harley-Davidson escapou por pouco da falência, mas atualmente é uma das marcas de veículos motorizados mais reconhecidas do mundo. Para manter-se ligada aos clientes, a Harley desenvolve uma forte comunidade da marca com o clube de proprietários denominado H.O.G. (Harley Owners Group, o grupo de proprietários de Harley), uma organização inclusiva que patrocina eventos de motocicleta, passeios beneficentes e outros eventos ligados ao motociclismo. Hoje, o H.O.G. conta com mais de 1 milhão de membros, em cerca de 1.400 grupos regionais. Os benefícios do H.O.G. incluem a revista *Hog Tales*, um manual de turismo, serviço de emergência na estrada, um seguro especialmente customizado, indenização em casos de roubo, tarifas promocionais em hotéis e o programa Fly & Ride, que oferece aos membros o aluguel de Harleys nas férias. A empresa também mantém um *site* abrangente dedicado ao H.O.G., com informações sobre grupos regionais e eventos, além de uma seção de acesso exclusivo aos membros. A Harley é ativa nas mídias sociais e ostenta mais de 7,8 milhões de fãs no Facebook. Um deles inspirou um vídeo digital e uma campanha no Twitter denominada "E Pluribus Unum" (traduzido do latim, "de muitos, um"), em que donos de Harley de todos os estratos sociais mostram sua diversidade e o orgulho que sentem de suas motos.[28]

Toda empresa, seja ela grande ou pequena, pode formar comunidades de marca. Quando a New York's Signature Theatre Company construiu uma nova instalação de quase 7 mil metros quadrados para os seus espetáculos, fez questão de que houvesse uma área central onde elencos, equipe técnica, dramaturgos e o público de todas as produções artísticas pudessem interagir.[29] Pela internet, os profissionais de *marketing* podem acessar redes sociais, como Facebook, Twitter, Instagram, YouTube e WeChat, ou criar sua própria comunidade *on-line*. Os membros desses grupos podem recomendar produtos, compartilhar avaliações, criar listas de recomendações e favoritos ou socializar em um ambiente virtual.

Uma comunidade de marca pode ser uma fonte constante de inspiração e *feedback* (opinião) para melhorias ou inovações de produtos. As atividades e as recomendações dos membros de uma comunidade de marca também podem, até certo ponto, substituir ações que caberiam à empresa realizar, gerando maior eficácia e eficiência de *marketing*.[30] Construir uma comunidade de marca positiva e produtiva exige concepção e implementação cuidadosas. Um grupo de pesquisadores apresenta as seguintes recomendações para aumentar a eficácia das comunidades de marca *on-line*.[31]

- *Melhore a periodicidade da troca de informações*. Estabeleça horários para discussão de tópicos; recompense respostas oportunas e úteis; aumente os pontos de acesso à comunidade.
- *Melhore a relevância das informações publicadas*. Mantenha o foco no tópico; divida o fórum em categorias; incentive os usuários a selecionarem previamente seus interesses.
- *Estenda a conversa*. Facilite a livre expressão dos usuários; não estabeleça limite à extensão das respostas; permita a avaliação dos usuários sobre a relevância das publicações.
- *Aumente a frequência de troca de informações*. Lance concursos; use ferramentas conhecidas de redes sociais; crie oportunidades especiais para os visitantes; elogie os membros colaborativos.

Gestão do relacionamento com o cliente

As empresas estão usando informações sobre os clientes para construir relacionamentos de longo prazo.[32] A **gestão do relacionamento com o cliente** (CRM, do inglês *customer relationship management*) trata do gerenciamento cuidadoso de informações detalhadas sobre cada cliente e de todos os pontos de contato com ele, a fim de maximizar sua fidelidade. Gerenciar o relacionamento com o cliente é importante porque um vetor crucial da rentabilidade da empresa é o valor agregado de sua base de clientes. Um conceito correlato, a **gestão do valor do cliente** (CVM, do inglês *customer value management*) descreve a otimização pela empresa do valor de sua base de clientes. A CVM concentra-se na análise de dados individuais sobre clientes reais e potenciais para desenvolver estratégias de *marketing* que visem a adquirir ou reter clientes e orientar seu comportamento.[33] Considere a experiência da Dunnhumby.

Dunnhumby A empresa britânica de ciência de dados do cliente Dunnhumby, formada pelo casal Edwina Dunn e Clive Humby, aumentou a rentabilidade de varejistas que estavam em dificuldades nos negócios, assim como de outras empresas, ao explorar os dados de seu programa de fidelidade e transações de cartão de crédito. A empresa ajudou a Tesco, gigante do ramo supermercadista britânico, a administrar diversos aspectos do negócio: criação de novos formatos de loja, organização de leiautes de lojas, desenvolvimento de produtos de marca própria e personalização de cupons e descontos especiais para os portadores de seu cartão de fidelidade. A análise dos dados também fez a Tesco desistir de abandonar um tipo de pão cujas vendas eram baixas depois que a Dunnhumby revelou que se tratava de um "produto de destino" para um grupo fiel que o compraria em outro lugar se não o encontrasse mais ali. Com base em dados de 350 milhões de pessoas em todo o mundo, os *insights* da Dunnhumby ajudaram nas decisões sobre gama de produtos, disponibilidade, planejamento de espaço e inovações de novos produtos. Para uma grande empresa europeia de venda por catálogo, a Dunnhumby descobriu que não só os consumidores com diferentes tipos de corpo preferiam diferentes estilos de roupa, mas também que compravam em diferentes épocas do ano: os consumidores mais magros tendiam a comprar logo no início de uma nova estação, enquanto pessoas com maior peso tendiam a assumir menos riscos e esperavam um pouco mais para ver o que se tornaria popular.[34]

Graças ao uso eficaz de informações individualizadas, a gestão do relacionamento com o cliente permite que as empresas ofereçam um excelente atendimento ao cliente em tempo real. Com base no que sabem sobre cada valioso cliente, as empresas podem customizar ofertas, serviços, programas, mensagens e mídia.

As estratégias populares para fortalecer a gestão do relacionamento com o cliente incluem customização, empoderamento do cliente, comunicação boca a boca do cliente e reclamações de clientes. Discutimos essas estratégias nas próximas seções.

CUSTOMIZAÇÃO

A customização pode abranger a adaptação do produto físico real e a modificação da experiência de serviço. A customização envolve conferir à oferta da empresa a maior relevância pessoal possível para o maior número de clientes – um desafio e tanto, visto que não há dois clientes idênticos. A customização significa que os profissionais de *marketing* devem substituir as práticas de massificação do mercado, que construíram marcas influentes no século XX, por novas abordagens que remontam a práticas de *marketing* de um século atrás, quando os comerciantes literalmente conheciam seus clientes pelo nome e elaboravam produtos especiais para cada um deles.

Para customizar a experiência do cliente, as empresas têm usado *call centers* (atendimento ao cliente) e ferramentas *on-line*, digitais e móveis, complementadas por inteligência artificial e análise de dados, para promover o contato contínuo entre empresa e cliente. Embora a tecnologia possa ser útil à gestão do relacionamento com o cliente, as empresas devem ter o cuidado de não exagerar na implementação de sistemas de telefonia de resposta automática ou ferramentas de redes sociais como maneiras de satisfazer os pedidos de serviço do cliente. Muitos clientes ainda preferem conversar com uma pessoa de verdade para receber um atendimento mais pessoal – uma prioridade permanente na construção de relacionamentos duradouros com os clientes.

As empresas reconhecem o papel do componente pessoal na gestão do relacionamento com o cliente e sua influência assim que os clientes fazem efetivo contato com a empresa. Os funcionários podem criar vínculos fortes com os clientes, individualizando e personalizando os relacionamentos. Consideremos a que ponto a British Airways chegou para satisfazer clientes valiosos.

British Airways A British Airways levou a personalização a um nível superior com seu novo programa "Know Me" (Conheça-me). Um dos objetivos era centralizar em um único banco de dados as informações sobre passageiros frequentes de todos os canais de serviço: *site*, *call center*, *e-mail*, a bordo e nos aeroportos. De qualquer passageiro com reserva para um voo, a companhia saberia a localização de seu assento, seus voos anteriores e suas opções de

>> Centralizar as informações sobre passageiros frequentes em um único banco de dados e distribuir iPads para as tripulações e as equipes de solo permitiu que a British Airways alçasse o serviço personalizado a novas alturas.

refeição, bem como seu histórico de reclamações. A British Airways também distribuiu iPads para os membros da tripulação e para o pessoal de solo para lhes permitir acesso ao banco de dados e para que recebessem mensagens de reconhecimento pessoal sobre passageiros em qualquer voo. Para facilitar a identificação de clientes VIP, a British Airways também usa fotos de passageiros baixadas de buscas de imagens do Google Imagens. Um representante da empresa descreveu o objetivo do programa como o de "recriar a sensação de reconhecimento que você tem quando é recebido em seu restaurante favorito, mas, em nosso caso, será propiciado por milhares de funcionários a milhões de clientes". Embora alguns observadores tenham expressado preocupações com a privacidade, até mesmo chamando a situação de "sinistra", a British Airways observou que as informações de passageiros já estavam disponíveis ou eram tidas como úteis por seus clientes mais valiosos.[35]

Enquanto a British Airways personaliza suas experiências de serviço, a BMW pensa em maneiras de personalizar seus produtos. A empresa oferece 500 combinações de espelhos laterais, 1.300 de para-choque dianteiro e 9 mil de console central, além de oferecer aos novos compradores um *link* de vídeo para que assistam ao "nascimento" de seu carro enquanto aguardam a entrega. Seu detalhado sistema de fabricação e gestão de compras e processos elimina folgas no processo de produção, reduz custos de estoque e evita descontos em modelos de venda mais lenta. Os clientes fiéis tendem a adquirir vários itens opcionais, o que gera mais lucratividade para a BMW e suas concessionárias. Até a Coca-Cola está embarcando na customização. Sua máquina Coca-Cola Freestyle pode servir 125 marcas, com ou sem gás, que os consumidores misturam por meio de uma tela sensível ao toque para criar uma bebida a seu gosto.

Para desenvolver um programa eficaz de gestão do relacionamento com o cliente, os profissionais de *marketing* precisam conhecer seus clientes.[36] A base desse tipo de programa é o banco de dados de clientes, um conjunto atualizado, acessível e prático de dados abrangentes sobre clientes atuais ou potenciais para fins de geração e qualificação de *leads* (listas de contatos de clientes potenciais), venda de produtos ou serviços ou manutenção do relacionamento com os clientes. Nesse contexto, a gestão do relacionamento com o cliente pode ser interpretada como um processo de construir, manter e usar dados relativos aos clientes para contatá-los, efetuar transações com eles e desenvolver relacionamentos de longo prazo.

É comum que varejistas *on-line* divulguem suas próprias recomendações às seleções e compras dos consumidores: "Se você gostou daquela bolsa preta, vai adorar esta blusa vermelha". Uma fonte estimou que os sistemas de recomendação contribuem com 10 a 30% das vendas de um varejista que comercializa pela internet. Ferramentas de *software* especializado facilitam "descobertas" ou compras não planejadas por parte do cliente. Por outro lado, as empresas *on-line* precisam certificar-se de que suas tentativas de criar relações com os clientes não se voltem contra elas mesmas, como quando os bombardeiam com recomendações geradas por um programa de computador que sempre erra o alvo. Experimente comprar presentes para bebês na Amazon.com e veja que suas recomendações personalizadas de repente não parecerão mais tão pessoais. Os varejistas de comércio eletrônico precisam se conscientizar das limitações da personalização *on-line* e, ao mesmo tempo, esforçar-se mais para encontrar tecnologias e processos que realmente funcionem.

Para se adaptarem ao maior desejo de personalização dos clientes, mas ainda considerando que nem todos os clientes querem um relacionamento com a empresa e que muitos têm preocupações relativas à privacidade, as empresas têm adotado conceitos como o de **marketing de permissão**. Essa prática de *marketing* pressupõe uma permissão expressa dos consumidores-alvo e parte do princípio de que os profissionais de *marketing* não podem mais usar o "*marketing* de interrupção" via campanhas de mídia de massa. Um dos formatos mais comuns de *marketing* de permissão é o uso de boletins informativos enviados a leitores que optaram por assiná-los e, logo, concederam ao editor a permissão de enviar-lhes informações relevantes (processo chamado de *opt-in*).

O *marketing* de permissão sugere que é possível desenvolver relacionamentos mais fortes com os consumidores quando respeitamos seus desejos e enviamos mensagens apenas quando eles expressaram a sua disposição de se engajar mais com a marca. Essa abordagem pode ajudar a tornar as interações da empresa com os clientes mais significativas.[37]

O *marketing* de permissão, assim como outros métodos de personalização, pressupõe que os consumidores sabem o que querem, embora muitas vezes eles tenham preferências indefinidas, ambíguas ou conflitantes. "*Marketing* de engajamento" pode ser um nome mais apropriado do que "*marketing* de permissão", uma vez que os profissionais de *marketing* e os consumidores precisam trabalhar em conjunto para descobrir como a empresa pode satisfazer melhor seus clientes.

EMPODERAMENTO DO CLIENTE

Nos últimos anos, os clientes têm tido cada vez mais oportunidades de controlar o modo como interagem com as empresas. No passado, os clientes quase sempre eram consumidores passivos de mensagens de *marketing*, mas, hoje, podem escolher se e como querem interagir com o *marketing* de uma empresa. Esse fenômeno, chamado de **empoderamento do cliente**, significa que as empresas devem fortalecer seus relacionamentos com os clientes e envolvê-los de novas maneiras. Como o empoderamento das empresas foi acompanhado pelo dos clientes, as empresas precisam se ajustar a mudanças na natureza e no poder de seus relacionamentos com os clientes. Para fortalecer os relacionamentos com os clientes, os profissionais de *marketing* têm ajudado os consumidores a se tornarem evangelizadores das marcas, proporcionando-lhes recursos e oportunidades para demonstrar sua paixão. A Doritos promoveu um concurso para que os consumidores escolhessem o nome de seu próximo sabor. A Converse solicitou a cineastas amadores que criassem filmes de 30 segundos inspirados na icônica marca de tênis. Os melhores vídeos foram exibidos no *site* Converse Gallery, e os melhores dos melhores viraram comerciais de TV.[38]

Embora as novas tecnologias ajudem os clientes a colaborarem ou a se envolverem com o *marketing* de uma marca, elas também os ajudam a evitar o *marketing*. Por exemplo, muitos navegadores contam com bloqueadores de anúncios e de *pop-ups*, os servidores de *e-mail* filtram *spam* e os telefones celulares oferecem opções de bloqueio de chamadas.

Embora se fale tanto sobre os novos poderes do consumidor (assumir o comando, definir a direção da marca e desempenhar um papel muito maior no *marketing*), ainda é verdade que apenas *alguns consumidores* querem se envolver com *algumas marcas* que usam e, mesmo assim, apenas por *algum tempo*. Os consumidores têm vida própria, emprego, família, *hobbies*, metas e compromissos, e muitas coisas são mais importantes para eles do que as marcas que compram e consomem. Compreender a melhor forma de divulgar uma marca diante de tamanha diversidade é fundamental.[39]

Quando os consumidores escolhem se envolver com uma marca? Muitos fatores podem entrar em jogo, mas um estudo revelou o seguinte sobre o pragmatismo dos clientes: "[...] a maioria não se envolve com empresas pelas mídias sociais simplesmente para se sentir conectada [...] Se quiserem explorar com sucesso o potencial das redes sociais, as empresas precisarão criar experiências que ofereçam valor tangível em troca do tempo, da atenção, do endosso e dos dados dos clientes".[40] Esse valor tangível inclui descontos, cupons e informações que facilitem a compra. Muitas empresas ignoram a capacidade das redes sociais de capturar *insights* de clientes, monitorar a marca, realizar pesquisas e solicitar sugestões de novos produtos.

GESTÃO DA COMUNICAÇÃO BOCA A BOCA DO CLIENTE

Embora a maior influência na hora da escolha ainda seja a recomendação de parentes e amigos, um fator de decisão que se torna cada vez mais importante é a recomendação de outros consumidores. Em uma atmosfera de crescente desconfiança em relação a algumas empresas e suas propagandas, as avaliações e recomendações *on-line* de clientes têm desempenhado um papel cada vez mais relevante no processo de compras do cliente.[41]

Uma pesquisa da Forrester, por exemplo, constatou que cerca de metade dos consumidores não fazem reserva em um hotel que não disponha de comentários na internet. Não surpreende que cada vez mais hotéis lancem seu próprio programa de publicação de avaliações (a Starwood exibe opiniões independentes e certificadas individualizadas por hotel) ou usem *sites* de avaliação de viagens (a Wyndham exibe as cinco avaliações mais recentes sobre sua rede no TripAdvisor, acarretando um aumento de 30% nas reservas).[42] O TripAdvisor rapidamente se tornou um valioso recurso *on-line* a serviço dos viajantes.

> **TripAdvisor** Frustrado com a falta de informações detalhadas, confiáveis e atualizadas que o ajudassem a decidir aonde ir em um feriado mexicano, Stephen Kaufer fundou o TripAdvisor em 2001. Pioneira em avaliações *on-line* de viajantes, a empresa cresceu rápido, e atualmente é o maior *site* de viagens do mundo. O *site* permite aos usuários coletar e compartilhar informações e fazer reservas em uma ampla variedade de hotéis, aluguéis de temporada, companhias aéreas, restaurantes e outras locações ou negócios relacionados a viagens, por meio de seus parceiros de reserva em hotéis e companhias aéreas. Os usuários podem publicar avaliações, fotos e opiniões, além de participar de discussões sobre diversos tópicos. Para melhorar a qualidade e a precisão de seu conteúdo, o TripAdvisor usa tanto uma vistoria manual quanto algoritmos avançados, incluindo um sistema de verificação e detecção de fraudes que analisa o IP e o endereço de *e-mail* dos avaliadores (assim como outros atributos de avaliação) e monitora padrões suspeitos de publicações e o uso de linguagem inadequada. O TripAdvisor tem mais de 490 milhões de visitantes únicos mensais e conta com mais de 700 milhões de avaliações. Centenas de milhões de pessoas visualizam mensalmente seu conteúdo em centenas de outros *sites*, incluindo Hotels.com, Expedia e Thomas Cook. O TripAdvisor inovou ao aprimorar a personalização e a natureza social de seus serviços; na realidade, foi um dos parceiros iniciais do Facebook no projeto Instant Personalization (Personalização instantânea), que permite aos usuários personalizar sua experiência no TripAdvisor ao possibilitar que vejam conteúdo do TripAdvisor publicado por seus amigos do Facebook, sujeito às configurações de privacidade. O Local Picks é um aplicativo do Facebook que permite aos usuários localizar avaliações de restaurantes feitas no TripAdvisor e compartilhar automaticamente no Facebook.[43]

Varejistas com lojas físicas, como Best Buy, Staples e Bass Pro Shops, também reconheceram o poder das avaliações dos consumidores e passaram a exibi-las em suas lojas. No entanto, apesar da aceitação dessas avaliações pelos consumidores, sua qualidade e integridade podem ser questionadas.[44] Em um exemplo conhecido, o cofundador e CEO da Whole Foods Market fez supostamente mais de 1.100 publicações em um período de sete anos no boletim *on-line* do Yahoo! Finance usando um pseudônimo para elogiar sua empresa e criticar os concorrentes. Algumas empresas oferecem tecnologia de reconhecimento por computador para monitorar fraudes. A Bazaarvoice ajuda empresas como Walmart e Best Buy a gerenciar e monitorar avaliações *on-line* usando um processo chamado de *device fingerprinting* (impressão digital de dispositivos). Uma empresa foi flagrada publicando centenas de avaliações positivas de um de seus produtos e negativas de seus concorrentes.[45]

Sites de avaliações *on-line* e *blogs* têm dificuldade para policiar os comentários. Para evitar resenhas anônimas ou com vieses, a Angie's List permitia o acesso apenas a usuários pagos e registrados. Os usuários classificavam os provedores em termos de preço, qualidade, tempo de resposta, pontualidade e profissionalismo usando uma escala de A a F, no estilo de um boletim escolar. Alguns *sites* oferecem resumos das avaliações profissionais de terceiros. O Metacritic agrega opiniões sobre música, jogos, TV e cinema dos principais críticos de múltiplas publicações e as combina em uma única nota de 1 a 100. Na indústria de jogos, algumas empresas atrelam os bônus pagos para seus desenvolvedores às pontuações dos jogos nos *sites* mais populares. Se um grande lançamento não atinge o ponto de corte de 85 pontos ou mais nas resenhas dos usuários, o preço das ações da produtora pode até cair.[46]

Os profissionais de *marketing* podem se beneficiar do monitoramento do tráfego nas mídias sociais para identificar *blogs* populares. Os blogueiros que avaliam produtos são influentes porque podem ter milhares de seguidores; os *blogs* costumam estar entre os principais *links* retornados nas buscas *on-line* de certas marcas ou categorias. As empresas também cortejam a preferência dos principais blogueiros, oferecendo-lhes amostras grátis e informações prévias. A maioria deles divulga se recebe algum tratamento especial das empresas sobre as quais escrevem.

Para marcas menores, com orçamentos limitados de mídia, a comunicação boca a boca *on-line* (*marketing* viral) é fundamental. Para gerar *buzz* (repercussão) para o pré-lançamento de cereais quentes, a fabricante de alimentos orgânicos Amy's Kitchen enviou amostras a vários dos aproximadamente 50 blogueiros adeptos de comida vegana, sem glúten ou vegetariana seguidos pela empresa. Quando opiniões favoráveis surgiam nesses *blogs*, a empresa recebia uma série de *e-mails* perguntando onde o cereal podia ser comprado.[47]

Há casos, porém, em que até mesmo as críticas negativas podem vir a ser surpreendentemente úteis. Se, por um lado, elas podem prejudicar uma marca bem conhecida, por outro, podem gerar consciência sobre outra desconhecida ou negligenciada. Também podem fornecer informações valiosas. Um estudo da Forrester com 10 mil consumidores de produtos eletrônicos e para casa e jardim da Amazon.com descobriu que 50% deles viam utilidade nas avaliações negativas. Quando os consumidores podem entender melhor as vantagens e desvantagens de produtos com base nas avaliações negativas, pode haver menos devoluções, poupando dinheiro de varejistas e fabricantes.[48]

COMO LIDAR COM RECLAMAÇÕES DE CLIENTES

Algumas empresas supõem que têm uma boa noção da satisfação dos clientes pelas reclamações que registram, mas estudos revelam que, embora os clientes não estejam satisfeitos com suas compras em cerca de 25% das vezes, apenas aproximadamente 5% deles se queixam. Os outros 95% acham que reclamar não vale a pena ou não sabem como fazer isso ou a quem recorrer. Eles simplesmente param de comprar.[49]

Dos clientes que registram uma queixa, de 50 a 70% voltarão a fazer negócios com a organização se o problema for resolvido. Essa cifra sobe para impressionantes 95% se o cliente acredita que a queixa foi resolvida *rapidamente*. Os clientes cujas queixas foram satisfatoriamente resolvidas contam a uma média de cinco pessoas o bom tratamento que receberam. O cliente médio insatisfeito, contudo, desabafa para 11 pessoas. Cada pessoa informada sobre uma experiência negativa a repassa para outras, então o número exposto à comunicação boca a boca negativa pode crescer exponencialmente.

Por mais que um programa de *marketing* seja perfeitamente projetado e implementado, erros vão ocorrer. O melhor que uma empresa tem a fazer, além de minimizar a probabilidade de os erros sequer ocorrerem, é facilitar o processo de reclamação dos clientes. Formulários de sugestão, números de discagem gratuita, *sites*, aplicativos e endereços de *e-mail* permitem uma comunicação rápida e bidirecional. Além de ajudar a resolver suas reclamações, permitir que os clientes ofereçam *feedback* também pode ajudar a empresa a melhorar seus bens e serviços. A 3M Company afirma que mais de dois terços de suas ideias de melhoria de produto provêm das queixas dos clientes.

Considerando que muitos clientes podem optar por não formalizar uma reclamação, as empresas devem monitorar proativamente as mídias sociais e outros pontos onde possam ventilar queixas e comentários. Além de suas outras responsabilidades, a equipe de atendimento ao cliente da Jet Blue é encarregada de monitorar a presença da companhia aérea nas mídias sociais, incluindo sua conta do Twitter e a página do Facebook. Quando a queixa de um cliente sobre uma taxa por levar uma bicicleta dobrável a bordo começou a circular na internet, a Jet Blue agiu rapidamente e decidiu que realmente não era algo que deveria ser cobrado.[50]

Dada a desvantagem potencial de ter um cliente infeliz, é fundamental que o profissional de *marketing* lide adequadamente com as experiências negativas. Apesar de desafiadoras, as seguintes práticas podem ajudar uma empresa a voltar a cair nas graças de um cliente.[51]

- Mantenha uma linha direta gratuita ativa sete dias por semana, 24 horas por dia (via telefone, fax, *chat* ou *e-mail*). Para o cliente, isso vai facilitar o registro de suas reclamações; para a empresa, vai facilitar o tratamento dessas reclamações.
- Entre em contato com o reclamante o mais rápido possível. Quanto mais lenta for a empresa para responder, mais a insatisfação do cliente poderá crescer e levar à comunicação boca a boca negativa.
- Identifique a verdadeira fonte da insatisfação do cliente antes de buscar uma solução. Alguns reclamantes esperam mais um sinal de que a empresa se importa com eles do que propriamente uma compensação financeira.
- Assuma a responsabilidade pela decepção do cliente; não tente colocar a culpa nele.
- Resolva a queixa rapidamente e deixe o cliente satisfeito. Leve em consideração os custos de resolver a reclamação e o valor vitalício do cliente.

Nem todas as queixas, no entanto, refletem reais deficiências ou problemas com os bens ou serviços de uma empresa.[52] As empresas de grande porte são, especialmente, alvos de clientes oportunistas que tentam tirar proveito até mesmo de transgressões menores ou de políticas de compensação generosas. Algumas empresas contra-atacam e chegam a assumir uma posição agressiva quando percebem que uma crítica ou reclamação é injustificada. Outras buscam formas de encontrar o lado positivo das reclamações e as utilizam para melhorar a imagem e o desempenho da empresa.

Quando a Taco Bell começou a atrair *buzz* negativo *on-line* após rumores e uma ação judicial movida por um consumidor sob a alegação de que o recheio de suas tortilhas tinha mais ingredientes embutidos do que carne, ela reagiu rapidamente com anúncios de jornal de página inteira sob o título "Obrigado por nos processar". Ali, em publicações no Facebook e em um vídeo no YouTube, a empresa destacou que o recheio de seus tacos era feito com 88% de carne bovina, sendo que ingredientes como água, aveia, especiarias e cacau eram adicionados apenas para dar sabor, textura e umidade. Para ajudar a disseminar a notícia, a equipe de *marketing* da Taco Bell comprou as palavras-chave "taco", "bell" e "ação judicial", para que suas respostas oficiais aparecessem como o primeiro *link* nas buscas do Google e de outros mecanismos de busca.[53]

Obviamente, é muito raro que uma empresa atinja nível zero de reclamações; sempre há clientes cujas expectativas superam os benefícios que as ofertas da empresa provêm. Em vez disso, o objetivo da empresa tende a ser equilibrar a satisfação do cliente com as metas estratégicas e monetárias da organização para conseguir criar valor para os clientes e *stakeholders*.

>> A Taco Bell defende agressivamente a qualidade de seus produtos nas mídias sociais.

Muitos altos executivos se preocupam com o uso de mídias sociais pelas suas empresas e com os potenciais efeitos negativos de clientes irritados que se comunicam *on-line*. Os profissionais de *marketing*, no entanto, afirmam que os aspectos positivos superam os negativos e que ações podem ser tomadas para minimizar a probabilidade de tais danos. Uma estratégia que pode ser adotada pelas empresas atuantes na área de responsabilidade social corporativa é moldar ativamente sua imagem pública em tempos de tranquilidade para, em seguida, alavancar essa benevolência em mídias pagas ou outras em tempos difíceis. A Nike já foi alvo de críticos conhecedores dos meandros da internet, que utilizaram habilmente a otimização dos mecanismos de busca para pintar retratos nada lisonjeiros da empresa. Hoje, as buscas pela Nike geram *links* para *sites* que descrevem seus diversos projetos ambientais e comunitários, como a reciclagem de calçados.

Gestão do valor vitalício do cliente

O *marketing* costuma ser visto como a arte de atrair e reter clientes lucrativos. No entanto, toda empresa perde dinheiro com alguns de seus clientes. Segundo a conhecida regra 80/20, 80% ou mais dos lucros da empresa são gerados por 20% de seus melhores clientes. Alguns casos podem ser mais extremos: os 20% de clientes mais rentáveis (em uma base *per capita*) podem contribuir com mais de 100% dos lucros. Os 10 a 20% menos rentáveis, em contrapartida, podem reduzir os lucros, com os 60 a 70% intermediários atingindo o ponto de equilíbrio.[54] Isso sugere que uma empresa poderia melhorar seus lucros se "demitisse" seus piores clientes.

As empresas precisam se preocupar com a eficiência com que criam valor a partir dos clientes existentes e potenciais disponíveis. Não são necessariamente os maiores clientes, que podem demandar um serviço considerável e os maiores descontos, os que geram o maior lucro. Os clientes menores pagam o preço integral e recebem um mínimo de serviço, mas os custos de transação reduzem sua lucratividade. Os clientes de porte médio, que recebem um bom atendimento e pagam quase o preço integral, costumam ser os mais lucrativos.

O CONCEITO DE VALOR VITALÍCIO DO CLIENTE

Um fator crucial do valor para o acionista é o valor agregado da base de clientes. O objetivo da gestão do relacionamento com o cliente é produzir um alto valor vitalício do cliente.[55] O **valor vitalício do cliente** (CLV, do inglês *customer lifetime value*) reflete o equivalente monetário do valor que os clientes criarão para a empresa durante o seu período com ela. O valor vitalício do cliente pode se referir ao valor criado por um cliente individual ou ao valor acumulado criado por todos os clientes da empresa – "a soma dos valores vitalícios de todos os clientes".[56] O valor vitalício do cliente também é chamado de ***customer equity*** (valor do cliente como patrimônio).

O valor vitalício do cliente é afetado pela receita e pelos custos da aquisição e retenção de clientes e da venda cruzada. Um cliente rentável é uma pessoa, família ou empresa que, ao longo do tempo, rende um fluxo de receita que excede, por uma margem aceitável, o fluxo de custos para atrair, vender e atender esse cliente. Observe que a ênfase recai sobre o fluxo de receita e custo *ao longo do tempo*. Na verdade, da perspectiva da empresa, o que importa é o valor que ela recebe ao longo de todas as interações com o cliente, não o lucro advindo de uma transação específica. O valor vitalício do cliente pode ser avaliado individualmente, por segmento de mercado ou por canal.

Para administrar adequadamente seus relacionamentos com clientes, a empresa deve conseguir medir o valor que cada um deles provavelmente trará para ela durante o seu período com a empresa. Embora muitas empresas avaliem a satisfação dos clientes, a maioria deixa de avaliar a lucratividade de cada um deles. Os bancos alegam que se trata de uma tarefa difícil, uma vez que um cliente utiliza diferentes serviços bancários e as transações são registradas em departamentos distintos. Entretanto, os bancos que conseguem avaliar as transações se assombram com o número de clientes não lucrativos. Alguns relatam que perdem dinheiro com mais de 45% de seus clientes de varejo.

A **análise da lucratividade do cliente** costuma ser conduzida com as ferramentas de uma técnica contábil chamada de **custeio baseado em atividades**. Esse método tenta identificar os custos reais associados ao atendimento de cada cliente – os custos de bens e serviços com base nos recursos que eles consomem. A empresa estima toda a receita advinda do cliente e subtrai os custos. Com o **custeio baseado em atividades**, os custos em um contexto B2B (do inglês *business-to-business*) devem incluir não só aqueles envolvidos na produção e na distribuição dos bens e serviços, mas também os envolvidos no recebimento de ligações do cliente, na realização de visitas a ele ou na entrega de brindes como entretenimento e presentes – enfim, todos os recursos da empresa despendidos no atendimento ao cliente. O custeio baseado em atividades também aloca custos indiretos, como administrativos, despesas de escritório, suprimentos, e assim por diante, para as atividades que os utilizam, e não em alguma proporção aos custos diretos. Ambos os custos, variáveis e despesas gerais, são repassados a cada cliente.

As empresas que não conseguem medir corretamente seus custos também não medem corretamente seu lucro, e é provável que estejam alocando mal seu esforço de *marketing*. O segredo de empregar o custeio baseado em atividades com eficácia é definir e julgar as "atividades" de modo adequado. Uma solução baseada no fator tempo calcula o custo de um minuto dos custos indiretos e depois define quanto desse custo cada atividade utiliza.[57]

VALOR VITALÍCIO DO CLIENTE E *BRAND EQUITY*

As perspectivas de *brand equity* (patrimônio de marca) e valor vitalício do cliente (*customer equity*) certamente têm muitos temas em comum. Ambas enfatizam a importância da fidelidade do cliente e a noção de que criamos valor tendo o maior número possível de clientes que pagam o preço mais alto possível.

Na prática, porém, as duas perspectivas enfatizam coisas diferentes. O *customer equity* está centrado no valor do resultado financeiro. Seu benefício principal é que ele produz indicadores quantificáveis de desempenho financeiro. Ao mesmo tempo, ele ignora algumas das importantes vantagens de criar uma marca forte, como a capacidade de atrair funcionários mais eficientes, obter maior apoio dos parceiros de canal e da cadeia de suprimentos e criar oportunidades de crescimento por meio de extensões de linha e de categoria, além de licenciamentos. A abordagem de *customer equity* se beneficiaria de uma consideração mais explícita do "valor de opção" das marcas e de seu potencial de afetar receitas e custos futuros.

Por outro lado, a perspectiva do *brand equity* tende a enfatizar questões estratégicas em gestão de marcas, além de criar e alavancar o reconhecimento da marca e sua imagem junto aos clientes. Ela oferece uma orientação muito mais prática para atividades de *marketing* específicas. Contudo, focados em marcas, nem sempre os gestores desenvolvem análises detalhadas sobre os clientes em relação ao *brand equity* que obtêm ou à lucratividade resultante desenvolvida em longo prazo. As abordagens de *brand equity* poderiam beneficiar-se de sistemas mais acurados de segmentação proporcionados por análises no nível do cliente e de mais estudos sobre como desenvolver programas de *marketing* personalizados para cada cliente, seja um indivíduo, seja uma organização (como uma loja de varejo). De modo geral, há menos considerações financeiras colocadas em jogo no *brand equity* do que no *customer equity*.

Pesquisadores defendem que o foco no *brand equity* ou no *customer equity* depende do modo como a empresa cria valor de mercado. Em geral, empresas centradas no produto (como Procter & Gamble, Coca-Cola e PepsiCo) tendem a enfocar o *brand equity* como principal fonte de valor e ativo crítico para o crescimento futuro. As empresas centradas em serviço (como bancos, companhias aéreas, emissoras de cartões de crédito e provedoras de TV a cabo e internet), por outro lado, tendem a focar no *customer equity* como principal ativo e métrica de desempenho. Mais especificamente, a distinção entre concentrar-se na marca ou no *customer equity* foi atribuída aos seguintes fatores.

- As empresas que utilizam modelos de assinatura (prestação de serviços contínuos), como academias de ginástica, operadores de telefonia móvel e serviços de *streaming*, tendem a considerar o *customer equity* mais valioso. As empresas que não utilizam serviços contratuais tendem a focar no *brand equity*.
- As empresas que podem identificar seus clientes individualmente e avaliar sua rentabilidade tendem a se concentrar no *customer equity*. As empresas que não podem estabelecer uma relação direta entre o comportamento do cliente e os resultados de desempenho tendem a enfocar mais o *brand equity*.
- As empresas que fabricam produtos de autoexpressão, como automóveis, vestuário e acessórios de moda, tendem a focar no *brand equity*.

- As empresas que não conseguem facilmente obter dados em nível de cliente e/ou não têm contato direto com os seus clientes tendem a enfocar mais o *brand equity*.
- Empresas de serviços tendem a se concentrar mais no *customer equity* do que as de produtos.

Apesar da tendência de algumas empresas de enfocar apenas o *customer equity* ou apenas o *brand equity*, ambos os tipos são importantes. Não há marcas sem clientes, nem clientes sem marcas. As marcas servem de "isca" para varejistas e outros intermediários do canal para atrair clientes, de quem extraem valor. Os clientes são o motor de lucros tangíveis para as marcas monetizarem seu valor.[58]

CONSTRUÇÃO DO VALOR VITALÍCIO DO CLIENTE

A análise de rentabilidade de clientes e o funil de aquisição de clientes ajudam os executivos de *marketing* a decidirem como administrar grupos de clientes que variam em relação a fidelidade, rentabilidade, risco e outros fatores.[59] As empresas de sucesso aumentam esse valor ao se superar em estratégias como as descritas a seguir.

- ***Melhorar o atendimento ao cliente.*** Selecionar e treinar funcionários para que sejam bem informados e cordiais aumenta a probabilidade de proporcionar respostas satisfatórias às dúvidas dos compradores. A Whole Foods atrai clientes com seu compromisso de comercializar alimentos frescos e de alta qualidade e oferecer uma experiência de atendimento superior.
- ***Engajar os clientes.*** Quanto maior for o envolvimento de um cliente com a empresa, maior será a probabilidade de que ele se mantenha fiel a ela. Uma grande porcentagem das novas aquisições de um automóvel Honda é feita para substituir outro mais velho. Os motoristas citaram a reputação da Honda de criar veículos seguros com alto valor de revenda. Buscar recomendações de consumidores pode ser uma forma eficaz de envolver os consumidores com uma marca e uma empresa.
- ***Aumentar o potencial de crescimento de cada cliente.*** As vendas para os clientes existentes podem ser aumentadas com novas ofertas e oportunidades. A Harley-Davidson vende mais do que motocicletas e acessórios, como luvas, jaquetas de couro, capacetes e óculos de sol. Seus revendedores comercializam mais de 3 mil itens de vestuário, e algumas lojas têm até provadores. Artigos licenciados vendidos por outros pontos de venda vão desde os mais previsíveis (copos de *shot*, bolas brancas de sinuca e isqueiros Zippo) até os mais surpreendentes (colônias, bonecas e celulares). A venda cruzada (*cross-selling*) não será rentável se o cliente-alvo exigir muitos serviços para cada produto, gerar muitas devoluções, escolher a dedo as promoções ou limitar os gastos totais em todos os produtos.[60]
- ***Gerenciar clientes não rentáveis.*** Os profissionais de *marketing* podem incentivar os clientes não rentáveis a comprar mais vezes ou em quantidades maiores, abrir mão de certos recursos ou serviços ou pagar um preço ou tarifa maior. A fim de assegurar níveis mínimos de retorno por cliente, bancos, operadoras de telefonia e agências de viagens passaram a cobrar por serviços antes gratuitos. As empresas também podem desencorajar aqueles com perspectivas questionáveis de rentabilidade. A Progressive Insurance faz triagem de clientes e desvia os potencialmente não lucrativos para os concorrentes. Entretanto, clientes "grátis", que pagam pouco ou nada e são subsidiados pelos que pagam mais (como em mídia impressa e *on-line*, serviços de emprego e namoro e *shopping centers*), ainda podem criar efeitos de rede diretos e indiretos, o que é uma importante função.[61]
- ***Recompensar os clientes mais rentáveis.*** Os clientes mais valiosos podem receber tratamento especial. Gestos atenciosos, como cartões de felicitação, pequenos presentes ou convites para eventos esportivos ou artísticos, podem enviar-lhes um forte sinal positivo. Hotéis, companhias aéreas, emissoras de cartões de crédito e locadoras de automóveis geralmente oferecem atendimento de nível superior aos seus melhores clientes para garantir a sua fidelidade ao mesmo tempo que maximizam a sua rentabilidade.

A empresa deve tentar criar valor para o cliente em todos os seus pontos de contato com ele. Por **ponto de contato com o cliente** entende-se qualquer ocasião em que o cliente tenha contato com a marca ou o produto, o que abrange desde a experiência em si até a comunicação pessoal ou de massa, ou mesmo uma observação casual. Assim, os pontos de contato de um hotel incluem reservas, *check-in* e *check-out*, programas de fidelidade, serviços de quarto ou de escritório, sala de ginástica, lavanderia, restaurantes e bares. A rede hoteleira Four Seasons, por exemplo, lança mão de toques pessoais, como fazer com que seus funcionários sempre se dirijam aos hóspedes pelo nome, contratar equipe altamente qualificada que entenda as necessidades de altos executivos em viagens de negócios e oferecer ao menos uma instalação que é a melhor de toda a região, como um restaurante ou um *spa* renomado.

FIDELIZAÇÃO DO CLIENTE PELO ESTABELECIMENTO DA CONFIANÇA

O que significa confiar em uma empresa ou marca? As pesquisas dos últimos 30 anos mostram que a confiança é estabelecida e mantida com base em três pilares importantes. Um deles é a competência. Empresas e marcas criam *confiança pela competência* quando seus gerentes têm as habilidades necessárias para realizar o trabalho de forma eficaz e quando atendem ou superam as expectativas em relação a tais habilidades. Outro pilar é a honestidade. As empresas constroem *confiança pela honestidade* ao serem consistentes em falar a verdade e cumprir suas promessas. O terceiro pilar é a benevolência. Empresas e marcas criam *confiança pela benevolência* quando demonstram preocupação genuína com os interesses e objetivos dos clientes e dos funcionários.[62]

Quando perguntam aos clientes sobre o desempenho de uma determinada marca ou empresa em relação aos três pilares, a maioria das organizações descobre que são mais fortes em alguns deles do que nos outros. O Facebook, por exemplo, pode ser considerado mais competente do que benevolente ou honesto. Um banco local, por outro lado, pode ser considerado mais honesto e benevolente do que competente. Assim, muitas vezes seria simplista demais dizer que uma empresa ou marca gera confiança ou desconfiança, pois muitas vezes confia-se mais nelas para algumas coisas do que para outras. Empresas e marcas precisam diagnosticar mais especificamente quais dos seus pilares da confiança são fortes e quais são fracos, para que possam desenvolver estratégias e táticas específicas para fortalecer a confiança nos pontos em que o pilar precisa de reforço.

Pesquisas de Kent Grayson, especialista em confiança da Kellogg School of Management, sugerem que as mais diversas atividades da empresa podem influenciar o quanto os clientes confiam nela ou na marca em termos de três pilares: competência, honestidade e benevolência.[63]

- Os consumidores tendem a avaliar a **competência** refletindo sobre como suas experiências com a empresa ou marca são semelhantes ou diferentes daquelas vivenciadas com casos comparáveis relevantes. Por exemplo, os clientes que encomendam serviço de quarto em um hotel três estrelas tendem a comparar a refeição com outras servidas em hotéis e restaurantes três estrelas. Se o cliente pedir mostarda Dijon e o hotel fornecer mostarda normal, a confiança do cliente na competência do hotel será afetada mais negativamente se ele estiver hospedado em um hotel cinco estrelas do que se ele estiver em um três estrelas.
- Para avaliar a **honestidade** de uma marca ou empresa, os clientes tendem a comparar as declarações da empresa com as suas ações. Uma companhia aérea que afirma não ter taxas ocultas vai perder a confiança dos clientes surpreendidos por taxas inesperadas nas suas passagens.
- Os clientes avaliam a **benevolência** da marca ou da empresa com base em se acham que fizeram um bom negócio e se quem trabalha para a empresa tem um entendimento claro sobre as necessidades e expectativas dos clientes. Por exemplo, muitos acreditam que cobrar preços diferentes de clientes distintos pelo mesmo produto não é justo, então desconfiam de empresas que cobram preços diferentes dos clientes de acordo com o seu CEP.

As atividades que mais influenciam as percepções dos três pilares da confiança variam, dependendo de fatores como a cultura na qual a empresa opera, o segmento em que trabalha e as percepções dos clientes sobre a marca. As empresas que desejam gerenciar a confiança devem, então, realizar pesquisas com os clientes antes de decidir quais atividades precisam de investimentos.

As pesquisas mostram que cada um dos três pilares é afetado diferentemente por informações positivas e negativas. A competência é mais afetada por informações positivas do que por negativas. Se uma marca ou empresa não cumpre sua promessa e se o motivo para o fracasso é relativo à competência, os clientes muitas vezes estão dispostos a perdoar o comportamento, especialmente se a marca foi competente no passado. Por outro lado, tanto a honestidade quanto a benevolência são mais afetadas por informações negativas do que por positivas. Se uma marca se comporta de formas que demonstram falta de honestidade ou de benevolência, os clientes tendem a perdoá-la menos, mesmo que o gestor ou a marca tenham sido honestos e benevolentes no passado.

A confiança é mais saliente no início do relacionamento e perde saliência depois que a relação está estabelecida e opera com sucesso. Após estabelecida a confiança, empresas e marcas podem se beneficiar da confiança que funcionários e clientes têm. Enquanto a empresa ou a marca não se comportar de formas que levem os clientes antigos a questionarem sua confiança, as considerações nesse âmbito passam para o segundo plano. Ocasionalmente, isso incentiva as empresas a cuidarem menos dos seus relacionamentos de longo prazo, ou mesmo a cortarem atalhos de formas que clientes ou funcionários não perceberão. Essa pode ser uma estratégia eficaz em pequenas doses, mas as marcas e empresas não podem descuidar da confiança dos funcionários e clientes de longa data. O valor vitalício dos clientes antigos costuma ser relativamente alto, e percepções de violação da confiança em relacionamentos de longo prazo podem ter efeitos negativos mais significativos do que violações em relacionamentos de curto prazo.[64]

ESTIMATIVA DO VALOR VITALÍCIO DO CLIENTE

Em geral, o valor vitalício do cliente é calculado como o valor presente do fluxo de lucros futuros que a empresa espera obter com o cliente em compras ao longo do tempo.[65] A empresa deve subtrair da receita esperada os custos que terá para atrair esse cliente, realizar a venda e atendê-lo, aplicando a taxa de desconto apropriada (p. ex., de 10 a 20%, dependendo do custo do capital e das atitudes perante o risco). Os cálculos do valor vitalício para bens ou serviços podem somar dezenas de milhares de dólares e até valores de seis dígitos.

O cálculo do valor vitalício do cliente proporciona uma base quantitativa formal para planejar o investimento no cliente e ajuda os profissionais de *marketing* a adotarem uma perspectiva de longo prazo. Pesquisadores e profissionais têm usado diversas abordagens para a modelagem e a estimativa do valor vitalício do cliente.[66] Fatores comuns nesses modelos incluem as receitas geradas por cada cliente, o custo de adquirir e atender o cliente, a probabilidade de que o cliente volte a comprar no futuro, o provável período com o qual o cliente permanecerá com a empresa e a taxa de desconto (o custo de capital da empresa). Os profissionais de *marketing* que utilizam conceitos de valor vitalício do cliente também devem levar em consideração as atividades de *marketing* de curto prazo para construção da marca que ajudam a fidelizar os clientes.

Na medição do valor vitalício do cliente, é importante levar em consideração, além do valor monetário que cada cliente tende a gerar diretamente para a empresa, o valor estratégico que este criará ao endossar a empresa e suas ofertas para terceiros. Na verdade, o valor de um cliente para uma empresa depende, em parte, de sua capacidade de fazer referências e da probabilidade de isso ocorrer, além de engajar-se em comunicação boca a boca positiva. Contudo, por mais útil que seja receber uma avaliação positiva de um consumidor, fazer os consumidores se envolverem diretamente com a empresa e fornecer *feedback* e sugestões leva a um nível de fidelidade e vendas ainda maior.

INSIGHT de *marketing*

A metodologia Net Promoter Score e a satisfação do cliente

Para muitas empresas, a mensuração da satisfação do cliente é uma prioridade. Mas como elas devem tratar essa questão? Frederick Reichheld, da consultoria Bain, sugere que há somente uma pergunta sobre o cliente que realmente importa: "Qual é a probabilidade de você recomendar esse produto a um amigo ou colega?".

Reichheld foi inspirado, em parte, pelas experiências da Enterprise Rent-A-Car. Quando, em 1998, reduziu as

(continua)

18 perguntas de seu levantamento de satisfação do cliente para apenas duas – uma sobre a qualidade da experiência de locação e outra sobre a probabilidade de os clientes fazerem uma nova locação com a empresa –, a empresa descobriu que aqueles que atribuíram as notas mais altas para sua experiência de locação estavam três vezes mais propensos a repeti-la do que os que deram a segunda classificação mais alta. Ela também constatou que as informações diagnósticas que os gerentes coletavam de clientes insatisfeitos ajudavam a ajustar suas operações. Esse *insight* levou ao desenvolvimento da metodologia Net Promoter Score (NPS, "pontuação líquida dos promotores" em tradução livre).

Em um tradicional levantamento Net Promoter, que segue o raciocínio de Reichheld, os clientes são convidados a avaliar a probabilidade de fazer recomendações em uma escala de 0 a 10. Em seguida, os profissionais de *marketing* subtraem os *detratores* (aqueles que deram notas de 0 a 6) dos *promotores* (aqueles que deram notas 9 ou 10) para chegar ao NPS. Os clientes que atribuem notas 7 ou 8 à marca são considerados *passivamente satisfeitos* e não são incluídos. O índice NPS mais comum recai na faixa de 10 a 30%, mas as empresas de nível mundial podem pontuar mais de 50%.

Reichheld tem conquistado muitos adeptos ao longo dos anos. American Express, Dell e Microsoft adotaram a métrica NPS; algumas empresas até atrelaram os bônus dos seus gerentes ao seu índice NPS. A Philips concentrou-se não só em engajar os promotores, mas também em abordar as preocupações dos detratores, desenvolvendo o programa Reference Promoter, para que clientes dispostos a recomendar a marca o fizessem por meio de depoimentos gravados.

Reichheld desenvolveu o NPS em resposta aos levantamentos excessivamente complicados e, portanto, ineficazes que eram realizados com os clientes. Desse modo, não surpreende que as empresas-cliente louvem sua simplicidade e forte relação com o desempenho financeiro. Quando a Intuit aplicou o NPS ao seu produto TurboTax, os *feedbacks* recebidos revelaram insatisfação com o procedimento de desconto do *software*. Assim que a Intuit abandonou a exigência do comprovante de compra, as vendas saltaram 6%.

Apesar da popularidade do NPS, lembre-se de que esta é apenas uma das muitas dimensões em que podemos mensurar a satisfação do cliente. Em virtude da sua simplicidade, o NPS não tem como capturar as diferentes nuances da satisfação do cliente e, logo, pode produzir resultados imprecisos. Uma das críticas mais comuns é a de que muitos padrões diferentes de resposta podem levar ao mesmo NPS. Por exemplo, o índice é igual a 20% quando os promotores equivalem a 20%, os passivos, a 80%, e os detratores, a 0%, bem como quando os promotores são iguais a 60%, os passivos, a 0%, e os detratores, a 40%, mas as consequências gerenciais dos dois padrões de resposta são muito diversas. Outra crítica comum é a de que não se trata de uma previsão útil para vendas ou crescimento futuro, uma vez que ignora importantes questões de custo e receita.

Outros questionam a base de sustentação do NPS nas pesquisas. Um abrangente estudo acadêmico com 21 empresas e mais de 15 mil consumidores na Noruega não encontrou qualquer superioridade do NPS em relação a outros indicadores, como o ACSI (Índice Americano de Satisfação do Cliente, do inglês American Customer Satisfaction Index). Alguns criticaram ambos, NPS e ACSI, por não contabilizarem os ex-clientes ou aqueles que nunca foram clientes. As opiniões das pessoas sobre qualquer um dos itens ou índices que medem a satisfação do cliente dependem, em parte, de como valorizam o equilíbrio entre simplicidade e complexidade.[67]

Resumo

1. A fidelidade do cliente reflete um comprometimento profundo com buscar um determinado produto, serviço ou marca em ocasiões futuras de compra e consumo. A fidelidade é um contínuo, com diferentes níveis que variam em termos de intensidade e vão desde a satisfação com a oferta da empresa até a defesa e a evangelização.

2. A satisfação do cliente é o segredo para a sua fidelização. A satisfação são os sentimentos de prazer ou decepção de uma pessoa resultantes da comparação do desempenho real de um produto ou serviço em relação a suas expectativas. Reconhecendo que a alta satisfação leva a um alto nível de fidelidade do cliente, as empresas devem certificar-se de atender às expectativas do cliente ou superá-las.

3. Há uma estreita ligação entre qualidade de bens e serviços, satisfação de clientes e lucratividade. Níveis mais elevados de qualidade resultam em níveis mais elevados de satisfação de clientes, o que justifica preços mais altos e, com frequência, propicia custos menores.

4. Para garantir o crescimento sustentável, a empresa deve, além de atrair novos clientes, retê-los e aumentar os negócios com eles. A perda de clientes rentáveis pode afetar drasticamente os lucros da empresa. Três das estratégias mais eficazes para a fidelização dos clientes são interagir de perto com os clientes,

desenvolver programas de fidelidade e construir comunidades de marca.

5. A gestão do relacionamento com o cliente (CRM, do inglês *customer relantionship management*) é o processo de gerenciar cuidadosamente informações detalhadas sobre cada cliente e todos os pontos de contato com clientes para maximizar sua fidelidade. Em última análise, o foco da CRM é desenvolver programas para atrair e reter os clientes certos, além de atender às necessidades individuais dos clientes valiosos. As estratégias populares para fortalecer a gestão do relacionamento com o cliente incluem customização, empoderamento do cliente, comunicação boca a boca do cliente e reclamações de clientes.

6. O valor vitalício do cliente (CLV, do inglês *customer lifetime value*) reflete o equivalente monetário do valor que os clientes criarão para a empresa durante o seu período com ela. O valor vitalício do cliente pode se referir ao valor criado por um cliente individual ou ao valor acumulado criado por todos os clientes da empresa, sendo a soma dos valores vitalícios de todos os clientes. O objetivo da gestão do relacionamento com o cliente é produzir um alto valor vitalício do cliente.

7. As empresas devem tentar aumentar o valor para o cliente em todas as ocasiões em que este encontra seus produtos, serviços ou marcas, desde experiências presenciais até comunicação pessoal ou de massa e observações casuais. As empresas que não conseguem produzir valor superior para o cliente de forma consistente tendem a sofrer com a erosão da sua base de clientes no longo prazo.

8. Os gerentes de *marketing* devem calcular o valor vitalício do cliente da sua base de clientes para entender as consequências para os lucros. A análise da lucratividade do cliente ajuda os profissionais de *marketing* a identificarem os clientes mais valiosos e a desenvolverem estratégias para criar valor para eles de formas que promovam a sua fidelidade no longo prazo. Na medição do valor vitalício do cliente, é importante levar em consideração, além do valor monetário que cada cliente tende a gerar diretamente para a empresa, o valor estratégico que este criará ao endossar a empresa e suas ofertas para terceiros.

DESTAQUE de *marketing*

Stitch Fix

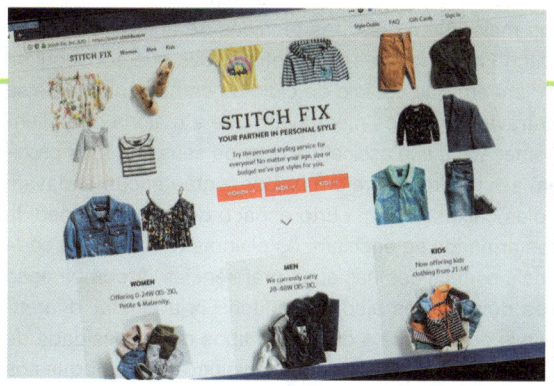

A Stitch Fix é um serviço de assinatura *on-line* de moda e estilo pessoal. As peças que os clientes recebem são criadas por estilistas com base em pesquisas, hábitos nas mídias sociais, anotações pessoais e outros dados dos consumidores. O conceito foi desenvolvido por Katrina Lake, aluna de MBA de Harvard, após um estudo revelar que muitos clientes não gostam de entrar em lojas para comprar roupas. Ela descobriu que um número significativo de clientes acha que o processo de passear pela loja e experimentar roupas é tedioso, mesmo quando fazem compras pela internet. Para Lake, isso representava uma oportunidade significativa de criar um serviço acessível de compras pessoais que atenderia a uma grande necessidade do mercado de moda.

Lake criou o protótipo do seu conceito em 2011, quando pediu a amigos da região de Boston que preenchessem questionários sobre estilo. Inicialmente, as preferências desses questionários eram armazenadas em planilhas básicas. A seguir, ela foi às lojas, escolheu roupas com base nessas preferências e deixou as caixas nas casas dos amigos. Eles pagavam pelas roupas que gostavam e ela devolvia o restante. O capitalista de risco Steve Anderson investiu no conceito, e, um ano depois, a Stitch Fix alugou um pequeno escritório em San Francisco. Toda semana, funcionários saíam para comprar roupas e enviá-las do escritório. A demanda por essas caixas, chamadas de *fixes* (que significa ao mesmo tempo "reparos" e "doses de uma droga viciante"), cresceu além do que o escritório conseguia processar. Em dado momento, a empresa chegou a ter uma lista de espera de dois anos. Isso levou a Stitch Fix a se expandir, abrir armazéns para gerenciar o estoque e contratar executivos para modernizar as operações de negócios.

À medida que crescia, a Stitch Fix precisava enfrentar um grande desafio: criar um estilista personalizado para todos. A natureza altamente idiossincrática da moda significava que prever que tipos de roupa os clientes iriam querer era muito difícil. A empresa sabia que as tendências vão e vêm em padrões difíceis de prever nesse setor. Além disso, aspectos como ajuste, estilo e material são qualidades que os clientes levam em consideração para decidir se querem ficar com as roupas ou não. Se qualquer um desses três aspectos não agradar o cliente, a Stitch Fix tem de receber devoluções. No verão de 2012, a Stitch Fix pressupôs incorretamente quais roupas os clientes iriam querer naquela estação e teve de dar baixa em um estoque enorme. A empresa aprendeu com esse erro e começou a investir muito mais em algoritmos de coleta de dados e de estilo.

A Stitch Fix contratou o especialista em algoritmos Eric Colson, ex-vice-presidente de engenharia e ciência de dados da Netflix. No seu novo cargo de diretor de algoritmos, Colson liderou uma equipe que coletaria quantidades maciças de dados sobre os clientes da Stitch Fix. A variedade dos dados coletados era enorme, incluindo dimensões corporais, preferências sobre padrões e peças anteriores mantidas. Os algoritmos da Stitch Fix, baseados em aprendizado de máquina, eram combinados com informações que exigiam as decisões de um estilista humano, como tendências da moda e pedidos pessoais feitos pelo cliente.

Os algoritmos desenvolvidos pela Stitch Fix aumentaram drasticamente o sucesso dos estilos personalizados, o que ajudou no gerenciamento do estoque e na satisfação dos clientes. À medida que os clientes compartilhavam mais informações com a empresa, as recomendações da Stitch Fix tornaram-se mais precisas, e as muitas técnicas de previsão da empresa os mantinham assinantes por mais tempo. Os dados de vendas mostravam que um quarto dos clientes da Stitch Fix permaneciam assinantes durante nove meses ou mais. Além disso, as técnicas de análise de dados da Stitch Fix tornaram-se tão sofisticadas que conseguiam prever até em que estágio do ciclo de compras o cliente se encontrava. Os dados mostravam que a maioria dos clientes começava a sua assinatura quando seus armários precisavam ser totalmente reformulados, então encomendavam múltiplas caixas em um curto espaço de tempo. À medida que os armários se enchiam, os clientes tornavam-se cada vez mais específicos nas suas preferências. A combinação desses dois fatores ajudou a Stitch Fix a ajustar diferentes níveis de estoque a diferentes tipos de necessidade de vestuário, o que garantiu menos devoluções de estoque aos seus armazéns.

Os algoritmos da Stitch Fix não se limitavam a otimizar a personalização das roupas, sendo utilizados para melhorar todos os aspectos das operações da empresa. A equipe de ciência de dados era incentivada a explorar os diversos problemas enfrentados pelos gerentes da Stitch Fix e a escrever algoritmos para melhorar a logística, a aquisição de peças e as estimativas de demanda. Os algoritmos ajudaram a reduzir os custos de capital, aumentar o giro de estoque e acelerar a entrega de produtos. Um algoritmo baseava-se em acompanhar os movimentos dos funcionários nos armazéns da empresa para otimizar suas rotas, o que poupava tempo e energia.

O aprendizado de máquina empregado pela Stitch Fix também ajudou a empresa a lançar sua própria linha de moda, a Hybrid Design. Os cientistas de dados observaram que muitas lacunas no mercado de moda poderiam ser preenchidas pela combinação de características bem-sucedidas. Por exemplo, a Stitch Fix combinou a gola, o padrão e as mangas de três peças diferentes para criar uma nova blusa. No seu primeiro ano, a Hybrid Design lançou mais de 25 itens para mulheres visando a necessidades de estilo, tamanho e *design* não atendidas pelo mercado.

Boa parte do sucesso da Stitch Fix pode ser atribuído à sua cultura guiada por dados profundamente arraigada na organização, que informa a maior parte das operações. Os dados e os algoritmos ajudaram a empresa a gerenciar o estoque, prever demandas por produtos no futuro, desenhar novos produtos e entregar produtos que os clientes não sabiam que precisavam. A Stitch Fix até destaca uma Algorithm Tour (Turnê do algoritmo) no seu *site*, mostrando as formas como a empresa utiliza os dados que coleta. Com o emprego de análise de dados nas suas operações, as vendas no varejo da Stitch Fix ultrapassaram US$ 1,6 bilhão em 2019.[68]

Questões

1. Como a Stitch Fix se beneficia do uso de dados de mercado para coletar *insights* sobre os clientes?
2. Qual é o papel da customização no modelo de negócios da Stitch Fix? Concorrentes conseguiriam replicar esse modelo de negócios com facilidade?
3. Quais são os prós e contras do uso de inteligência artificial e aprendizado de máquina por parte da Stitch Fix para elaborar ofertas de mercado?

DESTAQUE de *marketing*

Caesars Entertainment

A Caesars Entertainment remonta a 1937, quando o fundador, Bill Harrah, inaugurou seu primeiro clube em Reno após o estado de Nevada legalizar os jogos de azar em cassinos. A Harrah's Entertainment logo se tornou uma das maiores empresas de cassino e, em 1973, foi a primeira delas a ser listada na Bolsa de Valores de Nova York. No final da década de 1980, a Harrah's Entertainment expandiu-se pelos Estados Unidos à medida que mais e mais jurisdições legalizavam os cassinos, tornando-se uma das marcas mais conhecidas entre os cassinos americanos. Após a aquisição da Caesars Entertainment, em 2010, a Harrah's Entertainment foi rebatizada Caesars Entertainment.

Crédito: Richard Green/Alamy Stock Photo

O foco tradicional da Harrah's Entertainment na fidelidade do cliente tem sua origem em Bill Harrah, famoso por tentar conhecer seus clientes e pedir *feedback* sobre como seus cassinos poderiam melhorar os índices de satisfação. Orientado pelas mesmas ideias, Phil Satre, que se tornou CEO da Harrah's em 1984, começou a enviar questionários para os clientes que ganhavam o grande prêmio dos caça-níqueis. Os questionários mostraram a Satre que muitos dos clientes da Harrah's visitavam mais de uma unidade da empresa. No passado, a gerência supunha que os clientes normalmente visitavam apenas uma propriedade. Além disso, Satre descobriu que os clientes que frequentavam muitas das unidades da empresa eram responsáveis por um segmento crescente da receita da Harrah's. Em busca desse segmento, em 1997, a Harrah's expandiu seu programa de fidelidade para todas as unidades nos Estados Unidos. O novo programa se chamaria Total Gold. Quando os membros inseriam seus cartões nas máquinas, o banco de dados registrava o número de jogos que haviam jogado e seu histórico. À medida que jogavam, os membros ganhavam pontos que podiam ser trocados por recompensas, como refeições, estadias em hotéis e passagens aéreas.

Apesar da popularidade do programa de recompensas da Harrah's, a empresa sofreu uma desaceleração de crescimento em meados da década de 1990. Na época, a Harrah's contratou Gary Loveman, professor da Harvard Business School, para ser o novo diretor de operações. A missão de Loveman seria transformar a estratégia operacional da Harrah's e melhorar o desempenho da empresa. Ao analisar os dados coletados pela Harrah's com o passar dos anos, Loveman percebeu que muitos clientes visitavam diferentes empresas de cassino. Loveman acreditava que, se a Harrah's reduzisse a "infidelidade" dos clientes, ela poderia obter aumentos fenomenais nas vendas sem precisar abrir novas unidades. Ele percebeu que 26% dos apostadores que visitavam as unidades da Harrah's geravam 82% da receita da empresa. Uma análise mais detalhada do perfil demográfico dos clientes da Harrah's mostrou a Loveman que a maioria deles eram de meia-idade ou idosos e que priorizavam fichas gratuitas no cassino, e não estadias em hotéis, quando trocavam seus pontos do programa de recompensas. Loveman concluiu que, se oferecesse recompensas diferentes com base na frequência das suas visitas e no seu comportamento nos jogos, a Harrah's poderia fidelizar mais os clientes e aumentar as vendas.

Usando essas novas informações, Loveman reformulou o programa Total Gold e mudou seu nome para Total Rewards (recompensa total). O novo programa recompensava os clientes com base no nível em que estavam classificados: ouro, platina ou diamante. As categorias refletiam o valor vitalício do cliente esperado para a empresa, calculado com base na estimativa da frequência das visitas e na quantia gasta por visita. Cada nível oferece regalias diferentes para os clientes, como furar a fila nos restaurantes e na recepção para os titulares dos cartões platina e diamante. Os clientes diamante também recebem benefícios, que incluem visitas pessoais dos *chefs* dos restaurantes do grupo e tratamento personalizado das equipes dos hotéis. O sistema baseia-se no amplo banco de dados e nas técnicas de análise da Harrah's. O programa permite que a empresa colete informações sobre quem são seus clientes e sobre o seu comportamento quando visitam os cassinos. Os dados dos clientes são coletados do instante em que reservam sua visita até o momento em que vão embora. O resultado é um serviço altamente personalizado para os clientes frequentes.

A Harrah's também começou a priorizar a mala-direta e as ligações telefônicas para incentivar os clientes fiéis a continuarem a frequentar suas unidades. Os profissionais de *telemarketing* eram treinados para oferecer incentivos aos clientes que não haviam visitado uma unidade da Harrah's nos últimos três meses. Cinco anos após a chegada de Loveman, a Harrah's havia dobrado suas despesas com mala-direta. O alto índice de respostas das mensagens diretas e das ligações telefônicas da empresa para clientes fiéis permitiu que ela reduzisse os gastos com propaganda tradicional.

Além de modificar o programa de fidelidade, a empresa também reformulou seu atendimento ao cliente para melhorar a experiência geral dos clientes. Loveman acreditava que o serviço excepcional seria fundamental para conquistar a fidelidade dos clientes. A Harrah's começou a oferecer aos gerentes mais ferramentas e informações para contratar e treinar novos funcionários de forma mais eficaz. O resultado foi uma redução radical da rotatividade da equipe e a formação de uma equipe excelente de atendimento ao cliente. A empresa também implementou novos incentivos para os funcionários, criados para priorizar o atendimento: as unidades que informassem altos índices de satisfação do cliente receberiam bonificações para os funcionários. Em 2002, a Harrah's pagou US$ 14,2 milhões em bônus sob o novo sistema de remuneração dos funcionários.

O foco tradicional da Caesars Entertainment's na fidelização dos clientes no longo prazo fez ela se tornar uma das maiores empresas de jogos de azar dos Estados Unidos. Em 2018, a Caesars Entertainment tinha mais de 40 unidades em todo o mundo e receitas de quase US$ 5 bilhões. Seu programa Total Rewards também recebeu o prêmio Best Players Club, parte do 10 Best Readers' Choice Awards do jornal *USA Today* em 2018. Na época, o programa tinha mais de 55 milhões de membros, que recebiam acesso a diversas recompensas em cassinos, hotéis e restaurantes, entre outros.[69]

Questões

1. Qual é o papel da gestão do relacionamento com o cliente na indústria do entretenimento? Qual é a relação entre satisfação do cliente, fidelidade do cliente e lucratividade da empresa?
2. Quais são os principais aspectos do programa de fidelidade do cliente da Harrah's? Quais são os principais fatores para o seu sucesso?
3. Como a Harrah's deveria usar os avanços recentes em análise de dados, aprendizado de máquina e inteligência artificial para fortalecer a fidelidade dos clientes e criar valor para os acionistas?

DESTAQUE de *marketing*

Jorge Bischoff

A Jorge Bischoff é uma marca autoral brasileira de moda. O nome do *designer*, fundador e CEO, endossa sapatos, bolsas e acessórios desejados por seu público potencial. Desde a sua fundação, em 2003, a empresa teve um crescimento expressivo. Atualmente, tem uma rede de distribuição com mais de 100 lojas franqueadas, 500 lojas multimarcas e presença em 60 países, totalizando mais de 600 pontos de venda físicos. Por meio de uma abordagem *omnichannel*, a empresa consolidou o seu *e-commerce*, denominado Boutique Online, e está presente nos principais *marketplaces* de moda. Os canais digitais respondem atualmente por mais de 20% das vendas.

O crescimento da empresa se deu de forma orgânica, pautado na construção de relacionamento com seus clientes e ancorado em um modelo de negócios centrado na gestão da marca (*branding*), no desenvolvimento de produtos e na gestão de canais e de fornecedores. A empresa não possui fábrica. Toda a produção é realizada por terceiros. Para garantir o elevado padrão de qualidade, a curadoria dos fornecedores é um fator-chave para o sucesso.

A estratégia de *branding* traçada é a base para a construção de relacionamentos com os clientes (em sua maioria mulheres). A marca tem o posicionamento associado ao *lifestyle classic glamour*, que consiste na valorização da elegância, no *design* refinado com detalhes marcantes e em uma pitada de hedonismo "La Dolce Vita". Esse é o estilo de vida da Jorge Bischoff, um universo de referências do qual as clientes almejam fazer parte. A identificação do público com uma persona real, o próprio fundador, estimula o senso de pertencimento e humaniza a relação das clientes com a marca.

Toda a experiência proporcionada pela marca gera vínculos emocionais e, consequentemente, uma base sólida de consumidoras leais. Com o passar do tempo, a empresa identificou a existência de um grupo de clientes diferenciadas, que eram muito mais que compradoras frequentes: eram verdadeiras advogadas da marca. Elas, espontaneamente, já se autodenominavam Apaixonadas por Jorge Bischoff (JB). Essas superfãs, além de representarem uma elevada taxa de recompra, recomendam a marca para suas amigas, participam dos eventos, são engajadas nas redes sociais e algumas se tornaram até franqueadas, tendo a sua própria loja Jorge Bischoff.

Para estimular ainda mais a conexão com as advogadas da marca, há cerca de três anos, a empresa implantou a área de relacionamento e experiência do consumidor, que é responsável por estruturar e gerir ações para se aproximar ainda mais do seu público e conquistar mais Apaixonadas. Entre as inúmeras ações realizadas estão os eventos nas lojas franqueadas com a presença do próprio Jorge Bischoff, uma oportunidade para as clientes conhecerem e se relacionarem com o *designer* da marca, considerado um ídolo por muitas. Nessa ação, centenas de fãs se aglomeram para ter uma peça autografada, uma foto ou um vídeo com o *designer*. Ter um sapato ou uma bolsa autografada significa um valor inestimável, a ponto de muitas adquirirem dois modelos iguais, um para usar e outro para guardar autografado como recordação.

Para nutrir essa relação de lealdade e paixão, as Apaixonadas de destaque são convidadas para uma visita especial à sede da empresa. É um momento íntimo com a marca, no qual elas acompanham as etapas de criação e desenvolvimento dos sapatos, entendem os detalhes de todo o processo, conhecem pessoalmente o *designer* e compartilham experiências, como um jantar ou almoço na companhia dele e da diretoria. É uma experiência única que cria memórias afetivas, estreita a relação e rende muitos *posts* nas redes sociais das participantes.

Com o intuito de difundir o *lifestyle* da marca e estimular o senso de pertencimento, as redes sociais são um importante canal. Por isso foi criada a *hashtag* #ApaixonadasJB para as fãs compartilharem sua paixão. Nas postagens, elas exibem os seus *looks* com os produtos da marca, fotos com o *designer*, visitas nas lojas e novos modelos adquiridos. As publicações são compartilhadas pela marca, e as consumidoras são reconhecidas como autênticas Apaixonadas JB, o que consideram uma importante valorização. Esses *posts* também são fonte para obter *feedbacks* e gerar *insights* para a criação de novas estratégias.

Com o objetivo de levar a experiência da marca para todos os pontos de contatos, a empresa criou técnicas de rotina e compromisso para produtos, serviços e comunicação em toda a jornada do cliente. Nessa proposta, as lojas têm um papel fundamental. Para garantir a entrega da experiência desejada, foi criada a universidade corporativa Bischoff School. Um dos seus programas de desenvolvimento é a capacitação da rede de franquias. São treinamentos que impactam desde o franqueado até toda a equipe de loja. São conhecimentos sobre produtos, processos, conceito da marca e diversas práticas para estimular a conexão emocional e o relacionamento com as clientes.

Todas as ações de *branding* e relacionamento são revisitadas anualmente e estruturadas no plano de *brand awareness*. Esse planejamento é liderado pelo próprio Jorge Bischoff, com o envolvimento de toda a diretoria da empresa. Ele contempla as estratégias e ações institucionais, promocionais e de relacionamento com a comunidade de usuárias. Combina desde grandes ações, como o lançamento da Bischoff Wines, que estende o *lifestyle* da marca para a categoria de vinhos e espumantes *premium*, até ações pontuais e experiências customizadas. O foco é energizar a marca para potencializar vendas e conquistar mais apaixonadas.

O *status* de marca emocional alcançado pela Jorge Bischoff é, seguramente, um fator determinante para a empresa conquistar a lealdade de suas clientes. Despertar a paixão pela marca e o desejo de fazer parte desse estilo de vida é estratégico para o sucesso da empresa. Contudo, a base para que isso aconteça são os valores e as diretrizes pautadas pelo seu fundador, que consistem em ter uma proposta de marca diferenciada, criar experiências extraordinárias, oferecer produtos e serviços de valor superior e ofertar ações sinceras de relacionamento para consolidar vínculos duradouros.

Questões

1. Cite e descreva os principais fatores que levaram a Jorge Bischoff a conquistar clientes apaixonadas.
2. Proponha outras ações que a Jorge Bischoff poderia realizar para conquistar mais clientes apaixonadas.
3. A Jorge Bischoff também tem uma linha de calçados e acessórios masculinos. O que a empresa poderia fazer para conquistar advogados da marca no segmento masculino?

Autor

Genaro Galli Professor de *marketing* estratégico e *branding* do MBA da ESPM e diretor de pós-graduação e educação continuada da ESPM Sul. Doutor em educação executiva, especialista em gestão estratégica pelo Insead (França) e mestre em *marketing*.

20
Ingresso no mercado global

Mudar o foco do volume e da participação de mercado para a qualidade, lastreada por uma garantia revolucionária, transformou a imagem da Hyundai Motor Company.
Crédito: VDWI Automotive/Alamy Stock Photo.

Os países têm se tornado cada vez mais multiculturais, e bens e serviços desenvolvidos em um país são amplamente aceitos em outros. Considere a globalização da indústria automobilística. Um estudo realizado pela J. D. Power identificou que os veículos de 2018 haviam sido produzidos em 25 países, 11 dos quais não estavam presentes na edição de cinco anos antes. Os 11 novos polos da indústria de automóveis na lista eram Brasil, China, Espanha, Finlândia, Índia, Itália, Holanda, Polônia, Sérvia, Tailândia e Turquia.[1] Considere, por exemplo, a rápida ascensão da Hyundai.

>>> Um sinônimo de carros baratos e pouco confiáveis no passado, a Hyundai Motor Company passou por uma profunda transformação global. Em 1999, seu novo presidente, Mong-Koo Chung, declarou que a empresa não se concentraria mais em volume e participação de mercado, mas sim em qualidade. A Hyundai começou a fazer *benchmark* com a líder setorial Toyota, adotou as práticas Seis Sigma, estruturou o desenvolvimento de produtos em uma organização multifuncional, estreitou parcerias com fornecedores e aumentou o número de reuniões de supervisão de qualidade. De uma das últimas colocadas no estudo da J. D. Power sobre a qualidade de veículos novos nos Estados Unidos em 2001, em que

ocupava a 32ª colocação entre 37 marcas, a Genesis, marca de luxo da Hyundai, teve uma ascensão meteórica e chegou à primeira posição em 2018. A Hyundai também transformou seu *marketing*. Sua inovadora garantia de 10 anos emitia um forte sinal de confiabilidade e qualidade, levando mais consumidores a apreciarem o valor que seus elegantes automóveis tinham a oferecer. O mercado americano não foi o único a receber atenção da Hyundai e de sua marca irmã mais jovem e de preço mais acessível, a Kia (na qual a Hyundai tem uma participação minoritária). Os veículos da Hyundai são vendidos em mais de 200 países. A empresa emprega mais de 110 mil pessoas em todo o mundo, com instalações de pesquisa e de produção em diversos países, incluindo Estados Unidos, Canadá, China, Brasil, Alemanha, República Checa, Rússia e Egito. O novo lema da Hyundai, "Explore the Possibilities" (Explore as possibilidades), captura a ambição da empresa de inovar em escala global.[2]

Embora as oportunidades de entrar e competir nos mercados internacionais sejam significativas, os riscos também podem ser altos. Empresas que vendem em setores globalizados, no entanto, não têm outra escolha a não ser internacionalizar suas operações. Neste capítulo, examinaremos as principais decisões que a empresa deve tomar quando pretende se expandir para mercados globais.

Decisão sobre o ingresso no mercado internacional

Varejistas dos Estados Unidos, como The Limited e Gap, assumiram proeminência global. A holandesa Ahold e a belga Delhaize obtêm quase dois terços e três quartos de suas vendas, respectivamente, fora do mercado doméstico. Entre os varejistas globais com sede no exterior que operam nos Estados Unidos destacam-se a Benetton, da Itália, as lojas de móveis para casa IKEA, da Suécia, e as de vestuário casual Uniqlo, do Japão.

Diversos fatores atraem as empresas para o mercado internacional. Primeiro, determinados mercados internacionais podem ter oportunidades de lucro melhores do que o mercado nacional. Segundo, a empresa pode precisar de uma base de clientes maior para obter economias de escala. A organização também pode decidir internacionalizar-se para reduzir a sua dependência de um mercado específico. Outro motivo para atuar em nível internacional pode ser o desejo da empresa de contra-atacar concorrentes globais em seus mercados nacionais. A decisão da empresa de atuar no exterior também pode decorrer do desejo de atender clientes globais que precisam de serviços internacionais.

Dada a miscigenação cultural em vários países, outro benefício da expansão global é a capacidade de transferir ideias e bens ou serviços de um mercado para outro. A Cinnabon descobriu que os produtos que desenvolvia para as Américas Central e do Sul também faziam sucesso nos Estados Unidos, dada a grande população hispânica no país.[3]

Objetivos de aprendizagem Após estudar este capítulo, você deverá ser capaz de:

20.1 Explicar como as empresas decidem se devem ou não ingressar no mercado internacional.

20.2 Discutir os fatores que as empresas consideram na decisão sobre em quais mercados globais ingressar.

20.3 Resumir as estratégias que as empresas usam para entrar em mercados globais.

20.4 Explicar como as empresas adaptam suas estratégias de *marketing* para os mercados globais.

Apesar do apelo potencial de atuar em nível global, muitas empresas prefeririam permanecer no mercado interno, caso ele fosse grande o suficiente. Os gerentes não precisariam conhecer outras línguas e leis, lidar com a oscilação de moedas e enfrentar incertezas políticas e legais, tampouco alterar o *design* de seus produtos para adaptá-los às diferentes necessidades e expectativas dos consumidores. Essa relutância muitas vezes se baseia nos desafios reais enfrentados nas tentativas de entrar nos mercados internacionais.

Os mercados internacionais representam desafios distintos, incluindo as variações nos hábitos de compra dos consumidores, a necessidade de obter aceitação social e a ausência de uma infraestrutura de comunicação e distribuição.[4] Entrar no mercado exterior envolve dois tipos principais de risco.

- **Riscos gerais associados à entrada em um novo mercado** (nacional ou estrangeiro). Tais riscos envolvem a incapacidade da empresa de entender as necessidades do cliente e desenvolver uma oferta que as atenda, de identificar corretamente as ameaças competitivas, de construir redes de abastecimento e distribuição eficazes ou de promover a oferta de maneiras eficazes e com eficiência de custos.
- **Riscos específicos associados a trabalhar em um país diferente.** Tais riscos envolvem não entender as nuances da cultura empresarial do país estrangeiro e as minúcias das suas regulamentações, não ter gerentes habilidosos com experiência internacional e sofrer disrupção devido a mudanças políticas e comerciais, como tarifas, flutuações cambiais e até mesmo mudanças no governo que levam à expropriação de propriedades estrangeiras.

Os três maiores varejistas do mundo – o Walmart, com sede nos Estados Unidos, a Tesco, com sede no Reino Unido, e o Carrefour, com sede na França – tiveram dificuldades ao ingressar em determinados mercados estrangeiros. Vejamos a situação da Tesco.

> **Tesco** A Tesco introduziu seus minimercados *gourmet* Fresh & Easy na Califórnia depois de muita pesquisa, o que incluiu passar um tempo com famílias americanas e filmar o conteúdo de suas geladeiras. As cerca de 200 lojas da Fresh & Easy tinham aproximadamente 900 metros quadrados – cerca de um quinto do tamanho de um supermercado padrão dos Estados Unidos –, mas eram muito maiores do que uma loja de conveniência, com foco em ofertas de alimentos frescos. Apesar de investimentos significativos, após cinco anos não rentáveis e mais de US$ 1,6 bilhão de prejuízo, a Tesco decidiu sair desse mercado em 2013. Uma série de problemas assolou a varejista. Os clientes americanos não estavam familiarizados com refeições

>> Após tentativas fracassadas de expandir-se para o mercado americano e depois de outros mercados ao redor do mundo terem ameaçado suas lojas britânicas, a Tesco reduziu suas ambições globais e concentrou-se em reformar suas unidades no Reino Unido.

prontas ao estilo britânico, com caixas registradoras de autoatendimento e com leiautes de lojas pouco ortodoxos. Outras queixas incluíam um sortimento de produtos limitado, ausência de padaria e uma floricultura abaixo do esperado, além de lojas fisicamente muito frias. Os Estados Unidos não foram o único ponto problemático para a Tesco. A empresa havia deixado o Japão no ano anterior e encontrava problemas nas Europas Central e Oriental. Enquanto se concentrava na expansão geográfica, seu negócio principal no Reino Unido foi negligenciado. As lojas não tinham funcionários em número adequado, a comida fresca não era mantida como se devia e novos produtos de marca própria não eram introduzidos. A tentativa de adicionar itens como roupas e eletrônicos provou-se difícil em uma época de recessão, e o ingresso em novas áreas, como serviços bancários e de telefonia, foi uma distração. Após amargar seis trimestres consecutivos de declínio de vendas nas lojas existentes no mercado doméstico, a Tesco anunciou um programa de US$ 1,7 bilhão para renovar seus estabelecimentos no Reino Unido e um recuo em suas ambições globais.[5]

Os problemas que a Tesco enfrentou no Reino Unido são uma desvantagem comum de uma estratégia de expansão global excessivamente agressiva. Em muitos casos, essa expansão vem à custa de manter apoio suficiente para o mercado nacional. Vendendo de tudo, desde comida até televisores, o Carrefour da França, segundo maior varejista do mundo, encontrou forte concorrência em seus mercados internos de supermercados menores que vendem mantimentos e de varejistas especializados, como a IKEA, que comercializam outros bens. Apesar de forte em partes da Europa, Ásia e América Latina, o Carrefour (que significa "encruzilhada", em francês) foi forçado a encerrar operações em vários países, como Japão, Coreia do Sul, México, República Checa, Eslováquia, Bulgária, Suíça e Portugal.

Decidir atuar ou não no exterior é a primeira de muitas decisões que a empresa deve tomar quando desenvolve sua estratégia global. Se a empresa conclui que a investida internacional é mesmo o melhor plano, então precisa tomar uma série de decisões mais específicas, incluindo em quais mercados entrar, como entrar neles, que programa de *marketing* específico usar em cada mercado e como estruturar a organização de *marketing* em cada país. Essas decisões estão ilustradas na Figura 20.1 e serão discutidas nas próximas seções.

Decisão sobre em quais mercados ingressar

Ao decidir ingressar no mercado internacional, a empresa precisa definir seus objetivos e suas políticas de *marketing*. Qual porcentagem de seu total de vendas a empresa deseja atingir no mercado internacional? A maioria das empresas começa com um empreendimento pequeno quando se arrisca no exterior. Algumas planejam permanecer pequenas; outras têm ambições maiores.

DECISÃO SOBRE EM QUANTOS MERCADOS INGRESSAR

A empresa deve decidir em quantos países vai entrar e com que velocidade pretende se expandir. As estratégias de entrada mais comuns são a abordagem de entrada *sequencial*, na qual as empresas são introduzidas gradual e sequencialmente, e a abordagem de entrada *pulverizada*, na qual a empresa ingressa em muitos países ao mesmo tempo. Cada vez mais, as empresas – sobretudo as *on-line* ou intensivas em tecnologia – já nascem globais e comercializam com o mundo inteiro desde o princípio.

Empresas como Matsushita, BMW, General Electric, Benetton e The Body Shop seguem a abordagem sequencial. A expansão pode ser cuidadosamente planejada e tem menor probabilidade

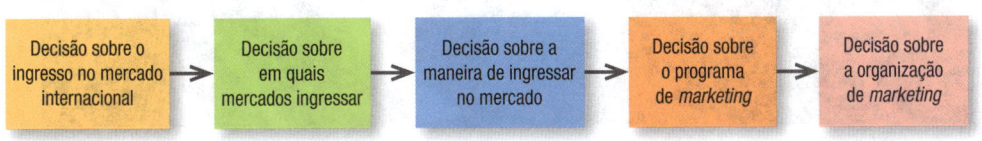

FIGURA 20.1
Decisões importantes no *marketing* internacional.

de pressionar demais os recursos humanos e financeiros. Quando a vantagem de ser pioneiro é crucial e a alta intensidade competitiva prevalece, a abordagem pulverizada é preferível. Apple, Gillette e Unilever usaram a abordagem pulverizada para alguns dos seus produtos. Os principais riscos dessa abordagem são os recursos significativos necessários e a dificuldade de planejar estratégias de entrada para tantos mercados diversos entre si.

A empresa também deve decidir quais países devem ser considerados com base em produto, localização geográfica, renda, população e clima político. Considerações competitivas também entram em jogo. Pode fazer sentido ingressar em mercados onde os concorrentes já entraram para forçá-los a defender sua participação de mercado, bem como para aprender como fazem *marketing* nesse ambiente.

Sem dúvida, uma consideração crucial é o crescimento do mercado. Ter um ponto de apoio em um mercado em rápido crescimento pode ser uma opção muito atrativa, ainda que provavelmente esse mercado logo esteja abarrotado com mais concorrentes. O KFC entrou em uma série de países como pioneiro, franqueando seu conceito de varejo e tornando seu *marketing* culturalmente relevante.

KFC O KFC é uma das marcas de *fast-food* mais famosas do mundo, com mais de 21 mil restaurantes em todo o planeta. A empresa é mundialmente famosa por sua receita original de frango frito, feito com a mesma mistura secreta de 11 ervas e especiarias que o coronel Harland Sanders aperfeiçoou mais de meio século atrás. Na China, o KFC é a maior, mais antiga e mais popular rede de restaurantes de serviço rápido, e muitos dos seus mais de 5 mil estabelecimentos apresentam margens saudáveis de 20% por loja. A empresa adaptou seu *menu* ao gosto local, com opções como o Dragon Twister, um *wrap* com frango cortado em tiras, molho de pato à Pequim, pepino e cebolinha. O KFC tem até uma mascote chinesa: um personagem amigo das crianças chamado Chicky, que a empresa se orgulha em dizer que é o "Ronald McDonald da China". Como ocorre em qualquer mercado emergente, a China impõe desafios ao KFC. As vendas sofreram um tropeço no início de 2013, quando a mídia estatal chinesa acusou a empresa de usar fornecedores locais que davam a suas galinhas doses excessivas de antibiótico para estimular seu crescimento. Seguiu-se uma tempestade nas mídias sociais, o que acabou levando o KFC a se desculpar por não ter controles mais rígidos. Os problemas da cadeia de suprimentos representaram um desafio diferente na África, o próximo objetivo de crescimento do KFC. Sem oferta doméstica suficiente de frangos, a empresa precisou importá-los, o que é

>> Para superar os desafios da expansão global, o KFC adaptou seu cardápio e sua comunicação aos requisitos logísticos e culturais de cada local.

ilegal na Nigéria e no Quênia. Para superar o problema da oferta na Nigéria, foi adicionado peixe ao *menu*. À medida que ingressava em mais mercados africanos, a empresa cuidava para dar um toque local ao cardápio – vendendo Ugali, um tipo de mingau, no Quênia, e arroz *jollof* na Nigéria – e exibir a cultura local nas paredes e na propaganda.[6]

AVALIAÇÃO DE MERCADOS POTENCIAIS

Como uma empresa escolhe em qual mercado potencial ingressar? Um fator crítico é a sua *proximidade física*. Muitas empresas preferem vender para países vizinhos porque eles as entendem melhor e podem controlar mais efetivamente seus custos de entrada. Não é de estranhar que os dois maiores mercados de exportação dos Estados Unidos sejam o Canadá e o México, nem que as empresas suecas tenham começado as vendas internacionais pelos seus vizinhos escandinavos.

Em outras ocasiões, é a *proximidade cultural* que determina as escolhas. Muitas empresas americanas preferem fazer negócios com Canadá, Inglaterra e Austrália, em vez de partir para mercados maiores, como Alemanha e França, pois sentem-se mais à vontade com o idioma, as leis e a cultura dos primeiros. Entretanto, as empresas devem ser cuidadosas ao escolherem mercados em virtude da proximidade cultural. Além do risco de ignorar mercados potencialmente melhores, tal tática pode resultar em uma análise superficial de algumas diferenças reais entre os países, podendo colocar as empresas em desvantagem.

Muitas vezes, faz sentido operar em menos mercados, mas com um comprometimento mais profundo e maior penetração em cada um deles. De modo geral, as empresas demonstram preferência por países que tenham um mercado de alta atratividade e baixo risco no qual detenham uma vantagem competitiva.

Na avaliação de mercados potenciais, muitas vezes pode ser necessário considerar os benefícios de atender populações que não estão sendo atendidas adequadamente.

Considere como as empresas a seguir conseguiram entrar em mercados em desenvolvimento ao serem pioneiras em formas de atender consumidores "invisíveis".[7] A Grameenphone comercializou telefones celulares para 35 mil aldeias em Bangladesh, contratando aldeãs como agentes que alugavam tempo de uso dos aparelhos para outros aldeões, permitindo uma chamada por vez. A Colgate-Palmolive passou por aldeias indianas com vans que exibiam vídeos mostrando os benefícios da escovação de dentes. A Corporación GEO constrói moradias de baixo custo no México, entregando casas de dois quartos que são modulares e expansíveis.

As empresas também podem levar em consideração o impacto positivo que as relações de sucesso com os colaboradores podem ter quando avaliam mercados. Quando a Unilever introduziu o TRESemmé no Brasil, ela garantiu o suporte de 40 grandes varejistas, cortejou blogueiros de moda, distribuiu 10 milhões de amostras grátis e lançou a maior *blitz* publicitária de um dia da companhia, que atraiu 1 milhão de fãs para a página brasileira da marca no Facebook. Em menos de um ano, as vendas do TRESemmé ultrapassaram as do xampu Pantene da P&G em hipermercados e drogarias, dando à Unilever confiança para, em seguida, estabelecer-se na Índia e na Indonésia.[8]

As empresas têm aprendido as nuances do *marketing* dirigido a uma população mais ampla nos mercados emergentes, especialmente quando reduzir custos torna-se difícil devido à cadeia de suprimentos, aos métodos de produção e à estratégia de distribuição já estabelecidos da empresa, bem como quando as bonificações de preço são difíceis de controlar em razão da sensibilidade do consumidor ao preço. Contudo, acertar a equação de *marketing* nos mercados em desenvolvimento pode render altos dividendos:

> Embalagens menores e preços mais baixos são muitas vezes cruciais quando há limitação de renda e espaço. Os sachês de quatro centavos do sabão e do xampu da Unilever foram um grande sucesso na Índia rural, onde ainda vive 70% da população.[9]
>
> A grande maioria dos consumidores nos mercados emergentes adquire seus produtos de pequenos armazéns, lojas de bairro, quiosques e lojinhas de família que não são muito maiores do que um armário, o que a Procter & Gamble chama de lojas de alta frequência. Na Índia, a comida é amplamente adquirida nos 12 milhões de estabelecimentos familiares da vizinhança, chamados de *kirana*. Esses negócios prosperam, oferecendo conveniência, crédito e até entrega em domicílio, embora o varejo moderno esteja começando a fazer incursões.[10]

Ingressar com sucesso nos mercados em desenvolvimento requer um conjunto especial de habilidades e planos, além da capacidade de fazer uma série de coisas boas e diferentes.[11] Vender em áreas em desenvolvimento não pode ser visto como um negócio como outro qualquer. Diferenças econômicas e culturais não faltam, a infraestrutura de *marketing* é precária, e a concorrência local pode ser surpreendentemente acirrada.[12]

Muitas empresas de mercados desenvolvidos têm aplicado lições extraídas dos mercados em desenvolvimento para competir melhor em suas searas domésticas ou existentes. A inovação de produtos tornou-se uma via de mão dupla entre mercados em desenvolvimento e desenvolvidos. O desafio é pensar de forma criativa sobre como o *marketing* pode realizar o sonho da maioria da população mundial de ter um melhor padrão de vida. Muitas empresas apostam nisso. Para alimentar uma população mundial estimada em 9 bilhões em 2050, analistas estimam que a produção global de alimentos deve aumentar 60%, um desafio que a John Deere tem enfrentado.

Deere & Company   A Deere & Company (também chamada de John Deere), fabricante de equipamentos agrícolas, de construção e de silvicultura, remonta a 1937, quando John Deere fundou, no estado do Illinois, a empresa que leva seu nome. Com foco inicial no mercado americano, a empresa transformou-se na maior fabricante de máquinas agrícolas do mundo, com mais de 60 mil funcionários em nível global. Seus produtos mais populares incluem diversos tipos de tratores, colheitadeiras de milho, cana-de-açúcar e algodão, roçadeiras e equipamentos para campos de golfe. A empresa também fabrica acessórios e oferece serviços associados. A linha 8R da John Deere foi a primeira linha de tratores projetados para acomodar as necessidades de diferentes agricultores em 130 países. O 8R é potente sem deixar de ser ágil e econômico, sendo mais adequado para fazendas de maior porte. Entretanto, é altamente adaptável às necessidades dos produtores tanto nos mercados em desenvolvimento, como Brasil e Rússia, quanto nos mercados desenvolvidos, como Estados Unidos e Alemanha. Para atender sua base de clientes global diversa, a Deere tem diversas fábricas fora dos Estados Unidos, em mercados desenvolvidos e em desenvolvimento, como Alemanha, Índia, China, México e Brasil.[13]

>> A linha 8R de tratores da John Deere se adapta às necessidades dos agricultores dos mercados desenvolvidos e em desenvolvimento do mundo todo.

Decisão sobre a maneira de ingressar no mercado

Quando uma empresa define determinado país como alvo, ela precisa definir a melhor maneira de ingressar nele com suas marcas. As principais opções são *exportação indireta, exportação direta, licenciamento, joint ventures* e *investimento direto*, mostradas na Figura 20.2. Cada estratégia subsequente envolve maior potencial de comprometimento, risco, controle e lucro.

Quando entram em mercados globais, o primeiro passo de muitas empresas é trabalhar com um agente independente e ingressar em países próximos ou semelhantes ao seu. Depois, a empresa cria um departamento de exportação para gerenciar o relacionamento com seus agentes. Mais adiante, nos mercados para onde mais exporta, ela substitui seus agentes por filiais próprias de vendas. Isso aumenta o investimento e o risco da empresa, mas também seu potencial de lucro. Para gerenciar essas subsidiárias, a empresa substitui o departamento de exportação por um departamento ou uma divisão internacional. Se os mercados forem grandes e estáveis ou se o país anfitrião insistir na produção local, a empresa estabelecerá suas instalações industriais nesses mercados. A essa altura, a empresa já opera como uma multinacional e está empenhada em otimizar suprimentos, investimentos, manufatura e *marketing* como uma organização global.

Discutimos as diferentes opções para a entrada em mercados estrangeiros nas seções a seguir.

EXPORTAÇÕES INDIRETA E DIRETA

A maneira mais comum de se envolver em um mercado internacional é por meio da exportação, especificamente a **exportação indireta**, isto é, operar com intermediários independentes. Existem três tipos de organização que atuam como intermediárias entre a empresa e um mercado internacional: agentes de exportação estabelecidos no país, cooperativas e empresas de gestão de exportações. O *exportador estabelecido no próprio país* compra os produtos dos fabricantes e depois os revende no mercado internacional. O *agente de exportação estabelecido no país*, o que inclui *tradings*, procura compradores estrangeiros, negocia e recebe uma comissão. As *cooperativas* representam diversos fabricantes em atividades de exportação – geralmente de produtos primários, como frutas ou castanhas – e estão parcialmente sob seu controle administrativo. As *empresas de gestão de exportações* aceitam gerenciar as atividades de exportação de uma empresa mediante remuneração.

A exportação indireta tem duas vantagens. A primeira é que envolve menos investimentos. A empresa não precisa desenvolver um departamento de exportação nem uma equipe de vendas ou contatos no mercado internacional. A segunda é que envolve menos riscos. Visto que os intermediários internacionais agregam *know-how* e serviços ao relacionamento, a empresa vendedora normalmente comete menos erros.

Em determinado momento, as empresas podem decidir controlar suas próprias exportações. O investimento e o risco são um pouco maiores, mas o potencial de retorno também o é. A **exportação direta** ocorre de diversas maneiras. Ela pode envolver um departamento ou divisão interna de exportação, uma função exclusivamente de serviço que pode se tornar um departamento independente de exportação que opera como centro de lucros. Também pode envolver uma filial ou subsidiária de vendas no exterior responsável pelas vendas e pela distribuição, que também pode cuidar da armazenagem, das promoções e do atendimento ao cliente. Por fim, a exportação pode envolver representantes de vendas de exportação que viajam para o exterior.

Muitas empresas usam a exportação, seja ela direta ou indireta, como forma de avaliar o mercado antes de construir uma fábrica e produzir uma mercadoria no exterior. Com a internet,

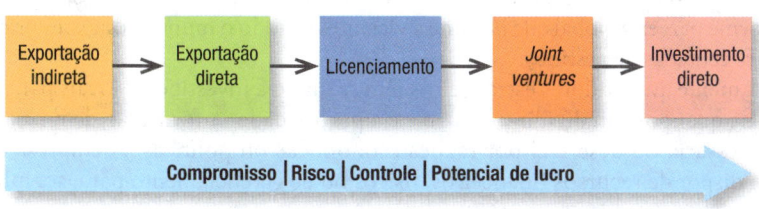

FIGURA 20.2

Cinco maneiras de ingressar no mercado internacional.

talvez não seja mais necessário às empresas participar de feiras a fim de atrair novos clientes fora de seus países de origem, dar atendimento a clientes já existentes que vivem no exterior, comprar de fornecedores internacionais e criar uma conscientização de marca global.

Empresas bem-sucedidas adaptam seus *sites* para oferecer conteúdo e serviços específicos do país aos seus mercados internacionais mais promissores, de preferência na língua local. Encontrar informações gratuitas sobre comércio e exportação nunca foi tão fácil. Nos Estados Unidos, os escritórios de promoção de exportação de muitos estados dispõem de recursos *on-line* e permitem que as empresas façam *link* para seus *sites*.

LICENCIAMENTO

O **licenciamento** é uma forma simples de ingressar no mercado internacional. O licenciador concede a uma empresa estrangeira o uso do processo de fabricação, da marca, da patente, dos segredos comerciais ou de outros itens de valor em troca do pagamento de uma taxa ou de *royalties*. O licenciador consegue entrar no país com pouco risco, ao passo que o licenciado passa a dominar um processo específico de produção ou explora a popularidade de um produto ou marca muito conhecidos.

No entanto, o licenciador tem menos controle sobre o licenciado do que teria em suas próprias instalações de produção e vendas. Se o licenciado tiver muito sucesso no empreendimento, a empresa terá aberto mão dos lucros; quando o contrato vencer, ela poderá descobrir que criou um concorrente. Para evitar que isso aconteça, o licenciador geralmente fornece alguns ingredientes ou componentes proprietários (como faz a Coca-Cola com o seu xarope). A melhor estratégia talvez seja sempre liderar as inovações, de modo que o licenciado continue a depender do licenciador.

Existem variações no acordo de licenciamento. Empresas como Hyatt e Marriot negociam *contratos de gestão* com proprietários de hotéis em vários países para gerenciar os negócios mediante pagamento de honorários. A empresa gestora pode até ter a opção, durante determinado período, de comprar ações da empresa administrada.

Na **fabricação por contrato**, a empresa contrata fabricantes locais para produzir o produto. A Volkswagen tem um contrato com o conglomerado automotivo russo GAZ Group, pelo qual o GAZ monta os modelos Volkswagen Jetta, Škoda Octavia e Škoda Yeti em Nizhny Novgorod para o mercado russo. Toshiba, Hitachi e outros fabricantes japoneses de televisores usam a fabricação por contrato para atender ao mercado da Europa Oriental. A fabricação por contrato reduz o controle da empresa sobre o processo e coloca em risco a perda de lucros potenciais. Contudo, oferece a chance de um início mais rápido, com a oportunidade de formar uma parceria com o fabricante local ou até de comprá-lo posteriormente.

Por fim, uma empresa pode ingressar em um mercado internacional por meio de **franquia**, uma forma mais completa de licenciamento. O franqueador oferece todo um conceito de marca e um sistema operacional. Em contrapartida, o franqueado paga determinadas taxas ao franqueador. Operadores de *fast-food*, como McDonald's, Subway e Burger King, têm franquias espalhadas pelo mundo, assim como empresas de serviços e varejo, como 7-Eleven, Hertz e Best Western Hotels.

JOINT VENTURES

O simples ato de fazer negócios em outro país pode exigir que a organização licencie seu produto, forme uma ***joint venture*** com uma empresa local ou compre de fornecedores locais para atender a exigências de "conteúdo nacional". Muitas empresas têm desenvolvido redes estratégicas globais, e a vitória vai para aquelas que desenvolvem a melhor. A Star Alliance, por exemplo, reúne 28 companhias aéreas (entre elas, Lufthansa, United Airlines, Singapore Airlines, SAS e Avianca) em uma enorme parceria global que permite a viajantes de todo o mundo conexões praticamente perfeitas para centenas de destinos.

Historicamente, investidores estrangeiros têm se unido a investidores locais para criar uma *joint venture* na qual possam dividir o controle e a propriedade. A formação de uma *joint venture* pode ser necessária ou desejável por razões econômicas ou políticas. A empresa estrangeira pode não dispor de recursos financeiros, físicos ou de gerenciamento para, sozinha, levar o empreendimento adiante, ou o governo estrangeiro pode exigir que seja feita uma *joint venture* como condição para a entrada.

O valor de uma parceria pode estender-se para além do aumento de vendas ou do acesso à distribuição. Bons parceiros compartilham os valores da marca, que ajudam a manter a consistência da marca em todos os mercados. Por exemplo, o compromisso ferrenho da McDonald's com a padronização de seus produtos é uma das razões pelas quais suas lojas de varejo são tão semelhantes em todo o mundo. A McDonald's escolhe a dedo seus parceiros globais para encontrar "empreendedores compulsivos" que farão o esforço desejado.

Após anos de crescimento por meio de aquisições de ações de duas dezenas de empresas, a maior operadora de telefonia sem fio, Vodafone, buscou externamente por parceiros capazes de alavancar seus ativos.

Vodafone Para estimular mais inovação e crescimento, a londrina Vodafone adotou um *software* de código aberto e plataformas também abertas que permitiam explorar a criatividade e as habilidades de terceiros. Com seu portal *web* Betavine, desenvolvedores de *software* amadores ou profissionais podiam criar e testar suas últimas aplicações móveis em qualquer rede, não apenas na da Vodafone. Embora esses desenvolvedores detivessem os direitos de propriedade intelectual, a Vodafone tinha acesso prévio às últimas tendências e garantia que as inovações fossem compatíveis com sua rede. Entre as aplicações, estavam informativos sobre chegadas e partidas de trens em tempo real, assim como horários da programação de filmes e um *widget* com detalhes personalizados da Amazon.com. Com 404 milhões de clientes em 30 países, a empresa de £46 bilhões também não teve dificuldade em encontrar ajuda de parceiros corporativos interessados. A Dell colaborou com a Vodafone para projetar *notebooks* e *netbooks* de baixo preço com acesso embutido à banda larga sem fio pelas redes da Vodafone.[14]

As *joint ventures* também têm desvantagens. Os sócios podem discordar a respeito dos investimentos, do *marketing* ou de outras políticas. Um sócio pode querer reinvestir os lucros para crescer, ao passo que o outro pode querer distribuir mais dividendos. Além disso, a propriedade conjunta pode impedir uma multinacional de realizar políticas específicas de *marketing* e fabricação para o mundo todo.

<< O portal da Vodafone na internet permite que desenvolvedores de *software* amadores e profissionais criem aplicativos móveis em qualquer rede, o que dá à Vodafone acesso rápido a inovações de ponta.

INVESTIMENTO DIRETO

A forma final de envolvimento no mercado internacional ocorre por meio de **investimento direto**: a empresa estrangeira pode comprar uma parte ou o todo de uma empresa local ou construir suas próprias instalações industriais ou de serviço.

Se o mercado em questão for suficientemente grande, o investimento direto oferecerá várias vantagens. Primeiro, a empresa garante economia de custos por meio de mão de obra e matérias-primas mais baratas, incentivos do governo e economia de frete. Segundo, fortalece sua imagem no país anfitrião ao criar empregos. Terceiro, desenvolve um relacionamento mais profundo com o governo, os clientes, os fornecedores locais e os distribuidores, facilitando a adaptação dos produtos ao ambiente local. Quarto, mantém total controle sobre seus investimentos, podendo, assim, desenvolver políticas de produção e *marketing* que atendam a seus objetivos internacionais no longo prazo. Por fim, garante sua entrada no mercado caso o país onde tenha se estabelecido insista que os produtos adquiridos localmente tenham conteúdo nacional.

A principal desvantagem do investimento direto é que a empresa expõe um grande investimento a riscos como desvalorização ou bloqueio da moeda, mercados desfavoráveis ou expropriações. A empresa também poderá incorrer em alto custo para reduzir ou encerrar suas operações, caso o país anfitrião exija o pagamento de uma indenização substancial aos funcionários demitidos. Além disso, ela pode não conseguir adaptar a oferta às necessidades e preferências dos clientes locais. Considere os desafios enfrentados pela Starbucks quando entrou nos mercados australianos.

> **Starbucks** Apesar do sucesso fenomenal nos Estados Unidos e em muitos outros países ao redor do mundo, a Starbucks não prosperou na Austrália. O primeiro Starbucks do país foi inaugurado em 2000, e a empresa logo expandiu-se para quase 90 unidades. Apesar do amor profundo da Austrália pelo café e a tradição de bebidas baseadas no café expresso, os consumidores não correram para as lojas da rede, que serviam produtos mais caros e doces demais para as preferências locais. Após sofrer um prejuízo de US$ 105 milhões, em 2008 a Starbucks foi forçada a fechar dois terços das lojas, ficando apenas com as unidades nas grandes regiões metropolitanas e nos *resorts* frequentados por turistas.[15]

Em vez de trazer suas marcas para certos países, muitas empresas optam por adquirir marcas locais para seu portfólio de marca. As marcas locais fortes podem influenciar o sentimento do consumidor de um modo que pode ser difícil para as marcas internacionais. Um bom exemplo de uma empresa que monta uma coleção de "joias locais" é a SABMiller.

> **SABMiller** De suas origens remotas como cervejaria dominante na África do Sul, a SABMiller passou a ter presença em 75 países em todo o mundo graças a uma série de aquisições, incluindo a compra da Miller Brewing nos Estados Unidos. A empresa produz marcas conhecidas, como Grolsch, Miller Lite, Peroni, Pilsner Urquell, a sul-africana Castle Lager e a Victoria Bitter, da Austrália. Sua estratégia global, no entanto, contrasta claramente com a de seu principal concorrente. A estratégia da Anheuser-Busch InBev para a Budweiser é vender a marca em todo o mundo, posicionada como "The American Dream in a Bottle" (O sonho americano em uma garrafa). A SABMiller considera-se "o mais local dos cervejeiros globais" e acredita que o segredo de seu sucesso global seja pressionar marcas locais em sintonia com os costumes, as atitudes e as tradições do país de origem. A empresa conta com sociólogos, antropólogos e historiadores para encontrar o caminho certo para criar intimidade local, além de empregar 10 analistas cuja única responsabilidade é pesquisar a segmentação em diversos mercados. A marca Cusqueña, do Peru, "homenageia o padrão de elite do artesanato inca". A Timisoreana, da Romênia, explora as próprias raízes no século XVIII. Em Gana e outras regiões da África, a cerveja Chibuku custa apenas 58¢ por litro para competir com as cervejas artesanais. Quando uma pesquisa revelou que muitos tomadores de cerveja na Polônia sentiam que ninguém os levava a sério, a SABMiller lançou uma campanha para sua marca Tyskie exibindo estrangeiros que elogiavam a cerveja e

o povo polonês. A estratégia de aquisição da SABMiller a transformou na segunda maior cervejaria do mundo, até ela própria ser adquirida em 2016 pela belgo-brasileira AB InBev, a líder do mercado.[16]

A aquisição pode combinar os benefícios da presença local com o acesso a tecnologias avançadas, *know-how* proprietário e processos de produção de ponta. Considere a montadora tcheca Škoda. Antes alvo de piadas ("Por que um Škoda precisa de um degelador na janela traseira? Para esquentar suas mãos enquanto o empurra"), a Škoda foi adquirida pela VW, que investiu na qualidade e na imagem dos automóveis para oferecer uma opção acessível para consumidores de todo o mundo.[17] O investimento da VW deu certo: em 2017, a Škoda entregou mais de 1,2 milhão de veículos em diversos países, incluindo China, Alemanha, Reino Unido, Itália, Índia, Israel e Austrália.[18]

Em vez de formar uma parceria, uma empresa pode optar por adquirir outra. A Kraft adquiriu a Cadbury em 2010, em parte devido às profundas raízes da Cadbury em mercados emergentes, como a Índia, onde a Kraft não tinha forte presença. A aquisição também permitiu à Kraft fazer uma reestruturação e dividir seus negócios em duas empresas: uma focada em produtos para supermercado; outra focada em salgadinhos. Apesar das múltiplas vantagens, as aquisições também podem ter desvantagens importantes. Possivelmente, a mais óbvia é o investimento necessário para adquirir totalmente outra organização. Outra desvantagem é o potencial de desajuste entre as culturas corporativas das duas organizações, um cenário nada improvável no caso de aquisições globais. A aquisição também representa um compromisso de longo prazo de manter uma presença no país que a adquirida opera. Em consequência, a decisão de adquirir outra empresa envolve uma reflexão cuidadosa sobre os prós e contras da aquisição em comparação com outras formas de entrada no mercado global.

>> Com a aquisição de cervejarias locais cujas marcas refletem costumes e tradições locais, a SABMiller estabeleceu sua presença ao redor do mundo.

Decisão sobre o programa de *marketing* global

Empresas internacionais devem decidir até que ponto adaptarão suas estratégias de *marketing* às condições locais. Em um extremo, está o **programa de *marketing* padronizado**, que promete o máximo de consistência entre os diversos países. No outro extremo, está um **programa de *marketing* localizado**, em que a empresa, coerente com o conceito de *marketing*, acredita que as necessidades de consumo variam e ajusta o programa de *marketing* para cada mercado-alvo. Os biscoitos Oreo são um bom exemplo da segunda estratégia.

Oreo No lançamento mundial de sua marca de biscoitos Oreo, a Kraft optou por adotar um posicionamento global consistente, "Milk's Favorite Cookie" (O biscoito favorito do leite). Embora não necessariamente tão relevante assim em todos os países, esse posicionamento reforçou as associações normalmente desejáveis de nutrição, cuidado e saúde. Para garantir uma compreensão global, a Kraft criou um manual de marca que acompanhava um CD em uma caixa no formato do biscoito e resumia os fundamentos da gestão da marca: os elementos em comum entre os países, o que poderia ser mudado e o que não poderia. Em primeiro lugar, a Kraft tentou vender o biscoito Oreo dos Estados Unidos em toda parte. Quando uma pesquisa apontou diferenças nas preferências de gosto – os chineses achavam os biscoitos muito doces, ao passo que os indianos achavam muito amargos –, novas fórmulas foram introduzidas em todos os mercados. Na China, o biscoito ficou menos doce e com recheios diferentes, como sorvete de chá verde, uva-pêssego, manga-laranja e framboesa-morango. A Indonésia tem uma variedade de chocolate e amendoim, e a Argentina, de banana e doce de leite. Em um exemplo

>> A Oreo tornou-se uma marca verdadeiramente global ao comunicar criativamente sua mensagem de "união" e de "o biscoito favorito do leite" em mercados ao redor do mundo.

de inovação reversa, a Kraft introduziu com sucesso alguns desses novos sabores em outros países. A empresa também adapta suas ações de *marketing* para melhorar sua conexão com os consumidores locais. Um comercial chinês exibe uma criança mostrando ao primeiro astro chinês na NBA, Yao Ming, como mergulhar um biscoito Oreo.[19]

Ter um programa de *marketing* padronizado oferece múltiplas vantagens, incluindo economias de escala na produção e na distribuição, menores custos de *marketing*, consistência da imagem de marca, capacidade de utilizar boas ideias em múltiplos mercados e uniformidade das práticas de *marketing*.

Ao mesmo tempo, um programa de *marketing* padronizado tem diversas desvantagens. Ele ignora as diferenças em áreas como necessidades, desejos e padrões de uso do produto por parte do consumidor, a resposta do cliente a programas e atividades de *marketing*, os diferentes ambientes competitivos e as especificidades dos contextos jurídico, cultural e político.

ESTRATÉGIAS GLOBAIS DE PRODUTOS

Desenvolver estratégias globais de produtos exige saber que tipos de bens ou serviços são facilmente padronizados e as estratégias adequadas de adaptação. Existem três estratégias globais de produtos básicas: extensão direta, adaptação do produto e inovação de produto.

Extensão direta. Com a extensão direta, o produto é lançado no mercado internacional sem qualquer mudança. Essa estratégia é tentadora, pois não exige custos adicionais de pesquisa e desenvolvimento, de adaptação das fábricas ou de modificação de promoções. Ela tem sido bem-sucedida quando se trata de câmeras, produtos eletrônicos e máquinas operatrizes.

Muitos produtos sofisticados e de luxo também se beneficiam da padronização, pois a qualidade e o prestígio muitas vezes podem ser comercializados de forma semelhante entre os países. Fatores culturais e pertinentes ao poder aquisitivo influenciam a rapidez com que um novo produto decola em um país, embora as taxas de adoção e difusão estejam cada vez mais parecidas entre os países. As empresas de alimentos e bebidas têm mais dificuldade para padronizar, obviamente, devido a preferências e hábitos culturais bastante diversificados.[20]

A padronização pode sair pela culatra se os consumidores têm diferenças em conhecimento sobre o produto, preferências e comportamento de uso. Estima-se que a Campbell Soup Company tenha perdido US$ 30 milhões com o lançamento de sopas condensadas na Inglaterra; os consumidores viam as latinhas caras e não percebiam que era preciso acrescentar água. Confira outros casos famosos de pisadas na bola do *marketing* global:

Os cartões da Hallmark foram um fracasso na França porque os franceses não gostam de mensagens muito sentimentais e preferem escrever seus próprios cartões.

A Philips começou a obter lucros no Japão somente depois de reduzir o tamanho das cafeteiras elétricas, para que coubessem nas minúsculas cozinhas japonesas, e dos barbeadores elétricos, para que se ajustassem melhor às mãos japonesas.

A Coca-Cola teve de desistir de comercializar sua garrafa de dois litros na Espanha depois de descobrir que poucos espanhóis tinham geladeiras com compartimentos grandes o suficiente para ela.

O Tang, da General Foods, não foi aceito inicialmente na França porque a empresa o anunciou como um substituto para o suco de laranja no café da manhã. Os franceses bebem pouco suco de laranja e quase nunca no café da manhã.

As Pop-Tarts, da Kellogg's, foram um fracasso na Grã-Bretanha porque a porcentagem de lares britânicos com torradeiras era bem menor do que nos Estados Unidos e porque o produto era muito doce para o paladar inglês.

Inicialmente, a campanha de comunicação americana para promover o creme dental Crest, da Procter & Gamble, não obteve sucesso no México. Os mexicanos não deram muita atenção para a propaganda com muita informação científica sobre a prevenção contra a cárie.

A General Foods gastou milhões de dólares na tentativa de lançar uma mistura para bolo no mercado japonês, sem se dar conta de que apenas 3% dos lares japoneses eram equipados com fornos.

A princípio, as ceras para assoalho da S. C. Johnson não foram bem recebidas no Japão. Elas deixavam o assoalho muito escorregadio para uma cultura em que as pessoas não usam calçados dentro de casa.

Em vez de customizar totalmente seus produtos, a empresa pode posicionar suas ofertas de diferentes maneiras nos vários mercados em que atua. Em seu negócio de equipamentos médicos, a Philips costumava reservar produtos *premium*, de qualidade superior, para os mercados desenvolvidos e enfatizava produtos com funcionalidades básicas e acessibilidade para os mercados em desenvolvimento. Cada vez mais, no entanto, a empresa tem adotado projeto, engenharia e fabricação locais em mercados emergentes, como China e Índia.

Com uma classe média crescente em diversos mercados emergentes, muitas empresas estão montando portfólios de produtos para explorar diferentes segmentos de renda. A Danone, empresa francesa do setor de alimentos, oferece muitos produtos saudáveis de alta qualidade, como o iogurte Danone, a água mineral Evian e a comida para bebê Blédina, mas também comercializa itens a preços bem mais baixos visando aos consumidores com orçamentos para alimentação à base de "um dólar por dia".

Adaptação do produto. Diferenças no comportamento do consumidor, assim como fatores de mercado históricos, levaram as empresas a posicionarem de forma diferente seus produtos em mercados distintos. Em virtude de todas essas diferenças, a maioria dos produtos demanda ao menos alguma adaptação.[21] Até mesmo a Coca-Cola é mais doce ou menos gaseificada em certos países. Em vez de presumir que um produto de determinada região pode ser lançado sem alteração em outro país, uma empresa deve examinar os elementos a seguir e definir quais agregarão mais lucros do que custos se forem adaptados: atributos do produto, rótulos, cores, ingredientes, embalagem, nome da marca, promoção de vendas, preços e mensagem, mídia e execução criativa da propaganda. Considere os exemplos a seguir:

A cerveja Heineken é um produto *premium* e sofisticado nos Estados Unidos, mas comum em seu mercado doméstico holandês.

Os automóveis Honda denotam velocidade, juventude e energia no Japão e qualidade e confiabilidade nos Estados Unidos.

O Toyota Camry é o carro de classe média por excelência nos Estados Unidos, mas atende à classe alta na China, embora as diferenças entre os modelos de ambos os mercados sejam meramente estéticas.

A adaptação do produto altera o produto para atender às condições ou preferências locais. Dependendo da semelhança entre as preferências dos clientes de diferentes mercados, a adaptação do produto pode ocorrer em diversos níveis. A empresa pode produzir uma *versão regional* de seu produto. A Dunkin' Donuts vem introduzindo mais produtos regionalizados, como as rosquinhas Coco Leche em Miami e os enroladinhos de salsicha em Dallas. Grande sucesso em mercados em desenvolvimento na América Latina, no México e no Oriente Médio, o suco em pó Tang adicionou sabores locais, como *lemon pepper* (tempero à base de pimenta-do-reino e raspas de limão-siciliano), manga e graviola. A empresa também pode produzir uma *versão para um país*. A Kraft produz *blends* diferentes de café para os britânicos (que o bebem com leite), para os franceses (que o bebem puro) e para os latino-americanos (que preferem um sabor mais tostado). Em alguns casos, a empresa pode produzir uma *versão para uma cidade*, como uma cerveja para satisfazer o gosto dos habitantes de Munique ou de Tóquio. A empresa também pode produzir diferentes *versões de varejo*, como um tipo de café para a rede de lojas Migros e outro para a Cooperative, ambas na Suíça.

Algumas empresas aprenderam a lição da adaptação da maneira mais difícil. Em 1992, quando lançou o parque temático Euro Disney nos arredores de Paris, a Walt Disney foi duramente criticada como exemplo do imperialismo cultural americano por ignorar costumes e valores franceses, como servir vinho nas refeições. Um executivo do Euro Disney observou que "quando inauguramos, havia a crença de que bastava ser Disney. Agora percebemos que nossos clientes precisam ser recebidos com base em sua própria cultura e hábitos de viagem". Rebatizado como Disneyland Paris, o parque temático acabou tornando-se a maior atração turística da Europa – mais popular até do que a Torre Eiffel – após a incorporação de algumas mudanças e toques locais.[22]

Invenção de produto. Em vez de usar ou adaptar seus produtos atuais, a empresa pode escolher desenvolver novos produtos para os mercados globais. Por exemplo, para atender à necessidade de alimentos de baixo custo e alto teor proteico nos países menos desenvolvidos, empresas como Quaker Oats, Swift e Monsanto pesquisam as necessidades nutricionais desses países, formulam novos alimentos e desenvolvem campanhas de comunicação para que seus produtos sejam experimentados e aceitos.

A McDonald's permite que os países e as regiões customizem seu leiaute e os itens básicos do cardápio. Os fãs da rede podem comer camarão frito na Suíla, Sausage 'n Egg Twisty Pasta em Hong Kong, Mozzarella Dippers (uma variação da muçarela empanada) no Reino Unido e a clássica Georgie Pie na Nova Zelândia. Em Portugal, o McDonald's oferece sopa como alternativa aos hambúrgueres, incluindo sopa de feijão e de espinafre. Outras inovações de produto incluem: o hambúrguer de frango e vegetais no Japão, feito de carne de frango, soja e verduras; os muitos itens vegetarianos disponíveis na Índia, desde o McVeggie ao Veg Pizza McPuff, com molho de tomate, queijo muçarela e diversas verduras; o McMollette mexicano, um sanduíche aberto servido no café da manhã com feijão, queijo e molho; as panquecas McToast na Alemanha, servidas com chocolate e dobradas feito um sanduíche; e o McKroket da Holanda, que combina um croquete com molho de mostarda. Para quem busca sabores mais exóticos, o restaurante McDonald's da Malásia oferece o Burbur Ayam McD, um mingau com frango servido com cebola, gengibre, chalotas e pimenta chili.[23]

Como lidar com produtos falsificados. À medida que as empresas desenvolvem redes globais de cadeia de suprimentos e movem a produção para mais longe de casa, aumentam as chances de corrupção, fraude e problema de controle de qualidade. Fábricas sofisticadas no exterior parecem capazes de reproduzir praticamente qualquer coisa. Pense em uma marca conhecida; é bem provável que uma versão falsificada dela exista em algum lugar do mundo.

Estima-se que a falsificação custe mais de 1 trilhão de dólares por ano. Em nível global, os prejuízos causados apenas pelos produtos falsificados *on-line* somaram US$ 323 bilhões em 2017. Os produtos falsificados abocanham uma fatia grande dos lucros de marcas de luxo, como Hermès, LVMH (Moët Hennessy Louis Vuitton) e Tiffany. Os prejuízos incorridos por marcas de luxo devido à venda de produtos falsificados pela internet superam US$ 30 bilhões.[24]

Praticamente todo produto é vulnerável. A Microsoft estima que cerca de 90% dos *softwares* de sistema operacional Windows na China sejam piratas.[25] Como um consultor especializado em falsificações observou: "Se você pode fazer algo, alguém pode falsificar". Depois de examinar milhares de itens, a LVMH estimou que 90% das peças Louis Vuitton e Christian Dior listadas no eBay eram falsas, o que levou a empresa a mover uma ação judicial.

Os fabricantes passaram a fazer retaliações *on-line* por meio de um *software* que detecta fraudes e adverte automaticamente os possíveis violadores, sem a necessidade de qualquer intervenção humana. O uso de *software* de inteligência artificial ajuda a identificar lojas e vendas *on-line* falsas com a detecção de anúncios semelhantes aos de marcas legítimas e *sites* não autorizados que estampam logotipos e marcas registradas nas suas *homes*. O *software* também busca palavras-chave como *"barato", "desconto", "autêntico"* e *"variante de fábrica"*, além de cores nas quais os produtos nunca foram fabricados e preços baixos demais.

ESTRATÉGIAS GLOBAIS DE MARCA

Quando entra em mercados globais, a empresa também deve decidir como posicionar sua marca e como adaptá-la às especificidades de cada mercado (se decidir adaptá-la). Também é preciso considerar os efeitos do país de origem, que tendem a influenciar o modo como a marca é percebida em diferentes mercados ao redor do mundo.

Adaptação de marca. Ao lançar bens e serviços globalmente, é possível que certos elementos de marca tenham de ser alterados. Até mesmo o nome da marca pode exigir uma escolha entre uma tradução fonética ou semântica. Quando a Clairol lançou na Alemanha o Mist Stick, um aparelho de fazer cachos nos cabelos, descobriu que *mist* era uma gíria usada para *esterco*. Na China, a Coca-Cola e a Nike encontraram conjuntos de caracteres chineses que soam como os seus nomes, mas oferecem significado relevante ao mesmo tempo ("Pode ser gostoso, pode ser feliz" e "Conquista da resistência", respectivamente).[26]

Números e cores podem ter significado especial em certos países. O número quatro é considerado de mau agouro em boa parte da Ásia porque a palavra em japonês e chinês soa como "morte". Alguns edifícios do Leste Asiático pulam não só o quarto andar, mas, muitas vezes, todos os andares que incorporem esse número (14, 24, 40–49). A Nokia também não coloca no mercado asiático modelos de telefone que contenham o número quatro. O roxo está associado à morte em Mianmar e em alguns países latino-americanos, o branco é a cor do luto na Índia, e o verde denota doença na Malásia. O vermelho geralmente significa boa sorte e prosperidade na China.[27]

Em alguns casos, *slogans* de marca ou frases de anúncios têm de ser mudados. Quando a fabricante de cerveja Coors traduziu seu *slogan* "Turn it Loose" (Solte-se) para o espanhol, descobriu que ele podia ser entendido como "Tenha diarreia". Um anúncio de sabão em pó que afirmava lavar *really dirty parts* (partes realmente sujas) foi traduzido por falantes de francês em Quebec como "um sabão para lavar as partes íntimas". Já o *slogan* "It Takes a Tough Man to Make a Tender Chicken" (É preciso um homem durão para deixar um frango macio), da Perdue, podia ser entendido em espanhol como "É preciso um homem sexualmente excitado para deixar uma galinha amorosa".[28]

Efeitos do país de origem. As percepções do país de origem são as associações mentais e as crenças ativadas por um país. As autoridades governamentais querem fortalecer a imagem de seu país para ajudar as empresas domésticas a exportar e atrair empresas e investidores estrangeiros. Já as empresas querem usar as percepções do país de origem do modo mais vantajoso possível, com o objetivo de vender seus bens e serviços.

As empresas globais sabem que os consumidores têm atitudes e crenças distintas a respeito de marcas ou produtos de diferentes países. Essas percepções podem ter origem em diversos fatores, incluindo outros atributos do produto, o significado da marca e o país de origem (p. ex., "se é francês, deve ter estilo"). O sucesso da Coca-Cola sobre a marca de cola local Jianlibao na China deveu-se, em parte, aos valores simbólicos de modernidade e riqueza dos Estados Unidos. Considere a experiência da Digicel.

> **Digicel** Lançada em 2001, a jamaicana Digicel conquistou países em desenvolvimento politicamente instáveis, como Papua-Nova Guiné, Haiti e Tonga, com produtos e serviços de telecomunicações móveis, atraindo a população pobre e geralmente negligenciada de consumidores. A empresa busca uma cobertura de 100% da população com suas redes, levando serviço móvel

>> Esforços para preservar a sua relevância local permitiram que a Digicel levasse produtos e serviços de telefonia móvel a clientes desatendidos em países politicamente instáveis.

acessível para residentes das cidades e das zonas rurais que jamais tiveram oportunidade de cobertura. A empresa atua em 31 mercados no Caribe, na América Central e na Ásia-Pacífico. Para ser localmente relevante, a Digicel patrocina times de críquete, rúgbi e outros esportes de alta visibilidade em cada uma dessas áreas. O conhecido velocista campeão olímpico Usain Bolt é o principal embaixador da marca em várias propagandas e promoções por toda a região. A empresa também administra uma série de ações comunitárias em cada mercado por meio dos programas de desenvolvimento educacional, cultural e social da Fundação Digicel. Os esforços de *marketing* da empresa em Fiji são ilustrativos. Em meio a uma batalha aguerrida com a Vodafone apenas dois anos após seu ingresso no mercado, a Digicel Fiji adicionou a cor azul da bandeira nacional ao seu próprio logotipo vermelho para refletir o orgulho da empresa por suas contribuições para a vida e os esportes do país, conforme reflete a campanha "Fiji Matters to Us" (Nós nos importamos com Fiji).[29]

O mero fato de uma marca ser percebida de forma bem-sucedida como proveniente de um dado país – seja porque sinaliza qualidade, explora mitos culturais ou reforça um senso de responsabilidade social – pode lhe conferir credibilidade e respeito.[30] Vários estudos descobriram que certos países usufruem de reputação para certos produtos: o Japão para automóveis e eletrônicos de consumo; os Estados Unidos para inovações *high-tech*, refrigerantes, brinquedos, cigarros e *jeans*; a França para vinho, perfumes e artigos de luxo.

Quando os consumidores não sabem de onde as marcas e os produtos vêm, muitas vezes fazem inferências sobre suas origens. Nas pesquisas, é comum a percepção de que a Heineken é alemã, a Nokia é japonesa e a Au Bon Pain é francesa (na verdade, elas são holandesa, finlandesa e americana, respectivamente). Poucos consumidores sabem que a vodca Popov, as facas Ginsu, a Estée Lauder e a Häagen-Dazs tiveram origem nos Estados Unidos.

Häagen-Dazs Após vender o sorvete caseiro da família Mattus por mais de 30 anos para pequenas confeitarias e restaurantes do Bronx, Reuben Mattus decidiu que os amantes do sorvete de Nova York estariam dispostos a pagar mais por um produto que considerassem diferente, até evocativo, possivelmente melhor. Para criar a imagem, ele inventou o nome Häagen-Dazs, que soaria frio, puro, luxuoso e dinamarquês. No entanto, o nome não é dinamarquês (na verdade, o trema não é usado no idioma) e tem tanto significado nesse idioma quanto tem no inglês:

nenhum. Mesmo assim, o nome intrigante, reforçado pelo mapa da Escandinávia estampado nas embalagens em que o produto era vendido, diferenciava o sorvete da concorrência e evocava uma associação imediata com os climas frios, límpidos e brilhantes daquela região. O prestígio adicional do nome exótico contribuiu para a reputação da Häagen-Dazs de ser um produto de luxo com uma textura incrível, considerado pelos clientes o melhor do mercado.[31]

A percepção do país de origem deve ser considerada tanto da perspectiva doméstica quanto da estrangeira. No mercado doméstico, essas percepções podem mexer com o senso de patriotismo dos consumidores ou lembrá-los de seu passado. À medida que o comércio internacional se expande, os consumidores podem passar a considerar certas marcas como simbolicamente importantes em sua própria identidade cultural ou na manutenção de empregos em seu próprio país. Mais de três quartos dos consumidores americanos declaram que, diante de uma escolha entre um produto feito no país e um idêntico feito no exterior, eles escolheriam o produto nacional.[32]

Muitas marcas não medem esforços para se incorporar à cultura de seus mercados externos. Um executivo da Coca-Cola conta o caso de uma criança japonesa em visita aos Estados Unidos que comentou com seus pais ao ver uma máquina de Coca-Cola: "Olha, eles têm Coca-Cola também!". Para ela, a Coca-Cola era uma marca japonesa. Haier é outra marca global que se empenha em estabelecer raízes locais em outros países.

Haier Como a principal fabricante de refrigeradores, máquinas de lavar roupa e aparelhos de ar-condicionado da China, a Haier era bem conhecida e respeitada no mercado doméstico por produtos bem concebidos. Para os clientes da zona rural, a empresa comercializava máquinas de lavar extremamente duráveis que poderiam ser usadas para lavar, além de roupas, vegetais; para os clientes da área urbana, ela fabricava máquinas de lavar menores, apropriadas para apartamentos pequenos. Na virada do século XXI, a empresa mirou um objetivo muito maior: construir uma marca verdadeiramente global. Ao contrário da maioria das demais empresas asiáticas, que optaram por entrar nos mercados asiáticos antes de se aventurarem nos mercados ocidentais, a Haier decidiu visar primeiramente aos Estados Unidos e à Europa Ocidental. Ela acreditava que o sucesso no exterior propiciaria maior sucesso em qualquer outra parte do mundo. Nos Estados Unidos, a empresa estabeleceu uma base explorando um mercado negligenciado (o de frigobares para residências, escritórios, dormitórios e hotéis) e garantindo distribuição em grandes varejistas, como Walmart, Target e Home Depot, entre outros. Uma vez obtido algum sucesso inicial, a empresa começou a vender refrigeradores de ponta e outros aparelhos, como ares-condicionados, máquinas de lavar roupa e lavadoras de louça. Seu objetivo era ser vista como uma marca americana localizada, não como uma marca chinesa importada. Assim, a Haier investiu em uma fábrica no estado da Carolina do Sul e firmou parceria de *marketing* com a National Basketball Association (NBA). Em 2018, a receita estrangeira da empresa representava 40% da receita total da empresa, e hoje a Haier é a marca de eletrodomésticos mais vendida do mundo.[33]

ESTRATÉGIAS GLOBAIS DE PREÇO

A mesma bolsa Gucci pode ser vendida por US$ 200 na Itália, por US$ 300 nos Estados Unidos e por US$ 400 na China. Por quê? A Gucci tem de acrescentar ao preço de fábrica o custo do transporte, dos impostos, da margem do importador, da margem do atacadista e da margem do lojista. A escalada de preço decorrente desses custos adicionais, além do risco da flutuação cambial, pode tornar o produto duas a cinco vezes mais caro do que em outro país para proporcionar o mesmo lucro ao fabricante. Além disso, os preços refletem a disposição dos clientes de pagar pelos benefícios gerados pela oferta da empresa.

As empresas têm duas opções para estabelecer preços em diferentes países:

- *Estabelecer um preço uniforme em todos os países.* A PepsiCo poderia cobrar US$ 1 pela latinha de refrigerante no mundo todo, mas então teria diferentes índices de lucro em países diversos. Além disso, tal estratégia resultaria em preços altos nos países pobres e baixos nos países ricos.

- *Estabelecer um preço baseado no mercado em cada país.* A PepsiCo cobraria o que se pode pagar em cada país. Essa estratégia ignora, contudo, diferenças no custo real de um país para outro. Além disso, poderia levar a uma situação na qual os intermediários dos países com menor preço repassassem o refrigerante para os países onde o preço fosse maior.

Os preços de mercado podem levar a situações em que uma unidade cobra de outra unidade da mesma empresa um preço de transferência para mercadorias despachadas a subsidiárias no exterior. Se a empresa cobrar um preço muito *alto* de uma subsidiária, poderá pagar altas taxas alfandegárias, embora possa pagar menos imposto de renda nos países estrangeiros. Se cobrar um preço muito *baixo* de sua subsidiária, poderá ser acusada de *dumping*, isto é, de cobrar menos do que seus custos ou menos do que cobra no mercado de seu próprio país com o propósito de entrar em um mercado ou dominá-lo. Vários governos tomam precauções contra abusos e geralmente obrigam as empresas a cobrarem um preço semelhante àqueles cobrados por outros concorrentes pelo mesmo produto ou por um produto semelhante.

Os países com excesso de produção, moedas desvalorizadas e necessidade de exportar agressivamente têm empurrado os preços para baixo e desvalorizado sua moeda. A lenta demanda e a relutância em pagar preços mais altos dificultaram a venda nos mercados emergentes. Por exemplo, quando a gigante moveleira sueca IKEA inaugurou sua primeira loja em Pequim em 2002, as lojas locais vendiam imitações dos seus *designs* por uma fração do preço que a original cobrava. A única maneira de competir no mercado de preços dificílimo do país seria baixar os preços drasticamente. Ao abastecer suas lojas chinesas com produtos fabricados na China, a IKEA conseguiu cortar preços em até 70% abaixo de seu nível fora do país. Embora ainda lute contra imitações persistentes, a IKEA mantém lojas de porte considerável em 24 localidades no país e continua a inaugurar novas unidades.[34]

ESTRATÉGIAS GLOBAIS DE COMUNICAÇÃO

As empresas variam no quanto adaptam suas comunicações de *marketing* para cada mercado local. A empresa pode usar uma única mensagem em todos os lugares onde atua, variando apenas idioma e nome. A General Mills posiciona sua marca Häagen-Dazs em termos de "indulgência", "luxo acessível" e "intensa sensualidade". Outra possibilidade é usar a mesma mensagem e o tema criativo globalmente, mas adaptar a execução a um mercado específico. A campanha de comunicação global Ecomagination, da GE, substitui o conteúdo criativo na Ásia e no Oriente Médio para refletir interesses culturais locais. Inclusive na seara de alta tecnologia podem ser necessárias adaptações desse tipo.[35] A empresa também pode desenvolver um conjunto global de anúncios, do qual cada país seleciona o que lhe for mais apropriado – uma abordagem adotada pela Coca-Cola e pela Goodyear. Por fim, algumas empresas permitem que seus gerentes nacionais criem anúncios específicos do país – de acordo com diretrizes básicas, evidentemente.

As empresas que adaptam suas comunicações enfrentam uma série de desafios. Em primeiro lugar, devem verificar se suas comunicações são legal e culturalmente aceitáveis. Os fabricantes americanos de brinquedos ficaram surpresos ao saber que em muitos países (como Noruega e Suécia) nenhum comercial de TV pode ser dirigido a crianças com menos de 12 anos. Para promover uma cultura de neutralidade de gênero, a Suécia proíbe propagandas sexistas. Por exemplo, um comercial que falava de "carros para meninos, princesas para meninas" foi criticado por autoridades governamentais de regulação de propaganda.[36]

Alguns países têm tomado medidas para eliminar modelos supermagras e retocadas em anúncios. Israel proibiu modelos abaixo do peso em anúncios impressos e na TV, bem como em desfiles de moda. Modelos devem ter um índice de massa corporal (IMC) – um cálculo baseado em altura e peso – superior a 18,5. De acordo com esse padrão de IMC, uma modelo que tenha aproximadamente 1,70 m de altura não pode pesar menos de 54 kg.[37]

As empresas devem então verificar suas estratégias criativas e abordagens de comunicação quanto à adequação. Anúncios comparativos, embora aceitáveis e até mesmo comuns nos Estados Unidos e no Canadá, são menos frequentes no Reino Unido, inaceitáveis no Japão, com restrições e regras no Brasil e ilegais na Índia. A União Europeia (UE) parece ter baixa tolerância à propaganda comparativa e proíbe criticar rivais em anúncios. As empresas devem estar preparadas para variar o apelo das mensagens. Ao divulgar seus produtos de cuidados com os cabelos, a Helene

Curtis observou que as mulheres britânicas de classe média lavam o cabelo com mais frequência que as espanholas, e as japonesas evitam o excesso de lavagem com receio de remover a oleosidade protetora. É preciso estar ciente dessas diferenças para formular mensagens eficazes. O idioma também pode variar, seja o idioma local, seja outro, como o inglês, ou uma combinação de ambos. As táticas de venda pessoal também podem ter de mudar. Aquela abordagem direta, sem rodeios, que os americanos apreciam (algo como "vamos direto ao assunto" e "que vantagem eu levo?"), talvez não funcione tão bem na Europa ou na Ásia quanto uma abordagem indireta e sutil.[38]

ESTRATÉGIAS GLOBAIS DE DISTRIBUIÇÃO

Quando as multinacionais entram em um país, elas preferem trabalhar com distribuidores locais que tenham bom conhecimento da região, mas muitas vezes surgem atritos.[39] A multinacional reclama que o distribuidor local não investe no crescimento dos negócios, não segue a política da empresa e não compartilha informações suficientes. Já o distribuidor local reclama da falta de apoio corporativo, do estabelecimento de metas inatingíveis e de políticas confusas. A multinacional deve escolher os distribuidores certos, investir neles e chegar a um acordo mútuo sobre metas de desempenho.

Os canais de distribuição variam consideravelmente entre países. Para comercializar bens de consumo no Japão, as empresas têm de trabalhar com um dos mais complicados sistemas de distribuição do mundo. Elas vendem para um atacadista geral, que vende para um atacadista segmentado por produto, que vende para um atacadista segmentado por especialidade do produto, que vende para um atacadista regional, que vende para um atacadista local, que finalmente vende para os varejistas. Todos esses níveis de distribuição podem fazer o preço ao consumidor chegar ao dobro ou ao triplo do preço do importador. Se os mesmos produtos forem levados para a África tropical, a empresa deverá vender para um atacadista importador, que venderá para diversos atacadistas locais, que venderão para pequenos comerciantes que atuam nos mercados locais.

Outra diferença reside no tamanho e nas características das unidades varejistas no exterior. Grandes redes varejistas dominam o cenário americano, porém, em muitos outros países, esse setor está nas mãos de pequenos varejistas independentes. Na Índia, milhões de varejistas operam pequenas lojas ou vendem em mercados abertos. Suas margens são altas, mas o preço acaba caindo graças à pechincha. As rendas são baixas, a maioria das casas não tem local de armazenagem nem refrigeração, e as pessoas compram diariamente aquilo que conseguem levar para casa a pé ou de bicicleta. Nesse país, os cigarros costumam ser vendidos por unidade. O fracionamento de grandes volumes é uma função importante dos intermediários e ajuda a perpetuar os longos canais de distribuição, que constituem os maiores obstáculos à expansão de grandes varejistas nos países em desenvolvimento.

Cada vez mais, porém, os varejistas têm feito incursões em mercados globais, oferecendo às empresas fornecedoras a oportunidade de vender em mais países e criando um desafio a distribuidores e varejistas locais.[40] A francesa Carrefour, as alemãs Aldi e Metro e a britânica Tesco já se posicionaram globalmente. Entretanto, alguns dos maiores varejistas mundiais obtiveram resultados menos positivos no exterior. Apesar de esforços concentrados e sucesso anterior na América Latina e na China, o Walmart teve de se retirar do mercado alemão e do sul-coreano após grandes prejuízos.[41]

Muitas multinacionais sofrem com o problema do **mercado cinza**, que desvia produtos de marca dos canais de distribuição autorizados no próprio país de origem ou por meio de fronteiras internacionais. É comum uma empresa encontrar distribuidores que compram mais do que podem vender em seu próprio país e reenviam a mercadoria para outro país, a fim de tirar proveito das diferenças de preços.

Mercados cinzas criam um problema de clandestinidade, tornando os investimentos de distribuidores legítimos em suporte ao produto de um fabricante menos produtivos e os sistemas de distribuição seletiva mais intensivos para reduzir o número de possibilidades no mercado cinza. Os mercados cinzas prejudicam as relações com o distribuidor, contaminam o *brand equity* do fabricante e comprometem a integridade do canal de distribuição. Eles podem até mesmo representar riscos para os consumidores, se o produto aparentemente novinho em folha que pensam estar comprando estiver danificado, remarcado, obsoleto e sem garantia ou suporte, ou então for simplesmente falsificado. Em razão de seus preços elevados, os medicamentos controlados costumam ser alvo desse mercado cinza, embora os reguladores governamentais dos Estados Unidos estejam de olho no setor depois que frascos falsos do Avastin, medicamento contra câncer da Riche Holding AG, foram enviados a médicos americanos.[42]

As multinacionais tentam evitar os mercados cinzas por meio de controle de distribuidores, aumento de preços para os distribuidores que têm custos menores de operação e alteração de características do produto ou de garantias de assistência técnica para diferentes países. Um estudo constatou que a atividade do mercado cinza era mais efetivamente combatida quando as penalidades eram rigorosas, quando os fabricantes conseguiam detectar violações ou infligir punições em tempo hábil ou quando ambas as medidas preventivas eram adotadas.[43]

INSIGHT de marketing — Semelhanças e diferenças globais

A enorme penetração da conectividade global, da programação *on-line*, das comunicações móveis e das mídias sociais levou à convergência dos estilos de vida. Necessidades e desejos compartilhados criaram mercados globais para produtos mais padronizados, especialmente entre a jovem classe média.

Ao mesmo tempo, os consumidores globais ainda podem variar significativamente. Assim, o comportamento de consumo pode refletir diferenças culturais marcantes entre os países.[44] Pesquisas acadêmicas identificam seis dimensões culturais que diferenciam os países. Essas dimensões representam preferências independentes por uma determinada situação e diferenciam os países (não os indivíduos) uns dos outros.[45]

- **Índice de distância do poder.** Essa dimensão reflete o quanto os membros menos poderosos da sociedade aceitam e esperam uma distribuição desigual do poder. Em outras palavras, o índice de distância do poder reflete o modo como a sociedade lida com as desigualdades entre as pessoas. Os países caracterizados por uma alta distância do poder aceitam uma estratificação social hierárquica, ao passo que os países com baixa distância do poder buscam equalizar a distribuição de poder e exigem justificativas para desigualdades de poder.
- **Individualismo *versus* coletivismo.** Em sociedades coletivistas (p. ex., Japão), a autovalorização de um indivíduo diz mais respeito ao sistema social do que às realizações individuais. Nas sociedades individualistas (p. ex., Estados Unidos), por outro lado, espera-se que as pessoas tomem conta apenas de si e de sua família imediata. A posição da sociedade nessa dimensão se reflete no fato de a autoimagem das pessoas ser definida em termos de "eu" ou de "nós".
- **Masculinidade *versus* feminilidade.** Essa dimensão mede até que ponto a cultura reflete características assertivas, mais frequentemente atribuídas à masculinidade, *versus* características acolhedoras, mais frequentemente atribuídas à feminilidade. O aspecto de masculinidade representa uma preferência social por conquista, heroísmo, assertividade e recompensas materiais pelo sucesso. Seu contrário, a feminilidade, reflete uma preferência por cooperação, modéstia, cuidar dos mais fracos e qualidade de vida.
- **Índice de aversão à incerteza.** A aversão à incerteza reflete o quanto os membros de uma sociedade se sentem desconfortáveis com a incerteza e a ambiguidade. Os países com alta aversão à incerteza mantêm códigos rígidos de crenças e comportamentos e são intolerantes a ideias e comportamentos não ortodoxos. Os países com baixa aversão à incerteza, por outro lado, mantêm uma atitude mais relaxada, na qual a prática conta mais do que os princípios.
- **Orientação normativa *versus* pragmática.** Essa dimensão reflete o quanto a sociedade está ligada ao próprio passado quando lida com os desafios do presente e do futuro. As sociedades com uma orientação normativa preferem manter normas e tradições ancestrais e são céticas em relação a mudanças sociais. As sociedades com uma orientação pragmática, por outro lado, tendem a adotar uma abordagem mas prática; elas incentivam a frugalidade e os esforços em educação moderna como forma de se preparar para o futuro.
- **Indulgência *versus* restrição.** Essa dimensão cultural representa o quanto a sociedade depende de normas estritas para guiar o comportamento individual. A indulgência representa o quanto a sociedade permite a gratificação relativamente livre de impulsos hedônicos básicos relacionados a aproveitar a vida. A restrição caracteriza uma sociedade que subjuga a gratificação das necessidades hedônicas e a regula por meio de normas sociais estritas.

(continua)

As melhores marcas globais são coerentes em temática, mas refletem diferenças significativas em comportamento do consumidor, desenvolvimento de marca, forças competitivas e ambiente jurídico ou político.[46] A recomendação frequentemente ouvida, e às vezes modificada, para profissionais de *marketing* de marcas globais é: "Pense globalmente, aja localmente". Nesse espírito, o HSBC posiciona-se explicitamente como The World's Local Bank (O banco local do mundo).

Resumo

1. Entrar no mercado externo envolve dois tipos principais de risco: riscos gerais, associados à entrada em um novo mercado e riscos específicos, associados a trabalhar em um país diferente. Quando decide operar no exterior, a empresa deve avaliar cuidadosamente a relação entre risco e recompensa de cada mercado global sob consideração.

2. Decidir atuar ou não no exterior é a primeira de muitas decisões que a empresa deve tomar quando desenvolve sua estratégia global. Se a empresa conclui que a investida internacional é mesmo o melhor plano, então precisa tomar uma série de decisões mais específicas, incluindo em quais mercados entrar, como entrar neles, que programa de *marketing* específico usar em cada mercado e como estruturar a organização de *marketing* em cada país.

3. Quando uma empresa define determinado país como alvo, precisa definir a melhor maneira de ingressar nele com suas marcas. As principais opções são exportação indireta, exportação direta, licenciamento, *joint ventures* e investimento direto, em ordem ascendente de potencial de comprometimento, risco, controle e lucro.

4. Uma decisão importante para a empresa que entra em um novo mercado global é quanto adaptar sua estratégia de *marketing* às condições locais. Um programa de *marketing* mundial padronizado promete a máxima consistência entre os diversos países. Um programa de *marketing* adaptado, por outro lado, adapta as ofertas da empresa às especificidades de cada país.

5. Desenvolver estratégias de produtos globais exige saber quais tipos de bens ou serviços são facilmente padronizados e as estratégias adequadas de adaptação. Ao definir até que ponto adaptar seu programa de *marketing* quanto ao produto, as empresas podem buscar uma estratégia de extensão direta, de adaptação do produto ou de invenção de produto.

6. Quando entra em mercados globais, a empresa também deve decidir como posicionar sua marca e como adaptá-la às especificidades de cada mercado (se decidir adaptá-la). Também é preciso considerar os efeitos de país de origem, que tendem a influenciar o modo como a marca é percebida no mercado específico.

7. A empresa pode se beneficiar da adaptação das suas estratégias de preço e de comunicação ao mercado local. O nível de adaptação vai desde pequenas variações no programa de *marketing* até políticas de preço e de comunicação completamente diferentes para cada país-alvo.

8. No nível da distribuição, as empresas precisam ter uma visão de canal total sobre o desafio de fazer com que seus produtos cheguem até os usuários finais. As empresas devem sempre estar cientes das limitações culturais, sociais, políticas, tecnológicas, ambientais e legais que terão de enfrentar em outros países.

DESTAQUE de *marketing*

IKEA

A IKEA, empresa de varejo sueca conhecida por móveis, artigos de decoração e eletrodomésticos, é a maior varejista de móveis do mundo desde 2008. A IKEA construiu a sua reputação mundial graças aos preços acessíveis e ao *design* inovador dos seus produtos. Em 75 anos de trabalho, a IKEA expandiu-se para mais de 300 lojas em 25 países do mundo todo, ajustando suas lojas e seus produtos com base nas diferentes preferências dos consumidores em cada local.

A IKEA foi fundada pelo empreendedor Ingvar Kamprad em 1943. O nome IKEA é um acrônimo de: Ingvar Kamprad; Elmtaryd, a fazenda onde cresceu; e Agunnaryd, sua cidade natal na Suécia. Kamprad começou o negócio vendendo canetas, carteiras e relógios de porta em porta. Mais tarde, adicionou móveis ao seu portfólio, vendidos principalmente pelo correio. Os preços baixos dos móveis da IKEA explicam o seu sucesso inicial no ramo. Em 1953, a empresa inaugurou o seu primeiro *showroom* móvel em Almhult, na Suécia. O *showroom* demonstrava a qualidade e a funcionalidade dos seus móveis de baixo custo. A popularidade do primeiro *showroom* da IKEA inspirou a empresa a abrir sua primeira loja de varejo cinco anos depois, também em Almhult. A rentabilidade do *showroom* da IKEA naquela cidade levou a empresa a espalhar-se pelo restante da Europa, começando pela Noruega, em 1963. Após o sucesso na Europa, a empresa expandiu-se para o restante do mundo, chegando aos Estados Unidos, à Ásia e à Austrália no início do século XXI.

O modelo de negócios da IKEA se baseia na produção em massa dos mesmos tipos de produto, o que permite que ela se beneficie de grandes economias de escala. Em virtude dos baixos custos dos fornecedores, a IKEA consegue cobrar preços baixos dos consumidores. Os produtos são projetados para serem arrojados, funcionais e minimalistas, o que atrai o maior número possível de consumidores preocupados com o orçamento doméstico. Além disso, para manter os preços baixos, a IKEA responsabiliza os clientes pela montagem dos móveis. Os produtos da IKEA são embalados em caixas de papelão, sempre com todas as peças bem apertadas. A IKEA tenta remover todo o ar possível dos seus *flat packs* (embalagens planas) para que os móveis caibam em contêineres sem desperdício de espaço, o que reduz os custos de frete.

Apesar do sucesso na Europa, a IKEA teve problemas para replicar o modelo de negócios em nível global. Para resolver esses problemas, a empresa identificou desafios estratégicos em cada mercado e realizou ajustes para superá-los. Por exemplo, uma das principais proposições de valor da IKEA na Europa e na América do Norte é oferecer móveis de baixo custo. Na China, entretanto, os móveis da IKEA têm preços ligeiramente acima da média. A IKEA percebeu que a mesma proposição de valor não se sustentaria no país, então começou a buscar jovens clientes de classe média, em média mais ricos, com maior escolaridade e mais atentos ao estilo ocidental. A IKEA também começou a adquirir materiais locais e usar fabricantes locais, o que permitiu que ela continuasse competitiva em termos de preço. Por fim, a IKEA enfatizou sua posição como marca de alta qualidade e estilo ocidental.

A IKEA utiliza pesquisas de mercado abrangentes para melhorar suas vendas em diferentes mercados, adaptando aspectos como *design* de produtos e oferta de serviços. Por exemplo, as pesquisas da IKEA demonstraram que a população mundial está morando em casas e apartamentos com salas menores. Assim, a IKEA projetou produtos, como lâmpadas e mesas, com carregadores sem fio embutidos para economizar espaço e fugir dos fios emaranhados. Quando as pesquisas mostraram que as embalagens "faça você mesmo" dos seus produtos eram mal recebidas na China, a IKEA começou a vender o serviço de entrega e montagem. A IKEA também inaugurou lojas em áreas populares próximo a linhas de transporte (e não nos subúrbios) em cidades asiáticas, pois muitas pessoas não têm acesso a automóveis. Os *showrooms* da IKEA apresentam modelos de quartos, salas de jantar e salas de estar e sugerem como mobiliá-los, algo importante quando consideramos que a porcentagem de casa própria na China partiu de praticamente 0 há 25 anos para mais de 70% hoje. Os jovens casais, em especial, são grandes fãs dos produtos modernos, funcionais e estilosos da marca.

Ao entender os diferentes consumidores e as nuances culturais de cada país, a IKEA também consegue criar soluções universais, em vez de adaptar seus produtos para cada mercado. Muitos clientes visitam os quartos de amostra em tamanho real da IKEA. Como a estética de cada ambiente influencia bastante se o cliente finalizará a compra ou não, a IKEA mostra como os mesmos produtos podem atrair diferentes clientes regionais. Por exemplo, *displays* no Japão e em Amsterdã podem ter exatamente as mesmas camas, armários e prateleiras, mas os japoneses combinam as camas e os armários com tatames, ao passo que os holandeses têm tetos inclinados, o que reflete a arquitetura local. Os *displays* de quartos americanos, por outro lado, têm camas cobertas com lençóis e travesseiros.

O sucesso da IKEA pode ser atribuído em grande parte à adaptação do seu modelo de negócios a diferentes mercados. A pesquisa de mercado da IKEA em diferentes regiões ajudou a empresa a acelerar a sua expansão global e a se tornar um concorrente relevante em todos os mercados em que atua. Para ter sucesso futuro, a IKEA deve continuar a entender cada segmento de mercado e a ajustar suas lojas quando e onde necessário.[47]

Questões

1. O que a IKEA faz bem para atingir os consumidores em diferentes mercados? O que mais ela poderia fazer?
2. Essencialmente, a IKEA mudou a forma como as pessoas compram móveis. Discuta os prós e os contras dessa estratégia, especialmente à medida que a empresa continua a sua expansão global.
3. O quanto a IKEA deveria customizar seus produtos e seu ambiente de varejo para se adaptar às preferências locais? A customização em excesso poderia prejudicar a sua identidade de marca?

DESTAQUE de *marketing*

Mandarin Oriental

A Mandarin Oriental Hotel Group é uma gestora de hotéis internacionais especializada em hotéis de luxo asiáticos. A empresa opera mais de 31 hotéis e oito residências em mais de 20 países diferentes. Os hotéis Mandarin Oriental são renomados por oferecerem instalações excepcionais, com restaurantes, bares, funcionários e acomodações de altíssima qualidade.

O Mandarin Hotel teve início em 1963, no Distrito Central da ilha de Hong Kong. Em 1974, a Mandarin International Hotels Limited foi fundada como gestora de hotéis e adquiriu uma participação de 49% na The Oriental Hotel de Bangcoc. Em 1985, os dois hotéis de luxo gigantes, além de outros na região, combinaram-se sob um único nome: Mandarin Oriental Hotel Group.

A Mandarin Oriental Hotel Group construiu sua marca com base nos seguintes princípios:

- **Encantar os hóspedes.** A Mandarin Oriental está totalmente comprometida com antecipar e atender aos desejos dos hóspedes para superar suas expectativas.
- **Encantar os funcionários.** A Mandarin Oriental dedica-se a usar treinamento eficaz e desenvolvimento pessoal para criar um ambiente apoiador, motivador e recompensador para os seus funcionários.
- **Tornar-se a melhor.** O grupo pretende melhorar constantemente seus serviços, produtos e instalações para ser um líder inovador no setor de hospitalidade de luxo.
- **Trabalhar juntos.** Os funcionários da Mandarin Oriental estão comprometidos com o trabalho em equipe e com tratar uns aos outros com a mais absoluta confiança e respeito.
- **Agir com responsabilidade.** O grupo mantém integridade, justiça e honestidade em seus ambientes internos e externos.

Um dos fatores críticos para o sucesso da Mandarin Oriental é a regionalização dos seus hotéis em áreas como engajamento com hóspedes, mídias sociais e charme oriental geral. Com unidades espalhadas pelo mundo, um desafio enfrentado pela Mandarin Oriental é garantir que cada uma terá sua própria especialidade regional e sabor local. Por exemplo, para comemorar a famosa florada das cerejeiras no Japão, a Mandarin Oriental ofereceu uma versão Sakura (flor de cerejeira) do seu serviço de *spa* Totally Tokyo Five Journeys from Nihonbashi. Além disso, os bares e restaurantes do grupo ofereceram pratos com o tema Sakura.

O grupo contrata arquitetos de todo o mundo para projetar cada hotel para que tenha um estilo autêntico e seja acolhido pela comunidade local. A Mandarin Oriental treina os funcionários para que conheçam profundamente o espaço ao redor dos seus hotéis. Os funcionários estão familiarizados com as culturas locais e os lugares mais procurados das suas cidades. Quando os hóspedes visitam as mídias sociais ou a recepção dos hotéis, a Mandarin Oriental oferece uma experiência adaptada para o mercado regional.

A Mandarin Oriental usa celebridades internacionais como garotos-propaganda, o que contribuiu muito para o sucesso da sua campanha de propaganda global. Atores famosos como Adam Scott, Lucy Liu e Morgan Freeman estrelaram suas propagandas. A Mandarin Oriental seleciona celebridades de todo o mundo para endossar a marca, figuras consideradas particularmente atraentes para os seus públicos, o que faz os clientes em potencial tenderem a se lembrar mais dos seus anúncios. Os critérios para a escolha das celebridades incluem atração física, habilidade atlética, capacidade intelectual e credibilidade. As celebridades devem ter uma reputação positiva e percepção de confiança para que possam endossar a marca. Também devem ser compatíveis com a marca Mandarin Oriental em termos de identidade, personalidade e estilo de vida.

Os garotos-propaganda frequentemente participam da Campanha de Fãs, uma campanha de propaganda global em que fotos de celebridades hospedadas em hotéis da Mandarin Oriental são reproduzidas em revistas. Além disso, algumas celebridades se envolvem mais pessoalmente com a empresa. A *designer* Vivienne Tam, oriunda de Nova York, desenhou os uniformes dos funcionários do *spa* para as unidades de Nova York e Hong Kong. Artistas como Vanessa-Mae e Dame Edna se apresentaram em inaugurações de hotéis. A Mandarin Oriental conta com mais de 25 celebridades internacionais para endossar a marca.

A Mandarin Oriental é aclamada internacionalmente devido ao seu charme oriental autêntico e à dedicação ao atendimento dos hóspedes, dos funcionários e das comunidades locais. As unidades venceram o prêmio Hurun "Hot Hotel", um dos mais prestigiados prêmios do setor hoteleiro chinês. O grupo é líder em excelência culinária no setor de hotéis de luxo, e 14 dos seus restaurantes receberam 21 estrelas Michelin, o que demonstra o compromisso em oferecer aos hóspedes experiências de alta qualidade. A Mandarin Oriental também é o único grupo de hotéis de luxo do mundo com 10 spas "Cinco Estrelas" na lista da Forbes. Sua experiência de marca excepcional significa que a Mandarin Oriental está comprometida em oferecer o melhor em hospitalidade de luxo global.[48]

Questões

1. Quais são os principais fatores por trás do sucesso global da Mandarin Oriental?
2. Quais são os prós e contras do posicionamento da Mandarin Oriental como marca de luxo global? Seria possível ter apelo universal para viajantes de todo o mundo?
3. Como a Mandarin Oriental deveria formular sua estratégia global de mídias digitais de forma a aumentar sua popularidade sem prejudicar a imagem de marca?

DESTAQUE de *marketing*

Bauducco

A Bauducco é uma marca brasileira de produtos alimentícios de mercearia doce. A marca que deu origem à empresa Bauducco mais tarde tornou-se parte do Grupo Pandurata, que hoje é o maior produtor de panetone no mundo.

A Bauducco foi fundada nos anos 1950 por Carlo Bauducco, imigrante italiano recém-chegado ao Brasil que trazia consigo uma receita de família e o sonho de ter seu próprio negócio. Ele abriu, com sua esposa Margherita e seu filho Luigi, uma doceria no Brás, bairro de colonização italiana da região central de São Paulo. Nessa doceria, eles começaram a fazer a primeira grande receita: o panetone, um pão de frutas e passas levemente adocicado. Com o passar dos anos, a receita e o produto ficaram cada vez mais conhecidos. Com isso, em 1962, a família abriu sua primeira fábrica em Guarulhos, São Paulo. Todos que experimentavam o produto apreciavam seu gosto, textura e maciez, e assim o panetone da família Bauducco crescia e ganhava mercado. O panetone Bauducco cresceu como um produto sazonal, símbolo da reunião das famílias em torno da mesa para celebrar o Natal.

Em 1979, a empresa Bauducco deu seu primeiro passo em direção à internacionalização da empresa, dos produtos e da marca Bauducco e de sua futura globalização, exportando para os EUA.

O crescimento trazido pela exportação do produto propiciou a expansão da empresa e a diversificação de seu portfólio, permitindo à marca Bauducco estar presente na mesa das famílias o ano todo. A partir dos anos 1990, a Bauducco deu um grande salto e transformou-se no grupo Pandurata, criado para englobar as diversas marcas da companhia e separar a empresa da marca de produtos Bauducco. Nesse mesmo período, nasceu o conceito de comunicação no Brasil da marca Bauducco, que a identificaria por quase três décadas: "Da família Bauducco para a sua família". Respeitando sua história, a Bauducco nunca deixou de expandir e inovar, inserindo-se em novas categorias, como pães, chocolates e *snacks*, que hoje compõem seu grande portfólio de produtos.

Após o início da internacionalização da empresa com a exportação de seus produtos, conforme as vendas foram crescendo, percebeu-se que era necessário começar a gerenciar aquele novo mercado. O passo após a exportação foi a montagem de um centro de distribuição e, em seguida, de uma subsidiária local. Em 2018, a Bauducco inaugurou sua primeira fábrica internacional, em Miami (EUA).

Em plena pandemia, em 2020, Erik Volavicius, então diretor de *marketing* e vendas da Bauducco Foods USA, deu uma entrevista ao canal digital Business Time, do Guia Brasil-América, e relembrou os aprendizados e as estratégias que consolidaram a operação da Bauducco nos EUA.

O início

Volavicius lembra que a Bauducco sempre quis entrar nos EUA e vender para americanos. Seu público-alvo eram os americanos, e não o "mercado da saudade" (brasileiros que vivem no exterior e querem comprar produtos do Brasil). No entanto, no início, como é comum, seu maior volume de vendas estava em distribuidores ou importadores que levavam os produtos para a comunidade brasileira. A empresa começou sua atividade comercial frequentando as feiras de negócios nos EUA e pontos de venda de varejo alimentar em diferentes regiões do país para conhecer melhor as dinâmicas do mercado de destino.

O aprendizado

Quando chegou aos EUA, Volavicius comenta que lhe chamou a atenção as diferenças regionais, uma vez que o país tem uma grande área territorial. Ele aponta que isso não era novidade para quem vinha do Brasil, pois o Brasil também tem muitas diferenças regionais, mas o diferente é que os EUA têm um componente demográfico muito diverso de região para região, formado por comunidades que se mudaram para os EUA nos últimos anos, já no século XXI.

O diretor reforça que entender o mercado de destino passa por entender sua cultura, seus hábitos e o comportamento de sua população. Para isso, a Bauducco se apoiou fortemente em duas práticas: visitas dos executivos comerciais e de *marketing* da empresa às diferentes regiões do país, participação nos eventos regionais de negócios e muitas visitas aos pontos de venda, para observar os consumidores em seu momento de compra e a dinâmica de cada varejo. Eles também investiram em pesquisas de mercado pagas e estruturadas para entender melhor os desejos de cada região e a aceitação de cada categoria que a Bauducco atuava.

As diferenças regionais afetam todas as decisões de *mix* de *marketing* e várias partes do negócio. As campanhas promocionais precisam ser pensadas de forma dedicada, e a mensagem e os meios precisam ser escolhidos de acordo com as características de cada região. Não basta ter o produto certo no preço certo; é necessário fazer o sortimento certo chegar em cada uma das lojas negociadas com o varejo.

Volavicius reforça que o trabalho de desenvolver um mercado internacional é de persistência, de não desistir no meio do caminho. A construção de uma categoria em um novo mercado não acontece do dia para a noite.

Ele destaca que vender para o varejo alimentar nos EUA é muito diferente de vender no Brasil. No Brasil, a Bauducco atende os grandes varejistas sempre por meio de centros de distribuição (CD). A empresa entrega no CD do varejista, e ele distribui para as suas lojas. Depois, a empresa conta com promotores nas lojas, que representam a marca e organizam a exposição dos produtos nas prateleiras e demais áreas. Nos EUA, por outro lado, o varejista alimentar não considera a logística de abastecimento necessariamente sua responsabilidade. Volavicius menciona, por exemplo, a Publix, uma grande rede de varejo da Flórida, nos EUA. Os executivos da Bauducco se relacionam diretamente com a central da Publix para negociações, mas na Flórida, para abastecer as lojas, a empresa tem um distribuidor contratado. Contudo, isso não é verdade para todo o varejo alimentar americano, porque há varejistas que preferem a entrega via centro de distribuição. É necessário estar disposto a customizar a distribuição e o sortimento de acordo com cada canal. O varejo nos EUA é segmentado de forma diferente do Brasil. Há grandes varejistas nacionais que querem marcas exclusivas, há varejistas especializados em produtos naturais e orgânicos, há varejistas especializados em produtos de desconto para baixa renda e há varejistas que só trabalham com marcas próprias.

Vender para o varejo grande nacional nos EUA também é diferente do Brasil. Os EUA têm a figura de um agente, um *broker*, que são escritórios muitas vezes formados por ex-funcionários dos grandes varejos que conhecem o negócio muito bem. Então, para vender para essas redes, a empresa precisa primeiro entrar em contato com esse agente. Os compradores dos grandes varejistas vão buscar diferentes produtos e fornecedores nesses agentes porque sabem que o trabalho de seleção e adequação já terá sido feito por eles, pois esses compradores, nas grandes redes, não têm tempo para atender vários pequenos fornecedores.

A Bauducco começou sua distribuição batendo na porta de um grande varejista nacional que aceitou testar a marca e seus produtos em 30 de suas lojas na Flórida. O teste inicial funcionou, e o produto teve boa aceitação. Com isso, ela ampliou o teste para todo o estado da Flórida, também com sucesso. Depois, foi ampliando o volume de compras para outras lojas de outras localidades.

Volavicius destaca que, em negócios internacionais, é fundamental ter essa paciência de construção e essa persistência. A categoria que a Bauducco está desenvolvendo hoje, de panetones, é um nicho nos EUA, mas a marca tem quase 70% de participação de mercado nele, fruto de um investimento persistente e contínuo.

Para gerenciar as diferenças regionais existentes nos EUA, a Bauducco optou por ter equipes de vendas distintas e com amplo entendimento das necessidades do público em cada região. Para isso, dividiu o país em quatro regiões com equipes e gerentes de vendas dedicados em cada uma.

Além das equipes de vendas, também é preciso estar atento à execução no ponto de venda. Afinal, para ser um produto para os americanos e não para o "mercado da saudade", os produtos precisam estar nas suas respectivas áreas naturais da loja, não no corredor de produtos internacionais. Por exemplo, o panetone Bauducco tem de estar na área de padaria, os biscoitos no respectivo corredor e assim por diante.

Produto

Volavicius comenta que, quando a empresa passou de exportadora para gestora do mercado de destino, a pergunta estratégica era: temos os produtos adequados para esse mercado? Eles começaram pesquisando e observando a cultura local. Depois, identificaram que o panetone, produto de entrada no mercado, ficava bem no meio entre um bolo e um pão (massa também de fermentação, adocicada e com frutas). Também observaram o país tinha uma cultura de festas, de celebração do Natal e de reunião da família que não era tão diferente da cultura do Brasil. Essa primeira avaliação apontou que os mercados de origem e destino tinham sinergia.

No posicionamento para atender o consumidor americano, a Bauducco adaptou seu portfólio onde necessário para aquele público. Por exemplo, ela adequou os sabores, e algumas linhas que existem para os EUA ainda não existem no Brasil, como os *waffers* sem açúcar. Não foi simplesmente pegar o portfólio do Brasil, traduzir as embalagens e colocar nos supermercados americanos. Os produtos e as embalagens também contaram com táticas de *ingredient branding*, por meio de parcerias estratégicas com marcas locais conhecidas e de sucesso, que serviram como endossantes da Bauducco para o consumidor local. O consumidor não conhecia ainda a Bauducco, mas conhecia a marca de alguns produtos usados como ingredientes dos produtos Bauducco, o que indicava a qualidade dos produtos da marca. No caso do panetone

Bauducco de frutas, sua embalagem trazia a marca da Sun Maid Raisins na caixa, a marca de uva-passa mais conhecida nos EUA, e o produto era fabricado com as frutas do parceiro. Outros produtos usavam a mesma tática com as gostas de chocolate da Hershey. Essas táticas foram um grande investimento na época, porque a Bauducco comprava as uvas-passas Sun Maid na California, mandava para o Brasil, produzia os panetones e exportava-os para os EUA prontos.

Promoção

Segundo Volavicius, os investimentos em promoção são fundamentais no desenvolvimento de um novo mercado, especialmente quando se busca desenvolver uma nova categoria e fazer não só o consumidor americano, mas também o comprador do canal, entender o que é o produto. É preciso investir em degustação no ponto de venda, em campanhas de propaganda e afins.

Volavicius ainda destaca que o entendimento da cultura e dos hábitos no destino também é fundamental para a construção da marca e de seus vínculos com o consumidor local. Muitas vezes, quando a empresa se internacionaliza, mesmo lendo uma pesquisa, não é fácil entender como é o comportamento local. A Bauducco, quando entrou nos EUA e viu semelhanças nos hábitos alimentares de pães e doces e nas datas comemorativas, entendeu que poderia fazer do panetone o produto presente nas mesas das famílias americanas no Natal, assim como fez no Brasil. No entanto, ao entender melhor a cultura local, a empresa aprendeu que a data de reunião da família nos EUA é o Dia de Ações de Graças. O Natal acaba sendo uma reunião para os amigos e familiares mais próximos, mas o Dia de Ações de Graças é a grande data em que todos viajam e toda a família se reúne. Assim, a Bauducco entendeu que havia semelhanças comportamentais, mas em datas diferentes.

De acordo com Volavicius, quando a Bauducco aprendeu isso, fez uma campanha icônica na Times Square, em Nova York, que acabou fluindo de forma orgânica. Ela comprou um painel digital quadrado, que parecia uma caixa de panetone, na Times Square no período de Ação de Graças. A ideia era ter material para mostrar para o varejo que a Bauducco tinha vindo como empresa para ficar e investir no mercado americano. Como o painel era digital, ele podia ser interativo, então a ideia foi colocar mensagens relativas ao Dia de Ação de Graças na embalagem de panetone que estava no painel. A campanha entrevistava pessoas na rua que estavam passando pela Times Square e de costas para o painel. O entrevistador perguntava para pessoas que não iam conseguir encontrar suas famílias no Dia de Ação de Graças o que elas gostariam de dizer para seus familiares. Enquanto as pessoas respondiam, um redator ia colocando a mensagem no painel. Quando as pessoas terminavam e viravam, sua mensagem estava na embalagem no painel, transformando o panetone Bauducco em um meio de conexão entre o entrevistado e sua família. Essa campanha foi filmada e editada e depois colocada nas redes digitais como um vídeo viral,

usado para mostrar para os clientes varejistas os investimentos da empresa no país. *"Get closer to people, no matter how far you are"* foi o tema da campanha. A tática criativa estava apoiada no apelo emocional de mostrar o produto presente nos momentos de união das famílias, funcionando como elo: às vezes sendo compartilhado, às vezes sendo um presente.

A Bauducco também entendeu que o último trimestre do ano nos EUA tem datas muito específicas e culturalmente importantes, e o varejo trabalha cada uma delas de forma específica, mudando toda a sua decoração, desde cores até aromas nas lojas. Eles começam comemorando o Halloween e, na sequência, já mudam o tema para o Dia de Ação de Graças, e depois para o Natal. Então, até para os materiais de ponto de venda, a Bauducco aprendeu que precisa ter soluções mais genéricas para poder durar o trimestre e fazer sentido em todas as datas.

Hoje, a Bauducco é uma empresa brasileira de forte alcance internacional com seus produtos, presentes em mais de 50 mercados do mundo.

Questões

1. Qual foi a estratégia de produto adotada pela Bauducco para o mercado americano?
2. Identifique as similaridades e diferenças das estratégias de distribuição da Bauducco no seu país de origem, Brasil, e no mercado de destino, EUA.
3. Qual foi a estratégia de comunicação adotada pela Bauducco nos EUA?
4. Identifique pelo menos três ações da estratégia de comunicação da Bauducco nos EUA.
5. Se você fosse consultor de *branding* da Bauducco para os EUA, você recomendaria à Bauducco usar a percepção de país de origem como parte da identidade de sua marca no mercado de destino?

Autora

Marielza R. Cavallari Professora de planejamento de *marketing* internacional, global *marketing* e *marketing* estratégico dos cursos de graduação e pós-graduação da ESPM. Coordenadora da ESPM Global Jr. – SP (EJ). É mestre e bacharel em administração de empresas pela EAESP/FGV com especialização em gestão gerencial pela Universidade Anahuac Sur (México) e Kellogg Latino-americana. Atuou como executiva de *marketing* internacional em empresas de bens de consumo, como Pirelli e Kellogg.

Referências

VIVENDO E EMPREENDENDO NOS EUA. Como abrir uma empresa nos EUA | A internacionalização da Bauducco, com Erik Volavicius. *YouTube*, 2020 Disponível em: https://www.youtube.com/watch?v=nPfJUO33xLw. Acesso em: 3 jun. 2023.

https://www.bauducco.com.br/bauducco#. Acesso em: 3 jun. 2023.

21
Marketing socialmente responsável

A United Way suplementa suas atividades de arrecadação por meio de parcerias com grandes empresas para oferecer serviços que atendam às necessidades de comunidades específicas.
Crédito: Cortesia de United Way.

Para que uma marca cresça com vigor no longo prazo, empresas devem desempenhar uma série de atividades de *marketing* e satisfazer um conjunto amplo de públicos e objetivos. No processo, elas também devem considerar o impacto social das suas ações. A responsabilidade social corporativa virou prioridade para muitas organizações e está arraigada nos seus modelos de negócios. Algumas, como a United Way, adotam plenamente essa visão de responsabilidade social.

>>> Maior organização de caridade por doações recebidas dos Estados Unidos, a United Way é uma rede de filiais administradas e financiadas localmente que opera em quase 1.800 comunidades em mais de 40 países e territórios. Fundada em Denver, no estado do Colorado, em 1887, com o principal objetivo de angariar fundos para organizações filantrópicas locais, a United Way expandiu suas operações e formou parcerias com outras organizações que compartilham da sua visão para causar um impacto duradouro e significativo. A United Way concentra seus esforços em programas que geram resultados mensuráveis e beneficiam comunidades específicas, e não apenas angariam recursos para financiar diversas atividades. Para cumprir sua missão, a United Way reúne pessoas, organizações e comunidades em torno de uma causa em comum, uma visão em comum e um caminho em comum. Por exemplo, a United Way juntou-se a H&R Block, a Walmart Foundation, a Goodwill Industries e ao National Disability Institute para lançar uma campanha que ligava famílias de baixa renda a serviços tributários e agora ajuda mais pessoas a declarar seus impostos gratuitamente do que qualquer outra organização no país. A United Way apresentou com sucesso uma petição a Federal Communications Commission, órgão regulatório das comunicações nos Estados Unidos, para

designar o número de telefone 2-1-1 para funcionar como central de informações de saúde e serviços humanos e ajudar pessoas a encontrarem serviços de apoio na sua região em momentos de crise. Com o passar do tempo, o 2-1-1 transformou-se em um recurso essencial, e hoje oferece auxílio para vítimas e alívio para comunidades americanas devastadas por furacões, inundações, deslizamentos de terra, tornados e outros desastres naturais. Em parceria com a gigante de *software* Salesforce.com, a United Way conseguiu atrair novos doadores e fortalecer os seus relacionamentos com os doadores existentes ao mesmo tempo que reduziu seus custos de *marketing*. Além disso, o trabalho em conjunto permitiu que ambas criassem uma plataforma baseada na funcionalidade de inteligência artificial da Salesforce que pode ser utilizada por diversas organizações sem fins lucrativos. A plataforma customiza o conteúdo de acordo com as necessidades de doadores em potencial, dos seus empregadores (boa parte dos recursos vem de descontos na folha de pagamento) e da United Way. Acima de tudo, ela permite que os doadores escolham uma organização específica para a sua contribuição, em vez de deixar a United Way determinar como deve distribuir os recursos. Com a ajuda de 2,9 milhões de voluntários, a United Way angariou US$ 3,7 bilhões em 2019 para diversas outras organizações filantrópicas, atendendo mais de 60 milhões de pessoas.[1]

O sucesso em *marketing* exige eficácia em *marketing* de relacionamento, *marketing* integrado, *marketing* interno e *marketing* de desempenho. Neste capítulo, consideraremos o impacto social das atividades de *marketing* da empresa e examinaremos as principais dimensões da responsabilidade social corporativa.

O papel da responsabilidade social na administração de *marketing*

Um *marketing* eficaz deve ser combinado com um forte senso de ética, valores e responsabilidade social. De acordo com o levantamento 2016 PwC Global CEO Survey, 64% dos CEOs acreditam que "a responsabilidade social corporativa é fundamental para o seu negócio, não apenas um programa independente adjunto".[2] Acredita-se que adotar um papel estratégico mais ativo na responsabilidade social corporativa beneficia não somente os clientes, os funcionários, a comunidade e o meio ambiente, mas também os acionistas.

As empresas participam de atividades pró-sociais e investem em responsabilidade social corporativa por diversos motivos. Algumas, porque criar benefícios sociais é um elemento fundamental da cultura corporativa e do sistema de valores da empresa. Outras, para se diferenciarem, pois atraem consumidores que preferem empresas que demonstram virtudes cívicas. Algumas agem por insistência dos seus colaboradores, que preferem trabalhar com empresas que se importam em criar valor para a sociedade. Outras tentam acumular boa vontade do público para

---

Objetivos de aprendizagem   Após estudar este capítulo, você deverá ser capaz de:

21.1 Discutir o papel da responsabilidade social corporativa na administração de *marketing*.

21.2 Explicar como as empresas administram a responsabilidade social corporativa no ambiente de trabalho.

21.3 Identificar as estratégias que as empresas usam para promover a sustentabilidade.

21.4 Descrever como as empresas equilibram a responsabilidade social e a lucratividade.

compensar possíveis críticas e enfrentar crises de *marketing* futuras. Por fim, algumas empresas praticam responsabilidade social corporativa para fidelizar os funcionários e causar uma boa impressão entre os investidores.

As empresas mais admiradas – e bem-sucedidas – do mundo seguem os altos padrões das diretrizes de negócios e de *marketing*, que afirmam que elas devem servir aos interesses dos consumidores, não apenas aos seus. A Procter & Gamble fez do propósito de marca um componente-chave de suas estratégias de *marketing* e lançou uma série de premiados programas em prol de uma causa como suporte a suas marcas. Como exemplos, pense no "Touch of Comfort" (Toque de conforto) do amaciante de roupas Downy, no "Loads of Hope" (Um monte de esperança) do detergente Tide e no "Mean Stinks" (Ser malvado pega mal) do desodorante Secret para a campanha contra o *bullying* feminino nas escolas.[3] A Procter & Gamble não está sozinha nisso. Uma das muitas empresas que coloca o *marketing* socialmente responsável no centro de tudo que faz é a Stonyfield Farm.

> **Stonyfield Farm** A Stonyfield Farm foi cofundada em 1983 pelo "CE-Yo" (referência bem-humorada a "CEO do iogurte") de longa data Gary Hirshberg, fundamentada na crença de que havia uma oportunidade de negócio na venda de laticínios orgânicos ao mesmo tempo que recuperava o meio ambiente. Os fornecedores da empresa evitam as práticas de produtividade do agronegócio, como o uso de antibióticos, hormônios de crescimento, pesticidas e fertilizantes. Após calcular a quantidade de energia usada para colocar sua fábrica em funcionamento, a Stonyfield decidiu fazer um investimento equivalente em projetos ambientais, como reflorestamento, parques eólicos e seu próprio tratamento anaeróbio de águas residuais. A empresa descartou o uso de tampas plásticas em seu iogurte, economizando cerca de 1 milhão de libras em plástico por ano, e acrescentou na embalagem mensagens sobre o aquecimento global e os malefícios dos hormônios e dos alimentos geneticamente modificados. A Stonyfield doa 10% dos lucros "para iniciativas que ajudam a proteger e restaurar a Terra". Apesar do preço *premium* que cobra, a marca ainda não tem margens para um alto orçamento de propaganda e conta com distribuição de amostras (como na Maratona de Boston), publicidade e comunicação boca a boca. Essas práticas empresariais progressistas não prejudicaram seu desempenho financeiro. A Stonyfield é a marca número três de iogurte nos Estados Unidos e agora também vende *smoothies*, leite, sorvete comum e *frozen* iogurte. Hirshberg também criou a fundação sem fins lucrativos Climate Counts (O clima é importante), que classifica empresas anualmente com base em suas ações voluntárias para reverter as alterações climáticas, com a meta de estimular a responsabilidade corporativa.[4]

>> Além de usar apenas fornecedores ligados a práticas orgânicas para os seus laticínios orgânicos, a Stonyfield Farm investe em práticas sustentáveis e doa 10% dos seus lucros para causas ambientais.

Elevar o nível do *marketing* socialmente responsável exige uma abordagem tripla, com foco na comunidade, no meio ambiente e no mercado. Nesse contexto, ambientalistas e defensores da justiça social ampliaram a definição de "resultado" na mente do público ao introduzirem os benefícios sociais e ambientais como componentes centrais para os resultados da empresa. Assim, muitas empresas enfocam o chamado **tripé da sustentabilidade**: pessoas (componente social), planeta (componente de sustentabilidade) e lucro (componente monetário).

O conceito de tripé da sustentabilidade sugere que a empresa é responsável perante seus *stakeholders*, ou seja, perante todas as entidades influenciadas direta ou indiretamente pelas suas ações, e não apenas perante os acionistas, que são os proprietários de fato da organização. Os *stakeholders* podem incluir, além dos acionistas, funcionários e clientes, bem como a sociedade como um todo. Examinamos como as empresas praticam responsabilidade social corporativa nessas três áreas (comunidade, sustentabilidade e lucro de mercado) nas seções a seguir.

Responsabilidade social corporativa baseada na comunidade

O crescimento de longo prazo saudável exige que as empresas atendam a um amplo conjunto de públicos e objetivos. Nesse contexto, um objetivo importante envolve a criação de valor para a comunidade na qual a empresa opera. A responsabilidade social corporativa baseada na comunidade costuma ocorrer em diversos domínios: melhorar o ambiente de trabalho, participar de filantropia corporativa, apoiar comunidades de baixa renda, promover o *marketing* de causas e praticar *marketing* social. Discutimos os diferentes tipos de responsabilidade social corporativa baseada na comunidade nas seções a seguir.

RESPONSABILIDADE SOCIAL CORPORATIVA NO AMBIENTE DE TRABALHO

Um aspecto importante da responsabilidade social corporativa envolve criar um ambiente que garante o tratamento ético e justo dos funcionários, coerente com as normas da sociedade. Mais especificamente, para implementar a responsabilidade social corporativa no ambiente de trabalho, as empresas normalmente concentram-se nas seguintes áreas:

- *Remuneração* justa, que oferece salários coerentes com as normas do setor e suficientes para satisfazer as necessidades de vida básicas do trabalhador.
- *Equilíbrio entre vida pessoal e profissional*, que garante que os funcionários consigam alocar tempo para outros aspectos das suas vidas, como família, interesses pessoais, socialização e lazer.
- *Diversidade*, promovida pela eliminação de distinções ou barreiras artificiais baseadas em fatores como raça, etnia, religião e cultura.
- *Segurança e saúde no ambiente de trabalho*, para proteger os funcionários de violência no local de trabalho e doenças ocupacionais.
- *Desenvolvimento dos funcionários*, promovido pelo investimento de recursos em treinamento e promoção.

Investir em responsabilidade social corporativa pode dar resultados. Bob Stiller, fundador da Green Mountain Coffee Roasters (rebatizada Keurig Green Mountain em 2014 e Keurig Dr Pepper em 2018), afirma que "as pessoas ficam motivadas e mais dispostas a se esforçar pelo sucesso da empresa quando há um bem maior associado".[5] Na verdade, se acreditam que a empresa leva a sério os princípios da responsabilidade social corporativa, os funcionários tendem a fazer o mesmo. Isso, por sua vez, promove relações mais próximas entre os funcionários e uma maior identificação com a empresa. O compromisso com causas socialmente responsáveis também tende a aumentar a capacidade da empresa de recrutar, motivar e reter os funcionários mais importantes, pois o componente de responsabilidade social pode ser tão importante para muitos deles quanto a remuneração financeira.

Implementar programas de responsabilidade social corporativa no local de trabalho não é possível apenas com as ações da gerência. Eles precisam refletir as necessidades e preferências dos funcionários e garantir que estes aceitem e se envolvam com os esforços da empresa para melhorar o ambiente de trabalho. Criar uma cultura corporativa excelente, que reflete os valores da sociedade, pode dar resultados para empresas que realmente apoiam e sustentam suas iniciativas de responsabilidade social corporativa.

Firms of Endearment O termo "Firms of Endearment" (Empresas queridas), cunhado por Raj Sisodia, David Wolfe e Jag Sheth, refere-se a empresas que se dão bem ao fazer o bem. Essas empresas têm uma "cultura de cuidar" que atende aos interesses de seus *stakeholders*, definidos pelo acrônimo SPICE: sociedade, parceiros, investidores, clientes e empregados. Usando essa abordagem, essas empresas criam uma espécie de caso de amor com os *stakeholders*. Seus dirigentes aplicam uma política de portas abertas, tratam seus clientes com entusiasmo e recebem remuneração modesta. Essas empresas pagam melhor seus funcionários, mantêm um relacionamento mais próximo com um pequeno grupo de fornecedores excelentes e dão retorno às comunidades em que trabalham. Na verdade, elas gastam menos em *marketing* em relação às vendas, mas obtêm lucros maiores, visto que os clientes que adoram a empresa fazem a maior parte do *marketing*. Ao se tornarem organizações admiradas e amadas, essas empresas criam valor para todos os *stakeholders*.[6]

Tratar os funcionários de forma justa e ética é particularmente importante para empresas que operam em escala internacional, com leis trabalhistas diferentes das dos Estados Unidos. Aplicar os mesmos princípios usados nas operações nacionais aos seus parceiros de negócios e às suas subsidiárias globais é a marca de uma organização que realmente adota os princípios da responsabilidade social corporativa. Uma organização que ajuda empresas a encontrarem parceiros de negócios socialmente responsáveis nos países em desenvolvimento e confirma que estes seguem práticas de negócios sustentáveis é a Fairtrade.

Fairtrade A Fairtrade Foundation quer empoderar os produtores nos países em desenvolvimento, promover a justiça social e fortalecer normas ambientais. A organização defende melhores condições comerciais para pequenos produtores e trabalhadores nos países em desenvolvimento como forma de promover o desenvolvimento sustentável. A Fairtrade enfoca principalmente *commodities* como café, cacau, vinho, açúcar, frutas, chocolate, flores, ouro e produtos domésticos exportados com frequência para os países desenvolvidos. Um aspecto importante do movimento *fair trade* (comércio justo) é que os compradores de produtos Fairtrade pagam aos produtores um adicional social, geralmente destinado à sustentabilidade e ao desenvolvimento socioeconômico. Os princípios fundamentais da Fairtrade incluem: (1) *sustentabilidade de renda*, o que significa que os rendimentos devem atender às necessidades básicas da família, independentemente da volatilidade dos preços de mercado; (2) *empoderamento*, o que significa que os produtores têm a capacidade de tomar decisões com base nos próprios interesses; (3) *bem-estar individual e da comunidade*, o que significa que os produtores

<< A Fairtrade Foundation enfoca a promoção de *commodities* de pequenos produtores para fortalecer a renda, a justiça social e as normas ambientais nos países em desenvolvimento.

podem decidir como investir o Fairtrade Premium com base nas necessidades da sua própria comunidade; e (4) *gestão ambiental*, o que significa que as práticas sustentáveis são usadas para proteger os recursos naturais.[7]

FILANTROPIA CORPORATIVA

A filantropia corporativa, de modo geral, está em alta. Cada vez mais empresas acreditam que a responsabilidade social corporativa na forma de *marketing* de causas e programas de voluntariado dos funcionários não é apenas a "coisa certa", mas a "coisa inteligente" a ser feita.[8]

Empresas como The Body Shop, Working Assets e Smith & Hawken passaram a dar mais destaque à responsabilidade social, assim como a Newman's Own. O molho caseiro para saladas do falecido ator Paul Newman transformou-se em um grande negócio, que hoje inclui molho de tomate, molho picante, pipoca e limonada, vendidos em 15 países. A empresa doa todo seu lucro e *royalties* após descontados os impostos – mais de US$ 400 milhões até agora – a milhares de programas educativos e de caridade, como os acampamentos Hole in the Wall Gang que Newman criou para crianças com graves problemas de saúde.[9]

O McDonald's usa quatro programas para focar na saúde e no bem-estar das crianças e da família:[10]

> *As Casas Ronald McDonald*, espalhadas em 35 países e regiões, oferecem mais de 8 mil acomodações por noite para famílias que precisam de apoio enquanto seus filhos estão hospitalizados, poupando-lhes um total de US$ 657 milhões anuais com custos de hospedagem. Os *Ronald McDonald Family Rooms*, presentes em 23 países, ajudam 4 mil famílias por dia, oferecendo-lhes um local para descansar e se reunir em um hospital ao lado de um filho doente. Em nove países, 52 *Ronald McDonald Care Mobiles* oferecem cuidados médicos locais para crianças. Por fim, a *Ronald McDonald House Charities* distribuiu mais de US$ 100 milhões por meio do Global Grants Program para organizações sem fins lucrativos, de forma a estender seu alcance e impactar a saúde e o bem-estar infantil no mundo todo.

O crescimento da filantropia corporativa levanta a questão do impacto dessas atividades no desempenho de mercado da empresa. Os pesquisadores argumentam que a filantropia corporativa pode ter um impacto positivo em ao menos três domínios: fortalecer a imagem da empresa, fidelizar os clientes e fortalecer o desempenho percebido dos produtos.

Pesquisas mostraram que, aos olhos dos consumidores, as empresas que praticam filantropia corporativa são mais simpáticas, mais piedosas, mais éticas, mais confiáveis e menos culpadas em meio a crises corporativas.[11] Também foi demonstrado que a reputação de responsabilidade social da empresa tende a fidelizar os consumidores, aumentar a satisfação do cliente, reduzir a sua sensibilidade ao preço e aumentar seu comprometimento com a marca.[12] Além disso, defende-se que o comportamento de responsabilidade social de uma empresa tende a aumentar as vendas dos produtos, pois motiva os consumidores a recompensá-la pelos seus comportamentos pró-sociais e lhes dá a oportunidade de obter satisfação moral a partir da "sensação boa de contribuir".[13]

Além de documentar o impacto positivo das atitudes sociais na imagem da empresa e na fidelidade dos consumidores, pesquisas recentes sugerem que o efeito positivo da responsabilidade social corporativa pode se estender às percepções sobre o desempenho dos seus produtos, de forma que o nível de desempenho dos produtos das empresas que praticam filantropia tende a ser considerado superior.[14] Assim, fazer o bem pode mesmo ajudar as empresas a se dar bem.

A filantropia corporativa também pode apresentar dilemas. Empresas como Merck, DuPont, Walmart e Bank of America doam US$ 100 milhões ou mais cada uma para instituições de caridade anualmente. No entanto, as boas ações poderão ser ignoradas – e até mesmo malvistas – se a empresa for considerada exploradora ou não corresponder à imagem de "boazinha". Alguns críticos receiam que o *marketing* de causas, ou filantropia de consumo, possa substituir ações virtuosas por um consumo menos consciente, minimizar a ênfase em soluções reais ou desviar a atenção do fato de que as empresas podem, sim, criar muitos problemas sociais.

ATENDIMENTO DE COMUNIDADES DE BAIXA RENDA

O conceito socioeconômico de **base da pirâmide** (**BOP**, do inglês *bottom of the pyramid*) é usado em referência ao maior segmento da população mundial, o mais pobre, que sobrevive com menos de US$ 2,50 por dia. A importância de atender às necessidades dos cidadãos mais pobres do planeta foi destacada com maior proeminência por C. K. Prahalad, autor de livros de negócios, que acreditava que boa parte da inovação poderia vir de avanços ocorridos em mercados emergentes, como a China e a Índia.[15] As empresas que operam nesses mercados são forçadas a inovar para conseguir fazer mais com menos.

Satisfazer a base da pirâmide também exige planejamento e execução cuidadosos. Embora possam valer coletivamente trilhões de dólares, cada consumidor individual de baixa renda pode ter muito pouco a gastar. Diz o senso comum que um modelo de negócio de baixo preço, baixa margem e alto volume é o segredo para atrair com sucesso os consumidores de baixa renda nos mercados em desenvolvimento. Embora existam bons exemplos de tal estratégia – por exemplo, a Hindustan Unilever com o sabão em pó Wheel na Índia –, outros tiveram dificuldade. A Procter & Gamble lançou seu produto Pur para purificação de água na Índia, o qual, apesar de custar apenas 10 centavos por sachê, gerava uma margem de 50%. Contudo, em virtude dos resultados globais decepcionantes, a empresa transformou a marca em um empreendimento filantrópico.[16]

No entanto, essa abordagem ainda pode dar certo, mesmo em categorias altamente complexas, como os serviços de saúde. Em Bangalore, na Índia, o hospital Narayana Hrudayalaya cobra uma taxa fixa de US$ 1.500 por uma cirurgia de ponte de safena que custa 50 vezes mais nos Estados Unidos. O hospital tem baixos custos operacionais e de mão de obra, e os cuidados dispensados aos pacientes são inspirados em uma linha de montagem. A abordagem tem funcionado: a taxa de mortalidade hospitalar é a metade da dos hospitais americanos. O Narayana também opera centenas de crianças gratuitamente e, sem perder rentabilidade, fornece cobertura a 2,5 milhões de indianos de baixa renda contra doenças graves por 11 centavos de dólar por mês.

Atender as comunidades de baixa renda também pode beneficiar os esforços de *marketing* nos mercados de mais alta renda. A transferência de inovações dos mercados em desenvolvimento para os desenvolvidos é chamada de **inovação reversa**. Ela adota soluções bem-sucedidas, concebidas para atender às necessidades e restrições de um mercado em desenvolvimento, e cria um produto de baixo custo que pode ser bem-sucedido como uma alternativa mais barata nos mercados desenvolvidos. A inovação reversa também pode envolver benefícios nas políticas públicas, que podem transformar setores econômicos por meio do desenvolvimento bem-sucedido de transporte de baixíssimo custo, energia renovável, água limpa, microfinanças, cuidados de saúde acessíveis e habitação de baixo custo.

Entre as empresas que obtiveram êxito com a inovação reversa está a Nestlé, que reposicionou seu macarrão com baixo teor de gordura da marca Maggi – uma refeição popular e barata no interior do Paquistão e da Índia – como um alimento econômico e saudável na Austrália e na Nova Zelândia. A americana Harman International, conhecida por seus sofisticados painéis de sistemas de áudio projetados por engenheiros alemães, desenvolveu um meio radicalmente mais simples e menos oneroso de criar produtos para a China, a Índia e os mercados emergentes e tem aplicado esse método em seus centros de desenvolvimento de produtos no Ocidente. Agora, ela pode vender uma gama de produtos com preços variáveis e está em busca de sistemas de *infotainment** para motocicletas, uma forma popular de transporte em mercados emergentes e no restante do mundo.

Para atender a uma classe média crescente em diversos mercados emergentes, muitas empresas estão montando portfólios de produto para explorar diferentes segmentos de renda. Empresa francesa do setor de alimentos, a Danone oferece muitos produtos saudáveis de alta qualidade, como o iogurte Danone, a água mineral Evian e a comida para bebê Blédina, mas também comercializa itens a preços bem mais baixos, visando aos consumidores com orçamentos para alimentação à base de "um dólar por dia". Na Indonésia, onde a renda *per capita* média é de cerca de US$ 10 por dia, a empresa vende a Milkuat, uma bebida láctea com pH neutro e seis meses de validade. Atualmente, a Danone gera 60% de suas vendas nos mercados em crescimento.[17]

---

*N. de E. Tecnologia que fornece conectividade à internet ou a *smartphones* para veículos e permite o controle de diversas funções e aplicativos por comando de voz.

Preços baixos, no entanto, não significam necessariamente baixa qualidade, funcionalidades limitadas e falta de prestígio. Apesar das restrições orçamentárias, os consumidores de baixa renda nem sempre buscam a opção mais barata. Na verdade, muitos têm sonhos e ambições que incluem a compra de produtos e marcas *premium*. A sina do Tata Nano ilustra a importância de entendermos completamente as necessidades dos consumidores de baixa renda quando desenvolvemos uma oferta de mercado.

Acertar a equação de *marketing* nos mercados em desenvolvimento pode render altos dividendos. A Nokia, por exemplo, enviou a equipe de *marketing*, vendas e engenharia de seu grupo de telefonia para passar uma semana nas casas de moradores da zona rural da China, da Tailândia e do Quênia, com o propósito de observar como eles usavam os telefones. Ao desenvolver aparelhos de baixíssimo preço com apenas as funcionalidades realmente necessárias, a Nokia manteve a liderança na participação de mercado em algumas regiões da África e da Ásia, apesar de ser ultrapassada por outras marcas em partes do mundo desenvolvido.[18]

Tata Nano   O Tata Group, maior conglomerado da Índia, também é o maior fabricante de veículos comerciais. Em 2009, ele criou um alvoroço com o lançamento do modelo Tata Nano, apelidado de "carro do povo". Apesar do preço incrivelmente baixo para os padrões ocidentais, de 100 mil rúpias indianas (na época, US$ 2.500), o preço do Nano é três vezes maior do que a renda *per capita* anual da Índia. Parecido com um ovo sobre rodas, o Nano acomoda confortavelmente cinco pessoas e roda com um motor de 33 cavalos-força, percorrendo cerca de 17,7 km/litro. Com o objetivo de vender 250 mil unidades por ano, o Tata tinha como alvo os 7 milhões de indianos que compram lambretas e motocicletas anualmente, em parte porque não podem adquirir um carro. O Tata também visava a outros mercados da base da pirâmide, como África e Sudeste Asiático. Apesar de suas características positivas, o Nano teve um início difícil na Índia, em parte devido ao estigma associado à compra de um carro barato. Em um país onde os rendimentos cresceram vertiginosamente nos últimos anos, alguns viam o veículo como uma versão melhorada de um *tuk-tuk*, o riquixá motorizado de três rodas que é figurinha carimbada nas ruas de países em desenvolvimento. Muitos consumidores de baixa renda decidiram tentar esticar seus orçamentos para comprar o Maruti-Suzuki Alto, com motor maior, de 800 cilindradas, em vez do Nano. Por outro lado, alguns clientes-alvo que nunca haviam tido um carro ficaram intimidados com os *showrooms* reluzentes da Tata. O resultado é que, oito anos após o lançamento, as vendas anuais do Nano eram de menos de 10 mil unidades, e apenas 800 mil Nanos foram vendidos na Índia antes de o Tata Group descontinuar a produção do veículo em 2017.[19]

>> O Tata Nano, direcionado para quem compra o seu primeiro automóvel, era rejeitado pelos consumidores que não queriam o estigma de comprar um carro barato e pelos que se sentiam intimidados pelos *showrooms* chiques do Tata Group.

MARKETING DE CAUSAS

Muitas empresas combinam iniciativas de responsabilidade social corporativa com atividades de *marketing*. O **marketing de causas** relaciona as contribuições da empresa em prol de determinada causa com a disposição direta ou indireta dos clientes de manter transações com essa empresa e, assim, gerar receita para ela. Por exemplo, a empresa poderia doar parte do lucro de cada venda para uma instituição de caridade específica. Considere o modo como a Procter & Gamble usa o *marketing* de causas para o seu detergente Dawn.

>> A P&G doou milhares de garrafas de Dawn, seu detergente líquido campeão de vendas, para ajudar a salvar pássaros e outros animais silvestres da poluição por petróleo.

Dawn O detergente líquido para lavadoras de louça Dawn, fabricado pela Procter & Gamble e o mais vendido nos Estados Unidos, apresenta um inusitado benefício extra: pode ser usado para limpar pássaros presos em derramamentos de petróleo. Um relatório do serviço de proteção aos peixes e à vida animal dos Estados Unidos considerou o Dawn "o único agente recomendado para limpeza de pássaros porque remove óleo das penas, não é tóxico e não deixa resíduo". Após o catastrófico vazamento de petróleo da British Petroleum (BP) em 2010, a Procter & Gamble doou milhares de frascos, além de colocar um código nas embalagens e doar US$ 1 à causa da vida selvagem no Golfo para cada código ativado pelos clientes, totalizando US$ 500 mil. Até o momento, a empresa doou mais de 50 mil frascos de Dawn para ajudar a resgatar e libertar 75 mil animais afetados por esse tipo de poluição. Para marcar o 40º aniversário da sua campanha de proteção à vida silvestre, em 2018 a Dawn firmou uma parceria com a atriz e ativista ambiental Kate Mara para educar os consumidores sobre como a Dawn ajudou organizações a salvarem uma quantidade extraordinária de pássaros e animais marinhos. A Dawn também lançou o Golden Duck Contest (Concurso do Pato Dourado), que dá aos consumidores que compram um frasco comemorativo 40th Anniversary Bottle of Dawn Dish Soap a chance de visitar os bastidores dos esforços de resgate de animais silvestres.[20]

Um programa bem-sucedido de *marketing* de causas pode melhorar o bem-estar social, gerar posicionamento de marca diferenciado, criar laços fortes com o consumidor, aprimorar a imagem pública da empresa, produzir boa reputação, elevar o moral interno e incentivar os funcionários, impulsionar vendas e aumentar o valor de mercado da empresa.[21] Os consumidores poderão desenvolver um vínculo forte e singular com a empresa que transcende as transações normais de mercado. Um estudo mostrou que 90% dos consumidores americanos têm uma imagem mais positiva de, e são mais fiéis a, uma empresa que apoia uma causa, e 54% compraram um produto por ele estar associado a uma causa.[22]

Associar as marcas de uma empresa a uma causa relevante pode beneficiar a organização de diversas maneiras. A associação pode ajudar a desenvolver conscientização de marca, melhorar a imagem da marca, aumentar a credibilidade da marca, evocar uma resposta emocional à marca, criar um senso de comunidade de marca e gerar engajamento com a marca.[23] Elas geram particular interesse entre os consumidores com espírito cívico que estão mais propensos a usar mídias sociais para saber mais sobre atividades em apoio a causas e engajar-se com empresas que as apoiam.

Por outro lado, o *marketing* de causas pode ser "um tiro que saiu pela culatra" se consumidores desconfiados questionarem a ligação entre o produto e a causa ou acharem que a empresa é interesseira e exploradora. Para evitar essa reação negativa, muitas empresas adotam uma abordagem menos agressiva em relação ao seu *marketing* de causas.[24] Problemas poderão surgir caso os consumidores suspeitem que a empresa não está sendo coerente ou suficientemente responsável em todas as suas atitudes. Considere o que aconteceu com a KFC.

KFC O programa da KFC "Buckets for the Cure" (Baldes para a cura) tinha como propósito doar 50 centavos para o renomado Susan G. Komen for the Cure Foundation para cada balde rosa de frango frito de US$ 5 comprado ao longo de um mês. Projetada para ser a maior doação de todos os tempos de uma única empresa para pesquisas sobre o câncer de mama – mais de US$ 8,5 milhões –, o programa enfrentou um problema: praticamente ao mesmo tempo, a KFC lançou seu sanduíche Double Down, com dois pedaços de frango frito, *bacon* e queijo. Os críticos imediatamente apontaram que a KFC estava vendendo um alimento com excesso de calorias, gordura e sódio que contribuía para a obesidade. No próprio *site* da fundação Susan G. Komen, o excesso de peso era associado a um aumento de 30 a 60% do risco de câncer de mama em mulheres pós-menopausa, o que também deixou a fundação exposta a críticas quanto à parceria com a KFC.[25]

Quando se projeta e implementa um programa de *marketing* de causas, é preciso tomar algumas decisões, como quantas e quais causas devem ser escolhidas e como fazer o *branding* (gestão da marca) do programa. Alguns especialistas acreditam que o impacto positivo do *marketing* de causas pode ser diluído caso a empresa se envolva esporadicamente com inúmeras causas. Muitas empresas optam por se concentrar em uma ou em poucas causas principais, a fim de simplificar a execução do programa e maximizar seu impacto.

Entretanto, limitar-se a apoiar apenas uma causa pode nem sempre resultar na transferência de emoções positivas da causa para a empresa. Além disso, muitas causas populares já contam com vários patrocinadores corporativos. Nos Estados Unidos, mais de 130 empresas, entre elas American Airlines, Dell, Ford, Georgia Pacific, Merck, Samsung e Walgreens, firmaram parceria com a fundação Susan G. Komen for the Cure. Assim, uma marca pode se ver perdida em um mar de simbólicos laços cor-de-rosa. O programa de *marketing* de causas PRODUCT(RED) conseguiu evitar a desvantagem de ter múltiplos patrocinadores ao incorporar o aspecto simbólico da causa diretamente ao próprio produto.

PRODUCT(RED) O lançamento altamente divulgado da PRODUCT(RED) em 2006, patrocinada pelo cantor da banda U2 e ativista Bono com o presidente da DATA (Debts, Aids, Trade in Africa) Bobby Shriver, chamou a atenção e arrecadou dinheiro para o Fundo Global de Luta contra a Aids, Tuberculose e Malária ao reunir algumas das mais emblemáticas marcas do mundo, como cartões American Express, tênis Converse, camisetas Gap, iPhones da Apple e óculos de sol Armani, para fabricar produtos da marca (RED). Até 50% dos lucros das vendas desses produtos vão para o fundo global destinado a ajudar mulheres e crianças afetadas por HIV/aids na África. O logotipo de cada empresa que adota a PRODUCT(RED) é colocado em um "abraço", representado pelos parênteses, e é "elevado à potência do vermelho". Muitas marcas famosas aderiram à causa desde então, como Bank of America, Amazon, Coca-Cola, Montblanc, Microsoft e Starbucks. Até o momento, a (RED) gerou mais de US$ 500 milhões para o fundo global e apoia projetos contra HIV/aids em Gana, Quênia, Lesoto, Ruanda, África do Sul, Suazilândia, Tanzânia e Zâmbia. Cem por cento do dinheiro é usado para o trabalho em campo; nada é destinado aos custos fixos e administrativos.[26]

A maioria das empresas tende a escolher causas que se adaptam à sua imagem corporativa ou de marca e dizem respeito aos seus funcionários e acionistas.[27] O programa "Give the Gift of Sight" (Dê o dom da visão) da LensCrafters, que passou a ser chamado de "One Sight" (Uma visão) após a aquisição da empresa pela italiana Luxottica, é um conjunto de campanhas beneficentes de cuidados com os olhos que proporciona gratuitamente diagnósticos de visão, exames de vista e óculos a milhões de pessoas necessitadas em toda a América do Norte e em países em desenvolvimento no mundo inteiro. A Luxottica arca com a maior parte dos custos indiretos, de modo que mais de 90% das doações vão diretamente para o financiamento do programa.[28] Outra causa que se encaixou bem ao posicionamento da empresa foi a campanha que a Barnum's Animal Crackers lançou para disseminar a conscientização sobre espécies ameaçadas de extinção e ajudar a proteger o tigre asiático. Ao criar embalagens de edição especial e colaborar com a World Wildlife Fund, a marca da Nabisco obteve um "aumento saudável nas vendas".[29] A TOMS é um exemplo de empresa que usou o *marketing* de causas para criar com êxito um novo negócio.

TOMS Embora Blake Mycoskie não tenha vencido o *reality show* de volta ao mundo *The Amazing Race*, sua viagem de volta para a Argentina em 2006 incitou o desejo de iniciar um negócio para ajudar um grupo de crianças que ele viu sofrendo por uma simples razão: elas não tinham sapato. Além do risco à saúde, as crianças descalças também são prejudicadas porque muitas vezes não têm permissão para ir à escola. Assim nasceu a TOMS, um nome escolhido para transmitir a ideia de um "amanhã melhor", com a promessa de doar um par de sapatos a crianças carentes para cada par vendido. Comercializados por lojas como Whole Foods, Nordstrom e Neiman Marcus e vendidos *on-line*, os calçados TOMS foram inspirados nas clássicas *alpargatas* argentinas, feitas de lona e solado de corda, e hoje podem ser encontrados nos pés de mais de um milhão de crianças de países em desenvolvimento. As doações de sapatos também têm se revertido em um bom *marketing*. A empresa já recebeu muita publicidade por isso – a AT&T e a American Express até exibiram Mycoskie em um comercial. A TOMS também patrocinou a promoção "A Day Without Shoes" (Um dia sem sapatos) para que as pessoas imaginassem como seria a vida delas descalças. Usando o mesmo modelo de negócios, a TOMS entrou no ramo de óculos e planeja doar óculos ao mesmo tempo que continua a doar milhões de calçados.[30]

MARKETING SOCIAL

O *marketing* social, como disciplina de *marketing* distinta, foi introduzido por Philip Kotler e Gerald Zaltman no início da década de 1970.[31] **O *marketing* social** é semelhante ao de causas, pois ambos tentam beneficiar a comunidade na qual a empresa opera. No entanto, ao contrário do *marketing* de causas, que alinha suas atividades de negócios para apoiar uma causa, o *marketing* social tenta *promover* uma causa, como "diga não às drogas" ou "exercite-se mais e coma melhor".[32] Além disso, ao contrário do *marketing* de causas, normalmente realizado por organizações com fins lucrativos, o *marketing* social costuma ser praticado por organizações governamentais ou sem fins lucrativos e não está diretamente relacionado a uma atividade de negócios específica.

O *marketing* social trata de influenciar mudanças comportamentais para promover o bem social usando um processo sistemático de planejamento de *marketing* que envolve um segmento definido do público. No início, os profissionais de *marketing* social enfocam questões como tabaco, planejamento familiar e HIV/aids. Hoje, o *marketing* social inclui esforços para melhorar a saúde pública, prevenir ferimentos, proteger o meio ambiente, contribuir para comunidades e

<< A TOMS, famosa pelas suas doações de um par de calçados para cada par comprado, expandiu e diversificou seu programa e hoje coloca um terço do lucro líquido da empresa em um fundo filantrópico.

fortalecer o bem-estar financeiro das pessoas. Mais de 2 mil praticantes no mundo todo trabalham principalmente em organizações sem fins lucrativos com a intenção de promover o bem social. O *marketing* social não deve ser confundido com o *marketing* de mídias sociais, que descreve como usar as mídias sociais em campanhas de *marketing*.[33]

Diversos tipos de organização realizam *marketing* social nos Estados Unidos. Entre os órgãos governamentais estão os Centros de Controle e Prevenção de Doenças, o Departamento de Saúde e Serviços Humanos, o Departamento de Transportes e a Agência de Proteção Ambiental. Centenas de organizações sem fins lucrativos estão envolvidas com o *marketing* social, inclusive a Cruz Vermelha dos Estados Unidos, a United Way e a American Cancer Society.

Escolher o objetivo ou a meta certa para um programa de *marketing* social é fundamental. Uma campanha de planejamento familiar deve focalizar a abstinência ou o controle da natalidade? Uma campanha para combater a poluição do ar deve defender as caronas ou o transporte coletivo? Embora o *marketing* social possa empregar uma série de táticas para alcançar seus objetivos, o processo de planejamento segue muitos passos do processo tradicional para bens e serviços. Um exemplo de organização que atingiu seus objetivos por meio da aplicação de práticas de *marketing* modernas é a World Wildlife Fund.

World Wildlife Fund

Maior organização de preservação ambiental do mundo, a World Wildlife Fund (WWF) trabalha em cem países e é apoiada por mais de 1 milhão de membros nos Estados Unidos e quase 5 milhões em escala global. Visto que seu orçamento anual não permite gastos excessivos de *marketing*, a entidade conta principalmente com campanhas criativas de *marketing* direto para pedir contribuições. Nos Estados Unidos, são postadas anualmente cerca de 36 milhões de peças ecologicamente corretas, gerando 65% de sua receita. Além disso, a WWF está ativa no Facebook, no Instagram e no Twitter e angaria receita por meio de parcerias com uma série de empresas, como Avon, Disney, The Gap e Royal Caribbean Cruises. Em alguns casos, as parcerias envolvem programas conjuntos de *marketing*; a Coca-Cola doou US$ 2 milhões a uma campanha para ajudar a criar áreas seguras para ursos polares no Canadá e em outras regiões do Ártico. A WWF também aborda questões importantes sobre a vida selvagem, como a campanha multimídia contra a caça ilegal, que utilizou *outdoors*, anúncios impressos, comunicados de utilidade pública e *banners* virtuais com o *slogan* "Stop Wildlife Crime – It's Dead Serious" (Parem com o crime contra a vida selvagem – isso é sério). A WWF também oferece oportunidades de *marketing* de causas para empresas com fins lucrativos, como o cartão de crédito Visa *co-branded* World Wildlife Fund, oferecido com a Bank of America.[34]

>> A Coca-Cola lançou a Polar Bear, uma edição limitada colecionável de uma garrafa de alumínio de 250 mL, para comunicar uma mensagem de conscientização ambiental.

Os programas de *marketing* social são complexos: eles tomam tempo e podem envolver uma série de etapas ou ações. Por exemplo, reduzir a prevalência do tabagismo envolveu múltiplas atividades: relatórios sobre câncer, rotulagem de maços de cigarros como prejudiciais à saúde, proibição de propaganda de cigarros, educação sobre os efeitos secundários do fumo, proibição do fumo em restaurantes e aviões, aumento de impostos sobre cigarros para financiar as campanhas antitabagismo e processos judiciais públicos movidos contra os fabricantes de cigarros.

Dada a complexidade de se desenvolver e implementar uma campanha bem-sucedida de *marketing* social, as organizações devem abordar tais campanhas de forma sistemática e disciplinada. É preciso ter um objetivo definido, uma estratégia claramente articulada, táticas significativas para traduzir essa estratégia em realidade, um plano de implementação viável e um processo para avaliar o êxito do programa. Embora muitas vezes sejam implementados por organizações sem fins lucrativos, os programas de *marketing* social podem se beneficiar da mesma abordagem de *marketing* estratégica utilizada pelas empresas com fins lucrativos. Ambos os tipos de organização pretendem, em última análise, criar valor de mercado, mas as empresas com fins lucrativos definem o valor em termos monetários, ao passo que as sem fins lucrativos o definem em termos de benefício para a sociedade.

O conceito de *marketing* social está relacionado ao de *ativismo de marca*.[35] O **ativismo de marca** refere-se a uma empresa que se posiciona em relação a uma questão social, econômica, ambiental ou política importante e geralmente controversa. Como forma de *marketing* social, o ativismo de marca está associado ao foco em questões sociais com as quais clientes e funcionários se importam, não com aquelas que afetam os resultados financeiros da empresa. O que faz o ativismo de marca se destacar de outras formas de *marketing* social é que ele envolve o fato de a empresa se posicionar, cedo e de forma proeminente, em relação a uma questão polêmica e que tem consequências importantes para a sociedade.

Um exemplo de ativismo de marca é a decisão da Nike de destacar o jogador de futebol americano Colin Kaepernick, ex-*quarterback* do San Francisco 49ers, na campanha de propaganda que comemora o 30º aniversário do *slogan* "Just Do It" (Apenas faça). O jogador de futebol americano lidera o movimento de ajoelhar-se durante o hino nacional americano em protesto contra a morte de afro-americanos em confrontos com a polícia. O *slogan* da campanha da Nike, "Believe in something. Even if it means sacrificing everything" (Acredite em algo, mesmo que signifique sacrificar tudo), claramente se posiciona de modo a apoiar os valores por trás das ações de Kaepernick. A decisão fez alguns clientes acolherem as ações da marca e outros boicotarem os produtos da Nike.

Responsabilidade social corporativa focada em sustentabilidade

A **sustentabilidade** – capacidade de atender às necessidades da humanidade sem prejudicar as gerações futuras – encabeça muitas pautas corporativas. Grandes corporações descrevem em detalhes como tentam melhorar o impacto em longo prazo de suas ações nas comunidades e no meio ambiente. Coca-Cola, AT&T e DuPont até contrataram diretores de sustentabilidade (CSOs, do inglês *chief sustainability officers*).

Os consumidores transformaram em palavras e ações as suas preocupações absolutamente reais com a sustentabilidade, focando nos produtos verdes e endossando uma ampla gama de questões ambientais. O interesse dos consumidores por produtos verdes expandiu-se para os setores automobilístico, de energia e de tecnologia, além de cuidados pessoais, alimentos e produtos domésticos. Um número crescente de consumidores indica sua preferência por adquirir produtos de empresas ambientalmente responsáveis.

Muitos aspectos da cultura verde, desde produtos orgânicos até a reciclabilidade, tornaram-se parte da cultura de massa à medida que os consumidores cada vez mais recorrem a dispositivos digitais para aprender sobre o meio ambiente e compartilhar suas experiências sobre isso.[36] Curiosamente, embora alguns profissionais de *marketing* pressuponham que os jovens estejam mais preocupados com o meio ambiente, algumas pesquisas indicam que os consumidores idosos são os que realmente levam suas responsabilidades ecológicas mais a sério.

As questões ambientais também vêm desempenhando um papel cada vez mais importante no *design* e na fabricação de produtos. Muitas empresas têm pensado em maneiras de reduzir as consequências ambientais negativas da condução dos negócios, e algumas estão mudando o processo de fabricação de seus produtos ou os ingredientes de sua composição. Em uma reviravolta fascinante, a Levi Strauss encontrou uma forma altamente criativa de abordar o problema da proliferação das garrafas de plástico.

> **Levi's** Se alguém lhe dissesse que sua calça *jeans* era feita de lixo, você poderia se ofender, mas não se ela fosse confeccionada pela Levi Strauss. Os *jeans* e as jaquetas da linha Waste<Less (Menos desperdício) da Levi's são feitos de garrafas plásticas e bandejas pretas de alumínio usadas em refeitórios, coletadas em postos municipais de reciclagem, incluindo cerca de oito garrafas de 350 a 600 mL por par de calças. A linha Waste<Less envolveu muita pesquisa e desenvolvimento para que o plástico fosse limpo, triturado, desfiado em flocos e

transformado em uma fibra de poliéster. Após esse processo, as fibras são entrelaçadas com o algodão tradicional e resultam em um tecido com a aparência do brim tradicional, exceto pela cor da face interna, que varia de acordo com a tonalidade do plástico. O preço final do *jeans* fica entre US$ 69 e US$ 128. A Levi's não é uma novata no mercado de produtos ecologicamente corretos; a sustentabilidade é uma prioridade para toda a empresa. Os *jeans* da linha Water<Less (Menos água) ajudaram a reduzir o uso de água nos processos dos agricultores no cultivo do algodão, permitiram que a Levi's criasse o popular visual desgastado com menos água e ensinaram os consumidores sobre a lavagem e o descarte de roupas com menos água. Ambas as linhas fizeram uma diferença tangível: a Water<Less economizou mais de 360 milhões de litros de água no seu primeiro ano completo, ao passo que a Waste<Less reciclou 3,5 milhões de garrafas e bandejas no seu primeiro ano completo.[37]

Cada vez mais, os consumidores desejam informações sobre o histórico das empresas nas áreas da responsabilidade social e ambiental para, com base nisso, decidir de quais empresas devem comprar, em quais investir e para quais trabalhar. Comunicar a responsabilidade social corporativa pode ser um desafio. Assim que uma empresa promove uma iniciativa ambiental, ela pode se tornar alvo de críticas. Muitas vezes, quanto mais comprometida for uma empresa com causas de sustentabilidade e de proteção ambiental, mais dilemas poderão surgir, como descobriu a Green Mountain Coffee Roasters.

Green Mountain Coffee Roasters

A Green Mountain Coffee Roasters, com sede no estado americano de Vermont, orgulha-se de suas ações de sustentabilidade, que, em parte, ajudaram a empresa a se tornar uma das marcas mais vendidas de café. A empresa apoia comunidades locais e globais, compensando 100% de suas emissões de gases de efeito estufa, investindo em café cultivado de forma sustentável e investindo pelo menos 5% de seus lucros sem impostos em projetos sociais e ambientais. Por meio do programa Community Action for Employees (CAFE, ou Ação Comunitária para os Funcionários), os funcionários da empresa são incentivados a dedicar anualmente até 52 das horas remuneradas pela empresa a serviços voluntários. Todas essas atividades ajudam a Green Mountain a cumprir sua missão de "criar a melhor experiência de café em cada vida que tocamos, desde a árvore até a xícara, transformando a visão que o mundo tem do negócio". Em 2006, sua aquisição da Keurig e de seu popular sistema de preparar café em doses individuais trouxe um dilema: as K-Cups usadas no sistema de infusão Keurig eram feitas de plástico não reciclável e papel-alumínio. Embora o descarte represente apenas cerca de 5% de seu impacto ambiental total – os efeitos mais significativos estão relacionados ao uso da fermentação, ao cultivo do café e à embalagem do produto –, a Green Mountain Coffee tem se empenhado em uma extensa atividade de P&D e explorado inúmeras parcerias para descobrir uma solução mais ecologicamente correta para tornar as embalagens K-Cups recicláveis, sem deixar de abordar seus outros efeitos ambientais de diferentes maneiras.[38]

>> Uma empresa que se orgulha de seus esforços de sustentabilidade, a Green Mountain Coffee Roasters está empenhada em reduzir o impacto ambiental desfavorável de seus populares K-Cups.

Ações corporativas em busca de sustentabilidade podem assumir muitas formas. Por exemplo, as redes Whole Foods, Wegmans, Target e Walmart não vendem mais peixe de áreas sujeitas a pesca predatória ou de maneiras que prejudicam os hábitat ou a vida marítima. Outras empresas, além de conservar recursos, tentam contribuir diretamente para a preservação do meio ambiente. Considere o caso da FAGUO.

FAGUO A marca de moda FAGUO foi criada pelos empreendedores franceses Frédéric e Nicolas, que se conheceram quando eram estudantes em Paris e decidiram lançar sua própria marca de calçados durante um programa de intercâmbio na China. Os dois começaram a criar coleções de calçados, vestuário e acessórios para clientes, e o que nasceu como projeto estudantil se transformou em uma *startup* francesa e, por fim, em uma marca de moda dinâmica com mais de 300 lojas na França e 220 no exterior. O nome da empresa parisiense, lançada em 2009, significa "França" em chinês. Além do seu compromisso com a moda, os dois *designers* queriam reduzir a pegada de carbono da empresa. Assim, para cada produto FAGUO vendido, uma árvore é plantada na França, decisão que transformou terras abandonadas e improdutivas em áreas reflorestadas e acessíveis para todos. O parceiro da FAGUO nesse projeto de sustentabilidade é a Naudet, um viveiro especializado em preservar e reflorestar áreas florestais na França. Desde a fundação da FAGUO em 2009, mais de 600 mil árvores foram plantadas em 110 novas florestas. Um botão de coqueiro aparece em todos os produtos da marca para simbolizar o profundo compromisso da FAGUO com a preservação do meio ambiente.[39]

Lamentavelmente, o crescimento do interesse em sustentabilidade também tem resultado na prática de **greenwashing**, ou seja, fornecer informações enganosas ou a falsa impressão de que determinados produtos ou práticas são ecologicamente corretos. Um estudo revelou que metade dos rótulos de produtos supostamente ecológicos se concentram em um benefício ambiental (como conteúdo reciclado) enquanto omitem informações sobre importantes inconvenientes ambientais (como a intensificação da produção ou os custos de transporte).[40] O cofundador da Stonyfield Farm, Gary Hirshberg, lidera a campanha "Just Label It!" (Coloque no rótulo), que defende o fornecimento de informações mais úteis nos rótulos sobre o uso de ingredientes OGM (organismos geneticamente modificados).

Empresas mal-intencionadas que embarcam na onda verde fazem os consumidores terem um ceticismo salutar às alegações ambientais. Além disso, muitos consumidores não estão dispostos a sacrificar o desempenho do produto e a qualidade e não estão necessariamente dispostos a pagar mais por produtos genuinamente verdes.[41] Infelizmente, os produtos verdes podem custar mais, pois os ingredientes são caros e os custos de transporte são mais altos para volumes mais baixos.

Ainda assim, empresas como Tom's of Maine, Burt's Bees, Stonyfield Farm e Seventh Generation conseguiram criar ofertas verdes que correspondem às necessidades e preferências dos clientes. No mesmo espírito, parte do sucesso inicial dos produtos de limpeza Clorox Green Works foi porque a empresa encontrou o equilíbrio perfeito entre um mercado-alvo interessado em pequenos passos na direção de um estilo de vida mais verde e um produto com preço apenas ligeiramente maior, vendido por um programa de *marketing* de raiz. Outra empresa que coloca a sustentabilidade no centro das suas atividades é a Patagonia.

Patagonia A Patagonia, fabricante de roupas e equipamentos para atividades ao ar livre, sempre colocou as preocupações ambientais no centro do que faz. Seu fundador, Yvon Chouinard, também autor de *The Responsible Company* (A empresa responsável), promove ativamente uma economia pós-consumista em que os bens são de "alta qualidade, recicláveis e reparáveis". Sob a liderança de Chouinard, a Patagonia chegou a publicar um anúncio de página inteira no *New York Times* intitulado "Não compre este casaco". Embaixo de uma foto da jaqueta R2, do próprio varejista, um texto explicava que, apesar de suas muitas características positivas – "feita com 60% de poliéster reciclável, costurada sob altos padrões e excepcionalmente durável" –, a jaqueta ainda incorria em muitos custos ambientais (sua produção usava 135 litros de água e nove quilos de dióxido de carbono). O anúncio terminava promovendo a Common Threads Initiative (Iniciativa de tópicos comuns), pedindo aos consumidores que adotassem cinco comportamentos: reduzir (o que compram), reparar (o que for possível), reutilizar (o que tiverem), reciclar (tudo o mais) e reimaginar (um mundo sustentável). Com US$ 800 milhões em vendas anuais, a empresa de capital fechado está sempre em busca de soluções ambientais melhores para tudo o que faz e fabrica. Por exemplo, ela ofereceu as primeiras roupas de mergulho fabricadas com materiais vegetais como alternativa ao neoprene. A Patagonia também destina 1% das suas vendas totais ou 10% do seu lucro (dependendo de qual for maior) a causas ambientais.[42]

>> A Patagonia busca ativamente formas mais sustentáveis de fabricar seus equipamentos e roupas para atividades ao ar livre e dedica parte do seu lucro a causas ambientais.

O *marketing* socialmente responsável reconhece a necessidade de integrar as questões ambientais aos planos estratégicos das empresas. As tendências a serem observadas pelos profissionais de *marketing* incluem: a escassez de matérias-primas, especialmente de água; o custo mais elevado de energia; os níveis mais altos de poluição; e a mudança no papel dos governos.[43] Siderúrgicas e empresas de serviços públicos tiveram de investir bilhões de dólares em equipamentos de controle de poluição e em combustíveis menos prejudiciais ao meio ambiente, tornando parte do cotidiano os carros híbridos, os vasos sanitários e os chuveiros com menor fluxo de água, os alimentos orgânicos e os prédios verdes. A Amazon.com lançou um fundo de capital de risco interno de US$ 2 bilhões focado em investimentos de tecnologia em empresas de diversos setores, incluindo transporte, geração de energia, baterias, fabricação, alimentos e agricultura, para reduzir o impacto da mudança climática. O objetivo é ajudar a Amazon e outras empresas a reduzir o impacto climático das suas operações, tanto pela redução do uso de combustíveis fósseis quanto pelos investimentos em projetos como reflorestamento. O objetivo final é atingir a neutralidade de carbono até 2040.[44] Grandes oportunidades aguardam aqueles que forem capazes de conciliar prosperidade e proteção ambiental. As empresas que inovam soluções e valores de maneiras socialmente responsáveis têm maior probabilidade de sucesso.[45]

A Airtricity, sediada em Dublin, opera parques eólicos nos Estados Unidos e no Reino Unido, oferecendo eletricidade mais econômica e ecologicamente correta. A Westport Innovations, com sede em Vancouver, desenvolveu a injeção direta de alta pressão, uma tecnologia de conversão que permite o funcionamento de motores a *diesel* com gás natural líquido de queima mais limpa, reduzindo em um quarto as emissões de gases que contribuem para o efeito estufa. A Sun Ovens International, de Illinois, fabrica fornos solares e industriais tamanho família que utilizam espelhos para redirecionar os raios solares para uma caixa revestida com material isolante. Utilizado em 130 países, o forno poupa dinheiro e reduz as emissões de gases do efeito estufa. Outra empresa que sabe empregar tecnologias ambientalmente corretas é a Timberland.

Timberland A Timberland, fabricante de botas, calçados, roupas e equipamentos robustos, tem como público-alvo indivíduos que vivem, trabalham e divertem-se ao ar livre, então faz muito sentido ela se engajar na proteção ao meio ambiente. As iniciativas da empresa abriram caminho para negócios verdes em todo o mundo. Suas ações revolucionárias incluem colocar uma "etiqueta nutricional" em suas caixas de sapato, medindo a pegada ambiental da marca – desde a energia renovável utilizada em suas instalações e os materiais reciclados, orgânicos e

<< A Timberland busca minimizar a pegada ambiental dos seus produtos para fãs de atividades ao ar livre e mantém um amplo programa de reflorestamento.

renováveis em seus produtos até as árvores plantadas em todo o mundo. A Timberland também lançou uma linha de calçados denominada Earthkeepers, que usa algodão orgânico, PET reciclado e borracha reciclada (para as solas), materiais que a empresa posteriormente expandiu para várias categorias de produtos. Para além do produto, a marca assumiu um grande compromisso com o reflorestamento e plantou quase 5 milhões de árvores em todo o mundo. Com vendas de mais de US$ 1 bilhão, seus resultados corporativos comprovam que empresas social e ambientalmente responsáveis podem ter sucesso.[46]

Equilíbrio entre responsabilidade social e lucratividade

As práticas de negócios com frequência criam dilemas éticos. Evidentemente, certas práticas comerciais são claramente antiéticas ou ilegais. Entre elas, podemos citar suborno, roubo de segredos comerciais, propaganda falsa e enganosa, negociações exclusivas e vendas casadas, falhas de qualidade ou segurança, garantias falsas, rotulagem imprecisa, cartelização ou discriminação indevida e barreiras à entrada no mercado (concorrência predatória). Em alguns casos, contudo, não é tão fácil separar as práticas de *marketing* normais dos comportamentos antiéticos.

DESENVOLVIMENTO DE COMUNICAÇÕES DE *MARKETING* ÉTICAS

A comunicação de *marketing* é uma área repleta de dilemas éticos. Para superar o caos das mensagens que os consumidores enfrentam, alguns anunciantes acreditam que é preciso ampliar as fronteiras do que poderia ser considerado ético, ou até mesmo do que é legal.

Um conjunto significativo de leis e regulamentos rege a propaganda. De acordo com a legislação americana*, os anunciantes não podem apresentar falsas declarações, usar falsas demonstrações ou criar propagandas passíveis de causar enganos, mesmo que ninguém realmente se

---

*N. de R.T. No Brasil, além de legislação e da entidade de defesa dos consumidores, um dos órgãos mais atuantes nesse campo é o Conselho Nacional de Autorregulamentação Publicitária (Conar), que fiscaliza a ética da propaganda comercial, seguindo as disposições do Código Brasileiro de Autorregulamentação Publicitária.

deixe enganar.⁴⁷ Não se pode, por exemplo, anunciar que determinada cera para assoalho oferece seis meses de proteção e polimento, a menos que, sob condições habituais de uso, ela apresente realmente esse resultado. Também não se pode anunciar que determinado pão *diet* tem menos calorias só porque as fatias são mais finas. O problema é definir a diferença entre engano e propaganda inflada, com exageros sem pretensão de serem levados a sério e que *são* permitidos por lei.

POM Wonderful A FTC (Comissão Federal de Comércio, do inglês Federal Trade Comission) dos Estados Unidos emitiu uma ordem de cessação proibindo a veiculação de propaganda enganosa contra a POM Wonderful, uma marca de bebidas e extratos de frutas. A alegação era de que a empresa havia espalhado informações enganosas em anúncios impressos, em *outdoors* e pela internet, segundo as quais seu suco de romã POM poderia tratar ou prevenir a disfunção erétil, o câncer de próstata e doenças cardíacas. A decisão veio após dois anos de litígio. Estranhamente, no entanto, a POM pareceu declarar vitória, veiculando um anúncio de página inteira no jornal *The New York Times* exaltando o fato de que a decisão não a forçava a obter uma nova aprovação da Food and Drug Administration (como as empresas farmacêuticas devem fazer). Um apelo posterior foi rejeitado, com a FTC mantendo seu pronunciamento contra os anúncios da POM que usavam *slogans* como "Cheat Death" (Engane a morte), sem evidências mais sólidas. A POM não é a única empresa que teve problemas devido a romãs. A Welch's resolveu duas ações coletivas com acordos extrajudiciais no valor de US$ 30 milhões porque seu suco, o 100% Juice White Grape Pomegranate Flavored 3 Juice Blend, dizia ter mais romãs do que continha de fato – apenas 30 mL em uma garrafa de 2 L.⁴⁸

>> A FTC dos Estados Unidos mandou a POM Wonderful parar com os anúncios enganosos de que o seu suco de romã podia prevenir ou tratar doenças e males específicos.

Por lei, os varejistas nos Estados Unidos são obrigados a evitar propagandas do tipo chamariz, usadas para atrair compradores com falsas ofertas. Imaginemos que uma loja anuncie um celular a US$ 149. Quando o consumidor tentar comprá-lo, a loja não pode se recusar a vendê-lo nem usar subterfúgios, como falar que sua qualidade é ruim, mostrar uma peça com defeito ou prometer datas de entrega absurdas para que o comprador mude de ideia e prefira comprar um telefone mais caro.

Regras semelhantes se aplicam à comunicação nos mercados corporativos. Por exemplo, a prática de mentir aos consumidores ou enganá-los sobre as vantagens de comprar um produto é ilegal. Vendedores não podem oferecer suborno a agentes de compras ou outros funcionários de uma empresa que tenham influência sobre uma decisão de compra B2B (do inglês *business-to-business*). Suas afirmações devem ser as mesmas veiculadas pela propaganda, e eles tampouco podem obter ou fazer uso de segredos técnicos ou comerciais dos concorrentes mediante subornos ou espionagem industrial. Por fim, os vendedores não podem depreciar os concorrentes ou seus produtos sugerindo inverdades.

A comunicação de *marketing* pode gerar controvérsia pública quando profissionais de *marketing* tiram vantagem injusta de grupos vulneráveis (como crianças) ou desfavorecidos (como minorias étnicas de baixa renda) ou quando promovem produtos potencialmente prejudiciais. A indústria de cereais tem sido duramente criticada por ações de *marketing* dirigidas ao público infantil. Os críticos do setor temem que mensagens poderosas, apresentadas por adoráveis personagens animadas, subjuguem as defesas das crianças e as induzam a querer cereais açucarados ou refeições matinais mal balanceadas. Os fabricantes de brinquedos têm sido igualmente criticados. Uma preocupação importante para muitos defensores da proteção ao consumidor são as milhões de crianças na internet.

Com a verdadeira explosão de celulares, *tablets*, aplicativos de *software* e *sites* de redes sociais, uma preocupação importante é proteger crianças desavisadas e incautas em um mundo tecnológico cada vez mais complexo. O mercado atual de crianças e pré-adolescentes de 8 a 12 anos é altamente móvel e gosta de compartilhar sua localização por meio de aplicativos, além de se comunicar com os outros por telefone, o que levou um especialista em tendências a caracterizá-lo como "SoLoMo" (*Social Local Mobile*). Apenas 1 em cada 5 pais, no entanto, usa recursos básicos de controle de conteúdo em *smartphones*, *tablets* e consoles de jogos. Assim, estabelecer limites éticos e legais no *marketing* para crianças *on-line* – e *off-line* – continua a ser um tópico importante.⁴⁹

A TV pode ser especialmente poderosa em alcançar as crianças, e os profissionais de *marketing* têm usado essa mídia para atingi-las em idades cada vez menores com quase todo tipo de produto licenciado: pijamas de princesas da Disney, brinquedos e figuras de ação da linha Comandos em Ação, mochilas da Dora, a aventureira, e jogos inspirados no filme *Toy Story*.

Professores e pais dividem-se quanto à ética da crescente pressão de *marketing* sobre as crianças. Alguns apoiam grupos como o Campaign for a Commercial-Free Childhood (Campanha para uma infância sem comerciais), acreditando que as crianças são extremamente suscetíveis à propaganda e que o endosso das escolas aos produtos faz as crianças acreditarem que eles são bons para elas, seja qual for o produto. Entretanto, muitas escolas infantis e creches com orçamentos apertados recebem de bom grado os recursos e materiais promocionais oferecidos gratuitamente, como material pedagógico dos Ursinhos Carinhosos, programas de leitura da Pizza Hut e revistas da Nickelodeon.

Nem todas as tentativas de visar a crianças, minorias ou outros segmentos especiais geram críticas. O creme dental Colgate Junior, da Colgate-Palmolive, tem características especiais que fazem as crianças escovarem os dentes por mais tempo e mais vezes. Assim, a questão não é quem é o alvo, mas como e para que abordá-lo. O *marketing* socialmente responsável pede uma segmentação que sirva não apenas aos interesses da empresa, mas também aos do mercado-alvo.

GERENCIAMENTO DA PRIVACIDADE DO CLIENTE

Quase sempre que os consumidores pedem produtos por correio ou telefone, eles solicitam um cartão de crédito ou assinam uma revista, seu nome, endereço e comportamentos de compra são capturados e subsequentemente utilizados por empresas para comercializar seus produtos para eles. Isso naturalmente leva à preocupação de que certas empresas podem saber demais sobre a vida dos consumidores e usar tais dados para obter vantagem indevida.[50]

Muitos consumidores estão cientes dos *cookies*, dos perfis e de outras ferramentas digitais que permitem às empresas de comércio eletrônico saber quem são eles ou quando e como fazem compras, mas ainda se preocupam com quantas informações as empresas coletam sobre eles. Algo preocupante é a capacidade da empresa de usar tecnologia de geolocalização para rastrear a rotina dos consumidores, as lojas que visitam com frequência e até seus movimentos dentro de uma loja. Quando a Nordstrom informou aos clientes que estava testando novas tecnologias para rastrear sua movimentação seguindo os sinais de seus celulares, alguns consumidores se opuseram a isso, levando a empresa a abandonar o experimento.

A explosão de dados digitais criados por indivíduos *on-line* pode ser, em sua quase totalidade, coletada, comprada e vendida por anunciantes, profissionais de *marketing*, *ad networks*, corretores de dados, editores de *sites*, redes sociais e empresas de rastreamento e segmentação *on-line*. As empresas conhecem ou podem descobrir sua idade, raça, gênero, altura, peso, estado civil, grau de instrução, afiliação política, hábitos de compra, *hobbies*, saúde, preocupações financeiras, férias dos sonhos e muito mais.

Pensar em tamanha transparência generalizada preocupa os consumidores. Pesquisas mostram que mais pessoas, especialmente as de mais idade, estão se recusando a revelar informações privadas *on-line*. Ao mesmo tempo, os consumidores estão aceitando mais invasões de privacidade todos os dias, talvez por não perceberem quais informações fornecem, não acharem que tenham outra escolha ou não pensarem que isso realmente importa. Muitos não se dão conta, por exemplo, de que, oculta nas letras miúdas do contrato de compra de seu novo *smartphone*, pode estar uma autorização que permite a serviços terceirizados rastrear todos os seus movimentos. Uma dessas empresas, a Carrier IQ, recebeu permissão de todo comprador de um *smartphone* EVO 3D HTC para ver cada chamada que foi feita e quando, para onde as mensagens de texto foram enviadas e quais *sites* foram visitados. Infelizmente, uma vez coletados *on-line*, os dados podem acabar em lugares inesperados, resultando em *spam* ou coisa pior.

Cada vez mais, os consumidores querem saber onde, quando, como e por que estão sendo observados *on-line*. Outra empresa de rastreamento de dados é a Acxiom, que mantém um banco de dados de cerca de 190 milhões de cidadãos americanos e 126 milhões de domicílios. Seus 23 mil servidores processam 50 trilhões de transações de dados por ano ao tentar montar "visões de 360 graus" de consumidores a partir de fontes *off-line*, *on-line* e móveis. Entre seus clientes estão muitas das maiores seguradoras, varejistas, empresas de mídia e de telecomunicações, bancos de varejo, montadoras de automóveis, emissoras de cartões de crédito, redes hoteleiras, companhias aéreas, empresas de tecnologia e corretoras.

A criação de perfil de dados *on-line* pode ir longe demais? Pais recentes são clientes altamente lucrativos, mas, tendo em vista que os registros de nascimento são públicos, uma grande quantidade de empresas descobre-os ao mesmo tempo. Para tomar a dianteira, a Target estudou os históricos de compra de mulheres que indicaram a vinda de um novo bebê nos registros da loja e descobriu que muitas delas compraram grandes quantidades de suplementos vitamínicos nos três primeiros meses de gravidez e loção sem fragrância por volta do início do segundo trimestre. A Target passou, então, a usar esses indicadores de compra para identificar mulheres em idade fértil que provavelmente estavam grávidas e enviar-lhes ofertas e cupons para produtos de bebê, programados de acordo com os estágios da gravidez e, mais tarde, com as necessidades da criança. Quando a prática se tornou conhecida, no entanto, alguns criticaram as táticas da empresa, que ocasionalmente haviam sido responsáveis por informar aos familiares de que alguém na casa estava grávida. A Target reagiu juntando às ofertas outras não relacionadas à gravidez, e as vendas nas categorias promovidas para esse mercado aumentaram.

Episódios como esse ilustram claramente o poder do gerenciamento de banco de dados na era da internet, bem como as preocupações que ele pode criar entre os consumidores. Políticos e outras autoridades governamentais têm discutido uma opção "não rastrear" para consumidores *on-line* (como a opção "não ligar" para telefonemas não solicitados). Os defensores da privacidade do consumidor há anos discutem publicamente a sua preocupação de que corretores de dados deveriam divulgar para o público quais dados coletam, como os coletam, com quem os compartilham e como são usados. Embora não seja claro com que rapidez possa ser implementada, uma lei de privacidade *on-line* que fortaleça os direitos dos consumidores parece inevitável. Para dar aos consumidores controle sobre seus dados pessoais, a União Europeia sancionou o Regulamento Geral sobre a Proteção de Dados*, que exige que os processadores de dados divulguem claramente qualquer coleta de dados, revelem o propósito da coleta de dados, declarem por quanto tempo os dados são retidos e informem se os dados são compartilhados com terceiros ou fora das fronteiras da União Europeia.

INSIGHT de *marketing*
Preocupações ambientais na indústria da água

A enorme popularidade da água engarrafada tem sido um benefício para muitas empresas, mas a um alto custo para o meio ambiente. Segundo uma estimativa, o montante de plástico usado em garrafas descartáveis chega a 2,7 milhões de toneladas por ano, o que requer cerca de 177 milhões de litros de petróleo no processo de fabricação. Infelizmente, acredita-se que menos de 20% dessas garrafas sejam recicladas nos Estados Unidos, e os altos custos ambientais disso trazem várias implicações para as empresas.

Faculdades em todo o país – da Universidade de Western Washington à de Brown, de Vermont e da Califórnia, em Berkeley – proibiram a venda de água engarrafada, na maioria dos casos como parte de um movimento liderado pelos estudantes em prol de um maior nível de sustentabilidade no *campus*. O College of Saint Benedict em Minnesota equipou 31 bebedouros com uma torneira extra para torná-los "estações de hidratação", uma prática adotada por muitas outras escolas que baniram a garrafa de água. As instituições de ensino não estão sozinhas nisso. Diversas instituições públicas, de zoológicos a parques nacionais, têm instalado estações de abastecimento de água e banido a venda da versão engarrafada.

À medida que mais consumidores procuram reduzir sua pegada ambiental pessoal, as vendas de recipientes de água reutilizáveis explodiram. A suíça Sigg comercializa garrafas de água de alumínio leve com *design* inteligente por US$ 25 a US$ 30, escolhendo cem novos produtos entre 3 mil *designs* diferentes a cada ano. Características populares em outras marcas incluem tampas com sistemas embutidos de microfiltragem.

As garrafas de vidro promovem suas vantagens ambientais sobre o plástico e tranquilizam os consumidores que temem que os produtos químicos do plástico possam contaminar alimentos e bebidas. Elas representam

(continua)

---
*N. de R.T. No Brasil, já está em vigor uma lei com a mesma finalidade, a Lei Geral de Proteção de Dados (LGPD).

uma porcentagem cada vez maior da venda de recipientes para água. Também se tem desenvolvido vidro com maior segurança em caso de quebra; por exemplo, as garrafas de vidro Pure utilizam um revestimento especial de proteção.

Os fabricantes de refrigerantes enfrentam pressões semelhantes de consumidores ambientalmente conscientes. A Soda Stream vende equipamentos que permitem às pessoas carbonatar e saborizar água de torneira usando garrafas de vidro reutilizáveis. A empresa promove três principais benefícios: usar água da torneira é mais barato, pode ser um pouco mais saudável e evita o desperdício. A Coca-Cola relata recuperar mais de um terço de suas garrafas e latas na América do Norte, evitando que 113 milhões de quilos em resíduos vão para os aterros sanitários por ano. Quando lançou a embalagem Eco-Fina para sua água da marca Aquafina, que usa 50% a menos de plástico, a PepsiCo estimou que economizaria mais de 34 milhões de quilos desse material por ano.

Talvez a lição mais importante nesse caso seja a de que as questões ambientais preocupam os consumidores, e eles esperam que as empresas promovam mudanças levando em consideração suas preocupações. Além disso, haverá concorrência sob todas as formas à medida que as empresas tentarem encontrar maneiras de atender melhor às necessidades não atendidas dos consumidores, mesmo que seja por um simples gole de água.[51]

Crédito: SIGG Switzerland AG. Criadores da The Original Bottle, feita na Suíça.

>> Enfatizando o *design* e a variedade de produtos, a suíça Sigg ganhou popularidade quando as vendas de garrafas de água reutilizáveis explodiram.

Resumo

1. As empresas mais admiradas do mundo seguem os altos padrões das diretrizes de negócios e de *marketing* de que devem servir aos interesses das pessoas, não apenas aos seus. Para elevar o nível do *marketing* socialmente responsável, é preciso buscar o *tripé da sustentabilidade*, que foca na comunidade e no meio ambiente, além de nos lucros da empresa.

2. O crescimento socialmente responsável exige que os profissionais de *marketing* invistam recursos na criação de valor para a comunidade na qual a empresa opera. A responsabilidade social corporativa baseada na comunidade costuma ocorrer por meio das seguintes ações: melhorar o ambiente de trabalho, participar de filantropia corporativa, apoiar comunidades de baixa renda, promover o *marketing* de causas e praticar *marketing* social.

3. Um número crescente de empresas enfoca o grupo mais numeroso, mas também o mais pobre, da população mundial, a chamada base da pirâmide, na crença de que podem atendê-lo de forma lucrativa ao mesmo tempo que promovem mudanças sociais.

4. Muitos aspectos da cultura verde, desde produtos ou ingredientes orgânicos até a reciclabilidade, tornaram-se parte da cultura de massa à medida que os consumidores recorrem cada vez mais a dispositivos digitais para aprender sobre o meio ambiente e compartilhar suas experiências sobre isso. A sustentabilidade, ou seja, a capacidade de atender às necessidades da espécie humana sem prejudicar as gerações futuras, tornou-se o item número um na pauta de muitas organizações. As grandes empresas detalham minuciosamente como melhorarão o impacto de longo prazo das suas ações na comunidade e no meio ambiente.

5. A busca do tripé da sustentabilidade frequentemente gera desafios para empresas guiadas pelos lucros, pois parte dos seus *stakeholders* pode não aprovar a responsabilidade social corporativa que vem à custa do lucro. Para garantir um comprometimento significativo com a responsabilidade social corporativa, a empresa deve encontrar o equilíbrio certo entre rentabilidade e benefícios sociais. Além disso, ela também deve garantir que os esforços escolhidos para promover a responsabilidade social se reflitam na cultura corporativa e no sistema de valores da empresa e sejam aceitos pelos *stakeholders* da organização.

DESTAQUE de *marketing*

Starbucks

A Starbucks inaugurou sua primeira loja em 1971, quando o consumo de café nos Estados Unidos declinava havia uma década e marcas rivais usavam grãos mais baratos para competir em preço. Os fundadores da Starbucks decidiram testar um novo conceito: uma loja que vendesse apenas grãos de café e equipamentos de preparo importados da melhor qualidade. A loja original, situada no histórico Pike Place Market, em Seattle, não vendia café preparado, apenas os grãos. O nome, inspirado por um personagem de *Moby-Dick*, romance de Herman Melville, evocava o romance dos mares e a tradição marítima dos primeiros mercadores de café.

Howard Schultz juntou-se à Starbucks em 1982. Durante uma viagem de negócios a Milão, ele entrou em uma cafeteria italiana e teve uma inspiração divina: "Não havia algo parecido na América. Era como se fosse a extensão da varanda da casa das pessoas. Foi uma experiência emocional". Ele teve a visão de levar a tradição das cafeterias italianas para os Estados Unidos e convenceu os fundadores da Starbucks a testarem o conceito no centro de Seattle, onde o primeiro *caffè latte* da Starbucks foi servido em 1984. Após o sucesso do experimento com cafeterias, Schultz deixou a Starbucks por um breve período e fundou suas próprias cafeterias Il Giornale, que ofereciam café passado e expresso à base de grãos de café da Starbucks. Schultz comprou a Starbucks com a ajuda de investidores locais, com o objetivo de criar uma empresa que refletiria a elegância italiana mesclada com a informalidade americana. Ele imaginou a Starbucks como um "mimo pessoal" para seus clientes, um espaço confortável e sociável que fizesse a ponte entre o local de trabalho e a casa.

A expansão da Starbucks nos Estados Unidos foi cuidadosamente planejada. Todas as lojas eram próprias, assim como a sua operação, garantindo total controle sobre uma imagem de qualidade inigualável. Com uma estratégia centralizada, as lojas de café penetraram o novo mercado em grupo. Embora muitas vezes essa saturação deliberada canibalizasse 30% das vendas de uma loja pela introdução de outra próxima, a queda em receita era compensada por eficiência em custos de *marketing* e de distribuição, além da imagem de maior conveniência. Um cliente comum passava pela Starbucks 18 vezes por mês. Nenhum varejista dos Estados Unidos tinha uma frequência maior de visitas de clientes. Hoje, a Starbucks conecta-se com milhões de clientes todos os dias em suas mais de 24 mil unidades de varejo em 70 países.

Parte do sucesso da Starbucks é atribuída à alta qualidade de seus itens e serviços, bem como ao seu incansável compromisso de oferecer as experiências sensoriais mais ricas possíveis. A rede oferece uma série de produtos que os clientes podem aproveitar nas lojas, em casa ou na rua. As ofertas incluem: mais de 30 *blends* e cafés de origem única *premium*; bebidas artesanais, como café recém-passado, expressos quentes e gelados, refrescos, *smoothies* e chás; e comida fresquinha, como salgados, sanduíches, saladas, cereais, mingau, *parfaits* de iogurte e frutas.

A Starbucks inova constantemente o conceito de cafeteria. Suas lojas-conceito Reserve Roastery, lançadas em 2014, estão presentes nas maiores cidades do mundo. De acordo com a Starbucks, as Roasteries combinam a experiência de cafeteria com a de um parque temático, na qual "os clientes podem mergulhar no mundo do café ao seu redor". A Starbucks projetou as lojas Reserve, inauguradas a partir de 2018, para serem versões menores das Roasteries, mas mais chiques do que as cafeterias Starbucks normais. Criadas para a vida noturna, as lojas Reserve reintroduziram o programa "Evenings" (Noites) da rede, lançado originalmente em 2010 e descontinuado em 2017, que inclui destilados, vinhos e cervejas *premium* no cardápio.

Um componente crítico do sucesso da Starbucks é o seu comprometimento com responsabilidade social. Desde o princípio, a Starbucks buscou ser um tipo diferente de empresa, uma organização que transmitiria uma sensação de comunidade e um sentimento de ligação, além de celebrar o seu café e sua rica tradição. A Starbucks toma decisões que impactam positivamente os seus acionistas e a sua comunidade e o meio ambiente. A empresa se orgulha de ser ética e responsável e garante que os clientes estarão cientes do seu alto nível de envolvimento. Desde estampar fatos importantes nos seus copos de café até um relatório anual dedicado aos seus esforços socialmente responsáveis, a Starbucks tornou a responsabilidade social corporativa uma prioridade da empresa.

A Starbucks retribui a sua comunidade de muitas maneiras, a começar pelos funcionários, chamados de parceiros. Schultz acreditava que, para superar as expectativas dos clientes, era preciso primeiro superar a dos funcionários. A empresa foi uma das primeiras a oferecer assistência médica abrangente a todos os funcionários que se qualificam para o benefício, tanto os que trabalham em tempo integral quanto aqueles em regime de meio período, incluindo cobertura para parceiros domésticos. Hoje, a Starbucks gasta mais com seguro de saúde do que com café a cada ano. Ela também foi a primeira empresa americana de capital fechado a oferecer um programa de opção de compra de ações (denominado Bean Stock). O programa, que inclui funcionários em regime de meio período, permite que eles participem do sucesso financeiro da empresa. A Starbucks também se comprometeu em contratar 10 mil veteranos e cônjuges de militares nos próximos cinco anos. Mais recentemente, a empresa começou a oferecer bolsas de estudo integrais para quem busca o seu primeiro diploma universitário por meio de programas *on-line*, como aquele oferecido pela Arizona State University. A Starbucks Foundation, criada em 1977, apoia programas de alfabetização para crianças e famílias nos Estados Unidos, assim como diversas organizações de caridade e comunidades em todo o mundo, com a intenção de "criar esperança, descoberta e oportunidade nas comunidades".

A Starbucks colabora com a organização não governamental Conservation Internacional e segue as práticas Coffee and Farmer Equity, um programa abrangente de compra de café que visa a adquirir produtos de alta qualidade de agricultores que atendem a padrões sociais, econômicos e ambientais. Em 2001, a Starbucks introduziu diretrizes para fontes éticas de suprimento de café, desenvolvidas em parceria com a Conservation International. A empresa também atua continuamente junto aos agricultores para implementar métodos responsáveis, como o plantio de árvores às margens dos rios e o uso de técnicas de cultivo à sombra para ajudar a preservar as florestas. Ao longo dos anos, a Starbucks investiu mais de US$ 100 milhões em programas e atividades de cooperação com agricultores.

A Starbucks é considerada uma líder em iniciativas verdes. Desde a construção de edifícios verdes com certificação LEED (Leadership in Energy and Environmental Design – liderança em projetos de energia e de meio ambiente) até a redução do desperdício e a melhoria da conservação da água, pequenas mudanças podem fazer uma grande diferença no meio ambiente. A empresa levou 10 anos para desenvolver o primeiro copo reciclado, feito com 10% de fibra pós-consumo. Em seguida, a Starbucks criou uma nova luva de papel para copos quentes que requer menos materiais na fabricação. Essas inovações preservam aproximadamente 100 mil árvores por ano. O objetivo da empresa é garantir que todos os seus copos sejam reciclados ou reutilizados. O compromisso da empresa com responsabilidade social corporativa reflete a visão de que a Starbucks deve preservar a paixão pelo café, ter um senso de humanidade e continuar a provar que a empresa "representa algo maior do que apenas lucratividade".[52]

Questões

1. Quais são os principais aspectos da estratégia e das táticas da Starbucks?

2. Qual é o limite que uma empresa como a Starbucks impõe ao seu apoio a programas socialmente responsáveis? Quanto de seu orçamento anual deveria ser destinado a esses programas? Quanto tempo os funcionários deveriam dedicar a eles? Quais programas a Starbucks deveria apoiar?

3. A Starbucks se esforça muito para tomar decisões de negócios éticas e responsáveis. Como são medidos os resultados dos programas de responsabilidade social da Starbucks?

DESTAQUE de *marketing*

Ben & Jerry's

A Ben & Jerry's foi criada em 1978, quando os fundadores Ben Cohen e Jerry Greenfield inauguraram a sua primeira sorveteria em Burlington, Vermont. A dupla "queria fazer algo mais divertido" com as suas carreiras: Cohen era professor de cerâmica e Greenfield trabalhava como técnico de laboratório. Após um curso de cinco dólares sobre produção de sorvetes da Pennsylvania State University, os dois conseguiram reunir US$ 12 mil e reformaram um posto de gasolina no centro de Burlington.

Com seus sabores exclusivos e o uso de ingredientes de alta qualidade, a Ben & Jerry's logo conquistou uma clientela fiel entre os universitários locais. Após decidir que os minimercados e as lojas de conveniência locais seriam canais lucrativos para os seus produtos, a dupla alugou uma fábrica e começou a embalar seus sorvetes em recipientes de 473 mL. Embora a Ben & Jerry's tenha mantido suas operações na região de Burlington, o sorvete recebeu atenção nacional em 1981, quando a revista *Time* o chamou de "melhor sorvete do mundo". Logo após a história ser publicada, a popularidade e as vendas da Ben & Jerry's cresceram drasticamente. A empresa começou a inaugurar lojas fora do estado de Vermont e a distribuir seus produtos por todo o país.

A expansão contínua da empresa e as altas vendas superaram em muito as expectativas dos fundadores. Inicialmente, a Ben & Jerry's financiou seu crescimento com a venda de ações exclusivamente para os moradores de Vermont, com a ideia de estabelecer responsabilidade local e dividir a riqueza gerada com o restante da comunidade. À medida que a empresa se expandia, a dupla teve de enfrentar um dilema. Ben Cohen e Jerry Greenfield não tinham certeza se continuariam com o negócio, pois temiam "que os negócios explorassem seus trabalhadores e a comunidade". Os dois decidiram manter o negócio e formularam uma declaração de missão para demonstrar como as empresas podem impulsionar mudanças positivas na comunidade. A missão social da Ben & Jerry's é "tornar o mundo um lugar melhor".

Com a declaração de missão estabelecida, a Ben & Jerry's adotou diversos passos para seguir a sua ideia de responsabilidade social corporativa. A empresa estabeleceu a Ben & Jerry's Foundation, dedicada a ativismo de raiz em causas sociais e ambientais, doando anualmente 7,5% dos lucros da empresa sem impostos. A Ben & Jerry's também lançou produtos que apoiavam diversas causas. Os lucros do Peace Pop, um picolé de sorvete, foram usados para apoiar diversas organizações que defendem a paz mundial. A Ben & Jerry's comprou nozes de florestas tropicais para o sorvete Rainforest Crunch, o que gerou demanda por um produto de florestas tropicais que podia ser cultivado e colhido sem desmatamento. Além disso, os lucros desse sabor foram direcionados para esforços de preservação de florestas tropicais.

Para cumprir sua missão, a Ben & Jerry's elabora seus produtos para serem ambientalmente corretos. A empresa vendia o sorvete no que chamava de Eco-Pints, uma embalagem ambientalmente correta que não usava papel branqueado com compostos à base de cloro. A Ben & Jerry's adquiria seu leite apenas de fazendas locais e usava apenas leite com a certificação de ser livre de hormônios. Para os outros ingredientes, ela dava prioridade para fontes *fair trade* e orgânicas. A Ben & Jerry's também encontrou diversas maneiras de reduzir a produção de lixo, incluindo alimentar o gado local com os resíduos do próprio sorvete.

Até mesmo a propaganda e as promoções de produtos da empresa destacam o valor que a Ben & Jerry's dá à justiça social e à união da comunidade. Em vez de comprar grandes quantidades de anúncios no rádio, na televisão e na mídia impressa, a Ben & Jerry's recorre principalmente ao patrocínio de eventos com valores comunitários para promover os seus produtos. No passado, a Ben & Jerry's patrocinou festivais de paz, música e arte nos Estados Unidos. A empresa também criou seus próprios festivais One World e One Heart, ambos dedicados à conscientização sobre diversas causas sociais.

Quando a Unilever ofereceu-se para comprar a empresa em 2000, tanto Ben quanto Jerry hesitaram em vender. Eles temiam que o conglomerado desfizesse seus muitos anos de trabalho em prol do progresso social e ambiental e transformasse a Ben & Jerry's em uma empresa dedicada exclusivamente aos lucros. Contudo, Ben e Jerry receberam uma oferta que não teriam como recusar: a empresa foi comprada por mais de US$ 300 milhões, com a condição de que fosse criado um conselho executivo para retomar suas missões sociais e ambientais. Infelizmente, o acordo logo resultou em algum nível de regressão. Para otimizar a gestão da cadeia de suprimentos, a Unilever fechou uma unidade de produção e outra de distribuição e demitiu todos os trabalhadores de ambas. Alguns representantes de vendas na sede da Ben & Jerry's também foram demitidos.

Apesar dos reveses iniciais, o conselho executivo conseguiu negociar sua autonomia. Desde então, a Ben & Jerry's redobrou o foco na sua missão social e comprometeu-se com alocar mais lucros para apoiar os fazendeiros locais, reduzir o seu impacto ambiental e defender a justiça política e social. A Ben & Jerry's começou a usar apenas ovos produzidos de aves sem confinamento nos seus produtos. Nos últimos anos, o salário mínimo pago pela Ben & Jerry's era significativamente mais alto do que a média nacional, em torno de US$ 18/hora em 2020. A Ben & Jerry's também recebeu a certificação B Corporation de uma organização sem fins lucrativos em reconhecimento pelos seus altos padrões econômicos e sociais. A Ben & Jerry's continua a promover sua missão social, um sabor de cada vez.[53]

Questões

1. Qual é o papel da responsabilidade social corporativa no modelo de negócios da Ben & Jerry's?
2. Ben e Jerry deveriam ter continuado a operar a Ben & Jerry's como uma empresa independente, em vez de vendê-la para a Unilever? Quais são os prós e contras de fechar a venda?
3. Como a Ben & Jerry's poderia justificar o conceito de tripé da sustentabilidade (lucros, pessoas e planeta) para os acionistas da empresa?

DESTAQUE de *marketing*

Tiffany & Co.

As raízes da Tiffany & Co. remontam a 1837, quando Charles Lewis Tiffany, fundador da empresa, inaugurou uma loja de papelaria e artigos de luxo na cidade de Nova York. A primeira loja de Tiffany logo conquistou as damas da alta sociedade que buscavam joias e relógios de altíssima qualidade. Em 1848, o foco da loja estava claramente nas joias finas. Tiffany contratou dezenas de artesãos para criar joias em uma oficina localizada no andar de cima da loja, em uma época em que quase todos os joalheiros eram simplesmente varejistas. Tiffany buscou expressar seu próprio estilo de joias americanas, que demonstrasse beleza natural e simplicidade. No final do século XIX, a Tiffany & Co. adquiriu suas próprias instalações para lapidar e polir diamantes, dando às gemas um acabamento consistente e de alta qualidade.

A popularidade dos diamantes e dos metais preciosos explodiu no século XX. Devido ao aumento da demanda por joias finas, o crescimento da Tiffany & Co. foi enorme, e a empresa começou a se expandir internacionalmente. A empresa tornou-se mais verticalmente integrada, controlando aspectos como abastecimento, *design* e fabricação em locais espalhados por todo o planeta. Isso permitiu que ela mantivesse sua filosofia de *design* e adquirisse apenas

diamantes que atendiam aos seus requisitos. À medida que a Tiffany & Co. crescia, seus clientes foram se conscientizando sobre as preocupações ambientais em torno da extração de metais preciosos e sobre as injustiças sociais da indústria de diamantes, denunciadas por diversas organizações não governamentais (ONGs) e organizações setoriais. Produtos químicos tóxicos, como cianeto e mercúrio, eram usados para extrair ouro do solo. Além disso, muitos diamantes se originavam de países com conflitos políticos e onde os mineradores sofriam graves abusos dos direitos humanos. A consciência sobre os chamados diamantes de sangue aumentou ainda mais em 2006, após o lançamento de *Diamante de Sangue*, filme dirigido por Edward Zwick e estrelado por Leonardo DiCaprio.

Os primeiros passos da Tiffany & Co. no sentido da integração vertical prepararam o caminho para a construção de uma empresa sustentável e socialmente responsável. A integração vertical da cadeia de abastecimento permitiu que a Tiffany & Co. traçasse a origem dos seus diamantes e metais preciosos e confirmasse que as minas praticavam operações responsáveis. A empresa adota uma política de tolerância zero em relação à compra de diamantes de sangue; em 2006, ela ajudou a estabelecer a Initiative for Responsible Mining Assurance (IRMA, ou Iniciativa pela Garantia da Mineração Responsável), que se tornou o primeiro sistema de certificação do mundo para unidades de mineração responsáveis. A empresa também se posiciona publicamente contra minas que ameaçam os ecossistemas locais. A Tiffany fez *lobby* contra o desenvolvimento da Pebble Mine, na Baía de Bristol, Alasca, que muitos acreditaram que prejudicaria a pesca local.

A empresa investe no desenvolvimento econômico e ambiental das suas áreas de mineração como forma de contribuir para a missão da IRMA. Por exemplo, a Tiffany & Co. treinou seus trabalhadores no Botsuana (onde 98% dos polidores da empresa trabalham) para lapidar e polir diamantes, o que ofereceu aos moradores do país oportunidades de emprego e enriqueceu a economia botsuana em US$ 50 milhões. A empresa também se esforça para oferecer um padrão de vida ético aos seus trabalhadores. A Tiffany & Co. contratou um economista para calcular um salário justo para os seus trabalhadores no Camboja, considerando variáveis como tamanho da família, moradia e transporte. Além disso, a Tiffany & Co. oferece aos trabalhadores benefícios como licença-maternidade, almoço gratuito e eliminação de turnos noturnos e de fim de semana.

A Tiffany & Co. incorporou a missão de sustentabilidade à governança da empresa e escolheu seu primeiro diretor de sustentabilidade em 2015, um dos primeiros no setor de produtos de luxo. O CSO supervisiona as iniciativas sociais e ambientais da Tiffany. Desde então, a empresa prometeu reduzir suas emissões a zero até 2050, transformando a mudança climática em mais um aspecto da sua pauta de sustentabilidade. A Tiffany & Co. integrou a missão de sustentabilidade tanto às suas unidades de varejo quanto às embalagens, usando lâmpadas de LED mais eficientes nas lojas e materiais recicláveis nas icônicas embalagens azuis. Outras iniciativas incluem a preservação dos recifes de coral e o desenvolvimento de parques urbanos.

As missões sociais e ambientais da Tiffany & Co. tornaram-se um aspecto valioso da sua imagem de marca, e o uso estrito de diamantes e metais preciosos adquiridos de fontes de abastecimento éticas é uma parte essencial da promessa de marca. Nos últimos anos, a gerência passou a treinar os vendedores para educar os clientes sobre a diferença entre os métodos de abastecimento da Tiffany & Co. e os das joalherias concorrentes. A empresa lançou coleções que apoiam diversas iniciativas ambientais, como a linha de joias Save the Wild, cujos lucros são doados para a organização africana Elephant Crisis Fund.

A Tiffany & Co. é famosa na indústria da joalheria de luxo pelo uso de aprovisionamento ético de gemas e metais preciosos e pelo apoio a diversas iniciativas sociais e ambientais. A capacidade da Tiffany & Co. de garantir a responsabilidade social corporativa tem origem na integração vertical da empresa, que lhe permite controlar as fontes de diamantes e metais preciosos que utiliza. Esse aspecto da cadeia de abastecimento da Tiffany & Co. criou uma vantagem competitiva para a empresa e tornou-se uma parte essencial da sua imagem de marca.[54]

Questões

1. Uma empresa de luxo deveria praticar ativamente a responsabilidade social corporativa? Quais são os prós e contras dessa decisão?
2. A Tiffany deveria anunciar o fato de que apoia diversas iniciativas sociais e ambientais? Por quê?
3. Para a Tiffany, qual é a importância de ter um diretor de sustentabilidade (CSO)? Quais são as vantagens e desvantagens de se ter uma única pessoa como responsável final por elaborar e implementar programas de responsabilidade social corporativa?

DESTAQUE de *marketing*

Água AMA, da Ambev

Nas comunidades de Santo Antônio das Bolas e do Quilombola dos Cardosos, na cidade de Jenipapo de Minas, interior do estado de Minas Gerais, não há água potável em abundância, e os moradores sofrem com as secas e outras consequências das mudanças climáticas. Ou melhor, não havia. Desde 2019, eles podem contar com algumas cisternas, que são depósitos ou reservatórios de água que auxiliam a captar e armazenar a água para os momentos de crise hídrica, servindo para a horta e outros tipos de consumo. Tudo isso graças a pessoas que compraram e beberam a água AMA, da Ambev.

É notório que a água é atualmente um dos bens mais preciosos que precisamos conservar e preservar no planeta. Inclusive, entre os 17 objetivos do desenvolvimento sustentável (ODS), que integram a Agenda 2030, organizada pela ONU, há um específico para tratar da questão hídrica. O objetivo é garantir a disponibilidade e o manejo sustentável da água e o saneamento para todos.

Com base nessas premissas, a Ambev, uma empresa controlada pela belga Anheuser-Busch InBev e a maior cervejaria do Brasil, com cerca de 60% de participação de mercado, segundo projeção da CervBrasil em 2023, desenvolveu um projeto em que articula *marketing*, negócio social e sustentabilidade.

O projeto AMA trata da comercialização de água mineral natural engarrafada e em lata de alumínio com 100% do seu lucro obtido das vendas revertido para projetos de acesso a água potável para a população do semiárido brasileiro e de outros lugares do país. No Brasil, cerca de 35 milhões de pessoas não têm acesso a água potável. No *site* da AMA, é destacado o lucrômetro, que sinaliza, em tempo real, o quanto já foi investido, número que ultrapassa os R$ 7 milhões desde o seu início.

A meta estipulada pelo projeto é ajudar 1 milhão de pessoas até 2025, sendo que já foram mais de 630 mil pessoas atendidas. São mais de 100 projetos apoiados em 14 estados brasileiros, levando acesso a locais no semiárido, a periferias nos estados da região Sudeste, a favelas e comunidades em São Paulo e no Rio de Janeiro e a aldeias e territórios indígenas na região Norte.

A ideia surgiu em 2016, em parceria com o Yunus Social Business, organização que desenvolve e apoia negócios para resolver os problemas mais urgentes do mundo. Segundo a organização, os negócios sociais têm uma profunda experiência em criar soluções para os grandes desafios da humanidade, como a pobreza e a crise climática, a partir das principais ferramentas utilizadas por negócios tradicionais. As grandes corporações, como a Ambev, têm o poder de multiplicar e escalonar o impacto positivo gerado por suas próprias operações.

Em 2019, a Ambev foi a primeira empresa no Brasil a inovar com a água AMA em lata de alumínio. Em 2021, realizou parcerias para expandir sua atuação com a Central Única das Favelas (Cufa) e a Água Camelo, uma *startup* de impacto socioambiental focada no mercado ESG que vende serviços B2B para organizações que desejam promover o acesso a uma fonte segura de água tratada para pessoas em situação de vulnerabilidade social nos centros urbanos, no semiárido e na Floresta Amazônica.

Um dos cuidados do projeto é que todo o seu processo seja auditado pela KPMG e possa ser conferido por qualquer consumidor no *site*. Também é importante que o processo esteja alinhado com as outras ações realizadas sobre a questão hídrica, como o esforço do uso consciente da água que existe desde a criação da Ambev, o Projeto Bacias e sua participação como maior patrocinadora da coalizão Cidades pela Água, evidenciando que o projeto enriquece o portfólio de programas e projetos de responsabilidade ambiental e social da empresa.

Em 2023, a água AMA ampliou sua atuação ao apoiar o Desafio Fundo Catalisador 2030 com o aporte de R$ 200 mil. Esse prêmio foi para as organizações que participaram do movimento global de empreendedores sociais e inovadores sociais de diferentes setores que compartilham o objetivo de criar abordagens inovadoras e centradas nas pessoas para atingir os ODS até 2030. Hoje, o movimento Catalisador 2030 reúne, no âmbito global, mais de 500 empreendedores sociais em 195 países, impactando 1 bilhão de vidas e gerenciando US$ 2 bilhões em fundos alinhados aos ODS.

"Muito mais do que um produto, a água AMA é a materialização de que as questões sociais e ambientais podem ser desenvolvidas em conjunto com o mercado e a sustentabilidade empresarial", destaca o diretor de impacto social e responsável pelo projeto AMA da Ambev, Carlos Pignatari. A AMA está alinhada à estratégia da empresa e totalmente à matriz de materialidade, na qual a gestão da água* é um tema de destaque. Ou seja, é uma demanda dos *stakeholders* da empresa, sendo mapeado como tema importantíssimo para a Ambev.

A vice-presidente de assuntos corporativos e impacto positivo da Ambev Sul América, Carla Crippa, que acompanhou o projeto desde a sua idealização, enfatiza que "sempre fomos demandados para resolver este problema do mundo e da sociedade. Todos os nossos produtos que são fabricados e os nossos funcionários lidam diariamente com a água. Em contraponto, são milhares de pessoas no país que não têm acesso a essa necessidade básica do ser humano. Juntamos toda essa *expertise* com os conceitos de negócios sociais e fizemos esse produto que ajuda milhares de vidas. No começo foi difícil quebrar os paradigmas tradicionais dos processos dentro da empresa, mas sempre tivemos todo o suporte, pois o que importa, no final, é a causa".

Questões

1. O caso da água AMA coloca vários conceitos deste capítulo em prática. Cite e faça a correlação entre os conceitos e as práticas deste caso.
2. Quais são os principais atributos da marca AMA que podem ser trabalhados em um planejamento de *marketing* e comunicação?
3. Na sua avaliação, o consumidor está preparado para comprar uma água que vai ajudar outras pessoas? Por quê?
4. Como preparar o consumidor para entender esse processo de compra e apoio à comunidade?

---

*Gestão da água: estratégias, políticas e programas para preservar corpos hídricos, reduzir consumo, aumentar o reaproveitamento e evitar conflitos relacionados à água e/ou à sua escassez.

Autores

Marcus Nakagawa Professor da ESPM e coordenador do Centro ESPM de Desenvolvimento Socioambiental (CEDS). Mestre em administração pela PUC-SP e doutorando em sustentabilidade pela USP EACH. Autor premiado Jabuti, mentor, TEDx *speaker* e palestrante de sustentabilidade, empreendedorismo e estilo de vida. Professor idealizador e presidente da Associação Brasileira dos Profissionais pelo Desenvolvimento Sustentável (Abraps).

Guilherme Borges da Costa Professor da ESPM e coordenador do Centro ESPM de Desenvolvimento Socioambiental (CEDS). Doutor em psicologia pela Université de Caen Normandie e mestre em mudança social e participação política pela USP.

Referências

A PRIMEIRA marca que nasceu de uma causa. *Ambev*, 2023. Disponível em https://www.ambev.com.br/ama#nossosprodutos. Acesso em 28 nov. 2023.

CONTENT LAB. Uma água para unir. *UOL*, 2023. Disponível em: https://www.uol/noticias/conteudo-de-marca/projeto-ama-ambev-2.htm#uma-agua-para-unir. Acesso em: 28 nov. 2023.

DESAFIO Fundo Catalisador 2030: conheça o projeto vencedor! *IDIS*, 30 mar. 2023. Disponível em: https://www.idis.org.br/desafio-fundo-catalisador-2030-conheca-o-projeto-vencedor/. Acesso em: 28 nov. 2023.

MELO, T. AMA, a água com propósito, ou como um negócio social corporativo brotou de dentro da Ambev. *Draft*, 13 abr. 2017. Disponível em: https://www.projetodraft.com/ama-a-agua-com-proposito--ou-como-um-negocio-social-corporativo-brotou-de-dentro-da-ambev/. Acesso em: 28 nov. 2023.

PATROCÍNIO, F. Dossiê água 2: entre o negócio de impacto e o direito à vida (parte 2). *Aupa*, 6 mai. 2019. Disponível em: https://aupa.com.br/negocios-de-impacto-e-agua-2/. Acesso em: 28 nov. 2023.

PROJETO investe mais de 3,6 milhões em ações para levar água potável ao semiárido. *Estado de São Paulo*, 20 dez. 2019. Disponível em: https://www.estadao.com.br/sustentabilidade/projeto-investe-r-3-6-mi-em-acoes-para-levar-agua-potavel-ao-semiarido/. Acesso em: 28 nov. 2023.

Notas

Capítulo 1

1. Kate Clark, "Bird CEO on Scooter Startup Copycats, Unit Economics, Safety, and Seasonality", *Tech Crunch*, 3 fev, 2019. https://www.bird.co/press. Acesso em: 23 nov. 2020.
2. Dominique M. Hanssens e Koen H. Pauwels, "Demonstrating the Value of Marketing", *Journal of Marketing* 80, no. 6 (2016), pp. 173–90.
3. *American Marketing Association*, "Definition of Marketing", https://www.ama.org/AboutAMA/Pages/Definition-of-Marketing.aspx. Acesso em: 23 nov. 2020.
4. Robert F. Lusch e Frederick E. Webster Jr., "A Stakeholder-Unifying, Cocreation Philosophy for Marketing", *Journal of Macromarketing* 31, no. 2 (2011), 129–34. Ver também Robert F. Lusch e Frederick E. Webster Jr., "Elevating Marketing: Marketing Is Dead! Long Live Marketing!" *Journal of Academy of Marketing Science* 41 (jan. 2013), pp. 389–99.
5. Peter Drucker, *Management: Tasks, Responsibilities, Practices* (Nova York: Harper and Row, 1973), pp. 64–65.
6. Irving J. Rein, Philip Kotler, Michael Hamlin e Martin Stoller, *High Visibility*, 3rd ed. (Nova York: McGraw-Hill, 2006).
7. Philip Kotler, Christer Asplund, Irving Rein e Donald H. Haider, *Marketing Places in Europe: Attracting Investments, Industries, Residents, and Visitors to European Cities, Communities, Regions, and Nations* (Londres: Financial Times Prentice Hall, 1999); Philip Kotler, Irving J. Rein e Donald Haider, *Marketing Places: Attracting Investment, Industry, and Tourism to Cities, States, and Nations* (Nova York: Free Press, 1993).
8. Philip Kotler, "Marketing: The Underappreciated Workhorse", *Market Leader*, Quarter 2 (2009), pp. 8–10.
9. V. Kumar, "Transformative Marketing: The Next 20 Years", *Journal of Marketing* 82, no. 4 (2018), pp. 1–12.
10. Thomas Friedman, *The World Is Flat: A Brief History of the Twenty-First Century* (Nova York: Farrar, Straus & Giroux, 2005).
11. Homi Kharas, *The Unprecedented Expansion of the Global Middle Class*, (Washington, DC: The Brookings Institution, 2017).
12. Vijay Govindarajan e Chris Trimble, *Reverse Innovation: Create Far from Home, Win Everywhere* (Boston: Harvard Business School Publishing, 2012).
13. Rajendra Sisodia, David Wolfe e Jagdish Sheth, *Firms of Endearment: How World-Class Companies Profit from Passion* (Upper Saddle River, NJ: Wharton School Publishing, 2007).
14. Jeffrey Hollender e Stephen Fenichell, *What Matters Most* (Nova York: Basic Books, 2004), p. 168; Alexander Chernev e Sean Blair, "Doing Well by Doing Good: The Benevolent Halo of Corporate Social Responsibility", *Journal of Consumer Research* 41, no. 6 (2015), pp. 1412–25. Contudo, esforços de responsabilidade social corporativa podem não funcionar bem para alguns tipos de marca, como marcas de luxo; ver Carlos J. Torelli, Alokparna Basu Monga e Andrew M. Kaikati, "Doing Poorly by Doing Good: Corporate Social Responsibility and Brand Concepts", *Journal of Consumer Research* 38 (fev. 2012), pp. 948–63.
15. Para perspectivas acadêmicas ponderadas sobre estratégias e táticas de *marketing*, ver Alice M. Tybout e Bobby J. Calder, eds., *Kellogg on Marketing*, 2nd ed. (Nova York: Wiley, 2010) e Alice M. Tybout e Tim Calkins, eds., *Kellogg on Branding* (Nova York: Wiley, 2005).
16. Karey Wutkowski, "Car Makers Try to Copy Green Halo of Prius", *Reuters*, 8 abr. 2008; https://www.prnewswire.com/news-releases/the-car-that-changed-an-industry-toyota-marks-20th-anniversary-of-prius-with-special-anniversary-edition-301055995.html. Acesso em: 30 jan. 2021.
17. Tomio Geron, "The Share Economy", *Forbes*, 11 fev. 2013; Georgios Zervas, Davide Proserpio e John W. Byers, "The Rise of the Sharing Economy: Estimating the Impact of Airbnb on the Hotel Industry", *Journal of Marketing Research* 54, no. 5 (2017), pp. 687–705.
18. "New Directions: Consumer Goods Companies Hone a Cross-Channel Approach to Consumer Marketing", *The Economist Intelligence Unit Special Report*, fev. 2012.
19. Mark Schaefer, "The 10 Best Corporate Blogs in the World", www.businessesgrow.com, 5 jan. 2011; Roger Yu, "More Companies Quit Blogging, Go with Facebook Instead", *USA Today*, 20 abr. 2012.
20. Natasha Singer, "Amazon Is Pushing Technology That a Study Says Could Be Biased", *New York Times*, 24 jan. 2019; Spencer Ante, "As Economy Cools, IBM Furthers Focus on Marketers", *Wall Street Journal*, 17 jul. 2012.
21. "Case Study: Promote Iceland", www.warc.com, 2012; "How to Use a Volcanic Eruption to Your Advantage in

Marketing", ICCA Best Marketing Award Entry 2010; Marc Springate e George Bryant, "Promote Iceland: Inspired by Iceland", www.warc.com, 2012; https://www.islandsstofa.is/en. Acesso em: 23 nov. 2020.

22. Diane Cardwell, "At Patagonia, the Bottom Line Includes the Earth", *New York Times*, 30 jul. 2014.

23. Para uma discussão sobre as condições em que os consumidores preferem produtos de comércio justo, ver Katherine White, Rhiannon MacDonnell e John H. Ellard, "Belief in a Just World: Consumer Intentions and Behaviors toward Ethical Products", *Journal of Marketing* 76 (jan. 2012), pp. 103–18.

24. https://www.warc.com/NewsAndOpinion/News/30084. Acesso em: 23 nov. 2020.

25. Alexander Edeling e Marc Fischer, "Marketing's Impact on Firm Value: Generalizations from a Meta-Analysis", *Journal of Marketing Research* 53, no. 4 (2016), pp. 515–34.

26. Constantine S. Katsikeas, Neil A. Morgan, Leonidas C. Leonidou e G. Tomas M. Hult, "Assessing Performance Outcomes in Marketing". *Journal of Marketing* 80, no. 2 (2016), pp. 1–20.

27. V. Kumar, "Integrating Theory and Practice in Marketing". *Journal of Marketing* 81, no. 2 (2017), pp. 1–7.

28. Theodore Levitt, "Marketing Myopia", *Harvard Business Review*, jul./ago. 1960, p. 50.

29. Para uma ampla abordagem histórica do pensamento de *marketing*, ver D. G. Brian Jones e Eric H. Shaw, "A History of Marketing Thought", em Barton A. Weitz e Robin Wensley, eds., *Handbook of Marketing* (Londres: Sage, 2002), pp. 39–65. Para questões mais específicas relacionadas com a interface entre *marketing* e vendas, ver Christian Homburg, Ove Jensen e Harley Krohmer, "Configurations of Marketing and Sales: A Taxonomy", *Journal of Marketing* 72 (mar. 2008), pp. 133–54.

30. Para mais leituras sobre origens e história da gestão de marcas e categorias, ver George S. Low e Ronald A. Fullerton, "Brands, Brand Management, and the Brand Manager System: A Critical Historical Evaluation", *Journal of Marketing Research* 31 (maio 1994), pp. 173–90.

31. D. Gail Fleenor, "The Next Space Optimizer", *Progressive Grocer*, mar. 2009.

32. Larry Selden e Geoffrey Colvin, *Angel Customers & Demon Customers* (Nova York: Portfolio [Penguin], 2003).

33. Para uma discussão aprofundada das questões relacionadas com a implementação de uma organização baseada no cliente, na qual se baseia grande parte deste parágrafo, ver George S. Day, "Aligning the Organization with the Market", *MIT Sloan Management Review* 48 (Outono 2006), pp. 41–49.

34. Frederick E. Webster Jr., "The Role of Marketing and the Firm", em Barton A. Weitz e Robin Wensley, eds., *Handbook of Marketing* (London: Sage, 2002), pp. 39–65; Colleen M. Harmeling, Robert W. Palmatier, Eric Fang e Dianwen Wang, "Group Marketing: Theory, Mechanisms, and Dynamics", *Journal of Marketing* 81, no. 4 (2017), pp. 1–24.

35. Ibid.; Jon R. Katzenbach e Douglas K. Smith, *The Wisdom of Teams: Creating the High-Performance Organization* (Boston: Harvard Business School Press, 1993); Matias G. Enz e Douglas M. Lambert, "Using Cross-Functional, Cross-Firm Teams to Co-Create Value: The Role of Financial Measures", *Industrial Marketing Management*, 41 (abr. 2012), pp. 495–507.

36. Agneta Larsson, Mats Johansson, Fredrik Baath e Sanna Neselius, "Reducing Throughput Time in a Service Organization by Introducing Cross-Functional Teams", *Production Planning & Control* 23 (jul. 2012), pp. 571–80.

37. Peter C. Verhoef e Peter S. H. Leeflang, "Understanding the Marketing Department's Influence within the Firm", *Journal of Marketing* 73 (mar. 2009), pp. 14–37; Pravin Nath e Vijay Mahajan, "Marketing in the C-Suite: A Study of Chief Marketing Officer Power in Firm's Top Management Teams", *Journal of Marketing*, 75 (jan. 2012), pp. 60–77; Christian Schulze, Bernd Skiera e Thorsten Weisel, "Linking Customer and Financial Metrics to Shareholder Value: The Leverage Effect in Customer-Based Valuation", *Journal of Marketing*, 76 (mar. 2012), pp. 17–32.

38. Nirmalya Kumar, *Marketing as Strategy: Understanding the CEO's Agenda for Driving Growth and Innovation* (Boston: Harvard Business School Press, 2004).

39. George S. Day e Robert Malcolm, "The CMO and the Future of Marketing", *Marketing Management*, Spring 2012, pp. 34–43.

40. Natalie Zmuda, "Global Experience Rises as Prerequisite to Getting Ahead", *Advertising Age*, 10 jun. 2012.

41. Para pesquisa sobre a prevalência de CMOs, ver Pravin Nath e Vijay Mahajan, "Chief Marketing Officers: A Study of Their Presence in Firms' Top Management Teams", *Journal of Marketing* 72 (jan. 2008), pp. 65–81. Para mais discussões acerca da importância dos CMOs, ver David A. Aaker, *Spanning Silos: The New CMO Imperative* (Boston: Harvard Business School Press, 2008).

42. Rui Wang, Aditya Gupta e Rajdeep Grewal, "Mobility of Top Marketing and Sales Executives in Business-to-Business Markets: A Social Network Perspective", *Journal of Marketing Research* 54, no. 4 (2017), pp. 650–70.

43. V. Kumarand Werner Reinartz. "Creating Enduring Customer Value". *Journal of Marketing* 80, no. 6 (2016), pp. 36–68.

44. Johanna Frosen, Jukka Luoma, Matti Jaakkola, Henrikki Tikkanen e Jaakko Aspara. "What Counts versus What Can Be Counted: The Complex Interplay of Market Orientation and Marketing Performance Measurement", *Journal of Marketing* 80, no. 3 (2016), pp. 60–78.

45. Para uma discussão sobre algumas das questões envolvidas, ver Glen Urban, *Don't Just Relate—Advocate* (Upper Saddle River, NJ: Pearson Education, Wharton School Publishing, 2005).

46. Para uma abordagem ampla do histórico do pensamento de *marketing*, ver D. G. Brian Jones e Eric H. Shaw, "A History of Marketing Thought", Barton A. Weitz e Robin Wensley, eds., *Handbook of Marketing* (Londres: Sage, 2002), pp. 39–65. Para questões mais específicas relacionadas com a interface entre *marketing* e vendas, ver Christian Homburg, Ove Jensen e Harley Krohmer, "Configurations of Marketing and Sales: A Taxonomy", *Journal of Marketing* 72 (mar. 2008), pp. 133–54.

47. Frederick E. Webster Jr., "Expanding Your Network", *Marketing Management* (Outono 2010), pp. 16–23; Frederick E. Webster Jr., Alan J. Malter e Shankar Ganesan, "Can Marketing Regain Its Seat at the Table?" *Marketing Science Institute Report No. 03-113* (Cambridge, MA: Marketing Science Institute, 2003); Frederick E. Webster Jr., "The Role of Marketing and the Firm", em Barton A. Weitz and Robin Wensley, eds., *Handbook of Marketing* (Londres: Sage, 2002), pp. 39–65.

48. Jeff S. Johnson e Joseph M. Matthes. "Sales-to-Marketing Job Transitions", *Journal of Marketing* 82, no. 4 (2018), pp. 32–48.

49. Para saber mais sobre criatividade, ver Pat Fallon e Fred Senn, *Juicing the Orange: How to Turn Creativity into a Powerful Business Advantage* (Boston: Harvard Business School Press, 2006); Bob Schmetterer, *Leap: A Revolution in Creative Business Strategy* (Hoboken, NJ: Wiley, 2003); Jean-Marie Dru, *Beyond Disruption: Changing the Rules in the Marketplace* (Hoboken, NJ: Wiley, 2002); e todos os livros de Edward DeBono.

50. Gary Hamel, *Leading the Revolution* (Boston: Harvard Business School Press, 2000).

51. Jagdish N. Sheth, *The Self-Destructive Habits of Good Companies… and How to Break Them* (Upper Saddle River, NJ: Wharton School Publishing, 2007).

52. A seção foi derivada em grande parte de Philip Kotler, *Ten Deadly Marketing Sins: Signs and Solutions* (Hoboken, NJ: Wiley, 2004). © Philip Kotler.

53. Fontes do Destaque de *marketing*: Barbara Lippert, "Game Changers: Inside the Three Greatest Ad Campaigns of the Past Three Decades", *Adweek*, 17 nov. 2008; Chris Zook e James Allen, "Growth outside the Core", *Harvard Business Review*, dez. 2003, pp. 66–75; Adam Lashinsky, "Nike's Master Craftsman", *Fortune*, 12 nov. 2015; Laura Stevens e Sara Germano, "Retail Shift Pushed Nike to Amazon— Sneaker Giant Resisted for Years but Got Outflanked by e-Commerce", *Wall Street Journal*, 29 jun. 2017; https://about.nike.com. Acesso em: 22 nov. 2020.

54. Fontes do Destaque de *marketing*: Richard Siklosc, "The Iger Difference", *Fortune*, 11 abr. 2008; Dorothy Pomerantz, "Five Lessons in Success from Disney's $40 Million CEO", *Forbes*, 23 jan. 2013; Carmine Gallo, "Customer Service the Disney Way", *Forbes*, 14 abr. 2011; Hugo Martin, "Disney's 2011 Marketing Campaign Centers on Family Memories", *LA Times*, 23 set. 2010; Erich Schwartzel, "Disney Lays Out Its Plan to Fight Back against Streaming Giants", *Wall Street Journal*, 8 ago. 2018; Brooks Barnes, "Mickey Turns 90, and the Disney Marketing Machine Celebrates", *New York Times*, 2 nov. 2018; https://www.thewaltdisneycompany.com/about. Acesso em: 22 nov. 2020.

Capítulo 2

1. Maureen Farrell, "Slack Files to Go Public with Direct Listing", *Wall Street Journal*, 4 fev. 2019; Molly Fischer, "What Happens When Work Becomes a Nonstop Chat Room", *Intelligencer*, 1 mai. 2017; Jeff Bercovici, "Slack Is Our Company of the Year. Here's Why Everybody's Talking about It", *Inc.*, dez. 2015/jan. 2016; Amanda Hess, "Slack Off", *Slate*, 19 abr. 2015.; https://slack.com/about. Acesso em: 23 nov. 2020.

2. Alexander Chernev, *Strategic Marketing Management: Theory and Practice* (Chicago, IL: Cerebellum Press, 2019).

3. Peter Drucker, *Management: Tasks, Responsibilities and Practices* (Nova York: Harper and Row, 1973), Capítulo 7.

4. https://www.google.com/about. Acesso em: 23 nov. 2020.

5. https://www.ikea.com/ms/en_SG/about_ikea/our_business_idea/index.html. Acesso em: 23 nov. 2020.

6. https://investor.fb.com/resources/default.aspx. Acesso em: 23 nov. 2020.

7. https://www.tesla.com/about. Acesso em: 23 nov. 2020.

8. https://www.starbucks.com/about-us/companyinformation/mission-statement. Acesso em: 23 nov. 2020.

9. https://www.microsoft.com/en-us/about. Acesso em: 23 nov. 2020.

10. Beth Snyder Bulik, "Customer Service Playing Bigger Role as Marketing Tool", *Advertising Age*, 7 nov. 2011.

11. Emmie Martin, "A Major Airline Says There's Something It Values More Than Its Customers, and There's a Good Reason Why", *Business Insider*, 29 jul. 2015; Jeff Tomson, "Company Culture Soars at Southwest Airlines", *Forbes*, 18 dez. 2018; https://www.

swamedia.com/pages/corporate-fact-sheet. Acesso em: 23 nov. 2020.
12. Robert M. Grant, *Contemporary Strategy Analysis*, 8th ed. (Nova York: *John Wiley & Sons*, 2013), Capítulo 5.
13. E. J. Schultz, "Kraft's New Grocery Company Plans Marketing Boost in Search of 'Renaissance'", *Advertising Age*, 7 set. 2012; Paul Ziobro, "Kraft Defends Split", *Wall Street Journal*, 8 set. 2011; http://www.kraftheinzcompany.com. Acesso em: 23 nov. 2020.
14. Esta seção se baseia em Alexander Chernev, *Strategic Marketing Management: Theory and Practice* (Chicago, IL: Cerebellum Press, 2019).
15. Allan D. Shocker, "Determining the Structure of Product-Markets: Practices, Issues, and Suggestions", em Barton A. Weitz e Robin Wensley, eds., *Handbook of Marketing* (London: Sage, 2002), pp. 106–25. Ver também Bruce H. Clark e David B. Montgomery, "Managerial Identification of Competitors", *Journal of Marketing* 63 (jul. 1999), pp. 67–83.
16. "What Business Are You In? Classic Advice from Theodore Levitt", *Harvard Business Review* (out. 2006), pp. 127–37. Ver também o artigo seminal de Theodore Levitt, "Marketing Myopia", *Harvard Business Review*, jul./ago. 1960, pp. 45–56.
17. Para discussão sobre algumas das consequências de longo prazo das atividades de *marketing*, ver Koen Pauwels, "How Dynamic Consumer Response, Competitor Response, Company Support, and Company Inertia Shape Long-Term Marketing Effectiveness", *Marketing Science* 23 (Outono 2004), pp. 596–610; Marnik Dekimpe e Dominique Hanssens, "Sustained Spending and Persistent Response: A New Look at Long-term Marketing Profitability", *Journal of Marketing Research* 36 (nov. 1999), pp. 397–412.
18. Michael Porter, "How Competitive Forces Shape Strategy", *Harvard Business Review* 57 (mar./abr.; 1979), pp. 137–45; Michael E. Porter, *Competitive Strategy: Techniques for Analyzing Industries and Competitors* (Nova York: Free Press, 1980).
19. Alexander Chernev, *Strategic Marketing Management: Theory and Practice* (Chicago, IL: Cerebellum Press, 2019).
20. A visão da criação de valor para o cliente como um processo de gerenciar atratividade, consciência e disponibilidade é uma versão simplificada do sistema 4-A, que delineia a aceitabilidade, a viabilidade, a acessibilidade e a consciência como as principais fontes de valor para o cliente. Ver Jagdish Sheth e Rajendra Sisodia, *The 4 A's of Marketing: Creating Value for Customer, Company and Society* (Nova York: Routledge, 1012).
21. Esta seção se baseia em Alexander Chernev, *Strategic Marketing Management: Theory and Practice* (Chicago, IL: Cerebellum Press, 2019).
22. John Elkington, "Partnerships from Cannibals with Forks: The Triple Bottom Line of 21st-Century Business", *Environmental Quality Management* 8, no. 1 (1998): pp. 37–51; John Elkington, "25 Years Ago I Coined the Phrase 'Triple Bottom Line.' Here's Why It's Time to Rethink It", *Harvard Business Review*, 25 jun. 2018.
23. https://www.unilever.com/sustainable-living/our-approach-to-reporting/our-metrics. Acesso em: 23 nov. 2020.
24. Para outros exemplos, ver Neil Bendle, Paul Farris, Phillip Pfeifer, David Reibstein, *Marketing Metrics* 4th edition (Upper Saddle River, NJ: Pearson FT Press, 2020).
25. Esta seção se baseia em Alexander Chernev, *Strategic Marketing Management: Theory and Practice* (Chicago, IL: Cerebellum Press, 2019).
26. Esta seção se baseia em Alexander Chernev, *Strategic Marketing Management: Theory and Practice* (Chicago, IL: Cerebellum Press, 2019).
27. Esta seção se baseia em Alexander Chernev, *The Marketing Plan Handbook,* 6th ed. (Chicago, IL: Cerebellum Press, 2020).
28. Este Destaque de *marketing* foi derivado principalmente das seguintes fontes: John Gapper, "Google's Android Tactics Are Microsoft Light", *FT.com*, 20 abr. 2016; Jack Nicas e Jay Greene, "Google, a Cloud-Computing Upstart, Seeks Credibility", *Wall Street Journal*, 8 mar. 2017; Miguel Helft, "Google Introduces Impressive Array of New Hardware: Phones, Speakers, Earbuds, Cameras, and More", *Forbes*, 4 out. 2017; Jack Nicas, "Google's New Products Reflect Push into Machine Learning", *Wall Street Journal*, 19 mai. 2016; Jack Nicas, "Google Sees Ad Growth But Earns Less for Each Click", *Wall Street Journal*, 25 jul. 2017; https://www.google.com/about. Acesso em: 23 nov. 2020.
29. Este Destaque de *marketing* foi derivado principalmente das seguintes fontes: Tony Hsieh, *Delivering Happiness: A Path to Profits, Passion, and Purpose* (Nova York: Grand Central Publishing, 2010); Sujan Patel, "10 Examples of Companies with Fantastic Cultures", *Entrepreneur*, 6 ago. 2015; Susan Heathfield, "Find Out the Ways That Zappos Reinforces Its Company Culture", *The Balance*, 7 maio 2018; Tony Hsieh, "How I Did It: Zappos's CEO on Going to Extremes for Customers", *Harvard Business Review*, 1 ago. 2014; https://www.zappos.com/about. Acesso em: 23 nov. 2020.

Capítulo 3

1. Ben Crair, "This Multibillion-Dollar Corporation Is Controlled by a Penniless Yoga Superstar", *Bloomberg Businessweek*, 15 mar. 2018. Robert Worth, "The Billionaire Yogi Behind Modi's Rise", *New York Times*, 26 jul. 2018; Omair Ahmad, "Interview: The Many, Many Things We Don't Know about Baba Ramdev", *The Wire*, 3 out. 2018.
2. Michael R. Solomon, *Consumer Behavior: Buying, Having, and Being*, 10th ed. (Upper Saddle River, NJ: Prentice Hall, 2013).
3. Katherine N. Lemon e Peter C. Verhoef, "Understanding Customer Experience throughout the Customer Journey", *Journal of Marketing* 80, no. 6 (2016), pp. 69–96.
4. G. Hofstede, *Cultures and Organizations: Software of the Mind* (Nova York: McGraw-Hill, 1997).
5. Leon G. Schiffman e Leslie Lazar Kanuk, *Consumer Behavior*, 10th ed. (Upper Saddle River, NJ: Prentice Hall, 2010).
6. V. Kumar e Anita Pansari, "National Culture, Economy, and Customer Lifetime Value: Assessing the Relative Impact of the Drivers of Customer Lifetime Value for a Global Retailer", *Journal of International Marketing* 24, no. 1 (mar. 2016) pp. 1–21; Daniel G. Goldstein, Hal E. Hershfield e Shlomo Benartzi, "The Illusion of Wealth and Its Reversal", *Journal of Marketing Research* 53, no. 5 (2016), pp. 804–813.
7. Delphine Dion e Stephane Borraz, "Managing Status: How Luxury Brands Shape Class Subjectivities in the Service Encounter", *Journal of Marketing* 81, no. 5 (2017), pp. 67–85.
8. Andrea Novais, "Social Classes in Brazil", *The Brazil Business*, 7 out. 2011; Edison Bertoncelo, "Social Classes in Brazil: Time, Trajectory and Immaterial Inheritance", *The Sociological Review*, 1 maio 2015.
9. Leon G. Schiffman e Leslie Lazar Kanuk, *Consumer Behavior*, 10th ed. (Upper Saddle River, NJ: Prentice Hall, 2010).
10. Michael Trusov, Anand Bodapati e Randolph E. Bucklin, "Determining Influential Users in Internet Social Networks", *Journal of Marketing Research* 47 (ago. 2010), pp. 643–58.
11. Elizabeth S. Moore, William L. Wilkie e Richard J. Lutz, "Passing the Torch: Intergenerational Influences as a Source of Brand Equity", *Journal of Marketing* 66 (abr. 2002), pp. 17–37.
12. Kay M. Palan e Robert E. Wilkes, "Adolescent-Parent Interaction in Family Decision Making", *Journal of Consumer Research* 24 (mar. 1997), pp. 159–69; Sharon E. Beatty e Salil Talpade, "Adolescent Influence in Family Decision Making: A Replication with Extension", *Journal of Consumer Research* 21 (set. 1994), pp. 332–41.
13. Scott I. Rick, Deborah A. Small e Eli J. Finkel, "Fatal (Fiscal) Attraction: Spendthrifts and Tightwads in Marriage", *Journal of Marketing Research* 48 (abr. 2011), pp. 228–37.
14. Valentyna Melnyk, Stijn M. J. van Osselaer e Tammo H. A. Bijmolt, "Are Women More Loyal Customers Than Men? Gender Differences in Loyalty to Firms and Individual Service Providers", *Journal of Marketing* 73 (jul. 2009), pp. 82–96.
15. ypulse.com/post/view/5-stats-on-millennial-steens-social-media1. Acesso em: 27 jan. 2021.
16. Rex Y. Du e Wagner A. Kamakura, "Household Life Cycles and Lifestyles in the United States", *Journal of Marketing Research* 48 (fev. 2006), pp. 121–32.
17. Brooks Barnes, "Disney Looking into Cradle for Customers", *New York Times*, 6 fev. 2011; Lisa Yorgey Lester, "Expectant Parents: Tap into the Baby Boom", *Target Marketing* (set. 2008); Melanie Linder e Lisa LaMotta, "How to Market to the Modern Mom", *Forbes*, 8 jan. 2009.
18. Zack Burgess, "An Overall Success: After 125 years, Carhartt Rolls Up Its Sleeves for the Future", *Crain's Detroit*, 22 jun. 2014.
19. Harold H. Kassarjian e Mary Jane Sheffet, "Personality and Consumer Behavior: An Update", Harold H. Kassarjian e Thomas S. Robertson, eds., *Perspectives in Consumer Behavior* (Glenview, IL: Scott Foresman, 1981), pp. 160–80.
20. Lucia Malar, Harley Krohmer, Wayne D. Hoyer e Bettina Nyffenegger, "Emotional Brand Attachment and Brand Personality: The Relative Importance of the Actual and the Ideal Self", *Journal of Marketing* 75 (jul. 2011), pp. 35–52; Eugina Leung, Gabriele Paolacci e Stefano Puntoni, "Man versus Machine: Resisting Automation in Identity-Based Consumer Behavior", *Journal of Marketing Research* 55, no. 6 (2018), pp. 818–831.
21. Timothy R. Graeff, "Image Congruence Effects on Product Evaluations: The Role of Self-Monitoring and Public/Private Consumption", *Psychology & Marketing* 13 (ago. 1996), pp. 481–99.
22. Jennifer L. Aaker, "The Malleable Self: The Role of Self-Expression in Persuasion", *Journal of Marketing Research* 36 (fev. 1999), pp. 45–57; Monika Lisjak, Andrea Bonezzi, Soo Kim e Derek D. Rucker, "Perils of Compensatory Consumption: Within-Domain Compensation Undermines Subsequent Self-Regulation", *Journal of Consumer Research* 41, no. 5 (2015), pp. 1186–1203.
23. www.smartertravel.com/best-boutique-hotel-chains-2017/; www.jdvhotels.com/awards-andaccolades. Acesso em: 27 jan. 2021.
24. Alexander Chernev, Ryan Hamilton e David Gal, "Competing for Consumer Identity: Limits to Self-Expression and the Perils of Lifestyle Branding", *Journal of Marketing* 75, no. 3 (2011): pp. 66–82.

25. Kavita Daswani, "Multitasking BB Skin Creams Becoming Popular in U.S.", *Los Angeles Times*, 15 jul. 2012.
26. Anne D'Innocenzio, "Frugal Times: Hamburger Helper, Kool-Aid in Advertising Limelight", Associated Press, *Seattle Times*, 29 abr. 2009; Julie Jargon, "Velveeta Shows Its Sizzle against Hamburger Helper", *Wall Street Journal*, 29 dez. 2011; www.marketplace.org/2013/07/15/business/hamburger-helper-gets-newname.
27. Abraham Maslow, *Motivation and Personality* (Nova York: Harper & Row, 1954), pp. 80–106. Para uma interessante aplicação nos negócios, ver Chip Conley, *Peak: How Great Companies Get Their Mojo from Maslow* (San Francisco: Jossey Bass 2007).
28. Nikolaus Franke, Peter Keinz e Christoph J. Steger, "Testing the Value of Customization: When Do Customers Really Prefer Products Tailored to Their Preferences?" *Journal of Marketing* 73 (set. 2009), pp. 103–21; Aner Sela, Jonah Berger e Joshua Kim, "How Self-Control Shapes the Meaning of Choice", *Journal of Consumer Research* 44, no. 4 (2017), pp. 724–37.
29. Margaret C. Campbell e Caleb Warren, "The Progress Bias in Goal Pursuit: When One Step Forward Seems Larger than One Step Back", *Journal of Consumer Research* 41, no. 5 (2015), pp. 1316–31.
30. Neil Stevenson, "Need Feedback? Here's 5 Ways to Reinvent the Focus Group," *Ideo*, 6 jun. 2016.
31. Clotaire Rapaille, "Marketing to the Reptilian Brain", *Forbes*, 3 jul. 2006; Clotaire Rapaille, *The Culture Code* (Nova York: Broadway Books, 2007); Douglas Gantebein, "How Boeing Put the Dream in Dreamliner", *Air and Space* (set. 2007); Tom Otley, "The Boeing Dreamliner: A Sneak Preview", *Business Traveller*, 3 jun. 2009.
32. www.nbcnews.com/id/38164372/ns/businessautos/t/chryslers-pt-cruiser-hits-end-road/#.Wx7Q-JMEt. Acessado em 17/12/2020; www.quirks.com/articles/chrysler-dug-deep-with-archeyperesearch-to-shape-its-pt-cruiser.
33. Bernard Berelson e Gary A. Steiner, *Human Behavior: An Inventory of Scientific Findings* (Nova York: Harcourt Brace Jovanovich, 1964), p. 88.
34. Chris Janiszewski, da University of Florida, realizou uma pesquisa fascinante sobre os efeitos do processamento pré-consciente. Ver Chris Janiszewski, "Preattentive Mere Exposure Effects", *Journal of Consumer Research* 20 (dez. 1993), pp. 376–92, bem como algumas de suas pesquisas anteriores e subsequentes. Para mais perspectivas fundamentais, ver também John A. Bargh e Tanya L. Chartrand, "The Unbearable Automaticity of Being", *American Psychologist* 54 (1999), pp. 462–79; e Grainne M. Fitzsimons, Tanya L. Chartrand e Gavan J. Fitzsimons, "Automatic Effects of Brand Exposure on Motivated Behavior: How Apple Makes You 'Think Different'", *Journal of Consumer Research* 35 (jun. 2008), pp. 21–35, bem como os programas de pesquisa de ambos os autores.
35. Ver Timothy E. Moore, "Subliminal Advertising: What You See Is What You Get", *Journal of Marketing* 46 (Primavera 1982), pp. 38–47 para uma análise clássica inicial; e Andrew B. Aylesworth, Ronald C. Goodstein e Ajay Kalra, "Effect of Archetypal Embeds on Feelings: An Indirect Route to Affecting Attitudes?" *Journal of Advertising* 28 (Outono 1999), pp. 73–81, para uma discussão adicional.
36. Ross Pomeroy, "The Legendary Study That Embarrassed Wine Experts across the Globe", *RealClear*, 18 ago. 2014.
37. Jack Neff, "Creativity Marks This Spot: K-C Thrives in Tiny Neenah", *Advertising Age*, 6 jun. 2011; "U by Kotex Creates a Social Movement", *Adweek*, 22 nov. 2011.
38. Jonah Berger e Katherine L. Milkman, "What Makes Online Content Viral?" *Journal of Marketing Research* 49 (abr. 2012), pp. 192–205.
39. Scott Berinato, "The Demographics of Cool", *Harvard Business Review* (dez. 2011), pp. 136–37; Steve Stoute, *The Tanning of America: How Hip-Hop Created a Culture That Rewrote the Rules of the New Economy* (Nova York: Gotham, 2012).
40. Katherine Halek, "Retro Marketing Tactics That Work Better Than Ever", *Relevance* (maio 2014).
41. Vladas Griskevicius, Noah Goldstein, Chad Mortensen, Jill Sundie, Robert Cialdini e Douglas Kenrick, "Fear and Loving in Las Vegas: Evolution, Emotion, and Persuasion", *Journal of Marketing Research* 46, no. 3 (2009), pp. 384–95.
42. Deborah Small e Nicole M. Verrochi, "The Face of Need: Facial Emotion Expression on Charity Advertisements", *Journal of Marketing Research* 46, no. 6 (2009), pp. 777–87.
43. Para discussão adicional, ver John G. Lynch Jr. e Thomas K. Srull, "Memory and Attentional Factors in Consumer Choice: Concepts and Research Methods", *Journal of Consumer Research* 9 (jun. 1982), pp. 18–36; e Joseph W. Alba, J. Wesley Hutchinson e John G. Lynch Jr., "Memory and Decision Making", em Harold H. Kassarjian e Thomas S. Robertson, eds., *Handbook of Consumer Theory and Research* (Englewood Cliffs, NJ: Prentice Hall, 1992), pp. 1–49.
44. Jonah Berger e Eric M. Schwartz, "What Drives Immediate and Ongoing Word of Mouth?" *Journal of Marketing Research* 48 (out. 2011), pp. 869–80.
45. Baseado em parte na Figura 1.7, de George Belch e Michael Belch, *Advertising and Promotion: An Integrated Marketing Communications Perspective*, 8th ed. (Homewood, IL: Irwin, 2009).

46. Acadêmicos de *marketing* desenvolveram vários modelos do processo de compra do consumidor ao longo dos anos. Ver Mary Frances Luce, James R. Bettman e John W. Payne, *Emotional Decisions: Tradeoff Difficulty and Coping in Consumer Choice* (Chicago: University of Chicago Press, 2001); James F. Engel, Roger D. Blackwell e Paul W. Miniard, *Consumer Behavior*, 8th ed. (Fort Worth, TX: Dryden, 1994); e John A. Howard e Jagdish N. Sheth, *The Theory of Buyer Behavior* (Nova York: John Wiley & Sons, 1969).

47. David Court, Dave Elzinga, Susan Mulder e Ole Jorgen Vetvik, "The Consumer Decision Journey", *McKinsey Quarterly* 3, no. 3 (2009), pp. 96–107.

48. Geoffrey Precourt, "How Unilever Uses On-line Data to Map the Path to Purchase", www.warc.com (abr. 2012).

49. Janet Schwartz, Mary Frances Luce e Dan Ariely, "Are Consumers Too Trusting? The Effects of Relationships with Expert Advisers", *Journal of Marketing Research* 48 (Special Issue 2011), pp. S163–S174.

50. Min Ding, John R. Hauser, Songting Dong, Daria Dzyabura, Zhilin Yang, Chenting Su e Steven Gaskin, "Unstructured Direct Elicitation of Decision Rules", *Journal of Marketing Research* 48 (fev. 2011), pp. 116–27; Michaela Draganska e Daniel Klapper, "Choice Set Heterogeneity and the Role of Advertising: An Analysis with Micro and Macro Data", *Journal of Marketing Research* 48 (ago. 2011), pp. 653–69; John R. Hauser, Olivier Toubia, Theodoros Evgeniou, Rene Befurt e Daria Dzyabura, "Disjunctions of Conjunctions, Cognitive Simplicity and Consideration Sets", *Journal of Marketing Research* 47 (jun. 2010), pp. 485–96; Erjen Van Nierop, Bart Bronnenberg, Richard Paap, Michel Wedel e Philip Hans Franses, "Retrieving Unobserved Consideration Sets from Household Panel Data", *Journal of Marketing Research* 47 (fev. 2010), pp. 63–74. Para algumas perspectivas comportamentais, ver Jeffrey R. Parker e Rom Y. Schrift, "Rejectable Choice Sets: How Seemingly Irrelevant No-Choice Options Affect Consumer Decision Processes", *Journal of Marketing Research* 48 (out. 2011), pp. 840–54.

51. Benedict G. C. Dellaert e Gerald Haubl, "Searching in Choice Mode: Consumer Decision Processes in Product Search with Recommendations", *Journal of Marketing Research* 49 (abr, 2012), pp. 277–88. Ver também Jun B. Kim, Paulo Albuquerque e Bart J. Bronnenberg, "Mapping Online Consumer Search", *Journal of Marketing Research* 48 (fev. 2011), pp. 13–27.

52. Robert E. Smith e William R. Swinyard, "Attitude-Behavior Consistency: The Impact of Product Trial versus Advertising", *Journal of Marketing Research* (1983), pp. 257–67.

53. Paul E. Green e Yoram Wind, *Multiattribute Decisions in Marketing: A Measurement Approach* (Hinsdale, IL: Dryden, 1973), capítulo 2; Richard J. Lutz, "The Role of Attitude Theory in Marketing", em H. Kassarjian e T. Robertson, eds., *Perspectives in Consumer Behavior* (Lebanon, IN: Scott Foresman, 1981), pp. 317–39.

54. Este modelo de expectativa de valor foi desenvolvido originalmente por Martin Fishbein, "Attitudes and Prediction of Behavior", em Martin Fishbein, ed., *Readings in Attitude Theory and Measurement* (Nova York: John Wiley & Sons, 1967), pp. 477–92. Para uma visão crítica, ver Paul W. Miniard e Joel B. Cohen, "An Examination of the Fishbein-Ajzen Behavioral-Intentions Model's Concepts and Measures", *Journal of Experimental Social Psychology* (mai. 1981), pp. 309–39.

55. Michael R. Solomon, *Consumer Behavior: Buying, Having, and Being*, 10th ed. (Upper Saddle River, NJ: Prentice Hall, 2013).

56. Daniel Kahneman, *Thinking, Fast and Slow* (Nova York: Farrar, Straus and Giroux, 2011); Meng Zhu, Yang Yang e Christopher K Hsee, "The Mere Urgency Effect", *Journal of Consumer Research* 45, no. 3 (2018), pp. 673–90; Bart De Langhe e Stefano Puntoni, "Productivity Metrics and Consumers' Misunderstanding of Time Savings", *Journal of Marketing Research* 53, no. 3 (2016), pp. 396–406; Aaron M. Garvey, Margaret G. Meloy e Baba Shiv, "The Jilting Effect: Antecedents, Mechanisms, and Consequences for Preference", *Journal of Marketing Research* 54, no. 5 (2017), pp. 785–98.

57. Richard H. Thaler e Cass R. Sunstein, *Nudge: Improving Decisions about Health, Wealth, and Happiness* (Nova York: Penguin, 2009); Michael Krauss, "A Nudge in the Right Direction", *Marketing News*, 30 mar. 2009, p. 20.

58. Richard E. Petty, *Communication and Persuasion: Central and Peripheral Routes to Attitude Change* (Nova York: Springer-Verlag, 1986); Richard E. Petty e John T. Cacioppo, *Attitudes and Persuasion: Classic and Contemporary Approaches* (Nova York: McGraw-Hill, 1981).

59. Martin Fishbein, "Attitudes and Prediction of Behavior", em M. Fishbein, ed., *Readings in Attitude Theory and Measurement* (Nova York: John Wiley & Sons, 1967), pp. 477–92.

60. Para um exame do uso de Consumer Reports, ver Uri Simonsohn, "Lessons from an 'Oops' at *Consumer Reports*: Consumers Follow Experts and Ignore Invalid Information", *Journal of Marketing Research* 48 (fev. 2011), pp. 1–12.

61. Margaret C. Campbell e Ronald C. Goodstein, "The Moderating Effect of Perceived Risk on Consumers' Evaluations of Product Incongruity: Preference for the Norm", *Journal of Consumer Research* 28 (dez. 2001), pp. 439–49; James R. Bettman, "Perceived Risk and Its Components: A Model and Empirical Test", *Journal of Marketing Research* 10 (mai. 1973); Bowen Ruan, Christopher K. Hsee e Zoe Y. Lu, "The Teasing

Effect: An Underappreciated Benefit of Creating and Resolving an Uncertainty", *Journal of Marketing Research* 55, no. 4 (2018), pp. 556–70.

62. Yangjie Gu, Simona Botti e David Faro, "Seeking and Avoiding Choice Closure to Enhance Outcome Satisfaction", *Journal of Consumer Research* 45, no. 4 (2018), pp. 792–809.

63. Richard L. Oliver, "Customer Satisfaction Research", em Rajiv Grover and Marco Vriens, eds., *Handbook of Marketing Research* (Thousand Oaks, CA: Sage Publications, 2006), pp. 569–87.

64. Albert O. Hirschman, *Exit, Voice, and Loyalty* (Cambridge, MA: Harvard University Press, 1970).

65. John D. Cripps, "Heuristics and Biases in Timing the Replacement of Durable Products", *Journal of Consumer Research* 21 (set. 1994), pp. 304–18.

66. Fontes do *Insight de marketing*: Daniel Kahneman, *Thinking, Fast and Slow* (Farrar, Straus and Giroux, 2011); James Bettman, Mary Frances Luce e John Payne, "Constructive Consumer Choice Processes", *Journal of Consumer Research* 25 (dez. 1998), pp. 187–217; Itamar Simonson, "Getting Closer to Your Customers by Understanding How They Make Choices", *California Management Review* 35 (Verão 1993), pp. 68–84; Richard Thaler, "Mental Accounting and Consumer Choice", *Marketing Science* 4 (Verão 1985), pp. 199–214; Richard Thaler e Cass Sunstein, *Nudge: Improving Decisions about Health, Wealth, and Happiness* (Yale University Press, 2008); Dan Ariely, *Predictably Irrational* (Nova York, NY: HarperCollins Publishers, 2008).

67. Fontes do Destaque de *marketing*: Leonard L. Berry e Kent D. Seltman, *Management Lessons from Mayo Clinic* (Nova York: McGraw-Hill, 2008); Leonard L. Berry, "Leadership Lessons from Mayo Clinic", *Organizational Dynamics* 33 (ago. 2004), pp. 228–42; Leonard L. Berry e Neeli Bendapudi, "Clueing in Customers", *Harvard Business Review* (fev. 2003), pp. 100–106; Max Nissen, "Mayo Clinic CEO: Here's Why We've Been the Leading Brand in Medicine for 100 Years", *Business Insider*, 23 fev. 2013; Jack Nicas, "Mayo Clinic's Upmarket Move", *Wall Street Journal*, 22 abr. 2013; Ron Winslow, "Mayo Clinic's Unusual Challenge: Overhaul a Business That's Working", *Wall Street Journal*, 2 jun. 2017; www.mayoclinic.org. Acesso em: 26 jan. 2021.

68. Fontes do Destaque de *marketing*: Mark Johnson e Joe Sinfield, "Focusing on Consumer Needs Is Not Enough", *Advertising Age*, 28 abr. 2008; Sarah Needleman, "How I Built It: For Intuit Co-Founder, the Numbers Add Up", *Wall Street Journal*, 18 ago. 2011, p. B.4; Rachel Emma Silverman, "Companies Change Their Way of Thinking", *Wall Street Journal*, 7 jun. 2012; Geoff Colvin, "How Intuit Reinvents Itself", *Fortune*, 20 out. 2017; Brad Smith, "Intuit's CEO on Building a Design-Driven Company", *Harvard Business Review*, jan./fev. 2015; www.intuit.com/company. Acesso em: 26 jan. 2021.

Capítulo 4

1. www.caterpillar.com/en/company.html. Acesso em: 23 out. 2020.

2. Para uma revisão abrangente do tópico, ver James C. Anderson e James A. Narus, *Business Market Management: Understanding, Creating, and Delivering Value*, 3rd ed. (Upper Saddle River, NJ: Prentice Hall, 2009); e Gary L. Lilien e Rajdeep Grewal, eds., *Handbook of Business-to-Business Marketing* (Northampton, MA: Edward Elgar Publishing, 2012).

3. Frederick E. Webster Jr. e Yoram Wind, *Organizational Buying Behavior* (Upper Saddle River, NJ: Prentice Hall, 1972), p. 2. Para uma revisão parcial da literatura acadêmica sobre o tema, ver Hakan Hakansson e Ivan Snehota, "Marketing in Business Markets", em Bart Weitz and Robin Wensley, eds., *Handbook of Marketing* (Londres: Sage Publications, 2002), pp. 513–26; Mark Glynn e Arch Woodside, eds., *Business-to-Business Brand Management: Theory, Research, and Executive Case Study Exercises in Advances in Business Marketing & Purchasing* series, volume 15 (Bingley, Reino Unido: Emerald Group Publishing, 2009).

4. www.shoeguide.org/Shoe_Anatomy. Acesso em: 27 jan. 2021.

5. Philip Kotler e Waldemar Pfoertsch, *B2B Brand Management* (Berlim, Alemanha: Springer, 2006).

6. Fred Wiersema, "The B2B Agenda: The Current State of B2B Marketing and a Look Ahead", *Institute for the Study of Business Markets*; http://isbm.smeal.psu.edu. Acesso em: 20 fev. 2014.

7. Susan Avery, "PPG Honors Seven Excellent Suppliers", *Purchasing* 135 (2 nov. 2006), p. 36; www.ppg.com, 11 jul. 2012.

8. Patrick J. Robinson, Charles W. Faris e Yoram Wind, *Industrial Buying and Creative Marketing* (Boston: Allyn & Bacon, 1967).

9. Michele D. Bunn, "Taxonomy of Buying Decision Approaches". *Journal of Marketing* 57 (jan. 1993), pp. 38–56.

10. Jeffrey E. Lewin e Naveen Donthu, "The Influence of Purchase Situation on Buying Center Structure and Involvement: A Select Meta-Analysis of Organizational Buying Behavior Research", *Journal of Business Research* 58 (out. 2005), pp. 1381–90; R. Venkatesh e Ajay K. Kohli, "Influence Strategies in Buying Centers", *Journal of Marketing* 59 (out. 1995), pp. 71–82.

11. Frederic E. Webster e Yoram Wind, *Organizational Buying Behavior* (Upper Saddle River, NJ: Prentice Hall, 1972), p. 6.

12. James C. Anderson e James A. Narus, *Business Market Management: Understanding, Creating, and Delivering Value*, 3rd ed. (Upper Saddle River, NJ: Prentice Hall, 2009); Frederick E. Webster Jr. e Yoram Wind, "A General Model for Understanding Organizational Buying Behavior", *Journal of Marketing* 36 (abr. 1972), pp. 12–19.
13. "Case Studies: Rio Tinto", *Quadrem*, www.quadrem.com, 6 fev. 2010, https://www.riotinto.com/about. Acesso em: 23 out. 2020.
14. https://docplayer.net/11658050-Sap-executiveinsight-best-practices-of-the-best-run-sales-organizations-sales-opportunity-blueprinting.html; https://www.medline.com/pages/aboutus/, https://www.riotinto.com/about. Acesso em: 23 out. 2020.
15. Frederick E. Webster Jr. e Kevin Lane Keller, "A Roadmap for Branding in Industrial Markets", *Journal of Brand Management* 11 (maio 2004), pp. 388–402.
16. Scott Ward e Frederick E. Webster Jr., "Organizational Buying Behavior", em Tom Robertson e Hal Kassarjian, eds., *Handbook of Consumer Behavior* (Upper Saddle River, NJ: Prentice Hall, 1991), cap. 12, pp. 419–58.
17. Bob Donath, "Emotions Play Key Role in Biz Brand Appeal", *Marketing News*, 1 jun. 2006, p. 7.
18. Frederic E. Webster e Yoram Wind, *Organizational Buying Behavior* (Saddle River, NJ: Prentice Hall, 1972), p. 6.
19. James C. Anderson e Marc Wouters, "What You Can Learn from Your Customer's Customer", *MIT Sloan Management Review*, Inverno 2013, pp. 75–82, https://www.xsens.com/about-us. Acesso em: 23 out. 2020.
20. Patrick J. Robinson, Charles W. Faris e Yoram Wind, *Industrial Buying and Creative Marketing* (Boston, MA: Allyn & Bacon, 1967).
21. Nicole Skibola, "CEMEX Blazes the Social Innovation Trail", *Forbes*, 12 nov. 2010.
22. Ritchie Bros Auctioneers, www.rbauction.com. Acesso em: 23 out. 2020.
23. James C. Anderson, James A. Narus e Wouter van Rossum, "Customer Value Proposition in Business Markets", *Harvard Business Review* (mar. 2006), pp. 2–10; James C. Anderson, "From Understanding to Managing Customer Value in Business Markets", em H. Hakansson, D. Harrison e A. Waluszewski, eds., *Rethinking Marketing: New Marketing Tools* (Londres: John Wiley & Sons, 2004), pp. 137–59.
24. Daniel J. Flint, Robert B. Woodruff e Sarah Fisher Gardial, "Exploring the Phenomenon of Customers' Desired Value Change in a Business-to-Business Context", *Journal of Marketing* 66 (out. 2002), pp. 102–17.
25. "Case Study: Automotive Vendor Managed Inventory, Plexco (Australia)", www.marciajedd.com. Acesso em: 27 jan. 2021.
26. Emma K. Macdonald, Michael Kleinaltenkamp e Hugh N. Wilson, "How Business Customers Judge Solutions: Solution Quality and Value in Use". *Journal of Marketing* 80, no. 3 (2016), pp. 96–120.
27. "Per Ardua", *The Economist*, 5 fev. 2011; "Rolls-Royce Celebrates 50th Anniversary of Power by the Hour", 30 out. 2012, www.rollsroyce.com. Acesso em: 27 jan. 2021.
28. https://new.abb.com. Acesso em: 23 nov. 2020.
29. www.emerson.com/en-us/about-us/companyhistory. Acesso em: 27 jan. 2021.
30. www.sas.com. Acesso em: 23 nov. 2020.
31. Ruth N. Bolton e Matthew B. Myers, "Price-Based Global Market Segmentation for Services", *Journal of Marketing* 67 (jul. 2003), pp. 108–28.
32. Wolfgang Ulaga e Werner Reinartz, "Hybrid Offerings: How Manufacturing Firms Combine Goods and Services Successfully", *Journal of Marketing* 75 (nov. 2011), pp. 5–23.
33. Wolfgang Ulaga e Andreas Eggert, "Value-Based Differentiation in Business Relationships: Gaining and Sustaining Key Supplier Status", *Journal of Marketing* 70 (jan. 2006), pp. 119–36.
34. Nirmalya Kumar, *Marketing as Strategy: Understanding the CEO's Agenda for Driving Growth and Innovation* (Boston: Harvard Business School Press, 2004).
35. Ver www.lincolnelectric.com/en-us, acessado em 6/2/2019; William Atkinson, "Now That's Value Added", *Purchasing*, 11 dez. 2003, p. 26; James A. Narus e James C. Anderson, "Turn Your Industrial Distributors into Partners", *Harvard Business Review* (mar./abr. 1986), pp. 66–71.
36. Irwin P. Levin e Richard D. Johnson, "Estimating Price–Quality Tradeoffs Using Comparative Judgments", *Journal of Consumer Research* 11 (jun. 1984), pp. 593–600. O valor percebido pelo cliente pode ser medido como uma diferença ou como um índice. Se o valor total do cliente for US$ 20 mil e o custo total do cliente for US$ 16 mil, o valor percebido pelo cliente será de US$ 4 mil (medido como uma diferença) ou 1,25 (medido como um índice). Os índices usados para comparar ofertas costumam ser chamados de relações valor/preço.
37. Kihyun Hannah Kim e V. Kumar, "The Relative Influence of Economic and Relational Direct Marketing Communications on Buying Behavior in Business-to-Business Markets", *Journal of Marketing Research* 55, no. 1 (2018), pp. 48–68.
38. Elisabeth Sullivan, "A Worthwhile Investment", *Marketing News*, 30 dez. 2009, p. 10.

39. Elisabeth Sullivan, "One to One", *Marketing News*, 15 maio 2009, pp. 10–12.
40. Christine Birkner, "10 Minutes with Kirsten Watson", *Marketing News*, jan. 2013, pp. 52–58.
41. Manpreet Gill, Shrihari Sridhar e Rajdeep Grewal, "Return on Engagement Initiatives: A Study of a Business-to-Business Mobile App", *Journal of Marketing* 81, no. 4 (2017), pp. 45–66.
42. Christine Birkner, "Success by Association", *Marketing News*, 30 abr. 2012, pp. 14–18; Geoffrey Precourt, "How Xerox Tapped Unlikely B2B Emotions", *Advertising Week* (set. 2009).
43. Para material fundacional, ver Lloyd M. Rinehart, James A. Eckert, Robert B. Handfield, Thomas J. Page Jr. e Thomas Atkin, "An Assessment of Buyer–Seller Relationships", *Journal of Business Logistics* 25 (2004), pp. 25–62; F. Robert Dwyer, Paul Schurr e Sejo Oh, "Developing Buyer–Supplier Relationships", *Journal of Marketing* 51 (abr. 1987), pp. 11–28. Para uma importante ressalva, ver Christopher P. Blocker, Mark B. Houston e Daniel J. Flint, "Unpacking What a 'Relationship' Means to Commercial Buyers: How the Relationship Metaphor Creates Tension and Obscures Experience", *Journal of Consumer Research* 38 (fev. 2012), pp. 886–908.
44. Arnt Buvik e George John, "When Does Vertical Coordination Improve Industrial Purchasing Relationships?" *Journal of Marketing* 64 (out. 2000), pp. 52–64.
45. Das Narayandas, "Building Loyalty in Business Markets", *Harvard Business Review* (set. 2005), pp. 131–39; V. Kumar, S. Sriram, Anita Luo e Pradeep K. Chintagunta, "Assessing the Effect of Marketing Investments in a Business Marketing Context", *Marketing Science* 30 (set./out. 2011), pp. 924–40; Anita Luo e V. Kumar, "Recovering Hidden Buyer–Seller Relationship States to Measure the Return on Marketing Investment in Business-to-Business Markets", *Journal of Marketing Research* 50 (fev. 2013), pp. 143–60.
46. Das Narayandas e V. Kasturi Rangan, "Building and Sustaining Buyer–Seller Relationships in Mature Industrial Markets", *Journal of Marketing* 68 (July 2004), pp. 63–77; D. Eric Boyd e P. K. Kannan. "(When) Does Third-Party Recognition for Design Excellence Affect Financial Performance in Business-to-Business Markets?" *Journal of Marketing* 82, no. 3 (2018), pp. 108–23.
47. Joseph P. Cannon e William D. Perreault Jr., "Buyer–Seller Relationships in Business Markets", *Journal of Marketing Research* 36 (nov. 1999), pp. 439–60; Doug J. Chung e Das Narayandas, "Incentives versus Reciprocity: Insights from a Field Experiment", *Journal of Marketing Research* 54, no. 4 (2017), pp. 511–524.
48. Jan B. Heide e Kenneth H. Wahne, "Friends, Businesspeople, and Relationship Roles: A Conceptual Framework and Research Agenda", *Journal of Marketing* 70 (jul. 2006), pp. 90–103.
49. Joseph P. Cannon e William D. Perreault Jr., "Buyer–Seller Relationships in Business Markets", *Journal of Marketing Research* 36 (nov. 1999), pp. 439–60.
50. Thomas G. Noordewier, George John e John R. Nevin, "Performance Outcomes of Purchasing Arrangements in Industrial Buyer–Vendor Arrangements", *Journal of Marketing* 54 (out. 1990), pp. 80–93; Arnt Buvik e George John, "When Does Vertical Coordination Improve Industrial Purchasing Relationships?" *Journal of Marketing* 64, no. 4 (out. 2000), pp. 52–64.
51. Robert W. Palmatier, Rajiv P. Dant, Dhruv Grewal e Kenneth R. Evans, "Factors Influencing the Effectiveness of Relationship Marketing: A Meta-Analysis", *Journal of Marketing* 70 (out. 2006), pp. 136–53; Jean L. Johnson, Ravipreet S. Sohli e Rajdeep Grewal, "The Role of Relational Knowledge Stores in Interfirm Partnering", *Journal of Marketing* 68 (jul. 2004), pp. 21–36; Fred Selnes and James Sallis, "Promoting Relationship Learning", *Journal of Marketing* 67 (jul. 2003), pp. 80–95.
52. Kevin Lane Keller e David A. Aaker, "Corporate-Level Marketing: The Impact of Credibility on a Company's Brand Extensions", *Corporate Reputation Review* 1 (ago. 1998), pp. 356–78; Robert M. Morgan e Shelby D. Hunt, "The Commitment–Trust Theory of Relationship Marketing", *Journal of Marketing* 58, no. 3 (jul. 1994), pp. 20–38; Christine Moorman, Rohit Deshpande e Gerald Zaltman, "Factors Affecting Trust in Market Research Relationships", *Journal of Marketing* 57 (jan. 1993), pp. 81–101; Glen Urban, "Where Are You Positioned on the Trust Dimensions?" em *Don't Just Relate — Advocate: A Blueprint for Profit in the Era of Customer Power* (Upper Saddle River, NJ: Pearson Education/Wharton School Publishers, 2005).
53. Corine S. Noordhoff, Kyriakos Kyriakopoulos, Christine Moorman, Pieter Pauwels e Benedict G. C. Dellaert, "The Bright Side and Dark Side of Embedded Ties in Business-to-Business Innovation", *Journal of Marketing* 75 (set. 2011), pp. 34–52.
54. Akesel I. Rokkan, Jan B. Heide e Kenneth H. Wathne, "Specific Investment in Marketing Relationships: Expropriation and Bonding Effects", *Journal of Marketing Research* 40 (mai. 2003), pp. 210–24.
55. Kenneth H. Wathne e Jan B. Heide, "Relationship Governance in a Supply Chain Network", *Journal of Marketing* 68 (January 2004), pp. 73–89; Douglas Bowman e Das Narayandas, "Linking Customer Management Effort to Customer Profitability in Business Markets", *Journal of Marketing Research* 61 (nov. 2004), pp. 433–47; Mrinal Ghosh e George John, "Governance Value Analysis and Marketing Strategy",

56. Kenneth H. Wathne e Jan B. Heide, "Opportunism in Interfirm Relationships: Forms, Outcomes, and Solutions", *Journal of Marketing* 64 (out. 2000), pp. 36–51.
57. Mark Vandenbosch e Stephen Sapp, "Opportunism Knocks", *MIT Sloan Management Review*, 52 (Outono, 2010), pp. 17–19.
58. Mark B. Houston e Shane A. Johnson, "Buyer–Supplier Contracts versus Joint Ventures: Determinants and Consequences of Transaction Structure", *Journal of Marketing Research* 37 (fev. 2000), pp. 1–15.
59. Aksel I. Rokkan, Jan B. Heide e Kenneth H. Wathne, "Specific Investment in Marketing Relationships: Expropriation and Bonding Effects", *Journal of Marketing Research* 40 (maio 2003), pp. 210–24.
60. Paul King, "Purchasing: Keener Competition Requires Thinking outside the Box", *Nation's Restaurant News*, 18 ago. 2003, p. 87; www.aramark.com/about-us. Acesso em: 25 jan. 2021.
61. Fontes do Destaque de *marketing*: "The World's Greatest Bazaar", *The Economist*, 23 mar. 2013; Leanna Kelly, "What Is Alibaba? What You Need to Know about the World's Largest B2B Ecommerce Marketplace", *CPC Strategy*, 9 out. 2017; Hendrik Laubscher, "Alibaba's A100 Showcases It as a Platform Company", *Forbes*, 11 jan. 2019; www.alibaba.com. Acesso em: 23 nov. 2020.
62. Fontes do Destaque de *marketing*: Mi Ji, Jee Eun Lee, W. Chan Kim e Renee Mauborgne, "Salesforce.com: Creating a Blue Ocean in the B2B Space", *Blue Ocean Strategy Institute* No. 313-019-1, Fontainebleau, França: ECCH, 2013; Gallagher, Dan, "Salesforce Grows the Old-Fashioned Way", *Wall Street Journal*, 29 mai. 2018; David Gelles, "Marc Benioff of Salesforce: 'Are We Not All Connected?'" *New York Times*, 15 jun. 2018; www.salesforce.com/company/about-us. Acesso em: 23 nov. 2020.

Capítulo 5

1. George Foster e Sandy Plunkett, "Executive Cases: Interviews with Senior Executives of Early-Stage Companies", *World Economic Forum*; Ron Miller, "Analysts Weighing in on $8B SAPQualtrics Deal Don't See a Game Changer", *Tech Crunch* (nov. 2018); Stephanie Nicola e Joyce Koh, "Germany's SAP to Buy Qualtrics for $8 Billion in Cash", *Bloomberg Businessweek*, 11 nov. 2018; Jay Greene e Rolf Winkler, "SAP to Buy Market-Analytics Startup Qualtrics for $8 Billion", *Wall Street Journal*, 11 nov. 2018; Matt Weinberger, "Qualtrics Is Going Public Less than 2 Years after SAP Bought the Utah-Based Cloud Software Company for $8 Billion", *Business Insider*, 26 jul. 2020; https://www.qualtrics.com/about. Acesso em: 24 nov. 2020.
2. Jessica Shambora, "Wanted: Fearless Marketing Execs", *Fortune*, 15 ago. 2011, p. 27.
3. Ellen Byron, "Wash Away Bad Hair Days", *Wall Street Journal*, 30 jun. 2010.
4. Natalie Zmuda, "Tropicana Line's Sales Plunge 20% Post-Rebranding", *Advertising Age*, 2 abr. 2009.
5. Adaptado de Arthur Shapiro, "Let's Redefine Market Research", *Brandweek*, 21 jun. 2004, p. 20; Kevin Ohannessian, "Star Wars: Thirty Years of Success", *Fast Company*, 29 maio 2007.
6. www.pgcareers.com/career-areas. Acesso em: 27 jan. 2021.
7. Stephanie L. Gruner, "Spies Like Us", *Inc.*, 1 ago. 1998; Darren Dahl, "10 Tips on How to Research Your Competition", *Inc.*, 11 maio 2011.
8. Brad Smith, "Figure Out the Customer", *Bloomberg BusinessWeek*, 12 abr. 2012.
9. Ned Levi, "What's the Future for U.S. Airline Inflight Entertainment?" www.consumertraveler.com, 9 abr. 2012.
10. Fiona Blades, "Real-Time Experience Tracking Gets Closer to the Truth", *International Journal of Market Research* 54, no. 2 (2012), pp. 283–85; Emma K. Macdonald, Hugh N. Wilson e Umut Konus, "Better Consumer Insight—in Real Time", *Harvard Business Review* (set. 2012), pp. 102–08.
11. Ashley Lutz e Matt Townsend, "Big Brother Has Arrived at a Store Near You, *Bloomberg Businessweek*, 19 dez. 2011.
12. Para uma revisão detalhada de trabalhos acadêmicos relevantes, ver Eric J. Arnould e Amber Epp, "Deep Engagement with Consumer Experience", em Rajiv Grover e Marco Vriens, eds., *Handbook of Marketing Research* (Thousand Oaks, CA: Sage Publications, 2006). Para uma série de discussões acadêmicas, ver a edição especial: "Can Ethnography Uncover Richer Consumer Insights?" *Journal of Advertising Research* 46 (set. 2006). Para recomendações práticas, ver Richard Durante e Michael Feehan, "Leverage Ethnography to Improve Strategic Decision Making", *Marketing Research* (Inverno 2005).
13. Eric J. Arnould e Linda L. Price, "Market-Oriented Ethnography Revisited", *Journal of Advertising Research* 46 (set. 2006), pp. 251–62; Eric J. Arnould e Melanie Wallendorf, "Market-Oriented Ethnography: Interpretation Building and Marketing Strategy Formulation", *Journal of Marketing Research* 31 (nov. 1994), pp. 484–504.
14. Michael V. Copeland, "Intel's Cultural Anthropologist", *Fortune*, 27 set. 2010.
15. "Smith & Nephew Launches ALLEVYN Life", www.smith-nephew.com, 20 jul. 2012.

16. Richard J. Harrington e Anthony K. Tjan, "Transforming Strategy One Customer at a Time", *Harvard Business Review* (mar. 2008), pp. 62–72; Stanley Reed, "The Rise of a Financial Data Powerhouse", *Bloomberg BusinessWeek*, 15 maio 2007; www.thomsonreuters.com/en/aboutus/company-history.html. Acesso em: 27 jan. 2021.

17. Julie Weed, "Checking In after Checkout", *New York Times*, 27 maio 2013.

18. Ver Ayelet Gneezy, "Field Experimentation in Marketing Research", *Journal of Marketing Research* 54, no. 1 (2017), pp. 140–43, para uma discussão abrangente e detalhada sobre como gerar percepções do cliente usando experimentos de campo.

19. Eleanor Putnam-Farr e Jason Riis, "'Yes/No/Not Right Now': Yes/No Response Formats Can Increase Response Rates Even in Non-Forced-Choice Settings", *Journal of Marketing Research* 53, no. 3 (2016), pp. 424–32; Hans Baumgartner, Bert Weijters e Rik Pieters, "Misresponse to Survey Questions: A Conceptual Framework and Empirical Test of the Effects of Reversals, Negations, and Polar Opposite Core Concepts", *Journal of Marketing Research* 55, no. 6 (2018), pp. 869–83; Sterling A. Bone, Katherine N. Lemon, Clay M. Voorhees, Katie A. Liljenquist, Paul W. Fombelle, Kristen Bell Detienne e R. Bruce Money, "'Mere Measurement Plus': How Solicitation of Open-Ended Positive Feedback Influences Customer Purchase Behavior", *Journal of Marketing Research* 54, no. 1 (2017), pp. 156–70.

20. Catherine Marshall e Gretchen B. Rossman, *Designing Qualitative Research*, 4th ed. (Thousand Oaks, CA: Sage Publications, 2006); Bruce L. Berg, *Qualitative Research Methods for the Social Sciences*, 6th ed. (Boston: Allyn & Bacon, 2006); Norman K. Denzin e Yvonna S. Lincoln, eds., *The Sage Handbook of Qualitative Research*, 3rd ed. (Thousand Oaks, CA: Sage Publications, 2005); Linda Tischler, "Every Move You Make", *Fast Company*, abr. 2004, pp. 73–75.

21. Para uma aplicação acadêmica de algumas dessas técnicas, ver Thales Teixeira, Michel Wedel e Rik Pieters, "Emotion-Induced Engagement in Internet Video Advertisements", *Journal of Marketing Research* 49 (abr. 2012), pp. 144–59.

22. Evan Ramstead, "Big Brother, Now at the Mall", *Wall Street Journal*, 8 out. 2012; Natasha Singer, "Face Recognition Makes the Leap from Sci-Fi", *New York Times*, 13 nov. 2011; Emily Glazer, "The Eyes Have It: Marketers Now Track Shoppers' Retinas", *Wall Street Journal*, 12 jul. 2012; Lessley Anderson, "A Night on the Town with SceneTap", *The Verve*, 29 maio 2012; Kashmir Hill, "SceneTap Wants to One Day Tell You the Weights, Heights, Races and Income Levels of the Crowd at Every Bar", *Forbes*, 25 set. 2012.

23. Carolyn Yoon, Angela H. Gutchess, Fred Feinberg e Thad A. Polk, "A Functional Magnetic Resonance Imaging Study of Neural Dissociations between Brand and Person Judgments", *Journal of Consumer Research* 33 (jun. 2006), pp. 31–40; Kevin Randall, "Neuromarketing Hope and Hype: 5 Brands Conducting Brain Research", *Fast Company*, 15 set. 2009; Carmen Nobel, "Neuromarketing: Tapping into the 'Pleasure Center' of Consumers", *Forbes*, 1 fev. 2013.

24. Ashlee Humphreys e Rebecca Jen-Hui Wang, "Automated Text Analysis for Consumer Research", *Journal of Consumer Research* 44, no. 6 (2018) pp. 1274–1306; Michel Wedel e P. K. Kannan. "Marketing Analytics for Data-Rich Environments", *Journal of Marketing* 80, no. 6 (2016), pp. 97–121.

25. Para uma discussão aprofundada, ver Gary L. Lilien, Philip Kotler e K. Sridhar Moorthy, *Marketing Models* (Upper Saddle River, NJ: Prentice Hall, 1992); Gary L. Lilien, "Bridging the Academic-Practitioner Divide in Marketing Decision Models", *Journal of Marketing* 75 (jul. 2011), pp. 196–210.

26. Anocha Aribarg, Katherine A. Burson e Richard P. Larrick, "Tipping the Scale: The Role of Discriminability in Conjoint Analysis", *Journal of Marketing Research* 54, no. 2 (2017), pp. 279–92; Martin Meisner, Andres Musalem e Joel Huber, "Eye Tracking Reveals Processes That Enable Conjoint Choices to Become Increasingly Efficient with Practice", *Journal of Marketing Research* 53, no. 1 (2016), pp. 1–17.

27. Para uma visão geral sobre previsões de mercado, ver Scott Armstrong, ed., *Principles of Forecasting: A Handbook for Researchers and Practitioners* (Norwell, MA: Kluwer Academic Publishers, 2001) e seu *site* www.forecastingprinciples.com. Ver também Roger J. Best, "An Experiment in Delphi Estimation in Marketing Decision Making", *Journal of Marketing Research* 11 (nov. 1974), pp. 447–52; Norman Dalkey e Olaf Helmer, "An Experimental Application of the Delphi Method to the Use of Experts", *Management Science* (abr. 1963), pp. 458–67.

28. Karen V. Beaman, Gregory R. Guy e Donald E. Sexton, "Managing and Measuring Return on Marketing Investment", The Conference Board Research Report R-1435-08-RR (2008).

29. Neil Bendle, Paul Farris, Phillip Pfeifer, David Reibstein, *Marketing Metrics* 4th edition (Upper Saddle River, NJ: Pearson FT Press, 2020); John Davis, *Magic Numbers for Consumer Marketing: Key Measures to Evaluate Marketing Success* (Singapura: John Wiley & Sons, 2005).

30. Elisabeth Sullivan, "Measure Up", *Marketing News*, 30 maio 2009, pp. 8–11.

31. Tim Ambler, *Marketing and the Bottom Line: The New Methods of Corporate Wealth*, 2nd ed. (Londres: Pearson Education, 2003).

32. Kusum L. Ailawadi, Donald R. Lehmann e Scott A. Neslin, "Revenue Premium as an Outcome Measure of Brand Equity", *Journal of Marketing* 67 (out. 2003), pp. 1–17.
33. Gerard J. Tellis, "Modeling Marketing Mix", em Rajiv Grover e Marco Vriens, eds., *Handbook of Marketing Research* (Thousand Oaks, CA: *Sage Publications*, 2006).
34. David J. Reibstein, "Connect the Dots", *CMO Magazine* (maio 2005).
35. Para uma discussão aprofundada sobre concepção e implementação de painéis de *marketing*, ver Koen Pauwels, *It's Not the Size of the Data, It's How You Use It: Smarter Marketing with Analytics and Dashboards* (Nova York: AMACOM, 2014) e consultar os recursos em www.marketdashboards.com.
36. Adaptado de Pat LaPointe, *Marketing by the Dashboard Light*, Association of National Advertisers (2005), www.MarketingNPV.com.
37. Fontes do *Insight de marketing*: Philip Kotler, "Drawing New Ideas from Your Customers" (artigo não publicado, 2013).
38. Fontes do Destaque de *marketing*: Linda Tischler, "Ideo's David Kelley on "Design Thinking"", *Fast Company* (fev. 2009); Teresa Amabile, Colin M. Fisher e Juliana Pillemer, "IDEO's Culture of Helping, *Harvard Business Review* (jan./fev. 2014); Ryan Buell e Andrew Otazo, "IDEO: Human-Centered Service Design", Harvard Business School Case 615-022 (out. 2014; revisado jan. 2016); Tim Brown, "Design Thinking", *Harvard Business Review*, 28 ago. 2015); Kathrarine Schwab, "Ideo Breaks Its Silence on Design Thinking's Critics", *Fast Company*, 29 out. 2018; https://www.ideo.com/casestudy/a-leading-food-companys-human-centered-transformation-spurs-rapid-growth. Acessado em 25/11/2020; www.ideo.com/case-study/nurturing-a-creative-culture. Acesso em: 25 nov. 2020.
39. Fontes do Destaque de *marketing*: Richard Feloni, "How Lego Came Back from the Brink of Bankruptcy", *Business Insider*, 10 fev. 2014; Jonathan Ringen, "How Lego Became the Apple of Toys", *Fast Company*, 8 jul. 2017; Jennifer Rosenberg, "The History of LEGO—Everyone's Favorite Building Blocks", *ThoughtCo*, 9 out. 2017; Stanley Reed, "Lego Wants to Completely Remake Its Toy Bricks (without Anyone Noticing)", *New York Times*, 31 ago. 2018; www.lego.com/enus/aboutus. Acesso em: 6 fev. 2021.

Capítulo 6

1. David Welch, "Campbell Looks Way beyond the Tomato", *Bloomberg BusinessWeek*, 13 ago. 2012; Jenna Goudreau, "Kicking the Can", *Forbes*, 24 dez. 2012, pp. 46–51; https://money.cnn.com/2018/02/16/news/companies/campbell-soup/index.html, https://www.campbells.com/campbell-soup. Acessado em 25/1/2021; https://www.statista.com/topics/3165/campbell-soup-company. Acesso em: 31 jan. 2021.
2. Para uma revisão de muitas das questões metodológicas no desenvolvimento de esquemas de segmentação, ver William R. Dillon e Soumen Mukherjee, "A Guide to the Design and Execution of Segmentation Studies", em Rajiv Grover e Marco Vriens, eds., *Handbook of Marketing Research* (Thousand Oaks, CA: Sage, 2006).
3. https://www.elcompanies.com/our-brands. Acesso em: 27 jan. 2021.
4. Jerry Wind e Arvind Rangaswamy, "Customerization: The Next Revolution in Mass Customization", *Journal of Interactive Marketing* 15 (Inverno 2001), pp. 13–32; Itamar Simonson, "Determinants of Customers' Responses to Customized Offers: Conceptual Framework and Research Propositions", *Journal of Marketing* 69 (jan. 2005), pp. 32–45.
5. Christopher Steiner, "The Perfect Ski", *Forbes*, 28 fev. 2011.
6. James H. Gilmore e B. Joseph Pine II, *Markets of One: Creating Customer-Unique Value through Mass Customization* (Boston: Harvard Business School Press, 2000); B. Joseph Pine II, "Beyond Mass Customization", *Harvard Business Review*, 2 maio 2011; Don Peppers e Martha Rogers, *The One-to-One Manager: Real-World Lessons in Customer Relationship Management* (Nova York: Doubleday, 1999).
7. Esta seção se baseia em Alexander Chernev, *Strategic Marketing Management: Theory and Practice* (Chicago, IL: Cerebellum Press, 2019).
8. George S. Day, "Closing the Marketing Capabilities Gap", *Journal of Marketing* 75 (jul. 2011), pp. 183–95.
9. C.K. Prahalad e Gary Hamel. "The Core Competence of the Corporation". *Harvard Business Review* (maio/jun. 1990); Gary Hamel e C.K. Prahalad. "Competing for the Future", *Harvard Business Press*, 1996.
10. George S. Day e Paul J. H. Schoemaker, *Peripheral Vision: Detecting the Weak Signals That Will Make or Break Your Company* (Cambridge, MA: Harvard Business School Press, 2006); Paul J. H. Schoemaker e George S. Day, "How to Make Sense of Weak Signals", *MIT Sloan Management Review* (Primavera 2009), pp. 81–89.
11. Eva Ascarza, "Retention Futility: Targeting High-Risk Customers Might Be Ineffective", *Journal of Marketing Research* 55, no. 1 (2018), pp. 80–98; Sebastian Tillmanns, Frenkel Ter Hofstede, Manfred Krafft e Oliver Goetz, "How to Separate the Wheat from the Chaff: Improved Variable Selection for New Customer Acquisition", *Journal of Marketing* 81, no. 2 (2017), pp. 99–113.
12. Todd Wasserman, "Unilever, Whirlpool Get Personal with Personas", *Brandweek*, 18 set. 2006, p. 13; Daniel B.

Honigman, "Persona-fication", *Marketing News*, 1 abr. 2008, p. 8; Lisa Sanders, "Major Marketers Get Wise to the Power of Assigning Personas", *Advertising Age*, 9 abr. 2007.

13. Jack Nicas, "Allegiant Air: The Tardy, Gas-Guzzling, Most Profitable Airline in America", *Wall Street Journal*, 4 jun. 2013; "Heard of Allegiant Air? Why It's the Nation's Most Profitable Airline", *Fast Company* (set. 2009); https://www.allegiantair.com/about-allegiant. Acesso em: 26 jan. 2021.

14. Barry Silverstein, "Hallmark—Calling Card", www.brandchannel.com, 15 jun. 2009; Brad van Auken, "Leveraging the Brand: Hallmark Case Study", www.brandstrategyinsider.com. 11 jan. 2008; https://corporate.hallmark.com/news-article/hallmark-launches-four-new-multicultural-card-lines/. Acesso em: 25 nov. 2020.

15. https://www.wedinsights.com/report/the-knot-real-weddings. Acesso em: 25 nov. 2020.

16. Eric Klinenberg, "The Solo Economy", *Fortune*, 6 fev. 2012.

17. Zhong, Raymond, "Alibaba's Singles Day Sales Top $30 Billion. The Party May Not Last", *New York Times*, 11 nov. 2018; https://www.cnbc.com/2020/11/12/singles-day-2020-alibaba-and-jd-rack-up-record-115-billion-of-sales.html. Acesso em: 25 nov. 2020.

18. Para achados sobre comportamento do consumidor em relação a gênero, ver Kristina M. Durante, Vladas Griskevicius, Sarah E. Hill, Carin Perilloux e Norman P. Li, "Ovulation, Female Competition, and Product Choice: Hormonal Influences on Consumer Behavior", *Journal of Consumer Research* 37 (abr. 2011), pp. 921–34; Valentyna Melnyk, Stijn M. J. van Osselaer e Tammo H. A. Bijmolt, "Are Women More Loyal Customers Than Men? Gender Differences in Loyalty to Firms and Individual Service Providers", *Journal of Marketing* 73 (jul. 2009), pp. 82–96; Robert J. Fisher e Laurette Dube, "Gender Differences in Responses to Emotional Advertising: A Social Desirability Perspective", *Journal of Consumer Research* 31 (mar. 2005), pp. 850–58.

19. Molly Soat, "Tide Equips Mr. Mom", *Marketing News Exclusives*, 17 jan. 2013; Jack Neff, "Ogilvyism for New Era? Consumer Is Not a Moron. He Is Your Husband", *Advertising Age*, 17 out. 2011; Heather Chaet, "The Manscape", *Adweek*, 24 set. 2012.

20. Ellen Byron, "Does Your Razor Need a Gender?" *Wall Street Journal*, 1 fev. 2020.

21. "Gillette, Olay Co-Brand Razor", *Chain Drug Review*, 27 fev. 2012; Jenn Abelson, "Gillette Sharpens Its Focus on Women", *Boston Globe*, 4 jan. 2009. Acesso em: 21 nov. 2020.

22. https://www.statista.com/statistics/670921/mcdonalds-most-frequent-diners-by-ethnicity-us/. Acesso em: 21 nov. 2020.

23. Jim Farley, "Lessons from the Leader: Ford", *Advertising Age's In Plain Sight*: The Black Consumer Opportunity, 23 abr. 2012, p. 21.

24. Max Chafkin, "Star Power", *Fast Company*, dez. 2012/jan. 2013, pp. 91–96, 126; Rolfe Winkler, "Is It Time Local Site Called for Yelp?" *Wall Street Journal*, 17 jan. 2013; "How Yelp's Business Works", *Business Insider*, mar. 2012.

25. Scarlett Lindeman, "Jell-O Love: A Guide to Mormon Cuisine", *The Atlantic*, 24 mar. 2010; Julie Zeveloff, "These Cities Love Ice Cream the Most", *Business Insider*, 20 jul. 2012; Jim Farber, "New York Is the King of Country", *Daily News*, 9 ago. 2012.

26. https://claritas360.claritas.com/mybestsegments. Acesso em: 21 nov. 2020.

27. Jenni Romaniuk, "Are You Blinded by the Heavy (Buyer)... Or Are You Seeing the Light?" *Journal of Advertising Research*, 51 (dez. 2011), pp. 561–63.

28. Gina Chon, "Car Makers Talk 'Bout G-Ggenerations", *Wall Street Journal*, 9 maio 2006.

29. www.strategicbusinessinsights.com/vals/presurvey.shtml. Acesso em: 25 jan. 2021.

30. Daniel Yankelovich e David Meer, "Rediscovering Market Segmentation", *Harvard Business Review* (fev. 2006), pp. 1–11; Sharon E. Beatty, Pamela M. Homer e Lynn R. Kahle, "Problems with VALS in International Marketing Research: An Example from an Application of the Empirical Mirror Technique", Michael J. Houston, ed., *Advances in Consumer Research*, volume 15 (Provo, UT: Association for Consumer Research, 1988), pp. 375–80.

31. Justin Nelson e Chance Mitchell, "The LGBT Economy Is America's Future", *Advocate*, 2 jan. 2018; Jeff Green, "LGBT Purchasing Power Near $1 Trillion Rivals Other Minorities", *Bloomberg*, 20 jul. 2016. Acesso em: 21 nov. 2020.

32. Adaptado de Thomas V. Bonoma e Benson P. Shapiro, *Segmenting the Industrial Market* (Lexington, MA: Lexington Books, 1983).

33. Piet Levy, "Reeling in the Hungry Fish", *Marketing News*, 30 mai. 2009, p. 6; Stephen Baker, "Timken Plots a Rust Belt Resurgence", *Bloomberg BusinessWeek*, 15 out. 2009; Matt McClellan, "Rolling Along", *Smart Business Akron/Canton* (out. 2008); "Strong Energy Market to Propel Timken", *Metal Bulletin Daily*, 27 jan. 2012, p. 64; https://www.timken.com/about. Acesso em: 27 jan. 2021.

34. Fontes do *Insight de marketing*: Chris Anderson, *The Long Tail* (Nova York: Hyperion, 2006); Erik Brynjolfsson, Yu "Jeffrey" Hu e Michael D. Smith, "From Niches to Riches: Anatomy of a Long Tail", *MIT Sloan Management Review* (Verão 2006), p. 67; Anita Elberse, "Should You Invest in the Long Tail?" *Harvard Business Review* (jul./ago. 2008), pp. 88–96; "Rethinking

the Long Tail Theory: How to Define 'Hits' and 'Niches'", *Knowledge@Wharton*, 16 set. 2009.

35. Fontes do Destaque de *marketing*: Andrew Roberts, "L'Oreal Quarterly Sales Rise Most since 2007 on Luxury Perfume", *Bloomberg BusinessWeek*, 22 abr. 2010; "Primping for the Cameras in the Name of Research", *New York Times*, 7 fev. 2006; Richard C. Morais, "The Color of Beauty", *Forbes*, 27 nov. 2000; Jack Neff, "How L'Oreal Zen Master Menesguen Shares Best Practices around the Globe", *Advertising Age*, 11 jun. 2012; Victoria Gomelsky, "L'Oreal's Technology Incubator: Creating the Future of Beauty", *New York Times*, 30 mar. 2017; https://www.loreal.com. Acesso em: 25 nov. 2020.

36. Fontes do Destaque de *marketing*: Charles Duhigg, "Amex, Challenged by Chase, Is Losing the Snob War", *New York Times*, 14 abr. 2017; Sam Grobart, "How Chase Made the Perfect High for Credit Card Junkies", *Bloomberg*, 22 set. 2016; Jennifer Surane, "The Mastermind behind Chase's Industry-Changing Sapphire Reserve Card Sets Her Sights on Banking", *Bloomberg*, 2 jan. 2018; Shelle Santana, Jill Avery e Christine Snively, *Chase Sapphire: Creating a Millennial Cult Brand* (Harvard Business School Publishing, 2018, caso 9-518-024); https://www.chase.com/digital/resources/about-chase. Acesso em: 25 nov. 2020.

Capítulo 7

1. John Legere, "T-Mobile's CEO on Winning Market Share by Trash-Talking Rivals", *Harvard Business Review* (jan./fev. 2017); Richard Feloni, "The T-Mobile CEO Who Calls His Competition 'Dumb and Dumber' Explains How He Doubled Customers in 4 Years, and How a Group of Employees Made Him Cry", *Business Insider*, 7 out. 2016; www.t-mobile.com/our-story/un-carrier-history. Acessado em 25/11/2020; https://investor.t-mobile.com/financial-performance/quarterly-results/default.aspx. Acesso em: 25 nov. 2020.

2. A discussão a seguir sobre os três tipos de valor para o cliente foi reproduzida de Alexander Chernev, *Strategic Marketing Management: Theory and Practice* (Chicago, IL: Cerebellum Press, 2019).

3. Para uma abordagem sobre a avaliação das percepções do cliente sobre um produto e a estrutura de mercado *on-line*, ver Thomas Y. Lee e Eric T. Bradlow, "Automated Marketing Research Using Online Customer Reviews", *Journal of Marketing Research* 48 (out. 2011), pp. 881–94.

4. Al Ries e Jack Trout, *Positioning: The Battle for Your Mind, 20th Anniversary Edition* (Nova York: McGraw-Hill, 2000).

5. Brian Sheehan, *Loveworks: How the World's Top Marketers Make Emotional Connections to Win in the Marketplace* (Brooklyn, NY: PowerHouse, 2013).

6. Piet Levy, "Express Yourself", *Marketing News*, 15 jun. 2009, p. 6.

7. Walter Loeb, "Kate Spade Is a Brand Ready to Boom around the World", *Forbes*, 22 mar. 2013; Jon Caramanica, "At Jack Spade, Carefully Appearing Not to Care", *New York Times*, 1 set. 2010; Meredith Galante, "How Kate Spade New York Uses Social Media to Sell Handbags", *Business Insider*, 17 abr. 2012; https://www.katespade.com/about-us/. Acesso em: 25 nov. 2020.

8. David A. Aaker, *Brand Portfolio Strategy: Creating Relevance, Differentiation, Energy, Leverage, and Clarity* (Nova York: Free Press, 2004); Rebecca Wright, "The Next Frontier for Nutrition Bars", *Nutraceuticals World* (jan./fev. 2011).

9. Robert Klara, "The Tough Sell", *Adweek*, 9 jul. 2012, p. 40.

10. Kevin Lane Keller, Brian Sternthal e Alice Tybout, "Three Questions You Need to Ask about Your Brand", *Harvard Business Review* (set. 2002), pp. 80–89.

11. Patrick Barwise, *Simply Better: Winning and Keeping Customers by Delivering What Matters Most* (Cambridge, MA: Harvard Business School Press, 2004); Gregory S. Carpenter, Rashi Glazer e Kent Nakamoto, "Meaningful Brands from Meaningless Differentiation: The Dependence on Irrelevant Attributes", *Journal of Marketing Research* 31 (ago. 1994), pp. 339–50; Elizabeth M. S. Friedman, Jennifer Savary e Ravi Dhar, "Apples, Oranges, and Erasers: The Effect of Considering Similar versus Dissimilar Alternatives on Purchase Decisions", *Journal of Consumer Research* 45, no. 4 (2018), pp. 725–42.

12. Hamish Pringle e Peter Field, "Why Emotional Messages Beat Rational Ones", *Advertising Age*, 2 mar. 2009, p. 13; Hamish Pringle e Peter Field, *Brand Immortality: How Brands Can Live Long and Prosper* (Filadélfia: Kogan Page, 2009).

13. James H. Gilmore e B. Joseph Pine II, *Authenticity: What Consumers Really Want* (Cambridge, MA: Harvard Business School Press, 2007); Felicitas Morhart, Lucia Malar, Amelie Guevremont, Florent Girardin e Bianca Grohmann, "Brand Authenticity: An Integrative Framework and Measurement Scale", *Journal of Consumer Psychology* (2014).

14. Jack Neff, "Welch's Local-Sourcing Story Core to Outreach", *Advertising Age*, 24 jan. 2011.

15. Elaine Wong, "Method Co-Founder Offers Spin on Viral Video", *Adweek*, 11 jan. 2010; "Champions of Design: Method", *Marketing*, 15 jun. 2011, p. 18; https://methodhome.com. Acesso em: 27 jan. 2021.

16. Jennifer Cirillo, "Energy's MVP", *Beverage World* (ago. 2012), pp. 35–42; www.redbull.com/us-en. Acesso em: 27 jan. 2021.

17. Thomas A. Brunner e Michaela Wanke, "The Reduced and Enhanced Impact of Shared Features

on Individual Brand Evaluations", *Journal of Consumer Psychology* 16 (abr. 2006), pp. 101–11; Ioannis Evangelidis e Stijn M. J. Van Osselaer, "Points of (Dis)parity: Expectation Disconfirmation from Common Attributes in Consumer Choice", *Journal of Marketing Research* 55, no. 1 (2018), pp. 1–13; Jannine D. Lasaleta e Joseph P. Redden, "When Promoting Similarity Slows Satiation: The Relationship of Variety, Categorization, Similarity, and Satiation", *Journal of Marketing Research* 55, no. 3 (2018), pp. 446–57.

18. E. J. Schultz, "New Miller Time Spots Unveiled: MillerCoors Explains the Return", *Advertising Age*, 22 mar. 2012.
19. "Credit Cards: Loyalty and Retention—US—November 2007", *Mintel Reports* (nov. 2007).
20. L. Joshua Sosland, "Dunkin' Donuts' Strategy", *Food Business News*, 18 mai. 2011; Chris Barth, "Can Dunkin's New Deal Brew Enough Growth to Catch Starbucks?" *Forbes*, 4 jan. 2012.
21. Amna Kirmani, Rebecca W. Hamilton, Debora V. Thompson e Shannon Lantzy. "Doing Well versus Doing Good: The Differential Effect of Underdog Positioning on Moral and Competent Service Providers", *Journal of Marketing* 81, no. 1 (2017), pp. 103–17.
22. Jim Henry, "BMW Still the Ultimate Driving Machine, Not That It Ever Wasn't", *Forbes*, 31 mai. 2012; "No Joy Here from BMW Ad Switch", *Automotive News*, 12 abr. 2010.
23. Para uma análise clássica de mapas perceptuais, ver John R. Hauser e Frank S. Koppelman, "Alternative Perceptual Mapping Techniques: Relative Accuracy and Usefulness", *Journal of Marketing Research* 16 (nov. 1979), pp. 495–506. Para perspectivas contemporâneas sobre técnicas de medição de posicionamento, ver Sanjay K. Rao, "Data-Based Differentiation", *Marketing Insights* (Primavera 2013), pp. 26–32.
24. Michael E. Porter, *Competitive Strategy: Techniques for Analyzing Industries and Competitors* (Nova York: Free Press, 1980).
25. Makiko Kitamura e David Wainer, "Similar but Not the Same", *Bloomberg Businessweek*, 25 mar. 2013, pp. 19–20.
26. E. J. Schultz, "Muscling Past Mayhem: Geico Rides Giant Ad Budget Past Allstate", *Advertising Age*, 8 jul. 2013; Tim Nudd, "You Know the 'Fifteen Minutes' Line by Heart, But Did You Also Know...", *Adweek*, 1 jul. 2013; www.geico.com. Acesso em: 27 jan. 2021.
27. A discussão a seguir sobre as estratégias para criar vantagem competitiva sustentável é derivada de Alexander Chernev, *Strategic Marketing Management: Theory and Practice* (Chicago, IL: Cerebellum Press, 2019).
28. 27 CFR 5.22 –"The Standards of Identity", Alcohol and Tobacco Tax and Trade Bureau; Departamento do Tesouro dos Estados Unidos.
29. Stuart Elliott, "Bank Leaves Child's Play Behind", *New York Times*, 17 set. 2010; "Ally Bank Launches New 'Stages' Ad Campaign", *PR Newswire*, 4 set. 2012; Andrew R. Johnson, "Ally Ads Take Aim at Enemies", *Wall Street Journal*, 4 set. 2012; www.ally.com/about/company-structure. Acesso em: 25 nov. 2020.
30. David Dubois, Derek D. Rucker e Adam D. Galinsky, "Dynamics of Communicator and Audience Power: The Persuasiveness of Competence versus Warmth", *Journal of Consumer Research* 43, no. 1 (2016), pp. 68–85; Daniella Kupor e Zakary Tormala, "When Moderation Fosters Persuasion: The Persuasive Power of Deviatory Reviews", *Journal of Consumer Research* 45, no. 3 (2018), pp. 490–510.
31. Melissa Korn, "Wanted: Gurus with Actual Experience", *Wall Street Journal*, 2 jul. 2013.
32. Randall Ringer e Michael Thibodeau, "A Breakthrough Approach to Brand Creation", *Verse, The Narrative Branding Company*, www.versegroup.com. Acesso em: 7 mar. 2014.
33. Patrick Hanlon, *Primal Branding: Create Zealots for Your Brand, Your Company, and Your Future* (Nova York: Free Press, 2006).
34. Ashlee Vance, "It's a Doc in a Box", *Bloomberg Businessweek*, 7 mai. 2012, pp. 45–47.
35. Daniel Roberts, "The Secrets of See's Candies", *Fortune*, 3 set. 2012, pp. 67–72.
36. Jason Ankeny, "Building a Brand on a Budget", *Entrepreneur* (maio 2010), pp. 48–51.
37. Rob Walker, "The Cult of Evernote", *Bloomberg Businessweek*, 28 fev. 2013; https://evernote.com. Acesso em: 26 jan. 2021.
38. Fontes do *Insight de marketing*: Andrew Ross Sorkin e Andrew Martin, "Coca-Cola Agrees to Buy Vitaminwater", *New York Times*, 26 maio 2007; www.vitaminwater.com. Acesso em: 27 jan. 2021.
39. Fontes do Destaque de *marketing*: Robert Berner, "How Unilever Scored with Young Guys", *Bloomberg BusinessWeek*, 23 mai. 2005; Randall Rothenberg, "Dove Effort Gives Packaged-Goods Marketers Lessons for the Future", *Advertising Age*, 5 mar. 2007; Jack Neff, "In Dove Ads, Normal Is the New Beautiful", *Advertising Age*, 27 set. 2004; Kim Bhasin, "How Axe Became the Top-Selling Deodorant by Targeting Nerdy Losers", *Business Insider*, 10 out. 2011; Jonathan Salem Baskin, "The Opportunity for Dove to Get Real with Its Branding", *Forbes*, 7 mar. 2013; Jack Neff, "Campaign Has Won Lots of Awards, Sold Heap of Product. But Has It Changed Perceptions?" *Ad Age*, 22 jan. 2014; Tim Nudd, "Axe Tackles 'Toxic Masculinity' by Revealing How Deeply Young Men Struggle with

It", *AdWeek*, 17 mai. 2017; *Unilever 2017 Annual Report*; www.dove.com/us/en/stories/campaigns.html. Acessado em 5/2/2021; www.unilever.com/brands/personal-care/axe.html. Acesso em: 5 fev. 2021.

40. Fontes do Destaque de *marketing*: Adam Ludwig, "How Warby Parker Doubles Down on Disruption and Social Change", *Forbes*, 23 jun. 2014; Christopher Marquis e Laura Villa, *Warby Parker: Vision of a "Good" Fashion Brand*, HBS No. 9-413-051 (Boston, MA: Harvard Business School Publishing); Max Chafkin, "Warby Parker Sees the Future of Retail", *Fast Company*, 17 fev. 2015; Graham Winfrey, "The Mistake That Turned Warby Parker into an Overnight Legend", *Inc.* (maio 2015); www.warbyparker.com/history. Acesso em: 20 dez. 2020.

Capítulo 8

1. Jordan Golson, "Tesla Model 3 Announced: Release Set for 2017, Price Starts at $35,000", *The Verge*, 31 mar. 2016; Charles Duhigg, "Dr. Elon & Mr. Musk: Life inside Tesla's Production Hell", *Wired*, 13 dez. 2018; Niall McCarthy, "The Tesla Model 3 Was the Best-Selling Luxury Car in America Last Year [Infographic]", *Forbes*, 8 fev. 2019; Peter Valdes-Dapena, "Against the Odds, Tesla's Model 3 Became the Best-selling Luxury Car in America", *CNN*, 7 fev. 2019; Tim Higgins e Heather Somerville, "Tesla 'Battery Day' Spotlights Elon Musk Plan for $25,000 Electric Car", *The Wall Street Journal*, 23 set. 2020.
2. Algumas dessas bases são discutidas em David A. Garvin, "Competing on the Eight Dimensions of Quality", *Harvard Business Review* (nov./dez. 1987), pp. 101–9.
3. Joshua Brustein, "Even Finns Don't Want Nokia Phones Anymore", *Business Week*, 29 mai. 2013; Juhana Rossi, "Nokia CEO Sticks to Company's Strategy", *Wall Street Journal*, 7 mai. 2013; Anton Troianovski e Sven Grundberg, "Nokia's Bad Call on Smartphones", *Wall Street Journal*, 18 jul. 2012; www.nokia.com/about-us/who-we-are/our-history. Acesso em: 28 jan. 2021.
4. Marco Bertini, Elie Ofek e Dan Ariely, "The Impact of Add-On Features on Product Evaluations", *Journal of Consumer Research* 36 (jun. 2009), pp. 17–28; Tripat Gill, "Convergent Products: What Functionalities Add More Value to the Base?" *Journal of Marketing* 72 (mar. 2008), pp. 46–62; Robert J. Meyer, Sheghui Zhao e Jin K. Han, "Biases in Valuation vs. Usage of Innovative Product Features", *Marketing Science* 27 (nov./dez. 2008), pp. 1083–96.
5. Debora Viana Thompson, Rebecca W. Hamilton e Roland Rust, "Feature Fatigue: When Product Capabilities Become Too Much of a Good Thing", *Journal of Marketing Research* 42 (nov. 2005), pp. 431–42.
6. David Kesmodel, "No Glass Ceiling for the Best Job in the Universe", *Wall Street Journal*, 29 jun. 2010.
7. Cheryl Jensen, "Honda Repeats, Ford Surges and Mercedes Tumbles in 2011 Consumer Reports Study", www.wheels.blogs.nytimes.com; Gail Edmondson, "Mercedes Gets Back Up to Speed", *Bloomberg BusinessWeek*, 13 nov. 2006, pp. 46–47; www.mercedes-benz.com/en/mercedes-benz/classic/history. Acesso em: 28 jan. 2021.
8. Bernd Schmitt e Alex Simonson, *Marketing Aesthetics: The Strategic Management of Brand, Identity, and Image* (Nova York: Free Press, 1997).
9. Subramanian Balachander, Esther Gal-Or, Tansev Geylani e Alex Jiyoung Kim. "Provision of Optional versus Standard Product Features in Competition", *Journal of Marketing* 81, no. 3 (2017), pp. 80–95; Ulrike Kaiser, Martin Schreier e Chris Janiszewski, "The Self-Expressive Customization of a Product Can Improve Performance", *Journal of Marketing Research* 54, no. 5 (2017), pp. 816–31.
10. Rupal Parekh, "Personalized Products Please but Can They Create Profit?" *Advertising Age*, 20 mai. 2012; www.us.burberry.com/store/bespoke; Paul Sonne, "Mink or Fox? The Trench Gets Complicated", *Wall Street Journal*, 3 nov. 2011.
11. Ravindra Chitturi, Rajagopal Raghunathan e Vijay Mahajan, "Delight by Design: The Role of Hedonic versus Utilitarian Benefits", *Journal of Marketing* 72 (maio 2008), pp. 48–63.
12. Virginia Postrel, *The Substance of Style: How the Rise of Aesthetic Value Is Remaking Commerce, Culture, and Consciousness* (Nova York: HarperCollins, 2003).
13. Ulrich R. Orth e Keven Malkewitz, "Holistic Package Design and Consumer Brand Impressions", *Journal of Marketing* 72 (maio 2008), pp. 64–81; Freeman Wu, Adriana Samper, Andrea C. Morales e Gavan J. Fitzsimons, "It's Too Pretty to Use! When and How Enhanced Product Aesthetics Discourage Usage and Lower Consumption Enjoyment", *Journal of Consumer Research* 44, no. 3 (2017), pp. 651–72.
14. Rachel Lamb, "How Will Bang & Olufsen's Lower-End Product Line Affect the Brand?" *Luxury Daily*, 12 jan. 2012; Jay Green, "Where Designers Rule", *Bloomberg BusinessWeek*, 5 nov. 2007, pp. 46–51; www.bang-olufsen.com/en. Acesso em: 28 jan. 2021.
15. Drake Baer, "How a Top Houseware Brand Reinvents Perfectly Designed Kitchen Gadgets", *Business Insider*, 4 mar. 2016.
16. Haydn Shaughnessy, "How Samsung Competes with Apple in Design", *Forbes*, 19 abr. 2013; Melissa J. Perneson, "An Inside Look at Samsung's Approach to Product Design", *Tech Hive*, 9 jan. 2013; http://design.samsung.com/global/index.html. Acesso em: 28 jan. 2021.
17. Na realidade, a linha de produtos da Tide é mais extensa e complexa. Para as ofertas de produto atuais, consultar https://tide.com.

18. A. Yesim Orhun, "Optimal Product Line Design When Consumers Exhibit Choice-Set-Dependent Preferences", *Marketing Science* 28 (set./out. 2009), pp. 868–86; Robert Bordley, "Determining the Appropriate Depth and Breadth of a Firm's Product Portfolio", *Journal of Marketing Research* 40 (fev. 2003), pp. 39–53; Peter Boatwright e Joseph C. Nunes, "Reducing Assortment: An Attribute-Based Approach", *Journal of Marketing* 65 (jul. 2001), pp. 50–63. Para as vantagens de *branding* de um sistema de produtos, ver Ryan Rahinel e Joseph P. Redden, "Brands as Product Coordinators: Matching Brands Make Joint Consumption Experiences More Enjoyable", *Journal of Consumer Research* 39 (abr. 2013), pp. 1290–99.

19. Ryan Hamilton e Alexander Chernev, "The Impact of Product Line Extensions and Consumer Goals on the Formation of Price Image", *Journal of Marketing Research* 47 (fev. 2010), pp. 51–62.

20. A ilustração foi extraída de Benson P. Shapiro, *Industrial Product Policy: Managing the Existing Product Line* (Cambridge, MA: Marketing Science Institute, 1977), pp. 3–5, 98–101.

21. Joann Muller, "How Volkswagen Will Rule the World", *Forbes*, 17 abr. 2013; Travis Okulski, "Is Skoda Secretly Volkswagen's Best Brand?" *Jalopnik*, 15 jan. 2014.

22. www.haagendazs.us/about. Acesso em: 12 out. 2020.

23. Brett R. Gordon, "A Dynamic Model of Consumer Replacement Cycles in the PC Processor Industry", *Marketing Science* 28 (set./out. 2009), pp. 846–67; Raghunath Singh Rao, Om Narasimhan e George John, "Understanding the Role of Trade-Ins in Durable Goods Markets: Theory and Evidence", *Marketing Science* 28 (set./out. 2009), pp. 950–67.

24. Tim Higgins, "Mercedes Adds Coupe to U.S. C-Class Line in Bid to Top BMW: Cars", *Bloomberg Businessweek*, 26 set. 2011; Aner Sela and Robyn A. LeBoeuf, "Comparison Neglect in Upgrade Decisions", *Journal of Marketing Research* 54, no. 4 (2017), pp. 556–71.

25. John Gourville e Dilip Soman, "Overchoice and Assortment Type: When and Why Variety Backfires", *Marketing Science* 24 (Verão 2005), pp. 382–95; Alexander Chernev, "When More Is Less and Less Is More: The Psychology of Managing Product Assortments", *GfK Marketing Intelligence Review* 3, no. 1 (2011); Sungtak Hong, Kanishka Misra e Naufel J. Vilcassim. "The Perils of Category Management: The Effect of Product Assortment on Multicategory Purchase Incidence", *Journal of Marketing* 80, no. 5 (2016), pp. 34–52.

26. Nirmalya Kumar, "Kill a Brand, Keep a Customer", *Harvard Business Review* (dez. 2003), pp. 86–95.

27. David Englander, "Crocs Strides toward a Comeback", *Barron's*, 19 jan. 2013; Jennifer Overstreet, "How Crocs Is Building a Brand Bigger than the Clog", *National Retail Federation*, 29 ago. 2012; Edward Teach, "How Crocs Regained Its Footing", *CFO Magazine*, 15 mai. 2012; https://careers.crocs.com/about-us/default.aspx. Acesso em: 28 jan. 2020.

28. Ellen Byron, "Tide Turns 'Basic' for P&G in Slump", *Wall Street Journal*, 6 ago. 2009; Dan Sewell, "P&G Ends 'Tide Basic' Test, No Word on Plans", *Bloomberg Businessweek*, 23 jun. 2010.

29. Timothy B. Heath, Devon DelVecchio e Michael S. McCarthy, "The Asymmetric Effects of Extending Brands to Lower and Higher Quality", *Journal of Marketing* 75 (jul. 2011), pp. 3–20.

30. Julio Sevilla, Jiao Zhang e Barbara E. Kahn, "Anticipation of Future Variety Reduces Satiation from Current Experiences", *Journal of Marketing Research* 53, no. 6 (2016), pp. 954–98; Jordan Etkin e Aner Sela, "How Experience Variety Shapes Postpurchase Product Evaluation", *Journal of Marketing Research* 53, no. 1 (2016), pp. 77–90.

31. www.bmw.com. Acesso em: 28 out. 2020.

32. Katherine White, Lily Lin, Darren W. Dahl e Robin J. B. Ritchie, "When Do Consumers Avoid Imperfections? Superficial Packaging Damage as a Contamination Cue", *Journal of Marketing Research* 53, no. 1 (2016), pp. 110–23; Veronika Ilyuk e Lauren Block, "The Effects of Single-Serve Packaging on Consumption Closure and Judgments of Product Efficacy", *Journal of Consumer Research* 42, no. 6 (2016), pp. 858–78.

33. Eva C. Buechel e Claudia Townsend, "Buying Beauty for the Long Run: (Mis)predicting Liking of Product Aesthetics", *Journal of Consumer Research* 45, no. 2, (2018), pp. 275–97.

34. Howard Fox, "The Secret Language of Colour", *Brands & Branding*, out. 2010, pp. 48–50. Ver também Lauren Labrecque e George Milne, "Exciting Red and Competent Blue: The Importance of Color in Marketing", *Journal of the Academy of Marketing Science* 40 (set. 2012), pp. 711–27; e Niki Hynes, "Colour and Meaning in Corporate Logos: An Empirical Study", *Journal of Brand Management* 16 (jul./ago. 2009), pp. 545–55.

35. Melissa Stanger, "How Brands Use the Psychology of Color to Manipulate You", *Business Insider*, 29 dez. 2012; Lauren Labrecque e George R. Milne, "Exciting Red and Competent Blue: The Importance of Color in Marketing", *Journal of Academy of Marketing Science* 40 (set. 2012), pp. 711–27.

36. Stuart Elliott, "Tropicana Discovers Some Buyers Are Passionate about Packaging", *New York Times*, 23 fev. 2009; Linda Tischler, "Never Mind! Pepsi Pulls Much-Loathed Tropicana Packaging", *Fast Company*, 23 fev. 2009; Natalie Zmuda, "Tropicana Line's Sales Plunge 20% Post-Rebranding", *Advertising Age*, 2 abr. 2009.

37. Daniel Milroy-Maher, "Japan Has a Dangerous Fetish for Packaging", *Vice*, 25 set. 2014.

38. John Pflueger, "How Dell Turned Bamboo and Mushrooms into Environmental-Friendly Packaging", *MIT Sloan Management Review*, 17 jul. 2012; Caroline Lennon, "5 Companies Producing Products with Eco-Friendly Packaging", *One Green Planet*, 2 abr. 2013.

39. Sarah Skidmore, "SunChips Biodegradable Bag Made Quieter for Critics", *Huffington Post*, 24 fev. 2011; Suzanne Vranica, "Snack Attack: Chip Eaters Make Noise about a Crunchy Bag", *Wall Street Journal*, 18 ago. 2010.

40. Sean Poulter, "How Food Labels Can Mislead Shoppers about Fat Content", *Daily Mail*, 1 set. 2010.

41. Alexander Chernev, *Strategic Marketing Management: Theory and Practice* (Chicago, IL: Cerebellum Press, 2019).

42. Ibid.

43. Tao Chen, Ajay Kalra e Baohung Sun, "Why Do Consumers Buy Extended Service Contracts?" *Journal of Consumer Research* 36 (dez. 2009), pp. 611–23.

44. Para um estudo empírico, ver Junhong Chu e Pradeep K. Chintagunta, "Quantifying the Economic Value of Warranties in the U.S. Server Market", *Marketing Science* 28 (jan./fev. 2009), pp. 99–121.

45. Alexander Chernev, *Strategic Marketing Management: Theory and Practice* (Chicago, IL: Cerebellum Press, 2019).

46. Fontes do Insight de *marketing*: Alexander Chernev, "When More Is Less and Less Is More: The Role of Ideal Point Availability and Assortment in Consumer Choice", *Journal of Consumer Research* 30 (set. 2003), pp. 170–83; Alexander Chernev, "Decision Focus and Consumer Choice among Assortments", *Journal of Consumer Research*, 33 (June 2006), pp. 50–59; Alexander Chernev, Ulf Bockenholt e Joseph Goodman, "Choice Overload: A Conceptual Review and Meta-Analysis", *Journal of Consumer Psychology* 25, no. 2 (2015), pp. 333–58; Alexander Chernev e Ryan Hamilton, "Assortment Size and Option Attractiveness in Consumer Choice among Retailers", *Journal of Marketing Research* 46 (jun. 2009), pp. 410–20; Kristin Diehl e Cait Poynor, "Great Expectations?! Assortment Size, Expectations, and Satisfaction", *Journal of Marketing Research* 46 (abr. 2009), pp. 312–22; Sheena Iyengar e Mark Lepper, "When Choice Is Demotivating: Can One Desire Too Much of a Good Thing?" *Journal of Personality and Social Psychology* 79, no. 6 (2000), pp. 995–1006; Joseph P. Redden e Stephen J. Hoch, "The Presence of Variety Reduces Perceived Quantity", *Journal of Consumer Research* 36 (out. 2009), pp. 406–17.

47. Fontes do Destaque de *marketing*: Peter Burrows, "Rock On, iPod", *Bloomberg BusinessWeek*, 7 jun. 2004, pp. 130–31; Ellen Terrell, "Apple Computer, Inc.", *Business Reference Services* (abr. 2008); Catherine Clifford, "Former Apple CEO John Sculley: What I Learned from Steve Jobs", *CNBC*, 29 mai. 2018; Mikey Campbell, "Apple R&D Spending Continues to Grow in Lockstep with iPhone, AR Projects", *Appleinsider*, 2 maio 2018; *Apple Annual Report* 2018; www.apple.com. Acesso em: 26 nov. 2020.

48. Fontes do Destaque de *marketing*: Tanya Dua, "How $300 Million Mattress Startup Casper Is Shaking Up Advertising", *Business Insider*, 11 jul. 2017; Robert J. Dolan, "Casper Sleep Inc.: Marketing the 'One Perfect Mattress for Everyone'", *HBS* No. 9-517-042 (Boston: Harvard Business School Publishing, 2017); Khadeeja Safdar, "Casper, a Web Pioneer, to Open 200 Stores", *Wall Street Journal*, 8 ago. 2018; Nathaniel Meyersohn, "How Casper Drove Mattress Firm into Bankruptcy", *CNN*, 6 out. 2018; Sandra Upson, "How Casper Wants to Sell You Sleep", *Wired*, 21 jun. 2016; https://casper.com/about. Acesso em: 26 nov. 2020.

49. Fontes do Destaque de *marketing*: Charles Fishman, "No Satisfaction at Toyota", *Fast Company*, dez. 2006/jan. 2007, pp. 82–90; Brian Bemner e Chester Dawson, "Can Anything Stop Toyota?" *Bloomberg BusinessWeek*, 17 nov. 2003, pp. 114–22; Mike Ramsey, "Toyota Calls Hybrids 'Sturdy Bridge' to Automotive Future", *Wall Street Journal,* 30 set. 2013; www.toyota-global.com/company/history_of_toyota. Acesso em: 26 nov. 2020.

Capítulo 9

1. Leonard L. Berry, *On Great Service: A Framework for Action* (Nova York: Free Press, 2006), bem como outros de seus textos.

2. Juliana Rose Pignataro, "The Top 10 Consumer Service Companies: Cracker Barrel, Avon, Disney Cruise Lines and Other American Favorites", *Newsweek*, 20 nov. 2018; "Publix to Debut Small-Format Store: Report", *Progressive Grocer*, 30 jan. 2018; Marcia Layton Turner, "Publix and Wegmans Named America's Favorite Grocery Stores", *Forbes*, 18 jan. 2018; http://corporate.publix.com/about-publix. Acesso em: 9 fev. 2021.

3. Annie Gasparro, "A New Test for Panera's Pay-What-You-Can", *Wall Street Journal*, 4 jun. 2013; Stuart Elliott, "Selling Products by Selling Shared Values", *New York Times*, 13 fev. 2013; Beth Kowitt, "A Founder's Bold Gamble on Panera", *Fortune*, 13 ago. 2012; David Gelles, "Panera's Mission to Be Anything but Artificial", *New York Times*, 2 jul. 2015; Stephanie Strom, "Panera Bread Plans to Drop a Long List of Ingredients", *New York Times*, 4 mai. 2015; www.panerabread.com/en-us/company/about-panera.html. Acesso em: 28 jan. 2021.

4. Phillip Nelson, "Information and Consumer Behavior", *Journal of Political Economy* 78 (mar./abr. 1970), pp. 311–329.

5. Allan Adamson e Chekitan Dev, "Can Carnival Recover from the Damage to Its Brand?" *Marketing*

Daily, 12 abr. 2013; Lateef Mungin and Steve Almasy, "Crippled Cruise Ship Returns; Passengers Happy to Be Back", *CNN*, 15 fev. 2013; www.carnival.com/about-carnival/about-us.aspx. Acesso em: 28 jan. 2021; Hannah Sampson, "A Carnival Corp. ship had the biggest coronavirus outbreak in the industry. Now Congress is probing the company". *Washington Post*, 1 maio 2020.

6. Para uma discussão de como a indefinição da linha que distingue produtos e serviços muda o significado dessa taxonomia, ver Christopher Lovelock e Evert Gummesson, "Whither Services Marketing? In Search of a New Paradigm and Fresh Perspectives", *Journal of Service Research* 7 (ago. 2004), pp. 20–41; e Stephen L. Vargo e Robert F. Lusch, "Evolving to a New Dominant Logic for Marketing", *Journal of Marketing* 68 (jan. 2004), pp. 1–17.

7. Theodore Levitt, "Marketing Intangible Products and Product Intangibles", *Harvard Business Review* (maio/jun. 1981), pp. 94–102; Leonard L. Berry, "Services Marketing Is Different", *Business* (maio/jun. 1980), pp. 24–29.

8. Bernd H. Schmitt, *Customer Experience Management* (Nova York: John Wiley & Sons, 2003); Bernd H. Schmitt, David L. Rogers e Karen Vrotsos (2003), *There's No Business That's Not Show Business: Marketing in an Experience Culture* (Upper Saddle River, NJ: Prentice Hall Financial Times, 2004).

9. www.sportsbusinessdaily.com/Journal/Issues/2018/04/30/Marketing-and-Sponsorship/Naming-rights-deals.aspx. Acesso em: 28 dez. 2020.

10. Para resultados emergentes de pesquisas sobre os efeitos de criar separação de serviço por tempo e lugar, ver Hean Tat Keh e Jun Pang, "Customer Reaction to Service Separation", *Journal of Marketing* 74 (mar. 2010), pp. 55–70.

11. "The Client: Larry Traxler and Dave Horton, Hilton", *Hospitality Style*, 15 nov. 2012; "Hilton Brand Unveils New Lobby Look", *National Real Estate Investor*, 19 abr. 2011.

12. Rebecca J. Slotegraaf e J. Jeffrey Inman, "Longitudinal Shifts in the Drivers of Satisfaction with Product Quality: The Role of Attribute Resolvability", *Journal of Marketing Research* 41 (ago. 2004), pp. 269–80; Rebecca W. Hamilton, Roland T. Rust, Michel Wedel e Chekitan S. Dev, "Return on Service Amenities", *Journal of Marketing Research* 54, no. 1 (2017), pp. 96–110.

13. O material deste parágrafo se baseia parcialmente em Valarie Zeithaml, Mary Jo Bitner e Dwayne D. Gremler, "Service Innovation and Design", *Services Marketing: Integrating Customer Focus across the Firm*, 7th ed. (New York: McGraw-Hill, 2017), Capítulo 8.

14. John DeVine, Shyam Lal e Michael Zea, "The Human Factor in Service Design", *McKinsey Quarterly*, jan. 2012; G. Lynn Shostack, "Service Positioning through Structural Change", *Journal of Marketing* 51 (jan. 1987), pp. 34–43.

15. Vikas Mittal, Wagner A. Kamakura e Rahul Govind, "Geographical Patterns in Customer Service and Satisfaction: An Empirical Investigation", *Journal of Marketing* 68 (jul. 2004), pp. 48–62.

16. Jeffrey F. Rayport, Bernard J. Jaworski e Ellie J. Kyung, "Best Face Forward: Improving Companies' Service Interface with Customers", *Journal of Interactive Marketing* 19 (Outono 2005), pp. 67–80; Asim Ansari e Carl F. Mela, "E-Customization", *Journal of Marketing Research* 40 (maio 2003), pp. 131–45.

17. W. Earl Sasser, "Match Supply and Demand in Service Industries", *Harvard Business Review*, nov./dez. 1976, pp. 133–40.

18. Steven M. Shugan e Jinhong Xie, "Advance Selling for Services", *California Management Review* 46 (Primavera 2004), pp. 37–54; Eyal Biyalogorsky e Eitan Gerstner, "Contingent Pricing to Reduce Price Risks", *Marketing Science* 23 (Inverno 2004), pp. 146–55.

19. Nicas, Jack, "Now Prices Can Change from Minute to Minute", *Wall Street Journal*, 14 dez. 2015.

20. Karl Taro Greenfeld, "Fast and Furious", *Bloomberg Businessweek*, 9 maio 2011.

21. Roland T. Rust e Ming-Hui Huang, "Optimizing Service Productivity", *Journal of Marketing* 76 (mar. 2012), pp. 47–66.

22. "Two Top Stock Picks for 2019: Innovative Industrial Properties and Twilio", *Forbes*, 24 jan. 2019; www.twilio.com/company. Acesso em: 4 fev. 2021.

23. Matthew Dixon, Karen Freeman e Nicholas Toman, "Stop Trying to Delight Your Customers", *Harvard Business Review* (jul./ago. 2010), pp. 116–22.

24. Chi Kin (Bennett) Yim, Kimmy Wa Chan e Simon S. K. Lam, "Do Customers and Employees Enjoy Service Participation? Synergistic Effects of Self- and Other-Efficacy", *Journal of Marketing* 76 (nov. 2012), pp. 121–40; Zhenfeng Ma e Laurette Dube, "Process and Outcome Interdependency in Frontline Service Encounters", *Journal of Marketing* 75 (maio 2011), pp. 83–98; Detelina Marinova, Sunil K. Singh e Jagdip Singh, "Frontline Problem-Solving Effectiveness: A Dynamic Analysis of Verbal and Nonverbal Cues", *Journal of Marketing Research* 55, no. 2 (2018), pp. 178–92.

25. Kimmy Wa Chan, Chi Kin (Bennett) Yim e Simon S. K. Lam, "Is Customer Participation in Value Creation a Double-Edged Sword? Evidence from Professional Financial Services across Cultures", *Journal of Marketing* 74 (maio 2010), pp. 48–64.

26. Valarie Zeithaml, Mary Jo Bitner e Dwayne D. Gremler, *Services Marketing: Integrating Customer Focus across the Firm*, 7th ed. (Nova York: McGraw-Hill, 2017).

27. Rachel R. Chen, Eitan Gerstner e Yinghui (Catherine) Yang, "Customer Bill of Rights under No-Fault Service

Failure: Confinement and Compensation", *Marketing Science* 31 (jan./fev. 2012), pp. 157–71; Michael Sanserino e Cari Tuna, "Companies Strive Harder to Please Customers", *Wall Street Journal*, 27 jul. 2009, p. B4.

28. James L. Heskett, W, Earl Sasser Jr. e Joe Wheeler, *Ownership Quotient: Putting the Service Profit Chain to Work for Unbeatable Competitive Advantage* (Boston, MA: Harvard Business School Press, 2008).

29. D. Todd Donovan, Tom J. Brown e John C. Mowen, "Internal Benefits of Service Worker Customer Orientation: Job Satisfaction, Commitment, and Organizational Citizenship Behaviors", *Journal of Marketing* 68 (jan. 2004), pp. 128–46.

30. Jeffrey Hollender, "Lessons We Can All Learn from Zappos CEO Tony Hsieh", *The Guardian*, 14 mar. 2013; Tricia Morris, "Using Metrics to Create a Zappos-Like Customer Service Culture", *Parature*, 13 nov. 2012; Mig Pascual, "Zappos: 5 Out-of-the-Box Ideas for Keeping Employees Engaged", *U.S. News*, 30 out. 2012; Helen Coster, "A Step Ahead", *Forbes*, 2 jun. 2008, pp. 78–80; Paula Andruss, "Delivering Wow through Service", *Marketing News*, 15 out. 2008, p. 10; Jeffrey M. O'Brien, "Zappos Knows How to Kick It", *Fortune*, 2 fev. 2009, pp. 55–60; Brian Morrissey, "Amazon to Buy Zappos", *Adweek*, 22 jul. 2009; Christopher Palmeri, "Now for Sale, the Zappos Culture", *Bloomberg BusinessWeek*, 11 jan. 2010, p. 57.

31. Frances X. Frei, "The Four Things a Service Business Must Get Right", *Harvard Business Review* (abr. 2008), pp. 70–80.

32. Christian Gronroos, "A Service-Quality Model and Its Marketing Implications", *European Journal of Marketing* 18 (1984), pp. 36–44.

33. Detelina Marinova, Jun Ye e Jagdip Singh, "Do Frontline Mechanisms Matter? Impact of Quality and Productivity Orientations on Unit Revenue, Efficiency, and Customer Satisfaction", *Journal of Marketing* 72 (mar. 2008), pp. 28–45.

34. Ad de Jong, Ko de Ruyter e Jos Lemmink, "Antecedents and Consequences of the Service Climate in Boundary-Spanning Self-Managing Service Teams", *Journal of Marketing* 68 (abr. 2004), pp. 18–35; Michael D. Hartline e O. C. Ferrell, "The Management of Customer-Contact Service Employees: An Empirical Investigation", *Journal of Marketing* 60 (out. 1996), pp. 52–70; Christian Homburg, Jan Wieseke e Torsten Bornemann, "Implementing the Marketing Concept at the Employee-Customer Interface: The Role of Customer Need Knowledge", *Journal of Marketing* 73 (jul. 2009), pp. 64–81; Chi Kin (Bennett) Yim, David K. Tse e Kimmy Wa Chan, "Strengthening Customer Loyalty through Intimacy and Passion: Roles of Customer–Firm Affection and Customer–Staff Relationships", *Journal of Marketing Research* 45 (dez. 2008), pp. 741–56.

35. Gregory Jones, "Jim Weddle Is Positioning Edward Jones to Be the Top of Mind Choice", *Smart Business*, 31 maio 2013; https://www.edwardjones.com/financial-advisor-value/index.html. Acesso em: 28 jan. 2021.

36. Loizos Heracleous e Jochen Wirtz, "Singapore Airlines' Balancing Act", *Harvard Business Review* (jul./ago., 2010); James Wallace, "Singapore Airlines Raises the Bar for Luxury Flying", *Seattle Post Intelligencer*, 18 jan. 2007; Elaine Glusac, "Can 18 Hours in the Air Be Bearable? Airlines Bet on Ultra-Long-Haul Flights", *New York Times*, 15 out. 2018.

37. Paul Hagen, "The Rise of the Chief Customer Officer", *Forbes*, 16 fev. 2011.

38. "Butterball, LLC", *Hoover's Company Records*, 15 out. 2012; Stephanie Warren, "Turkey 911! Butterball's Hotline Saves Your Thanksgiving", *Popular Mechanics*, 23 nov. 2011; www.butterball.com/about-us/turkey-talk-line. Acesso em: 7 dez. 2020.

39. Jena McGregor, "When Service Means Survival", *Bloomberg BusinessWeek*, 2 mar. 2009, pp. 26–30.

40. Matt Apuzzo, "High Rollers Enjoy the High Life at Casinos", *Pittsburgh Post-Gazette*, 16 out. 2006; Kate Taylor, "Inside the Dark, Fantasy World of Millionaire 'Whales' at Casinos, Who Receive Ridiculous Perks and Are Under Harsh Scrutiny Since the Las Vegas Shooting", *Business Insider*, 19 out. 2017.

41. Mark Bowden, "The Man Who Broke Atlantic City", *The Atlantic* (abr. 2012).

42. Dave Dougherty e Ajay Murthy, "What Service Customers Really Want", *Harvard Business Review*, set. 2009, p. 22; para um ponto de visto antagônico, ver Edward Kasabov, "The Compliant Customer", *MIT Sloan Management Review* (Primavera 2010), pp. 18–19.

43. Jeffrey G. Blodgett e Ronald D. Anderson, "A Bayesian Network Model of the Customer Complaint Process", *Journal of Service Research* 2 (maio 2000), pp. 321–38.

44. Jeroen Schepers, Tomas Falk, Ko de Ruyter, Ad de Jong e Maik Hammerschmidt, "Principles and Principals: Do Customer Stewardship and Agency Control Compete or Complement When Shaping Frontline Employee Behavior?" *Journal of Marketing* 76 (nov. 2012), pp. 1–20; James G. Maxham III e Richard G. Netemeyer, "Firms Reap What They Sow: The Effects of Shared Values and Perceived Organizational Justice on Customers' Evaluations of Complaint Handling", *Journal of Marketing* 67 (jan. 2003), pp. 46–62; Nita Umashankar, Morgan K. Ward e Darren W. Dahl. "The Benefit of Becoming Friends: Complaining after Service Failures Leads Customers with Strong Ties to Increase Loyalty". *Journal of Marketing* 81, no. 6 (2017), pp. 79–98.

45. Stephen S. Tax, Stephen W. Brown e Murali Chandrashekaran, "Customer Evaluations of Service Complaint Experiences: Implications for Relationship Marketing", *Journal of Marketing* 62 (abr. 1998), pp. 60–76.
46. www.aligntech.com. Acessado em 29/12/20; Alexander Chernev, *The Marketing Plan Handbook*, 6th edition (Chicago, IL: Cerebellum Press, 2020).
47. Mohanbir Sawhney, Robert C. Wolcott e Inigo Arroniz, "The 12 Different Ways for Companies to Innovate", *MIT Sloan Management Review*, 1 abr. 2006.
48. Paul McDougall, "Movado Builds Customer Ties with Repair Process", *Informationweek*, 17 set. 2012.
49. Karen Talley, "The Holiday-Gift Return Free-for-All", *Wall Street Journal*, 23 dez. 2012.
50. J. Andrew Petersen e V. Kumar, "Can Product Returns Make You Money?" *MIT Sloan Management Review* 51 (Primavera 2010), pp. 85–89.
51. Esta seção é baseada em uma abordagem abrangente sobre devoluções de produtos: James Stock, Thomas Speh e Herbert Shear, "Managing Product Returns for Competitive Advantage", *MIT Sloan Management Review* (Outono 2006), pp. 57–62. Ver também J. Andrew Petersen e V. Kumar, "Can Product Returns Make You Money?" *MIT Sloan Management Review* (Primavera 2010), pp. 85–89.
52. Dave Blanchard, "Moving Forward in Reverse", *Logistics Today*, 12 jul. 2005; Kelly Shermach, "Taming CRM in the Retail Sector", *CRM Buyer*, 12 out. 2006.
53. Thomas Dotzel, Venkatesh Shankar e Leonard L. Berry, "Service Innovativeness and Firm Value", *Journal of Marketing Research* 50 (abr. 2013), pp. 259–76.
54. Geoff Colvin, "Kayak Takes on the Big Dogs", *Fortune*, 27 set. 2012; https://www.bookingholdings.com/brands/kayak. Acesso em: 26 nov. 2020.
55. "MinuteClinic Opens Its First Walk-in Medical Clinics inside CVS/Pharmacy Stores in Cincinnati and Dayton", *PRNewswire*, 4 out. 2012; Ellen McGirt, "Fast Food Medicine", *Fast Company* (set. 2007), pp. 37–38.
56. Joe Sharkey, "Clearing Skies for Private Jets", *New York Times*, 20 ago. 2012.
57. Eric Savitz, "Can Ticketmaster CEO Nathan Hubbard Fix the Ticket Market?" *Forbes*, 18 fev. 2011.
58. Leonard Berry, Venkatesh Shankar, Janet Turner Parish, Susan Cadwallader e Thomas Dotzel, "Creating New Markets through Service Innovation", *Sloan Management Review* 47 (Inverno 2006), pp. 56–63.
59. Dinah Eng, "The Rise of Cirque du Soleil", *Fortune*, 7 nov. 2011, pp. 39–42; Matt Krantz, "Tinseltown Gets Glitzy New Star", *USA Today*, 24 ago. 2009; Linda Tischler, "Join the Circus", *Fast Company* (jul. 2005), pp. 53–58; "Cirque du Soleil", *America's Greatest Brands* 3 (2004); Geoff Keighley, "The Factory", *Business 2.0* (fev. 2004), p. 102; Robin D. Rusch, "Cirque du Soleil Phantasmagoria Contorts", Brandchannel.com, 1 dez. 2003; www.cirquedusoleil.com/about-us/history. Acesso em: 28 jan. 2021.
60. Roland T. Rust e Richard L. Oliver, "Should We Delight the Customer?" *Journal of the Academy of Marketing Science* 28 (dez. 2000), pp. 86–94.
61. Blake Ellis, "America's Favorite Credit Card", *Fortune*, 22 ago. 2013; Geoff Colvin, "How Can American Express Help You?" *Fortune*, 30 abr. 2012; https://about.americanexpress.com. Acesso em: 29 jan. 2021.
62. A. Parasuraman, Valarie A. Zeithaml e Leonard L. Berry, "A Conceptual Model of Service Quality and Its Implications for Future Research", *Journal of Marketing* 49 (Outono 1985), pp. 41–50. Ver também Michael K. Brady e J. Joseph Cronin Jr., "Some New Thoughts on Conceptualizing Perceived Service Quality", *Journal of Marketing* 65 (jul. 2001), pp. 34–49.
63. Roland T. Rust e Tuck Siong Chung, "Marketing Models of Service and Relationships", *Marketing Science* 25 (nov./dez. 2006), pp. 560–80; Katherine N. Lemon, Tiffany Barnett White e Russell S. Winer, "Dynamic Customer Relationship Management: Incorporating Future Considerations into the Service Retention Decision", *Journal of Marketing* 66 (jan. 2002), pp. 1–14.
64. Kent Grayson e Tim Ambler, "The Dark Side of Long-Term Relationships in Marketing Services", *Journal of Marketing Research* 36 (fev. 1999), pp. 132–41.
65. Leonard L. Berry e A. Parasuraman, *Marketing Services: Competing through Quality* (Nova York: Free Press, 1991), p. 16.
66. A. Parasuraman, Valarie A. Zeithaml e Leonard L. Berry, "A Conceptual Model of Service Quality and Its Implications for Future Research", *Journal of Marketing* (Outono 1985), pp. 41–50.
67. William Boulding, Ajay Kalra, Richard Staelin e Valarie A. Zeithaml, "A Dynamic Model of Service Quality: From Expectations to Behavioral Intentions", *Journal of Marketing Research* 30 (fev. 1993), pp. 7–27.
68. Leonard L. Berry, Kathleen Seiders e Dhruv Grewal, "Understanding Service Convenience", *Journal of Marketing* 66 (jul. 2002), pp. 1–17.
69. J. J. Colao, "Last Man Sitting", *Forbes*, 18 nov. 2013; Richard McGill Murphy, "Your Table Is Waiting at OpenTable", *Fortune*, 3 out. 2012; Stephanie Strom, "OpenTable Began a Revolution. Now It's a Power under Siege", *New York Times*, 29 ago. 2017.
70. "Comcast Gets By without Providing Customer Service", *SBWire*, 12 ago. 2013; Dominic Basulto, "Can Silicon Valley Re-Invent Customer Service?" *Washington Post*, 19 abr. 2013.
71. Jeffrey F. Rayport e Bernard J. Jaworski, *Best Face Forward* (Boston: Harvard Business School Press, 2005); Jeffrey F. Rayport, Bernard J. Jaworski e Ellie J. Kyung, "Best Face Forward", *Journal of Interactive*

Marketing 19 (Outono 2005), pp. 67–80; Jeffrey F. Rayport e Bernard J. Jaworski, "Best Face Forward", *Harvard Business Review* (dez. 2004), pp. 47–58.

72. Matthew L. Meuter, Mary Jo Bitner, Amy L. Ostrom e Stephen W. Brown, "Choosing among Alternative Service Delivery Modes: An Investigation of Customer Trial of Self-Service Technologies", *Journal of Marketing* 69 (abr. 2005), pp. 61–83.

73. Venkatesh Shankar, Leonard L. Berry e Thomas Dotzel, "A Practical Guide to Combining Products and Services", *Harvard Business Review* (nov. 2009), pp. 94–99; Jens Hogreve, Anja Iseke, Klaus Derfuss e Tonnjes Eller, "The Service–Profit Chain: A Meta-Analytic Test of a Comprehensive Theoretical Framework", *Journal of Marketing* 81, no. 3 (2017), pp. 41–61.

74. Eric Fang, Robert W. Palmatier e Jan-Benedict E. M. Steenkamp, "Effect of Service Transition Strategies on Firm Value", *Journal of Marketing* 72 (set. 2008), pp. 1–14; Rafael Becerril-Arreola, Chen Zhou, Raji Srinivasan e Daniel Seldin. "Service Satisfaction–Market Share Relationships in Partnered Hybrid Offerings", *Journal of Marketing* 81, no. 5 (2017), pp. 86–103.

75. Goutam Challagalla, R. Venkatesh e Ajay K. Kohli, "Proactive Postsales Service: When and Why Does It Pay Off?" *Journal of Marketing* 73 (mar. 2009), pp. 70–87.

76. https://www.bbc.com/worklife/article/20160317-inside-the-secret-world-of-accent-training. Acesso em: 25 nov. 2020.

77. Fontes do *Insight de marketing*: Claudia Jasmand, Vera Blazevic e Ko de Ruyter, "Generating Sales While Providing Service: A Study of Customer Service Representatives' Ambidextrous Behavior", *Journal of Marketing* 76 (jan. 2012), pp. 20–37; Joseph Walker, "Meet the New Boss: Big Data", *Wall Street Journal*, 20 set. 2012; Vikas Bajaj, "A New Capital of Call Centers", *New York Times*, 25 nov. 2011; Michael Shroeck, "Why the Customer Call Center Isn't Dead", *Forbes*, 15 mar. 2011.

78. Fontes do Destaque de *marketing*: Solomon Micah, "Your Customer Service Is Your Branding: The Ritz-Carlton Case Study", *Forbes*, 25 set. 2015; Jennifer Robison, "How The Ritz-Carlton Manages the Mystique", *Gallup*, 11 dez. 2008; http://ritzcarltonleadershipcenter.com/tag/guest-story e www.ritzcarlton.com/en/about/history. Acesso em: 26 nov. 2020.

79. Fontes do Destaque de *marketing*: Chantal Tode, "Nordstrom Loyalty Program Experience", *DMNews*, 4 mai. 2007; Robert Spector e Patrick D. McCarthy, *The Nordstrom Way: The Inside Story of America's #1 Customer Service Company* (Nova York: John Wiley, 1995); Nordstrom Annual Report 2017; Rina Raphael, "Nordstrom Local Expands Its Innovative, Inventory-Free Retail Hubs", *Fast Company*, 9 jul. 2018; Michael Corkery, "Nordstrom Opening a New York Store as Other Retailers Close Theirs", 8 abr. 2018; https://shop.nordstrom.com/content/about-us. Acesso em: 26 nov. 2020.

Capítulo 10

1. Jennifer Haderspeck, "Sports and Protein Drinks Share the Glory", *Beverage Industry*, mai. 2013; Jason Feifer, "How Gatorade Redefined Its Audience and a Flagging Brand", *Fast Company*, (jun. 2012); Duane Stanford, "Gatorade Goes Back to the Lab", *Bloomberg Businessweek*, 28 nov. 2010; www.gatorade.com/gx. Acesso em: 30 jan. 2021.

2. Kevin Lane Keller, *Strategic Brand Management*, 4th ed. (Upper Saddle River, NJ: Pearson, 2013). Para outro trabalho fundamental sobre *branding*, ver Jean-Noel Kapferer, *The New Strategic Brand Management*, 5th ed. (Londres, Reino Unido: Kogan Page, 2012); Leslie de Chernatony, *From Brand Vision to Brand Evaluation: The Strategic Process of Growing and Strengthening Brands*, 3rd ed. (Oxford, Reino Unido: Butterworth-Heinemann, 2010); e David A. Aaker e Erich Joachimsthaler, *Brand Leadership* (Nova York: Free Press, 2000).

3. Steven Shepherd, Tanya L. Chartrand e Gavan J. Fitzsimons, "When Brands Reflect Our Ideal World: The Values and Brand Preferences of Consumers Who Support versus Reject Society's Dominant Ideology", *Journal of Consumer Research* 42, no. 1 (2015), pp. 76–92; Mathew S. Isaac e Kent Grayson, "Beyond Skepticism: Can Accessing Persuasion Knowledge Bolster Credibility?" *Journal of Consumer Research* 43, no. 6 (2017), pp. 895–912.

4. Lara O'Reilly, "Real Madrid Beat Man U to World's Richest Football Team Spot", *Marketing Week*, 18 abr. 2013; Steven G. Mandis, *The Real Madrid Way: How Values Created the Most Successful Sports Team on the Planet* (Dallas, TX: BenBella Books, 2016); www.realmadrid.com/en. Acesso em: 30 jan. 2021.

5. Rajneesh Suri e Kent B. Monroe, "The Effects of Time Pressure on Consumers' Judgments of Prices and Products", *Journal of Consumer Research* 30 (jun. 2003), pp. 92–104; Aaron M. Garvey, Frank Germann e Lisa E. Bolton, "Performance Brand Placebos: How Brands Improve Performance and Consumers Take the Credit", *Journal of Consumer Research* 42, no. 6 (2016), pp. 931–51.

6. Rosellina Ferraro, Amna Kirmani e Ted Matherly, "Look at Me! Look at Me! Conspicuous Brand Usage, Self-Brand Connection, and Dilution", *Journal of Marketing Research* 50 (ago. 2013), pp. 477–88; Alexander Chernev, Ryan Hamilton e David Gal, "Competing for Consumer Identity: Limits to Self-Expression and the Perils of Lifestyle Branding", *Journal of Marketing* 75 (maio 2011).

7. Pankaj Aggarwal e Ann L. McGill, "When Brands Seem Human, Do Humans Act Like Brands? Automatic Behavioral Priming Effects of Brand Anthropomorphism", *Journal of Consumer Research* 39 (ago. 2012), pp. 307–23. Para pesquisas relacionadas, ver Nicolas Kervyn, Susan T. Fiske e Chris Malone, "Brands as Intentional Agents Framework: How Perceived Intentions and Ability Can Map Brand Perception", *Journal of Consumer Psychology* 22 (2012), pp. 166–76, bem como comentários sobre o artigo publicado nessa edição.
8. Matthew Thomson, Jodie Whelan e Allison R. Johnson, "Why Brands Should Fear Fearful Consumers: How Attachment Style Predicts Retaliation", *Journal of Consumer Psychology* 22 (2012), pp. 289–98; Shirley Y. Y. Cheng, Tiffany Barnett White e Lan Nguyen Chaplin, "The Effects of Self-Brand Connections on Responses to Brand Failure: A New Look at the Consumer-Brand Relationship", *Journal of Consumer Psychology* 22 (2012), pp. 280–88.
9. Katie Kelly Bell, "94 Point Brunello for Peanuts? How Wine Negociant Cameron Hughes Finds the Deals", *Forbes*, 27 nov. 2012; Lettie Teague, "Taking Advantage of the Wine Glut", *Wall Street Journal*, 7 maio 2010; https://chwine.com/about. Acesso em: 30 jan. 2021.
10. Tilde Heding, Charlotte F. Knudtzen e Mogens Bjerre, *Brand Management: Research, Theory & Practice* (Nova York: Routledge, 2009); Rita Clifton e John Simmons, eds., *The Economist on Branding* (Nova York: *Bloomberg Press*, 2004); Rik Riezebos, *Brand Management: A Theoretical and Practical Approach* (Essex, Reino Unido: Pearson Education, 2003).
11. Joffre Swait e Tulin Erdem, "Brand Effects on Choice and Choice Set Formation under Uncertainty", *Marketing Science* 26 (set./out. 2007), pp. 679–97; Tulin Erdem, Joffre Swait e Ana Valenzuela, "Brands as Signals: A Cross-Country Validation Study", *Journal of Marketing* 70 (jan. 2006), pp. 34–49; Leslie K. John, Oliver Emrich, Sunil Gupta e Michael I. Norton, "Does 'Liking' Lead to Loving? The Impact of Joining a Brand's Social Network on Marketing Outcomes", *Journal of Marketing Research* 54, no. 1 (2017), pp. 144–55; Danielle J. Brick, Grainne M. Fitzsimons, Tanya L. Chartrand e Gavan J. Fitzsimons, "Coke vs. Pepsi: Brand Compatibility, Relationship Power, and Life Satisfaction", *Journal of Consumer Research* 44, no. 5 (2018), pp. 991–1014.
12. Scott Davis, *Brand Asset Management: Driving Profitable Growth through Your Brands* (San Francisco: Jossey-Bass, 2000); Mary W. Sullivan, "How Brand Names Affect the Demand for Twin Automobiles", *Journal of Marketing Research* 35 (maio 1998), pp. 154–65.
13. Brian Braiker, "New Coke Pops... 34 Years Later", *Advertising Age*, 25 maio 2019.
14. Xueming Luo, Sascha Raithel e Michael A. Wiles, "The Impact of Brand Rating Dispersion on Firm Value", *Journal of Marketing Research* 50 (jun. 2013), pp. 399–415.
15. Michael A. Wiles, Neil A. Morgan e Lopo L. Rego, "The Effect of Brand Acquisition and Disposal on Stock Returns", *Journal of Marketing* 76 (jan. 2012), pp. 38–58.
16. Natalie Mizik e Robert Jacobson, "Talk about Brand Strategy", *Harvard Business Review* (out. 2005), p. 1; Baruch Lev, *Intangibles: Management, Measurement, and Reporting* (Washington, DC: Brookings Institution, 2001). Para uma análise detalhada, ver Nigel Hollis, *The Meaningful Brand: How Strong Brands Make More Money* (Nova York: Palgrave Macmillan, 2013).
17. Outras abordagens baseiam-se em princípios econômicos de sinalização (p. ex., Tulin Erdem, "Brand Equity as a Signaling Phenomenon", *Journal of Consumer Psychology* 7 [1998], pp. 131–57); ou em perspectivas mais sociológicas, antropológicas ou biológicas (p. ex., Grant McCracken, *Culture and Consumption II: Markets, Meaning, and Brand Management* [Bloomington: Indiana University Press, 2005]). Para uma visão ampla das perspectivas da psicologia do consumidor sobre *branding*, ver Bernd Schmitt, "The Consumer Psychology of Brands", *Journal of Consumer Psychology* 22 (2012), pp. 7–17.
18. Para uma visão geral da pesquisa acadêmica sobre *branding*, ver Kevin Lane Keller, "Branding and Brand Equity", em Bart Weitz e Robin Wensley, eds., *Handbook of Marketing* (Londres: Sage Publications, 2002), pp. 151–78; Kevin Lane Keller e Don Lehmann, "Brands and Branding: Research Findings and Future Priorities", *Marketing Science* 25 (nov./dez. 2006), pp. 740–59.
19. Kevin Lane Keller, *Strategic Brand Management*, 5th ed. (Upper Saddle River, NJ: Pearson, 2019).
20. Kusum Ailawadi, Donald R. Lehmann e Scott Neslin, "Revenue Premium as an Outcome Measure of Brand Equity", *Journal of Marketing* 67 (out. 2003), pp. 1–17.
21. Deborah Roedder John, Barbara Loken, Kyeong-Heui Kim e Alokparna Basu Monga, "Brand Concept Maps: A Methodology for Identifying Brand Association Networks", *Journal of Marketing Research* 43 (nov. 2006), pp. 549–63.
22. Jennifer Rooney, "Kellogg's Completes Major Brand Overhaul", *Forbes*, 10 mai. 2012; Mark J. Miller, "Kellogg's Aims to Make Today Great with Refreshed Verbal and Visual Identity", *Brand Channel*, 14 mai. 2012; "Refreshing an Icon: Kellogg's Updates Brand to Keep Pace with Today's Consumers", www.newsroom.kelloggcompany.com, 14 maio 2012.
23. M. Berk Ataman, Carl F. Mela e Harald J. van Heerde, "Building Brands", *Marketing Science* 27 (nov./dez. 2008), pp. 1036–54.
24. Marina Puzakova e Pankaj Aggarwal, "Brands as Rivals: Consumer Pursuit of Distinctiveness and

the Role of Brand Anthropomorphism", *Journal of Consumer Research* 45, no. 4 (2018), pp. 869–88.
25. "No Matter How You 'Like' It, 42BELOW Vodka Encourages Everyone to Celebrate National Coming Out Day", *PR Newswire*, 7 out. 2011.
26. Alina Wheeler, *Designing Brand Identity*, 5th ed. (Hoboken, NJ: John Wiley, 2017).
27. Eric A. Yorkston e Geeta Menon, "A Sound Idea: Phonetic Effects of Brand Names on Consumer Judgments", *Journal of Consumer Research* 31 (jun. 2004), pp. 43–51; Tina M. Lowery e L. J. Shrum, "Phonetic Symbolism and Brand Name Preference", *Journal of Consumer Research* 34 (out. 2007), pp. 406–14.
28. John R. Doyle e Paul A. Bottomly, "Dressed for the Occasion: Font–Product Congruity in the Perception of Logotype", *Journal of Consumer Psychology* 16 (2006), pp. 112–23; Kevin Lane Keller, Susan Heckler e Michael J. Houston, "The Effects of Brand Name Suggestiveness on Advertising Recall", *Journal of Marketing* 62 (jan. 1998), pp. 48–57. Para uma análise aprofundada de como nomes de marca são desenvolvidos, ver Alex Frankel, *Wordcraft: The Art of Turning Little Words into Big Business* (Nova York: Crown Publishers, 2004).
29. Para algumas perspectivas teóricas interessantes, ver Claudiu V. Dimofte e Richard F. Yalch, "Consumer Response to Polysemous Brand Slogans", *Journal of Consumer Research* 33 (mar. 2007), pp. 515–22.
30. Rupal Parekh, "Meet the Woman behind the Michelin Man", *Advertising Age*, 11 jun. 2012.
31. Judith Anne Garretson Folse, Richard G. Netemeyer e Scot Burton, "Spokescharacters: How the Personality Traits of Sincerity, Excitement, and Competence Help to Build Equity", *Journal of Advertising* 41 (Primavera 2012), pp. 17–32.
32. Para um ponto de vista acadêmico de *marketing* sobre algumas questões jurídicas importantes, ver Judith Zaichkowsky, *The Psychology behind Trademark Infringement and Counterfeiting* (Mahwah, NJ: LEA Publishing, 2006) e Maureen Morrin, Jonathan Lee e Greg M. Allenby, "Determinants of Trademark Dilution", *Journal of Consumer Research* 33 (set. 2006), pp. 248–57; Larisa Ertekin, Alina Sorescu e Mark B. Houston, "Hands Off My Brand! The Financial Consequences of Protecting Brands through Trademark Infringement Lawsuits", *Journal of Marketing* 82, no. 5 (2018), pp. 45–65.
33. Eddie Pells, "Despite Numbers, Burton Still Bullish on Boarding", *Bloomberg Businessweek*, 12 fev. 2013.
34. Jennifer Aaker, "Dimensions of Brand Personality", *Journal of Marketing Research* 34 (ago. 1997), pp. 347–56. Ver também Aparna Sundar e Theodore J. Noseworthy, "Too Exciting to Fail, Too Sincere to Succeed: The Effects of Brand Personality on Sensory Disconfirmation", *Journal of Consumer Research* 43, no. 1 (2016), pp. 44–67.
35. Jennifer L. Aaker, Veronica Benet-Martinez e Jordi Garolera, "Consumption Symbols as Carriers of Culture: A Study of Japanese and Spanish Brand Personality Constructs", *Journal of Personality and Social Psychology* 81 (mar. 2001), pp. 492–508.
36. Yongjun Sung e Spencer F. Tinkham, "Brand Personality Structures in the United States and Korea: Common and Culture-Specific Factors", *Journal of Consumer Psychology* 15 (dez. 2005), pp. 334–50.
37. David A. Aaker, *Brand Portfolio Strategy: Creating Relevance, Differentiation, Energy, Leverage, and Clarity* (Nova York: Free Press, 2004).
38. Michael Krauss, "The Glamour of B-to-B", *Marketing News*, fev. 2013, pp. 22–23.
39. Stuart Elliott, "Lipton Goes Back to Basics with a Tea Bag", *New York Times*, 9 jan. 2013; Heather Landi, "High Tea", *Beverage World*, jul. 2011, pp. 18–22; https://www.bloomberg.com/news/articles/2020-01-30/unilever-reviews-tea-business-after-slowest-growth-in-a-decade. Acesso em: 26 nov. 2020.
40. Nirmalya Kumar, "Kill a Brand, Keep a Customer", *Harvard Business Review*, dez. 2003, pp. 87–95.
41. Jing Lei, Niraj Dawar e Jos Lemmink, "Negative Spillover in Brand Portfolios: Exploring the Antecedents of Asymmetric Effects", *Journal of Marketing* 72 (maio 2008), pp. 111–23.
42. Para diretrizes abrangentes de identidade visual corporativa, ver James R. Gregory, *The Best of Branding: Best Practices in Corporate Branding* (Nova York: McGraw-Hill, 2004). Para algumas aplicações B2B, ver Atlee Valentine Pope and Ralph Oliva, "Building Blocks: Ten Key Roles of B-to-B Corporate Marketing", *Marketing Management*, Inverno 2012, pp. 23–28.
43. Guido Berens, Cees B. M. van Riel e Gerrit H. van Bruggen, "Corporate Associations and Consumer Product Responses: The Moderating Role of Corporate Brand Dominance", *Journal of Marketing* 69 (jul. 2005), pp. 35–48; Zeynep Gurhan-Canli e Rajeev Batra, "When Corporate Image Affects Product Evaluations: The Moderating Role of Perceived Risk", *Journal of Marketing Research* 41 (maio 2004), pp. 197–205.
44. Vithala R. Rao, Manoj K. Agarwal e Denise Dalhoff, "How Is Manifest Branding Strategy Related to the Intangible Value of a Corporation?" *Journal of Marketing* 68 (out. 2004), pp. 126–41. Para um exame do impacto financeiro das decisões de portfólio de marcas, ver Neil A. Morgan e Lopo L. Rego, "Brand Portfolio Strategy and Firm Performance", *Journal of Marketing* 73 (jan. 2009), pp. 59–74; e S. Cem Bahadir, Sundar G. Bharadwaj e Rajendra K. Srivastava, "Financial Value of Brands in Mergers and Acquisitions: Is Value in the Eye of the Beholder?" *Journal of Marketing* 72 (nov. 2008), pp. 49–64.

45. Chuck Carnevale, "United Technologies Has Transitioned Itself for Accelerated Growth", *Forbes*, 22 mar. 2013; William J. Holstein, "The Incalculable Value of Building Brands", *Chief Executive*, abr./mai. 2006, pp. 52–56; www.utc.com/Who-We-Are/Pages/Key-Facts.aspx. Acesso em: 30 jan. 2021.
46. Deborah Roedder John, Barbara Loken e Christopher Joiner, "The Negative Impact of Extensions: Can Flagship Products Be Diluted?" *Journal of Marketing* 62 (jan. 1998), pp. 19–32.
47. Vanessa Fuhrmans, "Mercedes Pins Hopes on Sleek S-Class", *Wall Street Journal*, 16 maio 2013.
48. Yuxin Chen e Tony Haitao Cui, "The Benefit of Uniform Price for Branded Variant", *Marketing Science* 32 (jan./fev. 2013), pp. 36–50.
49. Marcus Cunha Jr., Mark R. Forehand e Justin W. Angle, "Riding Coattails: When Co-Branding Helps versus Hurts Less-Known Brands", *Journal of Consumer Research* 41, no. 5 (2015), pp. 1284–1300; Ann-Kristin Kupfer, Nora Pahler vor der Holte, Raoul V. Kubler e Thorsten Hennig-Thurau. "The Role of the Partner Brand's Social Media Power in Brand Alliances", *Journal of Marketing* 82, no. 3 (2018), pp. 25–44.
50. Tansev Geylani, J. Jeffrey Inman e Frenkel Ter Hofstede, "Image Reinforcement or Impairment: The Effects of Co-Branding on Attribute Uncertainty", *Marketing Science* 27 (jul./ago. 2008), pp. 730–44; Ed Lebar, Phil Buehler, Kevin Lane Keller, Monika Sawicka, Zeynep Aksehirli e Keith Richey, "Brand Equity Implications of Joint Branding Programs", *Journal of Advertising Research* 45 (dez. 2005); Abhishek Borah e Gerard J. Tellis, "Halo (Spillover) Effects in Social Media: Do Product Recalls of One Brand Hurt or Help Rival Brands?" *Journal of Marketing Research* 53, no. 2 (2016), pp. 143–160.
51. Hannes Datta, Kusum L. Ailawadi e Harald J. van Heerde. "How Well Does Consumer-Based Brand Equity Align with Sales-Based Brand Equity and Marketing-Mix Response?" *Journal of Marketing* 81, no. 3 (2017), pp. 1–20.
52. Philip Kotler e Waldermar Pfoertsch, *Ingredient Branding: Making the Invisible Visible* (Heidelberg, Alemanha: Springer-Verlag, 2011).
53. Kalpesh Kaushik Desai e Kevin Lane Keller, "The Effects of Brand Expansions and Ingredient Branding Strategies on Host Brand Extendibility", *Journal of Marketing* 66 (jan. 2002), pp. 73–93.
54. Martin Bishop, "Finding Your Nemo: How to Survive the Dangerous Waters of Ingredient Branding", *Chief Executive*, 15 mar. 2010.
55. Kevin Lane Keller, *Strategic Brand Management*, 4th ed. (Upper Saddle River, NJ: Prentice Hall, 2013). Ver também Philip Kotler e Waldemar Pfoertsch, *B2B Brand Management* (Nova York: Springer, 2006).
56. Tatiana M. Fajardo, Jiao Zhang e Michael Tsiros, "The Contingent Nature of the Symbolic Associations of Visual Design Elements: The Case of Brand Logo Frames", *Journal of Consumer Research* 43, no. 4 (2016), pp. 549–66; Yuwei Jiang, Gerald J. Gorn, Maria Galli e Amitava Chattopadhyay, "Does Your Company Have the Right Logo? How and Why Circular- and Angular-Logo Shapes Influence Brand Attribute Judgments", *Journal of Consumer Research* 42, no. 5 (2016), pp. 709–26; Ryan Rahinel e Noelle M. Nelson, "When Brand Logos Describe the Environment: Design Instability and the Utility of Safety-Oriented Products", *Journal of Consumer Research* 43, no. 3 (2016), pp. 478–96.
57. Larry Light e Joan Kiddon, *Six Rules for Brand Revitalization: Learn How Companies Like McDonald's Can Re-Energize Their Brands* (Upper Saddle River, NJ: Wharton School Publishing, 2009).
58. Kevin Lane Keller e Don Lehmann, "How Do Brands Create Value?" *Marketing Management*, May–June 2003, pp. 27–31. Ver também Rajendra K. Srivastava, Tasadduq A. Shervani e Liam Fahey, "Market-Based Assets and Shareholder Value", *Journal of Marketing* 62 (jan. 1998), pp. 2–18; Shuba Srinivasan, Marc Vanheule e Koen Pauwels, "Mindset Metrics in Market Response Models: An Integrative Approach", *Journal of Marketing Research* 47 (ago. 2010), pp. 672–84.
59. Jonathan R. Copulsky, *Brand Resilience: Managing Risk and Recovery in a High-Speed World* (Nova York: Palgrave Macmillan, 2011).
60. Rebecca J. Slotegraaf e Koen Pauwels, "The Impact of Brand Equity and Innovation on the Long-Term Effectiveness of Promotions", *Journal of Marketing Research* 45 (jun. 2008), pp. 293–306.
61. John Kotter, "Burberry's Secrets to Successful Brand Reinvention", *Forbes*, 26 fev. 2013; Angela Ahrendts, "Burberry's CEO on Turning an Aging British Icon into a Global Luxury Brand", *Harvard Business Review*, fev. 2013; www.statista.com/topics/3458/burberry. Acesso em: 26 nov. 2020.
62. Ver também Eric A. Yorkston, Joseph C. Nunes e Shashi Matta, "The Malleable Brand: The Role of Implicit Theories in Evaluating Brand Extensions", *Journal of Marketing* 74 (jan. 2010), pp. 80–93; Tom Meyvis, Kelly Goldsmith e Ravi Dhar, "The Importance of the Context in Brand Extension: How Pictures and Comparisons Shift Consumers' Focus from Fit to Quality", *Journal of Marketing Research* 49 (abr. 2012), pp. 206–17; Susan Spiggle, Hang T. Nguyen e Mary Caravella, "More than Fit: Brand Extension Authenticity", *Journal of Marketing Research* 49 (dez. 2012), pp. 967–83; Keisha M. Cutright, James R. Bettman e Gavan J. Fitzsimons, "Putting Brands in Their Place: How a Lack of Control Keeps Brand Contained", *Journal of Marketing Research* 50 (jun. 2013), pp. 365–77.

63. Kevin Lane Keller, *Strategic Brand Management*, 4th ed. (Upper Saddle River, NJ: Pearson, 2013). Ver também Alokparna Basu Monga e Deborah Roedder John, "Cultural Differences in Brand Extension Evaluation: The Influence of Analytical versus Holistic Thinking", *Journal of Marketing Research* 33 (mar. 2007), pp. 529–36; Rohini Ahluwalia, "How Far Can a Brand Stretch? Understanding the Role of Self-Construal", *Journal of Marketing Research* 45 (jun. 2008), pp. 337–50.

64. Pierre Berthon, Morris B. Holbrook, James M. Hulbert e Leyland F. Pitt, "Viewing Brands in Multiple Dimensions", *MIT Sloan Management Review*, Inverno 2007, pp. 37–43.

65. Andrea Rothman, "France's Bic Bets U.S. Consumers Will Go for Perfume on the Cheap", *Wall Street Journal*, 12 jan. 1989.

66. Valarie A. Taylor e William O. Bearden, "Ad Spending on Brand Extensions: Does Similarity Matter?" *Journal of Brand Management* 11 (set. 2003), pp. 63–74; Sheri Bridges, Kevin Lane Keller e Sanjay Sood, "Communication Strategies for Brand Extensions: Enhancing Perceived Fit by Establishing Explanatory Links", *Journal of Advertising* 29 (Inverno 2000), pp. 1–11.

67. Ralf van der Lans, Rik Pieters e Michel Wedel, "Competitive Brand Salience", *Marketing Science* 27 (set./out. 2008), pp. 922–31.

68. Beth Newhart, "Monster Fights with Coca-Cola over Competing Energy Drinks", *BeverageDaily*, 12 nov. 2018.

69. Al Ries e Jack Trout, *Positioning: The Battle for Your Mind*, 20th Anniversary Edition (Nova York: McGraw-Hill, 2000).

70. David A. Aaker, *Brand Portfolio Strategy: Creating Relevance, Differentiation, Energy, Leverage, and Clarity* (Nova York: Free Press, 2004).

71. https://www.nytimes.com/interactive/2018/10/23/us/metoo-replacements.html. Acesso em: 25 nov. 2020.

72. Alice M. Tybout e Michelle Roehm, "Let the Response Fit the Scandal", *Harvard Business Review*, dez. 2009, pp. 82–88; Kathleen Cleeren, Harald J. van Heerde e Marnik G. Dekimpe, "Rising from the Ashes: How Brands and Categories Can Overcome Product-Harm Crises", *Journal of Marketing* 77 (mar. 2013), pp. 58–77.

73. Norman Klein e Stephen A. Greyser, "The Perrier Recall: A Source of Trouble", Harvard Business School Case #9-590-104, e "The Perrier Relaunch", Harvard Business School Case #9-590-130.

74. Christine Moorman, "Covid Drives Digital as Marketers Pivot into Stronger and Leaner Roles", *The CMO Survey*, 18 jun. 2020.

75. Rob Walker, "Nike's Secret for Surviving the Retail Apocalypse", *Medium*, 6 abr. 2020.

76. Melissa Pasanen, "How the Pandemic Propelled King Arthur Flour into the National Spotlight", *Seven Days*, 23 jun. 2020.

77. www.bain.com/about/media-center/pressreleases/2017/press-release-2017-global-fall-luxury-market-study/.

78. Stellene Volande, "The Secret to Hermes's Success", *Departures*, nov./dez. 2009, pp. 110–12.

79. www.subzero-wolf.com/sub-zero. Acesso em: 30 jan. 2021.

80. Martinne Geller e Uday Sampath Kumar, "Bacardi to Buy Out Patron Tequila in $5.1 Billion Deal", *Reuters*, 22 jan. 2018; www.patrontequila.com/our-story.html. Acesso em: 30 jan. 2021.

81. Ariel Adams, "Montblanc on How to Be a Luxury Brand for Many", *Forbes*, 14 mar. 2013; www.montblanc.com/en-us/discover/about-montblanc/about-us.html. Acesso em: 30 jan. 2021.

82. Delphine Dion e Stephane Borraz, "Managing Status: How Luxury Brands Shape Class Subjectivities in the Service Encounter", *Journal of Marketing* 81, no. 5 (2017), pp. 67–85.

83. Kevin Lane Keller, "Managing the Growth Tradeoff: Challenges and Opportunities in Luxury Branding", *Journal of Brand Management* 16 (mar./maio 2009), pp. 290–301.

84. Fontes do Destaque de *marketing*: Brenden Gallagher, "The Greatest Travel Brand on Earth: A History of Louis Vuitton, Luggage and the LV Monogram – Louis Vuitton Monogram History", *Grailed*, 21 fev. 2018; Derek Thompson. "Branding Louis Vuitton: Behind the World's Most Famous Luxury Label", *The Atlantic*, 13 mai. 2011; Robert Johnston, "King Louis", *GQ*, 11 set. 2017; https://us.louisvuitton.com. Acesso em: 30 jan. 2021.

85. Fontes do Destaque de *marketing*: Diana Budds, "How Muji, Japan's Most Famous Anti-Brand, Plans to Win America", *Fast Company*, 9 jul. 2018; Carren Jao, "How Muji Created a Cult Following of Design Enthusiasts", *Entrepreneur*, 23 jul. 2015; Masaaki Kanai, "The Chairman of Ryohin Keikaku on Charting Muji's Global Expansion", *Harvard Business Review*, 4 jan. 2018; Molly Young, "At Muji, Design Intelligence Meets Dried Squid", *New York Times*, 19 jan. 2018; https://www.statista.com/statistics/870917/muji-overseas-store-numbers. Acesso em: 26 nov. 2020.

Capítulo 11

1. Edmund Lee, "Netflix Is Raising Prices. Here's Why", *New York Times*, 15 jan. 2019; Julia Alexander, "Netflix Raises Prices on All Streaming Plans in US", *The Verge*, 15 jan. 2019; Mike Snider, "Netflix Price Increases Could Cause Some Subscribers to Downgrade, Cancel Streaming Service", *USA Today*, 17 jan. 2019.

2. Cassie Lancellotti-Young, "Groupon Case", Glassmeyer/McNamee Center for Digital Strategies, Dartmouth College, 2011; https://press.groupon.com. Acessado em 30/1/2021. Para uma pesquisa acadêmica relevante, ver Xueming Luo, Michelle Andrews, Yiping Song e Jaakko Aspara, "Group-Buying Deal Popularity", *Journal of Marketing* 78 (mar. 2014), pp. 20–33.

3. Christian Homburg, Ove Jensen e Alexander Hahn, "How to Organize Pricing? Vertical Delegation and Horizontal Dispersion of Pricing Authority", *Journal of Marketing* 76 (set. 2012), pp. 49–69.

4. Para uma revisão completa da pesquisa de preços, ver Chezy Ofir e Russell S. Winer, "Pricing: Economic and Behavioral Models", em Bart Weitz e Robin Wensley, eds., *Handbook of Marketing* (Londres: Sage Publications, 2002). Ver também Ray Weaver e Shane Frederick, "A Reference Price Theory of the Endowment Effect", *Journal of Marketing Research* 49 (out. 2012), pp. 696–707; Kwanho Suk, Jiheon Lee e Donald R. Lichtenstein, "The Influence of Price Presentation Order on Consumer Choice", *Journal of Marketing Research* 49 (out. 2012), pp. 708–17; Stephen A. Atlas e Daniel M. Bartels, "Periodic Pricing and Perceived Contract Benefits", *Journal of Consumer Research* 45, no. 2 (2018), pp. 350–64.

5. Eric Wilson, "Why Does This Pair of Pants Cost $550?" *New York Times*, 26 abr. 2010; Denise Crosby, "Abercrombie & Fitch Is Cool Again. But Does the Formerly Oversexed and Overpriced Brand Deserve a Second Chance?" *The Beacon-News*, 3 set. 2018.

6. Para uma revisão abrangente, ver Tridib Mazumdar, S. P. Raj e Indrajit Sinha, "Reference Price Research: Review and Propositions", *Journal of Marketing* 69 (out. 2005), pp. 84–102. Para um ponto de vista diferente, ver Chris Janiszewski e Donald R. Lichtenstein, "A Range Theory Account of Price Perception", *Journal of Consumer Research* 25 (mar. 1999), pp. 353–68. Para aplicações B2B, ver Hernan A. Bruno, Hai Che e Shantanu Dutta, "Role of Reference Price on Price and Quantity: Insights from Business-to-Business Markets", *Journal of Marketing Research* 49 (out. 2012), pp. 640–54.

7. Adaptado de Russell S. Winer, *Pricing*, MSI Relevant Knowledge Series (Cambridge, MA: Marketing Science Institute, 2006); Ellie J. Kyung e Manoj Thomas, "When Remembering Disrupts Knowing: Blocking Implicit Price Memory", *Journal of Marketing Research* 53, no. 6 (2016), pp. 937–53; Meghan R. Busse, Ayelet Israeli e Florian Zettelmeyer, "Repairing the Damage: The Effect of Price Knowledge and Gender on Auto Repair Price Quotes", *Journal of Marketing Research* 54, no. 1 (2017), pp. 75–95.

8. Para uma discussão sobre como os preços "incidentais" fora da categoria podem servir como preços de referência contextuais, ver Joseph C. Nunes e Peter Boatwright, "Incidental Prices and Their Effect on Willingness to Pay", *Journal of Marketing Research* 41 (nov. 2004), pp. 457–66; Thomas Allard e Dale Griffin. "Comparative Price and the Design of Effective Product Communications", *Journal of Marketing* 81, no. 5 (2017), pp. 16–29.

9. Glenn E. Mayhew e Russell S. Winer, "An Empirical Analysis of Internal and External Reference-Price Effects Using Scanner Data", *Journal of Consumer Research* 19 (jun. 1992), pp. 62–70.

10. Robert Ziethammer, "Forward-Looking Buying in Online Auctions", *Journal of Marketing Research* 43 (ago. 2006), pp. 462–76. Ver também Caroline Ducarroz, Sha Yang e Eric A. Greenleaf, "Understanding the Impact of In-Process Promotional Messages: An Application to Online Auctions". *Journal of Marketing* 80, no. 2 (2016), pp. 80–100.

11. John T. Gourville, "Pennies-a-Day: The Effect of Temporal Reframing on Transaction Evaluation", *Journal of Consumer Research* 24 (mar. 1998), pp. 395–408. Ver também Anja Lambrecht e Catherine Tucker, "Paying with Money or Effort: Pricing When Customers Anticipate Hassle", *Journal of Marketing Research* 49 (fev. 2012), pp. 66–82; Ajay T. Abraham e Rebecca W. Hamilton, "When Does Partitioned Pricing Lead to More Favorable Consumer Preferences? Meta-Analytic Evidence", *Journal of Marketing Research* 55, no. 5 (2018), pp. 686–703.

12. Wilfred Amaldoss e Sanjay Jain, "Pricing of Conspicuous Goods: A Competitive Analysis of Social Effects", *Journal of Marketing Research* 42 (fev. 2005).

13. "Ferrari Focuses on Exclusivity", www.warc.com, 10 mai. 2013; Roger Bennett, "Gained in Translation", *Bloomberg Businessweek*, 2 abr. 2012.

14. Eric T. Anderson e Duncan Simester, "Effects of $9 Price Endings on Retail Sales: Evidence from Field Experiments", *Quantitative Marketing and Economics* 1 (mar. 2003), pp. 93–110.

15. Anderson e Simester, "Mind Your Pricing Cues", *Harvard Business Review*, set. 2003, pp. 96–103; Monica Wadhwa e Kuangjie Zhang, "This Number Just Feels Right: The Impact of Roundedness of Price Numbers on Product Evaluations", *Journal of Consumer Research* 41, no. 5 (2015), pp. 1172–185.

16. Anderson e Simester, "Mind Your Pricing Cues", *Harvard Business Review*, set. 2003, pp. 96–103.

17. Daniel J. Howard e Roger A. Kerin, "Broadening the Scope of Reference-Price Advertising Research: A Field Study of Consumer Shopping Involvement", *Journal of Marketing* 70 (out. 2006), pp. 185–204.

18. Thomas T. Nagle, John E. Hogan e Joseph Zale, *The Strategy and Tactics of Pricing*, 5th ed. (Upper Saddle River, NJ: Pearson, 2011).

19. Katherine N. Lemon e Stephen M. Nowlis, "Developing Synergies between Promotions and Brands in Different Price–Quality Tiers", *Journal of Marketing Research* 39 (maio 2002), pp. 171–85.
20. Alexander Chernev, *Strategic Marketing Management: Theory and Practice* (Chicago, IL: Cerebellum Press; 2019).
21. Baseado em informações de Thomas T. Nagle, John E. Hogan e Joseph Zale, *The Strategy and Tactics of Pricing*, 5th ed. (Upper Saddle River, NJ: Pearson, 2011).
22. Brett R. Gordon, Avi Goldfarb e Yang Li, "Does Price Elasticity Vary with Economic Growth? A Cross-Category Analysis", *Journal of Marketing Research* 50 (fev. 2013), pp. 4–23; Harald J. Van Heerde, Maarten J. Gijsenberg, Marnik G. Dekimpe e Jan-Benedict E. M. Steenkamp, "Price and Advertising Effectiveness over the Business Cycle", *Journal of Marketing Research* 50 (abr. 2013), pp. 177–93; Huachao Gao, Yinlong Zhang e Vikas Mittal. "How Does Local–Global Identity Affect Price Sensitivity?" *Journal of Marketing* 81, no. 3 (2017), pp. 62–79.
23. Marco Bertini, Luc Wathieu e Sheena S. Iyengar, "The Discriminating Consumer: Product Proliferation and Willingness to Pay for Quality", *Journal of Marketing Research* 49 (fev. 2012), pp. 39–49.
24. Nirmalya Kumar, "Strategies to Fight Low-Cost Rivals", *Harvard Business Review*, dez. 2006, pp. 104–12; Jan-Benedict E. M. Steenkamp e Nirmalya Kumar, "Don't Be Undersold", *Harvard Business Review*, dez. 2009, pp. 90–95.
25. Nirmalya Kumar, "Strategies to Fight Low-Cost Rivals", *Harvard Business Review*, dez. 2006, pp. 104–12.
26. Angel Gonzales, "Paccar's Fuel-Saving Hybrid Truck Aimed at Nation's Distribution", *Seattle Times*, 29 jul. 2008; Michael Arndt, "PACCAR: Built for the Long-Haul", *Bloomberg BusinessWeek*, 30 jan. 2006; www.paccar.com/about-us/history. Acesso em: 30 jan. 2021.
27. Anupam Mukerj, "Monsoon Marketing", *Fast Company*, abr. 2007, p. 22.
28. Marco Bertini e Luc Wathieu, "How to Stop Customers from Fixating on Price", *Harvard Business Review* (maio 2010), pp. 85–91.
29. Para uma discussão sobre questões teóricas relacionadas com leilões, ver Amar Cheema, Dipankar Chakravarti e Atanu R. Sinha, "Bidding Behavior in Descending and Ascending Auctions", *Marketing Science* 31 (set./out. 2012), pp. 779–800; e Jason Shachat e Lijia Wei, "Procuring Commodities: First-Price Sealed-Bid or English Auctions?" *Marketing Science* 31 (mar./abr. 2012), pp. 317–33.
30. Nick Brown, "Kodak Patent Sale Plan Gets Bankruptcy Court Approval", *Reuters*, 11 jan. 2013.
31. Eric Savitz, "SAP to Buy Ariba for $4.3B", *Forbes*, 22 maio 2012; Ashlee Vance, "For an Online Marketplace, It's Better Late than Never", *New York Times*, 20 nov. 2010.
32. Usar o lucro esperado para definir preços faz sentido para o vendedor que faz muitas ofertas. Aquele que faz ofertas apenas ocasionalmente ou que precisa muito de um contrato em particular não verá vantagem em usar o lucro esperado. Esse critério não faz distinção entre um lucro de US$ 1.000 com uma probabilidade de 0,10 e um lucro de US$ 125 com uma probabilidade de 0,80. No entanto, a empresa que deseja manter a produção ativa prefere o segundo contrato ao primeiro.
33. Sandy D. Jap, "The Impact of Online Reverse Auction Design on Buyer–Supplier Relationships", *Journal of Marketing* 71 (jan. 2007), pp. 146–59; Sandy D. Jap, "An Exploratory Study of the Introduction of Online Reverse Auctions", *Journal of Marketing* 67 (jul. 2003), pp. 96–107.
34. Para uma aplicação acadêmica ilustrativa, ver Adib Bagh e Hemant K. Bhargava, "How to Price Discriminate When Tariff Size Matters", *Marketing Science* 32 (jan./fev. 2013), pp. 111–26.
35. Dana Mattioli, "On Orbitz, Mac Users Steered to Pricier Hotels", *Wall Street Journal*, 23 ago. 2012; Christopher Elliott, "Do Travel Companies Raise Prices Based on Who You Are?" *Huffington Post*, 1 set. 2013.
36. Ricard Gil e Wesley R. Hartmann, "Empirical Analysis of Metering Price Discrimination: Evidence from Concession Sales at Movie Theaters", *Marketing Science* 28 (nov./dez. 2009), pp. 1046–62.
37. R. Venkatesh e Vijay Mahajan, "The Design and Pricing of Bundles: A Review of Normative Guidelines and Practical Approaches", em Vithala R. Rao, ed., *Handbook of Pricing Research in Marketing* (Northampton, MA: Edward Elgar Publishing Company, 2009), pp. 232–57.
38. Dilip Soman e John T. Gourville, "Transaction Decoupling: How Price Bundling Affects the Decision to Consume", *Journal of Marketing Research* 38 (fev. 2001), pp. 30–44; Ramanathan Subramaniam e R. Venkatesh, "Optimal Bundling Strategies in Multiobject Auctions of Complements or Substitutes", *Marketing Science* 28 (mar./abr. 2009), pp. 264–73.
39. Anita Elberse, "Bye-Bye Bundles: The Unbundling of Music in Digital Channels", *Journal of Marketing* 74 (maio 2010), pp. 107–23.
40. Bob Donath, "Dispel Major Myths about Pricing", *Marketing News*, 3 fev. 2003, p. 10. Para um relato histórico interessante, ver Meghan R. Busse, Duncan I. Simester e Florian Zettelmeyer, "'The Best Price You'll Ever Get': The 2005 Employee Discount Pricing Promotions in the U.S. Automobile Industry", *Marketing Science* 29 (mar./abr. 2010), pp. 268–90.

41. Para um exame clássico, ver Kent B. Monroe, "Buyers' Subjective Perceptions of Price", *Journal of Marketing Research* 10 (fev. 1973), pp. 70–80. Ver também Z. John Zhang, Fred Feinberg e Aradhna Krishna, "Do We Care What Others Get? A Behaviorist Approach to Targeted Promotions", *Journal of Marketing Research* 39 (ago. 2002), pp. 277–91.

42. Margaret C. Campbell, "Perceptions of Pricing Unfairness: Antecedents and Consequences", *Journal of Marketing Research* 36 (maio 1999), pp. 187–99; Lan Xia, Kent B. Monroe, e Jennifer L. Cox, "The Price Is Unfair! A Conceptual Framework of Price Fairness Perceptions", *Journal of Marketing* 68 (out. 2004), pp. 1–15; Eric T. Anderson e Duncan Simester, "Does Demand Fall When Customers Perceive That Prices Are Unfair? The Case of Premium Pricing for Larger Sizes", *Marketing Science* 27 (mai./jun. 2008), pp. 492–500; Xiaomeng Guo e Baojun Jiang, "Signaling through Price and Quality to Consumers with Fairness Concerns", *Journal of Marketing Research* 53, no. 6 (2016), pp. 988–1000.

43. Kusum L. Ailawadi, Donald R. Lehmann e Scott A. Neslin, "Market Response to a Major Policy Change in the Marketing Mix: Learning from Procter & Gamble's Value Pricing Strategy", *Journal of Marketing* 65 (jan. 2001), pp. 44–61.

44. Laura Heller, "Publix the Walmart Slayer Wins Another Round with Low Prices", *Forbes*, 30 jul. 2013.

45. Nirmalya Kumar, "Strategies to Fight Low-Cost Rivals", *Harvard Business Review* (dez. 2006), pp. 104–12. Ver também Adrian Ryans, *Beating Low Cost Competition: How Premium Brands Can Respond to Cut-Price Rivals* (West Sussex, Inglaterra: John Wiley & Sons, 2008); Jack Neff, "How the Discounters Hurt Themselves", *Advertising Age*, 10 dez. 2007, p. 12.

46. Scott Neslin, "Sales Promotion", em Bart Weitz e Robin Wensley, eds., *Handbook of Marketing* (Londres: Sage, 2002), pp. 310–38.

47. Rajkumar Venkatesan e Paul W. Farris, "Measuring and Managing Returns from Retailer-Customized Coupon Campaigns", *Journal of Marketing* 76 (jan. 2012), pp. 76–94.

48. Para um resumo de pesquisa sobre a possibilidade de uma promoção desgastar a relação com consumidores de marcas líderes, ver Robert C. Blattberg e Scott A. Neslin, "Sales Promotion: The Long and Short of It", *Marketing Letters* 1 (dez. 2004). Para um tópico relacionado, ver Michael J. Barone e Tirthankar Roy, "Does Exclusivity Pay Off? Exclusive Price Promotions and Consumer Response", *Journal of Marketing* 74 (mar. 2010), pp. 121–32.

49. Harald J. Van Heerde, Sachin Gupta e Dick Wittink, "Is 75% of the Sales Promotion Bump Due to Brand Switching? No, Only 33% Is", *Journal of Marketing Research* 40 (nov. 2003), pp. 481–91.

50. Kusum L. Ailawadi, Karen Gedenk, Christian Lutzky e Scott A. Neslin, "Decomposition of the Sales gainstf Promotion-Induced Stockpiling", *Journal of Marketing Research* 44 (ago. 2007); Eric T. Anderson e Duncan Simester, "The Long-Run Effects of Promotion Depth on New versus Established Customers: Three Field Studies", *Marketing Science* 23 (Inverno 2004), pp. 4–20; Luc Wathieu, A. V. Muthukrishnan e Bart J. Bronnenberg, "The Asymmetric Effect of Discount Retraction on Subsequent Choice", *Journal of Consumer Research* 31 (dez. 2004), pp. 652–65.

51. Rebecca J. Slotegraaf e Koen Pauwels, "The gainstf Brand Equity Innovation on the Long-Term Effectiveness of Promotions", *Journal of Marketing Research* 45 (jun. 2008), pp. 293–306.

52. Kusum L. Ailawadi, Bari A. Harlam, Jacques Cesar e David Trounce, "Promotion Profitability for a Retailer: The Role of Promotion, Brand, Category, and Store Characteristics", *Journal of Marketing Research* 43 (nov. 2006), pp. 518–36.

53. Abhijit Guha, Abhijit Biswas, Dhruv Grewal, Swati Verma, Somak Banerjee e Jens Nordfalt, "Reframing the Discount as a Comparison gainst the Sale Price: Does It Make the Discount More Attractive?" *Journal of Marketing Research* 55, no. 3 (2018), pp. 339–51; Andong Cheng e Cynthia Cryder, "Double Mental Discounting: When a Single Price Promotion Feels Twice as Nice", *Journal of Marketing Research* 55, no. 2 (2018), pp. 226–38; Fengyan Cai, Rajesh Bagchi e Dinesh K. Gauri, "Boomerang Effects of Low Price Discounts: How Low Price Discounts Affect Purchase Propensity", *Journal of Consumer Research* 42, no. 5 (2016), pp. 804–16.

54. He Jia, Sha Yang, Xianghua Lu e C. Whan Park, "Do Consumers Always Spend More When Coupon Face Value Is Larger? The Inverted U-Shaped Effect of Coupon Face Value on Consumer Spending Level", *Journal of Marketing* 82, no. 4 (2018), pp. 70–85.

55. Prasad Vana, Anja Lambrecht e Marco Bertini, "Cashback Is Cash Forward: Delaying a Discount to Entice Future Spending", *Journal of Marketing Research* 55, no. 6 (2018), pp. 852–68.

56. Franklin Shadd e Ayelet Fishbach, "Seller Beware: How Bundling Affects Valuation", *Journal of Marketing Research* 54, no. 5 (2017), pp. 737–51.

57. Steven K. Dallas e Vicki G. Morwitz, "'There Ain't No Such Thing as a Free Lunch': Consumers' Reactions to Pseudo-Free Offers", *Journal of Marketing Research* 55, no. 6 (2018), pp. 900–15.

58. Miguel Gomez, Vithala Rao e Edward McLaughlin, "Empirical Analysis of Budget and Allocation of Trade Promotions in the U.S. Supermarket Industry", *Journal of Marketing Research* 44 (ago. 2007). Norris Bruce, Preyas S. Desai e Richard Staelin, "The Better They Are, the More They Give: Trade Promotions of

Consumer Durables", *Journal of Marketing Research* 42 (fev. 2005), pp. 54–66.

59. Kusum L. Ailawadi, "The Retail Power-Performance Conundrum: What Have We Learned?" *Journal of Retailing* 77 (Outono 2001), pp. 299–318; Koen Pauwels, "How Retailer and Competitor Decisions Drive the Long-Term Effectiveness of Manufacturer Promotions", *Journal of Retailing* 83 (2007), pp. 364–90.

60. Alexander Chernev, *Strategic Marketing Management: Theory and Practice* (Chicago, IL: Cerebellum Press, 2019).

61. Robert Klitzman, "Huge Price Hikes by Drug Companies Are Immoral", CNN, 18 set. 2018.; Wayne Drash, "Report: Pharma Exec Says He Had 'Moral Requirement' to Raise Drug Price 400%", CNN, 12 set. 2018; Daniel Kozarich, "Mylan's EpiPen Pricing Crossed Ethical Boundaries", *Fortune*, 27 set. 2016; Cynthia Koons e Robert Langreth, "How Marketing Turned the EpiPen Into a Billion-Dollar Business", *Bloomberg Businessweek*, 23 set. 2015; Sara Berg, "How Are Prescription Drug Prices Determined?" *AMA*, 14 set. 2018.

62. Fontes do Destaque de *marketing*: Keith Loria, "The Real Deal: Inside Priceline.com's Digital Strategy", *CMO*, 21 ago. 2017; Stella Yifan Xie, "After a Comeback and a Name Change, Priceline Bets Big on China", *Wall Street Journal*, 28 dez. 2018; Leonard A. Schlesinger and Anish Pathipati, *The Priceline Group: Booking a Place for the Future* (Harvard Business School Publishing, 2016, caso 9-316-177); Robert J. Dolan, *Priceline.com: Name Your Own Price* (Harvard Business School Publishing, 2000, caso 9-500-070); Darren Huston, *Priceline's CEO on Creating na In-House Multilingual Customer Service Operation* (Harvard Business Review, 2016, caso R1604A).

63. Fontes do Destaque de *marketing*: Avery Hartmans e Nathan McAlone, "The Story of How Travis Kalanick Built Uber into the Most Feared and Valuable Startup in the World", *Business Insider*, 1 ago. 2016; Youngme Moon, *Uber: Changing the Way the World Moves* (Harvard Business School Publishing, 2017, caso 9-316-101); Thales Teixeira e Morgan Brown, *Airbnb, Etsy, Uber: Acquiring the First Thousand Customers* (Harvard Business School Publishing, 2018, caso 9-516-094); Thales Teixeira e Morgan Brown, *Airbnb, Etsy, Uber: Growing from One Thousand to One Million Customers* (Harvard Business School Publishing, 2018, caso 9-516-108); Virginia Weiler, Gerry Yemen e Kusum Ailawadi, *Uber Pricing Strategies and Marketing Communications* (Darden Business Publishing, 2016, caso UV6878); Feng Zhu e Angela Acocella, *Fasten: Challenging Uber and Lyft with a New Business Model* (Harvard Business School Publishing, 2018, caso 9-616-962).

Capítulo 12

1. Malika Toure, "Unilever's 'Dove Real Beauty Sketches' Is the Viral Campaign of the Year", *AdAge*, 10 dez. 2013; Nina Bahadur, "Dove 'Real Beauty' Campaign Turns 10: How a Brand Tried to Change the Conversation about Female Beauty", *Huffington Post*, 21 jan. 2014; https://adage.com/lp/top15/#realbeauty. Acesso em: 26 nov. 2020.

2. Norris I. Bruce, Kay Peters e Prasad A. Naik, "Discovering How Advertising Grows Sales and Builds Brands", *Journal of Marketing Research* 49 (dez. 2012), pp. 793–806.

3. E. K. Strong, *The Psychology of Selling* (Nova York: McGraw-Hill, 1925), p. 9; Robert J. Lavidge e Gary A. Steiner, "A Model for Predictive Measurements of Advertising Effectiveness", *Journal of Marketing* (out. 1961), p. 61; Everett M. Rogers, *Diffusion of Innovation* (Nova York: Free Press, 1962), pp. 79–86.

4. John R. Rossiter e Larry Percy, *Advertising and Promotion Management*, 2nd ed. (Nova York: McGraw-Hill, 1997). Ver também Russell H. Colley, *Defining Advertising Goals for Measured Advertising Results* (Nova York: Association of National Advertisers, 1961).

5. Stephen Williams, "Rivals Gang Up on Ford Trucks as Dodge Ram Joins Battering". *Advertising Age*, 20 fev. 2012.

6. Debora Viana Thompson e Rebecca W. Hamilton, "The Effects of Information Processing Mode on Consumers' Responses to Comparative Advertising", *Journal of Consumer Research* 32 (mar. 2006), pp. 530–40.

7. Leigh McAlister, Raji Srinivasan, Niket Jindal e Albert A. Cannella, "Advertising Effectiveness: The Moderating Effect of Firm Strategy", *Journal of Marketing Research* 53, no. 2 (2016), pp. 207–24.

8. Rajesh Chandy, Gerard J. Tellis, Debbie MacInnis e Pattana Thaivanich, "What to Say When: Advertising Appeals in Evolving Markets", *Journal of Marketing Research* 38 (nov. 2001); Gerard J. Tellis, Rajesh Chandy e Pattana Thaivanich, "Decomposing the Effects of Direct Advertising: Which Brand Works, When, Where, and How Long?" *Journal of Marketing Research* 37 (fev. 2000), pp. 32–46; Peter J. Danaher, Andre Bonfrer e Sanjay Dhar, "The Effect of Competitive Advertising", *Journal of Marketing Research* 45 (abr. 2008), pp. 211–25.

9. Dan Horsky, Sharon Horsky e Robert Zeithammer, "The Modern Advertising Agency Selection Contest: A Case for Stipends to New Participants", *Journal of Marketing Research* 53, no. 5 (2016), pp. 773–89.

10. Anat Keinan, Francis Farrelly e Michael Beverland, "Introducing iSnack 2.0: The New Vegemite", Harvard Business School Case, abr. 2012; Ruth Lamperd, "Vegemite Product Renamed Vegemite Cheesybite after iSnack 2.0 Was Dumped", *Herald Sun*, 7 out. 2009.

11. Diana T. Kurylko, "Goofy Ads, Variants Help Mini Rule Its Own Little World", *Automotive News*, 20 maio 2013; Micheline Maynard, "BMW's Bold Plan to Build Lots More Minis", *Forbes*, 9 jul. 2012; Douglas B. Holt e John A. Quelch, "Launching the New Mini", HBS Case# 9-505-020, 2004; www.mini.com/en_MS/home.html. Acesso em: 30 jan. 2021.
12. Algumas dessas definições são adaptadas da American Marketing Association.
13. Amna Kirmani e Akshay R. Rao, "No Pain, No Gain: A Critical Review of the Literature on Signaling Unobservable Product Quality", *Journal of Marketing* 64 (abr. 2000), pp. 66–79.
14. Sean Corcoran, "Defining Earned, Owned and Paid Media", *Forrester Blogs*, 16 dez. 2009. Para um exame empírico, ver Andrew T. Stephen e Jeff Galak, "The Effects of Traditional and Social Earned Media on Sales: A Study of a Microlending Marketplace", *Journal of Marketing Research* 49 (out. 2012), pp. 624–39.
15. Andrew T. Stephen e Jeff Galak, "The Effects of Traditional and Social Earned Media on Sales: A Study of a Microlending Marketplace", *Journal of Marketing Research* 49 (out. 2012), pp. 624–39; Ezgi Akpinar e Jonah Berger, "Valuable Virality", *Journal of Marketing Research* 54, no. 2 (2017), pp. 318–30; Peter J. Danaher e Harald J. van Heerde, "Delusion in Attribution: Caveats in Using Attribution for Multimedia Budget Allocation", *Journal of Marketing Research* 55, no. 5 (2018), pp. 667–85; Anatoli Colicev, Ashwin Malshe, Koen Pauwels e Peter O'Connor, "Improving Consumer Mindset Metrics and Shareholder Value through Social Media: The Different Roles of Owned and Earned Media", *Journal of Marketing* 82, no. 1 (2018), pp. 37–56.
16. Steve McClellan, "Costs for TV Spots Rocket 7%", *Media Daily News*, 29 jan. 2013; "4As Television Production Cost Survey", 4As, 21 jan. 2013.
17. Chen Lin, Sriram Venkataraman e Sandy Jap, "Media Multiplexing Behavior: Implications", *Marketing Science*, 32 (March–April 2013), pp. 310–24; Courtney Paulson, Lan Luo e Gareth M. James, "Efficient Large-Scale Internet Media Selection Optimization for Online Display Advertising", *Journal of Marketing Research* 55, no. 4 (2018), pp. 489–506.
18. Alexander Konrad, "Bigger Than Craisins", *Forbes*, 2 dez. 2013; "Ocean Spray's Pop-Up Restaurant Emerges from 2,000 lbs. of Cranberries inside a Cranberry Bog in Rockefeller Center", *Business Wire*, 29 set. 2011; www.oceanspray.com/Our-Story. Acesso em: 23 fev. 2021.
19. www.statista.com/statistics/217134/total-advertisement-revenue-of-super-bowls/. Acesso em: 24 out. 2020.
20. Jeffrey Dorfman, "Super Bowl Ads Are a Bargain at $5 Million", *Forbes*, 4 fev. 2017.
21. Prashant Malaviya, "The Moderating Influence of Advertising Context on Ad Repetition Effects: The Role of Amount and Type of Elaboration", *Journal of Consumer Research* 34 (jun. 2007), pp. 32–40; Christine Kohler, Murali K. Mantrala, Sonke Albers e Vamsi K. Kanuri, "A Meta-Analysis of Marketing Communication Carryover Effects", *Journal of Marketing Research* 54, no. 6 (2017), pp. 990–1008.
22. Marshall Freimer e Dan Horsky, "Periodic Advertising Pulsing in a Competitive Market", *Marketing Science* 31 (jul./ago. 2012), pp. 637–48.
23. Werner Reinartz e Peter Saffert, "Creativity in Advertising: When It Works and When It Doesn't", *Harvard Business Review*, June 2013, pp. 107–12; Norris I. Bruce, B.P.S. Murthi e Ram C. Rao, "A Dynamic Model for Digital Advertising: The Effects of Creative Format, Message Content, and Targeting on Engagement", *Journal of Marketing Research* 54, no. 2 (2017), pp. 202–18.
24. John R. Rossiter e Larry Percy, *Advertising and Promotion Management*, 2nd ed. (Nova York: McGraw-Hill, 1997).
25. Ayn E. Crowley e Wayne D. Hoyer, "An Integrative Framework for Understanding Two-Sided Persuasion", *Journal of Consumer Research* 20 (mar. 1994), pp. 561–74. Roger D. Blackwell, Paul W. Miniard e James F. Engel, *Consumer Behavior*, 10th ed. (Mason, OH: South-Western Publishing, 2006).
26. C. I. Hovland, A. A. Lumsdaine e F. D. Sheffield, *Experiments on Mass Communication*, vol. 3 (Princeton, NJ: Princeton University Press, 1949).
27. H. Rao Unnava, Robert E. Burnkrant e Sunil Erevelles, "Effects of Presentation Order and Communication Modality on Recall and Attitude", *Journal of Consumer Research* 21 (dez. 1994), pp. 481–90.
28. Gillian Naylor, Susan Bardi Kleiser, Julie Baker e Eric Yorkston, "Using Transformational Appeals to Enhance the Retail Experience", *Journal of Retailing* 84 (abr. 2008), pp. 49–57.
29. Michael R. Solomon, *Consumer Behavior*, 12th ed. (Upper Saddle River, NJ: Pearson Prentice Hall, 2016).
30. Rik Pieters e Michel Wedel, "Attention Capture and Transfer in Advertising: Brand, Pictorial, and Text-Size Effects", *Journal of Marketing* 68 (abr. 2004), pp. 36–50.
31. Herbert C. Kelman e Carl I. Hovland, "Reinstatement of the Communication in Delayed Measurement of Opinion Change", *Journal of Abnormal and Social Psychology* 48 (jul. 1953), pp. 327–35.
32. Timothy P. Derdenger, Hui Li e Kannan Srinivasan, "Firms' Strategic Leverage of Unplanned Exposure and Planned Advertising: An Analysis in the Context of Celebrity Endorsements", *Journal of Marketing Research* 55, no. 1 (2018), pp. 14–34.
33. Lucia Moses, "What Do These Real People Think of Ads Starring Real People?" *Adweek*, 1 maio 2012.

34. C. E. Osgood e P. H. Tannenbaum, "The Principles of Congruity in the Prediction of Attitude Change", *Psychological Review* 62 (jan. 1955), pp. 42–55.

35. Derek D. Rucker, *Advertising Strategy*, 5th ed. (Acton, MA: Copley Custom Textbooks, 2018).

36. O material nesta seção foi desenvolvido por Derek D. Rucker, Kellogg School of Management, Northwestern University.

37. Shrihari Sridhar, Frank Germann, Charles Kang e Rajdeep Grewal. "Relating Online, Regional, and National Advertising to Firm Value", *Journal of Marketing* 80, no. 4 (2016), pp. 39–55; Peter Pal Zubcsek, Zsolt Katona e Miklos Sarvary, "Predicting Mobile Advertising Response Using Consumer Colocation Networks", *Journal of Marketing* 81, no. 4 (2017), pp. 109–26.

38. Millie Elsen, Rik Pieters e Michel Wedel, "Thin Slice Impressions: How Advertising Evaluation Depends on Exposure Duration", *Journal of Marketing Research* 53, no. 4 (2016), pp. 563–79.

39. Oliver J. Rutz, Garrett P. Sonnier e Michael Trusov, "A New Method to Aid Copy Testing of Paid Search Text Advertisements", *Journal of Marketing Research* 54, no. 6 (2017), pp. 885–900.

40. Peter J. Danaher e Tracey S. Dagger, "Comparing the Relative Effectiveness of Advertising Channels: A Case Study of a Multimedia Blitz Campaign", *Journal of Marketing Research* 50 (ago. 2013), pp. 517–34; Garrett A. Johnson, Randall A. Lewis e Elmar I. Nubbemeyer, "Ghost Ads: Improving the Economics of Measuring Online Ad Effectiveness", *Journal of Marketing Research* 54, no. 6 (2017), pp. 867–84.

41. Fontes do *Insight de marketing*: Natalie Zmuda e Rupal Parekh, "More Than a Pitchman: Why Stars Are Getting Marketing Titles", *Advertising Age*, 10 fev. 2013; Tim Nudd, "Dos Equis Invites You to Call the Most Interesting Voicemail in the World", *Adweek*, 9 nov. 2012; Lucia Moses, "Get Real", *Adweek*, 30 abr. 2012; Irving Rein, Philip Kotler e Martin Scoller, *The Making and Marketing of Professionals into Celebrities* (Chicago: NTC Business Books, 1997); https://variety.com/2018/biz/news/older-celebrities-make-better-brand-endorsements-survey-finds-1202960720. Acesso em: 26 nov. 2020.

42. Fontes do Destaque de *marketing*: "Red Bull and Auto Racing: Sponsor or Own a Formula One Team?" Estudo de caso, *Stanford Graduate School of Business*, 4 jun. 2007; Daniel Engber, "Who Made That Energy Drink?" *New York Times*, 6 dez. 2013; Robert Katai, "10 Lessons Red Bull Can Teach You about Marketing", 23 maio 2018; Nitin Pangarkar e Mohit Agarwal, "The Wind Behind Red Bull's Wings", *Forbes*, 24 jun. 2013; Brad Spurgeon, "Meet the Red Bull Tribe", *New York Times*, 24 mai. 2013; James Ayles, "From Cliff Diving To Formula One and Football: How Red Bull Built A World-Class Sporting Empire", *Forbes*, 14 jan. 2020; www.redbull.com. Acesso em: 26 nov. 2020.

43. Fontes do Destaque de *marketing*: Dawn Emery, "The Truth about the 'Best Job in the World,' According to the Man Who First Won It", *The Independent*, 1 abr. 2017; Anthony Hayes, "'The Best Job in the World' & Beyond in a Brave New Marketing World", *Campaign*, 7 set. 2011; Dylan Kissane, "Case Study: The Best Job in the World", *DOZ*, 12 jan. 2015; Mark Sweney, "'Best Job in the World' Campaign Storms Cannes Lions Advertising Awards", *The Guardian*, 23 jun. 2009; www.tourism.australia.com. Acesso em: 6 fev. 2021.

Capítulo 13

1. Lydia Dishman, "How Dr. Dre's Burgeoning Headphones Company Stays True to Its Bass-Thumping Roots", *Fast Company*, 13 set. 2012; Andrew J. Martin, "Headphones with Swagger (and Lots of Bass)", *New York Times*, 19 nov. 2011; Burt Helm, "How Dr. Dre's Headphones Company Became a Billion-Dollar Business", *Inc.* (maio 2014); Colin Finkle, "Beats by Dre: A Lifestyle Brand Case Study", brandmarketingbolog.com, 12 out. 2018; www.drdre.com. Acesso em: 26 nov. 2020.

2. Rajeev Batraand e Kevin Lane Keller, "Integrating Marketing Communications: New Findings, New Lessons, and New Ideas", *Journal of Marketing* 80, no. 6 (2016), pp. 122–45.

3. Adaptado de Kevin Lane Keller, *Strategic Brand Management*, 4th ed. (Upper Saddle River, NJ: Pearson, 2013).

4. Don E. Schultz e Heidi Schultz, *IMC, The Next Generation: Five Steps for Delivering Value and Measuring Financial Returns* (Nova York: McGraw-Hill, 2003).

5. "Ouch! Advertising Icon Can't Duck Injury of His Own", *PR Newswire*, 8 jan. 2012; Daniel P. Amos, "How I Did It: Aflac's CEO Explains How He Fell for the Duck", *Harvard Business Review* (jan./fev. 2010); Stuart Elliott, "Not Daffy or Donald, but Still Aflac's Rising Star", *New York Times*, 22 abr. 2009; www.aflac.com/about-aflac/default.aspx. Acesso em: 26 nov. 2020.

6. Song Yao, Wenbo Wang e Yuxin Chen, "TV Channel Search and Commercial Breaks", *Journal of Marketing Research* 54, no. 5 (2017), pp. 671–86.

7. Jeffrey Dorfman, "Super Bowl Ads Are a Bargain at $5 Million", *Forbes*, 4 fev. 2017.

8. www.pewresearch.org/topics/state-of-the-newsmedia. Acesso em: 11 jan. 2021.

9. Glen Urban, Guilherme (Gui) Liberali, Erin Macdonald, Robert Bordley e John Hauser, "Morphing Banner Advertising", *Marketing Science* 33 (jan./fev. 2014), pp. 27–46; Michael Braun e Wendy Moe, "Online Display Advertising: Modeling the Effects of Multiple Creatives and Individual Impression

Histories", *Marketing Science* 32 (set./out. 2013), pp. 753–67; Lara Lobschat, Ernst C. Osinga e Werner J. Reinartz, "What Happens Online Stays Online? Segment-Specific Online and Offline Effects of Banner Advertisements", *Journal of Marketing Research* 54, no. 6 (2017), pp. 901–13.

10. Anja Lambrecht e Catherine Tucker, "When Does Retargeting Work? Information Specificity in Online Advertising", *Journal of Marketing Research* 50 (out. 2013), pp. 561–76.

11. Peter J. Danaher, Janghyuk Lee e Laoucine Kerbache, "Optimal Internet Media Selection", *Marketing Science* 29 (mar./abr. 2010), pp. 336–47; Puneet Manchanda, Jean-Pierre Dube, Khim Yong Goh e Pradeep K. Chintagunta, "The Effects of Banner Advertising on Internet Purchasing", *Journal of Marketing Research* 43 (fev. 2006), pp. 98–108.

12. Max Chafkin, "Ads and Atmospherics", *Inc.* (fev. 2007).

13. Abbey Klaassen e Andrew Hampp, "Inside Outdoor's Digital Makeover", *Advertising Age: Creativity*, 14 jun. 2010, p. 5.

14. Michael A. Wiles e Anna Danielova, "The Worth of Product Placement in Successful Films: An Event Study Analysis", *Journal of Marketing* 73 (jul. 2009), pp. 44–63.

15. "Grow the Heineken Brand", *Heineken Annual Report 2012*; Guy Lodge, "The Skyfall's the Limit on James Bond Marketing", *The Guardian*, 23 out. 2012; Marc Graser, "'Skyfall' a Windfall for Product Placement", *Variety*, 9 nov. 2012.

16. Ram Bezawada, S. Balachander, P. K. Kannan e Venkatesh Shankar, "Cross-Category Effects of Aisle and Display Placements: A Spatial Modeling Approach and Insights", *Journal of Marketing* 73 (maio 2009), pp. 99–117; Pierre Chandon, J. Wesley Hutchinson, Eric T. Bradlow e Scott H. Young, "Does In-Store Marketing Work? Effects of the Number and Position of Shelf Facings on Brand Attention and Evaluation at the Point of Purchase", *Journal of Marketing* 73 (nov. 2009), pp. 1–17.

17. John R. Hauser, Glen L. Urban, Guilherme Liberali e Michael Braun, "Website Morphing", *Marketing Science* 28 (mar./abr. 2009), pp. 202–23; Peter J. Danaher, Guy W. Mullarkey e Skander Essegaier, "Factors Affecting Web Site Visit Duration: A Cross-Domain Analysis", *Journal of Marketing Research* 43 (mai. 2006), pp. 182–94; Philip Kotler, *According to Kotler* (Nova York: American Management Association, 2005).

18. "Automotive Brand Websites Drive Trials", www.warc.com, 31 jan. 2013.

19. Avi Goldfarb e Catherine Tucker, "Why Managing Consumer Privacy Can Be an Opportunity", *MIT Sloan Management Review* (Primavera 2013), pp. 10–12.

20. Ron Berman e Zsolt Katona, "The Role of Search Engine Optimization in Search Marketing", *Marketing Science* 32 (jul./ago. 2013), pp. 644–51; Oliver J. Rutz, Randolph E. Bucklin e Garrett P. Sonnier, "A Latent Instrumental Variables Approach to Modeling Keyword Conversion in Paid Search Advertising", *Journal of Marketing Research* 49 (jun. 2012), pp. 306–19; Oliver J. Rutz e Randolph E. Bucklin, "From Generic to Branded: A Model of Spill-over in Paid Search Advertising", *Journal of Marketing Research* 48 (fev. 2011), pp. 87–102.

21. Christian Schulze, Lisa Scholer e Bernd Skiera, "Not All Fun and Games: Viral Marketing for Utilitarian Products", *Journal of Marketing* 78 (jan. 2014), pp. 1–19.

22. Ashish Kumar, Ram Bezawada, Rishika Rishika, Ramkumar Janakiraman e P. K. Kannan. "From Social to Sale: The Effects of Firm-Generated Content in Social Media on Customer Behavior", *Journal of Marketing* 80, no. 1 (2016), pp. 7–25; Yuchi Zhang, Michael Trusov, Andrew T. Stephen e Zainab Jamal, "Online Shopping and Social Media: Friends or Foes?" *Journal of Marketing* 81, no. 6 (2017), pp. 24–41.

23. "Lay's 'Do Us a Flavor' Contest Is Back: Fans Invited to Submit Next Great Potato Chip Flavor Idea for the Chance to Win $1 Million", *PR Newswire*, 14 jan. 2014.

24. Andrew Yoo, "Logo Ideas: Crowdsourcing the Next Big Hit", *Digital Initiative*, 20 mar. 2017.

25. Para uma discussão acadêmica sobre salas de bate-papo, *sites* de recomendação e seções de avaliação de clientes *on-line*, ver Dina Mayzlin, "Promotional Chat on the Internet", *Marketing Science* 25 (mar./abr. 2006), pp. 155–63; e Judith Chevalier e Dina Mayzlin, "The Effect of Word of Mouth on Sales: Online Book Reviews", *Journal of Marketing Research* 43 (ago. 2006), pp. 345–54.

26. Rebecca Walker Naylor, Cait Poynor Lamberton e Patricia M. West, "Beyond the 'Like' Button: The Impact of Mere Virtual Presence on Brand Evaluations and Purchase Intentions in Social Media Settings", *Journal of Marketing* 76 (nov. 2012), pp. 105–20.

27. Jae Young Lee e David R. Bell, "Neighborhood Social Capital and Social Learning for Experience Attributes of Products", *Marketing Science* 32 (nov./dez. 2013), pp. 960–76.

28. Olivier Toubia e Andrew T. Stephen, "Intrinsic vs. Image-Related Utility in Social Media: Why Do People Contribute Content to Twitter?" *Marketing Science* 32 (mai./jun. 2013), pp. 368–92.

29. Thales Teixeira, "The New Science of Viral Ads", *Harvard Business Review*, mar. 2012, pp. 25–27; Thales Teixeira, Michel Wedel e Rik Pieters, "Emotion-Induced Engagement in Internet Video Advertisements", *Journal of Marketing Research* 49 (abr. 2012), pp. 144–59. Ver também Jonah Berger e Katherine L. Milkman, "What Makes Online Content

Viral?" *Journal of Marketing Research* 49 (abr. 2012), pp. 192–205.

30. Matthew Creamer e Rupal Parekh, "Ideas of the Decade", *Advertising Age*, 14 dez. 2009.
31. Simon Owens, "Is It Time to Regulate Social Media Influencers?" *Intelligencer*, 17 jan. 2019.
32. Nicholas Confessore, Gabriel Dance, Richard Harris e Mark Hansen, "The Follower Factory", *New York Times*, 27 jan. 2018.
33. Yi Zhao, Sha Yang, Vishal Narayan e Ying Zhao, "Modeling Consumer Learning from Online Product Reviews", *Marketing Science* 32 (jan./fev. 2013), pp. 153–69; Rebecca Walker Naylor, Cait Poynor Lamberton e David A. Norton, "Seeing Ourselves in Others: Reviewer Ambiguity, Egocentric Anchoring, and Persuasion", *Journal of Marketing Research* 48 (June 2011), pp. 617–31; Yang Wang e Alexander Chaudhry, "When and How Managers' Responses to Online Reviews Affect Subsequent Reviews", *Journal of Marketing Research* 55, no. 2 (2018), pp. 163–77. Ver também Itamar Simonson e Emanuel Rosen, *Added Value* (Nova York: HarperCollins, 2014).
34. "Nielsen: Global Consumers' Trust in 'Earned' Advertising Grows in Importance", 10 abr. 2012.
35. Sinan Aral, "The Problem with Online Ratings", *MIT Sloan Management Review* (inverno 2014), pp. 47–52. Ver também Shrihari Sridhar e Raji Srinivasan, "Social Influence Effects in Online Product Ratings", *Journal of Marketing* 76 (set. 2012), pp. 70–88; Wendy W. Moe e Michael Trusov, "The Value of Social Dynamics in Online Product Ratings Forums", *Journal of Marketing Research* 48 (jun. 2011), pp. 444–56.
36. Zoey Chen e Nicholas Lurie, "Temporal Contiguity and Negativity Bias in the Impact of Online Word of Mouth", *Journal of Marketing Research* 50 (ago. 2013), pp. 463–76; Yubo Chen, Qi Wang e Jinhong Xie, "Online Social Interactions: A Natural Experiment on Word of Mouth versus Observational Learning", *Journal of Marketing Research* 48 (abr. 2011), pp. 238–54.
37. Jacob Goldenberg, Gal Oestreicher-Singer e Shachar Reichman, "The Quest for Content: How User-Generated Links Can Facilitate Online Exploration", *Journal of Marketing Research* 49 (ago. 2012), pp. 452–68.
38. Zsolt Katona, "Competing for Influencers in a Social Network", working paper, Haas School of Business, University of California at Berkeley (2014); Michael Trusov, Anand V. Bodapati e Randolph E. Bucklin, "Determining Influential Users in Internet Social Networks", *Journal of Marketing Research* 47 (ago. 2010), pp. 643–58; Bart de Langhe, Philip M. Fernbach e Donald R. Lichtenstein, "Navigating by the Stars: Investigating the Actual and Perceived Validity of Online User Ratings", *Journal of Consumer Research* 42, no. 6 (2016), pp. 817–33.
39. "Mobile Continues to Steal Share of US Adults' Daily Time Spent with Media", *eMarketer*, 22 abr. 2014.
40. Preethi Chamikuttyl, "Wharton Professor David Bell, on Brand Building in the Offline and Online World", *Your Story*, 3 set. 2013.
41. Sunil Gupta, "For Mobile Devices, Think Apps, Not Ads", *Harvard Business Review* (mar. 2013), pp. 71–75.
42. Diana Ransom, "When the Customer Is in the Neighborhood", *Wall Street Journal*, 17 maio 2010.
43. Farhan Thawar, "2013: The Breakout Year for Mobile Commerce", *Wired*, 15 mar. 2013.
44. Bettina Cornwell, Michael S. Humphreys, Angela M. Maguire, Clinton S. Weeks e Cassandra Tellegen, "Sponsorship-Linked Marketing: The Role of Articulation in Memory", *Journal of Consumer Research* 33 (dez. 2006), pp. 312–21.
45. T. Bettina Cornwell, Clinton S. Weeks e Donald P. Roy, "Sponsorship-Linked Marketing: Opening the Black Box", *Journal of Advertising* 34 (Verão 2005).
46. www.factorytour.com. Acesso em: 9 jan. 2021.
47. Noah Joseph, "Buy a Car, Get a Trip: How European Delivery Works", *Car and Driver*, 8 dez. 2017.
48. Barak Libai, Eitan Muller e Renana Peres, "Decomposing the Value of Word-of-Mouth Seeding Programs: Acceleration versus Expansion", *Journal of Marketing Research* 50 (abr. 2013), pp. 161–76, Oliver Hinz, Bernd Skiera, Christian Barrot e Jan U. Becker, "Seeding Strategies for Viral Marketing: An Empirical Comparison", *Journal of Marketing* 75 (nov. 2011), pp. 55–71; Angela Xia Liu, Jan-Benedict Steenkamp e Jurui Zhang, "Agglomeration as a Driver of the Volume of Electronic Word of Mouth in the Restaurant Industry", *Journal of Marketing Research* 55, no. 4 (2018), pp. 507–23; David Dubois, Andrea Bonezzi e Matteo De Angelis, "Sharing with Friends versus Strangers: How Interpersonal Closeness Influences Word-of-Mouth Valence", *Journal of Marketing Research* 53, no. 5 (2016), pp. 712–27.
49. Thales Teixeira, "How to Profit from 'Lean' Advertising", *Harvard Business Review* (jun. 2013), pp. 23–25; Jing Peng, Ashish Agarwal, Kartik Hosanagar e Raghuram Iyengar, "Network Overlap and Content Sharing on Social Media Platforms", *Journal of Marketing Research* 55, no. 4 (2018), pp. 571–85; Daniel Mochon, Karen Johnson, Janet Schwartz e Dan Ariely, "What Are Likes Worth? A Facebook Page Field Experiment", *Journal of Marketing Research* 54, no. 2 (2017), pp. 306–17; Andrew M. Baker, Naveen Donthu e V. Kumar, "Investigating How Word-of-Mouth Conversations about Brands Influence Purchase and Retransmission Intentions", *Journal of Marketing Research* 53, no. 2 (2016), pp. 225–39.

50. Rob Walker, "Mixing It Up", *New York Times*, 24 ago. 2008; www.blendtec.com/pages/about. Acesso em: 26 nov. 2020.
51. Daniel Birnbaum, "SodaStream's CEO on Turning a Banned Super Bowl Ad into Marketing Gold", *Harvard Business Review* (jan./fev. 2014); Kyle Stock, "The Secret of SodaStream's Success", *Bloomberg Businessweek*, 31 jul. 2013; https://sodastream.com/blogs/explore/about-us. Acesso em: 26 nov. 2020.
52. Jessica Naziri, "Dollar Shave Club Co-founder Michael Dubin Had a Smooth Transition", *Los Angeles Times*, 16 ago. 2013; Emily Glazer, "A David and Gillette Story", *Wall Street Journal*, 12 abr. 2012; https://www.cnbc.com/2019/03/23/dollar-shaves-dubin-admits-a-business-built-on-simplicity-can-get-complicated.html. Acesso em: 26 nov. 2020.
53. David Godes e Dina Mayzlin, "Firm-Created Word-of-Mouth Communication: Evidence from a Field Test", *Marketing Science* 28 (jul./ago. 2009), pp. 721–39; Sarah Gelper, Renana Peres e Jehoshua Eliashberg, "Talk Bursts: The Role of Spikes in Prerelease Word-of-Mouth Dynamics", *Journal of Marketing Research* 55, no. 6 (2018), pp. 801–17; Zoey Chen e Jonah Berger, "How Content Acquisition Method Affects Word of Mouth", *Journal of Consumer Research* 43, no. 1 (2016), pp. 86–102; Grant Packard e Jonah Berger, "How Language Shapes Word of Mouth's Impact", *Journal of Marketing Research* 54, no. 4 (2017), pp. 572–88.
54. Jonah Berger e Raghuram Iyengar, "Communication Channels and Word of Mouth: How the Medium Shapes the Message", *Journal of Consumer Research* 40 (out. 2013), pp. 567–79. Ver também Mitch Lovett, Renana Peres e Roni Shachar, "On Brands and Word of Mouth", *Journal of Marketing Research* 50 (ago. 2013), pp. 427–44; Jonah Berger e Eric M. Schwartz, "What Drives Immediate and Ongoing Word of Mouth?" *Journal of Marketing Research* 48 (out. 2011), pp. 869–80.
55. Matteo De Angelis, Andrea Bonezzi, Alessandro M. Peluso, Derek D. Rucker e Michele Costabile, "On Braggarts and Gossips: A Self-Enhancement Account of Word-of-Mouth Generation and Transmission", *Journal of Marketing Research* 49 (ago. 2012), pp. 551–63. Ver também Yinlong Zhang, Lawrence Feick e Vikas Mittal, "How Males and Females Differ in Their Likelihood of Transmitting Negative Word of Mouth", *Journal of Consumer Research* 40 (abr. 2014), pp. 1097–1108; Ana Babić Rosario, Francesca Sotgiu, Kristine De Valck e Tammo H. A. Bijmolt, "The Effect of Electronic Word of Mouth on Sales: A Meta-Analytic Review of Platform, Product, and Metric Factors", *Journal of Marketing Research* 53, no. 3 (2016), pp. 297–318.
56. "A Purr-fect Fit: CeeLo Green and Purrfect Remix the Meow Mix Cat Food Jingle", PRWeek Awards 2014; Rebecca Cullers, "CeeLo Green Creates a Purrfect Meow Mix Remix with His Cat", *Adweek*, 10 maio 2012.
57. Esta seção se baseia em Alexander Chernev, *Strategic Marketing Management: Theory and Practice* (Chicago IL, Cerebellum Press, 2019).
58. Fontes do *Insight de marketing*: Rose Leadem, "The ROI of Social Media", *Entrepreneur*, 7 jul. 2018; Josh Bernoff, "A Balanced Perspective on Social ROI", *Marketing News*, 28 fev. 2011; Frahad Manjoo, "Does Social Media Have a Return on Investment?", *Fast Company*, jul./ago. 2011; David A. Schweidel, Wendy W. Moe e Chris Boudreaux, "Social Media Intelligence: Measuring Brand Sentiment from Online Conversation", *MSI Report 12-100* (Cambridge, MA: Marketing Science Institute, 2012).
59. Fontes do Destaque de *marketing*: Julie Jargon, "Burger King Returns to Its Roots", *Wall Street Journal*, 9 mar. 2016; Julie Jargon e Tess Stynes, "Burger King Profit Rises on Lower Costs", *Wall Street Journal*, 13 fev. 2014; Chris Kelly, "Disruptor of the Year: Burger King", *Marketing Dive*, 3 dez. 2018; Mallory Russell, "How Burger King Went from McDonald's Greatest Rival to Total Train Wreck", *Business Insider*, 15 abr. 2012; www.statista.com/statistics/266462/burger-king-revenue. Acesso em: 6 mar. 2021; Chantal Tode, "Burger King's 5-Step Plan for Hacking Pop Culture", *Marketing Dive*, 18 jun. 2018; Laura Healy, *Can 3G Capital Make Burger King Cool Again?* (INSEAD, 2018, caso 6402).
60. Fontes do Destaque de *marketing*: Terence Baker, "6 Ways AccorHotels Is Transforming Its Digital Strategy", *Hotel News Now*, 5 set. 2018; Brad Howarth, "How AccorHotels Is Building Emotional Connections with Customers", *CMO Australia*, 8 mar. 2017; David Dubois, Inyoung Chae, Joerg Niessing e Jean Wee, *AccorHotels and the Digital Transformation: Enriching Experiences through Content Strategies along the Customer Journey* (INSEAD, 2016, caso 08-2016-6241); Jill Avery, Chekitan S. Dev e Peter O'Connor, *Accor: Strengthening the Brand with Digital Marketing* (Harvard Business School Publishing, 2017, caso 9-315-138).

Capítulo 14

1. Joe Nocera, "The Pyramid Scheme", *New York Times*, 15 set. 2015; www.amway.com/about-amway/our-company/heritage. Acessado em 26 nov. 2020; https://www.amwayglobal.com/newsroom/direct-selling-leader-amway-announces-2019-sales-of-8-4-billion-usd. Acesso em: 26 nov. 2020.
2. Nathaniel N. Hartmann, Heiko Wieland e Stephen L. Vargo. "Converging on a New Theoretical Foundation for Selling", *Journal of Marketing* 82, no. 2 (2018), pp. 1–18.
3. Parte da discussão a seguir baseia-se na análise clássica de W. J. E. Crissy, William H. Cunningham e

Isabella C. M. Cunningham, *Selling: The Personal Force in Marketing* (Nova York: Wiley, 1977), pp. 119–29.
4. Simon J. Blanchard, Mahima Hada e Kurt A. Carlson, "Specialist Competitor Referrals: How Salespeople Can Use Competitor Referrals for Nonfocal Products to Increase Focal Product Sales", *Journal of Marketing* 82, no. 4 (2018), pp. 127–45.
5. Christian Homburg, Michael Muller e Martin Klarmann, "When Should the Customer Really Be King? On the Optimum Level of Salesperson Customer Orientation in Sales Encounters", *Journal of Marketing* 75 (mar. 2011), pp. 55–74.
6. Raghu Bommaraju e Sebastian Hohenberg, "Self-Selected Sales Incentives: Evidence of Their Effectiveness, Persistence, Durability, and Underlying Mechanisms", *Journal of Marketing* 82, no. 5 (2018), pp. 106–24.
7. Pranav Jindal e Peter Newberry, "To Bargain or Not to Bargain: The Role of Fixed Costs in Price Negotiations", *Journal of Marketing Research* 55, no. 6 (2018), pp. 832–51.
8. Joel E. Urbany, "Justifying Profitable Pricing", *Journal of Product & Brand Management* 10 (2001), pp. 141–59.
9. Rajesh Bagchi, Nevena T. Koukova, Haresh Gurnani, Mahesh Nagarajan e Shweta S. Oza, "Walking in My Shoes: How Expectations of Role Reversal in Future Negotiations Affect Present Behaviors", *Journal of Marketing Research* 53, no. 3 (2016), pp. 381–95.
10. Brent Adamson, Matthew Dixon e Nicholas Toman, "Dismantling the Sales Machine", *Harvard Business Review* (nov. 2013), pp. 103–9.
11. V. Kumar, Rajkumar Venkatesan e Werner Reinartz, "Performance Implications of Adopting a Customer--Focused Sales Campaign", *Journal of Marketing* 72 (set. 2008), pp. 50–68; George R. Franke e Jeong-Eun Park, "Salesperson Adaptive Selling Behavior and Customer Orientation: A Meta-Analysis", *Journal of Marketing Research* 43 (nov. 2006), pp. 693–702.
12. www.tupperwarebrands.com/company/heritage. Acesso em: 26 nov. 2020.
13. "The View from the Field", *Harvard Business Review* (jul./ago. 2012), pp. 101–9.
14. Shrihari Sridhar, Murali K. Mantrala e Sonke Albers, "Personal Selling Elasticities: A Meta-Analysis", *Journal of Marketing Research* 47 (out. 2010); Raghu Bommaraju, Michael Ahearne, Zachary R. Hall, Seshadri Tirunillai e Son K. Lam, "The Impact of Mergers and Acquisitions on the Sales Force", *Journal of Marketing Research* 55, no. 2 (2018), pp. 254–64.
15. Brent Adamson, Matthew Dixon e Nicholas Toman, "The End of Solution Sales", *Harvard Business Review* (jul./ago. 2012), pp. 60–68.
16. Ashwin W. Joshi, "Salesperson Influence on Product Development: Insights from a Study of Small Manufacturing Organizations", *Journal of Marketing* 74 (jan. 2010), pp. 94–107; Philip Kotler, Neil Rackham, e Suj Krishnaswamy, "Ending the War between Sales & Marketing", *Harvard Business Review* (jul./ago. 2006), pp. 68–78.
17. "The View from the Field", *Harvard Business Review* (jul./ago. 2012), pp. 101–9.
18. Andrew Ross Sorkin, "The Activist and Herbalife: Just Maybe Ackman's Right", *New York Times*, 1 ago. 2013; Michael Schmidt, Eric Lipton, Alexandra Stevenson "After Big Bet, Hedge Fund Pulls the Levers of Power", *New York Times*, 9 mar. 2014; Jim Puzzanghera, "Herbalife Chief Richard Resigns over Comments He Made before Taking the Job", *Los Angeles Times*, 9 jan. 2019; https://www.statista.com/statistics/917669/herbalife-net-sales-worldwide. Acesso em: 26 nov. 2020; https://company.herbalife.com. Acesso em: 26 nov. 2020.
19. Nikolaos G. Panagopoulos, Adam A. Rapp e Jessica L. Ogilvie, "Salesperson Solution Involvement and Sales Performance: The Contingent Role of Supplier Firm and Customer–Supplier Relationship Characteristics", *Journal of Marketing* 81, no. 4 (2017), pp. 144–64.
20. Michael Ahearne, Scott B. MacKenzie, Philip M. Podsakoff, John E. Mathieu e Son K. Lam, "The Role of Consensus in Sales Team Performance", *Journal of Marketing Research* 47 (jun. 2010), pp. 458–69; Huanhuan Shi, Shrihari Sridhar, Rajdeep Grewal e Gary Lilien, "Sales Representative Departures and Customer Reassignment Strategies in Business-to-Business Markets", *Journal of Marketing* 81, no. 2 (2017), pp. 25–44.
21. Oystein Daljord, Sanjog Misra e Harikesh S. Nair, "Homogeneous Contracts for Heterogeneous Agents: Aligning Sales Force Composition and Compensation", *Journal of Marketing Research* 53, no. 2 (2016), pp. 161–182.
22. Para distinções entre bônus e comissão, ver Sunil Kishore, Raghunath Singh Rao, Om Narasimhan e George John, "Bonuses versus Commissions: A Field Study", *Journal of Marketing Research* 50 (jun. 2013), pp. 317–33.
23. Madhu Viswanathan, Xiaolin Li, George John e Om Narasimhan, "Is Cash King for Sales Compensation Plans? Evidence from a Large-Scale Field Intervention", *Journal of Marketing Research* 55, no. 3 (2018), pp. 368–81.
24. Daniel H. Pink, "A Radical Prescription for Sales", *Harvard Business Review* (jul./ago. 2012), pp. 76–77.
25. Tony Ritigliano e Benson Smith, *Discover Your Sales Strengths* (Nova York: Random House Business Books, 2004).
26. Sonke Albers, "Sales-Force Management – Compensation, Motivation, Selection, and Training",

em Bart Weitz e Robin Wensley, eds., *Handbook of Marketing* (Londres: Sage, 2002), pp. 248–66.

27. Yashar Atefi, Michael Ahearne, James G. Maxham III, D. Todd Donavan e Brad D. Carlson, "Does Selective Sales Force Training Work?" *Journal of Marketing Research* 55, no. 5 (2018), pp. 722–37.

28. Gaurav Sabnis, Sharmila C. Chatterjee, Rajdeep Grewal e Gary L. Lilien, "The Sales Lead Black Hole: On Sales Reps' Follow-up of Marketing Leads", *Journal of Marketing* 77 (jan. 2013), pp. 52–67.

29. Michael Ahearne, Son K. Lam, John E. Mathieu e Willy Bolander, "Why Are Some Salespeople Better at Adapting to Organizational Change?" *Journal of Marketing* 74 (mai. 2010), pp. 65–79; Constantine S. Katsikeas, Seigyoung Auh, Stavroula Spyropoulou e Bulent Menguc, "Unpacking the Relationship between Sales Control and Salesperson Performance: A Regulatory Fit Perspective", *Journal of Marketing* 82, no. 3 (2018), pp. 45–69.

30. Jeff Green, "The New Willy Loman Survives by Staying Home", *Bloomberg Businessweek*, 14 jan. 2013, pp. 16–17.

31. Barbara Giamanco e Kent Gregoire, "Tweet Me, Friend Me, Make Me Buy", *Harvard Business Review* (jul./ago. 2012), pp. 88–93.

32. Willem Verbeke e Richard P. Bagozzi, "Sales-Call Anxiety: Exploring What It Means When Fear Rules a Sales Encounter", *Journal of Marketing* 64 (jul. 2000), pp. 88–101. Ver também Douglas E. Hughes e Michael Ahearne, "Energizing the Reseller's Sales Force: The Power of Brand Identification", *Journal of Marketing* 74 (jul. 2010), pp. 81–96; Jeffrey P. Boichuk, Willy Bolander, Zachary R. Hall, Michael Ahearne, William J. Zahn e Melissa Nieves, "Learned Helplessness among Newly Hired Salespeople and the Influence of Leadership", *Journal of Marketing* 78 (jan. 2014), pp. 95–111.

33. Sebastian Hohenberg e Christian Homburg. "Motivating Sales Reps for Innovation Selling in Different Cultures", *Journal of Marketing* 80, no. 2 (2016), pp. 101–20.

34. Mark W. Johnston e Greg W. Marshall, *Sales-Force Management*, 12th ed. (Nova York: Routledge, 2016). Ver também Eric G. Harris, John C. Mowen e Tom J. Brown, "Reexamining Salesperson Goal Orientations: Personality Influencers, Customer Orientation, and Work Satisfaction", *Journal of the Academy of Marketing Science* 33 (Inverno 2005), pp. 19–35.

35. Ashutosh Patil e Niladri Syam, "How Do Specialized Personal Incentives Enhance Sales Performance? The Benefits of Steady Sales Growth", *Journal of Marketing* 82, no. 1 (2018), pp. 57–73.

36. Thomas Steenburgh e Michael Ahearne, "Motivating Salespeople: What Really Works", *Harvard Business Review* (jul./ago. 2012), pp. 70–75.

37. Ibid.

38. Sarang Sunder, V. Kumar, Ashley Goreczny e Todd Maurer, "Why Do Salespeople Quit? An Empirical Examination of Own and Peer Effects on Salesperson Turnover Behavior", *Journal of Marketing Research* 54, no. 3 (2017), pp. 381–97.

39. Ran Kivetz e Itamar Simonson, "The Idiosyncratic Fit Heuristic: Effort Advantage as a Determinant of Consumer Response to Loyalty Programs", *Journal of Marketing Research* 40 (nov. 2003), pp. 454–67.

40. Ken Belson, "An Alternative to Con Ed Revs Up Its Sales Force", *New York Times*, 31 ago. 2008; "Governor Cuomo Announces Energy Bill Refunds for More than 1,500 New Yorkers", *New York State*, 28 dez. 2015; Jennifer Abel, "Deregulated Energy Providers: Are They a Good Deal?" *Consumer Affairs*, n.d.; www.ambitenergy.com/about-ambit-energy. Acesso em: 1 fev. 2021; www.directsellingnews.com/company-profiles/ambit-energy. Acesso em: 1 fev. 2021.

41. Bob Stone e Ron Jacobs, *Successful Direct Marketing Methods*, 8th ed. (Nova York: McGraw-Hill, 2007). Ver também David A. Schweidel e George Knox, "Incorporating Direct Marketing Activity into Latent Attrition Models", *Marketing Science* 32 (maio/jun. 2013), pp. 471–87.

42. Xi (Alan) Zhang, V. Kumar e Koray Cosguner, "Dynamically Managing a Profitable Email Marketing Program", *Journal of Marketing Research* 54, no. 6 (2017), pp. 851–66.

43. Matt Schifrin, "Master Class", *Forbes*, 17 jan. 2011, pp. 54–55.

44. Nora Aufreiter, Julien Boudet e Vivien Weng, "Why Marketers Keep Sending You E-mails", *McKinsey Quarterly* (jan. 2014).

45. www.grainger.com/content/cat_print. Acesso em: 15 fev. 2021.

46. "Internet & Mail-Order Retail Industry Profile", www.firstresearch.com, 10 jan. 2018.

47. Barbara Feder Ostrov, "Annoying Robo-Calls Are At 'Epidemic Levels' This Health Open-Enrollment Season", *Washington Post*, 11 nov. 2018; Jake Swearingin, "The Beginning of the End of Robocalls", *Intelligencer*, 14 fev. 2019.

48. Fontes do *Insight de marketing*: Noel Capon, Dave Potter e Fred Schindler, *Managing Global Accounts: Nine Critical Factors for a World-Class Program*, 2nd ed. (Bronxville, NY: Wessex Press, 2008); Peter Cheverton, *Global Account Management: A Complete Action Kit of Tools and Techniques for Managing Key Global Customers* (Londres, Reino Unido: Kogan Page, 2008); Malcolm McDonald e Diana Woodburn, *Key Account Management: The Definitive Guide*, 2nd ed. (Oxford, Reino Unido: Butterworth-Heinemann, 2007).

49. Fontes do Destaque de *marketing*: Rebecca Stuart, "Avon's Global Marketing Boss on How It's Rebranding for the Instagram Generation", *The Drum*, 27 nov. 2018; Hakki Ozmorali, "Will Avon's Turnaround Be Real This Time?" 8 out. 2018; Phil Wahba, "Here Are 5 Reasons Avon Fell Apart in the U.S.", *Fortune*, 17 dez. 2015; Phil Wahba, "How Avon's CEO Failed to Fix the Company", *Fortune*, 3 ago. 2017; Polly Mosendz, "The Avon Lady's Makeover", *Bloomberg Businessweek*, 7 mar. 2017; https://www.prnewswire.com/news-releases/natura-co-to-close-acquisition-of-avon-creating-the-worlds-fourth-largest-pure-play-beauty-group-300980823.html. Acesso em: 26 nov. 2020.

50. Fontes do Destaque de *marketing*: Avi Dan, "How Progressive's CMO Jeff Charney Made 'Flo' More Loveable than Ducks and Geckos", *Forbes*, 3 maio 2012; Giselle Abramovich, "How Progressive Got Its Social Flow", CMO.com, 11 dez. 2013; E. J. Schultz, "Progressive Goes Flo-less in Corporate Image Campaign", *Ad Age*, 23 set. 2013; E. J. Schultz, "Flo Gets More Company as Progressive Rolls out 'The Box'", *Ad Age*, 5 dez. 2012; Andrew Bary, "How Progressive Is Driving Growth in Auto Insurance", *Barron's*, 1 dez. 2018; https://www.statista.com/statistics/737860/progressive-revenue. Acesso em: 26 nov. 2020; www.progressive.com/about. Acesso em: 26 nov. 2020.

Capítulo 15

1. Tiffany Hsu, "L.L. Bean, Citing Abuse, Tightens Its Generous Policy on Returns", *New York Times*, 9 fev. 2018; Amita Kelly e Merrit Kennedy, "L.L. Bean Scraps Legendary Lifetime Return Policy", *NPR*, 9 fev. 2018; Warren Shoulberg, "As Brands Go Direct-to-Consumer, L.L. Bean Moves the Other Way", Forbes, 19 jul. 2020; www.llbean.com. Acesso em: 26 nov. 2020.

2. Robert Palmatier, Louis W. Stern e Adel I. El-Ansary, *Marketing Channel Strategy*, 8th ed. (Nova York, NY: Routledge, 2017).

3. Andreas Furst, Martin Leimbach e Jana-Kristin Prigge, "Organizational Multichannel Differentiation: An Analysis of Its Impact on Channel Relationships and Company Sales Success", *Journal of Marketing* 81, no. 1 (2017), pp. 59–82.

4. Sarah E. Needleman, "Dial-a-Mattress Retailer Blames Troubles on Stores, Executive Team", *Wall Street Journal*, 14 jul. 2009, p. B1.

5. Para um tratamento acadêmico de questões relacionadas, ver Elie Ofek, Zsolt Katona e Miklos Sarvary, "'Bricks and Clicks': The Impact of Product Returns on the Strategies of Multichannel Retailers", *Marketing Science* 30 (jan./fev. 2011), pp. 42–60.

6. V. Kumar e Rajkumar Venkatesan, "Who Are Multichannel Shoppers and How Do They Perform? Correlates of Multichannel Shopping Behavior", *Journal of Interactive Marketing* 19 (Primavera 2005), pp. 44–61.

7. Tarun Kushwaha e Venkatesh Shankar, "Are Multichannel Customers Really More Valuable? The Moderating Role of Product Category Characteristics", *Journal of Marketing* 77 (jul. 2013), pp. 67–85.

8. Rajkumar Venkatesan, V. Kumar e Nalini Ravishanker, "Multichannel Shopping: Causes and Consequences", *Journal of Marketing* 71 (abr. 2007), pp. 114–32.

9. Para um modelo conceitual detalhado, ver Jill Avery, Thomas J. Steenburgh, John Deighton e Mary Caravella, "Adding Bricks to Clicks: Predicting the Patterns of Cross-Channel Elasticities over Time", *Journal of Marketing* 76 (maio 2012), pp. 96–111.

10. Peter C. Verhoef, Scott A. Neslin e Bjorn Vroomen, "Multichannel Customer Management: Understanding the Research-Shopper Phenomenon", *International Journal of Research in Marketing* 24, no. 2 (2007), pp. 129–48.

11. Xubing Zhang, "Retailer's Multichannel and Price Advertising Strategies", *Marketing Science* 28 (nov./dez. 2009), pp. 1080–94; Kitty Wang e Avi Goldfarb, "Can Offline Stores Drive Online Sales?" *Journal of Marketing Research* 54, no. 5 (2017), pp. 706–719; Dmitri Kuksov e Chenxi Liao, "When Showrooming Increases Retailer Profit", *Journal of Marketing Research* 55, no. 4 (2018), pp. 459–473; Dhruv Grewal, Carl-Philip Ahlbom, Lauren Beitelspacher, Stephanie M. Noble e Jens Nordfalt. "In-Store Mobile Phone Use and Customer Shopping Behavior: Evidence from the Field", *Journal of Marketing* 82, no. 4 (2018), pp. 102–26.

12. Susan Fournier e Lara Lee, "Getting Brand Communities Right", *Harvard Business Review*, abr. 2009, pp. 105–11; "New Harley-Davidson Accessory and Clothing Store", *PRLog*, 21 jul. 2009; www.harley-davidson.com/us/en/about-us/company.html. Acesso em: 26 nov. 2020.

13. Hugo Martin, "Outdoor Retailer Patagonia Puts Environment Ahead of Sales Growth", *Los Angeles Times*, 24 maio 2012.

14. Mary Wagner, "IRCE 2011 Report: Learn It on the Web, Use It Cross-Channel", www.internetretailer.com, 20 jun. 2011; Monte Burke, "A Conversation with REI Chief Executive, Sally Jewell", *Forbes*, 19 maio 2011; https://www.rei.com/about-rei. Acesso em: 26 nov. 2020.

15. Asim Ansari, Carl F. Mela e Scott A. Neslin, "Customer Channel Migration", *Journal of Marketing Research* 45 (February 2008), pp. 60–76; Edward J. Fox, Alan L. Montgomery e Leonard M. Lodish, "Consumer Shopping and Spending across Retail Formats", *Journal of Business* 77 (abr. 2004), pp. S25–S60.

16. Sara Valentini, Elisa Montaguti e Scott A. Neslin, "Decision Process Evolution in Customer Channel Choice", *Journal of Marketing* 75 (nov. 2011), pp. 72–86.
17. Katrijn Gielens e Marnik G. Dekimpe, "The Entry Strategy of Retail Firms into Transition Economies", *Journal of Marketing* 71 (abr. 2007), pp. 196–212.
18. www.thebalancesmb.com/apple-retail-stores-global-locations-2892925. Acesso em: 3 mar. 2021.
19. David Segal, "Apple's Retail Army, Long on Loyalty but Short on Pay", *New York Times*, 23 jun. 2012; Gardiner Morse e Ron Johnson, "Retail Isn't Broken. Stores Are", *Harvard Business Review* (dez. 2011), pp. 78–82; www.macrumors.com/roundup/apple-retail-stores. Acesso em: 18 dez. 18.
20. Joydeep Srivastava e Dipankar Chakravarti, "Channel Negotiations with Information Asymmetries: Contingent Influences of Communication and Trustworthiness Reputations", *Journal of Marketing Research* 46 (ago. 2009), pp. 557–72.
21. "Why STIHL Chooses Independent Dealers", www.stihlusa.com. Acessado em 2 nov. 2013; Ken Waldron, "How Stihl Fulfilled Brand Promise of Superior Product, Customer Service", *Advertising Age*, 10 dez. 2009; Timothy Appel, "Too Good for Lowe's and Home Depot?" *Wall Street Journal*, 24 jul. 2006.
22. Vivian Giang, "McDonald's Hamburger University: Step inside the Most Exclusive School in the World", *Business Insider*, 12 abr. 2012.
23. www.greatharvest.com/company/franchise-business-philosophy. Acesso em: 9 fev. 2021.
24. Raji Srinivasan, "Dual Distribution and Intangible Firm Value: Franchising in Restaurant Chains", *Journal of Marketing* 70 (jul. 2006), pp. 120–35.
25. Anne Coughlan e Louis Stern, "Marketing Channel Design and Management", em Dawn Iacobucci, ed., *Kellogg on Marketing* (Nova York: John Wiley & Sons, 2001), pp. 247–69; Michaela Draganska, Daniel Klapper e Sofia B. Villa-Boas, "A Larger Slice or a Larger Pie? An Empirical Investigation of Bargaining Power in the Distribution Channel", *Marketing Science* 29 (jan./fev. 2010), pp. 57–74.
26. Essas bases de poder foram identificadas em John R. P. French e Bertram Raven, "The Bases of Social Power", em Dorwin Cartwright, ed., *Studies in Social Power* (Ann Arbor: University of Michigan Press, 1959), pp. 150–67.
27. V. Kasturi Rangan, *Transforming Your Go-to-Market Strategy: The Three Disciplines of Channel Management* (Boston: Harvard Business School Press, 2006).
28. Stefan Wuyts, Stefan Stremersch, Christophe Van Den Bulte e Philip Hans Franses, "Vertical Marketing Systems for Complex Products: A Triadic Perspective", *Journal of Marketing Research* 41 (nov. 2004), pp. 479–87.
29. Arnt Bovik e George John, "When Does Vertical Coordination Improve Industrial Purchasing Relationships?" *Journal of Marketing* 64 (out. 2000), pp. 52–64; Elizabeth Aguirre, Dominik Mahr, Ko de Ruyter, Dhruv Grewal, Jan Pelser e Martin Wetzels, "The Effect of Review Writing on Learning Engagement in Channel Partner Relationship Management", *Journal of Marketing* 82, no. 2 (2018), pp. 64–84.
30. www.citizensbank.com. Acesso em: 9 fev. 2021.
31. Cotton Timberlake, "In the iPhone Era, Leica Tries Its Own Stores", *Bloomberg Businessweek*, 18 jun. 2012.
32. Para um exemplo detalhado de estudo de caso, ver Jennifer Shang, Tuba Pinar Yildrim, Pandu Tadikamalla, Vikas Mittal e Lawrence Brown, "Distribution Network Redesign for Marketing Competitiveness", *Journal of Marketing* 73 (mar. 2009), pp. 146–63.
33. Xinlei Chen, George John e Om Narasimhan, "Assessing the Consequences of a Channel Switch", *Marketing Science* 27 (maio/jun. 2008), pp. 398–416.
34. Edward Moltzen, "Apple Grows, But So Does Channel Conflict", CRN, 27 jul. 2007; Steven Burke, "Apple Partners Speak Out on Channel Conflict", CRN, 12 out. 2015.
35. Moeen Naseer Butt, Kersi D. Antia, Brian R. Murtha e Vishal Kashyap, "Clustering, Knowledge Sharing, and Intrabrand Competition: A Multiyear Analysis of an Evolving Franchise System", *Journal of Marketing* 82, no. 1 (2018), pp. 74–92.
36. Para um exame acadêmico mais completo, que mostra os benefícios para os fornecedores da expansão do mercado da Walmart, ver Qingyi Huang, Vincent R. Nijs, Karsten Hansen e Eric T. Anderson, "Wal-Mart's Impact on Supplier Profits", *Journal of Marketing Research* 49 (abr. 2012), pp. 131–43.
37. Tony Haitao Cui e Paola Mallucci, "Fairness Ideals in Distribution Channels", *Journal of Marketing Research* 53, no. 6 (2016), pp. 969–87.
38. Para alguns exemplos de quando o conflito pode ser visto como útil, ver Anil Arya e Brian Mittendorf, "Benefits of Channel Discord in the Sale of Durable Goods", *Marketing Science* 25 (jan./fev. 2006), pp. 91–96.
39. Danny T. Wang, Flora F. Gu e Maggie Chuoyan Dong, "Observer Effects of Punishment in a Distribution Network", *Journal of Marketing Research* 50 (out. 2013), pp. 627–43; Sara Van der Maelen, Els Breugelmans e Kathleen Cleeren, "The Clash of the Titans: On Retailer and Manufacturer Vulnerability in Conflict Delistings", *Journal of Marketing* 81, no. 1 (2017), pp. 118–35.
40. Esta seção se baseia em Robert Palmatier, Louis W. Stern e Adel I. El-Ansary, *Marketing Channel Strategy*, 8th ed. (Nova York, NY: Routledge, 2017). Ver também

Jonathan D. Hibbard, Nirmalya Kumar e Louis W. Stern, "Examining the Impact of Destructive Acts in Marketing Channel Relationships", *Journal of Marketing Research* 38 (fev. 2001), pp. 45–61; Alberto Sa Vinhas e Erin Anderson, "How Potential Conflict Drives Channel Structure: Concurrent (Direct and Indirect) Channels", *Journal of Marketing Research* 42 (nov. 2005), pp. 507–15.

41. Niraj Dawar e Jason Stornelli, "Rebuilding the Relationship between Manufacturers and Retailers", *MIT Sloan Management Review* (Inverno 2013), pp. 83–90.

42. Nirmalya Kumar, "Living with Channel Conflict", *CMO Magazine* (out. 2004).

43. Kersi D. Antia, Xu (Vivian) Zheng e Gary L. Frazier, "Conflict Management and Outcomes in Franchise Relationships: The Role of Regulation", *Journal of Marketing Research* 50 (out. 2013), pp. 577–89. Kersi D. Antia, Sudha Mani e Kenneth H. Wathne, "Franchisor–Franchisee Bankruptcy and the Efficacy of Franchisee Governance", *Journal of Marketing Research* 54, no. 6 (2017), pp. 952–67.

44. Andrew Kaplan, "All Together Now?" *Beverage World* (mar. 2007), pp. 14–16.

45. Debra Hoffman, "Gartner Supply Chain Top 25", www.gartner.com, 30 maio 2013.

46. **"The Total Package"**, *Bloomberg Businessweek*, Special Advertising Section, 28 nov. 2011; Geoff Colvin, "The Trade Tracker", *Fortune*, 7 nov. 2011; Helen Coster, "Calculus for Truckers", *Forbes*, 12 set. 2011; "All the Right Moves", *Fortune*, Special Advertising Section, 2 maio 2011.

47. Fontes do *Insight* de marketing: "Showrooming Threat Hits Major Chains", www.warc.com, 1 mar. 2013; "'Showrooming' Grows in U.S.", www.warc.com, 4 fev. 2013; Miriam Gottfried, "How to Fight Amazon.com, Best Buy–Style", *Wall Street Journal*, 20 nov. 2016; Ruth Bolton, "Can E-Commerce Save Retail?", *Entrepreneur*, 19 out. 2020.

48. Fontes do Destaque de *marketing*: Kasra Ferdows, Michael A. Lewis e Jose Machuca, "Rapidfire Fulfillment", *Harvard Business Review* 82, no. 11 (2004), pp. 104–17; Thompson, Derek, "Zara's Big Idea: What the World's Top Fashion Retailer Tells Us about Innovation", *The Atlantic*, 13 nov. 2012; Martin Roll, "The Secret of Zara's Success: A Culture of Customer Co-creation", MartinRoll.com, 11 ago. 2018; Stephen Wilmot, "Zara's Blues: What's Keeping World's Most Valuable Fashion Retailer Down", *Wall Street Journal* (12 mar. 2018); Rodrigo Orihuela, "Zara Owner's Lean Business Model Helps It Cope With Pandemic", *Bloomberg*, 16 set. 2020; www.zara.com. Acesso em: 26 nov. 2020.

49. Fontes do Destaque de *marketing*: Cheryl A. Bachelder, "The CEO of Popeyes on Treating Franchisees as the Most Important Customers", *Harvard Business Review*, 6 set. 2016; Lydia DePillis, "How Popeyes Went Upscale", *Washington Post*, 27 set. 2013; Daniela Galarza, "How Popeyes Turned Spicy Chicken into a $1.8 Billion Payday", *Eater*, 24 fev. 2017; https://popeyes.com/our-story. Acesso em: 26 nov. 2020.

Capítulo 16

1. Chad Bray e Vanessa Friedman, "Yoox to Merge with Net-a-Porter in All-Share Deal", *New York Times*, 31 mar. 2015; Lucy Yeomans, "The Net Set: Meet the Team Who Persuade You to Spend £500 Every Time You Log on to Net-A-Porter", *Evening Standard*, 13 fev. 2013; Lucy England, "The Spectacular Life of Net-a-Porter Founder Natalie Massenet", *Business Insider*, 3 set. 2015; www.net-a-porter.com/en-us/content/about-us. Acesso em: 26 nov. 2020.

2. https://www.wholefoodsmarket.com/companyinfo. Acesso em: 26 nov. 2020.

3. Ann Zimmerman e Kris Hudson, "Chasing Upscale Customers Tarnishes Mass-Market Jeweler", *Wall Street Journal*, 26 jun. 2006.

4. Robert P. Rooderkerk, Harald J. van Heerde e Tammo H. A. Bijmolt, "Optimizing Retail Assortment", *Marketing Science* 32 (set./out. 2013), pp. 699–715; Xiaoyan Deng, Barbara E. Kahn, H. Rao Unnava e Hyojin Lee, "A 'Wide' Variety: Effects of Horizontal versus Vertical Display on Assortment Processing, Perceived Variety, and Choice", *Journal of Marketing Research* 53, no. 5 (2016), pp. 682–98.

5. Richard A. Briesch, William R. Dillon e Edward J. Fox, "Category Positioning and Store Choice: The Role of Destination Categories", *Marketing Science* 32 (maio/jun. 2013), pp. 488–509.

6. George Anderson, "Why Are Trader Joe's Customers the Most Satisfied In America?" *Forbes*, 30 jul. 2013; Beth Kowitt, "Inside the Secret World of Trader Joe's", *Fortune*, 23 ago. 2010; Christopher Palmeri, "Trader Joe's Recipe for Success", *Bloomberg BusinessWeek*, 21 fev. 2008; www.traderjoes.com/our-story. Acesso em: 26 nov. 2020.

7. Robert Klara, "Something in the Air", *Adweek*, 5 mar. 2012, pp. 25–27.

8. www.dickssportinggoods.com/s/about-us. Acesso em: 26 nov. 2020.

9. Velitchka D. Kaltcheva e Barton Weitz, "When Should a Retailer Create an Exciting Store Environment?" *Journal of Marketing* 70 (jan. 2006), pp. 107–18; Jennifer J. Argo e Darren W. Dahl, "Standards of Beauty: The Impact of Mannequins in the Retail Context", *Journal of Consumer Research* 44, no. 5 (2018), pp. 974–90.

10. Dave Hodges, "Fans Welcome Bass Pro Shops to Town", Tallahassee.com, 5 set. 2013; Seth Lubove, "Bass Pro Billionaire Building Megastore with Boats,

Guns", *Bloomberg Businessweek*, 3 jun. 2013; Brian Hauswirth, "Missouri-Based Bass Pro and Cabela's Officially Join Forces", Missourinet, 25 set. 2017; https://about.basspro.com. Acesso em: 26 nov. 2020.

11. Venkatesh Shankar e Ruth N. Bolton, "An Empirical Analysis of Determinants of Retailer Pricing Strategy", *Marketing Science* 23 (Inverno 2004), pp. 28–49.

12. Karsten Hansen e Vishal Singh, "Market Structure across Retail Formats", *Marketing Science* 28 (jul./ago. 2009), pp. 656–73.

13. Samuel Hine, "High Times at the House of Bijan", *GQ*, 27 ago. 2018.

14. www.lumberliquidators.com. Acesso em: 26 nov. 2020.

15. Paul W. Miniard, Shazad Mustapha Mohammed, Michael J. Barone e Cecilia M. O. Alvarez, "Retailers' Use of Partially Comparative Pricing: From Across-Category to Within-Category Effects", *Journal of Marketing* 77 (jul. 2013), pp. 33–48; Jiwoong Shin, "The Role of Selling Costs in Signaling Price Image", *Journal of Marketing Research* 42 (ago. 2005), pp. 305–12.

16. Para uma estrutura abrangente dos principais *drivers* de imagem para formação de imagem de preço para varejistas, ver Ryan Hamilton e Alexander Chernev, "Low Prices Are Just the Beginning: Price Image in Retail Management", *Journal of Marketing* 77 (nov. 2013), pp. 1–20.

17. Michael Tsiros e David M. Hardesty, "Ending a Price Promotion: Retracting It in One Step or Phasing It Out Gradually", *Journal of Marketing* 74 (jan. 2010), pp. 49–64; Kusum L. Ailawadi, Yu Ma e Dhruv Grewal, "The Club Store Effect: Impact of Shopping in Warehouse Club Stores on Consumers' Packaged Food Purchases", *Journal of Marketing Research* 55, no. 2 (2018), pp. 193–207.

18. David R. Bell e James M. Lattin, "Shopping Behavior and Consumer Preference for Retail Price Format: Why 'Large Basket' Shoppers Prefer EDLP", *Marketing Science* 17 (Primavera 1998), pp. 66–68.

19. Paul B. Ellickson, Sanjog Misra e Harikesh S. Nair, "Repositioning Dynamics and Pricing Strategy", *Journal of Marketing Research* 49 (dez. 2012), pp. 750–72.

20. Stephanie Clifford e Catherine Rampell, "Sometimes, We Want Price to Fool Us", *New York Times*, 13 abr. 2013; "Why Walmart Can Pull Off 'Everyday Low Prices' but Everyone Else Keeps Failing", *Business Insider*, 3 set. 2012; Alexander Chernev, "Why Everyday Low Pricing Might Not Fit J.C. Penney", www.bloomberg.com, 17 maio 2012.

21. "How Mobile Coupons Are Driving an Explosion in Mobile Commerce", *Business Insider*, 12 ago. 2013.

22. Sam K. Hui, J. Jeffrey Inman, Yanliu Huang e Jacob Suher, "The Effect of In-Store Travel Distance on Unplanned Spending: Applications to Mobile Promotion Strategies", *Journal of Marketing* 77 (mar. 2013), pp. 1–16.

23. Lauren Brousel, "5 Things You Need to Know about Geofencing", *CIO*, 28 ago. 2013; Dana Mattioli e Miguel Bustillo, "Can Texting Save Stores?" *Wall Street Journal*, 8 maio 2012.

24. https://cvshealth.com/about/facts-and-companyinformation. Acesso em: 11 mar. 2021.

25. K. C. Ifeanyi, "Burberry Makes It Rain in Taipei", *Fast Company*, 27 abr. 2012; Barry Silverstein, "The Future of Retail: Reinventing and Preserving the In-Store Experience", www.brandchannel.com, 22 mar. 2013.

26. Anthony Dukes e Yunchuan Liu, "In-Store Media and Distribution Channel Coordination", *Marketing Science* 29 (jan./fev. 2010), pp. 94–107; Pierre Chandon, J. Wesley Hutchinson, Eric Bradlow e Scott Young, "Does In-Store Marketing Work? Effects of the Number and Position of Shelf Facings on Brand Attention and Evaluation at the Point of Purchase", *Journal of Marketing Research* 73 (nov. 2009), pp. 1–17.

27. Ashley Lutz, "Why the Lingerie Industry Can't Compete with Victoria's Secret", *Business Insider*, 2 set. 2013; Sapna Maheshwari, "Victoria's Secret Channels Mad Men into Hottest Limited", *Bloomberg Businessweek*, 12 nov. 2012; Kristina Monllos, "Why Victoria's Secret Won't Be Mailing Out Any More Catalogs", *Adweek*, 24 mai. 2016; https://www.lb.com/our-brands/victorias-secret. Acesso em: 26 nov. 2020.

28. Sarah Frier, "Gilt Groupe CEO Seeks to Prove Flash Sales Are No Fad", *Bloomberg Businessweek*, 1 ago. 2013; Shelley Dubois, "What's Gilt Groupe's Secret Weapon?" *Fortune*, 5 mar. 2012; Claire Cain Miller, "Flash-Sale Site Shifts Its Model", *New York Times*, 14 ago. 2011.

29. Alexis K. J. Barlow, Noreen Q. Siddiqui e Mike Mannion, "Development in Information and Communication Technologies for Retail Marketing Channels", *International Journal of Retail and Distribution Management* 32 (mar. 2004), pp. 157–63.

30. Chantal Tode, "Walmart Boosts Scan & Go Self-Checkout with Mobile Coupons", *Mobile Commerce Daily*, 2 ago. 2013; "Walmart Takes on Amazon", www.warc.com, 29 mar. 2013; Farhad Manjoo, "Dot Convert", *Fast Company* (dez. 2012/jan. 2013); Shelly Banjo, "Wal-Mart Is Testing Mobile Checkout", *Wall Street Journal*, 1 set. 2012; Dennis Green, "How Walmart Turned Its $3.3 Billion Acquisition of Jet.com into its Greatest Weapon against Amazon", *Business Insider*, 29 set. 2017.

31. E. J. Schultz, "Grocery Shoppers Continue to Spend Less, Embrace Private Label", *Advertising Age*, 10 jun. 2011.

32. Matthew Boyle, "Even Better than the Real Thing", *Bloomberg Businessweek*, 28 nov. 2011.

33. Lien Lamey, Barbara Deleersnyder, Jan-Benedict E. M. Steenkamp e Marnik G. Dekimpe, "The Effect of Business-Cycle Fluctuations on Private-Label Share: What Has Marketing Conduct Got to Do with It?" *Journal of Marketing* 76 (jan. 2012), pp. 1–19.

34. Kusum Ailawadi e Bari Harlam, "An Empirical Analysis of the Determinants of Retail Margins: The Role of Store-Brand Share", *Journal of Marketing* 68 (jan. 2004), pp. 147–65.

35. Anne ter Braak, Marnik G. Dekimpe e Inge Geyskens, "Retailer Private-Label Margins: The Role of Supplier and Quality-Tier Differentiation", *Journal of Marketing* 77 (jul. 2013), pp. 86–103.

36. Para uma análise detalhada da pesquisa contemporânea sobre marcas próprias, ver Michael R. Hyman, Dennis A. Kopf e Dongdae Lee, "Private Label Brands: Benefits, Success Factors, and Future Research", *Journal of Brand Management* 17 (mar. 2010), pp. 368–89. Ver também Kusum Ailawadi, Koen Pauwels e Jan-Benedict E. M. Steenkamp, "Private Label Use and Store Loyalty", *Journal of Marketing* 72 (nov. 2008), pp. 19–30; Kristopher O. Keller, Marnik G. Dekimpe e Inge Geyskens, "Let Your Banner Wave? Antecedents and Performance Implications of Retailers' Private-Label Branding Strategies", *Journal of Marketing* 80, no. 4 (2016), pp. 1–19.

37. Matthew Boyle, "Even Better Than the Real Thing", *Bloomberg Businessweek*, 28 nov. 2011.

38. Grant Surridge, "Brands of the Year: Rediscovering the Loblaw Story", *Strategy*, 28 set. 2012; Jim Chrizan, "Loblaws Reverses Private Label Trend", *Packaging World*, 22 jan. 2010; "Loblaw Launches a New Line of Discount Store Brands", *Store Brand Decisions*, 16 fev. 2010; www.loblaw.ca/en/about-us.html. Acesso em: 26 nov. 2020.

39. Jan-Benedict E. M. Steenkamp e Nirmalya Kumar, "Don't Be Undersold", *Harvard Business Review* (dez. 2009), p. 91; Nirmalya Kumar e Jan-Benedict E. M. Steenkamp, *Private Label Strategy: How to Meet the Store-Brand Challenge* (Boston: Harvard Business School Press, 2007).

40. www.amerisourcebergen.com/abcnew/about-ourhistory. Acesso em: 26 nov. 2020.

41. www.arrow.com/en/about-arrow/overview and http://fortune.com/fortune500/arrow-electronics/. Acesso em: 26 nov. 2020.

42. Fontes do *Insight* de *marketing*: Alexander Chernev, *Strategic Marketing Management: Theory and Practice* (Chicago, IL: Cerebellum Press, 2019); Alexander Chernev e Ryan Hamilton, "Price Image in Retail Management", Katrijn Gielens e Els Gijsbrechts, eds., *Handbook of Research on Retailing* (Northampton: Edward-Elgar Publishing, 2018), pp.132–52; Ryan Hamilton e Alexander Chernev, "Low Prices Are Just the Beginning: Price Image in Retail Management", *Journal of Marketing* 77, no. 6 (2013), pp. 1–20.

43. Fontes do Destaque de *marketing*: David Aaker, "6 Reasons Why Uniqlo Is Winning", *Prophet* (19 jun. 2018); Jeff Chu, "Cheap, Chic, and Made for All: How Uniqlo Plans to Take Over Casual Fashion", *Fast Company*, 18 jun. 2012; Stuart Emmrich, "What's Smoother Than a Federer Backhand? His $300 Million Uniqlo Deal", *New York Times*, 8 set. 2018; Martin Roll, "Uniqlo – The Strategy behind the Japanese Fast Fashion Retail Brand", MartinRoll.com, 9 ago. 2018; Jack Houston, "Sneaky Ways Stores Like H&M, Zara, and Uniqlo Get You to Spend More Money on Clothes", *Business Insider*, 15 jan. 2019; www.uniqlo.com. Acesso em: 26 nov. 2020.

44. Fontes do Destaque de *marketing*: Kevin Roose, "Best Buy's Secrets for Thriving in the Amazon Age", *New York Times*, 18 set. 2017; Susan Berfield e Matthew Boyle, "Best Buy Should Be Dead, But It's Thriving in the Age of Amazon", *Bloomberg Businessweek*, 19 jul. 2018; Walter Loeb. "Best Buy Focuses on Shop-In--Shop Sales and Makes Changes for Growth", *Forbes*, 8 ago. 2016; www.statista.com/statistics/249573/global-revenue-of-best-buy. Acesso em: 24 set. 2020; www.bestbuy.com. Acesso em: 26 nov. 2020.

Capítulo 17

1. "General Motors Strengthens Core Business and Future Mobility", *press release* da General Motors, 11 jan. 2019; Jack Stewart, "With a Cadillac SUV, GM Shows a New Way to An Electric World", *Wired*, 15 jan. 2019; www.gm.com/our-company/about-gm.html. Acesso em: 26 nov. 2020.

2. Igor Ansoff, *Strategic Management* (Nova York, NY: John Wiley & Sons, 1979).

3. Diane Mermigas, "ESPN Could Be Digital Sports Nirvana", www.mediapost.com, 14 jan. 2011; www.worldofespn.com. Acesso em: 26 nov. 2020.

4. "Merck: Acquisitions & Divestments", www.merckgroup.com, 23 out. 2010; www.crunchbase.com/organization/merck-co-inc/acquisitions/acquisitions_list#section-acquisitions. Acesso em: 26 nov. 2020.

5. Peter Svensson, "Sprint's Nextel to Be Shut Off as Early as June 2013", *Huffington Post*, 29 maio 2012.

6. Alok R. Saboo, Amalesh Sharma, Anindita Chakravarty e V. Kumar, "Influencing Acquisition Performance in High-Technology Industries: The Role of Innovation and Relational Overlap", *Journal of Marketing Research* 54, no. 2 (2017), pp. 219–238.

7. Theodore Levitt, "Innovative Imitation", *Harvard Business Review* (set./out. 1966), p. 63. Ver também Steven P. Schnaars, *Managing Imitation Strategies: How*

Later Entrants Seize Markets from Pioneers (Nova York: Free Press, 1994).

8. Amir Efrati, "Clone Wars Roil App World", *Wall Street Journal*, 4 mar. 2013; Ben Rooney, "Rise of a Cloner Draws VC Fans and Critics", *Wall Street Journal*, 17 maio 2012; Brian Caulfield, "The Predator", *Forbes*, 12 mar. 2012.

9. www.ralstonfoodservice.com/ralstonbrands.html. Acesso em: 11 mar. 2021.

10. Claire Ruckin, "RLPC-Distressed Debt Investors Eye Spain's Telepizza–Bankers", *Reuters*, 8 mar. 2013; https://www.globalconveniencestorefocus.co.uk/features/happiness-delivered-by-spains-telepizza. Acesso em: 26 nov. 2020.

11. Felix Gillette, "Inside Big Pharma's Fight against the $75 Billion Counterfeit Drug Business", *Bloomberg Businessweek*, 17 jan. 2013.

12. "Pretty Profitable Parrots", *The Economist*, 12 mai. 2012.

13. Rajendra S. Sisodia, David B. Wolfe e Jagdish N. Sheth, *Firms of Endearment: How World-Class Companies Profit from Passion & Purpose* (Upper Saddle River, NJ: Wharton School Publishing, 2007); Ashlee Humphreys e Gregory S. Carpenter. "Status Games: Market Driving through Social Influence in the U.S. Wine Industry", *Journal of Marketing* 82, no. 5 (2018), pp. 141–59; Alexander Edeling e Alexander Himme, "When Does Market Share Matter? New Empirical Generalizations from a Meta-Analysis of the Market Share–Performance Relationship", *Journal of Marketing* 82, no. 3 (2018), pp. 1–24.

14. William M. Bulkeley, "Xerox Tries to Go beyond Copiers", *Wall Street Journal*, 24 fev. 2009, p. B5; Ellen McGirt, "Fresh Copy", *Fast Company* (dez. 2011/jan. 2012), pp. 130–38; Christa Carone "Xerox's Brand Repositioning Challenge", *Advertising Age*, 12 mar. 2013; www.xerox.com/en-us/about. Acesso em: 26 nov. 2020.

15. Priya Raghubir e Eric A. Greenleaf, "Ratios in Proportion: What Should the Shape of the Package Be?" *Journal of Marketing* 70 (abr. 2006), pp. 95–107; Valerie Folkes e Shashi Matta, "The Effect of Package Shape on Consumers' Judgments of Product Volume: Attention as a Mental Contaminant", *Journal of Consumer Research* 31 (set. 2004), pp. 390–401.

16. Sarah Nassaur, "The Psychology of Small Packages", *Wall Street Journal*, 15 abr. 2013.

17. Andrew Adam Newman, "Too Much Holiday Food? This Campaign's for You", *New York Times*, 29 nov. 2011.

18. John D. Cripps, "Heuristics and Biases in Timing the Replacement of Durable Products", *Journal of Consumer Research* 21 (set. 1994), pp. 304–18.

19. "Creative New Monroe Marketing Campaign Reminds Consumers to Replace Worn Shocks and Struts", www.monroe.com, 18 mar. 2013.

20. Gregory S. Carpenter e Kent Nakamoto, "Consumer Preference Formation and Pioneering Advantage", *Journal of Marketing Research* 26 (ago. 1989), pp. 285–98.

21. William T. Robinson e Sungwook Min, "Is the First to Market the First to Fail? Empirical Evidence for Industrial Goods Businesses", *Journal of Marketing Research* 39 (fev. 2002), pp. 120–28.

22. Kurt A. Carlson, Margaret G. Meloy e J. Edward Russo, "Leader-Driven Primacy: Using Attribute Order to Affect Consumer Choice", *Journal of Consumer Research* 32 (mar. 2006), pp. 513–18.

23. Gerald Tellis e Peter Golder, *Will and Vision: How Latecomers Can Grow to Dominate Markets* (Nova York: McGraw-Hill, 2001); Rajesh K. Chandy e Gerald J. Tellis, "The Incumbent's Curse? Incumbency, Size, and Radical Product Innovation", *Journal of Marketing Research* 64 (jul. 2000), pp. 1–17. Ver também Dave Ulrich e Norm Smallwood, "Building a Leadership Brand", *Harvard Business Review* (jul./ago. 2007), pp. 93–100; V. Kumar e Anita Pansari, "Competitive Advantage through Engagement", *Journal of Marketing Research* 53, no. 4 (2016), pp. 497–514.

24. Sungwook Min, Manohar U. Kalwani e William T. Robinson, "Market Pioneer and Early Follower Survival Risks: A Contingency Analysis of Really New versus Incrementally New Product–Markets", *Journal of Marketing* 70 (jan. 2006), pp. 15–35. Ver também Raji Srinivasan, Gary L. Lilien e Arvind Rangaswamy, "First In, First Out? The Effects of Network Externalities on Pioneer Survival", *Journal of Marketing* 68 (jan. 2004), pp. 41–58.

25. Tim Higgins, "GM's First Mover Disadvantage", *Bloomberg Businessweek*, 1 out. 2012.

26. Venkatesh Shankar, Gregory S. Carpenter e Lakshman Krishnamurthi, "Late Mover Advantage: How Innovative Late Entrants Outsell Pioneers", *Journal of Marketing Research* 35 (fev. 1998), pp. 54–70; Elena Reutskaja e Barbara Fasolo, "It's Not Necessarily Best to Be First", *Harvard Business Review* (jan./fev. 2013), pp. 28–29.

27. Peter N. Golder, "Historical Method in Marketing Research with New Evidence on Long-term Market Share Stability", *Journal of Marketing Research* 37 (maio 2000), pp. 156–72; Peter N. Golder e Gerald J. Tellis, "Pioneer Advantage: Marketing Logic or Marketing Legend?" *Journal of Marketing Research* 30 (maio 1993), pp. 34–46.

28. Peter N. Golder, Julie R. Irwin e Debanjan Mitra, "Long-term Market Leadership Persistence: Baselines, Economic Conditions, and Category Types", MSI Report 13-110, Marketing Science Institute (2013).

29. Frank Shyong, "Sriracha Hot Sauce Purveyor Turns Up the Heat", *Los Angeles Times*, 12 abr. 2103; Caleb Hannan, "Burning Sensation", *Bloomberg Businessweek*, 21 fev. 2013, pp. 66–69.

30. Karsten Strauss, "Sound Judgment", *Forbes*, 15 abr. 2013, pp. 68–69.
31. Robert Klara, "Burning for You", *Adweek*, 21 maio 2012; James R. Hagerty, "Zippo Preps for a Post-Smoker World", *Wall Street Journal*, 8 mar. 2011; Michael Learmonth, "Zippo Reignites Brand with Social Media, New Products", *Advertising Age*, 10 ago. 2009, p. 12; Thomas A. Fogarty, "Keeping Zippo's Flame Eternal", *USA Today*, 24 jun. 2003; www.zippo.com/pages/about-us. Acesso em: 26 nov. 2020.
32. Matt Townsend, "Under Armour Finds Feminine Side to Go beyond $2 Billion", *Bloomberg Businessweek*, 15 fev. 2013; John Kell, "Under Armour Arrives on Global Stage", *Wall Street Journal*, 3 jun. 2012, p. B2; Jeremy Mullman, "Protecting This Brand While Running Ahead", *Advertising Age*, 12 jan. 2009, p. 16; Stephanie N. Mehta, "Under Armour Reboots", *Fortune*, 2 fev. 2009, pp. 29–33. https://about.underarmour.com/about. Acesso em: 26 nov. 2020.
33. "Daimler Takes Balanced Approach", www.warc.com, 28 nov. 2012.
34. Nirmalya Kumar, Lisa Sheer e Philip Kotler, "From Market Driven to Market Driving", *European Management Journal* 18 (abr. 2000), pp. 129–42; Sudhir Voleti, Manish Gangwar e Praveen K. Kopalle. "Why the Dynamics of Competition Matter for Category Profitability", *Journal of Marketing* 81, no. 1 (2017), pp. 1–16.
35. Grande parte do restante da seção sobre *marketing proativo* é baseada em um livro esclarecedor de Leonardo Araujo e Rogerio Gava, *The Proactive Enterprise: How to Anticipate Market Changes* (Hampshire, Reino Unido: Palgrave Macmillan, 2012). Ver também Eelco Kappe, Sriram Venkataraman e Stefan Stremersch, "Predicting the Consequences of Marketing Policy Changes: A New Data Enrichment Method with Competitive Reactions", *Journal of Marketing Research* 54, no. 5 (2017), pp. 720–36.
36. Jonathan Glancey, "The Private World of the Walkman", *Guardian*, 11 out. 1999.
37. Para perspectivas contemporâneas sobre estratégias de defesa, ver Timothy Calkins, *Defending Your Brand: How Smart Companies Use Defense Strategy to Deal with Competitive Attacks* (Nova York: Palgrave Macmillan, 2012).
38. Estas seis estratégias de defesa, assim como as cinco estratégias de ataque, foram extraídas de um trabalho clássico de Philip Kotler e Ravi Singh, "Marketing Warfare in the 1980s", *Journal of Business Strategy* (Inverno 1981), pp. 30–41.
39. Jaideep Prabhu e David W. Stewart, "Signaling Strategies in Competitive Interaction: Building Reputations and Hiding the Truth", *Journal of Marketing Research* 38 (fev. 2001), pp. 62–72.
40. Yuhong Wu, Sridhar Balasubramanian e Vijay Mahajan, "When Is a Preannounced New Product Likely to Be Delayed?" *Journal of Marketing* 68 (abr. 2004), pp. 101–13; Barry L. Bayus, Sanjay Jain e Ambar G. Rao, "Truth or Consequences: An Analysis of Vaporware and New-Product Announcements", *Journal of Marketing Research* 38 (fev. 2001), pp. 3–13.
41. Marshall Eckblad, "Sara Lee No More: A Hillshire Is Born", *Wall Street Journal*, 6 jun. 2012; Emily Bryson York, "Sara Lee to Split into Two Businesses", *Los Angeles Times*, 28 jan. 2011.
42. E.J. Schultz, "Kraft's New Grocery Company Plans Marketing Boost in Search of 'Renaissance'", *Advertising Age*, 7 set. 2012; Paul Ziobro, "Kraft Defends Split", *Wall Street Journal*, 8 set. 2011; www.kraftheinzcompany.com/company.html. Acesso em: 26 nov. 2020.
43. Theodore Levitt, "Exploit the Product Life Cycle", *Harvard Business Review* 43 (nov./dez. 1965).
44. Rajesh J. Chandy, Gerard J. Tellis, Deborah J. MacInnis e Pattana Thaivanich, "What to Say When: Advertising Appeals in Evolving Markets", *Journal of Marketing Research* 38 (nov. 2001), pp. 399–414.
45. Dennis K. Berman, "Zipcar: Entrepreneurial Genius, Public-Company Failure", *Wall Street Journal*, 2 jan. 2013; Mark Clothier, "Can Hertz Outrun Zipcar in Hourly Car Rentals?" *Bloomberg Businessweek*, 29 mar. 2012; Paul Keegan, "The Best New Idea in Business", *Fortune*, 14 set. 2009, pp. 42–52; www.zipcar.com/about. Acesso em: 26 nov. 2020.
46. Rita Gunther McGrath, "Transient Advantage", *Harvard Business Review* (jun. 2013), pp. 62–70.
47. Simon Zekaria, "Electrolux Moves to Add Sizzle to Its Brand", *Wall Street Journal*, 30 set. 2012; Ola Kinnander e Kim McLaughlin, "Electrolux Wants to Rule the Appliance World", *Bloomberg Businessweek*, 28 mar. 2011; Trond Riiber Knudsen, "Escaping the Middle-Market Trap: An Interview with CEO of Electrolux", *McKinsey Quarterly* (dez. 2006), pp. 72–79; www.electroluxappliances.com/About-Electrolux/About-US/. Acesso em: 26 nov. 2020.
48. Jorge Cauz, "Encyclopadia Britannica's President on Killing Off a 244-Year-Old Product", *Harvard Business Review* (mar. 2013), pp. 39–42.
49. Laurence P. Feldman e Albert L. Page, "Harvesting: The Misunderstood Market Exit Strategy", *Journal of Business Strategy* (Primavera 1985), pp. 79–85; Philip Kotler, "Harvesting Strategies for Weak Products", *Business Horizons* (ago. 1978), pp. 15–22.
50. Stuart Elliott, "Those Shelved Brands Start to Look Tempting", *New York Times*, 21 ago. 2008.
51. Rajan Varadarajan, Mark P. DeFanti e Paul S. Busch, "Brand Portfolio, Corporate Image, and Reputation: Managing Brand Deletions", *Journal of the Academy of*

Marketing Science 34 (Primavera 2006), pp. 195–205; Nirmalya Kumar, "Kill a Brand, Keep a Customer", *Harvard Business Review* (dez. 2003), pp. 86–95.

52. Youngme Moon, "Break Free from the Product Life Cycle", *Harvard Business Review* (maio 2005), pp. 87–94.
53. John E. Swan e David R. Rink, "Fitting Market Strategy to Varying Product Life Cycles", *Business Horizons* (jan./fev. 1982), pp. 72–76; Gerald J. Tellis e C. Merle Crawford, "An Evolutionary Approach to Product Growth Theory", *Journal of Marketing* 45 (Outono 1981), pp. 125–34.
54. Theodore Levitt, "Exploit the Product Life Cycle", *Harvard Business Review* (nov./dez. 1965), pp. 81–94.
55. Katy McLaughlin, "Macaroni Grill's Order: Cut Calories, Keep Customers", *Wall Street Journal*, 16 set. 2009, p. B6.
56. Hubert Gatignon e David Soberman, "Competitive Response and Market Evolution", em Barton A. Weitz e Robin Wensley, eds., *Handbook of Marketing* (Londres, Reino Unido: Sage Publications, 2002), pp. 126–47; Robert D. Buzzell, "Market Functions and Market Evolution", *Journal of Marketing* 63 (Edição Especial 1999), pp. 61–63.
57. Fontes do *Insight de marketing*: Venkatesh Shankar, Gregory Carpenter e Lakshman Krishnamurthi, "Late-Mover Advantage: How Innovative Late Entrants Outsell Pioneers", *Journal of Marketing Research* 35 (fev. 1998), pp. 54–70; Gregory S. Carpenter e Kent Nakamoto, "The Impact of Consumer Preference Formation on Marketing Objectives and Competitive Second-Mover Strategies", *Journal of Consumer Psychology* 5 (1996), pp. 325–58.
58. Fontes do Destaque de *marketing*: Sayan Chatterjee, *Airbnb: Business Model Development and Future Challenges* (Case Western Reserve University, 2016, caso W16782); Biz Carson, "Airbnb Targets More than Travelers: Company Courts Businesses for Relocation, Team-Building", *Forbes*, 6 set. 2018; Christine Birkne, "Here's How Airbnb Disrupted the Travel Industry", *Adweek*, 26 mai. 2016; Derek Thompson, "Airbnb and the Unintended Consequences of 'Disruption'", *The Atlantic*, 17 fev. 2018; Aly Yale, "10 Years after Airbnb, Real Estate Developers See the Money in Home-sharing", *Forbes*, 17 out. 2018; Thales Teixeira e Morgan Brown, *Airbnb, Etsy, Uber: Acquiring the First Thousand Customers* (Harvard Business School Publishing, 2018, caso 9-516-094); Thales Teixeira e Morgan Brown, *Airbnb, Etsy, Uber: Growing from One Thousand to One Million Customers* (Harvard Business School Publishing, 2018, caso 9-516-108); Erin Griffith, "Airbnb Reveals Falling Revenue, With Travel Hit by Pandemic", *The New York Times*, 16 nov. 2020.
59. Fontes do Destaque de *marketing*: American Express, "Membership Rewards Program from American Express Adds Practical Rewards for Tough Economic Times", 19 fev. 2009; "American Express Company", *Encyclopaedia Britannica*; Charles Duhigg, "Amex, Challenged by Chase, Is Losing the Snob War", *New York Times*, 14 abr. 2017; https://about.americanexpress.com. Acesso em: 26 nov. 2020.

Capítulo 18

1. John Seabrook, "How to Make It", *The New Yorker*, 20 set. 2010. Rheana Murray, "We Tried Dyson's New Hair Dryer and Here's What Happened", *Today*, 27 abr. 2016; www.dyson.com. Acesso em: 26 nov. 2020.
2. Robert Safian, "Terry Kelly, the 'Un-CEO' of W. L. Gore, on How to Deal with Chaos: Grow Up", *Fast Company*, out. 2012; Gary Hamel, "W. L. Gore: Lessons from a Management Revolutionary", *Wall Street Journal*, 18 mar. 2010; www.gore.com/about. Acesso em: 26 nov. 2020.
3. Saim Kashmiri e Vijay Mahajan, "Values That Shape Marketing Decisions: Influence of Chief Executive Officers' Political Ideologies on Innovation Propensity, Shareholder Value, and Risk", *Journal of Marketing Research* 54, no. 2 (2017), pp. 260–78.
4. Eddie Yoon e Linda Deeken, "Why It Pays to Be a Category Creator", *Harvard Business Review* (mar. 2013), pp. 21–23.
5. Eric (Er) Fang, Jongkuk Lee, Robert Palmatier e Shunping Han, "If It Takes a Village to Foster Innovation, Success Depends on the Neighbors: The Effects of Global and Ego Networks on New Product Launches", *Journal of Marketing Research* 53, no. 3 (2016), pp. 319–37; Tereza Dean, David A. Griffith e Roger J. Calantone, "New Product Creativity: Understanding Contract Specificity in New Product Introductions", *Journal of Marketing* 80, no. 2 (2016), pp. 39–58.
6. Anne VanderMey, "Dell Gets in Touch with Its Inner Entrepreneur", *Fortune*, 12 dez. 2011.
7. John Bessant, Kathrin Moslein e Bettina Von Stamm, "In Search of Innovation" *Wall Street Journal*, 22 mar. 2009; JC Spender e Bruce Strong, "Who Has Innovative Ideas? Employees", *Wall Street Journal*, 14 jun. 2012.
8. A seção sobre a abordagem de *stage-gate* ao desenvolvimento de novas ofertas foi adaptada de Alexander Chernev, *Strategic Marketing Management: Theory and Practice* (Chicago, IL: Cerebellum Press, 2019).
9. Richard Barrett, "Tata Steel's Cutting Edge", *Metal Bulletin Weekly*, 13 ago. 2012.
10. Andrew T. Stephen, Peter Pal Zubcsek e Jacob Goldenberg, "Lower Connectivity Is Better: The Effects of Network Structure on Redundancy of Ideas and Customer Innovativeness in Interdependent Ideation Tasks", *Journal of Marketing Research* 53, no. 2 (2016), pp. 263–29.

11. Jens Martin Skibsted e Rasmus Bech Hansen, "User-Led Innovation Can't Create Breakthroughs; Just Ask Apple and Ikea", *Fast Company*, 15 fev. 2011.
12. Baojun Jiang e Hongyan Shi, "Intercompetitor Licensing and Product Innovation", *Journal of Marketing Research* 55, no. 5 (2018), pp. 738–51.
13. Hidehiko Nishikawa, Martin Schreier, Christoph Fuchs e Susumu Ogawa, "The Value of Marketing Crowdsourced New Products as Such: Evidence from Two Randomized Field Experiments", *Journal of Marketing Research* 54, no. 4 (2017), pp. 525–39; Woojung Chang e Steven A. Taylor, "The Effectiveness of Customer Participation in New Product Development: A Meta-Analysis", *Journal of Marketing* 80, no. 1 (2016), pp. 47–64; B. J. Allen, Deepa Chandrasekaran e Suman Basuroy, "Design Crowdsourcing: The Impact on New Product Performance of Sourcing Design Solutions from the 'Crowd'", *Journal of Marketing* 82, no. 2 (2018), pp. 106–23.
14. Bruce Horovitz, "Savvy Marketers Let Consumers Call the Shots", *USA Today*, 24 mar. 2011; www.baskinrobbins.com/content/baskinrobbins/en/aboutus.html. Acesso em: 26 nov. 2020.
15. Barrett Sheridan, "It's Getting Crowded in Here", *Newsweek*, 11 set. 2008.
16. Rupinder P. Jindal, Kumar R. Sarangee, Raj Echambadi e Sangwon Lee. "Designed to Succeed: Dimensions of Product Design and Their Impact on Market Share", *Journal of Marketing* 80, no. 4 (2016), pp. 72–89.
17. Cindy Atoji Keene, "Shoe Tester Puts His Sole into the Job", *Boston Globe*, 4 nov. 2012.
18. Ashish Sood e V. Kumar, "Analyzing Client Profitability across Diffusion Segments for a Continuous Innovation", *Journal of Marketing Research* 54, no. 6 (2017), pp. 932–51.
19. Austin Carr, "Starbucks's Leap of Faith", *Fast Company*, jun. 2013, pp. 46–48; www.starbucks.com/about-us/company-information. Acesso em: 26 nov. 2020.
20. Amalesh Sharma, Alok R. Saboo e V. Kumar, "Investigating the Influence of Characteristics of the New Product Introduction Process on Firm Value: The Case of the Pharmaceutical Industry", *Journal of Marketing* 82, no. 5 (2018), pp. 66–85.
21. Jessica Muller-Stewens, Tobias Schlager, Gerald Haubl e Andreas Herrmann, "Gamified Information Presentation and Consumer Adoption of Product Innovations", *Journal of Marketing* 81, no. 2 (2017), pp. 8–24; Nooshin L. Warren e Alina Sorescu, "Interpreting the Stock Returns to New Product Announcements: How the Past Shapes Investors' Expectations of the Future", *Journal of Marketing Research* 54, no. 5 (2017), pp. 799–815; Nooshin L. Warren e Alina Sorescu. "When 1 + 1 > 2: How Investors React to New Product Releases Announced Concurrently with Other Corporate News", *Journal of Marketing* 81, no. 2 (2017), pp. 64–82; Taewan Kim e Tridib Mazumdar, "Product Concept Demonstrations in Trade Shows and Firm Value", *Journal of Marketing* 80, no. 4 (2016), pp. 90–108.
22. Ted Marzilli, "Fresh Ticket Oak Campaign a Boost for StubHub Perception", *Forbes,* 23 mai. 2013; Mallory Russell, "Five Questions with StubHub's CMO", *Ad Age,* 23 out. 2012; Dinah Eng, "StubHub: Anatomy of a Game-Changing Idea", *Fortune,* 23 jul. 2012; https://chainstoreage.com/ebay-completes-multi-billion-dollar-sale-stubhub. Acesso em: 26 nov. 2020; www.stubhub.com/aboutus. Acesso em: 26 nov. 2020.
23. Fontes do *Insight* de *marketing*: Everett M. Rogers, *Diffusion of Innovations* (Nova York: Free Press, 1962); Geoffrey Moore, *Crossing the Chasm: Marketing and Selling High-Tech Products to Mainstream Customers* (Nova York: HarperBusiness, 1991); Alexander Chernev, *Strategic Marketing Management: Theory and Practice* (Chicago, IL: Cerebellum Press, 2019).
24. Fontes do Destaque de *marketing*: Elizabeth MacBride, "How Honest Tea Conquered the US Beverage Market", CNBC, 12 nov. 2015; "Honest Tea Founders Tell Their Story of Not-Too-Sweet Success", NPR, 30 ago. 2013; Eric T. Wagner, "Honest Tea: A $100 Million Brand 15 Years in the Making", *Forbes*, 8 jan. 2014; www.honesttea.com. Acesso em: 26 nov. 2020.
25. Fontes do Destaque de *marketing*: Alex Pasternack, "How WeChat Became China's App for Everything", *Fast Company*, 29 jun. 2017; Shannon Liao, "How WeChat Came to Rule China", *The Verge*, 1 fev. 2018; Thomas Graziani, "What Are WeChat Mini-Programs? A Simple Introduction", *WalktheChat*, 14 nov. 2017; Arjun Kharpal, "Everything You Need to Know about WeChat-China's Billion-User Messaging App", CNBC, 3 fev. 2019.

Capítulo 19

1. Melanie Whelan, "SoulCycle's CEO on Sustaining Growth in a Faddish Industry", *Harvard Business Review* (jul./ago. 2017); Nicole Hong, "How I Built It: Cycling Chain SoulCycle Spins into Fast Lane", *Wall Street Journal*, 18 set. 2013; www.soul-cycle.com/our-story. Acesso em: 26 nov. 2020.
2. Philip Kotler, Hermawan Kartajaya e Iwan Setiawan, *Marketing 4.0: Moving from Traditional to Digital* (John Wiley & Sons, 2016). Ver também David Court, Dave Elzinga, Susan Mulder e Ole Jorgen Vetvik, "The Consumer Decision Journey", *McKinsey Quarterly* (1 jun. 2009).
3. Frederick F. Reichheld, *Loyalty Rules* (Boston: Harvard Business School Press, 2001); Frederick F. Reichheld, *The Loyalty Effect* (Boston: Harvard Business School Press, 1996). Ver também Sungwook Min, Xubing Zhang, Namwoon Kim e Rajendra K. Srivastava,

"Customer Acquisition and Retention Spending: An Analytical Model and Empirical Investigation in Wireless Telecommunications Markets", *Journal of Marketing Research* 53, no. 5 (2016), pp. 728–44; V. Kumar, Agata Leszkiewicz e Angeliki Herbst, "Are You Back for Good or Still Shopping Around? Investigating Customers' Repeat Churn Behavior", *Journal of Marketing Research* 55, no. 2 (2018), pp. 208–25; Christophe Van Den Bulte, Emanuel Bayer, Bernd Skiera e Philipp Schmitt, "How Customer Referral Programs Turn Social Capital into Economic Capital", *Journal of Marketing Research* 55, no. 1 (2018), pp. 132–46.

4. Michael Lewis, "Customer Acquisition Promotions and Customer Asset Value", *Journal of Marketing Research* 63 (May 2006), pp. 195–203. Ver também Romana Khan, Michael Lewis e Vishal Singh, "Dynamic Customer Management and the Value of One-to-One Marketing", *Marketing Science* 28 (nov./dez. 2009), pp. 1063–79.

5. Susan M. Keaveney, "Customer Switching Behavior in Service Industries: An Exploratory Study", *Journal of Marketing* 59 (abr. 1995), pp. 71–82.

6. Jacquelyn S. Thomas, Robert C. Blattberg e Edward J. Fox, "Recapturing Lost Customers", *Journal of Marketing Research* 61 (fev. 2004), pp. 31–45.

7. Werner Reinartz e V. Kumar, "The Impact of Customer Relationship Characteristics on Profitable Lifetime Duration", *Journal of Marketing* 67 (jan. 2003), pp. 77–99; Werner Reinartz e V. Kumar, "The Mismanagement of Customer Loyalty", *Harvard Business Review* (jul. 2002), pp. 86–97.

8. Gary Hamel, "Strategy as Revolution", *Harvard Business Review*, jul./ago. 1996, pp. 69–82; Leonard L. Berry e A. Parasuraman, *Marketing Services: Computing through Quality* (Nova York: Free Press, 1991), pp. 136–42.

9. Priya Krishna, "How Wegmans Inspired the Most Rabid Fanbase in the Grocery World", *Thrillist*, 15 fev. 2017; https://www.wegmans.com/about-us. Acesso em: 26 nov. 2020.

10. Michael Tsiros, Vikas Mittal e William T. Ross Jr., "The Role of Attributions in Customer Satisfaction: A Reexamination", *Journal of Consumer Research* 31 (set. 2004), pp. 476–83. Para um exame sucinto, ver Richard L. Oliver, "Customer Satisfaction Research", em Rajiv Grover and Marco Vriens, eds., *Handbook of Marketing Research* (Thousand Oaks, CA: Sage Publications, 2006), pp. 569–87. Para uma discussão aprofundada, ver Richard L. Oliver, *Satisfaction: A Behavioral Perspective on the Consumer* (Armonk, NY: M. E. Sharpe, 2010).

11. Jennifer Aaker, Susan Fournier e S. Adam Brasel, "When Good Brands Do Bad", *Journal of Consumer Research* 31 (jun. 2004), pp. 1–16; Pankaj Aggrawal, "The Effects of Brand Relationship Norms on Consumer Attitudes and Behavior", *Journal of Consumer Research* 31 (jun. 2004), pp. 87–101; Florian Stahl, Mark Heitmann, Donald R. Lehmann e Scott A. Neslin, "The Impact of Brand Equity on Customer Acquisition, Retention, and Profit Margin", *Journal of Marketing* 76 (jul. 2012), pp. 44–63.

12. Vikas Mittal, William T. Ross e Patrick M. Baldasare, "The Asymmetric Impact of Negative and Positive Attribute-Level Performance on Overall Satisfaction and Repurchase Intentions", *Journal of Marketing* 62 (jan. 1998), pp. 333–47.

13. James C. Ward e Amy L. Ostrom, "Complaining to the Masses: The Role of Protest Framing in Customer-Created Complaint Sites", *Journal of Consumer Research* 33 (set. 2006), pp. 220–30.

14. Para uma discussão conceitual detalhada, ver Peter N. Golder, Debanjan Mitra e Christine Moorman, "What Is Quality? An Integrative Framework of Processes and States", *Journal of Marketing* 76 (jul. 2012), pp. 1–23.

15. Para uma pesquisa clássica e influente, ver Robert D. Buzzell e Bradley T. Gale, "Quality Is King", *The PIMS Principles: Linking Strategy to Performance* (Nova York: Free Press, 1987), pp. 103–34. (PIMS significa *profit impact of market strategy*, ou impacto de lucro da estratégia de *marketing*.)

16. Jena McGregor, "Putting Home Depot's House in Order", *Bloomberg BusinessWeek*, 14 maio 2009; Katie Benner, "The Other Side of Home Improvement", *Fortune*, 29 out. 2012; https://corporate.homedepot.com/about/history. Acesso em: 26 nov. 2020.

17. Neil A. Morgan, Eugene W. Anderson e Vikas Mittal, "Understanding Firms' Customer Satisfaction Information Usage", *Journal of Marketing* 69 (jul. 2005), pp. 131–51.

18. Timothy L. Keiningham, Lerzan Aksoy, Alexander Buoye e Bruce Cooil, "Customer Loyalty Isn't Enough. Grow Your Share of Wallet", *Harvard Business Review*, out. 2011, pp. 29–31.

19. Eugene W. Anderson e Claes Fornell, "Foundations of the American Customer Satisfaction Index", *Total Quality Management* 11 (set. 2000), pp. S869–82; Eugene W. Anderson, Claes Fornell e Sanal K. Mazvancheryl, "Customer Satisfaction and Shareholder Value", *Journal of Marketing* 68 (out. 2004), pp. 172–85.

20. Para uma revisão completa e perceptiva, ver Vikas Mittal e Carly Frenna, "Customer Satisfaction: A Strategic Review and Guidelines for Managers", *Fast Forward Series*, (Cambridge, MA: Marketing Science Institute, 2010). Ver também Claes Fornell, Sunil Mithas, Forrest V. Morgeson III e M. S. Krishnan, "Customer Satisfaction and Stock Prices: High Returns, Low Risk", *Journal of Marketing* 70 (jan. 2006), pp. 3–14.

21. Para uma comparação empírica de diferentes métodos para medir a satisfação do cliente, ver Neil A. Morgan

e Lopo Leotto Rego, "The Value of Different Customer Satisfaction and Loyalty Metrics in Predicting Business Performance", *Marketing Science* 25 (set./out. 2006), pp. 426–39.

22. Adam M. Grant, "How Customers Can Rally Troops", *Harvard Business Review*, jun. 2011, pp. 96–103.

23. Frederick F. Reichheld, "Learning from Customer Defections", *Harvard Business Review*, 3 mar. 2009, pp. 56–69.

24. Dinah Eng "How Maxine Clark Built Build-A-Bear", *Fortune*, 19 mar. 2012.

25. Joseph C. Nunes e Xavier Dreze, "Feeling Superior: The Impact of Loyalty Program Structure on Consumers' Perception of Status", *Journal of Consumer Research* 35 (abr. 2009), pp. 890–905; Joseph C. Nunes e Xavier Dreze, "Your Loyalty Program Is Betraying You", *Harvard Business Review* (abr. 2006), pp. 124–31.

26. Lindsey Peacock, "10 Examples of Innovative Customer Loyalty Programs", *Shopify*, 4 set. 2018; https://www.designerbrands.com/our-brands/designer-shoe-warehouse. Acesso em: 26 nov. 2020.

27. James H. McAlexander, John W. Schouten e Harold F. Koenig, "Building Brand Community", *Journal of Marketing* 66 (jan. 2002), pp. 38–54; Albert M. Muniz Jr. e Thomas C. O'Guinn, "Brand Community", *Journal of Consumer Research* 27 (mar. 2001), pp. 412–32; Susan Fournier e Lara Lee, "Getting Brand Communities Right", *Harvard Business Review* (abr. 2009), pp. 105–11.

28. Joseph Weber, "Harley Just Keeps on Cruisin'", *Bloomberg BusinessWeek*, 6 nov. 2006, pp. 71–72; Robert Klara, "A Whole Different Hog", *Adweek*, 23 jul. 2012, p. 40; www.harleydavidson.com. Acesso em: 26 nov. 2020.

29. Christina Chaey, "How to Create Community", *Fast Company* (fev. 2012), p. 16.

30. Scott A. Thompson e Rajiv K. Sinha, "Brand Communities and New Product Adoption: The Influence and Limits of Oppositional Loyalty", *Journal of Marketing* 72 (nov. 2008), pp. 65–80.

31. Mavis T. Adjei, Charles H. Noble e Stephanie M. Noble, "Enhancing Relationships with Customers through Online Brand Communities", *MIT Sloan Management Review* (Verão 2012), pp. 22–24.

32. Para um conjunto abrangente de artigos com diversas perspectivas sobre relações de marca, ver Deborah J. MacInnis, C. Whan Park e Joseph R. Preister, eds., *Handbook of Brand Relationships* (Armonk, NY: M. E. Sharpe, 2009).

33. Peter C. Verhoef e Katherine N. Lemon, "Customer Value Management: Optimizing the Value of the Customer's Base", *Fast Forward Series* (Cambridge, MA: Marketing Science Institute, 2011); Eva Ascarza, Peter Ebbes, Oded Netzer e Matthew Danielson, "Beyond the Target Customer: Social Effects of Customer Relationship Management Campaigns", *Journal of Marketing Research* 54, no. 3 (2017), pp. 347–63.

34. www.dunnhumby.com/about-us. Acesso em: 26 nov. 2020.

35. Tim Hume, "BA Googles Passengers: Friendlier Flights or Invasion of Privacy?" CNN, 22 ago. 2012; https://www.britishairways.com/en-us/information/about-ba. Acesso em: 26 nov. 2020.

36. V. Kumar, Rajkumar Venkatesan e Werner Reinartz, "Knowing What to Sell, When, and to Whom", *Harvard Business Review* (mar. 2006), pp. 131–37.

37. Mike Isaac, "The New Social Network That Isn't New at All", *New York Times*, 19 mar. 2019.

38. Rob Walker, "Amateur Hour, Web Style", *Fast Company* (out. 2007), p. 87.

39. Martin Mende, Ruth N. Bolton e Mary Jo Bitner, "Decoding Customer–Firm Relationships: How Attachment Styles Help Explain Customers' Preferences for Closeness, Repurchase Intentions, and Changes in Relationship Breadth", *Journal of Marketing Research* 50 (fev. 2013), pp. 125–42.

40. Carolyn Heller Baird e Gautam Parasnis, *From Social Media to Social CRM* (Somers, NY: IBM Corporation, 2011).

41. Para algumas perspectivas comportamentais sobre recomendações e revisões, ver Rebecca Walker Naylor, Cait Poynor Lamberton e David A. Norton, "Seeing Ourselves in Others: Reviewer Ambiguity, Egocentric Anchoring, and Persuasion", *Journal of Marketing Research* 48 (maio 2011), pp. 617–31.

42. Amy Farley, "Hotel Handbook", *Travel + Leisure* (jun. 2012), p. 168.

43. Josh Constine, "TripAdvisor Aims to Beat Yelp with Social, Revives Restaurant 'Local Picks' Facebook App", www.techcrunch.com, 20 jun. 2012; https://tripadvisor.mediaroom.com. Acesso em: 26 nov. 2020.

44. Shrihari Sridhar e Raj Srinivasan, "Social Influence Effect in Online Product Ratings", *Journal of Marketing* 76 (set. 2012), pp. 70–88; Joanna Stern, "Is It Really Five Stars? How to Spot Fake Amazon Reviews", *Wall Street Journal*, 20 dez. 2018.

45. Shelley Banjo, "Firms Take Online Reviews to Heart", *Wall Street Journal*, 29 jul. 2012.

46. Nick Wingfield, "High Scores Matter to Game Makers, Too", *Wall Street Journal*, 20 set. 2007, p. B1. Ver também Yubo Chen, Yong Liu e Jurui Zhang, "When Do Third-Party Product Reviews Affect Firm Value and What Can Firms Do? The Case of Media Critics and Professional Movie Reviews", *Journal of Marketing* 75 (set. 2011), pp. 116–34.

47. Candice Choi, "Bloggers Serve Up Opinions", *Associated Press*, 23 mar. 2008; Maura Smith, "What

Agencies Need to Know about the FTC's Influencer Guidelines", *Forbes*, 13 dez. 2018.
48. Jonah Berger, Alan T. Sorensen e Scott J. Rasmussen, "Positive Effects of Negative Publicity: When Negative Reviews Increase Sales", *Marketing Science* 29, no. 5 (2010), pp. 815–27; Elizabeth Holms, "When Shopping Online, Can You Trust the Reviews?" *Wall Street Journal*, 29 nov. 2016.
49. Piyush Sharma, Roger Marshall, Peter Alan Reday e WoonBong Na, "Complainers vs. Non-Complainers: A Multi-National Investigation of Individual and Situational Influences on Customer Complaint Behaviour", *Journal of Marketing Management* 26 (fev. 2010), pp. 163–80.
50. Andrew McMains, "Airline Lost Your Luggage? Tell It to Twitter", *Adweek*, 20 fev. 2012, p. 12.
51. Philip Kotler, *Kotler on Marketing* (Nova York: Free Press, 1999), pp. 21–22; Jochen Wirtz, "How to Deal with Customer Shakedowns", *Harvard Business Review* (abr. 2011), p. 24.
52. Lea Dunn e Darren W. Dahl, "Self-threat and Product Failure: How Internal Attributions of Blame Impact Consumer Complaining Behavior", *Journal of Marketing Research* 49 (out. 2012), pp. 670–81.
53. Julie Jargon, Emily Steel e Joann S. Lublin, "Taco Bell Makes Spicy Retort to Suit", *Wall Street Journal*, 31 jan. 2011.
54. Timothy L. Keiningham, Terry G. Vavra, Lerzan Aksoy e Henri Wallard, *Loyalty Myths* (Hoboken, NJ: John Wiley & Sons, 2005).
55. Roland T. Rust, Valerie A. Zeithaml e Katherine A. Lemon, "Measuring Customer Equity and Calculating Marketing ROI", em Rajiv Grover e Marco Vriens, eds., *Handbook of Marketing Research* (Thousand Oaks, CA: Sage Publications, 2006), pp. 588–601.
56. Robert C. Blattberg e John Deighton, "Manage Marketing by the Customer Equity Test", *Harvard Business Review* (jul./ago. 1996), pp. 136–44.
57. "Easier Than ABC", *The Economist*, 25 out. 2003, p. 56; Robert S. Kaplan e Steven R. Anderson, *Time-Driven Activity-Based Costing* (Boston MA: Harvard Business School Press, 2007); "Activity-Based Accounting", *The Economist*, 29 jun. 2009. Ver também Morten Holm, V. Kumar e Carsten Rohde, "Measuring Customer Profitability in Complex Environments: An Interdisciplinary Contingency Framework", *Journal of the Academy of Marketing Science* 40 (mai. 2012), pp. 387–401.
58. Robert Leone, Vithala Rao, Kevin Lane Keller, Man Luo, Leigh McAlister e Rajendra Srivatstava, "Linking Brand Equity to Customer Equity", *Journal of Service Research* 9 (nov. 2006), pp. 125–38; Niraj Dawar, "What Are Brands Good For?" *MIT Sloan Management Review* 46 (Outono 2004), pp. 31–37. Para uma análise detalhada da relação entre *brand equity* e CLV, ver Florian Stahl, Mark Heitmann, Donald R. Lehmann e Scott A. Neslin, "The Impact of Brand Equity on Customer Acquisition, Retention, and Profit Margin", *Journal of Marketing* 76 (jul. 2012), pp. 44–63. Para uma análise aprofundada sobre *customer equity*, ver Peter Fader, *Customer Centricity: Focus on the Right Customers for Strategic Advantage*, 2nd ed. (Wharton Executive Essentials).
59. Michael D. Johnson e Fred Selnes, "Diversifying Your Customer Portfolio", *MIT Sloan Management Review* 46 (Primavera 2005), pp. 11–14; Crina O. Tarasi, Ruth N. Bolton, Michael D. Hutt e Beth A. Walker, "Balancing Risk and Return in a Customer Portfolio", *Journal of Marketing* 75 (maio 2011), pp. 1–17.
60. Denish Shah e V. Kumar, "The Dark Side of Cross-Selling", *Harvard Business Review* (dez. 2012), pp. 21–23; Denish Shah, V. Kumar, Yingge Qu e Sylia Chen, "Unprofitable Cross-buying: Evidence from Consumer and Business Markets", *Journal of Marketing* 76 (maio 2012), pp. 78–95.
61. Sunil Gupta e Carl F. Mela, "What Is a Free Customer Worth?" *Harvard Business Review* (nov. 2008), pp. 102–9.
62. Shankar Ganesan (1994), "Determinants of Long-Term Orientation in Buyer-Seller Relationships", *Journal of Marketing* 58 (abr.), pp. 1–19; Peter Kim, Donald Ferrin, Cecily Cooper e Kurt Dirks (2004), "Removing the Shadow of Suspicion: The Effects of Apology versus Denial for Repairing Competence versus Integrity-Based Trust Violations", *Journal of Applied Psychology* 89, no. 1, pp. 104–18; Roger Mayer, James Davis e F. David Schoorman, "An Integrative Model of Organizational Trust", *Academy of Management Review* 20, no. 3 (1995), pp. 709–34.
63. Kent Grayson e Tim Ambler, "The Dark Side of Long-Term Relationships in Marketing Services", *Journal of Marketing Research* 36, no. 1 (1999), pp. 132–41; Susan Fiske, Amy Cuddy e Peter Glick, "Universal Dimensions of Social Cognition: Warmth and Competence", *Trends in Cognitive Science* 11, no. 2 (2007), pp. 77–83.
64. O material desta seção foi desenvolvido pelo professor Kent Grayson, Kellogg School of Management, Northwestern University.
65. V. Kumar, "Customer Lifetime Value", em Rajiv Grover e Marco Vriens, eds., *Handbook of Marketing Research* (Thousand Oaks, CA: Sage Publications, 2006), pp. 602–27; Sunil Gupta, Donald R. Lehmann e Jennifer Ames Stuart, "Valuing Customers", *Journal of Marketing Research* 61 (fev. 2004), pp. 7–18; V. Kumar, "Profitable Relationships", *Marketing Research* 18 (Outono 2006), pp. 41–46. Daniel M. McCarthy, Peter S. Fader e Bruce G. S. Hardie, "Valuing Subscription-Based Businesses Using Publicly Disclosed Customer Data", *Journal of Marketing* 81, no. 1 (2017), pp. 17–35;

Sarang Sunder, V. Kumar e Yi Zhao, "Measuring the Lifetime Value of a Customer in the Consumer Packaged Goods Industry", *Journal of Marketing Research* 53, no. 6 (2016), pp. 901–21.

66. Para análise e discussão, ver V. Kumar, "A Theory of Customer Valuation: Concepts, Metrics, Strategy, and Implementation", *Journal of Marketing* 82, no. 1 (2018), pp. 1–19; Teck-Hua Ho, Young-Hoon Park e Yong-Pin Zhou, "Incorporating Satisfaction into Customer Value Analysis: Optimal Investment in Lifetime Value", *Marketing Science* 25 (maio/jun. 2006), pp. 260–77; Peter S. Fader, Bruce G. S. Hardie e Ka Lok Lee, "RFM and CLV: Using Iso-Value Curves for Customer Base Analysis", *Journal of Marketing Research* 62 (nov. 2005), pp. 415–30; Daniel M. McCarthy e Peter S. Fader, "Customer-Based Corporate Valuation for Publicly Traded Noncontractual Firms", *Journal of Marketing Research* 55, no. 5 (2018), pp. 617–35.

67. Fontes do *Insight de marketing*: Fred Reichheld, *Ultimate Question: For Driving Good Profits and True Growth* (Boston, MA: Harvard Business School Press, 2006); Fred Reichheld, "The One Number You Need to Grow", *Harvard Business Review* 81 (dez. 2003), pp. 46-55; Randy Hanson, "Life after NPS", *Marketing Research* (Verão 2011), pp. 8–11; Jenny van Doorn, Peter S. H. Leeflang e Marleen Tijs, "Satisfaction as a Predictor of Future Performance: A Replication", *International Journal of Research in Marketing* 30 (set. 2013), pp. 314–18.

68. Fontes do Destaque de *marketing*: Simone Ahuja, "What Stitch Fix Figured Out about Mass Customization", *Harvard Business Review* 26, 27 mai. 2015; Tracey Lien, "Stitch Fix Founder Katrina Lake Built One of the Few Successful E-commerce Subscription Services", *Los Angeles Times*, 9 jun. 2017; Veronika Sonsev, "Can Algorithms Replace Humans at Stitch Fix?" *Forbes*, 16 mar. 2018; Katrina Lake, "Stitch Fix's CEO on Selling Personal Style to the Mass Market", *Harvard Business Review* (mai./jun. 2018), pp. 35-40; https://www.stitchfix.com/about. Acesso em: 26 nov. 2020.

69. Fontes do Destaque de *marketing*: Michael Bush, "Why Harrah's Loyalty Effort Is Industry's Gold Standard", *Ad Age*, 5 out. 2009; "Caesars Entertainment's Total RewardsR Loyalty Program Wins", *MarketWatch*, 9 out. 2018; Bernard Marr, "Big Data at Caesars Entertainment – A One Billion Dollar Asset?" *Forbes*, 1 jul. 2015; Kamram Ahsan, Earl Gordon, Amir Faragalla, Asha Jain, Abid Mohsin e Guangyu Shi, *Harrah's Entertainment Inc.*, Stanford Graduate School of Business (2006), Caso GS-50; Victoria Chang e Jeffrey Pfeffer, *Gary Loveman and Harrah's Entertainment*, Stanford Graduate School of Business (2003), Caso OB-45; https://www.prnewswire.com/news-releases/caesars-entertainment-to-acquire-william-hill-for-2-9-billion-301141623.html. Acesso em: 26 nov. 2020.

Capítulo 20

1. www.jdpower.com/business/press-releases/2018-us-initial-quality-study-iqs. Acesso em: 27 nov. 2020.

2. Alex Taylor III, "Hyundai Smokes the Competition", *Fortune*, 18 jan. 2010, pp. 62–71; www.hyundai.com/worldwide/en. Acesso em: 27 nov. 2020.

3. Leslie Kwoh, "Cinnabon Finds Sweet Success in Russia, Mideast", *Wall Street Journal*, 25 dez. 2012.

4. Rajdeep Grewal, Alok Kumar, Girish Mallapragada e Amit Saini, "Marketing Channels in Foreign Markets: Control Mechanisms and the Moderating Role of Multinational Corporation Headquarters–Subsidiary Relationship", *Journal of Marketing Research* 50 (jun. 2013), pp. 378–98.

5. Paul Sonne e Peter Evans, "The $1.6 Billion Grocery Flop: Tesco Poised to Quit U.S.", *Wall Street Journal*, 5 dez, 2012; Paul Sonne, "At Tesco Expansion Takes a Back Seat", *Wall Street Journal*, 7 nov. 2012; www.tescoplc.com/about-us/history/. Acesso em: 27 nov. 2020.

6. Karen Cho, "KFC China's Recipe for Success", *Forbes India*, 28 out. 2009; *Staying the Course: Yum! Annual Report 2012*; Diane Brady, "KFC's Big Game of Chicken", *Bloomberg Businessweek*, 29 mar. 2012; Drew Hinshaw, "As KFC Goes to Africa It Lacks Only One Thing: Chickens", *Wall Street Journal*, 8 fev. 2013; www.statista.com/statistics/256793/kfc-restaurants-worldwide-by-geographic-region. Acesso em: 27 nov. 2020.

7. Adaptado de Vijay Mahajan, Marcos V. Pratini De Moraes e Jerry Wind, "The Invisible Global Market", *Marketing Management* (Inverno 2000), pp. 31–35. Ver também Joseph Johnson e Gerard J. Tellis, "Drivers of Success for Market Entry into China and India", *Journal of Marketing* 72 (mai. 2008), pp. 1–13; Tarun Khanna e Krishna G. Palepu, "Emerging Giants: Building World-Class Companies in Developing Countries", *Harvard Business Review*, out. 2006, pp. 60–69.

8. Matthew Boyle, "In Emerging Markets, Unilever Finds a Passport to Profit", *Bloomberg Businessweek*, 3 jan. 2013.

9. Manjeet Kripalani, "Battling for Pennies in India's Villages", *Bloomberg BusinessWeek*, 10 jun. 2002, p. 22.

10. Carlos Niezen e Julio Rodriguez, "Distribution Lessons from Mom and Pop", *Harvard Business Review* (abr. 2008); Sagar Malviya e Maulik Vyas, "Modern Retailing Outgrowing Kirana Stores in India", *The Economic Times*, 16 jun. 2011.

11. Jagdish N. Sheth, "Impact of Emerging Markets on Marketing: Rethinking Existing Perspectives

and Practices", *Journal of Marketing* 75 (jul. 2011), pp. 166–82.

12. Bart J. Bronnenberg, Jean-Pierre Dube e Sanjay Dhar, "Consumer Packaged Goods in the United States: National Brands, Local Branding", *Journal of Marketing Research* 44 (fev. 2007), pp. 4–13; Bart J. Bronnenberg, Jean-Pierre Dube e Sanjay Dhar, "National Brands, Local Branding: Conclusions and Future Research Opportunities", *Journal of Marketing Research* 44 (fev. 2007), pp. 26–28; Bart J. Bronnenberg, Sanjay K. Dhar e Jean-Pierre Dube, "Brand History, Geography, and the Persistence of CPG Brand Shares", *Journal of Political Economy* 117 (fev. 2009), pp. 87–115.

13. Bryan Gruley e Shruit Date Singh, "Big Green Profit Machine", *Bloomberg Businessweek*, July 5, 2012; www.statista.com/topics/2724/johndeere. Acesso em: 27 nov. 2020.

14. Kerry Capell, "Vodafone: Embracing Open Source with Open Arms", *Bloomberg BusinessWeek*, 20 abr. 2009, pp. 52–53; "Call the Carabiniere", *The Economist*, 16 mai. 2009, p. 75; *Vodafone Annual Report*, www.vodfone.com, 31 mar. 2012; www.vodafone.com/content/index/investors/about_us.html. Acesso em: 27 nov. 2020.

15. Ashley Turner, "Why There Are Almost No Starbucks in Australia", *CNBC*, 25 jul. 2018.

16. E. J. Schultz, "SABMiller Thinks Globally, But Gets 'Intimate' Locally", *Advertising Age*, 4 out. 2010; Clementine Fletcher, "SABMiller Tries Selling African Home-Brew", *Bloomberg Businessweek*, 19 mar. 2012; www.ab-inbev.com/who-we-are/heritage.html. Acesso em: 27 nov. 2020.

17. Gail Edmondson, "Skoda Means Quality. Really", *Bloomberg BusinessWeek*, 1 out. 2007, p. 46; www.skoda-auto.com/company/about. Acesso em: 27 nov. 2020.

18. Gail Edmondson, "Skoda Means Quality. Really", *Bloomberg BusinessWeek*, 1 out. 2007, p. 46. http://www.skoda-auto.com/company/about and www.skoda-auto.com/news/newsdetail/sales-2018. Acesso em: 27 nov. 2020.

19. Patti Waldmeir, "Oreo Takes the Biscuit for Its China Reinvention", *Financial Times*, 7 mar. 2012; https://www.prnewswire.com/news-releases/oreos-six-flavors-a-new-star-on-social-media-300855804.html. Acesso em: 27 nov. 2020.

20. Deepa Chandrasekaran e Gerard J. Tellis, "Global Takeoff of New Products: Culture, Wealth, or Vanishing Differences?" *Marketing Science* 27 (set./out. 2008), pp. 844–60.

21. Para alguns temas organizacionais na adaptação, ver Julien Cayla e Lisa Penaloza, "Mapping the Play of Organizational Identity in Foreign Market Adaptation", *Journal of Marketing* 76 (nov. 2012), pp. 38–54.

22. Paulo Prada e Bruce Orwall, "A Certain 'Je Ne Sais Quoi' at Disney's New Park", *Wall Street Journal,* 12 mar. 2003.

23. Mallory Schlossberg, "26 Crazy McDonald's Items You Can't Get in America", *Business Insider*, 1 jul. 2015.

24. Global Brand Counterfeiting Report, 2018.

25. David Meyer, "Yes, Chinese Piracy Has Lost Microsoft a Lot of Windows Revenue. But the Story Isn't So Simple", *Fortune*, 2 nov. 2018.

26. Marc Fetscherin, Ilan Alon, Romie Littrell e Allan Chan, "In China? Pick Your Brand Name Carefully", *Harvard Business Review* (set. 2012), p. 706. Ver também Valentyna Melnyk, Kristina Klein e Franziska Volckner, "The Double-Edged Sword of Foreign Brand Names for Companies from Emerging Countries", *Journal of Marketing* 76 (nov. 2012), pp. 21–37; Rajeev Batra, Y. Charles Zhang, Nilufer Z. Aydinoğlu e Fred M. Feinberg, "Positioning Multicountry Brands: The Impact of Variation in Cultural Values and Competitive Set", *Journal of Marketing Research* 54, no. 6 (2017), pp. 914–31.

27. Zeynep Gurhan-Canli e Durairaj Maheswaran, "Cultural Variations in Country-of-Origin Effects", *Journal of Marketing Research* 37 (ago. 2000), pp. 309–17.

28. Mark Lasswell, "Lost in Translation", *Business 2.0*, (ago. 2004), pp. 68–70; Richard P. Carpenter e redação do *Globe*, "What They Meant to Say Was…", *Boston Globe*, 2 ago. 1998.

29. Bernard Condon, "Babble Rouser", *Forbes*, 11 ago. 2008, pp. 72–77; Elenoa Baselala, "Digicel's New Look", *Fiji Times*, 4 nov. 2010; www.digicelgroup.com/en/about/history.html. Acesso em: 27 nov. 2020.

30. Douglas B. Holt, John A. Quelch e Earl L. Taylor, "How Global Brands Compete", *Harvard Business Review* 82 (set. 2004), pp. 68–75; Jan-Benedict E. M. Steenkamp, Rajeev Batra e Dana L. Alden, "How Perceived Brand Globalness Creates Brand Value", *Journal of International Business Studies* 34 (jan. 2003), pp. 53–65.

31. Richard D. Lyons, "Reuben Mattus, 81, the Founder of Haagen-Dazs", *New York Times*, 29 jan. 1994.

32. Consumer Reports, "How to Decipher 'Made in the USA' Claims", *Boston Globe*, 7 abr. 2013.

33. Joel Backaler, "Haier: A Chinese Company That Innovates", *China Tracker*, www.forbes.com, 17 jun. 2010; Patti Waldmeir, "Haier Seeks to Boost European Sales", *Financial Times*, 18 jun. 2012; Fan Feifei, "Haier Benefiting from Localization", *China Daily*, 31 ago. 2018.

34. Mei Fong, "IKEA Hits Home in China: The Swedish Design Giant, Unlike Other Retailers, Slashes Prices for the Chinese", *Wall Street Journal*, 3 mar. 2006, p. B1; Helen H. Wang, "Why Home Depot Struggles and IKEA Thrives in China", *Forbes*, 10 fev. 2011.

35. Geoffrey Fowler, Brian Steinberg e Aaron O. Patrick, "Globalizing Apple's Ads", *Wall Street Journal*, 1 mar. 2007.
36. Matthew Day, "Swedish Toy Catalogue Goes Gender Neutral", *The Telegraph*, 26 nov. 2012.
37. Ray A. Smith e Christina Binkley, "Israel's New Year's Resolution: No Overly Thin Models", *Wall Street Journal*, 1 jan. 2013.
38. John L. Graham, Alma T. Mintu e Waymond Rogers, "Explorations of Negotiation Behaviors in Ten Foreign Cultures Using a Model Developed in the United States", *Management Science* 40 (jan. 1994), pp. 72–95.
39. Rajdeep Grewal, Alok Kumar, Girish Mallapragada e Amit Saini, "Marketing Channels in Foreign Markets: Control Mechanisms and the Moderating Role of Multinational Corporation Headquarters – Subsidiary Relationship", *Journal of Marketing Research* 50 (June 2013), pp. 378–98; Rajdeep Grewal, Amit Saini, Alok Kumar, F. Robert Dwyer e Robert Dahlstrom, "Marketing Channel Management by Multinational Corporations in Foreign Markets", *Journal of Marketing* 82, no. 4 (2018), pp. 49–69.
40. Katrijn Gielens, Linda M. Van De Gucht, Jan-Benedict E. M. Steenkamp e Marnik G. Dekimpe, "Dancing with a Giant: The Effect of Wal-Mart's Entry into the United Kingdom on the Performance of European Retailers", *Journal of Marketing Research* 45 (out. 2008), pp. 519–34.
41. Miguel Bustillo, "After Early Errors, Wal-Mart Thinks Locally to Act Globally", *Wall Street Journal*, 14 ago. 2009; Holman W. Jenkins Jr., "Wal-Mart Innocents Abroad", *Wall Street Journal*, 25 abr. 2012.
42. Christopher Weaver, Jeanne Whalen e Benoit Faucon, "Drug Distributor Is Tied to Imports of Fake Avastin", *Wall Street Journal*, 7 mar. 2012.
43. Kersi D. Antia, Mark E. Bergen, Shantanu Dutta e Robert J. Fisher, "How Does Enforcement Deter Gray Market Incidence?" *Journal of Marketing* 70 (jan. 2006), pp. 92–106.
44. Para exemplos, ver Ana Valenzuela, Barbara Mellers e Judi Stebel, "Pleasurable Surprises: A Cross-Cultural Study of Consumer Responses to Unexpected Incentives", *Journal of Consumer Research* 36 (fev. 2010), pp. 792–805; Praveen K. Kopalle, Donald R. Lehmann e John U. Farley, "Consumer Expectations and Culture: The Effect of Belief in Karma in India", *Journal of Consumer Research* 37 (ago. 2010), pp. 251–63; Carlos J. Torelli, Aysegul Ozsomer, Sergio W. Carvalho, Hean Tat Keh e Natalia Maehle, "Brand Concepts as Representations of Human Values: Do Cultural Congruity and Compatibility between Values Matter?" *Journal of Marketing* 76 (jul. 2012), pp. 92–108.
45. Geert Hofstede, *Culture's Consequences* (Beverley Hills, CA: Sage, 1980); www.hofstedeinsights.com/models/national-culture. Acesso em: 27 nov. 2020.
46. Para algumas abordagens detalhadas de *branding* na Ásia em particular, ver S. Ramesh Kumar, *Marketing & Branding: The Indian Scenario* (Delhi: Pearson Education, 2007) e Martin Roll, *Asian Brand Strategy: How Asia Builds Strong Brands* (Nova York: Palgrave Macmillan, 2006).
47. Fontes do Destaque de *marketing*: Jemma Goudreau, "How IKEA Leveraged the Art of Listening to Global Dominance", *Forbes*, 8 mar. 2013; "How IKEA Adapted Its Strategies to Expand and Become Profitable in China", *Business Today*, 6 dez. 2013; Beth Kowitt, "It's IKEA's World, We Just Live in It", *Fortune*. 10 mar. 2015; www.ikea.com/ms/en_US/this-is-ikea/the-ikea-concept/index.html. Acesso em: 27 nov. 2020.
48. Fontes do Destaque de *marketing*: Lin, Humphrey, "Mandarin Oriental Hotel Group: Regionalizing Social for a Luxury Audience", *Huffington Post*, 7 dez. 2017; Martin Roll, "Mandarin Oriental – An Iconic Asian Luxury Hotel Brand", MartinRoll.com, 27 mar. 2018; Peter Jon Lindberg, "Story of a Classic: The Mandarin Oriental, Hong Kong", *Travel+Leisure*, 5 mai. 2009; www.mandarinoriental.com/our-company/overview. Acesso em: 27 nov. 2020.

Capítulo 21

1. William Barrett, "America's Top Charities 2018", *Forbes*, 11 dez. 2018; Stephen Voss, "United Way's CEO on Shifting a Century-Old Business Model", *Harvard Business Review* (set./out. 2018), pp. 38–44; https://www.forbes.com/companies/united-wayworldwide. Acesso em: 27 nov. 2020. www.unitedway.org/about. Acesso em: 27 nov. 2020.
2. 19th Annual Global CEO Survey (jan. 2016), www.pwc.com/ceosurvey. Acesso em: 27 nov. 2020.
3. David Hessekiel, "Cause Marketing Leaders of the Pack", *Forbes*, 31 jan. 2012.
4. "Growth on Principle: The Unconventional Leadership of Stonyfield Farm". *Center for Customer Insights*, 12 fev. 2014; Gary Hirshberg, *Stirring It Up: How to Make Money and Save the World* (Nova York: Hyperion, 2008); Melanie D. G. Kaplan, "Stonyfield Farm CEO: How an Organic Yogurt Business Can Scale", *SmartPlanet*, 17 mai. 2010; www.stonyfield.com/our-story/history. Acesso em: 27 nov. 2020.
5. https://consciouscompanymedia.com/workplace-culture/hr-innovations/6-ways-corporate-social-responsibility-benefits-employees. Acesso em: 27 nov. 2020.
6. Raj Sisodia, David B. Wolfe e Jag Sheth, *Firms of Endearment: How World-Class Companies Profit from Passion and Purpose* (Upper Saddle River, NJ: Wharton School Publishing, 2007).
7. www.fairtradecertified.org/why-fair-trade. Acesso em: 27 nov. 2020.

8. Daniel Korschun, C. B. Bhattacharya e Scott D. Swain, "Corporate Social Responsibility, Customer Orientation, and the Job Performance of Frontline Employees", *Journal of Marketing* 78 (mai. 2014), pp. 20–37; Saurabh Mishra e Sachin B. Modi. "Corporate Social Responsibility and Shareholder Wealth: The Role of Marketing Capability", *Journal of Marketing* 80, no. 1 (2016), pp. 26–46; Charles Kang, Frank Germann e Rajdeep Grewal, "Washing Away Your Sins? Corporate Social Responsibility, Corporate Social Irresponsibility, and Firm Performance", *Journal of Marketing* 80, no. 2 (2016), pp. 59–79; Alexis M. Allen, Meike Eilert e John Peloza, "How Deviations from Performance Norms Impact Charitable Donations", *Journal of Marketing Research* 55, no. 2 (2018), pp. 277–90.

9. Paul Newman e A. E. Hotchner, *Shameless Exploitation in Pursuit of the Common Good: The Madcap Business Adventure by the Truly Oddest Couple* (Waterville, ME: Thorndike Press, 2003); www.newmansownfoundation.org. Acesso em: 27 nov. 2020.

10. Ronald McDonald House Charities, www.rmhc.org. Acesso em: 27 nov. 2020.

11. Jennifer Aaker, Kathleen D. Vohs e Cassie Mogilner (2010), "Nonprofits Are Seen as Warm and For-Profits as Competent: Firm Stereotypes Matter", *Journal of Consumer Research* 37 (ago.), 224–37; Steve Hoeffler e Kevin Lane Keller (2002), "Building Brand Equity through Corporate Societal Marketing", *Journal of Public Policy & Marketing* 21 (Spring), pp. 78–89; Kevin Lane Keller e David A. Aaker, "The Impact of Corporate Marketing on a Company's Brand Extensions", *Corporate Reputation Review* 1 (jul. 1998), 356–78; Sankar Sen, C. B. Bhattacharya, and Daniel Korschun (2006), "The Role of Corporate Social Responsibility in Strengthening Multiple Stakeholder Relationships: A Field Experiment", *Journal of the Academy of Marketing Science* 34 (Primavera), 158–66.

12. Isabelle Maignan, O. C. Ferrell e G. Tomas M. Hult (1999), "Corporate Citizenship: Cultural Antecedents and Business Benefits", *Journal of the Academy of Marketing Science*, 27 (out.), pp. 455–69; Xueming Luo e C. B. Bhattacharya (2006), "Corporate Social Responsibility, Customer Satisfaction, and Market Value", *Journal of Marketing* 70 (out.), pp. 1–18; John Peloza e Jingzhi Shang (2011), "How Can Corporate Social Responsibility Activities Create Value for Stakeholders? A Systematic Review", *Journal of the Academy of Marketing Science* 39 (1), pp. 117–35.

13. Lois A. Mohr, Deborah J. Webb e Katherine E. Harris (2001), "Do Consumers Expect Companies to Be Socially Responsible? The Impact of Corporate Social Responsibility on Buying Behavior", *Journal of Consumer Affairs*, 35 (Verão), pp. 45–72; Daniel Kahneman e Jack L. Knetsch (1992), "Valuing Public Goods: The Purchase of Moral Satisfaction", *Journal of Environmental Economics and Management* 22 (jan.), pp. 5–70; Diogo Hildebrand, Yoshiko DeMotta, Sankar Sen e Ana Valenzuela, "Consumer Responses to Corporate Social Responsibility (CSR) Contribution Type", *Journal of Consumer Research* 44, no. 4 (2017), pp. 738–58.

14. Alexander Chernev e Sean Blair, "Doing Well by Doing Good: The Benevolent Halo of Social Goodwill", *Journal of Consumer Research*, 41 (abr. 2015), 1412–25; Tom J. Brown e Peter A Dacin, "The Company and the Product: Corporate Associations and Consumer Product Responses", *Journal of Marketing*, 61, (jan. 1997), pp. 68–84.

15. C. K. Prahalad, *The Fortune at the Bottom of the Pyramid* (Upper Saddle River, NJ: Wharton School Publishing, 2010); Vijay Govindarajan e Chris Trimble, *Reverse Innovation: Create Far from Home, Win Everywhere* (Boston, MA: Harvard Business School Publishing, 2012).

16. Erik Simanis, "Reality Check at the Bottom of the Pyramid", *Harvard Business Review* (jun. 2012), pp. 120–25.

17. www.danone.com/about-danone/at-a-glance.html. Acesso em: 27 nov. 2020.

18. Clayton M. Christensen, Stephen Wunker e Hari Nair, "Innovation vs. Poverty", *Forbes*, 13 out. 2008; Nomaswazi Nkosi, "Nokia Still Top SA Choice", *Sowetan Live*, 15 ago. 2012.

19. Matthew Eyring, "Learning from Tata Motors' Nano Mistakes", *Harvard Business Review Blog*, 11 jan. 2011; http://time.com/5345687/worlds-cheapest-car-nano-tata-india/. Acesso em: 27 nov. 2020.

20. "How Dawn Saves Wildlife", www.dawnsaveswildlife.com. Acesso em: 27 nov. 2020. www.marketwatch.com/press-release/dawn-commemorates-40-years-of-helping-save-wildlife-2018-07-20. Acesso em: 27 nov. 2020.

21. Christian Homburg, Marcel Stierl e Torsten Bornemann, "Corporate Social Responsibility in Business-to-Business Markets: How Organizational Customers Account for Supplier Corporate Social Responsibility Engagement", *Journal of Marketing* 77 (nov. 2013), pp. 54–72; Alexander Chernev e Sean Blair, "Doing Well by Doing Good: The Benevolent Halo of Social Goodwill", *Journal of Consumer Research* 41 (abr. 2015), pp. 1412–25; C. B. Bhattacharya e Sankar Sen, "Consumer-Company Identification: A Framework for Understanding Consumers' Relationships with Companies", *Journal of Marketing* 67 (abr. 2003), pp. 76–88; Sankar Sen e C. B. Bhattacharya, "Does Doing Good Always Lead to Doing Better? Consumer Reactions to Corporate Social Responsibility", *Journal of Marketing Research* 38 (maio 2001), pp. 225–44.

22. "2013 Cone Communications Social Impact Study: The Next Cause Evolution", www.conecomm.com.
23. Paul N. Bloom, Steve Hoeffler, Kevin Lane Keller e Carlos E. Basurto, "How Social-Cause Marketing Affects Consumer Perceptions", *MIT Sloan Management Review* (Inverno 2006), pp. 49–55; Stephen Hoeffler e Kevin Lane Keller, "Building Brand Equity through Corporate Societal Marketing", *Journal of Public Policy and Marketing* 21 (Primavera 2002), pp. 78–89; Jenny G. Olson, Brent McFerran, Andrea C. Morales e Darren W. Dahl, "Wealth and Welfare: Divergent Moral Reactions to Ethical Consumer Choices", *Journal of Consumer Research* 42, no. 6 (2016), pp. 879–96.
24. Para pesquisas relacionadas, ver Ann Kronrod, Amir Grinstein e Luc Wathieu, "Go Green! Should Environmental Messages Be So Assertive?" *Journal of Marketing* 76 (jan. 2012), pp. 95–102; Katherine White, Rhiannon MacDonnell e John H. Ellard, "Belief in a Just World: Consumer Intentions and Behaviors toward Ethical Products", *Journal of Marketing* 76 (jan. 2012), pp. 103–18; Michael Giebelhausen, HaeEun Helen Chun, J. Joseph Cronin Jr. e G. Tomas M. Hult, "Adjusting the Warm-Glow Thermostat: How Incentivizing Participation in Voluntary Green Programs Moderates Their Impact on Service Satisfaction", *Journal of Marketing* 80, no. 4 (2016), pp. 56–71.
25. Kat Kinsman, "Activists Call Foul on KFC Bucket Campaign", *CNN*, 28 abr. 2010; https://www.prweek.com/article/1498405/crisis-comms-lesson-behind-kfcs-fck-bucket. Acesso em: 27 nov. 2020.
26. Kevin Lane Keller e Lowey Bundy Sichol, "Product(Red): Building a Social Marketing Brand", *Best Practice Cases in Brand Management* (Upper Saddle River, NJ: Pearson Prentice Hall, 2015); www.red.org. Acesso em: 27 nov. 2020.
27. Stefanie Rosen Robinson, Caglar Irmak e Satish Jayachandran, "Choice of Cause in Cause-Related Marketing", *Journal of Marketing* 76 (jul. 2012), pp. 126–39.
28. One Sight, www.onesight.org. Acesso em: 27 nov. 2020.
29. www.worldwildlife.org/partnerships. Acesso em: 27 nov. 2020.
30. Jeff Chu, "The Cobbler's Conundrum", *Fast Company* (jul./ago. 2013); Christina Binkley, "Charity Gives Shoe Brand Extra Shine", *Wall Street Journal*, 1 abr. 2010; Dan Heath e Chip Heath, "An Arms Race of Goodness", *Fast Company* (out. 2009), pp. 82–83; www.toms.com/movement-one-for-one. Acesso em: 27 nov. 2020.
31. Philip Kotler e Gerald Zaltman, "Social Marketing: An Approach to Planned Social Change", *Journal of Marketing*, 35 (jul. 1971), pp. 3–12.
32. Philip Kotler, David Hessekiel e Nancy Lee, *Good Works: Marketing and Corporate Initiatives That Build a Better World... and the Bottom Line* (Hoboken, NJ: John Wiley & Sons, 2012); Alan Andreasen, *Social Marketing in the 21st Century* (Thousand Oaks, CA: Sage, 2006).
33. Nancy R. Lee e Philip Kotler, *Social Marketing: Behavior Change for Social Good,* 6th ed. (Thousand Oaks, CA., 2020).
34. Andrew Adam Newman, "Avoiding Violent Images for an Anti-Poaching Campaign", *New York Times*, 19 fev. 2013; www.wwf.org. Acesso em: 27 nov. 2020.
35. Christian Sarkar e Philip Kotler, *Brand Activism: From Purpose to Action* (Houston, TX, Idea Bite Press, 2018).
36. Monic Sun e Remi Trudel, "The Effect of Recycling versus Trashing on Consumption: Theory and Experimental Evidence", *Journal of Marketing Research* 54, no. 2 (2017), pp. 293–305.
37. "Levi's Introduces New Waste<Less Jean Using Recycled Materials", *Daily News*, 21 ago. 2013; Susan Berfield, "Levi's Has a New Color for Blue Jeans: Green", *Bloomberg Businessweek*, 18 out. 2012; https://www.levistrauss.com/how-we-do-business/use-and-reuse. Acesso em: 27 nov. 2020.
38. Scott Kirsner, "An Environmental Quandary Percolates at Green Mountain Coffee Roasters", *Boston Globe*, 3 jan. 2010; Natalie Zmuda, "Green Mountain Takes on Coffee Giants Cup by Cup", *Advertising Age*, 1 jun. 2009, p. 38; www.gmcr.com/coffee. Acesso em: 27 nov. 2020.
39. www.faguo-store.com/en/faguo-universe/introduction. Acesso em: 27 nov. 2020.
40. David Roberts, "Another Inconvenient Truth", *Fast Company*, mar. 2008, p. 70; Melanie Warner, "P&G's Chemistry Test", *Fast Company* (jul./ago. 2008), pp. 71–74.
41. Para pesquisas relacionadas sobre o consumidor, ver Alexander Chernev e Sean Blair. "When Sustainability is Not a Liability: The Halo Effect of Marketplace Morality", *Journal of Consumer Psychology* (set. 2020); Julie R. Irwin e Rebecca Walker Naylor, "Ethical Decisions and Response Mode Compatibility: Weighting of Ethical Attributes in Consideration Sets Formed by Excluding versus Including Product Alternatives", *Journal of Marketing Research* 46 (abr. 2009), pp. 234–46; Johannes Habel, Laura Marie Schons, Sascha Alavi e Jan Wieseke, "Warm Glow or Extra Charge? The Ambivalent Effect of Corporate Social Responsibility Activities on Customers' Perceived Price Fairness", *Journal of Marketing* 80, no. 1 (2016), pp. 84–105.
42. Mat McDermott, "Patagonia's New Wetsuits Will Be Made from Plants", TreeHugger.com, 19 nov. 2012; Tim Nudd, "Ad of the Day: Patagonia", *Adweek*, 28 nov. 2011; www.patagonia.com/company-info.html. Acesso em: 27 nov. 2020.

43. Philip Kotler, "Reinventing Marketing to Manage the Environmental Imperative", *Journal of Marketing* 75 (jul. 2011), pp. 132–35; Subhabrata Bobby Banerjee, Easwar S. Iyer e Rajiv K Kashyap, "Corporate Enviromentalism: Antecedents and Influence of Industry Type", *Journal of Marketing* 67 (April 2003), pp. 106–22; Wenbo Wang, Aradhna Krishna e Brent McFerran, "Turning Off the Lights: Consumers' Environmental Efforts Depend on Visible Efforts of Firms", *Journal of Marketing Research* 54, no. 3 (2017), pp. 478–94.

44. Dana Mattioli, "Amazon to Launch $2 Billion Venture Capital Fund to Invest in Clean Energy", *Wall Street Journal*, 23 jun. 2020.

45. John A. Quelch e Nathalie Laidler-Kylander, *The New Global Brands: Managing Non-Government Organizations in the 21st Century* (Mason, OH: South-Western, 2006); Philip Kotler e Nancy Lee, *Corporate Social Responsibility: Doing the Most Good for Your Company and Your Cause* (Nova York: Wiley, 2005).

46. Mark Borden e Anya Kamentz, "The Prophet CEO", *Fast Company* (set. 2008), pp. 126–29; Tara Weiss, "Special Report: Going Green", Forbes.com, 3 jul. 2007; Matthew Grimm, "Progressive Business", *Brandweek*, nov. 28, 2005, pp. 16–26; www.timberland.com/en/about-timberland. Acesso em: 27 nov. 2020.

47. Anita Rao e Emily Wang, "Demand for "Healthy" Products: False Claims and FTC Regulation", *Journal of Marketing Research* 54, no. 6 (2017), pp. 968–89.

48. "In Lawsuit Brought by POM Wonderful, a Federal Jury Finds Juice Maker Welch's Intentionally Misled Consumers", *Reuters*, 15 set. 2010; Alicia Mundy, "FTC Bars Pom Juice's Health Claims", *Wall Street Journal*, 16 jan. 2013. Para uma discussão sobre o possível papel da propaganda corretiva, ver Peter Darke, Laurence Ashworth e Robin J. B. Ritchie, "Damage from Corrective Advertising: Causes and Cures", *Journal of Marketing* 72 (nov. 2008), pp. 81–97.

49. Bruce Levinson, "Does Technology Change the Ethics of Marketing to Children?" *Fast Company*, 11 abr. 2013; Heather Chaet, "The Tween Machine", *Adweek*, 25 jun. 2012.

50. Avi Goldfarb e Catherine Tucker, "Shifts in Privacy Concerns", *American Economic Review: Papers & Proceedings* 102, no. 3 (2012), pp. 349–53; Avi Goldfarb e Catherine Tucker, "Online Display Advertising: Targeting and Obtrusiveness", *Marketing Science* 30 (mai./jun. 2011), pp. 389–404; Alessandro Acquisti, Leslie John e George Loewenstein, "The Impact of Relative Judgments on Concern about Privacy", *Journal of Marketing Research* 49 (abr. 2012), pp. 160–74; Charles Duhigg, "How Companies Learn Your Secrets", *New York Times*, 16 fev. 2012.

51. Fontes do *Insight de marketing*: Stephanie Strom, "Wary of Plastic, and Waste, Some Consumers Turn to Glass", *New York Times*, 20 jun. 2012; "Bottled Water and the Damage Done: Coping With Plastic Pollution", *Bloomberg Law*, 21 mai. 2018; https://www.nationalgeographic.com/environment/2019/08/plastic-bottles. Acesso em: 27 nov. 2020.

52. Fontes do *Destaque de marketing*: Howard Schultz e Dori Jones Yang, *Pour Your Heart into It: How Starbucks Built a Company One Cup at a Time* (Nova York: Hyperion, 1997); Francesca Landini, "Coffee Rivals Square Off in Italy Ahead of Starbucks Invasion", *Reuters*, 18 set. 2017; Adam Campbell-Schmitt, "Starbucks Opened Its First Reserve Store (and It Serves Booze)", *Meredith Corporation Allrecipes Food Group*, 27 fev. 2018; Adam Campbell-Schmitt, "Roastery, Reserve Bar, Regular Starbucks: What's the Difference?" *Meredith Corporation Allrecipes Food Group*, 20 dez. 2018; Kevin Johnson, "Starbucks New Sustainability Commitment", *Starbucks Stories and News*, 21 jan. 2020; www.starbucks.com/about-us/company-information. Acesso em: 27 nov. 2020.

53. Fontes do *Destaque de marketing*: Paula Kepos, "Ben & Jerry's Homemade, Inc.", *International Directory of Company Histories*, Vol. 10 (Detroit, MI: St. James Press, 1995); David Gelles, "How the Social Mission of Ben & Jerry's Survived Being Gobbled Up", *New York Times*, 21 ago. 2015; O. C. Ferrell, John Fraedrich e Terry Gable "Managing Social Responsibility and Growth at Ben & Jerry's", Daniels Fund Ethics Initiative, University of New Mexico (2011); Genevieve Roberts, "Ben & Jerry's Builds on Its Social-Values Approach", *New York Times*, 16 nov. 2010; www.benjerry.com/about-us. Acesso em: 27 nov. 2020; https://www.benjerry.com/values/issues-we-care-about/climate-justice. Acesso em: 27 nov. 2020.

54. Fontes do *Destaque de marketing*: A. J. Agrawal, "How Tiffany & Co. Built a Marketing Empire", *Forbes*, 9 ago. 2016; Frederic Cumenal, "Tiffany's CEO on Creating a Sustainable Supply Chain", *Harvard Business Review*, 21 fev. 2017: *Tiffany Sets Ambitious Commitments for the Future Across the Pillars of Product, People, and Planet*, http://press.tiffany.com/News/NewsItem.aspx?id=389; www.tiffany.com/worldoftiffany. Acesso em: 27 nov. 2020.

Glossário

A

administração de *marketing* Arte e ciência de selecionar mercados-alvo e obter, manter e expandir a base de clientes pela entrega de valor superior.

agentes Corretores, representantes dos fabricantes e agentes de venda que buscam clientes e podem negociar em nome do produtor, mas não compram ou revendem os bens.

ampliação de linha Expansão da linha de produtos para além da sua gama atual.

análise conjunta Medição do valor que os consumidores atribuem a características específicas de uma oferta.

análise da lucratividade do cliente Modo de avaliar e classificar a lucratividade do cliente.

análise de preço líquido O "preço real" da oferta após deduzir descontos e custos de propaganda e promoção.

análise de valor do produto A avaliação do valor de um produto por meio da análise dos modos como seus componentes ou processos podem ser modificados para reduzir os custos sem impactar adversamente o desempenho.

análise de valor para o cliente Avaliação de como os consumidores percebem os pontos fortes e fracos da empresa em comparação com os dos concorrentes.

análise tempo-tarefa Detalhamento por hora das atividades para ajudar os funcionários a entender como poderiam aumentar a sua produtividade.

apelo informativo Detalhamento dos atributos ou benefícios de um produto ou serviço para influenciar a decisão de compra do consumidor.

áreas de influência dominante As áreas geográficas ou de mercado em que o orçamento de comunicação se concentra.

associação de palavras Método de pesquisa que envolve perguntar aos respondentes quais palavras vêm à mente deles quando escutam o nome da marca.

associações de marca Todas as ideias, sentimentos, percepções, imagens, experiências, crenças e atitudes atribuídas à marca.

atacadistas comerciais Os intermediários que compram diretamente do fabricante, armazenam o produto e então o vendem para o cliente.

atacado Todas as atividades envolvidas na venda de bens ou serviços aos que compram para revenda ou realizam grandes compras para uso comercial.

ataque de guerrilha Série de pequenos ataques intermitentes à concorrência.

ataque frontal Tentativa de se equiparar à estratégia e às táticas de *marketing* de um concorrente.

ataque pelo flanco Ataque a um ponto fraco de um concorrente para roubar participação de mercado.

atenção seletiva Processo de concentrar-se em estímulos ambientais específicos e ignorar os outros.

atitudes Avaliações, sentimentos e tendências comportamentais de um indivíduo em relação a um objeto ou ideia.

ativismo de marca Posição da empresa em relação a questões sociais, econômicas, ambientais ou políticas controversas.

atratividade Capacidade de um segmento de mercado de criar valor para a companhia.

auditoria de marca Avaliação da saúde da marca e da sua posição no mercado.

B

base da pirâmide (BOP, do inglês *bottom of the pyramid*) Conceito socioeconômico que se refere à parcela de menor renda da população mundial.

base de clientes Clientes fiéis à empresa e às suas ofertas.

benefício total para o cliente O valor funcional, psicológico e monetário percebido que os clientes esperam derivar de uma oferta de mercado.

brand equity O valor monetário de uma marca que reflete o valor agregado à avaliação da empresa por ser proprietária da marca.

branding O processo de dotar bens e serviços com o poder de uma marca.

***briefing* criativo** Documento sucinto que descreve a abordagem de comunicação específica que será usada em um projeto criativo.

C

cadeia de valor da marca Avaliação do modo como as atividades de *marketing* criam valor para a marca.

canais de *marketing* convencionais Sistemas de produtores independentes, atacadistas e varejistas.

canal de distribuição Conjuntos de organizações interdependentes que participam do processo de fabricação de um bem ou geração de um serviço disponibilizado para o mercado-alvo.

canal de distribuição de dois níveis Canal de distribuição que contém dois intermediários, geralmente um atacadista e um varejista.

canal de distribuição de um nível Canal de distribuição que contém apenas um intermediário de vendas, como um varejista.

canal de *marketing* direto Fabricante que vende diretamente ao cliente final.

canal de nível zero Canal de distribuição que envolve o fabricante vender diretamente ao cliente final; também chamado de canal de *marketing* direto.

canal reverso Canal de distribuição no qual os bens fluem em sentido contrário, do usuário para o produtor, em geral para fins de reciclagem, revenda ou descarte.

capitão do canal Entidade responsável por administrar as parcerias dentro de um canal de distribuição.

carro-chefe Oferta que melhor representa ou incorpora a marca.

centralidade do cliente Foco no cliente que embasa todas as ofertas e atividades da empresa.

ciclo de vida do produto Período entre a introdução de uma oferta no mercado e a sua remoção dele.

ciclo pedido-pagamento O tempo entre o recebimento de um pedido, a entrega do produto ou serviço e o pagamento.

cobranding Duas ou mais marcas comercializadas juntas.

colheita Redução do investimento em uma oferta para obter o maior lucro possível.

comercialização O processo de informar os clientes-alvo sobre a oferta da empresa e disponibilizá-la para eles.

comerciantes Os atacadistas e varejistas que compram e revendem a oferta para os consumidores.

compatibilidade Reflexo da capacidade da empresa de atender às necessidades dos clientes-alvo.

competência central Conhecimento especializado em uma área que gera uma vantagem competitiva para a empresa.

complementação da linha Acrescentar itens a uma linha de produtos existente da empresa para aumentá-la.

compra antecipada Compra de uma maior quantidade de bens com preços favoráveis do que um varejista consegue vender imediatamente.

compra de sistemas Comprar de uma única empresa uma solução total para uma necessidade de problema de negócios.

comunicação de *marketing* Os meios pelos quais as empresas informam, persuadem e lembram os consumidores sobre os produtos e as marcas que vendem.

comunicação integrada de *marketing* Abordagem à gestão de uma campanha de comunicação pelo uso coordenado de diferentes ferramentas de comunicação.

concorrente de nicho Empresa que atende a um subconjunto de clientes com uma oferta adaptada exclusivamente às suas necessidades.

conflito de canal Ações de um membro do canal que impedem outro membro do canal de atingir seu objetivo.

conflito horizontal de canal Disputa entre os membros no mesmo nível da rede de distribuição.

conflito multicanal Disputa entre dois ou mais canais que vendem para o mesmo mercado.

conflito vertical de canal Disputa entre os membros de diferentes níveis da rede de distribuição.

conteinerização Acomodação de mercadorias em contêineres para facilitar a transferência entre meios de transporte.

contextual placement Compra de anúncios em *sites* relacionados com o produto anunciado.

crença Convicção de que algo é verdadeiro ou real, independentemente de ser ou não.

crescimento orgânico Aumento de receitas, lucros e/ou posição de mercado da empresa pelo uso dos próprios recursos.

crowdsourcing Coleta de dados e opiniões do público para enriquecer o processo de *marketing*.

cultura corporativa Experiências, histórias, crenças e normas compartilhadas que caracterizam uma organização.

custeio baseado em atividades Procedimentos contábeis que podem quantificar a lucratividade real de diversas atividades por meio da identificação de seus custos reais.

custo médio O custo por unidade em determinado nível de produção.

custo total para o cliente Os custos funcionais, psicológicos e monetários percebidos que os clientes esperam incorrer para avaliar, obter, usar e descartar uma oferta.

customer equity A soma total dos valores vitalícios de todos os clientes da empresa.

customização em massa O uso de técnicas de produção em massa para produzir ofertas que podem ser customizadas para atender às necessidades de clientes individuais.

custos fixos Custos que não variam com o nível de produção.

custos totais A soma dos custos fixos e variáveis para um dado nível de produção.

custos variáveis Custos que variam diretamente de acordo com o nível de produção.

D

dados primários Informações coletadas para um propósito ou projeto específico.

dados secundários Informações existentes coletadas para outro fim.

decisão de macroprogramação Alocação de despesas de comunicação relacionadas com o período do ano e o ciclo de negócios.

decisão de microprogramação Alocação de despesas de comunicação em relação a um curto período para maximizar o impacto.

declaração de posicionamento Resumo da estratégia de um produto ou marca com a intenção de orientar as ações da empresa.

demanda da empresa Estimativa da participação de demanda de mercado de uma empresa em um dado período.

demanda de mercado Volume total de um produto adquirido por determinado grupo de clientes, em determinada área geográfica, em determinado período, em determinado ambiente de *marketing* e sob determinado programa de *marketing*.

design A totalidade das características que afetam a aparência de um produto, as sensações que ele causa e suas funções.

design thinking Processo de desenvolver conceitos de *design*.

desinvestimento O processo de vender um ativo de uma empresa ou a empresa em si.

desnatamento de mercado Definir um preço relativamente alto para tornar a oferta acessível apenas para os clientes mais dispostos a pagar.

determinação de preço de *mix* de produtos Determinação de preços de maneira que maximize os lucros em todo o *mix* de ofertas da empresa.

determinação de preço de retorno-alvo Determinação de um preço que renderá a taxa de retorno desejada.

determinação de preços baseada na curva de experiência Definição de um preço mais baixo com base na capacidade futura de reduzir os custos de produção com a experiência.

determinação de preços baseada no valor Definição do preço que um consumidor está disposto a pagar com base na percepção sobre o valor do produto.

determinação de preços por desempenho Estratégia de preços baseada em antecipar e influenciar o comportamento dos clientes.

diluição de marca Enfraquecimento do poder de uma marca.

discriminação de preços Venda da mesma oferta a preços diferentes para clientes diferentes.

distorção seletiva Tendência de interpretar informações para encaixá-las às nossas preconcepções.

distribuição exclusiva O uso de um número altamente limitado de intermediários.

distribuição intensiva Colocação de mercadorias ou serviços no máximo de pontos de venda possível.

distribuição seletiva Uso de intermediários selecionados a dedo que estejam dispostos a comercializar determinado produto.

E

elaboração do modelo de negócios O processo de determinar as maneiras como o produto ou serviço criará valor de mercado.

elasticidade-preço da demanda O nível em que uma variação no preço leva a uma variação na quantidade vendida.

empoderamento do cliente A capacidade dos clientes de escolher como querem engajar-se com a empresa.

estratégia Plano de jogo de uma empresa para alcançar seus objetivos.

estratégia de desenvolvimento de mercado Foco em expandir as vendas de um produto ou serviço para novos mercados-alvo.

estratégia de desenvolvimento de produtos A criação de novos produtos ou modificações a produtos existentes no mercado-alvo.

estratégia de diversificação Entrada em um novo mercado com uma oferta nova para a empresa.

estratégia de empurrar (*push*) Venda de um produto aos usuários finais por meio de colaboradores.

estratégia de penetração de mercado Foco em aumentar as vendas das ofertas atuais da empresa para os clientes existentes.

estratégia de puxar (*pull*) Uso de propaganda, promoção e comunicação para convencer os consumidores a solicitar o produto de intermediários.

expansão de mercado Medida que disponibiliza uma oferta para todo o mercado-alvo.

exportação direta A venda da oferta de uma empresa em outros países pela própria empresa.

exportação indireta O uso de intermediários independentes para vender a oferta de uma empresa em outros países.

extensão de linha Adição de novos produtos à linha de produtos atual da empresa.

extensão de marca Uso, por parte de uma empresa, de uma marca existente para uma oferta em uma categoria de produto ou nível de preço diferente.

F

fabricação por contrato Uso de fabricantes locais para produzir o produto da empresa em um mercado específico.

facilitadores Empresas de transporte, armazéns independentes, bancos e agências de propaganda que auxiliam o processo de distribuição, mas não assumem a propriedade de bens ou negociam vendas.

faixa de indiferença de preço Faixa dentro da qual variações de preço têm efeito nulo ou mínimo nas compras dos consumidores.

franquia Concessão de permissão para usar o *know-how*, os procedimentos, a propriedade intelectual, o modelo de negócios e a marca de uma empresa para vender seus bens e serviços de marca.

funil de aquisição de clientes Representação das fases do processo de atrair novos clientes.

G

garantia de desempenho A promessa de que, se um produto não funcionar como prometido ou como esperado pelos clientes, a empresa fornecerá alguma forma de compensação ao comprador.

garantias Declarações formais do desempenho esperado do produto elaboradas pelo fabricante.

geofencing Estratégia promocional móvel que foca em clientes que estão em um espaço geográfico definido, geralmente próximo a uma loja ou dentro dela.

geração de ideias de baixo para cima Processo que começa com uma invenção e então busca identificar uma necessidade não atendida do mercado.

geração de ideias de cima para baixo Processo de desenvolvimento de produtos que começa com a identificação de uma oportunidade de mercado.

gestão da cadeia de suprimentos Aquisição de insumos e sua conversão em produtos acabados que são despachados aos destinos finais.

gestão de estoque *just-in-time* Encomenda de componentes de produção, quando necessários, para economizar com custos de armazenamento e melhorar o fluxo de caixa.

gestão do relacionamento com os clientes (CRM, do inglês *customer relantionship management***)** Processo de gerenciar informações detalhadas sobre cada cliente e todos os "pontos de contato" com clientes para maximizar sua fidelidade.

gestão do valor do cliente (CVM, do inglês *customer value management***)** Análise das percepções dos clientes sobre o valor de uma oferta para desenvolver estratégias de *marketing* destinadas a adquirir e reter clientes e conduzir o comportamento de compra.

gestão estratégica de marca Desenvolvimento e implementação de programas e atividades de *marketing* para construir, gerenciar e mensurar marcas.

goodwill Termo contábil que inclui o *brand equity* e significa o valor monetário de todos os ativos intangíveis de uma empresa.

greenwashing Fornecer informações enganosas ou dar a impressão de que produtos ou práticas são mais ambientalmente corretas do que são de fato.

grupo focal Pequeno grupo de pessoas selecionadas com base em determinados aspectos demográficos, psicográficos, entre outros, reunidas para discutir diversos tópicos de interesse.

grupos de referência Todos os grupos que têm efeito direto ou indireto sobre as crenças, as decisões e os comportamentos de um indivíduo.

H

heurística Regras práticas que facilitam o processo de decisão.

hierarquia de marcas Reflexo de como as marcas de uma empresa estão relacionadas com seus bens e serviços, bem como umas com as outras.

I

imagem de preço A percepção geral que os consumidores têm sobre o nível de preços de um determinado varejista.

implantação seletiva no mercado Abordagem que implanta a oferta da empresa apenas em áreas específicas do mercado-alvo para testar a reação do mercado.

incentivos Ferramentas de promoções de vendas, em geral de curto prazo, projetadas para estimular a compra de um produto ou serviço.

incentivos comerciais Recompensas oferecidas aos membros do canal de distribuição.

incentivos para a força de vendas Os meios usados para motivar a força de vendas, como bonificações e viagens.

incentivos para o consumidor Recompensas oferecidas aos clientes para incentivar a compra.

inflação de custos Circunstância em que custos crescentes não acompanhados de ganhos em produtividade achatam as margens de lucro e levam as empresas a aumentar seus preços com frequência.

inovação incremental Pequena melhoria em uma oferta ou processo existente.

inovação reversa Uso de um produto bem-sucedido como base para criar uma alternativa barata para os mercados em desenvolvimento.

intraempreendedor Funcionário da empresa cujos deveres se concentram em cultivar a inovação de produtos, serviços e processos dentro da empresa.

investimento direto Processo pelo qual a empresa estrangeira pode comprar uma parte ou o todo de uma empresa local ou construir suas próprias instalações industriais ou de serviço.

J

joint venture Empreendimento de negócios formado por duas ou mais entidades independentes.

L

laddering Série de perguntas cada vez mais específicas para revelar as motivações e os objetivos mais profundos dos consumidores.

licenciamento Concessão de permissão para fabricar e vender a oferta de uma empresa em um mercado específico.

líder de mercado Empresa com a maior participação no mercado em que compete.

líder de opinião Pessoa que provê recomendações ou informações sobre a melhor forma de usar um determinado produto ou categoria de produto; também chamado de influenciador.

líderes de receita O grupo de clientes que representa o maior valor vitalício do cliente para a empresa.

linha de produtos Grupo de produtos relacionados vendido pela mesma empresa.

logística de mercado Plano de infraestrutura e controle dos fluxos de materiais e bens do fabricante até o cliente.

M

macromodelo de comunicações de *marketing* Descrição da interação entre emissor (empresa) e receptor (consumidor) da mensagem de comunicação.

mantra da marca Articulação sucinta da essência da marca.

mapa de serviços Mapeamento do serviço prestado pela empresa do ponto de vista do cliente.

mapa perceptual Representação visual das percepções e preferências dos consumidores.

marca Um nome e/ou elemento gráfico que se proponha a identificar os bens ou serviços de uma empresa e diferenciá-los dos da concorrência.

marca própria Marca proprietária desenvolvida e vendida por varejistas e atacadistas.

marketing A identificação e o atendimento das necessidades individuais e sociais de uma forma que se harmoniza com os objetivos da organização.

***marketing* de causas** Associação das contribuições de uma empresa a uma determinada causa com as transações geradoras de receita dos clientes.

***marketing* de desempenho** Os retornos financeiros e não financeiros para o negócio e para a sociedade como decorrência das atividades e dos programas de *marketing*.

***marketing* de influenciadores** O uso de uma figura popular para promover um produto, serviço ou marca em sua esfera das redes sociais.

***marketing* de massa** Atender todo o mercado com uma única oferta.

***marketing* de permissão** Prática de envolver consumidores em atividades de *marketing* apenas depois de receber a sua permissão expressa.

***marketing* de relacionamento** Desenvolvimento de relacionamentos de longo prazo mutuamente satisfatórios com seus públicos-alvo, a fim de conquistar e manter negócios com eles.

***marketing* externo** Processo de elaborar, comunicar e entregar um produto ou serviço para os clientes.

***marketing* integrado** Coordenação de todos os programas e atividades de *marketing* para elaborar, comunicar e entregar valor consistente para os consumidores.

***marketing* interativo** Prática da empresa de encorajar e reagir às perspectivas e aos comportamentos dos consumidores com relação a uma oferta ou marca.

***marketing* interno** Contratação, treinamento e motivação de funcionários para atender os clientes de uma maneira que reflita os objetivos da empresa.

***marketing* para mecanismos de busca (SEM, do inglês *search engine marketing*)** Prática de pagar a empresas de mecanismos de busca para que o seu produto, serviço, marca ou organização seja destacado nos resultados de determinadas buscas por palavras-chave.

***marketing* social** *Marketing* realizado por uma organização sem fins lucrativos ou governamental para promover uma causa, como "diga não às drogas".

markup Método de determinação do preço que soma um aumento padrão ao custo do produto.

matriz de crescimento de produto e mercado Matriz que apresenta as diferentes estratégias de crescimento; também chamada de matriz de Ansoff.

memória de curto prazo A capacidade de manter uma quantidade limitada de informações em mente por um curto período.

memória de longo prazo A capacidade de lembrar e armazenar informações sem prazo definido, ou até permanentemente.

mercado cinza O desvio de produtos de marca dos canais de distribuição autorizados.

mercado empresarial Todas as organizações que adquirem bens e serviços utilizados na produção de outros bens ou serviços vendidos, alugados ou fornecidos a terceiros.

mercado institucional Escolas, hospitais, asilos, prisões e outras entidades que provêm bens e serviços a pessoas sob seus cuidados.

mercado-alvo O mercado no qual a empresa pretende criar e capturar valor.

mercado-alvo primário Subconjunto de clientes-alvo para os quais uma oferta será disponibilizada inicialmente.

micromodelo de comunicação de *marketing* Descrição das respostas específicas dos consumidores às comunicações.

missão Uma declaração clara, concisa e duradoura dos motivos para a existência da organização.

mix* de *marketing Os atributos (produto, serviço, marca, preço, incentivos, comunicação e distribuição) que definem a oferta da empresa.

modelo de expectativa de valor Processo pelo qual pessoas avaliam bens e serviços combinando suas avaliações de acordo com a importância ponderada destas.

modelo de Moore Adaptação do modelo de Rogers a produtos tecnológicos.

modelo de probabilidade de elaboração Descrição do processo pelo qual os consumidores fazem avaliações em circunstâncias de baixo e alto envolvimentos.

modelo de Rogers Classificação de consumidores de acordo com a velocidade com a qual adotam novas ofertas.

modelo *stage-gate* Modelo com múltiplos estágios para gerenciar o processo de desenvolver novas ofertas.

modelos de *mix* de *marketing* Modo de analisar os dados de múltiplas fontes para entender os efeitos de atividades de *marketing* específicas.

modismo Modo de comportamento de curta duração desprovido de importância social, econômica ou política.

O

objetivo de comunicação A tarefa específica a ser cumprida, por meio da comunicação, com o público durante um período específico.

oferta de mercado O produto que a empresa utiliza para atender a uma determinada necessidade do cliente.

orçamento de objetivos e tarefas Abordagem ao orçamento de comunicação baseado na tarefa específica a ser realizada.

orçamento de paridade com a concorrência Abordagem ao orçamento de comunicação baseada no que os concorrentes estão investindo.

otimização para mecanismos de busca (SEO, do inglês *search engine optimization***)** As atividades elaboradas para aumentar a probabilidade de que um *link* para uma empresa ou marca esteja na posição mais alta possível entre os *links* não pagos que aparecem durante buscas *on-line*.

P

painéis de *marketing* Forma estruturada de divulgar as percepções obtidas de métricas de *marketing* e modelagem de *mix* de *marketing*.

percepção Processo de selecionar, organizar e interpretar informações para criar uma imagem significativa do mundo.

percepção subliminar Mensagens que os clientes não percebem conscientemente, mas afetam o seu comportamento.

perfil do cliente Os descritores demográficos, geográficos, comportamentais e psicográficos observáveis do cliente.

personagem de marca Símbolo da marca com características humanas que torna a marca mais simpática e facilita a relação dos consumidores com ela.

personalidade Conjunto de características humanas e psicológicas distintas que levam a respostas relativamente consistentes a estímulos ambientais, incluindo comportamento de compra.

personalidade de marca Características humanas atribuídas a uma determinada marca.

personas Os perfis detalhados de um ou mais consumidores-alvo que representam o cliente típico no mercado-alvo.

personificação de marca Meio de determinar as associações de marca dos consumidores por meio de perguntas que pedem a eles que relacionem a marca a uma pessoa, animal ou objeto.

pesquisa comportamental Meio de obter dados para melhor entender os processos de compra, consumo e tomada de decisão dos clientes.

pesquisa etnográfica Abordagem de pesquisa observacional específica que utiliza conceitos e ferramentas da antropologia e de outras disciplinas das ciências sociais para fornecer uma compreensão cultural profunda de como as pessoas vivem e trabalham.

pesquisa observacional Modo de obter dados por meio de observação discreta dos hábitos de compra ou consumo dos clientes, sem interferir neles.

pistas de preço Maneira de promover os clientes a confiar no preço para inferir o valor de um produto.

poder de canal Capacidade de alterar o comportamento dos membros do canal para que se tomem medidas que não seriam tomadas em circunstâncias normais.

poder de marca O valor que a marca atribui para um produto ou serviço.

pontos de contato com clientes As ocasiões em que um cliente encontra a marca, o produto ou o serviço.

pontos de diferença Atributos ou benefícios que diferenciam a oferta da empresa das ofertas da concorrência.

pontos de paridade Atributos ou benefícios que não são exclusivos de uma marca e podem ser compartilhados com outras.

portfólio de marca Conjunto de todas as marcas de propriedade de uma empresa.

portfólio de produtos Número total de produtos oferecido pela empresa, incluindo as suas diversas categorias e linhas de produtos.

portfólio diversificado Sortimento relativamente amplo de múltiplas linhas de produtos.

portfólio especializado Sortimento relativamente estreito de uma ou poucas linhas de produtos.

posição de mercado Participação da empresa no mercado em que compete.

posicionamento Ato de conceber a oferta e a imagem de uma empresa para que ocupem um lugar diferenciado na mente do mercado-alvo.

potencial de mercado Máximo de vendas que podem ser realizadas em um mercado específico durante um determinado período.

potencial de vendas da empresa O limite máximo de vendas que uma empresa pode atingir em um mercado específico em um dado período.

preço baixo todo dia (EDLP, do inglês *everyday low price***)** Preço de varejo baixo constante, com pouca ou nenhuma promoção de preços e liquidações.

preço de imagem Ato de definir preços mais altos para tornar uma oferta mais desejável aos olhos dos consumidores.

preço de leilão Precificação por meio de lances competitivos.

preço de penetração Determinação de preço baixo para maximizar a participação de mercado.

preço isca Definição de um preço baixo para um produto para atrair maior tráfego de clientes.

preços altos-baixos Cobrança de preços mais altos no dia a dia, mas realização frequente de promoções com preços temporariamente mais baixos do que os níveis de preço EDLP.

preços baseados na concorrência Precificação baseada nos preços da concorrência.

preços de referência Informações sobre determinação de preços que o consumidor retém na memória e usa para interpretar e avaliar um novo preço.

previsão de demanda Estimativa do tamanho do mercado potencial para a oferta da empresa.

previsão de mercado Demanda de mercado projetada para um período futuro.

previsão de vendas da empresa Nível esperado de vendas de uma empresa durante um determinado período com base nas tendências de mercado e nos esforços de *marketing* da organização.

princípio da congruência Mecanismo psicológico pelo qual os consumidores enxergam objetos aparentemente relacionados como tendo a maior favorabilidade possível.

procedimento de amostragem Meio de escolher os respondentes para uma pesquisa que torna a amostra mais representativa da população-alvo total.

programa de *marketing* localizado Abordagem que adapta suas atividades de *marketing* a mercados-alvo individuais.

programa de *marketing* padronizado Estratégia que usa a mesma abordagem estratégica e tática em diferentes mercados e países.

propaganda Apresentação e promoção de ideias, bens, serviços ou marcas usando mídia paga.

proposição de valor ideal Valor que uma oferta cria para clientes, colaboradores e empresas.

proposição de valor O tipo de valor que a empresa promete criar para os clientes-alvo.

proposição de valor para o cliente O valor que a empresa pretende criar para os seus clientes-alvo.

protótipo Modelo de uma oferta com o objetivo de eliminar problemas em potencial antes de a oferta real ser criada.

publicidade Conquista de espaço editorial para promover uma oferta, ideia, organização ou imagem.

publicidade nativa Tipo de informe publicitário que lembra o conteúdo editorial da mídia, mas com a intenção de promover o produto do anunciante.

Q

quadro de referência *Benchmark* em relação ao qual os clientes podem avaliar os benefícios da oferta de uma empresa.

qualidade O quanto um produto ou serviço atende às expectativas do cliente sobre o valor.

qualidade de conformidade Grau em que todas as unidades produzidas são idênticas e atendem às especificações prometidas.

questionário Conjunto de questões apresentadas aos respondentes para coletar dados primários.

R

rastreamento de marca Uso de dados quantitativos para obter informações consistentes sobre o desempenho de marcas e programas de *marketing*.

rede de *marketing* A empresa e seus *stakeholders* de apoio, com quem desenvolveu relacionamentos comerciais mutuamente rentáveis.

relações públicas Variedade de programas destinados a promover a imagem de uma empresa entre os *stakeholders* relevantes.

remarcação antecipada de preços Reajuste de preços superior ao aumento de custos, prevendo uma inflação adicional ou controles de preço pelo governo.

resistência psicológica Relutância em mudar preferências ou opiniões estabelecidas que atuam como barreiras à compra.

S

segmentação comportamental Divisão dos clientes-alvo em grupos com base nas suas ações.

segmentação de mercado A divisão de um grupo de consumidores em subconjuntos que têm necessidades e/ou características de perfil semelhantes.

segmentação geográfica Divisão do mercado em unidades geográficas, como nações, estados, regiões, condados, municípios ou bairros.

segmentação psicográfica Divisão dos clientes-alvo em grupos com base em características psicológicas, estilos de vida ou valores.

serviço Ato intangível que uma entidade realiza por outra que não resulta em mudança de propriedade.

showrooming Ato de examinar um produto em loja antes de comprá-lo de um varejista diferente, geralmente para garantir um preço mais baixo.

sistema vertical de *marketing* Sistema de *marketing* no qual produtores, atacadistas e varejistas trabalham juntos para formar uma unidade.

sistema vertical de *marketing* administrado Estrutura de *marketing* em que um dos membros coordena estágios sucessivos de produção e distribuição.

sistema vertical de *marketing* contratual Grupo de empresas independentes, atuantes em diferentes níveis de produção e distribuição, que integram seus programas por meio de contratos para, assim, obter mais economias ou impacto nas vendas.

sistema vertical de *marketing* corporativo Estratégia que combina estágios sucessivos de produção e distribuição sob uma única entidade.

sistemas horizontais de *marketing* Duas ou mais empresas independentes reúnem recursos ou programas para explorar uma oportunidade de mercado emergente.

sustentabilidade Redução do impacto da atividade humana no meio ambiente para evitar o esgotamento dos recursos naturais.

T

tamanho da amostra O número de pessoas que precisariam ser entrevistadas para gerar resultados com credibilidade, passíveis de serem extrapolados para toda a população-alvo.

targeting Processo de identificar os clientes para os quais a empresa otimizará a sua oferta.

***targeting* estratégico** Foco em clientes cujas necessidades a empresa pode atender melhor do que a concorrência.

***targeting* tático** Identificar meios de atingir clientes estrategicamente viáveis para comunicar e entregar a oferta da empresa.

tática O *mix de marketing* que dá vida à estratégia da empresa e define os principais aspectos da oferta desenvolvida para criar valor em um determinado mercado.

taxa de conversão A percentagem de clientes que avançam para o próximo estágio do processo de aquisição de clientes.

taxa de retenção O número de clientes que continuam a transacionar com uma empresa durante um período definido.

técnica projetiva Processo de apresentar aos consumidores um estímulo incompleto ou ambíguo, como associação de palavras ou ordenamento de escolhas, para obter um entendimento melhor dos seus processos mentais.

tendência Mudança de comportamento ou sequência de eventos que tem alguma força e durabilidade.

teste alfa Avaliação de um produto ou serviço internamente à empresa.

teste beta Avaliação de um produto ou serviço pelos clientes.

teste de mercado Maneira de validar a oferta em uma porção do mercado ou no mercado como um todo.

tripé da sustentabilidade Conceito de que a empresa tem responsabilidade perante os *stakeholders*, que incluem funcionários, clientes e a sociedade como um todo.

U

unidade amostral Os respondentes que devem ser entrevistados para obter informações sobre um mercado, produto ou comportamento específico.

unidade estratégica de negócios (UEN) Negócio único ou conjunto de negócios relacionados que podem ser planejados separadamente do restante da empresa, com seu próprio universo de concorrentes e um gerente responsável por planejamento estratégico e desempenho de lucratividade.

V

validação de conceitos Avaliação da viabilidade e da atratividade do conceito fundamental por trás da oferta proposta.

valor vitalício do cliente (CLV, do inglês *customer lifetime value*) A soma total que se espera que o cliente gaste durante o seu período com a empresa.

vantagem competitiva A capacidade de uma empresa de criar valor de mercado de uma maneira que os concorrentes não conseguem se equiparar.

varejo As atividades envolvidas na venda de bens ou serviços diretamente aos consumidores finais para uso não empresarial.

variantes de marca Linhas específicas de marca fornecidas para determinados varejistas ou canais de distribuição.

venda de sistemas Abordagem de *marketing* para atrair compradores que preferem comprar sistemas completos de uma única empresa.

venda pessoal Interação pessoal (cara a cara) entre vendedor e comprador.

visualização Ato de pedir aos indivíduos que criem colagens ou desenhos para os profissionais de *marketing* entenderem as suas percepções.

Z

zona de tolerância Faixa na qual os clientes consideram o serviço da empresa satisfatório.

Índice de nomes

A

Ambler, Tim, 140
Andel, Jay Van, 383-384
Anderson, Chris, 171
Anderson, Steve, 543-544
Armani, Giorgio, 173
Armstrong, Lance, 350
Arnault, Bernard, 293-294

B

Barker, Eric, 512-513
Barrymore, Drew, 350
Bastian, Michael, 301-302
Bean, Leon Leonwood, 407-408
Beckham, David, 265-266
Beene, Geoffrey, 192-194
Bell, David, 368-369
Bell, Kristen, 350
Bernoff, Josh, 376-377
Berry, Leonard L., 253-254
Beyoncé, 184-186, 350
Bickoff, J. Darius, 195-197
Bieber, Justin, 356-357
Bitner, Mary Jo, 236-237
Bolt, Usain, 563-564
Bond, James, 363-364
Bono, 584-585
Bowerman, Bill, 29-30
Brady, Tom, 350
Bridges, Jeff, 350
Brin, Sergey, 58-59
Brochet, Frédéric, 76-77
Broderick, Matthew, 344
Brotman, Adam, 511-512
Bryant, Kobe, 30

C

Cacioppo, John, 85-86
Camp, Garrett, 324-325
Casey, Paul, 350
Chesky, Brian, 491-492
Chouinard, Yvon, 18-19, 589-590
Chung, Mong-Koo, 548-549
Cink, Stewart, 350
Clapton, Eric, 16-17
Clooney, George, 350
Cohen, Ben, 18-19, 598-599
Colson, Eric, 543-544
Cook, Scott, 92-93
Cook, Thomas, 534-535

Curtis, Helene, 566-567
Cutler, Elizabeth, 521
Cyrus, Miley, 357

D

Damon, Matt, 350
David, George, 277-278
DeGeneres, Ellen, 184-186
DeJoria, John Paul, 289-290
De Niro, Robert, 184-186, 350
DeVos, Rich, 383-384
Dichter, Ernest, 74-75
Diddy, P., 357
Dion, Celine, 350
Dior, Christian, 562-563
Disney, Roy, 31-32
Disney, Walt, 31-32
Dr. Dre, 356-357
Drucker, Peter, 5-6, 37-38
Dubrule, Paul, 380-381
Dunn, Edwina, 530-531
Dyson, James, 496-497

E

Edgerton, David, 377-378
Edna, Dame, 571-572
Einstein, Albert, 136
Ellis, Perry, 192-194
Eugenie, imperatriz, 293-294

F

Farley, Jim, 389
Favre, Brett, 350
Federer, Roger, 30-31
Fey, Tina, 184-186
Fluhr, Jeff, 512-513
Ford, Henry, 153-154
Freeman, Morgan, 350, 571-572
Friedman, Thomas, 8-9

G

Gebbia, Joe, 491-492
George, Kevin, 197-198
Graves, Michael, 442-443
Grayson, Kent, 540-541
Greenfield, Jerry, 18-19, 598-599
Gremler, Dwayne D., 236-237

H

Hamm, Jon, 350
Hanks, Tom, 350
Harrah, Bill, 545-546
Hart, Kevin, 165-166
Hastings, Reed, 298-299
Haysbert, Dennis, 350
Hilfiger, Tommy, 192-194
Hirshberg, Gary, 577-578, 589-590
Holt, Benjamin, 96-97
Hsieh, Tony, 60-61, 241-242
Hudson, Jennifer, 350
Hughes, Mark, 389-390
Humby, Clive, 530

I

Iovine, Jimmy, 357

J

Jacobs, Marc, 293-294
James, LeBron, 30-31, 345-347
Jenkins, George, 231, 232
Jobs, Steve, 225-226
Johnson, Don, 246-247
Jolie, Angelina, 293-294
Jones, Edward, 242-243
Jordan, Michael, 29-30

K

Kaepernick, Collin, 347-348
Kalanick, Travis, 324-325
Kamprad, Ingvar, 526-527, 569-570
Kanter, Rosabeth Moss, 15-16
Kaufer, Stephen, 534-535
Keller, Albert, 258-259
Keller, Kevin Lane, 280-281
Keys, Alicia, 350
Kimberly-Clark, 410-411
Klein, Calvin, 192-194, 283-284
Knight, Phil, 29-30
Knudstorp, Jorgen, 145-146
Kotler, Philip, 585-586
Kroc, Ray, 244-245

L

Lady Gaga, 357
Lake, Katrina, 543-544
Lauren, Ralph, 283-284
Levitt, Theodore, 20-21, 470-471

Mona Lisa, 277-278
Liu, Lucy, 571-572
Lloyd, Deborah, 180-181
Lopez, Jennifer, 293-294
Loveman, Gary, 545-546
Lowry, Adam, 182-184

M

Ma, Jack, 116-118
Madonna, 293-294
Mae, Vanessa, 571-572
Marechal, Monsieur, 293-294
Maslow, Abraham, 72-73
Mateschitz, Dietrich, 351-352
Matisse, Henri, 293-294
Mattus, Reuben, 214-215
Mayo, Charles, 91-92
Mayo, William, 91-92
McLamore, James, 377-378
McMillan, Jack, 260-261
Minaj, Nicki, 357
Ming, Yao, 559-560
Mitchell, Paul, 289-290
Mizrahi, Isaac, 442-443
Morita, Akio, 37-38, 478-479
Morrison, Maura, 523-524
Mulye, Nirmal, 320-322
Musk, Elon, 205-206

N

Nadal, Rafael, 30-31
Newman, Paul, 580
Nordstrom, Bruce, 260-261
Nordstrom, Jim, 260-261
Nordstrom, John W., 260-261
Noseworthy, Dr. John, 91-92

O

Obama, Michelle, 265-266
Ono, Yoko, 16-17
Osbourne, Ozzy, 350
Owen-Jones, Sir Lindsay, 172-173

P

Packard, David, 23-24
Page, Larry, 58-59
Parasuraman, A., 253-254

Pelisson, Gerard, 380-381
Perez, Florentine, 265-266
Peters, Tom, 5-6
Petty, Richard, 85-86
Phelps, Michael, 350
Plank, Kevin, 477-478
Porter, Michael, 42-43
Prefontaine, Steve, 29-30
Proulx, Tom, 92-93

R

Ramdev, Baba, 65-66
Randolph, Marc, 298-299
Rapaille, Clotaire, 74-75
Rashid, Karim, 182-183
Reibstein, Dave, 140-141
Reichheld, Frederick, 541-542
Rice, Julie, 521
Ronaldo, Cristiano, 5-6, 265-266
Roosevelt, Eleanor, 74
Rubinstein, Helena, 173
Rucker, Derek, 347-348
Ryan, Eric, 182-184
Ryohin, Mujirushi, 295-296

S

Santana, Carlos, 476-477
Schueller, Eugene, 172-173
Schultz, Howard, 596-598
Schwab, Charles, 347
Scorsese, Martin, 350
Scott, Adam, 571-572
Sculley, John, 225-226
Shackleton, Sir Ernest, 281-282
Shaich, Ron, 233-234
Shapiro, Benson P., 213-214
Sharapova, Maria, 30-31
Shatner, William, 323-324, 350
Sheth, Jag, 578-580
Shriver, Bobby, 584-585
Sisodia, Raj, 578-580
Smith, Adam, 110-111
Smith, Paul Reed, 476-477
Snoop Dogg, 356-357
Southall, Ben, 353-354
Spade, Andy, 180-181
Spade, Kate, 180-181
Stefani, Gwen, 442-443
Stemberg, Tom, 125-126

Stern, Howard, 350
Stiller, Bob, 578-580
Stuart, John, 269-271
Sunstein, Cass, 85
Swaminathan, Vanitha, 280-281
Swift, Taylor, 350
Swimmurn, Nick, 60-61

T

Thaler, Richard, 84-85
Tiffany, Charles Lewis, 599-600
Timberlake, Justin, 350
Tran, David, 474-476
Tupper, Earl, 387-389

U

Uemura, Shu, 173

V

Darth Vader, 344
Vuitton, Georges, 293-294
Vuitton, Louis, 182-183, 293-294

W

Wagner, Peter, 153-154
Wahlberg, Mark, 350
Walker, Jay S., 323-324
Walton, Sam, 244-245
Webb, Alli, 249-251
will.i.am, 350
Winfrey, Oprah, 5-6, 350, 353-354
Wintour, Anna, 265-266
Witherspoon, Reese, 350
Wolfe, David, 578-580
Woods, Tiger, 350
Wozniak, Steve, 224-225

Y

Yoovidhya, Chaleo, 351-352

Z

Zaltman, Gerald, 585-586
Zeithaml, Valarie A., 236-237, 253-254
Zidane, Zinedine, 265-266
Zillmer, John, 115-116
Zwick, Edward, 599-600

Índice de empresas, marcas e organizações

A

ABB, 97-98
ABC, 470-471
Abercrombie & Fitch, 301-303
Absolut, 304-305
Accenture, 24-25
Accord, 277-278
AccorHotels, 380-381
Ace Hardware, 243-244, 256-257
Active Hotels and Booking.com, 323-324
Adidas, 265-266, 363-364
Adobe Acrobat, *software*, 282-283
AdSense, 57-58
Advil, 191-192
AdWords, 57-58
AEG, 484-485
Aeropostale, 428-429, 438-439
Afferent Pharmaceuticals, 470-471
Aflac, 273-274, 359-361
African Beauty Brands, 173
Elephant Crisis Fund, fundo africano, 599-600
Agoda.com, 323-324
AIG, 285-286
Airbnb, 8-9, 156-157, 239-241, 472-473, 490-494
Airbus, 107-109, 477-478
Alaska Airways, 526-527
Albertsons, 12-13, 447-448
Aldi, 307-308, 437-438, 447-448, 453-454, 566-567
Aleve, 191-192, 345-347
Alexa, 246-247
Alexander McQueen, 434-435
Alibaba, 13-14, 115-118, 449-450, 455-456
AliExpress, 115-116
Align Technology, 246-248
Allegiant Air, 159-160
ALLEVYN Life, 127-128
Allied Van Lines, 234-235
All Natural flavors, 282-283
Allstate, 235-236, 273-274, 387-389
Ally Bank, 192-194
Ally Financial, 192-194
Amazon Alexa, 225-226, 244-246, 343-344
AmazonBasics, 226-227
Amazon.com, 6-9, 12-14, 26-27, 30-31, 36-37, 38-39, 49-52, 59-61, 115-116, 122-124, 226-227, 239-240, 247-248, 268-269, 273-274, 299-302, 312-313, 370-372, 411-412, 425-426, 436-438, 450-451, 461-462, 473-474, 477-478, 524-525, 532-535, 584-585, 590-591
Ambit Energy, 395-397
AMD, 317-318
American Airlines, 128-129, 135-137, 583-584
American Automobile Association, 265-266
American Cancer Society, 585-586
American Express, 184-187, 252-253, 256-257, 349-350, 369-370, 492-493, 526-529, 541-542, 584-586
American Marketing Association, 4-5, 264-265, 322-323
American Red Cross, 585-586
AmerisourceBergen Corporation, 454-456
Amway, 383-384, 387-389
Amy's Kitchen, 534-535
Andy Spade, 180-181
Angie's List, 239-241
Antelliq, 470-471
APL, 313-314
Apple, 4-5, 13-14, 29-31, 59-60, 141-144, 182-183, 194-195, 207-211, 224-226, 278-280, 299-300, 319-320, 347-348, 410-411, 421-422, 425-426, 461-462, 471-473, 477-481, 504-506, 551-552
Apple iPhones, 584-585
Apple iPod, 285-286
Apple Mac, computadores, 313-314
Apple Newton, 187-188, 474-476
Apple Siri, 225-226
Apple Stores, 414-415
Apple Watch, 254-256, 522
Aquafina, 181-182, 594-596
Arabia, 209-211
Aramark Food & Support Services, 115-116
Arizona State University, 597-598
Armani, 283-284, 301-302
Armani Exchange, 283-284
Armani Jeans, 283-284
Armani, óculos de sol, 584-585
Arm & Hammer, 473-474, 485-486
Arrow Electronics, 420-421, 456-457
Arthur Andersen, 118-119
Art of Flight (filme), 352-353
Association of Surfing Professionals (ASP) World Tour, 275-276
Aston Martin, 363-364
Atelier Cologne, 173
ATS sports, 281-282
AT&T, 23-24, 169-170, 177-179, 256-257, 317-318, 345-347, 349-350, 585-587
Au Bon Pain, 564-565
Audi, 213-215, 363-364, 376-377
Automobile Association, 181-182
Aveda, 194-195, 304-305
Avianca, 555-557
Avis Car Rental, 273-274
Avon, 338-339, 387-389, 393-394, 400-402, 421-422, 585-586
Axe, 197-199

B

Baker's Hotline, 286-287
Balenciaga, 434-435
Bambi, 31-32
Bang & Olufsen (B&O), 209-211
BankAmericard, 492-493
Bank of America, 235-236, 285-286, 580-581, 584-586
Barclays, 235-236
BarkBox, 87-88
Barnes & Noble, 6-8, 54-55
Barnum's Animal Crackers, 584-585
Baskin-Robbins, 506-508
Bass Pro Shops, 235-236, 441-442, 534-535
Baxter Healthcare, 246-247
Bayer, aspirina, 206-207
BB&T Corp., 369-370
BBVA, 265-266
Beanie Babies, 373-374
Bela e a Fera, A, 31-32
Bed Bath & Beyond, 447-448
Beiersdorf, 369-370
Bellagio, 244-246
Benetton, 450-451, 459-460, 549-552
Bengay, aspirina, 269-271
Ben & Jerry's, 18-19, 369-370, 597-599
Benz, 214-215
Best Buy, 13-14, 54-55, 248-249, 421-422, 428-429, 436-437, 461-462, 472-473, 534-535
Best Western Hotels, 555-557
Bibendum, 273-274
Bic, 284-285
Bickoff's Energy Brands, 195-197

Big Data, 256-257
Bijan, 442-443
Biolage, 173
Biotherm, 173
Birchbox, 87-88
Bird Scooters, 3-4
Bisquick, 276-277
BJ's, atacado, 447-448
BlackBerry, 349-350
Black & Decker, 285-286
Bledina, 580-581
Blendtec, 370-372
Blockbuster, 6-8
Bloomberg Businessweek, 493-494
Bloomingdale, 446-448
Blue Cross Blue Shield, 265-266, 472-473
Blue Ribbon Sports, 29-30
BMW, 11-12, 44-46, 141-142, 186-191, 207-208, 218-219, 304-305, 340-341, 348-349, 530-533, 551-552
BMX, 352-353
Bobbi Brown, marca, 422-424
Body Shop, The, 10, 446-447, 450-451, 551-552, 580
Boeing, 107-109, 122-124, 369-370
Bon Appétit, 343-344
Booking.com, 491-492
Borgata Casino, 246-247
Bosch, 484-485
Boston Consulting Group, 39-40
Bounty Basic, 215-216
Bowmar, 474-476
BP, 284-286, 372-373, 478-489, 581-583
Brim, 486-487
Brisk Iced Tea, 276-277
British Airways, 530-532
Brooks & Dunn, 369-370
Brother, 437-438
Brown University, 593-594
Bud Light Platinum, 349-350
Budweiser, 191-192, 349-350
Build-A-Bear Workshop, 527-528
Bulgari, 283-284
Burberry, 193-194, 281-283
Burger King, 186-187, 191-192, 377-379, 555-557
Burt's Bees, 589-590
Burton, 274-276
Butterball Talk Line, 243-246
Butterball University, 244-246

C

Cacharel, 173
Cadbury, 39-40, 219-220, 285-286, 479-481, 558-559
Cadillac, 183-184, 187-188, 281-282
Cadillac CTS sedans, 281-282
Cadillac Escalade SUV, 281-282
Cadillac SRX crossover, 281-282
Cadillac XTS, 281-282
Caesars Casino, 246-247

Caesars Palace, 244-246
CafePress, 208-209
Calvin Klein, 192-194, 283-284
Cameron Hughes, 266-267
Campbell's Go! Soup, 151-152
Campbell Soup Company, 169-170, 276-277, 420-421, 473-474, 560-561
Cannes, Festival de Cinema de, 290-291
Canon, 23, 192-194
Care Bear worksheets, 592-593
CareLinx, 248-249
Carita, 173
Carlson Wagonlit Travel, 461-462
Carnival Cruises, 234-235
Carnival Triumph, 234-235
Carrefour, 447-448, 550-552, 566-567
Carrier, 276-278
Cartier, 287-289
Casanova, 522-524
Casper, 225-227, 264-265
Caterpillar (CAT), 96-98, 100-101, 110-112, 256, 310-312, 419-420
Cayenne, 285-286
C-Class, Mercedes, 214-216
Cemex, 104-105, 247-248
Centros de Controle e Prevenção de Doenças, 585-586
Centurion Lounges, 528-529
CeraVe, 173
Chanel, 265-266
Chapman Kelly, 111-112
Chase, 235-236, 493-494
Chase Sapphire, 174-175
Chatter, 118-119
Cheer, 479-481
Cheerios, 192-194
Cheesybite, 338-339
Chevron, 122-124
Chevron Phillips Chemical Company, 106-107
Chevy Corvette, 187-188
Chibuku, 558-559
Chick-fil-A, 285-286, 516-517
Chili's, 253-254
Chloe, 434-435
Chrysler, 349-350, 356-357
Chrysler TV, 335-336
Chubb, 276-277
Cinderela, 31-32
Circle K, 447-448
Circuit City, 461-462
Cirque du Soleil, 251-252
Cisco Systems Inc., 421-422, 425-426, 499-500
Citi, 235-236, 273-274
Citibank, 122-124, 243-244, 493-494
Citigroup, 493-494
Citi Platinum Select Aadvantage Visa Signature, cartão de crédito, 277-280
Clairol, 563-564
Clairol Mist Stick, 563-564
Clarisonic, 173

Classic Coke, 267-268
Clinique, marca, 422-424
Clorox, 140-141, 162-164, 487-490
Clorox Green Works, 589-590
Cloud, 122-124
Club Cirque, 251-252
Coca-Cola, 26-27, 154-155, 191-192, 195-197, 218-219, 239-240, 267-268, 284-285, 313-314, 316-317, 319-320, 341-342, 369-372, 424-425, 438-439, 473-474, 516-517, 532-533, 537-539, 555-557, 560-561, 563-567, 584-587, 594-596
Coca-Cola Freestyle, 532-533
Coca-Cola Dasani, 181-182
Coco Leche, rosquinhas, 561-563
Cognizant, 209-211
Coke. *Ver* Coca-Cola
Colgate, 140-141, 498-499
Colgate Junior, 592-593
Colgate-Palmolive, 162-164, 552-553, 592-593
College of Saint Benedict em Minnesota, 593-594
Colonial Sugar Refining Company, 314-316
Columbia, 278-280
Comcast, 241-242, 254-256
Comedy Central, 198-199
Commodore, 207-208
Community Action for Employees (CAFE), programa, 587-589
CompUSA, 437-438
comscore, 5-6, 364-366
ConAgra, 471-472
Conservation International, 597-598
Consumer & Market Knowledge (CMK), 125-126
Continental Lite, 308-310
Contract Freighters, 311-312
Converse, tênis, 584-585
Cookie Jar, 233-234
Corian, 280-281
Costco, 266-267, 421-422, 447-448, 516-517
Courtyard, 282-283, 303-304
Cracker Jack, cereal, 269-271
Crate and Barrel, 349-350
Crayola, 182-183, 285-286, 369-370
Crest, 213-214, 273-274, 479-481
Crest Whitestrips, 160-161, 283-284
Crisco, 453-454
Crocs, 215-216, 349-350, 370-372, 487-488
Cub Advisory Board, 527-528
Cubist Pharmaceuticals, 470-471
Cummins, 98-99
Cusquena, 558-559
Cutler-Hammer, 105-106
CVS, 12-13, 445-448

D

Daimler, 277-278, 477-478
Damier, tela, 293-294
Dannon, 282-283, 580-581

Danoninho, 282-283
Daraprim, 320-322
Darth Vader, 343-344
Davy Crockett, 31-32
De Beers, 162-164, 206-207
Decleor, 173
Deere & Company, 256, 527-528, 554-555
Delhaize, 549-550
Dell, 20-21, 99-100, 106-107, 280-281, 499-500, 541-542, 583-584
Dell EMC, 99-100, 239-240
Del Monte, 133-135
Delphi, 98-99
Delta Airlines, 239-241
Deming Prize, 525-526
Saúde e Serviços Humanos, Departamento de, 585-586
Transporte, Departamento de, 585-586
Designer Shoe Warehouse, 447-448
Deutsche Telekom, 177-178
DeWalt, 285-286
Diageo, 21-22
Dick's Sporting Goods, 235-236, 265-266, 440-441, 476-477
DieHard, baterias automotivas, 273-274
Diesel, 173
Diet Coke, 349-350
Digicel, 563-565
Digicel Foundation, 563-564
DiGiorno, 192-194
Dior, 291-292
Direct Line Insurance, 308-310
Discount Tire, 422-424, 485-486
Disney, 30-32, 235-236, 243-244, 270-273, 285-286, 411-412, 422-424, 585-586
Disney Baby, 69-71
DisneyBaby.com, 69-70
Disney Channel, 31-32, 470-471
Disney Club, 411-412
Disney Cuddly Bodysuits, 69-70
Disney Stores, 411-412
Disney Sunday Night Movie, The, 31-32
Disney World, 31-32
Dockers, 285-286
Dodge Ram, 335-336
Dogster, 11-12
Dolby, tecnologia de redução de ruídos, 278-280
Dolby, sistemas de som, 242-243
Dolce & Gabbana, 434-435
Dollar General, 437-438, 447-448
Dollar Shave Club, 189-191, 317-318, 372-373
Dominator by Burton, 275-276
Domino's, 191-194, 285-286, 471-472
Donald, Pato, 271-273
DoorDash, 450-451
Dos Equis, 349-350
Doubletree by Hilton Hotels & Resorts, 235-236
Dove, 192-194, 197-199, 331, 332
Dow Corning, 276-277
Downy Single Rinse, 141-142

Downy Unstopables, 498-499
Doximity, 12-13
Dropbox, 273-274
Drybar, 248-249
Duquesa de Windsor, 293-294
Duque, 293-294
Dunkin' Donuts, 37-38, 186-187, 243-244, 282-283, 448-450, 561-563
Dunnhumby, 530-532
DuPont, 97-98, 105-106, 136-137, 280-281, 470-471, 580-581, 586-587
Duracell, 349-350
Dyson, 209-211, 496-497

E

Eagle Snacks, 486-487
Eaton Corp, 105-106
eBay, 115-116, 156-157, 239-240, 312-313
Economic Times, 71-72, 317-318, 386-387
E. F. Hutton & Co., 492-493
El Al Airlines, 128-129
Electrolux, 214-215, 338-339, 484-485
Eli Lilly, 499-500
Elixir, cordas de violão, 498-499
Ellen Tracy, 38-39
Elmo TMX, 487-488
EMC (Dell EMC), 99-100, 239-240
Emirates Airlines, 265-266, 369-370
Emporio Armani, 283-284
Enterprise Rent-A-Car, 38-39
EpiPen, 320-322
ESPN, 122-124, 198-199, 469-471
Essie, 173
Essilor, 198-199
Estée Lauder, 153-154, 364-366, 422-424, 453-454, 564-565
Euro Disney, parque temático, 561-563
European Quality Award, 525-526
Evian, 580-581
Evista, 504-505
Expedia, 249-251, 256-257, 534-535
Experience Centers, 290-291
Express Scripts, 51-52
Extra Strength Tylenol, 216-218

F

Facebook, 6-8, 11-13, 16-17, 37-38, 133-135, 156-158, 180-181, 194-195, 197-198, 239-241, 251-252, 290-291, 349-350, 370-372, 393-394, 518-519, 530, 535-536
FAGUO, marca de moda, 587-590
Fairfield Inn, 303-304
Fair Trade foundation, 578-580
Family Dollar, 447-448
Farfetch, 290-291
Comissão Federal de Comércio (FTC - Federal Trade Commission), 591-592
FedEx, 97-98, 122-124, 243-244
Fender Guitars, 476-477
Fendi, 291-292
Ferrari, 38-39, 302-304

Ferrovial SA, unidade de Cintra da, 238-239
Fiat, 281-282
Fiberglass, 273-274
Fifth & Pacific, 180-181
Fireman's Fund, 273-274
First Direct, 308-310
Serviço de Pesca e Vida Silvestre, 583-584
Flawless, 251-252
Flickr, 273-274
Flight Options, 249-251
FlipKey, 491-492
Fly & Ride, programa, 530
Folgers, 486-487
Food and Drug Administration (FDA), 221-222
Food Network, 451-453
Forbes, 109-110, 122, 572
Ford Motor Co., 105-106, 192-194, 218-219, 228-229, 369-370, 474-476, 583-584
Ford X-Trainer, 193-194
Forever 21, 436-437
Forrester Research, 533-534
Forrester, estudo, 534-535
Fortune, 98-99, 109-110, 232
4G, rede móvel, 345-347
Four Seasons, 242-243
FourSquare, 180-181
42BELOW, vodca, 273-274
FreshDirect, 450-451
Frigidaire, 484-485
Frito-Lay, 366-367, 420-421
Frito-Lay, limonada, 269-271
Frito-Lay Sun Chips, 219-221
Frontline, 246-247
Fruit of the Loom, sabão em pó, 269-271
Fruit on the Bottom, iogurte, 282-283
Frye, 278-280
FTD, 397-398
F.W. Woolworth, 300-301

G

Gain, 164-165, 479-481
Gallo Family Vineyards, 216-218
Gap, 215-216, 301-302, 459-460, 584-586
Garnier, 173
Gartner, 5-6
Gartner Group, 137-139
Gatorade, 27-28, 263-265, 472-473
GAZ Group, 555-557
GEICO, 188-192, 273-274, 347-348
General Electric, 38-39, 276-278, 551-552
General Mills, 169-170, 276-278, 471-472, 511-512
General Motors, 183-184, 228-229, 281-282, 467, 474-476, 486-487, 526-527
Genius Bar, Apple, 235-236
Geoffrey Beene, 192-194
George Foreman, *grill*, 398-399
Georgia Pacific, 583-584
Gerber, 286-287
GfK, 5-6

Gibson Guitars, 476-477
GI Joe, 213-214
Gillette, 164-165, 189-191, 247-248, 265-266, 317-318, 392-393, 438-439, 473-474, 551-552
Gillette Fusion ProShield, 498-499
Gilt Groupe, 290-291, 448-450
Ginsu, facas, 564-565
Giorgio Armani, 173, 283-284, 301-302
Giorgio Armani Prive, 283-284
Glaceau, 38-39
Glad, 454-455
GlaxoSmithKline, 485-486
GMAC Financial Services, 193-194
Godiva, chocolates, 208-209
Gold Medal, farinha, 276-277
Goodrich Corporation, 276-278
Goodwill Industries, 575-576
Goodyear, 275-276, 312-313, 422-424, 485-486
Goodyear, programa TVTrack da, 248-249
Google, 4-5, 7-8, 13-14, 37-38, 51-52, 57-60, 157-158, 194-195, 364-366, 436-437, 468-469, 474-476
Google Assistant, 225-226
Google Consumer Surveys, 133-135
Google Docs, 59-60
Google Home, 246-247
Google Sheets, 59-60
Google Slides, 59-60
GoPro, 38-39
GORE-TEX, 193-194, 278-280, 441-442, 498-499
Gothenburg Horse Show, 340-341
Green Mountain Coffee K-Cups, 186-187
Green Mountain Coffee Roasters, 587-589
Grey Goose, 191-192, 304-305, 367-368
Grocery Manufacturers of America, 424-425
Groupon, 300-301
GrubHub, 450-451
G Series Fit, linha, 264-265
G Series Pro, linha, 264-265
Gucci, 265-266, 287-291, 434-435, 448-450, 511-512
Guess, 428-429
GuestCenter, 254-256
Guy Laroche, 173
Gymboree, 437-438

H

Häagen-Dazs, 214-218, 564-566
Haas Automation, 248-249
Haier, 19-21, 484-485, 565-566
Haiti, 563-564
Hallmark, 160-162, 268-269, 369-370, 473-474, 560-561
Hamburgo, 277-278
Hamburger University, 247-248
Hamilton Sundstrand, sistemas aeroespaciais, 276-277
Hampton, 418-419

Hanes, 479-481
Harley-Davidson, 141-142, 189-192, 208-209, 281-282, 412-414, 486-487, 530, 539-540
Harley Owners Group (H.O.G.), 528-529
Harrah, 244-246
Harry's, 247-248
Hartford, 273-274
HauteLook, 260-261
Harvard Business Review, 481-482
Harvard Business School, 15-16, 367-368, 545-546
HBO, 192-194
Heavenly Bed, 278-281
Hefty, 454-455
Heineken, 363-364, 561-565
Heinz, 12-13, 276-277, 485-486
Helena Rubinstein, 173
Hennessy, 293-294
Herbalife, 388-391
Herman Miller, 209-211
Hermes, 265-266, 287-289, 561-563
Hershey's Kisses, chocolate, 282-283
Hershey's, 182-183, 369-370, 472-473
Hertz, 191-192, 482-484, 555-557
Hewlett-Packard, 23-24, 97-98, 104-107, 127-128, 192-194, 214-215, 276-277, 280-281, 356-357, 419-420, 422-424
hhgregg, 461-462
Highlander, 228-229
Hillshire, 479-481
Hilton Hotels, 235-236
Hilton International Co., 235-236
Hitachi, 277-278, 555-557
H&M, 301-302, 435-437, 458-460
Hog Tales, 530
Hole in the Wall Gang, acampamentos, 580
Holland Binkley Company, 109-110
HomeAway, 491-492
Home Depot, The, 248-249, 369-370, 436-437, 442-443, 447-448, 524-526
Honda, 228-229, 276-278, 282-283, 474-476, 539-540, 561-563
Honda Acura, 216-218
Honda CR-V, 343-344
Honda Element, 168-169
Honest Fizz, 516-517
Honest Tea, 516-517
Hormel Compleats, refeições para micro-ondas, 282-283
Hotels.com, 491-492, 534-535
Hot Topic, 437-438
House 99, 173
HP. *Ver* Hewlett-Packard
H&R Block, 235-236, 575-576
HSBC, 59-60, 308-310, 568-569
HSN, 450-451
HTC, 356-357
HTC Evo 3D, 592-593
Hudson Institute, 137-139
Hudson's Bay, 448-450
Hulu, 239-240, 299-300

Hummer, 486-487
Huy Fong Foods, 474-476
Hyatt Regency Hotels, 188-190
Hyundai, 222-223, 369-370, 525-527, 548-550

I

Iams, 188-190
IBM, 12-13, 15-16, 23, 97-98, 104-107, 118-119, 127-128, 247-248, 278-280, 385-386, 392-393, 419-420, 421-422
I Can't Believe It's Not Butter, 349-350
IDEO, 142-144
IKEA, 4-5, 37-38, 248-249, 505-506, 526-527, 568-570
iMac, 224-225
InBev, Anheuser-Busch, 558-559
Indianapolis Zoo, 238-239
ING, 308-310
ING Direct, 308-310
Initiative for Responsible Mining Assurance (IRMA), 599-600
Instacart, 450-451
Instagram, 11-12, 180-181, 273-274, 290-291, 370-372, 530
Institute for the Future, 137-139
Institute for the Study of Business Markets (ISBM), 98-99
Institute for Supply Management (ISM), 98-99
Intel, 97-98, 214-215, 280-281, 317-318, 349-350, 425-426, 479-481
International Federation of Match Poker, 181-182
Intuit, 239-240
iPad, 224-225, 285-286, 522, 530-532
iPad Air, 225-226
iPad mini, 225-226
iPhone, 207-208, 212-213, 224-226, 285-286, 300-301, 522
iPod, 224-226, 504-505
Ipsos, 5-6
IRI, 125-126
iSnack 2.0, 338-339
iSnack jars, 338-339
iTunes, 224-225, 285-286

J

Janie and Jack, 437-438
Jason Wu, 437-438
JCPenney, 435-438, 443-450
J.Crew, 265-266
J.D. Power, 5-6, 127-128, 232, 364-366, 526-527, 548-549
Jeffrey Boutique, 260-261
Jell-O, 273-274
JetBlue Airways, 307-308
Jet.com, 450-451
Jianlibao, 563-564
Jif, 453-454
Jiffy-Lube, 256, 418-419

Jim Beam, 193-194
J.M. Smucker Company, 144-145
Joe Boxer, 437-438
John Deere, 128-129, 527-528, 553-555
Johnson & Johnson, 38-39, 182-183, 285-287, 367-368, 470-471
John Wanamaker, 300-301
Jones, refrigerante, 12-13
Jose Cuervo, 289-290
Jour, 284-285
Journal of Marketing, 253-254
JPMorgan Chase, 256-257, 285-286, 293-294
Juicy Couture, 38-39, 440-441
JW Marriott, 303-304

K

Kantar Group, 125-126
Kate Spade, 38-39, 180-182
Kayak.com, 249-251, 323-324, 493-494
Keebler, 273-274
Kellogg, 182-183, 269-271, 479-481, 560-561
Kellogg School of Management, 347-348, 540-541
Kellogg's Corn Flakes, 276-277
Kellogg's Raisin Bran, 276-277
Kellogg's Rice Krispies, 276-277
Kenmore, 248-249
Kenworth, 311-312
Kerastase, 173
Keurig, 219-221, 578-580
Kevlar, 280-281
KeyBank, 256-257
KFC, 278-280, 432-433, 551-553, 583-584
Kia, 222-223, 369-370, 524-525
Kidde, 276-278
Kiehl, 173, 445-446
Kimberly-Clark, 131-133
Kimpton, 169-170
Kinaxis, 111-112
King Arthur Flour, 286-287
KitchenAid Architect, eletrodomésticos, 209-211
Kitty Litter, 273-274
Kiwi, 218-219
Kiwi Express Shine, 219-220
Kleenex, 273-274, 410-411, 485-486
KLM's Buzz, 308-310
Kmart, 435-438, 470-471
Kodak, 207-208, 312-313
Kohler, 209-211, 369-370
Kohl's, 435-438, 448-450, 453-454
Komatsu, 110-111, 141-142
Kraft, 39-40, 169-170, 182-183, 338-339, 479-481, 558-563
Krating Daeng, 351-352
Kroger, 435-437, 447-448, 451-453, 516-517

L

Lacoste, 278-280
Lancôme, 173
LandCruiser, 228-229

Lands' End, 450-451
La Roche-Posay, 173
Las Vegas Convention & Visitors Authority, The, 5-6
Laundry, 38-39
Lauren boutiques, 283-284
La-Z-Boy, 193-194
Lean Cuisine, 273-274
LeapFrog, 373-374
Led Zeppelin's music, 281-282
LEGO, 144-146, 366-368
Lehman Brothers, Kuhn Loeb Inc., 492-493
Lenovo, 19-20, 277-278, 280-281
Levi Strauss, 275-276, 285-286, 586-589
LexisNexis, 24
Lexus, 229, 525-526
LG, 248-249, 484-485
Lidl, 307-308, 447-448, 453-454
Light & Fit, 282-283
Limited Brand, Tween Brands, 437-438
Limited, The, 446-447
Lincoln, 109-111, 218-219
Linens n' Things, 486-487
LinkedIn, 11-12, 32-34, 393-394
Rei Leão, O, 31-32
Lipitor, medicamento para colesterol, 265-266
Lipton Iced Tea, 276-277
Lipton Pure Leaf Iced Tea, 276-277
Pequena Sereia, A, 31-32
Liz Claiborne, 38-39
Liz Lange, 442-443
L.L.Bean, 278-280, 407-409, 450-451
Loblaws, 451-453
Lord & Taylor, 448-450
L'Oréal, 171-173, 511-512
Los Merengues, 265-266
Louis Vuitton, 265-266, 287-289, 291-294, 448-450, 561-563
Louis Vuitton Cup, 294-295
Louis Vuitton, monograma LV, 293-295
Se meu fusca falasse, 31-32
Love Your Cereal, programa de mídias sociais, 269-271
Lowe's, 525-526
LSI Logic Corporation, 141-142
Lucky Brand Jeans, 38-39
Lufthansa, 555-557
Lugnet (LEGO), 528-529
Lumber Liquidators, 442-443
Luvs, 479-481
Luxottica, 198-199, 584-585
LVMH, 561-563
Lyft, 239-240

M

Mac, 285-286
Macaroni Grill, 487-488
Macy's, 54-55, 341-342, 426-429, 443-448
Maggi, 580-581
Magic, 173

Maison Margiela, 173
Maker's Mark, marcas, 193-194
Makino, 111-112
Malcolm Baldrige National Quality Award, 525-526
Mandarin Oriental Hotel Group, 571-572
Mango, 435-436
Marimekko, 209-211
Marks & Spencer, 445-446, 450-451
Marlboro, 188-190
Marquis Jets, 249-251
Marriott, 15, 243-244, 256-257, 282-283, 303-304
Marriott Marquis, 303-304
Maruti-Suzuki Alto, 581-583
Mary Kay, 384-385, 387-389
Mary Poppins, 31-32
MasterCard, 122-124
Master Charge, 492-493
Matrix, 173
Matsushita, 474-476, 551-552
Maxim, 136-137
Maxwell House, 39-40
Maybelline New York, 173, 192-194
MBNA, 493-494
McDonald's, 8-9, 24-25, 53-55, 186-187, 191-192, 238-239, 243-244, 247-248, 270-271, 291-292, 345-347, 364-366, 415-419, 425-426, 448-450, 472-473, 516-517, 555-557, 560-561, 580
McKinsey & Company, 145-146, 192-194
Mederma, 180-181
Medline Industries, 101-102
Meow Mix, 373-374
Mercedes-Benz, 207-209, 214-218, 264-265, 277-278, 349-350, 370-372, 415-417, 477-478, 524-525
Merck, 265-266, 470-471, 580-581, 583-584
Mermaid Club, 527-528
Merrill Lynch, 235-236, 308-310, 387-389
MetLife, 122-124, 235-236, 273-274
Metro, 566-567
Mexx, 38-39
Michelin, 244-246, 273-274
Mickey Mouse, 271-273
Microsoft, 37-38, 58-59, 122-124, 127-128, 156-157, 188-190, 214-215, 224-225, 461-462, 468-469, 472-473, 479-481, 499-500, 508-509, 541-542, 562-563, 584-585
Microsoft Office, 58-59, 188-190
Microsoft Xbox Ambassadors, 528-529
Midas Muffler, 256
Miele, 248-249
Milka, 278-280
Miller Lite beer, 184-186
Milwaukee, 530
MINI Cooper, 194-195, 218-219, 340-341
Minolta, 141-142
MinuteClinic, 249-251
Missoni, *designs*, 437-438
Mitsukoshi, 446-447

Mizani, 173
ML Direct, 308-310
M&M, 12-13, 208-209, 274-275
M&M's World, 370-372
Moët et Chandon, 293-294
Mondelēz International, 278-280, 446-447, 479-481
Monsanto, 561-563
Monster Energy, bebida, 284-285
Montblanc, 289-290, 584-585
Montgomery Ward, 437-438
Mop & Glo, 273-274
Morton Salt, 268-269
Most Interesting Man in the World, campanha de propaganda, 349-350
Moterus, 11-12
Moth, The, 193-194
Motorola, 278-280
Mountain Dew, 183-184, 281-282
Movado, 248-249
Mr. Clean, 274-275
Mr. Peanut, 274-275
MTV, 198-199
MUJI, 294-296
Mulan, 31-32
My Little Pony, 213-214
MySpace, 6-8
My Starbucks Idea, 528-529

N

Nabisco, 278-280
NASCAR, 352-353
Nathan's, 448-450
National Disability Institute, 575-576
Nature Valley, 276-277
NBC Today, 343-344
NEC (Japão), 212-213
Neiman Marcus, 437-438, 445-446, 448-450
NESCAFE, 186-187
Nespresso, 219-221
Nestlé SA, 26-27, 286-287, 580-581
Net-a-Porter, 290-291, 434-436
Netflix, 6-9, 12-13, 51-52, 267-268, 298-300, 411-413, 472-473, 543-544
NetJets, 249-251
Net Promoter Score, 541-542
Netscape, 474-476
New Coke, 266-268
Newman's Own, 580
New York Times, 591-592
Nextel, 256-257
NeXT Software, 224-225
NFL, 347-348, 352-353
Nickelodeon, revistas, 592-593
Nielsen Company, 5-6, 125-126, 364-366, 368-369
Niely, 173
Nike, 14-15, 29-31, 169-170, 182-183, 264-265, 270-273, 278-280, 286-287, 319-320, 345-350, 563-564
Nike Golf, 29-31

NikeiD, 208-209
NikeiD Studios, 208-209
Nike+, 29-31
Nikon, 192-194, 511-512
Nintendo, 5-6
Nippon Steel, 22-23
Nissan, 228-229, 474-476
Nissan's Infiniti, 216-218
NIVEA Wrinkle Control Creme, 183-184
Nokia, 128-129, 206-208, 563-565
Nordstrom, 259-261, 265-266, 426-427, 436-437, 443-445
Nordstromrack.com, 260-261
Nordy Club, 260-261
Nortel, 312-313
Northern Commercial Company, 260-261
North Face, The, 278-280
Nostrum Pharmaceuticals, 320-322
Nuit, 284-285
Nuprin, 486-487
Nyx Professional Makeup, 173

O

Oakley, 198-199
Ocean Spray, 342-344
Ogilvy & Mather, 332
Olay, 449-450
Old El Paso, 276-277
Old McDonald, 188-190
Old Navy, 349-350
Oldsmobile, 486-487
Old Spice, 281-282, 347-348
Omega, 363-364
OpenTable, 254-256, 323-324, 493-494
Oracle, 106-107, 117-118, 214-215, 243-244, 247-248
Oral-B, 144-145
Orbit, 473-474
Orbitz, 313-314
Oreo, 39-40, 278-280, 479-481, 498-499, 559-560
Orville Redenbacher, pipoca, 127-128
Osborne, 474-476
Oscars, 359-360
Otis, 276-277
Oxo, 209-211
Oxxo, 447-448

P

Pabst Blue Ribbon, 302-303
Pabst Brewing Company, 281-282
PACCAR Inc., 311-312
PacSun, 428-429
Palm Pilot, 187-188
Paloma Picasso, 173
Pampers, 213-214, 367-368, 446-447, 449-450, 479-481
Panasonic Toughbook, 271-273
Panera Bread, 233-234
Patagonia, 9-10, 17-18, 589-591
Patron, 287-290

PayPal, 518-519
PepsiCo, 20-21, 122-124, 169-170, 181-182, 188-191, 219-221, 224-225, 264-265, 276-277, 349-350, 510-511, 537-539, 565-566, 594-596
Pepsi-Cola, 267-268
Pepto-Bismol, 473-474
Perdue, frango, 206-207
Perrier, 285-286
Perry Ellis, 192-194
Petco, 128-129, 447-448
Petco.com, 181-182
Peterbilt, caminhões, 311-312
Peter Pan, 31-32, 274-275
Pets.com, 510-511
PetSmart, 447-448
Petsmart.com, 181-182
Pfizer, 312-313
P&G. *Ver* Procter & Gamble
P&G, Charmin Basic, 215-216
P&G e-store, 449-450
Philips, 193-194, 511-512, 541-542, 560-561
Phillip Lim, 437-438
Pillsbury Doughboy, 274-275
Pinóquio, 31-32
Pinterest, 180-181, 273-274
Pizza Hut, 278-280, 592-593
Pizza Inn, 422-424
Pokémon, 487-488
POM Wonderful, 591-592
Pontiac, 486-487
Popeyes, 432-433
Popov, vodca, 564-565
Porsche, 285-286, 290-291
Porsche 911, 207-208, 285-286
Porsche Rennlist, 528-529
Porsche Sport Driving Schools, 290-291
Postmates, 450-451
Pottery Barn Kids, 208-209
PowerBar, 181-182
Power Pro Dustbuster Plus, 216-218
PPG Industries, 98-99
Prada, 287-289, 434-435
Pratt & Whitney, 23-24, 276-278
Premium, 276-277
Priceline, 323-324, 349-350
Pringles, 213-214, 345-347, 479-481
Private Label Manufacturers' Association, 451-453
Procter & Gamble, 22-23, 125-126, 131-133, 140-142, 160-165, 169-170, 206-207, 212-214, 221-222, 281-282, 392-393, 399-400, 420-428, 446-447, 449-450, 453-454, 478-489, 498-499, 506-509, 537-539, 553-554, 560-561, 576-577, 580-584
PRODUCT(RED), 583-585
Progressive Insurance, 402-403
Progresso, 276-277, 282-283
Pro Staff Classic, 275-276
Prudential, 122-124, 392-393
Publix, 231, 232, 317-318

Puffs, 273-274, 485-486
Pureology, 173
Purina Dog Chow, 216-218
Purina Dog Food, 216-218
Purina ONE, 216-218
PwC, 118-119

Q

QSR, revista, 238-239
Quaker Oats, 264-265, 269-271, 561-563
Qualcomm, 214-215, 479-481
Qualtrics, 122-124, 133-135
Quick Care, 249-251
QVC, 450-451

R

RadioShack, 437-438, 461-462
Ralph Lauren, 173, 198-199, 283-284
Ralston Foods, 471-472
Ray-Ban, 198-199
Raytheon, 277-278
Real Madrid, 265-267
Reckitt Benckiser, 7-8
Redbox, 411-412
Red Bull, 183-184, 218-219, 351-353, 370-372
Red Bull Media House, 352-353
Reddit, 248-249, 518-519
RediClinic, 249-251
Redken, 173
Red Lobster, 347-348
REI, 242-243, 476-477
Renaissance, 303-304
Renault Nissan, 228-229
Responsible Company, 589-590
Revlon, 338-339, 422-424
Reynolds, 474-476
Rhone-Poulenc S.A., 470-471
Rio Tinto, 100-101
Ritchie Bros Auctioneers, 104-105
Rite-Aid, 128-129
Rituxan, 188-190
Ritz-Carlton, 242-243, 258-260
Ritz-Carlton Investing Company, 258-259
Ritz-Carlton Mystique, 259-260
Ritz-Carlton Residences, 259-260
RJR Nabisco, 267-268
Road Runner Sports, 248-249
Roche, 8-9
Rockport, 278-280
Roger & Gallet, 173
Roku, 38-39
Rolex, 471-472
Rolls-Royce, 44-46, 107-109, 189-191, 218-219
Rolls-Royce PLC, 246-247
Ronald McDonald, 274-275
Ronald McDonald Care Mobiles, 580
Ronald McDonald Family Rooms, 580
Ronald McDonald House Charities, 580
Ronald McDonald Houses, 580
Royal Bank of Scotland, 308-310
Royal Caribbean, 122-124, 585-586
Royal Doulton, 209-211
Royal Oak, 194-195
Royal Philips, 193-194
R.R. Donnelley & Sons, 6-7

S

SABMiller, 207-208, 558-559
Safe-Shell, 593-594
Safeway, 266-267, 437-438, 447-448
Sainsbury's, 450-451
Saks Fifth Avenue, 448-450
Salesforce.com, 51-52, 117-119, 141-142, 239-240, 575-576
Salon Selectives, 486-487
Sam's Club, 266-267, 447-448
Samsung, 13-14, 207-208, 210-211, 290-291, 307-308, 345-347, 425-426, 461-462, 477-481, 484-485, 583-584
Sanoflore, 173
SAP, 103-104, 117-118, 122-124, 214-215, 247-248, 312-313
SAP Community Network, 528-529
SapientNitro, 353-354
Sara Lee, 393-394, 479-481
SAS, 107-110, 308-310, 555-557
Saucony, 278-280
Schering-Plough, 470-471
SC Johnson Smart Twist Cleaning System, 219-220, 560-561
S-class, Mercedes, 277-278
Scotchgard, 278-280
Scotch Tape, 273-274
Scotiabank, 235-236
Sealy, 225-226
Sears, 164-165, 422-424, 437-438, 443-445, 470-471, 485-486
Seat, 213-214
Seed Phytonutrients, 173
Segway Human Transporter, 474-476
Seiyu, 294-295
SendGrid, 239-241
Sephora, 446-447
Sephora Beauty Talk, 528-529
Serta, 225-226
7-Eleven, 418-419, 447-450, 555-557
Seventh Generation, 589-590
Share Your Breakfast campaign, 269-271
Shell, logotipo, 273-274
Shell Oil, 106-107, 415-417
Shutterfly, 485-486
Shu Uemura, 173
Siebel Systems, 117-118
Siemens, 97-98
Sierra Mist, 188-191
Sigg Switzerland, 593-594
Sigrid Olsen, 38-39
Sikorsky, helicópteros, 276-277
Silly Bandz, 373-374
Simmons, 225-226
Singapore Airlines (SIA), 192-194, 242-244, 265-266, 555-557
Siri, 246-247
Skinceuticals, 173
Škoda, 213-215, 555-559
Škoda Octavia, 555-557
Škoda Yeti, 555-557
007 - Operação Skyfall, 363-364
Skype, 393-394
Smartwater, 195-197
Smith & Hawken, 580
Smucker's, ketchup premium, 269-271
SnackWell's, produtos, 271-273
Snapchat, 12-13
Snapple, 27-28, 516-517
Branca de Neve e os Sete Anões, 31-32
Société Bic, 284-285
SodaStream, 370-372, 593-594
Solo Cup, 12-13
SoLoMo (Social Local Mobile)., 592-593
Sonic Corp., 368-369
Sony, 192-194, 239-240, 264-265, 276-277, 284-285, 363-364, 369-370, 474-476, 478-489
SoulCycle, 521
Southwest Airlines, 37-39, 122-124, 307-308
Spike, 198-199
Spotify, 180-181
Sprint, 256-257
Sprint Nextel, 256-257
Sprite, 345-347
Sriracha, 474-476
Stag, guarda-chuvas, 312-313
Stanford, Universidade de, 57-58
Staples, 128-129, 446-448, 534-535
Starbucks, 27-28, 43-46, 186-187, 194-195, 291-293, 304-305, 369-372, 448-450, 511-512, 558-559, 584-585, 596-598
Starbucks Reserve Roastery, 596-597
Stella McCartney, 434-435
STIHL, 417-418
Stitch Fix, 542-543
Stonyfield Farm, 369-370, 576-578, 589-590
Straight from the Bog, campanha de propaganda, 342-344
Strattera, 504-505
StubHub, 512-513
Subway, 418-419, 516-517, 555-557
Sub-Zero, 287-289, 484-485
Sun Chips, 219-221
Sunny Delight, 453-454
Sunsilk, 158-159
SunTrust, 235-236
Super Bowl, 343-344, 347-348
Supercuts, 418-419
SuperValu, 437-438
Surfer magazine, 275-276
Surfing magazine, 275-276
SurveyGizmo, 133-135
SurveyMonkey, 133-135
Survey Research Center da University of Michigan, 137-139

Susan G. Komen for the Cure Foundation, 583-584
Swift & Company, 276-277, 561-563

T

Taco Bell, 191-192, 238-239, 278-280, 535-536
Taj Hotels, 258-259
Takashimaya, 446-447
Taligent, 278-280
Tang, 560-561
Taobao.com, 115-116
Target, 12-14, 169-170, 249-251, 374-375, 436-437, 450-451
Tata Group, 581-583
Tata Nano, 580-583
Tata Steel, 206-207, 500-501
TD Ameritrade, 349-350
Teflon, 280-281
Telepizza, 471-472
Tempur-Pedic, 225-226
Tesco, 436-437, 450-451, 530, 550-551, 567-568
Tesla, 205-207, 209-211, 265-266
Theory, 448-450
3M Company, 265-266, 535-536
Thomas Cook, 534-535
Thompson Water Seal, 345-347
Thomson Corporation, 127-128
Ticketmaster, 249-251
Tide, 213-214, 273-274, 285-286, 449-450, 479-481
Tide Basic, 164-165, 215-216
Tide Pods, 498-499
Tiffany & Co., 206-207, 218-220, 300-301, 437-438, 561-563, 599-600
Timberland, 9-10, 278-280, 369-370, 590-592
Timisoreana, 558-559
Timken, 170-171
TiVo, 505-506
TJ Maxx, 447-448
Tmall.com, 115-116
T-Mobile, 177-179, 317-318
Today Show, The, 487-488
Tom Ford, 363-364
TOMS, 584-586
Tom's of Maine, 369-370, 589-590
Tonga, 563-564
Topshop, 435-437
Torrid, 437-438
Toshiba, 555-557
TotalCare e CorporateCare, programas, 246-247
Touchstone, filmes, 285-286
Tovala, 264-265
TownePlace Suites, 303-304
Toyota, 5-6, 122-124, 228-229, 268-269, 277-278, 282-283, 285-286, 425-426, 443-445, 506-508, 548-549
Toyota Camry, 228-229, 277-278, 282-283, 561-563
Toyota Corolla, 228-229
Toyota Lexus, 216-218, 228-229
Toyota Prius, 5-6, 10-11, 228-229
Toyota Rav4, 228-229
Toyota Scion, 228-229
Toyota Tundra, 229, 369-370
Toy Story, 31-32
Trader Joe's, 439-440
Transformers, 213-214
Travelocity, 249-251, 491-492
TRESemmé, 553-554
TripAdvisor, 12-13, 128-129, 239-241, 493-494, 533-535
Trix, 277-278
Tropicana, 206-207, 219-222
Tropicana Casino, 246-247
Trunk Club, 260-261
TruthinRx campaign, 322-323
Tumblr, 180-181, 273-274
Tupperware, 384-385, 387-389, 410-411
TurboTax, 541-542
Turing Pharmaceuticals, 320-322
24/7 LOAD, programa de serviço, 247-248
Twilio, 239-241
Twitter, 6-7, 12-14, 16-17, 133-135, 157-158, 180-181, 194-195, 197-198, 239-241, 290-291, 393-394, 518-519, 530
Tylenol, 191-192, 286-287
Tyvek, 280-281

U

U2, 265-266
Uber, 8-9, 51-52, 156-157, 239-240, 301-302, 324-325, 472-473, 518-519
UberCab, 324-325
UberEats, 325, 450-451
Uber Elevate, 325
UberPOOL, 324-325
uberX, 324-325
UBS, 493-494
Ultra Dry Pampers, 216-218
Under Armour, 349-350, 477-478
Unilever, 23-24, 38-39, 49-50, 131-133, 197-199, 276-277, 331, 332, 425-426, 551-554
Uniqlo, 436-437, 458-460
Uniqlo University, 459-460
United Airlines, 524-525, 555-557
United's Ted, 308-310
United Technology Corporation (UTC), 276-278
United Way, 585-586
Universal Studios Hollywood, 293-294
University of California, 593-594
University of Florida, 263-264
University of Maryland, 477-478
University of Michigan, 526-527
UPS, 194-195, 234-235
Urban Decay, 173
Urban Outfitters, 438-439
USAA, 243-244, 493-494

US Bank, 235-236
Departamento do Censo dos Estados Unidos, 243-244
Agência de Proteção Ambiental dos Estados Unidos, 585-586
Corpo de Fuzileiros Navais dos Estados Unidos, 194-195
Serviço Postal dos Estados Unidos (USPS - *U.S. Postal Service*), 243-244
UTC Aerospace Systems, 276-277
UTC Building & Industrial Systems, 276-277

V

VAIO, 284-285
Valentino, 277-278, 434-435
Venus Razor, 164-165
Verizon, 177-179, 317-318
Vibram, 278-280, 508-509
Vichy, 173
Victoria's Secret, 304-305, 440-441, 446-448
Vigoro, 276-277
Viking, 209-211, 304-305, 484-485
Viktor&Rolf, 173
Vimeo, 16-17
Virgin, 393-394
Visa, 184-187, 349-350, 472-473
Vodafone, 557-558, 563-564
Volkswagen, 213-215, 228-229, 281-282, 555-557
Volvo, 169-170, 179-180, 191-192, 340-341
Volvo Ocean Race, 340-341
VRBO, 491-492
VW, 343-347

W

Wagner Custom Skis, 153-154
Walgreens, 447-448, 454-455, 583-584
Walkman, 478-489
Wall Street, 267-268
Wall Street Journal, The, 109-110
Walmart, 22-23, 54-55, 104-105, 124-125, 128-129, 243-244, 249-251, 317-318, 374-375, 399-400, 420-425, 428-429, 435-438, 443-451, 454-455, 477-478, 485-486, 516-517, 524-525, 534-535, 550-551, 565-567, 575-576, 580-581
Walt Disney Company, The, 469-470
Walt Disney World's Magic Kingdom, 5-6
Warby Parker, 191-192, 198-200, 264-265, 472-473
Waterford, 209-211
Wayfair, 301-302
Webex, 393-394
WeChat, 290-291, 518-519, 530
Wedgwood, 209-211
Vigilantes do Peso, 285-286, 349-350
Welch's, 182-183
Wells Fargo, 169-170, 181-182

Wendy's, 191-192
Westat, 125-126
Westin Hotels, 278-281
WhatsApp, 518-519
Wheaties, 12-13, 276-277
Whirlpool, 164-165, 209-211
Whole Foods, 374-375, 435-438, 534-535
Wikipedia, 12-13
William Wrigley Jr. Company, 409-410
Windows, 508-509
W. L. Gore, 498-499
Wolverine, 278-280
Working Assets, 580
Organização Mundial da Saúde (OMS), 320-322
World Wildlife Fund, 584-586
Wrangler, 349-350

W.R. Case & Sons, 476-477
WWF, 585-586
W.W. Grainger, 96-97, 104-105, 397-398, 420-421
Wyndham, 533-534

X

Xerox, 256-257, 273-274, 472-473
Xiameter, 276-277
Xsens, 103-104

Y

Yahoo!, 7-8, 57-58, 474-476, 534-535
Yelp, 165-167, 239-241
Yoox Net-a-Porter, 290-291
Yoplait, 22-23, 276-278

YouTube, 12-13, 157-158, 180-181, 194-195, 349-350, 353-354, 367-368, 370-372, 530, 535-536
Yuesai, 173
Yves Saint Laurent Beauté, 173

Z

Zales, 437-438
Zanussi, 484-485
Zappos, 59-61, 189-191, 241-246, 435-436
Zara, 431-432, 435-437, 458-459
Zazzle, 208-209
Zetsche, Dieter, 277-278
Zipcar, 482-484
Ziploc, 454-455
Zippo, 476-477

Índice de tópicos

A

Abertas, perguntas, 129-131
Abrangente, auditoria de *marketing*, 54-55
Acesso a recursos escassos, 155-156
Adaptação
   como estratégia de produtos global, 560-561
   comunicação, 565-567
   elemento de marca, 563-564
Adaptação de comunicação, 565-567
Administração de *marketing*, 4-5, 576-578
Administrado, sistema vertical de *marketing*, 420-421
Adotantes imediatos (visionários), 513-515
África, 552-553
Agentes, 408-409
   estabelecidos no exterior, 549-550
Agentes de viagem *on-line*, 248-251
Alavancável, vantagem, 188-190
Alemanha, mercados em desenvolvimento, 554-555
Alfa, teste, 508-509
Alianças de compra, 104-105
Alocação de recursos, 39-41
Ambientalmente corretas, tecnologias, 590-591
Ambiente de trabalho, responsabilidade social corporativa no, 577-580
Ambiente físico, 9-10
Americanos de origem asiática, 165-167
Amostra, tamanho da, 133-135
Amostragem, plano de, 133-135
Ampliação de linha
   ampliação *down-market*, 215-216
   ampliação dupla, 216-218
   ampliação *up-market*, 216-218
   Purina Dog Food, 216-218
Ampliação *down-market*, 215-216
Ampliação *up-market*, 216-218
Antecipada, defesa, 479-481
Apelos
   informacionais, 345-347
   mensagem, 345-347
   transformacionais, 345-347
Apple, computadores, 208-209, 224-226
Apresentação, venda pessoal, 385-386
Aquisição de clientes
   fases, 521-522
   funil, 521
   gestão eficaz, 522
Armazenamento, 426-427
Associações de marca, 78-79
Associações de palavras, 129-130
Atacado
   administração de riscos, 455-456
   atacadistas comerciais, 454-455
   distribuidores, 455-456
   fracionamento de lotes de compra, 455-456
   negócio, 454-455
   transporte, 455-456
   varejistas individuais, 455-456
   venda de bens ou serviços, 454-455
Atenção do público, probabilidade de, 342-343
Atenção elevada, 80-81
Atenção seletiva, 76-77
Atendimento, processo de venda, 386-387
Atitudes, 83-84
Ativismo de marca, 586-587
Atmosfera da loja
   comércio eletrônico, 441-442
   experiência do cliente, 440-441
Atratividade corporativa, 112-113
Atratividade do alvo
   valor estratégico, 156-157
   valor monetário, 156-157
Atributos da oferta, 178-180, 192-194
Auditoria da estratégia, 54-55
Auditoria da implementação, 55-56
Auditoria das táticas, 54-55
Auditoria de marca, 269-271
Auditoria dos controles, 55-56
Auditoria dos objetivos, 54-55
Autenticidade de marca, 182-183
Autoatendimento, 439-441
Autoatendimento, gestão do, 254-256
Avaliação de oportunidades de crescimento
   crescimento das vendas para clientes atuais, 472-474
   crescimento orgânico, 470-471
   fusões e aquisições, 470-471
   inovação e imitação, 470-472
   matriz de crescimento de produto e mercado, 468-471
   posição de mercado, 471-473
Avaliações dos clientes, 368-369, 524-524
Aviação privada, 248-249

B

B2B, *marketing*, 98-99
B2B, venda, 591-592
Baby boomers, 162-164, 168-169
Baixa demanda, período de, 238-239
Baixa renda, comunidades de, 581-583
Balões vazios, exercícios de, 129-130
Barrinhas de cereais, mercado de, 181-182
Base da pirâmide (BOP, *bottom of the pyramid*), 580-581
Benchmarks de desempenho, 49-51
Benchmarks quantitativos, 49-50
Benchmarks temporais, 49-50
   3 Vs do valor de mercado, princípio dos, 43-44
Benefício total para o cliente, 179-180
Benevolência, confiança por, 539-540
Beta, teste, 508-509
Big Mattress (setor de colchões), 226-227
Blogs, 367-368
   influência dos, 534-535
Boca a boca, comunicação, 370-373, 533-534
   criação de buzz, 534-535
   on-line, 534-535
   profissionais de *marketing*, 534-535
   varejistas de lojas físicas, 534-535
Bons processos de recrutamento e treinamento, 236-237
Brand equity, medidas de, 140-142
Branding
   dinâmica, 278-286
   empresas, 266-268
   equity, 267-269
   essência do, 264-266
   formulação. *Ver* Formulação da marca
   gerenciamento de uma marca em crise, 285-289
   gestão estratégica de marca, 264-265
   hierarquia, 275-282
   luxo. *Ver* Luxo, *branding* de
   marca forte, 263-264
   papel das marcas, 265-267
   poder de, 268-271
Brasil, como mercado em desenvolvimento, 554-555
Briefing criativo, 338-339
Busca ativa de informações, 80-81
Busca, benefícios de, 233-234

C

Caixas eletrônicos, 254-256
Campanha de comunicação
   definição de, 334-335
   empresa, 334-336
   orçamento, 336-338
   referências, 336-337

Canadá, como grande mercado para exportações dos Estados Unidos, 552-553
Canais de *marketing* direto
　infomerciais, 398-399
　mala-direta, 395-398
　marketing de catálogo, 397-398
　telemarketing, 397-399
Canal de nível zero, 410-411
Canal, preço por, 313-314
Capital de relacionamento com clientes, 522
Capitão do canal, 419-420
Características do consumidor
　fatores culturais, 67-69
　fatores pessoais. *Ver* Características pessoais
　fatores sociais, 68-70
Características pessoais, 169-170
　autoconceito, 70-71
　ciclo de vida da família, 69-70
　ciclo de vida psicológico, 69-70
　episódios/transições cruciais na vida, 69-70
　estilo de vida, 71-72
　personalidade, 70-71
　sistema de valores, 70-72
Carnival Cruises, 234-235
Carro-chefe, 277-278
Casper (empresa americana de comércio eletrônico), 225-227
Catálogo, *marketing* de, 397-398
Cauda longa, teoria da, 170-171
Causal, pesquisa, 126-127
Causas, *marketing* de, 581-586
Centralidade do cliente, 242-243
Centro de compras, 100-101
CEO, *marketing* e, 576-577
Céticos (retardatários), 514-515
Chase Experiences, 174-175
Chase Sapphire, 174-175
China, 551-552
　　como mercado em desenvolvimento, 554-555
　joint ventures na, 555-557
Churners, 174-175
Ciclo de vida do produto
　características, objetivos e estratégias, 481-482
　conceito, 480-482
　estágio de crescimento, 482-484
　estágio de declínio, 485-487
　estágio de introdução, 482-484
　estágio de maturidade, 481-486
　modismos, 487-488
　padrões comuns de ciclo de vida do produto, 487-488
　rápida aceitação do mercado, 480-482
　tendências, 487-488
Clandestino, problema do, 567-568
Cliente, *brand equity* baseado no, 268-269
Cliente, demandas do, 106-107
Cliente, organização orientada ao, 24-28
Clientes, 233-234

Clientes, aquisição de. *Ver* Aquisição de clientes
Clientes de alto valor, 244-247
Clientes fiéis divididos, 168-169
Clientes fiéis inconstantes, 168-169
Clientes infiéis, 168-169
Clientes-alvo, 41-42, 502-503
Clínicas de saúde dentro de lojas, 249-251
Clonagem de clientes, 167-168
Cobertura de mídia, 343-345
Cobranding
　dual branding, 277-278
　gestores, 278-280
　ingredientes, 278-282
　joint venture, 277-280
　mesma empresa, 277-278
　múltiplos patrocinadores, 278-280
　vantagens e desvantagens do, 278-280
Codificação de memória, 78-79
Colaboradores, 41-42, 502-503
Colaboradores, redes de, 155-156
Coleta de dados, plano de
　métodos de contato, 133-136
　mineração de dados, 135-136
　plano de amostragem, 133-135
Comerciais, incentivos, 319-322
Comercialização, 511-512
　expansão de mercado, 512-514
　implantação seletiva no mercado, 512-513
Comerciantes, 408-409
Comércio eletrônico, 157-158
Companhia, 41-42
Compatibilidade do alvo, 155-156
Competência central, 155-156
Competência corporativa, 112-113
Competitiva, comunicação, 337-338
Competitiva, posição, 184-186
Competitivo, quadro, 181-182
Competitivos, preços, 312-313
Compilação de opiniões da força de vendas, 137-140
Complementação da linha, 218-219
Complementares, serviços, 238-239
Comportamentais, fatores, 157-158
Comportamental, pesquisa, 128-130
Comportamental, segmentação
　estágio de disposição, 167-169
　índice de utilização, 167-168
　ocasiões, 168-169
　status de fidelidade, 168-169
　status do usuário, 167-168
Comportamento do consumidor
　características. *Ver* Características do consumidor
　psicologia. *Ver* Psicologia do consumidor
Compra, 334-335
Compra de sistemas, 106-107
Compra direta, 99-100
Compra profissional, 98-99
Comprador-fornecedor, relação, 112-113
Compras, abordagens de, 169-170
Comunicação, 44-47

Comunicação, estratégias globais de, 565-567
Comunicação integrada de *marketing* (CIM), 342-343, 358-359
　boca a boca, 370-373
　critérios, 358-360
　gestão, 358-360
　níveis distintos, 358-359
　princípios fundamentais, 358-360
Comunicação, mensagem de, 338-339
Comunicação, processo de
　elementos, 334-335
　macromodelo, 333-334
　micromodelo, 333-335
Comunicações
　shopper marketing, 446-447
　varejistas, 445-446
Comunicações da empresa
　construir preferências, 335-336
　criar conscientização, 334-336
　duas ofertas, 335-336
　incitar ação, 335-336
　objetivos, 334-335
Comunicações de *marketing*, 591-592
　abordagem criativa, 345-349
　branding, 333-334
　celebridades como garotos-propaganda, 349-350
　customer equity, 333-334
　desenvolvimento, programa de comunicação, 334-335
　elaboração da mensagem, 338-339
　estabelecimento dos objetivos de, 334-338
　medida, eficácia da comunicação, 348-350
　mídia, 338-345
　processo, 333-335
　público-alvo, 337-339
　significado, 333-334
Comunicações de mídia
　mix de mídias, 340-343
　modos de, 338-339
　substituição do produto, 338-339
Comunidades de marca, 528-530
Comunidades de prática, 499-500
Comunidades e fóruns *on-line*, 366-368
Conceitos, desenvolvimento de, 506-509
Concorrentes, 41-42
Concorrentes, preços dos, 307-310
Confiabilidade corporativa, 112-113
Confiança corporativa, 112-113
Confiança, estabelecimento da, 112-113
Conflito de canal
　causas do, 422-424
　definição, 421-422
　gerenciamento de, 424-425
　tipos de, 422-424
Conformidade, qualidade de, 524-525
Congruência, princípio da, 347-348
Conhecimento, 334-335
Conjunta, análise, 508-509

Conjunto de consideração, 80-81
Conscientização, 334-335
    comunicações da empresa, 334-336
    conjunto de, 80-81
Conservadores (maioria posterior), 514-515
Construção de marcas, 194-195
Construção de preferências, 335-336
Consultoria de clientes, 247-249
Consumidores de renda média, 164-165
Conteinerização, 427-428
Contexto, 41-42
Contexto físico, 41-42
Contextual placement, 362-363
Contraofensiva, defesa, 479-481
Contratação de sistemas, 106-107
Contrato, fabricação por, 555-557
Contratual, sistema vertical de *marketing*, 420-421
Controle, 48-49
Convencionais, canais de *marketing*, 419-420
Conversão, taxas de, 522
Convicção, 334-335
Cooperação de canal, 421-422
Cooperativas, 554-555
Coorte, 162-164
Coprodução com o cliente, 239-242
Corporativo, sistema vertical de *marketing*, 420-421
Correspondência e *e-mail*, 135-136
Credibilidade corporativa, 112-113
Crença, 83-84
Crescimento
    concorrentes globais, 468-469
    líder de mercado de longo prazo, 467
Crescimento das vendas para clientes atuais
    aumento da frequência de consumo, 473-474
    frequência, 472-473
    programa de *marketing*, 473-474
Crescimento do tráfego *on-line*, 364-366
    SEM, 364-366
    SEO, 364-366
Criação de novo mercado
    identificação de mercados de nicho, 474-477
    vantagem das empresas pioneiras, 473-476
Criativa, abordagem
    determinação do apelo da mensagem, 345-347
    execução, 347-349
    seleção da fonte da mensagem, 347-348
CRM sob demanda, 118-119
Crowdsourcing, 506-508
5 Cs, sistema dos, 40-43
Cultura
    expansão global e, 550-551
    padronização do produto, 560-561
Cultura corporativa, 37-39
Curto prazo, lucro de, 304-305
Curva de experiência, determinação de preços baseada na, 307-308

Custeio baseado em atividades, 536-537
Custo, método de, 268-269
Custo total para o cliente, 179-180
Custo-benefício, relação, 550-551
Customer equity, 536-537
Customização, 530-534
Customização em massa, 153-154
Custos de atender os clientes-alvo, 156-157

D

Decisão, processo de
    ações pós-compra, 86-88
    crenças e atitudes, 83-84
    fatores de interferência, 85-87
    fontes de informação, 80-81
    heurísticas de decisão, 84-86
    modelo de expectativa de valor, 83-85
    modelo de probabilidade de elaboração, 85-86
    processamento de informações, 83-84
    reconhecimento do problema, 79-81
Declaração de posicionamento, 191-194
Declínio das vendas
    colheita, 486-487
    desinvestimento, 486-487
    produtos fracos, 486-487
Defesa da posição de mercado
    defesa antecipada, 479-481
    defesa contraofensiva, 479-481
    defesa de flanco, 479-481
    defesa de posição, 478-489
    defesa de reposicionamento, 479-481
    defesa por retração, 479-481
    inovação contínua, 477-478
    marketing reativo, 478-489
Demanda
    análise da, preços dos concorrentes, 307-310
    derivada, 98-99
    do cliente, 106-107
    elástica, 304-307
    elasticidade de preço da, 304-305
    estimativa de custos, 305-308
    faixa de indiferença de preço, 305-307
    flutuante, 99-100
    inelástica, 98-100, 304-307
    nível diferente de, 304-305
    preço final, 313-314
    previsões, 510-511
    seleção de um método de determinação de preços, 308-314
Demanda de mercado
    mensuração da demanda, 136-139
    previsão, 137-140
Demanda derivada, 98-99
Demanda oscilante, 99-100
Deming Prize, 525-526
Demográfica, segmentação, 162-167
    hispano-americanos, 165-167
    por estágio de vida, 162-164
    por etnia e cultura, 165-167

    por idade, 162-164
    por renda, 164-165
    por sexo, 162-165
    termos não demográficos, 162-164
Demográficos, fatores, 157-158, 169-170
Demográficos, mercados, 6-7
Demonstração, venda pessoal, 385-386
Departamento de pesquisa de *marketing*, 125-126
Departamentos de *marketing*
    organização de mercado, 22-24
    organização de produto/marca, 21-23
    organização funcional, 21-22
    organização geográfica, 21-22
    organização matricial, 23-24
    papel do CEO e do diretor de *marketing*, 23-26
Departamentos estratégicos de suprimentos, 100-101
Desafiantes de mercado
    ataque de guerrilha, 488-490
    ataque frontal, 488-490
    bypass, 488-490
    manobra de cerco, 488-490
Descritiva, pesquisa, 126-127
Desejo, validação do modelo de negócios, 510-511
Desempenho do produto, 524-525
Desempenho, *marketing* de, 17-20
Desenvolvimento da oferta, 50-51, 503-504, 510-512
Desenvolvimento de *call centers* corporativos, 256-257
Desenvolvimento de novos produtos. *Ver Stage-gate*, modelo, para o desenvolvimento de novas ofertas
Desenvolvimento de produtos na W. L. Gore, 498-499
Deserção, redução da, 522-524
Design de produto, 208-211
Designer Shoe Warehouse (DSW), 527-528
Desintermediação, 13-14
Desnatamento de mercado, 304-305
Desregulamentação, 13-14
Determinação de preço
    definição, objetivo da determinação de preços, 304-305
    empresa, 303-304
Determinação de preço, métodos de
    baseada no valor econômico para o consumidor, 310-313
    competitiva, 312-313
    determinação de preço de retorno-alvo, 308-311
    leilão, 312-313
    preço de *markup*, 308-310
Determinação de preços
    componentes, 299-300
    decisões, 299-300
    determinação, 300-301
    determinação da demanda, 304-307
    estimativa de custos, 305-308

fatores de imagem e resultados do mercado, 457-458
internet, 300-302
lojas de desconto, 441-442
Lumber Liquidators, 442-443
mix de produtos, 314-316
mudanças, 316-318
pagamento por bens e serviços, 299-300
panorama, 298-299
políticas, 442-443
preço final, 312-314
preços dos concorrentes, 307-310
psicologia do consumidor e, 301-304
questões éticas em preços de medicamentos, 320-323
seleção do método, 308-313
variação, 301-302
Determinação de preços por desempenho, 238-239
Deusa, peles de, 164-165
Devoluções, 248-249
Diferenciação, 374-376
Diferenciação de produtos, 206-207, 336-337
Diferenciação de serviços, 234-240
Difusão da inovação, 513-514
Digitais, mídias, 342-343
Direto, *marketing*, 341-342
  canais de, 395-399, 410-411
  definição, 395-397
  futuro, 398-399
Discriminação de preços, 313-314
Discursos, 374-375
Disposição, estágio de, 167-169
Distância do poder, índice de, 567-568
Distorção seletiva, 76-77
Distribuição, 44-46
Distribuição, canais de, 408-409, 511-512, 566-567
  distribuição multicanal, 411-415
  estratégia global, 551-552, 566-568
  funções, 409-411
  níveis de canal, 410-412
Distribuição, estratégias globais de, 566-568
Distribuição exclusiva, 415-417
Distribuição seletiva, 417-418
Distribuidores estabelecidos no exterior, 549-550
Diversas influências de compra, 98-99
Diversificado, portfólio, 39-40
Doadores, mercados de, 6-7
Dois níveis, canal de, 410-411
Doméstico, mercado, 549-550
Domínios de *marketing*
  eventos, 5-6
  experiências, 5-6
  bens, 5-6
  organizações, 5-6
  pessoas, 5-6
  lugares, 5-6
  propriedades, 5-6
  serviços, 5-6

ideias, 6-7
informações, 6-7
Dual branding, 277-278
Dumping, 565-566
Duplo, posicionamento, 186-187

E

Econômico, contexto, 41-42
Editorial, qualidade, 342-343
EEG (eletroencefalograma), tecnologia de, 131-133
Eficácia, princípio, 158-159
Eficiência de custos, princípio da, 158-159
e-hubs
  funcionais, 104-105
  verticais, 104-105
Elaboração do modelo de negócios, 502-504, 509-511
Elaboração e gestão de serviços
  diferenciação, 246-249
  excelência, 242-247
  gestão, 251-257
  inovação, 248-252
  natureza da, 232-235
  realidades, novos serviços, 239-243
Elasticidade-preço da demanda, 304-305
Eleitores, mercados de, 6-7
Elementos de marca, adaptação de, 563-564
Eletrônicos, mercados, 104-105
Embalagem, 341-342
  ambientalmente correta, 219-221
  autoatendimento, 218-219
  como comercial de cinco segundos, 218-219
  componentes funcionais e estéticos, 219-220
  cor, 219-220
  cultura ocidental, 219-220
  diferenciação, 374-376
  higiene e regulamentações, 219-221
  imagem da marca e da empresa, 218-219
  oportunidade de inovação, 219-220
  poder aquisitivo do consumidor, 218-219
  Sun Chips, 219-221
  testes de engenharia, 219-221
  transparência, 375-376
  visibilidade, 374-375
Emergência, serviço de, 181-182
Empoderamento do cliente, 239-241, 533-534
Empreendedoras, equipes, 499-500
Empresa, demanda da, 136-137
Empurrar (*push*), estratégia de, 318-319
Enquadramento, 109-110
Entrega rápida e no momento certo, 247-248
Entrevista por telefone, 135-136
Entrevistas de interceptação, 133-135
Episódica, memória, 78-79
Escala, valor de, 156-157
Escalada de preços, 565-566
Espaços públicos, 362-363

Especialistas, opinião de, 139-140
Especialização
  por mercado, 160-161
  por produto, 160-161
Especialização do produto, 160-161
Especialização por mercado, 160-161
Especializado, portfólio, 38-39
Específicos, investimentos, 113-115
Estabelecimento de metas, 48-51
Estágio no ciclo de vida do produto, 336-337
Estágio no clico de vida, 162-164
Estimativa de custos
  efeitos da curva de experiência, 307-308
  fixos, custos variáveis e totais, 305-308
Estoque, 426-428
Estoque gerenciado pelo fornecedor (VMI, *vendor-managed inventory*), 106-107
Estrangeiros, mercados, modos de ingresso, 554-555
Estratégia, 40-41, 48-49
Estratégias de preço globais, 565-566
Estratégico, valor, 156-157
Estratificação social, 67-68
Estreitas, relações fornecedor-cliente, 98-99
Éticas, questões
  marketing direto, 585-586
  responsabilidade social corporativa, 591-593
Ético, *marketing*
  comunicação, 591-593
Etnográfica, pesquisa, 127-129
European Quality Award, 525-526
Eventos, 374-375
Eventos e experiências, 341-342
Eventos, gestão de, 369-370
Excelência em serviços
  atendimento de clientes de alto valor, 244-247
  centralidade do cliente, 242-243
  gestão das reclamações dos clientes, 246-247
  qualidade, 243-246
Execução do serviço, processo de, 236-237
Expansão de mercados, 512-514
  estratégia de expansão geográfica, 476-477
  estratégia de novo segmento de mercado, 476-477
  visar novos clientes, 477-478
Expectativa de valor, modelo de, 83-85
Expectativas dos clientes, 252-254
Experiência, *marketing* de, 369-370
Experiências, 369-372
Experimental, pesquisa, 128-130
Exploratória, pesquisa, 126-130
Exportação
  direta, 554-555
  indireta, 554-555
Exportação, agente de, estabelecido no país, 554-555
Exportação, departamento ou divisão interna de, 554-555

Exportação direta, 554-555
Exportação indireta, 554-557
Exportadores estabelecidos no próprio país, 554-555
Extensão de marca
desvantagens da, 285-286
empresas, 282-283
linha, 282-283
marca máster ou família de marcas, 282-283
profissionais de *marketing*, 283-285
vantagens da, 284-286
Exterior, distribuidores ou representantes estabelecidos no, 549-550
Exterior, propaganda
espaços públicos, 362-363
outdoors, 362-363
ponto de venda, 363-364
product placement, 363-364

F

Fabricação, contrato de, 555-557
Fabricante de equipamento original (OEM, *original equipment manufacturer*), 113-115
Facilidade de pedido, 246-248
Facilitadores, 408-409
Factibilidade, validação do modelo de negócios, 510-511
Fair Packaging and Labeling Act (Lei de Embalagem e Rotulagem), 221-222
Faixa de indiferença de preço, 305-307
Falsificados, produtos, 561-563
Família de procriação, 68-69
Farmacêuticas, empresas, 188-190
Fechadas, perguntas, 129-131
Fechamento, processo de venda, 386-387
Ferramentas de pesquisa de mercado para geração e validação de ideias
análise da concorrência, 506-508
crowdsourcing, 506-508
entrevistas com clientes, 505-508
entrevistas com especialistas, 506-508
entrevistas com funcionários, 506-508
observação de clientes, 505-506
Fidelidade
bens e serviços, 526-527
construção de, 522, 526-530
definição, 522-524
em interações com clientes B2B, 536-537
relacionamento com o cliente, 530
Fidelidade do cliente, 520
Fidelidade, programas de, 527-529
Fidelidade, *status* de, 168-169
Fiéis convictos, 168-169
Figuras, 53-54
Filantropia corporativa, 580-581
Filiação, programas de, 528-529
Filial ou subsidiária de vendas no exterior, 555-557
Final, preço, 312-314
Financeiro, método, 268-269

Financeiro, risco, 86-87
Fixos, custos, 305-307
Flanco, defesa de, 479-481
Fluxo reverso, canais de, 410-411
Fluxos dos canais de *marketing*, 410-411
Fontes de dados, 127-128
Força de vendas
avaliação, 394-395
estratégia, 388-392
estrutura, 391-392
gestão da produtividade, 393-394
incentivos, 320-322
motivação, 393-395
objetivos, 387-389
recrutamento, 392-393
remuneração, 391-393
tamanho, 391-392
treinamento e supervisão, 392-394
Forças de mercado
tecnologia, 7-9
globalização, 8-10
ambiente físico, 9-10
responsabilidade social, 9-11
Formulação da marca
associações secundárias, 273-275
Design thinking, 209-211
escolha de elementos, 271-274
fontes secundárias, conhecimento de marca, 274-275
mantra da marca, 270-273
Franquias, 418-419, 555-557
Funcional, organização de *marketing*, 21-22
Funcional, valor, 178-179
Funcionalidade central, 206-207
Fusões e aquisições, 470-471

G

Garantia de desempenho, 17-20
Garantias comerciais, 17-20
Garantias de produtos, 17-20
Gênero, segmentação demográfica por, 162-165
Geodemográfica, análise, 165-168
Geofencing, 445-446
Geográfica, concentração, dos compradores, 99-100
Geográfica, organização, 21-22
Geográfica, segmentação, 165-168
Geográficos (geolocalização), fatores, 157-158
Geográficos, mercados, 6-7
Geração de ideias
de baixo para cima, 504-505
de cima para baixo, 504-505
ferramentas de pesquisa de mercado, 505-508
Geração de ideias de baixo para cima, 504-505
Geração de ideias de cima para baixo, 504-505

Geração, segmentação por
baby boomers, 162-164
geração silenciosa, 162-164
geração X, 162-164
millennials (geração Y), 162-164
Geração silenciosa, 162-164
Geração X, 162-164
Geração Y, 162-164
Gerenciamento de portfólios de marca, 275-278
Gerenciamento de uma marca em crise, 285-289
Gerenciamento do canal, decisões de
avaliação dos membros do canal, 421-422
estabelecimento de objetivos do canal, 414-417
motivação dos membros do canal, 419-421
Gestão da cadeia de suprimentos, 425-426
Gestão das reclamações dos clientes, 246-247
Gestão de portfólio, 39-40
Gestão do relacionamento com o cliente (CRM, *customer relationship management*), 527-528, 530
definição, 530
empoderamento do cliente, 533-534
marketing de permissão, 532-533
reclamações de clientes, 534-537
Gestão eficaz, 522
Globais, decisões de *marketing*
aquisição, 557-559
avaliação de mercados potenciais, 552-555
em quantos mercados ingressar, 551-553
ingresso em mercados globais, 563-564
investimento direto, 557-560
joint ventures, 555-558
maneira de ingressar nos mercados, 554-560
mercados em desenvolvimento, 554-555
programa de *marketing*, 559-73. Ver também Global, programa de *marketing*
Globais, mercados, ingresso em
exportações indireta e direta, 554-557
licenciamento, 555-557
modos de ingresso, 554-555
quantos mercados, 551-553
Global, programa de *marketing*, 559-568
estratégias globais de comunicação, 565-567
estratégias globais de distribuição, 566-568
estratégias globais de marca, 563-566
estratégias globais de preço, 565-566
estratégias globais de produtos, 560-564
prós e contras do, padronizado, 559-560
Globalização, 8-10
GMO (organismos geneticamente modificados), ingredientes, 589-590
Grande Barreira de Coral, 352-353
Greenwashing, 589-590
Grupo focal, 128-129

Índice de tópicos **683**

G-STIC (*Goal-Strategy-Tactics-
-Implementation-Control*), sistema, 48-49,
53-54

H

Habilidosos, funcionários, 155-156, 511-512
Haiti, 563-564
Heurística, 84-85
Híbrida, oferta, 233-234
Hierarquia da marca
   cobranding, 277-282
   portfólio, 275-278
Hierarquia dominante de marca, 82-83
Hierarquia dominante de nação, 82-83
Hispano-americanos
   como segmento demográfico, 165-167
Honestidade, 540-541
Horizontal, conflito de canal, 422-424
Horizontal, sistema, de *marketing*, 420-421
Humildes, produtos, 209-211

I

Idade, segmentação por, 162-164
Ideal, proposição de valor, 43-44
Identidade visual, 374-375
Identificação de segmentos de mercado,
   151-175
Identificação dos clientes-alvo, 152-155
   estratégica. *Ver Targeting* estratégico
   lógica do *targeting*, 153-154
   necessidades, abordagem de segmentação
     de mercado baseada em, 152-153
   tática. *Ver Targeting* tático
Identificação por radiofrequência (RFID,
   radio frequency identification), sistemas de,
   438-439
Imagem corporativa, associações de,
   276-277
Imagem de preço, 456-457
   atributos, 457-458
   faixa, 456-457
   gestão eficaz, 458-459
   itens de valor conhecido, 456-457
   políticas da loja, 457-458
   promoções de vendas, 457-458
Imagem, preço de, 302-304
Imitação inovadora
   adaptação, 471-472
   clonagem, 471-472
   imitação, 471-472
   imitação de produto, 470-471
   paralelismo consciente, 471-472
Imparcial, auditoria de *marketing*, 54-55
Implantação seletiva no mercado, 512-513
Implementação, 48-49
Implementação comercial, 50-51
Impressa, propaganda, 360-362
Incentivos, 44-47
   comerciais, 319-322
   determinação de preços altos-baixos,
     443-445

EDLP, 443-445
geofencing, 445-446
incentivos para a força de vendas, 320-322
objetivos de, 318-319
para o consumidor, 319-320
recurso de *marketing*, 317-319
tamanho e abordagem, 318-320
Incentivos para o consumidor, 319-320
Incitar ação, comunicações para, 335-336
Incremental, inovação, 498-499
Índia
   como mercado em desenvolvimento,
     554-555
   investimento direto na, 558-559
   joint ventures, 555-558
Indianapolis Zoo, 238-239
Indicações de clientes, programas de,
   106-107
Indiferenciado, *marketing*, 153-154
Individuais, marcas, estratégia de, 276-277
Individual, *marketing*, 153-154
Individualismo *versus* coletivismo, 567-568
Individualizadas, abordagens de *marketing*,
   112-113, 153-154
Inelástica, demanda, 98-100
Influenciadores
   do centro de compras, 100-101, 103-104
   principais, da compra, 103-104
Influenciadores, *marketing* de, 367-368
Infomerciais, 398-399
Informação, valor de, 156-157
Informativos, apelos, 345-347
Ingrediente, *branding* de, 278-282
Inovação, 497
   centros de, 499-500
   com serviços, 247-252
   difusão da, 513-514
   gestão da, 499-501
   incremental, 498-499
   modelo de Rogers da adoção de, 513-515
Inovação reversa, 580-581
Inovadores, 513-514
Inseparabilidade de serviços, 235-236
Insights de *marketing*, 122-125
Instalação, 247-248
Instalações de negócios, 511-512
Institucional, mercado, 113-116
Institutos de pesquisa customizada de
   marketing, 125-126
Institutos de pesquisa de *marketing*, 125-126,
   137-139
Institutos de pesquisa especializada de
   marketing, 125-126
Institutos de pesquisas gerais, 125-126
Intangibilidade, 234-236
Integrado, *marketing*, 15-17
Intenções dos compradores, pesquisa de,
   137-139
Intensiva, distribuição, 418-419
Interceptação, entrevistas de, 133-135
Interesse público, atividades de prestação de
   serviços de, 374-375

Interfuncionais, equipes, 499-501
Internet
   pesquisa de *marketing* usando, 125-126
   pesquisa *on-line*, 133-135
Interno, *marketing*, 16-18
Interrupção, *marketing* de, 532-533
Intraempreendedores, 499-500
Intuit, 92-93
Investimento, bom recrutamento, 236-237
Investimento direto, 557-560
Islândia, 16-17

J

Jamaica, 563-564
Joint ventures, 555-558
Jornada de decisão do consumidor, 79-80
Just-in-time, gestão de estoque, 426-427

L

Laddering com os "porquês", 129-130
Leilão, preço de, 312-313
Leilão virtual, *sites* de, 104-105
Levantamentos, 128-129
Levantamentos periódicos, 526-527
LGBT, mercado, 169-170
Líder de opinião/influenciador, 68-69
Líderes de receita, 514-515
Linha de produtos
   abordagem gradualista, 214-215
   ampliação de linha, 215-216
   empresas multimarcas, 213-214
   extensão, 214-216
   mapa de produtos, 213-214
   montadoras, 212-213
   supermercados, 213-214
Localização, preço por, 313-314
Localizado, programa de *marketing*, 559-560
Localizar-comparar-selecionar, processo
   de, 440-441
Lógica do *targeting*, 153-154
   customização em massa, 153-154
   marketing de massa, 153-154
Lógica, resistência, 386-387
Logística de mercado
   decisões, 426-429
   definição, 424-425
   gestão da cadeia de suprimentos, 425-426
   objetivos, 425-426
Logística de mercado, decisões da
   armazenamento, 426-427
   estoque, 426-428
   processamento de pedidos, 426-427
   transporte, 427-429
Lucratividade, 591-596
Lucratividade do cliente, análise da, 536-539
Luxo, *branding* de
   características de, 287-290
   gestão de, 289-293

M

Macroeconômica, previsão, 137-139
Macromodelo das comunicações de *marketing*, 333-334
Macroprogramação, decisão de, 344-345
Maioria imediata (pragmáticos), 514-515
Maioria posterior (conservadores), 514-515
"*Make it Meaningful*" ("Dê significado", *slogan* de *design* interno), 210-211
Mala-direta, *marketing* de, 395-398
Malcolm Baldrige National Quality Award, 525-526
Mantra da marca, 270-273
Manutenção e reparo, programas de, 248-249
Mão de obra, mercados de, 6-7
Mapa de produtos, 213-214
Mapa de serviço para uma noite em um hotel, 236-237
Mapa de valor, 48-49
Mapa de valor para o cliente, 47-48
Mapa de valor para o colaborador, 47-48
Mapa do valor de mercado, 46-49
Marca, 44-46
Marca corporativa, 107-109
Marca *nerd*, 107-109
Marca própria, 13-14
    colaboradores e concorrentes, 451-453
    genéricos, 451-453
    marcas nacionais, 451-453
    recessões, 451-453
    recomendações estratégicas, 453-454
Marcadas, entrevistas, 133-135
Marcas fortes, 155-156
Marketing
    campanhas, 193-194
    criação de valor e compartilhamento, 5-6
    definição, 4-5
    definição social, 4-5
    e posicionamento, 194-195
    iceberg, 5-6
    marketing inteligente, 195-197
    papel do. Ver Papel do *marketing*
    teste de substituição de marca, 181-182
Marketing holístico
    marketing de desempenho, 17-20
    marketing de relacionamento, 14-16
    marketing integrado, 15-17
    marketing interno, 16-18
Marketing para mecanismos de busca (SEM, *search engine marketing*), 364-366
Massa, comunicação de, estágio de conscientização da compra e, 99-100
Massa, *marketing* de, 153-154
Matricial, organização, 23-24
Matriz de crescimento de produto e mercado
    ESPN, 469-470
    estratégia de diversificação, 469-470
    estratégia de penetração de mercado, 468-470
    estratégia de penetração de produto, 469-470
    matriz de Ansoff, 468-469
Maturidade, estágio de
    crescimento do mercado, 485-486
    estabilidade, 484-485
    maturidade decadente, 484-485
    modificação do produto, 485-486
Medicamentos, determinação de preços de, 320-323
Medição da eficácia da comunicação, 348-350
Medição, dispositivos de, 130-133
Médio, custo, 305-307
Megamarcas, 13-14
Membros de categoria, 181-182, 192-194
Memória
    codificação, 78-79
    memória de curto prazo, 78-79
    memória de longo prazo, 78-79
    recuperação, 78-80
Menos compradores, porém de maior porte, 98-99
Mensagem
    apelo, 345-347
    complexidade, 337-338
    elaboração da comunicação, 338-339
    fonte, 347-348
Mensuração baseada na marca, 141-142
Mensuração baseada na venda de um bem ou serviço, 141-142
Mensuração baseada no cliente, 140-141
Mensuração baseada no fluxo de caixa, 141-142
Mensuração da demanda
    demanda da empresa, 136-137
    demanda de mercado, 136-137
    potencial de mercado, 136-139
    potencial de vendas da empresa, 137-139
    previsão de mercado, 136-137
    previsão de vendas da empresa, 136-137
Mercado em desenvolvimento
    Brasil, 554-555
    China, 554-555
    Índia, 554-555
    sucesso em, 554-555
Mercado, método de, 268-269
Mercado, organização de, 22-24
Mercado-alvo, 40-42, 47-48, 50-51, 502-503, 509-510
Mercados cinzas, 567-568
Mercados empresariais
    definição, 97-98
    relacionamentos B2B, 112-116
    variáveis de segmentação para, 169-171
Mercedes-Benz
    customização, 208-209
    estilo, 208-209
    forma, 208-209
    histórico, 207-208
    protótipos, 208-209
Métricas de *marketing*, 139-141
México
    como grande mercado para exportações dos Estados Unidos, 552-553
    mercados em desenvolvimento, 554-555
Micromodelo das comunicações de *marketing*, 333-335
Microprogramação, decisão de, 344-345
Mídia, plano de
    cobertura, frequência e impacto de mídia, 343-345
    consideração de fatores, 342-343
    determinação de custos, 342-343
    programas de comunicação, 342-344
    timing e alocação, 344-345
    vencendo o Super Bowl da propaganda, 343-344
Mídias sociais, 157-158
    campanhas, 183-184
    crescimento das, 366-367
    monitoramento das, 140-141
    plataformas, 366-369
    tempestade nas, 552-553
Millennials, 162-164
Mineração de dados, 135-136
Missão, 37-38
Missão corporativa, 36-38
Misteriosos, compradores, 526-527
Mix de *marketing*, 40-41, 43-44
Mix de mídias, comunicação
    atividades de *marketing* integrado, 340-341
    comunidades de consumidores, 340-341
    formatos, 341-342
    mídia paga, 342-343
    mídia própria, 342-343
    mídias digitais, 342-343
Mix de produtos, determinação de preço de, 314-316
Mobile, comunicação, 341-342, 368-369
Modelos de *mix* de *marketing*, 140-141
Moderno, *marketing*, 331
Monetário, valor, 156-157, 179-180
Monetários, objetivos, 48-49
Monitoramento da satisfação do cliente, 236-237
Moore, modelo de, da adoção de novas tecnologias, 514-515
Multicanal, conflito, 422-424
Multicanal, distribuição, 411-415
Multicultural, *marketing*, 165-167

N

Narrativa, *branding* por, 194-195
Nativa, propaganda, 362-363
Natureza dos serviços
    características distintivas, 234-239
    oferta, 232-235
    setor de manufatura, 232
    setor de organizações sem fins lucrativos, 232
    setor governamental, 232

Necessidades, abordagem de segmentação de mercado baseada em, 152-153
Necessidades dos clientes, 178-179
Negociações privadas, 104-105
Negócios, infraestrutura de, 155-156
Net Promoter Score (NPS), 526-527
Neuromarketing, 131-133
Nicho, concorrente de
　especialista em produto ou serviço, 476-477
Nigéria, 552-553
Níveis de canal, 410-412
Nokia
　confiabilidade, 207-208
　durabilidade, 207-208
　qualidade de conformidade, 207-208
　qualidade de desempenho, 207-208
　recursos, 207-208
　teste de queda, 207-208
Notícias, 374-375
Novas ofertas de mercado, desenvolvimento de. *Ver Stage-gate*, modelo, para o desenvolvimento de novas ofertas
Novas realidades do *marketing*
　pilares fundamentais. *Ver Marketing holístico*
　principais resultados de mercado. *Ver* Resultados de mercado
Novas realidades no setor de serviços, 239-243
Novos produtos, departamentos de, 499-500

O

Objetivos, 48-49
Objetivos e tarefas, orçamento de, 336-337
Objetivos estratégicos, 49-50
Observacional, pesquisa, 127-129
Ocasiões, segmentação comportamental por, 168-169
Oferta da empresa, 233-234
Oferta de mercado, 503-504, 509-512
Oferta, restaurantes, 233-234
Ofertas de mercado
　abordagem G-STIC ao planejamento de ações, 48-49
　controles, 51-52
　desenvolvimento de estratégia, 50-51
　elaboração de táticas, 50-51
　estabelecimento de metas, 48-51
　estratégia de *marketing*, 40-44
　mapa do valor de mercado, 46-49
　táticas de *marketing*, 43-47
　7 Ts e 4 Ps, 46-47
Omnichannel, varejo
　varejistas de lojas físicas, 446-450
　Victoria's Secret, 446-447
　Walmart, 449-451
On-line, comunicação, 157-158
　crescimento do tráfego *on-line*, 364-366
　site da empresa, 364-366

On-line, contatos, 133-135
On-line e de mídias sociais, comunicação, 341-342
On-line, métricas, 140-141
On-line, propaganda, 361-363
On-line, varejistas
　comunidades de clientes, 449-450
　consumidores e negócios, 448-450
　market makers, 449-450
　sites B2B, 448-450
Oportunidade, risco de, 86-87
Oportunidades de mercado, 39-40
Oportunismo, 113-115
Orçamento de comunicação, 336-338
Organização do plano de *marketing*, 52-53
Organizacional, compra, 97-98
Otimização para mecanismos de busca (SEO, *search engine optimization*), 111-112, 364-366
Outdoors, 362-363

P

Pacotes de bens e serviços, 256-257
Padronização do produto, 560-561
Padronizado, programa de *marketing*, 559-560
Paga, mídia, 342-343
Painéis de monitoramento de *marketing*, 140-142
Panera Bread, 233-234
Panorama da situação, 53-54
Papel do *marketing*
　orientação para *marketing*, 20-21
　orientação para produção, 19-20
　orientação para produto, 19-20
　orientação para valor de mercado, 20-21
　orientação para venda, 19-20
Papua Nova Guiné, 563-564
Parcerias de canal
　canais de *marketing* convencionais, 419-420
　sistemas horizontais de *marketing*, 420-421
　sistemas verticais de *marketing*, 419-421
Pareto, princípio de, 170-171
Paridade com a concorrência, orçamento de, 337-338
Parques de diversão, 314-316
Particionamento de mercado, 82-83
Participação de mercado, 336-337
Patagonia, 17-20
Pecados do *marketing*, 27-29
Pedido-pagamento, ciclo, 426-427
Penetração de mercado, 304-305
Penetração, preço de, 304-305
Percebido, risco, 86-87
Perda de clientes, índice de, 526-527
Perecibilidade, serviços
　atender demanda na hora do *rush*, 236-237
　baixa demanda, período de, 238-239
　gestão da produção, 238-239

preços diferenciados, 238-239
　serviços complementares, 238-239
　sistemas de reserva, 238-239
Perfil do cliente
　definição, 157-158
　fatores comportamentais, 157-158
　fatores demográficos, 157-158
　fatores geográficos (geolocalização), 157-158
　fatores psicográficos, 157-158
　valor para o cliente e, 158-159
Periódica, auditoria de *marketing*, 54-55
Periódicos, levantamentos, 526-527
Período, preço por, 313-314
Permissão, *marketing* de, 140-141, 532-533
Personalidade de marca, 275-276
Personalizado, *marketing*, 153-154
Personas, 158-160
Personificação de marca, 129-130
Perspicazes, profissionais de *marketing*, 239-240
Persuasão, venda pessoal, 386-387
Pesquisa de *marketing*, 122-146
　avaliação da produtividade de *marketing* com, 139-142
　definição, 122-124
　demanda de mercado, medição da, 136-140
　geração de *insights* com, 122-125
　institutos, 125-126, 137-139
　objetivos da, 127-128
　quem faz?, 125-127
Pesquisa de *marketing*, processo de, 126-127
　análise de informações, 135-137
　coleta de informações, 133-136
　definição do problema, 126-127
　desenvolvimento do plano de pesquisa, 126-133
　tomada de decisão, 135-137
Pesquisa, instrumentos de, 129-133
　medidas qualitativas, 129-131
　questionários, 129-130
Pessoais, entrevistas, 133-135
Pioneira em produto, 474-476
Pistas de preço, 303-304
Planejamento e administração corporativos e no nível da unidade de negócios
　alocação de recursos, 39-41
　construção da cultura corporativa, 37-39
　missão corporativa, 36-38
　unidades estratégicas de negócios, 38-40
Plano de *marketing*, 51-54
　atualização do, 53-55
　auditoria de *marketing*, 54-56
Plano de pesquisa
　abordagens à pesquisa, 127-130
　fontes de dados para, 127-128
　instrumentos de pesquisa, 129-133
　métodos de contato, 133-136
　plano de amostragem, 133-135
Planos de compra sem estoque, 105-106

Plataformas, mídias sociais
  avaliações dos clientes, 368-369
  blogs, 367-368
  comunidades e fóruns *on-line*, 366-368
  redes sociais, 367-369
Podcasts, 111-112
Poder de canal, 419-420
Poder de marca, 189-192
Políticas de colocação de propagandas e serviços adicionais, 342-343
Ponto de contato com clientes, 530, 539-540
Ponto de venda, propaganda no, 363-364
Pontos de diferença
  atributos/benefícios, 182-183
  autenticidade de marca, 182-183
  bom posicionamento, 187-188
  capacidade de entrega, 183-184
  em sabor, 186-187
  grau de diferenciação, 183-184
  marcas fortes, 182-183
  nível de desejo, 183-184
  pretendidos, 186-187
  retornos financeiros, 182-183
Pontos de paridade
  associações com atributos/benefícios, 183-184
  BMW, 186-188
  bom posicionamento, 187-188
  competitivos, 184-186
  correlacionais, 184-186
  de categoria, 184-186
  em saúde, 186-187
  pretendidos, 186-187
Portfólio de produtos
  abrangência, 212-213
  consistência, 212-213
  extensão, 212-213
  profundidade, 212-213
Pós-compra, ações, 86-88
Posição de mercado
  dimensões, 470-471
  líder de mercado, 471-472
Posicionamento, 178-179
  bom posicionamento, 181-182
  estratégia de *marketing*, 180-181
  marca e concorrentes, 181-182
  meta, 180-181
  quadro de referência, 181-183
Potencial de mercado, 136-139
Potencial de vendas da empresa, 137-139
Pragmáticos (maioria imediata), 514-515
Pré-abordagem, venda pessoal, 385-386
Preço, 44-46
Preço baixo todo dia (EDLP, *everyday low pricing*), 443-445
Preço de *markup*, 308-310
Preço, estratégias globais de, 565-566
  adaptação de elementos de marca, 563-564
  escalada de preços, 565-566
  mercados cinzas, 567-568
  produtos falsificados, 561-563

Preço, mudanças de
  dos concorrentes, 316-318
  inflação de custos, 316-317
  iniciativas de redução de preços, 316-317
  remarcação antecipada, 316-317
Preços, diferenças de, 238-239
Preferências dos consumidores, 334-335
Prêmio Internacional de Design e Excelência (IDEA, International Design and Excellence Awards), 210-211
Previsão da demanda de mercado
  análise de vendas passadas, 139-140
  compilação de opiniões da força de vendas, 137-140
  desenvolvimento, 137-139
  método de teste de mercado, 139-140
  opinião de especialistas, 139-140
  pesquisa de intenções dos compradores, 137-139
  PIB, 137-139
  previsão macroeconômica, 137-139
  vendas do setor e participações de mercado, 137-139
Previsão de mercado, 136-137
Primal branding, 194-195
Primário, mercado-alvo, 512-513
Primários, dados, 127-130
Primários, fornecedores, 106-107
Principais influenciadores da compra, 103-104
Privacidade do cliente, gestão da, 592-594
Privatização, 13-14
PRIZM Perimeter, 165-168
Probabilidade de elaboração, modelo de, 85-86
Procedimento de amostragem, 133-135
Processamento de pedidos, 426-427
Processos de planejamento estratégico, 36-38
Processual, memória, 78-79
Procura de fornecedores
  e-procurement, 104-105
  mercados eletrônicos, 104-105
Produção, gestão da, 238-239
Product placement, 363-364
Produtividade de *marketing*, medição da
  mensuração da demanda, 136-139
  métricas de *marketing*, 139-141
  modelos de *mix* de *marketing*, 140-141
  painéis de monitoramento de *marketing*, 140-142
Produto, 43-44
Produto interno bruto (PIB), 137-139
Produto mínimo viável, 511-512
Produto, orientação para, 502-503
Produto *versus* valor de mercado, definições por, 20-21
Produto/marca, organização de, 21-23
Produtos, estratégias globais de
  adaptação do produto, 560-563
  extensão direta, 560-561
  invenção de produto, 561-563

Produtos, mercados de, 6-7
Programa de comunicação, 334-335
Projetivas, técnicas, 129-130
Promoção, 46-47
Propaganda
  definição, 341-342, 359-360
  propaganda exterior. *Ver* Exterior, propaganda
  propaganda impressa, 360-362
  propaganda na TV, 359-361
  propaganda no rádio, 361-362
  propaganda *on-line*, 361-363
Própria, mídia, 342-343
Prospecção, venda pessoal, 385-386
Protótipos, 506-509
Proximidade cultural, 552-553
Proximidade física, 552-553
Psicografia, 157-158
Psicográfica, segmentação, 168-170
Psicográficos, fatores, 157-158
Psicologia do consumidor
  decisões de compra. *Ver* Decisão, processo de
  emoções, 77-78
  memória. *Ver* Memória
  motivação, 72-75
  necessidades, 72-73
  percepção, 76-78
Psicologia do consumidor e determinação de preço
  decisões de compra, 302-303
  pistas, 303-304
  preço de imagem, 302-304
  preços de referência, 301-303
  profissionais de *marketing*, 301-302
Psicológica, resistência, 386-387
Psicologicamente jovens, consumidores, 168-169
Psicológico, valor, 179-180
Publicações, 374-375
Publicidade, 372-374
  e relações públicas, 341-342
Público-alvo, 337-339
Pulverizada, abordagem, 551-552
Puro, bem tangível, 233-234
Puro, serviço, 233-234
Puxar (*pull*), estratégia de, 318-319

Q

Quadro de referência, 181-183
Qualidade, 524-525
  bens e serviços, 524-528
  liderança, 304-305
Qualidade do produto, 524-527
Qualidade do público, 342-343
Qualidade do serviço, 243-246, 524-527
  confiabilidade, 253-254
  empatia, 254-256
  expectativas dos clientes, 252-254
  itens tangíveis, 254-256

modelo, 253-254
segurança, 254-256
Qualificação, venda pessoal, 385-386
Qualitativas, medidas, 129-131
Qualitativas, técnicas de pesquisa, 129-130
Quênia, 552-553
Questionário pelo correio, 135-136
Questionários, 129-131, 135-136
Questões
abertas, 129-131
fechadas, 129-131

R

Raça, segmentação por, 165-167
Rádio, propaganda no, 361-362
Rastreamento de marca, 269-271
Rastreamento ocular, tecnologia de, 131-133
Receita do cliente, 156-157
Reclamações de clientes, 534-537
Recompra modificada, 99-101, 103-104
Recompra simples, 99-101, 103-104
Recuperação de memória, 78-79
Recursos, desenvolvimento de, 50-51
Recursos fundamentais, desenvolvimento dos, 510-512
Rede associativa, modelo de memória de, 78-79
Rede de *marketing*, 14-15
Redes sociais, 367-369
Referência, preços de, 301-303
Referências de comunicação, 336-337
Regra 80-20, 170-171
Regulatório, contexto, 41-42
Relacionamento, *marketing* de, 14-16
Relacionamentos B2B
atratividade corporativa, 112-113
competência corporativa, 112-113
confiabilidade corporativa, 112-113
credibilidade corporativa, 112-113
estabelecimento da confiança, 112-113
mercado institucional, 113-116
relação comprador-fornecedor, 112-113
riscos e oportunismo, 113-115
Relações públicas (RP), 373-375
Renda, segmentação por, 164-165
Rentável, cliente, 536-537, 539-540
Reposição contínua, programas de, 106-107
Reposicionamento, defesa de, 479-481
Representantes de vendas de exportação que viajam para o exterior, 555-557
Reputação, 112-113
Reserva, sistemas de, 238-239
Responsabilidade social, 9-11
Responsabilidade social corporativa
ambiente de trabalho, 577-580
atendimento de comunidades de baixa renda, 580-586
filantropia, 580-581
marketing de causas, 581-586
marketing social, 585-587
sustentabilidade e, 586-592

Ressonância magnética funcional (RM), 131-133
Restrição monetária/restrição de tempo, 71-72
Resultados de mercado
ambiente competitivo, 13-14
competências do consumidor, 10-13
competências organizacionais, 12-14
Resumo executivo, 52-53
Retardatários (céticos), 514-515
Retenção do cliente, 521-524, 526-527
Retenção seletiva, 79-80
Retenção, taxa de, 522-524
Retorno-alvo, determinação de preço de, 308-311
Retração, defesa por, 479-481
Retrô, PT Cruiser, 74-75
Risco físico, 86-87
Riscos e oportunismo nos relacionamentos empresariais, 113-115
Rogers, modelo de, da adoção de inovações, 513-515
Rotatividade de clientes, índice de, 526-527
Rotulagem, 221-222
Rush, hora do, atender demanda na, 236-237

S

Satisfação
definição, 524-525
monitoramento, 533-536
Satisfação do cliente, 241-243
ferramenta de *marketing*, 524-525
fidelidade, 522-524
levantamentos, 526-527
mensuração, 526-527
monitoramento, 526-527
Net Promoter e, 541-542
qualidade de produto e serviço, 524-527
Satisfação dos funcionários, 241-243
Saturação com pesquisas, 128-129
Secundários, bens ou serviços, 233-234
Secundários, dados, 127-128
Secundários, fornecedores, 106-107
Segmentação do mercado consumidor, 161-170
definição, 161-162
segmentação comportamental, 167-169
segmentação demográfica, 162-167
segmentação geográfica, 165-168
segmentação psicográfica, 168-170
Segmento de cliente, preço por, 313-314
Segmentos de mercado, mercados empresariais, 169-171
Segmentos-alvo, personas para, 158-160
Seleção de membros do canal
franquias, 418-419
identificação das principais opções de canal, 415-419
Seletiva, especialização, 160-161
Semântica, memória, 78-79
Sequencial, abordagem, 551-552

Serviço, 43-44
Serviços, definição de, 232
Simpatia por marca, 334-335
Sistemática, auditoria de *marketing*, 54-55
Site, análise de, 140-141
Site da empresa, 364-366
Sites
conteúdo específico do país, 555-557
redesign de, 111-112
Situacionais, fatores, 169-170
Social, *marketing*, 585-587
Social, risco, 86-87
Social, valor, 156-157
Socialmente responsável, *marketing*, 576-587
equilíbrio, 591-592
lucratividade, 591-592
marketing de causas, 583-584
modelos de negócios, 580-581
papel do, 576-578
responsabilidade social corporativa, 576-578
sustentabilidade, 586-592
Sociocultural, contexto, 41-42
Sortimento e aquisição de produtos
amplitude e profundidade, 438-439
categorias de destino, 438-439
gerentes de compras, 438-439
híbrido de varejo de alimentos *gourmet* e supermercado econômico, 439-440
Spinners, 522-524
Stage-gate, modelo, para o desenvolvimento de novas ofertas
desenvolvimento de conceitos, 500-503
elaboração do modelo de negócios, 500-504
geração de ideias, 500-503
implementação comercial, 501-504
implementação da oferta, 500-504
Stakeholders da empresa, 502-503
Subliminar, percepção, 76-77
Submarcas, estratégia de, 276-277
Sustentabilidade, 586-587
Sustentabilidade, diretores de (CSOs, *chief sustainability officers*), 586-587
Sustentável, vantagem competitiva
atributo existente, 189-191
estratégias, 188-192
fonte valiosa, 189-191
GEICO, 188-190
Harley-Davidson, 189-191
novo atributo, 189-191
posicionamento da marca, 188-190
vantagem competitiva, 188-190

T

Tamanho e abordagem para incentivos, 318-320
Tangíveis, bens ou serviços, 233-234
Targeting
identificação de clientes, 152-155

para múltiplos segmentos, 160-162
para um único segmento, 159-161
Targeting estratégico, 153-155
    atratividade do alvo, 156-157
    compatibilidade do alvo, 155-156
    identificação, 154-155
Targeting para múltiplos segmentos, 160-162
Targeting tático, 153-155
    definição, 157-158
    eficácia, 158-159
    eficiência de custos, 158-159
    perfil do cliente, 157-159
    personas, 158-160
Tática, 40-41, 48-49
Táticas de *marketing*, 43-47
Tecnologia, 7-9, 239-241
Tecnológico, conhecimento, 155-156
Tecnológico, contexto, 41-42
Tecnológicos, dispositivos, 129-130, 142-144
Telefone, entrevistas por, 135-136
Telemarketing, 338-339, 397-399
Televisão, propaganda na, 359-361
Tempo-tarefa, análise, 393-394
Teste de mercado, 503-504
Teste de mercado, método de, 139-140
Teste de substituição de marca, 181-182
Timing e alocação de mídia, 344-345
Tonga, 563-564
Totais, custos, 305-307
Transação, teoria econômica dos custos de, 113-115
Transformação no varejo, 13-14
Transformacional, apelo, 345-347
Transparência, 375-376
Transporte, 427-429
Treinamento ao cliente, 247-248
Tripé da sustentabilidade, 576-578
Troca de *marketing*
    mercados de consumidores, 6-7
    fluxos, 6-7
    mercados governamentais, 6-7
    mercados intermediários, 6-7
    mercados de fabricantes, 6-7
    mercados de recursos, 6-7
    serviços e comunicações, 6-7
    sucesso financeiro, 7-8
    inovação, 7-8
7 Ts e 4 Ps, ofertas de mercado, 46-47

U

Ultimate Rewards, 174-175
Um nível, canal de, 410-411
Único segmento, *targeting* para, 159-161
Único segmento, *marketing* para, 159-160
Unidade amostral, 133-135
Unidades estratégicas de negócios (UENs), 38-40
Usuários do centro de compras, 100-101

V

Validação de conceitos, 508-509
Validação de ideias, 505-508
Validação do modelo de negócios, 502-504, 510-511
Valor
    da oferta da empresa, 502-503
    proposição de, 47-48, 50-51, 178-179, 509-510
    vitalício do cliente, 536-542
Valor econômico para o consumidor, determinação de preços baseada no, 310-313
Valor para a companhia, 42-43
Valor para o cliente, 42-43
    análise, 179-180
    benefício total para o cliente, 179-180
    custo total para o cliente, 179-180
    gestão, 530
    perfil do cliente e, 158-159
    proposição, 179-180
    satisfação e, 178-179
Valor para o colaborador, 42-43
Valor vitalício do cliente, 536-542
    brand equity, 537-539
    cálculo do, 540-541
    comunidades de marca, 528-530
    construção de fidelidade, 526-529, 539-540
    estabelecimento da confiança, 539-541
    lucratividade do cliente, 536-537
    mensuração, 540-542
    retenção do cliente, 526-527
VALS, sistema de segmentação, 168-169
Vantagem competitiva, 188-190
Varejistas de lojas físicas, 534-535
    clubes de compras por atacado, 447-448
    máquinas de venda automática, 447-448
    máquinas de venda automática, 448-450
    matadores de categoria, 447-448
    tipos, 446-447
    ultradesconto ou valor mínimo, loja de, 447-448
Varejo, 435-436
Varejo, *marketing* de
    atmosfera da loja, 440-442
    comunicações, 445-447
    concorrentes e concorrência, 435-436
    consolidação de varejistas, 435-436
    crescimento do *omnichannel*, 436-437
    crescimento do varejo móvel, 436-437
    fast retailing, 436-437
    formas e combinações, 435-436
    incentivos, 445-447
    serviços, 439-440
    sortimento e aquisição de produtos, 438-440
    tecnologia, 436-437
    varejistas de mercado intermediário, 437-438
Variabilidade de serviços, 235-237
Variáveis, custos, 305-307
Variáveis operacionais, 169-170
Venda de sistemas, 106-109
Venda pessoal, 341-342
    apresentação e demonstração, 385-386
    atendimento, 386-387
    fechamento, 386-387
    persuasão, 386-387
    pré-abordagem, 385-386
    prospecção e qualificação, 385-386
    qualidades de destaque, 384-385
Vendas da empresa, previsão de, 136-137
Vendas do setor e participações de mercado, 137-139
Vendas, gestão das, 386-389
Vendas passadas, análise de, 139-140
Vendas, preços e promoções de, 298-323
Versão do produto, preço pela, 313-314
Verticais, mercados, 104-105
Verticais, sistemas de *marketing*, 419-420
Vertical, conflito de canal, 422-424
Viabilidade, validação do modelo de negócios, 510-511
Viajam para o exterior, representantes de vendas de exportação que, 555-557
Visionários (adotantes imediatos), 514-515
Visualização, 129-130

W

Webinars, 111-112
Wi-fi, redes de, 177-178

Z

Zappos, varejista *on-line*, 241-242
Zona de tolerância, 254-256